I0751172

L'ŒUVRE
DE GAVARNI

99

TIRAGE.

248	exemplaires	sur papier vélin (nos 53 à 300).
40	—	sur papier de Hollande (nos 13 à 52).
12	—	sur papier de Chine (nos 1 à 12).

300 exemplaires numérotés.

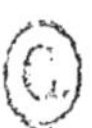

N°

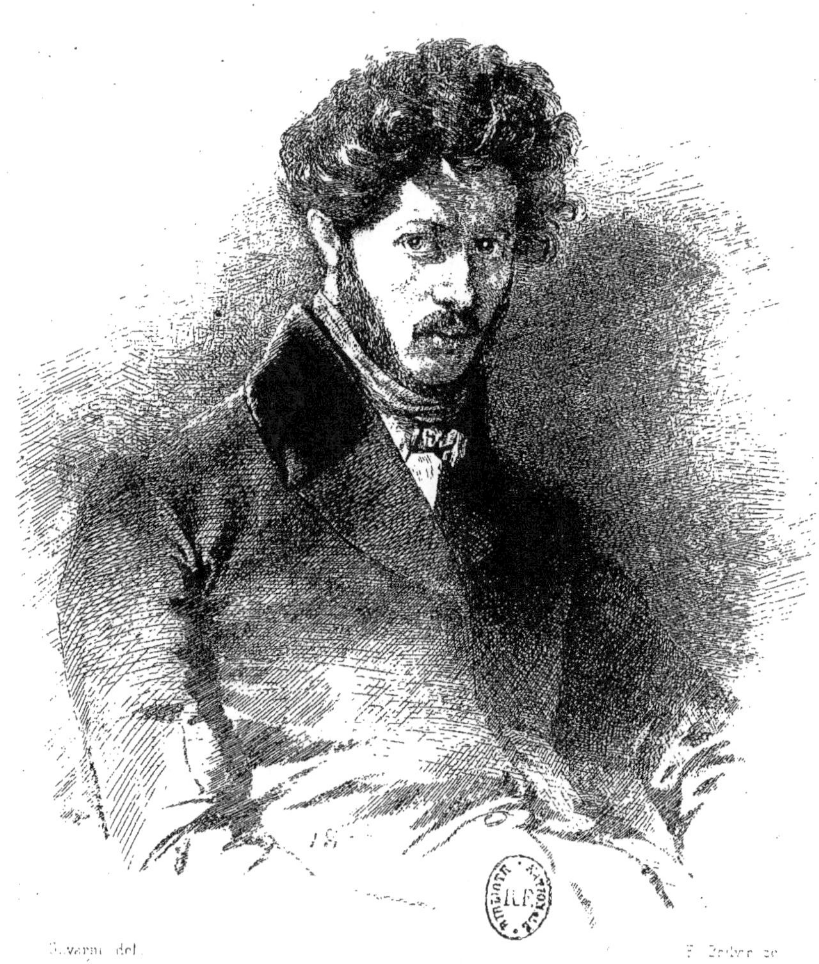

Gavarni del. F. [illegible] sc.

GAVARNI

Imp. A. Salmon Paris

L'ŒUVRE

DE GAVARNI

LITHOGRAPHIES ORIGINALES

ET

ESSAIS D'EAU-FORTE ET DE PROCÉDÉS NOUVEAUX

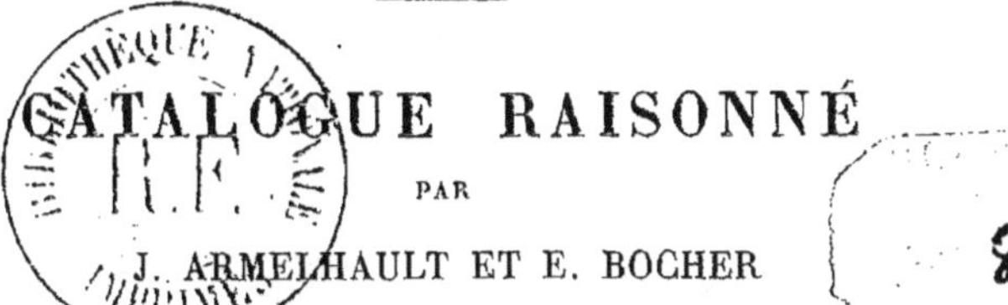

CATALOGUE RAISONNÉ

PAR

J. ARMELHAULT ET E. BOCHER

ORNÉ D'UN PORTRAIT INÉDIT DE GAVARNI DESSINÉ PAR LUI-MÊME
ET DE DEUX LITHOGRAPHIES ET UNE EAU-FORTE
DE CET ARTISTE, ÉGALEMENT INÉDITES

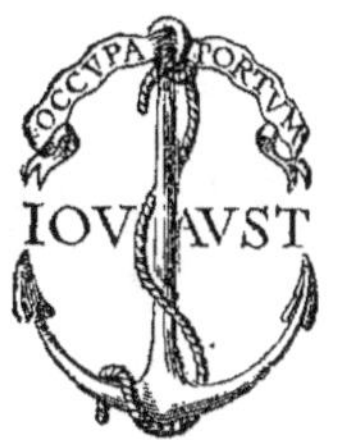

PARIS
LIBRAIRIE DES BIBLIOPHILES
RUE SAINT-HONORÉ, 338

1873

AVERTISSEMENT

Dans l'histoire de la lithographie, il n'est guère d'artistes dont les noms soient plus populaires que ceux de Charlet, de Raffet et de Gavarni. Sans doute, ils doivent en partie cette popularité au choix heureux de leurs sujets, mais qui pourrait méconnaître qu'ils la doivent surtout à leur admirable talent. Leurs productions remplissent les deux conditions nécessaires, selon Musset, pour faire vivre les œuvres d'art : elles plaisent à la foule, elles plaisent aux connaisseurs. Le public les recherche, les artistes les apprécient, les amateurs se les disputent pour en enrichir leurs collections.

Des admirateurs, des amis de Charlet et de Raffet se sont fait un devoir de recueillir toutes les pièces de leur œuvre et d'en publier un catalogue raisonné (1). Cet hommage d'admiration et de sympathie manquait à Gavarni; nous avons voulu le lui rendre.

Son œuvre lithographique, dont nous avons retrouvé 2714 pièces, s'élève à plus du double de celui de Charlet et plus du triple de celui de Raffet. Les recherches, les vérifications et tout le travail qui en est la suite s'augmentaient pour nous en proportion. Notre tâche se compliquait en outre de certaines particularités inhérentes à cet œuvre. De fréquents changements dans la lettre et l'encadrement d'un grand nombre de pièces, quantité de lithographies ayant servi à la

---

(1) *Charlet, sa vie, ses lettres*, suivi d'une description raisonnée de son œuvre lithographique, par M. de Lacombe, ancien colonel d'artillerie. Paris, Paulin et Le Chevalier, 1856.

Raffet, son œuvre lithographique et ses eaux-fortes, suivi de la bibliographie complète des ouvrages illustrés de vignettes d'après ses dessins, par H. Giacomelli. Paris, bureaux de la *Gazette des Beaux-Arts*, 1862.

fois à plusieurs publications, absence d'indications sur la publication à laquelle appartenaient beaucoup d'entre elles, impossibilité de trouver des collections complètes des nombreux journaux auxquels s'est associé le crayon de Gavarni, toutes ces circonstances créaient pour nous autant de difficultés qui ne nous ont pas rebuté, mais qui ont forcément apporté de longs retards à l'exécution de notre catalogue.

Généralement, l'œuvre d'un artiste se divise en deux catégories bien distinctes : 1° les pièces exécutées de sa main; 2° celles qui sont exécutées par d'autres d'après ses ouvrages. La première catégorie de celui de Gavarni comprend ses 2714 lithographies, quelques essais d'eau-forte et de procédés nouveaux et tous ses dessins et aquarelles. Dans la seconde, avec les lithographies et gravures sur cuivre et sur acier par divers artistes, nous rangerons les gravures sur bois, bien que le dessin en ait été exécuté par Gavarni sur le bois même : à ce titre elles pourraient être considérées comme rentrant dans la première catégorie de son œuvre; mais elles n'en ont pas moins subi, par l'entaille du bois, une altération proportionnée à l'intelligence, à l'adresse, au talent du graveur. Le dessin ainsi reproduit cesse d'être un ouvrage original, et c'est avec raison que, dans son catalogue de Raffet, M. Giacomelli a réuni à part les gravures de cette espèce, avec les autres, dans un appendice.

Le nombre des lithographies de Gavarni est tellement considérable qu'il ne nous a pas été possible de joindre au catalogue que nous en donnons aujourd'hui un appendice semblable. D'un autre côté, ses dessins sur bois s'élèvent aussi à plusieurs milliers, et leur détail, loin de pouvoir être compris dans un simple appendice, exigerait un volume entier. C'est un travail dont nous avons recueilli tous les éléments avec l'intention d'en faire une publication ultérieure.

Gavarni (Guillaume-Sulpice Chevallier, dit), est, comme Charlet et Raffet, un enfant de ce Paris, dont il devait si bien peindre les mœurs et reproduire avec tant de vérité les types caractéristiques. Il naquit le 13 janvier 1804. Il est mort, âgé de soixante-deux ans, à Auteuil-Paris, le 24 novembre 1866.

Peu d'artistes modernes ont été l'objet d'autant d'éloges. La presse entière a été unanime. Les critiques d'art, les juges les plus accrédités lui ont décerné le titre de maître. Ils ont étudié et apprécié ses ouvrages avec un soin tout particulier; aussi les pages qu'ils lui ont

consacrées ne laissent rien à dire de nouveau sur la profondeur et la sagacité de son esprit d'observation, sur ses mérites de dessinateur et ses qualités de coloriste, sur le sens moral et la finesse de ses légendes. N'ont-ils pas décrit les phases de sa manière, d'abord précieuse et recherchée, puis devenant plus large, plus franche, plus accentuée et bientôt tout à fait magistrale, montré la souplesse de son talent, tantôt élégant et gracieux, tantôt énergique et puissant? N'ont-ils pas mis en relief l'art avec lequel il imprime sur la physionomie de ses personnages leurs habitudes, leurs sentiments, leur caractère ou leur sottise? N'ont-ils pas enfin analysé, commenté

« Cette ample comédie à cent actes divers »,

image si vraie de la vie parisienne, tableau saisissant des mœurs contemporaines et des passions de tous les temps? Nous ne pourrions que redire, et en beaucoup moins bons termes assurément, ce qui a été si bien dit par Sainte-Beuve, Théophile Gautier, de Boissieu, MM. Henri Delaborde, Charles Blanc, Jules Janin, Saint-Victor, Edmond Texier, Edmond et Jules de Goncourt, Claretie, Yriarte et tant d'autres. En dernier lieu encore a paru un volume où MM. de Goncourt, qu'affectionnait particulièrement Gavarni, non contents de ce qu'ils avaient écrit de son vivant sur l'Hogarth français, ont raconté dans les détails les plus intimes sa vie et ses travaux (1). A tout cela cependant il manque un complément indispensable, l'inventaire des pièces justificatives à l'appui. Notre seul but est de combler cette lacune. Le catalogue que nous donnons y pourvoit en détail et pour être plus modeste, notre ouvrage, nous l'espérons, ne sera pas moins utile à la mémoire de Gavarni.

Nous ne devons pas négliger d'appeler l'attention sur une circonstance particulière à son œuvre. Une très-grande partie de ses lithographies ont été publiées originairement dans des journaux avec texte au verso. Le tirage en était trop précipité pour être bien satisfaisant. Il en est à peu près de même des épreuves tirées presque en même temps, en dehors du journal, et qui la plupart se vendaient coloriées. De nouveaux tirages ont eu lieu successivement et en très-grand nombre jusqu'à ces derniers temps et sont loin de valoir mieux. Les uns et les autres ne donnent qu'une idée incomplète du merveilleux

(1) *Gavarni, l'Homme et l'Œuvre*. Paris, Plon, 1873. In-8°.

talent d'exécution de Gavarni. Il existe cependant une certaine quantité d'épreuves qui ont été imprimées avec soin au moment de la publication première; ce sont celles-là qu'il faut se procurer. Malheureusement aucune remarque ne les signale à l'amateur; c'est à son discernement seul à les distinguer et il ne peut y parvenir qu'au moyen de comparaisons multipliées; mais en général les meilleures se trouvent parmi celles qu'on appelle les épreuves d'essai : elles sont avant la lettre, et le nombre en est très-restreint; s'il s'élève à une dizaine, c'est beaucoup. La différence entre elles et celles qu'on rencontre habituellement est parfois si grande qu'il faut les rapprocher les unes des autres pour reconnaître qu'elles proviennent de la même pierre; c'est seulement un tirage plus soigné qui leur a conservé la finesse du dessin, le velouté du crayon, la couleur et l'effet général. A ce propos, nous nous reprocherions de ne point mentionner ici le cas que Gavarni faisait de M. Lemercier, qu'il regardait comme le plus habile de nos imprimeurs lithographes. « Que de fois n'ai-je pas vu, nous disait-il, un de mes dessins, dont j'étais très-satisfait sur la pierre, devenir méconnaissable à l'impression. Je le considérais comme perdu, je voulais qu'on l'effaçât; mais on allait prévenir Lemercier, il y mettait la main et il le rendait à la vie comme par enchantement. »

Le portrait de Gavarni, en tête du présent volume, ce portrait auquel son regard profond donne un si grand caractère d'individualité, a été fait par lui, à l'âge de trente et un ans, pour un de ses amis intimes. Il appartient aujourd'hui à l'un des fils de celui-ci, M. Alfred Feydeau, qui, avec une gracieuseté que nous ne saurions trop reconnaître, nous a permis de le faire graver (1).

Malgré tous les soins que nous y avons apportés, nous n'avons pas la prétention de supposer que notre catalogue soit exempt d'erreurs et d'omissions, mais nous espérons qu'on voudra bien nous tenir compte des difficultés de notre tâche. Nous serions, au reste, très-re-

---

(1) Voici la liste des autres portraits qui ont été faits de Gavarni et qui ont été lithographiés ou gravés :

I. En pied, la tête de 3/4 tournée à droite, le corps de profil. Favoris et moustaches, chapeau sur la tête, canne à la main. Lithographie par Benjamin (Roubaud), de la suite Panthéon charivaresque, dans le *Charivari*, 21 novembre 1839.

II. En pied, de 3/4 tourné à droite, assis à gauche sur un tertre en regard de Henri Monnier. Moustaches et favoris, un chicard lilliputien à la main. Gravure sur

connaissant qu'on eût la complaisance de nous signaler toutes nos fautes; nous en avons déjà nous-même reconnu plusieurs depuis l'impression, et nous les relatons à la fin du volume, sous le titre : *Rectifications et additions*.

EXPLICATIONS ESSENTIELLES.

MODE D'EXÉCUTION DU CATALOGUE.

Le catalogue de l'œuvre d'un artiste est un simple répertoire de faits matériels : ce n'est pas un livre où la forme littéraire ait un rôle à jouer; il n'est pas destiné à être lu d'une manière suivie, mais à

---

bois de Porret d'après Pauquet. Tête de page de la table des matières du tome Ier des *Français peints par eux-mêmes*. Paris, Curmer, 1840. Gr. in-8.

III. A mi-jambes, de 3/4 tourné à gauche. Barbe entière, un cigare à la main. Lithographie de Gavarni dans le premier volume de l'ouvrage intitulé *Les Beaux-Arts*. Paris, Curmer, 1843. Gr. in-8.

Il existe de ce portrait deux copies gravées dans le même sens :

L'une sur acier, par Nargeot; en tête de *Gavarni, Masques et Visages*. Paris, librairie du Figaro, 1868. Gr. in-8.

L'autre à l'eau-forte, par Flameng; en tête de *Gavarni, l'Homme et l'Œuvre*. Paris, Claye, 1873. In-8.

C'est aussi d'après ce même portrait, dont elles ne reproduisent cependant point les traits, qu'ont été faites les deux gravures sur bois ci-après :

Buste, de 3/4 tourné à droite, un porte-crayon à la main au lieu d'un cigare; en tête de *Gavarni in London*. London, David Bogue, 1849. Gr. in-8 ; et plus tard de *Londres et les Anglais*, par de La Bédollière. Paris, Gustave Barba, s. d. Gr. in-8.

La tête seulement, également tournée à droite, entourée de figures allégoriques, types des compositions de Gavarni; dans la *Vie parisienne*, 5 décembre 1863.

IV. Buste, de 3/4 tourné à gauche. Barbe entière. Gravure sur bois dans *The Illustrated London News*, 8 janvier 1848.

V. A mi-jambes, de 3/4 tourné à droite. Barbe entière, large chapeau de paille sur la tête, cigare à la main. Lithographie de Lafosse, d'après une photographie sur nature; dans le *Panthéon des illustrations françaises au XIXe siècle*. Paris, Lemercier, 1865. In-4.

VI. Tête de 3/4 tournée à droite. Barbe entière. No 11 des Essais d'eau-forte de notre Catalogue.

VII. A mi-corps, de 3/4 tourné à droite. Barbe entière. Gravure sur bois d'après Godefroy Durand, dans le *Monde illustré*, 15 décembre 1866.

être consulté, feuilleté comme un dictionnaire : on y cherche l'existence, la description d'une pièce, de même que dans un dictionnaire de langue on cherche un mot ou son explication. Ordre méthodique dans le classement, exactitude, clarté, précision, concision dans les descriptions, voilà tout ce qu'on exige dans un pareil ouvrage. Tel est le résultat que nous nous sommes efforcé d'atteindre, en supprimant d'ailleurs tous les mots dont nous pouvions nous passer sans cesser d'être clair, et multipliant les abréviations afin de restreindre autant que possible les proportions de notre catalogue.

Nous l'avons divisé par sections et subdivisions de section, que nous avons constituées de façon à faciliter les recherches. On trouvera ci-après la table de ces divisions. Quelle que soit la section dont elles font partie, toutes les lithographies sont inscrites sous une seule série générale de numéros en chiffres arabes. Quand elles appartiennent à une suite distincte, nous les faisons précéder en outre de chiffres romains représentant leur numéro d'ordre dans cette suite. Les pièces sont généralement classées dans chaque section ou subdivision, selon l'ordre alphabétique soit de leur titre, soit des rubriques sous lesquelles elles sont rangées, et nous donnons en tête des sections, subdivisions, suites, recueils ou livres, les explications qui peuvent être utiles.

A la suite du numéro d'ordre général se trouve la désignation du plus ou moins de rareté de certaines pièces. Les lithographies de Gavarni deviennent de jour en jour plus difficiles à rencontrer, non-seulement les anciennes, mais encore beaucoup de plus récentes. Toutefois, ce n'était pas une raison pour que toutes celles qui sont dans ce cas fussent qualifiées de rares : le chiffre en eût été trop considérable, et l'on nous eût taxé d'exagération. Nous avons dû, en conséquence, ne donner cette qualification qu'aux planches qui ont été tirées à petit nombre, ou à celles qui sont inédites ou à peu près introuvables. Quant aux lithographies dont nous avons indiqué plusieurs états, il est bien clair que les épreuves du premier état sont toujours très-rares, puisqu'il n'en est tiré qu'un nombre très-restreint d'exemplaires à titre d'essai, et plus rares encore quand la pièce est signalée elle-même comme rare. Il était donc inutile de spécifier la rareté des premiers états à chaque article.

Lorsque des pièces d'une publication doivent, par la nature de leur sujet, être classées dans une section autre que celle dont fait partie cette publication, nous nous bornons à mentionner simplement leur

titre dans cette dernière section, et renvoyons à la première pour y trouver leur description.

Nous agissons de même pour toute pièce qui a été comprise dans plusieurs publications. C'est à l'article de la publication la plus ancienne que la pièce est décrite; nous la désignons seulement par son titre, pour ordre et pour mémoire, aux autres publications où elle a été employée.

Pour éviter les redites, les répétitions, nous faisons connaître au préambule de chaque suite ce que les lithographies qui en font partie ont de commun, d'identique : titre, forme, inscriptions de toute espèce; et nous ne relatons alors à l'article de chacune d'elles que les points par lesquels elle diffère des autres pièces de la suite.

Enfin, pour les illustrations de tout ouvrage imprimé, nous avons le soin d'en faire précéder la description de renseignements bibliographiques sur l'ouvrage, quel qu'il soit, livre ou journal.

Nous terminons par une table générale alphabétique de toutes les lithographies. Chaque pièce y est désignée soit par son titre, soit par les premiers mots de sa légende, avec indication de la page où elle est décrite ou mentionnée pour mémoire seulement. Le titre des suites ou publications dont les lithographies font partie est en outre inscrit dans cette table, qui offre ainsi le moyen de trouver facilement les renseignements qu'on désire.

MODE DE DESCRIPTION DE CHAQUE PIÈCE.

1° Titre de la pièce : en majuscules. Indication de la place qu'il occupe, mais seulement dans le cas fort rare où il n'est pas inscrit au bas de la lithographie.

Lorsque la pièce n'a pas de titre, nous lui en donnons un pour ordre et afin de faciliter les recherches. Ce titre supplétif est toujours entre parenthèses.

2° Légende et inscriptions relatives au dessinateur, à l'imprimeur lithographe ainsi qu'à l'éditeur : en italiques. Comme elles sont toujours dans la marge inférieure de la planche, nous nous abstenons de l'indiquer à chaque article. Pour qu'elles ne puissent nous être attribuées, les fautes dans la lettre des lithographies sont relevées ou rectifiées entre parenthèses et en caractères romains.

3° Description de la composition : tous les détails nécessaires pour

bien reconnaître les pièces. Quand nous n'indiquons pas que les personnages sont assis, ou qu'ils sont à mi-corps ou à mi-jambes, ils sont en pied et debout.

4° Inscriptions de la main de Gavarni dans le dessin : en caractères dits *égyptiens*. Elles donnent le plus souvent son nom ou l'initiale de son nom, l'indication de l'année où le dessin a été exécuté, exprimée en général par les deux derniers chiffres du millésime, et enfin le numéro d'ordre d'exécution de la pièce dans la série des lithographies produites par l'artiste pendant ladite année : Ainsi 15-42, par exemple, veut dire *quinzième lithographie de l'année* 1842. Ces inscriptions, à quelques exceptions près, ont été tracées de gauche à droite sur la pierre lithographique, de sorte que, par l'effet de l'impression, elles se trouvent à rebours sur les épreuves. Nous n'avons pas relaté cette circonstance toutes les fois qu'elle se présente, mais seulement le cas plus rare où lettres et chiffres n'apparaissent pas à rebours. Nous ferons remarquer, de plus, que, les inscriptions de la main de Gavarni étant presque toutes placées dans le bas du dessin, nous n'avons également mentionné que le cas où elles occupent une autre place.

5° Forme du dessin. La plupart des lithographies de Gavarni ont la forme d'un parallélogramme rectangulaire entièrement couvert par le travail du crayon. Dans ce cas, nous nous bornons à indiquer si la pièce est entourée d'un ou de plusieurs filets.

6° Dimensions de hauteur et de largeur du dessin. Elles sont prises en millimètres : pour les pièces rectangulaires, sur l'une des lignes verticales et sur l'une des lignes horizontales qui circonscrivent le travail du crayon, et que dans le commerce d'estampes on appelle *trait carré;* et, pour les autres pièces, sur les diamètres du cercle ou de l'ovale dont le crayon couvre toute l'étendue.

Quant aux lithographies à claire-voie, autre terme dont se sert le commerce d'estampes pour exprimer que le dessin n'est circonscrit ni par un cercle, ni par une ellipse, ni par un trait carré, la hauteur est déterminée par la distance qui sépare le dernier trait de crayon dans le haut de celui du bas, et la largeur par la distance entre le dernier trait de gauche et celui de droite.

7° États de la planche : Toutes les différences qu'on remarque entre ses épreuves par suite de modifications successives apportées sur la pierre soit au dessin, soit à la lettre de la pièce. Nous n'avons signalé, bien entendu, que les états que nous avons pu constater.

On ne faisait pas alors des lithographies un tirage avant la lettre

pour le commerce comme on en fait un des gravures; on en tirait seulement, à titre d'essai et avec grand soin, un très-petit nombre d'épreuves avant que la lettre ne fût inscrite. Nous avons dû tenir compte de ces épreuves comme état de chaque pièce, et nous lui donnons la qualification d'avant la lettre.

Lorsque les lithographies ont été coloriées, ce qui a eu lieu pour un assez grand nombre, cette circonstance ne saurait constituer un état, car aucun changement n'a été fait sur la pierre, ni même dans son impression, comme ferait un tirage à deux teintes ou en couleur.

ABRÉVIATIONS.

B.	= bas.	M.	= milieu.
D.	= droite.	Pr.	= profil.
Fil.	= filet ou filets.	R.	= rare.
G.	= gauche.	RR.	= très-rare.
H.	= haut, hauteur.	RRR.	= extrêmement rare.
L.	= largeur.	T. C.	= trait carré.

Un tiret perpendiculaire entre deux mots ou deux parties d'un même mot signifie qu'ils sont séparés par un interligne sur la planche.

La gauche et la droite sont toujours désignées relativement à la personne qui est censée avoir devant elle la pièce décrite.

TABLE DES DIVISIONS

§ LITHOGRAPHIES.

		Pages
Ire Section.	Portraits, n°s 1 à 89	1 à 14
IIe —	Illustrations.	
Ire Subdivision.	Morceaux de musique, n°s 90 à 155	15 à 30
IIe —	Journaux et revues, n°s 156 à 1564	30 à 394
IIIe —	Ouvrages divers, n°s 1565 à 1647	394 à 409
IIIe Section.	Sujets divers.	
Ire Subdivision.	Suites publiées isolément, n°s 1648 à 2053	410 à 487
IIe —	Pièces isolées.	
	Lithographies publiées isolément, n°s 2054 à 2074	487 à 491
	Lithographies inédites.	
	Figures en buste, à mi-corps ou à mi-jambes, n°s 2075 à 2097	492 à 495
	Figures seules en pied, n°s 2098 à 2125	495 à 498
	Compositions de deux figures, n°s 2126 à 2161	498 à 502
	Compositions de plusieurs figures, n°s 2162 à 2190	502 à 506
IVe Section.	Costumes et modes, n°s 2191 à 2674	507 à 590
V^e^ —	Œuvres posthumes, n°s 2675 à 2703	591 à 594

§ ESSAIS D'EAU-FORTE ET DE PROCÉDÉS NOUVEAUX.

Pages 595 à 598.

SUPPLÉMENT AUX LITHOGRAPHIES, n°s 2704 à 2714. 599 et 600

LISTE ALPHABÉTIQUE DES LITHOGRAPHIES. . . . 601 à 620

L'ŒUVRE

DE GAVARNI

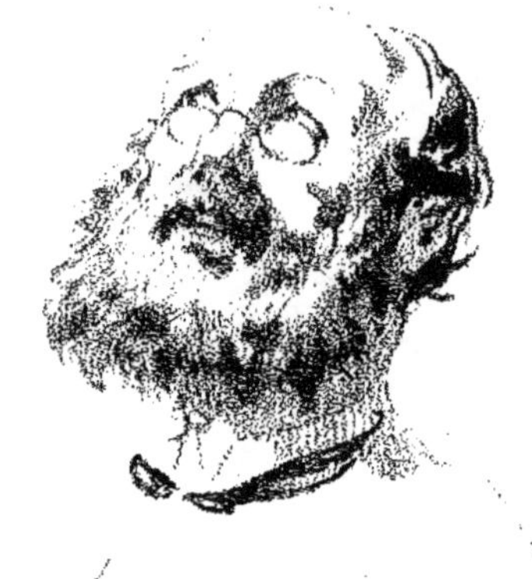

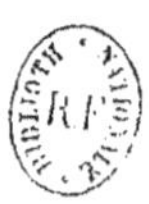

Cavarni. Imp Lemercier

CATALOGUE

DE

L'ŒUVRE DE GAVARNI

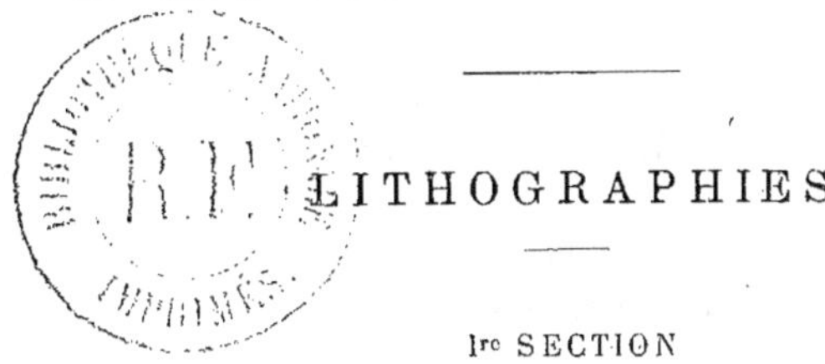

LITHOGRAPHIES

1re SECTION

PORTRAITS

La moitié des lithographies qui composent cette section sont de la plus grande rareté, et ne se trouvent pas dans le commerce. Elles ont été faites généralement pour les personnes qu'elles représentent, et par cela même tirées à un très-petit nombre d'exemplaires. Nous les classons dans l'ordre alphabétique, avec les portraits qui ont paru isolément ou dans des ouvrages périodiques, tels que : *le Monde dramatique*, *l'Artiste*, *l'Abeille impériale*, etc., et nous terminons par ceux qui ont été publiés par *suites* sous des titres collectifs, tels que : *Célébrités contemporaines en France*, *Messieurs du feuilleton*.

---

1 Mme LA DUCHESSE D'ABRANTÈS. — A mi-jambes, de 3/4 à D. tête de pr. Accoudée sur un piano, elle tient son mouchoir ; les mains l'une sur l'autre, cheveux frisés, robe montante avec pèlerine double, manches à gigot. — A. D. sur le devant du piano. **Gavarni**. — Claire-voie. Deux fil. En H. au M. *L'Artiste*. En B. à D. *Lith. Roger et Cie*, *r. Richer*, 7. = H. 158, L. 129 (*).

« L'Artiste, 2e série, t. 1er, 1839. »

1er État. Avant toute lettre.
2e — Celui qui est décrit.
3e — En B. au M. *Imp. Rigo frères, r. Richer*, 7, sans autres changements dans la lettre.

2 RRR. — (Mme LA DUCHESSE D'ABRANTÈS.) — De face, le coude appuyé à D. sur un piano; cheveux frisés, robe à pèlerine et manches à gigot, cravate noire. — Claire-voie. Un fil. Pièce inédite, sans lettre. = H. 165, L. 116.

3 RR. — (Mme LA DUCHESSE D'ABRANTÈS.) — En buste, après sa mort; elle est couchée, la tête de pr. à D. reposant sur deux oreillers. Un drap la

(*) Les hauteurs et les largeurs sont indiquées en millimètres.

couvre jusqu'au cou. Au M. une couronne de duchesse et une autre de lauriers entrelacées. — A G. **Gavarni | 8 juin 1838.** — Claire-voie. A G. *cinquante exemplaires*. Pièce inédite. = H. 185, L. 160.

1er État. Avant toute lettre.
2e — Celui qui est décrit.

4 RRR. — (ANONYME.) — Homme à mi-corps, de face, les deux coudes appuyés sur les bras du fauteuil où il est assis, tenant ses lunettes des deux mains. — A G. **Gavarni. 89.** — Claire-voie. Pièce inédite, sans lettre. = H. 144, L. 142.

5 RRR. — (ANONYME.) — Jeune fille à mi-jambes, assise sur un divan, de pr. à D., les mains sur les genoux. Cheveux à l'enfant avec peigne sur le côté, grand col de mousseline, châle de soie noire. — A G. **Gavarni. 1839.** — Claire-voie. Pièce inédite, sans lettre. = H. 150, L. 142.

6 RRR. — (ANONYME.) — Jeune femme à mi-corps, assise, les deux mains croisées sur ses genoux, de 3/4 tournée à D., la tête presque de face; manches bouffantes, cheveux en boucles des deux côtés. — Claire-voie. Pièce inédite, sans lettre. = H. 225, L. 184.

7 ARNAL | *Théâtre du Vaudeville*, 1837. — En buste, de 3/4 à G.; lunettes sur le nez, col droit, cravate noire, redingote boutonnée. — Claire-voie. Un fil. En H. au M. *Le Monde dramatique*. En B. à G. *Lith. Caboché et Cie*. A. D. *Gavarny* (sic). = H. 144, L. 116.

« Le Monde dramatique, t. IV, 1836. »

1er État. Avant *Le Monde dramatique*.
2e — Celui qui est décrit.
3e — *Le Monde dramatique* est supprimé.
« Le Charivari du 25 avril 1837. »
4e — En H. au lieu de : *Le Monde dramatique*, on lit : *La Vogue | revue industrielle, artistique et littéraire | 8, rue du Croissant.*

8 RRR. — (Mme CONSTANCE AUBERT, née D'ABRANTÈS.) — A mi-jambes, de face, assise, le dos appuyé sur des coussins, les mains croisées sur ses genoux, elle est tout en noir. — Au M. **Gavarni. décembre 1839.** — Claire-voie. Pièce inédite, sans lettre. = H. 175, L. 143.

9 RRR. — S. HENRY BERTHOUD. A mi-corps, de 3/4 tourné à G., assis, le dos appuyé sur un coussin; moustache et collier de barbe, redingote fermant au collet par un cordon. — A G. **Gavarni. avril 1834.** — Claire-voie. A D. *Imprimé par Benard.* Pièce inédite. = H. 117, L. 127.

10 RRR. — S. HENRY BERTHOUD. — De 3/4 tourné à G. assis sur un divan, le dos et un coude appuyés sur des coussins, une main posée sur sa cuisse; à G. un rideau. — A D. **Gavarni.** — Claire-voie. Un fil. A G. *Gavarni.* A D. *Lith. de Frey*, Pièce inédite. = H. 190, L. 146.

1er État. Celui qui est décrit.
2e — A D. *Lith. de Kœppelin et Cie, rue du Croissant, n° 20*, au lieu de *Lith. de Frey*.

11 RRR. — (S. HENRY BERTHOUD.) — Même pose que dans le portrait précédent, avec des changements dans les détails. Le rideau, qui tombait droit, est ici mouvementé; la tête est plus de pr., les plis des vêtements différents. —

Sur la face du divan à D. **Gavarni.** — Claire-voie. Un fil. Pièce inédite, sans lettre. = H. 189, L. 142.

12 RRR. — (ROSA BONHEUR.) — Dans un jardin, de face, la tête légèrement tournée à D., elle s'appuie contre un abrisseau préservé par quatre planches, une main posée sur son appui-main, l'autre à sa ceinture; derrière elle une palissade en lattes croisées. — La tête de ce portrait n'est pas terminée, elle est simplement indiquée. — T. C. Pièce inédite, sans lettre, tirée à quatre ou cinq épreuves seulement après la mort de Gavarni. = H. 320, L. 214.

13 RRR. — (BOUFFÉ, artiste du Gymnase dramatique, dans la Fille de l'Avare). De 3/4 tourné à G., assis près d'une table sur laquelle il compte des écus. — Vers la D. **Gavarni 1835.** — Claire-voie. Un fil. Pièce inédite, sans lettre. = H. 167, L. 130.

14 PASCAL (PIERRE BRY). — De face, tête de 3/4 tournée à G., les deux bras appuyés sur un poêle rond. Bonnet de velours sur la tête, blouse. — A G. **Gavarni.** — Claire-voie. Un fil. En H. au M. *Etudes d'enfants.* En B. à G. *Gavarni.* A D. *Lith. de Gihaut frères.* Au-dessus du mot *Pascal*, le n° 10. Au-dessous, à G. *Paris, Gihaut frères, éditeurs, boulevard des Italiens, n°* 3. A D. *London published by Ch. Tilt* 86. *Fleet-street.* = H. 188. L. 242.

1er État. Avant toute lettre.
2e — Celui qui est décrit.
3e — N° 4, au lieu de n° 10. — *Lith. Coulon, rue Richer,* 7, au lieu de *Lith. de Gihaut frères*, et au M. *chez Beauger, rue du Croissant,* 16.
4e — En. H. à D. *Gazette des Enfants.* Le reste comme au 3e état.

15 Mme CÉNAU. | *Théâtre de la Porte-Saint-Martin.* — De 3/4 à D., les épaules nues, les bras également nus et croisés. Robe de mousseline blanche à larges et longues manches ouvertes. — A G. **201.** — Trois fil En H. à G. *Belles Actrices de Paris,* 1. A D. *Les coulisses.* En B. au M. entre le T. C. et le premier fil. *Par Gavarni.* Au-dessous des fil. à D. *Imp. d'Aubert et Cie.* = H. 220, L. 155.

Suite projetée dont il n'a paru que cette lithographie.

1er État. Avant toute lettre.
2e — Celui qui est décrit.

16 RRR. — (CH. CHANDELLIER.) — Feuille d'étude. De 3/4 à D., large cache-nez autour du cou. Il est entièrement couvert d'un manteau descendant au-dessous des genoux. En B. à G. le buste du même personnage, de 3/4 à G., large cravate blanche. — Au M. **Ch. Chandellier. 17 avril 1837. G. 46.** — Claire-voie. Un fil. Pièce inédite, sans lettre. = H. 177, L. 114.

17 RRR. — (CH. CHANDELLIER.) — A mi-corps, assis dans un fauteuil, de 3/4 tourné à D.; toute sa barbe, moustaches relevées. Accoudé sur un des bras du fauteuil, il appuie sur l'autre une de ses mains. — A. G. **Ch. Chandellier. | par Gavarni | 8 mars 1842.** — Claire-voie. A D. *Lith. Bertauts.* Pièce inédite. = H. 215, L. 176.

18 RRR. — (Mme CHARTON DEMEURS.) — A mi-jambes, de face, la tête de 3/4 à D., elle est accoudée sur une table où sont des livres de musique. Nœuds de rubans des deux côtés de la tête, mantelet de satin noir sur une épaule, tombant de l'autre. Au fond, des plantes exotiques. — A G. **Gavarni.** — Claire-voie. Pièce inédite, sans lettre. = H. 215, L. 176.

19 QUATRE-VINGT-DIX ANS. (CHEVALLIER, père de GAVARNI.) — Dans un jardin, de 3/4 tourné à G., il regarde de face; cheveux blancs, longue redingote, une main dans la poche de son pantalon; au fond, vue de Paris. — En H. au M. au-dessus du T. C. *Journal des gens du monde*. En B. au-dessous du T. C. au M. *Par Gavarni*. Plus B. au-dessous du titre à G. *L'admon rue de Castiglione*, 5. A D. *Imp. par Benard*. = H. 177, L. 115.

« Journal des gens du monde, t. Ier, 15e livraison. »

1er État. Avant toute lettre.
2e — Celui qui est décrit.

20 Mlle JENNY COLON. | *Rôle de Sarah*. — De face, tête de 3/4 à D., une cruche à la main, derrière elle une table; des rubans dans les cheveux et sur les épaules, tablier et guêtres écossais. — A D. **Gavarni**. — Claire-voie. Un fil. En H. au M. *Le Monde dramatique*. En B. au-dessous du titre à G. *Imprimé chez Caboche et Cie*. A D. *Place de la Bourse*, no 8, *Paris*. = H. 179, L. 118.

« Le Monde dramatique, t. II, 1835. »

1er État. Celui qui est décrit.
2e — Le fil. d'encadrement est prolongé en hauteur et en largeur. En B. dans l'intérieur du dessin au-dessous du titre : *Dans Sarah ou l'Orpheline de Glencoé, opéra-comique en | deux actes, paroles de M. Melesville, musique de Grisar*. En H., au-dessus des fil., au M. *Moniteur des théâtres | journal spécialement consacré à l'art dramatique*. En B. à G. *Planche* No *III*. A D. *Rue du Caire*, no 29, et au M., au-dessous : *Lith. Caboche et Comp., place de la Bourse*, 8. — H. 226, L. 144.

21 Mlle DÉJAZET. | *Rôle de la Périchole, théâtre du Palais-Royal*. — De 3/4 à G., poussant le verrou d'une porte. Costume espagnol. — Au B. de la porte à G. **Gavarni | 1835**. Au-dessous vers la G. **Déjazet la Périchole**. — Claire-voie. Trois fil. En H. au M. *L'Artiste*. En B. au M. *Par Gavarni*. A D. au-dessous du titre. *Imp. par Frey*. = H. 177, L. 127.

« L'Artiste, 1re série, t. X. »

22 E. DUPATY | *de l'Académie française*. — En buste, assis, il regarde en face, la figure de 3/4 à G. Cravate blanche, rosette d'officier de la Légion d'honneur à la boutonnière. — A D. **Gavarni, 17 novembre 36**. — Claire-voie. Un fil. En H. au M. *Le Monde dramatique*. Au-dessous du titre au M. *Lith. de J. Caboche et C., Pl. de la Bourse*, 8. = H. 151, L. 130.

« Le Monde dramatique, t. III, 1836. »

23 RRR. — (DUSSEAU DE LA CROIX.) — En buste, de face, cheveux bouclés, col de satin noir avec nœud, gilet blanc, trois boutons de diamants à la chemise, décoration à la boutonnière. — Claire-voie. Deux fil. Pièce inédite, sans lettre. = H. 196, L. 164.

24 RRR. — (CH. D'ESPINOIS.) — En buste, de 3/4 tourné à G., regardant en face. Moustaches et barbe courte, redingote à brandebourgs, larges revers en velours. — A. D. **204**. — Claire-voie. Pièce inédite, sans lettre. = H. 111, L. 80.

25 S. M. L'IMPÉRATRICE EUGÉNIE. | *Costume officiel du 2 janvier* 1855. — De pr. à D., tête de 3/4, coiffée d'un diadème en perles; robe à deux volants de dentelles, manteau de cour ajusté à la taille. — A. D. **55-1**. — Trois

fil. cintrés en H. Au M. en H. *L'Abeille Impériale.* En B. à G. *Par Gavarni.* Au M. le nº 1. A D. *Imp. Lemercier, Paris.* — H. 203, L. 123.

« L'Abeille Impériale, 15 janvier 1855. »

1er État. Avant toute lettre.
2e — Celui qui est décrit.

26 RRR. — (FÉLIX, valet de chambre de GAVARNI.) — En buste de pr. tourné à G. Il a 16 à 18 ans. Endormi, la tête et le dos appuyés sur le dossier de la chaise où il est assis, en manches de chemise, col nu, gilet droit. — Claire-voie. Pièce inédite, sans lettre. = H. 100, L 70.

27 RRR. — (ALFRED FEYDEAU.) — Jeune garçon de 3/4 presque de pr. à D. bourrant un fusil dont la crosse repose à terre. Tête nue, veste courte, pantalon blanc. Fond de paysage.—A D. G.—Pièce inédite, sans lettre. = H. 213, L. 145.

On n'en connait qu'une épreuve appartenant à M. Alfred Feydeau

28 ALFRED (FEYDEAU.)—Jeune garçon de 3/4 à D., les yeux baissés; béret blanc sur la tête, un fusil sous le bras. Derrière lui, une robe de chambre sur un fauteuil. A G. **Gavarni.** — Claire-voie. Un fil. En H. au M. *Études d'Enfants.* En B. à G. *Gavarni.* A D. *Lith. de Gihaut frères.* Au-dessus du mot *Alfred* le nº 8. Au-dessous à G. *Paris. Gihaut frères, éditeurs, boulevard des Italiens, nº* 5. A D. *London published by Ch. Tilt.* 86. *Fleet street.* = H. 240, L. 185.

1er État. Sans lettre et sans fil.
2e — Celui qui est décrit.
3e — Nº 2, au lieu de nº 8. — *Lith. Coulon, rue Richer,* 7, au lieu de *Lith. de Gihaut frères,* et au M. *rue du Croissant,* 16, sans autre lettre.
4e — En H. à G. *Août* 1839. A D. *Gazette des Enfants.* Le reste comme au 3e état.

29 RRR. — (ERNEST FEYDEAU.) — Jeune garçon de 3/4, tourné à D., une casquette sur la tête, tenant des deux mains un sabre de cavalerie. A G. un guéridon sur lequel est posé un shapska de garde national à cheval. — Claire-voie. Pièce inédite, sans lettre. = H. 163, L. 125.

30 RRR. — (Mlle FEYDEAU.) —Petite fille, de 3/4, tournée à G.; elle tient des deux mains une ombrelle ouverte au-dessus de sa tête; chapeau noir sur un petit bonnet. — Claire-voie. Pièce inédite, sans lettre. = H. 165, L. 118.

31 RRR. — (Mme FEYDEAU.) — A mi-corps, assise presque de pr. à D, les yeux baissés, les mains sur les genoux; nattes enroulées et terminées par un nœud de rubans, formant une coiffure très-élevée sur le sommet de sa tête. — A G. **Gavarni.** — Claire-voie. Pièce inédite, sans lettre. = H. 147, L. 120.

32 RRR. — G. FLORIS. | *Ministre du S. E.* (saint Évangile) *professeur de philosophie à la faculté de Montauban, né à Saint-Jean-du-Bruel le* 30 *octobre* 1792, *mort à Montauban le* 25 *avril* 1838.—En buste de 3/4 tourné à G., assis dans un fauteuil; cravate blanche, gilet noir, habit ouvert. — A D. **39.** — Claire-voie. A G. *Gavarni.* A D. *Lith. Roger et Cie*, *r. Richer*, 7. Pièce inédite. = H. 175. L. 182.

1er État. Avant toute lettre.
2e — Celui qui est décrit.

33 RRR. — (ÉMILE FORGUES, OLD-NICK.) — De pr. tourné à D., en costume de diable, assis sur un tabouret devant un secrétaire dont la tablette

est chargée de livres. La tête enfoncée dans un volume, une main derrière sa tête, tenant une plume d'oie. — Claire-voie. Pièce inédite, sans lettre. = H. 190, L. 154.

34 GAVARNI, en H. de la planche. — A mi-jambes, vu de 3/4, regardant en face, il est en veste de velours. Toute sa barbe, cravate blanche, une main dans sa poche, l'autre tenant une cigarette. — A G. **36**. Plus B. **1842**. — Claire-voie. Un fil. à pans coupés en H. En B. à G. *Imp. Bertauts*. A D. *r. St-Marc*, **14**. Au-dessous au M. *Étude*. = H. 215, L. 157.

« Les Beaux-Arts, Paris, Curmer, 1er vol 1843. »

1er État. Avant toute lettre.
2e — *Imp. Bertauts* et *r. St-Marc*, 14, sans autre lettre.
3e — Celui qui est décrit.
4e — Le mot *Étude* a disparu.
« La Giralda, Curmer (1845). »
5e — *Imp. Bertauts* est au M. au-dessous du fil. — **1842**. *Étude* et *r. St-Marc*, 14, ont disparu.

35 Mlle GEORGES. | *Rôle de Washla dans la Guerre des servantes. Porte Saint-Martin.* — Tournée de 3/4 à D., un bras étendu du même côté à la hauteur de la poitrine, coiffée d'une couronne à longues pointes d'où pend un voile, riche costume moyen âge garni d'hermine. — A G. **Gavarni**. A D. **103**. — Claire-voie. Au M. en H. *Le Monde dramatique*. En B. à D. *Lith. Caboche Grégoire et Cie*. = H. 180, L. 153.

« Le Monde dramatique, t. V, 1837. »

1er État. Avant toute lettre.
2e — Celui qui est décrit.
3e — *Le Monde dramatique* a disparu.
« Le Charivari du 19 septembre 1867. »

36 RRR. — (Mlle GEORGES.) — A mi-jambes, de face, tête de 3/4 à G., elle tient un éventail entre ses mains. — La tête seule de ce portrait est terminée. Le reste est à l'état de préparation. Pièce inédite, sans lettre, dont le tirage à quatre ou cinq épreuves seulement a eu lieu après la mort de Gavarni. = H. 198, L. 168.

37 RRR. — (Mme GOULET.) — A mi-corps, de 3/4, tournée à G., assise dans un fauteuil; cheveux nattés sur les côtés et entrelacés de rubans, corsage recouvert d'un canezou fermé au cou par une rose. — A D. **43-46**. — Claire-voie. Pièce inédite, sans lettre. = H. 182, L. 166.

38 GUSICOW (musicien). — En buste, coiffé d'un bonnet de velours noir, le corps tourné à G., la tête de 3/4 à D.; cheveux aplatis en boucles sur les joues, épingle à la cravate. — A G. **Gavarni**. — Claire-voie. Un fil. Au M. en H. *Le Monde dramatique*. En B. au-dessus du fil. au M. le nom du personnage. Au-dessous du fil. au M. *Lith. de J. Caboche et Cie, Pl. de la Bourse*. 8. = H. 182. L. 127.

« Le Monde dramatique, t. III, 1836. »

39 LE FRÈRE ET LA SOEUR | PRAGUE. (HENRI, COMTE DE CHAMBORD et LA DUCHESSE DE PARME enfants.) — Le jeune prince à G. assis dans un fauteuil, une main posée sur une table de l'autre côté de laquelle est assise sa sœur lisant un livre. Derrière eux le portrait de Henri IV. Aux pieds du prince un in-folio sur lequel on lit écrit directement : « **H. de France.** » — Claire-voie. Deux fil. En H. au-dessus des fil. et au M. *La Mode*. A G. 1834.

En B. entre les deux fil. à G. *L'Administration rue du Helder*, 25. A D. *imp. par Benard.* = H. 113, L. 89.

« La Mode, octobre 1834. »

40 RRR. — (HERTZ, banquier anglais.) — Jeune homme de 3/4 tourné à D., une main appuyée sur un livre posé sur une table à G., et sur le plat duquel on lit : « **deed | of | Constitution** », l'autre dans l'ouverture de son gilet. — Claire-voie. Pièce inédite, sans lettre. = H. 403, L. 240.

La tête de ce portrait, fait en Angleterre, avait été dessinée timidement sur pierre par une main peu expérimentée. Gavarni la reprit et acheva tout le portrait. (Indication donnée par Gavarni lui-même.)

41 PAUVRE MÈRE. IVe ACTE. | ADOLPHE LAFERRIÈRE | *Rôle de Georges.* — Presque de face, en manches de chemise, une main sous son menton. A D. à ses pieds et tenant son autre main, une femme à genoux vue de dos. — A G. **Gavarni.** A D. **216.** — En H. au M. au-dessous du T. C. *Le Monde dramatique.* En B. au-dessous du T. C. à D. *Lith. Caboche Grégoire et C.* = H. 190, L. 140.

« Le Monde dramatique, t. V, 1837. »

1er État. Celui qui est décrit.
2e — *Le Monde dramatique* a disparu.
« Le Charivari du 8 décembre 1837. »

42 RRR. — (RAYMOND LA GARRIGUE, peintre, professeur à l'École de Tarbes.) — Buste de 3/4 tourné à D. Collier de barbe noire, front découvert, les yeux noirs, extrêmement vifs; cravate noire à gros nœud très-lâche. — A G. **41-66.** — Claire-voie. Pièce inédite, sans lettre. = H. 102, L. 95.

1er État. Dans le H. de la planche deux têtes, dont une de vieillard à barbe blanche de pr. à D. Ces têtes ne sont pas de Gavarni.
2e — Celui qui est décrit.

43 RRR. — (RAYMOND LA GARRIGUE.) — A mi-jambes, de 3/4 tourné à D. Assis dans un fauteuil, il tient d'une main un crayon, de l'autre un album sur son genou. — Derrière le fauteuil à G. **39.** Plus B. **Gavarni | 1842.** — Claire-voie. A D. *Imp. Bertauts.* Pièce inédite. = H. 195, L. 169.

44 RR. — GUSTAVE DE LANOUE. — Tête de pr. tournée à G., moustaches, cheveux tombant par derrière et cachant les oreilles. — A G. **Gavarni, 1839.** Au-dessous du cou on lit écrit directement : **E. Rion**, nom du sculpteur d'un médaillon d'après lequel Gavarni a fait cette lithographie. — Claire-voie. Un fil. A D. *Lith. Roger et Cie*, *r. Richer*, 7. = H. 117, L. 89.

Publié en tête de « Enosh., poëme religieux, par Gustave de Lanoue. avec une note biographique par Mme Mélanie Waldor. Ecce homo. Paris, Auguste Legallois, 1839. »

45 RRR. — (Mme LE ROY.) — En buste, tête de 3/4 à D. penchée en arrière, presque couchée sur le dos d'un fauteuil. Cheveux plats, boucles d'oreilles longues. — A G. **G. 1839.** — Claire-voie. Pièce inédite, sans lettre. = H. 110, L. 134.

46 RRR. — MALACHOWSKI. — A mi-corps, de 3/4 tourné à D. En uniforme brodé, avec des épaulettes d'officier général. Il retient d'une main son manteau. Une décoration. — Claire-voie. En B. fac-simile de la signature du personnage au-dessus de son nom. A D. *Lith. de Villain.* = H. 108 L. 92.

47 RRR. — (Mme MANGIN.) — A mi-corps, de 3/4 tournée à D. Accoudée sur

les deux bras du fauteuil où elle est assise, elle tient un mouchoir à la main. Coiffure avec rubans dans le haut de la tête. — Au M. et écrit directement **G.** — Claire-voie. Pièce inédite, sans lettre. = H. 188, L. 155.

48 S. A. I. Mme LA PRINCESSE MATHILDE. | *Toilette de bal.* — De pr. à D., une couronne sur le derrière de la tête; robe à trois volants, relevée sur le côté par des bouquets de roses. Elle tient un éventail; un manteau d'hermine sur le bras. — A G. **55-5.** — T. C. cintré en H. Au M. en H. *L'Abeille impériale.* En B. à G. *par Gavarni.* Au M. le nº 4. A D. *Imp. Lemercier, Paris.* = H. 210, L. 128.

« L'Abeille impériale, 28 février 1855. »

1er État. Avant toute lettre.
2e — Celui qui est décrit.

49 MÉLINGUE. en H. de la planche. — De 3/4 à D., les cheveux longs encadrant son visage, une main dans la poche de son pantalon, l'autre sur un parapet. — A G. **Gavarni.** — Claire-voie. Au M. *Par Gavarni.* Plus B. *Acteur et statuaire.* Au-dessous, *Imp. Bertauts, r. Cadet*, 11, *Paris.* = H. 225, L. 160.

1er État. En B. à G. *Imp. Bertauts*, sans autre lettre.
2e — Celui qui est décrit.
3e — En H. à D. *L'Artiste.* En B. à G. *Par Gavarni.* A D. *Imp. Bertauts, Paris.* Plus B. au M. *Melingue | acteur et statuaire.*
« L'Artiste, 5e série, t. VIII, 1853. »
4e — *L'Artiste* a été effacé. En H. à G. *Souvenirs d'artistes.* A D. 17. En B. à G. *Par Gavarni.* A D. *Imp. Bertauts. Paris.* Au-dessous au M. *Melingue | comédien et statuaire.*

50 RRR. — MÉLINGUE. | *By Gavarni in London.* — En habit de ville, de face, la tête de 3/4 tournée à G.; cravate blanche. Il tient sa canne et son chapeau à la main. — A G. **Gavarni.** — Claire-voie. Double fil. à pans coupés en H. et en B. = H. 327, L. 205.

51 HENRI MONNIER. — De 3/4 à D.; il regarde de face. Une main dans la poche de son paletot boutonné jusqu'en haut. — A G. **43 | 21.** Au-dessous **Henri Monnier | Gavarni, 1843.** — Claire-voie. A G. *Par Gavarni.* A D. *Imp. Bertauts. Paris.* = H. 258, L. 140.

1er État. *Imp. Bertauts, Paris,* sans autre lettre.
2e — Celui qui est décrit.
3e — En H. à D. *L'Artiste.* Le reste comme à l'état décrit.
« L'Artiste, 5e série, t. IX, 1853. »
4e — *L'Artiste* a été effacé et remplacé à G. par *Souvenirs d'artistes,* 37.

52 HENRI MONNIER. — A mi-corps, de 3/4 tourné à D. Il est assis, appuyé sur un coussin. Collier de barbe, vêtement ouvert, à collet de velours, et laissant voir la chemise. — Au M. vers la G. **Gavarni 1er avril 1840.** — Claire-voie. En H. au M. *L'Artiste.* En B. à D. *Lith. Coulon et Cie, r. Richer,* 7. = H. 128, L. 140.

« L'Artiste, 2e série, t. VI, 1840. »

1er État. Avant toute lettre.
2e — Celui qui est décrit.
3e — En H. *La Tribune dramatique* au lieu de *l'Artiste.*
4e — **1er avril 1840** a disparu. — A D. *Imp. Bertauts, Paris,* au lieu de *Lith. Coulon,* etc. En H. à G. *Souvenirs d'artistes.* A D. 97, sans autre lettre.

53 RRR. — (Mme MONTIGNY.) — Buste de 3/4 à D., cheveux plats, en bandeaux relevés sur les oreilles. Robe montante. Le haut des bras enveloppé d'un châle. — A D. **G. 42-11.** — Claire-voie. Pièce inédite sans lettre. = H. 184, L. 162.

54 RRR. — B. NIEMOIOWISKI. — A mi-corps, de pr. tourné à D. Il retient son manteau d'une main. — Claire-voie. Au B. au-dessus du nom du personnage, le fac-simile de sa signature. A D. *Lith. de Villain.* = H. 100, L. 75.

55 (Mlle NOURTIER.) — A mi-jambes, de pr. tournée à D, assise dans un vaste fauteuil, les mains sur les genoux, tenant son chapeau. — A G., sur le fauteuil, **41-48**. — Claire-voie. Un fil. cintré en H. En B. à G. *Imp. d'Aubert et Cie*. A D. *Par Gavarni.* Au-dessous : *Redingote de Pékin, Ste Barbe, rue Castiglione; fichu à jabot, chapeau de paille | d'Italie, voilette et écharpe de dentelles.* = H. 165, L. 145.

« Le Charivari du 18 septembre 1841. »

1er État. Avant toute lettre.
2e — Celui qui est décrit.
3e — *Redingote en Pékin,* au lieu de, *de Pékin.* En B. au-dessous de la légende : *Chez Bauger, rue du Croissant.*

56 LA PRINCESSE HÉLÈNE, DUCHESSE D'ORLÉANS. — De face, la tête de 3/4 à D. Cheveux à bandeaux plats, robe garnie de dentelles à manches courtes et bouffantes, grand cordon en écharpe. — A D. **65.** — Claire-voie. Trois fil. En H. *Psyché, journal des modes | passage Saulnier, n° 11.* A D. *n° 157.* En B. à G. *Gavarni.* A D. *Imp. d'Aubert et de Junca.* = H. 196, L. 125.

« Psyché du 18 janvier 1837. »

57 RRR. — (Mme PELLIER.) — Buste, de pr. tourné à D. Cheveux relevés à la chinoise, bonnet dénoué, posé sur la derrière de la tête. — A D. **Gavarni.** — Claire-voie. Pièce inédite, sans lettre. = H. 127, L. 140.

58 RRR. — (PEYTEL.) — Presque de face, vêtu d'une robe de chambre descendant jusqu'aux pieds; gilet de satin boutonné jusqu'en haut; une main dans l'entournure de son gilet, l'autre dans la poche de sa robe de chambre. — A D. **Le 28 décembre | 1832 Gavarni.** — Claire-voie. Un fil. A G. *Lith. de Benard.* Au M. *Gavarni.* Pièce inédite. = H. 199, L. 128.

C'est le portrait du notaire condamné à mort pour assassinat et exécuté. Il était ami de Balzac, qui prit sa défense avec ardeur, même après sa condamnation, et l'auteur d'un volume intitulé « Physiologie de la poire, par Louis Benoit, jardinier. Paris, 1832, un vol. »

1er État. Sans l'inscription à rebours, mais avec *Lith. de Benard* à G. et *Gavarni* à D.
2e — Celui qui est décrit.

59 RRR. — (EUGÉNIE SAUVAGE, artiste du Gymnase dramatique.) — De 3/4 à D. les mains croisées, le coude appuyé sur une console, supportant un vase de fleurs. — A G. **G. 1835.** — Claire-voie. Cinq fil. Pièce inédite, sans lettre. = H. 203, L. 142.

60 CHRISTOPHE SCHMID (conteur allemand). — En buste, de face, les cheveux blancs tombant des deux côtés sur les épaules, assis sur un fauteuil, le bras droit appuyé sur une table. A la boutonnière de sa redingote un ordre

étranger. A G. sur la partie latérale de la table **42-19**. — Claire-voie. A G. *Imp. d'Aubert et Cie*. = H. 120, L. 105.

En tête de : « Contes du chanoine Schmid. Paris, A. Royer, 1843. »

1er État. Avant toute lettre.
2e — Celui qui est décrit.

61 RRR. — JOSEPH SZYMANOWSKI. — En buste, de face, bras croisés sur la poitrine, moustaches, uniforme avec épaulettes d'officier général, deux décorations. — A G. **Gavarni**. — Claire-voie. Fac-simile de la signature au-dessus du nom du personnage. A D. *Lith. de Villain*. = H. 205, L. 180.

Fait partie de « Les Polonais et les Polonaises de la révolution du 29 novembre 1830, ou Portraits des personnes qui ont figuré dans la dernière guerre de l'indépendance polonaise, avec le fac-simile de leur signature, lithographiés sur dessins originaux par les artistes les plus distingués, accompagnés d'une biographie pour chaque portrait, par Joseph Stroszewicz. Paris, imp. A. Pinard, 1832. »

62 RRR. — JOSEPH SZYMANOWSKI. — En buste, réduction du portrait précédent. — Claire-voie. Fac-simile de signature au-dessus du nom du personnage. A D. *Lith. de Villain*. = H. 102, L. 85.

63 M. et Mme ÉMILE TAIGNY (artistes du Vaudeville). — Tous deux à mi-corps, de face, bras dessus, bras dessous. Mme Taigny est à D. — A D. **Gavarni | 40**. — Claire-voie. Un fil. Au-dessus une tablette à double fil. au M. de laquelle on lit : *Le Monde dramatique*. En B. tablette semblable où on lit le nom des deux personnages. = H. 127, L. 110.

« Le Monde dramatique, t. IV. 1836. »

1er État. Avant toute lettre, sans les tablettes.
2e — Sans la tablette du H.
3e — Celui qui est décrit.
4e — Les personnages sont à mi-jambes. Les deux tablettes sont supprimées. Le fil. qui encadre la planche est prolongé. En H. au M. *Galerie dramatique* au lieu de : *Le Monde dramatique*. — En B. *Lith. Caboche Grégoire et comp., passage Saulnier*, 19.
« Le Charivari du 15 novembre 1837. »

64 RRR. — FORTUNATA TEDESCO (artiste du Théâtre-Italien). — De 3/4 tournée à D., les épaules et les bras nus, elle retient des deux mains un châle qui lui tombe sur les hanches; son chapeau sur une table à côté d'un grand vase. — En H. à G. **55-3**. — En B. Au-dessous du T. C. à G. *Par Gavarni*. A D. *Imp. Lemercier, Paris*. Pièce inédite. = H. 360, L. 218.

1er État. Avant toute lettre.
2e — Sans le nom du personnage représenté, mais avec les autres inscriptions.
3e — Celui qui est décrit.

65 RR. — THÉNOT (peintre de paysage). — De 3/4 à D., en manches de chemise, un chapeau rond sur la tête. Il tient sa palette d'une main et un pinceau de l'autre. — A D. **Gavarni**. — Un fil. à G. *Gavarni*. Au-dessous du nom du personnage à G. *Published by Charles Tilt* 86. *Fleet street*. A D. *A Paris, chez Aubert, Galerie Vero-Dodat*, et plus B. au M. *Lith. de Benard, rue de l'Abbaye, n° 4*. = H. 199, L. 120.

1er État. Avant toute lettre.
2e — Celui qui est décrit.

66 Me ANNA THILLON. | *Rôle de Lady Melvil, théâtre de la Renaissance* |

Croquis de Souvenirs (sic). — De 3/4 à D., presque de face; elle chante. Boucles de cheveux sur les côtés. Ferronière. Collier et bracelets sur des gants demi-longs. — A G. **Gavarni, 191**. — Claire-voie. Trois fil. En H. au M. *Le Monde dramatique*. En B. à G. *Lith. Caboche et Cie*. = H. 167, L. 118.

« Le Monde dramatique, t. VII, 1838. »

67 ALCIDE TOUSEZ. | *Rôle de Bobêche, théâtre du Palais-Royal*. — De face, tête de 3/4 à G., il a les deux mains dans les goussets de sa culotte. Perruque bouclée sur les côtés, veste courte, gilet à grands revers, culotte. — A G. **Gavarni | 75**. — Claire-voie Un fil. En H. *Le Monde dramatique*. En B. au-dessous du nom du personnage *Caboche Grégoire et Cie, passage Saulnier*, 19. = H. 178, L. 112.

« Le Monde dramatique, t. V, 1837. »

1er État. Avant toute lettre et sans fil.
2e — Celui qui est décrit.

68 RRR. — (TRONQUOY, professeur de dessin et de machines à l'École polytechnique.) — A mi-corps, presque de pr. à D., assis, le coude appuyé sur une table où se trouvent une planche, une équerre et un compas. — Au-dessous du rebord de la table, à G. **40**. Plus B. au M. **Gavarni, 1842**. — Claire-voie. A D. *Imp. Bertauts*. Pièce inédite. = H. 175, L. 175.

69 RR. — S. M. LA REINE VICTORIA. — De face, en amazone, petit col blanc rabattu. Un grand cordon et un crachat en dessous. Dans le fond, de grands arbres. — A D. **55-9**. — Trois fil. cintrés en H. Au M. en H. *L'Abeille impériale* | 23, *quai Voltaire*. En B. à G. *Par Gavarni*. A D. *Imp. Lemercier, Paris*. = H. 198, L. 122

« L'Abeille impériale..... 1855. »

1er État. Avant toute lettre et avant les fil.
2e — Celui qui est décrit.

70 RRR. — (Mme DE VIEFVILLE.) — A mi-corps, de face, assise dans un grand fauteuil sur les bras duquel elle appuie ses coudes; elle est coiffée d'un chapeau dont le voile lui cache le haut du front, ses cheveux bouclés en tire-bouchons lui encadrent le visage. — A G. **G. | 42-10**. — Double fil. à pans coupés en H. En B. à G. *Lith. Bertauts*. Pièce inédite. = H. 198, L. 158.

71 RRR. — M. G. T. VILLENAVE (homme de lettres). Buste, de 3/4 à D. Longs cheveux gris bouffants des deux côtés, cravate noire et col droit, ruban de la Légion d'honneur à la boutonnière. — A G. **Gavarni, 39**. — Claire-voie. Pièce inédite. = H. 140, L. 130.

72 GULNARE (Mlle WALDOR). — A mi-jambes, de pr. à D., vue presque de dos, le coude appuyé sur le parapet d'une terrasse, elle tient d'une main un yatagan. Bonnet de velours grec à long gland, veste en velours noir, large ceinture orientale. — Sur le rebord du parapet à G. **Gavarni | mai 43-37**. — Claire-voie. En H. au M. *Gavarni*. En B. à G. *Imp. Bertauts*. = H. 203, L. 145.

« Les Beaux-Arts. Paris, Curmer, Ier volume, 1843. »

1er État. Avant toute lettre.
2e — *Imp. Bertauts*, sans aucune lettre.
3e — Celui qui est décrit.
4e — *Gulnare* a disparu.
« La Giralda, Curmer (1845). »

73 Mlle WILLMEN. | *Rôle de Ruben dans la Vallée-aux-Fleurs* | *théâtre du Pa-*

lais-Royal. — De face, tête de 3/4 penchée à G. Elle est en costume de paysan, tenant son chapeau de paille des deux mains devant elle. Fond de paysage, à G. une croix. — A D. **Gavarni.** — En H. *Le Monde dramatique.* En B. au M. *Lith. de Caboche et Cie, place de la Bourse, n° 8.* — H. 180, L. 121.

« Le Monde dramatique, t. III, 1836. »

1er État. Avant toute lettre.
2e — Celui qui est décrit.
3e — En H. à la place de : *Le Monde dramatique,* on lit : *La Vogue universelle | 7, rue du Petit-Carreau.*
4e — En H. à la place de : *Le Monde dramatique,* on lit : *Album dramatique.*

74 RRR. — FRANÇOIS ZEMIOTH. — A mi-corps, de 3/4 tourné à G. il regarde de face. Capote militairement boutonnée. Il porte une ceinture en cuir, dans laquelle sont passés deux pistolets. — Claire-voie. A D. *Lith. de Villain.* En B. au M. fac-simile de la signature au-dessus du nom du personnage. = H. 112, L. 80.

CÉLÉBRITÉS CONTEMPORAINES EN FRANCE.

Suite de six portraits d'hommes en pied, dont les quatre premiers ont été publiés avec une couverture portant : « *Célébrités contemporaines en France, par Gavarni, 1er cahier imprimé par Lemercier, à Paris, rue de Seine, 57.* » Chacun de ces portraits est entouré d'un T. C. cintré du H. Immédiatement au-dessous du T. C. à G. *Par Gavarni.* Vers la D. fac-simile de la signature du personnage, avec son nom au-dessous en anglaise. En regard de ce nom à G. *Imprimé par Lemercier, à Paris.*

---

75 R. — NAPOLÉON BONAPARTE (LE PRINCE JÉROME). — De face, en robe de chambre, une main dans la poche de son pantalon; derrière lui un divan; au fond une bibliothèque; sur l'entablement d'un bureau un buste de Napoléon Ier. — A D. **53-96.** = H. 348, L. 220.

1er État. *Imp. Bertauts, Paris,* au M. sans autre lettre.
2e — *Imp. Lemercier, Paris.* Au M. fac-simile de la signature, avec le nom au-dessous à D. sans autre lettre.
3e — Celui qui est décrit au préambule.

76 R. — DE BELLEYME (président du Tribunal de 1re instance). — De pr. tourné à D., en robe de magistrat, croix de commandeur au cou; il tient d'une main un papier. — A D. **1853-150.** = H. 348, L. 220.

1er État. A G. *Par Gavarni,* et à D. le fac-simile de la signature sans autre lettre.
2e — Celui qui est décrit au préambule.

77 R. — DECAMPS. — De 3/4 à D. Toute sa barbe, d'une main il tient un livre entr'ouvert, de l'autre il ferme la robe de chambre dont il est vêtu. — A G. **1853-153.** = H. 345, L. 221.

1er État. Avant toute lettre.
2e — *Imp. Lemercier, Paris.* Au M. fac-simile de la signature, et nom au-dessous à D. sans autre lettre.
3e — Celui qui est décrit au préambule.
4e — Au-dessous du titre à G. *Publié par Goupil et Cie. Paris, London. Berlin, New-York.* Le reste comme à l'état décrit.

78 R. — FRÉDÉRIC SAUVAGE. — De 3/4 à G. Il a les bras croisés. Cheveux blancs ébouriffés des deux côtés de la tête, grande barbe blanche. A terre, une hélice; au fond, un modèle de bateau. — A G. **1853-125.** = H. 343, L. 223.

1er État. *Imp. Lemercier* au M. sans autre lettre.
2e — *Imp. Lemercier* au M. Au-dessous le fac-simile de la signature et le nom.
3e — *Imp. Lemercier* au M. fac-simile et nom à D. sans autre lettre.
4e — Celui qui est décrit au préambule.

79 R. — ALFRED DE MUSSET. — De face, nu-tête, toute sa barbe; il est dans un jardin, un manteau à collet de velours sur les épaules, une canne à la main. — A G. **1854-4.** = H. 343, L. 220.

1er État. Avant toute lettre.
2e — *Imp. Lemercier Paris* au M. fac-simile de la signature à D.
3e — Celui qui est décrit au préambule.

80 R. — ISABEY (JEAN-BAPTISTE). — De 3/4 à D. dans la campagne, redingote boutonnée, paletot entr'ouvert par-dessus, une main tenant un gant, l'autre sa canne et son chapeau. — A G. **1854-6.** = H. 345, L. 222.

1er État. Fac-simile de la signature à D. sans autre lettre.
2e — Celui qui est décrit au préambule.

MESSIEURS DU FEUILLETON.

Suite de neuf portraits à mi-jambes ou à mi-corps, faisant partie d'une série de lithographies publiées par : *Paris, journal non politique*, sous le titre : *Masques et Visages*. Ils sont numérotées de I à IX.

Chacun de ces portraits est entouré d'un fil. brisé en H. Au M. dans la brisure on lit : *Masques et Visages*. En B. entre le T. C. et le fil. au M. *Par Gavarni*, Au-dessous du fil. à D. *Imp. Lemercier Paris*. Plus B. au M. *Messieurs du feuilleton*. Au-dessous le nº d'ordre, et plus B. le nom du personnage.

1er État. Avant toute lettre et sans fil.
2e — Celui qui est décrit ci-dessus.
3e — Pour le nº IX seulement : En B. à G. au-dessous du fil. *Librairie nouvelle Boulevart* (sic) *des Italiens*, 15.

---

81 I. — EDMOND ET JULES DE GONCOURT. — Tous deux de pr. à D. et assis. Jules a son lorgnon dans l'œil; Edmond, qui est devant lui, a les mains sur les genoux. — A D. **53-55.** = H. 191, L. 161.

« Paris (journal), 5 avril 1853. »

82 II. — HENRY MURGER. — Assis, de face, la tête et le corps penché à D. un coude appuyé sur le bras de son fauteuil. — A D. **53-68.** = H. 192, L. 160.

« Paris (journal), 10 avril 1853. »

83 III. — THÉODORE DE BANVILLE. — Assis, de pr. à D., les jambes croisées, une main appuyée sur un bureau, un manteau jeté sur le dossier de sa chaise; dans le fond une bibliothèque à hauteur d'appui. — En H. à G. **53-77.** = H. 192, L. 161.

« Paris (journal), 20 avril 1853. »

84 IV. — EUGÈNE CRETET — De face, tête légèrement tournée à D. Il s'appuie contre une table, sur laquelle il pose la main ; il tient à G. son man-

teau sur le bras; dans le fond, une bibliothèque. — A D. **53-79**. = H. 192, L. 160.

« Paris (journal), 21 avril 1853. »

85 V. — A. KARR. — De face, les deux mains appuyées en avant sur le parapet d'une terrasse de jardin; toute sa barbe, vêtement boutonné jusqu'au cou. — A G. **53-84**. = H. 192, L. 161.

« Paris (journal), 26 avril 1853. »

86 VI. — OLD-NICK (ÉMILE FORGUES). — Assis, le dos appuyé contre sa chaise, de pr. à G., la tête légèrement renversée en arrière; toute sa barbe, une main sur un livre qu'il tient sur ses genoux, les jambes croisées. — A D. **53-85**. = H. 191, L. 160.

« Paris (journal), 28 avril 1853. »

87 VII. — HENRI MONNIER. — Assis de 3/4 à G. les bras croisés sur la poitrine, le front dégarni. A G. une table où se trouvent des vases. A D. **53-91**. = H. 192, L. 161.

« Paris (journal), 1er mai 1853. »

88 VIII. — LÉON GATAYES. — Assis sur un divan, le dos contre un coussin, il est de 3/4 tourné à G., les jambes croisées, les deux mains posées l'une sur l'autre sur la cuisse; col rabattu, cravate écossaise. — A D. **53-135**. = H. 197, L. 161.

« Paris (journal), 22 juin 1853. »

89 IX. — LOUIS ÉNAULT. — Assis sur un divan, un coude appuyé sur un coussin, de face; tête de 3/4, presque de pr., tournée à D.; barbe et moustaches. — A G. **53-52**. = H. 192, L. 160.

« Paris (journal), 11 septembre 1853. »

IIe SECTION.

—

ILLUSTRATIONS.

1re SUBDIVISION.

MORCEAUX DE MUSIQUE.

Nous donnons d'abord, dans l'ordre alphabétique, la série des titres des morceaux de musique publiés isolément, et nous terminons par les recueils intitulés : *La Romance, les Lys et les Roses*, et *les Mélodies de Mme Gavarni.*

Nous ferons remarquer que la plupart des pièces de cette section ont été tirées avec la musique au verso ; dans ce cas, c'est sur cet état que nous avons basé notre description.

Il existe, au bas du titre de quelques morceaux de musique, des annonces de publications musicales faites par les éditeurs; nous n'avons pas cru devoir surcharger notre catalogue de ces détails superflus, qui ne sont réellement d'aucun intérêt au point de vue iconographique.

---

90 RR. — A BAS LES MÉDECINS, en H. de la planche. — Deux vieilles paysannes, dont l'une à D. est assise sur un âne et l'autre debout, en sabots, s'appuie d'une main sur un petit arbre. — Claire-voie. En H. au-dessous du titre : *Le Farceur des salons n°* 3. En B. à D. *Lith. de Thierry frères*, et au-dessous au M. *Paroles de MM. Jaime et F. de Courcy | musique de | Charles Plantade | Paris, Maurice Schlesinger.* = H. 184, L. 165.

1er État. *Lith. Formentin et Cie.* à D. sans autre lettre.
2e — *Lith. Bertauts, r. du Jour,* 13, à D. sans autre lettre.
3e — Celui qui est décrit.

91 L'ALBANAISE, en H. de la planche. — Femme à mi-corps de 3/4 à G., presque de face ; tête de pr. à D. Elle s'appuie d'une main sur un yatagan. Riche costume oriental. — A G. **42-44**. — Claire-voie. Au-dessous du titre : 2e *valse favorite.* En B. à G. *Par Gavarni.* A D. *Imp, Bertauts.* Plus B. au M. *du Cte | Ab. d'Adhémar | prix 2 fr. | Paris, au Ménestrel, maison A. Meissonnier et Heugel, Heugel succ. | rue Vivienne, 2 bis.* = H. 192, L. 161.

1er État. Avant toute lettre.
2e — En B. à G. *Par Gavarni.* A D. *Imp. Bertauts*, sans autre lettre.
3e — Celui qui est décrit.
4e — JUDITH. — En H. à G. *Revue parisienne. Sylphide.* A D. 102, *r. Richelieu.* En B. à G. *Par Gavarni.* A D. *Imp. Bertauts.* Au M. le titre, et au-dessus à D. 8e *vol.*, *n°* 22.

92 R. — AMOUR A TOI, en H. de la planche. — Jeune fille de 3/4, à D. en cheveux, bras nus; tenant à la main un médaillon qu'elle regarde, elle descend l'escalier d'un jardin. — Vers la G. **129 | Gavarni.** — Claire-voie. Deux fil. En H. au M. entre les fil. *Romance.* En B à D. entre les fil. *Lith. Guillet, rue Croix-des-Petits-Champs*, 31, et au-dessous des fil. au M. *Paroles de Mme Laure Jourdain | musique de | F. Masini | à Mme la comtesse Berthier | Romances nouvelles*, etc. | *Paris, chez Bernard Latte, boulevard des Italiens*, 2, *passage de l'Opéra.* = H. 143, L. 128.

1er État. Avant toute lettre. Sans fil.
2e — Celui qui est décrit.

93 AMOUR POUR AMOUR, en H. de la planche. — Une femme, de face, couverte d'un long peignoir transparent, près de se mettre au bain, un pied dans l'eau, la tête appuyée sur sa main, le coude sur un tertre. — Au M. **45-1.** — Claire-voie. En H. au-dessous du titre : *Orientale.* En B. à G. *Par Gavarni.* A D. *Imp. Bertauts, Paris.* Au-dessous au M. *Paroles de Th. Gauthier* (sic) | *musique de | Félicien David, au bureau central de musique, place de la Bourse*, 29. A G. *Mayence et Anvers.* A D. *Les fils de B. Schott.* = H. 206, L. 175.

1er État. *Par Gavarni* et *Imp. Bertauts, Paris.* Sans autre lettre. Quelques coups de crayon au bas du torse, entre les jambes, attirent l'œil.
2e — Même lettre qu'au 1er état. Les coups de crayon enlevés.
3e — Celui qui est décrit.
4e — CELLE QUE J'AIME. | *Romance*, en H. de la planche. — Claire-voie. En B à G. *Par Gavarni.* A D. *Imp. Bertauts, Paris.* Au-dessous au M. *Paroles de A P.* | *musique de | Camille de Vos | Paris, E. Chaillot, éditeur, rue Saint-Honoré*, 352, *près la place Vendôme.* — Le peignoir de la femme a été recouvert d'un frottis de crayon lithographique qui a éteint la couleur blanche de ce peignoir, en y réservant toutefois qq. lumières.

94 RR. — L'ANGE REBELLE, en H. de la planche — De face, appuyé contre un rocher, un poing fermé au-dessus de sa tête, il est vêtu d'une longue robe blanche, sa physionomie exprime la fureur. — A G. **43-27.** — Un fil. En H. au-dessus du titre : *A Monsieur Tagliafico.* En B. au M. entre le T. C. et le fil. *Gavarni.* Au-dessous du fil. à D. *Lith. Formentin et Cie.* Plus B. au M. *Paroles de M. Eugène Hanapier | musique de | Félicien David | mélodie pour voix de basse | Paris, chez Maurice Schlesinger, rue Richelieu*, 97. | *Berlin, A. M. Schlesinger.* — H. 192, L. 138.

1er État. Avant toute lettre.
2e — *Gavarni* en B. entre le T. C. et le fil. au M. Au-dessous du fil. à G. *Imp. Bertauts.* Sans autre lettre.
3e — Celui qui est décrit.

» ANNA. *Valse pour piano.* — Même planche que : *Castillanne.* Voir ce titre sous la rubrique : *La Renaissance*, à la section : *Illustrations*, subdivision : *Journaux et Revues.*

95 RR. — L'ANNONCE ET LA RÉCLAME, en H. de la planche. — Homme à mi-corps, de pr. à D., assis dans un fauteuil et en robe de chambre. Il lit attentivement un journal, ses lunettes sur le nez. A D. une tasse sur une table. — Au M. **42-13.** — Claire-voie. En H. au-dessus du titre : *Le Farceur des salons, n° 1.* En B. à G. *Lith. Bertauts, Paris*, Plus B. au M. *Paroles de MM. Jaime et F. de Courcy | musique de H. Blanchard.* | *Paris, chez Maurice Schlesinger, rue Richelieu*, 97. = H. 178, L. 178.

1er État. A G. *Lith. Bertauts, Paris.* Sans autre lettre.
2e — Celui qui est décrit.
3e — LE BONHOMME, en H. de la planche. — En B. à G. *Lith. Formentin et Cie.* Sur la partie latérale gauche de la marge : *Nouveau | quadrille | de | contredanses | Prix 4 fr.* 50. Sur la partie latérale droite : *Composé | pour piano | sur des | chansonnettes | comiques.* En B. au M. *Par J.-B. Tolbecque | Paris, chez Maurice Schlesinger, rue Richelieu,* 97. | *Vienne, chez Pietro Mechetti.*

96 RR. — AU BORD DE LA FONTAINE, en H. de la planche. — Un homme de 3/4 à D., les yeux en l'air, la tête appuyée sur une main, le coude sur un rocher d'où s'échappe une source; il est en costume moyen âge, un poignard à sa ceinture, souliers à la poulaine. — A G. **43-152.** — T. C. à pans coupés en H. En B. à D. *Lith. de Thierry frères.* Plus B. au M. *Mélodie | Paroles de Maurice Bourges | musique de | F. Schubert | Paris, chez Mce Schlesinger, rue Richelieu, n°* 97. = H. 200, L. 150.

1er État. Avant toute lettre.
2e — Celui qui est décrit.
3e — DOUX RÊVE, en H. de la planche. — Au-dessus du titre : *A Mr Eugène Dubois, de Bordeaux,* et au-dessous de ce titre : *Mélodie.* En B. à D. *Lith. de Thierry frères.* — Plus B. au M. *Paroles de Adolphe Catelin | musique de | Leonce Ander | Brandus et Cie, r. Richelieu,* 87.

» LE BONHOMME. *Quadrille.* — Même planche que *l'Annonce et la Réclame.* Voir ce titre ci-dessus.

97 RRR. — LE CAPTIF. — Jeune homme étendu par terre de D. à G., sa tête appuyée sur une main, l'autre main sur son genou, le bas des jambes nu, espadrilles. Au fond ville arabe. — A G. **Gavarni.** A D. **44.** — Claire-voie. Un fil. En B. au M. *Gavarni.* A D. *Imp. d'Aubert et Cie.* Au M. au-dessous du titre : *Prix 2 fr.* (Chansonnette, paroles de M. Adolphe Pellier, musique d'Émile Girac. Chez Bernard Latte, etc.) Ces dernières indications sont en tête de la musique. = H. 84, L. 121.

1er État. Avant toute lettre.
2e — Celui qui est décrit.

98 RRR. — (LA CAPTIVE.) — De pr. tourné à D. dans la campagne, un jeune homme, costume moyen âge, longue épée au côté, regarde un château fort qu'on aperçoit dans le lointain sur une hauteur, et qui renferme sans doute celle qu'il aime. — A D. **Gavarni | 47.** — Claire-voie. Sans aucune lettre. Un fil. = H. 151, L. 150.

Cette lithographie a servi à illustrer une romance dont la musique est au verso. Nous l'avons vue une seule fois dans cet état, mais tellement rognée, que nous n'avons trouvé ni titre, ni indications relatives à sa publication.

99 R. — LES CELLARIENNES, en H. de la planche. — Un homme et une femme en costume styrien ; ils sont de face, dansent et se tiennent chacun par une main, qu'ils élèvent au-dessus de leur tête, l'autre main derrière le dos. — A G **44-33.** — Claire-voie. Deux fil. cintrés en H. à pans coupés en B. Au-dessus du titre. *A Cellarius.* En B. à G. *Par Gavarni.* A D. *Imp. Bertauts.* Plus B. au M. *Trois polkas | pour piano par | Oscar Comettant | Prix 5 fr. | à Paris, chez E. Troupenas,* 40, *rue Vivienne.* = H. 172, L. 115.

1er État. Avant toute lettre.
2e. — A G. *Par Gavarni.* A D. *Imp. Bertauts.* Sans autre lettre.
3e — Celui qui est décrit.

4e État. A G. *Par Gavarni.* A D. *Lith. Guillet.* Sans autre lettre et sans fil.
5e — L'Oasis. | *Polka mazurke,* en H. de la planche, et à D. un peu plus B. *A Mlle Christine Desnoyers.* En B. à G. *par Gavarni.* A D. *Lith. Guillet.* Plus B. au M. *Pour piano* | *par Oscar Comettant,* | *prix* 3 *fr.* | *Paris, chez O. Legouix, éditeur, boulevart* (sic) *Poissonnière,* 27.

» CELLE QUE J'AIME. — Même planche que *Amour pour amour.* Voir ce titre ci-dessus.

100 C'EST LUI, en H. de la planche. — Jeune femme de face, vêtue d'un peignoir à grands dessins, le coude sur le contre-fort d'un mur sur lequel elle appuie la tête. — A G. **44-60.** — Claire-voie. Quatre fil. à pans coupés en H. et en B. En H. au-dessous du titre : *Mélodie* | *à Madame Juva Branca.* En B. au M. entre les deux premiers fil. *Par Gavarni.* Au-dessous des fil. à D. *Lith. Thierry frères, Paris.* Plus B. au M. *Paroles de Maurice Bourges* | *musique de Kucken* | *chez Schlesinger.* = H. 194, L. 140.

1er État. Avant toute lettre.
2e — *Par Gavarni* et *Lith. Thierry frères, Paris.* Sans autre lettre.
3e — Celui qui est décrit.
4e — C'est moi, en H. de la planche. — En B. au M. *paroles de madame Valmore* | *musique de* | *G. Friedel* | *Prix 2 fr.* | *Du même auteur* (etc.) | *Paris, Brandus et Cie, éditeurs* | *succrs de Mrs Schlesinger et de Troupenas et Cie,* 103, *rue Richelieu.*

» C'EST MOI. — Même planche que *C'est lui.* Voir ce titre ci-dessus.

101 LA CLOCHE, en H. de la planche. — Jeune femme à mi-corps de pr. à D., les mains posées sur le parapet d'une terrasse, parmi des branches de fleurs. — Sur le parapet à D. **46-62.** — Claire-voie. En H. au-dessous du titre : *Mélodie* | *Paroles de E. Turquety.* Au-dessous à D. *A Mr Alexis Dupont.* En B. à G. *par Gavarni.* A D. *Imp. Bertauts, Paris.* Au M. *Musique de* | *F. Bonoldi* | *Pr. 2 f. 50.* | *Paris, Bonoldi Frres, éditrs, ancne maison Pacini, boulevart* (sic) *des Italiens,* **11**.

1er État. Avant toute lettre.
2e — En B. à G. *Par Gavarni.* A D. *Imp. Bertauts, Paris.* Sans autre lettre.
3e — Celui qui est décrit.

102 LE COEUR DU MARIN, en H. de la planche. — Un marin à demi-couché sur le banc d'un bateau ; il est accoudé, sa tête appuyée sur une main, et tient de l'autre un cordage. Derrière lui une voile déployée — Sur le banc à G. **44 53.** — Claire-voie. Quatre fil à pans coupés en H. et en B. Au-dessous du titre à D. *A M. A. Protais.* Le dernier fil en H. est brisé et on lit dans la brisure : *Barcarolle.* En B. dans l'intérieur du dessin à G. *Lith. de Thierry frères, Paris.* Les deux derniers fil sont brisés en B. au M. et on lit dans la brisure : *Paroles françaises,* puis au-dessous : *de Maurice Bourges* | *musique de* | *L. Gouin.* | *Du même auteur* (etc.) | *Paris* | *Brandus et Cie, rue Richelieu,* 87. = H. 183, L. 167.

1er État. Avant toute lettre et sans fil.
2e — Celui qui est décrit.
3e — Doux chants, volez au bord !! en H. de la planche. — Au-dessus du titre : *A madame Juva Branca et mademoiselle Branca.* Dans la brisure des fil. en H. *Barcarolle à deux voix.* Dans celle du B. *Paroles de M. Maurice Bourges,* plus B. *musique de* | *F. Kucken* | *Du même auteur* (etc.) *Paris, Brandus et Cie,* 87, *rue Richelieu.* | *Berlin, A. M. Schlesinger.*

103 R. — (« LE CRI DE CHARITÉ. Stances de M. de Lamartine, musique de D.-F.-E. Auber. ») Ces inscriptions ne sont pas sur la planche, mais en tête

de la musique. — Un ange, de face, les cheveux tombant sur les épaules, les ailes déployées, vêtu d'une longue robe blanche, est porté dans les airs sur un être fantastique, ailé, à figure humaine. L'ange tient à la main une bourse d'où s'échappent des pièces de monnaie. — A D. **Gavarni.** A G. **1840-359.** — T. C. cintré en H. A D. *Lith. Coulon et Cie, rue Richer*, 7. Plus B. on lit au M.

L'ange de la céleste joie
Passe en portant au créateur
Ces bruits que le bienfait renvoie
A l'oreille du bienfaiteur.

Il en forme un concert de grâces
Qui dit au Seigneur irrité :
Ton déluge n'a plus de traces
Sur un globe de charité.

De Lamartine.

H. 250, L. 171.

1er État. Avant toute lettre.
2e — Celui qui est décrit.

» DOUX CHANTS, VOLEZ AU BORD. *Barcarolle.* — Même planche que *le Cœur du marin.* Voir ce titre ci-dessus.

» DOUX RÊVE. *Mélodie.* — Même planche que : *Au bord de la fontaine.* Voir ce titre ci-dessus.

104 L'EAU MERVEILLEUSE, en H. de la planche. — Jeune femme de 3/4 tournée à G. un poing sur la hanche. Elle est poudrée, petit chapeau à trois cornes sur le coin de l'oreille, revers du corsage et parements des manches en velours. — A G. **39.** A D. **Gavarni.** — Claire-voie. Deux fil. En H. au-dessus du titre : *Théâtre de la Renaissance*, et au-dessous de ce titre : *Opéra bouffe en 2 actes.* En B. dans l'intérieur du dessin à D. *Lith. de Guillet.* Au-dessous des fil. au M. *Paroles de M. Sauvage | musique d'Albert Grisar | n° 6 Canzone — n° 7. Couplets | chantés par Mme Anna Thillon | à Paris, chez Bernard Latte, boulevard des Italiens, 1, passage de l'Opéra | Mayence et Anvers, chez B. Schott.* = H. 203, L. 160.

1er État. Avant toute lettre et sans fil.
2e — Celui qui est décrit.
3e — Rondo valse | sur les motifs favoris | de l'Eau merveilleuse, en H. de la planche. En B. dans l'intérieur du dessin à D. *Lith. de Guillet.* Au M. au-dessous du fil. *Pour le piano | par | Frederic Burgmuller | op. 50. Paris, 5 fr. | Paris, chez Bernard Latte, boulevard des Italiens, 1, passage de l'Opéra | Londres, chez Mary. — Mayence et Anvers, chez les fils de B. Schott.*

» L'ELISIR D'AMORE. *Quadrille.* — Même planche que *le Sénateur et la Gondolière.* Voir ce titre ci-après.

105 RR. — LES ENFANTS TERRIBLES, en H. de la planche. — Un homme de face, assis sur un divan, à mi-jambes, les deux mains gantées, l'une contre l'autre, à hauteur de la poitrine. Ses lunettes sont dans la main d'un enfant qui est assis sur ses genoux. — A D. **42-20.** — Claire-voie. Un fil. cintré en H. Au-dessus du titre en H. *Le Farceur des salons, n°* 11. En B. à G. *Lith. Bertauts.* Au M. *Par Gavarni.* A D. *r. du Jour*, 13. Plus B. au M. *Paroles de MM. Jaime et F. de Courcy | musique de H. Blanchard | Maurice Schlesinger.* = H. 167, L. 153.

1er État. En B. à G. *Lith. Bertauts.* Au M. *Par Gavarni.* A D. *r. du Jour*, 13. Sans autre lettre.
2e — Celui qui est décrit.

3e État. Sans fil. En H. *Le Farceur des salons* a disparu, et on lit au-dessous du titre : *Est-ce vrai que tu couperais un liard en quatre?* | *Comment donc peux-tu faire?* Sur la partie latérale gauche de la marge : *Nouveau* | *quadrille* | *des contredanses* | *Prix 4 fr.* 50. Sur la partie latérale droite : *Composé* | *pour piano* | *sur des chansonnettes* | *comiques*. En B. à D. *Lith. Formentin et Cie.* Plus B. au M. *Par* | *J. B. Tolbecque* | *Paris, chez Maurice Schlesinger, rue Richelieu,* 97 | *Vienne, chez Pietro Mechetti.*

106 L'ÉTRANGÈRE, en H. de la planche. — Jeune fille tournée à D., cueillant une fleur sous un berceau chargé de plantes grimpantes; près d'elle à G. un militaire nu-tête assis sur un banc. — A D. **Gavarni. 39-3.** — Claire-voie. En H. *A Monsieur Duprez.* En B. au-dessous du titre : *Paroles de M. Émile Deschamps* | *musique de L. Niedermeyer* | *dessin de M. Gavarni* | *Prix 2 fr.* | *Maurice Schlesinger, éditeur, rue Richelieu,* 97 | *Berlin, chez A.-M. Schlesinger. Lith. de Thierry frères, cité Bergère,* 1, *Paris.* = H. 160, L. 155.

1er État. Avant toute lettre.
2e — Celui qui est décrit.

107 LA FEUILLE ET LE SERMENT, en H. de la planche. — Jeune femme vue de dos et tournée à D. assise sur le genou d'un jeune homme qui la tient d'une main par la taille, tandis que de l'autre il écrit sur le tronc d'un arbre. — A D. **43-45.** — Claire-voie. Au-dessous du titre : *Villanelle* | *à M. A. Dupont.* En B. à G. *Imp. Bertauts.* A D. *r. Saint-Marc,* 14. Plus B. au M. *Paroles de M. P. Rosem* | *musique de* | *Léopold Amat* | *Du même auteur* (etc.) | *Paris, chez S. Richault, éditeur, boulevart* (sic) *Poissonnière,* 26, *au* 1er. = H. 200, L. 145.

1er État. Avant toute lettre.
2e — Celui qui est décrit.
3e — Claire-voie. Deux fil. En H. au-dessus des fil. *Gavarni.* En B. au-dessous à G. *Imp. Bertauts.* A D. *r. S-Marc,* 14. Sans autre lettre.

108 FLEURS D'ORIENT, en H. de la planche. — Sous des arbres deux femmes en costume oriental de pr. à D. sont étendues sur des coussins. — A G. **1er janvier 1842-1.** — Claire-voie. Un fil. à pans coupés en H. et en B. En H. au-dessous du titre : *Mélodie* | *à mademoiselle Félicie Beldon.* En B. au M. dans l'intérieur du dessin. *Par Gavarni.* Au-dessous du fil. au M. *Paroles de Mme Mélanie Waldor* | *musique* | *d'Aristide de Latour* | *offerte aux abonnés de la Sylphide* | *Lith. Bertauts, rue du Jour,* 13, *Paris.* = H. 150, L. 165.

1er État. En B. au M. dans l'intérieur du dessin : *Par Gavarni.* Au-dessous du fil. à G. *Lith. Bertauts.* A D. *r. du Jour,* 13. Sans autre lettre.
2e — Celui qui est décrit.
3e — Fleurs d'Orient, en B. au M. — Claire-voie. Sans fil. Au B. au M. *Par Gavarni.* A G. *Imp. Bertauts.* A D. *r. St-Marc.* Sans autre lettre.
4e — Les Orientales, en B. au M. — Claire-voie. Sans fil. En H. *Bulletin de l'Ami des arts.* En B. au M. *Par Gavarni.* A G. *Imp. Bertauts.* A D. *r. St-Marc,* 14.

« Bulletin de l'Ami des Arts, t. II, 1844. »

5e — Fleurs d'Orient, en H. de la planche. — **1er janvier 1842. 1** a disparu. — Claire-voie. Sans fil. Au-dessous du titre *Mélodie.* Plus B. à D. *A Mlle Félicie Beldon.* En B. à G. *Par Gavarni.* Plus B. à G. *Imp. Bertauts,* et à D. *r. St-Marc,* 14. Au-dessous au M. *Paroles de Mme Mélanie Waldor* | *musique de* | *A. de Latour* | *Du même auteur* (etc.) | *à Paris, chez A. Leduc, passage Choiseul,* 78.

6e État. Claire-voie. Sans fil. En H. au M. *Les artistes | anciens et modernes | par | H. Baron, L. Français, E. Leroux, A. Mouilleron, C. Nanteuil, | Gavarni, K. Bodmer, C. Jacques.* — En B. à G. *Par Gavarni,* et au-dessous au M. 6e *volume.* | *Paris, imp. Bertauts, 11, r. Cadet.*

109 L'HEURE SAINTE, en H. de la planche. — Un jeune homme de face tient par la taille une jeune fille de pr. tournée à D. et appuyant sa tête sur l'épaule de celui-ci; tous deux sont à mi-jambes. — A G. **Gavarni.** — Claire-voie. Trois fil. En H. entre les deux derniers fil. au M. *Chansonnette.* En B. à D. dans l'intérieur du dessin : *Lith. de Guillet.* Au-dessous des fil. au M. *Paroles de Mme Laure Jourdain | musique de | F. Masini | à mon ami Wartel | Romances nouvelles* (etc.) | *à Paris, chez Bernard Latte, éditeur, boulevard des Italiens, passage de l'Opéra.* = H. 138, L. 148.

1er État. Avant toute lettre et sans fil.
2e — Celui qui est décrit.

» LE JOYEUX CHASSEUR. — Même planche que : *La Trompe.* Voir ce titre sous la rubrique : *Revue et Gazette musicale,* même section, subdivision : *Journaux et Revues.*

110 R. — JULIE, en H. entre les deux fil. — De pr. tournée à D. et assise au pied d'un arbre, contre lequel elle appuie le dos et la tête, une jeune femme cueille d'une main des fleurs et de l'autre tient un bouquet. — En B à G. **Gavarni | 39-8.** — Claire-voie. Deux fil. En H. au-dessus des fil. *A Mme Gras-Dorus.* En B. dans l'intérieur du dessin à D. *Lith. de Guillet.* Au-dessous des fil. en B. au M. *Paroles de Léon Escudier | musique de | Burgmuller | Prix 3 fr. | à Paris, chez Bernard Latte, éditeur, boulevard des Italiens, 2 | passage de l'Opéra.* = H. 155, L. 165.

1er État. Avant toute lettre et sans fil.
2e — Celui qui est décrit.

111 RRR. — LAURE EN PRIÈRE, en H. de la planche. — Jeune femme vue de dos à moitié et tournée à D., à genoux devant une madone. — A G. **43-151.** — Trois fil. Au-dessous des fil. en B. à D. *Lith. de Thierry frères.* Plus B. au M. *Mélodie | paroles de Maurice Bourges | musique de | F. Schubert. | Paris, chez Schlesinger, rue Richelieu, n° 97.* = H. 200, L. 152.

1er État. Avant toute lettre.
2e — Celui qui est décrit.

112 R. — LA MARSEILLAISE DES FEMMES, en H. de la planche. — Une femme de 3/4 tournée à G., les cheveux épars, une plume sur l'oreille, brandissant d'une main un balai auquel est suspendu un pantalon d'homme. Elle foule aux pieds plusieurs volumes sur le plat desquels on lit écrit directement : **Droits | de l'homme. Mérite | des femmes.** Ces titres sont tracés également sur le terrain avec les inscriptions suivantes : **Cuisinière bourgeoise, Art d'élever des lapins.** — En B. à G. **43-38.** — Claire-voie. Au-dessous du titre : *Appel social d'une femme incomprise.* En B. à G. *Imp. Bertauts, r. St-Marc, 14.* A. D. *Par Gavarni.* Plus B. au M. *Scène exécutée par Levassor au théâtre des Variétés.* Au-dessous à G. *Paroles de Mlle | Natalie Maréchal.* En regard à D. *Musique de | Eugène Déjazet;* et au-dessous au M. *Paris, chez Alexdre Brullé, Gde galerie des Panoramas.* = H. 220, L. 165.

1er État. *Imp. Bertauts, r. St-Marc, 14.* Sans autre lettre.
2e — Celui qui est décrit.

113 MAIS POURQUOI PLEURER? en H. de la planche. — Une vieille femme est assise sur un banc de pierre. A D., tournée de son côté, une jeune fille, le coude appuyé contre un mur, tient dans l'une de ses mains celles de la vieille femme. — A D. **41-113**. — Claire-voie. Un fil. En H. au-dessus du titre : *Les Provençales*. Au-dessous de ce même titre : *Romance*. Plus B. à D. *A Mademoiselle d'Hénin*. En B. à G. *Lith. Bertauts*. Plus B. du même côté *Paroles de* | *Mr Castellan*. A D. en regard : *musique de* | *Étienne Arnauld*. Au M. *Paris, Adolphe Catelin et Cie, éditeurs, r. du Coq-St-Honoré*, 6. | *Toulouse, P. Martin fils aîné*. = H. 178, L. 143.

1er État. *Lith. Bertauts* à D. Sans autre lettre.
2e — A G. *Par Gavarni*. A. D. *Lith. Bertauts*. Sans autre lettre.
3e — Les Provençales, en H. de la planche. — En B. à G. *Par Gavarni*. A D. *Lith. Bertauts*. Plus B. au M. *Paroles de M. Castellan* | *musique d'Étienne Arnauld* | *Adolphe Catelin et Cie, éditeurs*. Sans autre lettre.
4e — Celui qui est décrit.
5e — Claire-voie. Sans fil. *Par Gavarni* et *Lith. Bertauts*. Sans autre lettre.
Il existe des épreuves avec le nom de *Joseph Autran* pour les paroles.

114 MON FILS EST LA, en H. de la planche. — Une jeune femme de pr. tournée à D., tenant une fleur dans la main, considère tristement un tertre sur lequel est planté un rosier. — En B. à G. **Gavarni**. A D. **86**. — Claire-voie. Deux fil. En H. entre les fil. au M. *Ballade*. Dans l'intérieur du dessin en B. à D. *Lith. Formentin et Cie*. Entre les fil. au M. *Musique de*, et au-dessous des fil. *Théodore Labarre* | *Romances et Nocturnes choisis* (etc.) | *chez Schonenberger, boulevard Poissonnière*. 10. = H. 138, L. 135.

1er État. Avant toute lettre.
2e — *Lith. Formentin et Cie*. Sans autre lettre.
3e — Celui qui est décrit.

115 R. — LA NOCE DE LÉONOR. — Un démon en costume moyen âge enlève à travers les airs une femme les cheveux épars. Tous deux sont de pr. et volent de G. à D. Ils sont accompagnés d'une bande de démons jouant des instruments bruyants ou tenant des torches à la main. — A D. **Gavarni**. A G. **1839-1**. — Claire-voie. En H. au M. *A Monsieur de Caix*. En B. à G. *Lith. de Thierry frères, cité Bergère*, 1. Au-dessous du titre à G. *Paroles de M. Émile Deschamps*. A D. *Musique de Ls Niedermeyer*. Au-dessous au M. *Dessin de Mr Gavarni* | *Paris, Maurice Schlesinger, éditeur, rue Richelieu, 97* | *Berlin, chez A.-M. Schlesinger*, | *Prix*, 5 *fr*. = H. 175, L. 225.

1er État. Avant toute lettre.
2e — Celui qui est décrit.
3e — Le titre est en H. de la planche. A D., au-dessous du titre, *Quadrille fantastique* | *composé pour* | *le piano*. En B. au M. *dédié à madame Anaïs Lucan* | *par* | *Paul Wagner* | *Paris, Maurice Schlesinger, rue Richelieu, no* 97. Le reste comme à l'état décrit.

116 NOTRE-DAME DE LA FONTAINE, en H. de la planche. — Paysanne de pr. à G. à genoux, les mains jointes, devant une madone placée au-dessus d'une fontaine. Fond de paysage, clocher à D. — Claire-voie. Trois fil. En H. au-dessous du titre, entre le premier et le second fil. *Prière*. En B. dans l'intérieur du dessin à D. *Lith. de Guillet*. Au-dessous des fil. au M. *Paroles de Made Amable Tastu* | *musique de* | *F. Masini* | *à son ami Alexis Dupond* (sic) | *Romances nouvelles* (etc.) | *à Paris, chez Bernard Latte, éditeur, boulevard des Italiens, no 2, passage de l'Opéra*. = H. 142, L. 136.

1er État. Avant toute lettre et sans fil.

2e État. *Lith. de Guillet.* Sans autre lettre, avec les fil.
3e — Celui qui est décrit.

117 RRR. — (NOTRE-DAME DE LA FONTAINE.) — Même composition en contre-partie que la planche précédente, avec des changements dans le paysage et dans la figure, qui est un peu plus grande. — A D. sur la pierre de la fontaine, **194**, et au-dessous, sur le terrain, **Gavarni**. — Claire-voie. Trois fil. En B. dans l'intérieur du dessin à D. *Lith. de Guillet.* = H. 127, L. 148.

» L'OASIS. — *Polka-mazurke.* — Même planche que *les Cellariennes.* Voir ce titre ci-dessus.

118 R. — OU DONC EST LE BONHEUR? en H. de la planche. — Sur un banc de jardin sont assis, tournés à D., un jeune homme et une jeune femme. Le premier est à G., il a les deux mains jointes sur un de ses genoux et pose sa tête contre celle de sa compagne. — A G. **44-54**. — Claire-voie. Au-dessus du titre : *A Mademoiselle Mequillet.* Au-dessous de ce même titre : *Mélodie.* En B. au M. *Par Gavarni.* A D. *Lith. de Thierry frères.* Plus B. au M. *Paroles de M. Maurice Bourges.* | *Musique de* | *J. Kucken* | *Du même auteur* (etc.) | *Paris, Maurice Schlesinger, rue Richelieu,* 97. | *Berlin, A.-M. Schlesinger.* = H. 205, L. 188.

1er État. Avant toute lettre.
2e — Celui qui est décrit.
3e — VILLANELLE, en H. de la planche. Au-dessus de ce titre : *A madame la baronne Sophie d'Otterstedt.* En B. *Paroles de Théophile Gautier* | *musique de* | *L. Gouin* | *Du même auteur* (etc.) | *Paris* | *chez Brandus et Cie, rue Richelieu,* 87.

119 RR. — OU VAS-TU SI MATIN? — Un jeune paysan rencontrant une jeune paysanne dans un sentier; ils sont tous deux de face, l'homme est à D. Au fond des blés. — A G. **46-G**. — Claire-voie. Un fil. Au M. *Gavarni.* A D. *Imp. d'Aubert et Cie.* Au-dessous du titre : *Prix, 2 fr.* (« Romance, paroles de M. Adolphe Pellier, musique de Émile Girac; chez Bernard Latte, etc. ») Ces dernières indications sont en tête de la musique. = H. 122, L. 124.

1er État. Avant toute lettre.
2e — Celui qui est décrit.

120 L'OUVREUSE DE LOGES, en H. de la planche. — Deux vieilles ouvreuses de loges causent ensemble; l'une à D. assise son genou dans ses mains jointes; l'autre debout tient un cabas. A terre des petits bancs. — A G. **42-16**. — Claire-voie. En H. au-dessus du titre : *Le Farceur des salons, n° 10.* En B. à G. *Lith. Formentin et Cie.* Plus B. au M. *Paroles de MM. Jaime et F. de Courcy* | *musique de* | *Charles Plantade* (etc.). A G. au-dessous, *Paris, Maurice Schlesinger.* = H. 184, L. 135.

1er État. A G. *Lith. Bertauts, Paris.* Sans autre lettre.
2e — Celui qui est décrit.

121 RRR. — PREMIER AMOUR. — Une jeune femme vue presque de dos et tournée à G. tient une fleur d'une main et pose l'autre sur la tête d'un jeune homme assis par terre, presque agenouillé. — A D. **Gavarni**. — Claire-voie. Trois fil. Dans l'intérieur du dessin à G. *Lith. de Guillet.* Au-dessous des fil. au M. *Romance, paroles de Mme Laure Jourdain, musique de F. Masini.* = H. 141, L. 142.

1er État. Claire-voie. Avant toute lettre et sans fil.

2e État. *Lith. de Guillet.* Sans autre lettre et avec fil.
3e — Celui qui est décrit.

122 R. — QUE NE SUIS-JE UN COMTE ! — Un jeune homme en costume moyen âge, vu presque de dos et tourné à G., joue de la mandoline, assis sur un banc au-dessous d'une fenêtre où est accoudée une jeune dame tenant une fleur. — Vers la D. sur le banc **39-2**. Plus B. **Gavarni**. — Claire-voie. En H. *à Mr Duprez.* En B. à G. *Lith. Thierry frères, cité Bergère,* 1. Au-dessous du titre : *Paroles de M. Émile Déchamps* (sic), *musique de L. Niedermeyer | dessin de M. Gavarni | Prix,* 2 *fr.* | *Paris, Maurice Schlesinger, éditeur, rue Richelieu, n°* 97 | *Berlin, chez A.-M. Schlesinger.* = H. 180, L. 140.

1er État. Avant toute lettre.
2e — Celui qui est décrit.
3e — *A M.Duprez* est supprimé. On lit : en B. *Paroles de M. Émile Deschamps | musique de | L. Niedermeyer.* Le reste comme au second état.

123 RITTA L'ANDALOUSE, en H. de la planche. — Femme à mi-corps de pr. à D. vue presque de dos, le bras écartant un rideau. Coiffure espagnole, rose dans les cheveux, voile retombant sur l'épaule. — A G. sur la robe. **44-36**. — Claire-voie. Quatre fil. cintrés en H. et en B. En H. au-dessus du titre : *A Mademoiselle Lia Duport.* A G. *Gazette musicale,* et à D. *n°* 25. En B. dans l'intérieur du dessin au M. *Par Gavarni.* Au-dessous des fil. à D. *Lith. Thierry frères, Paris.* Plus B. au M. *Paroles de Mr Crevel de Charlemagne | musique de | Richard Mulder | Paris, Maurice Schlesinger, rue Richelieu,* 97 | *Berlin, A. M. Schlesinger.* = H. 183, L. 134.

1er État. Avant toute lettre et sans fil.
2e — Celui qui est décrit.
3e — En H., au-dessus du titre, *A Madame Mulder Duport.* Le reste comme à l'état décrit.

124 R. — ROBERTO DEVEREUX, en H. de la planche. — Une femme vue presque de dos, tête de 3/4 à D. jouant du piano. Costume de bal travesti. Sur le piano à D. deux chapeaux d'homme, dont un de pierrot. — A D. **39-12**. — Claire-voie. Trois fil. En H. au-dessous du titre : *Opéra | de Donizetti.* En B. dans l'intérieur du dessin à G. *Gavarni fecit.* A D. *Lith. de Guillet.* Au-dessous des fil. au M. *Quadrille composé | par | Jullien | arrangé pour piano avec accompt ad libitum | par | Graziani | Prix* 4 *fr.* 50 | *à Paris, chez Bernard Latte, éditeur, boulevard des Italiens,* 2. *P. de l'Opéra.* = H. 134, L. 167.

1er État. *Gavarni fecit* et *Lith. de Guillet.* Sans autre lettre.
2e — Celui qui est décrit.

» RONDO VALSE | SUR LES MOTIFS FAVORIS | DE L'EAU MERVEILLEUSE. — Même planche que *l'Eau merveilleuse, opéra bouffe.* Voir ce titre ci-dessus.

125 R. — SANS AMOUR, en H. de la planche. — Un jeune homme et une jeune femme de 3/4 tournés à G. descendent un sentier à la sortie d'un bois, les vêtements et les cheveux agités par le vent. — A G. sur une borne. **39 | 4**. Au M. **Gavarni**. — Claire-voie. Deux fil. En H. entre les deux fil. au M. *Romance.* En B. dans l'intérieur du dessin à D. *Lith. de Guillet.* Au-dessous des fil. au M. *Paroles de Mad. Laure Jourdain | musique de | F. Masini | à Mlle Annette Lebrun, | Romances nouvelles de F. Masini* (etc.) | *Paris, chez Bernard Latte, éditeur, boulevard des Italiens,* 2 | *passage de l'Opéra.* = H. 155, L. 157.

1er État. Avant toute lettre et sans fil.
2e — Celui qui est décrit.

126 RR. — LE SÉNATEUR ET LA GONDOLIÈRE, en H. de la planche. — Le charlatan et la fermière, personnages de l'opéra *l'Elixir d'amour*, chantent ensemble la barcarolle du Sénateur et de la Gondolière, tous les deux de pr. et se regardant. L'homme est à G. — A G. **39**. **G.** — Claire-voie. Deux fil. En H. au-dessus du titre *n*° 2. Au-dessous de ce titre : *Barcarolle dialoguée*. En B. à D. *Lith. Guillet*. Plus B. au M. *Chantée par Me Persiani et Lablache* | *dans* | *l'Elixir d'amour* | *de G. Donizetti* | *Paroles françaises de M. Gustave Vaez* (etc.). | *Paris, chez Bernard Latte, éditeur, boulevart* (sic) *des Italiens, n*° 2. = H. 145, L. 200.

1er État. Avant toute lettre et sans fil.
2e — Celui qui est décrit.
3e — L'Elisir d'amore, en H. de la planche. Au-dessus du titre : *Bals de l'Opéra*. Et au-dessous de ce titre : *Quadrille pour piano, avec accompts ad libitum*. En B. à D. *Lith. de Guillet*. Plus B. au M. *Composé sur l'opéra de Donizetti* | *par* | *Jullien* | *Prix* 4 *fr.* 50 | *à Paris, chez Bernard Latte, éditeur, boulevard des Italiens,* 2, *passage de l'Opéra.*

127 RR. — LA SÉRÉNADE, en H. de la planche. — Un Espagnol de 3/4 tourné à G. appuyé contre un mur, un pied posé sur une marche, un grand manteau sur ses épaules, pince de la guitare. — A G. **44-61**. — Claire-voie. Quatre fil. à pans coupés en H. et en B. En H. au-dessous du titre, *Mélodie*. En B. entre le premier et le deuxième fil. au M. *Par Gavarni*. A D. au-dessous des fil. *Lith. Thierry frères, cité Bergère,* 1. Plus B. au M. *Paroles françaises de M. Maurice Bourges.* | *Musique de* | *G. Meyerbeer* | *Prix* 5 *fr.* | *Paris, Maurice Schlesinger, rue Richelieu, n*° 97 | *Berlin, A.-M. Schlesinger.* = H. 195, L. 123.

1er État. Avant toute lettre.
2e — Celui qui est décrit.

» LA SÉRÉNADE MORESQUE. — Voir ce titre sous la rubrique : *Revue et Gazette musicale*, même section, subdivision : *Journaux et Revues.*

128 S'IL VOUS SOUVIENT DU MAL D'AMOUR. — Une jeune fille assise, de pr. tournée à D., les mains sur un livre posé sur ses genoux. Derrière elle, également assise, une vieille femme semble lui donner des conseils. A mi-jambes. Costumes moyen âge. — A G. **197.** | **Gavarni.** — Claire-voie. En H. *A Mademoiselle Pauline Garcia*. En B. à D. *Lith. de Thierry frères, cité Bergère,* 1, *Paris*. Au-dessous du titre : *Ballade à deux voix* | *paroles de Mr Émile Deschamps* | *musique de* | *L. Niedermeyer* | *dessin de Mr Gavarni* | *Prix* 5 *fr.* | *Paris* | *Maurice Schlesinger, éditeur, rue Richelieu,* 97 | *Berlin, chez A.-M. Schlesinger.* = H. 120, L. 120.

1er État. Avant toute lettre.
2e — Celui qui est décrit.

129 SIX PETITS DUOS DE SALON, en H. de la planche. — Deux femmes assises sur un tapis, sous des plantes exotiques, jouent du luth. Celle de G., vue de dos à moitié, a le buste complètement nu. — A G. **Gavarni**, et au-dessous plus à G. **90**. — Claire-voie. Un fil. En H. au-dessous du titre : 3e *collection* | *n*° ». En B. dans l'intérieur du dessin à D. *Lith. Formentin et Cie*. Au-dessous du fil. au M. *Par* | *V. Gabussi* | *Paroles de Mr Crevel de Charlemagne* | *Recueil broché. Prix net* 9 *fr.* | *Les mêmes séparées* (etc.) | *Paris, chez Bernard Latte,* 2, *boulevard des Italiens* | *passage de l'Opéra* | *Londres, Aldrige Boosey.* = H. 433, L. 134.

1er État. *Lith. Formentin et Cie*. Sans autre lettre.
2e — Celui qui est décrit.
3e — *Passage de l'Opéra* sur la même ligne que *Paris, chez Bernard Latte.*

130 RRR. — LES SOUVENIRS, en H. de la planche. — Un homme, de face, costume Louis XIV, les yeux baissés, le coude appuyé à G. contre un tronc d'arbre, la main retournée sur sa tête, à ses pieds une flaque d'eau. — A D. **44-22**. Au-dessous de ces chiffres on distingue encore à moitié effacé **45**. — Trois fil. à pans coupés en H. Au-dessous du titre à G. *Mélodie*. Au M. *Paroles françaises et italiennes*. A D. *Riccordanze*. En B. entre le premier et le deuxième fil. au M. *Par Gavarni*. Au-dessous du fil. à D. *Lith. Thierry frères*. Plus B. au M. *Paroles françaises de M. Maurice Bourges — musique de* | *G. Meyerbeer* | *Prix* 3 *fr*. 75 | *Maurice Schlesinger, éditr, rue Richelieu*, 97 | *Berlin, A. M. Schlesinger*. = H. 185, L. 132.

1er État. Avant toute lettre.
2e — Celui qui est décrit.

131 SYMPATHIE, en H. de la planche. — Assise sur un tertre de pr. à D. une jeune Italienne, les deux mains sur ses genoux, regarde mélancoliquement devant elle. Au fond paysage et montagnes. — A G. G. — Claire-voie. Trois fil. En B. dans l'intérieur du dessin à D. *Lith. de G*. Au-dessous des fil. au M. *Album de Masini* | 1839. = H. 123, L. 157.

1er État. Avant toute lettre et sans fil.
2e — Celui qui est décrit.
3e — Sympathie. — Entre le premier et le deuxième fil. en H. *Romance*. Dans l'intérieur du dessin en B. à D. *Lith. de Guillet*. Au-dessous des fil. au M. *Paroles de Mme Amable Tastu* | *musique de* | *P. Masini* | *à son ami Duprez* | *Romances nouvelles* (etc.) | *A Paris, chez Bernard Latte, éditeur, boulevard des Italiens, n°* 2 | *passage de l'Opéra*.

» UNE JEUNE FEMME. *Romance*. — Même planche que : *Toilette du soir*. Voir ce titre sous la rubrique : *La Renaissance*, même section, subdivision : *Journaux et Revues*.

132 R. — UNE SCÈNE DES APENNINS. — Bandit italien, assis sur un rocher de pr. à D., jouant du luth sur le bord d'une route où va passer une chaise de poste qu'on aperçoit dans le lointain. A G. groupe de bandits derrière le rocher. — A G. **Gavarni**. A D. **1838-200**. — Claire-voie. En H. *A Monsieur G. du Tillet*. En B. au M. *Lith. de Thierry frères, cité Bergère, Paris*. Au-dessous du titre : *Paroles de Mr Émile Deschamps* | *musique de* | *L. Niedermeyer* | *dessin de Mr Gavarni* | *Prix* 5 *fr.* | *Paris* | *Maurice Schlesinger, éditeur, rue Richelieu*, 97. | *Berlin, chez A. M. Schlesinger*. = H. 162, L. 172.

1er État. Avant toute lettre.
2e — Celui qui est décrit.

133 VALSE DE GISELLE, en H. de la planche. — Un danseur tient d'une main devant lui par la taille, et complétement soulevée de terre, une jeune danseuse, le haut du corps penché à D. — A G. **41-65**. — Claire-voie. Quatre fil. En B. dans l'intérieur du dessin à D. *Lith. Formentin et Cie*. Au-dessous des fil. au M. *Dansée par* | *Mme Carlotta Grisi et Mr Petipa* | *composée par* | *A. Adam* | *Paris, chez Meissonnier, éditeur*, 22, *rue Dauphine* | *Mayence et Anvers, chez B. Schott*. = H. 192, L. 150.

1er État. Avant toute lettre.
2e — Celui qui est décrit.

» VILLANELLE. — Même planche que : *Où donc est le bonheur?* Voir ce titre ci-dessus.

» VIOLETTE. — Même planche que : *Fleurissez-vous.* Voir ce titre sous la rubrique : *Les Lys et les Roses* ci-après.

LA ROMANCE.

Six lithographies faisant partie d'une suite de pièces dessinées par divers artistes pour : *La Romance, journal de musique,* publication hebdomadaire. 78 numéros, dont le premier est du 1er janvier 1834, et le dernier du 27 juin 1835. Chacune de ces pièces porte en H. au M. *La Romance | Journal,* et tout en B. *A Paris, rue du Coq, 4, au bureau de l'Artiste.*

134 R.—C'EST BIEN LA PEINE D'ÊTRE SAGE.—Dans une rue de village, une jeune paysanne de 3/4 tournée à D. les yeux baissés, les bras nus, les mains l'une sur l'autre, un panier sous l'un de ses bras — A D. **Gavarni**. — Au-dessous du T. C. à G. *Lith. de Frey.* Au-dessous du titre au M. *Chansonnette | paroles de Mr H.-L. Guérin | musique | d'Auguste Andrade | professeur de chant et membre de la Société des concerts du Conservatoire.* = H. 142, L. 93.

« La Romance du 4 octobre 1834. »

135 LE CLOCHETEUR DES TRÉPASSÉS. — Un vieillard à barbe blanche de 3/4 à D. près d'un mur lève une main en l'air, de l'autre il tient une clochette. Costume du XVIIe siècle. Grand manteau jeté sur l'épaule. Au fond vue de la Seine et de Paris. — A D. **Gavarni.** — Au-dessous du T. C. à G. *Gavarni.* A D. *Lith. de Frey.* Au-dessous du titre au M. *Ballade | dédiée à Mr Derivis fils | Paroles de Mr Charles *** | musique | d'Alphonse Gilbert.* = H. 129, L. 86.

« La Romance du 26 juillet 1834. »

136 L'ENFANT ABANDONNÉ.— De pr. tournée à D. une femme à genoux à la porte d'une maison de charité est accoudée sur le tour où elle vient de déposer son enfant, dont elle se sépare avec désespoir et qu'elle regarde pour la dernière fois. — A D. sur le mur **Gavarni.** — Claire-voie. Un fil. A G. *Gavarni.* A D. *Lith. de Frey.* Au-dessous du titre au M. *Romance | dédiée à Mme St-Edme | Paroles | de Mr Hortensius de St-A....* (St-Albin) | *musique de | H. Darondeau.* = H. 130, L. 110.

« La Romance du 8 novembre 1834. »

137 JE PRIERAI POUR EUX. — Une femme en costume des Pyrénées, capulet sur la tête, est appuyée contre le pilier d'une église, de pr. tournée à D. accoudée sur un vaste bénitier, et les deux mains croisées. — A. D. **Gavarni**. — Claire-voie. A. G. *Lith. de Frey.* Au-dessous du titre au M. *Nocturne à 2 voix | Paroles de Mme Desbordes-Valmore | musique du chevalier | Lagoanère.* = H. 141, L. 96.

« La Romance du 3 janvier 1835. »

138 R. — LOUIS LE GRAND ! L'AMOUR N'OBÉIT PAS.—Le roi Louis XIV et Mademoiselle de Lavallière assis tous deux sur un canapé; le roi à G. tient dans ses deux mains une de celles de sa maîtresse. — A D. **Gavarni**. — Claire-voie. Un fil. En B. dans l'intérieur du dessin à G. *Lith. de Frey.* Au-

dessous du titre au M. *Romance | dédiée par les auteurs à Mr Ponchard | Paroles de | Mr J.-B.-P. Lafitte | musique de | Mr Adolphe Vogel.* = H. 131, L. 106.

« La Romance du 22 mars 1834. »

1er État. Avant toute lettre.
2e — Celui qui est décrit.

139 L'ORPHELINE. — Petite fille assise sur un tertre. De pr. tournée à D. elle tient un bâton avec lequel elle écrit sur la terre. Mouchoir sur la tête, noué sous le menton. — A G. **Gavarni.** — Claire-voie. Un fil. En B. à G. *Gavarni.* — Au-dessous du titre au M. *Romance | dédiée à Mademoiselle Joséphine Guilbert | Paroles de Mr A. C. | musique de | J.-M. Gomis.* = H. 142, L. 124.

« La Romance du 24 mai 1834. »

LES LIS ET LES ROSES.

Six pièces faisant partie d'une suite de neuf lithographies par divers artistes pour : *Les Lys* (sic) *et les Roses, album.* Dans le B. de chacune d'elles, au-dessous des fil. à G. *Lith. Bertauts.* A D. *r. du Jour,* 13, et au M. dans l'intérieur au-dessus du T. C. ou au-dessus des fil., dans le cas où la pièce est à claire-voie : *Par Gavarni.* Le titre de chaque morceau est en tête de la musique.

140 RRR. — LES LYS (sic) ET LES ROSES. Titre inscrit dans un encadrement composé de branches d'arbres et de feuillages entrelacés. Au-dessous du titre : *Album | Paroles de | Mme Mélanie Waldor | musique de | Mlle Octavie Romey | Illustré par Gavarni.* — Au-dessous de l'encadrement à G. **41-123**. — Au M. *Lith. Bertauts.* A D. *rue du Jour,* 13. = H. 191, L. 151.

141 (FLEURISSEZ-VOUS, Chansonnette.) — Deux jeunes filles se dirigeant vers la D. L'une vue de dos, tenant un panier rempli de fleurs, le bras passé derrière la taille de l'autre, qui de son côté pose la main sur l'épaule de sa compagne. — A G. **41-117.** — Claire-voie. Fil. à pans coupés en H. = H. 194, L. 156.

1er État. Celui qui est décrit.
2e — Sans fil. A D. *Par Gavarni.* A G. *Imp. Bertauts, Paris.*
3e — Violette, en H. de la planche. — Sans fil. en H. A D. *A M. Ponchard.* En B. à D. en travers. *Lith. Bertauts, r. Cadet,* 11, *Paris.* Plus B. au M. *Paroles de Ch. Jobey, musique de | Léopold Amat | Romances du même* (etc.) A G. *London Schott.* Au M. *Paris, au Ménestrel, 2 bis, r. Vivienne, Heugel et Cie, éditeurs.* A D. *Mayence, B. Schott.*

142 RR. (BLANCHE COLOMBE, Mélodie.) — Au M. d'une éclaircie, une colombe vole au-dessus de la mer, au bord de laquelle est une ancre. — A G. **41-122.** — Un fil. cintré en H. = H. 184, L. 140.

1er État. Celui qui est décrit.
2e — Au-dessous des fil. à G. *Par Gavarni.* — A D. *Imp. Bertauts, Paris.*

143 (LES FARFADETS, Ballade.) — Jeune fille vue de face, courant les cheveux épars, vêtue d'un spencer de velours noir, manches courtes. A D. des bandes de lutins. — A G. **41-121**. — Deux fil. = H. 176, L. 131.

1er État. Celui qui est décrit.
2e — Les Lutins. — En H. au-dessus des fil. *Gavarni.* En B. au M. *Bertauts, imp.*
« Les Beaux-Arts, Paris, Curmer. 1843, Ier vol., 3e livraison. »
3e — Le titre *Les Lutins* a disparu.
« La Giralda, Paris, Curmer » (1845).

144 (LE RETOUR, Romance.) — Une jeune femme, les deux mains sur ses genoux, de 3/4 à D. A ses pieds son jeune enfant, en chemise, à genoux, disant ses prières. Derrière eux un lit. — A G. **41-120**. — Un fil. à pans coupés en H. = H. 185, L. 135.

1er État. Celui qui est décrit.
2e — La Prière. En H. au-dessus du fil. *Gavarni.* En B. au M. *Bertauts, imp.*
« Les Beaux-Arts, Paris, Curmer, 1843, Ier vol., 20e livraison. »
« La Giralda, Paris, Curmer » (1845).

145 R. (ELLE EST MORTE. Élégie.) — Cimetière d'une ville que l'on voit dans le fond. Sur le devant à G. pierre tombale sur laquelle croissent des ronces. Ciel orageux. — A G. **41-114**. — Claire-voie. Fil. cintré en H. = H. 187, L. 164.

1er État. Celui qui est décrit.
2e — Le Cimetière. — En H. *Bulletin de l'Ami des arts.* En B. à G. *Par Gavarni.* A. D. *Imp. Bertauts.* Le fil. est supprimé, une partie de nuage a disparu, et par suite le dessin est devenu une pièce en travers.
« Bulletin de l'Ami des arts, t. II, 1844. »

MÉLODIES DE Mme GAVARNI.

Suite de dix lithographies dont la couverture porte : « *Illustrations des Mélodies de Madame Jeanne Gavarni. Premier dizain* (le seul paru). *Paris, chez Martinet. Imp. Lemercier, Paris.* »

Sur chacune de ces lithographies, dont les unes ont plusieurs fil. et les autres n'en ont pas, on lit en B. au-dessous du T. C. ou des fil. à G. *Par Gavarni.* A D. *Imp. Lemercier, Paris.* Puis au M. le no d'ordre, et plus B. le titre indicatif du sujet.

1er État. Avant toute lettre.
2e — Celui qui est décrit.
3e — Le titre a disparu.

---

146 I. — CHANSON DE BARBERINE. — Un chevalier de face, couvert de son armure et d'un manteau blanc, s'appuie d'une main sur sa longue épée, et serre de l'autre la main de sa jeune femme qui penche la tête sur l'épaule de son mari. Tous deux à mi-jambes, costumes moyen âge. — A. G. **54-15** — T. C. cintré du H. = H. 190, L. 150.

147 II. — PETIT PAGE. — Une jeune châtelaine de pr. à G. monte un escalier de pierre suivie de son page; celui-ci tient d'une main le livre d'heures de sa maîtresse et de l'autre une fleur qu'il lui montre. Costumes moyen âge. — A G. **54-13**. — T C. cintré du H. = H. 240, L. 146.

148 III. — SÉRÉNADE ESPAGNOLE. — A mi-corps, de 3/4 tourné à D. un Espagnol couvert d'un long manteau pince de la guitare appuyé contre un mur. — En H. à G. **54-7.** — Médaillon rond. Deux fil. — H. 190, L. 190.

149 IV. — MIGNON. — De pr. tournée à G. elle est à moitié assise sur un rocher, dans la campagne, les bras baissés, les mains l'une sur l'autre, et regarde tristement le ciel nébuleux. Au fond, des sapins. — A G. **54-14.** — T. C. à pans coupés en H. et en B. = H. 200, L. 162.

150 V. — ROSETTE. — Jeune homme et jeune fille se promenant le soir dans la campagne et se dirigeant vers la G. La jeune fille baisse la tête et appuie l'une de ses mains sur l'épaule de son compagnon. Au fond un autre couple vu de dos se dirigeant vers la D. Costumes moyen âge. — En H. à G. **54-8.** — T. C. à pans coupés en H. et en B. = H. 232, L. 178.

151 VI. — CHANSON. — Dans un jardin, derrière un mur à hauteur d'appui, auprès d'une porte où l'on arrive par quelques marches, un jeune chasseur de 3/4 tourné à D., les jambes croisées, accoudé sur le mur, une main sous le menton. Près de lui son fusil posé contre la muraille. Costume du XIXe siècle. — A D. **54-10.** — T. C. cintré en H. = H. 193, L. 141.

152 VII. — LES MARGUERITES. — Jeune fille à mi-jambes, de 3/4 tournée à G., se promenant pensive dans un jardin, les bras croisés et tenant des marguerites à la main. Elle est vêtue d'un simple peignoir blanc. — En H. vers la G. **54-11.** — T. C. Les quatre angles arrondis. = H. 187, L. 141.

153 VIII. — LA CHANSON DE LISE. — Jeune femme à mi-corps, de pr. tournée à D., en costume de cheval, tenant une cravache dans la main, qu'elle pose sur un mur à hauteur d'appui. — A G. **54-9.** — T. C. à pans coupés en H. et en B. = H. 195, L. 164.

154 IX. — SÉRÉNADE VÉNITIENNE. — Assis au pied des colonnes d'un palais, un jeune homme, la tête baissée, une guitare en travers sur ses genoux, est vu de face et à mi-jambes. Au fond l'Adriatique. — A G. **54-12.** — Médaillon rond. Deux fil. = H. 160, L. 160.

155 X. — NOTRE-DAME DE TUDÈLE. — Jeune fille à mi-jambes, de pr. tournée à D., assise sur un banc de bois dans une église au pied d'une colonne et chantant un cantique. — A G. **54-16.** — Deux fil. = H. 168, L. 139.

IIe SUBDIVISION.

JOURNAUX ET REVUES.

Les journaux et revues pour lesquels Gavarni a travaillé sont classés ci-après par ordre alphabétique. Nous donnons en tête de ces publications quelques détails bibliographiques, et nous indiquons pour chacune d'elles ce que les pièces qui les composent ont de commun sous le rapport de la forme et de la lettre, afin d'éviter de répéter ces indications à chaque article.

L'ABEILLE IMPÉRIALE.

Dix lithographies faisant partie d'une suite de pièces dessinées par divers artistes pour : *l'Abeille Impériale, littérature, beaux-arts, industrie, théâtre;* revue paraissant deux fois par mois par livraisons in-4°. Le premier n° est d'octobre 1852.

» I. — S. M. L'IMPÉRATRICE EUGÉNIE. | *Costume officiel du 2 janvier* 1855. — Voir ci-dessus aux portraits.

» II. — (MODES.) *Bonnet et chapeau de Mad. Perrot-Dietrich, boulevard Bonne-Nouvelle, n° 14* bis. *Rubans de Watelin et Cie | rue de la Paix, n° 28. Fourrures de Dieulafait, boulevard de la Madelaine* (sic), *n° 1. Bijoux et cheveux de | Lemonnier, boulevard des Italiens, n° 10.*
Voir ce titre sous la rubrique : *l'Abeille Impériale*, à la section : *Costumes et Modes.*

» III. — MODES DE L'ABEILLE IMPÉRIALE. — Voir ce titre sous la rubrique : *l'Abeille Impériale*, à la section : *Costumes et modes.*

» IV. — S. A. I. Mme LA PRINCESSE MATHILDE. | *Toilette de bal.* — Voir ci-dessus aux portraits.

» V. — MODES. | *Toilette de ville et de chez soi.* — Voir ce titre sous la rubrique : *l'Abeille Impériale*, à la section : *Costumes et modes.*

» VI. — (TOILETTE DE MARIÉE.) — Voir ce titre sous la rubrique : *l'Abeille Impériale*, à la section : *Costumes et modes.*

» VII. — (MODES DE 1855.) — Voir ce titre sous la rubrique : *l'Abeille Impériale*, à la section : *Costumes et modes.*

» (Sans N°.) — S. M. LA REINE VICTORIA. — Voir ci-dessus aux portraits.

» (Sans N°.) — LA TOILETTE | LE BOURNOUS (sic). — Voir ce titre sous la rubrique : *l'Abeille Impériale*, à la section : *Costumes et modes.*

» (Sans N°.) — LES GANTS. — Voir ce titre sous la rubrique : *l'Abeille Impériale*, à la section : *Costumes et modes.*

L'ARTISTE.

Soixante-quinze lithographies faisant partie d'une suite de pièces dessinées par divers artistes pour : *L'Artiste, journal de la littérature et des beaux-arts*, paraissant deux fois par mois en livraisons in-4°. Le premier n° date de 1831. Ces lithographies ne sont pas numérotées. On lit sur chacune d'elles, en H. au M. : *L'Artiste.*

156 LA PEAU DE CHAGRIN | *par Mr de Balzac.* | *Le docteur Planchette explique à Raphael la théorie de la presse hydraulique.*—Dans un jardin, devant une maison, le docteur à G. en robe de chambre, près d'un fût de colonne surmonté d'une tablette, sur laquelle est accoudé Raphaël, assis sur une chaise, la

peau de chagrin à la main. — Deux fil. En H., au-dessous de *l'Artiste*, on lit : *Journal*. En B., au-dessous des fil. à G. : *Gavarni del.* A D. : *Lith. de Frey.* = H. 138, L. 162.

« L'Artiste, 1re série, t. II. »

1er État. Avant toute lettre.
2e — Celui qui est décrit.
3e — Le tirage est en rouge. Fil. supprimés. En B. au-dessous du T. C. au M. *Imp. Lemercier et Cie, Paris*. Sans autre lettre.

157 L'INTRIGUE. — Un jeune homme en frac donne le bras à deux femmes masquées qu'il écoute. Celle de G., qui lui parle à l'oreille, porte le costume du nº 15 de la suite : *Nouveaux travestissements ;* l'autre le costume du nº 13 de la même suite. — A D. **Gavarni**. — Deux fil. A G. *Gavarni*. A D. *Lith. de Frey*. = H. 164, L. 128.

« L'Artiste, 1re série, t. III. »

1er État. Celui qui est décrit.
2e — Le tirage est en rouge. Fil. supprimés. En B. au-dessous du T. C. au M. *Imp. Lemercier et Cie, Paris*. Sans autre lettre.

158 MASCARADE. — Bal masqué dans une galerie de tableaux dont les murs sont recouverts de tentures. Parmi les masques allant et venant on remarque au M. un grotesque à grosse tête et long nez surmonté de lunettes, en costume de paysanne. Sur le devant, à D., un pierrot assis par terre et vu de dos. — A G. **Gavarni**. — Deux fil. A. G. *Gavarni*. A D. *Lith. de Frey*. = H. 123, L. 185.

« L'Artiste, 1re série, t. III. »

1er État. Celui qui est décrit.
2e — *Lith. de Frey* a disparu.
3e — Le tirage est en rouge. Fil. supprimés. En B. au-dessous du T. C. au M. *Imp. Lemercier et Cie, Paris*. Sans autre lettre.

159 LES APPRÊTS POUR LE BAL. — Près d'une cheminée, une jeune femme en robe de bal met ses gants pendant que sa femme de chambre lui attache son collier ; à D. le mari, les mains posées sur le dos de la chaise. — Au M. **Gavarni**. — Claire-voie. Trois fil. A G. *Gavarni*. A D. *Lith. de Frey*. = H. 175, L. 142.

« L'Artiste, 1re série, t. III. »

1er État. Celui qui est décrit.
2e — Le tirage est en rouge. Un fil. En B. au-dessous du fil. au M. *Imp. Lemercier et Cie, Paris*. Sans autre lettre.

160 UN BAL | A LA CHAUSSÉE D'ANTIN. — Salon élégant, société nombreuse. Deux quadrilles exécutent la pastourelle, un cavalier et deux dames en avant ; à D. deux dames tiennent le piano ; au fond deux fenêtres et une porte encombrée d'hommes. — A D. **Gavarni**. — Deux fil. A G. *Gavarni*. A D. *Lith. de Frey, rue du Croissant, nº 20*. = H. 114, L. 175.

« L'Artiste, 1re série, t. III. »

1er État. Celui qui est décrit.
2e — Le tirage est en rouge. Fil. supprimés. En B. au-dessous de T. C. au M. *Imp. Lemercier et Cie, Paris*. Sans autre lettre.

» TOILETTE DE CAMPAGNE. — Voir ce titre sous la rubrique : *l'Artiste* à la section : *Costumes et modes*.

161 LA GLACE. — Une femme, assise sur une causeuse et vue de dos, remet un billet à un jeune homme. A D. le mari, regardant dans une glace, s'aperçoit de ce manége. — A D. **Gavarni.** — Claire-voie. Un fil. A G. *Gavarni del.* A D. *Lith. de Frey, rue du Croissant, n° 20* = H. 178, L. 150.

« L'Artiste, 1re série, t. III »

1er État. Celui qui est décrit.
2e — Le tirage est en rouge. En B. au-dessous du fil. au M. *Imp. Lemercier et Cie, Paris,* sans autre lettre.

162 LA SOEUR DE LAIT DU VICAIRE. | *Par S. H. Berthoud.* — Un jeune peintre, assis dans son atelier, regarde un tableau posé sur un chevalet. Derrière lui, à G., une femme, coiffée d'un chapeau dont le voile est baissé, lui met la main sur l'épaule. — Au-dessous du T. C. à G. *Gavarni.* A D. *Lith. de Frey, rue du Croissant,* 20. = H. 155, L. 122.

« L'Artiste, 1re série, t. III. »

1er État. Celui qui est décrit.
2e — Le tirage est en rouge. En B. au-dessous du T. C. au M. *Imp. Lemercier et Cie, Paris,* sans autre lettre.

163 *A la voir ainsi immobile, on eût dit une madone, tant | il y avait de candeur sur tout son visage. | Paquita, par H. de Laferière.* — Un jeune homme et une jeune femme agenouillés sur des chaises dans une église, tous deux de pr. tournés à D. La femme lit dans un livre de prières. — A D. **Gavarni.** — Deux fil. A G. *Gavarni.* A D. *Lith. de Frey, rue du Croissant, n° 20.* = H. 159, L. 137.

« L'Artiste, 1re série, t. III. »

» FASHIONABLES. | MODES PARISIENNES. — Voir ce titre sous la rubrique : *l'Artiste*, à la section : *Costumes et modes.*

164 PROMENADE DU MATIN. — Un homme et une femme, bras dessus bras dessous, dans la campagne. L'homme, à G., tient d'une main son chapeau, de l'autre sa canne; à l'horizon, les tourelles d'un château. — A D. **Gavarni.** — Claire-voie. Deux fil. A G. *Gavarni.* A D. *Lith. de Frey, rue du Croissant, n° 20.* = H. 170, L. 140.

« L'Artiste, 1re série, t. IV. »

1er État. Avant toute lettre et sans fil.
2e — Celui qui est décrit.
3e — Le tirage est en rouge. Un fil. En B. au-dessous du fil. au M. *Imp. Lemercier et Cie, Paris,* sans autre lettre.

165 FEMMES A LA MODE. — Deux jeunes femmes, dont l'une à D., coiffée d'un chapeau, est debout, vue de dos et tournée à G. L'autre, assise sur un divan, tient à la main un journal sur ses genoux — Au M. **Gavarni.** — Claire-voie. Un fil. A G. *Gavarni.* A D. *Lith. de Frey, rue du Croissant,* 20. = H. 177, L. 157.

« L'Artiste, 1re série, t. IV. »

1er État. Avant toute lettre.
2e — Celui qui est décrit.
3e — Le tirage est en rouge. En B. au-dessous du fil. au M. *Imp. Lemercier et Cie, Paris,* sans autre lettre.

166 QUATRE HEURES DU MATIN. — Un homme et une femme travestis en pierrots, dans un café, attablés devant deux verres d'eau sucrée. La femme, à D., a les deux coudes sur la table, la tête appuyée sur une de ses mains. — A G. **Gavarni**. — Un fil. A G. *Gavarni del.* A D. *Lith. de Kœppelin et C., rue du Croissant, n° 20.* = H. 142, L. 123.

« L'Artiste, 1re série, t. IV. »

1er État. Avant toute lettre.
2e — Celui qui est décrit.
3e — Le tirage est en rouge. Fil. supprimé. En B. au-dessous du T. C. au M. *Imp. Lemercier et Cie, Paris,* sans autre lettre.

167 LA VALSE. — La valseuse, tournée à D., la tête presque de pr., est vue de dos en avant de son valseur, sur l'épaule duquel elle appuie un bras; au fond un canapé et un paravent. — A D. **Gavarni** — Un fil. A G. *Gavarni del.* A D. *Lith. de Kœppelin et Cie, rue du Croissant, n° 20.* = H. 137, L. 108.

« L'Artiste, 1re série, t IV. »

1er État. Avant toute lettre.
2e — Celui qui est décrit.
3e — Le tirage est en rouge. Fil. supprimé. En B. au-dessous du T. C. au M. *Imp. Lemercier et Cie, Paris,* sans autre lettre.

168 LA GALOPE. — Un jeune homme, tourné à G. presque de pr., est vu de dos, en avant de sa danseuse dont il tient une main à la hauteur de sa poitrine. La dame est coiffée d'un large bonnet tuyauté avec plume. — A G. **Gavarni**. — Un fil. A G. *Gavarni del.* A D. *Lith. de Kœppelin et Cie, rue du Croissant*, 20. = H. 113, 155.

« L'Artiste, 1re série, t V. »

1er État. Avant toute lettre.
2e — Celui qui est décrit.
3e — Le tirage est en rouge. Fil. supprimé. En B. au-dessous du T. C. au M. *Imp. Lemercier et Cie, Paris,* sans autre lettre.

169 LA JEUNE MÈRE. — Assise, de 3/4, tournée à D., sur un tertre dans la campagne, elle pose une main sur la tête de sa petite fille qui, les bras posés sur les genoux de sa mère, regarde son petit frère agenouillé à terre et jouant avec une petite voiture à voile. — A D. **Gavarni**. — Un fil. A G. *Gavarni del.* A. D *Lith. de Kœppelin et Cie, rue du Croissant, n° 20.* — H. 144. L. 128.

« L'Artiste, 1re série, t. VI. »

1er État. Avant toute lettre.
2e — Celui qui est décrit.
3e — Le tirage est en rouge. Fil. supprimé. En B. au-dessous du T. C. au M. *Imp. Lemercier et Cie, Paris,* sans autre lettre.

170 SOLITUDE. — Dans un bois, une femme vêtue de noir, assise à terre sur le bord d'un sentier. Elle est de 3/4 à D. et tient un livre sur ses genoux. Près d'elle son ombrelle, et à quelques pas son chien. — A G. **Gavarni**. — Un fil. A. G. *Gavarni.* A D. *Lith. de Kœppelin et Cie, rue du Croissant, n° 20.* = H. 118, L. 174.

« L'Artiste, 1re série t. VI. »

Le site représenté est une vue du jardin d'Alphonse Karr à Montmartre. 1833.

1er État. Avant toute lettre.
2e — Celui qui est décrit.
3e — Le tirage est en rouge. Fil. supprimé. En B. au-dessous du T. C. au M. *Imp. Lemercier et Cie, Paris,* sans autre lettre.

171 LE CHAMPAGNE. — Orgie à laquelle se livrent six jeunes gens en compagnie de quatre femmes. L'un d'eux, en manches de chemise, pérore debout, appuyé contre un guéridon placé derrière lui. Dans le fond, plusieurs autres hommes ou femmes, assis ou étendus sur un divan et tenant des verres de vin de Champagne. — Au M. **Gavarni**. — Un fil. A. G. *Gavarni*. A D. *Lith. de Frey, rue du Croissant, n° 20.* = H. 74, L. 142.

« L'Artiste, 1re série, t. VII. »

1er État. Avant toute lettre.
2e — Celui qui est décrit.
3e — *Lith. de Kæppelin et Cie*, au lieu de *Lith. de Frey*. Le reste comme à l'état décrit.
4e — Le tirage est en rouge. Fil. supprimé. En B. au-dessous du T. C. au M. *Imp. Lemercier et Cie, Paris,* sans autre lettre.

172 ASCENSION AU PIC DE BERGONS. — Accoudé et à demi-couché sur le bord d'une éminence, un jeune homme tenant une ombrelle au-dessus de sa tête. Debout, près de lui à G., une femme vue de dos lui montre du doigt un point à l'horizon. A D., plus en avant, le guide vu de dos et s'appuyant sur un bâton. — A G. **Gavarni**. — Un fil. A G. *Gavarni*. A D. *Lith. de Frey*. = H. 130, L. 169.

« L'Artiste, 1re série, t. VIII. »

173 *Excusez-moi, monsieur, je ne sais pas lire.* | *Jeannette, ou la mauvaise année.* — Devant une maisonnette, un homme en veste rayée et de pr. tourné à G. présente une lettre à une jeune paysanne. — A D. **Gavarni**. — Au-dessous du T. C. au M. *Par Gavarni*. A D. au-dessous du titre. *Imp. par Frey*. = H. 145, L. 110.

« L'Artiste, 1re série, t. VIII. »

1er État. Avant toute lettre.
2e — Celui qui est décrit.
3e — En H. au M. au-dessus du T. C. au lieu de: *L'artiste*, on lit : *Album de la Gazette des femmes*. En B. au-dessous du T. C. à D. *Imp. d'Aubert et Cie*. Au M. *Par Gavarni*. Le reste comme à l'état décrit.

174 RÊVERIE. — Jeune gardeuse de moutons, accroupie au milieu de la campagne, de face, la tête appuyée sur ses deux mains jointes, les coudes réunis sur un genou. Près d'elle, à terre, son bâton. Au fond des moutons. — A D. **Gavarni**. — Un fil. Au M. *Par Gavarni*. Au-dessous du titre à G. *Imp. par Frey*. = H. 169, L. 133.

« L'Artiste, 1re série, t. VIII. »

1er Etat. Avant toute lettre.
2e — Celui qui est décrit.

175 SYMPATHIE. — Deux hommes à cheval se rencontrent dans un chemin à la campagne. Celui de D., jeune homme en redingote et pantalon blanc, se penche vers l'autre voyageur pour allumer son cigare à la pipe de celui-ci, paysan en blouse coiffé d'un chapeau sur un bonnet de coton. — A. D. **Gavarni**. — Un fil. A G. *Gavarni*. A D. *Lith. de Frey*. = H. 151, L. 124.

« L'Artiste, 1re série, t. VIII. »

1er État. Avant toute lettre.
2e — Celui qui est décrit.

» 1792. — Voir ce titre sous la rubrique : *l'Artiste*, à la section : *Costumes et modes*.

» 1835. — Voir ce titre sous la rubrique : *l'Artiste*, à la section : *Costumes et modes.*

» COSTUME DE Mme LA BARONNE DE S*** | *au dernier bal de la cour.* — Voir ce titre sous la rubrique : *l'Artiste*, à la section : *Costumes et modes.*

176 UNE LOGE AU THÉATRE ITALIEN. — Un homme et une femme à mi-corps. L'homme à G., les deux mains l'une sur l'autre appuyées sur le dossier de la chaise où il est assis. La femme, la tête tournée à D., regarde en bas de la loge, sur le rebord de laquelle elle pose une de ses mains tenant un éventail. — A D. **Gavarni.** — Claire-voie. Un fil. A G. *Gavarni.* A D. *Lith. de Frey.* = H. 163, L. 140

« L'Artiste, 1re série, t. IX. »

1er État. Celui qui est décrit.
2e — Le tirage est en rouge. En B. au-dessous du fil. au M. *Imp. Lemercier et Cie, Paris*, sans autre lettre.

» COSTUME DE Mme LA MARQUISE DE L.... — Voir ce titre sous la rubrique : *l'Artiste*, à la section : *Costumes et modes.*

PASSONS VITE. — Dans un jardin public, une femme habillée en homme, une canne à la main, donne le bras à un homme à moustaches vêtu d'un pardessus de couleur claire. Tous deux se dirigent à D. Derrière eux des promeneurs se sont arrêtés pour les regarder. — A. D. **Gavarni.** — Trois fil. En B. au-dessous du titre à D. *Impé par Frey.* = H. 154, L. 108.

« L'Artiste, 1re série, t. IX. »

1er État. Avant toute lettre.
2e — Celui qui est décrit.

177 LE DIMANCHE. — Dans une église, une jeune femme agenouillée sur une chaise basse, de pr., tournée à D., les deux mains réunies sur le dossier de sa chaise. Au fond à G. des femmes en prières. — A D. **Gavarni.** — Claire-voie. Deux fil. En B. entre le premier et le second fil. au M. *Gavarni.* Entre le second et le troisième fil. à D. *Imp. par Frey.* = H. 154, L. 106.

« L'Artiste, 1re série, t. X. »

1er État. Avant toute letttre.
2e — Celui qui est décrit.

178 LA POUPÉE. — A G. dans un jardin, sur un banc de pierre, une jeune fille assise de pr., tournée à D., tient dans ses mains une poupée qu'attend une petite fille debout près d'elle. A D., également debout, un jeune garçon les mains dans les poches de son habit. Costumes allemands du XVIIIe siècle. — A D. **Gavarni.** — Cinq fil. A G. *Gavarni.* A D. *Lith. de Frey.* = H. 160, L. 131.

« L'Artiste, 1re série, t. X. »

1er État. Avant toute lettre.
2e — Celui qui est décrit.

179 PETITS, PETITS. — Un jeune garçon et une jeune fille en costumes allemands du XVIIIe siècle sont assis sur un talus, ayant entre eux une cage d'oiseaux. Le premier excite un petit oiseau posé sur la cage pendant que sa compagne se dispose à donner la becquée à un autre. — A G. **Gavarni.** — Sept fil. A G. *Gavarni.* A D. *Lith. de Frey.* = H. 155, L. 127.

« L'Artiste, 1re série, t. X. »

1er État. Avant toute lettre.
2e — Celui qui est décrit.

» COSTUME DE BAL | 1835. — Voir ce titre sous la rubrique : *l'Artiste*, à la section : *Costumes et modes.*

» NÉGLIGÉ DU MATIN. | 1835. — Voir ce titre sous la rubrique : *l'Artiste*, à la section : *Costumes et modes.*

180 FAR-NIENTE. — Un jeune homme en robe de chambre, foulard sur la tête, pantalon à pied et pantoufles, est assis de pr. tourné à D. la tête de 3/4, les jambes croisées, accoudé sur le bord de la cheminée, jouant d'une main avec la ceinture de sa robe de chambre. Au fond un meuble où sont placés des potiches et un torse de femme. — A G. **Far-niente**. A D. **1835** | **Gavarni.** — Un fil. Au M. *Gavarni.* A D. au-dessous du titre. *Impr par Frey.* = H. 175, L. 123.

« L'Artiste, 1re série, t. X. »

1er État. Avant toute lettre. Huit fil.
2e — Celui qui est décrit.

» Mlle DÉJAZET. | *Rôle de la Périchole, thtre du Palais-Royal.* — Voir aux portraits.

181 *Elle porta la main au léger* | *marteau de fer....* | A D. *La veuve du miquelet* | *Michel Raymond.* — Une jeune femme de 3/4 à D., la tête tournée à G., béret sur le côté, petite veste de velours ouverte à manches courtes, se dispose à frapper à la porte d'une chaumière. — Sur le mur de la maison à D., au-dessus d'un banc de pierre. **G.** | **1835.** — Un fil. Au M. entre le T. C. et le fil. *Gavarni.* A D. au-dessous du fil. *Imp. par Frey.* = H. 191, L. 129.

« L'Artiste, 1re série, t. X. »

1er État. Avant toute lettre, sans fil.
2e — Celui qui est décrit.

182 *L'une prêtait l'oreille* | *l'autre s'efforçait de voir....* | A D. *La Ve du miquelet* | *Michel Raymond.* — Deux jeunes femmes près d'une porte à D. dans un jardin. La plus jeune, devant l'autre, regarde par le trou de la serrure. La seconde appuie son épaule contre la porte. A G. un vase de fleurs sur un mur à hauteur d'appui. — A G. **Gavarni, 1835.** — Un fil. Au M. entre le T. C. et le fil. *Gavarni.* Au-dessous du fil. à D. *Impr par Frey.* = H. 178, L. 133.

« L'Artiste, 1re série, t. X. »

1er État. Avant toute lettre.
2e — Celui qui est décrit.

183 LE JOUR DE L'AN. — Un jeune homme en robe de chambre, assis dans un fauteuil au coin du feu, montre une poupée à une petite fille debout près de lui. Il est de pr. tourné à D., une casquette sur la tête. Buste de Napoléon Ier sur la cheminée. — A G. **Gavarni.** — Un fil. A G. *Gavarni del.* A D. *Lith. de Frey.* = H. 152, L. 131.

« L'Artiste, 1re série, t. X. »

184 *Une mansarde était son palais.* | A D. *Double fantaisie.* | *H. Raisson.* — Une jeune fille, tournée à D. presque de pr., tient des deux mains une robe qu'elle tire d'une malle ouverte et sur le bord de laquelle elle pose un pied. Au fond

un lit de sangle — Sur un des côtés de la malle, G. **1835**. — Claire-voie. Deux fil. A G. *Gavarni del.* A D. *Lith. de Frey.* = H. 169, L. 121.

« L'Artiste, 1re série, t. X. »

1er État. Avant toute lettre, un fil.
2e — Celui qui est décrit.

185 *Louise, Marie, si vous aimez un jour quelqu'un | ne le trompez jamais.* | A D. *Le Récit, par | Edouard Barré.* — Un jeune homme et deux jeunes filles dans un bois. Le premier à D., assis à terre de pr., tourné vers les deux jeunes filles, dont l'une à G. est également assise à terre, l'autre étendue sur l'herbe de D. à G., la tête appuyée sur sa main. — Vers la G. **Gavarni** | **1835**. — Un fil. Entre le T. C. et le fil. au M. *Gavarni.* Au-dessous du fil. à D. *Imp. par Frey.* = H. 126, L. 156.

« L'Artiste, 1re série, t. XI. »

1er État. *Gavarni*, sans autre lettre.
2e — Celui qui est décrit.

186 LE CORTÉGE. — Une dame et son enfant sur une terrasse regardent passer un cortége. La mère, assise, tient d'une main son binocle devant les yeux du petit garçon et de l'autre main lui découvre la tête. Au fond des spectateurs aux fenêtres. — Vers la D. **Gavarni, 1835**. — Un fil. Au M. *Gavarni.* Au-dessous du titre à D. *Impé par Frey.* = H 165, L. 126.

« L'Artiste, 1re série, t. XI. »

1er État. Avant toute lettre et sans fil.
2e — Celui qui est décrit.

187 RR. — DIEPPE. — Marine. Une embarcation à voile transportant des voyageurs. A G., près de la voile, un monsieur et une dame debout, près de deux dames assises. Au M. un autre homme et une dame assis sur un banc. A D. sont réunis, assis ou debout, sept personnages, dont le patron de la barque. A l'horizon à G. les falaises de Dieppe. — Un fil. A D. *Imp. de Benard et Frey.* = H. 110, L. 146.

« L'Artiste, 1re série, t. XII. »

1er Etat. Avant toute lettre.
2e — Celui qui est décrit.

188 ELLE ATTEND. — Jeune femme de 3/4 tournée à D., accoudée sur la balustrade d'une terrasse, la tête appuyée sur sa main, mouchoir noué sur la tête, fichu sur la poitrine. — A D. sur une des pierres de la terrasse. **G. 1835**. — Claire-voie. Trois fil. A G. *Gavarni.* A D. *Lith. de Benard et Frey.* = H. 176, L. 120.

« L'Artiste, 1re série, t. XII. »

1er État. Avant toute lettre.
2e — Celui qui est décrit.
3e — En H. à la place de *l'Artiste* on lit : *Galerie de la Gazette des femmes.* Le reste comme à l'état décrit.

» 1785. — Voir ce titre sous la rubrique : *l'Artiste*, à la section : *Costumes et modes.*

189 LE ROMAN. — Une jeune femme, tenant une ombrelle au-dessus de sa tête, se promène dans son jardin en lisant. Elle est en robe de chambre ou-

verte, laissant voir son corset et son jupon. = Au M. **Gavarni, 1835.** — Un fil. A D. *Lith. de Benard et Frey.* = H. 182, L. 128.

« L'Artiste, 1re série, t. XII. »

1er État. Avant toute lettre.
2e — Celui qui est décrit.

190 PARTIE. — Dans un couloir une jeune femme, portant le costume du nº 40 des *Nouveaux travestissements* (voir ce titre à la section : *Costumes et modes*), donne le bras à G. à un jeune homme en habit de ville et écoute ce que lui dit à l'oreille, de l'autre côté, un homme masqué et vêtu en seigneur du moyen âge. — Claire-voie. Deux fil. A G. *Gavarni.* A D. *Lith. de Benard et Frey.* = H. 164, L. 125.

« L'Artiste, 1re série, t. XIII. »

1er État. Avant toute lettre.
2e — Celui qui est décrit.

191 REVANCHE. — Dans une salle de bal une femme travestie et masquée, vue de dos ainsi qu'un homme en habit de ville auquel elle donne le bras, s'arrête pour parler à l'oreille d'un jeune homme assis à G. dans le pourtour de la salle. — A D. **Gavarni.** — Claire-voie. Deux fil. A G. *Gavarni.* A D. *Lith. de Benard et Frey.* = H. 150, L. 110.

« L'Artiste, 1re série, t. XIII. »

1er État. Avant toute lettre.
2e — Celui qui est décrit.

192 DÉTENUS POUR DETTES. — Deux jeunes gens devant un plan de Paris collé à D. sur la muraille d'un corridor de la prison. L'un, vu de dos, a les deux mains posées sur la carte. L'autre est en manches de chemise. Au fond à G. plusieurs prisonniers, dont un est appuyé contre une colonne. — Vers la D. **Avril 1837.** — Un fil. A D. *Lith. de Lemercier. Benard et Cie.* = H. 134, L. 199.

« L'Artiste, 1re série, t. XIV. »

1er État. Avant toute lettre. **1835** au lieu de **1837.**
2e — Celui qui est décrit.
3e — En B. à G. *Imp. d'Aubert et Cie.* Le reste comme à l'état décrit.

193 CINQ HEURES DU MATIN. — Une jeune femme en peignoir bordé de dentelles, qu'elle relève et retient d'une main au bas de sa poitrine, cueille de l'autre une fleur à D. dans un massif. — Vers la D. **Gavarni | 1837.** — Six fil. A D. *L. de Lemercier, Benard et Cie.* = H. 169, L. 125.

« L'Artiste, 1re série, t. XIV. »

1er État. Avant toute lettre. **1835** au lieu de **1837.**
2e — Celui qui est décrit.

194 LE PETIT CANTONNIER. — Petit paysan de 3/4 à G., la tête tournée à D., dans un sentier au milieu de la campagne. Il est en sabots, les deux mains dans les poches de son pantalon, une bêche sous le bras. — A G. **Gavarni.** — Un fil. A D. *Lith. de Lemercier, Benard et Cie.* = H. 173, L. 118.

« L'Artiste, 1re série, t. XIV. »

1er État. Avant toute lettre.
2e — Celui qui est décrit.
3e — *Gavarni* a été gratté. Le reste comme à l'état décrit.

195 CONSULTATION. — Jeune femme étendue sur un canapé, la tête entourée d'une compresse et appuyée sur des coussins. Une femme âgée est debout derrière le canapé. Sur le devant un vieux médecin dans un fauteuil. Un jeune homme à G. debout, un bras posé sur le haut du canapé. — Un fil. A G. *Gavarni.* — A D. *Imp. de Lemercier, Benard et Cie.* = H. 115, L. 158.

« L'Artiste, 1re série, t. XIV. »

1er État. Avant toute lettre.
2e — Celui qui est décrit.
3e — *Gavarni* à G. a disparu.

196 ..... *Un langoureux regard, dont l'expression tendre et résignée.....* | *Pasquier-Delisle, histoire de l'an* 1320 | *Horace Raisson.* — Une jeune femme, vue de face et tenant d'une main un éventail, se promène sur la terrasse d'un jardin suivie d'une vieille duègne qui s'appuie sur une canne. Costumes de fantaisie XVIIe siècle. — Vers la G. sur une marche de la terrasse. **Gavarni 1837** (le 7 n'est pas à rebours) — Un fil. A G. *Gavarni.* A D. *Lith. de Lemercier, Benard et Cie.* = H. 169, L. 130.

« L'Artiste, 1re série, t. XIV. »

1er Etat. Avant toute lettre. **1835** au lieu de **1837**.
2e — Celui qui est décrit.

197 LE DÉJEUNER. — Jeune femme à mi-corps. Elle prend sur un bahut à D. un plateau où sont posés une coupe et des vases de formes différentes. — Dans le B. vers la D. sur une des faces du bahut. **Gava | 1835.** — Claire-voie. Deux fil. A G. *Gavarni.* A D. *Lith. de Lemercier, Benard et Cie.* = H. 150, L. 106.

« L'Artiste, 1re série, t. XIV. »

1er Etat. Avant toute lettre.
2e — Celui qui est décrit.
3e — **1. 3.** a disparu. Un fil. En H. à D. *Classiques de la table*, 3e *édition. L'Artiste* a disparu. En B. à G. *Gavarni del.* A D. *Imp. Lemercier.*
« Les classiques de la table à l'usage des praticiens et gens du monde, 1843. » In-8.

198 SOYEZ DISCRET. — Une dame et un jeune homme se promenant dans la campagne. La dame appuie les deux mains sur le bras de son cavalier. Celui-ci, à D., tient derrière lui sa canne et son chapeau. — A G. **Gavarni.** — Un fil. A G. *Gavarni.* A D. *Lith. de Lemercier, Benard et Cie.* = H. 145, L. 111.

« L'Artiste, 1re série, t. XIV. »

1er Etat. Avant toute lettre.
2e — Celui qui est décrit

199 LE PETIT COUSIN. — Un grand jeune homme à moustaches baise la main d'une dame étendue dans un grand fauteuil à D. Il est vêtu d'une longue redingote et tient son chapeau à la main. — A D. **Gavarni.** — Claire-voie. Un fil. A G. *Gavarni.* A D. *Lith. de Lemercier, Benard et Cie.* — H. 135, L. 135. »

« L'Artiste, 1re série, t. XV. »

1er Etat. Avant toute lettre.
2e — Celui qui est décrit.

» Mme LA DUCHESSE D'ABRANTÈS, à mi-corps. — Voir aux portraits.

200 CHOSES A LA MODE. — Sur un bahut sculpté six potiches et un vidrecome. Une pipe est posée sur l'une des potiches. Au fond un rideau. — Dans

le B. sur un des côtés du bahut. **30.** — Six fil. Entre le T. C. et les fil. au M. *Gavarni.* Au-dessous des fil. à D. *Imp. d'Aubert et Cie.* = H. 149, L. 117.

« L'Artiste, 2e série, t. Ier, 1839. »

1er Etat. Avant toute lettre.
2e — Celui qui est décrit.

201 VOYAGE PITTORESQUE AUTOUR D'UNE FEMME A LA MODE. | *Elle s'habille.* — Une dizaine de jeunes gens attendent dans un salon que Madame soit visible. Deux d'entre eux sont assis à D. sur des fauteuils, l'un parcourant un album posé sur une table, l'autre, les deux mains sur sa canne, regarde au plafond. A G. un troisième debout vu de dos. Dans le fond, d'autres sont assis sur un divan ou debout près d'une fenêtre. — A G. **Gavarni.** A D. **132.** — Au-dessous du T. C. au M. *Imp. d'Aubert et Cie.* = H. 194, L. 150.

« L'Artiste, 2e série, t. Ier, 1839. »

1er Etat. Avant toute lettre.
2e — Celui qui est décrit.

202 ALBANO. — Dans son atelier, près d'une statue de marbre dont les traits sont ceux de la femme qu'il aime, Albano, jeune sculpteur, est assis de pr. tourné à D., désespéré d'avoir, dans un moment d'égarement, frappé sa statue avec un marteau qui y a fait une profonde entaille au-dessous du sein. — A D. à **Desbœufs. Gavarni**, et à G. **1838-115.** — Deux fil. A G. *Gavarni Lith.* A D. *Imp. d'Aubert et Cie.* = H. 185, L. 142.

« L'Artiste, 2e série, t. Ier, 1839. »

1er Etat. Avant toute lettre. Un fil seulement.
2e — Celui qui est décrit.

203 LE LOUP. — Deux paysannes dorment couchées à terre de G. à D. dans un bois. Au-dessus d'un tronc d'arbre à moitié déraciné apparaît la tête d'un loup. — A D. **Gavarni.** — Deux fil. Entre le T. C. et le fil. au M. *Gavarni.* A D. au-dessous du fil. *Imp. d'Aubert et Cie.* = H. 147, L. 181.

« L'Artiste, 2e série, t. Ier, 1839. »

1er Etat. Avant toute lettre.
2e — Celui qui est décrit.

204 VOYAGE PITTORESQUE AUTOUR D'UNE FEMME A LA MODE. | *Elle est au bal.* — Une foule d'hommes de tout âge en habit et en pantalon collant encombre la porte d'un salon pour voir danser la femme à la mode. La plupart sont vus de dos; deux sont montés sur des chaises. — A G. **Gavarni.** A D. sur un chapeau à terre. **128.** — Au-dessous du T. C. au M. *Imp. d'Aubert et Cie.* = H. 190, L. 147.

« L'Artiste, 2e série, t. III, 1839. »

1er Etat. Avant toute lettre.
2e — Celui qui est décrit.
3e — Imprimé en rouge. En B. au-dessous T. C. au M. *Imp. Lemercier et Cie. Paris*, sans autre lettre.

205 LE PHILTRE. — Une bohémienne, tenant d'une main une baguette, jette de l'autre des herbes dans un grand vase que tient une jeune femme à genoux devant elle à D. Au fond une toile suspendue aux branches de deux arbres. — Au M. **Gavarni.** A G. **93.** — Au-dessous du T. C. au M. *Par Gavarni.* — A D. *Imp. d'Aubert et Cie.* = H. 210, L. 168.

« L'Artiste, 2e série, t. IV, 1839. »

206 UNE LÉGENDE ESPAGNOLE. — Jeune femme vue de dos et tournée à G., assise près d'un lit sur lequel est étendue tout habillée une autre femme à qui elle fait la lecture. — A G. **Gavarni.** — Au-dessous du T. C. au M. *Par Gavarni.* A D. *Imp. d'Aubert et Cie.* = H. 186, L. 144.

« L'Artiste, 2e série, t. IV, 1839. »

1er Etat. Avant toute lettre.
2e — Celui qui est décrit.
3e — En H. à la place de *l'Artiste : Galerie de la Gazette des femmes.*

» H. MONNIER, à mi-corps. — Voir aux portraits.

207 LA JALOUSIE. — Femme à mi-corps de 3/4 à D., la tête tournée et légèrement penchée à G., la main sur un poignard placé à sa ceinture, cape rayée sur les épaules, cheveux en bandeaux ornés d'une guirlande de feuillage, larges boucles d'oreilles. — A G. **43-113.** — Claire-voie. En B. à G. *Gavarni.* A D. *Imp. Bertauts.* = H. 187, L. 130.

« L'Artiste, 3e série, t. IV, 1843. »

1er Etat. Avant toute lettre.
2e — Celui qui est décrit.

» REPENTIR. — Même planche que : *les Chevaliers de la belle étoile.* Voir ci-après ce titre sous la rubrique : *la Sylphide*, même section et même subdivision.

208 FLEUR PERDUE — Jeune fille vue de face, vêtue seulement d'une chemise de grosse toile et d'un jupon ; elle est assise à terre, le corps et la tête penchés à G., et regarde une fleur qu'elle tient en l'air. — A G. **46-63.** — Claire-voie. A G. *Par Gavarni.* Vers le M. *Imp. Bertauts, Paris.* = H. 200, L. 169.

« L'Artiste, 5e série, t. XI, 1853. »

1er Etat. Avant toute lettre.
2e — Celui qui est décrit.

209 LES FEMMES ARTISTES. | Mlle MARIE DE N... — Jeune fille à mi-jambes, en blouse, tournée à D., tête presque de pr. Une main sur la hanche, l'autre à hauteur du menton, le coude appuyé sur un talus, elle regarde une ébauche posée dans sa boîte à peindre. — Au M. **56.** — Au-dessous du T. C. à G. *Gavarni.* A D. *Imp. Bertauts, r. Cadet*, 11. = H. 205, L. 159.

« L'Artiste, 6e série, t. II, 1856. »

1er Etat. Avant toute lettre.
2e — Celui qui est décrit.

210 LES FEMMES ARTISTES. | MADAME E. DE B... — Jeune femme à mi-jambes, presque de face, une main sur la hanche, l'autre sur une grande toile représentant un paysage ; large chemise rayée, tablier. — A G. **56.** — Au-dessous du T. C. à G. *Gavarni.* A D. *Imp. Bertauts, r. Cadet*, 11. = H. 205, L. 1:9.

« L'Artiste, 6e série, t. II, 1856. »

1er Etat. Avant toute lettre.
2e — Celui qui est décrit.

211 LES FEMMES ARTISTES. | MISTRESS DIANA S... — Jeune femme à mi-corps, de 3/4, tournée à G., tête de face. Elle est en robe de chambre et

tient d'une main une palette. Au fond une toile ovale sur un chevalet. — Vers la G. **56**. — Au-dessous du T. C. à G. *Gavarni*. A D. *Imp. Bertauts, r. Cadet*, 11. = H. 205, L. 159.

« L'Artiste, 6e série, t. III, 1857. »

1er Etat. Avant toute lettre.
2e — Celui qui est décrit.

212 (LES FEMMES ARTISTES) | MISTRESS W. G... — A mi-jambes et tournée à D. la tête presque de profil, elle est assise sur un tabouret et joue du piano. Robe de chambre à ramages. — En H. à G. **57-75**. — Au-dessous du T. C. en B. à G. *Gavarni*. A D. *Imp. Bertauts, r. Cadet*, 11. = H. 201, L. 160.

« L'Artiste, nouvelle série, t. Ier, 1857. »

1er Etat. Avant *l'Artiste* et *mistress W. G...*
2e — Celui qui est décrit.

» LE COMMENTAIRE. — Voir ce titre ci-après sous la rubrique : « *les Beaux-Arts*, » même section et même subdivision.

» MELINGUE, | *ACTEUR ET STATUAIRE*. — Voir aux portraits.

» HENRI MONNIER, en pied. — Voir aux portraits.

213 RRR. — L'ABENCÉRAGE. | *Mme Louise Colet.*

« *Ah! de mon désespoir, mon père, sauvez-moi!*
— *Plus de merci pour lui, plus de pitié pour toi.* »

Dans la salle d'un palais, une jeune fille à genoux, vue de dos et tournée à G., implore son père en joignant les mains. Le vieillard, le bras levé, lui indique du doigt que le ciel s'oppose à ses vœux. Sur le premier plan, à D., l'Abencérage porte la main à son yatagan. — A G. **Gavarni-48**. — Un fil. contenant en bas une tablette, au H. de laquelle on lit au M. *Gavarni*, et plus B. le titre et la légende. Au-dessous à D. *Imp. par Kœppelin*. = H. 182, L. 144.

Nous n'avons point trouvé cette lithographie dans les volumes de l'Artiste, bien qu'elle porte cette inscription en H. au M. comme les autres planches publiées dans cette Revue.

1er Etat. Avant toute lettre et sans fil.
2e — Celui qui est décrit.

BAGATELLE.

Six lithographies faisant partie d'une suite de pièces dessinées par divers artistes pour : *Bagatelle, journal de la littérature, des beaux-arts et des théâtres*. Cette Revue paraissait en livraisons in-4°, dont la première est du 22 septembre 1832. Elle a pris le titre seul de : *Journal de France* le 1er octobre 1833, et a cessé de paraître en décembre de la même année, époque à laquelle elle s'est réunie au : *Journal des gens du monde*. — Chacune de ces pièces est entourée d'un ou deux fil. au-dessous desquels on lit en B. au M. *Par Gavarni*. Au-dessous du titre à D. *Lith. de Frey, rue Montmartre, n° 154*, sauf sur la planche intitulée « *Distraction* », où *rue Montmartre, n° 154*, n'existe pas.

214 N° XLI. — CAUSERIE. — Un homme et une femme assis sur un canapé. L'homme à G., son chapeau et sa canne à la main. La dame, le bras et le dos

appuyés sur un coussin, tient une fleur. — Un fil. En H. au M. *Bagatelle, journal de Paris.* A D. *N*° 41. = H. 116, L. 147.

« Bagatelle, 11 juillet 1833. »

1er État. Avant toute lettre.
2e — Celui qui est décrit.

215 N° XLIII. — APRÈS DINER. — Trois dames et trois hommes groupés sur une terrasse. L'un de ces derniers, le plus âgé, regarde au loin avec une longue-vue. A G. un enfant, à D. un chien. — Claire-voie. Deux fil. En H. au M. *Bagatelle.* | *Journal de France.* A D. *N*° 43. = H. 128, L. 182.

« Bagatelle, 25 juillet 1843. »

1er État. Celui qui est décrit.
2e — *Bagatelle* en H. a disparu.
3e — *Bagatelle, journal de France,* et *Lith. de Frey,* ont disparu.
« Le Charivari, 17 avril 1834. »

216 DEUX SOEURS. — Suivies de leur mère et vues de face, se promenant bras dessus, bras dessous, dans un jardin public. Elles sont vêtues de même, chapeau avec voile, cravate et écharpe. A G. une statue dont on n'aperçoit que le piédestal. — Un fil. En H. au M. *Journal de France.* = H. 175, L. 134.

« Journal de France, 1er octobre 1833. »

1er État. Avant toute lettre.
2e — Celui qui est décrit.
3e — *Journal de France* a disparu. Au-dessous du titre à G. *Chez Aubert, galerie Véro-Dodat.* A D. *Lith. de Benard.*
« Le Charivari, 11 juillet 1834. »

217 LE VERRE D'EAU. — Jeune femme en robe de chambre, assise sur une causeuse et quittant sa lecture pour prendre un verre d'eau qu'un groom à D. lui présente sur un plateau. — Claire-voie. Deux fil. En H. au M. *Journal de France.* = H. 134, L. 134.

« Journal de France, 17 octobre 1833. »

1er État. Avant toute lettre.
2e — Celui qui est décrit.
3e — *Journal de France* a disparu. Au-dessous du titre à G. *Chez Aubert, galerie Véro-Dodat.* A D. *Lith. de Benard.*
« Le Charivari, 4 mars 1834. »

218 LA ROBE DE CHAMBRE. — Près d'un guéridon où elle vient de prendre le thé, une jeune femme lit une brochure. Elle est en robe de chambre, assise de 3/4 tournée à D. dans un fauteuil à la voltaire, une gravure de mode sur ses genoux. — A D. sous le guéridon : **Gavarni.** — Claire-voie. Deux fil. En H. au M. *Journal de France.* = H. 170, L. 128.

« Journal de France, 19 novembre 1833. »

1er État. Avant toute lettre, sans fil.
2e — Celui qui est décrit.
3e — *Journal de France* et *Lith. de Frey, rue Montmartre, n*° 154, ont disparu. Le reste comme au 2e état.
« Le Charivari, 10 mars 1834. »

219 DISTRACTION. — Une femme, coiffée d'un chapeau à plumes, assise sur un canapé et tenant une brochure entre les mains, tourne la tête à D. Au fond, du même côté, sur un socle, un vase de fleurs. — A D. **Gavarni.** — Un fil.

En H. au M. *Journal de France.* En B., entre le T. C. et le fil., le titre. = H. 160, L. 120.

« Journal de France, 3 décembre 1833. »

1er État. Avant toute lettre.
2e — Celui qui est décrit.
3e — *Journal de France, par Gavarni*, et *Lith. de Frey* ont disparu. Au-dessous du fil. à G. *Gavarni.* Le reste comme au 2e état.

« Le Charivari, 14 mai 1834. »

LES BEAUX-ARTS..

Neuf lithographies faisant partie d'une suite de pièces dessinées par divers artistes pour : *les Beaux-Arts, illustration des arts et de la littérature. Paris, Curmer*, 1843-1844, trois volumes in-4°. Chacune de ces pièces porte en H. au M. *Gavarni*, et en B. l'empreinte d'un timbre sec avec cette inscription : *Curmer | 49 | rue Richelieu.*

220 LE COMMENTAIRE. — Jeune femme de 3/4 tournée à D., assise sur un banc de gazon contre un mur, la tête appuyée sur sa main, un livre ouvert sur ses genoux. — A G. **43-23**. — Un fil. En B. à G. *Bertauts imp.* = H 182, L. 128

« Les Beaux-Arts, 1er volume, 1843, 2e livraison. »

1er État. En B. à G. *Gavarni.* A. D. *Imp. Bertauts,* sans autre lettre.
2e — Celui qui est décrit.
3e — En B. à D. *Bertauts, imp.* Le reste comme à l'état décrit.
4e — En H. au-dessus de *Gavarni,* on lit *l'Artiste.* En B. à G. *Bertauts imp.,* sans autre lettre.
5e — En H. *Gavarni* a disparu. Au M. *l'Artiste.* En B. à G. *Gavarni.* A. D. *Imp. Bertauts, Paris.*

« L'Artiste, 4e série, t. X, 1847. »

» LES LUTINS. — Même planche que : *les Farfadets.* Voir ce titre sous la rubrique : *les Lis et les Roses*, même section; subdivision : *Morceaux de musique.*

» GULNARE. Portrait de Mlle WALDOR. — Voir aux *PORTRAITS.*

221 (PEPA.) — Paysanne basque assise à terre dans la campagne et vue de dos, la tête de 3/4 tournée à D.; elle regarde en face, une main appuyée sur la terrasse. — A D. **43-59**. — En B. au-dessous du T. C. au M. *Imp. par Lemercier, Paris.* = H. 174, L. 128.

« Les Beaux-Arts, 1er volume, 1843, 16e livraison. »

1er État. Avant toute lettre.
2e — Celui qui est décrit.

» LA PRIÈRE. — Même planche que : *le Retour.* Voir ci-dessus ce titre sous la rubrique : *les Lis et les Roses*, même section; subdivision : *Morceaux de musique.*

» ÉTUDE. Portrait de GAVARNI. — Voir aux *PORTRAITS.*

222 LA CAPTIVE | *de V. Hugo.* — Femme en costume oriental, couchée de D. à G. sur un divan, le coude appuyé sur un coussin, les mains l'une sur l'autre.

— A D. **43-1**. — Un fil. cintré du haut. En B. à G. *Par Gavarni*. A D. *Imp. Bertauts*. = H. 147, L. 161.

« Les Beaux-Arts, 1er volume, 1843, 25e livraison. »

1er État. *Par Gavarni* et *Imp. Bertauts*, sans autre lettre.
2e — Celui qui est décrit.
3e — Le titre a disparu.
« La Giralda. Paris, L. Curmer. » (1845.)
4e — Le fil. a disparu ainsi que *de V. Hugo* et *Gavarni*. En B. on lit à G. *Gavarni*. A D. *Imp. Bertauts*.

223 PROJETS DE BONHEUR. — Groupe d'un jeune homme et d'une jeune femme vus de dos se promenant sous des arbres, chacun un bras passé derrière la taille de l'autre. — A D. **43-51**. — Claire-voie. Un fil. En B. au M. *Imp. par Lemercier, Paris*. = H. 210, L. 131.

« Les Beaux-Arts, 1er volume, 1843, 25e livraison. »

1er État. Avant toute lettre.
2e — Celui qui est décrit.
3e — *Imp. par Bertauts, Paris*, au lieu de *Imp. par Lemercier*. Le reste comme à l'état décrit.

224 AVENIR ET SOUVENIR. — Un vieillard vu de face, assis sur un bloc de pierre devant un mur et tenant debout entre ses jambes un jeune enfant qui joue avec un petit oiseau. — A D. **43-32**. — Un fil. En B. à D. *Imp. Bertauts*. = H. 180, L. 127.

« Les Beaux-Arts, 2e volume, 1844, 32e livraison. »

1er État. *Imp. Bertauts*, sans autre lettre.
2e — Celui qui est décrit.

BULLETIN DE L'AMI DES ARTS.

Deux lithographies faisant partie d'une suite de pièces dessinées par divers artistes pour le : *Bulletin de l'ami des Arts. Paris, Techener*, 1843-1845, 3 vol. grand in-8°.

» UN CIMETIÈRE. — Même planche que : *Elle est morte, élégie*. Voir ce titre ci-dessus sous la rubrique : *les Lis et les Roses*, même section; subdivision : *Morceaux de musique*.

» LES ORIENTALES. — Même planche que : *Fleurs d'Orient*. Voir ci-dessus ce titre, même section; subdivision : *Morceaux de musique*.

LE CABINET DE LECTURE.

Deux lithographies faisant partie d'une suite de pièces dessinées par divers artistes pour : *le Cabinet de lecture, journal* du 4 octobre 1829 au 30 décembre 1846. 17 volumes, le premier grand in-folio, les autres in-4°.

225 R. — JEAN-JACQUES ET Mlle MERCERET. — A. G., près d'une cheminée, Jean-Jacques Rousseau, assis dans un fauteuil, interrompt sa lecture pour écouter la femme de chambre de Mme de Warens, qui, une main sur son balai, s'accoude sur le dos du fauteuil. — A D. **Gavarni | 212**. — Un fil. En

H. au M. *Le Cabinet de lecture | Revue de la presse littéraire.* En B. à G. *Gavarni del.* A D. *Imp. d'Aubert et Compie.* = H. 178, L. 147.

« Le Cabinet de lecture du 30 novembre 1837. »

1er État. Avant toute lettre.
2e — Celui qui est décrit.
3e — *Rêve encore! lui souffle-t-elle dans l'oreille. Une fille d'Eve.* — Le fil. est supprimé. En H. *La | Morale en images*—31. La largeur de la planche diminuée des deux côtés n'est plus que de 133mm.

226 JÉROME SAUVAGE | DIT LE BEL ENFANT. | *ex Jokey* (sic) *des écuries d'Artois, aujourd'hui cardeur de matelas et pêcheur à la ligne.* — Voir ce titre sous la rubrique : *Types contemporains*, à la section : *Sujets divers;* subdivision : *Suites isolées.*

LA CARICATURE (Première publication).

Quatre lithographies faisant partie d'une suite de 524 pièces (non compris les 22 de la publication mensuelle) dessinées par divers artistes et publiées hors texte dans : *la Caricature morale, religieuse, littéraire et scénique. Paris, Aubert.* Journal hebdomadaire qui prit en 1832 le titre de *la Caricature politique, morale, littéraire et scénique.* 251 numéros in-fol. du 4 novembre 1830 au 27 août 1835.

227
228 No XLII. — LA PROCESSION DU DIABLE. — Deux planches lithographiées destinées à être réunies. Longue procession grotesque partant de l'angle gauche supérieur d'une des deux planches et se terminant dans l'autre à l'angle inférieur de droite; elle est composée de diablotins diversement et bizarrement affublés. Au-dessus de cette procession treize petits sujets isolés, parmi lesquels en H. à G. une troupe de cosaques à cheval passant au galop entre les jambes d'une dame en chapeau, et à D. trois femmes portant sur leur dos chacune un homme. Au-dessous de la procession à G. trois autres petits sujets, dont deux diablotins en frac jouent à la raquette avec une femme pour volant. — Claire-voie. En B. sur chaque planche, pour servir de point de repère entre elles, un fil. horizontal. En H. sur l'une des planches à G. *Journal la Caricature*, et à D. *La Procession.* Sur l'autre à G. *du diable*, et à D. No 42. En B. à D. au-dessous du fil. *Gavarni fecit.* = H. du dessin de G. 172, L. 220. H. du dessin de D. 180, L. 252.

« La Caricature, 24 mars 1831. »

229 R. — No XLVI. — SUITE DE LA PROCESSION DU DIABLE. — Planche destinée à être réunie aux deux précédentes. Dans le bas, continuation de la procession. On y remarque une femme raccommodant des bas assise sur une chaise portée sur les épaules de quatre bossus. Au-dessus neuf petits sujets isolés, dont en H. à G. une diablesse en paysanne, un ecclésiastique sur son dos, et plus bas des diablotins jouant à saute-mouton. Ces deux sujets sont la continuation de ceux du *no* 42 précédent, auquel cette planche se trouve ainsi reliée. On remarque le chiffre 1 au-dessous d'un jeune homme à genoux devant une femme montée sur des échasses, et le chiffre 2 au-dessous d'un homme sur des échasses près d'une femme assise à terre. Ces chiffres ne sont pas à rebours. — Claire-voie. En H. à D. le no d'ordre. En B. un fil. horizontal pour servir de point de repère avec la planche précédente. Au-dessus de ce fil. à D.

Gavarni. Au-dessous à G. *Chez Aubert*. Au M. *Suite de la procession du diable*. A D. *Lith. de Delaporte*. = H. 180, L. 250.

« La Caricature, 7 avril 1831. »

1er État. Celui qui est décrit.

2e — Le titre a été effacé, et on lit en H. à D. No 46.

230 R. — CLXXXII. — Mlle MONARCHIE, FÉLICITÉ, DÉSIRÉE. | *Tient les hommes en sevrage, les tond, les coupe, fait leur éducation et leur bonheur, le tout à bon marché.* — Entourée de personnages de très-petite proportion, une vieille femme relativement colossale, lunettes sur le nez, bonnet rond, tablier blanc, est assise de 3/4 à G. à califourchon sur une grande cage renfermant une foule d'hommes. Elle tient un de ces hommes tout nu, auquel elle se dispose à couper la tête. Elle est éclairée par deux lampes suspendues; l'une représente un membre du parquet, l'autre un jésuite. Dans le bas à G. des hommes et des femmes viennent visiter les prisonniers dans leur cage, dont un gendarme forme le verrou. A D. un bocal contenant des têtes coupées. — En H. au-dessus du T. C. au M. *la Caricature Journal* | *n*o 90. A D. *Pl.* 182. En B. au-dessous de la légende, à G., *lith. de Becquet, r. Childebert, n*o 9. *On s'abonne chez Aubert, galerie Véro-Dodat.* = H. 172, L. 200.

« La Caricature, 26 juillet 1832. »

Cette planche allégorique n'est pas signée, et quoique l'auteur soit désigné par un *G.* à la table des matières de *la Caricature*, des amateurs ont douté qu'elle fût de Gavarni; elle est cependant bien de lui. Elle devait avoir pour titre « la Peine de mort », mais, dans le but politique qu'il poursuivait, l'éditeur fit faire au dessin quelques changements et des retouches par un autre artiste que Gavarni, et lui donna le titre sous lequel il a été publié.

LA CARICATURE (Deuxième publication).

Cent deux pièces faisant partie d'une suite de lithographies dessinées par divers artistes et publiées, les unes hors texte, les autres avec texte au verso, dans un journal qui paraissait tous les dimanches à dater du 1er novembre 1838, d'abord sous le titre de : *la Caricature provisoire*, et, après la première année, sous celui de : *la Caricature, revue morale, judiciaire, littéraire, artistique, fashionable et scénique*. Ce titre, modifié deux ans après par la suppression du mot : *morale* et la transposition du mot : *judiciaire*, devint enfin l'année suivante : *la Caricature, revue satirique des modes, des théâtres, de la musique, des tribunaux et de la littérature*. Le dernier numéro porte la date du 31 décembre 1843.

Les éditeurs de *la Caricature*, étant en même temps éditeurs du *Figaro* et du *Charivari*, ont cru pouvoir publier indistinctement dans l'un ou l'autre de ces journaux des pièces d'une même suite; d'où il résulte qu'on ne trouve souvent sous la même rubrique qu'une ou plusieurs pièces d'une suite en comprenant un plus grand nombre. Nous ne décrivons complétement chaque pièce, conformément à ce que nous avons dit dans notre avertissement, qu'à l'article de celui de ces trois journaux qui l'a primitivement publiée.

LES ACTRICES.

Suite de quatorze pièces. Chacune est entourée de trois fil. Au-dessus de ces fil. en H. à G. *Les Actrices*. A D. entre le T. C. et le premier fil. le numéro d'ordre, excepté sur la première planche, où le numéro est inscrit à la suite du titre général : *Les Actrices*.

231 I. — 1er *feuilleton. — Il est impossible de montrer plus d'esprit, plus de gaîté, plus de finesse que ne le fait madame Polydor | dans le rôle de Suzette; il est impossible d'être plus gentille et mieux tournée, d'être plus éveillée, plus émer | veillée, plus piquante, plus pinpante* (sic) *que cette ravissante Suzette... | 2e feuilleton. — Décidément madame Polydor se montre de plus en plus insignifiante dans le rôle de Suzette... | 3e feuilleton. Etc., etc., etc...* — Une jeune femme dans son lit, sur son séant et tournée à D., lit un journal le coude appuyé sur son oreiller. Près du lit une petite table sur laquelle sont des journaux et un plateau avec tasses, etc. — Sur le couvre-pied à D. **Gavarni | 39.** — En H. à D. au-dessus des fil. *Caricature provisoire* 22. En B. au M. entre le T. C. et les fil. *Par Gavarni.* Au-dessous des fil. à G. *Le Charivari.* A D. *Imp. d'Aubert et Cie.* = H. 200, L. 156.

« La Caricature provisoire, 31 mars 1839. »

1er État. Avant toute lettre.
2e — Celui qui est décrit.
3e — *Pimponte* au lieu de *Pinpante. La Caricature provisoire* 22 a disparu. A G. *Chez Bauger, R. du Croissant,* 16, au lieu de : *Le Charivari.* Le reste comme à l'état décrit.

« Le Charivari, 25 janvier 1843. »

232 II. — *Bonjour, mon colonel! Comment nous trouvons-nous ce matin du coup d'épée d'hier au soir? | — Mais pas mal, et toi, mon auteur?* — Un homme, tenant son chapeau et sa canne, baise la main d'une femme vue à G. presque de dos et enveloppée dans une large robe de chambre. — A G. **Gavarni.** — En H. à D. au-dessus des fil. *La Caricature provisoire n°* 28. En B. entre le T. C. et les fil. au M. *Par Gavarni.* Au-dessous des fil. à D. *Imp. d'Aubert et Cie.* = H. 198, L. 153.

« La Caricature provisoire, 12 mai 1839. »

1er État. Avant toute lettre.
2e — Celui qui est décrit.
3e — *La Caricature provisoire n°* 28 a disparu. En B. à G. *Chez Bauger, R. du Croissant,* 16. Le reste comme à l'état décrit.

« Le Charivari, 30 janvier 1843. »

233 III. — *Voilà Mr Granger qui apporte le bancal de madame. Il y a aussi un chasseur qui apporte un bouquet et un | billet; le bouquet ne sent rien, mais le billet sent bon.* — Une actrice vue de dos et tournée à D., un bonnet orné de dentelles sur la tête, vient de mettre un pantalon militaire et en regarde l'effet dans une psyché. A G. sa bonne tient d'une main un sabre sur son épaule et de l'autre une lettre et un bouquet. — A G. **Gavarni 39.** — En H. au-dessus des fil. *La Caricature* 30. En B. entre le T. C et les fil. au M. *Par Gavarni.* Au-dessous des fil. à G. *Imp. d'Aubert et Cie.* = H. 205, L. 155.

« La Caricature provisoire, 28 mai 1839. »

1er État. En H. *Les Actrices,* sans autre lettre.
2e — Avant le chiffre 30, après *la Caricature.*
3e — Celui qui est décrit.
4e — *La Caricature* 30 a disparu. En B. à D. *Chez Bauger, R. du Croissant,* 16. Le reste comme à l'état décrit.

« Le Charivari, 15 juin 1841. »

234 IV. — LE ROLE. | « *Vois, les flots de la mer inhumaine n'ont rien laissé pour nous sur le sable. Le vent meurtrier du désert a passé | sur l'arbre du voyageur, et ses branches, hélas! sont stériles..... Hélas! mes yeux ont en vain cherché les grains nourriciers | dans l'herbe odorante que l'ouragan a fauchée, et dans les nids abandonnés les petits oiseaux du rivage!.... O ma mère, ma mère..... j'ai faim!* » | — *Eh ben! v'là ton café, Titine.* — De 3/4 tournée à D. assise dans un fauteuil, devant une petite table ronde sur laquelle elle est accoudée, une actrice, en robe de chambre et un balai d'âtre à la main, apprend son rôle. Dans le fond à D. la mère, en bonnet et en tablier, apportant une tasse et un petit pain. — A D. **Gavarni, 39.** — En H. au-dessus du fil. *La Caricature n° 34.* En B. au-dessous des fil. à G. *Imp. d'Aubert et Cie.* A. D. *Par Gavarni.* = H. 203, L. 158.

« La Caricature provisoire, 23 juin 1839. »

1er État. En H. *Les Actrices,* sans autre lettre.
2e — *Qu'e,* au lieu de *Que,* devant *l'ouragan.* Le reste comme à l'état décrit.
3e — Celui qui est décrit.
4e — *La Caricature n° 34* a disparu. *Chez Bauger, r. du Croissant,* 16, au lieu de : *Par Gavarni.* Le reste comme à l'état décrit.

« Le Charivari, 27 janvier 1843. »

235 V. — L'ÉTUDE. | « *Te voilà donc enfin, monstre souillé de crimes.* » — Une actrice en robe de chambre, étudiant son rôle, est assise dans un fauteuil et tournée à D. le poing posé sur une petite table où l'on voit une statuette de Dantan représentant Arnal en charge, à laquelle elle semble s'adresser. — A G. **Gavarni.** — En H. à D. au-dessus des fil. *La Caricature.* En B. au-dessous des fil. à G. *Par Gavarni.* A D. *Imp. d'Aubert et Cie.* = H. 200, L 154.

« La Caricature, 4 août 1839. »

1er État. Avant toute lettre.
2e — Celui qui est décrit.
3e — *La Caricature* a disparu. En B. à G. *Imp. d'Aubert et Cie.* Au M. *Par Gavarni.* A D. *Chez Bauger, r. du Croissant,* 16.

« Le Charivari, 6 février 1843. »

236 VI. — *J'avais demandé un petit chapeau!..... mais votre patron n'en fait jamais qu'à sa tête.....* — Une actrice, vue presque de dos et tournée à D., essaye devant une toilette un grand chapeau à trois cornes. Elle est en robe de chambre noire. Sur le deuxième plan à G. le garçon chapelier. — A G. **Gavarni.**—Entre le T. C. et les fil. au M. *Par Gavarni.* Au-dessous des fil. à G. *Imp. d'Aubert et Cie.* A D. *Chez Bauger, r. du Croissant,* 16.=H. 199, L. 157.

« La Caricature, 29 septembre 1839. »

La planche publiée dans « le Charivari, 10 février 1843, » n'est qu'une copie de celle-ci.

1er État. Avant toute lettre.
2e — Celui qui est décrit.

237 VII. — *Sac à papier! monsieur Montmirail, comme vous sanglez ma Majesté!* — Une femme de 3/4 à D., presque de face, la tête tournée à G., essaye une robe moyen âge que le costumier agrafe par derrière en faisant de grands efforts. — A D. **Gavarni.** A G. **39.** — A D. *Imp. d'Aubert et Cie.* A G. *Chez Bauger, r. du Croissant,* 16. = H. 190, L. 158.

« La Caricature, 27 octobre 1839. »

Planche publiée sans changement dans « le Charivari, 18 février 1843 ».

1er État. Avant toute lettre.
2e — Sans numéro d'ordre. *Montmiral,* au lieu de : *Montmirail.* Le reste comme à l'état décrit.
3e — Celui qui est décrit.

238 VIII. — *Protégez, Seigneur! une vierge chrétienne.* — Une actrice à genoux et tournée à D. les cheveux épars, les bras étendus en avant, répète un rôle devant une glace où elle étudie l'expression de sa physionomie. — A D. **Gavarni.** — Entre le T. C et les fil. au M. *Par Gavarni.* Au-dessous des fil. à D. *Imp. d'Aubert et Cie.* A G. *Chez Bauger, r. du Croissant,* 16. = H. 203, L. 155.

« La Caricature, 24 novembre 1839. »

Planche publiée sans changement dans « le Charivari, 3 mars 1843 ».

1er État. Avant toute lettre.
2e — Celui qui est décrit.

239 IX. — « . . . . *à l'heure du danger,*
Mes sœurs, mes faibles sœurs, sans défense on nous laisse !
Eh! comment pourrions-nous sauver notre jeunesse
Et nos foyers qu'on livre à l'or de l'étranger ? »

Vue de face en robe de chambre, une jeune actrice récite un passage de son rôle, les deux bras tout grands ouverts, en brandissant d'une main une paire de pincettes. Derrière elle, à G., sa bonne l'écoute avec admiration. — A D. **Gavarni. 40-30.** — Entre le T. C. et les fil. au M *Par Gavarni.* Au-dessous des fil. au M. *Imp. d'Aubert et Cie.* A G. *Chez Bauger, r. du Croissant,* 16. A D. *Chez Aubert, Gal. Véro-Dodat.* = H. 198, L. 156.

« La Caricature, 5 avril 1840. »

1er État. Avant toute lettre.
2e — Celui qui est décrit.
3e — *Chez Aubert, Gal. Véro-Dodat,* a disparu.
« Le Charivari, 20 mars 1843. »

240 X. — *Nous soupons chez Véry, Chozikof et moi, avec mademoiselle Beaupertuis..... | viendrez-vous, ma charmante? — Votre proposition, monsieur le comte, est de nature à com | promettre gravement les intérêts de notre fidèle alliée l'Angleterre... Toutefois nous y réfléchi | rons, mais quoique nous ayons résolu, nous garderons le secret à la Russie ; nous vous en | donnons, monsieur le comte, notre parole Royale.* — Dans le foyer des artistes, une actrice, de face, en costume moyen âge, robe de velours, couronne sur la tête, est appuyée contre le chambranle de la cheminée. A G. un jeune homme en habit noir, accoudé sur la cheminée. Dans le fond, contre le mur, on lit sur une tablette et écrit directement : **Demain | répétition | à | midi.** — A G. **21.** — En H. au-dessus des fil. à D. *La Caricature.* En B. au M. entre le T. C. et les fil. *Par Gavarni.* Au-dessous des fil. à G. *Chez Bauger, r. du Croissant,* 16. A D. *Imp. d'Aubert et Cie.* = H. 207, L. 157.

« La Caricature, 12 juillet 1840. »

1er État. Avant toute lettre.
2e — Celui qui est décrit.
3e — *La Caricature* a disparu.
« Le Charivari, 6 avril 1843. »

241 XI. — « *Nous ferez-vous l'honneur de nous baiser la main?* » | *A. Dumas.* — Une jeune actrice de face, en costume de princesse, robe de velours, cou-

ronne sur la tête, se dirigeant vers la D., tend à G. une de ses mains à un homme qui la prend et se baisse pour la baiser. Sur le mur en H. à G. écrit directement : **Foyer.** — A G. **122.** — Entre le T. C. et les fil. au M. *Par Gavarni.* Au-dessous des fil. à D. *Imp. d'Aubert et Cie.* A G. *Chez Bauger, r. du Croissant,* 16. = H. 203, L. 164.

« La Caricature, 26 juillet 1840. »

1er État. Avant toute lettre.
2e — Celui qui est décrit.
3e — A G. *Chez Pannier, Edit., R. du Croissant,* 16, au lieu de : *Chez Bauger,* (etc.) Le reste comme à l'état décrit.
« Le Charivari, 27 mars 1843. »

242 XII. — *Madame Charmant, vous avez dit votre scène du pavillon comme un ange, c'est parfait! mais | ne montez pas l'escalier si vite; faut laisser à sir Arthur le temps de se tuer.* — A D. dans les coulisses d'un théâtre, une jeune actrice de face, costumée en villageoise, écoute, la tête et les yeux baissés, les mains dans les poches de son tablier, les conseils de l'auteur de la pièce où elle joue. — A G. **41-52.** — En B. dans l'intérieur du dessin à D. *Par Gavarni.* Au-dessous des fil. à G. *Chez Bauger, r. du Croissant,* 16. A D. *Imp. d'Aubert et Cie.* = H. 199, L. 157

« La Caricature, 20 juin 1841. »

Planche publiée sans changements dans le « Charivari, 21 avril 1843 ».

1er État. Avant toute lettre.
2e — Celui qui est décrit.

243 XIII. — *Un rôle charmant.* | — *Quoi?* | — *Un tambour.* | — *Encore? mais, auteur de mes maux, vous ne pouvez donc rien faire sans tambours ni trompettes?* — Dans la loge d'une jeune actrice, un auteur dramatique assis de face sur un divan, la main sur la poignée d'un grand sabre. A D. l'actrice, en uniforme de trompette de lanciers, debout et vue de dos, les bras croisés, un manteau sur l'épaule. — A G. **41-52.** — En B. entre le T. C. et les fil. au M. *Par Gavarni.* Au-dessous des fil. à G. *Chez Bauger, r. du Croissant,* 16. A D. *Imp. d'Aubert et Cie.* = H. 200, L. 158.

« La Caricature, 27 juin 1841. »

Planche publiée sans changements dans « le Charivari, 26 avril 1843 ».

1er Etat. Avant toute lettre.
2e — Celui qui est décrit.

244 XIV. — *Ici c'est la route au fond de la vallée, et me voilà dans ma berline dont l'essieu se brise à vingt pas de ton chalet.* | — *Ça n'est pas vrai, c'est le sommet de la montagne, puisque je viens de traire mes blanches brebis et que je cueille | des fraises pour ton déjeuner.* — Dans les coulisses d'un théâtre, deux actrices, dont l'une en costume suisse, vue de dos à moitié et tournée à G., est assise; l'autre, debout devant celle-ci, est coiffée d'un chapeau et enveloppée d'un châle. — A G. **41-54.** — Entre le T. C. et les fil. au M. *Par Gavarni.* Au-dessous des fil. à G. *Chez Bauger, r. du Croissant,* 16. A D. *Imp. d'Aubert et Cie.* = H. 198, L. 151.

« La Caricature, 4 juillet 1841. »

Planche publiée sans changements dans « le Charivari, 13 avril 1843 ».

1er État. Avant toute lettre.
2e — *Ceuille* au lieu de *cueille.* Le reste comme à l'état décrit.

3e Etat. Celui qui est décrit.
4e — En B. au M. au-dessous des fil. *Chez Aubert, Place de la Bourse.* Le reste comme à l'état décrit.

---

245 *Allons donc, Célestine! allons donc! — M'man? — Allons! lève-toi. — M'man? — Comment ta* (sic) *brûlé tout ça de | chandelle! avec tes romans, va! — Oui, m'man. — Qu'est-ce que t'as lu encore?* | « *Une heure trop tard.* » | *Certainement! Voilà pourquoi tu te lèves une heure trop tard..... aussi!* — Figures à mi-jambes. Vieille femme en bonnet presque de dos, tournée à D. près du lit où sa fille est couchée, les bras nus en dehors du lit. Sur un tabouret, à côté d'un chandelier, un livre sur la couverture duquel on lit écrit directement : **Une heure trop tard.** — A D. **Gavarni.** A. G. **38.** — Un fil. En H. au-dessus du fil. : *La Caricature provisoire* en très-gros caractères. En B. à G. *Imp. d'Aubert et Cie.* A D. *Par Gavarni.* Au-dessous de la légende à G. *Paris, no* 32. A D. 9 *juin* 1839. = H. 169, L. 226.

1er État. Celui qui est décrit.
2e — Triple fil. brisé dans le H. au M.; dans la brisure : *Fantaisies.* Au-dessus des fil. en H. à D. 2 (sic) *livraison, no* 4. En B. à G. *Chez Bauger, r. du Croissant,* 16. A D. *Imp. d'Aubert et Cie. La Caricature provisoire, Paris, no* 32, et 9 *juin* 1839 ont disparu. Le reste comme à l'état décrit.
« Le Charivari, 16 novembre 1841. »

---

246 L'ATELIER DU LITHOGRAPHE. | — *Comme c'est léger.* — Un artiste lithographe, s'appuyant contre le mur de son atelier, tient avec effort des deux mains une pierre lithographique dont il montre le dessin à un amateur. Celui-ci, à G., regarde la lithographie avec un lorgnon. — A G. **17.** — Un fil. En B. entre le T. C. et le fil. au M. *Par Gavarni.* A D. au-dessous du fil. *Imp. d'Aubert et Cie.* Au-dessous de la légende : *Chez Bauger et Cie, éditeurs des dessins du* (etc.). = H. 197, L. 156.

« La Caricature, 11 octobre 1840. »

1er État. Avant toute lettre.
2e — Celui qui est décrit.
3e — Le fil. est supprimé. En H. au M. au-dessus du T. C. *Les Artistes.* A D. 16. En B. au-dessous du T. C. à G. *Chez Aubert, Gal. Véro-Dodat.* Le reste comme à l'état décrit.
Ce 3e état, ajouté après coup à la suite : *Les Artistes,* qui a paru dans *le Charivari,* n'a point été publié dans ce journal.

---

247 BAL MASQUÉ, en H. dans l'encadrement ornementé qui entoure la planche. — *C'est vieux et laid, mon cher;* | *tu es floué comme dans un bois.* — Un jeune homme, assis sur une banquette, entre deux femmes en domino, dont l'une, debout, lui parle à l'oreille, et l'autre est assise à D. — A D. **175.** A G. **G.** — En B. dans l'encadrement ornementé la légende. Entre le T. C. et l'encadrement en B. à D. *Imp. d'Aubert et Cie.* = H. 198. L. 157

« La Caricature provisoire, 10 mars 1839. »

1er État. Avant toute lettre. Un fil. non fermé dans le B, ainsi que le T. C.
2e — Celui qui est décrit.
3e — Deux fil. au lieu de l'encadrement ornementé. La légende sur une seule ligne. *Bal masqué* a disparu. En H. au-dessus des fil. au M. *Fantaisies.*

A D. 5 (sic) *Livraison, n° 1*. En B. au-dessous des fil. à G. *Chez Bauger, r. du Croissant*, 16. Au M. *Par Gavarni*. A D. *Imp. d'Aubert et Cie*.

4e — *Le Carnaval à Paris*, au lieu de *Fantaisies*. A D. 21 entre le T. C. et le premier fil. 5 *livraison, n° 1*, et *Par Gavarni* ont disparu. En B. au-dessous du fil. à G. *Chez Bauger et Cie, rue du Croissant*, 16. Au M. *Imp. d'Aubert et Cie*.

« Le Charivari, 22 février 1842. »

CAMARADERIES.

Une lithographie pour une suite projetée sous le titre : *Camaraderies*, et dont il n'a été publié que cette pièce.

248 N° I. — RUSE ET CONFIANCE. — Deux hommes à mi-corps, dont l'un à G. examine avec attention une chaîne de sûreté que lui présente l'autre personnage. Celui-ci, coiffé d'un bonnet grec posé sur le côté, ferme l'œil d'un air significatif. — Vers la G. **316.** | **Gavarni.** — Claire-voie. Un fil. cintré du H. Au-dessus du fil. en H. au M. *Camaraderies*. A D. en regard le n° d'ordre. En B. au-dessous du fil. à G. *Chez Aubert, gal. Véro-Dodat*. Au M. *Par Gavarni*. A D. *Imp. d'Aubert et Cie*. Au-dessous du titre : *Se vend chez Bauger et Cie, éditeurs des* (etc.). = H. 217, L. 178.

« La Caricature, 28 novembre 1840. »

Planche publiée sans changements dans « Paris-Comique, 14e livraison. »

1er État. Avant toute lettre.
2e — Celui qui est décrit.

LA CAMPAGNE.

Une lithographie faisant partie d'une suite projetée sous le titre : *La Campagne*, dont il n'a paru que deux pièces. Celle-ci est la seule de la main de Gavarni ; l'autre a été faite d'après son dessin.

249 N° II. — LES PARASOLS. — Un jeune homme, à l'abri d'un parasol ouvert derrière son épaule, baise la main d'une jeune femme à laquelle il donne le bras. Ils se dirigent à D. Le mari, qui les suit, tient aussi son parasol ouvert, mais devant lui, ce qui lui cache doublement le manége du jeune couple. — A D. **Gavarni. 39.** — Trois fil. En H. au M. au-dessus des fil. *La Campagne*. A D. le n° d'ordre. En B. à G. *Imp. d'Aubert et Cie*. Au M. *Gavarni Lith*. A D. *Chez Bauger, rue du Croissant*, 16. = H. 228, L. 175.

« La Caricature, 15 septembre 1839. »

Planche publiée sans changements dans « le Charivari, 12 août 1842 ».

1er État. Avant toute lettre et sans fil.
2e — Celui qui est décrit.

LE CARNAVAL.

Deux lithographies publiées sous ce titre, dont la seconde a paru antérieurement dans *le Figaro*. Chacune porte en tête au M. au-dessus du fil. *Le Carnaval*.

250 N° VI. — *Prête un peu ta voleuse, vieux, pour un léger galop !...* — Ces

mots sont adressés dans un bal masqué, par un homme costumé en Robert-Macaire, à un jeune homme donnant à D. le bras à une femme travestie et vue de dos. — A D. **Gavarni**. A G. **161**. — En H. au-dessus du fil. *Le Carnaval*. A D. le n° d'ordre. En B. entre le T. C. et le fil. la légende. Au-dessous du fil. à G. *Chez Aubert, Gal. Véro-Dodat*. A D. *Imp. d'Aubert et Cie*. = H. 198, L. 157.

« La Caricature provisoire, 2 décembre 1838, annonce pittoresque, supplément au journal. »

1er État. Avant toute lettre. Un fil. non fermé par le bas.
2e — Celui qui est décrit.
3e — Deux fil. En H. au-dessus des fil. au M. *Fantaisies*. A D., plus bas, 5 (sic) *livraison, n°* 4. En B. au-dessous des fil. à G. *Chez Bauger, r. du Croissant*, 16. Au M. *Par Gavarni*. A D. *Imp. d'Aubert et Cie*. Plus bas la légende.

» N° XXII. — *Garçon, le Prophète a dit : « La vie est un chemin dans le désert » et la Providence | nous a donné le chameau pour traverser le désert*. — Même planche que celle qui a paru antérieurement dans *le Figaro* sous le même titre. Voir ci-après *Le Figaro*, même section et même subdivision.

LE CARNAVAL A PARIS.

Sept pièces faisant partie de la suite : *Le Carnaval à Paris*, composée de quarante numéros et publiée dans : *Le Charivari*, où ces sept pièces n'ont paru que postérieurement à leur publication dans : *La Caricature*. Deux fil. En H. au M. au-dessus des fil. *Le Carnaval à Paris*. A D. entre le T. C. et le premier fil. le n° d'ordre.

251 I. — *Méfie-toi, Cocardeau! Si tu ne finis pas de t'amuser comme ça, on va te | fich' au violon*. — A G. un homme travesti, bonnet de papier, blouse blanche, bottes à l'écuyère, met la main sur l'épaule et parle à l'oreille d'un monsieur en habit noir, vu de face, les mains dans les poches de son pantalon. — A G. **41-5**. — En B. à D. dans l'intérieur du dessin : *Par Gavarni*. A D. au-dessous des fil. *Imp. d'Aubert et Cie*. Au-dessous de la légende : *Se vend chez Bauger et Cie, éditeurs des dessins de la Caricature, du Figaro et du Charivari, r. du Croissant*, 16. = H. 205, L. 157.

« La Caricature, 17 janvier 1841. »

Planche publiée sans changements dans « le Charivari, 14 novembre 1841 ».

1er État. Avant toute lettre.
2e — Celui qui est décrit.

252 II. — *Rue Coquenard, au cinquième, une porte jaune ; ton portier fait des chauf | ferettes et tu joues de la flûte, ainsi!* — A G. un homme, le chapeau sur la tête et en frac noir, appuyé contre un mur du foyer de l'Opéra, le coude sur le soubassement, la tête et le corps penchés en avant, près d'une femme masquée en domino blanc, vue de dos. — A. G. **41-6**. — En B. à D. dans l'intérieur du dessin : *Par Gavarni*. Au-dessous des fil. à G. *Imp. d'Aubert et Cie*. A D. *Chez Aubert, gal. Véro-Dodat*. Au-dessous de la légende : *Se vend chez Bauger et Cie, éditeurs des* (etc.). = H. 198, L. 155.

« La Caricature, 24 janvier 1841. »

Planche publiée sans changements dans « le Charivari, 21 novembre 1841 ».

1er État. Avant toute lettre.
2e — Celui qui est décrit.

253 IV. — *Qu'est-ce? les gens de qualité se commettent-ils maintenant avec ceux de votre | sorte? pandour!* — A D. un homme en casaque de paillasse, bottes à l'écuyère, les deux mains derrière le dos et appuyé contre une colonne, regarde du haut de sa grandeur une jeune femme masquée et travestie en hussard qui lui adresse la parole. — A G. **369.** — En B. au-dessous des fil. à D. *Imp. d'Aubert et Cie.* Au-dessous de la légende : *Se vend chez Bauger et Cie, éditeurs des* (etc.). = H. 198, L. 153.

« La Caricature, 7 février 1841. »

1er État. Avant toute lettre.
2e — Celui qui est décrit.
3e — En B. à D., dans l'intérieur du dessin, *Par Gavarni.* Le reste comme à l'état décrit.

« Le Charivari, 4 décembre 1841. »

254 IX. — « *On désire céder monsieur, avec tous les avantages y attachés; | s'adresser à monsieur.* » — Deux hommes travestis, lisant l'annonce ci-dessus écrite sur un papier attaché au dos d'un monsieur en habit noir et orné d'un faux nez, se dirigeant vers la D. — A G. **41-21.** — En B. au-dessous des fil. à D. *Imp. d'Aubert et Cie.* Au-dessous de la légende : *Se vend chez Bauger et Cie, éditeurs des* (etc.). = H. 198, L. 156.

« La Caricature, 14 février 1841. »

1er État. Avant toute lettre.
2e — Celui qui est décrit.
3e — En B. au M. au-dessous du fil. *Par Gavarni.* Le reste comme à l'état décrit.

« Le Charivari, 29 décembre 1841. »

255 XV. — *C'est un diplomate..... | C'est un épicier. | — Non! c'est un mari d'une femme agréable. | — Non! Cabochet, mon ami, vous avez donc bu... que vous ne voyez | pas que mosieu est un jeune homme farceur comme tout, déguisé en un | qui s'embête à mort.... le roué masque!* — Deux hommes travestis en diables, arrêtés devant un monsieur en habit noir assis à G. sur une banquette, les mains sur ses genoux. L'un d'eux le regarde sous le nez. — A. G. **41-11.** — En B. à D. dans l'intérieur du dessin : *Par Gavarni.* Au-dessous des fil. à G. *Chez Bauger, r. du Croissant*, 16. A D. *Imp. d'Aubert et Cie.* = H. 198, L. 157.

« La Caricature, 21 février 1841. »

Planche publiée sans changements dans « le Charivari, 1er février 1842 ».

1er État. Avant toute lettre.
2e — Celui qui est décrit.
3e — En H. au-dessus du fil. à D. *La Mode, 6 mars* 1841, *rue Taitbout,* 28. Le reste comme à l'état décrit.

256 XVII. — *Veux-tu te sauver, sauvage?* — A G. une femme en débardeur, tournée à D. les mains dans ses poches, apostrophe un homme en sauvage qui lui fait une déclaration. Celui-ci a des larges lunettes sur le nez et porte des demi-bottes vernies. — A G. **41-9.** — En B. à D. dans l'intérieur du dessin : *Par Gavarni.* Au-dessous des fil. à D. *Imp. d'Aubert et Cie.* Au-dessous de la légende : *Se vend chez Bauger et Cie* (etc.). = H. 198, L. 156.

« La Caricature, 26 décembre 1841. »

Planche publiée sans changements dans « le Charivari, 16 février 1842 ».

1er État. Avant toute lettre.
2e — Celui qui est décrit.

257 XVIII. — *Tenez, Clara, je suis contrarié comme tout! c'est ma bête de femme qui est partie avec | le numéro de mon paletot et ma clef! A présent faut que j'attende le jour et que j'aille aux | Batignolles pour avoir ma clef..... je suis contrarié comme tout.* — A D. un homme déguisé en ours, vu de dos et tourné à G., coiffé d'un béguin et une camisole par-dessus son costume, s'adresse à une femme travestie en Tyrolienne, les deux mains sur les hanches.— A G. **41-22**. — En B. à D. dans l'intérieur du dessin : *Par Gavarni.* Au-dessous des fil. à G. *Chez Bauger, r. du Croissant,* 16. A D. *Imp. d'Aubert et Cie.* = H. 197, L. 156.

« La Caricature, 28 janvier 1841. »

1er État. Avant toute lettre.
2e — Celui qui est décrit.
3e — *Chez Bauger, R. du Croissant,* 16, a disparu. Au-dessous de la légende : *Se vend chez Bauger et Cie* (etc.). Le reste comme à l'état décrit.
« Le Charivari, 6 février 1841. »

» CHICARD. —Même pièce que celle qui a été publiée antérieurement sous ce titre, dans la suite : *Souvenirs du Bal Chicard.* Voir ci-après cette suite, sous la rubrique : *Le Charivari*, même section, même subdivision.

CLICHY.

Une lithographie faisant partie de la suite : *Clichy*, composée de vingt et une pièces publiées dans *le Charivari*, où celle-ci n'a paru que postérieurement à sa publication dans *la Caricature*.

258 (Sans N°.) — *Ici on ne peut pas faire de farce à sa Ninie : v'là ce qui vous chiffonne.* — Dans la cellule d'un détenu, une jeune femme assise sur un lit, les mains sur ses genoux. Près d'elle à D., assis sur une chaise, son amant en manches de chemise, la tête appuyée sur sa main, est accoudé sur le lit. — A G. **124**. — Trois fil. En H. au-dessus des fil. au M. *Clichy*. En B. entre le T. C. et le premier fil. au M. *Par Gavarni.* Au-dessous des fil. à G. *Imp. d'Aubert et Cie.* Au-dessous de la légende : *Se vend chez Bauger et Cie, éditeurs des* (etc.). = H. 198, L. 158.

« La Caricature, 20 décembre 1840. »

1er État. Avant toute lettre. Fil. non fermés par le bas.
2e — Celui qui est décrit.
3e — En H. à D. entre le T. C. et le premier fil. 19. En B. à D. au-dessous du fil. *Imp. d'Aubert et Cie. Se vend chez Bauger et Cie* (etc.) a disparu. Le reste comme à l'état décrit.
« Le Charivari, 12 avril 1842. »

LES DÉBARDEURS.

Cinq pièces faisant partie de la suite : *Les Débardeurs*, composée de soixante-six lithographies publiées dans *le Charivari*, où ces cinq pièces n'ont paru que postérieurement à leur publication dans *la Caricature*. Chacune est entourée de quatre fil. En H. au M. au-dessus des fil. : *Les Débardeurs*. En B. au M. entre le T. C. et le premier fil. : *Par Gavarni*, excepté sur la troisième pièce, où cette inscription n'existe pas. A D. *Imp. d'Aubert et Cie*. Au-dessous la légende. Au-dessous des fil. *Se vend chez Bauger et Cie, éditeurs des* (etc.).

259 (Sans N°.) — *Pus que ça de bouillon! merci.* — Un homme et une femme, tous deux en débardeurs, sortant du bal par une pluie battante, se dirigent vers la D. bras dessus, bras dessous. — A G. **330.** = H. 201, L. 156.

« La Caricature, 27 décembre 1840. »

1er État. Avant toute lettre. Fil. non fermés par le B.
2e — Celui qui est décrit au préambule.
3e — En H. à D. entre le T. C. et le premier fil. 44. Le reste comme à l'état décrit.
4e — Entre le T. C. et le premier fil. à G. *Chez Aubert, gal. Véro-Dodat.* Le reste comme au 3e état.
« Le Charivari, 8 février 1841. »

260 (Sans N°.) — *Allons! allons, Mazuzi! tiens-toi, allons.* | — *N'y a pas! faut que j'en taraude un avant les huîtres!* — A G. un débardeur, vu de dos, retient à bras le corps un de ses camarades. Derrière eux une femme dans le même costume. A D. un sergent de ville, descendant un escalier, s'approche avec précaution. — A G. **40-333.** = H. 200, L. 157.

« La Caricature, 3 janvier 1841. »

1er État. Avant toute lettre.
2e — Celui qui est décrit.
3e — En H. à D. entre le T. C. et le premier fil. 49. Le reste comme à l'état décrit.
4e — Entre le T. C. et le premier fil. à G. *Chez Aubert, gal. Véro-Dodat.* Le reste comme au 3e état.
« Le Charivari, 16 décembre 1841. »

261 (Sans N°.) — *Tais-toi, moutard, faut laisser jaser l'autorité! Je trouve que* | *mosieu cause agréablement.* — Un débardeur de face, entre un sergent de ville à G. et un autre débardeur, écarte de la main celui-ci. — A G. **301.** = H. 196, L. 156.

« La Caricature, 10 janvier 1841. »

1er État. Avant toute lettre. Fil. non fermés en B.
2e — Celui qui est décrit.
3e — En H. à D. entre le T. C. et le premier fil. 32. Le reste comme à l'état décrit.
4e — Entre le T. C. et le premier fil. à G. *Chez Aubert, gal. Véro-Dodat.* Le reste comme au 3e état.
« Le Charivari, 8 décembre 1841. »

262 (Sans N°.) — *Monter à cheval sur le cou d'un homme qu'on ne connaît pas, t'appelle* (sic) *ça* | *plaisanter, toi!* — Un homme déguisé en hussard, de face, les deux mains appuyées en arrière sur le velours du pourtour d'une salle de bal. A D. une femme en débardeur, accoudée sur ce même pourtour, et qui tourne le dos au sermonneur. — A G. **345.** = H. 196, L. 155.

« La Caricature, 31 janvier 1841. »

1er État. Avant toute lettre. Fil. non fermés par le B.
2e — Celui qui est décrit.

3e Etat. En H. à D. entre le T. C. et le premier fil. 54. En B. au M. entre le T. C. et le premier fil. *Par Gavarni.* Le reste comme à l'état décrit.
4e — Entre le T. C. et le premier fil. à G. *Chez Aubert, gal. Véro-Dodat.* Le reste comme au 3e état.

« Le Charivari, 3 décembre 1841. »

263 (Sans No.) — *Tu danseras, Coquardeau!... tu danseras, Coquardeau!... tu danseras | Coquardeau!... deau!... deau!* — Un débardeur de pr. à D., dos à dos avec un monsieur en habit noir, le soulève du parquet et le balance sur ses épaules. — A G. **361**. = H. 198, L. 158.

« La Caricature, 7 mars 1841. »

1er État. Avant toute lettre. Fil. non fermés par le B.
2e — Celui qui est décrit.
3e — En H. à D. entre le T. C. et le premier fil. 61. Le reste comme à l'état décrit.
4e — Entre le T. C. et le premier fil. à G. *Chez Aubert, gal. Véro-Dodat.* Le reste comme au 3e état.

« Le Charivari, 7 janvier 1842. »

DES PHRASES.

Suite de quatre lithographies entourées chacune de trois fil. En H. au-dessus des fil. : *Des Phrases.*

264 I. — « ..... *oui! le pauvre toit de chaume loin du bruit des villes, oui, le | lait des bêlantes brebis, l'épi glané dans la plaine et l'eau du | torrent qui murmure au bas des vallons — Riant palais, doux repas, | gai concert — et des heures de béatitude que dans la paix d'une | humble conscience le poids des fuseaux vous a lentement mesurées..... | voilà, voilà le bonheur en cette vie.....* — Une jeune femme, un pied posé sur le canapé où elle est assise, écrit sur son genou dans un album. Au fond à D. un domestique apporte un verre sur une assiette. — Sur le siége du canapé à G. **39**, et dans le B. **Gavarni**. — En H. à D. au-dessus des fil. : *La Caricature.* Entre le T. C. et le premier fil. à D. le numéro d'ordre. En B. entre le T. C. et le premier fil. la légende. Au-dessous du fil. au M. *Par Gavarni.* A D. *Imp. d'Aubert et Cie.* = H. 198, L. 158.

« La Caricature, 21 juillet 1839. »

1er État. Avant toute lettre. Les fil. non fermés en B.
2e — Celui qui est décrit.
3e — *La Caricature* en H. a disparu.

265 II. — « ... *Ce qui nous nuit surtout auprès des femmes, quels que soient les agrémens* (sic) *de notre personne, la | valeur de nos hommages, la chaleur de nos sentimens* (sic), *c'est notre peu de naïveté.....* » | — *Ceci est joli.* | — *Et vrai!* | — « .... *et cela parce qu'elles sont moins naïves que nous encore.* » — Deux jeunes femmes, dont l'une à D. assise sur un canapé, une jambe sous l'autre, le coude sur un coussin, la main sur son front, lit une brochure. Sa compagne l'écoute, accoudée sur le dossier du canapé. — A G. **39**. Vers le M. **Gavarni**. — En H. à D. entre le T. C. et le premier fil. le no d'ordre. En B. entre le T. C. et le premier fil. au M. *Par Gavarni.* Au-dessous des fil. à G. *Imp. d'Aubert et Cie.* A. D. *Chez Bauger, r. du Croissant,* 16. = H. 197, L. 158.

« La Caricature, 25 août 1839. »

1er État. Avant toute lettre.
2e — Celui qui est décrit.

266 N° III. — UNE FADAISE SUR UNE FALAISE.

« C'est toi, beau zéphyr où se gonflent nos voiles,
« Parfum dont on s'enivre, espoir qui nous soutiens,
« Papillon qui nous suis, hirondelle qui viens
« Te mirer dans les flots où tremblent nos étoiles
« Sœur de tous nos anges gardiens,
« C'est toi, constant bonheur, Foi de notre voyage,
« Patronne qu'à genoux chaque soir nous prions,
« Femme!.... C'est toujours toi. »
(Gavarni.)

Sur une falaise, un jeune homme à G. en casquette tient sous son bras l'ombrelle d'une jeune femme vue de dos et regardant la mer. Leurs vêtements sont agités par le vent. — Sur le rocher à G. **39.** Plus B. **Gavarni.** — En H. à D. au-dessus des fil. le n° d'ordre. En B. entre le T. C. et le premier fil. au M. *Par Gavarni.* Au-dessous des fil. à G. *Chez Bauger, r. du Croissant*, 16. A D. *Imp. d'Aubert et Cie.* = H. 198, L. 158.

« La Caricature, 8 septembre 1839. »

1er État. Avant toute lettre.
2e — Celui qui est décrit.

267 IV. — « .....*C'était un beau cavalier à la moustache épaisse, au regard tout à la fois fier et doux*..... » | — *Comme Henry, absolument comme Henry, ma chère.* | « ..... *il baisa respectueusement la main de la senora et s'éloigna sans rien ajouter*..... » | — *Ça, par exemple, ce n'est plus comme Henry.* » — Une jeune femme assise sur un canapé tient des deux mains sur ses genoux un livre qu'elle lit. A G. son amie debout devant elle, les mains posées sur le dossier d'une chaise sur laquelle est jeté un châle. — A G. **Gavarni, 39.** — En H. entre le T. C. et le premier fil. à D. le n° d'ordre. En B. entre le T. C. et le premier fil. au M. *Par Gavarni.* Au-dessous des fil. à G. *Chez Bauger, r. du Croissant*, 16. A D. *Imp. d'Aubert et Cie.*

1er État. Avant toute lettre.
2e — Celui qui est décrit.

LE DIMANCHE.

Suite de cinq lithographies. Chacune est entourée d'un fil. En H. au-dessus de ce fil. au M. *Le Dimanche*, suivi du numéro d'ordre. A D. *La Caricature*, avec son numéro de publication, sauf la dernière planche, où ce numéro n'est pas indiqué. En B. entre le T. C. et le fil. la légende indicative du sujet.

268 N° 1. — AU CHEMIN DE FER. | *Mr Charlemagne déplore l'inconvénient d'avoir toujours à traîner les paquets et les garçons, car il a encore* | *manqué le départ de quelques secondes, seulement, il est vrai. Heureusement madame Charlemagne et son* | *cousin Mr Jules seront arrivés à temps. Ce n'est donc que quarante-cinq sous de perdus.* | *Néanmoins M. Charlemagne incline à penser que Mr Jules est ennuyeux.* — M. Charlemagne sur la voie d'un chemin de fer dans la campagne, tenant à la main un paquet enveloppé dans une serviette; à ses pieds un panier. Il est de pr. à D., ses deux garçons vus de dos et tournés du même côté; le plus grand tient d'une main la canne de son père. — A G. **Gavarni.** — En H. *n°* 29 à la suite de : *La Caricature.* En B. au-dessous du fil. à D. *Imp. d'Aubert et Cie.* Au M. *Par Gavarni.* = H. 222, L. 180.

« La Caricature provisoire, 19 mai 1839. »

1er État. Celui qui est décrit.
2e — *Les Plaisirs champêtres n°* 1, au lieu de : *Le Dimanche n°* 1. *La Cari-*

cature n° 29 a disparu. En B. au-dessous du fil. à G. *Chez Bauger, r. du Croissant,* 16. Le reste comme à l'état décrit.

« Le Charivari, 31 août 1841.

269 N° II. — UN NID DANS LES BLÉS. — Une famille composée du père, de la mère et du petit garçon couchés dans des blés et dormant profondément, les uns sur les autres, à l'ombre d'un parapluie posé à terre et sur le bout duquel la femme a accroché son chapeau. — A G. **Gavarni 39.** — En H. *n°* 31 à la suite de : *La Caricature*. En B. au-dessous du fil. à G. *Imp. d'Aubert et Cie*. A D. *Par Gavarni.* = H. 186, L. 234.

« La Caricature provisoire, 2 juin 1839. »

1er État. Celui qui est décrit.
2e — *La Caricature n°* 31 a disparu. *Chez Bauger, r. du Croissant,* 16, au lieu de : *Par Gavarni.* Le reste comme à l'état décrit.

« Le Charivari, 24 août 1841. »

270 N° III. — ICI ON LOUE DES CHEVAUX. | .... *En voilà une gentille petite bête : la Grisette! c'est tout sang; dam* (sic) *! c'est un peu vif, mais pas méchante..... | de la gaîté, quoi! | Voici le Voltigeur; c'est un cheval ça! plein de moyens, et du cœur!... Il faut le voir sous l'homme..... un | enfant le monterait, mon cher monsieur.....* — A G. le loueur vantant sa marchandise et montrant de la main à un jeune homme les chevaux étiques que l'on voit à D. attachés à un râtelier. Le jeune homme de pr. à D. et tenant sa canne en l'air, les mains dans les poches de son pardessus. — Au M. **39 | Gavarni.** — En H. à D. *n°* 33 après : *La Caricature.* En B. au-dessous du fil. à D. *Imp. d'Aubert et Cie*. = H. 166, L. 236.

« La Caricature provisoire, 16 juin 1839. »

1er État. Celui qui est décrit.
2e — N° 1 au lieu de *n°* 3. *La Caricature n°* 33 a disparu. En B. à G. au-dessous du fil. *Chez Bauger, r. du Croissant,* 16. Le reste comme à l'état décrit.

« Le Charivari, 8 septembre 1841. »

271 N° IV. — LE CHARGÉ D'AFFAIRES. — C'est le mari qui s'avance vers la G. en manches de chemise, portant les chapeaux de sa femme et de sa fille, les châles, les parapluies, etc. A D. la femme vue de dos près de l'amant; au fond, du même côté, les enfants. — A G. **39 | Gavarni.** — En H. *N°* 35 à la suite de : *La Caricature.* En B. à G. au-dessous du fil. *Imp. d'Aubert et Cie*. A D. *Par Gavarni.* = H. 240, L. 187.

« La Caricature provisoire, 30 juin 1839. »

1er État. Avant toute lettre. Fil. non fermé par le B.
2e — Celui qui est décrit.
3e — *Les Plaisirs champêtres n°* 2, au lieu de : *Le Dimanche n°* 4. *La Caricature* a disparu. *Chez Bauger, r. du Croissant,* 16, au lieu de *Par Gavarni.* Le reste comme à l'état décrit.

« Le Charivari, 28 août 1841. »

272 N° III (V). — *L'air étant doux et le ciel bleu, Euclidet, m'ame Euclidet et certain petit cousin se donnent un jour | d'ébats dans le bois de Meudon. M'ame Euclidet et le petit cousin sont à cueillir des noisettes Euclidet | étudie le théorème XII de la trigonométrie sphérique de Wlac. | Deux angles d'un triangle sphérique étant de même affection, que devient la perpendiculaire abaissée du troisième?* — M. Euclidet est couché tout de son long sur un

tertre sous un arbre et accoudé, une main soutenant sa tête, un livre à terre ouvert devant lui. A G. le chapeau de sa femme, deux chapeaux d'homme et des parapluies. — A D. **Gavarni.** Au M. **40-78.** — En B. entre le T. C. et le fil. au M. *Par Gavarni.* Au-dessous du fil. à G. *Chez Bauger, r. du Croissant*, 16. A D. *Imp. d'Aubert et Cie.* = H. 156, L. 198.

« La Caricature, 7 juin 1840. »

1er État. Avant toute lettre. Deux fil. non fermés par le B.
2e — Celui qui est décrit.
3e — *La Caricature* a disparu.
« Le Charivari, 4 août 1842. »

LES ENFANTS TERRIBLES.

Une pièce faisant partie de la suite : *Les Enfants terribles,* composée de quarante-neuf lithographies publiées dans *le Charivari*, où la pièce ci-après décrite n'a paru qu'après sa publication dans *la Caricature.*

273 (Sans No.) — *Papa, voilà ton homme de paille.* — Deux personnages à mi-jambes. A G. un homme de pr. à D., cravate blanche et jabot, sa canne et son chapeau dans une main. Un petit garçon entr'ouvre une porte sur laquelle on lit écrit directement : **Cabinet | d'affaires.** — A G. **41-80.** — Claire-voie. Trois fil. En H. au M. au-dessus des fil. *Les Enfans* (sic) *terribles.* En B. à D. dans l'intérieur du dessin : *Par Gavarni.* Au-dessous des fil. à G. *Chez Bauger et Cie, r. du Croissant*, 16. A D. *Imp. d'Aubert et Cie.* = H. 197, L. 157.

« La Caricature, 19 septembre 1841. »

1er État. Avant toute lettre.
2e — Celui qui est décrit.
3e — En H. à D. au-dessus des fil. 44. Le reste comme à l'état décrit.
4e — Au-dessous des fil. au M. *Chez Aubert, pl. de la Bourse.* Le reste comme au 3e état.
« Le Charivari, 26 août 1842. »

FOURBERIES DE FEMMES (2e série).

Onze pièces faisant partie de la suite : *Fourberies de femmes en matière de sentiment* (2e série), composée de cinquante-deux lithographies publiées dans *le Charivari*, où ces onze pièces n'ont paru que postérieurement à leur publication dans *la Caricature.* Chacune est entourée d'un fil. brisé en H. au M. Dans la brisure : 2e *série,* et au-dessus : *Fourberies de femmes | en matière de sentiment.* En B. au M. entre le T. C. et le fil. *Par Gavarni.* Au-dessous du fil. à D. *Imp. d'Aubert et Cie.* Plus B. la légende et au-dessous : *Se vend chez Bauger et Cie, éditeurs des dessins*(etc.), sauf sur la dixième pièce, où cette dernière inscription ne se trouve pas, mais où on lit au-dessous du fil. à G. *Chez Bauger, r. du Croissant*, 16.

274 XXII. — *Est-il Dieu permis d'avoir des pensées comme ça sur la mère de son petit Jo | seph!* — Un mari et une femme dans leur chambre à coucher. Le premier, tourné à D., bonnet grec sur la tête, petite veste du matin, tient d'un air de colère concentrée son menton dans sa main. La femme appuie sa

tête contre le dos de son mari, sur les épaules duquel elle pose les mains. — A G. **293**. — En H. à D. entre le T. C. et le fil le numéro d'ordre. = H. 200, L. 158.

« La Caricature, 14 mars 1841. »

Planche publiée sans changements dans « le Charivari, 16 août 1842 ».

1er État. Avant toute lettre. Fil. non brisé.
2e — Celui qui est décrit.
3e — En B. à G. au-dessous du fil. *Chez Aubert, gal. Véro-Dodat.* Le reste comme à l'état décrit.

275 (Sans N°.) — *Mais si un homme avait été pour moi ce que j'ai été pour toi, et que je lui aie fait ce | que tu m'as fait!... mais! mais.... mais je serais.... honteuse!...* — A G. un homme exaspéré, le chapeau sur le derrière de la tête, les genoux pliés et les deux mains en avant, s'adresse à sa femme, qui, les mains dans les poches de sa robe, l'écoute sans s'émouvoir et en le regardant fixement. — A G. **268**. = H. 196, L. 157.

« La Caricature, 21 mars 1841. »

1er État. Avant toute lettre. Fil. non brisé.
2e — Celui qui est décrit.
3e — En H. à D. entre le T. C. et le fil. 23. En B. à G. au-dessous du fil. *Chez Bauger, r. du Croissant,* 16. Le reste comme à l'état décrit.
« Le Charivari, 21 août 1842. »
4e — En B. à G. au-dessous du fil. *Chez Aubert, gal. Véro-Dodat.* Le reste comme au 3e état.

276 (Sans N°.) — *Toi franche! toi simple! avoir de la confiance en toi!..... toi!..... vois-tu? toi! mais tu te | moucherais de la main gauche, rien que pour le plaisir de tromper ta main droite si tu pouvais!* — A G. un homme debout, les mains jointes convulsivement. Sa femme assise dans un fauteuil, la tête et les yeux baissés, les mains dans les poches de son tablier. — A G. **223**. = H. 198, L. 158.

« La Caricature, 4 avril 1841. »

1er État. Avant toute lettre. Fil. non brisé.
2e — Celui qui est décrit.
3e — En H. à D. entre le T. C. et le fil. 34. Le reste comme à l'état décrit.
« Le Charivari, 18 octobre 1842. »
4e — En B. à G. au-dessous du fil. *Chez Aubert, gal. Véro-Dodat.* Le reste comme au 3e état.

277 (Sans N°.) — *Voilà un gros Loulou qui vient passer toute la journée avec sa biche, oui!* | — *Mais comment qu'il fait donc, cet homme-là, pour être gentil comme ça?* — Dans une chambre un homme à D., figure grotesque et souriante, son chapeau sur la tête, les deux mains dans les poches d'un vaste paletot, devant une femme de petite taille qui le regarde en levant la tête. Derrière elle, sur une chaise, son chapeau et son mantelet. — A G. **285**. = H. 196, L. 158.

« La Caricature, 11 avril 1841. »

1er État. Avant toute lettre. Fil non brisé.
2e — Celui qui est décrit.
3e — En H. à D. entre le T. C. et le fil. 24. Le reste comme à l'état décrit.
« Le Charivari, 12 septembre 1842. »
4e — En B. à G. au-dessous du fil. *Chez Aubert, gal. Véro-Dodat.* Le reste comme au 3e état.

278 (Sans N°.) — *Voyons! Théodore! nous ne sommes donc plus la Bichette à notre petite maman?* — A D. une jeune femme pose une de ses mains sur la poitrine d'un homme vieux et laid et de l'autre le tient par le nœud de sa cravate. Celui-ci a sa canne entre les mains, derrière le dos, et regarde de côté d'un air soupçonneux. — A G. **349.** = H. 198, L. 155.

« La Caricature, 2 mai 1841. »

1er État. Avant toute lettre. Fil. non brisé.
2e — Celui qui est décrit.
3e — En H. à D. entre le T. C. et le fil. 49. *Se vend chez Bauger et Cie, éditeurs des* (etc.) a disparu. Le reste comme à l'état décrit.
« Le Charivari, 29 octobre 1842. »

279 (Sans N°.) — *Mais!... il me semble... qu'on a pipé ici!* | — *Hein?... Ah! c'est moi qui ai voulu voir pour ma dent du fond.... ma foi, c'est bien des* | *bêtises, ça ne fait rien...* — Debout et de face un homme tenant d'une main son chapeau, de l'autre sa canne, par-dessus ouvert laissant voir un habit boutonné. A D. sur le second plan, également de face, une femme assise sur un canapé, accoudée sur un coussin, la tête appuyée sur sa main. — A G. **239** = H. 198, L. 158.

« La Caricature, 9 mai 1841. »

1er État. Avant toute lettre. Fil. non brisé.
2e — Celui qui est décrit.
3e — En H. à D. entre le T. C. et le fil. 36. *Par Gavarni* et *Se vend chez Bauger et Cie* (etc.) ont disparu. Le reste comme à l'état décrit.
« Le Charivari, 28 septembre 1842. »
4e — En B. au-dessous du fil. à G. *Chez Aubert, gal. Véro-Dodat.* Le reste comme au 3e état.

280 (Sans N°.) — *Qu'est-ce que c'est que ce mosieu qui sort d'ici?* | — *Ah! mon Dieu! il ne t'a pas parlé?... c'est un mosieu qui venait pour l'affaire* | *d'Ancelin.... et qui part ce soir.... il t'a attendu plus de deux heures!...* | *Mais comme tu as chaud, ma biche!* — Une femme de petite taille, vue de dos, tournée à G., en peignoir blanc. Devant elle son mari, le chapeau sur la tête, les jambes écartées, sa canne sous le bras. A D. une table avec une carafe et une bouteille. — A G. **235.** = H. 198, L. 156.

« La Caricature, 16 mai 1841. »

1er État. Avant toute lettre. Fil. non brisé.
2e — Celui qui est décrit.
3e — En H. à D. entre le T. C. et le fil. 33. *Par Gavarni* a disparu. Le reste comme à l'état décrit.
« Le Charivari, 15 septembre 1842. »
4e — En B. au-dessous du fil. à G. *Chez Aubert, gal. Véro-Dodat.* Le reste comme au 3e état.

281 (Sans N°.) — *C'est bien drôle que ma femme devait dîner chez maman Coquardeau et que je n'y* | *trouve que les petits.... c'est bien drôle!* — Donnant la main d'un côté à un petit garçon et de l'autre à une petite fille, Coquardeau se dirige vers la D., la tête penchée, l'air pensif. Le petit garçon joue de la trompette, la petite fille, à G., tient sur son bras une poupée. — A G. **278.** = H. 198, L. 156.

« La Caricature, 23 mai 1841. »

1er État. Avant toute lettre. Fil. non brisé.

2e État. Celui qui est décrit.
3e — En H. à D. entre le T. C. et le fil. 45. Le reste comme à l'état décrit.
« Le Charivari, 4 octobre 1842. »
4e — En H. au-dessous du fil. à G. *Chez Aubert, gal. Véro-Dodat.* Le reste comme au 3e état.

282 (Sans N°.) — *C'est égal, je trouve que le parrain de la petite vient trop chez nous....* | — *Ces noisettes-là ne sont guère bonnes!* | — *Et ça fait jaser.... tu sais bien que ce n'est pas pour moi que je dis ça : tu me connais....* | — *O* (sic) *tu feras de ce que tu voudras, mais tu passeras pour un homme sans caractère. ... en vlà encore* | *une creuse.* — Un mari et sa femme vus de face, assis tous les deux dans la campagne sur la berge d'une rivière. A D. le mari, les jambes croisées, sa canne à côté de lui sur le gazon. La femme mange des noisettes qu'elle a sur ses genoux, étalées sur son mouchoir. — A G. **234** = H. 200, L. 158.

« La Caricature, 30 mai 1841. »

1er État. Avant toute lettre. Fil. non brisé.
2e — Celui qui est décrit.
3e — En H. à D. entre le T. C. et le fil. 31. *Se vend chez Bauger et Cie, éditeurs des* (etc.) a disparu. Le reste comme à l'état décrit.
« Le Charivari, 31 août 1842. »
4e — En H. à G. au-dessous du fil. *Chez Aubert, gal. Véro-Dodat.* Le reste comme au 3e état.

283 (Sans N°.) — « *Au reçu de ce billet, montez à cheval, hâtez-vous! cherchez sur l'avenue de Neuilly* | *une citadine jaune, stores baissés, cheval gris, vieux cocher* — 108 — *une seule lanterne* | *allumée.* | *Suivez! on arrêtera à la petite porte d'une maison de Sablonville; un homme et une femme* | *descendront. — Cet homme était mon amant. — Et cette femme est la vôtre!* » | *Vicomtesse de ***.* — De 3/4 tourné à D., assis, les jambes écartées, sur le coin d'une chaise, un homme lit avec fureur la lettre ci-dessus, qu'il tient d'une main. A D. un guéridon sur lequel il a jeté son chapeau qui va rouler à terre. — A G. **196**. = H. 197, L. 158.

« La Caricature, 6 juin 1841. »

1er État. Avant toute lettre. Fil. non brisé.
2e — Celui qui est décrit.
3e — En H. à D. entre le T. C. et le fil. 32. Le reste comme à l'état décrit.
« Le Charivari, 5 septembre 1842. »
4e — En H. au M. au-dessous du fil. *Chez Aubert, gal. Véro-Dodat.* Le reste comme au 3e état.

284 (Sans N°.) — .... *Mon Dieu! ça lui a pris hier au soir après que Mossieu a été parti..... mais* | *à présent il y a du mieux. Madame repose.... ah! nous avons eu joliment peur!* — A D. le monsieur de pr. tourné à G., les mains dans les poches de son paletot, sa canne sous le bras. La femme de chambre, les deux mains dans son tablier, se tient devant la porte de la chambre de sa maîtresse et cache avec ses jupes une paire de bottes. — A G. **297**. = H. 198, L. 156.

« La Caricature, 8 août 1841. »

1er État. Avant toute lettre. Fil. non brisé.
2e — Celui qui est décrit.

3e État. En H. à D. entre le T. C. et le fil. 46. Le reste comme à l'état décrit.
« Le Charivari, 11 octobre 1842. »
4e — En B. à G. au-dessous du fil. *Chez Aubert, gal. Véro-Dodat.* Le reste comme au 3e état.

INDUSTRIE DES ENFANTS.

Une lithographie pour une suite projetée sous le titre : *Industrie des Enfants*, et dont il n'a été publié que cette pièce.

285 I. — *Avec permission | Francesco Lipurato | entrepreneur, directeur de spectacle à domicile pour Paris et les | départemens* (sic) *au plus juste prix.* — Un jeune garçon de pr. tourné à D. devant le parapet d'un quai. Veste courte et casquette. Il porte d'une main un tambour et pose l'autre sur une longue planche suspendue en travers sur son épaule; une corde attachée aux deux extrémités de cette planche soutient deux pantins. — A. D. **Gavarni.** A G. au bas du parapet : **40-58**. — En H. au M. au-dessus du T. C. *Industrie des enfans* (sic). A D. le n° d'ordre. En B. au-dessous du T. C. au M. *Par Gavarni.* A G. *Imp. d'Aubert et Cie*. A D. *Chez Bauger, r. du Croissant*, 16. = H. 190, L. 150.

« La Caricature, 26 avril 1840. »

1er État. Avant toute lettre.
2e — Celui qui est décrit.

---

286 LES MÉDAILLONS A LA MODE. | *Qu'est-ce que Madame mettra aujourd'hui, son grand-père ou son petit chien?* — Une femme de chambre tenant deux médaillons à la main. A D. sa maîtresse se regardant dans une glace. Figures à mi-jambes. — A G. **Gavarni**, **St-Chéron, mai 39**. — En H. au-dessus du T. C. *La Caricature provisoire* en très-gros caractères. En B. au-dessous du T. C. à D. *Imp. d'Aubert et Cie*. En regard du titre à G. *Paris, n°* 30. A D. 26 *mai* 1839. = H. 163, L. 230.

1er État. Celui qui est décrit.
2e — *La Caricature provisoire, Paris, n°* 30, et 26 *mai* 1839, ont disparu. Triple fil. brisé dans le H. Au M. dans la brisure : *Fantaisies*. A D. 2 (sic) *Livraison, n°* 3, au-dessus des fil. En B. à G. au-dessous des fil. *Chez Bauger, r. du Croissant*, 16. Le reste comme à l'état décrit.
3e — 2 *Livraison, n°* 3, a disparu. A D. 3 entre le T. C. et le premier fil. Le reste comme au 2e état.
« Le Charivari, 17 septembre 1841. »

---

287 MODES DE 1842. — A D. une femme vue de dos et tournée à G., petit chapeau laissant le front découvert, écharpe noire posée sur le haut des bras; elle fume une cigarette qu'elle tient à la main. Près d'elle un homme, une main sur la hanche, chapeau à larges bords, cheveux et barbe démesurément longs et touffus. — A G. **41-128**. — Claire-voie. En H. à D. *La Caricature-Journal*. En B. à G. *Imp. d'Aubert et Cie*. = H. 209, L. 180.

« La Caricature, 9 janvier 1842. »

1er État. Avant toute lettre.
2e — Celui qui est décrit.
3e — En H. au M. *Actualités*. A D. 88. *La Caricature-Journal* a disparu. En B. au M. *Chez Aubert, Pl. de la Bourse*, 29. A D. *Chez Bauger et Cie, R. du Croissant*. Le reste comme à l'état décrit.

LES MUSES.

Suite de trois pièces. En H. de chacune d'elles au-dessus du T. C. au M. *Les Muses*. A D. le n° d'ordre.

288 I. — LA PEINTURE. — Dans une mansarde, une femme de pr. à G. en robe de chambre, cheveux défaits, assise les pieds sur une chaufferette, dessine d'après nature un chapeau, une bretelle et un pantalon qui sont posés sur un manche à balai à D. Au pied de son modèle une paire de souliers et une feuille de vigne. — A D. **Gavarni 39.** — Au-dessous du T. C. au M. *Gavarni*. A G. *Imp. d'Aubert et Cie*. = H. 220, L. 249.

« La Caricature provisoire, 21 mars 1839. »

1er État. Avant toute lettre.
2e — Celui qui est décrit.
3e — En B. à D. au-dessous du T. C. *Chez Bauger, r. du Croissant*, 16. Le reste comme à l'état décrit.

289 II. — LA TRAGÉDIE. — Une femme de face, un genou à terre, les avant-bras nus, un couteau de cuisine dans une main, retient de l'autre par une patte un lapin qui s'efforce de lui échapper. Au fond à D. une maison au-dessus de la porte de laquelle on lit écrit directement : **Noces | et | festins.** — A G. **Gavarni**. — En B. au-dessous du T. C. au M. *Par Gavarni*. A G. *Imp. d'Aubert et Cie*. = H. 219, L. 248.

« La Caricature provisoire, 7 avril 1839. »

1er État. Avant toute lettre.
2e — Celui qui est décrit.
3e — En B. au-dessous du T. C. à D. *Chez Bauger, R. du Croissant*, 16. Le reste comme à l'état décrit.

290 III. — LA MUSIQUE. — Une femme de 3/4 tournée à D., jouant d'une serinette. Elle est en robe de chambre, assise sur un tabouret très-bas et adossée contre son lit, sur lequel elle a la tête renversée. Près d'elle, sur la table de nuit, une cage renfermant un serin. — A G. sur le pied du lit : **30.** Plus B. **Gavarni.** — En B. au-dessous du T. C. au M. *Gavarni*. A D. *Imp. d'Aubert et Cie*. A G. *Chez Bauger, r. du Croissant*, 16. = H. 210, L. 265.

« La Caricature provisoire, 13 octobre 1839. »

1er État. Avant toute lettre.
2e — Celui qui est décrit.

---

291 — *On ne dort pas les uns sans les autres! | Souvenirs du bal de la Renaissance*. — Figures à mi-jambes. A G. un homme assis et endormi de pr. à D., un faux nez et son chapeau relevés sur le front. Un pierrot lui chatouille la figure avec le bout de son bonnet. Derrière à D. des masques riant. — A D. **Gavarni, 39-14.** — En H. au-dessus du T. C. *La | Caricature provisoire*, en très-gros caractères. En B. au-dessous du T. C. à D. *Imp. d'Aubert et Cie*. En regard de la légende à G. *Paris, n° 12*. A D. *20 janvier* 1839. = H. 174, L. 232.

1er État. Celui qui est décrit.
2e — *Souvenirs du bal de la Renaissance, La Caricature provisoire, Paris, n°* 12, et 20 *janvier* 1839, ont disparu. Trois fil. brisés en H. au M. Dans

la brisure : *Fantaisies*. A D. entre le T. C. et le premier fil. 2 (sic) *livraison, n° 5*. En B. à G. *Chez Bauger, rue du Croissant, 16*. A D. *Imp. d'Aubert et Cie*.

PARIS LE SOIR.

Quatre pièces faisant partie de la suite : *Paris le soir*, composée de vingt-cinq numéros, dont vingt et un ont paru dans *le Charivari*. Chacune de ces quatre pièces est entourée d'un fil. En H. au M. au-dessus du fil. *Paris le soir*. A D. le n° d'ordre, sauf sur la dernière, qui est sans n°.

292 II. — *Comment, sapristi! depuis neuf heures du matin jusqu'à minuit pour | aller de St-Leu au Père Lachaise! voilà un camarade qui peut se vanter d'être bien enterré : vous y aurez mis le temps!... Toutes ces machines-là, vois-tu, | c'est de la boustifaille, et pas autre chose.... des boustifailles, et pas autre chose! | .... et pas autre chose!* — A G., dans une chambre à coucher, une femme en chemise s'adresse à son mari, qui, en chemise également, les jambes nues, ses bottes aux pieds, est accoudé sur la cheminée. — A G. **40-102** | **G.** — En B. entre le T. C. et le fil. au M. *Par Gavarni*. A G. *Chez Bauger, r. du Croissant, 16*. A D. *Imp. d'Aubert et Cie*. = H. 198, L. 161.

« La Caricature, 28 juin 1840. »

1er État. Avant toute lettre. Fil. non fermé par le B.
2e — Celui qui est décrit.

293 N° III. — *Où qu'tu vas, Polyte? | — J'vas tremper un' soupe à ma femme... un' faignante! que v'là trois | jours qu'a travaille pas.* — Au coin d'une rue, le soir, une femme de mœurs équivoques, vue de dos, drapée dans un long châle qui dessine ses formes, s'adresse à G. à un jeune homme en blouse à figure patibulaire, casquette sur la tête, la pipe à la bouche. — A G. **104**. A D. **G.** — En B. entre le T. C. et le fil. au M. *Par Gavarni*. Au-dessous du fil. à G. *Chez Bauger, r. du Croissant, 16*. Au M. *Chez Aubert, gal. Véro-Dodat*. A D. *Imp. d'Aubert et Cie*. = H. 196, L. 157.

« La Caricature, 5 juillet 1840. »

1er État. Avant toute lettre. Fil. non fermé par le B.
2e — Celui qui est décrit.

294 XXII. — *Mosieu le comte Onnesaitki!... | Mosieu le baron Gros-Jean!...* — Près d'une porte à D. un domestique annonce deux messieurs dont l'un, grande figure maigre et grotesque, moustaches et collier de barbe, tient son chapeau d'une main et de l'autre arrange le pli de sa cravate blanche. Le second, en arrière et l'air important, est vu de face. — A G. **105** — En B. au M. entre le T. C. et le fil. *Par Gavarni*. Au-dessous du fil. à D. *Imp. d'Aubert et Cie*. Au-dessous de la légende : *Se vend chez Bauger et Cie, éditeurs des* (etc.). = H. 195, L. 153.

« La Caricature, 15 novembre 1840. »

1er État. Avant toute lettre. Fil. non fermé par le B.
2e — Celui qui est décrit.
3e — En B. à G. au-dessous du fil. *Chez Aubert, Gal. Véro-Dodat*. Le reste comme à l'état décrit.

295 (Sans N°.) — *C'est bien gentil chez vous, monsieur Charles.* — Une dame en chapeau, tenant son mouchoir à la main, donne le bras à un jeune homme

en robe de chambre et en pantoufles qui lui montre son appartement. Il ouvre à G. une portière. — A G. **Gavarni**, **159**. — En B. au M. au dessous du fil. *Par Gavarni.* A D. *Imp. d'Aubert et Cie.* Au-dessous de la légende : *Se vend chez Bauger et Cie, éditeurs des* (etc.). = H. 199, L. 157.

« La Caricature, 6 décembre 1840. »

1er État. Avant toute lettre.
2e — Celui qui est décrit.
3e — En H. entre le T. C. et le fil. à D. 25. En B. au-dessous du fil. à G. *Chez Aubert, Gal. Véro-Dodat.* Le reste comme à l'état décrit.
4e — Quatre fil. En H. au M. au-dessus des fil. *La vie de jeune homme,* au lieu de *Paris le soir,* et à D. entre le 3e et le 4e fil. 25. En B. au-dessous du T. C. au M. *Par Gavarni.* Au-dessous des fil. à G. *Chez Bauger et Cie, r. du Croissant,* 16. Le reste comme à l'état décrit.

« Le Charivari, 10 septembre 1842.

PATOIS DE PARIS.

Une lithographie faisant partie de la suite : *Patois de Paris,* composée de trois pièces dont deux publiées par *le Charivari* et la troisième dans *la Caricature.* C'est cette dernière que nous décrivons.

296 N° III. — *Voyons, Salomon, j'suis t'y ton ami?... Eh ben, ta femme est un'!...* | *enfin, n'importe, è nous tromp' toute les deusse, mon cher!...* — Deux ivrognes reviennent de la pêche en se donnant le bras. Celui de D. parle à l'oreille de son camarade, qui tient d'une main leurs deux lignes et un panier passé à son bras. — A G. **Gavarni** | **153**. — Un fil. En H. au-dessus du fil. au M. *Patois de Paris,* suivi du n° d'ordre. En B. au-dessous du T. C. à G. *Chez Aubert, gal. Véro-Dodat.* A D. *Imp. d'Aubert et Cie.* — La légende est dans une tablette encadrée par le fil. = H. 200, L. 152.

« La Caricature provisoire, 8 novembre 1838. »

1er État. Celui qui est décrit.
2e — Deux fil. *Chez Aubert, gal. Véro-Dodat* a disparu. En H. au M. *Fantaisies,* au lieu de *Patois de Paris.* A D. 5 (sic) *Livraison, n°* 3. En B. au-dessous des fil. à G. *Chez Bauger, R. du Croissant,* 16. Au M. *Par Gavarni.* Le reste comme à l'état décrit.

LES PLAISIRS CHAMPÊTRES.

Quatre lithographies faisant partie d'une suite de six pièces ayant pour titre : *Les Plaisirs champêtres,* et dont les deux premiers numéros ont paru sous le même titre dans *le Charivari,* mais avaient été publiés antérieurement dans *la Caricature* sous le titre : *Le Dimanche.* Chacune des quatre pièces que nous décrivons ici est entourée d'un fil. En H. au-dessus du fil. au M. *Les Plaisirs champêtres,* suivis du n° d'ordre. En B. entre le T. C. et le fil. au M. *Par Gavarni.* Plus B. la légende. Au-dessous du fil. à G. *Chez Bauger, r. du Croissant,* 16. A D. *Imp. d'Aubert et Cie.*

» N° I. — AU CHEMIN DE FER. — Voir ci-dessus ce titre sous la rubrique : *Le Dimanche,* et sous le n° 1.

» N° II. — LE CHARGÉ D'AFFAIRES. — Voir ci-dessus ce titre sous la rubrique : *Le Dimanche,* et sous le n° 4.

297 N° III. — DODOPHE ET TITINE. — Dodophe est couché sur le dos, les jambes et les mains croisées, au pied d'un rocher. A G. Titine, assise à terre, pose une main sur la tête de son amant. — A G. **95.** A D. **Gavarni.** — En H. à D. au-dessus du fil. *La Caricature.* = H. 200, L. 158.

« La Caricature, 24 mai 1840. »

1er État. Celui qui est décrit.
2e — Quatre fil. *Les Plaisirs champêtres, La Caricature* et *Chez Bauger, r. du Croissant,* 16, ont disparu. En H. au M. au-dessus des fil. *Les Etudians* (sic) *de Paris.* A D. 53. Au-dessous des fil. au M. *Se vend chez Bauger et Cie, éditeurs des* (etc.). Le reste comme à l'état décrit.
« Le Charivari, 22 octobre 1841. »
3e — En B. au-dessous des fil. à G. *Chez Aubert et Cie, gal. Véro-Dodat.* Le reste comme au 2e état.

298 N° IV. — *Lambertier est donc avec Caroline?* | — *Faut croire! ou bien c'est que l'autre est à Rouen.* — Un étudiant et sa maîtresse se promenant dans les blés. L'étudiant à G., les mains dans les poches de son pantalon, tient en l'air sa canne, au bout de laquelle est un verre à boire. Au fond à D. on aperçoit Lambertier et Caroline. — A G. **34.** A D. **Gavarni.** — En H. à D. au-dessus du fil. *La Caricature.* = H. 200, L. 155.

« La Caricature, 14 juin 1840. »

1er État. Avant toute lettre. Quatre fil. non fermés par le B.
2e — Celui qui est décrit.
3e — Les quatre fil. rétablis et complétés. *Les Plaisirs champêtres* et *La Caricature* ont disparu. En H. au M. au-dessus des fil. *Les Etudians* (sic) *de Paris.* A D. 54. En B. au-dessous des fil. au M. *Imp. d'Aubert et Cie.* Le reste comme à l'état décrit.
« Le Charivari, 27 octobre 1841. »
4e — En B. à D. au-dessous des fil. *Chez Aubert, place de la Bourse.* Le reste comme au 3e état.

299 IV (V). — *Quelle différence y a-t-il entre les bergères et les petits écus? — C'est qu'on* | *peut faire danser l'argent sans les femmes, et qu'on ne les fait pas danser sans argent.* — Deux étudiants se reposant à l'ombre d'un arbre. L'un de pr. à D., assis par terre, le dos appuyé contre un talus et fumant sa pipe. L'autre, en manches de chemise, est couché sur le gazon et accoudé une main soutenant sa tête. — A G. **Gavarni.** A D. **40-55.** = H. 200, L. 160.

« La Caricature, 16 août 1840. »

1er État. Avant toute lettre. Quatre fil. non fermés par le B.
2e — Celui qui est décrit.
3e — Les quatre fil. rétablis et complétés. *Les Plaisirs champêtres* et *Chez Bauger, r. du Croissant,* 16, ont disparu. En H. au M. au-dessus des fil. *Les Etudians* (sic) *de Paris.* A D. 55. En B. au M. au-dessous des fil. *Se vend chez Bauger et Cie, éditeurs des* (etc.). Le reste comme à l'état décrit.
« Le Charivari, 3 novembre 1841. »
4e — En B. à G. au-dessous des fil. *Chez Aubert, gal. Véro-Dodat.* Le reste comme au 3e état.

300 VI. — *Faut que je voye après mon poulet.... voyons, musieu Charmé, ne fais* | *pas de bêtises!.... et tiens l'échelle.* — Montée sur une échelle, Mme Charmé, dont on aperçoit le haut du corps par derrière le mur d'un jardin, remet une lettre à un jeune homme en manches de chemise monté

également sur une échelle en avant de l'autre côté du mur au premier plan. A D. on voit un petit poulet sur un arbrisseau. — A G. **181.** = H. 203, L. 160.

« La Caricature, 20 septembre 1840. »

1er État. Avant toute lettre.
2e — Celui qui est décrit.
3e — Quatre fil. *Les Plaisirs champêtres, Par Gavarni* et *Chez Bauger, r. du Croissant,* 16, ont disparu. En H. au M. au-dessus des fil. *La Vie de jeune homme.* A D. entré le 3e et le 4e fil. 27. Au-dessous des fil. la légende, et plus B. *Se vend chez Bauger et Cie, éditeurs des* (etc.). Le reste comme à l'état décrit.

« Le Charivari, 25 juillet 1842. »

LA POLITIQUE.

Cinq pièces faisant partie d'une suite de neuf lithographies publiées antérieurement dans *le Figaro*, sous le titre : *La Politique*, lequel n'est pas inscrit sur les épreuves qui ont paru dans *la Caricature.* Aucune de ces cinq pièces n'est numérotée.

» *Voilà une jolie liberté et un beau pays! où un homme n'est pas seulement libre* | *de vendre son nègre.* — Même planche que : *La Politique, n° 5.* Voir ce titre sous la rubrique : *Le Figaro*, ci-après, même section, même subdivision.

» UN DISCOURS PARLEMENTAIRE. | « *Messieurs! je vais répondre aux paroles graves et pressantes qui viennent d'être prononcées à cette tribune* | *(écoutez, écoutez!), Messieurs, une réponse nous serait facile ... (écoutez) nous pourrions dire oui (Très-bien! très-bien!)* | *nous pourrions aussi facilement répondre non (Très-bien! très-bien! très-bien!), mais il est temps que le pays sache enfin à* | *quoi s'en tenir sur une aussi importante question! Les moments sont précieux, messieurs! aussi notre parole va-t-elle* | *être franche et sans aucune arrière-pensée!... Eh! bien, messieurs (écoutez!), nous répondrons oui et non* » | *(Tonnerre d'applaudissements)..... (L'honorable orateur, que cette brillante improvisation a visiblement ému, est accueilli* | *en descendant de la tribune par les félicitations de ses amis politiques.)* — Même planche que : *La Politique, n° 2.* Voir ce titre sous la rubrique : *Le Figaro*, ci-après, même section, même subdivision.

» *(Journal blanc.) Jeudi* 15 : *Les nouvelles que nous recevons de toutes parts sont de plus en* | *plus satisfaisantes; jamais le pays n'a joui d'une plus parfaite tranquillité.* | *(Journal noir.) Jeudi* 15 : *Il est impossible de se le dissimuler, la confiance se perd chaque* | *jour davantage... Les affaires se ralentissent... nous touchons à une crise terrible...* — Même planche que : *La Politique, n° 7.* Voir ce titre sous la rubrique : *Le Figaro*, ci-après, même section, même subdivision.

» — *Édouard! Édouard! voilà neuf heures, mon ami....* | — *Oui! Laisse-moi donc voir les affaires de la Chine, c'est si intéressant!...* | — *Mais, mon ami, tu as promis à Monsieur pour ton affaire d'être à neuf heures chez lui....* | — *Qu'est-ce que ça me fait?....* — Même planche que : *La Politique, n° 4.* Voir ce titre sous la rubrique : *Le Figaro*, ci-après, même section, même subdivision.

» LES POLITIQUES. | — *Mais la liberté! mon cher monsieur, la liberté!*".

| — *La liberté de quoi?* | — *La liberté, quoi!* — Même planche que : *La Politique, n° 1.* Voir ce titre sous la rubrique : *Le Figaro*, ci-après, même section, même subdivision.

REVERS DES MÉDAILLES.

Deux lithographies faisant partie d'une suite de trois pièces publiées toutes trois ultérieurement dans *le Charivari.* La troisième fait également partie de *la Caricature,* mais sous le titre : *Un Enfant terrible.* (Voir ce titre ci-après.) Chacune des deux premières pièces est entourée d'un fil. En H. au-dessus du fil. au M. *Revers des médailles.* A D. entre le T. C. et le fil. le n° d'ordre. En B. entre le T. C. et le fil. la légende.

301 N° I. — *.... Moi qui vous parle!* | — *Hein?* | — *moi qui vous parle!! j'ai été plus sourd que vous !... à présent* | *j'entends sonner l'heure à Vincennes, à St-Germain, à St-Cloud! partout!!...* | *c'est bigrement! embêtant! allez!* — Dans une rue, un homme à D. vu de face se fait avec une main un cornet acoustique pour entendre ce que lui crie à l'oreille un second personnage vu de pr., les deux mains dans les goussets de son pantalon. En H. sur le mur à D. écrit directement : **Découverte merv**(eilleuse) | **contre la surdit**(é). — En B. à G. G. A D. **40** | **23.** — En B. entre le T. C. et le fil. à G. *Imp. d'Aubert et Cie.* Au M. *Par Gavarni.* A D. *Chez Bauger, r. du Croissant,* 16. = H. 196, L. 155.

« La Caricature, 29 mars 1840. »

Planche publiée sans changements dans « le Charivari, 12 novembre 1842. »

1er État. Avant toute lettre et sans fil.
2e — Celui qui est décrit.

302 N° II. — *Dangereux effet des pâtes orientales, telles que le rachaout ou* | *le nafé d'Arabie, sur des organisations trop délicates.* — Un enfant de 3/4 à G., enflé d'une manière prodigieuse et grotesque, tenant d'une main un pot et de l'autre une cuillère. A ses pieds, sur le devant à G., un chien couché sur le ventre et également enflé. Sur le mur un cadre où l'enfant et son chien sont représentés dans un état de maigreur complet. — A D. G., et à G. sur le côté d'un buffet : **40** | **21.** — En B. entre le T. C. et le fil. à G. *Chez Aubert, gal. Véro-Dodat.* Au M. *Chez Bauger, r. du Croissant,* 16. A D. *Imp. d'Aubert et Cie.* = H. 196, L. 155.

« La Caricature, 5 avril 1840. »

Planche publiée sans changements dans « le Charivari, 22 novembre 1842. »

1er État. Avant toute lettre et sans fil.
2e — Celui qui est décrit.

LES RÊVES.

» (Sans N°.) — *Achille Coqueron, chasseur volontaire de la 2me, rêve qu'il est en faction.* — Même planche que le n° 4 de la suite : *Les Rêves,* publiée dans « *le Figaro.* » Voir cette suite sous la rubrique : « *Le Figaro* », ci-après

---

RIEN N'EST BIEN.

Suite de deux pièces contenant chacune deux sujets, l'un à G. l'autre à D. En H. de chaque planche en très-gros caractères : *La Caricature provisoire*. En B. de chaque sujet son titre particulier. Plus B. au M. de la planche : *Rien n'est bien*, et en regard à G. ou à D., d'un côté la date de publication du journal, de l'autre son nº.

303 C'EST UN PEU FAIBLE. — Un homme en veste et sans gilet, goûtant dans un verre la liqueur que vient de lui verser un garçon marchand de vin. Celui-ci, à G., tient d'une main la bouteille et de l'autre son tire-bouchon. — A G. **Gavarni**. — En B. à G. *nº* 26.

Sur la même feuille à D. :

C'EST UN PEU FORT. — Un garde national en grande tenue, surprenant en rentrant chez lui un jeune élégant baisant avec transport la main de sa femme. Tous deux sont assis, la femme à D. — A G. **Dédié à mon ani** (sic) **Ward**. — En B. à D. 28 *avril* 1839. = H. de chaque dessin 160, L. 110.

1er État. Celui qui est décrit.

2e — Nº 26 et 28 *avril* 1839 ont disparu. En H. *Rien n'est bien,* au lieu de *Caricature provisoire*. A D. nº 1. En B. au-dessous du T. C. à G. *Imp. d'Aubert et Cie*. A D. *Chez Bauger, r. du Croissant,* 16. Le reste comme à l'état décrit.

304 L'EAU EST TROP CHAUDE... — Un homme en manches de chemise, en train de se faire la barbe, se retourne et laisse échapper son rasoir sous le coup de la douleur que lui cause à la jambe l'eau d'une bouilloire renversée sur une table à G. derrière lui. — En B. à G. 5 *mai* 1839.

Sur la même feuille à D. :

OU TROP FROIDE. — Un homme de 3/4 à G., patinant sur un canal, fait un mouvement à D., mais trop tard pour échapper au danger dont le menace la glace qui vient de se briser sous ses pieds. Chapeau enfoncé sur le front. Cache-nez couvrant la figure. — En B. à D. *Imp. d'Aubert et Cie*. Plus B. *nº* 27. = H. de chaque dessin 160, L. 110.

1er État. Celui qui est décrit.

2e — 5 *mai* 1839 et *nº* 27 ont disparu. En H. *Rien n'est bien,* au lieu de *Caricature provisoire*. A D. *nº* 2. En B. au-dessous du T. C. à G. *Chez Bauger, r. du Croissant,* 16. Le reste comme à l'état décrit.

---

305 SECRET DE TOILETTE APPROUVÉ PAR LA CHIMIE. — Femme couchée dans son lit de D. à G. un mouchoir sur la tête, des lunettes lui serrant le bout du nez. Son portrait contre le mur avec un nez énorme. — A G. **Gavarni | 39**. — En H. au-dessus du T. C., en très-gros caractères : *La Caricature provisoire*. En B. au-dessous du T. C. au M. *Par Gavarni*. A D. *Imp. par Aubert*. En regard du titre à G. 17 *mars* 1839. A D. *Paris, nº* 20. = H. 158, L. 230.

1er État. Celui qui est décrit.

2e — Au-dessous du titre : *Avis aux personnes affligées d'un gros nez*. — Trois fil. brisés en H. au M. Dans la brisure : *Fantaisies*. A D. au-dessus des fil. 2 (sic) *Livraison, n° 2*. En B. à G. au-dessous des fil. *Chez Bauger, r. du Croissant,* 16. A D. *Imp. d'Aubert et Cie*. Sans autre lettre.

3e État. 2 *Livraison, n° 2* a disparu. En H. à D. entre le T. C. et le premier fil. 2. Le reste comme au 2e état.

« Le Charivari, 16 septembre 1841. »

---

306 SIX HEURES DU MATIN, en H. dans un encadrement ornementé qui entoure le dessin. — *Le soleil est levé depuis vingt-cinq minutes,* | *monsieur le Baron !* — A D. un huissier, ayant derrière lui deux recors armés de bâtons, présente un mandat d'arrêt à un jeune homme costumé en Pierrot et sortant du bal suivi d'une Pierrette enveloppée dans une pelisse. — A G. **Gavarni** | **192-193** (le dernier nombre à moitié effacé). — Dans l'encadrement en B. la légende. Entre le T. C. et l'encadrement à G. *Imp. d'Aubert et Cie*. Au M. *Gavarni*. A D. *Chez Aubert, gal. Véro-Dodat*. Au-dessous de l'encadrement à D. *F. Sère*. = H. 198, L. 157.

Cette lithographie devait faire partie d'une suite projetée de douze p. représentant la *Journée d'un Viveur;* il n'a paru que celle-ci. Le sujet est une aventure arrivée à cette époque à un jeune homme arrêté à la sortie d'un bal masqué et écroué à la prison pour dettes en costume de Pierrot.

« La Caricature provisoire, 6 janvier 1839. »

1er État. Avant toute lettre. Sans encadrement, un fil. non fermé par le B.

2e — Celui qui est décrit.

3e — Deux fil. En H. au M. au-dessus des fil. *Fantaisies,* au lieu de *Six heures du matin*. A D. 5 (sic) *Livraison, n° 2*. *Vingt minutes,* au lieu de *Vingt-cinq minutes*. En B. à G. *Imp. d'Aubert et Cie*. Au M. *Par Gavarni*. A D. *Chez Bauger, r. du Croissant,* 16, au lieu de *Chez Aubert, gal. Véro-Dodat*.

4e — 5 *Livraison, n° 2*, et *Chez Bauger, r. du Croissant,* 16, ont disparu. En H. au-dessus des fil. au M. *Le Carnaval à Paris,* au lieu de *Fantaisies*. A D. entre le T. C. et le premier fil. 22. Au-dessous des fil. à D. *Imp. d'Aubert et Cie*.

« Le Charivari, 26 février 1842. »

SOUVENIRS DU CARNAVAL.

Suite de neuf lithographies, dont six ont été publiées antérieurement par Rittner et Goupil sous le titre : *Souvenirs de Carnaval*. Chacune des trois autres pièces est entourée de quatre fil. En H. au-dessus des fil. au M. *Souvenirs du Carnaval*. A D. le n° d'ordre. En B. entre le T. C. et le premier fil. au M. *Par Gavarni*. Plus B. la légende. Au-dessous des fil. à G. *Chez Bauger, r. du Croissant,* 16. A D. *Imp. d'Aubert et Cie*.

» N° I. — L'ENTRÉE AU BAL.

» N° II. — UNE TOMBOLA.

» N° III. — LE PLATEAU DES RAFRAICHISSEMENS (sic).

» N° IV. — LE CORRIDOR DES LOGES.

» N° V. — LA LOGE D'AVANT-SCÈNE.

» N° VI. — UN DÉJEUNER.

Voir pour les six pièces ci-dessus : *Souvenirs de Carnaval*, à la section : *Sujets divers*, subdivision : *Suites publiées isolément*.

307 N° VII. — « *L'intolérance, cette fille des faux dieux!* » | *O municipaux de malheur! La danse anacréontique est défendue...* | *C'est bon, taisez vos becs, on dansera le menuet.* — Deux hommes en débardeurs arrivant au bal. L'un presque de face, la tête tournée à G., une main sur l'épaule de son camarade; celui-ci vu de dos, un pied sur la première marche de l'escalier à D. — A G. **40-40**. A D. **Gavarni**. = H. 198, L. 158.

« La Caricature, 3 mai 1840. »

1er État. Avant toute lettre. Fil. non fermé par le B.

2e — Celui qui est décrit.

3e — En H. au-dessus des fil. *Les Débardeurs*, au lieu de *Souvenirs du Carnaval*. 21 à D., au lieu de *n°* 7. *Cette fille* remplacé par *Est fille*. Le reste comme à l'état décrit.

« Le Charivari, 17 novembre 1841. »

4e — En B. au-dessous des fil. au M. *Chez Aubert, gal. Véro-Dodat*. Le reste comme au 3e état.

308 N° VIII. — *Va donc..... singulier masculin.* — Une jeune femme de 3/4 à D., travestie en paysanne, se retourne vers une femme déguisée en débardeur et masquée qui lui prend la taille. — A D. **Gavarni**. A G. **98**. — En B. au-dessous des fil. au M. *Chez Aubert, gal. Véro-Dodat*. = H. 198, L. 158.

« La Caricature, 31 mai 1840. »

1er État. Avant toute lettre. Fil. non fermé par le B.

2e — Celui qui est décrit.

3e — En H. au-dessus des fil. au M. *Les Débardeurs*, au lieu de *Souvenirs du Carnaval*. A D. 23, au lieu de *N°* 8. *Chez Aubert, gal. Véro-Dodat*, a disparu. La légende en caractères différents. Le reste comme à l'état décrit.

« Le Charivari, 24 novembre 1841. »

309 N° IX. — *C'est mon débardeur.* | — *C'est mon Balochard.* — Dans la rue un jeune homme s'arrête pour regarder à G. une jeune femme vue de dos et qui retourne la tête en même temps du côté du jeune homme. — A D. **Gavarni**. A G. **93**. = H. 200, L. 158.

« La Caricature, 28 juin 1840. »

1er État. Avant toute lettre. Fil. non fermés par le B.

2e — Celui qui est décrit.

3e — En H. au M. *Les Débardeurs*, au lieu de *Souvenirs du Carnaval*. A D. 24 au lieu de *n°* 9. La légende en caractères différents. Le reste comme à l'état décrit.

« Le Charivari, 28 novembre 1841. »

UN CONGÉ DE SEMESTRE.

Une lithographie pour une suite projetée sous le titre : *Un congé de semestre* et dont il n'a paru que cette pièce.

310 I. — *Adieu Paris! mes concitoyens, je vous salue! Convoquez-vous, élisez-vous, représentez-vous, apostrophez-vous, | éclaboussez-vous, ameutez-vous, tambourinez-vous, empoignez-vous, talochez-vous, trémoussez-vous, fous! | Je m'en moque et je vais planter mes choux.* — Un homme de face, la tête tournée à G., près de la porte d'un jardin à D.; il tient d'une main la clef dans la serrure et de l'autre son chapeau. A terre un panier et des outils de jardinage. Au fond une vue de Paris. — A D. **Gavarni.** Sur le panier : **39.** — Un fil. En H. au M. *Un congé de semestre.* A D. le nº d'ordre. En B. au-dessous du fil. à G. *Imp. d'Aubert et Cie.* A D. *Par Gavarni.* = H. 206, L. 167.

« La Caricature provisoire, 14 avril 1839. »

Planche publiée sans changements dans « le Charivari, 10 juin 1841 ».

---

311 UN ENFANT TERRIBLE en H. de la planche, et en B. *qu'on a eu l'imprudence de laisser jouer avec un pot de pommade du lion.* — De 3/4 à D., presque de face, un enfant, près d'une table de toilette, pousse des cris d'effroi en voyant ses mains sur lesquelles des cheveux ont poussé et sa chevelure devenue effrayante de longueur et d'épaisseur. A ses pieds, le pot de pommade renversé. — A G. **Gavarni.** A D. **40 | 20.** — Deux fil. En B. entre le T. C. et le premier fil. au M. *Par Gavarni.* Au-dessous des fil. à G. *Chez Aubert, gal. Véro-Dodat.* Au M. *Imp. d'Aubert et Cie.* A D. *Chez Bauger, r. du Croissant,* 16. = H. 199, L. 156.

« La Caricature, 22 mars 1840. »

1er État. Celui qui est décrit.

2e — Un fil. En H. au-dessus *Revers des médailles,* au lieu de *Un Enfant terrible.* En B. *Un Enfant terrible qu'on a eu l'imprudence de laisser jouer | avec un pot de pommade du lion.* En H. à D. entre le T. C. et le fil. *nº* 3. En B. au-dessous du fil. à G. *Chez Bauger, r. du Croissant,* 16. Le reste comme à l'état décrit.

« Le Charivari, 2 décembre 1842. »

---

312 *Va, enfant, va te livrer aux naïfs plaisirs de ton âge.* — A G. un homme travesti, portant suspendu à sa ceinture un pot à l'eau rempli de fleurs, étend les mains au-dessus de la tête d'une jeune femme en Titi, qui lui fait un pied de nez. — A G. **43.** — Deux fil. En H. à D. *La Caricature-Journal.* En B. entre le T. C. et le premier fil. au M. *Par Gavarni.* Au-dessous des fil. à G. *Chez Pannier, édit., r. du Croissant,* 16. A D. *Imp. d'Aubert et Cie.* = H. 198, L. 158.

« La Caricature, 12 février 1843. »

1er État. Avant toute lettre.

2e — Celui qui est décrit.

3e — En H. à G. au-dessus des fil. *La Mode, 15 février* 1843, *Rue Taitbout,* 28. — *La Caricature Journal* a disparu. Le reste comme à l'état décrit.

4e — *La Mode,* 15 *février* 1843, *Rue Taitbout,* 28, a disparu. En H. au M. au-dessus des fil. *Le Carnaval à Paris.* A D. entre le T. C. et le premier fil. 31. En B. au-dessous des fil. au M. *Chez Aubert, Pl. de la Bourse,* 29. Le reste comme au 3e état.

LA VIE DE JEUNE HOMME.

Cinq lithographies faisant partie d'une suite de trente-six pièces, dont trente-quatre publiées par *le Charivari* sous le titre : *La Vie de jeune homme*. Les cinq pièces que nous décrivons ici n'ont paru dans ce journal que postérieurement à leur publication dans « la Caricature ». Chacune est entourée de quatre fil. En H. au-dessus des fil. au M *La Vie de jeune homme*.

313 III. — *J'ai un service à te demander, mon bon Joseph... il m'arrive quelque chose de bien bête : j'ai | à l'heure qu'il est deux adorées sur les bras.... Tu ne pourrais pas t'en arranger d'une?* — Un jeune homme agenouillé sur un divan où est assis à G. en robe de chambre, les jambes étendues, un autre jeune homme le dos appuyé contre les coussins. — A G. **314**. — A D. entre le troisième et le quatrième fil. le n° d'ordre. En B. entre le T. C et le premier fil. au M. *Par Gavarni*. Au-dessous des fil. à G. *Chez Aubert, gal. Véro-Dodat*. A D. *Imp. d'Aubert et Cie*. Au-dessous de la légende : *Se vend chez Bauger et Cie, éditeurs des* (etc.). = H. 200, L. 158.

« La Caricature, 22 novembre 1840. »

Planche publiée sans changements dans « le Charivari, 20 août 1842 ».

1er État. Avant toute lettre et sans fil.
2e — Celui qui est décrit.

314 (Sans N°.) — *Un roman nouveau, un jeune amour, une vieille pipe.* — Un jeune homme en robe de chambre fumant une longue pipe, étendu par terre, adossé et accoudé sur un divan, où est assise à D. une jeune femme vue de dos à moitié et lisant. — A G. **178**. — En B. au-dessous des fil. à D. *Imp. d'Aubert et Cie*. Au-dessous de la légende : *Se vend chez Bauger et Cie, éditeurs des* (etc.). = H. 197, L. 157.

« La Caricature, 13 décembre 1840. »

1er État. Avant toute lettre. Un fil. seulement.
2e — Celui qui est décrit.
3e — En H. entre le T. C. et le premier fil. à D. 11. Le reste comme à l'état décrit.
« Le Charivari, 3 septembre 1842. »
4e — En B. à G. au-dessous des fil. *Chez Aubert, gal. Véro-Dodat*. Le reste comme au 3e état.

315 (Sans N°.) — *Il ne m'ôterait seulement pas mon chapeau!* — Dans la rue, un chapelier vu de face, tenant d'une main son chapeau et de l'autre deux chapeaux dans leurs enveloppes. A D. sur le trottoir un jeune homme, le cigare à la bouche, se dirigeant vers la G. — A G. **41-7**. — En B. au-dessus du T. C. dans l'intérieur du dessin à D. *Par Gavarni*. Au-dessous des fil. à D. *Imp. d'Aubert et Cie*. Au-dessous de la légende : *Se vend chez Bauger et Cie, éditeurs des* (etc.). = H. 198, L. 156.

« La Caricature, 28 mars 1841. »

1er État. Avant toute lettre. Deux fil. seulement.
2e — Celui qui est décrit.
3e — En H. à D. entre le T. C. et le premier fil. 15. Le reste comme à l'état décrit.
« Le Charivari, 7 septembre 1842. »
4e — En B. à G. au-dessous des fil. *Chez Aubert, gal. Véro-Dodat*. Le reste comme au 3e état.

316 (Sans N°.) — *Payes-tu cher à ton hôtel?* | — *Affreusement cher : je ne paye pas.* — Deux jeunes gens, l'un de face, allumant son cigare avec celui de son ami. Ce dernier à D. les mains posées sur les hanches, derrière eux une balustrade en bois. — A G. **41-37**. — En B. à D. dans l'intérieur du dessin : *Par Gavarni*. Au-dessous des fil. à G. *Chez Bauger, r. du Croissant*, 16. A D. *Imp. d'Aubert et Cie*. = H. 190, L. 163.

« La Caricature, 25 juillet 1841. »

1er État. Avant toute lettre.
2e — Celui qui est décrit.
3e — En H. à D. entre le 3e et 4e fil. 32. Le reste comme à l'état décrit.
« Le Charivari, 1er octobre 1842. »
4e — En B. au M. au-dessous des fil. *Chez Aubert, place de la Bourse*. Le reste comme au 3e état.

317 (Sans N°.) — *Quand on dit qu'on a une femme, ça veut dire qu'une femme vous a.* — Un jeune homme vu de face et assis dans un grand fauteuil, le corps penché en avant, fait de la tapisserie. Une jeune femme, assise derrière lui sur un des bras du fauteuil à D., s'appuie sur le dos du jeune homme en fumant un cigare. — A G. **41-67**. — En B. au-dessous des fil. à G. *Chez Bauger et Cie, éditeurs, r. du Croissant*, 16. A D. *Imp. d'Aubert et Cie*. = H. 200, L. 158.

« La Caricature, 1er août 1841. »

1er État. Avant toute lettre.
2e — Celui qui est décrit.
3e — En H. à D. entre le 3e et le 4e fil. 34. Le reste comme à l'état décrit.
« Le Charivari, 5 octobre 1842. »
4e — En B. au M. au-dessous des fil. *Chez Aubert, place de la Bourse*. Le reste comme au 3e état.

ZODIAQUE DES GENS DU MONDE.

Une lithographie pour une suite projetée sous le titre : *Zodiaque des gens du monde*, et dont il n'a été publié que cette pièce.

318 JANVIER. LES ÉTRENNES. | — *Tiens, Virginie, voilà du sucre pour tes étrennes.* | — *Et moi, mon bon Henri, je t'ai acheté un joli chapeau pour moi.* — Un homme et une femme vus de face, assis chacun dans son lit, l'un près de l'autre. La femme à G. tenant un chapeau, le mari un pain de sucre. — Au M. **Gavarni**. A G. **39**. — Trois fil. brisés en H. Au M. dans la brisure : *Zodiaque des gens du monde*. En B. une tablette contenue dans l'encadrement des fil. La ligne supérieure de cette tablette est également brisée au M. et on lit dans la brisure : *Janvier. Les Étrennes*, et plus B. la légende. Au-dessous des fil. au M. *Imp. d'Aubert et Cie*. = H. 180, L. 264.

« La Caricature provisoire, 27 janvier 1839. »

1er État. Celui qui est décrit.
2e — En H. à D. entre le T. C. et le premier fil. *La Caricature, n°* 13. Le reste comme à l'état décrit.
3e — N° 1, au lieu de *la Caricature n°* 13. *Imp. d'Aubert et Cie* au-dessous des fil. à G., au lieu d'être au M. A D. *Chez Bauger, r. du Croissant*, 16. Le reste comme à l'état décrit.
4e — N° 1 a disparu. En H. *Fantaisies*, au lieu de *Zodiaque des gens du monde*. A D. entre le T. C. et le premier fil. 2 (sic), *Livraison n°* 6. Le reste comme au 3e état.

LE CARROUSEL.

Vingt-cinq lithographies faisant partie d'une suite de pièces dessinées par divers artistes pour : *Le Carrousel, journal de la cour, de la ville et des départements*, paraissant tous les dix jours par livraisons in-8°. Du 1er mars 1836 au 20 juillet 1837.

» I. — MAJA.

» N° III. — (MODES.)

» N° IV. — (MODES.)

» N° VII. — (MODES.)

N° IX. — *Pelisse en tissu gros grain, doublée de satin et bordée de crèbe | chapeau de peluche.*

» X. — SOIRÉE.

» N° XII. — *Robe en popeline, spencer de velours garni de galon des | magasins de Mlles Saint-Laurent et Saint*, 22, *rue de la Paix. Coiffure par Victor Plaisir*, 11, *rue de la Bourse. | Glace à pivot des magasins de Vacher, rue Laffitte, n°* 1.

» N° XIII. — *Robe en taffetas sergé, fichu et tablier en pou de soie garni de dentelles des magasins | du Page inconstant. Boulevard poissonnière*, 9. *Redingote Humann*, 83, *rue Nve des Petits-Champs. | Chapeau Pinaud.* — Voir la description de ces huit pièces sous la rubrique : *Le Carrousel*, à la section : *Costumes et modes.*

» N° XV. — NOUVEAU TRAVESTISSEMENT DE GAVARNI | *exécuté par Babin, rue Richelieu*, 21. — Même planche que le n° 288 de *Musée des Costumes.* Voir ce n° sous la rubrique : *Musée des Costumes*, à la section : *Costumes et modes.*

» N° XVI. — COSTUME DE GAVARNI | *exécuté par Moreau, rue Vivienne, n°* 18. — Même planche que : *Batelière espagnole, n°* 17. Voir ce titre sous la rubrique : *Costumes pour les bals masqués*, à la section : *Costumes et modes.*

» N° XVII. — L'ANTICHAMBRE. | *Nouvelle.* | *Travestissement* | *composé par Gavarni. Robe de bal | modes* 1837. *Habit Humann.* | *Chapeau Cuvellier.* — Voir ce titre sous la rubrique : *Le Carrousel*, à la section : *Costumes et modes.*

» N° XVII (bis). — NOUVEAU COSTUME DE GAVARNI | *exécuté par Babin, rue Richelieu*, 21. — Même planche que : *Fermière, n°* 11. Voir ce titre sous la rubrique : *Costumes pour les bals masqués*, à la section : *Costumes et modes.*

» N° XVIII. — COSTUME DE COUR | 1837 | *habit Barde* | *rue de Choiseul*, 2. *Robe de chez Mme Henry* | *rue des Pyramides*, 3. — Voir ce titre sous la rubrique : *Le Carrousel*, à la section : *Costumes et modes.*

319 N° XIX. — FANTAISIE. — Jeune femme en buste, vue de dos, tournée à D. tête de 3/4 regardant en face. Chapeau de bergère, long chignon, fleurs dans les cheveux, collerette de dentelle, robe à ramages. — A D. **Gavarni.** — Claire-voie. Deux fil. En H. au-dessus des fil. à G. *Journal de la Cour.* Entre

les fil. au M. *Le Carrousel.* A D. le nº d'ordre. En B. entre les fil. au M. *Gavarni.* Au-dessous des fil. au M. *Imp. d'Aubert et de Junca.* = H. 137, L. 83.

« Le Carrousel, 28 février 1837. »

1er État. Avant toute lettre.
2e — Celui qui est décrit.

» Nº XX. — TOILETTE DU SOIR. — Voir ce titre sous la rubrique : *Le Carrousel*, à la section : *Costumes et modes.*

320 Nº XXI. — FANTAISIE. — Femme en buste, couronnée de fleurs, de face, tête de 3/4 à D., presque de pr., et penchée du même côté, bandeaux plats, longues boucles d'oreilles. Robe à ramages. Corsage montant ouvert sur le devant, et laissant voir la chemise fermée sur la poitrine par une agrafe de pierreries. — A D. **Gavarni**. — Claire-voie. Deux fil. En H. au-dessus des fil. à G. *Journal de la Cour.* A D. le nº d'ordre. Au M. entre les fil. : *Le Carrousel.* En B. entre les fil. une tablette dans laquelle on lit en H. au M. *Gavarni*, et plus B. *Fantaisie.* Au-dessous du second fil. à G. *Administration, rue Ollivier*, 9, et à D. *Imp. d'Aubert et de Junca.* = H. 107, L. 83.

« Le Carrousel, 10 mars 1837. »

1er Etat. Avant toute lettre.
2e — Celui qui est décrit.

321 Nº XXII. — RAFFINÉS. — Deux hommes dont l'un à G., de 3/4 tourné à D., a une main sur la hanche et tient de l'autre, à la hauteur de sa bouche, un cigare allumé dont les spirales de fumée forment le mot **Tudieu**. L'autre personnage, vu de dos et tourné à G., les mains dans les poches d'une redingote à collet, tient un fouet et fume un cigare d'où s'échappe le mot **Ventrebleu**. A leurs pieds la terre est jonchée de bouts de cigares dont la fumée en s'évaporant trace le mot **Parbleu**. — A G. **Gavarni**. — Claire-voie. Un fil. En H. dans l'intérieur du dessin à G. *Supplément à l'histoire des Parisiens.* A D. *XIXe siècle. An* 37. En B. à G. *Nº I.* Au-dessus du fil. au M. *Le Carrousel.* A G. *Journal de la Cour.* A D. le nº d'ordre. En B. au-dessous du fil. au M. *Par Gavarni.* Et au-dessous du titre à G. *Bureaux, rue Ollivier, nº* 9. A D. *Imprimé par Aubert et Junca.* = H. 183, L. 128.

« Le Carrousel, 10 avril 1837. »

1er État. Avant toute lettre.
2e — Celui qui est décrit.

322 Nº XXIII. — FANTAISIE. — Jeune femme de pr. à G. à mi-corps, tenant des deux mains, sur une de ses épaules, un vase renversé de forme conique. Couronne de fleurs derrière la tête, bandeaux nattés, bras nus. — A G. **Gavarni**. — Claire-voie. Deux fil. En H. au-dessus des fil. à G. *Journal de la Cour.* A D. le nº d'ordre. Entre les fil. au M. *Le Carrousel.* En B. entre les fil. au M. *Gavarni*, et au-dessous le titre. Au-dessous du deuxième fil. à G. *Administration, rue Ollivier*, 9. A D. *Imp. d'Aubert et de Junca.* = H. 136, L. 90.

« Le Carrousel, 30 mars 1837. »

1er État. Avant toute lettre.
2e — Celui qui est décrit.

323 XXIV. — FANTAISIE ESPAGNOLE. — Femme à mi-corps, vue de dos et tournée à G. de pr. perdu. Elle tient devant elle, à hauteur de la poitrine, un vase rempli de fleurs. Mouchoir noué autour de la tête et retombant par der-

rière. Corsage de drap décolleté, sans manches, larges manches de chemise. — A D. **36**. A G. **Gavarni**. — Claire-voie. Deux fil. En H. au-dessus des fil. au M. *Le Carrousel*. A G. *Journal de la Cour*. A D. le n° d'ordre. En B. entre les deux fil. une tablette dans laquelle on lit en H. au M. *Gavarni*, et au-dessous le titre. Au-dessous du deuxième fil. à G. *Administration, rue Ollivier*, 9. A D. *Imp. d'Aubert et de Junca*. = H. 131, L. 90.

« Le Carrousel, ... 1837. »

1er État. Avant toute lettre.
2e — Celui qui est décrit.

324 N° XXV. — BOURGEOIS. — Un homme de pr. à D. pêchant à la ligne, les pieds dans l'eau, tandis que sa femme, assise par terre sur le bord de l'eau, lit un livre sur lequel on voit écrit directement : **Paul de Kock**. — Dans l'intérieur du dessin en H. à G. *Supplément à l'histoire des Parisiens*. A D. *XIX siècle, an* 37. En B. à G. *N°* 2. En H. au-dessus du T. C. au M. *Le Carrousel*. A G. *Journal de la Cour*. A D. le n° d'ordre. En B. au-dessous du T. C. au M. *Gavarni*. Plus B. à G. *Bureaux, rue Ollivier, n°* 9. A D. *Imprimé par Aubert et Junca*. = H. 183, L. 130.

« Le Carrousel, ... 1837. »

1er État. Avant toute lettre.
2e — Celui qui est décrit.

325 N° XXVI. — DISCIPLES DES MAITRES. — Deux hommes, coiffés de chapeaux à larges bords, se dirigeant vers la D. L'un d'eux, les épaules couvertes d'un manteau court, porte une boîte à couleurs sous le bras; l'autre, la tête tournée à G., fume sa pipe et tient une toile peinte et son appui-main. — A D. **Gavarni**. — Claire-voie. Un fil. Dans l'intérieur du dessin en H. à G. *Supplément à l'histoire des Parisiens*. A D. *XIX siècle, an* 37. En B. à G. *N°* 3. En H. au-dessus du fil. au M. *Le Carrousel*. A G. *Journal de la Cour*. A D. le n° d'ordre. En B. au-dessous du fil. au M. *Par Gavarni*. Plus B. à G. *Administration, rue Ollivier*, 9. A D. *Imprimé par Aubert et Junca*. = H. 183, L. 128.

« Le Carrousel, 10 mai 1837. »

1er État. Avant toute lettre.
2e — Celui qui est décrit. En H. à D. sur quelques épreuves, N°, sans autre indication. Sur d'autres, N° 29, au lieu de N° 26.

326 (Sans N°.) — FANTAISIE. — Jeune femme en buste, de 3/4 tournée à D., bandeaux plats couvrant les oreilles, châle de dentelle sur les épaules, retenu sur le devant par une agrafe. — A D. **Gavarni, 69**. — Claire-voie. Quatre fil. En H. au M. au-dessus des fil. : *Le Carrousel*. Entre le premier et le deuxième fil. à G. *Journal de la Cour*. En B. à G. *Gavarni*. A D. *Imp. d'Aubert et de Junca*. Plus B. le titre. Au-dessous des fil. à G. *Administration, rue Ollivier, n°* 9. = H. 122, L. 102.

« Le Carrousel, ... 183.. »

1er État. Avant toute lettre.
2e — Celui qui est décrit.

» XXVIII. — SOUVENIR DU BAL DE L'OPÉRA | *au profit des ouvriers Lyonnais* | 6 *mai* 1837.

» (Sans N°.) — PRINTEMPS (MODES).

Voir la description de ces deux pièces sous la rubrique : *Le Carrousel*, à la section : *Costumes et modes*.

327 (Sans N°.) — LECTURE. — Jeune femme de face, assise, lisant, accoudée sur une table placée devant elle. Robe montante. Au fond un canapé. — A D. **66.** — Claire-voie. Un fil. En H. au M. au-dessus du fil. : *Le Carrousel*. Dans l'intérieur du dessin en H. à D. *Journal de la Cour*. En B. au-dessous du fil. à G. *Gavarni*. A D. *Imp. d'Aubert et de Junca*. Plus B. le titre, et au-dessous dans une tablette : *Administration, rue Ollivier-St-Georges, n° 9*. = H. 166, L. 123.

« Le Carrousel, ... 183.. »

LE CHARIVARI.

Mille cinquante-quatre lithographies faisant partie d'une suite de pièces dessinées par divers artistes pour : *Le Charivari*, journal quotidien fondé par Charles Philippon, et dont chaque n° contient une lithographie ou une gravure sur le recto du deuxième feuillet, avec texte au verso. Le 1er n° est du 1er décembre 1832.

Notre travail, en ce qui concerne *le Charivari*, a pour point de départ les épreuves avec texte au verso. Nous faisons cette remarque, parce que les lithographies de ce journal ont été presque simultanément l'objet d'un tirage sur papier blanc. Les épreuves de ce tirage se vendaient soit en noir, soit en couleur, isolément ou réunies en albums, et les éditeurs, pour compléter ou augmenter telle ou telle suite, y ont alors ajouté des lithographies de Gavarni n'ayant pas paru dans *le Charivari* ou y ayant été publiées sous des titres différents. Ces lithographies sembleraient donc ne pas devoir figurer dans la description des suites du *Charivari*, auxquelles elles n'ont été rattachées qu'en dehors du journal. Cependant comme elles portent, dans ce cas, le titre de ces suites et des numéros qui manquent dans le *Charivari*, leur absence ferait nécessairement naître des doutes sur l'exactitude de notre travail et jetterait de la confusion dans l'esprit de ceux qui le consulteront. Afin de prévenir ces inconvénients, nous nous sommes décidés à mentionner, mais pour mémoire seulement, les pièces dont il s'agit, en ayant soin de les bien désigner et de faire en outre précéder chacune d'un astérisque.

Toutes les lithographies que nous comprenons sous la rubrique du *Charivari* sont classées suivant l'ordre alphabétique du titre collectif de la suite dont elles font partie, ou de leur titre particulier quand elles n'appartiennent pas à une suite. Nous avons classé de la même manière les pièces publiées dans *le Charivari* sous la désignation générale : *Œuvres nouvelles*, mais en formant, sous cette rubrique, une série particulière, par laquelle nous terminons la description des lithographies de Gavarni dans ce journal.

LES ACTRICES.

Suite de quatorze pièces qui ont paru d'abord dans *la Caricature*. Voir ci-dessus, même section, même subdivision, la description de cette suite sous la rubrique : *Les Actrices*, dans *la Caricature* (deuxième publication). Dans quelques exemplaires du *Charivari*, le n° 6 de cette suite est une copie de la lithographie de Gavarni qui fait partie de *la Caricature*. Un accident arrivé à la pierre primitive la fit ainsi remplacer pour que la suite ne restât pas incomplète.

» N° I. — Mme ALEXIS DUPONT, | *d'après le plâtre de Dantan jeune.* — Voir ci-après ce titre sous la rubrique : *Le Monde dramatique*, même section et même subdivision.

» AMAZONE D'HUMANN. — Voir ce titre sous la rubrique : *Le Charivari*, à la section : *Costumes et Modes.*

» APRÈS DINER. — Voir ci-dessus ce titre sous la rubrique : *Bagatelle*, même section et même subdivision.

L'ARGENT.

Suite de quatre pièces. En H. de chacune d'elles on lit au-dessus du T. C. au M. *L'Argent*, et à D. le n° d'ordre. En B. au-dessous du T. C à G. *Chez Aubert, gal. Véro-Dodat.* A D. *Imp. d'Aubert et Cie.* Plus B. la légende.

328 N° I. — L'ACTION ET LE CAPITALISTE. — *Viens, mon petit homme! je suis bien gentille et bien aimable..... je te | donnerai cinq pour cent, je te donnerai vingt pour cent, je te donnerai cent pour | cent!.... et tu ne me donneras que mille francs, tu ne me donneras que cinq cents | francs, tu ne me donneras que vingt-cinq francs, tu me donneras ce que tu vou | dras.... viens, mon petit homme!* — Au coin d'une rue, un homme, à D., tenant un sac d'argent sous un bras, est arrêté par une femme qui cherche à l'attirer chez elle. Au fond, dans la rue, un remouleur repassant des couteaux. A G. sur une pancarte accrochée au mur on lit écrit directement : **Société en commandite | pour | l'exploitation | des | batons | de | sucre d'orge | en (c)aoutchouc | capital | 00000000**, et plus bas sur une affiche : **Assurance mutuelle** (etc.). — A G. **91.** = H. 200, L. 160.

« Le Charivari, 8 août 1838. »

1er État. Avant toute lettre.
2e — Celui qui est décrit.

329 N° II. — *Et n'avoir pas le sou!* — Deux jeunes gens dans une rue. Celui de G., le dos appuyé contre un mur, cherche dans les deux poches de son gilet et n'y trouve pas ce que l'autre cherche également, sans le trouver davantage dans les deux goussets de son pantalon. Le mur est tapissé d'affiches sur lesquelles on lit écrit directement à G. : **1 sou 1/2 | la | bouteille. | Tout Paris | pour | 1 sou. | Dîners | à | 13 sous. | à Six blancs | par an | Journal des** (etc.), et en travers, de H. en B. : **occasion.** — A D. dans le B. d'une borne : **Gavarni.** A G. **130.** = H. 198, L. 157.

« Le Charivari, 22 septembre 1838. »

1er Etat. Avant toute lettre.
2e — Celui qui est décrit.

330 N° III. — BORDEREAU.

Espèces.	300
Intérêts de 4,000f pour 6 mois et commission.	1600
Toupets mécaniques et mottes à brûler.	740
Biberons en tétine de vache.	1500
Une chaise à porteur.	300
Montant de la lettre de change.	4000f

Dans le cabinet d'un usurier, une jeune femme en chapeau, assise sur une chaise, accoudée sur un bureau où l'on voit trois piles de pièces de cent sous.

A D., vu de dos et debout, l'usurier en robe de chambre, lunettes sur le nez, lit le bordereau ci-dessus, qu'il tient à la main. — A D. **109**. = H. 198, L. 158.

« Le Charivari, 1er octobre 1838. »

1er Etat. Avant toute lettre. Un fil. non fermé par le B.
2e — Celui qui est décrit.

331 N° IV. — *Versailles, le 1er avril.* | *Le premier juillet prochain, il vous plaira* | *payer par cette seule de change, à mon ordre* | *la somme de quinze cents francs que vous* | *avez reçu* (sic) *comptant, et passerez sans autre avis de* | *à monsieur Anatole, rue du* | *Cherche-Midi, à Paris.* | *Philibert.* A D. de B. en H. et en travers des lignes ci-dessus : *Accepté pour la somme de* | *quinze cents francs* | *Anatole.* Et plus B. *au dos : Payez à l'ordre de Mr Vautour, valeur reçue en marchand....* (ces deux derniers mots sont biffés dans la légende) | *comptant.* | *Philibert.* — Deux jeunes gens dans le cabinet d'un usurier. L'un, Mr Philibert, assis devant un bureau, signe la lettre de change ci-dessus. Debout derrière lui, Mr Anatole, une plume à la main, se dispose à signer l'acceptation. Derrière la table à G. l'usurier également debout, en robe de chambre et ses lunettes sur le front, est en train de compter des pièces de cent sous. A terre à G. des seringues, des canules, etc., etc. — A D. **108**. **Gavarni**. = H. 200, L. 158.

« Le Charivari, 8 décembre 1838. »

1er Etat. Avant toute lettre. Un fil. non fermé par le B.
2e — Celui qui est décrit.

» ARNAL. | *Théâtre du Vaudeville* 1837. — Voir aux Portraits.

LES ARTISTES.

Suite de seize pièces, dont deux ne se trouvent pas dans *le Charivari*. L'une, le n° 3, n'a été publiée que lorsque la suite a été donnée en dehors du texte; l'autre, le n° 16, a paru d'abord dans *la Caricature*, et a été ajoutée longtemps après à la suite sur papier blanc. En H. de chacune de ces seize lithographies au-dessus du T. C. au M. *Les Artistes*, et à D. le n° d'ordre. En B. au-dessous du T. C. à G. *Chez Aubert, gal. Véro-Dodat*, sauf sur le n° 3, où l'on ne trouve que : *Chez Aubert.* A D. *Imp. d'Aubert et Cie.* Sur le n° 15, ces deux inscriptions n'existent pas.

1er État. Avant toute lettre.
2e — Celui qui est décrit.

332 N° I. — *Ma sainte te ressemble, n'est pas* (sic) *Nini? — Pus souvent que j'ai un air chose comme ça !* — A G. un peintre en robe de chambre, lunettes sur le nez, longue pipe turque à la main, a le corps étendu sur un petit canapé, une jambe sur un des bras de ce canapé, et regarde son tableau posé sur un chevalet à D. Lui tournant le dos et à moitié assise sur le bras du canapé, Nini, son modèle, allume un cigare à un charbon qu'elle tient avec une pincette. — A D. **Gavarni**. A G. **76**. = H. 195, L. 156.

« Le Charivari, 6 mai 1838. »

333 N° II. — *Vois-tu, camarade, voilà comme tu trouveras toujours les* | *vrais artistes..... se partageant tout..... en frères..... la* | *bonne et la mauvaise for-*

tune..... tout! ta giblotte (sic) *est excellente!* | *— Oui, mais, camarade, vous ne m'en laissez pas!* — A G. un vieux rapin, assis sur un tabouret devant un poêle de fonte sur lequel sont posés une assiette, une bouteille et un verre, mange le déjeuner de son camarade, jeune rapin à l'air naïf et en tenue plus soignée sous sa blouse; ce dernier est perché sur un grand tabouret, de l'autre côté du poêle. — A D. **Gavarni**. A G. **73**. = H. 196, L. 159.

« Le Charivari, 24 mai 1838. »

» * N° III. — *La Madeleine, c'était une femme qu'avait fait des bêtises* | *n'est pas* (sic), *m'sieu Henry?* | *— A mort.* — Cette pièce n'a paru que lorsque la suite a été publiée hors du texte. Voir sa description sous la rubrique : *Les Artistes*, section : *Sujets divers*, subdivision : *Suites isolées.*

334 IV. — (*Le Pâtissier au mannequin*). — *M'sieu Chandellier? Mosieu Chandellier, si vous* | *plait? Mosieu Chandellier, c'est y ici si vous plait.* | *Madame, pardon Madame, voudriez-vous, si vous* | *plait, me dire si c'est ici Mosieu Chandellier?* — Un garçon pâtissier, entrant dans un atelier et apportant un plat recouvert d'une cloche en fer-blanc, prend pour une dame un mannequin coiffé d'un chapeau à plumes, vêtu d'une robe et posé sur un fauteuil à D. — A G. **77**. = H. 196, L. 155.

« Le Charivari, 2 juin 1838. »

335 V. — (*Etienne*) *Tu ne fais donc pas d'études?* | (*Prosper*) *Je me servirai des tiennes.* | (*Etienne*) *C'est ça, tu te sers toujours d'Etienne.....* | (*Prosper*) *Joli!* — Dans la campagne, Étienne, un large chapeau de paille sur la tête et vu de dos, est assis sur un pliant, sa boîte à peindre sur ses genoux. Il fait une étude de paysage. A ses pieds à D. la tête en avant, son camarade, couché par terre sur le dos, les genoux en l'air, fume une cigarette. — A G. **81**. = H. 198, L. 155.

« Le Charivari, 13 juin 1838. »

336 VI. — *Ces Messieurs sont sans doute officiers de messieurs* | *les hussards en garnison dans cette ville.* — A D., dans la cour d'une auberge où viennent d'arriver des voyageurs, un provincial, en casquette et en chaussons de lisière, son sac de nuit sous le bras, offre une prise de tabac à deux artistes portant moustaches et barbiche. Au fond, une enseigne sur laquelle on lit écrit directement : **Au grand Soleil.** — A D. sur une malle : **75**. Plus B. **Gavarni**. = H. 204, L. 156.

« Le Charivari, 16 juin 1838. »

337 VII. — *Voyons! me trouvez-vous bien comme ça?* — Un homme assez laid, habillé tout en noir, lunettes sur le nez, cravate blanche, décoration à la boutonnière, est assis à D. dans un fauteuil, les mains sur ses genoux, essayant une pose pour son portrait que va faire un peintre. Celui-ci, debout et vu presque de dos, les mains dans les poches de sa veste, considère attentivement son modèle. — A G., à côté d'un des montants du chevalet : **83**. Plus B. **Gavarni**. = H. 200, L. 156.

« Le Charivari, 23 juin 1838. »

338 VIII. — *Le feu, mon brave, est un élément de notre existence.* | *— Bien obligé.* — A D. dans la rue, au pied d'un mur, un raccommodeur de faïence, assis sur un petit banc, devant son réchaud, tend avec une pince un charbon

à un jeune homme élégamment vêtu, qui se courbe en deux pour allumer son cigare. Sur le mur, des inscriptions faites à la main et écrites directement : **Vive Peytel. | vive la republic | Le Roit ma fam e moy. | La moutarde blanche | est excellente | qu'on se le dise.** — A D. sur un plat : **79.** Vers la G. **Gavarni.** = H. 197, L. 158.

« Le Charivari, 29 juin 1838. »

339 IX. — *O bon! M'ame Jean! v'la qui tire vot' clos..... Un peu qui | tire l' clos de M'ame Jean.* — Un artiste, assis sur un pliant, chapeau à larges bords sur la tête, dessine sur ses genoux la vue qui est devant lui à D. Debout, près de lui, un petit paysan a les yeux tournés du même côté; derrière le peintre, un autre petit garçon et une petite fille, ainsi que la mère Jean, le regardent travailler. — A D. **G.** A G. **78.** = H. 193, L. 156.

« Le Charivari, 8 juillet 1838. »

340 X. — *Un peu de poésie dans cette tête-là, et vous serez joliment | ressemblant, allez!* — Un peintre, en robe de chambre, la tête appuyée sur le dossier de la chaise où il est assis, contemple un portrait posé sur un chevalet à G. et dont l'original, personnage à figure commune, debout à côté de lui, les mains derrière le dos, regarde également sa pourtraiture. — A. G. **72.** = H. 201, L. 156.

« Le Charivari, 3 août 1838. »

341 XI. — *Monsieur le duc!.... donnez-vous la peine d'entrer.* — A D. un peintre vu de dos, en veste et en pantoufles, travaillant à une immense toile, s'interrompt à la vue d'un personnage dont on aperçoit la tête à G. entre le bord de la toile et le mur. — A G. sous une boîte à couleurs : **29.** = H. 204, L. 156.

« Le Charivari, 23 août 1838. »

342 XII. — *Mon Général..... mon Général! vous dormez en faction!* — Un peintre, en veste, pantalon à pied et pantoufles, assis devant son chevalet et peignant un portrait, s'arrête pour réveiller son modèle, un vieux général profondément endormi à D, au second plan. — A G. **G-85.** = H. 197, L. 154.

« Le Charivari, 15 août 1838. »

343 XIII. — *St Pierre, mon ami, vous êtes capot!* — Un peintre et son modèle, assis sur des tabourets, jouent au piquet sur le couvercle d'une boîte à couleurs qui leur sert de table. Le peintre est en blouse; le modèle à G., vu de dos, est vêtu d'une longue robe serrée à la ceinture. Le nom que lui donne l'artiste est une allusion à un saint Pierre représenté sur une toile à G. et pour lequel pose son adversaire. — A D. **G.** A G. sur le coin inférieur de la toile : **87.** = H. 198, L. 158.

« Le Charivari, 9 septembre 1838. »

344 XIV. — *Et à quelle heure puis-je venir vous voir, mon cher monsieur | .... sans vous déranger? | — Mon Dieu, quand il vous plaira!.... tous les matins de quatre à cinq par exemple, et le soir..... à quelle heure dînez-vous? | — A cinq heures. | — Le soir de cinq à six.* — A D. sur le palier d'un escalier, à la porte de son atelier, un peintre, vêtu d'une robe de chambre, sa palette et ses pinceaux à la main, éconduit un visiteur importun, vu de pr., tourné de

son côté et tenant son chapeau des deux mains. — Dans le bas de la porte : **88.** A G. **G.** = H. 197, L. 154.

« Le Charivari, 27 septembre 1838. »

345 XV. — *C'est vraiment une chose profondément pénible à considérer que* | *l'ignoble allure de ces tristes bourgeois.....* | — *Que t'importe? détourne ta face!.... que ces bourgeois soient ou non vêtus, ne sont-ce pas des bourgeois?* — Un peintre assis sur un tertre dans la campagne, les deux mains croisées sur un de ses genoux, longue figure maigre et comique, épaisse chevelure lui tombant sur les épaules. En avant, son camarade, coiffé d'un large chapeau pointu, est vu de dos, couché de G. à D. à terre, sur le ventre, et accoudé sur son portefeuille. — A D. **Gavarni.** Sur un coin inférieur du carton : **84.** = H. 197, L. 155.

« Le Charivari, 28 octobre 1838. »

» *XVI.— L'ATELIER DU LITHOGRAPHE. | *Comme c'est léger.* — Voir ci-dessus ce titre, même section et même subdivision, dans *la Caricature* (deuxième publication).

» BAL DE LA RENAISSANCE. — Voir ci-après la description de cette planche sous la rubrique : *Paris au XIX*[e] *siècle*, même section; subdivision : *Ouvrages divers.*

346 BAL DE LA RENAISSANCE. | *Salle Ventadour.* — Une femme en domino et masquée monte les marches d'un escalier, à D. et à G. duquel s'élèvent deux colonnes, entre lesquelles on voit une salle de bal. Elle se retourne à D. vers un personnage travesti en Espagnol, qui a une main sur la hanche. — Au M. **Gavarni.** — Trois fil. Au-dessous des fil. au M. *Imp. d'Aubert et C*[ie]. = H. 215, L. 155.

« Le Charivari, 20 janvier 1839. »

» BAL DE L'OPÉRA. — Voir ci-après la description de cette planche sous la rubrique : *Paris au XIX*[e] *siècle*, même section; subdivision : *Ouvrages divers.*

347 LE BAL MASQUÉ. — Une jeune femme à mi-jambes, de 3/4 à D., écoute les propos d'un Pierrot placé derrière elle. Elle a sur la tête une toque à plumes avec un gros nœud de ruban par devant, et tient un loup à la main. Derrière des personnages travestis. — A G. **Gavarni.** — Claire-voie, un fil. Au-dessous du titre en B. à G. *Chez Aubert, gal. Véro-Dodat.* A D. *L. de Benard, rue de l'Abbaye,* 4. = H. 152, L. 124.

« Le Charivari, 10 février 1834. »

LES BALS MASQUÉS.

Suite de sept lithographies numérotées dont les n°s 4 et 7 ne sont pas de Gavarni, mais des copies de ses dessins. Les cinq autres planches ont paru primitivement chez Rittner et Goupil sans le titre ci-dessus et isolément.

» N° I. — *C'est toi, mauvais sujet.*

» Nº II. — *T'en souviens-tu, friponne?*

» Nº III. — *Vois mon mari derrière.*

» Nº V. — *Un Cabinet chez Pétron.*

» Nº VI. — *Un souper de carnaval.*

Voir la description de ces cinq pièces sous leurs titres respectifs, à la section : *Sujets divers,* subdivision : *Pièces isolées.*

LA BOITE AUX LETTRES.

Suite de trente-quatre pièces, dont les douze premières ont été publiées antérieurement par Caboche, Grégoire et Cᵉ. Des vingt-deux autres, le nº 31 n'a pas paru au *Charivari*, et a été ajouté postérieurement quand la suite a été tirée hors texte. Chacune de ces planches est entourée d'un fil. au-dessus duquel on lit en H. au M. *La Boîte aux lettres.* En B. entre le T. C. et le fil. la légende, en écriture cursive.

» (Sans Nº.) — *A messieur les membres du Con | seille de discipline du 1er Batalion. | — Messieur, je me suis présenté avec de | mes voisin au rendez-vous alheure dite | il nia qu'un tambour qui se promnai mais | comme nos billet porte la grande tenue moi la mienne et bisset on ma trouvé bon comme | celà dans le temps d'ailleurs il m'est ossi | impossible demabiliez comme prendre la lune | avec les dent il bien étonant que c'est toujour | au boutique et artisans qui n'ont rien à perdre que | l'on comande garde tandis que des propriaitaire | est fis ideme qui ont 22 24 et 28 ans | sur larondismant ne sont pas même | sur saig contrôle | Ces la que vous trouveré des gens qui ont | le moyen desabiliet sans salesgene mais | ses petit messieur aiment beaucoup | mieux leur parti de campagne il aimerais | briller dans les parade et les faites il ne | regarderais pas à la dépence mais couchez | au corde garde sa leur semble trop dur et | cependant c'est pour eu et leur proprieté plutôt | que d'arachez un homme de sa boutique | qui travaille comme mercenaire pour | faire face à tout et perdre 2 jour et son | repos tandis que l'autre livré au sein de la mau | lesse et des plessir tandis que nous le gardons.....*

» (Sans Nº.) — *Vous avez le secret de ma vie.... ô mon Alfred | adoré, vous ne le trahirez pas? | Au château de Montgomery, 7 juillet.*

» (Sans Nº.) — La lettre qu'on lit. — *Je vous attendrais | a la grande Chaumière | Barriere du Roch | dimanche à l'heure que | vous me diré, ou dans | un autre lieu que vous mai désignerai.*

La réponse qu'on cachette. — *Monsieur | Je sui au desespoire de ne | pouvoire me rende près de vous | de puis deux jours je suis retenu | par un malle de genout qui | me force de gardere le lit au | moment de partire je été | obligée de me remaitre au lit, il fot ça pour que celà.*

» (Sans Nº.) — « *Je prends la plume d'une main tremblante.. | ...Mon Julien! mes larmes me troublent la | troublent la* (ces deux derniers mots biffés) *vue : je ne sais si vous pourrez me | lire.....* »

» (Sans Nº.) — ....*Peut aître en-ai je trop dit mon | excusse est dans mon cœur votre changement de | conduite de puis quel que jour m'étonne veuillés |*

donc à voir la complaisance de men donnez | l'explication je nest pas du moins merité ne pas | avoir de reponce cest pourquoi josse esperres que | vous vouderez bien m'en faire une quel quelle soit | pour, quoi vous ai je vue pour troubles mon repos | et ma seçurité | je suis avec estime et amités.

» (Sans N°.) — ..... *Ma sière epouse je vous | fait bien me complimens à vous insi que ma petite | je fait bien de complimens a mesoncles etantes ea toules enfans je fait vien | de complimens à ma mère ca tou mes freres | je fait vien de compliments a notre merene | je fait bien de compl.....*

» (Sans N°.) — *Chère ange | mon amour vous envoie sur l'aile du zephyr le | parfum de quelques fleurs et mille baisers.*

» (Sans N°.) — « *Viens me prendre ce soir. je suis sortie | pour la journée nous irons à la | comédie je suis fier de ma toilette ma | maitresse est à la campagne et j'ai | essayé une robe un chapeau une | mantille à elle, tout cela me va à ravir.*

» (Sans N°.) — « .... *Adolphe! Adolphe! vous voulez donc faire | mourir votre Eugénie!*........... »

» N° XI. — *Monsieur | malgré que je sois sans expérience je n'ai | pas l'abitude de servire de boufon je trouve | que le rendez vous dhypolite n'est pas | délicat Dans les circonstance où je me | trouve avec vous pour éviter tous les Can- | cans ne conté plus sur moi. je vous | salue. | Egenie.*

» N° XI (sic). — Congé en partie double.

Notre (mot biffé). *Chère Adèle | un événement imprévu nous* (mot biffé) *me prive | du bonheur de vous voir demain soir. | Je pars à l'instant pour les Grandes | Indes. Adieu! croyez aux regrets | éternels de votre fidèle amant. | oscar.*

Notre (mot biffé). *Ma chère Adèle | un événement imprévu nous* (mot biffé) *me prive | du bonheur de vous voir demain matin. | Je pars à l'instant pour les Grandes | Indes. Adieu! croyez aux regrets éternels | de votre fidèle amant. | Anatole.*

» (Sans N°.) — *Je soussigné, Roi des Batignolles, prince de Clichy | Duc d'Asnières et de St Ouen, Vicomte de la Garenne | etc, etc, octroyer par la présente, à mes sujets et vassaux | bien-aimés, la liberté pleine et entière de pêcher des | barbillons en rivière de Seine depuis le 1er Janvier jusqu'à | la St Sylvestre. | Qu'on se le dise. | Du chateau de Bicêtre | Michel Ier. | P. S. Tient magasin d'asticols* (sic) *assortis* (*affranchir*).

Voir la description de ces douze planches sous la rubrique : *La Boîte aux lettres*, à la section : *Sujets divers*, subdivision : *Suites isolées*.

348 (Sans N°.) — *J'ai ta lettre cherie, ô mon Ernest, je la presse | sur mon cœur et la couvre de mes baisers....... qu'il | m'est doux de penser que tu en fais autant | de la | mienne. Comme l'amour sait poetiser les choses les | plus vulgaires! | Ton Elise. | Ernest s'en fait des papillottes.* — Dans une chambre à coucher, un jeune homme, assis en manches de chemise, sur une chaise, lit une lettre dont il passe un morceau à une jeune femme, qui debout à D. lui met des papillottes. — En B. au-dessous du fil. à G. *Chez Aubert, gal. Véro-Dodat.* A D. *Imp. d'Aubert et Cie.* = H. 196, L. 177.

« Le Charivari, 24 février 1838. »

1er État. Avant toute lettre et sans fil.
2e — Sans les mots : *Ton Elise.*
3e — Celui qui est décrit.
4e — En H. à D. au-dessus du fil. No 4.

349 No XIV. — *Ah! prenez pitié de l'état cruel où me laisse mon attachement | pour vous! Emile! Emile! un mot, un seul mot que | j'attends en comptant les minutes et dans une anxiété | qui* (sic) *me serait impossible de vous peindre. Je me | meurs d'inquiétude.*—Un domestique et un autre personnage, assis sur des bancs de bois, jouent aux cartes sur une table dans un cabaret. Le domestique à G. vu de dos. La lettre dont le contenu est reproduit ci-dessus sort à moitié de la poche de sa culotte. L'autre personnage est en manches de chemise, ses lunettes sur le nez. — A G. **104**. — En H. entre le T. C. et le fil. à D. *No* 14. En B. au-dessous du fil. au M. *Lith. Caboche, Grégoire et Cie, pass. Saulnier,* 19. = H. 199, L. 175.

« Le Charivari, 7 novembre 1837. »

1er État. Avant toute lettre et sans fil.
2e — Celui qui est décrit.
3e — *Lith. Caboche, Grégoire et Cie, Pass. Saulnier,* 19, a disparu. En B. au-dessous du fil. à G. *Chez Aubert, gal. Véro-Dodat.* A D. *Imp. d'Aubert et Cie.* Le reste comme à l'état décrit.

350 No XV. — *Je souhaite le bonjour à Mr Emile | et lui fais savoir que je ne puis monter | à cheval de cette semaine pour des raisons | à moi connu* (sic). *Je vous salue | avec des sentiments très-amical.* — Dans un riche appartement, une jeune femme en robe de chambre approche d'une bougie, placée sur une table à D., un bâton de cire pour cacheter la lettre qu'elle tient à la main. Derrière elle, dans le fond, un groom attend les ordres de sa maîtresse. — A G. **G. 118**. — En H. entre le T. C. et le fil. à D. *No* 15. En B. au-dessous du fil. à G. *Chez Aubert, gal. Véro-Dodat.* A D. *Imp. d'Aubert et Cie.* = H. 199, L. 158.

« Le Charivari, 1er août 1838. »

1er État. Celui qui est décrit.
2e — *Chez Aubert, place de la Bourse,* au lieu de *Chez Aubert, gal. Véro-Dodat.*

351 No XVI. — *Mon cher Camille | Le Grand dadet* (sic) *qui vous remettra cette | lettre est bien le plus ennuyeux Jobard du département | (ce qui n'est pas peu dire!) mais je n'ai pas su | me défendre de vous l'adresser. Débarrassez-vous-en | comme vous pourrez.*— Deux hommes, assis sur un canapé, l'un à G. vu de face, en robe de chambre, est en train de lire une lettre qu'il tient des deux mains. A D. le grand dadais, le haut du corps en avant, a dans une main son chapeau à hauteur de sa poitrine, et pose l'autre sur la pomme de sa canne. — A D. **120**. A G. **Gavarni**. — En H. entre le T. C. et le fil. à D. No 16. En B. au-dessous du fil. à G. *Chez Aubert, gal. Véro-Dodat.* A D. *Imp. d'Aubert et Cie.* = H. 198, L. 158.

« Le Charivari, 1er septembre 1838. »

352 No XVII. — *Cher, il va chasser demain, venez à neuf heures, dans le parc | aux environs de la petite porte, et j'aurai envoyé le garde | d'un autre côté! Nous aurons au moins deux heures à nous — à nous | mon Henri.* — Devant le mur de son parc, le mari, en costume de chasse, de pr. tourné à D., se

baisse pour ramasser à terre une lettre dont l'enveloppe est ouverte. Il tient d'une main son fusil. Derrière lui son chien et au fond à G. la petite porte. — A D. **Gavarni.** A G. **122.** — En H. entre le T. C. et le fil. à D. *N*° 17. En B. au-dessous du fil. à G. *Chez Aubert, gal. Véro-Dodat.* A D. *Imp. d'Aubert et Cie*. = H. 198, L. 157.

« Le Charivari, 20 août 1838. »

353 N° XVIII. — *Ma santee est autant bonne qu'ils est possible quels | soit étant separée de tout ce que j'ai de plus chere; je | ne cherche pas à décrire ce que j'ai soufert de puis | notre triste séparation. | Figure toi mon ange que les lârmes de ton amie | nont tarie que lorsque j'ai eu le bonneure dettre tirée | de lenxieté ou j'étais par rapport a ta santée.*—Deux modistes dans la chambre où elles travaillent; la plus jeune est assise sur une chaise à marchepied. Elle écrit sur le couvercle d'un carton à chapeau, posé sur ses genoux, une lettre que lui dicte sa compagne, assise près d'elle à D. sur une table. — A G. **Gavarni, 119.** — En H. à D. entre le T. C. et le fil. *N*° 18. En B. au-dessous de la légende, entre le T. C. et le fil. à G. *Chez Aubert, gal. Véro-Dodat.* A D. *Imp. d'Aubert et Cie*. = H. 198, L. 157.

« Le Charivari, 15 septembre 1838. »

1er État. Celui qui est décrit.
2e — *Chez Aubert,* au lieu de *Chez Aubert, gal. Véro-Dodat.*

354 N° XIX. — *A Madame Hippolite. | ..... Ah combien jai exité avant | que de me determiner à vous faire | connaitre mes veux, mes sentimens | sont pures, j'ignore et n'ose me | flatter que vous avez pu lire | dans mes yeux qui a erré long | temps sur mes lèvres. | Adrien.*

A Madame Clément. | ..... Mais je vous dirai que vous êtes | la seul femme qui avez pris place | dans mon cœur, jamais personne | ne ma su charmer comme vous | je vous aime, je vous adore vous | m'avez séduit sans le savoir | Vous savez le peu que nous | avons causé ensemble eh! bien | tout ce que je vous ai dit c'est | tout à fait naturel. | Adrien.

Deux jeunes femmes dans un jardin sur une terrasse; l'une, vue presque de dos et tournée vers l'autre, tient dans ses mains les deux lettres ci-dessus, qu'elle confronte. A G. son amie vue de face, l'air consterné, est accoudée sur le parapet de la terrasse. — A D. **Gavarni.** A G. **121.** — En H. entre le T. C. et le fil. à D. *N*° 19. En B. au-dessous du fil. à G. *Chez Aubert, gal. Véro-Dodat.* A D. *Imp. d'Aubert et Cie*. = H. 197, L. 158.

« Le Charivari, 26 septembre 1838. »

355 N° XX. — *Recevez en attendant ce leger acte de ma reconnaissance..... | J'attends quels qu'éclaicisement qui me maîte mieux dans la | conoissance de tout mes devoirs. Cet attendre nes pas sans inquie | tude mellé se pendant d'une tranquillité de cœur qui découle | qui* (mot biffé) *des principes qui me porte au respecte qui mes com- | mendé pas ce que j'aime a respecté qui est au fond de mon | cœur nourit en moi de noble sentiment et par le meme raison | me fait supporter sans crainte ce que jentand qui | pourai m'alarmé.* — Un commissionnaire, assis sur un banc, de pr. tourné à G., porte sur son dos un énorme arbuste dans une caisse. D'une main il s'essuie le front avec son mouchoir, de l'autre il tient une lettre dont il lit l'adresse. Son chapeau est entre ses jambes, son bâton pendu à son bras.—A D. **Gavarni.** A G. **116.**

— En H. entre le T. C. et le fil. à D. *N°* 20. En B. au-dessous de la légende, entre le T. C. et le fil. à G. *Chez Aubert, gal. Véro-Dodat.* A D. *Imp. d'Aubert et Cie*. = H. 198, L. 157.

« Le Charivari, 3 octobre 1838. »

356 N° XXI. — *Je fini en mouillant de mes larmes la | main et la plume qui ont tracé ces caractère | qui sont pour ainsi dire dicté par lamour voyez | si vous voulez me laisser en desespere ou si vous | voulez me faire l'honneur et le plaisir de partager | votre vie avec la mienne | Je suis pour la vie | Votre fidel et sincère aimable amie | Joséphine.* — Une jeune servante, assise, de pr. tournée à D. et écrivant sur une table dans le cabinet de son maître. Dans le fond une petite bibliothèque. A D. un balai et un plumeau. — A G. **Gavarni, 107.** — En H. entre le T. C. et le fil. à D. *N°* 21. En B. au-dessous du fil. à G. *Chez Aubert, gal. Véro-Dodat.* A D. *Imp. d'Aubert et Cie*.=H. 197, L. 158.

« Le Charivari, 13 octobre 1838. »

1er État. Avant toute lettre, sans fil.
2e — Celui qui est décrit.
3e — *Chez Aubert,* au lieu de *Chez Aubert, gal. Véro-Dodat.*

357 N° XXII. — *Monsieur le sergent major | Le caporal Télemaque vous présente le Bonjour et vous prie | de ne point trouvé mauvais sur ce qu'ils ne peut se présenté a la | pelle qui doit se faire Jeudi 6 hre du matin, heures qu'il, lui est | impossible de disposé vu son Etat..... Voilà la seule cause | pourquoi je ne puis me présenté.....* — Dans un salon de coiffure, une jeune femme, les cheveux dénoués et pendant sur ses épaules, est assise devant une petite toilette sur laquelle elle écrit de pr. tournée à D. Dans le fond, à G., Mr Télémaque vu de dos, lisant le journal, la tête couverte de papillottes que le coiffeur passe au fer. — A D. **134.** A G. **Gavarni.** — En H. à D. au-dessus du fil. : *N°* 22. En B. à G. au-dessous du fil. : *Chez Aubert, gal. Véro-Dodat.* A D. *Imp. d'Aubert et Cie*. = H. 198, L. 161.

« Le Charivari, 27 octobre 1838. »

358 N° XXIII. — *Mon ami | je te dires que je suis bien tourmentes lon nés | venus dire à mon amant que jetes à les dines | avec toi au senfans de la veuve.* — Un homme de figure commune, fumant sa pipe et tenant une queue de billard, s'appuie contre le billard placé derrière lui pour lire une lettre apportée par un gamin qu'on voit à D. en manches de chemise, vêtu d'un immense pantalon deux fois trop long et trop large et soutenu par une seule bretelle. Au fond un homme vu de dos et buvant. — A G. **Gavarni, 137.** — En H. au-dessus du fil. à D. *N°* 23. En B. au-dessous du fil. à G. *Chez Aubert, gal. Véro-Dodat.* A D. *Imp. d'Aubert et Cie*. = H. 200, L. 160.

« Le Charivari, 8 novembre 1838. »

359 N° XXIV. — *Mon cher Amis | Ge te dire depuis le gour que tu es venu | il mes arrive bain des malleur Mon cher Beti ta mi ge tan pris vans Na croi pas | pas que cés pour te fairre des reproches | Non ge teme tro pour cela.* — Un ouvrier serrurier dans son atelier, devant son établi, contre lequel il est appuyé, lit une lettre, accoudé sur son étau. Il est en manches de chemise, de 3/4 tourné à D. — A G. à la pointe sèche : **Gavarni | 138 | 1838.** — En H. au-dessus du fil. à D. *N°* 24. En B. au-dessous du fil. à G. *Chez Aubert, gal. Véro-Dodat.* A D. *Imp. d'Aubert et Cie*. = H. 198, L. 160.

« Le Charivari, 14 novembre 1838. »

360 N° XXV.—*Paris ce 183 . | M | Madame Larabe, Commissionnaire au Mont | de Pieté, rue des Martyrs n° 40 au coin de la | rue de l'avale, a l'honneur de vous prier de | passer le plus tôt possible à son bureau pour | dégager ou renouveler l'article N° 9720 | étant sur le point d'être vendu.* — Un jeune homme en robe de chambre, terminant avec un de ses amis et deux femmes un déjeuner qui a dégénéré en orgie, se retourne à D. pour prendre l'avertissement ci-dessus que lui remet sa vieille portière. Il a une jambe étendue sur les genoux d'une des deux femmes. On aperçoit à G. les pieds de la seconde sur une chaise renversée. — A D. **136, Gavarni** — En H. au-dessus du fil. à D. *N°* 25. En B. au-dessous du fil. à G. *Chez Aubert, gal. Vero-Dodat.* A D. *Imp. d'Aubert et Cie*. = H. 200, L. 161.

« Le Charivari, 16 novembre 1838. »

361 N° XXVI.—*A S. Ex. Mons. Le Ministre des finances | ..... Monseigneur, il me serait de toute imposibilité | de satisfaire à ce tribut que je me ferai un plaisir | de payer à m'a patrie lorsqu'elle n'excedera | pas mes facultés.....*— Un ouvrier tourneur, de pr. tourné à G., assis sur un escabeau dans son atelier, est en train d'écrire, le haut du corps penché en avant sur son établi. — A D. **Gavarni**. A G. **123**. — En H. au-dessus du fil. à D. *N°* 26. En B. au-dessous du fil. à G. *Chez Aubert, gal. Véro-Dodat.* A D. *Imp. d'Aubert et Cie*. = H. 200, L 157.

« Le Charivari, 21 novembre 1838. »

362 N° XXVII. — *Ton concierge m'a remis ce billet.* (Ces mots sont écrits en caractères différents de ce qui suit.) | *Mon cher home de laitre.* | Ces trois derniers mots soulignés. | *Nous nous reunissons | à l'ile St Denis, mercredi, chez Porcher | tout le monde. — Leon apporte de son | Champagne que tu sais — Nous avons des bateaux | et de la femme, à mort! — et de la soignée. | Donc, dans le noble espoir que tu daigneras, | notre très-cher, quitter un moment ton pot-au-feu | pour être des notres, nous avons celui d'être le tien. | Alfred.* — Un jeune homme assis à D., devant une table où il écrivait, est interrompu dans son travail par sa femme rentrant au logis. Elle est derrière lui et l'embrasse sur le front en lui remettant une lettre par-dessus l'épaule. — A G. **135**. — En H. entre le T. C. et le fil. à D. *N°* 27. En B. au-dessous de la légende, entre le T. C. et le fil. à G. *Chez Aubert, gal. Véro-Dodat.* A D. *Imp. d'Aubert et Cie*. = H. 200, L. 160.

« Le Charivari. 1er décembre 1838. »

363 N° XXVIII. — *Je pense que vous ne me refuserez pas de vous | trouver à lendroit indiqué, je vous en conjure ne manquez | pas, car je serais la plus malheureuse des fammes | surtout de la discrétion ne montrez cette letre à | personne du tout je serais perdue.* — Dans une mansarde une jeune femme, couchée de D. à G., dort profondément dans son lit, pendant que sa mère, au pied du lit à D. en camisole de nuit et pieds nus dans ses pantoufles, lit une lettre qu'elle vient de prendre dans la poche de la robe de sa fille. — Sur le bois du lit à D. **98**. — En H. entre le T. C. et le fil. à D. *N°* 28. En B. au-dessous de la légende, entre le T. C. et le fil. à G. *Chez Aubert, gal. Véro-Dodat.* A D. *Imp. d'Aubert et Cie*. = H. 195, L. 159.

« Le Charivari, 13 décembre 1838. »

1er État. Avant toute lettre, sans fil.
2e — Celui qui est décrit.

364 N° XXIX. — *Ma siere amie vous me dites | que vous aves été malade sela me fait | biem de la pene vous me dites que | quan j'ai quite lostre jane sela vous fait | vien de la pene Ma que sela vous fas pas | de la pene.* — Dans une rue, un facteur remet une lettre à une femme de chambre vue de dos à D. — A G. **112.** — En H. entre le T. C. et le fil. à D. *N*° 29. En B. au-dessous de la légende, entre le T. C. et le fil. à G *Chez Aubert, gal. Véro-Dodat.* A D. *Imp. d'Aubert et Cie.* = H. 198, L. 159.

« Le Charivari, 22 décembre 1838. »

1er État. Avant toute lettre. Fil. non fermé par le B.
2e — Celui qui est décrit.

265 N° XXX. — *A son Excellence Le Ministre des finances | .... Il résulterait donc du système que j'ai l'honneur | de soumettre à votre Excellence, une économie réelle de | trois millions d'une part, et cinq millions de | l'autre ; en tout huit millions ; en admettant même | que l'exercice d'une année n'atteignît que le faible | chiffre de trente-sept millions.* — Assis de pr. tourné à D. sur une caisse en bois, dans une mansarde, un pauvre diable, grelottant de froid, écrit sur ses genoux. Il est en caleçon, les pieds nus dans des savates. A G. un pantalon étendu sur une corde. — Dans le bas de la caisse : **97.** — En H. entre le T. C. et le fil. à D. *N*° 30. En B. au-dessous du fil. à G. *Chez Aubert, gal. Véro-Dodat.* A D. *Imp. d'Aubert et Cie.* = H. 199, L. 160.

« Le Charivari, 30 décembre 1838. »

1er État. Avant toute lettre. Sans fil.
2e — Celui qui est décrit.

» * N° XXXI. — *.....Oui, mon cher oncle, mes | études marchent bon train, et j'en suis | fort satisfait. — Je travaille nuit et jour. | Mais je suis très à court d'argent; les | livres coutent si cher à Paris! — Les | livres me ruinent.* — Voir la description de cette planche à la section *Sujets divers*, subdivision : *Suites isolées*, sous la rubrique : *La Boîte aux lettres.*

366 N° XXXII. — *Adieu, mon bon ange ; je me hâte de terminer ce | récit, car voici venir un montagnard qui redescent* (sic) *dans | la vallée et qui va porter cette lettre à la poste. | O mon Amélie que ces montagnards sont beaux! si tu | voyais quelle fière mine ils ont! Ces longs cheveux de | jai qui tombent sous le berret écarlate, ces vastes poitrines | nues, ces ceintures flottantes! ces jambes nerveuses et comme | ils posent hardiment, sur ces âpres rochers, leurs sandales romaines!....* — Un jeune voyageur romantique, lunettes sur le nez, assis sur un tertre à G. dans la campagne, et tenant sur un de ses genoux un volume de papier blanc sur lequel il écrivait, indique à un paysan monté sur un âne et vu de dos où il doit porter la lettre qu'il vient de lui remettre. — Dans le bas du tertre à G. **G.** | **145.** — En H. entre le T. C. et le fil. à D. *N*° 32. En B. au-dessous du fil. à G. *Chez Aubert, gal. Véro-Dodat.* A D. *Imp. d'Aubert et Cie* = H. 200, L. 157.

« Le Charivari, 4 janvier 1839. »

1er Etat. Avant toute lettre. Fil. non fermé par le B.
2e — Celui qui est décrit.

367 N° XXXIII. — *Il y a maintenant entre nous, ô mon bien aimé, un | mystère que nul regard humain ne doit pénétrer.* — Une jeune femme de chambre, de 3/4 tournée à D., sortant de la chambre de sa maîtresse, entr'-

ouvre une lettre dont elle cherche à lire le contenu. — Au bas de la porte à G. **100**. Plus B. G. — En H. à D. entre le T. C. et le fil. *N°* 30. En B. au-dessus du fil. à G. *Chez Aubert, gal. Véro-Dodat.* A D. *Imp. d'Aubert et Cie*. = H. 198, L. 160.

« Le Charivari, 2 février 1839. »

1er État. Avant toute lettre. Fil. non fermé par le B.
2e — Celui qui est décrit.
3e — *Chez Aubert,* au lieu de *Chez Aubert, gal. Véro-Dodat.*

368 N° XXXIV. — *Adieu ami, à demain, il sera absent toute la soirée; venez de | bonne heure. | Si vous me trompiez, si vous abusiez de la simplicité de mon | attachement, mon ami, ce serait bien mal!.....* — Un jeune homme et sa femme, se donnant le bras, passent dans la rue devant une boîte aux lettres que l'on voit à G. La femme, détournant l'attention de son mari par un geste indicateur qui lui fait lever la tête à D., glisse furtivement une lettre dans la boîte. — A. G. **110** | **Gavarni**. — En H. à D. entre le T. C. et le fil. *N°* 34. En B. au-dessous du fil. à G. *Chez Aubert, gal. Véro-Dodat.* A D. *Imp. d'Aubert et Cie*. = H. 193, L. 159

« Le Charivari, 6 février 1839. »

1er État. Avant toute lettre. Fil. non fermé par le B.
2e — Celui qui est décrit.

LES BOSSES.

Suite de six lithographies entourées chacune de trois fil., au-dessus desquels on lit en H. au M. le titre général : *Les Bosses,* et à D. le n° d'ordre. En B. au dessous des fil. à D. *Lith. Caboche et Cie, pas. Saulnier, 19.*

1er État. Avant toute lettre.
2e — Celui qui est décrit.

369 N° I. BOSSE DE LA PHILANTHROPIE. — Jeune femme enceinte, de pr. tournée à D., assise sur un canapé, le dos contre un coussin, les deux mains posées au-dessus du ventre. Elle est en robe de chambre et coiffée d'un bonnet. — A D. **G. 253**. = H. 198, L. 161.

« Le Charivari, 30 mars 1838. »

370 N° II. — BOSSE DE LA GAITÉ. — Un homme, de pr. tourné à G., se déguisant en polichinelle. Il est encore en pantoufles, et, ses lunettes sur le nez, regarde en souriant sa bosse de devant, qu'il presse des deux mains. — A D. **G. 251**. = H. 197, L. 162.

« Le Charivari, 2 avril 1838. »

371 N° III. — BOSSE DU VOL. — Au milieu d'un champ d'avoine, un homme, de pr. tourné à D., tenant d'une main un bâton et de l'autre soutenant un paquet caché sous sa redingote. Il est coiffé d'un chapeau déformé. — A D. **Gavarni**. A G. **250**. = H. 197, L. 161.

« Le Charivari, 19 mai 1838. »

372 N° IV. — BOSSE DE L'INTEMPÉRANCE. — Un homme, de pr. à G., assis, les mains sur son ventre, devant une table servie, contemple avec regret

les mets qui la couvrent et dont il ne peut plus manger. Il est tellement repu qu'il a été forcé de déboutonner son gilet. — A D. **G. 248.** = H. 198, L. 162.

« Le Charivari, 14 mai 1838. »

373 Nº V. — BOSSE DE LA GOURMANDISE. — Avant de partir pour l'école, un enfant a pris furtivement quelques friandises dans l'armoire aux confitures à D. La bouche pleine et la joue gonflée, il est grondé par sa vieille bonne, qui le surprend près de la porte entr'ouverte de l'armoire. — A D. au bas de l'armoire : **G. 249.** = H. 197, L. 160.

« Le Charivari, 28 mai 1838. »

374 Nº VI. — BOSSE DE LA CURIOSITÉ. — Sur le palier d'un escalier, un jeune homme regardait par le trou de la serrure d'une porte à D., sur laquelle est écrit directement : **Mlle Aimée | sage femme.** Il porte la main à son front où il vient d'être frappé par le battant de la porte qu'ouvre une jeune fille en chemise. Au-dessous de la sonnette on lit écrit directement : **Sonnes** (sic) **S. V. P.** — A D. **Gavarni. 254.** = H. 198, L. 160.

« Le Charivari, 11 juin 1838. »

LE CARNAVAL.

Suite de vingt-sept pièces, dont quatre n'ont pas paru dans *le Charivari*, savoir : le nº 6, qui a été publié dans *la Caricature;* le nº 22, dans *le Figaro*, et les nºs 26 et 27, qui n'ont été publiés que plus tard, lors du tirage à part, sur papier blanc, des autres pièces de la suite. Sauf le nº 27 qui a quatre filets, toutes ces planches n'en ont qu'un au-dessus duquel on lit en H. au M. *Le Carnaval*, et à D. le nº d'ordre. En B. entre le T. C. et le fil. la légende. Au-dessous du fil. à G. *Chez Aubert, gal. Véro-Dodat.* A D. *Imp. d'Aubert et Cie.* Sur le nº 26 ces deux dernières indications sont transposées à la place l'une de l'autre.

375 Nº I. — *Un cavalier et une dame..... | — Quinze sous. | (On consomme la moitié en rafraichissemens* (sic). — Un homme déguisé en femme se penche vers le guichet du bureau d'entrée d'un bal masqué : il relève sa jupe de côté jusqu'à la taille pour prendre de l'argent dans le gousset de sa culotte. Au fond à G. une femme en débardeur et une foule de personnages travestis. On lit écrit directement le mot : **Bureau** au-dessus du guichet dans l'ouverture duquel apparaît la tête de la buraliste, et le mot : **Bal** sur un transparent au-dessus de la foule. — En H. à D. **158**. En B. à G. **G.** = H. 200, L. 159.

« Le Charivari, 1er novembre 1838. »

376 Nº II. — *Vous ignoriez que cette danse fût défendue par l'autorité? ce n'est pas | probable.....: dites vos noms et qualités. | — Benjamin Leger, employé aux Menus-Plaisirs. | — Félicité Beaupertuis, rentière.* — Un commissaire de police, vu de dos, assis devant une table à D., interroge un homme et une femme travestis tous deux en débardeurs, l'homme les bras croisés, le dos contre un mur, la femme s'appuyant sur l'épaule de son compagnon. On lit en H. sur le mur écrit directement : **Cabinet de M. le Commissaire.** — En B. à D. A G. **Gavarni.** = H. 198, L. 155.

« Le Charivari, 28 novembre 1838. »

377 II. (III.) — *Tous les jours au bal! ce soir, demain, jeudi et encore samedi..... c'est à n'y pas tenir!* | — *C'est à n'y pas tenir!.... mais tu sais bien, Charles, que nous avons promis.....* | — *C'est-à-dire que tu as promis..... te voilà, toi, tu promets! tu promets! et il faut que je tienne, moi!* — Dans une chambre à coucher un homme avec un faux nez, en frac noir, pantalon collant, claque sur la tête, agrafe la robe de sa femme. Celle-ci est à G. en costume travesti et met ses gants. — A D. **G.** A G. **157.** = H. 199, L. 157.

« Le Charivari, 19 novembre 1838. »

1er État. Celui qui est décrit.
2e — Numéroté 3, au lieu de 2.

378 N° IV. — *Merci, monsieur, je ne danse pas.....* | — *En v'là un chameau!* — Dans un couloir de loges au bal masqué, un débardeur, à G., le chapeau sur l'oreille, un bras tendu la main ouverte vers une femme masquée et en domino. Celle-ci, vue de dos, se préparant à entrer dans une loge sur la porte de laquelle on lit écrit directement : **Loge** | **louée**, retourne la tête du côté du débardeur. — A D. **160.** A G. **Gavarni.** = H. 199, L. 157.

« Le Charivari, 26 novembre 1838. »

379 N° V. — *Ah! mon Dieu!.... c'est mon mari, ma petite, mon vrai mari, le gueux!* | — *Voyons! ne va pas le réveiller, bête! allons, allons ailleurs.....* — Dans une loge de rez-de-chaussée, au théâtre, un homme, assis sur une chaise et les jambes étendues sur une banquette, dort profondément. A D., dans l'embrasure de la porte, qui est ouverte, deux femmes masquées se donnant la main et dont l'une se penche pour regarder le dormeur. — Vers le M. **Gavarni. 172.** = H. 199, L. 161.

« Le Charivari, 30 novembre 1838. »

1er État. Avant toute lettre. Fil. non fermé par le B.
2e — Celui qui est décrit.

» * N° VI. — *Prête un peu ta voleuse, vieux, pour un léger galop!* — Voir ci-dessus cette planche sous la rubrique : *Le Carnaval*, dans *la Caricature* (deuxième publication), même section, même subdivision.

380 N° VII. — *Vous alliez dans le monde, Monsieur!....* | — *Je vous croyais au lit, Madame!....* — A G., vu de face et accoudé sur le rebord d'une galerie, dans un bal masqué, un petit homme à figure grotesque, en habit noir, les deux mains dans les poches de son pantalon collant, retourne la tête à D. vers une grande femme en domino et masquée qui lui pose une main sur l'épaule. — Vers la D. **G. 163.** = H. 200, L. 159.

« Le Charivari, 5 décembre 1838. »

1er État. Avant toute lettre. Fil. non fermé par le B.
2e — Celui qui est décrit.

381 N° VIII. — *Oh hé! mes petits amours, oh hé! il y a des épiciers qui amen' ici* | *des femmes honnêtes; j' vas le dire au municipal.....* — Dans un bal public, sur le devant à G., une femme travestie en canotier, une main sur la hanche, l'autre levée en l'air, le bras tendu, est campée au haut d'un escalier conduisant dans le bas à la salle de bal qu'on aperçoit au fond pleine de monde. Un homme en habit noir et une femme en domino, se donnant le bras, y descendent et se retournent vers le canotier féminin. A **G.** A D. **168.** = H. 198, L. 161.

« Le Charivari, 29 décembre 1838. »

1er État. Avant toute lettre. Fil. non fermé par le B.
2e — Celui qui est décrit.

382 N° IX. — *Quand je vous ai dit, mon cher Monsieur, que j'étais laide et vieille.....* — Dans un cabinet particulier de restaurateur, un jeune homme en tenue de bal, assis à G. à une table, vis-à-vis d'une vieille femme en domino, qui vient d'ôter son loup. Le garçon entre en apportant les huîtres. — A D. **162.** A G. **Gavarni.** = H. 197, L. 159.

« Le Charivari, 18 décembre 1838. »

1er État. Avant toute lettre. Fil. non fermé par le B.
2e — Celui qui est décrit.

383 N° X. — *Il est embêtant : faut le planter là, ma chère!* | — *Après le déjeuner.....* | — *Mais!* — Devant la porte d'un restaurateur, un homme ayant un faux nez donne le bras à deux femmes travesties, dont une en débardeur; elles se parlent tout bas derrière lui. Tous trois, vus de dos, se dirigent à D, Sur les vitres du restaurant, à G. on lit écrit directement : (Dé)**jeuners** | (ch)**auds** | **et** (f)**roids.** — **Poissonnerie anglaise**, (Sa)**lons** | **de** (so) | **sieté** (sic) — **Cabinets** p(articuliers). — A D. **Gavarni.** A G. **166.** = H. 197, L. 157.

« Le Charivari, 25 décembre 1838. »

1er État. Avant toute lettre. Fil. non fermé par le B.
2e — Celui qui est décrit.

384 N° XI. — *En v'la une rencontre! ce pauv' Joseph, va!* — *Quel âge que t'as bien, à* | *présent?* — *Je cours sur trente-neuf..... et je suis marié, mon bonhomme.....* | — *T'es marié!* — *Eh! oui!* — *Et moi aussi!* — *Ah! bas!.... et où qu'est ta femme?* | — *Chez nous. Et la tienne?* — *Chez nous.* — *Ah! farceur!* — *Ah! polisson!....* — Deux Pierrots, attablés en face l'un de l'autre, des petits verres devant eux. Le Pierrot de G. a les bras croisés posés sur la table ; l'autre, son bonnet sur la tête, se gratte le mollet. Dans le fond des personnages travestis et à G. une grosse femme debout fumant un cigare. — A D. **Gavarni.** A G. **167.** = H. 197, L. 157.

« Le Charivari, 5 janvier 1839. »

1er État. Avant toute lettre. Fil. non fermé par le B.
2e — Celui qui est décrit.

385 N° XII. — *Bon! v'là ce geux* (sic) *de Léon qui fait un' femme!* — Dans un bal public, un homme en débardeur à G. glisse sa carte dans la main d'une jeune femme masquée à laquelle il tourne le dos. Celle-ci donne le bras à un grand monsieur qui tient son binocle devant ses yeux. A D., au fond, des personnages travestis regardent le manége de leur camarade le débardeur. — A D. **Gavarni** | **179.** = H. 198, L. 157.

« Le Charivari, 9 janvier 1839. »

1er État. Avant toute lettre. Fil. non fermé par le B.
2e — Celui qui est décrit.

386 N° XIII. — *Mais puisque je vous dis que j'ai un mari..... et j'en ai même deux..... deux* | *maris! et trois enfans* (sic) *par-dessus le marché..... Comment : qu'est-ce que cela* | *fait? Grand mauvais sujet que vous faites!* — Une jeune femme costumée en homme, assise à G., les jambes pendantes sur une banquette dans le couloir d'un bal masqué. A ses côtés un jeune homme vu presque de dos et penché vers elle. Au deuxième plan à G. un garde muni-

cipal. Sur le mur une affiche dans un cadre, où l'on lit écrit directement : **Jeudi | Ba(l) masq**(ué). — A D. **178**. A G. **Gavarni**. = H. 198, L. 159.

« Le Charivari, 12 janvier 1839. »

1er État. Avant toute lettre. Fil. non fermé par le B.
2e — Celui qui est décrit.

387 N° XIV. — *J' vous dis que vot' femme a insulté la mienn' M'sieu! — Je vous dis que non Mosieu!* | — *Je vous dis qu' si M'sieu! — Où cela Mosieu? — A la queue du chat M'sieu! — Je vous dis* | *que non Mosieu! — J' vous dis qu' si M'sieu!....* | — *Allons, Messieu! Messieu! allons, allons!.... des hommes se quereller pour* | *des chameaux comme ça!....* — Dans un bal masqué, deux personnages se disputant : celui de G., homme de grande taille, en Cauchoise, vu de dos à moitié; celui de D. en Robert-Macaire. Un jeune homme en habit noir, avec faux-nez à lunettes, se jette entre eux et cherche à les calmer. Dans le fond à G. un sergent de ville. — A D. **Gavarni** | **164**. = H. 200, L. 160.

« Le Charivari, 16 janvier 1839. »

1er État. Avant toute lettre. Fil. non fermé par le B.
2e — Celui qui est décrit.

388 N° XV. — *Avancez-moi donc cent sous m'man puisque j' vous dis que j' suis de garde à la mairri c' matin* | *..... en v'la un' scie.* | — *Et où donc qu' sont tes deux redingottes* (sic)? *animal!....* | — *M'man j'ai mis ma verte au plan hier soir.* | — *Jésus! et ton aut'? malheureux!* | — *Puisque j' vous dis m'man qu' la bleue est restée pour le costume..... Si vous n' m'avancez pas* | *cent sous, j' vas monter la garde en Arlequin, m'man,.... qu'est qu' ça m' fait?....* — Un homme en Arlequin, à cheval sur une chaise, une cuiller de bois à la main, devant un poêle à G. sur lequel est une marmite. Dans le fond à D. sa mère, vue de dos, épluchant des légumes. — A G. au-dessous d'un lit : **183**, plus B. **G.** = H. 197, L. 155.

« Le Charivari, 19 janvier 1839. »

1er État. Avant toute lettre. Fil. non fermé par le B.
2e — Celui qui est décrit.

389 N° XVI. — *C'était bien composé, pas vrai Laurent? et gentiment servi, faut le dire! — Oui,* | *mais toutes leurs sucreries ne me réussissent guère, à moi; qu'est-ce que t'as chez* | *nous? — Dam*(sic)*! j'ai encore du gigot d'hier, un peu de chou-fleurs* (sic) *et du fromage.* | *—Bon, j' meurs de faim, moi; et toi?—Et moi donc! et la petite?—La petite è dort* —Par une pluie battante, un homme en habit noir tenant dans ses bras sa petite fille, costumée en Turc et enveloppée dans un châle. Il est suivi par sa femme, la robe relevée et marchant sur la pointe des pieds. Tous deux se dirigent vers la D. en s'abritant sous des parapluies. Dans le fond, d'autres personnages travestis s'en retournant chez eux. A D. **184**. A G. **G.** = H. 199, L. 157.

« Le Charivari, 22 janvier 1839. »

1er État. Avant toute lettre. Fil. non fermé par le B.
2e — Celui qui est décrit.

390 XVII. — *Viens-y!*

« *Viens; nous verrons danser les jeunes dromadaires,*
Le soir, lorsque les bayadères,
Près des puits du désert s'arrêtent fatiguées. » | *V. Hugo.*

Dans une rue, un jeune homme vu de face se penche vers un de ses amis, sur l'épaule duquel il pose la main. Contre un mur à D. une affiche où on lit écrit directement : **Académie Royale | de Musique | Bal** (etc.). — Au B. d'une borne à G. **39**, plus B. **Gavarni.** = H. 198, L. 157.

« Le Charivari, 9 février 1839. »

391 N° XVIII. — ..... *Au domicile indiqué par l'effet sustranscrit à Paris, rue des Vignes, n° 1.* | — *Ou étant et parlant à une femme attachée à son service* | *ainsi déclarée. — De présentement et à l'instant payer au requérant ès mains de moi* | *huissier pour lui, la somme de cent cinquante francs.* — A la suite d'un bal masqué, un jeune homme costumé en Alsacienne, donnant un déjeuner, s'est levé de table, et sa serviette à la main ouvre à D. la porte à un huissier qui entre en saluant. A G. on aperçoit deux des convives attablés, une femme et un jeune homme en postillon. — A G. **189.** | **Gavarni.** = H. 198, L. 158.

« Le Charivari, 13 février 1839. »

1er État. Avant toute lettre. Fil. non fermé par le B.
2e — Celui qui est décrit.

392 N° XIX. — *Arrête malheureux! c'est ma tante!!...* — Un Pierrot retient un jeune homme en habit noir, un châle sur le bras, se préparant à suivre une femme en domino, vue de dos, qui entre dans un restaurant à G. Au fond à D. le fiacre qui les a amenés. On lit au-dessus, dans un transparent, écrit directement : **Poissonnerie | Anglaise,** et sur le mur : **Entrée des Cabinets | de | société.** — A G. **Gavarni. 190.** = H. 199, L. 155.

« Le Charivari, 18 février 1839. »

1er État. Avant toute lettre. Fil. non fermé par le B.
2e — Celui qui est décrit.

393 N° XX. — *Eh bien! on dit que certain Colonel se marie..... te voilà veuve, ma* | *pauvre bayadère.....* | — *Hélas oui, mon pauvre Baron, et ta femme aussi.* — A D. une femme en domino et masquée, tenant un bouquet, donne le bras à un homme d'un certain âge ayant son lorgnon à la main. Au fond une statue. — A G. au bas d'un escalier : **187,** plus B. **Gavarni.** = H. 197, L. 156.

« Le Charivari, 26 février 1839. »

1er État. Avant toute lettre. Fil. non fermé par le B.
2e — Celui qui est décrit.

394 N° XXI. — *Oui, pleurniche, va! pleurniche!.... je trouve que ça ne me convient nullement* | *à moi, tiens! j' te dis que je ne veux pas y aller, moi, au Sauvage..... et* | *que j' vais au Bœu'rouge..... C'est mon idée, j'ai mes raisons, moi, tiens!....* | *Polichinelle a bien les siennes.....* — Dans une chambre à coucher, une femme, déguisée en Folie, est assise à G. sur une chaise et pleure, la tête appuyée contre le bois du lit. Debout derrière elle son mari, en culotte de paillasse sous sa redingote. — Vers la G. **Gavarni. 185.** = H. 193, L. 157.

« Le Charivari, 10 mars 1839. »

1er État. Avant toute lettre. Fil. non fermé par le B.
2e — Celui qui est décrit.

» * N° XXII. — *Garçon, le Prophète a dit : « La vie est un chemin dans le désert. » Et la Providence* | *nous a donné le chameau pour traverser le désert.* — Voir ci-après la description de cette planche sous la rubrique : *Le Carnaval*, dans *le Figaro*, même section, même subdivision.

395 N° XXIII. — *Parbleu, monsieur le Baron, je suis bien satisfait de vous rencontrer pour vous | parler de ma petite note. | — Eh! ben, en v'là encore un chaud! va donc mufe.* — Dans un bal public, un Pierrot à G., de pr. à D., s'est arrêté devant un grand postillon donnant le bras à une jeune femme en débardeur et masquée. Au fond d'autres personnages travestis. — A D. **177**, A G. **G** = H. 197, L. 159.

« Le Charivari, 27 mars 1839. »

1er État. Avant toute lettre. Fil. non fermé par le B.
2e — Celui qui est décrit.

396 N° XXIV. — *Ah! c'est comme ça que tu couches chez ta tante?.... et vous n'êtes | pas honteuse!.... une femme mariée!! une femme établie, une mère de famille!! | Tiens, m'ame Salomon, tu me fais horreur!!....* — Dans le couloir des loges d'un théâtre un homme en Paillasse, les bras croisés sur la poitrine, gourmande une jeune femme en costume de hussard. Celle-ci, son loup à la main et baissant les yeux, est appuyée contre la porte d'une loge à D., sur laquelle on lit écrit directement : **N° 13**. — A D. **Gavarni**. A G. **193**. = H. 202, L. 157.

« Le Charivari, 30 mars 1839. »

1er État. Avant toute lettre. Fil. non fermé par le B.
2e — Celui qui est décrit.

397 N° XXV. — *C'est comme ça que t'es prête, toi?.... | — Ne m'en parle pas! c'est ce nom de nom de merlan-là qui n'en finit jamais.....* — Une jeune femme assise dans un fauteuil; derrière elle un coiffeur en train de la coiffer. A D. un débardeur debout, un manteau sur les épaules. — A D. **186**. Vers le M. **Gavarni**. = H. 200, L. 162.

« Le Charivari, 9 avril 1839. »

1er État. Avant toute lettre. Fil. non fermé par le B.
2e — Celui qui est décrit.

» * XXVI. — *Parole d'honneur, mon petit homme, je suis remplie d'agrémens* (sic).

» * XXVII. — *Figure-toi, mon cher, que je rencontre cet animal de chose, qui me dit : J'ai là deux petits dominos | soignés qui veulent souper, viens-tu?.... Je vas voir; figure-toi, mon cher, que c'était ma femme avec..... une autre! | — Ah! la bonne charge! eh! bien, j'aurais pris l'autre! | — Ah! tu ris, toi?... ah! tu aurais pris l'autre, toi?.... eh bien non, tu n'aurais pas pris l'autre, toi!.... parce que | l'autre c'était la tienne..... ah!*

Voir la description de ces deux planches sous la rubrique : *Le Carnaval*, à la section : *Sujets divers*, subdivision : *Suites isolées*.

LE CARNAVAL A PARIS.

Suite de quarante pièces, dont huit ont paru primitivement sous le même titre : *Le Carnaval à Paris* (les nos 1, 2, 4, 9, 15, 17 et 18 dans *la Caricature*, et le n° 3 dans *la Mode*); les nos 21 et 22 ont également paru primitivement dans *la Caricature*, mais sous des titres différents; les nos 23, 24 et 25 n'ont paru dans *le Charivari* que dans la suite : *Paris le soir*, et n'ont été ajoutés au *Carnaval à Paris* que plus tard, lors du tirage à part sur papier blanc; ainsi que les nos 31 et 32, qui n'ont point été publiés dans *le Charivari*.

Chacune des lithographies de cette suite est entourée de deux fil. au-dessus desquels on lit en H. au M. *Le Carnaval à Paris*, et à D. entre le T. C. et le premier fil. le n° d'ordre.

» I. — *Méfie-toi, Coquardeau! si tu ne finis pas de t'amuser comme ça, on va te fich' au violon.*

» II. — *Rue Coquenard, au cinquième; une porte jaune. Ton portier fait des chaufferettes | et tu joues de la flûte, ainsi.*

Voir ci-dessus la description de ces deux planches sous la rubrique : *Le Carnaval à Paris*, dans *la Caricature* (deuxième publication).

» III. — *Il n'est pas ici! Madame.* | — *Il y viendra! Madame.* — Voir ci-après la description de cette planche sous la rubrique : *Le Carnaval à Paris*, dans *La Mode*, même section, même subdivision.

» IV. — *Qu'est-ce? Les gens de qualité se commettent-ils maintenant avec ceux de votre sorte?* | *Pandour!* — Voir ci-dessus la description de cette planche sous la rubrique : *Le Carnaval à Paris*, dans *la Caricature* (deuxième publication).

398 V. — *J'ai un mal à la tête de chien!* | — *C'est le champagne.* | — *Ah! Dieu, je ne bois jamais de vin; c'est le rhum.* — A G. un homme en costume de montagnard des Pyrénées, le bras étendu sur le rebord d'un pourtour auquel il est adossé. Près de lui à D. et tournée de son côté, une jeune femme, travestie en paysanne et masquée, est accoudée sur ce même pourtour. — A G. **1841-1.** — En B. à D. dans l'intérieur du dessin : *Par Gavarni.* Au-dessous des fil. à D. *Imp. d'Aubert et Cie.* Au-dessous de la légende : *Se vend chez Bauger et Cie, éditeurs des* (etc.). = H. 198, L. 158.

« Le Charivari, 19 février 1841. »

1er État. Avant toute lettre.
2e — Celui qui est décrit.

399 VI. — *Qui diable ça peut-il être?* | — *Voyons, mon oncle : ma cousine Claire..... a la migraine; Madame d'Asté est en deuil;* | *ma sœur..... ma sœur a horreur des bals masqués d'abord, Madame Debry.....* | *Philippe défend à sa femme d'y venir; ma tante Clémence.....* | — *Ta tante est couchée... . Mais qui diable ça peut-il être?* — L'oncle et le neveu, en habit noir et chapeau sur la tête, au bal de l'Opéra. Le premier à D., les deux mains dans les poches de son pantalon. Le second, calculant, compte sur ses doigts. Tous deux ont des faux nez avec moustaches. — A G. **41-4.** — En B. à D. dans l'intérieur du dessin : *Par Gavarni.* Au-dessous des fil. à D. *Imp. d'Aubert et Cie.* Au-dessous de la légende : *Se vend chez Bauger et Cie, éditeurs des* (etc.). = H. 197, L. 155.

« Le Charivari, 18 mars 1841. »

1er État. Avant toute lettre.
2e — Celui qui est décrit.

400 VII. — *Parbleu! si vous deviez les épouser toutes, mauvais sujets, les oncles n'y suffiraient pas.* | — *Ni les neveux non plus, mon oncle.* — Deux hommes, de pr. tournés à D., près de partir pour le bal masqué. L'un à G., c'est le neveu habillé en Paillasse, est en train de nouer par derrière la culotte de son oncle costumé en Pierrot. Sur un canapé, leurs bonnets et des manteaux. —

A G. **39-228**. — En B. à D. dans l'intérieur du dessin : *Par Gavarni*. Au-dessous des fil. à D. *Imp. d'Aubert et Cie*. Au-dessous de la légende : *Se vend chez Bauger, éditeur des* (etc.). = H. 199, L. 156.

« Le Charivari, 18 décembre 1841. »

1er État. Avant toute lettre. Un fil. non fermé par le B.
2e — Celui qui est décrit

401 VIII. — *Tu vois bien la blonde d'Henri, là! qui parle à ce grand avec une barbe..... | — Ça!.... c'est la femme de Clément..... | — Eh! bien oui, c'est ça..... tu vois, elle va souper avec le petit Russe..... eh! bien, | mon Nini, Chèvrier l'attend au Café Anglais..... un si brave garçon!.... | — Ça, c'est pas gentil.* — A G. une jeune femme, travestie en paysanne allemande et masquée, les deux mains dans les poches de son tablier, parle à l'oreille d'un homme qui se penche pour l'écouter. Ce dernier, vu de dos à moitié, costume de Paillasse de fantaisie, pantalon de peau collant, petites bottes, cheveux pendants sur le dos. — A G. **41-2**. — En B. à D. dans l'intérieur du dessin : *Par Gavarni*. Au-dessous des fil. à D. *Imp. d'Aubert et Cie*. Au-dessous de la légende : *Se vend chez Bauger et Cie, éditeurs des* (etc.). = H. 197, L. 155.

« Le Charivari, 23 décembre 1841. »

1er État. Avant toute lettre.
2e — Celui qui est décrit.

» IX. — « *On désire, céder Monsieur, avec tous les avantages y attachés. | S'adresser à Monsieur.* » — Voir ci-dessus la description de cette planche sous la rubrique : *Le Carnaval à Paris*, dans *la Caricature* (deuxième publication).

402 X. — *Prête-moi vingt francs, Guillemain, j'ai le Domino rose à déjeuner. | — Je l'ai eu à souper, mon pauvre bonhomme, et je n'ai plus le sou.* — Assis sur une banquette, Guillemain, travesti en Tyrolien, est en train de nouer les cordons de son brodequin. A G., un genou sur la banquette, son ami, costumé en hussard, se penche vers lui, le coude appuyé contre le mur. — A G. **41-24**. — En B. à D. dans l'intérieur du dessin : *Par Gavarni*. Au-dessous des fil. à D. *Imp. d'Aubert et Cie*. Au-dessous de la légende : *Se vend chez Bauger et Cie, éditeurs des* (etc.) = H. 197, L. 157.

« Le Charivari, 8 janvier 1842. »

1er État. Avant toute lettre.
2e — Celui qui est décrit.

403 XI. — *Les rats couchés, nous sommes venus. | — Et..... vos petits voisins de l'entresol..... vous ne les avez pas débauchés? | — Eux? des poules comme ça! ça se couche à minuit en carnaval, et puis ça vient | vous dire que le carnaval est triste. | — Épiciers!* — A G. un homme en postillon, de pr. tourné à D., un bonnet de Pierrot sur la tête, dort sur une banquette, les bras croisés sur la poitrine. A ses pieds et couchés par terre, la tête en avant sur le premier plan, un Paillasse et un homme costume moyen âge causant ensemble. — A G. **41-10**. — En B. à D. dans l'intérieur du dessin : *Par Gavarni*. Au-dessous du fil. à D. *Imp. d'Aubert et Cie*. Au-dessous de la légende : *Se vend chez Bauger et Cie, éditeurs des* (etc.). = H. 203, L. 157.

« Le Charivari, 6 janvier 1842. »

1er État. Avant toute lettre.
2e — Celui qui est décrit.

404 XII. — *Oh! hé! Dufrène, oh! hé les pistons oh! eh! affûtez vos becs : faut de l'harmonie | aux flambards, de la chouette harmonie!* — Une femme travestie en marin, de face, le bras levé en l'air. Près d'elle à G. son amant en matelot, vu de dos et tourné à D. un pied sur une banquette, est en train de rattacher sa jarretière. Au fond, dans le H., une rangée de personnages travestis dont on ne voit que les mains et les bras posés sur le rebord d'une galerie. — A. G. **40-26.** —En B. à D. dans l'intérieur du dessin : *Par Gavarni.* Au-dessous des fil. à D. *Imp. d'Aubert et Cie.* Au-dessous de la légende : *Se vend chez Bauger et Cie, éditeurs des* (etc.). = H. 204, L. 156.

« Le Charivari, 13 janvier 1842. »

1er État. Avant toute lettre.
2e — Celui qui est décrit.

405 XIII. — *Voilà la petite avec le brun qui l'amène toujours : le blond qui la remmène | toujours va venir.* — Dans un bal masqué une jeune femme en habits d'homme et vue de dos, donnant le bras à un homme à favoris et moustaches, se dirige vers la G. où l'on voit, accroupi par terre et adossé contre le mur, un Scapin avec un faux nez, qui les regarde. Au fond à G. une femme masquée et travestie au bras d'un homme en frac. — A G. **41-25.** — En B. à D. dans l'intérieur du dessin : *Par Gavarni.* Au-dessous des fil. à D. *Imp. d'Aubert.* Au-dessous de la légende : *Se vend chez Bauger et Cie, éditeurs des* (etc.). = H. 200, L. 158.

« Le Charivari, 24 janvier 1842. »

1er État. Avant toute lettre.
2e — Celui qui est décrit.
3e — En B. à G. au-dessous des fil. *Chez Aubert, gal. Véro-Dodat.* Le reste comme à l'état décrit.

406 XIV. — *C'est donc comme ça que ça mène la joie, les houzards de ce régiment-là? | — Turlututu, mon ange, nous sortons d'en prendre, et toi?* — Au bal de l'Opéra, trois hommes travestis sont accroupis ou couchés sur les marches d'un escalier. L'un d'eux en hussard, sur le premier plan, est de face. A D., debout et vue de dos, une jeune femme en trompette de lanciers. — A G. **41-3.** — En B. à D. dans l'intérieur du dessin : *Par Gavarni.* Au-dessous des fil. à D. *Imp. d'Aubert et Cie.* Au-dessous de la légende : *Se vend chez Bauger et Cie, éditeurs des* (etc.) = H. 200, L. 163.

« Le Charivari, 27 janvier 1842. »

1er État. Avant toute lettre.
2e — Celui qui est décrit.
3e — En B. à G. au-dessous des fil. *Chez Aubert, gal. Véro-Dodat.* Le reste comme à l'état décrit.

» XV. — *C'est un diplomate... | — C'est un épicier... | — Non, c'est un mari d'une femme agréable. | — Non! Cabochet, mon ami, vous avez donc bu..... que vous ne voyez | pas que Mosieu est un jeune homme farceur comme tout, déguisé en un | qui s'embête à mort..... le roué masque!* — Voir ci-dessus la description de cette planche sous la rubrique : *Le Carnaval à Paris*, dans *la Caricature* (deuxième publication).

407 XVI. — *Réfléchissez, mon cher ange..... une couchette de noyer, toute neuve! et la com | mode..... et quatre belles petites chaises..... avec les rideaux*

jaunes et la flèche.... | c'est un avenir, ça! | — Je ne dis pas! Mosieu Coquardeau; mais j'aime mieux Henri sans rien. — Un homme déguisé en ours, vu par derrière et tourné à D., la tête de son costume pendant sur son dos, s'adresse à une jeune femme en costume de hussard hongrois; sur le mur, derrière eux, on lit écrit directement : **Loges du cintre.** — A G. près d'un faux nez qui est par terre : **41-13.** — En B. à D. dans l'intérieur du dessin : *Par Gavarni.* Au-dessous des fil. à D. *Imp. d'Aubert et Cie.* Au-dessous de la légende : *Se vend chez Bauger et Cie, éditeurs des* (etc.). = H. 199, L. 158.

« Le Charivari, 8 février 1842. »

1er État. Avant toute lettre.
2e — Celui qui est décrit.

» XVII. — *Veux-tu te sauver, Sauvage!*

» XVIII. — *Tenez, Clara, je suis contrarié comme tout! c'est ma bête de femme qui est partie avec | le numéro de mon paletot et ma clef! à présent faut que j'attende le jour et que j'aille aux | Batignolles pour avoir ma clef..... je suis contrarié comme tout.....*

Voir ci-dessus la description de ces deux planches sous la rubrique : *Le Carnaval à Paris,* dans *la Caricature* (deuxième publication).

408 XIX. — *A sept heures ma fille se lève; le temps de faire ses quinze tours, il est bien huit heures; faut travailler son piano, | on déjeune à neuf; à dix c'est son anglais; ma fille chante sur les midi; et puis sa mère veut qu'elle couse, qu'elle | fasse un peu de cuisine, un peu de tout : bon! la maîtresse de paysage arrive à trois heures; et puis nous avons | des serins : faut nettoyer ça, les fleurs des pots, n'importe quoi; les uns et les autres viennent : arrivent cinq | heures. Et le soir c'est Mosieu Marritou qui lui fait repasser son orthographe..... et après ça vous croyez qu'une jeunesse a beaucoup le temps de s'amuser, vous!* — Deux bons bourgeois assis sur une banquette. Celui de D. travesti en paysan allemand, de face, les jambes croisées, calcule sur ses doigts. L'autre en débardeur, ses lunettes sur le nez et les mains posées sur ses genoux, l'écoute avec attention. Derrière eux un paravent; à D. un guéridon avec des verres et des bouteilles. — A G. **176.** — En B. à D. dans l'intérieur du dessin : *Par Gavarni.* Au-dessous des fil. à D. *Imp. d'Aubert et Cie.* Au-dessous de la légende : *Se vend chez Bauger et Cie, éditeurs des* (etc.) = H. 197, L. 170.

« Le Charivari, 17 février 1842. »

1er État. Avant toute lettre. Quatre fil. non fermés par le B.
2e — *Ortographe,* au lieu de *Orthographe.*
3e — Celui qui est décrit.

409 XX. — ..... *Elle était donc censée garder sa tante Grayet qui tenait le lit, depuis les Rois, | pour ses fameuses coliques, quand un soir je monte au Grand-Vainqueur pour voir un peu : | Qu'est-ce que je vois?.... mon épouse en Garde-Française!!!!....* — Deux hommes assis vis-à-vis l'un de l'autre à une table de café, sur laquelle est une bouteille et deux verres. Celui de G. les deux mains étendues sur la table, l'autre le chapeau sur la tête, son parapluie entre les jambes. — A D. **39-213.** — En B. à G. dans l'intérieur du dessin : *Par Gavarni* Au-dessous des fil. à D. *Imp. d'Aubert et Cie.* Au-dessous de la légende : *Se vend chez Bauger et Cie, éditeurs des* (etc.). = H. 198, L. 150.

« Le Charivari, 23 février 1842. »

1er État. Avant toute lettre. Sans fil.
2e — *Sensé,* au lieu de *Censée.*
3e — Celui qui est décrit.
4e — En B. à G. au-dessous des fil. *Chez Aubert, gal. Véro-Dodat.* Le reste comme à l'état décrit.

» XXI. — *C'est vieux et laid, mon cher; tu es floué comme dans un bois....* — Voir ci-dessus la description de cette planche sous le titre : *Bal masqué,* dans *la Caricature* (deuxième publication).

» XXII. — *Le soleil est levé depuis vingt minutes, monsieur le Baron!....* — Voir ci-dessus la description de cette planche sous le titre : *Six heures du matin,* dans *la Caricature* (deuxième publication).

» * XXIII. — *Pus qu' ça d' lorgnon! et du pain?.... Bo' jour, Madame!* — Même planche que le n° 5 de *Paris le soir.* Voir ci-après ce numéro sous la rubrique : *Paris le soir,* dans *le Charivari.*

» * XXIV. — *Madame, une honnête femme a ses amants et ne prend pas ceux des autres!* | — *Madame!* | — *Madame, si je ne me respectais pas, je vous ficherais une drôle de trempée, comme il n'y* | *a qu'un Dieu.* — Même planche que le n° 13 de *Paris le soir.* Voir ci-après ce numéro sous le titre : *Paris le soir,* dans *le Charivari.*

» * XXV. — *Voyons! trente et quinze quarante-cinq, et dix trois livres cinq, trois livres sept, trois livres* | *dix-sept..... c'est trente sous chacun : nous n'aurions que dix-sept sous pour les rafraîchissemens* (sic). | — *Les fiacres et le déjeuner..... cré nom d'un chien! si le plan n'était pas fermé encore! j'ai ma* | *chaîne.... cré nom d'un chien.* — Même planche que le n° 19 de *Paris le soir.* Voir ci-après ce numéro sous la rubrique : *Paris le soir,* dans *le Charivari.*

410 XXVI. — *J'ai cancanné que j'en ai pus de jambes, j'ai mal au cou d'avoir crié..... et bu que* | *le palais m'en ratisse.....* | — *Tu n'es donc pas un homme?* — Un homme en débardeur, les deux mains à la ceinture, se repose le dos et la tête appuyés contre un mur; à D. une femme masquée et dans le même costume est accoudée près de lui contre le mur. — A G. **353**. — En B. à D. dans l'intérieur du dessin : *Par Gavarni.* Au-dessous des fil. à G. *Chez Bauger, r. du Croissant,* 16. A D. *Imp. d'Aubert et Cie.* = H. 197, L. 155.

« Le Charivari, 10 février 1842. »

1er État. Avant toute lettre. Quatre fil. non fermés par le B.
2e — Celui qui est décrit.

411 XXVII — *Dis donc!.... je crois qu'Amédée c'est plus haut, ici c'est chez la vieille demoiselle* | *si mauvaise, qui a ce chien!.... entends-tu l'infâme toutou?* | — *Qu'est-ce que ça fait?* — Deux hommes en costumes grotesques et faux nez sur le palier d'un escalier. Tous deux de pr. tournés à D. et l'un derrière l'autre. Le premier à D., une casserole sur la tête, une chemise par-dessus sa culotte, sonne à une porte. Celui qui le suit est pourvu d'un ventre postiche énorme. — A D. **42-48**. — En B. au-dessous des fil. à G. *Chez Pannier, r. du Croissant,* 16. A D. *Imp. d'Aubert et Cie.* = H. 199, L. 157.

« Le Charivari, 29 décembre 1842. »

1er État. Avant toute lettre.
2e — Celui qui est décrit.
3e — En B. au M. au-dessous des fil. *Chez Aubert, Pl. de la Bourse.* Le reste comme à l'état décrit.

412 XXVIII. — *Fichtember!* | *— Hé? — — Et les affaires?* | *— Demain!* | *— Demain, c'est aujourd'hui.* | *— Quelle heure est-il?* | *— Grand jour..... le déjeuner est servi.* — A la suite d'une orgie, dans un cabinet particulier de restaurant, un débardeur, une bouteille à la main, et deux femmes dans ce même costume sont endormis sur la table. L'une de ces dernières y est étendue de tout son long de D. à G. Un autre débardeur, debout, de face, derrière la table, est accoudé à G. contre le mur. Sur le devant, par terre, une chaise renversée, des débris d'assiettes et des bouteilles. — Sur une assiette à G. **42-45.** — En B. au-dessous du fil. à G. *Chez Pannier et Cie, r. du Croissant,* 16. A D. *Imp. d'Aubert et Cie.* = H. 215, L. 158.

« Le Charivari, 3 janvier 1843. »

1er État. Avant toute lettre.
2e — Celui qui est décrit.
3e — En B. au M. au-dessous des fil. *Chez Aubert, Pl. de la Bourse.* Le reste comme à l'état décrit.

413 XXIX. — *Cornichon de cabinet de lecture, va!.... je demande quelque chose de soigné : il* | *m'envoie ça!* | *— « Labruyère »..... qu'est-ce que c'est que ça?* | *— Un ancien passionné pour la morale, qui est ennuyeux comme les mouches.* | *— Et moi qui ai manqué d'y demeurer dans cette rue-là!.... voyons! viens-tu t'en?* | *— Non! j'ai trop la colique.* — Une jeune femme en chemise de nuit, un loup sur le visage, est assise dans son lit, de pr. à D. Son amie, en débardeur, enveloppée dans un grand châle, tient à la main le volume de La Bruyère. Elle est debout, vue de dos et tournée à G. — A D. **43-6.** — En B. au-dessous des fil. à G. *Chez Pannier, éditr, rue du Croissant,* 16. A D. *Imp. d'Aubert et Cie.* = H. 202, L. 160.

« Le Charivari, 17 janvier 1843. »

1er État. Avant toute lettre.
2e — Celui qui est décrit.
3e — En B. au M. au-dessous des fil. *Chez Aubert, Pl. de la Bourse,* 29. Le reste comme à l'état décrit.

414 XXX. — *Tu as bien tort, va, Coquardeau, de toujours porter ce nez-là! tu sais pourtant* | *comme ça déplaît à Madame.* — Au bal de l'Opéra, Coquardeau, en habit noir, cravate et gilet blancs, se dirigeant vers la D., les deux mains dans les poches de son pantalon, est poursuivi par un homme déguisé en charlatan, porteur d'un immense faux nez à lunettes, et qui lui parle à l'oreille. — En B., perpendiculairement, dans l'intérieur du dessin, près du bord à G., on lit écrit directement : **papa**, par la main inexpérimentée d'un jeune enfant, le fils aîné de Gavarni. — En B. au-dessous des fil. à G. *Chez Pannier, édit., r. du Croissant,* 16. A D. *Imp. d'Aubert et Cie.* = H. 199, L. 156.

« Le Charivari, 23 février 1843. »

1er État. Avant toute lettre.
2e — Celui qui est décrit.
3e — En B. au M. au-dessous des fil. *Chez Aubert, Pl. de la Bourse.* Le reste comme à l'état décrit.

» * XXXI. — *Va, enfant! va te livrer aux naïfs plaisirs de ton âge!* — Voir ci-dessus la description de cette planche, sous le même titre, dans *la Caricature* (deuxième publication).

» * XXXII. — *Prête un peu ta voleuse, vieux, pour un léger galop!....* — Voir ci-dessus sous la rubrique : *Le Carnaval,* dans *la Caricature* (deuxième publication), l'original de cette pièce, qui, dans *le Carnaval à Paris*, n'a paru qu'en copie.

415 XXXIII. — *Encore soif!.... ah! çà, Mimie, t'as donc le torse assuré contre le champagne?* | *Et on vous vantera la sobriété de cet animal-là, quelle blague!* — A G. un homme en costume travesti, un entonnoir sur la tête, une chemise par-dessus sa culotte. A D. une jeune femme en débardeur, vue de dos, les deux mains dans ses poches, une gourde en sautoir. — A D. **43-19**. — En B. au M. entre le T. C. et le premier fil. *Par Gavarni*. Au-dessous des fil. à G. *Chez Pannier, r. du Croissant,* 16. A D. *Imp. d'Aubert et Cie*. = H. 203, L. 156.

« Le Charivari, 19 février 1843. »

1er État. Avant toute lettre.
2e — Celui qui est décrit.
3e — En B. au M. au-dessous des fil. *Chez Aubert et Cie, Pl. de la Bourse*. Le reste comme à l'état décrit.

416 XXXIV. — *Tel que tu me vois, Chaloupe, c'est moi qui soigne les chameaux du Grand-Turc.* | *— Et tu gagnes à ça?....* | *— Quelques sequins, Chaloupe, et les satisfactions d'un cœur pur.....* | *— Et nourri.* — Dans un bal masqué, un homme déguisé en Turc grotesque, descendant un escalier, s'est arrêté sur la dernière marche. Il est de pr. tourné à D. Une jeune femme en canotier lui pose une main sur la poitrine, l'autre sur l'épaule. — Sur la dernière marche de l'escalier : **43-20**. — En B. au M. entre le T. C. et le premier fil. *Par Gavarni*. Au-dessous des fil. à G. *Pannier, éditeur, r. du Croissant*, 16. A D. *Imp. d'Aubert et Cie*. = H. 199, L 157.

« Le Charivari, 15 février 1843. »

1er État. Avant toute lettre.
2e — Celui qui est décrit.
3e — En B. au M. au-dessous des fil. *Chez Aubert, Pl. de la Bourse*. Le reste comme à l'état décrit.

417 XXXV. — *T'as beau dire que c'est pour un bal de charité..... je trouve que t'as* | *là une petite tenue bien charitable!* — Un homme de pr. tourné à D., les deux mains dans les poches de sa redingote, ayant sur la tête le petit chapeau de débardeur, faisant partie du costume d'une femme travestie en homme, vue de dos, ajustant sa perruque devant une toilette. — A G. **43-22**. — En B. au-dessous des fil. à G. *Chez Pannier, édit., r. du Croissant,* 16. A D. *Imp. d'Aubert et Cie*. = H. 198, L. 159.

« Le Charivari, 26 février 1843. »

1er État. Avant toute lettre.
2e — Celui qui est décrit.
3e — En B. au M. au-dessous des fil. *Chez Aubert, Pl. de la Bourse*. Le reste comme à l'état décrit.

418 XXXVI. — *Je pense que cette satanée serine de Françoise aura redescendu la clef de ma* | *chambre à l'étude : si le patron est levé, je suis fichu!* | *— Mets un faux nez.* | *— C'est que c'est ce mosieu-là qui va en faire un vrai de nez, qui ne sera pas farce du tout.* — Dans un couloir de loges deux débardeurs causant ensemble. Celui de G., vu de dos, une main sur la hanche, l'autre dans les poches de son pantalon, est presque de face tourné à D. — En B. au-dessous des fil. à G. *Chez Pannier, édit., r. du Croissant,* 16. A D. *Imp. d'Aubert et Cie*. = H. 202, L. 156.

« Le Charivari, 27 février 1843. »

1er État. Avant toute lettre. Quatre fil. non fermés par le B.
2e — Celui qui est décrit.
3e — En B. au M. au-dessous des fil. *Chez Aubert, Pl. de la Bourse*. Le reste comme à l'état décrit.

419 XXXVII. — *Faudra pas dire à mon Hippolyte que j'ai soupé avec Charles, mon petit | Edouard!.... je souperai avec vous.* = Une jeune femme en débardeur et masquée se lève sur la pointe des pieds pour parler à G. à l'oreille d'un homme en habit noir, qui lui tient la main et l'écoute en souriant. Au fond un couple travesti vu de dos montant un escalier à G. — A D. **42-59.** — En B. au-dessous des fil. à G. *Chez Pannier et Cie, r. du Croissant*, 16. A D. *Imp. d'Aubert et Cie.* = H. 198, L. 158.

« Le Charivari, 29 octobre 1843. »

1er État. Avant toute lettre.
2e — Celui qui est décrit.
3e — En B. au M. au-dessous des fil. *Chez Aubert et Cie, Pl. de la Bourse*. Le reste comme à l'état décrit.

420 XXXVIII. — *Une supposition qu'un m'sieu, tout ce qu'il y a de plus comme il faut, se pro | pose de t'honorer de sa compagnie vers la cinquième heure du jour, qu'est-ce que | tu dirais? | — J'y dirais zut!* = Un homme en costume de fantaisie, les jambes nues, bottes à revers, un polichinelle posé comme ornement à califourchon sur sa tête, se penche en avant à D. vers une toute petite femme en débardeur, vue de dos, les deux mains dans les poches de son pantalon. — En B. au M. entre le T. C. et le premier fil. *Par Gavarni*. Au-dessous des fil. à G. *Chez Pannier, r. du Croissant*, 16. A D. *Imp. d'Aubert et Cie.* = H. 202, L. 155.

« Le Charivari, 4 novembre 1843. »

1er État. Avant toute lettre.
2e — Celui qui est décrit.
3e — En B. au M. au-dessous des fil. *Chez Aubert, Pl. de la Bourse*, 29. Le reste comme à l'état décrit.

421 XXXIX. — *Ta femme! ta femme!.... mais, cornichissime melon, il n'y a que toi dans | tout le Prado qui ne sait pas que ton auguste épouse te fait une foule de queues | au Vauxhall avec un malheureux petit clarinette de deux sous!* — Une femme en débardeur et masquée, vue de dos à moitié et tournée à G., une épaule appuyée contre une colonne, la main posée sur la poitrine d'un débardeur, coiffé d'un shapska de lanciers, qui se tient devant elle. — A D. **43-58.** — En B. au M. entre le T. C. et le premier fil. *Par Gavarni*. Au-dessous des fil. à G. *Chez Pannier, édit., r. du Croissant*, 16. A D. *Imp. d'Aubert et Cie.* = H. 203, L. 157.

« Le Charivari, 5 novembre 1843. »

1er État. Avant toute lettre.
2e — Celui qui est décrit.
3e — En B. au M. au-dessous des fil. *Chez Aubert, Pl. de la Bourse*, 29. Le reste comme à l'état décrit.

422 XL. — *Une fiole et c'est charmant; deux fioles et c'est terrible; trois fioles et voilà ce que c'est!* — Dans un cabinet particulier de restaurateur, une femme en costume de pêcheur napolitain, vue presque de dos et tournée à D., considère, les bras croisés, un homme ivre-mort, dormant étendu sur une table, au milieu de verres et d'assiettes. — A D. **43-59.** — En B. au M. entre

le T. C. et le premier fil. *Par Gavarni.* Au-dessous des fil. à G. *Chez Pannier, édit., r. du Croissant*, 16. A D. *Imp. d'Aubert et Cie.* = H. 203, L. 157.

« Le Charivari, 9 novembre 1843. »

1er État. Avant toute lettre.
2e — Celui qui est décrit.
3e — En B. au M. au-dessous des fil. *Chez Aubert, Pl. de la Bourse,* 29. Le reste comme à l'état décrit.

LA CAMPAGNE.

» N° II. — *Les Parasols.* — Voir ci-dessus cette planche sous la rubrique : *La Campagne*, dans *la Caricature* (deuxième publication).

» CARICATURE DE MODE. — *Voilà pourtant comme je serai dimanche.* — Voir ci-après la description de cette planche dans *le Figaro*, même section et même subdivision.

LE CHEVALIER DE NOGAROULET.

Suite de six pièces représentant des personnages à mi-jambes, sauf le n° 4, où ils sont en pied. Elles sont entourées chacune de deux fil. au-dessus desquels on lit en H.au M. *Le Chevalier de Nogaroulet,* et à D. le n° d'ordre.

423 I. — *Alcibiade Cliquet,* | *Bachelier, natif de Nogaroulet, Membre de l'Académie et de plusieurs autres sociétés savantes de* | *l'endroit; Membre correspondant de l'Académie d'Horticulture de Paris; ex greffier de Justice-* | *de-Paix; correspondant du Petit-Courrier, auteur de trois charades insérées dans le Figaro,* | *d'un rapport sur les pluies de crapauds et d'une chanson patriotique sur l'air : « Ah! quel plaisir! »* | *etc., etc., et sergent-major en congé de semestre* | *Arrive à Paris.* — Dans une rue très-fréquentée, regardant tout, la bouche béante, une casquette sur la tête, à la main un parapluie dans son étui, un manteau sur le bras, il se dirige vers la D. suivi d'un commissionnaire portant ses effets. — A G. **39**. A D. **Gavarni**. — En B. au-dessous des fil. à G. *Imp. d'Aubert et Cie.* Au M. *Par Gavarni,* et à D. *Édité par le Charivari, rue du Croissant,* 16. = H. 198, L. 155.

« Le Charivari, 25 juin 1839. »

1er État. Avant toute lettre.
2e — Celui qui est décrit.

424 II. — *Alcibiade Cliquet porte une lettre de recommandation au bibliophile Jacob qui le présente* | *à George Sand.* — Le prétendu bibliophile Jacob, vieillard à cheveux blancs, calotte de velours sur la tête, en robe de chambre, s'appuie sur le coin d'une table, tenant à la main la lettre que lui a remise Alcibiade. Celui-ci à D., en habit noir et cravate blanche, s'incline avec respect devant un personnage à moustache et barbiche, à l'air farouche, faisant le rôle de George Sand. Ce dernier, à G., est vêtu d'une redingote courte, pantalon blanc collant, bottes à la Souvarof. — Vers la G. **39-Gavarni**. — En B. au-

dessous des fil. à G. *Imp. d'Aubert et Cie*. Au M. *Par Gavarni*. A D. *Au bureau du Charivari, r. du Croissant*, 16. = H. 197, L. 156.

« Le Charivari, 25 juillet 1839. »

1er État. Avant toute lettre. Sans fil.
2e — Celui qui est décrit.

425 III. — *Alcibiade Cliquet a voulu fumer*. — Il est assis, de 3/4 tourné à D., à moitié évanoui sur une chaise près de son lit. A G. sa vieille portière lui tient la tête d'une main et de l'autre lui présente à boire dans une tasse. — En B. au-dessous des fil. à G. *Imp. d'Aubert et Cie*. Au M. *Par Gavarni*. A D. *Au bureau du Charivari, r. du Croissant*, 16. = H. 190, L. 148.

« Le Charivari, 27 juillet 1839. »

1er État. Avant toute lettre. Sans fil.
2e — Celui qui est décrit.

426 IV. — *Alcibiade Cliquet laisse croître ses moustaches et songe à son avenir*. — Il est en caleçon, assis en travers d'une chaise, de pr. tourné à D., le dos renversé, la tête appuyée sur son lit et tenant en l'air dans ses mains ses jambes pliées. — A G. sur le drap du lit : **Gavarni**. Sur le bois du lit : **39**. — En B. au-dessous des fil. à G. *Imp. d'Aubert et Cie*. Au M. *Par Gavarni*. A D. *Édité par le Charivari, rue du Croissant*, 16. = H. 198, L. 157.

« Le Charivari, 6 août 1839. »

1er État. Avant toute lettre. Sans fil.
2e — Celui qui est décrit.

427 V. — *Alcibiade Cliquet est chargé de la réduction d'une réclame sur les faux toupets pour un | grand journal*. — De pr. tourné à D., un coude sur une table devant laquelle il est assis en manches de chemise, il a la tête baissée, appuyée sur sa main, les yeux fixés sur un cahier de papier blanc. Sur la table quatre faux toupets, dont deux posés sur des champignons de bois. — A G. **Gavarni**. — En B. au M. entre le T. C. et le premier fil. *Par Gavarni*. Au-dessous des fil. à G. *Chez Bauger, rue du Croissant*, 16. A D. *Imp. d'Aubert et Cie*. = H. 189, L. 148.

« Le Charivari, 9 novembre 1839. »

1er État. Avant toute lettre.
2e — Celui qui est décrit.

428 VI. — *Alcibiade Cliquet a loué une chambre dans le quartier de la Chaussée-d'Antin. Il a | acheté un fauteuil et une robe de chambre. Sa portière lui annonce un de ses compa | triotes, et il dit : Faites entrer!* — En robe de chambre, de 3/4 à G., il est assis dans un fauteuil à la Voltaire, la tête appuyée sur sa main. A D., une main sur le dos du fauteuil, sa vieille portière, et derrière elle le compatriote, dont on voit la tête étonnée et souriante dans l'entre-ouverture de la porte. — A G. **Gavarni**. — En B. au-dessous des fil. à G. *Chez Bauger, r. du Croissant*, 16. A D. *Imp. d'Aubert et Cie*. = H. 197, L. 156.

« Le Charivari, 14 octobre 1839. »

1er État. Avant toute lettre.
2e — Celui qui est décrit.

CLICHY.

Suite de vingt et une pièces, dont la 19e a paru primitivement dans *la Caricature*. Chacune de ces pièces est entourée de trois fil. au-dessus desquels on lit en H. au M. *Clichy*, et à D. entre le T. C. et le premier fil. le nº d'ordre. En B. entre le T. C. et le premier fil. au M. *Par Gavarni*. Au-dessous des fil. à G. *Chez Bauger, r. du Croissant*, 16, sauf sur les nos 17, 18, 20 et 21, à D. *Imp. d'Aubert et Cie*.

429 I. — *Enfoncé!!!* — Un jeune homme qu'on vient d'écrouer est assis de 3/4 tourné à G. en travers d'une chaise, dans une cellule, l'air hébété, son chapeau en arrière de la tête, les mains dans les poches de son pantalon. Derrière lui un matelas jeté sur le pied d'un lit, avec des draps pliés. On lit écrit directement sur le mur à D. **Mes complimens** (sic) | **à mon successeur**. — A G. **130.** = H. 199, L. 158.

« Le Charivari, 24 août 1840. »

1er État. Avant toute lettre. Fil. non fermés par le B.
2e — Celui qui est décrit.
3e — En B. au M. au-dessous des fil. *Chez Aubert, gal. Véro-Dodat*. Le reste comme à l'état décrit.

430 II. — *Je viens déjeuner chez toi.* | — *Ah! bon!* | — *Et dîner chez toi.* | — *Ah! bah!!* | — *Et coucher chez toi!* | — *Ah! fichtre!!!* — Deux hommes dans une cellule se donnant les deux mains. Celui de D., son chapeau sur la tête, est en redingote; l'autre est en robe de chambre et en pantoufles. — Vers la G. **Gavarni, 127.** = H. 198, L. 157.

« Le Charivari, 2 août 1840. »

1er État. Avant toute lettre. Fil. non fermé par le B.
2e — Celui qui est décrit.
3e — En B. au M. au-dessous des fil. *Chez Aubert, gal. Véro-Dodat*. Le reste comme à l'état décrit.

431 III. — « *Au moins un Dieu sourit encore à la jeunesse,*
Et lui rend, en ce lieu, de ces jours qu'on lui prend.
Qui n'aurait pas pitié des beaux ans qu'elle y laisse? »

Dans le vestibule de la prison, une jeune femme vue presque de dos et tournée à D., la tête cachée par son chapeau, remet un permis d'entrée à un guichetier qui a une main posée sur la serrure d'une prison. — A G. **129.** = H. 200, L. 157.

« Le Charivari, 2 décembre 1840. »

1er État. Avant toute lettre. Fil. non fermés par le B.
2e — Celui qui est décrit.
3e — En B. au M. au-dessous des fil. *Chez Aubert, gal. Véro-Dodat*. Le reste comme à l'état décrit.

432 IV. — *Vous le voyez, le chagrin ne m'aigrit pas! et je donnerai un conseil à mes créanciers, dans leur* | *intérêt : s'ils veulent me tirer d'ici, qu'ils se hâtent, car on ne pourrait bientôt plus me passer par* | *la porte.* — Deux hommes dans une cellule. Celui de G., en robe de chambre, a le plus bel embonpoint : c'est le prisonnier. L'autre, le créancier, le chapeau sur la tête, les mains dans les poches de derrière de sa redingote, est d'une maigreur

qui contraste avec la santé du détenu. Sur une table, au fond, une double rangée de bouteilles. — A G. **161**. = H. 198, L. 157.

« Le Charivari, 1er septembre 1840. »

1er État. Avant toute lettre.
2e — Celui qui est décrit.
3e — En B. au M. au-dessous des fil. *Chez Aubert, gal. Véro-Dodat.* Le reste comme à l'état décrit.

433 V. — *Petit homme, nous t'apportons ta casquette, ta pipe d'écume et ton Montaigne.* — Un détenu est assis à D., en manches de chemise. Sur ses genoux il tient tout debout un petit enfant qui l'embrasse. Au fond une femme, vue de dos, en chapeau et en tablier, porte d'une main une pipe et de l'autre un panier qu'elle pose sur une table. — A G. **Gavarni, 128.** = H. 199, L. 158.

« Le Charivari, 27 août 1840. »

1er État. Avant toute lettre. Les fil. non fermés en B.
2e — Celui qui est décrit.
3e — En B. au M. au-dessous des fil. *Chez Aubert, gal. Véro-Dodat.* Le reste comme à l'état décrit.

434 VI. — *Enfin, à la fin, je l'ai tant mijoté, je l'ai tant mijoté, qu'il a dit : « Eh! bien, qu'il paye seulement les frais et j'accor | derai du tems* (sic) *pour le reste. Et encore, » il a dit, « voyez-vous, mademoiselle, c'est par considération pour vous ».....* | *Le vieux gueux!... j'espère bien que quand tu sortiras tu lui ficheras une pile soignée à celui-là!* — Donnant le bras à sa maîtresse, un détenu se promène dans le préau de la prison. Il est à D., en manches de chemise. La jeune femme, petit bonnet sur la tête, tient une rose à la main. Tous deux sont vus de face. — A G. **Gavarni, 141.** = H. 197. L. 157.

« Le Charivari, 20 septembre 1840. »

1er Etat. Avant toute lettre. Fil. non fermés par le B.
2e — Celui qui est décrit.
3e — En B. au M. au-dessous des fil. *Chez Aubert, gal. Véro-Dodat.* Le reste comme à l'état décrit.

435 VII. — *L'amour est parti? v'là l'amitié.* — Dans sa cellule, un détenu en robe de chambre, vu presque de dos, est en train d'arranger des fleurs dans un pot à l'eau, posé à D. sur une petite table. A G. un de ses compagnons de prison, une pipe à la main, avance sa tête par la porte entr'ouverte. — Vers la G. **167**. = H. 201, L. 153.

« Le Charivari, 29 septembre 1840. »

1er État. Avant toute lettre.
2e — Celui qui est décrit.
3e — En B. au M. au-dessous des fil. *Chez Aubert, gal. Véro-Dodat.* Le reste comme à l'état décrit.

436 VIII. — *Dites donc, l'ancien, c'est aujourd'hui dimanche.* | — *Qu'est-ce que ça te fait?* | — *Tiens! le dimanche on se fiche du garde-du-commerce : ça me fait que je pourrais* | *aller me promener, si je pouvais sortir.* — Deux détenus, presque de face, se promènent ensemble dans le préau couvert de la prison. Le plus âgé à D., en bonnet grec et en pantoufles, les yeux baissés, les mains dans les poches de derrière de sa robe de chambre. L'autre, grand

jeune homme maigre, en redingote, sans gilet ni cravate, les mains dans les poches de son pantalon. — A G. **119.** = H. 199, L. 157.

« Le Charivari, 4 octobre 1840. »

1er État. Avant toute lettre. Fil. non fermés par le B.
2e — Celui qui est décrit.
3e — En B. au M. au-dessous des fil. *Chez Aubert, gal. Véro-Dodat.* Le reste comme à l'état décrit.

437 IX. — *Ne donnez pas d'acomptes!* (sic) *voyez-vous, le créancier qu'on ne paye pas | n'est qu'un créancier; le créancier qu'on paye est un tigre.* — Un détenu est assis dans son lit, les mains entre ses jambes, par-dessus sa couverture. Debout, accoudé sur le pied du lit à D., un autre détenu en robe de chambre, vu de dos, une pipe à la main, écoute les conseils de son ancien. — A G. **131.** = H. 198, L. 156.

« Le Charivari, 12 octobre 1840. »

1er État. Avant toute lettre. Fil. non fermés par le B.
2e — Celui qui est décrit.

438 X. — *Dites donc, voisin, on a un peu boissonné chez vous hier! ça allait ronde | ment! ça va bien ce matin?* | — *Pas mal, et vous?* — Dans un corridor sur lequel donnent les cellules, deux détenus sur le seuil de leurs portes ouvertes. Celui de D., de pr. à G., mouchoir sur la tête, en chemise, nu-jambes, bottes aux pieds. Des deux côtés de la porte, des bouteilles. En face de lui, l'autre détenu en manches de chemise. Au fond du corridor, une fenêtre grillée. — A D. **168.** = H. 198, L. 158.

« Le Charivari, 27 novembre 1840. »

1er État. Avant toute lettre.
2e —. Celui qui est décrit.

439 XI. — *Le portrait du créancier.* — Un prisonnier en manches de chemise, agenouillé sur sa couchette de fer, dessine sur le mur à G. un profil grotesque avec des cornes au front. Debout en avant, sa maîtresse vue de dos, accoudée sur la barre de la tête du lit, un genou sur l'oreiller, le regarde dessiner. — A D., écrit directement : **Gavarni.** A G., à rebours : **166.** = H. 198, L. 156.

« Le Charivari, 9 novembre 1840. »

1er État. Avant toute lettre.
2e — Celui qui est décrit.
3e — En B. au M. au-dessous des fil. *Chez Aubert, gal. Véro-Dodat.* Le reste comme à l'état décrit.

440 XII. — *Voyons! pour aller à Tivoli ce soir, il faudrait d'abord payer au greffe dix-huit | mille-cinq-cents francs pour le capital et onze-cent-vingt-neuf francs cinquante | centimes de frais..... et encore, non (je suis bête!) Tivoli coûte trois francs d'entrée, | et je n'ai que quarante-deux sous.* — Dans sa cellule, à G., un jeune homme en robe de chambre considère d'un air triste les quarante-deux sous qu'il a dans sa main, tandis que, vue de dos à moitié, sa maîtresse, dont le chapeau cache la figure, regarde par une fenêtre ouverte dont elle tient les barreaux. — A G. **145.** = H. 199, L. 159.

« Le Charivari, 9 décembre 1840. »

1er État. Avant toute lettre. Fil. non fermés par le B.
2e — Celui qui est décrit.
3e — En B. au M. au-dessous des fil. *Chez Aubert, gal. Véro-Dodat.* Le reste comme à l'état décrit.

441 XIII. — *Aux gardes-du-commerce : que le bon Dieu les patafiole!* — Dans la cellule d'un détenu, une jeune femme, assise sur le bord du lit, avale un verre de vin de Champagne. A G. son amant, en manches de chemise, le dos étendu en travers du lit, les genoux pliés, les pieds sur les barreaux d'une chaise, tient d'une main un verre sur sa poitrine. — A G. **163.** = H. 198, L. 157.

« Le Charivari, 18 décembre 1840. »

1er État. Avant toute lettre.
2e — Celui qui est décrit.
3e — En B. au M. au-desous des fil. *Chez Aubert, gal. Véro-Dodat.* Le reste comme à l'état décrit.

442 XIV. — *Quand nous voulons danser, Tivoli est là, mon cher : entre Tivoli et nous il n'y a | que deux murs et un coup de fusil.* — Un détenu, dans un préau de la prison, de face, une main dans la poche de sa robe de chambre, l'autre posée sur le mur à G., cause avec un ami qui est venu le visiter. Celui-ci, à D., le chapeau sur la tête, a les mains dans les poches de son paletot. — A G. **143.** = H. 197, L. 156.

« Le Charivari, 4 janvier 1841. »

1er État. Avant toute lettre. Fil. non fermés par le B.
2e — Celui qui est décrit.
3e — En B. au M. au-dessous des fil. *Chez Aubert, gal. Véro-Dodat.* Le reste comme à l'état décrit.

443 XV. — *Mon cher monsieur, je vous laisse la guérite comme | je l'ai prise, et la consigne comme on me l'a donnée : « de l'amour sur la conscience et du champagne dessous »..... rien de bon | comme ça pour les rhumes de chagrin. « Courte et bonne! » c'est le mot d'ordre ici, comme ailleurs.* — Dans une cellule, le détenu qui l'occupait et qui a sa liberté tient son chapeau dans une main, son manteau sur un bras, et cède joyeusement la place à un nouveau venu. Celui-ci s'est tristement assis à G. sur une table, le dos contre le mur. — A G. **164.** = H. 197, L. 156.

« Le Charivari, 16 janvier 1841. »

1er État. Avant toute lettre.
2e — Celui qui est décrit.
3e — En B. au M. au-dessous des fil. *Chez Aubert, gal. Véro-Dodat.* Le reste comme à l'état décrit.

444 XVI. — *Moi j'ai signé pour cinq cents francs et je n'en ai eu que trois cents, et encore en vin de champa | gne..... et on m'a repris le vin pour les frais..... | — Ils auraient mieux fait de t'amener ici tout de suite; au moins nous aurions les fioles.* — Un jeune prisonnier, couché de G. à D. sur un lit tout défait, les jarrets sur la barre du pied du lit, les jambes pendantes, tient une longue pipe à la main. Debout et vu presque de dos, un de ses camarades de prison, son ami, est accoudé sur le pied du lit, en manches de chemise. A G., par terre, des bouteilles vides. — A G. **129.** = H. 198, L. 157.

« Le Charivari, 14 mars 1841. »

1er État. Avant toute lettre. Fil. non fermés par le B.
2e — Celui qui est décrit.
3e — En B. au M. au-dessous des fil. *Chez Aubert, gal. Véro-Dodat.* Le reste comme à l'état décrit.

445 XVII. — *Mais comment as-tu pu te laisser prendre comme ça? | — Demande aux canards sauvages comment ils se laissent prendre!.... Il a tiré sur moi le*

| *premier mars, on m'a ramassé le cinq avril : voilà comme ça se fait.* — Dans un préau couvert de la prison, deux hommes, dont l'un, qui fait visite à son ami détenu, a les bras croisés sur la poitrine. Le détenu à G., près d'une colonne, est de face, les yeux levés au ciel, les mains dans les poches de sa robe de chambre ; au fond, des promeneurs. — A G. **142**. — En B. au-dessous de la légende : *Se vend chez Bauger et Cie, éditeurs des* (etc.). = H. 198, L. 156.

« Le Charivari, 29 mars 1841. »

1er État. Avant toute lettre. Fil. non fermés par le B.
2e — Celui qui est décrit.
3e — En B. au M. au-dessous des fil. *Chez Aubert, gal. Véro-Dodat.* Le reste comme à l'état décrit.

446 XVIII. — *Voilà un tilbury, Paméla, qui nous a menés en moins de trois mois de la rue Saint | Jacques à Clichy..... hein le bon cheval!* — Un détenu se promenant dans une cour de la prison avec sa maîtresse, à laquelle il donne le bras. Tous deux, vus de dos, se dirigent vers la D. L'homme est en manches de chemise, chapeau de paille sur la tête, une longue pipe à la main. La femme à G., coiffée d'un chapeau qui lui cache la figure. Au fond à D., sous des arbres, d'autres promeneurs. — A G. **144**. — En B. au-dessous de la légende : *Se vend chez Bauger et Cie, éditeurs des* (etc.). = H. 198, L. 159.

« Le Charivari, 14 avril 1841. »

1er État. Avant toute lettre. Fil. non fermés par le B.
2e — Celui qui est décrit.
3e — En B. au M. au-dessous des fil. *Chez Aubert, gal. Véro-Dodat.* Le reste comme à l'état décrit.

« XIX. — *Ici on ne peut pas faire de farce à sa Ninie : v'là ce qui vous chiffonne!* — Voir ci-dessus la description de cette pièce sous la rubrique : *Clichy*, dans *la Caricature* (deuxième publication).

447 XX. — *Entends-tu; à Tivoli?.... Il y en a deux ici, des cavaliers seuls, et qui ne | demanderaient pas mieux que de faire la chaîne des dames.* — Dans une cellule deux jeunes gens tournés à D., assis sur des chaises, le dos appuyé contre la muraille. Le premier, en robe de chambre, les jambes allongées l'une sur l'autre. Le second, la tête en l'air, en manches de chemise, tenant une pipe des deux mains entre ses jambes, les pieds posés sur un des barreaux de sa chaise. Au fond une fenêtre grillée, à travers laquelle on aperçoit la baïonnette du factionnaire. — A D. **Gavarni**. A G. **162**. — En B. au-dessous de la légende : *Se vend chez Bauger et Cie, éditeurs des* (etc.). = H. 198, L. 155.

« Le Charivari, 26 avril 1841. »

1er État. Avant toute lettre.
2e — Celui qui est décrit.
3e — En B. au M. au-dessous des fil. *Chez Aubert, gal. Véro-Dodat.* Le reste comme à l'état décrit.

448 XXI. — *Sans le mur, cette boule-là irait loin. | — Et ton camarade aussi.* Deux détenus, jouant aux boules dans le préau, se sont arrêtés; ils sont tous deux de face et regardent leurs boules à terre à G. L'un, à D., a les mains dans les poches de son pantalon, qu'il écarte des deux côtés. L'autre, en manches de chemise, les bras croisés sur sa poitrine, a une épaule appuyée contre le mur. — A G. **176** — En B. au-dessous de la légende : *Se vend chez Bauger et Cie, éditeurs des* (etc.). = H. 198, L. 156.

« Le Charivari, 12 mai 1841. »

1er État. Avant toute lettre.
2e — Celui qui est décrit.
3e — En B. au M. au-dessous des fil. *Chez Aubert, gal. Véro-Dodat.* Le reste comme à l'état décrit.

» COSTUME D'AMAZONE. — Une pièce.

» COSTUME DE CHASSE. — Une pièce.

» COSTUME ÉCOSSAIS. — Une pièce.

» COSTUMES D'HOMMES. — Une pièce.

» COSTUMES D'HUMANN. — Treize pièces.

Voir la description de ces dix-sept pièces sous chacun de leurs titres et sous la rubrique : *Le Charivari*, à la section : *Costumes et Modes.*

LES COULISSES.

Suite de trente et une pièces entourées chacune de deux filets. Au-dessus en H. au M. *Les Coulisses.* A D. le nº d'ordre. En B. entre le T. C. et le premier fil. au M. *Gavarni*, excepté au nº 29, et plus bas la légende indicative du sujet. Au-dessous des fil. à D. (sauf au nº 1) : *Imp. d'Aubert et Cie.* A G. *Chez Aubert, gal. Véro-Dodat.* Sur le nº 4 on lit : *Aubert, gal. Véro-Dodat*, et sur le nº 13 : *Paris, chez Aubert, gal. Véro-Dodat.*

449 I. — *Merci, monsieur le marquis, le champagne me porte aux nerfs.* — Une actrice, costumée en hussard, est adossée à une toile de fond, une jambe levée, le pied posé à G. sur le bas d'un montant, contre lequel s'appuie un homme vu de dos et tourné à D., les mains dans les poches de derrière de sa redingote. Sur le montant, écrit directement : **Nº 13.** | (g)**rande forêt.** = H. 198, L. 157.

« Le Charivari, 1er février 1838. »

1er État. Avant toute lettre. Sans fil.
2e — Celui qui est décrit.

450 II. — *La Fée (tout haut) Allez, jeunes amants, ne cessez pas d'être vertueux et la | Fée Brillante veillera sur vous. (Tout bas) Hue!* — Debout, dans un décor de nuages, dont on ne voit que l'envers, et montée sur un chariot qu'un machiniste, au premier plan, pousse vers la G., l'actrice faisant le rôle de la Fée est vue de dos, une main étendue devant elle. — A G. **G.-10** sur le chariot. = H. 197, L. 155.

« Le Charivari, 16 février 1838. »

1er État. Avant toute lettre. Sans fil.
2e — Celui qui est décrit.

451 III. — *(Diane) Tu ne sais pas, m'ame Alexandre? Ma levrette qu'a fait ses petits. | (L'Amour) C'te pauvr' Zémire! | — Oui, mais c'est tout caniches! | — Une levrette faire des caniches! Ah! ben, merci! en v'la encor' une de gueuse.* — Madame Alexandre, en costume de l'Amour, est vue de dos et debout sur un chariot qui doit faire mouvoir un décor de nuages sur lequel elle appuie les mains et qu'on ne voit que par derrière. Elle se tourne à D.

vers sa camarade costumée en Diane; celle-ci a les bras croisés sur la poitrine. — Au M. sur le décor de nuages : **G | 4.** = H. 196, L. 157.

« Le Charivari, 13 février 1838. »

1er Etat. Avant toute lettre. Sans fil.
2e — *Geuse,* au lieu de *gueuse.*
3e — Celui qui est décrit.

452 IV. — *Alfred, ma p'tite Minette, dépêche-toi! v'là mon savoyard | de parterre qui s'embête.* — Dans sa loge une actrice en manches de chemise et en pantalon collant, les deux mains sur les hanches, se tient toute droite et tournée de 3/4 à G. du côté de M. Alfred, qui, vu de dos à moitié, est en train de lui faire le nœud de sa cravate. Derrière elle, à D., la femme de chambre tient la redingote qu'elle se dispose à lui mettre. — A G. 7 =H. 197, L. 156.

« Le Charivari, 9 février 1838. »

1er État. Avant toute lettre. Sans fil.
2e — Celui qui est décrit.

453 V. — (*La jeune Princesse*) *Mais qu'aperçois-je au loin dans la plaine? ce tourbillon de poussière!... | Un chevalier dirige vers ce manoir l'ardeur de son noble coursier!... A sa plume | blanche j'ai reconnu mon bien-aimé!... c'est lui, c'est Ludovic!... | (Ludovic dans la coulisse) O* (sic) *c'te balle! bojour Madame.* — L'actrice jouant le rôle de la princesse apparaît à D., les mains jointes, par l'ouverture pratiquée dans un décor vu à l'envers. Sur le devant, un acteur en costume moyen âge lui fait un pied de nez. — Sur la décoration à D. **3.** = H. 195, L. 155.

« Le Charivari, 12 mars 1838. »

1er État. Avant toute lettre. Sans fil.
2e — La légende est en caractères différents. *Coursier* termine la seconde ligne.
3e — Celui qui est décrit.

454 VI. — (*Le soldat romain*) *Quinze sous par jour, pas davantage! et payer la-dessus la soupe | et le garni, la pipe et la blanchisseuse..... Et faut s' tenir propre | au Théâtre..... faites donc la noce avec le reste.* — Un figurant en costume de soldat romain et un pompier assis tous deux sur sur un banc. Ce dernier est à D. Au fond, des décors entassés vus par derrière. — Sur le banc à G. **6.** A D. **G.** = H. 199, L. 157.

« Le Charivari, 19 mars 1838. »

1er État. Avant toute lettre. Sans fil.
2e — *D'avantage* au lieu de *davantage.*
3e — Celui qui est décrit.

455 VII. — (*Le Grand Prêtre*) *Donne-moi de ton feu sacré, Célestine..... | (La jeune vierge) C'est pas pour toi qu'y chauffe, blanc bec!* — Un jeune homme en costume de grand prêtre, ayant une fausse barbe et tenant sa perruque, est assis sur un montant de décor. Il se penche à G. vers une jeune coryphée en prêtresse, vue de dos sur le devant. Elle tient un vase où brûle de l'esprit-de-vin et suit ses compagnes qui sont déjà en scène. — Sur un des pieds du montant : **5.** — H. 198, L. 158.

« Le Charivari, 8 mars 1838. »

1er État. Avant toute lettre. Sans fil.
2e — Celui qui est décrit.

456 VIII. — *Allons, ma fille, de l'aplomb, de la grâce, de la chaleur, développe-toi | et soigne-moi un peu c't' entrée-là, nom d'un p'tit bonhomme!* — Un figurant costumé en ours, ayant ôté sa fausse tête et prenant une prise de tabac, est assis sur une grande caisse, sa tabatière ouverte sur son genou. A D. sa fille, en costume de princesse, vue de dos. — A D. **G.-9.** — H. 197, L. 157.

« Le Charivari, 25 mars 1838. »

1er État. Avant toute lettre. Sans fil.
2e — Celui qui est décrit.

457 IX. — *(Babet à la cantonnade) On y va not' maît', on y va!* — Une actrice ayant changé de costume est vêtue en paysanne. Derrière elle un coiffeur lui arrange les cheveux, une habilleuse lui agrafe son corsage; sur le devant, sa femme de chambre lui attache les cordons de ses souliers. A G., au fond, la mère tient un panier avec lequel Babet doit entrer en scène. — A D., près d'un balai : **11.** = H. 196, L. 157.

« Le Charivari, 4 avril 1838. »

1er État. Avant toute lettre. Sans fil.
2e — Celui qui est décrit.

458 X. — *Le Bourreau : — Je te dis que tu fais des yeux au petit de l'avant-scène. | La Victime : — J' te dis qu' non! | — Je te dis que si. | — J' te dis qu' non! | — Je te dis que si. | — Tu m'embêtes!* — Un comparse en costume de bourreau du XVIe siècle, sa hache sur l'épaule, est vu de dos et tourné à G. du côté de l'actrice jouant le rôle de la victime et se dirigeant vers la D., les cheveux épars, les mains liées; derrière elle, au fond, des figurants en hallebardiers. — A G. **G.-19** = H. 198, L. 156.

« Le Charivari, 10 avril 1838. »

1er État. Avant toute lettre. Sans fil.
2e — Celui qui est décrit.

459 XI. — *Est-ce vous qui l'avez inventée, la poudre, père Paufier? | — O* (sic) *non, m'selle! | — Eh b'en ce n'est pas not' régisseur non plus! en v'là un serin, qui me donne | un pistolet qui rate toujours..... comme c'est flatteur!* — Une jeune femme travestie en homme, perruque, culotte et bas de soie, est assise à califourchon sur une chaise, une serviette sur les épaules. Derrière elle, à G., le coiffeur en train de la poudrer. — Sur la boîte du coiffeur à G. **12**. = H. 197, L. 158.

« Le Charivari, 15 avril 1838. »

1er État. Avant toute lettre. Sans fil.
2e — Celui qui est décrit.

460 XII. — *L'Amoureux (criant dans la coulisse) Mon père! mon père! | vous n'avez plus de fils. (On entend un coup de pistolet.)* — A D. l'acteur jouant l'amoureux, costume Louis XIII, tient un verre d'eau sucrée qu'il tourne avec une petite cuillère. Sur le premier plan le chef des accessoires tire un coup de pistolet, le canon dirigé vers le plancher. — A G. sur une grosse caisse : **G.-17.** = H. 197, L. 157.

« Le Charivari, 21 avril 1838. »

1er État. Avant toute lettre. Sans fil.
2e — Celui qui est décrit.

461 XIII. *Tu me feras peut-être accroire, Fortuné, que tu n'as rien eu avec | Henriette, merci..... Vois-tu, Fortuné, si tu avais la moindre | chose de n'importe quoi, tu ne ferais pas ce que tu fais.....* — Une jeune femme est occupée à serrer par derrière le pantalon d'un comparse costumé en diable et vu de dos. — A G. **Gavarni** | **57.** = H. 200, L. 157.

« Le Charivari, 27 avril 1838. »

1er État. Avant toute lettre. Sans fil.
2e — Celui qui est décrit.

462 XIV. — *Comment qu' ça va, princesse?* | — *Pas mal, et toi, drôlesse!...* — A G. une actrice costumée en page, vue de dos, le haut du corps appuyé en avant contre un montant de décor, s'adresse à une de ses camarades, richement costumée, coiffée d'un diadème et se dirigeant vers la D. — A D. **Gavarni**. A G. sur le montant : **40.** = H. 198, L. 158.

« Le Charivari, 3 mai 1838. »

1er État. Avant toute lettre. Sans fil.
2e — Celui qui est décrit.

463 XV. — *Vous faites des folies, monsieur le comte, pour une femme qui ne | mérite certes pas l'attachement d'un jeune homme comme vous!....* — A la porte de sa loge, sur laquelle on lit : **Mlle Julia**, écrit directement, une actrice, couverte d'un long manteau à grand collet qui cache son costume, est tournée à G. vers un homme de la figure la plus commune, qui l'écoute, les mains dans les poches d'un pardessus à double collet. — A G. **G.-39.** = H. 208, L. 174.

« Le Charivari, 12 mai 1838. »

1er État. Avant toute lettre. Sans fil.
2e — Celui qui est décrit.

464 XVI. — (*La jeune princesse*) *Me faudra-t-il expirer de douleur à vos pieds, Seigneur.* | *Seigneur, n'aurez-vous pas pitié des larmes de votre | enfant.* | *Le Seigneur* (*bas*) *Mouche-toi!* — La tête ceinte d'une couronne, un acteur en costume moyen âge jette un regard de côté, sans se retourner, sur l'actrice prosternée à G. à ses genoux, les mains jointes et la tête baissée. — A G. **G.-43.** = H. 198, L. 160.

« Le Charivari, 15 mai 1838. »

1er État. Avant toute lettre. Sans fil.
2e — *Expier* au lieu de *expirer*.
3e — Celui qui est décrit.

465 XVII. — *Cinq parterres, deux actionnaires à l'avant-scène, un journaliste au balcon, et trois | moutards en haut!* — *Sept francs quatre-vingt-cinq centimes de recette!....* — Deux acteurs, l'un régisseur du théâtre, à demi costumé, et dont la robe de chambre ouverte laisse voir le haut de chausses bouffant, a un portefeuille sous le bras; l'autre à D., en costume styrien, a l'air de prendre part à la tristesse que cause à son camarade la piteuse recette de la soirée. A G. sur une porte, écrit directement : **Mr | le Régisseur.** — Au bas de la porte : **60.** Plus B. **Gavarni.** = H. 198, L. 156.

« Le Charivari, 22 mai 1838. »

1er État. Avant toute lettre. Sans fil.
2e — Celui qui est décrit.

466 XVIII. — *Elize* (sic) (*tendrement*) *M'aimez-vous, marquis?....* | *Le mar-*

quis (*bas*) *Dépêche-toi donc, fichue lambine!* (*Haut*) *Ah! ma | chère Elize, si je vous aime.* — Un jeune acteur faisant le rôle du marquis joint les mains à hauteur de la poitrine avec un air passionné. A D. l'actrice qui joue le rôle d'Élise tient un éventail. Costumes de la fin du XVIIIe siècle. — A G. **G.-54.** = H. 198, L. 156.

« Le Charivari, 12 juin 1838. »

1er État. Avant toute lettre. Sans fil.
2e — Celui qui est décrit.

467 XIX. — *Seigneur de Bougiral, il me faut tout votre sang pour laver cette injure!.... | (Le seigneur de Bougiral, haut) Seigneur de Beautricourt!.... (bas) On vous dit zut.* — L'acteur jouant le rôle du seigneur de Beautricourt, un bras étendu en avant, s'élance d'un air furieux vers l'autre acteur, qui, à G. vu de dos, le regarde impassible, les bras croisés. Costumes moyen âge. — A D. **Gavarni.** A G. **36.** = H. 198, L. 156.

« Le Charivari, 8 juin 1838. »

1er État. Avant toute lettre. Sans fil.
2e — Celui qui est décrit.

468 XX. — *Belle dame, vous êtes joliment jolie ce soir! je souperais | fièrement avec vous.... | — Tu n'es fichtre pas dégouté!....* — A G. un jeune homme, vu de dos, son chapeau sur la tête, prend la main d'une actrice costumée en grande dame de la fin du XVIIIe siècle, et vue de face. — A D. **62.** A G. **G.** = H. 196, L. 157.

« Le Charivari, 17 juin 1838. »

1er État. Avant toute lettre. Sans fil.
2e — Celui qui est décrit.

469 XXI. — *Ma chère, ma chère! c'te belle dame de l'avant-scène fait-elle l'œil à ce | grand moustache!.... elle le mange, ma chère, elle le mange!.... | Ma parole d'honneur! c'est que ces femmes-là, quand çà s'y met, c'est pis | que les autres, ah! mais!* — Deux danseuses en robes de gaze très-courtes et vues de dos, regardant au fond dans la salle par le trou de la toile. — A G. **61.** = H. 198, L. 159.

« Le Charivari, 3 juillet 1838. »

1er État. Avant toute lettre. Sans fil.
2e — Celui qui est décrit.

470 XXII. — *O* (sic) *vous me donnerez un beau petit rôle, mon amour d'auteur!* — A D. une jeune actrice habillée en homme, de pr. tournée à G., se dresse sur la pointe des pieds, les mains sur la poitrine d'un homme qui lui caresse le menton. Sur le mur à G. on lit écrit directement : **Demain | à 11 h. |** (ré)**pétition.** — A D. sur l'envers d'un décor : **63.** A G. **Gavarni.** = H. 197, L. 157.

« Le Charivari, 24 juin 1838. »

1er État. Avant toute lettre. Sans fil.
2e — Celui qui est décrit.

471 XXIII. — *Moi, avoir jamais quelque chose avec ce petit journaliste!.... Ah | Edouard!.... ô* (sic) *non! je les déteste trop..... et faut-il être assez malheureuse | pour être obligée de faire la gentille avec des paltoquets comme çà!... | ... mais ils vous abîmeraient, dam* (sic)*!* — En costume de Colombine,

une jeune actrice, dans sa loge, est en train de mettre son rouge devant le miroir d'une toilette; à G. Édouard, gros homme à figure commune, est à demi étendu sur un canapé à D. — Au M. **G.-42.** = H. 198, L. 161.

« Le Charivari, 7 juillet 1838. »

1er État. Avant toute lettre. Sans fil.
2e — Celui qui est décrit.

472 XXIV. — *Quoi! jeune vierge du désert, je te soustrais à d'infâmes ravisseurs, | je protège tes jours, je te sauve l'honneur..... et tu m'appelles | cornichon!* — Un acteur costumé en Grec moderne, allant entrer en scène, porte dans ses bras l'actrice qui joue le rôle de la jeune fille et qui semble évanouie, la tête renversée en arrière à G. et les cheveux épars. = H. 198, L. 157.

« Le Charivari, 22 juillet 1838. »

1er État. Avant toute lettre. Sans fil.
2e — Celui qui est décrit.

473 XXV. — *(Le Villageois) Qu'aimes-tu mieux de la jambe d'Irma ou | de celle d'Anna? | (Le Pirate) J'aime mieux celle de Paméla.....* — Un acteur en costume de pirate grec est assis sur une grosse caisse, une hache entre ses jambes; un autre à G., en villageois, se penche vers lui en lui mettant une main sur l'épaule. — A G. **39.** = H. 197, L. 158.

« Le Charivari, 6 août 1838. »

1er État. Avant toute lettre. Sans fil.
2e — *Inna* au lieu de *Irma.*
3e — Celui qui est décrit.

474 XXVI. — *(Le Prince) Que veut cet homme? | (Le Paysan) Justice, mon Prince (bas) et dépêche-toi, j'ai mal aux genoux.* — Deux acteurs sont en scène : l'un en vieux paysan moscovite, à D., la tête inclinée, est agenouillé aux pieds de l'autre faisant le rôle d'un prince. Celui-ci est debout, vu de face, perruque poudrée, habit brodé, sous un pardessus bordé de fourrures. — A G. **G.-55.** = H. 198, L. 158.

« Le Charivari, 16 août 1838. »

1er État. Avant toute lettre. Sans fil.
2e — Celui qui est décrit.

475 XXVII. — *(La Princesse, elle pousse un grand cri) : Le malheureux!.... s'est brisé la tête sur | les rochers au pied de la tour! (Elle pousse un autre cri.) | (Le Troubadour) Vas-tu te taire?* — En H. à G. l'actrice jouant le rôle de la princesse apparaît le corps penché en avant, les mains appuyées sur le montant d'un décor vu par derrière et soutenu par deux tréteaux. Au-dessous d'elle, le dos contre le décor, un jeune acteur en troubadour assis sur une chaise, les jambes et les bras croisés, la tête et les yeux en l'air. — A G. **35.** = H. 199, L. 158.

« Le Charivari, 29 août 1838. »

1er État. Avant toute lettre. Sans fil.
2e — Celui qui est décrit.

476 XXVIII. — *(La Maman) A-t-on vu une petite vilaine comme çà qui s' fiche à beugler | au milieu de mon apothéose. | (Le Papa) Si elle a la colique c't' enfant!* — Un acteur en costume de bailli, lunettes sur le nez, assis sur un

banc de pr. à D., tenant dans ses bras sa fille habillée en Amour, pleurant dans le sein paternel. La mère, en Colombine, debout à D. et vue de face. — Sur le banc à G. **G.-58.** = H. 210, L. 176.

« Le Charivari, 6 septembre 1838. »

1er État. Avant toute lettre. Sans fil.
2e — Celui qui est décrit.

477 XXIX. — *(Bas) En v'la t'i des histoires! ton abomination d'Angélique qui m'abime | auprès d'Achille rapport à toi!.... et Achille qui me fait une scène! .... | mais une scène..... juge un peu!....*
— *(Haut) « Celui qui met un frein à la fureur des flots,*
Sait aussi des méchans (sic) *arrêter les complots.* »
(Bas) N'as pas peur! — Un acteur en costume, bandeau royal, longue tunique, manteau blanc, lève une main au-dessus de la tête, et pose l'autre sur l'épaule d'une jeune femme habillée en paysanne allemande et tournée vers lui, les bras croisés sur la poitrine. — A G. **70.** = H. 197, L. 157.

« Le Charivari, 20 septembre 1838. »

1er État. Avant toute lettre. Sans fil.
2e — Celui qui est décrit.

478 XXX. — *La Princesse : Ah! je me meurs..... (Bas) Je meurs de faim, ma chère, et | Henri qui m'attend chez Véfour! quelle heure est-il? | — La Suivante (bas) Minuit dam* (sic)*! | — La Princesse (bas) Nom de nom! et encore trois tableaux..... nom de nom! | — La Suivante (haut) A* (sic) *ma pauvre maîtresse!* — L'actrice faisant le rôle de la princesse est étendue par terre de D. à G., les cheveux épars. Celle qui joue la suivante est agenouillée près d'elle, la tête dans ses mains. A D. au troisième plan, un acteur, vu de dos, tenant à la main le poignard avec lequel il a frappé la princesse. Costumes moyen âge. Au fond la salle remplie de spectateurs. — A D. **Gavarni**. A G. **34.** = H. 197, L. 155.

« Le Charivari, 7 octobre 1838. »

1er État. Avant toute lettre. Sans fil.
2e — *Quel heure* au lieu de *quelle heure*.
3e — Celui qui est décrit.

479 No XXXI. — *Gonzalès : Versez, jeune page, versez à pleins bords le vin doré des | Espagnes..... | — Le Page (bas) Tin, tin, tin, tin, v'la le coco! et du soigné, qui ne te tapera | pas sur la tête..... va toujours!* — A G. un acteur, en costume de seigneur moyen âge, assis près d'une table sur laquelle il est accoudé, tend un verre que remplit d'eau une jeune femme faisant le rôle de page, debout derrière lui à D. — A D. **Gavarni, d'après E. Forgues.** A G. sur le tapis de la table : **142.** = H. 200, L. 157.

« Le Charivari, 29 octobre 1838. »

CROQUIS FANTASTIQUES.

Suite de six pièces représentant des personnages à mi-jambes, et dont le no 4 a paru le même jour dans *le Charivari* et dans le journal *la Mode*. Chacune de ces planches est entourée d'un fil., au-dessus duquel on lit en H. à D. *Croquis Fantastiques*, suivi du no d'ordre.

480 N° I. — UN RAT DANS UN FROMAGE. — Une femme en robe de chambre, assise sur un canapé, fourre sa main dans un large sac plein d'écus, posé devant elle sur une table; elle a un coude à D. sur l'épaule d'un homme, également en robe de chambre, se vautrant sur les oreillers du canapé et sur les genoux de sa maîtresse, un verre de vin de Champagne à la main. Sur la table un portefeuille, des clefs et des papiers sur lesquels on lit, écrit directement : **Transport.—Donation | entre | vifs,—Hy**(po)**thèq**(ues).—Vers la D. **199.** A G. **Gavarni.** — En B. entre le T. C. et le fil. au M. *Gavarni.* Au-dessous du fil. à G. *Imprimerie d'Aubert et Cie.* A D. *Chez Aubert, gal. Véro-Dodat.* = H. 156, L. 179.

« Le Charivari, 3 janvier 1839. »

1er État. Avant toute lettre.
2e — Celui qui est décrit.

481 N° II. — UN MARIAGE DE RAISON. — Une noce à l'église. Tourné à G. du côté de l'autel, qu'on ne voit pas, le marié agenouillé sur une chaise. Près de lui un gros sac d'écus ayant une apparence de forme humaine à genoux et coiffée d'une couronne de fleurs d'oranger et d'un voile, occupe à G. la place de la mariée, que l'on aperçoit plus loin à genoux également, la tête baissée, les traits cachés par ses mains. Derrière le marié, sur un fauteuil, son chapeau rempli de papiers timbrés sur l'un desquels on lit, écrit directement : **Prise | de | corps.** Au fond à G. le suisse et les grands parents. A D. les amis du marié riant et plaisantant. — Sur le B. de la chaise de celui-ci : **Gavarni**, et sur le B. de celle où est le sac d'argent : **39-5.** — En B. entre le T. C. et le fil. au M. *Gavarni.* Au-dessous de la légende à G. *Au bureau du Charivari, rue du Croissant.* A D. *Imp. d'Aubert et Cie.* = H. 155, L. 189.

« Le Charivari, 13 janvier 1839. »

1er État. Avant toute lettre.
2e — Celui qui est décrit.

482 N° III. — UN CAUCHEMAR. — Un homme couché sur le dos de D. à G. dans un lit, la tête posée sur un gros sac d'argent, fait un mauvais rêve personnifié par une petite figure coiffée d'une toque et vêtue d'une robe de juge, accroupie sur lui, et le regardant d'un air scrutateur. — A G. **Gavarni.** A D. **198.** — En B. entre le T. C et le fil. au M. *Gavarni.* Au-dessous de la légende à G. *Au bureau du Charivari, rue du Croissant.* A D. *Imp. d'Aubert et Cie.* = H. 155, L. 169.

« Le Charivari, 15 janvier 1839. »

1er État. Avant toute lettre.
2e — Celui qui est décrit.

483 N° IV. — BON APPÉTIT. — Un jeune gandin, les cheveux frisés et le cou serré dans une cravate blanche, est assis de pr. tourné à D. à une table couverte de plats, où sont placés de petits immeubles figurant des mets et étiquetés : **Ferme—château—usine**; sur une bouteille on lit : **Vignoble**; sur la carafe : **Cours d'eau**, et sur le pain : **Terres.** Il se dispose à avaler un petit oiseau qu'il tient entre ses doigts et un petit cochon qu'il tient au bout de sa fourchette. En H. à G. sur le mur : **Café de Paris, chemin de Clichy.** Toutes ces inscriptions sont écrites directement. — A D. **Gavarni.** — En B. au-dessous du fil. à G. *Imp. d'Aubert et Cie.* A D. *Édité par le Charivari, rue du Croissant,* 16. = H. 158, L. 191.

« Le Charivari, 20 avril 1839. »

1er Etat. Avant toute lettre.
2e — L'inscription *Croquis fantastiques, no* 4, n'existe pas. En B. au-dessous du fil. à D. *La Mode, 20 avril* 1839, au lieu de : *Édité par le Charivari, Rue du Croissant,* 16. Le reste comme à l'état décrit.
3e — Celui qui est décrit.

484 V. — UN PORTRAIT FLATTÉ. — Un peintre vu de dos est en train de faire sur une grande toile le portrait d'un juge, qu'il représente sous les traits de la Justice, tenant d'une main une épée et de l'autre une balance. Son modèle, en robe et en rabat, dort profondément, assis à D. dans un fauteuil. — Vers le M. **40-8. Gavarni.** — En B. entre le T. C. et le fil. au M. *Par Gavarni.* Au-dessous du fil. à G. *Chez Bauger, r. du Croissant,* 16, A D. *Imp. d'Aubert et Cie.* = H. 149, L. 186.

« Le Charivari, 31 janvier 1840. »
Planche publiée sans changement dans *Paris comique*, 4e livraison.

1er État. Avant toute lettre.
2e — Celui qui est décrit.

485 VI. — UN PARCHEMIN, UN SABRE, UNE BLAGUE. | *La noblesse d'avant-hier, celle d'hier et celle d'aujourd'hui.* — A G. en manches de chemise, de face, un homme montre d'une main en souriant les trois objets pendus sur le mur, et qui constituent à ses yeux nos trois noblesses. A D. une table ronde sur laquelle est posée une pipe d'où s'échappe encore un peu de fumée. — A G. **Gavarni.** | **40** | **14.** — En B. entre le T. C. et le fil. au M. *Par Gavarni.* Au-dessous du fil. à G. *Chez Aubert, gal. Véro-Dodat.* Au M. *Imp. d'Aubert et Cie.* A D. *Chez Bauger, r. du Croissant,* 16. = H. 150, L. 189.

« Le Charivari, 30 mars 1840. »

1er État. Avant toute lettre. Sans fil.
2e — Celui qui est décrit.

LES DÉBARDEURS.

Suite de soixante-six pièces, dont neuf ont paru antérieurement à leur publication dans le *Charivari*, savoir : huit dans la *Caricature*, les nos 21, 23, 24, sous le titre : *Souvenirs du Carnaval*, les nos 32, 44, 49, 54 et 61, sous le titre : *les Débardeurs;* et une, le no 58, sous ce dernier titre également, dans *la Mode.* — Toutes ces planches sont entourées de quatre fil., au-dessus desquels on lit en H. au M : *Les Débardeurs.* En B. au-dessous de T. C. au M. *Par Gavarni,* et plus B. la légende entre le T. C. et le premier fil.

486 I. — *Le Débardeur mâle et femelle..... vivants !..... rapportés d'un voyage autour du monde !* | *par Monsieur Chicard, célèbre naturaliste, avec la permission des autorités !..... Le* | *Débardeur est carnivore, fumivore, hydropobe* (sic) *et nocturne ! se repait de gibier, de volaille* | *et de poissons !..... Il mange de l'huitre, de la sole au gratin, de la mayonnaise de homard !..* | *...Il mange de tout..... on dit même qu'il mange ses petits...... ça fait de la peine.* — Dans un cabinet particulier de restaurateur, un homme à mi-jambes, en costume de charlatan, vaste perruque noire, larges lunettes, bottes à l'écuyère, montre un homme et une femme, en débardeurs, montés sur une table au milieu des assiettes et des bouteilles, fumant chacun un cigare. — Sur la nappe de la table au coin à G. **Gavarni. 40-4.** — En H. à D. entre le T. C, et le premier

fil. 1. En B. au-dessous des fil. à G. *Chez Bauger, r. du Croissant*, 16. A D. *Imp. d'Aubert et Cie*. = H. 198, L. 154.

« Le Charivari, 19 janvier 1840. »

1er État. Avant toute lettre. Fil. non fermés par le B.
2e — La légende se termine après les mots : *Il mange de tout.*
3e — Celui qui est décrit.

487 II. — *Caporal, on gèle dans votre satané violon! Mon épouse n'est vraiment pas bien!* | *Est-ce qu'on ne pourrait pas se procurer une goutte de n'importe quoi, sans vous* | *commander?..... et un bout de pipe.* — Un homme et une femme en débardeurs, au violon. Le premier vu de dos et tourné à G. a les mains posées sur le guichet de la porte par l'ouverture duquel on aperçoit une partie de la tête du caporal. La femme, se tenant une jambe, est assise dans le fond à D. sur le lit de camp. — A D. **Gavarni.**, à G. **40-1.** — En H. à D. entre le T. C. et le premier fil. 2. En B. au-dessous des fil. à G. *Imp. d'Aubert et Cie.* A D. *chez Bauger, r. du Croissant*, 16. = H. 199, L. 154.

« Le Charivari, 26 janvier 1840. »

1er État. Avant toute lettre. Fil. non fermés par le B.
2e — Celui qui est décrit.

488 III. — .... ? | — *Amanda L'Écuyer.* | —*Rue?* | —*De Bondy, cul-de-sac de la Pompe.* | —*Numéro?* | —*Çà ne fait rien.* | —Dans un cabinet particulier un homme vu de face, en costume de postillon, tournant le dos à une table dont la nappe est mise, et sur laquelle il appuie ses deux mains; à G. assise sur une chaise une femme, en débardeur et masquée, prend un consommé dans un bol qu'elle tient à la main, son assiette sur ses genoux. — A G. **40-3.** — En H. à D. au-dessus des fil. 3. En B. au-dessous des fil. à G. *Chez Bauger, r. du Croissant,* 16. A D. *Imp. d'Aubert et Cie.* = H. 200, L. 157.

« Le Charivari, 14 février 1840. »

1er État. Avant toute lettre. Fil. non fermés par le B.
2e — Celui qui est décrit.

489 IV. — *Qui?* | —*Moi et Zélie, Achille et toi.* | —*Où?* | — *Aux Vendanges.* | — *Quand?* | — *Jeudi..... ça y est?* | — *Ça y est!* — Dans un couloir un débardeur accoudé contre la porte d'une loge la main posée sur le chapeau qu'il a sur la tête; à D. une femme en costume de paysanne allemande, vue de dos et tournée vers lui, les mains dans les poches de sa robe. Au-dessus sur le mur, écrit directement : **Premières loges.** Et sur la loge : **No 27.** — A D. **40-7.** A G. **Gavarni.** — En H. à D. entre le T. C. et le premier fil. 4. En B. au-dessous des fil. à G. *Chez Bauger, r. du Croissant*, 16. A D. *Imp. d'Aubert et Cie.* — H. 196, L. 160.

« Le Charivari, 16 février 1840. »

1er État. Avant toute lettre. Fil. non fermés par le B.
2e — Celui qui est décrit.

490 V. — *Un amour de petit ménage; quoi! ça se retire à la pointe du jour, bien* | *paisibles, bien unis!..... ça va se mettre sous le nez son pauvre* | *polichinel de quatre sous, dormir jusqu'à midi et puis bonjour! en* | *voilà pour la semaine.....* — Dans la rue une femme en débardeur et masquée et son amant, en paletot par-dessus un costume travesti, sortant du bal. La femme à D. un bras passé autour du corps de l'homme, qui a son bras derrière le cou de

celle-ci. — A G. **40 | 16 | Gavarni.** — En H. à D. au-dessus du fil. 5. En B. au-dessous des fil. à G. *Chez Aubert, gal. Véro-Dodat.* Au M. *Imp. d'Aubert et Cie*. A D. *Chez Bauger, r. du Croissant,* 16. = H. 197, L. 153.

« Le Charivari, 2 avril 1840. »

1er État. Avant toute lettre. Fil. non fermés par le B.
2e — Celui qui est décrit.

91 VI. — *On va pincer son petit cancan, mais bien en douceur..... Faut | pas désobliger le gouvernement!.....* — Un homme en débardeur et une femme en Titi, vus de dos et se dirigeant à G. bras dessus, bras dessous, montent l'escalier d'un théâtre. Dans une glace, vis-à-vis d'eux, on aperçoit la tête de la femme. — A D, **40-24.** — En H. à D. au-dessus des fil. 6. En B. au-dessous des fil. à G. *Chez Aubert, gal. Véro-Dodat.* Au M. *Imp. d'Aubert et Cie*. A D. *chez Bauger, r. du Croissant,* 16. = H. 196, L. 157.

« Le Charivari, 7 avril 1840. »

1er État. Avant toute lettre. Fil. non fermés par le B.
2e — Celui qui est décrit.
3e — *Chez Aubert, gal. Véro-Dodat,* a disparu.

92 VII. — *Le vicomte Aimé de Trois Étoiles et dame Éloa de Tremblemont vont | tout à l'heure ouvrir un cours public de Cachuchas comparés* (Sic). — Un débardeur debout et de face dans une loge de spectacle a le bras étendu à D. la main sur un des rideaux de la loge, une femme en débardeur est à cheval à G. sur le rebord de cette loge.— A D. **40-15.** A G. **Gavarni.**—En H. à D. au-dessus des fil. 7. En B. au-dessous des fil. à G. *Chez Beauger, r. du Croissant,* 16. A D. *Imp. d'Aubert et Cie*. — H. 198, L. 151.

« Le Charivari, 15 avril 1840. »

1er État. Avant toute lettre. Fil. non fermés par le B.
2e — Celui qui est décrit.
3e — *Chez Aubert, gal. Véro-Dodat,* au lieu de *chez Beauger* (etc.).

93 VIII. —

Ah ! qu'il est beau !
Qu'il est beau !
Qu'il est beau !
Le postillon de long chameau !

Dans un couloir au bal de l'Opéra, un débardeur, son chapeau à la main, se moquant d'un homme frêle et mal bâti, costumé en postillon et vu de dos à G., donnant le bras à une grande femme ayant un loup sur le visage; sur le mur à D. écrit directement. **Premières loges.** — A D. **Gavarni**. A G. **40-37.** — En H. à D. au-dessus des fil. 8. En B. au-dessous des fil. à G. *Chez Bauger, r. du Croissant,* 16. Au M. *Imp. d'Aubert et Cie*. A D. *Chez Aubert, gal. Véro-Dodat.* = H. 196, L. 155.

« Le Charivari, 20 avril 1840. »

1er État. Avant toute lettre. Fil. non fermés par le B.
2e — Celui qui est décrit.

94 IX. — *Malheureuse enfant ! qu'as-tu fait de ton sexe ?.....* — Au coin d'une rue, une vieille portière, un tartan sur les épaules, s'arrête stupéfaite à l'aspect de sa fille en débardeur. Celle-ci, son manteau sur le bras et baissant la tête, est vue de dos et tournée à G. — A D. **40-36,** à G. **Gavarni.** — En H. à D. entre le T. C. et le premier fil. 9. En B. au-dessous des fil. au M. *Imp. d'Aubert et Cie*. A D. *Chez Bauger, r. du Croissant,* 16.— H. 198, L. 153.

« Le Charivari, 16 avril 1840. »

1er État. Avant toute lettre. Fil. non fermés par le B.
2e — Celui qui est décrit.
3e — En B. au-dessous des fil. à G. *Chez Aubert, gal. Véro-Dodat.* Le reste comme à l'état décrit.

495 X. — *Pauvre Elvire, emportée aux flots du bal Musard,*
Où tu cherchais Don Juan, tu trouves Chicandard.

Un homme en travestissement de fantaisie, manches de chemise et gilet, chapeau déformé, orné d'un plumet de crins retombant sur le dos, culotte et bottes courtes, un gros pinceau à la main, s'est arrêté devant deux femmes en domino et masquées, se donnant le bras à D. Au fond d'autres personnages travestis. — Sur le B. d'une colonne à G. **40 | 27**, et plus B. **Gavarni**. — En H. à D. au-dessus des fil. n° 10. En B. au-dessous des fil. à G. *Chez Aubert, gal. Véro-Dodat.* Au M. *Imp. d'Aubert et Cie.* A D. *Chez Bauger, r. du Croissant,* 16. = H. 197, L. 155.

« Le Charivari, 27 avril 1840. »

1er État. Avant toute lettre. Un seul fil.
2e — Celui qui est décrit.

496 XI. — *C'est comme ça que tu les intrigues?..... merci!* — Dans un couloir de théâtre, un débardeur les jambes ployées, les mains sur ses genoux, est tourné à D. vers une femme en domino blanc et masquée, qui va entrer dans une loge, sur la porte entr'ouverte de laquelle on lit écrit directement : **Loge louée**, et où l'on aperçoit la silhouette d'un monsieur. — A D. **Gavarni**, à G. **40-34**. — En H. à D. entre le T. C. et le premier fil. 11. En B. au-dessous des fil. à G. *Chez Bauger, r. du Croissant,* 16. Au M. *Imp. d'Aubert et Cie.* A D. *Chez Aubert, gal. Véro-Dodat.* = H. 196, L. 155.

« Le Charivari, 4 mai 1840. »

1er État. Avant toute lettre. Fil. non fermés par le B.
2e — *Chez Auber, g. Véro-Dodat*, au lieu de *Chez Aubert, gal. Véro-Dodat.*
3e — Celui qui est décrit.

497 XII. — *En voulez-vous de la crevette?..... pas cher.* — Dans une loge, un débardeur, vu de face, chapeau défoncé sur la tête, les bras étendus à G. et à D., un pied sur le rebord de la loge, entre deux femmes en débardeurs, couchées sur des fauteuils; celle de D. endormie, les jambes en dehors de la loge. — A. G. **Gavarni**. En H. à G. **33-40**. — En H. à D. entre le T. C. et le premier fil. 12. En B. au-dessous des fil. au M. *Imp. d'Aubert et Cie.* A D. *Chez Bauger, r. du Croissant,* 16. = H. 198, L. 155.

« Le Charivari, 2 mai 1840. »

1er État. Avant toute lettre. Fil. non fermés par le B.
2e — Celui qui est décrit.
3e — En B. au-dessous des fil. à G. *Chez Aubert, gal. Véro-Dodat.* Le reste comme à l'état décrit.

498 XIII. — *Va dire à ta mère qu'a te mouche.* — Une femme en débardeur, bonnet de police sur la tête, les mains sur les hanches. A D. un jeune homme, vu de dos, les deux mains dans les poches de son pantalon. — A D. **G.**, à G. **40-50**. — En H. à D. au-dessus des fil, 13. En B. au-dessous des fil. à D. *Imp. d'Aubert et Cie.* = H. 193, L. 151.

« Le Charivari, 13 mai 1840. »

1er État. Avant toute lettre. Fil. non fermés par le B.
2e — Celui qui est décrit.
3e — Au M. *Imp. d'Aubert et Cie*. A G. *Chez Aubert, gal. Véro-Dodat*. A D. *Chez Bauger, r. du Croissant*, 16. Le reste comme à l'état décrit.

499 XIV. — *Je vous dis que vous avez dansé d'une façon..... que..... enfin, il ne fallait | pas..... ainsi que votre femme la même chose, ainsi!* | — *Sergent de ville de mon cœur, t'as bû.* — Dans un couloir de théâtre, un sergent de ville, vu de dos et tourné à G., réprimandant un jeune débardeur coiffé d'un bonnet de police. — A D. **40-41,** à G. **Gavarni.** — En H. à D. au-dessus des fil. 14. En B. au-dessous des fil. à G. *Chez Bauger, r. du Croissant*, 16. Au M. *Chez Aubert, gal. Véro-Dodat*. A D. *Imp. d'Aubert et Cie*. = H. 195, L. 154.

« Le Charivari, 15 mai 1840. »

1er État. Avant toute lettre. Fil. non fermés par le B.
2e — Celui qui est décrit.

500 XV. — *Comment Lili ne reconnait pas son Nini!* — A G. un homme en costume grotesque, bonnet à poil avec un gros pinceau en guise de plumet, lunettes sur le nez, culottes bouffantes, bottes à l'écuyère, prend la taille par derrière à une jeune femme en débardeur, qui retourne la tête vers lui d'un air effrayé et cherche à se dégager. — A D. **Gavarni,** à G. **40-4.** — En H. à D. au-dessus des fil. 15. En B. au-dessous des fil. à G. *Imp. d'Aubert et Cie*. Au M. *Chez Aubert, gal. Véro-Dodat*. A D. *chez Bauger, r. du Croissant*, 16. = H. 193, L. 149.

« Le Charivari, 18 mai 1840. »

1er État. Avant toute lettre. Fil. non fermés par le B.
2e — Celui qui est décrit.

501 N° XVI. — *Y en-a-ti des femmes, y en-a-ti..... et quand on pense que tout çà mange | tous les jours que Dieu fait! c'est çà qui donne une crâne idée de l'homme!* — Dans un bal masqué, au théâtre, un homme et une femme en débardeurs, vus de dos, et montés sur une banquette de la galerie; ils regardent la foule qui remplit la salle, et s'agite dans le bas — A D. **40-48.** — En H. à D. au-dessus des fil. *n°* 16. En B. au-dessous des fil. à G. *Imp. d'Aubert et Cie*. A D. *Chez Bauger, r. du Croissant*, 16. = H. 200, L. 156.

« Le Charivari, 30 mai 1840. »

1er État. Avant toute lettre. Fil. non fermés par le B.
2e — Celui qui est décrit.
3e — En B. au-dessous des fil. au M. *Chez Aubert, gal. Véro-Dodat*. Le reste comme à l'état décrit.

502 XVII. — *Allons Landerneau, mon bonhomme! vous avez bû; et vous savez | que vous avez le vin mauvais.. ..— Qu'est-ce que c'est?.... méchant | manezingue! c'est toi qui l'as le vin mauvais!.....* — A D. sur la berge de la Seine, un cabaretier repousse un débardeur complétement ivre qui veut entrer malgré lui dans le cabaret, dont la porte est ouverte. Près de la porte, sur le mur, on lit en H. écrit directement : **Bonne matel**(ote) | **marchand** | **de** | **vin.** — A D. **40-42.,** à G. **Gavarni.** — En H. à D. au-dessus des fil. 17. En B. au-dessous des fil. à G. *Imp. d'Aubert et Cie*. Au M. *Chez Bauger, r. du Croissant*, 16. A D. *Chez Aubert, gal. Véro-Dodat*. = H. 197, L. 155.

« Le Charivari, 6 juin 1840. »

1er État. Avant toute lettre. Fil. non fermés par le B.
2e — Celui qui est décrit.

503 XVIII. — *Çà ne te regarde pas, de quoi te mêles-tu ? est-ce que son homme | n'est pas là pour la battre ?.....* — A la porte d'un bal public, un débardeur presque de face se place devant un autre débardeur, pour l'empêcher d'aller corriger une jeune femme vue de dos, dans le fond à G. et costumée de la même manière Celle-ci se retourne en faisant un pied de nez. Elle est suivie par un troisième débardeur qui lui fait une semonce. Au-dessus de la tête de ces deux derniers une lanterne sur laquelle on lit écrit directement : **Bal.** — A G. **52.** — En H. à D. au-dessus du fil. 18. En B. au-dessous des fil. à G. *Chez Bauger, r. du Croissant,* 16 A D. *Imp. d'Aubert et Cie.* = H. 198, L. 156.

« Le Charivari, 10 juin 1840. »

1er État. Avant toute lettre. Fil. non fermés par le B.
2e — Celui qui est décrit.
3e — En B. au-dessous des fil. au M. *Chez Aubert, gal. Véro-Dodat.* Le reste comme à l'état décrit.

504 XIX. — *..... être fichues au violon comme des rien du tout! deux | femmes comme il faut..... vingt Dieu!* — Deux femmes en débardeurs au violon. Celle de G., les mains dans les poches de son pantalon, a le dos et la tête contre le mur, sur lequel l'autre appuie également la tête et une épaule. — A G. **Gavarni.** — En H. à D. au-dessus des fil. 19. En B. au-dessous des fil. à G. *Chez Bauger, r. du Croissant,* 16. A D. *Imp. d'Aubert et Cie.* = H. 195, L. 155.

« Le Charivari, 25 juin 1840. »

1er État. Avant toute lettre. Fil. non fermés par le B.
2e — Celui qui est décrit.
3e — En B. au-dessous des fil. au M. *Imp. d'Aubert et Cie*, une seconde fois. Le reste comme à l'état décrit.

505 XX. — *Six pouces de jambes et le dos tout de suite !* — Un grand débardeur presque de face, bonnet de police sur la tête, et devant lui à D. une toute petite femme en débardeur, vue de dos, les mains dans les poches de son pantalon. — A D. **60.** A G. **G.** — En H. à D. au-dessus des fil. 20. En B. au-dessous des fil. à G. *Chez Bauger, r. du Croissant,* 16. A D. *Imp. d'Aubert et Cie.* = H. 196, L. 152.

« Le Charivari, 17 juin 1840. »

1er État. Avant toute lettre. Fil. non fermés par le B.
2e — Celui qui est décrit.

» XXI. — *« L'intolérance est fille des faux Dieux ! » | O municipaux de malheur ! la danse anacréontique est défendue... | c'est bon, taisez vos becs : on dansera le menuet.* — Voir ci-dessus la description de cette planche sous la rubrique : *Souvenirs du carnaval,* dans *la Caricature.* (Deuxième publication.)

506 XXII — *Voyons Angelina as-tu assez fait poser mosieu ?* — Dans un des couloirs d'une salle de spectacle, un débardeur, vu presque de dos, passe sa tête à D. par la lucarne d'une loge numérotée **35**, et soulève une étiquette portant, écrit directement : **Loge louée.** Il tient des deux mains son chapeau derrière son dos. La porte de la loge de G. est numérotée **24**, et on lit en H. sur le mur écrit également en sens direct : **Premières loges.** — A G. **Gavarni | 49.** — En H. à D. au-dessus des fil. 22. En B. au-dessous des fil. à G.

Chez Bauger, r. du Croissant, 16. A D. *Imp. d'Aubert et Cie.* = H. 198, L. 157.

« Le Charivari, 7 juillet 1840. »

1er État. Avant toute lettre. Fil. non fermés par le B.
2e — Celui qui est décrit.

» XXIII. — *Va donc!..... Singulier masculin!* »

» XXIV. — *C'est mon débardeur!* | *—C'est mon Balochard!* »

Voir ci-dessus la description de ces deux planches sous la rubrique : *Souvenirs du carnaval,* dans *la Caricature.* (Deuxième publication.)

507 XXV. — *C'est d'main matin qu'mon tendre époux va beugler : Ah! mais .... zut! ce soir* | *j'suis Simonienne : enfoncé l'conjugal et viv' Chicard.* — Deux femmes en débardeurs. Celle de G. de pr. à D., une main derrière le dos, l'autre en l'air, tenant son bonnet de police. La seconde est vue de dos, masquée, les mains dans les poches de son pantalon. — A D. **Gavarni**, à G. **85.**— En H. à D. au-dessus des fil. 25. En B. au-dessous des fil. à G. *Chez Bauger, r. du Croissant,* 16. à D. *Imp. d'Aubert et Cie.* = H. 196, L. 153.

« Le Charivari, 3 août 1840. »

1er État. Avant toute lettre. Fil. non fermés par le B.
2e — Celui qui est décrit.

508. XXVI. — *Te v'la ici, toi c'est comme çà qu' t'as la migraine?* | *— C'est comme çà qu' tu montes la garde, toi!* — A D. une femme en débardeur et masquée, vue presque de dos, les bras écartés, les mains à hauteur des hanches, en face d'un débardeur qui, son chapeau sur la tête, a les mains sur les hanches, le corps penché de côté à G. —A G. **92,** à D. **Gavarni.**— En H. à D. au-dessus des fil. 26. En B. au-dessous des fil. à G. *Chez Bauger, r. du Croissant,* 16. A D. *Imp. d'Aubert et Cie.* = H. 179, L. 154.

« Le Charivari, 15 août 1840. »

1er État. Avant toute lettre. Fil. non fermés par le B.
2e — Celui qui est décrit.

509 XXVII. — *J'espère que tu vas te tenir Angélique, et que tu ne t'épanouiras* | *pas comme l'autre fois!..... que tu étais d'une gentillesse à faire dresser* | *le crin sur le casque à l'autorité.* — Un homme et une femme en débardeurs, tournés vers la G., montent l'escalier d'un bal. Le premier a une main sur son genou, l'autre derrière son dos. Angélique, qui le précède, est vue de dos et lui fait un pied de nez sans tourner la tête. — Vers la G. **Gavarni-84.** — En H. à D. au-dessus des fil. 27. En B. au-dessous des fil. à G. *Chez Bauger, r. du Croissant,* 16. A D. *Imp. d'Aubert et Cie.* = H. 196, L. 153.

« Le Charivari, 23 novembre 1840. »

1er État. Avant toute lettre. Fil. non fermés par le B.
2e — Celui qui est décrit.

510 XXVIII. — *Voilà un fénéant* (sic) *qui dort et qui laisse une pauv' femme danser toute la nuit!.....* — Une jeune femme en débardeur, couverte d'un grand châle, considère un débardeur couché tout de son long sur une banquette à D. dans un des couloirs d'une salle de spectacle. Sur le mur en H. à G. on lit : **2e galerie** écrit directement. — A D. **G.** A G. **91.** — En H. à D.

au-dessus des fil. 28. En B. à G. au-dessous des fil. *Chez Bauger, r. du Croissant*, 16. A D. *Imp. d'Aubert et Cie*. = H. 190, L. 156.

« Le Charivari, 30 novembre 1840. »

1er État. Avant toute lettre. Fil. non fermés par le B.
2e — Celui qui est décrit.

511 XXIX. — ...... *une douzaine d'huîtres et mon cœur.* | — *Ta parole?* — Un homme en costume grotesque, longs cheveux tombant au bas des reins, tuyau de poële pour brassard, culotte et bottes courtes, une main sur la hanche. Il est vu de dos à moitié et tourné vers une jeune femme en débardeur qui, passant près de lui à D., lui fait un pied de nez. — A D. **Gavarni**. A G. **90**. — En H. à D. au-dessus des fil. 29. En B. au-dessous des fil. à G. *Chez Bauger, r. du Croissant*, 16. A D. *Imp. d'Aubert et Cie*. = H. 197, L. 155.

« Le Charivari, 6 janvier 1841. »

1er État. Avant toute lettre. Fil. non fermés par le B.
2e — Celui qui est décrit.

512 XXX. — *V'la qu'i fait jour : j'suis échigné moi, dam* (sic)*! et toi?* | — *Moi pas.* — Une jeune femme en débardeur et masquée, les mains dans les poches de son pantalon, se dirige d'un pied ferme vers la D. Un homme dans le même costume la suit en se traînant, les mains également dans ses poches. — A D. **Gavarni**. A G. **83**. — En H. au-dessus des fil. à D. 30. En B. au-dessous des fil. à G. *Chez Bauger, r. du Croissant*, 16. A D. *Imp. d'Aubert et Cie*. = H. 197, L. 158.

« Le Charivari, 9 janvier 1841. »

1er État. Avant toute lettre. Fil. non fermés par le B.
2e — Celui qui est décrit.
3e — En B. au-dessous des fil. au M. *Chez Aubert, gal. Véro-Dodat*. Le reste comme à l'état décrit.

513 XXXI. — *On rit avec vous et tu te fâches..... en voilà un drôle de pistolet!* — Un débardeur, le haut du corps et une jambe en avant, interpelle un personnage vu de face, à D., en habit de ville, cravate blanche, son chapeau sur la tête, qui le regarde d'un air mécontent. — A D. **62**. A G. **G**. — En H. au-dessus des fil. à D. 31. En B. au-dessous des fil. à G. *Chez Bauger, r. du Croissant*, 16. A D. *Imp. d'Aubert et Cie*. = H. 196, L. 155.

« Le Charivari, 20 janvier 1841. »

1er État. Avant toute lettre. Fil. non fermés par le B.
2e — Celui qui est décrit.
3e — En B. au-dessous des fil. au M. *Chez Aubert, gal. Véro-Dodat*. Le reste comme à l'état décrit.

» XXXII. — *Tais-toi, moutard, faut laisser jaser l'autorité!..... Je trouve..... que* | *Mosieu cause agréablement.* — Voir ci-dessus la description de cette planche sous la rubrique : *Les Débardeurs*, dans *la Caricature* (deuxième publication).

514 XXXIII. — *V'là un gueux de petit pékin qui se divertit au bal comme un grain de plomb dans du champagne.* — Un débardeur, la tête en avant et les jambes ployées, les mains dans les poches de son pantalon, considère un jeune homme en tenue de bal, chapeau claque sur la tête, qui dort profondément, assis à G. sur une banquette. Ce dernier, la tête appuyée contre le mur, laisse

échapper de sa main un bouquet. — A G. **303.** — En H. à D. entre le T. C. et le premier fil. 33. En B. au-dessous du T. C. à D. *Imp d'Aubert et Cie*. Au-dessous des fil *Se vend chez Bauger et Cie, éditeurs des* (etc.). = H. 198, L. 156.

« Le Charivari, 12 janvier 1841 »

1er État. Avant toute lettre. Fil. non fermés par le B.
2e — Celui qui est décrit.
3e — En B. au-dessous du T. C. à G. *Chez Aubert, Gal. Véro-Dodat.* Le reste comme à l'état décrit.

515 XXXIV. — ..... *Et si Cornélie ne trouvait pas de voiture?* | — *Nous irions à pied!* | — *Merci! je serai canaille tant qu'on voudra, mais mauvais genre, jamais!* — Dans une chambre et prête à partir pour aller au bal, une femme en débardeur, vue de dos, les mains dans les poches de son pantalon. Près d'elle à D. et tourné de son côté, un homme dans le même costume, une main sur la hanche. — A G. **299.** — En H. à D. entre le T. C. et le premier fil. 34. En B. au-dessous du T. C. à D. *Imp. d'Aubert et Cie*. Au-dessous des fil. *Se vend chez Bauger et Cie, éditeurs des* (etc.). = H. 197, L. 155.

« Le Charivari, 19 janvier 1841. »

1er État. Avant toute lettre. Fil. non fermés par le B.
2e — Celui qui est décrit.

516 XXXV. — *Toi, je te repigerai!* — A D. un sergent de ville entraîne violemment, en le tenant à bras le corps, un débardeur. Ce dernier, de face, retourne la tête en menaçant de la main un groupe de trois personnages travestis, que l'on voit dans le fond à G., se moquant de lui et lui faisant un pied de nez. — A G. **302.** — En H. à D. entre le T. C. et le premier fil. 35. En B. au-dessous du T C. à D. *Imp. d'Aubert et Cie*. Au-dessous des fil. *Se vend chez Bauger et Cie, éditeurs des* (etc.) = H. 198, L. 157.

« Le Charivari, 27 janvier 1841. »

1er État. Avant toute lettre. Fil. non fermés par le B.
2e — Celui qui est décrit.

517 XXXVI. — *Qu'est-ce que c'est? Tu vous déranges pour çà et t'en voudrais déjà p'us.* | ... *en v'là un muf'e capricieux!* — A D. dans une rue un débardeur, vu de dos à moitié, jouant de la savate, vient de donner un coup de pied à un jeune élégant qui devant lui à G., porte la main à la jambe où il a reçu le coup. A ses pieds son chapeau. Sur le mur au fond des affiches où on lit écrit directement : **Bal masqué, Bal**, etc., etc. — A G. **1840-300**. — En H. à D. entre le T. C. et le premier fil. 36. En B. au-dessous du T. C. à D. *Imp. d'Aubert et Cie*. Au-dessous des fil. *Se vend chez Bauger et Cie, éditeurs des* (etc.). = H. 198, L. 154.

« Le Charivari, 22 janvier 1841. »

1er État. Avant toute lettre. Fil. non fermés par le B.
2e — Celui qui est décrit.
3e — En B. au-dessous du T. C. à G. *Chez Aubert, gal. Véro-Dodat.* Le reste comme à l'état décrit.

518 No XXXVII. — (*Le Débardeur.*) — *Ne me parlez pas des femmes en carnaval pour s'amuser!..* | ... *Heureusement, moi, la mienne est mariée : on me la tient.....* | (*Le Postillon.*) — *Moi, la mienne est mariée aussi, mais avec moi..... ça fait que je me* | *la tiens moi-même.* | (*Un Domino qui passe.*) —

Je les tiens tous les deux..... Ils vont me le payer. — Un postillon et un débardeur, assis tous les deux sur une banquette à l'entrée d'un couloir des loges d'un théâtre et tournés à D., le postillon sur le devant, les jambes croisées, une main posée sur sa botte. Dans le fond à D. une femme en domino noir. — Sous la banquette à G. **40-44**. Plus B. **Gavarni.** — En H. à D. entre le T. C. et le premier fil. *n°* 37. En B. au-dessous du T. C. à D. *Imp. d'Aubert et Cie*. Au-dessous des fil. *Se vend chez Bauger et Cie, éditeurs des* (etc.). = H. 199, L. 154.

« Le Charivari, 25 janvier 1841. »

1er État. Avant toute lettre. Fil. non fermés par le B.
2e — Celui qui est décrit.

519 N° XXXVIII. — *Ils vont venir : écoute Hortense! sur le coup de minuit, minuit et demi, vois-tu? j'aurai | affaire..... Tu t'arrangeras pour m'égarer mon Anténor.....* — Deux femmes habillées, l'une en débardeur, l'autre en canotier, causant ensemble dans une chambre. La première à D. est vue de dos, la seconde presque de pr. les bras croisés. — A D. **40-38**. A G. **Gavarni.** — En H. à D. entre le T. C. et le premier fil. *n°* 38. En B. au-dessous du T. C. à D. *Imp. d'Aubert et Cie*. Au-dessous des fil. *Se vend chez Bauger et Cie, éditeurs des* (etc.). = H. 194, L. 152.

« Le Charivari, 30 janvier 1841. »

1er État. Avant toute lettre. Fil. non fermés par le B.
2e — Celui qui est décrit.

520 N° XXXIX. — *V'là qu'elles ont des mots!..... fameux! Angélina s'aligne.. | ... touché!..... bien joué..... Amanda ramasse ses quilles.....* — Penchées sur le rebord de la galerie supérieure d'un théâtre, trois femmes en débardeurs regardent ce qui se passe dans le bas de la salle. Celle de D., vue de dos, est assise sur une banquette, celle du M , debout appuyée sur l'épaule de la première, a un pied sur la banquette. La troisième à G. est assise sur le rebord de la galerie, le dos opposé à la salle. Au fond, dans la galerie en face, une foule de personnages travestis. — A D **47**. — En H. à D. entre le T. C. et le premier fil. *n°* 39. En B. au-dessous du T. C. à D. *Imp. d'Aubert et Cie*. Au-dessous des fil. *Se vend chez Bauger et Cie, éditeurs des* (etc.). = H. 198, L. 155.

« Le Charivari, 26 janvier 1841. »

1er État. Avant toute lettre. Fil. non fermés par le B.
2e — Celui qui est décrit.

521 N° XL. — *Et ton épouse ?..... | — Elle est au violon..... mais c'est mon chapeau que j'ai perdu! v'là une catastrophe!* — Dans une rue un débardeur, l'air contrarié, la tête dans les épaules, les bras croisés. Près de lui à D. son compagnon, en costume de scapin, presque de face, les deux mains dans les poches de sa culotte. On lit, écrit directement, sur une lanterne, au-dessus de la tête de ce dernier : **Bal**, et à G. sur une affiche : **Renaissance | bal**. — Dans le bas du mur à G. **Gavarni | 40**. A D. **32**. — En H. à D. entre le T. C et le premier fil. *n°* 40. En B. au-dessous du T. C. à D. *Imp. d'Aubert et Cie*. Au-dessous des fil. *Se vend chez Bauger et Cie, éditeurs des* (etc.). = H. 197, L. 161.

« Le Charivari, 2 février 1841. »

1er Etat. Avant toute lettre. Fil. non fermés par le B.
2e — Celui qui est décrit.

522 XLI. — *Est-ce que vous n'en avez pas bientôt assez, Angélina, du carnaval?* | — *T'es malade?* — Un homme en redingote, pantalon blanc, chapeau sur la tête, vu de dos, à G. une femme en débardeur, de face, les deux mains sur les hanches. — A G. **318** (308). — En H. à D. entre le T. C. et le premier fil. 41. En B. au-dessous du T. C. à D. *Imp. d'Aubert et Cie*. Au-dessous des fil. *Se vend chez Bauger et Cie, éditeurs des* (etc.). = H. 196, L. 154.

« Le Charivari, 5 février 1841. »

1er Etat. Avant toute lettre.
2e — Celui qui est décrit.

523 XLII. — *As-tu vu? M'me Alexandre et l'ancienne à Paul qui sont à se peigner..... en bas* | *pour ce paltoquet d'Eugène!.... quelque chose de gai!.....* — Un homme et une femme en débardeurs, le premier à G. les deux mains dans les poches de son pantalon, les genoux ployés. Vis-à-vis de lui la femme, les bras croisés, le haut du corps penché en avant. — A G. **318**. — En H. à D. entre le T. C. et le premier fil. 42. En B. au-dessous du T. C. à G. *Imp. d'Aubert et Cie*. Au-dessous des fil. *Se vend chez Bauger et Cie, éditeurs des* (etc.). = H. 198, L. 155.

« Le Charivari, 3 février 1841. »

1er État. Avant toute lettre.
2e — Celui qui est décrit.

524 XLIII. — *Aurai-je l'honneur de danser un galop avec mosieu le Baron?* | — *Qu'est-ce que tu payes?* — Dans un couloir de salle de spectacle, une femme en débardeur et masquée, le haut du corps et la tête penchés en avant à D., les mains sur ses genoux. A ses pieds, un débardeur, vu de dos, couché par terre de D. à G. sur le ventre et appuyé sur ses coudes. A D. un homme et une femme costumés aussi en débardeurs sont accroupis contre une colonne; l'homme est vu de dos. — A G. **328**. — En H. à D. entre le T. C. et le premier fil. 43. En B. au-dessous du T. C. à D. *Imp. d'Aubert et Cie*. Au-dessous des fil. *Se vend chez Bauger et Cie, éditeurs des* (etc.). = H. 198, L. 157.

« Le Charivari, 7 février 1841. »

1er Etat. Avant toute lettre. Fil. non fermés par le B.
2e — Celui qui est décrit.

XLIV. — *P'us que ça de bouillon! merci.* — Voir ci-dessus la description de cette planche, sous la rubrique : *Les Débardeurs*, dans *la Caricature* (deuxième publication).

525 XLV. — *J'te parie mon Alezan doré contre ta vicomtesse que j'emporte ce soir* | *le petit rat du baron.....* — Un débardeur, bras nus, chemise de laine ouverte sur la poitrine, le coude contre le mur, la tête appuyée sur la main. A D. un homme en vareuse, vu de dos à moitié, une cigarette à la bouche, mouchoir autour de la tête, bottes à l'écuyère, le tient par le devant de sa chemise. — A D. **40** | **37**. A G. **Gavarni**. — En H. à D. entre le T. C. et le premier fil. 45. En B. au-dessous du T. C. à D. *Chez Aubert et Cie*. Au-dessous des fil. *Se vend chez Bauger et Cie, éditeurs des* (etc.). = H. 196, L. 156.

« Le Charivari, 10 février 1841. »

1er Etat. Avant toute lettre. Fil. non fermés par le B.
2e — Celui qui est décrit.

526 XLVI. — *Ton Alfred est un gueux : il est ici avec l'autre.... calme-toi!*—

Groupe de deux femmes, dont l'une, en débardeur, a la tête tournée à G. vers l'oreille de l'autre. Celle-ci en domino noir et masquée ; dans le fond à D. des personnages travestis. — A D. à la pointe sèche. **40-46 | Gavarni.** — En H. à D. entre le T. C. et le premier fil. 46. En B. au-dessous du T. C. à G. *Chez Aubert, gal. Véro-Dodat.* A D. *Imp. d'Aubert et Cie*. Au-dessous des fil. *Se vend chez Bauger et Cie, éditeurs des* (etc.). = H. 202, L. 154.

« Le Charivari, 13 février 1841. »

1er État. Avant toute lettre. Fil. non fermés par le B.
2e — Celui qui est décrit.

527 XLVII. — *Qu'est-ce que t'as mon vieux Auguste? — Rien! j'ai que si on fait des | débardeurs sans queue on pourrait bien faire aussi des queues sans débardeurs... | c'est une idée que j'ai..... — Dam!* (sic) *ça c'est vu.....* — Deux débardeurs, homme et femme, le premier vu de face, les yeux baissés, le dos appuyé contre une colonne, les deux mains dans les poches de son pantalon. La femme, masquée, est vue de dos à D., les mains également dans les poches de son pantalon. — A G. **327**. — En H. à D. entre le T. C. et le premier fil. 47. En B. au-dessous du T. C. à D. *Imp. d'Aubert et Cie*. Au-dessous des fil. *Se vend chez Bauger et Cie, éditeurs des* (etc.). = H. 201, L. 152.

« Le Charivari, 12 février 1841. »

1er État. Avant toute lettre. Fil. non fermés par le B.
2e — Celui qui est décrit.

528 XLVIII. — *Eh! b'en Landerneau ça ne vas* (sic) *donc pas mieux? | — Mon brave mosieu Co.. o...lignon...., je suis..... encore bien faible.* — Un débardeur complétement ivre et tout débraillé s'appuie le dos contre un mur, la tête penchée sur la poitrine; à D. monsieur Colignon, en casquette et en veste, est vu de dos à moitié, les mains dans les goussets de son pantalon. Sur le mur on lit, écrit directement : (Mag)**asin de vins.** (B)**onnes matelotes.** — A D. écrit également directement : **319.** — En H. à D. entre le T C. et le premier fil. 48. En B. au-dessous du T. C. à D. *Imp. d'Aubert et Cie*. Au-dessous des fil. *Se vend chez Bauger et Cie, éditeurs des* (etc.). = H. 199, L. 155.

« Le Charivari, 15 février 1841. »

1er État. Avant toute lettre. Fil. non fermés par le B.
2e — Celui qui est décrit.
3e — En B. au-dessous du T. C. à G. *Chez Aubert, gal. Véro-Dodat.* Le reste comme à l'état décrit.

» XLIX. — *Allons! allons! Mazuzi! tiens-toi, allons! | — N'y a pas! faut que j'en taraude un avant les huîtres!* — Voir ci-dessus la description de cette planche sous la rubrique : *Les Débardeurs*, dans *la Caricature* (deuxième publication).

529 L. — *Mon cher, le municipal a emporté le petit muf'e avec qui je dansais, parce qu'i | voulait pincer son cancan et qu'i ne pouvait pas, ce jeune homme!.. | ... t'aurais ri!.....* — Un débardeur, tourné à G. les jambes ployées, le haut du corps penché en arrière, la tête inclinée en avant, attache la ceinture d'une femme également travestie en débardeur, vue de dos, le chapeau sur l'oreille. — A G. **329.** — En H. à D. entre le T. C. et le premier fil. 50. En B. au-dessous du T. C. à D. *Imp. d'Aubert et Cie*. Au-dessous des fil. *Se vend chez Bauger et Cie, éditeurs des* (etc.). = H. 198, L 156.

« Le Charivari, 14 février 1841. »

1er État. Avant toute lettre. Fil. non fermés par le B.
2e — Celui qui est décrit.

530 LI. — *Ah! çà décidément Caroline est folle du petit Anglais.* | — *Cornichon! va.....* — Dans le vestibule d'un théâtre, un homme et une femme en débardeurs, tous deux les mains dans les poches de leur pantalon. L'homme est vu de dos à moitié; la femme à D., de face, une jambe en avant, le talon posé sur la plinthe du mur contre lequel elle s'appuie et où l'on lit sur une affiche écrit directement : **Bal.** — A G. **325**. — En H. à D. entre le T. C. et le premier fil. 51. En B. au-dessous du T. C. à D. *Imp. d'Aubert et Cie*. Au-dessous des fil. *Se vend chez Bauger et Cie, éditeurs des* (etc.). = H. 198, L. 157.

« Le Charivari, 18 février 1841. »

1er Etat. Avant toute lettre. Fil. non fermés par le B.
2e — Celui qui est décrit.

531 LII. — *J'i ai dit! j'i ai dit, Madame, si vous vous permettez de fich' les pattes ici* | *quand j'y serai, je connais une jeune personne qui vous tannera le cuir,* | *ah! mais!* —Une femme en débardeur et masquée, de pr. à D., le haut du corps penché en avant, son manteau sur un bras, l'autre tendu, l'index dirigé vers la terre. Un débardeur, vu presque de dos et tourné à G. l'écoute les deux mains derrière lui. — A G. **326**. — En H. à D. entre le T. C. et le premier fil. 52. En B. au-dessous du T. C. à D. *Imp. d'Aubert et Cie*. Au-dessous des fil. *Se vend chez Bauger et Cie, éditeurs des* (etc.). = H. 193, L. 156.

« Le Charivari, 2 mars 1841. »

1er État. Avant toute lettre. Fil. non fermés par le B.
2e — Celui qui est décrit.
3e — En B. au-dessous du T. C. à G. *Chez Aubert, gal. Véro-Dodat*. Le reste comme à l'état décrit.

532 LIII. — *As-tu vu? M'ame chose et le petit baron qui ne peuvent pas se voir.* | *Le feu et l'eau, quoi!..... çà va danser ensemble!...* | *...* — *Va donc! depuis souper ils ne se tiennent plus qu'à cinq sous.* — A. G. une femme en débardeur, le haut du corps penché en avant, les mains dans les poches de son pantalon, s'adresse à un débardeur vu de dos et tourné vers elle, les mains également dans les poches de son pantalon; au fond une foule de personnages travestis. — A G. **347**. — En H. à D. entre le T. C. et le premier fil. 53. En B. au-dessous du T. C. à D. *Imp. d'Aubert et Cie*. Au-dessous des fil. *Se vend chez Bauger et Cie, éditeurs des* (etc.). = H. 196, L. 155.

« Le Charivari, 17 février 1841. »

1er État. Avant toute lettre. Fil. non fermés par le B.
2e — Celui qui est décrit.

» LIV. — *Monter à cheval sur le cou d'un homme qu'on ne connait pas, t'appelle* (sic) *ça plaisanter, toi!* — Voir ci-dessus la description de cette planche sous la rubrique : *Les Débardeurs*, dans *la Caricature* (deuxième publication).

533 LV. — *Je t'avertis, Milord..... si tu dînes demain avec cette Andalouse-là, c'est* | *moi qui vous tremperai la soupe..... tu comprends la parabole?* — Un débardeur de pr. tourné à D., une main à hauteur de la figure d'un petit jeune homme en redingote courte, vu de face, les deux mains derrière le dos. Dans le fond à G. une femme en domino et masquée, vue de dos, retourne la tête.—

A G. **363**. — En H. à D. entre le T. C. et le premier fil. 55. En B. au-dessous du T. C. à D. *Imp. d'Aubert et Cie*. Au-dessous des fil. *Se vend chez Bauger et Cie, éditeurs des* (etc.). = H. 197, L. 158.

« Le Charivari, 22 février 1841. »

1er État. Avant toute lettre. Fil. non fermés par le B.
2e — Celui qui est décrit.

534 LVI. — *Qu'est que t'as, la Mômignarde ?* | — *J'ai fait quatre passions ce soir, et des ficelées !* | — *Et t'en v'la deux de trop .... Georgina qui n'en a fait que trois : faut-y faire une politesse.* — Un homme et une femme en débardeurs. L'homme à G., les jambes ployées et écartées, les mains sur ses genoux, vis-à-vis de la femme, vue presque de dos, les mains sur les hanches. — A G. **334**. — En H. à D. entre le T. C. et le premier fil. 56. En B. au-dessous du T. C. à G. *Imp. d'Aubert et Cie*. A D. *Chez Aubert, Gal. Véro-Dodat*. Au-dessous des fil. *Se vend chez Aubert et Cie, éditeurs des* (etc.). = H. 198, L. 158.

« Le Charivari, 20 février 1841. »

1er État. Avant toute lettre.
2e — Celui qui est décrit.

535 LVII. — *Çà! c'est pas la perruque à Jules !* | — *Non c'est pas la perruque à Jules !* | — *Ah ! c'est pas la perruque à Jules !..... tu vois bien, Alphonsine, tu n'es qu'une petite* | *pas grand chose, et lui rien du tout, parce que c'est la perruque à Jules.* — Deux femmes en débardeurs, dont l'une à D., les mains dans ses poches, se dresse sur la pointe des pieds pour regarder la perruque de l'autre. Cette dernière est masquée et a les bras croisés, son chapeau dans une main. — A G. **346**. — En H. à D. entre le T. C. et le premier fil. 57. En B. au-dessous du T. C. à D. *Imp. d'Aubert et Cie*. Au-dessous des fil. *Se vend chez Bauger et Cie, éditeurs des* (etc.). = H. 197, L. 155.

« Le Charivari 3 mars 1841. »

1er État. Avant toute lettre. Fil. non fermés par le B.
2e — Celui qui est décrit.

» LVIII. — *Un honnête Domino ! des airs décents ? p'us que çà de tenue l'ancienne à Philippe !* | — *Nous sommes en Carnaval, mon gentilhomme.* — Voir ci-après la description de cette planche sous la rubrique : *Les Débardeurs*, dans *la Mode*, même section, même subdivision.

536 LIX. — *Avec l'agrément de cet agréable muf'e là, pourrait-on, madame, pincer* | *avec toi le prochain rigodon ?* — A G. un débardeur, saluant de la tête et des épaules, le haut du corps en avant, une femme vue de dos, un loup sur la figure, qui donne le bras à un jeune homme en habit de soirée. — A G. **362**. — En H. à D. entre le T. C. et le premier fil. 59. En B. au-dessous du T. C. à D. *Imp. d'Aubert et Cie*. Au-dessous des fil. *Se vend chez Bauger et Cie, éditeurs des* (etc.). = H. 197, L. 158.

« Le Charivari, 10 mars 1841. »

1er État. Avant toute lettre. Fil. non fermés par le B.
2e — Celui qui est décrit.

537 LX. — *Voyez-vous, mon petit Larrims, j'ai de l'amitié pour vous, tout plein, tout plein !* | *mais..... non ! non, là vrai !..... dix fois on sera légère, mais jamais avec les* | *amis d'un homme qu'on aime..... ceux-là, c'est*

sacré! — Une femme en débardeur, vue de dos et tournée à G., pose ses mains sur les épaules d'un homme vu de face, les mains sur les hanches, en travestissement de fantaisie, coiffé d'un chapeau déformé entouré d'une écharpe et surmonté d'un plumet. Dans le fond à G., une ouverture sur la salle de bal. — A G. **348**. — En H. à D. entre le T. C. et le premier fil. 60. En B. au-dessous du T. C. à D. *Imp. d'Aubert et Cie*. Au-dessous des fil. *Se vend chez Bauger et Cie, éditeurs des* (etc.). = H. 197, L. 155.

« Le Charivari, 31 décembre 1841. »

1er État. Avant toute lettre.
2e — Celui qui est décrit.
3e — En B. au-dessous du T. C. à G. *Chez Aubert, gal. Véro-Dodat*. Le reste comme à l'état décrit.

» LXI. — *Tu danseras Coquardeau!..... tu danseras Coquardeau!..... tu danseras | Coquardeau!..... deau!..... deau!.....* — Voir ci-dessus la description de cette planche sous la rubrique : *Les Débardeurs*, dans *la Caricature* (deuxième publication).

38 LXII. — *Doux Jésus! où que je vas me sauver? La Félicité qui fait des manières!!.....* — Un débardeur de pr., tourné à D., la tête et le corps penchés en avant, les jambes ployées, les bras étendus, les mains ouvertes en dehors, vis-à-vis d'une femme en débardeur et masquée qu'il regarde en dessous. — A G. **360**. — En H. à D. entre le T. C. et le premier fil. 62. En B. au-dessous du T. C. à D. *Imp. d'Aubert et Cie*. Au-dessous des fil. *Se vend chez Bauger et Cie, éditeurs des* (etc.). = H. 197, L. 157.

« Le Charivari, 14 janvier 1842. »

1er État. Avant toute lettre. Fil. non fermés par le B.
2e — Celui qui est décrit.
3e — En B. au-dessous du T. C. à G. *Chez Aubert, gal. Véro-Dodat*. Le reste comme à l'état décrit.

39 LXIII. — *Agathe et toi, mon vieux Ferdinand, ça ne sera pas long : cette petite-là est trop | rouée pour toi, parce que t'es plûs roué qu'elle..... et pour que ça dure, faut toujours | qu'un des deux pose, d'abord!* — Dans le couloir d'un théâtre, une femme en débardeur, vue de dos, une jambe sur une banquette, remet sa jarretière. A D., un débardeur l'écoute, les mains sur le bas des reins. Au fond à G., des personnages entrant dans la salle. — A G. **354**. — En H. à D. entre le T. C. et le premier fil. 63. En B. au-dessous du T. C. à D. *Imp. d'Aubert et Cie*. Au-dessous des fil. *Se vend chez Bauger et Cie, éditeurs des* (etc.). = H. 197, L. 156.

« Le Charivari, 20 janvier 1842. »

1er État. Avant toute lettre. Fil. non fermés par le B.
2e — Celui qui est décrit.
3e — En B. au-dessous du T. C. à G. *Chez Aubert, gal. Véro-Dodat*. Le reste comme à l'état décrit.

40 LXIV. — *V'là trois heures, Titine; filons! faut que je sois levé au petit jour..... | — Moi, dormir si peu! j'aimerais mieux pas.....* — Deux débardeurs, homme et femme; la femme de pr., tournée à D., les deux mains et le menton posés sur l'épaule de l'homme. Celui-ci, vu de face, les mains derrière le dos. — A G. **338**. — En H. à D. entre le T. C. et le premier fil. 64.

En B. au-dessous du T. C. à D. *Imp. d'Aubert et Cie*. Au-dessous des fil. *Se vend chez Bauger et Cie, éditeurs des* (etc.). = H. 201, L. 155.

« Le Charivari, 16 janvier 1842. »

1er État. Avant toute lettre. Fil. non fermés par le B.
2e — Celui qui est décrit.
3e — En B. au-dessous des fil. à G. *Chez Aubert, gal. Véro-Dodat.* Le reste comme à l'état décrit.

541 LXV. — *Voyons si tu te souviens!..... Numéro?..... | — Dix-sept. | — Rue?..... | — Christine. | — Madame? | — Bienveillant..... et il y a un bilboquet à la sonnette.* — Une femme en débardeur, vue de dos et enveloppée dans un tartan. Près d'elle à D. un débardeur, vu presque entièrement de dos, les mains dans les poches d'un paletot par-dessus son costume. — A G. **351.** — En H. à D. entre le T. C. et le premier fil. 65. En B. au-dessous du T. C. à D *Imp. d'Aubert et Cie*. Au-dessous des fil. *Se vend chez Bauger et Cie, éditeurs des* (etc.).= H. 196, L. 156.

« Le Charivari, 31 janvier 1842. »

1er État. Avant toute lettre. Fil non fermés par le B.
2e — Celui qui est décrit.
3e — En B. au-dessous du T. C. à G. *Chez Aubert, gal. Véro-Dodat.* Le reste comme à l'état décrit.

542 LXVI. — *Oh! hé! viens-tu souper la Gustine? | — Laisse-la donc! madame ne vit que de sentiment ce soir!..... Elle a trouvé son petit | paroissien de jeudi, et c'en est une, mon cher, de colombe, qui resterait là vingt | quatre heures sans boire ni manger, c'te bête-là!* — Groupe d'un homme et d'une femme en débardeurs, regardant en l'air dans une salle de bal. La femme, de face, les mains dans les poches de son pantalon. L'homme à G., une main levée au-dessus de la tête de celle-ci. — A G. **352.** — En H. à D. entre le T. C. et le premier fil. 66. En B. au-dessous du T. C. à D. *Imp. d'Aubert et Cie*. Au-dessous des fil. *Se vend chez Bauger et Cie, éditeurs des* (etc.). = H. 197, L. 155.

« Le Charivari, 5 février 1842. »

1er État. Avant toute lettre. Fil. non fermés par le B.
2e — Celui qui est décrit.
3e — En B. au-dessous du T. C. à G. *Chez Aubert, gal. Véro-Dodat.* Le reste comme à l'état décrit.

» DEUX SOEURS. — Voir ci-dessus ce titre sous la rubrique : *Bagatelle*, même section et même subdivision.

---

543 LE DIABLE HORS BARRIÈRE. — Sous les traits et le costume d'un jeune homme de nos jours, le diable, que trahissent ses cornes, se dirige vers la D. en donnant le bras à deux femmes, l'une en bonnet, l'autre en chapeau.—A D. **Gavarni.** — Deux fil. En B. au-dessous du titre à G. *Lith. de Benard, rue de l'Abbaye, n° 4.* A D. *On s'abonne chez Aubert, galerie Véro-Dodat.* = H. 200, L. 160.

« Le Charivari, 10 janvier 1833. »

Cette lithographie est la première de Gavarni publiée dans ce journal.

1er État. Avant toute lettre.
2e — Celui qui est décrit.

LE DIMANCHE.

Suite de trois pièces ayant paru antérieurement dans : *la Caricature*.

» N° I. — ICI ON LOUE DES CHEVAUX. | .... *En voilà une gentille petite bête : la Grisette! C'est tout sang; Dam* (sic), *c'est un peu vif, mais pas méchante..... | de la gaîté, quoi ! | Voici le Voltigeur; c'est un cheval ça ! plein de moyens, et du cœur!. ... Il faut le voir sous l'homme..... un | enfant le monterait, mon cher monsieur... .*

» N° II. — UN NID DANS LES BLÉS.

» N° III. — (*L'air étant doux et le ciel bleu, Euclidet, m'ame Euclidet et certain petit cousin se donnent un jour | d'ébats dans le bois de Meudon. M'ame Euclidet et le petit cousin sont à cueillir des noisettes. Euclidet | étudie le théorème XII de la Trigonométrie sphérique de Wlac.*) | *Deux angles d'un triangle sphérique étant de même affection, que devient la perpendiculaire abaissée | du troisième angle ?*

Voir ci-dessus la description de ces trois planches, sous la rubrique : *Le Dimanche*, dans *la Caricature* (deuxième publication).

» DISTRACTION. — Voir ci-dessus ce titre sous la rubrique : *Bagatelle*, même section, même subdivision.

ÉLOQUENCE DE LA CHAIR.

Suite de vingt et une lithographies. Chacune d'elles, à l'exception du n° 1, est entourée de trois fil., au-dessus desquels on lit au M. *L'Éloquence de la chair*, et à D. entre le troisième et le quatrième fil. le n° d'ordre. Le n° 1 n'a que deux fil., il porte seulement *Éloquence de la chair* et son n° d'ordre est entre le premier et le deuxième fil. Sur toutes ces pièces, en B. au-dessous des fil. à D. *Imp. d'Aubert et Cie.*

544 I. — *Et du pain pour demain?. ... que tu as tout bu aujourd'hui ! | — Tais-toi, Manon!..... puisque manger sans boire est au-dessus des capacités de | l'homme..... faut bien que la faim nous vienne pour nous ôter la soif.* — Dans la rue, un jour de carnaval, une vieille femme entraîne à D., en le tenant sous le bras, son mari aviné et costumé en pierrot; leur enfant, soufflant dans une trompe, marche à côté de sa mère. — A D. **43-34**. — En B. au-dessous des fil. à G. *Chez Pannier et Cie, éditeurs, rue du Croissant*, 16. = H. 203, L. 155.

« Le Charivari, 30 juin 1843. »

1er État. Avant toute lettre. Les deux fil. sont différemment espacés.
2e — Celui qui est décrit.
3e — En B. au-dessous des fil. au M. *Chez Aubert, Pl. de la Bourse*, 29. Le reste comme à l'état décrit.

545 II. — ..... *Comment! le champ que j'ai semé! le jardin que j'ai cultivé! mon bonheur, mon avenir, mon bien!! | on me le prend! et cela parce qu'un canal doit passer où je suis! Eh! oui, le public doit entrer par votre porte | et sortir par votre fenêtre, oui! l'humanité avant l'homme, oui! le public avant*

le citoyen..... | — Messieurs les jurés, si par cette loi d'expropriation le législateur a consacré l'omnipotence de l'intérêt pu | blic, il n'a pas défini cet intérêt..... la loi qui admet l'utilité de prendre un chemin plutôt qu'un autre pourrait- | elle méconnaître les irrésistibles élans du cœur?..... et, au point de vue de ces nécessités impérieuses des | choses. ne pouvons-nous comparer en quelque sorte l'adultère, l'assimiler, si j'ose m'exprimer ainsi, à l' | expropriation pour cause d'utilité publique? .... — Un avocat plaidant devant un jury. Il est tourné à G., penché en avant, une main en l'air. Derrière lui une femme et un jeune homme, séparés par un garde municipal et dont on aperçoit une partie des têtes; au fond à G., deux des juges sur leurs siéges. — A D. **43-68.** — En B. entre le T. C. et le premier fil. au M. *Par Gavarni.* Au-dessous des fil. à G. *Chez Pannier, r. du Croissant,* 16. = H. 205, L. 158.

« Le Charivari, 28 août 1843. »

1er État. Avant toute lettre.
2e — Celui qui est décrit.
3e — En B. au-dessous des fil. au M. *Chez Aubert, Pl. de la Bourse.* Le reste comme à l'état décrit.

546 III. — LA PARADE EST L'AMIE DE L'HOMME. — Deux hommes faisant assaut au bâton dans une salle d'armes. L'élève porte un coup de tête qui est paré par le professeur. A D. deux personnages assis et un troisième debout, vu de dos, une main appuyée sur un bâton. Au fond, contre le mur, sur un écusson on lit écrit directement : **Michel Pisseux.** — A G. **43-75.** — En B. entre le T. C. et le premier fil. au M. *Par Gavarni.* Au-dessous des fil. à G. *Chez Pannier, éditeur, r. du Croissant,* 16. = H. 203, L. 155.

« Le Charivari, 26 août 1843. »

1er État. Avant toute lettre.
2e — Celui qui est décrit.
3e — En B. au-dessous des fil. au M. *Chez Aubert, Pl. de la Bourse.* Le reste comme à l'état décrit.

547 IV. — *Asseyons-nous commodément, et attention!..... n'oublions pas que la canne doit | vous couvrir son homme de la tête aux pieds, habit, veste et culotte..... Il pleut des | coups? bon! le pareur est un mosieu habillé de bois.* — Une homme prenant une leçon de bâton dans une salle d'armes; ils sont tous deux en position de quarte, les mains derrière le dos. Sur le mur, au fond, on lit écrit directement : **Salle de Michel dit Pi**(sseux). — A D. **43-74.** — En B. entre le T. C. et le premier fil. au M. *Par Gavarni.* Au-dessous des fil. à G. *Chez Pannier, éditeur, r. du Croissant,* 16. = H. 204, L. 155.

« Le Charivari, 5 septembre 1843. »

1er État. Avant toute lettre.
2e — Celui qui est décrit.
3e — En B. au-dessous des fil. au M. *Chez Aubert, Pl. de la Bourse.* Le reste comme à l'état décrit.

548 V. — *Mosieu..... pardon!..... mon ami prétend que vous brûlez du désir de nous faire | une politesse..... il est vrai que nous n'avons pas déjeûné, mais ne serait-il pas un peu | indiscret de notre part d'accepter quelques pièces de cent sous? car enfin mon | ami, nous n'avons pas l'honneur de connaître mosieu!* — Dans un bois, deux malfaiteurs armés de bâtons et tournés du côté d'un homme à la mine peu rassurée. Ce dernier est de face, à D. une main posée sur sa canne. — A G. **43-77.** — En B. entre le T. C. et le premier

fil. au M. *Par Gavarni*. Au-dessous des fil. à G. *Chez Pannier, édit., r. du Croissant*, 16. = H. 204, L. 155.

« Le Charivari, 8 septembre 1843. »

1er État. Avant toute lettre.
2e — Celui qui est décrit.
3e — En B. au-dessous des fil. au M. *Chez Aubert, Pl. de la Bourse*. Le reste comme à l'état décrit.

549 VI. — *Moi, j'aime l'amour sous le ciel.* | — *Vive un bon souper contre un bon feu!* | — *Oh de l'air! de la verdure! et la femme aimée!* | — *En pantouffles* (sic); *aimez-vous le Chambertin?* | — *Joie paisible et suprême!* | — *Ah! oui, suprêmes de volaille, aux truffes.* | — *Rien, voyez-vous, rien qu'une Chartreuse!* | — *(De perdrix, bien entendu!)* | — *Et ma Charlotte!* | — *Russe.* — Deux canotiers assis sur la berge d'une rivière. Celui de G., adossé à un arbre de pr. à D., tient son menton appuyé sur une de ses mains. L'autre, accoudé sur la terre un pied en l'air, un chapeau de paille sur la tête, fume sa cigarette. — A. G. **43-83**. — En B. entre le T. C. et le premier fil. au M. *Par Gavarni*. Au-dessous des fil. à G. *Chez Pannier, édit., r. du Croissant*, 16. = H. 202, L. 156.

« Le Charivari, 13 septembre 1843. »

1er Etat. Avant toute lettre.
2e — Celui qui est décrit.
3e — En B. au-dessous des fil. au M. *Chez Aubert, Pl. de la Bourse*, 29. Le reste comme à l'état décrit.

550 VII. — *Rien n'est plus embarrassant que le premier tête-à-tête quand on a tout à se | dire... si ce n'est le dernier quand tout est dit.* — Un homme et une femme, vus par derrière, assis côte à côte sur un tertre dans la campagne. L'homme à D., son chapeau et son parapluie posés près de lui. Au fond un horizon étendu. — A G. **43-85**. — En B. entre le deuxième et le troisième fil. *Par Gavarni*. Au-dessous des fil. à G. *Chez Pannier, r. du Croissant*, 16. = H. 203, L. 156.

« Le Charivari, 18 septembre 1843. »

1er État. Avant toute lettre.
2e — Celui qui est décrit.
3e — En B. au-dessous des fil. au M. *Chez Aubert, Pl. de la Bourse*. Le reste comme à l'état décrit.

551 VIII. — *Voyons! partons-nous, restons-nous? épouses-tu, n'épouses-tu pas?* | — *Sais-tu bien que la mère est encore charmante.....* | — *Pas de plaisanterie! nous ne sommes pas ici pour nous amuser.* — Deux hommes sur une terrasse et dont l'un, une casquette sur la tête, a les deux mains dans les poches de sa redingote. L'autre à D., vu de face, est adossé au parapet de la terrasse, sur le rebord duquel il appuie une main. — A G. **43-86**. — En B. entre le T. C. et le premier fil. au M. *Par Gavarni*. Au-dessous des fil. à G. *Chez Pannier, édit., r. du Croissant*, 16. = H. 204, L. 156.

« Le Charivari, 16 septembre 1843. »

1er État. Avant toute lettre.
2e — Celui qui est décrit.
3e — En B. au-dessous des fil. au M. *Chez Aubert, Pl. de la Bourse*, 29. Le reste comme à l'état décrit.

552 IX. — *Pardon, mon cher! faut que je vous quitte pour une petite affaire.*

| — *Une petite à faire?* | — *Quelque chose comme çà.* — Deux hommes, le chapeau sur la tête, se serrant la main. Celui de D., de pr. à G., le haut du corps incliné en avant. L'autre de face, tenant sa canne le long de son bras; il est en gilet blanc et en pantalon plissé à carreaux. — A G. **43-87.** — En B. entre le deuxième et le troisième fil. au M. *Par Gavarni.* Au-dessous des fil. à G. *Chez Pannier, r. du Croissant.* 16. = H. 204, L. 154.

« Le Charivari, 21 septembre 1843. »

1er État. Avant toute lettre.
2e — Celui qui est décrit.
3e — En B. au-dessous des fil. au M. *Chez Aubert, Pl. de la Bourse,* 29. Le reste comme à l'état décrit.

553 X. — *Ah! la morale publique!..... mais, brigadier, avez-vous médité pendant vingt-cinq ans la | moralité de l'histoire, vous?..... Qu'est-ce qu'a été le public de tous les temps? Voyons! un | troupeau de dindons..... dindons partisans, dindons ralliés, menés, retournés, protégés, éclairés, édifiés, | glorifiés de toutes les façons; dindons qui font tous les auditoires, matière de toutes les vanités, | aliment de toutes les ambitions, enfin tout ce qui est pâture en ce monde de mangeurs et de mangés.. | ...Enfin tous les mangés! Eh! bien, qui a fait la morale de tous les temps, brigadier?.... Les mangeurs.* — Un brigadier de gendarmerie conduisant un prisonnier s'est arrêté en route. Tous deux sont assis dans la campagne sur le bord d'un fossé. Le prisonnier à D., de face, lunettes sur le nez, tient d'une de ses mains enchaînées le poignet du brigadier, qui l'écoute attentivement. — A G. **43-88.** — En B. entre le T. C. et le premier fil. au M. *Par Gavarni.* Au-dessous des fil. à G. *Chez Pannier, r. du Croissant,* 16. = H. 209, L. 159.

« Le Charivari, 25 septembre 1843. »

1er État. Avant toute lettre.
2e — Celui qui est décrit.
3e — En B. au-dessous des fil. au M. *Chez Aubert, Pl. de la Bourse,* 29. Le reste comme à l'état décrit.

554 XI. — ..... *Mais la faiblesse, c'est votre dignité, c'est votre noblesse, à vous: | femme! si tu viens de Dieu, c'est par Ève.* — Un jeune homme assis sur un canapé se penche à G. vers une jeune femme, dont il presse avec amour une main dans les siennes. Celle-ci, vue de dos et debout à D., pose son autre main sur le rebord du canapé. — A G. **43-91.** — En B. entre le T. C. et le premier fil. au M. *Par Gavarni.* Au-dessous des fil. à G. *Chez Pannier, édit., r. du Croissant,* 16. = H. 203, L. 154.

« Le Charivari, 26 septembre 1843. »

1er État. Avant toute lettre.
2e — Celui qui est décrit.
3e — En B. au-dessous des fil. au M. *Chez Aubert, Pl. de la Bourse.* Le reste comme à l'état décrit.

555 XII. — NE FAIS PAS AUTRUI CE QUE TU NE VOUDRAIS PAS ÊTRE FAIT! — Un mari vient de surprendre sa femme dans un cabinet particulier, dînant avec un jeune homme. Il s'est élancé à D. vers ce dernier, en renversant tout sur son passage, l'a saisi à la gorge, et va lui briser une bouteille sur la tête. Dans le fond à G. la femme, dont on aperçoit la figure effrayée derrière la table. — A D. **43-100.** — En B. entre le T. C. et le premier

fil. au M. *Par Gavarni.* Au-dessous des fil. à G. *Chez Bauger, r. du Croissant,* 16. = H. 204, L. 157.

« Le Charivari, 27 septembre 1843. »

1er État. Avant toute lettre.
2e — Celui qui est décrit.
3e — En B. au-dessous des fil. au M. *Chez Aubert, Pl. de la Bourse.* Le reste comme à l'état décrit.

556 XIII. — *Une de ces mines pudibondes, calamiteuses et résignées, qu'une honnête | femme prend du plus profond de ses hypocrisies quand il lui arrive de ren | contrer, en même temps, un adorateur et un coup de vent.* — Sur le trottoir d'un des quais de Paris, le vent soulève la robe et le voile d'une femme, vue de dos, s'enveloppant dans son mantelet; à D. un homme de face, un pied sur le trottoir, s'arrête pour la regarder. Au fond un passant retenant son chapeau sur sa tête. — A G. **43-97**. — En B. entre le T. C. et le premier fil. au M. *Par Gavarni.* Au-dessous des fil. à G. *Chez Pannier, édit., r. du Croissant,* 16. = H. 204, L. 155.

« Le Charivari, 30 septembre 1843. »

1er État. Avant toute lettre.
2e — Celui qui est décrit.
3e — En B. au-dessous des fil. au M. *Chez Aubert, Pl. de la Bourse.* Le reste comme à l'état décrit.

557 XIV. — *Si je suis heureux de te voir!..... Gabrielle vous demandez là au pieux solitaire | de la sainte légende s'il est heureux quand vient l'envoyé du ciel!..... Mon ange! ôte ton chapeau.* — Un jeune homme en robe de chambre est à genoux aux pieds d'une femme, dont il presse les mains. Elle est vue de dos à D. et coiffée d'un chapeau avec un voile. A G. un lit. — Vers la G. **43-92**. — En B. entre le deuxième et le troisième fil. au M. *Par Gavarni.* Au-dessous des fil. à G. *Chez Pannier, r. du Croissant,* 16. = H. 204, L. 160.

« Le Charivari, 3 octobre 1843. »

1er Etat. Avant toute lettre.
2e — Celui qui est décrit.
3e — En B. au-dessous des fil. au M. *Chez Aubert, Pl. de la Bourse.* Le reste comme à l'état décrit.

558 XV. — « *L'indicatif d'un amour qui va jusqu'à l'infinitif.* » — Dans une rue une jeune femme, les yeux baissés et les bras croisés sur la poitrine, est accostée par un jeune homme que l'on voit derrière elle à D.; tous deux sont de face. — A D. **42-96**. — En B. entre le deuxième et le troisième fil. au M. *Par Gavarni.* Au-dessous des fil. à G. *Chez Pannier, r. du Croissant,* 16. = H. 208, L. 153.

« Le Charivari, 4 octobre 1843. »

1er Etat. Avant toute lettre. Quatre fil.
2e — Celui qui est décrit.
3e — En B. au-dessous des fil. au M. *Chez Aubert, Pl. de la Bourse.* Le reste comme à l'état décrit.

559 XVI. — *Jean-Marie! | — Hein? | — Y en a-t'i d's abricots? | — Y en a, mai' y a des chiens. | — Allons! viens, Jean-Marie!..... gros, Jean-Marie, les chiens? | — Tout gros. | — Viens, j'te dis, Jean-Marie : c'est pa' à nous ces abricots.....* — Deux maraudeurs en blouse, dont l'un vu de dos et tourné vers la G., les jambes pendantes, est penché sur le haut d'un mur; au-dessous

de lui, et posant une main contre le mur au pied duquel il se tient, son camarade est vu à mi-corps, sur le devant. — A D. **42-105**. — En B. entre le deuxième et le troisième fil. au M. *Par Gavarni*. Au-dessous des fil. à G. *Chez Pannier, r. du Croissant*, 16. = H. 204, L. 154.

« Le Charivari, 7 octobre 1843. »

1er État. Avant toute lettre.
2e — Celui qui est décrit.
3e — En B. au-dessous des fil. au M. *Chez Aubert, Pl. de la Bourse*. Le reste comme à l'état décrit.

560 XVII. — L'ART ET LE COMMERCE. | — *Où va maître Mercure avec tous ces plâtras?* | — *M'sieu Apollon, je porte à un bourgeois la monnaie d'un Antique. Puisque le* | *bourgeois ne paie plus qu'en monnaie!..... mais, c'est égal au boulanger :* | *ça m'est égal*. — Sur un quai de Paris, un marchand ambulant, vu de face, portant sur sa tête des statuettes en plâtre, est arrêté à D. par un poëte romantique, aux cheveux longs coupés carrément et coiffé d'un chapeau de forme élevée. Derrière celui-ci l'étalage d'un bouquiniste sur le parapet du quai. — A. D. **43-98**. — En B. entre le T. C. et le premier fil. au M. *Par Gavarni*. Au-dessous des fil. à G. *Chez Pannier, édit., r. du Croissant*, 16. = H. 203, L. 155.

« Le Charivari, 12 octobre 1843. »

1er État. Avant toute lettre.
2e — Celui qui est décrit.
3e — *Mosieu* au lieu de *M'sieu*.
4e — En B. au-dessous des fil. au M. *Chez Aubert, Pl. de la Bourse*. Le reste comme à l'état décrit.

561 XVIII. — *Avec leurs assurances, les hommes, ma petite, ont le diable au corps, je n'aime* | *plutôt pas Dieu!..... jouer à la loterie sur les carcasses du monde! a-t-on vu¡.....* | — *Une vraie loterie, quoi! on met tant sur la fluxion de poitrine, tant sur l'indigestion,* | *tant sur le coup de sang; si le particulier sur quoi on joue sort les pieds devant, bon! on a gagné.* | — *Ah! plus souvent ma petite, que je voudrais me laisser assurer; je serais jamais tranquille!* — Deux ouvrières, vues de dos et tournées à G., l'une portant un paquet dans une serviette, l'autre un carton à chapeau, regardent des affiches sur un mur. A G. une petite fille tenant un panier à son bras. Parmi les affiches annonçant des assurances sur la vie, contre le mal de cœur ou la migraine, on en distingue une très-grande à G., sur laquelle on lit écrit directement : **F. b. Montmartre** | (r)**ue Buffault, 10.** | **Michel** | **dit Pisseux** | **maître de danses** | (e)**ntrepreneur de** | **tournées, roulées, suées** | **brûlées, trempées,** | **tripotées, trépignées,** | **tient magasin de** | **gifles, calotes** (sic), **gnons,** | **torgnoles et** | **poche-œils bo** | **ns** (sic) **teint,** | **tient tours de** | **reins coups de** | **triques et coup** (sic) | **de pieds n'impo** | **rt'où et ren** | **foncemens** (sic) **soignés** | **grand assor** | **timent de sai** | **gnées, balaf**(r) | **es, estafila** | **des, coups de** | **manchette** | **s et bouto** | **nnières.**—A G. **43-117**. — En B. entre le T. C. et le premier fil. au M. *Par Gavarni*. Au-dessous des fil. à G. *Chez Pannier, édit., r. du Croissant*, 16. = H. 203, L. 157.

« Le Charivari, 19 octobre 1843. »

1er État. Avant toute lettre.
2e — Celui qui est décrit.
3e — En B. au-dessous des fil. au M. *Chez Aubert, Pl. de la Bourse*, 29. Le reste comme à l'état décrit.

562 XIX. — *Qu'est-ce que tu dis de notre hôtesse, garçon? Tu voudrais bien avoir une femme | comme ça à toi, hein? | — A moi!..... oh! père Coquardeau, que ça serait joliment plus amusant de l'avoir à vous.* — Deux chasseurs en plaine, le fusil en bandoulière. L'un à G., un jeune homme, allume son cigare; l'autre, Coquardeau, est vu de face, des besicles sur le nez, les mains dans les poches de sa veste. — A G. **43-134**. — En B. entre le deuxième et le troisième fil. au M. *Par Gavarni*. Au-dessous des fil. à G. *Chez Pannier, r. du Croissant*, 16. = H. 205, L. 164.

« Le Charivari, 19 novembre 1843. »

1er État. Avant toute lettre.
2e — Celui qui est décrit.
3e — En B. au-dessous des fil. au M. *Chez Aubert, Pl. de la Bourse*. Le reste comme à l'état décrit.

563 XX. — *Quand on aura blagué de tout, voyez-vous, restera encore ça .... | Mosieu, un coup de bâton sera toujours une vérité.* — Dans une salle d'armes deux hommes de pr. vis-à-vis l'un de l'autre, ayant les mains gantées, et tenant chacun un bâton; le maître à G., son masque relevé sur son front, l'élève la figure couverte par son masque. Dans le fond, sur la muraille en H., on lit écrit directement : **Vive Michel 1er**. — A G. **42-150**. — En B. entre le deuxième et le troisième fil. au M. *Par Gavarni*. Au-dessous des fil. à G. *Chez Aubert, pl. de la Bourse*, 29. = H. 203, L. 160.

« Le Charivari, 27 novembre 1843. »

1er État. Avant toute lettre.
2e — Celui qui est décrit.

564 XXI. — LE DÉBITEUR SEXAGÉNAIRE | — *Enfin, vous me devez! enfin j'ai mangé jusqu'à mon dernier sous* (sic) *à vous nourrir là-bas trois ans!... et je suis sans pain!* | — *Fallait garder vos « alimens »* (sic) *pour vous, mon cher.* — Deux hommes se dirigeant vers la D. L'un, c'est le débiteur, bien nourri, bien vêtu, les mains dans les poches de son paletot. Il est suivi par un pauvre diable d'une maigreur excessive, les mains dans les poches de derrière de son habit. En H. au fond, sur un mur, on lit écrit directement : **Rue de Clichy**. — A G. **43-143**. — En B. au-dessous des fil. à G. *Chez Aubert, pl. de la Bourse*, 29. = H. 204, L. 156.

« Le Charivari, 27 janvier 1844. »

1er État. Avant toute lettre.
2e — Celui qui est décrit.

LES ENFANTS TERRIBLES.

Suite de cinquante pièces, y compris un frontispice qui n'a pas paru dans le *Charivari*, et n'a été publié que plus tard, quand la suite a été tirée sans texte au verso. Le n° 44 a paru primitivement dans *la Caricature*. Toutes ces pièces portent en H. au M. au-dessus des fil. : *Les Enfans* (sic) *terribles*, et, à l'exception du frontispice, représentent des personnages à mi-jambes.

565 * FRONTISPICE. — Au milieu de leurs jouets épars, deux petits garçons et une petite fille se reposent de leurs jeux. L'un des garçons est étendu sur le ventre, couché de D. à G. sur le dossier d'un canapé, où sont vautrés les deux autres enfants. La petite fille le dos contre un coussin, sur lequel le second garçon a les pieds. Celui-ci vu de dos en partie et accoudé en arrière. — Dans

le B. du canapé à G. **42-14**. — T. C. cintré du H. En bas, au-dessous du T. C. à D. *Lith. Bertauts*. A G. *Par Gavarni*. Plus B. 1re *série*. 50 *sujets*. | *Par* | *Gavarni*. | *Beauger* (sic) *et Cie, éditeurs, r. du Croissant*, 16, *Paris* | *Lith. Bertauts, r. St-Marc*, **14**. = H. 158, L. 198.

1er État. Avant toute lettre.
2e — Celui qui est décrit.

566 I. — *J'ai assez vu mon cousin, moi! m'man, viens tu t'en?* — Une femme assise sur un divan, près d'un jeune homme en robe de chambre vu de dos à D.; un petit garçon, également vu de dos, est debout entre les jambes de la femme, sur les genoux de laquelle il est accoudé. — A G. **39**. **Gavarni**. — Claire-voie. Trois fil. En H. à D. au-dessus des fil. 1. En B. au-dessous des fil. à G. *Imp. d'Aubert et Cie*. Au M. *Par Gavarni*. A D. *Édité par le Charivari, r. du Croissant*, 16. = H. 197, L. 157.

« Le Charivari, 15 juillet 1838. »

1er État. Avant toute lettre.
2e — Celui qui est décrit.

567 II. — *Adieu, madame, à bientôt, puisque vous permettez que je vienne ainsi vous ennuyer quelquefois* | — *O* (sic) *monsieur, vous ne m'ennuyez jamais.* | — *Si maman, tu as dit l'autre jour qu'il était ennuyeux.* | — *C'est pas vrai! O* (sic) *bon maman voilà monsieur Georges qui ment encore..... Maman a dit qu'il était* | *bête et ennuyeux..... Voilà*. — A D. un monsieur, son chapeau et sa canne à la main, s'incline en prenant congé d'une dame qui le reconduit. Entre ces personnages deux petits garçons, dont l'un est de face. — A G. **Gavarni**. **39**. — Deux fil. En H. à D. au-dessus des fil. 2. En B au-dessous des fil. à G. *Imp. d'Aubert et Cie*. Au M. *Par Gavarni*. A D. *Au bureau du Charivari, r. du Croissant*, 16. = H. 193, L. 173.

« Le Charivari, 28 juin 1839. »

1er État. Avant toute lettre.
2e — Celui qui est décrit.

568 No III. — *Petit Chérubin, j'ai apporté du bonbon pour vous. Je vous le donnerai quand je m'en irai....* | — *Eh bien, mosieu, donne-le moi tout de suite et puis va-t'en*. — Un vieux bonhomme à cheveux blancs caresse sous le menton un petit enfant monté sur un tabouret, près de sa mère assise à G. — A G. **G. 39**. — Deux fil. En H. à D. au-dessus des fil. *n°* 3. En B. au-dessous des fil. à G. *Imp. d'Aubert et Cie*. Au M. *Par Gavarni*. A D. *Au bureau du Charivari, r. du Croissant*, 16. = H. 198, L. 158.

« Le Charivari, 22 juillet 1839. »

1er État. Avant toute lettre.
2e — Celui qui est décrit.

569 IV. — *Monsieur! n'est-ce pas que ça n'est pas vrai que vous n'avez pas les cheveux peints?* — Une petite fille à moitié assise sur un canapé lève la tête vers un monsieur assis près d'elle à G. sur une chaise, et qui tient d'une main son chapeau et de l'autre sa canne, dont il mordille la pomme. — A G. **Gavarni**. — Claire-voie. Trois fil. En H. à D. au-dessus des fil. 4. En B. au-dessous des fil. à G. *Imp. d'Aubert et Cie*. Au M. *Par Gavarni*. A D. *Au bureau du Charivari, r. du Croissant*, 16. = H. 199, L. 157.

« Le Charivari, 12 août 1839. »

1er État. Avant toute lettre.
2e — Celui qui est décrit.

570 N° V. — *Oh! c'est vrai! t'as les yeux comme les lanternes de ton cabriolet..... Ah bien! Clémence | a joliment raison, par exemple!* — Un jeune homme assis dans un fauteuil, une badine à la main, soutient par la taille un petit garçon assis à D. sur le bras du fauteuil.— A D. **Gavarni**. — Deux fil. En H. à D. au-dessus des fil. *n°* 5. En B. au-dessous des fil. à G. *Imp. d'Aubert et Cie.* Au M. *Par Gavarni.* A D. *Au bureau du Charivari, r. du Croissant,* 16. = H. 196, L. 153.

« Le Charivari, 16 septembre 1839. »

1er État. Avant toute lettre.
2e — Celui qui est décrit.

571 VI. — *Grand papa sa fiché de petite maman, parce que petite maman s'est fait des tetais | avec du coton, na!* — Un petit garçon se vautrant dans une vaste bergère et ayant mis sur sa tête le chapeau d'un jeune homme qui, debout à G., l'écoute, les deux mains posées sur sa canne. — A D. **Gavarni**. — Deux fil. En H. à D. au-dessus des fil. 6. En B. entre le T. C. et le premier fil. au M. *Par Gavarni.* Au-dessous des fil. à G. *Imp. d'Aubert et Cie.* A D. *Chez Bauger, r. du Croissant,* 16. = H. 200, L. 157.

« Le Charivari, 2 octobre 1839. »

1er État. Avant toute lettre.
2e — Celui qui est décrit.

572 VII. — *Mère! est-ce que c'est le crevé de ce matin que t'as dit que ça serait toujours | assez bon pour lui?* — Quatre personnes à table : en avant l'amphitryon et son fils, tous deux vus de dos; le premier à D. se prépare à découper le poulet; l'enfant est debout sur l'une des barres de sa chaise; sa mère, de l'autre côté de la table, lui fait les gros yeux; auprès d'elle, l'invité. — Au M. **Gavarni**. A G. **39**. — Deux fil. En H. à D. au-dessus des fil. 7. En B. entre le T. C. et le premier fil. au M. *Par Gavarni.* Au-dessous des fil. à G. *Chez Bauger, rue du Croissant*, 16. A D. *Imp. d'Aubert et Cie.* = H. 198, L. 154.

« Le Charivari, 18 octobre 1839. »

1er État. Avant toute lettre.
2e — Celui qui est décrit.
3e — *Chez Bauger, r. du Croissant,* 16, au lieu de : *Chez Bauger, rue du Croissant,* 16.

573 VIII. — *Petit amour, comment s'appelle madame votre maman? | — Maman n'est pas une dame, monsieur, c'est une demoiselle.* — Dans un jardin public, un jeune homme assis sur un banc de pierre tient devant lui par la taille une petite fille qui joue avec la canne du jeune homme. Au bout du banc à D. la mère lisant un livre avec attention.—Vers la G. **40-25. Gavarni**.—Deux fil. En H. à D. entre le T. C. et le premier fil. 8. En B. au M. entre le T. C. et le premier fil. *Par Gavarni.* Au-dessous des fil. au M. *Imp. d'Aubert et Cie.* A. D. *Chez Bauger, r. du Croissant,* 16. = H. 200, L. 158.

« Le Charivari, 13 avril 1840. »

1er État. Avant toute lettre.
2e — Celui qui est décrit.

574 IX. — *Maman va venir, pas tout de suite : elle est avec madame Pelet. Vous ne la connaissez | pas madame Pelet? c'est une vieille dame qui vient prendre les cheveux blancs à maman | avec une petite pincette. Maman en a*

joliment! moi j'en ai pas. — Un jeune homme assis sur un canapé, les jambes étendues, les coudes appuyés sur les coussins. A G. une petite fille debout, le dos et la tête appuyés sur un des coussins, joue avec la canne du monsieur. — A D. **40** | **69**. A G. **Gavarni**. — Claire-voie. Trois fil. En H. à D. au-dessus des fil. 9. En B. au M. entre le premier et le deuxième fil. *Par Gavarni.* Au-dessous des fil. à G. *Chez Bauger, r. du Croissant,* 16. A D. *Imp. d'Aubert et Cie.* = H. 194, L. 152.

« Le Charivari, 31 mai 1840. »

1er État. Avant toute lettre. Fil. non fermés par le B.
2e — Celui qui est décrit.

575 X. — *Qu'est-ce donc qui l'a inventée la poudre, monsieur?..... que papa dit que ce n'est pas vous.....* — A G. un homme à favoris et à barbe, le haut du corps penché en avant et tenant des deux mains son chapeau par derrière, écoute un petit garçon qui, à D., vu de dos, pose les mains sur un divan. — Vers la D. **Gavarni**. A G. **72**. — Claire-voie. Trois fil. En H. à D. au-dessus des fil. 10. En B. au M. entre le premier et le deuxième fil. *Par Gavarni.* Au-dessous des fil. à G. *Chez Bauger, r. du Croissant,* 16. A D. *Imp. d'Aubert et Cie.* = H. 197, L. 154.

« Le Charivari, 27 mai 1840. »

1er État. Avant toute lettre. Fil. non fermés par le B.
2e — Celui qui est décrit.

576 XI. — *Après dîner maman, n'est-ce pas? (j'ai été bien sage) nous irons chez mon bon ami.* — A G. un petit garçon, vu de dos, a passé ses deux bras autour du corps de sa mère, qui, tournée à D., lui fait de la main signe de se taire. Dans l'embrasure d'une porte à D., le mari en robe de chambre, vu par derrière et s'éloignant. — A D. **Gavarni**. A G. **40-71**. — Claire-voie. Trois fil. En H. à D. au-dessus des fil. 11. En B. au M. entre le premier et le deuxième fil. *Par Gavarni.* Au-dessous des fil. à G. *Chez Bauger, r. du Croissant,* 16. Au M. *Chez Aubert, gal. Véro-Dodat.* A D. *Imp. d'Aubert et Cie.* = H. 189, L. 152.

« Le Charivari, 4 juin 1840. »

1er État. Avant toute lettre. Fil. non fermés par le B.
2e — Celui qui est décrit.

577 No XII. — *N'est-ce pas, ma mère, que c'est bien vilain de dire : vous m'embêtez? Eh! bien | ma bonne a dit tout à l'heure à mon papa : vous m'embêtez..... ah! mais oui!.....* — Une jeune femme, de face, en robe de chambre, écoute d'un air triste ce que lui raconte son fils, vu de dos à moitié et tourné à G. — A G. **81**. — Claire-voie. Trois fil. En H. à D. au-dessus des fil. *no* 12. En B. au M. entre le premier et le deuxième fil. *Par Gavarni.* Au-dessous des fil. à G. *Chez Bauger, r. du Croissant,* 16. A D. *Imp. d'Aubert et Cie.* = H. 196, L. 152.

« Le Charivari, 19 juin 1840. »

1er État. Avant toute lettre.
2e — Celui qui est décrit.

578 XIII. — *Quand maman aime bien petit papa, elle appelle petit papa « ma niniche ».* — Un jeune homme assis sur un canapé pose sa main sur la tête d'un petit garçon, vu de dos à D., le ventre sur le canapé, un pied posant à terre. — A. G. **80**. — Claire-voie. Trois fil. En H. à D. au-dessus des fil. 13.

En B. au M. entre le premier et le deuxième fil. *Par Gavarni.* Au-dessous des fil. à G. *Chez Bauger, r. du Croissant,* 16. A D. *Imp. d'Aubert et Cie.* = H. 194, L. 152.

« Le Charivari, 15 juin 1840. »

1er État. Avant toute lettre.
2e — Celui qui est décrit.
3e — En B. au-dessous des fil. au M. *Chez Aubert, gal. Véro-Dodat.* Le reste comme à l'état décrit.

579 XIV. — *La rose que vous avez donnée à ma maman?.... Ah! oui, oui!.... que vous avez manqué de vous | casser le cou pour l'avoir?.... Eh! bien mon cousin Anatole l'a mise à la queue de Jacobin, l'âne à | Mathieu...., maman a joliment ri!.... Est-ce que vous en avez encore des noisettes?* — Assise en avant, sur le banc de pierre d'un jardin, une petite fille tient dans ses mains des noisettes qu'elle compte. A D. et tourné vers elle, un jeune homme à l'air bête est assis de l'autre côté du banc. — A G. **79.** — Claire-voie. Trois fil. En H. à D. au-dessus des fil. 14. En B. au M. entre le premier et le deuxième fil. *Par Gavarni.* Au-dessous des fil. à G. *Chez Bauger, r. du Croissant,* 16. A D. *Imp. d'Aubert et Cie.* = H. 194, L. 154.

« Le Charivari, 23 juin 1840. »

1er État. Avant toute lettre.
2e — Celui qui est décrit.
3e — *Chez Bauger et Cie, r. du Croissant,* 16, au lieu de : *Chez Bauger, r. du Croissant,* 16. Le reste comme à l'état décrit.

580 XV. — *N'est-ce pas, maman, que le petit peigne à moustaches, que Cornélie a trouvé ce | matin dans ta chambre, c'est pour moi?* — A. D. un homme, assis de face sur un canapé, les jambes croisées, et tenant devant lui sa canne et son chapeau, lance un regard terrible vers une jeune femme, assise près de lui, et sur les genoux de laquelle s'appuie un petit garçon, vu de dos. — A. G. **G. 40-108.** — Deux fil. En H. à D. au-dessus des fil. 15. En B. au M. entre le premier et le deuxième fil. *Par Gavarni.* Au-dessous des fil. à G. *Chez Bauger, r. du Croissant,* 16. A D. *Imp. d'Aubert et Cie.* = H. 190, L. 148.

« Le Charivari, 19 juillet 1840. »

1er État. Avant toute lettre. Fil. non fermés par le B.
2e — Celui qui est décrit.
3e — En B. au-dessous des fil. au M. *Chez Aubert, gal. Véro-Dodat.* Le reste comme à l'état décrit.

581 XVI. — *Maman! Maman! ce Monsieur du Luxembourg, que tu as dit (tu sais bien) que c'était | un grand ami de papa!...., il n'a pas salué!.... Ah! par exemple en voilà un malhonnête!* — Un mari donnant le bras à sa femme. Celle-ci, vue de dos; à D. leur petit garçon tire des deux mains le bras de sa mère pour lui montrer le monsieur du Luxembourg qui passe devant eux, tenant la pomme de sa canne devant la bouche. — A G. **G. 40-107.** — Deux fil. En H. à D. au-dessus des fil. 16. En B. au M. entre le premier et le deuxième fil. *Par Gavarni.* Au-dessous des fil. à G. *Chez Bauger, rue du Croissant,* 16. A D. *Imp. d'Aubert et Cie.* = H. 191, L. 149.

« Le Charivari, 27 juillet 1840. »

1er État. Avant toute lettre. Fil. non fermés par le B.
2e — Celui qui est décrit.
3e — *Chez Bauger, r. du Croissant,* 16, au lieu de : *Chez Bauger, rue du Croissant,* 16.

582 XVII. — *Est-ce que c'est vrai, monsieur le marquis, que vous êtes toujours obligé | de regarder en Bourgogne si la Champagne brûle? Comme ça doit vous ennuyer!* — Une petite fille, vue de dos, est agenouillée sur un canapé, où est assis de face à G. un homme louchant, son chapeau sur sa canne, placée entre ses jambes croisées. — A G. **148**. — Claire-voie. Trois fil. En H. à D. entre le premier et le deuxième fil. 17. En B. au M. entre le premier et le deuxième fil. *Par Gavarni.* Au-dessous des fil. à G. *Chez Bauger, r. du Croissant.* 16. A D. *Imp. d'Aubert et Cie.* = H. 197, L. 156.

« Le Charivari, 26 août 1840. »

1er État. Avant toute lettre.
2e — Celui qui est décrit.

583 XVIII. — *C'est vous qu'êtes le grand sec qui vient toujours pour dîner?...., Monsieur, | Papa n'y est pas....* — Un petit garçon de profil à D., les mains derrière le dos, regardant un homme maigre et laid qui, le haut du corps légèrement incliné en avant, tient des deux mains son chapeau devant lui, à la hauteur de la poitrine. — A G. **171**. — Claire-voie. Trois fil. En H. à D. au-dessus des fil. 18. En B. entre le premier et le deuxième fil. *Par Gavarni.* Au-dessous des fil. à G. *Chez Bauger, r. du Croissant,* 16. A D. *Imp. d'Aubert et Cie.* = H. 198, L. 162.

« Le Charivari, 10 septembre 1840. »

1er État. Avant toute lettre.
2e — Celui qui est décrit.

584 XIX. — *Ils t'on* (sic) *dit de jouer tant que tu voudras dans la salle à manger? et ta mère! | t'a donné!..... quatre sous!.... malheureux!.....* — Un homme vu de dos, une main posée contre le chambranle d'une porte entr'ouverte à D. se penche à G. vers un petit garçon qui a les deux mains, dont une tient un fouet, dans les poches de son pantalon. A G., sur un buffet, un chapeau. — A G. **172**. — Claire-voie. Trois fil. En H. à D. au-dessus des fil. 19. En B. au M. entre le premier et le deuxième fil. *Par Gavarni.* Au-dessous des fil. à G. *Chez Bauger, r. du Croissant,* 16. A D. *Imp. d'Aubert et Cie.* = H. 197, L. 153.

« Le Charivari, 2 septembre 1840. »

1er État. Avant toute lettre.
2e — Celui qui est décrit.

585 XX. — *Voyons! faites attention : | — Que doit-on faire lorsqu'on a péché? | Quand on a péché?..... quand on a péché, tiens! on revient à la Maison, Blanche | avec tous les barbillons, dans un panier; et ma bonne les mange, avec Landerneau, | c'est un grand soldat, qui a des bâtons blancs sur la manche; moi j'en mange | aussi, tiens!* — Une vieille femme en bonnet, lunettes sur le nez, châle sur les épaules, tient des deux mains un catéchisme qu'elle fait répéter à une petite fille, entièrement vue de dos à D., un chapeau de paille sur la tête. — A G. **173**. — Claire-voie. Trois fil. En H. à D. au-dessus des fil. 20. En B. au M. entre le premier et le deuxième fil. *Par Gavarni.* Au-dessous des fil à G. *Chez Bauger, r. du Croissant,* 16. A. D. *Imp. d'Aubert et Cie.* = H. 197, L. 154.

« Le Charivari, 7 octobre 1840. »

1er État. Avant toute lettre.
2e — Celui qui est décrit.

586 XXI. — ...... *Monsieur Albert? c'est un monsieur du Jardin des Plantes, qui*

vient tous les | jours pour faire l'explication des bêtes à maman : un grand qui a des moustaches, | que tu ne connais pas. Il n'est venu aujourd'hui qu'après qu'on a eu fermé les | singes..... tu sais comme est maman? elle l'a joliment arrangé, va!..... Oh! | comme tu n'en a presque plus sur le dessus, des cheveux, papa!...... — Un homme, vu de face, assis dans un fauteuil, l'air désolé, les bras croisés, les jambes écartées. L'enfant à G. est debout sur le fauteuil, une main sur l'épaule de son père, dont il a mis le chapeau. — A G. **170**. — Claire-voie. Trois fil. En H. à D. au-dessus des fil. 21. En B. au M. entre le premier et le deuxième fil. *Par Gavarni.* Au-dessous des fil. à G. *Chez Bauger, r. du Croissant,* 16. A D. *Imp. d'Aubert et Cie*. = H. 197, L. 155.

« Le Charivari, 1er octobre 1840. »

1er État. Avant toute lettre.
2e — Celui qui est décrit.

587 XXII. — *Houp! houp! papa..... ah! tu ne fais pas si bien le cheval que Janisset, dam*(sic)*!* | *—Qu'est-ce que c'est que Janisset? un de tes petits camarades?* | *—Tu es farce! papa..... Janisset, il est un officier des soldats du roi, qui venait tous les jours,* | *tous les jours, tous les jours ici, pendant que tu n'y a* (sic) *pas été!..... houp! houp!.... et quand* | *il est parti pour l'armée des Bédoins* (sic)..... *houp! houp! maman, a joliment pleuré......, houp!* | *Ah! comme il faisait bien le cheval celui-là!.....* — Un petit garçon est à cheval sur l'un des genoux d'un homme, vu de dos et tourné à G., assis de travers sur une chaise. Il tient d'une main une corde passée autour du cou de celui-ci, et de l'autre un sabre sur l'épaule. — A G. **206**. — Claire-voie. Trois fil. En H. à D. au-dessus des fil. 22. En B. au M. entre le premier et le deuxième fil. *Par Gavarni.* Au-dessous des fil. à G. *Chez Bauger, r. du Croissant,* 16. A D. *Imp. d'Aubert et Cie*. = H. 197, L. 156.

« Le Charivari, 19 octobre 1840. »

1er État. Avant toute lettre.
2e — Celui qui est décrit.

588 XXIII. — *Mais pourquoi donc, mosieu Bachu, que tu viens toujours embêter papa comme* | *ça pour ta mécanique.* — A D. dans un bureau, un petit garçon en chemise et jambes nues est tourné à G. du côté d'un homme au front chauve, vêtu d'une longue redingote, son chapeau à la main. — A. G **216** — Claire-voie. Trois fil. En H à D. au-dessus des fil. 23. En B. au M. entre le premier et le deuxième fil. *Par Gavarni.* Au-dessous des fil. à G. *Imp. d'Aubert et Cie*. A D. *Chez Bauger, r. du Croissant,* 16. = H. 196. L. 156.

« Le Charivari, 12 novembre 1840. »

1er État. Avant toute lettre.
2e — Celui qui est décrit.

589 XXIV. — *Le spectacle, était-ce bien? et a-t-il été raisonnable Lolo? — Lolo! ne m'en parle pas.... je* | *dis en entrant: « C'est un enfant de six ans et demi. » Voilà-t-il pas que monsieur s'en va: « Non* | *papa, j'ai sept ans passés, je ne suis plus un enfant ».... Désagréable moutard! Il m'a* | *fallu payer place entière.* — La mère, en bonnet et camisole de nuit, assise sur une chaise, occupée à déshabiller son petit garçon, qui suce un bâton de sucre d'orge. A D. le père, de face, en manches de chemise, en train de se mettre un mouchoir autour de la tête. — A G. **270**. — Deux fil. En H. à D. au-dessus des fil. 24. En B. au M. entre le premier et le deuxième fil. *Par Gavarni.* Au-dessous des fil. à G. *Chez Bauger, r. du Croissant,* 16. A D. *Imp. d'Aubert et Cie*. = H. 198, L. 157.

« Le Charivari, 8 novembre 1840. »

1er Etat. Avant toute lettre.
2e — Celui qui est décrit.

590 XXV. — *Ma bonne bisque, va m'man, de se lever comme ça de bonne heure, depuis que t'es | revenue...... dam* (sic)*! quand tu étais à Arpajon, Amanda mangeait toujours son | café dans son lit...... c'était papa qui ouvrait au laitier le matin, et qui allumait le feu...... ah! mais il | était joliment sucré le café.* — La maman, vue de dos, à moitié assise de travers sur une chaise, se penche à D. vers son petit garçon, qui, la tête baissée, joue avec un livre qu'il tient des deux mains. — A G. **290**. — Claire-voie. Trois fil. En H à D. au-dessus des fil. 25. En B. au M. entre le premier et le deuxième fil. *Par Gavarni.* Au-dessous des fil. à D. *Imp. d'Aubert et Cie.* Au-dessous de la légende : *Se vend chez Bauger et Cie, éditeurs des* (etc). = H. 198, L. 155.

« Le Charivari, 20 novembre 1840. »

1er État. Avant toute lettre.
2e — Celui qui est décrit.
3e — *Se vend chez Bauger et Cie, éditeurs des* (etc.), a disparu.

591 XXVI. — *Que tu es donc godiche, Toinon, de venir tous les matins comme ça pour que papa te mette | de l'argent dans ton affaire...... puisque tu vas faire banqueroute, bête!* — Un homme en paletot, tenant des deux mains son chapeau devant sa poitrine. Tout près de lui, à D. un petit garçon, un tambour au côté, les deux baguettes dans une main. — A G. **287**. — Claire-voie. Trois fil. En H à D. au-dessus des fil. 26. En B. au M. entre le premier et le deuxième fil. *Par Gavarni.* Au-dessous des fil. à D. *Imp. d'Aubert et Cie.* Au-dessous de la légende : *Se vend chez Bauger et Cie, éditeurs des* (etc.). = H. 198, L. 156.

« Le Charivari, 28 novembre 1840. »

1er État. Avant toute lettre.
2e — Celui qui est décrit.

592 XXVII. — *Maman, c'est mosieu..... tu sais, ce mosieu qui a ce nez.* — Un petit garçon, vu de dos, entr'ouvre à G. une porte, par l'entrebâillement de laquelle il passe sa tête, A D. le monsieur qui a ce nez, tenant devant lui d'une main son chapeau, et de l'autre sa canne. — A. G. **291**. — Claire-voie. Trois fil. En H. à D. au-dessus des fil. 27. En B. au M. entre le premier et le deuxième fil. *Par Gavarni.* Au-dessous des fil. à D. *Imp. d'Aubert et Cie.* Au-dessous de la légende : *Se vend chez Bauger et Cie, éditeurs des* (etc.). = H. 196, L. 155.

« Le Charivari, 6 décembre 1840. »

1er État. Avant toute lettre.
2e — Celui qui est décrit.

593 No XXVIII. — *Maman dit que vous savez tous les secrets de Polichinelle, mosieu d'Alby : qu'est-ce | qui peut donc lui avoir abîmé le nez comme ça..... dites!* — Un petit garçon tient des deux mains un polichinelle, qu'il vient de poser sur les genoux d'un vieux monsieur assis à G. sur une chaise, et se penchant vers l'enfant. — A G. **288**. — Claire-voie. Trois fil. En H. à D. entre le premier et le deuxième fil. *no* 28. En B. Au-dessous des fil. au M. *Par Gavarni.* A D. *Imp. d'Aubert et Cie.* Au-dessous de la légende : *Se vend chez Bauger et Cie, éditeurs des* (etc.). = H. 198, L. 157.

« Le Charivari, 17 décembre 1840. »

1er État. Avant toute lettre.
2e — Celui qui est décrit.
3e — En B. au-dessous des fil. à G. *Chez Aubert, gal. Véro-Dodat.* Le reste comme à l'état décrit.

594 XXIX. — *Tu mettras plus jamais ton chapeau qui sent la pipe, n'est-*(ce) *pas m'man ?* — Une jeune femme va mettre son chapeau sur sa tête. Devant elle, à D. son petit garçon, vu de dos, en chapeau de paille, les mains dans les poches de son pantalon. Derrière elle, à G., le mari, l'air mécontent, des lunettes sur le nez, son chapeau à la main. — A G. **153**. — Claire-voie. Trois fil. En H. à D. entre le premier et le deuxième fil. 29. En B. entre le premier et le deuxième fil. *Par Gavarni.* Au-dessous des fil. à D. *Imp. d'Aubert et Cie.* Au-dessous de la légende : *Se vend chez Bauger et Cie, éditeurs des* (etc.). = H. 196, L. 154.

« Le Charivari, 29 décembre 1840. »

1er État. Avant toute lettre.
2e — Celui qui est décrit.

595 XXX. — *Je le dirai!.... que t'as encore pris dans le petit pot, du rouge que maman | se met.* — Un petit garçon et une petite fille sur un canapé. Le premier à D , assis de face, regarde ses mains; la petite fille, vue de dos, a un genou sur le canapé où elle est accoudée ; derrière eux, un jeune homme, les bras appuyés sur le dossier du canapé, les écoute. — A G. **219**. — Claire-voie. Trois fil. En H. à D. au-dessus des fil. 30. En B. Au-dessous des fil. à D. *Imp. d'Aubert et Cie.* Au-dessous de la légende : *Se vend chez Bauger et Cie, éditeurs, des* (etc.). = H. 198, L. 155.

« Le Charivari, 21 janvier 1841. »

1er État. Avant toute lettre.
2e — Celui qui est décrit.

596 XXXI. — *Papa, empêche donc Françoise de se moquer toujours de moi, parce que je lui dis que | monsieur Ward a montré l'anglais à maman.* — Le père à G. de pr. à D., lunettes sur le nez, les mains dans les poches de derrière de son habit, regarde d'un air triste son petit garçon, qui, tout en parlant, s'amuse à faire tourner la clef d'un buffet devant lequel ils se trouvent. — A G. **126**. — Claire-voie. Trois fil. En H. à D. entre le premier et le deuxième fil. 31. En B. au M. entre le premier et le deuxième fil. *Par Gavarni.* Au-dessous des fil. à D. *Imp. d'Aubert et Cie.* Au-dessous de la légende : *Se vend chez Bauger et Cie, éditeurs des* (etc.). = H. 196, L. 156.

« Le Charivari, 13 mars 1841. »

1er État. Avant toute lettre. Fil. non fermés par le B.
2e — Celui qui est décrit.

597 XXXII. — *Que c'est dommage! | ma tante Amélie dit que t'es bien gentil, mais que t'es trop bête......* — Une petite fille et un grand jeune homme assis tous les deux sur un canapé. La première à D., les jambes pendantes, le second a les yeux baissés, et tient des deux mains sa canne devant lui. Il est en habit et en cravate blanche. — A G. **G. 40-106**. — Deux fil. En H. à D. entre le T. C. et le premier fil. 32. En B. entre le premier et le deuxième fil. au M. *Par Gavarni.* Au-dessous des fil. à D. *Imp. d'Aubert et Cie,* Au-dessous de la légende : *Se vend chez Bauger et Cie, éditeurs des* (etc.). = H. 190, L. 149.

« Le Charivari, 19 mars 1841. »

1er État. Avant toute lettre. Fil. non fermés par le B.
2e — Celui qui est décrit.

598 XXXIII. — *Tu ne sais pas? petit papa..... cet animal de Maurice, il n'a fait que faire pleurer | maman ce matin..... qu'est ce que ça lui fait, à lui, que tu invites monsieur Albert à dîner? tiens!* — Un homme en habit, ses lunettes sur le nez, le corps penché en avant à D., les mains sur ses genoux, écoute sa petite fille qui, assise sur un canapé, a les bras étendus à D. et à G. sur les coussins. — A G. **169**. — Claire-voie. Trois fil. En H. à D. entre le premier et le deuxième fil. 33. En B. au M. entre le premier et le deuxième fil. *Par Gavarni.* Au-dessous des fil. à D. *Imp. d'Aubert et Cie*. Au-dessous de la légende : *Se vend chez Bauger et Cie, éditeurs des* (etc.). = H. 199, L. 153.

« Le Charivari, 26 mai 1841. »

1er État. Avant toute lettre.
2e — Celui qui est décrit.

599 XXXIV. — *Ma tante Aurélie qui disait l'autre jour à maman qu'elle t'en ferait voir des | grises si tu deviens son mari...... Papa l'a fait taire...... Des grises quoi donc? dis.* — Un jeune homme assis sur un canapé et vu de face, les jambes croisées, se penche à D. un coude sur le siége du canapé, pour écouter un petit garçon qui, vu de dos et accoudé sur le canapé, tient la canne du jeune homme, le bout en l'air contre le mur. — A G. **205**. — Claire-voie. Trois fil. En H. à D. entre le premier et le deuxième fil. 34. En B. au-dessous des fil. au M. *Par Gavarni.* A D. *Imp. d'Aubert et Cie*. Au-dessous des fil, *Se vend chez Bauger et Cie, éditeurs des* (etc.). = H. 198, L. 160.

« Le Charivari, 21 avril 1841. »

1er État. Avant toute lettre.
2e — Celui qui est décrit.

600 XXXV. — *La canne que papa a trouvée dans l'armoire de maman, le jour qu'il était si en colère, | elle était bien plus belle que ça!.....* — Un jeune homme en habit, pantalon blanc, étendu dans une bergère, et tourné à D., pose une main sur le derrière de la tête d'une petite fille debout devant lui; le dos appuyé contre le fauteuil, elle joue avec la canne du jeune homme. — A G. **289**. — Claire-voie. Trois fil. En H. à D. entre le premier et le deuxième fil. 35. En B. au M. entre le premier et le deuxième fil. *Par Gavarni.* Au-dessous des fil. à D. *Imp. d'Aubert et Cie*. Au-dessous de la légende : *Se vend chez Bauger et Cie, éditeurs des* (etc.). = H. 198, L. 155.

« Le Charivari, 5 avril 1841. »

1er État. Avant toute lettre.
2e — Celui qui est décrit.

601 XXXVI. — *Tu ne sais pas ta leçon, ta tante va venir : tu seras grondé!..... — Ah! oui! ma tante..... | elle est avec la grosse femme pour les cheveux.... Vous ne savez pas comme c'est long à ôter | vous ce qu'on met dans les cheveux à ma tante pour qu'ils soient noirs après.,...* — Un vieux bonhomme, assis de face sur un canapé, tient des deux mains contre sa poitrine la tête d'un petit garçon, qui est couché les genoux en l'air, les deux pieds sur le canapé à D. — A G. **218**. — Claire-voie. Trois fil. En H. à D. entre le premier et le deuxième fil. 36. En B. au M. entre le premier et le deuxième fil. *Par Gavarni.*

Au-dessous des fil. à D. *Imp. d'Aubert et Cie*. Au-dessous de la légende : *Se vend chez Bauger et Cie, éditeurs des* (etc.). = H. 198, L. 157.

« Le Charivari, 17 mai 1841. »

1er État. Avant toute lettre.
2e — Celui qui est décrit.

602 XXXVII. — *Est-ce que c'est vrai, mosieu d'Alby, que tu couperais des liards en quatres* (sic.)?... . *sapristi!* | *comment donc que tu peux faire?* — Un vieux bonhomme, de face, sur un divan, tient assis en travers sur ses genoux un petit garçon de pr. tourné à D. — A G. **15**. — Claire-voie. Trois fil. En H. à D entre le premier et le deuxième fil. 37. En B. au M. entre le premier et le deuxième fil. *Par Gavarni*. Au-dessous des fil à D. *Imp. d'Aubert et Cie*. Au-dessous de la légende : *Se vend chez Bauger et Cie, éditeurs des* (etc.). = H. 197, L. 154.

« Le Charivari, 10 avril 1841. »

1er État. Avant toute lettre.
2e — Celui qui est décrit.

603 XXXVIII. — *Si tu touches encore à la bouteille du vin muscat, tu seras bien attrapée, parce que papa a fait une* | *marque au bouchon et une marque au goulot*. — Une petite fille assise, les jambes étendues sur la table d'une cuisine, tient dans ses mains deux fers à tuyauter qu'elle frotte l'un contre l'autre. A G. devant une porte entr'ouverte, la bonne, vue de dos, une main posée sur la table, retourne la tête vers l'enfant. — A G. **41-47**. — Claire-voie. Trois fil. En H. à D. entre le premier et le deuxième fil. 38. En B. au M. entre le premier et le deuxième fil. *Par Gavarni*. Au-dessous des fil. à G. *Chez Bauger, r. du Croissant*, 16. A D. *Imp. d'Aubert et Cie*. = H. 194, L. 172.

« Le Charivari, 13 juillet 1841. »

1er État. Avant toute lettre.
2e — Celui qui est décrit.

604 XXXIX. — *Un petit de la pension qui disait que t'étais renégat, j'y ai fichu des giffles..... n'est-ce pas,* | *père, que t'es catholique?* — Un homme en robe de chambre, crâne dénudé, lunettes devant les yeux, travaille à son bureau ; il est vu de dos, et tourné à G. Debout, derrière lui, monté sur le fauteuil où il est assis, l'enfant appuie sa tête et ses coudes sur les épaules de son père. — A G. **41-50**. — Claire-voie. Trois fil. En H. à D. entre le premier et le deuxième fil. 39. En B. au M. entre le premier et le deuxième fil. *Par Gavarni*, Au-dessous des fil. à G. *Chez Bauger, r. du Croissant*, 16. A D. *Imp. d'Aubert et Cie*. = H. 198, L. 157.

« Le Charivari, 15 juillet 1841. »

1er État. Avant toute lettre
2e — Celui qui est décrit.

605 XL. — *Est-ce que vous payez des impositions comme papa, mosieu Pastorin, pour être usurier?* — Sur le devant à G., un petit garçon, vu de dos, et debout, appuie ses deux bras sur une table ronde, de l'autre côté de laquelle est assis un vieux monsieur à lunettes, une main sur sa canne, l'autre posée sur la table ainsi que son chapeau. — A G. **41-55** — Claire-voie. Trois fil. En H. à D. entre le premier et le deuxième fil. 40. En B. au-dessous des fil. à G. *Chez Bauger, r. du Croissant*, 16. A D. *Imp. d'Aubert et Cie*. = H. 199, L. 156.

« Le Charivari, 21 juillet 1841. »

1er État. Avant toute lettre.
2e — Celui qui est décrit.

606 XLI. — *Mosieu, on ne peut pas voir papa, il est en train de faire faillite.* — Un vieux monsieur à cheveux blancs, qui tient d'une main son chapeau et joue de l'autre avec ses breloques, se dirige à D. vers une porte qu'entr'ouvre un petit garçon avançant la tête et l'appuyant contre le chambranle. — A G. **41-46.** — Claire-voie. Trois fil. En H. à D. entre le premier et le deuxième fil. 41. En B. à D. dans l'intérieur du dessin : *Par Gavarni.* Au-dessous des fil. à G. *Chez Bauger, r. du Croissant,* 16. A D. *Imp. d'Aubert et Cie.* = H. 200, L. 157.

« Le Charivari, 7 août 1841. »

1er État. Avant toute lettre.
2e — Celui qui est décrit.

607 XLII. — *Cette madame de Lieusaint est-elle bête! puisque je suis Charles Dubourg et que tu es mon | papa, tu ne pourrais pas t'appeler Georges Dandin.* — Un homme, des lunettes devant les yeux, est assis de 3/4 à G. sur un canapé, les jambes croisées, le corps penché vers la D., le coude appuyé sur un coussin. Debout, près de lui, en avant, son fils, vu de dos et tourné à G., joue avec un petit canon qu'il traîne sur le canapé où il est accoudé. — A G. **41-45.** — Claire-voie. Trois fil. En H. à D. au-dessus des fil. 42. En B. à D. dans l'intérieur du dessin : *Par Gavarni.* Au-dessous des fil. à G. *Chez Bauger, r. du Croissant,* 16. A D. *Imp. d'Aubert et Cie,* = H. 198, L. 157.

« Le Charivari, 9 août 1841. »

1er Etat. Avant toute lettre.
2e — Celui qui est décrit.

608 XLIII. — *Dis donc Miroux..... dis donc, Miroux..... de quoi donc que madame Miroux te fait | porter?* — Un petit garçon, à cheval sur le genou d'un homme assis sur un canapé, les jambes écartées. Tous deux sont tournés vers la D. — A G. **41-44.** — Claire-voie. Trois fil. En H. à D. au-dessus des fil. 43. En B. à D. dans l'intérieur du dessin : *Par Gavarni.* Au-dessous du fil. à G. *Chez Bauger, r. du Croissant,* 16. A D. *Imp. d'Aubert et Cie.* = H. 193, L. 157.

« Le Charivari, 13 août 1841. »

1er État Avant toute lettre.
2e — Celui qui est décrit.

» XLIV. — *Papa, voilà ton homme de paille!* — Voir ci-dessus la description sous la rubrique : *Les Enfants terribles,* dans : *La Caricature* (deuxième publication).

609 XLV. — *Mosieu Belassis, moi je n'ai pas des jambes en manches de veste.* — Un homme assis sur un canapé ; il a les jambes croisées et tient son chapeau sur son genou. A G. à son côté, assise aussi sur le canapé, une petite fille lève et lui montre une de ses jambes. — A G. **41-88.** — Claire-voie. Trois fil. En H. à D. au-dessus des fil. 45. En B. à D. dans l'intérieur du dessin : *Par Gavarni.* Au-dessous des fil. à G. *Chez Bauger et Cie, édit., r. du Croissant,* 16. A D. *Imp. d'Aubert et Cie.* = H. 199, L. 157.

« Le Charivari, 25 septembre 1841. »

1er État. Avant toute lettre.
2e — Celui qui est décrit.

610 XLVI. — *Décidément, mon cher ami, vous n'êtes pas de force au piquet : je vous enfonce. | — Oui! mais comme Papa vous a bien enfoncé aussi, pas vrai père? dans l'affaire des suifs!* — Deux hommes assis vis-à-vis l'un de l'autre à une table à jeu. Celui de G., vu de dos, prend une prise dans sa tabatière. Tourné du côté de celui-ci, un petit garçon, le corps penché sur la table, y est accoudé, son menton dans une de ses mains. — A G. **41-93**. — Claire-voie. Trois fil. En H. à D. entre le premier et le deuxième fil. 46. En B. au M. entre le premier et le deuxième fil. *Par Gavarni.* Au-dessous des fil. à G. *Chez Bauger et Cie, édit., r. du Croissant,* 16. A D. *Imp. d'Aubert et Cie.* = H. 199, L. 156.

« Le Charivari, 28 septembre 1841. »

1er État. Avant toute lettre.
2e — Celui qui est décrit.

611 XLVII. — *M'man n'y est pas parce que tu rentres avant cinq heures, puisque si tu étais pas revenu avant | cinq heures, n'y avait pas besoin de te dire qu'elle n'y a pas été.* — Un homme de face, ses lunettes sur le front, une main sur le bouton d'une porte à D., tourne la tête à G. vers un petit garçon, qui, vu de dos, est coiffé d'un bonnet de papier et met son doigt dans son nez. — A G. **41-91**. — Claire-voie. Trois fil. En H. à D. entre le premier et le deuxième fil. 47. En B. entre le premier et le deuxième fil. au M. *Par Gavarni.* Au-dessous des fil. à G. *Chez Bauger et Cie, édit., r. du Croissant*, 16. A D. *Imp. d'Aubert et Cie.* = H. 199, L. 158.

« Le Charivari, 3 octobre 1841. »

1er État. Avant toute lettre.
2e — Celui qui est décrit.

612 XLVIII. — *N'est-ce pas, Mosieu Prud'homme, qu'il ne faut pas mettre un H à | omelette?...... là! vois-tu M'man!......* — Tournée à G. devant un homme qui tient son chapeau à la main, une jeune femme en chapeau à plumes, vue de dos à moitié, pose une de ses mains sur l'épaule de son petit garçon vu de dos entièrement, une casquette sur la tête. — A G. **41-84**. — Claire-voie. Trois fil. En H. à D. entre le premier et le deuxième fil. 48. En B. à D. dans l'intérieur du dessin. *Par Gavarni.* Au-dessous des fil. à G. *Chez Bauger et Cie. édit., r. du Croissant*, 16. A D. *Imp. d'Aubert et Cie.* = H. 198, L. 157.

« Le Charivari, 1er novembre 1841. »

1er État. Avant toute lettre.
2e — Celui qui est décrit.

613 XLIX. — *Maman a écrit à mosieu Prosper et papa a vu la lettre. O* (sic) *il était joliment en colère | papa...... parce que maman avait fait une faute.* — Un vieux maître d'écriture, une main posée sur une table et tenant de l'autre un cahier, écoute en souriant une petite fille assise à D. et tournant le dos à la table sur laquelle elle est accoudée. — A D. **41-111**. — Claire-voie. Trois fil. En H. à D. entre le premier et le deuxième fil. 49. En B. au-dessous des fil. à G. *Chez Bauger et Cie., r. du Croissant,* 16. A D. *Imp. d'Aubert et Cie.* = H.198, L. 157.

« Le Charivari, 29 mai 1842. »

1er État. Avant toute lettre.
2e — Celui qui est décrit.

LES ÉTUDIANTS DE PARIS.

Suite de soixante pièces dont huit n'ont été ajoutées à cette suite que lors de sa mise en vente en album sans texte au verso. De ces huit pièces l'une, le n° 34, n'a jamais paru dans le Charivari, et les sept autres ont été, il est vrai, publiées dans ce journal, mais sous des titres collectifs différents, savoir : les n°s 49, 50, 56, 57 et 58, sous le titre *Paris le soir;* les n°s 51 et 52, sous le titre *Nuances du sentiment.* Des 52 autres pièces, 4, avant de paraître dans le Charivari avec le titre *Étudians* (sic) *de Paris,* avaient été éditées, le n° 53 dans la Caricature, sous le titre *Les Plaisirs champêtres,* ainsi que les n°s 54 et 55 sous le titre *Le Dimanche,* et le n° 59 dans le Figaro, sous le titre *Les Rêves.* Enfin le n° 48 n'est que la copie d'une lithographie de Gavarni.

Chacune des pièces de cette suite est entourée de quatre filets, sauf le n° 9, qui n'en a qu'un. En H. au M. au-dessus des fil. *Les Étudians* (sic) *de Paris.* A D. le n° d'ordre. En B. la légende entre le T. C. et le premier fil., excepté sur le n° 4, où elle est inscrite au-dessous des fil.

614 I. — NON BIS IN IDEM ! | (*Axiome de droit*). — Un jeune homme, tourné à D., une pipe à la main, un livre sous le bras, est arrêté devant une porte entrebâillée par l'ouverture de laquelle un autre jeune homme, en chemise, avance la tête. Sur la porte, une plaque où on lit écrit en sens direct : **Mlle Bienaimée | frapper** (sic) **fo rt) S. V. P.** — A G. **Gavarni.** — En H. à D. au-dessus des fil. 1. En B. au M. au-dessous du T. C. *Par Gavarni.* Au-dessous des fil. à G. *Imp. d'Aubert et Cie.* A D. *chez Bauger, r. du Croissant,* 16. = H. 200, L. 156.

« Le Charivari, 22 août 1839. »

1er État. Avant toute lettre. Fil. non fermés par le B.
2e — Celui qui est décrit.

615 II. — *Ma chère, comment peux-tu supporter un homme qui pipe toute la journée dans des | horreurs de machines comme ça ? | — Prends garde! ça va te manger...... Eh ! bien, ma petite, j'étais comme toi, avant : | rien qu'un cigarre* (sic)...... *ça me mettait dans tous mes états; mais depuis que je | connais Henri, ah ! b'en ..... à présent je suis culottée, vois-tu ?* — Dans une chambre d'étudiant, une jeune femme, son chapeau sur la tête, un châle blanc sur les épaules, regarde à G. des pipes accrochées à la muraille. La maîtresse de M. Henri, assise à D., raccommode un vêtement. — A D. **Gavarni.** — En H. à D. au-dessus des fil. 2. En B. au-dessous des fil. à G. *Imp. d'Aubert et Cie.* Au M. *Par Gavarni.* A. D. *Chez Bauger, r. du Croissant,* 16. = H. 200, L. 155.

« Le Charivari, 30 août 1839. »

1er État. Avant toute lettre. Fil. non fermés par le B.
2e — Celui qui est décrit.

616 III. — *Quand on pense que voilà ce que c'est qu'un homme...... et que | les femmes aiment ça!* — Un étudiant, sur un canapé, regarde dans un atlas une planche d'anatomie représentant un squelette que regarde aussi une jeune femme les mains sur l'épaule de l'étudiant derrière lequel elle est assise. — Au bas du canapé à G. **Gavarni | 39.** — En H. à D. au-dessus des fil. 3. En B. au-dessous de T. C. au M. *Par Gavarni.* Au-dessous des fil à G. *Imp. d'Aubert et Cie.* A D. *Chez Bauger, rue du Croissant,* 16. = H. 198, L. 158.

« Le Charivari, 3 septembre 1839. »

1er État. Avant toute lettre. Un fil. non fermé par le B.
2e — Celui qui est décrit.

617 N° IV. — *Qu'est-ce que t'as qui te chiffonne? Les Anglais veulent de l'argent...... promets-leur en. Ton père | n'en veut plus donner...... tire-lui une carotte...... | —Ce n'est pas ça....... c'est ma femme qui se marie, et ça m'embête.* — Deux étudiants dans un café, l'un, à G., assis sur une table, allume sa pipe; l'autre, accoudé du côté opposé sur la même table, est assis sur un tabouret le corps tourné à D., une main dans la poche de son pantalon. — Vers la G. **Gavarni.** — En H. à D. au-dessus des fil. *n°* 4. En B. entre le T. C. et le premier fil. au M. *Par Gavarni.* Au-dessous des fil. à G. *Chez Bauger, r. du Croissant,* 16. A D. *Imp. d'Aubert et Cie.* = H. 198, L. 156.

« Le Charivari, 30 septembre 1839. »

1er État. Avant toute lettre.
2e — Celui qui est décrit.

618 V. — DONATION ENTRE VIFS. — Deux étudiants se battant à coups de poings. Au fond à G. contre un mur sur le haut duquel on lit écrit directement : **Gra(nd)e chaumière**, une femme éplorée, les mains jointes. — A G. **Gavarni.** — En H. à D. au-dessus des fil. 5. En B. au-dessous du T. C. au M. *Par Gavarni.* Au-dessous des fil. à G. *Chez Bauger, r. du Croissant,* 16. A D. *Imp. d'Aubert et Cie.* = H. 199, L. 156.

« Le Charivari, 9 octobre 1839. »

1er État. Avant toute lettre. Fil. non fermés par le B.
2e — Celui qui est décrit.

619 VI. — *O femme! chef-d'œuvre de la création! Reine de l'humanité! mère du | genre humain.,.... tire mes bottes.* — Assis sur une chaise, sur le siége de laquelle il appuie les mains, un étudiant tend une de ses jambes ; à D. sa maîtresse, debout près de lui, se dispose à lui ôter ses bottes.— A G. **Gavarni.**— En H. à D. au-dessus des fil. 6. En B. au-dessous du T. C. au M. *Par Gavarni.* Au-dessous des fil. à G. *Chez Bauger, r. du Croissant,* 16. A D. *Imp. d'Aubert et Cie.* = H. 196, L. 155.

« Le Charivari, 21 octobre 1839. »

1er État. Avant toute lettre. Fil. non fermés par le B.
2e — Celui qui est décrit.

620 VII. — *Adieu mon bon homme! je te laisse ma pipe et ma femme,...... | t'auras bien soin de ma pipe!......* — Deux jeunes gens se donnant une poignée de main. Celui de D. en manches de chemise, un pied posé sur sa malle ouverte placée entre lui et son camarade; celui-ci son chapeau sur la tête, une pipe à la main. — Vers la G. **Gavarni.** — En H. à D. au-dessus des fil. 7. En B. au- dessous du T. C. au M. *Par Gavarni.* Au-dessous des fil. à G. *Imp. d'Aubert et Cie.* A D. *Chez Bauger, r. du Croissant,* 16. = H. 198, L. 156.

« Le Charivari, 25 octobre 1839. »

1er État. Avant toute lettre. Fil. non fermés par le B.
2e — Celui qui est décrit.

621 VIII. — *Vois-tu? Fifine nous lanterne tous les deux et ça devient chose! faut en finir! j'te | joue ça en trente-six net! et j' t'en rends quatre......* — Deux étudiants devant un billard. L'un, en béret, une pipe à la main, s'appuie par derrière contre le billard. Il est vu de face et tourne la tête à G. du côté de son ami, qui a sa pipe à la bouche et une main posée sur le billard. — A G. **Gavarni.** — En H. à D. au-dessus des fil. 8. En B. au M. au-

dessous du T. C. *Par Gavarni.* Au-dessous des fil. à G. *Chez Bauger, r. du Croissant,* 16. A D. *Imp. d'Aubert et Cie.* = H. 197, L. 158.

« Le Charivari, 10 novembre 1839. »

1er État. Avant toute lettre.
2e — Celui qui est décrit.

622 N° IX. — *Allons souper! qu'est-ce qui en joue?* — Au bal masqué, un homme, en pierrot, une main levée au-dessus de sa tête, crie à pleins poumons et tient en même temps pressée contre sa poitrine une jeune femme en débardeur, qu'il soulève de terre. Celle-ci se joint à l'appel en levant également ses mains en l'air. Au fond, une foule de personnages travestis — A G. **Gavarni.** — En H. à D. au-dessus du fil. *n°* 9. — En B. au-dessous du T. C. au M. *Par Gavarni.* Au-dessous du fil. à G. *Chez Bauger, r. du Croissant,* 16. A D. *Imp. d'Aubert et Cie,* = H. 198, L. 156.

« Le Charivari, 13 novembre 1839. »

1er État. Avant toute lettre. Un seul fil. non fermé par le B.
2e — Celui qui est décrit.

623 X.—*T'es bête, va! pour une queue, une méchante queue qu'on vous fait..... la | grande affaire!...... avec ça qu'on en manque de femme* (sic), *à Paris, merci!...* — Assis et accoudé sur un billard, les jambes pendantes, un homme en manches de chemise est tourné à G. vers son camarade, qui, debout, le haut du corps étendu sur le billard et les coudes sur le tapis, tient une queue en l'air dans ses mains. — A D. **Gavarni.** — En H. à D. au-dessus des fil. 10. En B. au-dessous du T. C. au M. *Par Gavarni.* Au-dessous des fil. à G. *Chez Bauger, r. du Croissant,* 16. A D. *Imp. d'Aubert et Cie.* = H. 200, L. 156.

« Le Charivari, 16 novembre 1839. »

1er État. Avant toute lettre. Fil. non fermés par le B.
2e — Celui qui est décrit.

624 XI. — LA PREMIÈRE CURE. | *Tiens, Bichette! une goutte de Rhum...... rien d'excellent comme ça pour la migraine.* — Un étudiant, en manches de chemise, tient à la hauteur de ses yeux une bouteille et un petit verre; à D. une jeune femme, son chapeau à la main, est assise sur une chaise et accoudée sur un lit. — A G. **Gavarni.** — En H. à D. au-dessus des fil. 11. En B. au-dessous du T. C. au M. *Par Gavarni.* Au-dessous des fil. à G. *Chez Bauger, r. du Croissant,* 16. A D. *Imp. d'Aubert et Cie.* = H. 198, L. 157.

« Le Charivari, 17 novembre 1839. »

1er État. Avant toute lettre. Fil. non fermés par le B.
2e — Celui qui est décrit.

625 XII. — ARTICLE 212 DU CODE CIVIL. | « *Les époux se doivent mutuellement fidélité, secours, assistance.* » — Adossé contre la muraille, un étudiant de pr. à D. lit dans le code l'article 212, pendant que sa maîtresse à D. savonne du linge, dans une terrine posée sur une chaise. — A G. **Gavarni.** — En H. à D. au-dessus des fil. 12. En B. au-dessous du T. C. au M. *Par Gavarni.* Au-dessous des fil. à G. *Chez Bauger, r. du Croissant,* 16. A D. *Imp. d'Aubert et Cie.* = H. 196, L. 156.

« Le Charivari, 30 novembre 1839. »

1er État. Avant toute lettre. Fil. non fermés par le B.
2e — Celui qui est décrit.

626 XIII. — *Monsieur et M'ame Ernest.* — Tous deux de face dans la rue, et se donnant le bras. L'étudiant à G., casquette sur la tête, pipe à la bouche, les deux mains dans les poches de son pantalon. — A G. **Gavarni.** — En H. à D. au-dessus des fil. 13. En B. au-dessous du T. C. au M. *Par Gavarni.* Au-dessous des fil. à G. *Chez Bauger, r. du Croissant,* 16. A D. *Imp. d'Aubert et Cie.* = H. 198, L. 156.

« Le Charivari, 12 décembre 1839. »

1er État. Avant toute lettre. Fil. non fermés par le B.
2e — Celui qui est décrit.

627 XIV.—*Combien?* | —*Devine......* | —*Trente francs?......* | —*Quatre francs!* | —*Cré nom!* — Deux étudiants dans une cour à la porte du Mont-de-Piété. L'un à D., vu de dos, et tourné à G., a les mains derrière lui; l'autre, vu de 3/4, a les mains dans les poches de son pantalon. Au fond, deux jeunes femmes qui attendent ces messieurs à la porte. Sur le mur on lit écrit directement : **Gd mont-de-piété** et **Bureau | au | premier.** — A G. **Gavarni.** — En H. à D. au-dessus des fil. 14. En B. au-dessous du T. C. au M. *Par Gavarni.* Au-dessous des fil. à G. *Chez Bauger, r. du Croissant,* 16. A D. *Imp. d'Aubert et Cie.* = H. 200, L. 160.

« Le Charivari, 10 décembre 1839. »

1er État. Avant toute lettre. Fil. non fermés par le B.
2e — Celui qui est décrit.

628 XV. — *Mon cher ami, je suis en affaire, avec mon oncle......* — Un étudiant en manches de chemise, vu de dos, entr'ouvre la porte de sa chambre, et l'on aperçoit par la porte entre-bâillée une partie de la robe d'une femme qu'il congédie. Quant à l'oncle, c'est une jeune dame en chapeau et mantelet de velours, assise à D. sur un canapé. — A G. **Gavarni.** — En H. à D. au-dessus des fil. 15. En B. au-dessous du T. C. au M. *Par Gavarni.* Au-dessous des fil. à G. *Chez Bauger, r. du Croissant,* 16. A D. *Imp. d'Aubert et Cie.* = H. 199, L. 161.

« Le Charivari, 13 (14) décembre 1839. »

1er État. Avant toute lettre. Fil. non fermés par le B.
2e — Celui qui est décrit.

629 XVI. — *Qu'est-ce que c'est que cette infamie de petite bête-là?* | —*C'est un cousin à moi, Nini, que je te présente......* — A G. un étudiant en robe de chambre, et fumant sa pipe, près d'une jeune femme qui regarde sur la cheminée un fœtus dans un bocal d'esprit de vin. Tous deux sont de pr. à D. — A G. **Gavarni.** — En H. à D. au-dessus des fil. 16. En B. au M. au-dessous du T. C. *Par Gavarni.* Au-dessous des fil. à G. *Chez Bauger, r. du Croissant,* 16. A D. *Imp. d'Aubert et Cie.* = H. 198, L. 157.

« Le Charivari, 19 décembre 1839. »

1er État. Avant toute lettre. Fil. non fermés par le B.
2e — Celui qui est décrit.

630 XVII. — *M'ame Perpignan!..... M'ame Perpignan!..... deux douzaines, une bouteille, deux | pains, un filet champignons, une pomme sautée et deux cigarres* (sic)...... *des quatre | sous! rondement!* —Dans sa mansarde, un étudiant, se penche à D. par la fenêtre pour demander son déjeuner à sa portière, pendant que sa maîtresse, assise sur son lit, est en train d'ôter son chapeau.— En H. à D. au-dessus des fil. 17. En B. au-dessous du T. C. au M. *Par Ga-*

varni. Au-dessous des fil. à G. *Imp. d'Aubert et Cie.* A D. *Chez Bauger, r du Croissant,* 16. = H. 196, L. 157.

« Le Charivari, 25 décembre 1839. »

1er Etat. Avant toute lettre. Fil. non fermés par le B.
2e — Celui qui est décrit.

631 XVIII. — *Voilà huit mois, Auguste, que vous me promettez un mantelet, c'est pas gentil! tu n'as pas | le sou! tu n'as pas le sou! tu avais bien besoin d'acheter encore un cadavre n'est-ce | pas?... égoïste! va.....* — Un étudiant en tablier de dissection, appuyé contre le montant d'une porte entr'ouverte et sur laquelle est écrit directement **Salle | de | dissect**(ion). A G. sa maîtresse, vue de dos en chapeau, son mouchoir à la main. Au-dessus de la tête de celle-ci, sur le mur, on lit écrit directement aussi : **Entrée | de | Mrs les Elèves.** — A D. **40.** — En H. au-dessus des fil. à D. 18. En B au-dessous du T. C. au M. *Par Gavarni.* Au-dessous des fil. à G. *Chez Bauger, r. du Croissant,* 16. A D. *Imp. d'Aubert et Cie.* = H. 197, L. 152.

« Le Charivari, 8 janvier 1840. »

1er État. Avant toute lettre. Fil. non fermés par le B.
2e — Celui qui est décrit.

632 XIX. — *Les lettres de l'ancienne.* — Un étudiant, assis dans un grand fauteuil à la Voltaire, ses jambes croisées et étendues sur un petit poêle en fonte dans lequel sa maîtresse, assise par terre à ses pieds sur un livre, brûle des vieilles lettres qu'elle est en train de lire. — En H. à D. au-dessus des fil. 19. En B. au-dessous du T. C. *Par Gavarni.* Au-dessous des fil. à G. *Chez Bauger, r. du Croissant,* 16. A D. *Imp. d'Aubert et Cie.* = H. 195, L. 156.

« Le Charivari, 10 janvier 1840. »

1er État. Avant toute lettre. Fil. non fermés par le B.
2e — Celui qui est décrit.

633 XX. — *Comment vont nos petits époux ce matin. | —Félix dort comme un sabot, la mariée fume un bout de cigarre* (sic). — Dans le corridor d'un hôtel garni, un étudiant regarde à D par le trou de la serrure d'une porte sur laquelle est écrit directement : **n° 15.** A G. une jeune femme, les deux mains dans les poches de son tablier. — A G. **Gavarni.** — En H. au-dessus des fil. à D. 20. En B. au-dessous du T. C. au M. *Par Gavarni.* Au-dessous des fil. à G. *Chez Bauger, r. du Croissant,* 16. A D. *Imp. d'Aubert et Cie.* = H. 201, L. 157.

« Le Charivari, 21 janvier 1840. »

1er Etat. Avant toute lettre.
2e — Celui qui est décrit.
3e — *Chez Bauger et Cie, Édit., R. du Croissant,* 16, au lieu de *Chez Bauger, R. du Croissant,* 16.

634 XXI. — *Excusez!* — Un étudiant en berret, les deux mains dans les poches de son pantalon et regardant une paire de bottines de femme posée à côté d'une paire de bottes, près de la porte d'une chambre d'hôtel garni. Sur la porte on lit écrit directement : **n° 15.** — A G. **Gavarni.** A D. **40-5.** — En H. à D. au-dessus des fil. 21. En B. au M. au-dessous du T. C. *Par Gavarni.* Au-dessous des fil. à G. *Chez Bauger, r. du Croissant,* 16. A D. *Imp. d'Aubert et Cie.* = H. 204, L. 158.

« Le Charivari, 23 janvier 1840. »

1er État. Avant toute lettre. Fil. non fermés par le B.
2e — Celui qui est décrit.

635 XXII. — *Tu ne la reconnais pas? Eugénie? l'ancienne a Badinguet? une belle blonde. . | ... qui aimait tant les meringues et qui fesait tant sa tête..... Oui! Badinguet l'a | fait monter pour 36 francs..... | —Si c'estvrai! | —Non, vas* (sic)! *c'est un tambour de la garde nationale...... bête! tu ne vois donc pas | que c'est un homme?* — Un étudiant, en robe de chambre, montre à sa maîtresse, qui se cache effrayée derrière son dos, un squelette pendu à G. à un clou contre la muraille.—A G. **Gavarni**.—En H. à D au-dessus des fil. 22. En B. au-dessous du T. C. au M. *Par Gavarni*. Au-dessous des fil. à G. *Chez Bauger, r. du Croissant,* 16. A D. *Imp. d'Aubert et Cie*. = H. 211, L. 158.

« Le Charivari, 29 janvier 1840. »

1er État. Avant toute lettre. Fil. non fermés par le B.
2e — Celui qui est décrit.
3e — *Chez Bauger et Cie, Édit., R. du Croissant,* 16, au lieu de *Chez Bauger, R. du Croissant,* 16.

636 XXIII. — *Est-ce aussi votre tuteur qui laisse des épingles noires sur votre oreiller?......* — A G. une jeune femme, vue de dos et tournée à D., montre une épingle à son amant, qui, en manches de chemise, est accroupi sur une chaise, la tête appuyée contre le mur, et en train de fumer sa pipe. — A D. **40-6**. — En H. à D. au-dessus des fil. 23. En B. au-dessous du T. C. au M. *Par Gavarni*. Au-dessous des fil. à G. *Chez Bauger, r. du Croissant,* 16 A D. *Imp. d'Aubert et Cie*. = H. 198, L. 157.

« Le Charivari, 30 janvier 1840. »

1er État. Avant toute lettre. Fil. non fermés par le B.
2e — Celui qui est décrit.

637 XXIV. — *Cette année?...... j'ai fait trois femmes et j'ai culotté cinq pipes!...... sans | compter les fioles que j'ai décoiffées, les carreaux que j'ai cassés et les municipaux | que j'ai cognés!..... et tu verras que mon auguste père va dire encore que je | n'ai rien fait!* —A G. un jeune homme, un genou par terre, l'autre sur une malle qu'il est en train de corder. Au fond, un autre étudiant, assis de face sur une commode, les bras croisés.—A G. **G**. — En H. à D. au-dessus des fil. 24. En B. au-dessous du T. C. au M. *Par Gavarni*. Au-dessous des fil. à G. *Chez Bauger, r. du Croissant*, 16. A D. *Imp. d'Aubert et Cie*. = H. 199, L. 155.

« Le Charivari, 3 février 1840. »

1er État. Avant toute lettre. Sans fil.
2e — Celui qui est décrit.

638 XXV. — *Bal à la Renaissance ce soir; lâche ton boulet!.....* — Un jeune homme, les deux mains dans les poches de son paletot et marchant dans la rue à côté d'un de ses amis, vers l'oreille duquel il se penche; celui-ci donne le bras à une femme. Tous les trois sont tournés à D. Au fond, un mur couvert d'affiches sur lesquelles on lit écrit directement : **Bal**. — A G. **G**. — En H. à D. au-dessus des fil. 25. En B. au-dessous du T. C. au M. *Par Gavarni*. Au-dessous des fil. à G. *Chez Bauger, r. du Croissant,* 16. A D. *Imp. d'Aubert et Cie*. = H. 197, L. 155.

« Le Charivari, 15 février 1840. »

1er État. Avant toute lettre. Sans fil.
2e — Celui qui est décrit.

639 XXVI. — *Voyons mauvais sujet! trouvez-vous que nos bals vaillent bien vos bastringues | de la Chaumière? est-ce que nos femmes ne valent pas vos grisettes.....? | —C'est un autre genre, mon cher oncle, mais c'est moins amusant.* — Dans l'embrasure d'une porte ouverte, l'oncle et le neveu en habit de soirée, pantalon collant. Le premier les mains sur les hanches; le second, vu de dos et tenant son chapeau derrière lui, est appuyé à D. contre une portière; il regarde au fond dans le salon où l'on danse. — A G. **Gavarni**. — En H. à D. au-dessus des fil. 26. En B. au-dessous du T. C. au M. *Par Gavarni.* Au-dessous des fil. à G. *Chez Bauger, r. du Croissant,* 16. Au M. *Chez Aubert, gal. Véro-Dodat.* A. D. *Imp. d'Aubert et Cie.* = H. 200, L. 152.

« Le Charivari, 23 février 1840. »

1er Etat. Avant toute lettre. Fil. non fermés par le B.
2e — Celui qui est décrit.

640 XXVII. — *Combien m'en mets-tu donc de papillottes, Nini? tout le code civil y passera! | —Oui, mais, mon Bichon, tu seras gentil, faudra voir!*—Un étudiant, en manches de chemise, de pr. à D., est assis à califourchon sur une chaise, tenant des deux mains le code civil. Debout derrière lui sa maîtresse lui met des papillottes. — à G. G. — En H. à D. au-dessus des fil. 27. En B. au-dessous du T. C. au M. *Par Gavarni.* Au-dessous des fil. à G. *Chez Bauger, r. du Croissant,* 16. Au M. *Imp. d'Aubert et Cie.* A D. *Chez Aubert, gal. Véro-Dodat.* = H. 197, L. 157.

« Le Charivari, 2 mars 1840. »

1er État. Avant toute lettre. Sans fil.
2e — Celui qui est décrit.

641 XXVIII. — *C'est moi! — C'est moi. — Elle me fait l'œil. — Elle gingine à mon | endroit.—Tu t'abuses, mon petit.—Tu erres, mon vieux.—(A la fois): Tiens, | tiens, tiens, nous avons raison tous deux...... Elle louche!.....* — Deux jeunes gens assis sur l'appui d'une fenêtre de rez-de-chaussée vue extérieurement. L'un, à D., en manches de chemise, les bras croisés, est à califourchon; l'autre, une jambe dans le jardin sur lequel donne la fenêtre, est accoudé sur son genou, sa tête sur sa main. — En H. à D. au-dessus des fil. 28. En B. au-dessous du T. C. au M. *Par Gavarni.* Au-dessous des fil. à G. *Chez Aubert, gal. Véro-Dodat.* Au M. *Imp. d'Aubert et Cie.* A. D. *Chez Bauger, r. du Croissant,* 16. = H. 197, L. 155.

« Le Charivari, 24 février 1840. »

1er État. Avant toute lettre.
2e — Celui qui est décrit.

642 No XXIX. — *Étude du matin.* — A G. à demi couché sur un divan, un étudiant, en manches de chemise, accoudé sur une pile de coussins, fume une longue pipe. Un de ses camarades en robe de chambre, agenouillé sur le divan vis-à-vis de lui, regarde un no du Charivari. — Au M. **Gavarni**. — En H. à D. au-dessus des fil. *no* 29. En B. au-dessous du T. C. au M. *Par Gavarni.* Au-dessous des fil. à G. *Chez Aubert, gal. Véro-Dodat.* Au M. *Imp. d'Aubert et Cie.* A D. *Chez Bauger, r. du Croissant,* 16. = H. 196, L. 154.

« Le Charivari, 9 mars 1839. »

1er État. Avant toute lettre. Les fil. non fermés par le B.
2e — Celui qui est décrit.

643 XXX. — *Pas le sou un jour de Chaumière!.....* — Dans sa chambre, un

étudiant, de face, sa casquette sur la tête, est debout, les mains dans les poches de son pantalon, devant une jeune femme assise à G. sur une chaise — A G. **Gavarni.** — En H. à D. au-dessus des fil. 30. En B. au-dessous du T. C. au M. *Par Gavarni.* Au-dessous des fil. à G. *Chez Bauger, r. du Croissant,* 16. Au M. *Imp. d'Aubert. et Cie.* A D. *Chez Aubert, gal. Véro-Dodat.* = H. 199, L. 157.

« Le Charivari, 25 mars 1840. »

1er État. Avant toute lettre. Fil. non fermés par le B.
2e — Celui qui est décrit.

644 XXXI. — *Oreste et Pylade seraient volontiers morts l'un pour l'autre. mais ils se seraient | brouillés s'ils n'avaient eu qu'une cuvette et qu'un pot à eau.* — Deux jeunes gens, dont l'un, à D., en chemise, les jambes nues, des bottes aux pieds, se lave dans une cuvette posée sur une commode. L'autre, en attendant que celui-ci ait terminé, s'est assis et débourre sa pipe. – A G. **G.** Sur la commode à D. **40-2.** — En H. à D. entre le T. C. et le premier fil. 31. En B. au-dessous du T. C. au M. *Par Gavarni.* Au-dessous des fil. à G. *Chez Bauger, r. du Croissant,* 16. Au M. *Imp. d'Aubert et Cie.* = H. 202, L. 155.

« Le Charivari, 10 avril 1840. »

1er État. Avant toute lettre. Fil. non fermés par le B.
2e — Celui qui est décrit.

645 XXXII. — *Et le dimanche, que fais-tu? mon garçon. | —Ma cousine le dimanche nous allons dans un jardin qu'on appelle la | grande chaumière, où nous entendons de la musique religieuse. | —Après Vêpres? | —Après Vêpres, ma cousine.* — Une vieille femme, en compagnie d'un jeune homme, se promène dans la campagne. Tous deux sont de face. L'étudiant, à G., petite casquette sur la tête, tient derrière lui l'ombrelle de la vieille. — A D. **Gavarni.** A G. **34.** — En H. à D. au-dessus des fil. 32. — En B. au-dessous du T. C. au M. *Par Gavarni.* Au-dessous des fil. à G. *Chez Bauger, r. du Croissant,* 16. Au M. *Chez Aubert, gal. Véro-Dodat.* A D. *Imp. d'Aubert et Cie.* = H. 196, L. 156.

« Le Charivari, 7 mai 1840. »

1er État. Avant toute lettre. Fil. non fermés par le B.
2e — Celui qui est décrit.

646 XXXIII. — *On demande : « La barbe rouge du numéro sept. »* —A G., dans un corridor, un étudiant, vu de dos, ouvre une porte sur laquelle est écrit directement : **n° 18.** Il avance la tête dans la chambre où donne cette porte, près de laquelle attend une jeune femme, le dos appuyé contre le mur. — A D. **Gavarni.** A G. **97.** — En H. à D. au-dessus des fil. 33. En B. au-dessous du T. C. au M. *Par Gavarni.* Au-dessous des fil. à G. *Chez Bauger, r. du Croissant,* 16. Au M. *Chez Aubert, gal. Véro-Dodat.* A D. *Imp. d'Aubert et Cie.* = H. 201, L. 154.

« Le Charivari, 12 juin 1840. »

1er État. Avant toute lettre. Fil. non fermés par le B.
2e — Celui qui est décrit.

» *XXXIV. — *Regarde-moi un peu cet habit-là...... comme c'est étudié! | —Déicoquancichicoquandard! | —Vrai? | —Parole!* — Voir la description de cette lithographie sous la rubrique *le Charivari* à la section *Sujets divers*, subdivision *Pièces isolées.*

647 XXXV. — ......*à présent tu peux filer !* — Un jeune homme en pantalon à pied regarde, dans un corridor sur lequel donne une porte qu'il vient d'ouvrir, si sa maîtresse, qu'on aperçoit au fond dans l'intérieur de la chambre, peut sortir sans danger d'être rencontrée. Sur la porte on lit écrit directement : **Je suis | à | l'école**, et sur le mur à G., **Corridor | nº 2.** — A D **Gavarni.** A G. **99.** — En H. à D. au-dessus des fil. 55. En B. au-dessous du T. C. au M. *Par Gavarni.* Au-dessous des fil. à G. *Chez Bauger, r. du Croissant,* 16. A D. *Imp. d'Aubert et Cie.* = H 195, L. 155.

« Le Charivari, 29 juin 1840. »

1er État. Avant toute lettre. Fil. non fermés par le B.
2e — Celui qui est décrit.

648 XXXVI. — *Mosieur, j'suis Cocardeau !* | *—Eh bien ?* | *—Eh bien ?..... eh bien, j'suis le malheureux époux de la malheureuse* | *que vous...... qui vous...... enfin j'suis Cocardeau !* | *—Eh bien ?* — A D. Cocardeau, le haut du corps penché en avant, les bras croisés, son chapeau à la main, regarde sous le nez l'étudiant qui l'écoute d'un air indifférent une main sur la hanche. — A D. **Gavarni.** A G. au bas d'un divan. **40-89.** — En H. à D. au-dessus des fil. 36. En B. au-dessous du T. C. au M. *Par Gavarni.* Au-dessous des fil. à G. *Chez Bauger, r. du Croissant,* 16. A D. *Imp. d'Aubert et Cie.* = H. 200, L. 154.

« Le Charivari, 1er juillet 1840. »

1er État. Avant toute lettre. Fil. non fermés par le B.
2e — Celui qui est décrit.

649 XXXVII. — *O l'amour d'une femme! O inéffable chose! douce au cœur et* | *splendide à la pensée! sainte poésie qui vous caresse en vous couvrant de* | *majesté : manteau d'or doublé d'hermine.....,—Avec les queues.* — Deux étudiants assis sur un divan. Celui de D., les coudes sur ses genoux, le menton dans ses mains crispées, a l'air furieux. L'autre, en proie à une exaltation amoureuse, une fleur entre ses mains qu'il croise, lève les jambes. Tous deux sont tournés vers la G. — Sur le divan à D. **76.** A G. **Gavarni.** — En H. à D. au-dessus des fil. 37. En B. au-dessous du T. C. au M. *Par Gavarni.* Au-dessous des fil. à G. *Chez Bauger, r. du Croissant,* 16. A D. *Imp. d'Aubert et Cie.* = H. 208, L. 158.

« Le Charivari, 9 juillet 1842. »

1er État. Avant toute lettre. Fil. non fermés par le B.
2e — Celui qui est décrit.

650 XXXVIII. — *Il étudie la médecine!.....* — Un jeune homme à D. dans une rue, vu de dos et accoudé à la fenêtre ouverte d'un rez-de-chaussée. A cette fenêtre est assise une jeune femme, de pr. tournée à D., dans l'intérieur de la chambre. En H. à D. sur le mur, écrit directement sur une pancarte : **Docteur | médecin.** — A D. **Gavarni.** A G. **96.** — En H. à D. au-dessus des fil. 38. En B. au-dessous du T. C. au M. *Par Gavarni.* Au-dessous des fil. à G. *Chez Bauger, r. du Croissant,* 16. A D. *Imp. d'Aubert et Cie.* = H. 199, L. 160.

« Le Charivari, 10 août 1840. »

1er État. Avant toute lettre. Fil. non fermés par le B.
2e — Celui qui est décrit.
3e — *Sa médecine* au lieu de *la médecine.* En B. au M. au-dessous des fil. *Chez Aubert, gal. Véro-Dodat.* Le reste comme à l'état décrit.

651 XXXIX.—*Hier, nous avons été à Vincennes avec..... tu sais.... Lolotte.* | —

Comment toujours?.... ah! çà mais, mon vieux Charles, t'as donc | été condamné à la Lolotte à perpétuité? — Un étudiant, en robe de chambre, se tient à D. sur le seuil de la porte ouverte de sa chambre, le dos contre un montant de la porte, un pied contre l'autre montant. Près de lui un de ses camarades, en manches de chemise, fume sa pipe, appuyé contre le mur du corridor. — A D. **Gavarni.** A G. **100.** — En H. à D. au-dessus des fil 39. — En B. au-dessous du T. C. au M. *Par Gavarni.* Au-dessous des fil. à G. *Chez Bauger, r. du Croissant,* 16. A D. *Imp. d'Aubert et Cie.* = H. 196, L. 155.

« Le Charivari, 15 juillet 1840. »

1er État. Avant toute lettre. Fil. non fermés par le B.
2e — Celui qui est décrit.

652 XL. — *Eh! mon cher ne te plains pas! tu seras médecin, je serai procureur du | Roi; quand tu seras obligé d'avoir du talent, je serai forcé d'avoir des mœurs, | c'est ça qui sera dur!* — Deux jeunes gens, vus de face, se promènent dans la rue en se donnant le bras. Celui de D. tient à la main une badine. — A D. **Gavarni**. A G. **40-75.** — En H. à D. au-dessus des fil. 40. En B. au-dessous du T. C. au M. *Par Gavarni.* Au-dessous des fil. *Chez Bauger, r. du Croissant,* 16. A D. *Imp. d'Aubert et Cie.* = H. 198, L. 148.

« Le Charivari, 13 juillet 1840. »

1er État. Avant toute lettre. Fil. non fermés par le B.
2e — Celui qui est décrit.

653 XLI. — *Dis donc, Charles, Paul a donc connu Sophie?* | — *Jamais! c'est Sophie qui a connu Paul.* — Dans la rue, une jeune femme, vue de dos, un pied posé sur une borne à D., est en train de renouer le lacet de sa bottine. Près d'elle à G. un étudiant fumant sa pipe, les mains dans les poches de son pantalon. — A D. **G.** à G. **40-74.** — En H. à D. au-dessus des fil. 41. En B. au-dessous du T. C. au M. *Par Gavarni.* Au-dessous des fil. à G. *Chez Bauger, r. du Croissant,* 16. A D. *Imp. d'Aubert et Cie.* = H. 194, L. 153.

« Le Charivari, 23 juillet 1840. »

1er État. Avant toute lettre. Fil. non fermés par le B.
2e — Celui qui est décrit.
3e — En B. au M. au-dessous des fil. *Chez Aubert, gal. Véro-Dodat.* Le reste comme à l'état décrit.

654 XLII. — *Figurez-vous, mon petit Mosieu Constantin, que mon scélérat connaissait | cette infamie de Félicité-là depuis tout plein de temps!.... le soir il me | disait: Nini, je vas à mon cours de myologie comparée..... j'avalais ça, je | lui disais: va! | ..... Jour de Dieu! Constantin, fallait-il être cornichonne!* — A G. une jeune femme en chapeau, un châle sur les épaules, le haut du corps penché en avant à D., vis-à-vis d'un jeune homme qui l'écoute le chapeau sur la tête, une main sur sa canne. A G. sur un mur une affiche où on lit écrit directement: **Cours....** — A D. **Gavarni** A G. **88.** — En H. à D. au-dessus des fil. 42. En B. au-dessous du T. C. au M. *Par Gavarni.* Au-dessous des fil. à G. *Chez Bauger, r du Croissant,* 16. A. D. *Imp. d'Aubert et Cie.* = H. 197, L. 153.

« Le Charivari, 20 août 1840. »

1er État. Avant toute lettre. Fil. non fermés par le B.
3e — Celui qui est décrit.

655 XLIII. — *Il fait son droit.* — Par la fenêtre ouverte d'une mansarde on

aperçoit une jeune femme reprisant des bas; elle est en train d'enfiler son aiguille. Près d'elle à G. un jeune homme, vu de dos, accoudé sur l'appui de la fenêtre, tient un des bouts du fil. Au-dessus de sa tête trois bas séchant sur une corde tendue en travers de la fenêtre. — A G. **Gavarni**. — En H. à D. au-dessus des fil. 43. En B. au M. au-dessous du T. C. *Par Gavarni*. Au-dessous des fil. à G. *Chez Bauger*, *r. du Croissant*, 16. A D. *Imp. d'Aubert et Cie*. = H. 198, L. 157.

« Le Charivari, 5 août 1840. »

1er État. Avant toute lettre. Fil. non fermés par le B.
2e — Celui qui est décrit.

656 XLIV. — *Essaye un peu de ne pas me mener à tous les jugemens* (sic), *quand tu* | *seras Procureur du Roi, et tu verras!* — Sur le bord d'un chemin dans la campagne, une jeune femme est assise les jambes étendues sur le gazon et tournée à G.; sur le devant, un jeune homme assis à ses côtés en sens opposé. A G. par terre leurs deux chapeaux l'un sur l'autre. — A D. **57**. — En H. à D. au-dessus des fil. 44. En B. au-dessous du T. C. au M. *Par Gavarni*. Au-dessous des fil. à G. *Chez Bauger*, *r. du Croissant*, 16. A. D. *Imp. d'Aubert et Cie*. = H. 197, L. 155.

« Le Charivari, 23 août 1840. »

1er État. Avant toute lettre. Fil. non fermés par le B.
2e — Celui qui est décrit.

657 XLV. — *Que diable! mon neveu, il est bon d'être laborieux mais on ne peut* | *pas toujours travailler aussi! à la campagne on s'amuse : fais comme moi.* — L'oncle, à D., assis sur un tertre au pied d'une palissade en planches, pêche à la ligne, un chapeau de paille sur la tête. A ses côtés, le neveu, debout, le dos et la tête contre la palissade, les mains dans les poches de son pantalon. — A D. **53** A G. **Gavarni**. — En H. à D. au-dessus des fil. **45** En B. au-dessous du T. C. au M. *Par Gavarni*. Au-dessous des fil. à G. *Chez Bauger*, *r. du Croissant*, 16. A D. *Imp. d'Aubert et Cie*. = H. 197, L. 158.

« Le Charivari, 29 août 1840. »

1er État. Avant toute lettre. Fil. non fermés par le B.
2e — Celui qui est décrit.

658 XLVI. — *L'heure du berger*. — Une jeune femme à sa fenêtre, accoudée sur son balcon, tient une ombrelle ouverte au-dessus de sa tête et regarde au fond à D. un jeune homme qui, assis sur la fenêtre de sa mansarde dans la maison voisine, lui parle avec les doigts. — Sous le balcon, vers la G. **56**. — En H. à D. au-dessus des fil. 46. En B. au-dessous du T. C. au M. *Par Gavarni*. Au-dessous des fil. à G. *Chez Bauger*, *r. du Croissant*, 16. Au M. *Chez Aubert*, *gal. Véro-Dodat*. A D. *Imp. d'Aubert et Cie*. = H. 200, L. 156.

« Le Charivari, 21 septembre 1840. »

1er État. Avant toute lettre. Fil. non fermés par le B.
2e — Celui qui est décrit.

659 No XLVII. — *Ça vaut une pièce de quatorze francs.* | — .... *tra, la, la, la!...* | « *Mes vœux sont ceux d'un simple bachelier.* » *Trois livres dix sous.* | — *Nous sommes loin d'être d'accord, bourgeois.* | — *Et votre guimbarde aussi, l'ancien!* — Dans une rue, un étudiant, un pied posé à G. sur une borne, essaye une guitare; devant lui le marchand d'habits qui voudrait la ven-

dre. Sur un mur au-dessus d'eux on lit écrit directement : (Pe)**tit hôtel de Cicéron meub**(lé). — A D. **Gavarni**. A G. **40-43**. — En H. à D. au-dessus des fil. *n°* **47**. En B. au-dessous du T. C. au M. *Par Gavarni*. A D. *Imp. d'Aubert et Cie*. Au-dessous des fil. à G. *Se vend chez Bauger et Cie, éditeurs des (etc)*. = H. **201**, L. 156.

« Le Charivari, 23 juillet 1842. »

1er État. Avant toute lettre. Fil. non fermés par le B.
2e — Celui qui est décrit.
3e — En B. au-dessous du T. C. à G. *Chez Aubert, gal. Véro-Dodat*. Le reste comme à l'état décrit.

50 XLVIII. — *Quand je serai ministre de la justice, j'empêcherai les femmes d'empêcher | les étudians* (sic) *d'étudier*. | — *Et on te dira zut*. — Un étudiant couché tout de son long de G. à D. sur son lit de sangle fume son cigare, un livre ouvert retourné sur ses genoux. A G. sa maîtresse assise sur un tabouret, le dos contre le lit de sangle, est en train de coudre. = H. 196, L. 156.

« Le Charivari, 23 décembre 1840. »

Cette pièce, au bas de laquelle on lit *d'après Gavarni* (et *par Gavarni* sur des épreuves hors texte), n'est que la copie d'une lithographie qu'il exécuta pour la suite des *Étudiants de Paris*. Il n'existe que quelques épreuves d'essai de l'original : A G. **Gavarni**. — Fil. non fermés par le B., aucune lettre. Le dessin paraît en avoir été fait sur une mauvaise pierre qui n'aura pu être tirée d'une manière satisfaisante ou se sera cassée au tirage.

XLIX. — *V'là mon épouse! attention : j'ai dîné hier avec toi !..... | — Où? | — Chez...... Guichardy | — Bon*. — Même planche que le n° 4 de *Paris le soir*. Voir ci-après ce n° sous la rubrique : *Paris le soir*.

L. — *Amanda!...... prête-moi ton tire-botte*. — Même planche que le n° 1 de *Paris le soir*. Voir ce n° ci-après sous la rubrique : *Paris le soir*.

LI. — A PROPOS D'UN AMOUREUX. | — *Jamais l'entresol ne pardonne à la mansarde : dans le cœur des femmes la jalousie s'accroît | comme le carré des distances, et comme la distance des carrés dans l'escalier*. — Même planche que le n° 9 des *Nuances du Sentiment*. Voir ci-après ce n° sous la rubrique : *Nuances du sentiment*.

LII. — *Les romans donnent le diable aux femmes et les femmes au diable ; bien souvent aussi | les femmes donnent au diable les romans*. — Même planche que le n° 11 des *Nuances du Sentiment*. Voir ci-après ce n° sous la rubrique : *Nuances du Sentiment*.

LIII. — *DODOPHE ET TITINE*. — Même planche que le n° 3 de *Plaisirs champêtres*. Voir ci-dessus ce n° sous la rubrique : *Plaisirs champêtres*, dans *la Caricature* (deuxième publication).

LIV. — *Lambertier est donc avec Caroline? | — Faut croire! ou bien c'est que l'autre est à Rouen*. — Même planche que le n° 4 de *Plaisirs champêtres*. Voir ci-dessus ce n°, sous la rubrique : *Plaisirs champêtres*, dans *la Caricature* (deuxième publication).

LV. — *Quelle différence y a-t-il entre les bergères et les petits écus? — C'est qu'on | peut faire danser l'argent sans les femmes, et qu'on ne les fait pas danser sans argent*. — Même planche que le n° 4 (bis) de *Plaisirs Cham-*

pêtres. Voir ci-dessus ce n° sous la rubrique : *Plaisirs champêtres*, dans *la Caricature* (deuxième publication).

» LVI. — *Ah par exemple! voilà qui est bizarre!.... ce matin j'ai fait un nœud à ce lacet-là | et ce soir il y a une rosette!* — Même planche que le n° 12 de *Paris le soir*. Voir ci-après ce numéro sous la rubrique: *Paris le soir*.

» LVII. — *Angélique! Angélique!..... elle n'y est pas..... cependant, sapristie! je vois une paire de | bottes.* — Même planche que le n° 16 de *Paris le soir*. Voir ci-après ce numéro sous la rubrique: *Paris le soir*.

» LVIII. — *Mademoiselle Bien-aimée? — Elle n'y est pas..... qu'est-ce que vous lui voulez? | O* (sic) *rien! je voulais lui parler.... mais vous lui direz, s'il vous plaît, qu'on l'attend | Rue Neuve Saint-Georges,...... elle saura bien ce que ça veut dire. — J'ai bien peur | de le savoir aussi, moi, ce que ça veut dire!* — Même planche que le n° 17 de *Paris le soir*. Voir ci-après ce numéro sous la rubrique : *Paris le soir*.

» LIX. — *M. Charles rêve que sa maîtresse est infidèle....... | — Mlle Félicité rêve aux moyens de l'être.* — Même planche que le n° 3 de : *Les Rêves*. Voir ci-après ce numéro sous la rubrique : *Les Rêves*, dans *le Figaro*, même section, même subdivision.

661 LX. — *Il y a que cet animal de Margouty ne veut pas me payer mes sept livres dix | sous que sa femme me doit...... Vous, Benjamin, qui êtes avocat, qu'est-ce qu'il | faut faire? | — Faut citer Margouty devant le juge de paix du treizième arrondissement.* — Au coin d'une rue, fumant sa pipe et vu de dos à moitié, un étudiant lit un papier; à D. et de face une jeune femme remet en ordre son cabas, du fond duquel elle a tiré le papier ; on lit, écrit directement sur le mur à D. : **Consultation | gratuite.** — A G. **42-46.** — En H à D. entre le T. C. et le premier fil. **60.** — En B. au-dessous du T C. au M. *Par Gavarni.* Au-dessous du fil. à G. *Chez Bauger et Cie, r. du Croissant,* 16. A D. *Imp. d'Aubert et Cie.* = H. 198. L. 157.

« Le Charivari, 20 décembre 1842. »

1er État. Avant toute lettre. Fil. non fermés par le B.
2e — Celui qui est décrit.

» N° II. — FANNY ELSSLER | *d'après le plâtre de Barre* | 1837. — Voir ci-après la description de cette planche sous la rubrique : *Le Monde dramatique*, même section et même subdivision.

FANTAISIES.

Trois lithographies faisant partie d'une suite dessinée par divers artistes et publiée isolément sous le titre collectif : *Fantaisies.* Elles avaient paru primitivement sans ce titre dans *la Caricature.* Ce sont les seules de Gavarni qui aient été publiées avec le titre *Fantaisies* dans *le Charivari.*

» SECRET DE TOILETTE APPROUVÉ PAR LA CHIMIE | *Avis aux personnes affligées d'un gros nez.* — Voir ci-dessus ce titre sous la rubrique : *La Caricature* (deuxième publication).

» LES MÉDAILLONS A LA MODE | *Qu'est-ce que Madame mettra aujourd'hui, son grand-père ou son petit chien?* — Voir ci-dessus ce titre sous la rubrique : *La Caricature* (deuxième publication).

» *Allons-donc Célestine! allons-donc! — M'man? — Allons! lève-toi. — M'man? — Comment, t'a* (sic) *brûlé tout ça de chandelle! | avec les romans, va! — Oui m'man!...... — Qu'est-ce que t'as lu encore? « Une heure trop tard. » Certainement! voilà | pourquoi tu te lèves une heure trop tard....... aussi!* — Voir ci-dessus cette légende sous la rubrique: *La Caricature* (deuxième publication).

FOURBERIES DE FEMMES (1re série).

Suite de douze pièces ayant paru antérieurement sous ce titre chez Caboche, Grégoire et Ce. — Voir la description de ces douze lithographies sous la rubrique : *Fourberies de femmes*, à la section : *sujets divers*, subdivision : *Suites publiées isolément.*

FOURBERIES DE FEMMES (2e série).

Suite de cinquante-deux pièces, dont onze (les nos 22, 23, 24, 31, 32, 33, 34, 36, 45, 46, 49) ont paru primitivement dans *la Caricature*. Toutes ces lithographies sont entourées d'un fil. Au-dessus du fil. on lit en H. au M. *Fourberies de femmes | en matière de sentiment*, et au-dessous de ce titre, dans une brisure du fil.: 2e *série*, sauf sur le no 1, où les mots *en matière de sentiment* n'existent pas, et ou 2e *série* est-au-dessus du filet, lequel n'est pas brisé. A D. entre le T. C. et le fil. le no d'ordre. En B. au M. entre le T. C. et le fil. *Par Gavarni*, excepté sur les nos 48, 51 et 52. Au-dessous du fil. la légende.

662 I. — *Virginie!..... | —Maman! .. . | —Où es-tu donc! | —Je suis-là, maman!..... J'attrape mon sansonnet.....* — Un homme en manches de chemise, vu de dos, sur le haut d'une échelle appuyée contre un mur. Au-dessus et de l'autre côté du mur on aperçoit à G. la tête et les mains d'une jeune fille. — A G. **180.** — En B. au-dessous du fil. à G. *Chez Bauger, r. du Croissant*, 16. A D. *Imp. d'Aubert et Cie.* = H. 200, L. 156.

« Le Charivari, 9 septembre 1840. »

1er État. Avant toute lettre.
2e — Celui qui est décrit.
3e — En B. au-dessous du fil. au M. *Chez Aubert, gal. Véro-Dodat.* Le reste comme à l'état décrit.

663 II. — *Entends-moi bien : demain matin il ira t'engager à dîner ; si tu lui vois son parapluie, c'est | qu'il n'aura pas sa stalle aux Français : alors tu n'accepteras pas; s'il n'a pas de parapluie, tu | viendras dîner. — Mais (il faut penser à tout) s'il pleut demain matin?..... — S'il pleut? il sera | mouillé; voilà tout...... si je ne veux pas qu'il ait un parapluie, moi, il n'en aura pas!..... | tu es donc bête?...* — Une jeune femme et son amant assis tous les deux sur un divan, au-dessus duquel est le portrait du mari en garde national. La femme à D., presque de face, a une main posée sur le genou du jeune homme. — A D. **Gavarni.** A G. **183.** — En B. au-dessous du fil. à G. *Chez Bauger, r. du Croissant*, 16. A D. *Imp. d'Aubert et Cie.* = H. 198, L. 155.

« Le Charivari, 28 septembre 1840. »

1er Etat. Avant toute lettre.
2e — Celui qui est décrit.

664 III — *Tu avais bien raison, ma femme : c'est bien plus joli par ici que par là-bas .... | tiens!.... Mosieu Gustave!... ah! bien on peut dire que voilà une rencontre bizarre!* — Une femme et son mari se donnant le bras se promènent dans la campagne. Ils sont vus de dos et tournés à D. Le mari à G., tenant sous son bras un parapluie et une ombrelle, montre du doigt à sa femme un jeune homme qui vient à leur rencontre la tête et les yeux levés en l'air. A G. un poteau sur lequel on lit écrit directement : **Chemin | de la | Muette.** — A G. **182.** — En B. au-dessous du fil. à G. *Chez Bauger, r. du Croissant,* 16. A D. *Imp. d'Aubert et Cie.* = H. 198, L. 156.

« Le Charivari, 14 octobre 1840. »

1er État. Avant toute lettre.
2e — Celui qui est décrit.
3e — En B. au-dessous du fil. au M. *Chez Aubert, gal. Véro-Dodat.* Le reste comme à l'état décrit.

665 IV. — *Quand je pense que Monsieur Coquardeau va être mon mari, ça me fait de la peine | pour Alexandre. | —Et à moi pour Coquardeau.* — Deux jeunes femmes dans une chambre. L'une à D. vue de dos et assise devant une table ; l'autre debout à G. et réfléchissant, le menton appuyé sur sa main. — A G. **191.**—En B. au-dessous du fil. à G. *Chez Bauger, r. du Croissant,* 16. A D. *Imp. d'Aubert et Cie.* = H 197, L. 156.

« Le Charivari, 21 octobre 1840. »

1er État. Avant toute lettre.
2e — Celui qui est décrit.

666 V. — *(Au premier Mosieu) « Attendez-moi ce soir, de quatre à cinq heures, Quai de l'Horloge du Palais | —Votre | —Augustine» | —(Au deuxième Mosieu) « Ce soir, quai des Lunettes, entre quatre et cinq heures | —Votre | —Augustine » | — (Au troisième Mosieu) « Quai des Morfondus, ce soir, de quatre heures à cinq | —Votre | —Augustine » | | (Au quatrième Mosieu) « Je t'attends ce soir à quatre heures. | —Ton | —Augustine.»* —Sur le quai de l'Horloge, autrement dit des Morfondus ou des Lunettes, trois hommes ayant chacun un parapluie sous le bras attendent Mlle Augustine. L'un sur le devant est de pr., les deux mains dans les poches de derrière de sa redingote; celui de D., les bras croisés, regarde couler l'eau ; le troisième, se dirigeant vers la G., regarde à sa montre. — A G. **212.** — Au-dessous du fil. à G. *Chez Bauger, r. du Croissant,* 16. A D. *Imp. d'Aubert et Cie.* = H. 198, L. 157.

« Le Charivari, 3 octobre 1840. »

1er État. Avant toute lettre.
2e — Celui qui est décrit.
3e — En B. au-dessous du fil. au M. *Chez Aubert, gal. Véro-Dodat.* Le reste comme à l'état décrit.

667 VI. — *O Henry! Henry! mon Dieu, mon Dieu!..... sacrifiez-vous donc pour un ingrat comme ça!..... | ne plus le voir!..... jamais! mais est-ce que ça | va m'être possible, à moi de ne plus voir | mon Henry?..... — Heureusement que ton Amédée te reste.....* — Une femme, assise sur un fauteuil, le haut du corps tourné à G., est accoudée d'un air désespéré sur un guéridon où l'on voit une lettre ouverte. Debout derrière elle, son amie, les coudes sur le dossier du fauteuil, la tête appuyée sur les deux mains. — A G. **217.** — En B. au-dessous du fil. à G. *Chez Bauger, r. du Croissant,* 16. A D. *Imp. d'Aubert et Cie.* = H. 195, L. 158.

« Le Charivari, 24 octobre 1840. »

1er État. Avant toute lettre.
2e — Celui qui est décrit.
3e — En B. au M. au-dessous du fil. *Chez Aubert, gal. Véro-Dodat.* Le reste comme à l'état décrit.

668 VII. — *Le v'là!..... ôte ton chapeau.* — Dans une chambre un jeune homme assis dans un fauteuil, son chapeau sur la tête, lit un livre qu'il tient des deux mains; à G. une jeune femme travaillant à l'aiguille, debout, vue de dos à moitié et tournée vers une fenêtre ouverte. — A G. **277**. — En B. au-dessous du fil. à G. *Chez Bauger, r. du Croissant*, 16. A D. *Imp. d'Aubert et Cie.* = H. 197, L. 159.

« Le Charivari, 28 octobre 1840. »

1er État. Avant toute lettre.
2e — Celui qui est décrit.
3e — En B. au-dessous du fil. au M. *Chez Aubert, gal. Véro-Dodat.* Le reste comme à l'état décrit.

669 VIII. — *Vous reverrai-je? — Allons!..... Oui. — Où? — Ici. — Quand? — Demain, mais partez vite!..... — Ange!* | *un mot encore : vous êtes mariée? —Parbleu!* — Dans une rue un jeune homme de pr. tourné à D., le corps légèrement penché en avant, s'adresse à une jeune femme qui marche devant lui sans le regarder et tenant des deux mains son ombrelle fermée. — A G. **211**. — En B. au-dessous du fil à G. *Chez Bauger, r. du Croissant*, 16. A D. *Imp. d'Aubert et Cie.* = H. 197, L. 156.

« Le Charivari, 6 novembre 1840. »

1er Etat. Avant toute lettre.
2e — Celui qui est décrit.
3e — En B. au-dessous du fil. au M. *Chez Aubert, gal. Véro-Dodat.* Le reste comme à l'état décrit.

670 IX. — *A un monsieur Anatole qui attend dans un cabinet de la Poissonnerie.* | *D'un cabinet chez Pétron.* | *Monsieur,* | *Dans la pièce voisine de celle où je dîne ici avec mon épouse, une voix de femme, s'adressant à de joyeux* | *convives, s'est écriée : « et mon Anatole ingénu qui m'attend à la Poissonnerie! » et après des rire* (sic) *indécens* (sic) | *la même voix a ajouté : « Attends, attends, mon petit! » Je m'empresse, Monsieur, de vous donner avis de ce* | *propos trop léger. Croyez à toute ma sympathie pour des chagrins bien touchans* (sic) *quoiqu'ils soient, permet* | *tez-moi de vous le dire, souvent mérités dans des attachemens* (sic) *illégitimes.* | *Général baron Coquardeau.* — Dans un cabinet de restaurant, devant une table garnie de deux couverts, un homme, assis sur un canapé, tient d'une main une lettre et de l'autre serre convulsivement une fourchette. A D., en avant de la porte ouverte, le commissionnaire qui a apporté la lettre se tient debout les deux mains sur les hanches. — A G. **241** — En B. au-dessous du fil. à G. *Chez Bauger, r. du Croissant*, 16. A D. *Imp. d'Aubert et Cie.* = H. 199, L. 152.

« Le Charivari, 14 novembre 1840. »

1er État. Avant toute lettre.
2e — Celui qui est décrit.

671 X. — *Malheureuse! tu feras la honte de ton sexe et le désespoir du mien!.....* — Dans une chambre, un mari, de face, les deux bras en l'air et écartés. A D., sa femme, assise sur un divan, le dos appuyé contre un des coussins, se cache le visage dans les mains. — A. G. **262**. — En B. au-dessous du fil. à D.

Imp. d'Aubert et Cie. Au-dessous de la légende : *Chez Bauger et Cie, éditeurs des* (etc.). = H. 194, L. 156.

« Le Charivari, 19 novembre 1840. »

1er État. Avant toute lettre.
2e — Celui qui est décrit.

672 XI. — *Oui, ma chère, mon mari a eu l'infamie de faire venir cette créature dans ma maison | sous mes yeux! et cela quand il sait que la seule affection que j'aie en ce monde est à deux | cents lieues d'ici!..... | — Les hommes sont lâches!.....* — Deux femmes assises dans une chambre, l'une sur une chaise et vue par derrière; l'autre sur un divan à G., le dos appuyé contre un coussin. — A G. **245**. — En B. au-dessous du fil. à D. *Imp. d'Aubert et Cie*. Au-dessous de la légende : *Chez Bauger et Cie, éditeurs des* (etc). = H. 198, L. 157.

« Le Charivari, 1er décembre 1840. »

1er État. Avant toute lettre.
2e — Celui qui est décrit.
3e — En B. au-dessous du fil. au M. *Chez Aubert, gal. Véro-Dodat*. Le reste comme à l'état décrit.

673 XII. — *Mais quelle est donc la femme qui ne serait pas heureuse et fière de vous | appartenir, mon Jules?* — Une jeune femme en peignoir, à genoux sur un divan, est vue presque de dos et tournée à D. vers un homme d'un certain âge, à figure grotesque, portant perruque, assis à côté d'elle, les jambes étendues et croisées. — A G. **261**. — En B. au-dessous du fil. au M. *Imp. d'Aubert et Cie*. Au-dessous de la légende : *Se vend chez Bauger et Cie, éditeurs des* (etc.). = H. 197, L. 156.

« Le Charivari, 8 décembre 1840. »

1er État. Avant toute lettre.
2e — Celui qui est décrit.

674 XIII. — *Ah! c'est le jeune homme dont tu m'as parlé, Madame Coquardy.... vous | voulez donc entrer dans le bâtiment, jeune homme?. ... eh! b'en mais..... c'est très | bien..... faut faire monter un lit dans une chambre d'en haut, v'là tout.* — A D. un petit vieux, M. Coquardy, un bonnet grec sur le derrière de la tête, les mains dans les poches de sa robe de chambre. Devant lui, le chapeau à la main, s'incline un grand jeune homme. Mme Coquardy se tient près de son époux. Sur le mur, dans le fond, un plan de maison. — A G. **221**. — En B. au-dessous du fil. à G. *Chez Bauger, rue du Croissant*, 16. A. D. *Imp. d'Aubert et Cie*. = H. 199, L. 157.

« Le Charivari, 22 décembre 1840. »

1er État. Avant toute lettre.
2e — Celui qui est décrit.
3e — En B. au-dessous du fil. à G. *Chez Bauger et Cie, R. du Croissant*, 16, au lieu de *Chez Bauger, R. du Croissant*, 16. Au M. *Chez Aubert, Place de la Bourse*. Le reste comme à l'état décrit.

675 XIV. — *Ah! l'on vous menait au bois!........ ainsi donc vous alliez vous montrer publiquement avec ce... | ... dissipé!....... c'est cela! parce que vous n'aviez pas pensé que l'audience pouvait être remise à demain.... | .... épouse imprudente........... tandis que moi, moi Just Coquardeau! fidèle à l'auguste cause de la société, | j'aurais obtenu de la vindicte publique l'exposition d'un malfaiteur, voilà donc ce à quoi j'aurais été moi | même exposé.* — Debout

à G. Coquardeau, les bras croisés, son chapeau à la main; sa femme, sur le devant, assise sur une chaise, et vue de dos, la tête tournée à D. du côté du mur. — A G. **260**. — En B. au-dessous du fil. à D. *Imp. d'Aubert et Cie*. Au-dessous de la légende: *Se vend chez Bauger et Cie, éditeurs des* (etc.). = H. 198. L. 155.

« Le Charivari, 28 décembre **1840**. »

1er État. Avant toute lettre.
2e — Celui qui est décrit.
3e — En B. au-dessous du fil. à G. *Chez Aubert, gal. Véro-Dodat*. Le reste comme à l'état décrit.

676 XV. - *Voyons, Coquardin, que diable! il faut se faire une raison........ et d'ailleurs, en êtes-vous bien sûr?* | — *Sûr!...... ils sont à Saint-Cloud, à l'heure qu'il est, comme nous voilà ici......* | — *Hum!* — Deux hommes dans une rue. Celui de G., Coquardin, les yeux baissés, ses lunettes sur le nez; le second personnage, vu de dos à moitié, tient ses deux mains par derrière sous les pans de son habit. — A G. **237**. — En B. au-dessous du fil. à D. *Imp. d'Aubert et Cie*. Au-dessous de la légende: *Chez Bauger et Cie, éditeurs des* (etc.). = H. 197. L. 160.

« Le Charivari, 1er février 1841. »

1er État. Avant toute lettre.
2e — Celui qui est décrit.
3e — En B. à G. au-dessous du fil. *Chez Aubert, gal. Véro-Dodat*. Le reste comme à l'état décrit.

677 XVI. — *Vraiment, dans ta position, tu as bien tort, ma chère petite, de laisser un vilain singe comme ça pendu* | *sous tes yeux toute la journée...... — Qu'est-ce que ça peut faire? — Ça fait que le petit dernier ressemble à Mosieu Coquardeau; voilà ce que ça fait!...* | *... c'est bien gai pour une mère!* — Deux femmes assises dans une chambre à coucher; l'une sur le devant à D., dans une position intéressante, est étendue dans un grand fauteuil, les mains croisées au-dessus de la taille; l'autre sur une chaise, son chapeau à la main, la tête tournée vers le fond, regarde le portrait du mari pendu à la muraille. — A G. **272**. — En B. au-dessous du fil. à G. *Imp. d'Aubert et Cie*. Au-dessous de la légende: *Se vend chez Bauger et Cie, éditeurs des* (etc.). = H. 202, L. 156.

« Le Charivari, 6 mars 1841. »

1er État. Avant toute lettre.
2e — Celui qui est décrit.
3e — En B. au-dessous du fil. à D. *Chez Aubert, gal. Véro-Dodat*. Le reste comme à l'état décrit.

678 XVII. — *Voyons, mon cher Gustave, soyez le plus raisonnable.......... Il ne faut pas être comme ça pour un mot.....* | *.... Vous savez comment est ma femme...... mais elle est bonne au fond, et nous avons vraiment beaucoup d'a-* | *mitié pour vous........ Voyons! venez ce soir....... Allons, vous viendrez ce soir.* — Un homme d'un âge mûr assis sur un divan, son chapeau à côté de lui, est penché à G. vers un jeune homme en robe de chambre; celui-ci est assis de côté sur une chaise, les jambes étendues, un coude sur une table qui est derrière lui, et regarde ses ongles. — A G. **204**. — En B. au-dessous du fil. à D. *Imp. d'Aubert et Cie*. Au-dessous de la légende: *Se vend chez Bauger et Cie, éditeurs des* (etc.). = H. 199. L. 157.

« Le Charivari, 22 mars 1841. »

1er État. Avant toute lettre.
2e — Celui qui est décrit.
3e — En B. au-dessous du fil. à G. *Chez Aubert et Cie, gal. Véro-Dodat*. Le reste comme à l'état décrit.

679 XVIII. — *Mon cher Monsieur, | Caroline me charge de vous rappeler certain duo dont elle raffole, et que vous lui avez | promis. Vous seriez vraiment bien aimable de venir dîner avec elle aujourd'hui et de lui apporter | votre musique. Pour moi, je serai privé du plaisir de vous entendre, car je suis attendu à Versail | les. Plaignez-moi, mon cher Monsieur, et croyez-moi toujours votre bien affectionné | Coquardeau.* — Coquardeau de pr. à D., en robe de chambre, en train d'écrire à son bureau; sa femme debout derrière lui, une main appuyée sur le fauteuil où il est assis. — A G. **236.** — En B. au-dessous du fil. à D. *Imp. d'Aubert et Cie*. Au-dessous de la légende : *Se vend chez Bauger et Cie, éditeurs des* (etc.). = H. 199. L. 158.

« Le Charivari, 16 mars 1841. »

1er État. Avant toute lettre.
2e — Celui qui est décrit.
3e — En B. à G. au-desous des fil. *Chez Aubert, gal. Véro-Dodat*. Le reste comme à l'état décrit.

680 XIX. — *Mon aimable Amédée, | Ce soir vers huit heures à la Boule Rouge | en citadine; soyez attentif et ne faites pas attendre votre | Clara.*

Mon Henry bien-aimé, | Juge de mon désespoir! j'ai un mal de gorge | affreux, il me sera bien impossible de sortir | ce soir.—Il est même question de me poser vingt | sangsues!!! Plains beaucoup et aime toujours ta | Clara.

— Une jeune femme dans une rue, se dirigeant vers la G. met furtivement deux lettres dans la boîte placée à la devanture d'un épicier. Au H. de la boutique on lit écrit directement...... **En gros et en détail.** — A G. **213.** — En B. au-dessous du fil. à D. *Imp. d'Aubert et Cie*. Au-dessous de la légende : *Chez Bauger et Cie, éditeurs des* (etc.). = H. 198. L. 165.

« Le Charivari, 8 avril 1841. »

1er État. Avant toute lettre.
2e — Celui qui est décrit.
3e — En B. à G. au-dessous des fil. *Chez Aubert, gal. Véro-Dodat*. Le reste comme à l'état décrit.

681 XX. — *Voyons Clara! voyons Clara!!...... eh! bien non, tu ne connais pas le petit jeune homme... | ... allons! c'est moi qui ne suis qu'un imbécile avec mes bêtises... et tu auras ton schal* (sic) | *de velours... Voyons Clara! voyons.* — Dans une chambre à coucher, un homme laisse tomber sa canne et son chapeau en se précipitant au secours de sa femme, qui feint de s'évanouir: elle est étendue sur une chaise à G, il lui soutient la tête d'une main. — A G. **222.** — En B. au-dessous du fil. à D. *Imp. d'Aubert et Cie*. Au-dessous de la légende: *Se vend chez Bauger et Cie, éditeurs des* (etc.). = H. 199. L. 155.

« Le Charivari, 24 avril 1841. »

1er État. Avant toute lettre.
2e — Celui qui est décrit.
3e — En B. au-dessous du fil. à G. *Chez Aubert, gal. Véro-Dodat*. Le reste comme à l'état décrit.

682 XXI. — *Comment! tu me vois avec un mosieu que tu ne connais pas et tu*

fais des bêtises inconvenan | tes comme ça !...... *et tu n'ôtes pas seulement ton chapeau !...... | O Hippolyte! vous ne serez donc toute votre vie qu'un homme sans aucune espèce de | formes?* — Une jeune femme tournée à G., du côté de son mari, et tout près de lui, le regarde en face en lui adressant sa mercuriale; celui-ci, la main dans le gousset de son pantalon, semble réfléchir profondément. A D. de face, l'amant, les pouces dans les poches de son pantalon, attend quel sera l'effet des paroles de la dame. Sur un mur derrière eux on lit, écrit directement (J)**ardin du roi**. — A G. **220**. — En B. au-dessous du fil. à D. *Imp. d'Aubert et Cie.* Au-dessous de la légende : *Se vend chez Bauger et Cie, éditeurs des* (etc.). = H. 197. L. 155.

« Le Charivari, 10 mai 1841. »

1er État. Avant toute lettre.
2e — Celui qui est décrit.
3e — En B. à G. au-dessous du fil. *Chez Aubert, gal. Véro-Dodat.* Le reste comme à l'état décrit.

» XXII. — *Est-il Dieu permis d'avoir des pensées comme ça sur la mère de son petit Jo | seph!*

» XXIII. — *Mais si un homme avait été pour moi ce que j'ai été pour toi, et que je lui aie fait ce | que tu m'as fait!... mais! mais!.... mais je serais honteuse!*

» XXIV. — *Voilà un gros Loulou qui vient passer toute la journée avec sa biche, oui! | — Mais comment qu'il fait donc, cet homme là, pour être gentil comme ça!*

Voir ci-dessus la description de ces trois planches sous la rubrique : *Fourberies de femmes*, dans *la Caricature* (deuxième publication).

583 XXV. — *Non, Nini, je ne pourrai pas aller au bal de l'opéra ce soir : tu prieras un de ces messieurs | de t'accompagner...... | — Ah! mon Dieu! ah! mon Dieu! ah! mon Dieu! | — Ta! ta! ta!..... soupe au lait..... voyons Nini, soyez gentille, vous savez que vous avez | envie d'un manchon.......* — A G. un homme âgé de pr. à D., assis sur un divan, une main appuyée sur sa canne, son chapeau posé à terre. Sur le devant, et lui tournant le dos, une femme presque de face, debout les bras croisés, les yeux levés au ciel. — A G. **286**. — En B. au-dessous du fil à D. *Imp. d'Aubert et Cie.* Au-dessous de la légende : *Se vend chez Bauger et Cie, éditeur des* (etc.). = H. 198, L. 157.

« Le Charivari, 22 mai 1841. »

1er État. Avant toute lettre.
2e — Celui qui est décrit.
3e — En B. au-dessous du fil. à G. *Chez Aubert, gal. Véro-Dodat.* Le reste comme à l'état décrit.

584 XXVI. — *Loulou!..... Loulou, voilà midi qui sonne au salon, tu sais que tu as affaire!...... et le | salon va bien : c'est Monsieu Jules qui l'a arrangé hier.* — Un homme en robe de chambre, ses lunettes sur le front, est assis sur un divan, ses coudes contre les coussins. A G. sa femme, vue de dos, agenouillée sur le bord du divan, regarde la lithographie d'un numéro du Charivari qu'elle tient à la main, et pose son autre main sur la poitrine de son mari. — A. G. **184**. — En B. au-dessous du fil. à G. *Imp. d'Aubert et Cie.* Au-dessous de la légende : *Se vend chez Bauger et Cie, édit. des* (etc.). = H. 199, L. 155.

« Le Charivari, 2 juin 1841. »

1er Etat. Avant toute lettre.
2e — Celui qui est décrit.

685 XXVII. — *Qu'est-ce que tu as?* | — *J'ai que je viens de rencontrer Jules avec Madame Bouvier!.....* | — *Eh bien! qu'est-ce que ça te fait?* | — *Ça me fait!. . . c'est indécent* | —*On te rencontre bien avec lui.....* | — *C'est bien bête ce que tu dis là!..... au moins moi on sait que c'est ton ami.* — Dans une chambre un homme en manches de chemise, assis sur une chaise dont il appuie, en se penchant en arrière, le dossier contre un guéridon. Il est de pr., les mains dans les poches de son pantalon. Sa femme, vue de dos et se disposant à sortir, se regarde à D. dans une glace pour mettre son châle.—A G. **177.** — En B. au-dessous du fil. à D. *Imp. d'Aubert et Cie*. Au-dessous de la légende : *Se vend chez Bauger et Cie, éditeurs des* (etc.). = H. 198, L. 157.

« Le Charivari, 16 juin 1841. »

1er État. Avant toute lettre.
2e — *Moi* supprimé.
3e — Celui qui est décrit.
4e — En B. à G. au-dessous du fil. *Chez Aubert, gal. Véro-Dodat.* Le reste comme à l'état décrit.

686 XXVIII. — *Mais voyons! si Paul et Henry s'entendent, il faudra que tu choisisses: lequel des deux* | *garderas-tu?* | —*Celui qui me quittera.* — Une jeune femme en robe de velours noir, assise sur un divan, le dos appuyé contre un coussin, une jambe croisée sous l'autre; à D. un jeune homme tourné vers elle, agenouillé sur les bords du divan, les mains jointes, les coudes sur un coussin, sa canne sous le bras. — A G. **187.** — En B. au-dessous du fil. à D. *Imp. d'Aubert et Cie*. Au-dessous de la légende: *Se vend chez Bauger et Cie, éditeurs des* (etc.). = H. 197, L. 157.

« Le Charivari, 7 juin 1841. »

1er État. Avant toute lettre.
2e — Celui qui est décrit.

687 XXIX. — *Vois-tu, ma petite, quand un amoureux commence à devenir dangereux, faut se dépêcher* | *d'en avoir deux .... après on ne peut plus, et on fait des bêtises!* — Deux jeunes femmes en robe d'été, coiffées d'un large chapeau de paille, se promènent dans la campagne. Celle de G., la tête baissée et de face, a les bras croisés; l'autre, de 3/4, a les mains dans les poches de son tablier. — A G. **215**. — En B. au-dessous du fil. à D. *Imp. d'Aubert et Cie*. Au-desssus de la légende. *Se vend chez Bauger et Cie, éditeurs des* (etc.). = H. 199, L. 156.

« Le Charivari, 12 juin 1841. »

1er État. Avant toute lettre.
2e — Celui qui est décrit.
3e — En B. au-dessous du fil. à G. *Chez Aubert, gal. Véro-Dodat.* Le reste comme à l'état décrit.

688 XXX. — *Allez au bal de l'Opéra avec madame de Coquardeau, allez, madame Prudhomme, j'y* | *consens : Il y a toujours dans la confiance, quelqu'aveugle qu'elle soit, une noblesse qui,* | *songez-y bien, manquerait à la ruse.* — M. Prudhomme, debout à G. et de pr., ses lunettes sur le front, est en robe de chambre ; sa femme de face assise sur un canapé à D., les jambes croisées et étendues, regarde ses doigts. Un masque de velours noir sur un coussin. — A G. **243**. — En B. au dessous du fil. à D. *Imp. d'Aubert et Cie*. Au-des-

sous de la légende. *Se vend chez Bauger et Cie, éditeurs des* (etc.). = H. 197, L. 157.

« Le Charivari, 23 juin 1841. »

1er État. Avant toute lettre.
2e — Celui qui est décrit.
3e — En B. au-dessous du fil. à G. *Chez Aubert, gal. Véro-Dodat.* Le reste comme à l'état décrit.

» XXXI — *C'est égal, je trouve que le parrain de la petite | vient trop chez nous..... | — Ces noisettes là ne sont guère bonnes ! | — Et ça fait jaser..... Tu sais bien que ce n'est pas pour moi que je dis ça, tu me connais..... | — O* (sic) *tu feras de ce que tu voudras, mais tu passeras pour un homme sans caractère...... en v'là encore | une creuse.*

» XXXII. — « *Au reçu de ce billet montez à cheval : hâtez-vous ! cherchez sur l'avenue de Neuilly | une citadine jaune, stores baissés, cheval gris, vieux cocher*, 108, *une seule lanterne | allumée. | Suivez! on arrêtera à la petite porte d'une maison de Sablonville ; un homme et une femme | descendront. — Cet homme était mon amant. Et cette femme est la vôtre !* » *Vicomtesse de***.*

» XXXIII. — *Qu'est-ce que ce Mosieu qui sort d'ici? | — Ah ! mon Dieu ! il ne t'a pas parlé?... c'est un mosieu qui venait pour l'affaire | d'Ancelin...., et qui part ce soir..... il t'a attendu plus de deux heures !..... | mais comme tu as chaud ma biche !*

» XXXIV. — *Toi franche! Toi simple! avoir de la confiance en toi!... toi!.... Vois-tu? toi! mais tu te | moucherais de la main gauche rien que pour le plaisir de tromper ta main droite si tu pouvais !*

Voir ci-dessus la description de ces quatre planches sous la rubrique : *Fourberies de femmes*, dans *la Caricature* (deuxième publication).

689 XXXV. — *Voilà deux fois que vous rentrez à minuit cette semaine ! qu'est-ce que c'est que ce | genre-là? — Puisque je t'ai déjà dit que marraine était en couche..... — Mâtin ! elle y met le | temps, cette marraine-là.* — Un mari dans son lit à côté de sa femme; il est sur son séant de pr. tourné à D., la tête enveloppée d'un madras. La femme, sur le devant, et couchée de côté, la tête sur l'oreiller, lui tourne le dos. — A G. **146**. — En B. au-dessous du fil. à D. *Imp. d'Aubert et Cie.* Au-dessous de la légende : *Se vend chez Bauger et Cie, éditeurs des* (etc.). = H. 198, L. 157.

« Le Charivari, 25 juin 1841. »

1er État. Avant toute lettre.
2e — *Maraine* au lieu de *marraine;* puis après : *elle y met le temps*, on lit : *c'est pas l'embarras, elle pouvait bien en conscience accoucher d'un régiment cette maraine-là. | — T'es bête.*
3e — Celui qui est décrit.
4e — En B. à G. au-dessous du fil. *Chez Aubert, gal. Véro-Dodat.* Le reste comme à l'état décrit.

» XXXVI. — *Mais!..... il me semble..... qu'on a pipé ici ! | — Hein?..... ah ! c'est moi qui ai voulu voir pour ma dent du fond..... ma foi c'est bien des | bêtises, ça ne fait rien.* — Voir ci-dessus la description de cette planche sous la rubrique : *Fourberies de femmes*, dans *la Caricature* (deuxième publication).

690 XXXVII. — *Comment saviez-vous, Papa, que j'aimais Mosieu Léon?* | — *Parce que tu me parlais toujours de Mosieu Paul.* — Dans une rue un homme, la main dans la poche de son paletot et donnant le bras à une jeune fille, se dirige vers la D.; celle-ci, la tête de face, tourne vers son père un regard interrogateur. — A G. **263**. (Sous le chiffre **6** on voit un **4** qui avait été tracé primitivement.) — En **B**. au-dessous du fil. à D. *Imp. d'Aubert et Cie.* Au-dessous de la légende : *Se vend chez Bauger et Cie, éditeurs des* (etc.). = H. 198, L. 156.

« Le Charivari, 29 juin 1841. »

1er État. Avant toute lettre.
2e — Celui qui est décrit.
3e — En B. au-dessous du fil. à G. *Chez Aubert, gal. Véro-Dodat.* Le reste comme à l'état décrit.

691 XXXVIII. — *On aime donc un peu sa biche.* | — *Trop, mauvais sujet.* — Dans un boudoir, un homme vu presque de dos, les mains dans les poches de sa redingote; à D. une jeune femme couchée sur un divan la tête appuyée sur un coussin, un bras posé sur un autre coussin. — A G. **282**. — En B. au-dessous du fil. à D. *Imp. d'Aubert et Cie.* Au-dessous de la légende : *Chez* (sic) *se vend chez Bauger et Cie, éditeurs des* (etc.). = H. 198, L. 156.

« Le Charivari, 18 juillet 1841. »

1er État. Avant toute lettre.
2e — Celui qui est décrit.
3e — En B. à G. au-dessous du fil. *Chez Aubert, gal. Véro-Dodat.* Le reste comme à l'état décrit.

692 XXXIX. — *Comment, ma petite, je viens de rencontrer ton mari avec Monsieur Edouard!* | — *Eh bien?* | — *Ah ça..... ils sont donc bien ensemble à présent?* | — *Parbleu!* | — *O Virginie! je te reconnais bien là!* — Dans une chambre deux jeunes femmes; l'une à G., la figure cachée par son chapeau, un châle de velours noir sur les épaules; l'autre en peignoir, de face, une main sur la hanche, un coude sur la balustrade d'une fenêtre ouverte à D. Sur le mur le portrait du mari en garde national. — A G. **271**. — En B. au-dessous du fil. à D. *Imp. d'Aubert et Cie.* Au-dessous de la légende : *Se vend chez Bauger et Cie, éditeurs des* (etc.). = H. 198, L. 161.

« Le Charivari, 28 juillet 1841. »

1er État. Avant toute lettre.
2e — Celui qui est décrit.
3e — En B. au-dessous du fil. à G. *Chez Aubert, gal. Véro-Dodat.* Le reste comme à l'état décrit.

693 XL. — *Henri est fort bien..... mais je crois que c'est Charles que j'aime le mieux.* | — *Alors épouse Henri.* — Dans une chambre une jeune femme vue de dos, tournée à D., les mains posées par derrière au-dessus des hanches; près d'elle une jeune fille, les yeux baissés, ses mains dans les poches de son tablier; à G. sur un guéridon plusieurs chapeaux d'hommes. — A G. **185**. — En B. au-dessous du fil. à D. *Imp. d'Aubert et Cie.* Au-dessous de la légende : *Se vend chez Bauger et Cie, éditeurs des* (etc.) = H. 195, L. 158.

« Le Charivari, 11 août 1841. »

1er État. Avant toute lettre.
2e — Celui qui est décrit.
3e — En B. à G. au-dessous du fil. *Chez Aubert, gal. Véro-Dodat.* Le reste comme à l'état décrit.

694 XLI. — *Une enfant! une enfant, Mosieu, dont je me croyais, avant-hier encore, le premier et le seul | amour!..... | — Si vous aviez été le premier, mon cher, vous n'auriez pas pu être le seul : faut être juste.* — Un homme assis de face sur un divan, la douleur peinte sur le visage, les mains entre ses genoux, tenant sa canne en travers sous les jarrets. Debout à D. un second personnage vu presque de dos et tourné à G., un genou sur le bord du divan. — A G. **244**. — En B. au dessous du fil. à D. *Imp. d'Aubert et Cie*. Au-dessous de la légende : *Se vend chez Bauger et Cie, éditeurs des* (etc.). = H. 195, L. 158.

« Le Charivari, 14 août 1841. »

1er État. Avant toute lettre. Sans fil.
2e — Celui qui est décrit.
3e — En B. à G. au-dessous du fil. *Chez Aubert, gal. Véro-Dodat.* Le reste comme à l'état décrit.

695 XLII. — *Ce Mosieu Ernest est assez bien..... | Ah! Dieu! tu trouves! tu aimes donc les grandes barbes, toi?.... et moi ça me | dégoûte, ah!* — Un homme en robe de chambre, presque de face, assis sur un canapé, le dos contre les coussins, les jambes étendues, un doigt passé dans l'ouverture de son gilet, regarde sa femme d'un air soupçonneux. Celle-ci, debout à G., auprès de lui, est vue de dos. — A G. **165**. — En B. au-dessous du fil. à G. *Chez Bauger, r. du Croissant,* 16. A D. *Imp. d'Aubert et Cie*.— H. 196, L. 156.

« Le Charivari, 15 août 1841. »

1er État. Avant toute lettre. Le fil. plus rapproché du T. C. que sur les épreuves avec la lettre.
2e — Celui qui est décrit.
3e — En B. au-dessous du fil. à G. *Chez Aubert, gal. Véro-Dodat.* Le reste comme à l'état décrit.

696 XLIII. — *Il a cru me jouer un tour en me prenant Juliette.. . C'est bon!... je connais la | femme, je ne vous dis que ça! c'est elle qui lui en jouera!* — Deux hommes, le chapeau sur la tête, le cigare à la bouche. L'un à D., les jambes écartées, fait un geste pour fixer l'attention de l'autre, qui, vu de dos à moitié, l'écoute en arrangeant sa cravate. — A G. **157**. — En B. au-dessous du fil à D. *Imp. d'Aubert et Cie*. Au-dessous de la légende : *Se vend chez Bauger et Cie, éditeurs des* (etc.). = H. 199, L. 154.

« Le Charivari, 30 août 1841. »

1er État. Avant toute lettre. Sans fil.
2e — *Sa femme* au lieu de *la femme*.
3e — Celui qui est décrit.
4e — *Sa femme* au lieu de *la femme*. En B. au-dessous du fil. à G. *Chez Aubert, gal. Véro-Dodat.* Le reste comme à l'état décrit.

697 XLIV. — *Mais, Docteur, vous vous trompez! ça ne ferait que six mois et demi..... que diable! | — Mon cher Coquardeau, la nature a des mystères qu'il n'est pas toujours donné à notre science | d'approfondir.* — Coquardeau, de face, assis sur un divan, les deux mains sur les genoux. A ses côtés à D. le docteur, tout de noir habillé, une main entre ses jambes croisées; derrière lui son chapeau par terre. — A G. **226**. — En B. au-dessous du fil. à D. *Imp. d'Aubert et Cie*. Au-dessous de la légende : *Se vend chez Bauger et Cie, éditeurs des* (etc.). = H. 200, L. 159.

« Le Charivari, 1er septembre 1841. »

1er État. Avant toute lettre. Sans fil.
2e — Celui qui est décrit.
3e — En B. à G. au-dessous du fil. *Chez Aubert, gal. Véro-Dodat.* Le reste comme à l'état décrit.

» XLV. — *C'est bien drôle que ma femme devait dîner chez maman Coquardeau et que je n'y | trouve que les petits.... c'est bien drôle!*

» XLVI. — .... *Mon Dieu! ça lui a pris hier au soir après que Mossieu a été parti..... mais à | présent il y a du mieux: Madame repose.... Ah! nous avons eu joliment peur!*
Voir ci-dessus la description de ces deux planches sous la rubrique : *Fourberies de femmes*, dans *la Caricature* (deuxième publication).

698 XLVII. — *Ainsi donc il me trompe!..... Il ne sait peut-être pas, l'insensé! que je ne l'aimais pas assez pour | le tromper moi .... et qu'à présent je puis me venger..... O* (sic) *tu avais bien raison, Clémence! on est | toujours récompensé des sacrifices qu'on a faits à ses devoirs..... je vais me venger!* — Une jeune femme, la tête baissée, dans un état complet d'abattement, assise de côté sur une chaise; elle est de pr. le dos contre le mur à D. Debout à G. et de face, une autre femme, les mains l'une sur l'autre, est accoudée sur la chaise où est assise son amie. — A G. **246**. — En B. au-dessous du fil. à D. *Imp. d'Aubert et Cie*. Au-dessous de la légende : *Se vend chez Bauger et Cie, éditeurs des* (etc.). = H. 202, L. 158.

« Le Charivari, 19 août 1841. »

1er État. Avant toute lettre.
2e — *Tu avait,* au lieu de *Tu avais.*
3e — Celui qui est décrit.
4e — En B. à G. au-dessous du fil. *Chez Aubert, gal. Véro-Dodat.* Le reste comme à l'état décrit.

699 XLVIII. — *Que voulez-vous? j'irai tout seul..... Satanée migraine! tu souffres donc bien | pauvre chat!* — A G. un homme de pr. à D., son chapeau sur la tête, les mains dans les poches de son paletot, debout près du lit où est couchée une femme, la tête sur son oreiller et appuyée contre une de ses mains. Sur le devant à D. une robe sur une chaise. — A G. **269**. — En B. entre le T. C. et le fil. au M. *Imp. d'Aubert et Cie*. = H. 200, L. 156.

« Le Charivari, 22 août 1841. »

1er État. Avant toute lettre.
2e — Celui qui est décrit.
3e — Au-dessous de la légende : *Se vend chez Bauger et Cie, éditeurs des* (etc.). Le reste comme à l'état décrit.
4e — En B. à G. au-dessous du fil. *Chez Aubert, gal. Véro-Dodat.* Le reste comme au 3e état.

» XLIX. — *Voyons! Théodore! nous ne sommes donc plus la Bichette à notre petite maman?* — Voir ci-dessus la description de cette planche sous la rubrique : *Fourberies de femmes*, dans *la Caricature* (deuxième publication).

700 L. — *Ah! c'est avec Julia qu'Henry m'a trompée!.... et mademoiselle Julia a quelque chose | pour quelqu'un que je sais, qui m'aime en dessous..... je sais bien ce que je vas faire!... | — Et moi aussi. | —A présent?... (Vous êtes encore fin! vous?) non!..... faut les laisser se marier.... | d'abord ... après... on sera manche à manche, ma petite.* — A G. une jeune femme, de pr. à D.,

est agenouillée sur une chaise, la tête et les yeux baissés, les mains dans les poches de son tablier; un jeune homme, les jambes écartées, le corps penché en avant, la regarde en s'appuyant sur le dossier de la chaise. — A G. **332.** — En B. au-dessous du fil. à D. *Imp. d'Aubert et Cie.* Au-dessous de la légende : *Se vend chez Bauger et Cie, éditeurs des* (etc). = H. 198, L. 155.

« Le Charivari, 7 septembre 1841. »

1er État. Avant toute lettre.
2e — Celui qui est décrit.
3e — En B. à G. au-dessous du fil. *Chez Aubert, gal. Véro-Dodat.* Le reste comme à l'état décrit.

701 LI. — *Se comporter ainsi avec un homme dont on est la mère de l'enfant!* — Un homme, les bras croisés sur la poitrine, est assis à G. sur le coin d'un divan où est également assise une jeune femme. Elle lui tourne le dos, penchée et accoudée sur un coussin, la tête appuyée contre sa main. — A G. **240.** — En B. au-dessous du fil. à G. *Chez Bauger, r. du Croissant*, 16. A D. *Imp. d'Aubert et Cie.* = H. 198, L. 161.

« Le Charivari, 11 septembre 1841. »

1er État. Avant toute lettre.
2e — Celui qui est décrit.
3e — *Chez Bauger et Cie, Éditrs, R. du Croissant,* 16, au lieu de *Chez Bauger, R. du Croissant,* 16.

702 LII. — *Tu ne sais pas, Mosieu Coquardeau, ce que ta fille a fait? la mâtine! n'a-t-elle pas jeté sa cathos | dans le jardin de Mosieu Alexandre..... (ce Mosieu du rez-de-chaussée qui a cette barbe.) Il a eu la | politesse de remonter la cathos à Mademoiselle Nini. Il est fort honnête ce Mosieu..... c'est égal, il me | déplairait.*— Coquardeau, de face, assis sur une chaise, considère sa petite fille qui joue par terre à ses pieds, couchée sur un tapis. Debout, derrière lui, Mme Coquardeau, les deux bras sur le dossier de la chaise où il est assis. — A G. **248.** — En B. au-dessous du fil. à G. *Chez Bauger, r. du Croissant*, 16. A D. *Imp. d'Aubert et Cie.* = H. 198, L. 155.

« Le Charivari, 15 septembre 1841. »

1er État. Avant toute lettre.
2e — Celui qui est décrit.
3e — *Déplairoit* au lieu de : *déplairait.* En B. au M. au-dessous du fil. *Chez Aubert, Place de la Bourse.*

---

703 GENTILHOMME DE SERVICE DANS LA GARDE URBAINE. — De faction, enveloppé soigneusement dans un manteau et coiffé de son bonnet de grenadier, il fume son cigare, accroupi dans sa guérite sur une chaise placée en travers et dont le dossier renversé est appuyé sur la paroi de G.; son fusil est posé en dehors contre la guérite. Au fond à G. une patrouille de gardes nationaux s'éloignant. — Sur le B. de la guérite à D. **Gavarni | 19.** — Un fil. En B. au-dessous du titre à D. *Lith. Caboche, Grégoire et Cie, pass. Saulnier,* 19. = H. 183, L. 130.

« Le Charivari, 16 février 1839. »

1er État. Avant toute lettre.
2e — Celui qui est décrit.

» Mlle GEORGES. | *Rôle de Washla dans la Guerre des servantes. Porte-St-Martin.* — Voir aux portraits.

HISTOIRE DU COSTUME EN FRANCE.

Suite de onze planches représentant des costumes historiques. Voir la description de cette suite sous la rubrique : *Le Charivari,* à la section : *Costumes et modes.*

IMPRESSIONS DE MÉNAGE (1re série).

Suite de trente-six pièces entourées chacune de trois fil., au-dessus desquels on lit en H au M. : *Impressions de ménage.* A D. entre le deuxième et le troisième fil. le nº d'ordre. En B. au-dessous des fil. à D. *Imp. d'Aubert et Cie*, et plus bas la légende.

704 I. — *Camille, dis donc! quand nous nous sommes mariés les hirondelles arrivaient.* | — *Et puis?* | — *Les voilà déjà qui s'en retournent.....* | — *Eh bien, c'est comme tes galanteries, mosieu Prévalu.* — Un mari et sa femme dans un jardin. Le premier à G. de face, la tête et les yeux en l'air, une main sous son menton; la femme vue de dos, regardant dans le fond, son ombrelle ouverte devant elle. — A G. **43-49.** — En B. au M. entre le deuxième et le troisième fil. *Par Gavarni.* Au-dessous des fil. à G. *Chez Pannier et Cie, r. du Croissant,* 16. = H. 205, L. 157.

« Le Charivari, 15 juillet 1843. »

1er État. Avant toute lettre.
2e — Celui qui est décrit.
3e — En B. au M. au-dessous des fil. *Chez Aubert et Cie, Pl. de la Bourse.* Le reste comme à l'état décrit.

705 II. — *Trois ou quatre méchantes chopines : ça tourne de l'œil!... et ça vous a promis* | *aide et protection aux pieds* (sic) *des autels!..... un canard comme ça!.....* — Dans une ruelle un ivrogne près de tomber s'adosse à une palissade à D. pour se soutenir; de l'autre côté, une bouteille à ses pieds, sa femme, s'appuyant également contre un mur, le regarde d'un air de mépris, en le montrant d'une main. Dans le fond une maison sur laquelle on lit écrit directement : (B)**on vin.** — A D. **43-60.** — En B. au M. entre le deuxième et le troisième fil. *Par Gavarni.* Au-dessous des fil. à G. *Chez Pannier, édit., r. du Croissant,* 16. = H. 205, L. 159.

« Le Charivari, 27 juillet 1843. »

1er État. Avant toute lettre.
2e — Celui qui est décrit.
3e — *Au pied* au lieu de : *aux pieds*
4e — En B. au M. au-dessous des fil. *Chez Aubert, Pl. de la Bourse,* 29. Le reste comme à l'état décrit.

706 III. — *Ta, ta, ta, ta! comme si le code civil m'obligeait à t'entretenir de colifichet* (sic) *à si cher* | *l'aune!... avec ce qu'il t'en faut pour un cotillon..... Quand on a des fantaisies comme* | *ça, Zéphirine, on ne grossit pas comme tu fais.* — Dans une chambre, un homme en manches de chemise, une pipe allemande à la main, est assis à G. sur un divan. Debout, sur le devant, décol-

letée et bras nus, sa femme, les mains dans les poches de son tablier. — A D. **43-53**. — En B. au M. entre le deuxième et le troisième fil. *Par Gavarni*. Au-dessous des fil. à G. *Chez Pannier et Cie, édrs, r. du Croissant*, 16. = H. 201, L. 156.

« Le Charivari, 26 juillet 1843. »

1er État. Avant toute lettre.
2e — *Avec ça qu'il t'en faut*, au lieu de *Avec ce qu'il t'en faut.*
3e — Celui qui est décrit.
4e — En B. au M. au-dessous des fil. *Chez Aubert et Cie, Pl. de la Bourse*. Le reste comme à l'état décrit.

7 IV. — « *La femme est obligée d'habiter avec le mari et de le suivre | partout où il jugera à propos de résider* » | (*Code civil, livre I, titre V, art.* 215.) —Un mari et sa femme, coiffés de leurs chapeaux, se baignent dans la rivière. Ils ont de l'eau jusqu'au cou. La femme à G. tient une perche à laquelle est attaché son sac. Le mari à ses lunettes sur le nez. — A D. **43-67**. — En B. au M. entre le deuxième et le troisième fil. *Par Gavarni*. Au-dessous des fil. à G. *Chez Pannier, édit., rue du Croissant*, 16. = H. 202, L. 155.

« Le Charivari, 1er août 1843. »

1er État. Avant toute lettre.
2e — Celui qui est décrit.
3e — *Par Gavarni* a disparu. En B. au M. au-dessous des fil. *Chez Aubert, Pl. de la Bourse,* 29. Le reste comme à l'état décrit.

18 V. — « *Les époux se doivent mutuellement fidélité, secours, assistance.* » | (*Code civil, livre I, titre V, art.* 212.) — Devant un mur, un paveur remplit de pavés la hotte que sa femme porte sur le dos. Celle-ci est à G., les mains sur les hanches. — A D. **43-61**. — En B. au M., entre le deuxième et le troisième fil. *Par Gavarni*. Au-dessous des fil. à G. *Chez Pannier, édit., r. du Croissant*, 16. = H. 205, L. 157.

« Le Charivari, 3 août 1843. »

1er État. Avant toute lettre.
2e — Celui qui est décrit.
3e — En B. au M. au-dessous des fil. *Chez Aubert, Pl. de la Bourse,* 29. Le reste comme à l'état décrit.

9 VI. — « ... *Pauvres êtres, la providence nous mesure ici-bas de si rares félicités! oh!* | *quand il est permis à une femme de s'abandonner aux enchantemens* (sic), *aux inéfa* | *bles* (sic) *douceurs de l'amour heureux* »...... — *Ça mord!* — Lunettes sur le nez, chapeau de paille sur la tête, et sans pantalon, un homme, dans l'eau à mi-jambes, pêche à la ligne. A D. sur le bord de la rivière, sa femme, lisant un livre, est assise au pied d'un arbre, contre lequel elle est accotée, son chapeau attaché à l'une des branches. — A D. **43-55**. — En B. au M., entre le deuxième et le troisième fil. *Par Gavarni*. Au-dessous des fil. à G. *Chez Pannier, édit., r. du Croissant*, 16. = H. 210, L. 153.

« Le Charivari, 4 août 1843. »

1er État. Avant toute lettre.
2e — *Innéfables,* au lieu de *Inéfables.*
3e — Celui qui est décrit.
4e — En B. au M. au-dessous des fil. *Chez Aubert, Pl. de la Bourse,* 29. Le reste comme à l'état décrit.

710 VII. — « *Lorsque des voluptés on a tari la grappe,*
O triste déraison! sur la coupe on s'endort :
L'amour à peine heureux à l'autre amour échappe :
Heureux, l'amour est ivre; ivre, l'amour est mort! »
(*Calendrier du Tendre.*)

— Dans une chambre, un homme en robe de chambre, de pr. à D., dort, à demi couché dans un fauteuil, en face de la cheminée; dans le fond, entr'ouvrant une porte, apparaît sa femme qui le regarde d'un air peu satisfait —A G. **43-54**. — En B. au M. entre le deuxième et le troisième fil. *Par Gavarni.* Au-dessous des fil. à G. *Chez Pannier, édit*r, *r. du Croissant*, 16. = H. 205, L. 155.

« Le Charivari, 8 août 1843. »

1er État. Avant toute lettre.
2e — Celui qui est décrit.
3e — En B. au M. au-dessous des fil. *Chez Aubert, Pl. de la Bourse,* 29. Le reste comme à l'état décrit.

711 VIII. — *Que t'es donc ennuyeux, Nestor, va! d'avoir donné un cabriolet à ton fils!..... voyons | Mosieu Bibi! on a sonné le dîner, voyons! plus vite que ça!... prenez votre cabriolet sous | votre bras, Mosieu!* — Un mari, sa femme et leur enfant se dirigent vers la D., dans un jardin. La femme en avant, vue de dos, décolletée, bras nus, donne la main à son petit garçon, qui traîne une petite voiture; le mari la suit les deux mains dans les poches de sa veste. — A G. **43-52**. — En B. au M. entre le deuxième et le troisième fil. *Par Gavarni.* Au-dessus du fil. à G. *Chez Pannier et Cie*, *r. du Croissant*, 16. = H. 205, L. 156.

« Le Charivari, 9 août 1843. »

1er État. Avant toute lettre.
2e — Celui qui est décrit.
3e — En B. au M. au-dessous des fil. *Chez Aubert, Pl. de la Bourse.* Le reste comme à l'état décrit.

712 IX. — *Encore!... | —C'est la facture de nos billets de faire part. .... l'homme dit que maman dit qu'on | te parle..... | — Je trouve ta mère charmante! est-ce que ça me regarde?* — Dans une chambre à coucher, un homme en chemise et en caleçon, assis dans un fauteuil et se baissant pour mettre une de ses bottes qu'il tient des deux mains. Debout à G. sa femme, des papillotes à ses cheveux, en camisole et en pantoufles, lui apportant la facture. — A D. **43-56**. — En B. au M. entre le T. C. et le premier fil. *Par Gavarni.* Au-dessous des fil. à G. *Chez Pannier, édit.*, *r. du Croissant*, 16. = H. 202, L. 156.

« Le Charivari, 10 août 1843. »

1er État. Avant toute lettre.
2e — Celui qui est décrit.
3e — En B. au M. au-dessous des fil. *Chez Aubert, Pl. de la Bourse.* Le reste comme à l'état décrit.

713 X. — *Théodore, voyons! qu'est-ce que tu viens faire ici?..... va-t'en! | — Caroline, veux-tu me faire mon nœud? | — Mosieu Théodore, voulez-vous bien vous en aller!* — Dans une chambre à coucher, un homme, en manches de chemise et tenant des deux mains les bouts d'une cravate passée autour de son cou, est vu de dos et tourné à G. du côté de la porte vitrée et entr'ouverte

d'un cabinet de toilette. — A D. **43-64.** — En B. au-dessous des fil. à G. *Chez Pannier, édit.*, *r. du Croissant*, 16. = H. 202, L. 153.

« Le Charivari, 12 août 1843. »

1er État. Avant toute lettre.
2e — Celui qui est décrit.
3e — En B. au M. entre le 2e et le 3e fil., par *Gavarni*, et au-dessous des fil. *Chez Aubert, Pl. de la Bourse.* Le reste comme à l'état décrit.

14 XI. — *Comment appellerons-nous notre petite fille?* | — *Léon!* | — *Charles, vous m'ennuyez beaucoup!* — Le mari, en robe de chambre, est assis sur un divan, un coude sur un coussin, la tête contre sa main. Sa femme, vue de dos, est agenouillée à ses pieds, le corps penché à G., la tête posée sur la poitrine de son mari. — A D. **43-66.** — En B. au-dessous des fil. à G. *Chez Pannier, édit*r., *r. du Croissant*, 16. = H. 200, L. 155.

« Le Charivari, 16 août 1843. »

1er État. Avant toute lettre.
2e — Celui qui est décrit.
3e — En B. au M. au-dessous des fil. *Chez Aubert, Pl. de la Bourse*, 29. Le reste comme à l'état décrit.

15 XII. — *Ce qui fait les qualités du mari qu'on aime fait les défauts du mari qu'on* | *n'aime pas.* — Un mari assis à G., auprès de sa femme, sur un canapé, se penche vers elle pour l'embrasser; celle-ci se détourne avec dégoût — A D. **43-55.** — En B. au M. entre le T. C. et le premier fil. *Par Gavarni.* Au-dessous des fil. à G. *Chez Pannier et Cie*, *r. du Croissant*, 16. = H. 194, L. 157.

« Le Charivari, 18 janvier 1843. »

1er État. Avant toute lettre.
2e — Celui qui est décrit.
3e — En B. au M. au-dessous des fil. *Chez Aubert et Cie, Pl. de la Bourse.* Le reste comme à l'état décrit.

16 XIII. — *La voisine a sa robe à gros boutons : ils attendent la sous-préfette.* | — *Alors faut te faire atteler le char à bancs.....* | — *Attends!.... non, non, m'ame Montfumé n'a pas sa robe à gros boutons : ils* | *n'auront pas la sous-préfette.* | — *Alors nous irons à pied. Tant mieux! parce que Coco boite.* — Dans un jardin et devant un mur à hauteur d'appui, une femme, vue de dos et tournée à D., regarde au loin avec une longue vue. Près d'elle, à G. et penché de son côté son mari, est assis sur le mur et y est accoudé. — A D. **43-67.** — En B. au M. entre le deuxième et le troisième fil. *Par Gavarni.* — Au-dessous des fil. à G. *Chez Pannier, édit.*, *r. du Croissant*, 16. = H. 194, L. 156.

« Le Charivari, 17 août 1843. »

1er État. Avant toute lettre.
2e — Celui qui est décrit.
3e — En B. au M. au-dessous des fil. *Chez Aubert, Pl. de la Bourse*, 29. Le reste comme à l'état décrit.

717 XIV. — *Fortuné, ça n'est pas vrai, tu n'as pas dîné chez grand'maman, parce que tu as tes* | *petits yeux!..... Avouez, Beauminet, que vous avez vos petits yeux parce que vous êtes* | *dégoûtant et que vous ne venez pas de chez maman Beauminet.* — Dans une chambre, une femme debout, vue presque de dos et tournée à G., interpelle son mari assis sur un divan, le dos contre un

coussin, une jambe croisée sur l'autre, une main sur sa canne. — A D. **43-63.** — En B. au M. entre le T. C. et le premier fil. *Par Gavarni.* Au-dessous des fil. à G. *Chez Pannier, édit., r. du Croissant,* 16. = H. 206, L. 161.

« Le Charivari, 19 août 1843. »

1er État. Avant toute lettre.
2e — Celui qui est décrit.
3e — En B. au M. au-dessous des fil. *Chez Aubert, Pl. de la Bourse,* 29. Le reste comme à l'état décrit.

718 XV. — *Fortuné, mon Dieu! qu'est-ce que tu fumes donc là, qui pue comme ça?* | — *Ça? mais Bibie, c'est de ce bon tabac que j'apportais chez ton père avant notre* | *mariage..... et dont tu raffolais, Bibie!* — Dans leur jardin, un mari et sa femme, tous deux en chapeau de paille. A D. la femme, de face, les mains sur les hanches; son mari de pr. tourné vers elle, une main dans la poche de sa veste, l'autre tenant sa pipe. — A G. **43-73.** — En B. au M. entre le deuxième et le troisième fil. *Par Gavarni.* Au-dessous des fil. à G. *Chez Pannier, édit., r. du Croissant,* 16. = H. 202, L. 155.

« Le Charivari, 21 août 1843. »

1er Etat. Avant toute lettre.
2e — Celui qui est décrit.
3e — En B. au M. au-dessous des fil. *Chez Aubert, Pl. de la Bourse,* 29. Le reste comme à l'état décrit.

719 XVI. — NOCTURNE A DEUX NEZ. | (*Deux tours à la clef.*) — Un mari et sa femme dormant profondément, la bouche ouverte, dans leur lit. Ils sont couchés de D. à G. La femme, devant, sur le côté; le mari sur le dos. — A G. **43-70.** — En B. au M. entre le T. C. et le premier fil. *Par Gavarni.* Au-dessous des fil. à G. *Chez Pannier, r. du Croissant,* 16. = H. 207, L. 157.

« Le Charivari, 1er septembre 1843. »

1er État. Avant toute lettre.
2e — Celui qui est décrit.
3e — En B. au M. au-dessous des fil. *Chez Aubert, Pl. de la Bourse,* 29. Le reste comme à l'état décrit.]

720 XVII. — *Sac à papier! Dorothée..... j'ai oublié le mou de ton chat.....* | — *C'est ça! mais vous n'avez pas oublié le biscuit pour votre oiseau, égoïste!.....* | *c'est bon! c'est bon! si mon chat n'a rien, je lui donnerai l'oiseau, moi!* — Un vieux couple dans une rue, se dirigeant vers la D. La femme, enveloppée dans un grand châle, a son sac à la main. Le mari, vêtu d'une longue redingote, porte un cabas à son bras. — A G. **43-72.** — En B. au M. entre le T. C et le premier fil. *Par Gavarni.* Au-dessous des fil. à G. *Chez Pannier, édit., r. du Croissant,* 16. = H. 205, L. 154.

« Le Charivari, 29 août 1843. »

1er État. Avant toute lettre.
2e — Celui qui est décrit.
3e — En B. au M. au-dessous des fil. *Chez Aubert, Pl. de la Bourse.* Le reste comme à l'état décrit.

721 XVIII. — *Étais-tu mauvaise avec moi, ma femme, quand tu n'étais que ma bien-aimée!* | — *Vous feriez mieux de vous coucher, Beauminet, que de penser encore à ces bêtises-là.* — Une jeune femme dans son lit, sur son séant, tourne les yeux à D. vers son mari qui est assis en robe de chambre près du

lit, contre lequel il se penche de côté amoureusement, les deux mains serrées entre ses genoux. — A G. **43-71** — En B. au M. entre le T. C. et le premier fil. *Par Gavarni.* Au-dessous des fil. à G. *Chez Pannier, édit., r. du Croissant.* = H. 204, L. 156.

« Le Charivari, 31 août 1843. »

1er État. Avant toute lettre.
2e — Celui qui est décrit.
3e — En B. au M. au-dessous des fil. *Chez Aubert, Pl. de la Bourse*, 29. Le reste comme à l'état décrit.

722 XIX. — A DEUX N'ÊTRE QU'UN, OU L'ON N'EST PLUS DEUX. — Un mari et sa femme se promènent dans la campagne bras dessus, bras dessous, regardant chacun d'un côté opposé en se tournant légèrement le dos. Le mari à D.; la femme, une ombrelle fermée à la main. — A D. **43-76.** — En B. au M. entre le T. C et le premier fil. *Par Gavarni.* Au-dessous des fil. à G. *Chez Pannier, édit., r. du Croissant*, 16. = H. 203, L. 156.

« Le Charivari, 2 septembre 1843. »

1er État. Avant toute lettre.
2e — Celui qui est décrit.
3e — En B. au M. au-dessous des fil. *Chez Aubert, Pl. de la Bourse*, 29. Le reste comme à l'état décrit.

723 XX. — *Hôtes légers des rêveries de jeunes filles, chers et gracieux démons qui venez, le | soir, sous la charmille du pensionnat, fermer un instant le roman défendu, pour causer | de l'époux qu'on attend et le montrer toujours si charmant et si fier, sylphes men | teurs! quand vous disiez que le maître adoré irait parfois visiter les bazars de l'Occi- | dent, devait-il rapporter à sa Malvina une cuillère* (sic) *à pot?* — Un gros homme et sa femme se donnant le bras et vus de face rentrent au logis La femme à D. un voile sur la figure, la main posée sur son ombrelle. Le mari, une écumoire dans une main, sa canne et une cafetière dans l'autre. — A D. **43-79.** — EnB. au M. entre le T. C. et le premier fil. *Par Gavarni*. Au-dessous des fil. à G. *Chez Pannier, édit., r. du Croissant*, 16. = H. 205, L. 154.

« Le Charivari, 6 septembre 1843. »

1er État. Avant toute lettre.
2e — Celui qui est décrit.
3e — En B. au M. au-dessous des fil. *Chez Aubert, Pl. de la Bourse*. Le reste comme à l'état décrit.

724 XXI. — *Madame Beauminet va bien? | — Très-bien, merci....... mais ça me fait trois filles!* — Deux hommes le chapeau sur la tête. L'un à D. un jeune homme, en frac, le corps penché en avant, regarde le bout de sa canne qu'il appuie par terre. Le second, lunettes sur le nez, deux doigts dans l'une des poches de son gilet blanc, une canne dans l'autre main. — A G. **43-78.** — En B. au M. entre le T. C. et le premier fil. *Par Gavarni.* Au-dessous des fil. à G. *Chez Pannier, édit., r. du Croissant*, 16. = H. 202, L. 154.

« Le Charivari, 7 septembre 1843. »

1er Etat. Avant toute lettre.
2e — Celui qui est décrit.
3e — En B. au M. au-dessous des fil. *Chez Aubert, Pl. de la Bourse*, 29. Le reste comme à l'état décrit.

725 XXII. — MOSIEU A LA CUISINE, MADAME AU PIANO. | — *Vingt-*

cinq noms d'un petit bonhomme! | — *« Ce que l'âme ressent, un mot peut l'exprimé-er. »* | — *Adèle! voilà mon eau qui ne chauffera jamais!* | — *« Un cœur ne veut qu'un cœur qui-i batte et lui réponde. »* | — *Adèle!.... pas la moindre braise!* | — *« Hélas! je ne sais ri-en : je ne sais que t'aimé-er. »* | (*Paroles de M Gourdin, musique de M. Labarre.*) — Dans une cuisine et devant les fourneaux, un homme en chemise et en caleçon, pantoufles et bonnet de coton, vu presque de dos et tourné à D., tient d'une main le soufflet, de l'autre soulève le couvercle d'une cafetière. Dans le fond, se détachant près d'une fenêtre, la silhouette de la femme jouant du piano. — A D. **43-80**. — En B. au M. entre le deuxième et troisième fil. *Par Gavarni.* Au-dessous des fil. à G. *Chez Pannier, r. du Croissant,* 16. = H. 204, L. 156.

« Le Charivari, 10 septembre 1843. »

1er État. Avant toute lettre.
2e — Celui qui est décrit.
3e — En B. au M. au-dessous des fil. *Chez Aubert, Pl. de la Bourse,* 29. Le reste comme à l'état décrit.

726 XXIII. — *Ah! bien, Beauminet, n'allons pas dîner là! on est trop mal.* | — *Dédèle, c'est meilleur marché : nous ne sommes que nous.* — Sur un des quais de Paris, un homme, donnant le bras à sa femme, se dirige vers la G. La femme, sur le devant, enveloppée d'un grand châle noir, marche sur la pointe du pied et, relevant sa robe, laisse voir le bas de sa jambe. — A D. **43-81**. — En B. au M. entre le T. C. et le premier fil. *Par Gavarni.* Au-dessous des fil. à G. *Chez Pannier, édit., r. du Croissant,* 16. = H. 203, L. 158.

« Le Charivari, 14 septembre 1843. »

1er État. Avant toute lettre.
2e — Celui qui est décrit.
3e — En B. au M. au-dessous des fil. *Chez Aubert, Pl. de la Bourse.* Le reste comme à l'état décrit.

727 XXIV. — *Et ta géométrie..... voyons! Beauminet, qu'est-ce que le Cercle?* | — *Le Cercle, P'pa?* | — *C'est une courbe.....* | — *P'pa, c'est une courbe....* | — *dont tous les points sont également distants.....* | — *Oui, P'pa,* | — *d'un point, qu'on appelle?..... le C...... centre.* | — *Le centre!* | — *Très-bien!!* — Dans la campagne aux environs de Paris, un mari, sa femme et leur enfant, se dirigeant vers la D. Le mari, nu-tête, porte son fils sur ses épaules. Celui-ci, un cerf-volant sur le dos, tient sa pelotte de ficelle sur la tête de son père. La mère les suit, le chapeau et la canne de son mari dans une main. — A G. **43-84**. — En B. au M. entre le T. C. et le premier fil. *Par Gavarni.* Au-dessous des fil. à G. *Chez Pannier, édit., r. du Croissant,* 16. = H. 203, L. 154.

« Le Charivari, 20 septembre 1843. »

1er État. Avant toute lettre.
2e — Celui qui est décrit.
3e — En B. au M. au-dessous des fil. *Chez Aubert, Pl. de la Bourse,* 29. Le reste comme à l'état décrit.

728 XXV. — LE MARI CHANTEUR. | — (*Coq, substantif masculin, oiseau domestique, mâle de la poule, et cætera.*) | (*Tous les dictionnaires.*)

« De ces lieux fortunés,
« Où tout cède à ma vo-oix, les échos étonnés
« A de lointains écho-os redisent ma pu-u-u issance-e! » | (*Tous les opéras.*)

— Dans une chambre à coucher, de face, la tête de pr. à D. un jeune homme, à l'air important, chante un grand air, les deux mains dans les poches de sa redingote. Derrière lui, sa femme, lisant un livre, une oreille contre le dossier de la chaise où elle est assise, se bouche l'autre oreille avec la main. — A G. **43-93.** — En B. au M. entre le T. C. et le premier fil. *Par Gavarni.* Au-dessous des fil. à G. *Chez Pannier, édit., r. du Croissant,* 16. = H. 201, L. 155.

« Le Charivari, 6 octobre 1843. »

1er État. Avant toute lettre.
2e — Celui qui est décrit.
3e — En B. au M. au-dessous des fil. *Chez Aubert, Pl. de la Bourse,* 29. Le reste comme à l'état décrit.

729 XXVI. — LE CABINET DU JURISCONSULTE. | — .... *Et.... quelles preuves apporterez-vous, Madame, à l'appui de votre demande en | séparation? Ces violences dont vous vous plaignez, comment les constaterez-vous aux yeux | de la justice?* | — *Mosieu, j'ai des noirs partout!* — Une jeune femme à G. assise de pr. et tenant son chapeau sur ses genoux. De l'autre côté, le jurisconsulte, de face, assis dans son fauteuil, et accoudé à D. sur son bureau. — A D. **43-102.** — En B. au M. entre le deuxième et le troisième fil. *Par Gavarni.* Au-dessous des fil. à G. *Chez Pannier, r. du Croissant,* 16. = H. 204, L. 155.

« Le Charivari, 10 octobre 1843. »

1er État. Avant toute lettre.
2e — Celui qui est décrit.
3e — La 1re ligne de la légende se termine par : *demande* au lieu de : *demande en;* la 2e par : *constaterez-vous* au lieu de : *aux yeux.* En B. au M. au-dessous des fil. *Chez Aubert et Cie, Pl. de la Bourse.* Le reste comme à l'état décrit.

730 XXVII. — UN CATAPLASME PARTAGÉ. | *Sympathie, économie.* — Un mari et sa femme dans leur lit, couchés de D. à G., la femme sur le devant. Atteints chacun d'une fluxion, ils ont un cataplasme entre la joue de l'un et de l'autre; une même serviette entoure leurs têtes. — Dans le B., sur le bois du lit : **43-106.** — En B. au M. entre le deuxième et le troisième fil. *Par Gavarni.* Au-dessous des fil. à G. *Chez Pannier, r. du Croissant,* 16. = H. 204, L. 155.

« Le Charivari, 16 octobre 1843. »

1er Etat. Avant toute lettre.
2e — Celui qui est décrit.
3e — En B. au M. au-dessous des fil. *Chez Aubert, Pl. de la Bourse.* Le reste comme à l'état décrit.

731 XXVIII. — UN NID DANS UN BOIS. — Un mari, sa femme et leurs deux enfants, groupés au pied d'un arbre. L'un des enfants est étendu sur les genoux de sa mère assise par terre, vue de dos et tournée à D. Vu de dos également, couché et accoudé à terre, le père est penché vers lui. On aperçoit les jambes de l'autre enfant au-dessus du corps de son père. — A D. **43-105.** — En B. au M. entre le deuxième et le troisième fil. *Par Gavarni.* Au-dessous des fil. à G. *Chez Pannier, r. du Croissant,* 16. = H. 206, L. 153.

« Le Charivari, 11 octobre 1843. »

1er État. Avant toute lettre.
2e — Celui qui est décrit.
3e — En B. au M. au-dessus des fil. *Chez Aubert, Pl. de la Bourse,* 29. Le reste comme à l'état décrit.

732 XXIX. — *Fichu désagréable de Beauminet, va! qui vous mouille tout!* — Se baignant le soir dans une petite rivière, M. et Mme Beauminet ont de l'eau jusqu'aux épaules. Le premier, à G. et tourné à D., lance de l'eau à la figure de sa femme. Celle-ci est coiffée d'un bonnet de nuit, le mari d'un bonnet de coton. — A D. **43-108**. — En B. au M. entre le T. C. et le premier fil. *Par Gavarni.* Au-dessous des fil. à G. *Chez Pannier, édit., r. du Croissant*, 16. = H. 203, L. 156.

« Le Charivari, 18 octobre 1843. »

1er État. Avant toute lettre.
2e — Celui qui est décrit.
3e — En B. au M. au-dessous des fil. *Chez Aubert, Pl. de la Bourse*, 29. Le reste comme à l'état décrit.

733 XXX.—*Je disais St Cloud, t'as dit St Ouen : va pour St Ouen; ce qui n'empêche pas que | je trouve que tu fais joliment de moi tout ce que tu veux, Adrienne, depuis que tu as | juré de m'obéir!* — Dans un bateau, les deux mains sous les basques de son habit et tenant son parapluie, un homme, vu de dos, est debout vis-à-vis d'une femme assise à D. à l'arrière, son ombrelle fermée à la main. Sur le devant à G. on aperçoit les pieds du batelier. — Dans l'eau à D. **43-111**. — En B. au M. entre le deuxième et le troisième fil. *Par Gavarni.* Au-dessous des fil. à G. *Chez Pannier, r. du Croissant*, 16. = H. 203, L. 156.

« Le Charivari, 20 octobre 1843. »

1er État. Avant toute lettre.
2e — Celui qui est décrit.
3e — En B. au M. au-dessous des fil. *Chez Aubert, Pl. de la Bourse*, 29. Le reste comme à l'état décrit.

734 XXXI. — *A Monsieur Monsieur Charmé.* (*pressé.*) | *Vieux!* | *Le gros tapin va te porter ce soir un billet de convocation, pour la nomination d'un tambour, | il s'agira de vous rendre mon cher camarade, sans armes et sans uniforme, à la Mairie, comme | de juste..... attention! vieux, c'est au petit moulin de la mère Montmirail que faudra venir, où que tu trou | veras le peloton des vrais amis trémoussant la salade à l'occasion d'un jeune gigot, et le nez dans les fioles, | histoire de politiquer et d'en dire deusse,.... ne manque pas de venir, animal!* | *Ton Sergent-major pour de rire.* | *Beauminet.* | *Avis important. Par ordre de l'autorité, les femmes, les moutards et les caniches seront expressément déposés au bureau | des cannes, mais les parapluies seront tolérés.* — Une jeune femme, vue presque de dos et tournée à D. près d'une porte, est occupée à lire la lettre ci-dessus. Elle porte une robe du matin décolletée, fichu sur le cou, tablier de soie noire. A ses pieds à D. un pot à l'eau. — A D. **43-109**. — En B. au M. entre le T. C. et le premier fil. *Par Gavarni.* Au-dessous des fil. à G. *Chez Pannier, édit., r. du Croissant*, 16. = H. 203, L. 153.

« Le Charivari, 1er novembre 1843. »

1er État. Avant toute lettre.
2e — Celui qui est décrit.
3e — *Pour de rire* supprimé. En B. au M. au-dessous des fil. *Chez Aubert, Pl. de la Bourse*, 29. Le reste comme à l'état décrit.

735 XXXII. — *Je ne sais vraiment pas comment m'ame Lehuché ose se décolleter comme | ça..... c'est indécent!* | — *Le matin, oui..... mais le soir.....* — Un gros homme en frac et sa femme, se dirigeant vers la D. Le mari, sur le de-

vant, s'appuie d'une main sur sa canne, et de l'autre tient un bouquet de violettes qu'il porte à son nez. La femme marche à ses côtés, relevant sa robe et laissant voir le bas de sa jambe. — A D. **43-104**. — En B. au M. entre le T. C. et le premier fil. *Par Gavarni.* Au-dessous des fil à G. *Chez Pannier, édit., r. du Croissant,* 16. Au M. *Chez Aubert, pl. de la Bourse,* 29. = H. 203, L. 156.

« Le Charivari, 4 décembre 1843. »

1er État. Avant toute lettre.
2e — Celui qui est décrit.

736 XXXIII. — *Si tu ne t'en vas pas, mosieu Charmé..... tu vas voir!* | — *Alors je m'en vas.* — Dans sa chambre à coucher, une grosse femme, aux formes les plus développées, change de chemise devant son lit. Elle est vue de dos à moitié et tournée à D. Dans le fond à G. son mari dans l'entr'ouverture d'une porte. — En B. au M. entre le deuxième et le troisième fil. *Par Gavarni.* = H. 209, L. 158.

« Le Charivari, 14 décembre 1843. »

1er État. Avant toute lettre.
2e — Celui qui est décrit.
3e — En B. à G. au-dessous des fil. *Chez Aubert, Pl. de la Bourse,* 29. Le reste comme à l'état décrit.

737 XXXIV. — *Vois-tu, Finette, ce machin-là, qu'on appelle un fort, et la paroisse d'à côté, sans comparaison,* | *c'est marié ensemble comme un homme et une femme; il y en a un qui veille au grain, pendant* | *que l'autre est à la soupe.* | — *Oui, mais il y a des hommes mauvais qui battent des femmes.* | — *On dit à çà qu'il y a des femmes qui aiment çà.* — Dans la campagne, un homme, regardant au loin à G., s'appuie sur l'épaule de sa femme pour monter sur un talus où il a déjà posé un pied. Celle-ci en bonnet, et vue de dos à moitié, soutient d'une main son mari, et appuie son autre main sur un parapluie. — A G. **43-115**. — En B. au M. entre le T. C. et le premier fil. *Par Gavarni.* Au-dessous des fil. à G. *Chez Pannier, édit., r. du Croissant,* 16. Au M. *Chez Aubert, pl. de la Bourse.* = H. 203, L. 156.

« Le Charivari, 23 décembre 1843. »

1er État. Avant toute lettre.
2e — Celui qui est décrit.

738 XXXV. — DEMANDE EN MARIAGE. | — *Voyons, voisin, une idée! voilà ma mère qui me donne son fonds de curiosités : donnez votre* | *café à votre demoiselle...... et perçons une porte dans le mur mitoyen..... hein?* | — *Çà ne marcherait pas, mon garçon, Paméla aime trop le rococo et tu aimes trop le riquiqui.* — Dans un café, un grand jeune homme coiffé d'un chapeau à larges bords, une main dans la poche de son pantalon, est tourné à G. vers un homme plus âgé, vu de dos, bonnet grec sur la tête, pantoufles aux pieds. Tous deux ont à la main une queue de billard. — A G. **43-131**. — En B. au M. entre le deuxième et le troisième fil. *Par Gavarni.* = H. 206, L. 158.

« Le Charivari, 25 décembre 1843. »

1er État. Avant toute lettre.
2e — Celui qui est décrit.
3e — En B. au-dessous des fil. à G. *Chez Aubert, Pl. de la Bourse,* 29. Le reste comme à l'état décrit.

739 XXXVI. — *LES MURS ONT DES OREILLES.* — Deux hommes causant dans une ruelle devant une clôture en bois. L'un à D. en veste, les mains dans ses poches; l'autre en redingote. Au fond à G., dans l'entr'ouverture d'une porte, on aperçoit la tête d'une femme qui les écoute. — A D. **43-101**. — En B. au M. entre le T. C. et le premier fil. *Par Gavarni.* Au-dessous des fil. à G. *Chez Pannier, r. du Croissant*, 16. Au M. *Chez Aubert, pl. de la Bourse.* = H. 207, L. 157.

« Le Charivari, 28 décembre 1843. »

1er État. Avant toute lettre.
2e — Celui qui est décrit.

INDUSTRIES FACILES.

Suite projetée dont il n'a paru avec ce titre que la pièce suivante :

740 *Procédé peu coûteux pour la fabrication des grrrrrrrands journaux | avec la manière de s'en servir.* — Un homme en robe de chambre, de pr. à D. assis devant son bureau, lit un journal dont il extrait des passages en les coupant avec de grands ciseaux. Sur le bureau chargé de livres une statuette comique servant de serre-papiers et retenant une longue bande, formée par les découpures de journaux, qui tombe jusqu'à terre. — A G. G. A D. **Correspondance des départemens** (*sic*). — En H. au M. au-dessus du T. C *Industries faciles.* En B. à D. au-dessous de la légende. *Lith. Caboche Grégoire, pass. Saulnier*, 19. = H. 204, L. 167.

« Le Charivari, 31 janvier 1838. »

1er État. Avant toute lettre.
2e — Celui qui est décrit.
3e — *Industries faciles* supprimé.

INTERJECTIONS.

Suite de quatre pièces ayant paru antérieurement dans : *Le Figaro.* Voir ci-après cette suite sous la rubrique : *Interjections*, dans : *Le Figaro.*

LEÇONS ET CONSEILS.

Suite de vingt pièces dont sept sont à claire voie, ce qui est indiqué aux articles qui les concernent. On lit sur chacune en H. au M., au-dessus du filet, si elles sont à claire voie, ou du T. C., si elles ne sont pas à claire voie, le titre général : *Leçons et conseils*, et à D. le nº d'ordre. Elles représentent toutes des personnages à mi-jambes.

741 I. — *Faut bien montrer des images à l'homme : la réalité l'embête!....* — Dans un jardin public, un optique, sur le haut duquel on lit écrit directement : **Pièces curieuses**, est monté en plein vent sur des tréteaux. A G., de face, le directeur de ce spectacle tire un rideau sur deux spectateurs vus de dos et regardant par les trous de l'optique. — A G. **Gavarni.** — Claire-voie. Un fil. En B. à G. au-dessous du fil. *Chez Bauger, r. du Croissant*, 16 = H. 156, L. 197.

« Le Charivari, 4 décembre 1839. »

1er État. Avant toute lettre.
2e — Celui qui est décrit.
3e — En B. au M. au-dessous du fil. *Gavarni.* A D. *Imp. d'Aubert et Cie.* Le reste comme à l'état décrit.

742 II. — *Méfie-toi, petit, des messieurs de la ville; de ceux qui parlent bas, de ceux | qui parlent haut surtout! Quand on te parlera Religion, prends garde à tes poches, | et quand on te parlera Morale, petit, prends garde à toi.* — A G. dans la campagne, un vieux paysan de pr. tourné à D., une bouteille dans la poche de sa veste, a sa main posée sur l'épaule d'un jeune garçon. Ce dernier tient un paquet sous le bras et un bâton à la main. — A G. **Gavarni**. — En B. au-dessous du T. C. à G. *Chez Bauger, r. du Croissant*, 16. Au M. *Gavarni*. A D. *Imp. d'Aubert et Cie*. = H. 196, L. 156.

« Le Charivari, 2 décembre 1839. »

1er État. Avant toute lettre.
2e — Celui qui est décrit.

743 III. — *Viens voir P'ospèr! un monsieur qui prend la foudre avec du verre frotté | ...... la science qui fait le tonnerre de Dieu! | O vicissitudes divines! Franklin a tiré Jupiter en bouteille.* — Un homme chauve, le ruban de la Légion d'honneur à la boutonnière, tient des deux mains une bouteille de Leyde. Derrière lui une machine électrique et une machine pneumatique. — A G. **Gavarni, 39**. — Claire-voie. Un fil. En B. à G. au-dessous du fil. *Chez Bauger, r. du Croissant*, 16. Au M. *Gavarni*. A D. *Imp. d'Aubert et Cie*. = H. 196, L. 154.

« Le Charivari, 23 novembre 1839. »

1er État. Avant toute lettre. Deux fil.
2e — Celui qui est décrit.

744 IV. — .....*Si l'Art est noble, la Critique est sainte : la Critique est au-dessus | de l'Art!* | — *Qui dit cela?* | — *La Critique.* — Un peintre dans son atelier vu de dos, assis sur un tabouret devant une toile et peignant. A D. un personnage debout, cravate blanche, frac noir boutonné, lui montre un journal qu'il tient à la main. — A G. **Gavarni**. — En B. au-dessous du T. C. à G. *Chez Bauger, r. du Croissant*, 16. Au M. *Gavarni*. A D. *Imp. d'Aubert et Cie*. = H. 197, L. 154.

« Le Charivari, 27 novembre 1839. »

1er État. Avant toute lettre. Un fil.
2e — Celui qui est décrit.

745 V. — *Ame sensible et charitable, gardez-vous des méchans* (sic), *et Dieu vous | garde des imbéciles.* — Une jeune femme se dirigeant vers la D., chapeau à plumes, mantelet bordé de fourrure, s'est arrêtée en passant devant un mendiant pour lui faire l'aumône qu'il reçoit dans son chapeau. Il est à G. et porteur d'une besace renfermant un livre. — A D. **Gavarni**. A G. **39**. — En B. au-dessous du T. C. à G. *Chez Bauger, r. du Croissant*, 16. Au M. *Gavarni*. A D. *Imp. d'Aubert et Cie*. = H. 199, L. 154.

« Le Charivari, 6 décembre 1839. »

1er Etat. Avant toute lettre.
2e — Celui qui est décrit.

746 VI. — *Laisse jamais marcher un homme sur toi : coupe-le dans la marche..... Souviens-toi de ta | quatrième division : Rompez, parez, ripostez! chaud!. ... tu y casse* (sic) *une patte, ça l'écœure, | bon!..... le bas abîmé, tu travailles dans le dessus!* ... — Un professeur de boxe, un bras étendu, le poing fermé, donnant

une leçon à un élève. Celui-ci à D., culotte courte, veste de peau, les deux bras pliés, les mains ouvertes en avant à la hauteur de sa poitrine. — Vers la D. **Gavarni**. — En B. au-dessous du T. C. à G. *Chez Bauger, r. du Croissant*, 16. Au M. *Par Gavarni*. A D. *Imp. d'Aubert et Cie*. = H. 149, L. 191.

« Le Charivari, 11 décembre 1839. »

1er État. Avant toute lettre.
2e — Celui qui est décrit.

747 VII. — *Prévalu, mon bon voisin, méfiez-vous!. ... Tandis que vous êtes ici à prendre le frais, | le petit jeune homme du quatrième est chez vous. Prévalu! Prévalu, il vous arrivera..... | maheur* (sic) *!..... je tiens ça de ma femme, c'est sûr!* — Deux hommes causant ensemble dans la campagne. Celui de G. de face, redingote courte, chapeau bas de forme à larges bords, les deux mains dans les poches de son pantalon; l'autre de pr., longue redingote, chapeau de forme élevée à bords étroits, les deux mains par derrière. — A D. **Gavarni**. — En B. au-dessous du T. C. à G. *Chez Aubert, gal. Véro-Dodat*. Au M. *Par Gavarni*. A D. *Imp. d'Aubert et Cie*. = H. 192, L. 149.

« Le Charivari, 17 décembre 1839. »

1er État. Avant toute lettre.
2e — Celui qui est décrit.

748 VIII. — *Ah!..... t'aimes les femmes..... Eh bien! prends-en une..... une vraie | ...... à la Mairerie...... à S-Leu .... à la barrière et tout..... fais-y des moutards | ..... et travailles* (sic) *comme un pauvre chien pour leur bailler la pâtée,..... et s'il vient | un méchant moderne..... comme t'es..... pour te la ..... reluquer....., prends-le moi | par les faces...... et..... tu y en flanqueras! tu y en flanqueras!....* — Un menuisier en manches de chemise tient par les cheveux et gratifie de coups de pied et de claques un jeune élégant. Celui-ci, sur le devant, à G., vu de face, lève les coudes pour parer les claques. Derrière sur un lit une femme dont on aperçoit les jambes et le bas de la robe. — En B. au-dessous du T. C. à G. *Chez Bauger, r. du Croissant*, 16. Au M. *Par Gavarni*. A D. *Imp. d'Aubert et Cie*. = H 192, L. 148.

« Le Charivari, 5 février 1840. »

Planche publiée sans changement dans le *Figaro* du 6 février 1840.

1er État. Avant toute lettre.
2e — *Tu y auras des moutards*, au lieu de : *fais-y des moutards. Tu travailleras*, au lieu de : *et travailles. Leur y bailler*, au lieu de : *leur bailler*.
3e — Celui qui est décrit.

749 IX. — *Quelle admirable loi de mutuelles dépendances a lié ici-bas de tristes labeurs à de | folles vanités, mes frères? Si une simple épingle n'attachait pas, sur une même planète, | sa tunique de gaze et le sarreau* (sic) *du fondeur de cuivre, qui sait tout ce qu'il y aurait déjà | de soleils et de comètes entre telle marquise et telle enclume, depuis qu'il y a de ces cho | ses noires au monde et de ces vapeurs de femmes!.....* — Dans son cabinet de toilette, une jeune femme de face, coiffée d'un chapeau à plumes; à D. sa femme de chambre vue de dos lui met une épingle à la ceinture. — A G. **Gavarni**. — Claire-voie. Un fil. En B. au-dessous du fil. au M. *Par Gavarni*. A G. *Chez Bauger, r. du Croissant*, 16. A D. *Imp. d'Aubert et Cie*. = H. 197, L. 156.

« Le Charivari, 21 novembre 1840. »

1er État. Avant toute lettre. Trois fil.
2e — *La tunique de soie de la femme à la mode*, au lieu de : *sa tunique de gaze*.
3e — Celui qui est décrit.

750 X.— *Pythagore a dit : « Si l'indépendance t'es* (sic) *chère, ne touche pas dans la main d'une | femme, il y a de la glue* (sic). *»..... Tenez, mon cher Monsieur, moi qui vous parle, j'ai aimé de | toutes les puissances de mon âme!..... une créature qui semblait douée de tout ce qui | peut couvrir un homme de Félicité (qui est son nom), eh bien, que croiriez-vous qu'elle | m'a fait?.....* — Deux hommes assis de pr. vis-à-vis l'un de l'autre devant une table sur laquelle est un damier avec des dames. Celui de G., accoudé sur le damier, son menton dans la main, tient de l'autre l'oreille de son chien accroupi près de lui. — A G. **Gavarni.** — En B. au-dessous du T. C. à G. *Chez Bauger, r. du Croissant,* 16. Au M. *Par Gavarni.* A D. *Imp. d'Aubert et Cie.* = H. 151, L. 192.

« Le Charivari, 30 décembre 1839. »

1er État. Avant toute lettre.
2e — Celui qui est décrit.

751 XI.—*Si on avait assez de fonds pour acheter toutes les consciences qui sont à | vendre...... les acheter ce qu'elles valent et les revendre ce qu'elles l'*(sic)*estiment, | ça serait ça une belle affaire! | —Ah! fichtre!*—Un faiseur d'affaires, vu de face assis à D. dans son cabinet, écoute, accoudé sur son bureau, un personnage assis de pr. près de lui sur le devant, les jambes croisées. Au fond, sur les cartons d'un casier, on lit écrit directement : **Actions, Dividendes. Projets, Statistique,** (C)**ontentieux, Procès.....** — A G. **Gavarni.** — En B. au-dessous du T. C. à G. *Chez Bauger, r. du Croissant,* 16. Au M. *Par Gavarni.* A D. *Imp. d'Aubert et Cie.* = H. 191, L. 146.

« Le Charivari, 28 janvier 1840. »

1er État. Avant toute lettre.
2e — Celui qui est décrit.
3e — *S'estiment,* au lieu de : *l'estiment.*

752 XII.— « *Qui ne risque rien n'a rien.* » *T'a* (sic) *rien : viens-tu?..... ta probité! ta probité!..... tu me fais plaisir! | ça n'a pas le sou et ça parle de probité..... En v'là un orgueilleux!* — Dans une rue, au coin d'un mur, un homme de pr. tourné à D., le haut du corps légèrement penché en avant, chapeau de côté sur la tête, une main appuyée sur sa canne, un doigt de l'autre main dans la poche de son pantalon, s'adresse à un autre homme coiffé d'un chapeau gris qui l'écoute la tête et les yeux baissés. — A G. **Gavarni.** — En B. au-dessous du fil. à G. *Chez Bauger, r. du Croissant,* 16. Au M. *Par Gavarni.* A D. *Imp. d'Aubert et Cie.* = H. 158, L. 194.

« Le Charivari, 15 janvier 1840. »

1er État. Avant toute lettre.
2e — Celui qui est décrit.

753 XIII. — *Vois, Bichette, comme la vie, ce tissu de vérités, est semée d'images et d'illusions. Partout, à | côté de la chose on trouve le semblant : ciel, crime, soupir, malheur, bouquet de fleurs, clair de | lune, tout ce qui est du monde créé est recréé par l'art, double monde, envers de l'étoffe dont | la nature est le dessus. L'homme est le singe de Dieu. | — Ah! mon Dieu oui.*— Dans un atelier de peintre, une jeune femme de pr. tournée à D. et assise près d'une table, coupe avec des ciseaux la queue d'une fleur artificielle. Sur la table des ustensiles de fleuriste. Debout, derrière la chaise où elle est assise, le peintre, les deux mains au bas du dos.— A G. **Gavarni.**— En B. au-dessous du T. C. à G. *Chez Bauger, r. du Croissant,* 16. Au M. *Par Gavarni.* A D. *Imp. d'Aubert et Cie.* = H. 197, L. 155.

« Le Charivari, 25 février 1840. »

1er État. Avant toute lettre.
2e — Celui qui est décrit.

754 XIV.—*Voyez-vous, ma chère, les cigarres* (sic)..... *il faut prendre son parti là-dessus : si vous | ne laissez pas piper votre mari chez vous, votre mari ira piper ailleurs....... vous | n'aimez pas ça! mais il y a des femmes qui aiment ça : méfiez-vous!* — Une femme de pr. tournée à D. respirant une fleur qu'elle tient à la main; près d'elle son amie, un bonnet noué sous le menton, un coude sur un buffet placé derrière elle et où l'on voit à G. une pile d'assiettes.—Vers la G. **Gavarni.**— Claire-voie. Un fil. En B. au-dessous du fil. à G. *Chez Aubert, gal. Véro-Dodat.* Au M. *Par Gavarni.* A D. *Imp. d'Aubert et Cie.* = H. 197, L. 155.

« Le Charivari, 29 février 1840. »

1er État. Avant toute lettre.
2e — Celui qui est décrit.

755 XV. — *Voyez-vous, mère Marengo, les affaires en grand c'est usé..... les dindons, | à l'heure qu'il est, sont devenus plus sauvages que les millions : on a trop | canardé les paroissiens, les paroissiens n'ont plus de besoins; connu la | philantropie* (sic)! *parlez-moi, mère Marengo, d'un léger commerce qui ne compte | que sur le soleil et qu'avec les moutards.* — Sur un des boulevards de Paris un marchand et une marchande de coco trinquant ensemble avec leurs gobelets; l'homme est à G. de pr. — Vers la G. **G.** — En B. au-dessous du T. C. à G. *Chez Bauger, r. du Croissant*, 16. Au M. *Imp. d'Aubert et Cie.* A D. répétition de l'inscription précédente. = H. 191, L. 148.

« Le Charivari, 13 mars 1840. »

1er État. Avant toute lettre.
2e — Celui qui est décrit.

756 XVI. — *Mon cher Mosieu Jalury, faut vous distraire; faut pas comme ça | se laisser attrister par le chagrin; faut pas! Voyez le fils de m'ame Bassain | où ça l'a mené son inclination!..... à se brûler la cervelle d'un coup de pistolet | dans le ventre,..... et ça pour une petite Monique,..... je vous demande!* — A D. une vieille femme prend le bras d'un homme aux yeux vairons, vu de face, se promenant une main derrière le dos, l'autre dans la poche de son pantalon; elle est coiffée d'un vaste chapeau à plumes et a les épaules couvertes d'un châle blanc. — A G. **82.** — Claire-voie. Un fil. En B. au-dessous du fil. à G. *Imp. d'Aubert et Cie.* Au M. *Par Gavarni.* A D. *Chez Bauger, r. du Croissant*, 16. = H. 198, L. 154.

« Le Charivari, 27 juin 1840. »

1er État. Avant toute lettre.
2e — Celui qui est décrit.

757 XVII. — *Il vous épousera?..... Comptez là-dessus ma petite! et prenez du caoutchouc | des Arabes.* — Deux vieilles femmes, aussi laides l'une que l'autre, ayant chacune les mains dans les poches de leur tablier. Celle de G., de pr., remarquable par sa maigreur; la seconde, de face, coiffée d'un bonnet et se distinguant par son embonpoint.— A D. **G.** A G. **51.**—En B. au-dessous du T. C. au M. *Par Gavarni.* A D. *Imp. d'Aubert et Cie.* Au-dessous de la légende. *Se vend chez Bauger et Cie, éditeurs des* (etc.). = H. 190, L. 155.

« Le Charivari, 13 décembre 1840. »

1er État. Avant toute lettre.
2e — Celui qui est décrit.
3e — En B. au-dessous du T. C. à G. *Chez Aubert, gal. Véro-Dodat.* Le reste comme à l'état décrit.

758 XVIII. — *On voit pourtant encore de grands dadets faire des capucins.* — A D. un enfant vêtu d'une blouse est accoudé sur une table où il range des capucins de carte. Un séminariste, coiffé d'un chapeau à larges bords, le regarde. — A G. **39-192.** — Claire-voie. Un fil. En B. au-dessous du fil. au M. *Par Gavarni.* A D. *Imp. d'Aubert et Cie.* Au-dessous de la légende : *Se vend chez Bauger et Cie, éditeurs des* (etc.). = H. 199, L. 156.

« Le Charivari, 7 janvier 1841. »

1er État. Avant toute lettre. Trois fil.
2e — Celui qui est décrit.
3e — En B. au-dessous du T. C. à G. *Chez Aubert, gal. Véro-Dodat.* Le reste comme à l'état décrit.

579 XIX. — *Va à Paris, Jean, va gagner ta vie, garçon ..... mais quand t'auras de | quoi, reviens chez nous. Les Parisiens, vois-tu, Jean, ça lèche les petits, ça | mord les gros.* — Deux paysans. Le plus vieux à G., les mains appuyées sur un grand bâton ; l'autre, en manches de chemise, de face, la tête tournée du côté du premier, porte sa veste sur une épaule et son paquet au bout d'un bâton.— A G. **39-214.**— En B. au-dessous du T. C. au M. *Par Gavarni.* A D. *Imp. d'Aubert et Cie.* Au-dessous de la légende : *Se vend chez Bauger et Cie, éditeurs des* (etc.). = H. 193, L. 163.

« Le Charivari, 13 mai 1841. »

1er État. Avant toute lettre.
2e — Celui qui est décrit.
3e — En B. au-dessous du T. C. à G. *Chez Aubert, gal. Véro-Dodat.* Le reste comme à l'état décrit.

760 XX. — *Tu ments* (sic), *enfant, par gourmandise, jeune homme tu mentiras par amour, homme par | orgueil, vieillard par hypocrisie,..... race menteuse et sotte..... comme si l'on ne pouvait avoir | sans tromper autrui ni pommes, ni femmes, ni gloire en ce monde, ni paix dans l'autre.* — Un vieillard assis à G. sur un banc de pierre, le corps penché légèrement en avant, ses bras sur ses genoux, entre ses jambes un long bâton appuyé sur son épaule. Debout devant lui un petit garçon, tenant des deux mains par derrière un cerceau et un bâton. — A G. **39-199.** — Claire-voie. Un fil. En B. au-dessous du fil. à G. *Chez Bauger, r. du Croissant,* 16. A D. *Imp. d'Aubert et Cie.* = H. 156, L. 197.

« Le Charivari, 7 juillet 1841. »

1er État. Avant toute lettre.
2e — Celui qui est décrit.
3e — En B. au-dessous du fil. au M. *Chez Aubert, Place de la Bourse.* Le reste comme à l'état décrit.

---

761 LA LOGE DU BAL. — Elle est pleine de personnages travestis. Sur le devant une jeune femme debout en costume suisse, chapeau plat, manches à gigot, une main sur le rebord de la loge. Près d'elle à D. est assis un jeune homme, le dos contre une colonne, la main également posée sur le rebord de la loge ; il est coiffé d'un bonnet pointu orné de plumes. Au fond deux femmes et un autre jeune homme avancent la tête pour regarder dans la salle de bal.

—A D. **Gavarni.**—Un fil. Au-dessous du titre à G. *Chez Aubert, galerie Véro-Dodat.* A D. *L. de Benard, r. de l'Abbaye,* 4. = H. 120, L. 136.

« Le Charivari, 13 février 1834. »

1er État. Avant toute lettre.
2e — Celui qui est décrit.

---

762 LA LOGE DES BOUFFES.— Deux femmes assises sur le devant de la loge. Celle de D. en chapeau, manches à gigot, un bras sur le dossier de sa chaise; la seconde en cheveux, le bras sur le rebord de la loge, une lorgnette à la main. Debout, derrière elle, un homme appuyé contre une colonne.— Claire voie, deux fil. En B. au M. entre les fil. *Par Gavarni.* Au-dessous du titre à G. *Chez Aubert, galerie Véro-Dodat.* A D. *L. de Benard, r. de l'Abbaye,* 4. = H. 126, L. 112.

« Le Charivari, 14 février 1834. »

1er État. Avant toute lettre.
2e — Celui qui est décrit.

LES LORETTES.

Suite de soixante-et-dix-neuf pièces. Chacune est entourée de quatre fil., excepté le n° 79, qui n'en a que trois. Au-dessus des fil. en H. au M. *Les Lorettes.* A D. le n° d'ordre entre le premier et le deuxième fil., sauf sur le n° 79, où ce n° est placé entre le deuxième et le troisième fil. En B. au-dessous des fil. la légende.

763 I. — *C'est le petit frisé, je lui ai dit : Madame n'y est pas..... il attend.* | —*Dis-lui que Mosieu y est.*—Une jeune femme en chemise de pr. à D. en train de se peigner devant sa table de toilette. Dans le fond à G. sa femme de chambre, de face, entr'ouvrant une portière.— A G. **41-63.**— En B. dans l'intérieur du dessin à D. *Par Gavarni.* Au-dessous des fil. à G. *Chez Bauger, r. du Croissant,* 16. A D. *Imp. d'Aubert et Cie.* = H. 199, L. 158.

« Le Charivari, 30 juin 1841. »

1er État. Avant toute lettre.
2e — Celui qui est décrit.
3e — En B. au-dessous des fil. au M. *Chez Aubert, Place de la Bourse.* Le reste comme à l'état décrit.

764 II. — *Voilà mon petit Émile qui venait dîner avec moi, juge un peu! et moi qui soupe avec Mosieu | chose.... un gros comme ça!* | —*Bête, on dîne avec le gros, et on soupe avec le petit.* — Deux femmes assises sur un divan. Celle de D. vue de dos et tournée à G., les coudes sur ses genoux; la seconde de face, les mains croisées entre ses jambes, un chapeau avec voile sur la tête.— A G. **41-61.**— En B. à G. au-dessous des fil. *Chez Bauger, r. du Croissant,* 16. A D. *Imp. d'Aubert et Cie.* = H. 199, L. 155.

« Le Charivari, 19 septembre 1841. »

1er État. Avant toute lettre.
2e — Celui qui est décrit.
3e — En B. au-dessous des fil. au M. *Chez Aubert, Place de la Bourse.* Le reste comme à l'état décrit.

765 III. — *Bel ange, vos cigares sont bons, mais je les trouve durs.* — Une jeune femme en peignoir étendue de D. à G. sur un divan, la tête sur un coussin, tient un cigare dont la fumée sort de ses lèvres. Debout sur le devant un homme en habit, vu de dos, et tourné à G., un cigare à la main. — A G. **41-62**. — En B. dans l'intérieur du dessin à D. *Par Gavarni.* Au-dessous des fil. à G. *Chez Bauger, r. du Croissant,* 16. A D. *Imp. d'Aubert et Cie.* = H. 200, L. 158.

« Le Charivari, 22 septembre 1841. »

1er État. Avant toute lettre.
2e — Celui qui est décrit.
3e — En B. au-dessous des fil. au M. *Chez Aubert, Place de la Bourse.* Le reste comme à l'état décrit.

766 IV. — RONDE-MAJOR. — Une lorette en robe de chambre, assise les jambes croisées sur un divan, les coudes appuyés sur les coussins, ses pantoufles à terre; elle tient une cigarette à la main. A D. un homme d'un certain âge, debout, appuyé sur sa canne, et qui vient d'ouvrir une portière, regarde la dame d'un air méfiant. — A D. **41-76**. — En B. dans l'intérieur du dessin à D. *Par Gavarni.* Au-dessous des fil. à G. *chez Bauger et Cie, édit., r. du Croissant,* 16. A. D. *Imp. d'Aubert et Cie.* = H. 202, L. 155.

« Le Charivari, 26 septembre 1841. »

1er État. Avant toute lettre.
2e — Celui qui est décrit.
3e — En B. au-dessous des fil. au M. *Chez Aubert, Pl. de la Bourse.* Le reste comme à l'état décrit.

767 V. — *Le roi de trèfle en voyage, la femme brune attend un blond.... et voici le | valet de cœur : réussite!* — Au pied d'un divan une jeune femme en robe de chambre, accroupie sur une peau de lion, en train de se tirer les cartes. Au fond un étudiant entrant dans la chambre. Il est de face, la pipe à la bouche, les mains dans les goussets de son pantalon. — A G. **41-82**. — En B. dans l'intérieur du dessin à D. *Par Gavarni.* Au-dessous des fil. à G. *Chez Bauger et Cie, r. du Croissant,* 16. A D. *Imp. d'Aubert et Cie.* = H. 198, L. 156.

« Le Charivari, 2 octobre 1841. »

1er État. Avant toute lettre.
2e — Celui qui est décrit.
3e — En B. au-dessous des fil. au M. *Chez Aubert, Pl. de la Bourse.* Le reste comme à l'état décrit.

768 VI. — *Mon adoré, dis-moi ton petit nom.* — Un jeune homme et une jeune femme sur un divan. Celle-ci accroupie, les jambes croisées, un bras en l'air, la main posée contre le mur; elle appuie sa tête à D. contre l'épaule du jeune homme; celui-ci, de face, le dos sur un des coussins, a les jambes étendues, les mains dans les poches de son pantalon. — A G. **41-83**. — En B. dans l'intérieur du dessin à D. *Par Gavarni.* Au-dessous des fil. à G. *Chez Bauger et Cie, édit., r. du Croissant,* 16. A D. *Imp. d'Aubert et Cie.* = H. 202, L. 158.

« Le Charivari, 30 septembre 1841. »

1er État. Avant toute lettre.
2e — Celui qui est décrit.
3e — En B. au-dessous des fil. au M. *Chez Aubert, Pl. de la Bourse.* Le reste comme à l'état décrit.

769 VII. — *On fait des contes à l'actionnaire.* — Une jeune femme vue de dos et tournée à G., à genoux, les mains posées sur un divan où est étendu de D.

à G. un homme le dos contre un coussin, un pied par terre. — Au-dessous du divan à G. **41-73.** — En B. au-dessous des fil. à G. *Chez Bauger et Cie, rue du Croissant*, 16. A D. *Imp. d'Aubert et Cie.* = H. 200, L. 157.

« Le Charivari, 7 octobre 1841. »

1er État. Avant toute lettre.
2e — Celui qui est décrit.
3e — En B. au-dessous des fil. au M. *Chez Aubert et Cie, Pl. de la Bourse.* Le reste comme à l'état décrit.

770 VIII. — *On rend des comptes au gérant.* — Une jeune femme vue de dos, tournée à G., assise de côté sur un divan, les mains sur son genou, devant un jeune homme couché sur le divan les genoux en l'air, un cigare à la main. On ne voit pas la tête de celui-ci ; elle est cachée par le corps de la femme. — A G. **41-78.** — En B. au-dessous du fil. à G. *Chez Bauger et Cie, r. du Croissant*, 16. A D. *Imp. d'Aubert et Cie.* = H. 199, L. 157.

« Le Charivari, 6 octobre 1841. »

1er État. Avant toute lettre.
2e — Celui qui est décrit.
3e — En B. au-dessous des fil. au M. *Chez Aubert et Cie, Pl. de la Bourse.* Le reste comme à l'état décrit.

771 IX. — *As-tu jamais vu! cette petite Élodie Charnu qui ne vous regarde pas les | camarades depuis qu'elle a trouvé un serin de mosieu pour se marier!...... | ça fait des manières et ça a dansé dans les chœurs, je vous demande un peu, | une porte-maillot comme ça!..... | —Et qui en avait vu des cavalcades....* — Deux femmes dans une chambre ; celle de G., vue de dos et tournée à D., est en chemise, un plumeau sous le bras, les mains appuyées sur un balai ; l'autre en chapeau et drapée dans un châle noir. — Au-dessous d'un divan à G. **41-74.** — En B. dans l'intérieur du dessin à D. *Par Gavarni.* Au-dessous des fil. à G. *Chez Bauger et Cie, Édit., r. du Croissant*, 16. A D. *Imp. d'Aubert et Cie.* = H. 199, L. 157.

« Le Charivari, 10 octobre 1841. »

1er État. Avant toute lettre.
2e — Celui qui est décrit.
3e — En B. au-dessous des fil. à G. *Chez Pannier, Édr, R. du Croissant*, 16, au lieu de *Chez Bauger et Cie, Édit., R. du Croissant*, 16. Au M. *Chez Aubert, Place de la Bourse.*

772 X. — *Dis donc! ce voleur de bric-à-brac qui voulait reprendre mes Souvenirs et mes | Regrets pour quatre livres dix sous......... vieux Mardochée!* — Dans une chambre où elle emménage, une jeune femme, vue de dos, pose avec un marteau un clou dans la muraille. A G., sur le devant, une autre femme en chapeau, un châle sur les épaules, les mains entre ses genoux, se baisse pour regarder par terre un cadre sur lequel est écrit directement : **Regrets.** En B. contre le mur un autre cadre, sur lequel on lit écrit de même : **Souvenirs.** — A G. **41-97.** — En B. dans l'intérieur du dessin à D. *Par Gavarni.* Au-dessous des fil. à G. *Chez Bauger et Cie, Édit., r. du Croissant*, 16. A D. *Imp. d'Aubert et Cie.* = H. 201, L. 157.

« Le Charivari, 4 octobre 1841. »

1er État. Avant toute lettre.
2e — Celui qui est décrit.
3e — *souvenirs* au lieu de : *Souvenirs; regrets* au lieu de : *Regrets.* En B. au-dessous des fil. au M. *Chez Aubert, P. de la Bourse.* Le reste comme à l'état décrit.

773 XI. — *Jésus! comment que tu oses manger des champignons! les champignons, ma biche, c'est comme | les hommes : rien ne ressemble aux bons comme les mauvais.* — Vue de dos et tournée à G. une jeune femme, assise par terre sur un coussin, devant un divan, épluche des champignons; une assiette sur le divan, une autre à terre. Debout à D. son amie, le corps penché vers elle, la regarde avec étonnement et un certain effroi. — A G. **41-64.** — En B. dans l'intérieur du dessin à D. *Par Gavarni.* Au-dessous des fil. à G. *Chez Bauger et Cie, édit., r. du Croissant,* 16. A D. *Imp. d'Aubert et Cie.* = H. 200, L. 158.

« Le Charivari, 8 octobre 1841. »

1er État. Avant toute lettre.
2e — Celui qui est décrit.
3e — En B. au-dessous des fil. au M. *Chez Aubert, Pl. de la Bourse.* Le reste comme à l'état décrit.

774 XII. — *Mon petit homme, faut être raisonnable......... c'est mon parrain qui veut absolu | ment me faire un sort dans son bien des Bouches-du-Rhône, pour l'éducation de sa petite... | ...... je vas le* (sic) *laisser la mienne......* — Un jeune homme et une jeune femme vus de dos, se promenant dans la campagne; le jeune homme à G., les bras croisés, porte au bout de sa canne le chapeau de sa maîtresse. Celle ci, le haut du corps penché en avant, tient des deux mains son ombrelle en travers par derrière. — A G. **41-99.** — En B. dans l'intérieur du dessin à D. *Par Gavarni.* Au-dessous des fil. à G. *Chez Bauger et Cie, édit*, *r. du Croissant,* 16. A D. *Imp. d'Aubert et Cie.* = H. 199, L. 156.

« Le Charivari, 11 octobre 1841. »

1er État. Avant toute lettre.
2e — Celui qui est décrit.
3e — En B. au-dessous des fil. au M. *Chez Aubert, Pl. de la Bourse.* Le reste comme à l'état décrit.

775 XIII. — *Les cigares de Clichy lui donnent la migraine à ce jeune homme : il demande des cigares que madame a | dans le panier de champagne, avec les foulards...... je pourrai prendre la peau de tigre demain en pre | nant la causeuse, mais je dois rapporter la montre et ne pas oublier le briquet ni les soixante francs; du | sucre et du citron, nous en avons; c'est une petite cuillère* (sic) *que nous n'avons pas........ de la | bougie non plus.* — Près d'une table où l'on a déjeuné, une femme en robe de chambre, vue presque de face, tenant une lettre à la main, retourne la tête à D. vers un homme de tournure commune qui entr'ouvre une porte dans le fond. — A G. **41-77.** — En B. l'intérieur du dessin à D. *Par Gavarni.* Au-dessous des fil. *Chez Bauger et Cie, édit., r. du Croissant.* 16. A D. *Imp. d'Aubert et Cie.* = H. 198, L. 156.

« Le Charivari, 14 octobre 1841. »

1er État. Avant toute lettre.
2e — Celui qui est décrit.
3e — En B. au-dessous des fil. au M. *Chez Aubert, P. de la Bourse.* Le reste comme à l'état décrit.

776 XIV. — *Valet de cœur et valet de trèfle : bataille.* — Assise à terre, sur une peau de bête, une femme en peignoir, les jambes écartées, joue aux cartes avec un jeune homme en manches de chemise, vu de dos et tourné à D., qui est couché sur le ventre vis-à-vis d'elle, les pieds en l'air. Elle retourne la tête

au fond à G. vers un jeune homme qui entre dans la chambre et s'arrête étonné à la vue de cette scène inattendue. — A D. **41-90.** — En B. dans l'intérieur du dessin à G. *Par Gavarni.* Au-dessous des fil. à G. *Chez Bauger et C., édit., r. du Croissant*, 16. A D. *Imp. d'Aubert et C.* = H. 199, L. 158.

« Le Charivari, 21 octobre 1841. »

1er État. Avant toute lettre.
2e — Celui qui est décrit.
3e — En B. au-dessous des fil. au M. *Chez Aubert, P. de la Bourse.* Le reste comme à l'état décrit.

777 XV. — *T'as bien tort, vas* (sic) *ma fille, de laisser ta petite te parler comme ça!..... | —Dis : grand'mère, tu nous embêtes!* — Une lorette, vue de dos, tient en travers dans ses bras sa petite fille. Elle a un de ses pieds posé à D. sur une chaise où est assise, devant une table, une vieille femme en bonnet vue de dos, un verre de vin de Champagne à la main. — Au pied de la chaise à D. **41-81.** — En B. dans l'intérieur du dessin à D. *Par Gavarni.* Au-dessous des fil. à G. *Chez Bauger et Cie, édit., r. du Croissant*, 16. A D. *Imp. d'Aubert et Cie.* = H. 200, L. 158.

« Le Charivari, 16 octobre 1841. »

1er Etat. Avant toute lettre.
2e — Celui qui est décrit.
3e — En B. au-dessous des fil. au M. *Chez Aubert, Pl. de la Bourse.* Le reste comme à l'état décrit.

778 XVI. — « *Paris, le* **26** *octobre* **1841.** | « *Au premier janvier prochain, je payerai à l'ordre de mademoiselle Beaupertuis, la somme | de trois cent deux francs, soixante-quinze centimes, valeur reçue..... » (en quoi?... en affection? en | tendre intérêt? en dévouement?) | — Pas de bêtises! voyons! | — « En marchandises. » | Benjamin Coquardeau.* — Un homme de pr. à D. dans un fauteuil et écrivant sur un bureau. Il tient sa plume de la main gauche. Derrière lui et assise sur un des bras du fauteuil, une jeune femme regarde ce qu'il écrit. — A G. **41-86.** — En B. au-dessous des fil à G. *Chez Bauger et Cie, édit., r. du Croissant*, 16. A D. *Imp. d'Aubert et Cie.* = H. 199, L. 158.

« Le Charivari, 26 octobre 1841. »

1er État. Avant toute lettre.
2e — Celui qui est décrit.
3e — En B. au-dessous des fil. au M. *Chez Aubert, Pl. de la Bourse.* Le reste comme à l'état décrit.

779 XVII. — *T'en est* (sic) *donc bien coiffée du petit?* | — *Tais-toi donc! voilà trois semaines .... c'était le jour de la Saint-Médard, un mardi, | ma chère........ il m'a plu tout de suite.* | — *Ah! bien, t'en as pas fini avec cet Henri-là....... il a plu le jour de la Saint-Médard : t'en as au moins pour quarante jours.*— Dans une guinguette à la campagne, deux femmes sous une tonnelle sont assises à une table sur des bancs vis-à-vis l'une de l'autre, une bouteille et deux verres devant elles. Celle de D. les bras croisés sur la table, où son amie est accoudée, le menton sur sa main, les jambes croisées. Sur le mur d'une maison au fond, on lit écrit directement : (B)on **vin.** — A G. près des pieds d'une des femmes, **41-98.**— En B. au-dessous des fil. à G. *Chez Bauger et C, édit., r. du Croissant*, 16. A D. *Imp. d'Aubert et Cie.* = H. 199, L. 157.

« Le Charivari, 4 novembre 1841. »

1er État. Avant toute lettre.
2e — Celui qui est décrit.
3e — En B. au-dessous des fil. au M. *Chez Aubert, Pl. de la Bourse.* Le reste comme à l'état décrit.

780 XVIII. — *Cré chien, Loïse! t'as là une casquette un peu chouette!* — Une jeune femme, vue de dos, son chapeau sur la tête, une écharpe sur les épaules, se regarde dans une armoire à glace à D. Sur le devant à G. son amie, tournée vers elle et vue de dos à moitié, est enveloppée dans un long châle blanc. — A G. **41-110.** — En B. dans l'intérieur du dessin à D. *Par Gavarni.* Au-dessous des fil. à G. *Chez Bauger et Cie, r. du Croissant,* 16. A D. *Imp. d'Aubert et Cie.* = H. 195, L. 166.

« Le Charivari, 21 décembre 1841. »

1er État. Avant toute lettre.
2e — Celui qui est décrit.
3e — En B. au-dessous des fil. au M. *Chez Aubert, Pl. de la Bourse.* Le reste comme à l'état décrit.

781 XIX. — *Avoir perdu ses plus belles années, tout ce qu'on avait d'illusion, de simplicité de cœur, beauté...... jeunesse !... | avenir...... et tout!.... | — Pour un crapaud comme ça!....* — A D. une jeune femme vue de dos, les mains jointes sur le haut de sa tête, s'est jetée avec un mouvement de désespoir contre le mur, pendant que son amie, assise sur un divan, les jambes croisées, une assiette sur ses genoux, mange tranquillement. — A G. **41-119.** — En B. dans l'intérieur du dessin à D. *Par Gavarni.* Au-dessous des fil. à G. *Chez Bauger et Cie, r. du Croissant,* 16. A D. *Imp. d'Aubert et Cie.* = H. 201, L. 166.

« Le Charivari, 24 décembre 1841. »

1er État. Avant toute lettre.
2e — Celui qui est décrit.
3e — En B. au-dessous des fil. au M. *Chez Aubert, Pl. de la Bourse.* Le reste comme à l'état décrit.

782 XX. — *Tu seras marraine..... | — Comment! encore un?....... quelle enceinte continue!* — A G. assise sur un divan une jeune femme vue de dos, et tournée à D. un coude sur un coussin, une canne dans ses mains. Debout, en avant, une autre femme, de face, les yeux baissés, les deux mains dans les poches de sa robe. — A G. **41-118.** — En B. au-dessous des fil. à G. *Chez Bauger et Cie, édit., r. du Croissant,* 16. A D. *Imp. d'Aubert et Cie.* = H. 199, L. 157.

« Le Charivari, 27 décembre 1841. »

1er État. Avant toute lettre.
2e — Celui qui est décrit.
3e — En B. au-dessous du fil. au M. *Chez Aubert, Pl. de la Bourse.* Le reste comme à l'état décrit.

783 XXI. — *Madame!...... madame!....... un billet de bal, pour un baiser de vous........ | madame!....... moins cher qu'au bureau!* — Dans la rue une jeune femme de pr. à G. marche précipitamment, en tenant son châle croisé sur sa poitrine. Elle est accostée par un jeune homme coiffé d'un chapeau à larges bords, tenant à la main un loup de domino. — A G. **41-124.** — En B. à G. au-dessous des fil. *Chez Bauger et Cie, r. du Croissant,* 16. A D. *Imp. d'Aubert et Cie.* = H. 198, L. 153.

« Le Charivari, 12 février 1842. »

1er État. Avant toute lettre.
2e — Celui qui est décrit.
3e — En B. au-dessous des fil. au M. *Chez Aubert, Pl. de la Bourse*, 29. Le reste comme à l'état décrit.

784 XXII. — *Je vous garde un coupon pour Chantereine jeudi, mon petit Charles, je joue « La Fille d'honneur »....* | — *Ça sera drôle!* | — ..... *Tous mes amis viennent.* | — *Ça sera plein!* — Dans une rue, une jeune femme en chapeau à plumes, un châle brodé sur les épaules, vue de dos et tournée à G., pose une de ses mains sur celle d'un jeune homme couvert d'un manteau. — A G. **41-125**. — En B. dans l'intérieur du dessin au M. *Par Gavarni.* Au-dessous des fil. à G. *Chez Bauger et Cie, r. du Croissant*, 16. Au M. *Chez Aubert, pl. de la Bourse.* A D. *Imp. d'Aubert et Cie.* = H. 200, L. 157.

« Le Charivari, 21 mars 1842. »

1er État. Avant toute lettre.
2e — Celui qui est décrit.

785 XXIII. — *Enchanté, m'sieu, de l'honneur de vous voir!* | — *Et la santé, mosieu, comment va-t-elle?* | — *Mais.... pas mal, et vous?* — Deux hommes, sur le palier d'un escalier, le chapeau à la main, se saluant, devant une porte sur laquelle on lit, écrit directement : Mlle **Beaupertuis**. Le plus vieux, à D., tient le cordon de la sonnette. — A G. **41-129**. — En B. dans l'intérieur du dessin à D. *Par Gavarni.* Au-dessous des fil. à G. *Chez Bauger, r. du Croissant*, 16. A D. *Imp. d'Aubert et Cie.* = H. 200, L. 165.

« Le Charivari, 7 juillet 1842. »

1er État. Avant toute lettre.
2e — Celui qui est décrit.
3e — En B. au-dessous des fil. à G. *Chez Bauger et Cie, R. du Croissant*, 16, au lieu de *Chez Bauger, R. du Croissant*, 16. Au M. *Chez Aubert, Pl. de la Bourse.* Le reste comme à l'état décrit.

786 XXIV. — *Un petit jeune homme qui avait l'air si sentimental!* | — *Oui.... sentimental comme un bilboquet...... et ça vous fiche des coups.* | — *Ça c'est peu drôle.* — Une jeune femme vue de dos et tournée à D., en chemise et en jupon, lave son linge dans une cuvette posée sur un carton. Son amie, en chapeau et en mantelet, est assise à G. les jambes étendues et écartées. — A G. **41-126**. — En B. au-dessous des fil. à G. *Chez Bauger, r. du Croissant*, 16. A D. *Imp. d'Aubert et Cie.* = H. 198, L. 167.

« Le Charivari, 21 septembre 1842. »

1er État. Avant toute lettre.
2e — Celui qui est décrit.
3e — En B. au-dessous des fil. au M. *Chez Aubert, Pl. de la Bourse.* Le reste comme à l'état décrit.

787 XXV. — *J'ai eu bien du chagrin, allez! mon bon Henri, depuis que je ne vous ai vu : j'ai perdu mosieu Fortuné!* | — *Le père de votre petite?* | — *Non, Henri...... son parrain!* — A G. une jeune femme en peignoir de pr. à D., ses deux mains derrière elle, l'une tenant la cordelière de son peignoir; elle est debout devant un jeune homme assis sur un divan, d'où il se soulève en appuyant ses deux mains, entre ses jambes étendues les pieds en l'air. — A D. **1842-25**. — En B. au-dessous des fil. à G. *Chez Bauger, r. du Croissant*, 16. A D. *Imp. d'Aubert et Cie.* = H. 200, L. 158.

« Le Charivari, 24 septembre 1842. »

1er État. Avant toute lettre.
2e — Celui qui est décrit.
3e — En B. au-dessous des fil. au M. *Chez Aubert, Pl. de la Bourse*, 29. Le reste comme à l'état décrit.

788 XXVI. — *Me souffler un amant, toi!... à moi!.... ô que tu es bien heureuse que ça n'est qu'Anatole!... | car si ç'avait été mon Émile, oh!..... quelle vénérable tripotée je vous ficherais, ma poule!* — Deux lorettes, dont l'une son chapeau sur le devant du front, l'air furibond, les bras croisés sur la poitrine, les poings fermés, s'avance vers l'autre; celle-ci à D., couchée de G. à D. sur un canapé, la tête en bas, les jambes en l'air sur le dossier, tient un livre d'une main et de l'autre joue avec sa cordelière détachée. — A G. **42-41.** — En B. au-dessous des fil. à G. *Chez Bauger, r. du Croissant*, 16. A D. *Imp. d'Aubert et Cie.* = H. 197, L. 157.

« Le Charivari, 16 novembre 1842. »

1er État. Avant toute lettre.
2e — Celui qui est décrit.
3e — La première ligne de la légende se termine par *si ç'avait* au lieu de : *qu'Anatole.* En B. au-dessous des fil. au M. *Chez Aubert, Pl. de la Bourse*, 29. Le reste comme à l'état décrit.

789 XXVII. — *Ce que c'est pourtant que nos sentimens*(sic)*!...... sais-tu que faut convenir que c'est bien farce, | Minette, quand on examine ça!.... | —..... une forêt de Bondy, quoi!* — Une jeune femme dans une baignoire, les mains croisées sur sa poitrine, un verre de vin de champagne à la main. A D. une autre femme, assise de pr. sur le rebord de la baignoire, la tête tournée vers son amie. — A G. **42-27.** — En B. entre le T. C. et le premier fil. au M. *Par Gavarni.* Au-dessous des fil. à G. *Chez Bauger, r. du Croissant*, 16. A D. *Imp. d'Aubert et Cie.* = H. 201, L. 157.

« Le Charivari, 7 octobre 1842. »

1er État. Avant toute lettre.
2e — Celui qui est décrit.
3e — En B. au-dessous des fil. au M. *Chez Aubert et Cie, Pl. de la Bourse.* Le reste comme à l'état décrit.

790 XXVIII. — *.... Je vous dis, moi, que ça n'est pas à votre général, qui a des pieds à dormir debout, parce que je | viens de voir son cabriolet à la Bourse!...... et que c'est à Alfred ces éperons-là!..... et que vous | êtes une bête à deux fins, miss Anna!. ....* — A G. une femme en chapeau tient une botte, dans laquelle elle a passé une de ses mains, et la montre d'un air courroucé à une autre femme en robe de chambre, vue de dos et tournée vers elle. — A G. **42-26.** — En B. au M. entre le T. C. et le premier fil. *Par Gavarni.* Au-dessous des fil. à G. *Chez Bauger, r. du Croissant*,16. A D *Imp. d'Aubert et Cie.* = H. 198, L. 165.

« Le Charivari, 24 octobre 1842. »

1er État. Avant toute lettre.
2e — Celui qui est décrit.
3e — En B. au-dessous des fil. au M. *Chez Aubert, Pl. de la Bourse.* Le reste comme à l'état décrit.

791 XXIX. — *Depuis cinq mois que je suis avec mademoiselle j'ai fait bien des paires de bottes, c'est une | justice à lui rendre : j'ai rien vu de mignon comme ça!. ...* — Dans un corridor, une vieille femme de ménage, de face, mouchoir sur la tête, tablier blanc, une main passée dans une botte. — A G.

42-28. — En B. entre le T. C. et le premier fil. au M. *Par Gavarni.* Au-dessous des fil. à G. *Chez Bauger et Cie, r. du Croissant*, 16. A D. *Imp. d'Aubert et Cie*. = H. 198, L. 158.

« Le Charivari, 14 octobre 1842. »

1er État. Avant toute lettre.
2e — Celui qui est décrit.
3e — En B. au-dessous des fil. au M. *Chez Aubert, Pl. de la Bourse.* Le reste comme à l'état décrit.

792 XXX. — « *Rien n'est si joli que la fa a a a ble e e, si triste que la vérité!* » — Une femme maigre et plate vue de dos et tournée à D., en chemise et en corset, joue de la guitare. Son jupon est accroché à la clef d'une armoire à glace à G. Sur le mur son portrait à mi-jambes, dans une toilette qui donne du relief à sa gorge et à ses hanches. — A G. **42-31**. — En B. entre le T. C. et le premier fil. au M. *Par Gavarni.* Au-dessous des fil. à G. *Chez Bauger, r. du Croissant*, 16. A D. *Imp. d'Aubert et Cie*. = H. 201, L. 157.

« Le Charivari, 21 octobre 1842. »

1er État. Avant toute lettre.
2e — Celui qui est décrit.
3e — En B. au-dessous des fil. au M. *Chez Aubert, Pl. de la Bourse*, 29. Le reste comme à l'état décrit.

793 XXXI. — *M'ame Norine!* | — *Hein?* | — *Y a quarante ans, je croquais les pommes vertes, et je n'haïssais pas les femmes mûres.* | — *Après.......* | — *Après?...... quand j'ai aimé les pommes mûres, j'ai aimé les femmes vertes.* | — *Vieux passionné!..... allez donc manger vos pommes cuites!* — A G. un portier de pr. à D. en train de manger et tenant son couteau à la main avance le haut du corps hors de sa loge, les bras sur le battant à hauteur d'appui de la porte. Dans la cour, le dos appuyé contre le mur de la loge, une jeune femme pèle une pomme. — Au B. du mur à G. **42-32**. — En B. entre le T. C. et le premier fil. au M. *Par Gavarni.* Au-dessous des fil. à G. *Chez Bauger, r. du Croissant*, 16. A D. *Imp. d'Aubert et Cie*. = H. 202, L. 155.

« Le Charivari, 26 octobre 1842. »

1er État. Avant toute lettre.
2e — Celui qui est décrit.
3e — En B. au-dessous des fil. au M. *Chez Aubert, Pl. de la Bourse.* Le reste comme à l'état décrit.

794 XXXII. — « *A la requête du sieur Vautour et cætera en vertu et cætera, nous Loyal et cætera, premièrement* | *dans une pièce éclairée sur la rue et servant de boudoir.........* » | — *Comment, tas de gueux! je ne vas pas vous couper la figure avec ça!....* | — *Susdite demoiselle de Beaupertuis, tu vas te taire: les jugemens* (sic) *du tribunal de commerce sont* | *exécutoires nonobstant ta pelle.* — Un huissier, le chapeau sur la tête, devant la cheminée d'un boudoir, contre laquelle il est appuyé, saisit le bras d'une jeune femme en chemise, vue de dos et tournée à D., tenant une pelle à la main. Dans le fond à D. deux hommes écrivant sur un guéridon. — A G. **1842-42**. — En B. au-dessous des fil. à G. *Chez Bauger, r. du Croissant*, 16. Au M. *Chez Aubert, pl. de la Bourse.* A D. *Imp. d'Aubert et Cie*. = H. 199, L. 170.

« Le Charivari, 29 novembre 1842. »

1er État. Avant toute lettre.
2e — Celui qui est décrit.
3e — *La pelle* au lieu de : *ta pelle*. En B. au-dessous des fil. au M. *Chez Aubert, Pl. de la Bourse.* Le reste comme à l'état décrit.

795 XXXIII. — *Le même jour, ma chère! me laisser siffler deux hommes, deux! dont un que j'idolâtrais!!* — Deux lorettes en chapeau causant au coin d'une rue. Celle de D. vue de face, les poignets sur les hanches, son talma sur les épaules, l'autre de pr., le sien sur le bras, les mains posées sur son parapluie. Dans le fond à D. un fiacre s'éloignant. — A G. **42-43.** — En B. Au-dessous des fil. à G. *Chez Bauger, r. du Croissant,* 16. A D. *Imp. d'Aubert et Cie.* = H. 197, L. 157.

« Le Charivari, 6 décembre 1842. »

1er État. Avant toute lettre.
2e — Celui qui est décrit.
3e — En B. au-dessous des fil. au M. *Chez Aubert, Pl. de la Bourse,* 29. Le reste comme à l'état décrit.

796 XXXIV. — *Comme ça doit vous coûter cher madame Hortense, une calèche comme ça bleue avec les | deux chevaux! | — Moins cher qu'à toi tes socques, imbécile.* — Une jeune femme de chambre, le corps penché en avant, relève par derrière la robe de sa maîtresse pour serrer le cordon de son jupon. Celle-ci, vue de dos devant une toilette à D., se dispose à mettre son chapeau, qu'elle tient des deux mains.—A D. **42-47.** A G. **333-1842.**— En B. au-dessous des fil. à G. *Chez Bauger, r. du Croissant,* 16. A D. *Imp. d'Aubert et Cie.* = H. 198, L. 155.

« Le Charivari, 17 décembre 1842. »

1er État. Avant toute lettre.
2e — Celui qui est décrit.
3e — En B. au-dessous des fil. au M. *Chez Aubert, Pl. de la Bourse.* Le reste comme à l'état décrit.

797 XXXV. — *Les billets une fois pris, on n'en rendra pas la valeur.* — Un vieux bonhomme et une jeune femme assis l'un près de l'autre sur un divan et tournés à D. L'homme, sur le devant, lunettes sur le nez, a posé deux billets de banque sur ses genoux et en tire un troisième de son portefeuille. La femme jette un regard de côté sur les billets en faisant de la tapisserie. — A D. **42-49.** — En B. au-dessous des fil. à G. *Chez Bauger, r. du Croissant,* 16. A D. *Imp. d'Aubert et Cie.* = H. 196, L. 158.

« Le Charivari, 27 décembre 1842. »

1er État. Avant toute lettre.
2e — Celui qui est décrit.
3e — En B. au-dessous des fil. au M. *Chez Aubert, Pl. de la Bourse,* 29. Le reste comme à l'état décrit.

798 XXXVI. — *Tu n'as plus le sou!...... et la bicoque de ton grand-père, puisqu'on t'en donne | quarante mille francs, qu'est-ce que t'en fais?...... je ne sais pas comment tu n'es | pas honteux, un homme comme il faut, d'avoir une maison rue Bar-du-Bec.* — Une jeune femme en robe de chambre, vue de dos, assise sur le bras d'un fauteuil à la Voltaire, tourne la tête à G. vers un jeune homme, vu de dos également, les mains dans les poches de son paletot, sa canne en l'air, la tête baissée. — A G. **42 44.** — En B. au-dessous des fil. à G. *Chez Pannier, r. du Croissant,* 16. A D. *Imp. d'Aubert et Cie.* = H. 200, L. 158.

« Le Charivari, 30 décembre 1842. »

1er État. Avant toute lettre.
2e — Celui qui est décrit.
3e — En B. au-dessous des fil. au M. *Chez Aubert, Pl. de la Bourse.* Le reste comme à l'état décrit.

799 XXXVII. — REPRÉSENTATION A BÉNÉFICE. | *(Entrées de faveur généralement suspendues.)*—Une jeune femme couchée de D. à G. sur un canapé, la tête et le dos appuyés contre un coussin, un bras au-dessus de la tête. Sur le devant, à D., et vu par derrière, un homme assis en travers d'une chaise basse, les jambes croisées, sa canne à la main. — A D. **42-54.** — En B. à G. au-dessous des fil *Chez Pannier, r. du Croissant*, 16. A D. *Impr. d'Aubert et Cie*. = H. 200, L. 155.

« Le Charivari, 11 janvier 1843. »

1er État. Avant toute lettre.
2e — Celui qui est décrit.
3e — En B. au-dessous des fil. au M. *Chez Aubert, Pl. de la Bourse.* Le reste comme à l'état décrit.

800 XXXVIII. — *Toujours jolie!* | — *C'est mon état.* — De face, le cou et les bras nus, une jeune femme est à demi couchée de G. à D., les jambes pliées, sur un canapé, la tête et le dos appuyés sur un coussin ; elle donne la main à un homme qui se penche vers elle. Il est à D. à la tête du canapé. — Dans le B. du canapé **42-56.** — En B. au-dessous des fil. à G. *Chez Pannier, r. du Croissant*, 16. A D. *Impr. d'Aubert et Cie*. = H. 199, L. 156.

« Le Charivari, 14 janvier 1843. »

1er État. Avant toute lettre.
2e — Celui qui est décrit.
3e — En B. au-dessous des fil. au M. *Chez Aubert, Pl. de la Bourse*, 29. Le reste comme à l'état décrit.

801 XXXIX. — *Mais au moins, moi! je ne suis pas numérotée...... comme un fiacre!* | — ..... *Parceque c'est sous remise et que ça roule au mois!......* — Deux femmes dans la rue. Celle de D. en chapeau à plumes, le haut du corps penché en avant à G., les mains sur ses genoux et tenant un manchon ; l'autre de face, une main dans la poche de son tablier de soie, un bras tendu vers la première. — A D. **43-5.** — En B. au-dessous des fil. à G. *Chez Pannier, édit., r. du Croissant*, 16. A D. *Imp. d'Aubert et Cie*. = H. 199, L. 155.

« Le Charivari, 26 janvier 1843. »

1er État. Avant toute lettre.
2e — Celui qui est décrit.
3e — En B. au-dessous des fil. au M. *Chez Aubert, Pl. de la Bourse.* Le reste comme à l'état décrit.

802 XL. — *Jésus! il vient de me passer une bête.* | — *C'est quelque barbillon qui sera venu flâner par ici, histoire de faire son petit | jugement de Pâris, le gueux!* — Dans une rivière au pied d'un escarpement, trois femmes se baignant et ayant de l'eau jusqu'au cou. Celle de D. vue par derrière et tournée à G. du côté des deux autres. Un verre posé sur le H. d'une perche à D. et une bouteille attachée à cette perche. — A G. à la pointe sèche. **42-55.** — En B. entre le T. C. et le premier fil. au M. *Par Gavarni.* Au-dessous des fil à G. *Chez Pannier, édit., r. du Croissant*, 16. A D. *Imp. d'Aubert et Compie*. = H. 200, L. 156.

« Le Charivari, 20 janvier 1843. »

1er État. Avant toute lettre.
2e — Celui qui est décrit.
3e — En B. au-dessous des fil. au M. *Chez Aubert, Pl. de la Bourse.* Le reste comme à l'état décrit.

803 XLI. — *Qu'est-ce que tu lis là?* | — « *Le Mérite des femmes.* » | — *T'es malade?* — Étendue de D. à G. et accoudée sur un divan, une femme, vue de dos, lisant un livre qu'elle tient d'une main, appuie sur l'autre sa tête par derrière. Debout près d'elle et tournée de son côté, derrière le divan, son amie est en train de se peigner. — Dans le B. du divan à D. **43**. — En B. entre le T. C. et le premier fil. au M. *Par Gavarni*. — Au-dessous des fil. à G. *Pannier, éditeur, r. du Croissant*, 16. A D. *Imp. d'Aubert et Cie*. = H. 200, L. 156.

« Le Charivari, 29 janvier 1843. »

1er État. Avant toute lettre.
2e — Celui qui est décrit.
3e — En B. au-dessous des fil. au M. *Chez Aubert, Pl. de la Bourse*, 29. Le reste comme à l'état décrit.

804 XLII. — *Qu'est-ce qu'elle a Phémie?* | — *Rien!..... des peines de cœur... c'est le gigot : j'y ai dit!* — Dans un corridor de restaurant, près d'un cabinet particulier dont la porte est ouverte, une femme est assise affaissée sur une banquette, sa tête contre le mur, sa robe entr'ouverte, ses cheveux défaits. A G. et penchée vers elle une de ses amies, un coude contre le mur, une main derrière le dos tenant une serviette, un pied sur la banquette. A D., l'épaule appuyée contre le montant de la porte, un jeune homme en manches de chemise, une serviette à la main, avance la tête vers les deux femmes. — A D. **43**. — En B. au-dessous des fil. à G. *Chez Pannier, édit., r. du Croissant*, 16. A D. *Imp. d'Aubert et Cie*. = H. 202, L. 159.

« Le Charivari, 5 février 1843. »

1er État. Avant toute lettre.
2e — Celui qui est décrit.
3e — En B. au-dessous des fil. au M. *Chez Aubert, Pl. de la Bourse*, 29. Le reste comme à l'état décrit.

805 XLIII — *Je vous ai sonné trois fois! Robinson.* | —*J'étions là madame,..... en bas.... au coin..... même que je prenions* | *un canon nous deux monsieu le papa de madame.* — Sur le devant une jeune femme, en peignoir, tenant une lettre des deux mains. Elle est tournée à D. vers un groom vu de face soulevant une portière. — A G. **43**. — En B. au-dessous des fil. à G. *Chez Pannier, édit., r. du Croissant*, 16. A D. *Imp. d'Aubert et Comp^ie^*. = H. 198, L. 157.

« Le Charivari, 7 février 1843. »

1er État. Avant toute lettre.
2e — Celui qui est décrit.
3e — En B. au-dessous des fil. au M. *Chez Aubert, Pl. de la Bourse*, 29. Le reste comme à l'état décrit.

806 XLIV. — *Voyons Lodie! voyons!.....* | — *Lariflaflafla! lariflaflafla!* | — *Faut penser au solide.......* | — *Larifla! fla! fla!* | — *Habille-toi!.......* | — *Lariflaflafla! lariflaflafla!* | — *T'as ton terme à payer, ma fille.....* | — *Larifla! fla! fla!!!* — Une jeune femme, en robe de chambre, exécute un pas de cancan, un bras en l'air, devant sa mère, vue de face à G., assise sur un divan, les mains posées sur ses genoux. — A D. **43**. — En B. au-dessous. des fil. à G. *Chez Pannier et Cie, édit^rs^, r. du Croissant*, 16. A. D. *Imp. d'Aubert et Cie*. = H. 199, L. 157.

« Le Charivari, 13 février 1843. »

1er État. Avant toute lettre.
2e — Celui qui est décrit.
3e — En B. au-dessous des fil. au M. *Chez Aubert et Cie, Pl. de la Bourse.* Le reste comme à l'état décrit.

807 XLV. — *On ne peut pas parler à mademoiselle : elle fait ses ongles.* | — *Et le mosieu... n'y est pas?* | — *Mais, cornichon de père Brodequinowski, si nous avions quelqu'un je vous dirais : n'y a* | *personne.* — Dans un corridor, appuyée contre le mur, une jeune bonne de pr., les mains posées sur le manche d'un balai; à G. un bottier, tenant d'une main son chapeau et son parapluie. A terre une paire de bottes. — A D. **43**. — En B. au-dessous des fil. à G. *Chez Pannier, édit*r, *r du Croissant*, 16. A D. *Imp. d'Aubert et Cie.* = H. 202, L. 158.

« Le Charivari, 22 février 1843. »

1er État. Avant toute lettre.
2e — Celui qui est décrit.
3e — En B. au-dessous des fil. au M. *Chez Aubert, Pl. de la Bourse.* Le reste comme à l'état décrit.

808 XLVI. — *Le mien est blond. J'aime pas les blonds; t'aime pas les bruns : changeons.* | — *T'es pas gênée! la robe de chambre du mien est doublée de satin partout : je* | *veux du retour........* — Deux femmes sur une terrasse lorgnant toutes les deux avec des jumelles. Celle de D. de pr., le haut du corps penché en avant, une main sur la balustrade de la terrasse. L'autre, vue de dos, est en chemise et en jupon. — A D. **43**. — En B. entre le T. C. et le premier fil. au M. *Par Gavarni.* Au-dessous des fil. à G. *Chez Pannier, édit., r. du Croissant*, 16. Au M. *Chez Aubert, pl. de la Bourse*, 29. A D. *Imp. d'Aubert et Cie.* = H. 198, L. 153.

« Le Charivari, 5 mars 1843. »

1er État. Avant toute lettre.
2e — Après : *je veux du retour,.....* on lit : *Eh b'in t'auras le gilet blanc du bal de samedi..... — qu'avait la barbiche? — Non, l'autre..... — c'est égal! ça y est.* Le reste comme à l'état décrit.
3e — Celui qui est décrit.

809 XLVII. — « ...... *Mon tuteur avait voulu que nous allassions passer dans notre terre du* | *Dauphiné les derniers jours d'été de cette année mil-huit-cent-trente.. ... année féconde,* | *jours d'espérances, généreux soleil!..... O jeunesse aimée de ce doux pays de France,* | *quel bel avenir s'ouvrait alors devant toi!.....* » *Nom d'un petit bonhomme! c'était* | *l'année de ma bêtise, et voilà mon crapaud qui va sur douze ans!* — A G. une femme assise en travers d'une chaise, un livre sur ses deux mains croisées sur l'un de ses genoux. Elle fait la lecture à son amie qui, vue presque de dos et un coude sur le dossier de la chaise, tient d'une main un verre de vin de Champagne. Celle-ci est en chemise et en jupon. — A D. **43**. — En B. entre le premier et le deuxième fil. *Par Gavarni.* Au-dessous des fil. à G. *Chez Pannier et Cie, r. du Croissant*, 16. A D. *Imp. d'Aubert et Cie.* = H. 199, L. 152.

« Le Charivari, 2 avril 1843. »

1er État. Avant toute lettre.
2e — Celui qui est décrit.
3e — En B. au-dessous des fil. au M. *Chez Aubert et Cie, Pl. de la Bourse.* Le reste comme à l'état décrit.

810 XLVIII. — *Voyez-vous, Mademoiselle, il se tient sur votre compte des pro-*

pos qui | commencent à m'ennuyer fort!... et je suis décidé à vous prier de me chercher | un successeur...... | — Mais vous en avez déjà deux, mon cher comte. — Vu de dos, un homme, les deux mains posées sur les hanches, le haut du corps penché en avant, est tourné à D. vers une jeune femme qui le regarde les mains dans les poches de son tablier. — A D. **43**. — En B. entre le premier et le deuxième fil. *Par Gavarni*. Au-dessous des fil. à G. *Chez Pannier et Cie, édrs, r. du Croissant*, 16. A D. *Imp. d'Aubert et Cie*. = H. 200, L. 156.

« Le Charivari, 9 avril 1843. »

1er État. Avant toute lettre. A G. en dehors des fil. un profil d'homme à moustaches tourné à G.
2e — Celui qui est décrit.
3e — En B. au-dessous des fil. au M. *Chez Aubert et Cie, Pl. de la Bourse*. Le reste comme à l'état décrit.

811 XLIX. — *N'y a pas moyen!... mosieu est là avec mosieu Machinikof et l'attaché | prussien.... et nous attendons milord.... « Complet. »* — Un jeune homme vu de dos, le corps penché en avant vers la D., une main sur sa canne, l'autre posée sur le montant de la porte, dont une femme de chambre entr'ouvre un des battants. — A D. **43-30**. — En B. entre le T. C. et le premier fil. au M. *Par Gavarni*. Au-dessous des fil. à G. *Chez Pannier et Cie, édits, r. du Croissant*, 16. A D. *Imp. d'Aubert et Cie*. = H. 199, L. 157.

« Le Charivari, 8 mai 1843. »

1er État. Avant toute lettre. Sans fil.
2e — Celui qui est décrit.
3e — En B. au-dessous des fil. au M. *Chez Aubert et Cie, Pl. de la Bourse*. Le reste comme à l'état décrit.

812 L. — *Après vous, mosieu !..* — Devant une porte garnie de portières, un jeune homme à D. vu de dos, tenant d'une main son chapeau et sa canne, s'incline devant un vieux bonhomme qui passe devant lui en s'inclinant également. — A D. **43-31**. — En B. entre le premier et le deuxième fil. au M. *Par Gavarni*. Au-dessous des fil. à G. *Chez Pannier, r. du Croissant*, 16. A D. *Imp. d'Aubert et Cie*. = H. 202, L. 157.

« Le Charivari, 12 mai 1843. »

1er État. Avant toute lettre. Sans fil.
2e — Celui qui est décrit.
3e — En B. au-dessous des fil. au M. *Chez Aubert, Pl. de la Bourse*, 29. Le reste comme à l'état décrit.

813 LI. — *Et dire qu'on a eu cinq mille francs de loyer, calèche orange et loge aux Bouffes | et tout! | — Ah! dam! les hommes se suivent et ne se ressemblent pas.* — Deux femmes sur le palier d'un escalier, devant une porte ouverte ; celle de G. en chemise et en jupon, une main sur la hanche, l'autre sur un balai ; la seconde de face, un mouchoir sur la tête, la main appuyée contre le chambranle de la porte. A terre une boîte à lait et un panier avec des œufs. — A D. **43-32**. — En B. au-dessous des fil. à G. *Chez Pannier, éditr, r. du Croissant*, 16. A D. *Imp. d'Aubert et Cie*. = H. 200, L 159.

« Le Charivari, 14 mai 1843. »

1er État. Avant toute lettre.
2e — Celui qui est décrit.
3e — En B. au-dessous des fil. au M. *Chez Aubert, Pl. de la Bourse*, 29. Le reste comme à l'état décrit.

814 LII. — *Où as-tu eu la petite que t'as?* | — *C'est mon ancienne qui m'y menait.* | — *Et t'as pris « la correspondance.* » — Deux jeunes gens vus de dos se promenant dans la campagne; celui de D. s'appuyant sur sa canne, l'autre les mains dans les poches de derrière de sa redingote. A D. marchant devant eux deux femmes, également vues de dos, dont l'une tient son chapeau, son mantelet et son ombrelle par derrière. — A G. **43-36.** — En B. au-dessous des fil. à G. *Chez Pannier édit^r, r. du Croissant*, 16. A D. *Imp. d'Aubert et Cie*. = H. 201, L. 156.

« Le Charivari, 18 mai 1843. »

1er État. Avant toute lettre.
2e — Celui qui est décrit.
3e — En B. au-dessous des fil. au M. *Chez Aubert, Pl. de la Bourse*, 29. Le reste comme à l'état décrit.

815 LIII. — *Quoi fich' ce soir?..... n'y a pas d'Opéra.* | — *Viens à la barrière!* — Deux femmes en robe de chambre dont l'une, assise les jambes croisées sur un grand lit défait, est à demi couchée sur le côté, et l'autre est debout à G., un coude sur le chevet du lit. — A G. **43-35.** — En B. entre le premier et le deuxième fil. au M. *Par Gavarni*. Au-dessous des fil. à G. *Chez Pannier, édit^r, r. du Croissant*, 16. A D. *Imp. d'Aubert et Cie*. = H. 201, L. 157.

« Le Charivari, 25 mai 1843. »

1er État. Avant toute lettre.
2e — Celui qui est décrit.
3e — En B. au-dessous des fil. au M. *Chez Aubert et Cie, Pl. de la Bourse*, 29. Le reste comme à l'état décrit.

816 LIV. — *Mosieu!...* | — *Mosieu, chez qui vous croyez-vous ici?* | — *Mais......, chez moi, mosieu.* | — *Quand vous y êtes, c'est possible, mais c'est chez moi quand j'y suis..... or, vous n'y êtes* | *pas, mosieu, donc allez-vous-en!* — A D. dans une chambre un jeune homme vu de dos, les mains dans les poches de son paletot, est tourné à G. du côté d'un homme beaucoup plus âgé qu'on voit presque de face, son chapeau sur la tête, dans l'embrasure d'une porte garnie de portières. — A D. **42-29.** — Dans l'intérieur du dessin en B. à G. on lit écrit directement **Zaza**, au-dessous de quelques traits de crayon représentant un de ces oiseaux grossièrement exécutés pour l'amusement du premier âge. — En B. entre le premier et le deuxième fil. au M. *Par Gavarni*. Au-dessous des fil. à G. *Chez Pannier et Cie., édit^rs, r. du Croissant*, 16. A D. *Imp. d'Aubert et Comp^ie*. = H. 201, L. 159.

« Le Charivari, 7 juin 1843. »

1er État. Avant toute lettre. Sans fil.
2e — Celui qui est décrit.
3e — En B. au-dessous des fil. au M. *Chez Aubert et Cie, Pl. de la Bourse*. Le reste comme à l'état décrit.

817 LV. — *A MONTMARTRE.* | — *Ce qui est pointu, c'est St-Eustache.* | — *Oui, où qu'est l'échoppe de mon honorée mère.* | — *A présent, suis le bout de mon doigt..... à droite de l'affaire carrée, qui est notre église.....* | *contre une fumée...... vois-tu ce balcon qui reluit?.......* | *c'est ton salon.* — Sur le haut de la butte Montmartre deux jeunes femmes, les cheveux et les vêtements agités par le vent. L'une, son chapeau sur la tête, son voile devant les yeux, montre du doigt à D. un point à l'horizon à sa compagne; celle-ci, beaucoup plus petite, est sur le devant et tient des deux mains son chapeau de-

vant elle avec son ombrelle. — En B. entre le T. C. et le premier fil. au M. *Par Gavarni.* Au-dessous des fil. à G. *Chez Pannier et Cie, r. du Croissant,* 16. A D. *Imp. d'Aubert et Cie.* = H. 198, L. 157.

« Le Charivari, 18 juin 1843. »

1er État. Avant toute lettre.
2e — Celui qui est décrit.

818 LVI. — *Ils vivent de ses rentes.* — Un homme et une femme de face, se promenant dans la campagne. La femme à D. tient des deux mains son ombrelle en travers par derrière; l'homme, trapu, tournure vulgaire, a les siennes dans les poches de son paletot; de l'une des poches pend son mouchoir.—Vers la D. **43-41**. — En B. au-dessous des fil. à G. *Chez Pannier, éditr, r. du Croissant,* 16. A D. *Imp. d'Aubert et Cie.* = H. 203, L. 157.

« Le Charivari, 4 juillet 1843. »

1er État. Avant toute lettre.
2e — Celui qui est décrit.
3e — En B. au-dessous des fil. au M. *Chez Aubert, Pl. de la Bourse,* 29. Le reste comme à l'état décrit.

819 LVII. — ..... *Pas moyen! c'est une femme invisible à l'œil nu.* | — *A l'œil.* | — *Hein?* | — *Je te dis d'envelopper ta tendresse dans un billet de cinq cents livres.* | — *Je te dis que c'est une femme honnête!* | — *Ça peut être une honnête femme.* — Deux jeunes gens arrêtés au coin d'une rue. Celui de G. vu presque de dos et tourné à D., une main sur sa badine, qu'il fait plier, l'autre sur le tourniquet servant à accrocher le volet d'une fenêtre. Son ami a les mains dans les poches de sa redingote. Sur le mur, au-dessus de la tête de ce dernier, on lit écrit directement (rue) **La Bruyère.** — A G. **43-48**. — En B. entre le T. C. et le premier fil. au M. *Par Gavarni.* Au-dessous des fil. à G. *Chez Pannier, éditr, r. du Croissant,* 16. A D. *Imp. d'Aubert et Cie.* = H. 199, L. 158.

« Le Charivari, 8 juillet 1843. »

1er État. Avant toute lettre.
2e — Celui qui est décrit.
3e — En B. au-dessous des fil. au M. *Chez Aubert, Pl. de la Bourse,* 29. Le reste comme à l'état décrit.

820 LVIII. — *Madame la baronne, ces machines-là n'arriveraient pas si mosieu votre mari n'était pas si* | *fichu bête!..... et s'il vous flanquait une trépignée toutes les fois qu'Arthur va chez vous!.....* | *mais..... qu'il y retourne! et c'est moi qui vous secouerai, comme voilà le jour qui nous éclaire!* — A G. dans une rue la lorette vue de dos, la figure cachée par son chapeau, et tenant d'une main son manchon, a le haut du corps penché en avant vers la D. La baronne, robe de velours bordée d'hermine, les deux mains dans son manchon, la regarde avec crainte. — A D. **43-4**. — En B. entre le premier et le deuxième fil. au M. *Par Gavarni.* Au-dessous des fil. à G. *Chez Pannier et Cie, éd., r. du Croissant,* 16. A D. *Imp. d'Aubert et Cie.* = H. 198, L. 157.

« Le Charivari, 17 juillet 1843. »

1er État. Avant toute lettre.
2e — Celui qui est décrit.
3e — En B. au-dessous des fil. à G. *Chez Aubert, Pl. de la Bourse,* 29. Le reste comme à l'état décrit.

821 LIX. — *LE PÈRE DE LA LORETTE.* | *C'est çà qu'on appelle un lion?......... c'est pas lourd!* — Un ouvrier en manches de chemise, les bras nus jusqu'au coude, soulève de terre un jeune homme par le collet de son paletot. Ce mouvement fait tomber le chapeau de celui-ci qui, vu de face et tenant une canne dans l'une de ses mains, a l'air fort effrayé. A D., au fond la lorette en peignoir. — A G. **42-58**. — En B. entre le premier et le deuxième fil. au M. *Par Gavarni.* Au-dessous du fil. à G. *Chez Pannier, édit., r. du Croissant,* 16. A D. *Imp. d'Aubert et Cie.* = H. 198, L. 156.

« Le Charivari, 11 juillet 1843. »

1er État. Avant toute lettre.
2e — Celui qui est décrit.
3e — En B. au-dessous des fil. au M. *Chez Aubert et Cie, Pl. de la Bourse,* 29. Le reste comme à l'état décrit.

822 LX. — *Les Arthurs couchés, les rats dansent.* — Deux femmes en débardeur, exécutant un cancan vis-à-vis l'une de l'autre. Celle de G. a son chapeau sur la tête. L'autre, dont le visage est caché par son bras levé, est en pantalon collant. — A D. **43-33**. — En B. entre le premier et le deuxième fil. *Par Gavarni.* Au-dessous des fil. à G. *Chez Pannier et Cie, éd*rs, *r. du Croissant,* 16. A D. *Imp. d'Aubert et Cie.* = H. 200, L. 157.

« Le Charivari, 9 juillet 1843. »

1er État. Avant toute lettre. Deux fil. seulement.
2e — Celui qui est décrit.
3e — En B. au-dessous des fil. au M. *Chez Aubert, Pl. de la Bourse.* Le reste comme à l'état décrit.

823 LXI. — *Excusez que j'allume ma pipe!* — Groupe de quatre personnages. Un homme du peuple endimanché, accompagné de sa femme, allume sa pipe au cigare que fume une lorette et dont elle active le feu. A G. sur le devant l'amant de celle-ci regarde en l'air, les mains sous les basques de sa redingote. — A D. **49**. — En B. entre le T. C. et le premier fil. au M. *Par Gavarni.* Au-dessous des fil. à G. *Chez Pannier et Cie, r. du Croissant,* 16. A D. *Imp. d'Aubert et Cie.* = H 204, L. 157.

« Le Charivari, 13 juillet 1843. »

1er État. Avant toute lettre.
2e — Celui qui est décrit.
3e — En B. au-dessous des fil. au M. *Chez Aubert et Cie, Pl. de la Bourse.* Le reste comme à l'état décrit.

824 LXII. — *Dindonne, va!.... et quel homme est ce?* | — *Un petit brun.* | — *Je vous demande si c'est un homme..... de bonne compagnie.* | — *Troisième compagnie, deuxième bataillon* — Une lorette en robe de chambre, de face, les mains croisées un bras au-dessus de sa tête; à G., tournée vers elle, sa bonne, vue de dos à moitié, en chemise et en jupon, les deux mains sur son balai. — A G. **43-47**. — En B. entre le T. C. et le premier fil. au M. *Par Gavarni.* Au-dessous des fil. à G. *Chez Pannier et Cie, r. du Croissant,* 16. A D. *Imp. d'Aubert et Cie.* = H. 199, L. 161.

« Le Charivari, 19 juillet 1843. »

1er État. Avant toute lettre.
2e — Celui qui est décrit.
3e — En B. au-dessous des fil. au M. *Chez Aubert et Cie, Pl. de la Bourse,* 29. Le reste comme à l'état décrit.

825 LXIII. — *Les lorettes, moi j'aime çà : c'est gentil comme tout, ça ne fait de mal à personne!...... | quoi! des petites femmes qui...... | — Qui gagnent à être connues.* — Groupe de trois hommes causant ensemble dans la rue. Celui de D. vu de dos et tourné à G , ses lunettes sur le nez , les mains dans les poches de sa redingote. Celui de G. de pr. une main sur la hanche, l'autre tenant son chapeau derrière lui. Le troisième entre les deux premiers , coiffé d'un chapeau gris. — En B. entre le premier et le deuxième fil. au M. *Par Gavarni.* Au-dessous des fil. à G. *Chez Pannier et Cie, édit.rs, r. du Croissant,* 16. A D. *Imp. d'Aubert et Cie.* = H. 199, L. 156.

« Le Charivari, 23 juillet 1843. »

1er État. Avant toute lettre. Sans fil.
2e — Celui qui est décrit.
3e — En B. au-dessous des fil. au M. *Chez Aubert, Pl. de la Bourse* , 29. Le reste comme à l'état décrit.

826 LXIV. — *J'ai pensé à vous, demandez à Norine! je lui ai dit tout de suite : j'ai dit : ce n'est jamais | Cubsac, un homme si comme il faut! qui laissera une femme dans l'embarras pour quinze | cents malheureux francs....... et c'est pour vous conter ça, mon petit mosieu de Cubsac, que | je vous ai engagé à venir sans façons me donner à dîner ce soir.* — Une jeune femme, vue de dos et tournée à D., pose ses deux mains sur la poitrine d'un homme d'un âge mûr qui tient les siennes sur les hanches. — A D. **43-50.** — En B. entre le premier et le deuxième fil. *Par Gavarni.* Au-dessous des fil. à G. *Chez Pannier, r. du Croissant,* 16. A D. *Imp. d'Aubert et Cie.* = H. 203, L. 155.

« Le Charivari, 22 juillet 1843. »

1er État. Avant toute lettre. Trois fil. seulement.
2e — Celui qui est décrit.
3e — En B. au-dessous des fil. au M. *Chez Aubert et Cie, Pl. de la Bourse.* Le reste comme à l'état décrit.

827 LXV. — *Bonne renommée vaut mieux que balcon doré.* — Une lorette en robe de chambre sur son balcon, une main posée sur la balustrade. Dans le B. à G., sur le devant, une jeune ouvrière, la tête et le haut du corps sortant d'une fenêtre en tabatière ouverte sur le toit, est tournée vers la lorette. — A D. **43-62.** — En B. entre le premier et le deuxième fil. *Par Gavarni.* Au-dessous des fil. à G. *Chez Pannier, édit., r. du Croissant,* 16. A D. *Imp. d'Aubert et Cie.* = H. 203, L. 155.

« Le Charivari, 29 juillet 1843. »

1er État. Avant toute lettre.
2e — Celui qui est décrit.
3e — En B. au-dessous des fil. au M. *Chez Aubert, Pl. de la Bourse* , 29. Le reste comme à l'état décrit.

828 LXVI. — *Qu'est-ce qui te dit, Ninie, que Louison valait mieux qu'une autre? mais, toujours, | la voilà mariée, vicomtesse de Coquardy, posée dans le monde, reçue partout........ | — Parce que çà trouve un serin dans une couvée de pierrots!... voilà-t-il pas!* — Une jeune femme en peignoir, ses cheveux épars, assise par terre de pr. à G. et accoudée sur ses genoux. Elle s'appuie contre un divan placé derrière elle. Sur le devant un jeune homme en robe de chambre est étendu de D. à G. sur le tapis, son cigare à la main. Près d'eux un carafon et deux verres sur un plateau. — A G. **41-130.** — En B. entre le premier et le deuxième fil. au M. *Par Gavarni.* Au-dessous des fil. à

G. *Chez Pannier, édit., r. du Croissant*, 16. A D. *Imp. d'Aubert et Cie*. = H. 203, L. 156.

« Le Charivari, 5 août 1843. »

1er État. Avant toute lettre. Sans fil.
2e — Celui qui est décrit.
3e — En B. au-dessous des fil. au M. *Chez Aubert, Pl. de la Bourse*, 29. Le reste comme à l'état décrit.

829 LXVII. — *L'dessus, b'en sur! est p'us beau que l'dessous, mais c'est p'us cher.* — Une vieille portière à G. se dirigeant vers la D. dans la rue, son cabas au bras, regarde en passant une jeune femme, vue de dos, enveloppée dans un châle de cachemire blanc, un chapeau avec voile sur la tête. — A D. **43-69.** — En B. entre le premier et le deuxième fil. au M. *Par Gavarni*. Au-dessous des fil. à G. *Chez Pannier, r. du Croissant*, 16. A D. *Imp. d'Aubert et Cie*. = H. 203, L. 155.

« Le Charivari, 13 août 1843. »

1er État. Avant toute lettre.
2e — Celui qui est décrit.
3e — En B. au-dessous des fil. au M. *Chez Aubert, Pl. de la Bourse*. Le reste comme à l'état décrit.

830 LXVIII. — *Et le mosieu d'hier?....* | . — *J'y ai écrit ce matin, à ce malotru-là! que j'avais un bon que je devais payer,* | *de cinquante écus à un fournisseur....... ne me répond-il pas que c'est trop cher!* | — *Quoi trop cher? la fourniture?* | — *Ah! je te trouve gracieuse de rire de ça!* — Deux femmes dans une chambre, l'une, la tête baissée et coiffée d'un mouchoir, est de face, le dos contre le mur, les mains dans les poches de sa robe de chambre. La seconde de pr. tournée à D., en peignoir, une main derrière elle, l'autre posée contre l'encadrement d'une porte. — A D. **43-82**. — En B. entre le premier et le deuxième fil. au M. *Par Gavarni*. Au-dessous des fil. à G. *Chez Pannier, r. du Croissant*, 16. A D. *Imp. d'Aubert et Cie*. = H. 200, L. 156.

« Le Charivari, 11 septembre 1843. »

1er État. Avant toute lettre.
2e — Celui qui est décrit.
3e — En B. au-dessous des fil. au M. *Chez Aubert, Pl. de la Bourse*, 29. Le reste comme à l'état décrit.

831 LXIX. — *Qu'est-ce que c'est donc que ce bacchanal-là?* | — *C'est la du rez-de-chaussée, ma chère, et M'am d'Ostende qui se massacrent* | *et qui s'agonisent.... pour un homme!* | — *V'là-t'-i pas!* — Une jeune lorette, le corps penché en avant, de 3/4 à D., les bras sur la barre de sa fenêtre qu'on voit extérieurement et où pend un tapis. A G. on aperçoit la tête d'une autre femme, qui, d'une fenêtre voisine, un cigare à la bouche, regarde également en bas. — A G. **43-89.** — En B. entre le T. C. et le premier fil. au M. *Par Gavarni*. Au-dessous des fil. à G. *Chez Pannier, édit., r. du Croissant*, 16. A D. *Imp. d'Aubert et Cie*. = H. 203, L. 156.

« Le Charivari, 19 septembre 1843. »

1er État. Avant toute lettre.
2e — Celui qui est décrit.
3e — En B. au-dessous des fil. au M. *Chez Aubert, Pl. de la Bourse*, 29. Le reste comme à l'état décrit.

832 LXX. — *Plus que ça de giberne!* — A G. dans une rue un ouvrier, un bonnet de police sur la tête, est assis sur une borne, en train de manger son déjeuner, posé sur ses genoux dans du papier. Il tourne la tête pour regarder au fond à D. une jeune femme, vue de dos, se dirigeant vers la G., les épaules couvertes d'une écharpe qui lui dessine la taille. — A D. **43-99**. — En B. entre le T. C. et le premier fil. au M. *Par Gavarni*. Au-dessous des fil. à G. *Chez Pannier, édit., r. du Croissant,* 16. A D. *Imp. d'Aubert et Cie*. = H. 203, L. 158.

« Le Charivari, 23 septembre 1843. »

1er État. Avant toute lettre.
2e — Celui qui est décrit.
3e — En B. au-dessous des fil. au M. *Chez Aubert, Pl. de la Bourse,* 29. Le reste comme à l'état décrit.

833 LXXI. — *C'est le papa de mosieu Arthur qui est un mosieu embêtant! Cré chien!* — Dans une chambre, un père administre des coups de canne à son fils, qu'il tient par le collet de son habit. Celui-ci déjeunait en tête à tête avec une lorette. La table est renversée, les tasses et les soucoupes roulent sur le parquet; la donzelle, effrayée, s'est jetée à G. dans le fond sur un canapé, où elle se cache la tête. — A D. **43-94**. — En B. au M. entre le T. C. et le premier fil. *Par Gavarni*. Au-dessous des fil. à G. *Chez Pannier, édit., r. du Croissant*, 16. A D. *Imp. d'Aubert et Cie*. = H. 205, L. 156.

« Le Charivari, 29 septembre 1843. »

1er État. Avant toute lettre. Trois fil. seulement.
2e — Celui qui est décrit.
3e — En B. au-dessous des fil. au M. *Chez Aubert, Pl. de la Bourse*. Le reste comme à l'état décrit.

834 LXXII. — *Ninie, tu as là du champagne qui n'est pas mauvais.... combien me coûte-t-il?* — Un jeune homme en robe de chambre, assis à l'extrémité d'un divan, les mains sur ses genoux; à ses pieds une bouteille de vin de Champagne et un verre. Debout à G., tout près de lui, un genou sur le bord du divan, une lorette, également en robe de chambre, en train de se coiffer. — A D. **43-107**. — En B. entre le T. C. et le premier fil. au M. *Par Gavarni*. Au-dessous des fil. à G. *Chez Pannier, édit., r. du Croissant,* 16. A D. *Imp. d'Aubert et Cie*. = H. 204, L. 155.

« Le Charivari, 5 octobre 1843. »

1er État. Avant toute lettre.
2e — Celui qui est décrit.
3e — En B. au-dessous des fil. au M. *Chez Aubert, Pl. de la Bourse*. Le reste comme à l'état décrit.

835 LXXIII. — *Saprelotte! Mosieu Arthur, vous me permettrez de vous dire que ça ne peut | pas toujours durer comme ça! expliquez-vous, voyons! me laissez-vous mada | me d'Ostende? la gardez-vous? gardez-la.... mais.... et mes déboursés?...* — A D. un jeune homme, l'air indifférent, coiffé d'un bonnet grec, une main dans la poche de sa robe de chambre, une épaule appuyée contre le mur; vis-à-vis de lui un homme beaucoup plus âgé, vêtu de noir, les bras croisés sur la poitrine, le haut du corps penché en avant, son chapeau sur la tête. — A D. **43-95**. — En B. entre le premier et le deuxième fil. au M. *Par Gavarni*. Au-dessous des fil. à G. *Chez Pannier, édit., r. du Croissant*, 16. A D. *Imp. d'Aubert et Cie*. = H. 204, L. 156.

« Le Charivari, 14 octobre 1843. »

1er État. Avant toute lettre. Trois fil. seulement.
2e — Celui qui est décrit.
3e — En B. au-dessous des fil. au M. *Chez Aubert, Pl. de la Bourse.* Le reste comme à l'état décrit.

836 LXXIV. — *Allons, bien! voilà que je descends pour ma provision de bois et que je ne prends pas | de monnaies* (sic) | *à présent!... si je ne vous avais pas rencontré, mon petit m'sieu Coquardini, | aurait fallu pourtant que je remonte mes cinq étages, bête que je suis!* — Dans une cour un vieux bonhomme, les mains sur ses hanches, vu de dos à moitié et tourné à G., du côté d'une jeune femme de petite taille; elle est de face, les mains dans les poches de son tablier et baisse les yeux. Au fond, à D., des piles de bois. — A D. **43-112.** — En B. entre le T. C. et le premier fil au M. *Par Gavarni.* Au-dessous des fil. à G. *Chez Pannier et Cie, éditrs, r. du Croissant*, 16. A D. *Imp. d'Aubert et Cie.* = H. 203, L. 154.

« Le Charivari, 23 octobre 1843. »

1er État. Avant toute lettre. Trois fil. seulement.
2e — Celui qui est décrit.
3e — En B. au-dessous des fil. au M. *Chez Aubert, Pl. de la Bourse.* Le reste comme à l'état décrit.

837 LXXV. — *Mosieu, mademoiselle doit souper cette nuit avec ce petit jeune homme de | lettres.... qui traduit les orgies de Virgile!.......* — Dans une antichambre un jeune homme, de face, les épaules couvertes d'un manteau, une main dans la poche de son pantalon, penche la tête à G. pour écouter le rapport d'une femme de chambre à qui il a remis son chapeau en entrant. Celle-ci est vue de dos, la tête de pr. — A G. **43-146.** — En B. entre le premier et le deuxième fil. au M. *Par Gavarni.* Au-dessous des fil. à D. *Imp. d'Aubert et Cie.* = H. 203, L. 157.

« Le Charivari, 8 décembre 1843. »

1er État. Avant toute lettre. Trois fil. seulement.
2e — Celui qui est décrit.
3e — En B. au-dessous des fil. à G. *Chez Aubert, Pl. de la Bourse*, 29. Le reste comme à l'état décrit.

838 LXXVI. — *Air : LA RIFLA, FLA, FLA! | Bibi a | Promis | Un' pel'rin' | D'Hermine | A sa p'tit' | Titine!... | Qu'ell' min' va | Fair' Titin' | Dans la pel' | Rin' d'hermin' | De son p'tit | Bibi!!* | — A D. dans une chambre une lorette, un chapeau d'homme sur la tête, un cigare à la bouche, vue de dos à moitié et tournée à G., danse le cancan devant un vieux bonhomme coiffé d'un chapeau de femme. — A G. **43-119.** — En B. entre le T. C. et le premier fil. au M. *Par Gavarni.* Au-dessous des fil. à G. *Chez Pannier, r. du Croissant*, 16. A D. *Imp. d'Aubert et Cie.* = H. 204, L. 155.

« Le Charivari, 21 octobre 1843. »

1er État. Avant toute lettre.
2e — Celui qui est décrit.
3e — En B. au-dessous des fil. au M. *Chez Aubert, Pl. de la Bourse.* Le reste comme à l'état décrit.

839 LXXVII. — *Eh! parbleu, c'est chez mademoiselle de Beaupertuis que j'ai eu l'honneur de faire | votre connaissance.* | — *Ah! mosieu! voilà une femme qui nous a coûté bien cher!* | — *Ah! mosieu!* — Deux hommes âgés, causant en plein air, le chapeau sur la tête. L'un à G., gros et court, vu de dos, une

main sur sa canne. L'autre, un grand maigre, le corps de face, les mains derrière lui, les jambes écartées. — A G. **43-116**. — En B. entre le premier et le deuxième fil. au M. *Par Gavarni*. Au-dessous des fil. à G. *Chez Pannier et Cie, éditrs, r. du Croissant,* 16. A D. *Imp. d'Aubert et Cie*. = H. 203, L. 155.

« Le Charivari, 25 octobre 1843. »

1er État. Avant toute lettre. Trois fil. seulement.
2e — Celui qui est décrit.
3e — En B. au-dessous des fil. au M. *Chez Aubert et Cie, Place de la Bourse.* Le reste comme à l'état décrit.

840 LXXVIII. — *ON CAUSE AFFAIRES.* | —*Voyons! si tu lui promettais tant par mois? Ou dis-lui que ton oncle est bien malade, ou | que tu te maries. Veux-tu ma signature? Après ça vend* (sic) *ton cheval si tu veux......... Moi | je lui porterais quelque chose de gentil pour son moutard..... à cet homme. | Ou bien si tu lui fichais une danse?* — Sur le palier d'un escalier un jeune homme de face, le chapeau sur la tête, une main dans la poche de son pantalon, l'autre tenant son menton, paraît réfléchir profondément. Près de lui à D. une jeune femme de pr., les mains l'une sur l'autre à la hauteur de la taille. — A G. **43-118**. — En B. entre le premier et le deuxième fil. au M. *Par Gavarni*. Au-dessous des fil. à G. *Chez Aubert et Cie, pl. de la Bourse*, 29. A D. *Imp. d'Aubert et Cie*. = H. 203, L. 156.

« Le Charivari, 11 décembre 1843. »

1er État. Avant toute lettre.
2e — Celui qui est décrit.

841 LXXIX. — .... *dix-sept vrancs. — Non!..... cent sous. — Quinze vrancs (barceque c'est fous!) — Cent sous. | — Foyons! douze vrancs? — Cent sous.— Foulez-fous me tonner huite vrancs et demie* (sic)? — *Cent! sous?* — | ..... *tonnez-moi zent sous! | — Père Salomon, faudra les venir chercher dans quinze jours. | — O pien! alors, çà sera les fingte vrancs. — Allons! six francs. — Non bas! — Voulez-vous dix francs? — Fingte vrancs! | — Douze francs? — Non! — Quinze francs? — Les fingte francs. — Eh! bien, vingt francs, vieux chien! — Foui, afec les zent | sous de gommission.* — Une lorette en robe de chambre, vue de dos et tournée à G., tient à la main un petit écran chinois; elle est près d'une porte par laquelle s'éloigne un juif, des paquets sous le bras. — A G. **43-133**. — En B. entre le deuxième et le troisième fil. au M. *Par Gavarni*. Au-dessous des fil. à D. *Imp. d'Aubert et Cie*. = H. 215, L. 155.

« Le Charivari, 30 décembre 1843. »

1er État. Avant toute lettre.
2e — Celui qui est décrit.
3e — En B. au-dessous des fil. à G. *Chez Aubert, Pl. de la Bourse*, 29. Le reste comme à l'état décrit.

» MANTEAUX GRECS DE HUMANN. — Voir ce titre sous la rubrique *le Charivari*, à la section : *Costumes et Modes*.

» LE MARI A LA VILLE ET LA FEMME A LA CAMPAGNE. | *Comédie-*

vaudeville en 2 actes, de Mr Varin. Scène du 1er acte. — Voir la description de cette planche sous la rubrique *le Monde dramatique,* même section, même subdivision.

» MARIA PADILLA | *Prologue. Théâtre du Vaudeville.* — Voir la description de cette planche sous la rubrique *le Monde dramatique.*

» MARIE REMOND. | *Théâtre du Vaudeville,* | *acte III.* — Voir ci-après la description de cette planche dans *le Figaro,* même section, même subdivision.

LES MARIS VENGÉS.

Suite de dix-huit pièces. Les nos 7 et 16 remplacent deux autres lithographies de Gavarni portant les nos 7 et 15 qui n'ont pas été publiées dans *le Charivari* et dont il n'existe que quelques épreuves, les pierres ayant été brisées au tirage. Le nombre des pièces pour les *Maris vengés* s'élève ainsi réellement à vingt. Chacune est entourée de deux filets dont le deuxième est brisé en H. au M. On lit dans la brisure : *Les Maris vengés.* A D. au-dessus des fil. le numéro d'ordre. En B. au-dessous des fil. à D. *Imp. d'Aubert et Cie.* A G. *Chez Aubert, gal. Véro-Dodat.* Plus bas la légende.

842 I. — *Mr Adolphe a été pris au petit jour pour un voleur,* | *et il a reçu une charge de plomb dans....... les reins.* — Dans un jardin, au pied d'un mur et à côté d'une échelle par laquelle il vient de descendre, un jeune homme vu de dos, le visage tourné à G. contre le mur, presse des deux mains le bas de ses reins. A D. le jardinier, son fusil entre les bras, la crosse à terre, lui exprime ses regrets. — A D. **232.** = H. 198, L. 157.

« Le Charivari, 19 décembre 1837. »

843 II. — *Mr Paul, qu'on a trouvé dans le grenier de la grènetière,* | *va passer un vilain quart d'heure.* — Dans un grenier, M. Paul à G. en chemise, pantalon collant et bottes vernies, acculé contre la cloison, regarde avec un certain effroi le grènetier qui relève ses manches de chemise pour lui administrer une correction. — A G. **237.** = H. 198, L. 157.

« Le Charivari, 28 décembre 1837. »

844 III. — *Mr Jules va courir tout Paris pour les commissions, les fantaisies* | *et les caprices de Madame, tandis que Monsieur reste au coin du feu.* — Le mari à G. en robe de chambre, assis au coin de son feu, les mains entre ses genoux. A côté de lui sa femme, également assise, vue de dos, la tête tournée au fond à D. vers la porte par laquelle sort un jeune homme, un cache-nez autour du cou. — A D. **252** = H. 199, L. 158.

« Le Charivari, 8 janvier 1838. »

845 IV. — *Mr Isidor faisant le galant auprès de la femme* | *d'un garde du commerce qui lui rend visite un matin.* — Dans un petit appartement, un jeune homme en robe de chambre, de face, assis au coin de son feu, se retourne à G. du côté du garde de commerce, qui, après avoir mis son chapeau à terre, lui montre un mandat d'arrêt. Au fond, dans l'embrasure de la porte, deux

recors avec leurs bâtons, et dont on n'aperçoit que le haut du corps. — A G. **251.** = H. 197, L. 157.

« Le Charivari, 16 janvier 1838. »

1er État. *Garde de commerce* au lieu de *garde du commerce.*
2e — Celui qui est décrit.

846 V. — *Mr Amédée, très-fort sur le pistolet,* | *a reçu une balle dans l'œil .....* — Dans une ruelle déserte, deux hommes viennent de se battre en duel. Dans le fond à D. le mari s'en allant avec ses deux témoins; sur le devant, M. Amédée, soutenu par les siens, s'affaisse en portant les mains à sa figure. — A G. **229.** = H. 198, L. 156.

« Le Charivari, 9 janvier 1838. »

847 VI. — *Mr Alfred, en faction, rend les honneurs* | *à qui de droit.* — Près de la grille d'un jardin public, un jeune garde national en faction porte les armes à un personnage décoré qui passe à D. avec sa femme au bras; celui-ci soulève son chapeau pour rendre le salut au garde national. — A G. **236.** = H. 197, L. 157.

« Le Charivari, 19 janvier 1838. »

848 VII. — *Mr Amable paye les dettes de la femme de son ami.* — A D. un jeune homme en robe de chambre, assis près de son bureau, une main dans un des tiroirs, et tenant de l'autre une facture qu'il lit d'un air peu satisfait; elle vient de lui être remise par une modiste vue presque de dos, tournée à D., ayant à ses pieds un immense carton à chapeau. Derrière le jeune homme se presse une foule compacte de fournisseurs des deux sexes et de toute espèce. — A G. **246.** = H. 196, L. 158.

« Le Charivari, 30 janvier 1838. »
Des épreuves sont numérotées 17 au lieu de 7.

849 RRR. VII (bis).— *Monsieur Théodore, qui a passé la nuit au corps de garde, subit de la part de Monsieur une* | *foule de plaisanteries sur les ennuis du service.* — M. Théodore à G., en uniforme de la garde nationale, est assis près du lit où est couché de D. à G. le mari avec sa femme.—A G. **238.**=H. 198, L. 153.
Cette planche n'a pas paru dans *le Charivari.*

850 VIII. — *Mr Hyppolite* (sic), *qui abusait depuis six mois de la mitoyenneté d'un mur,* | *est enfin pris sur le fait.* — A G., à cheval sur un mur, un jeune homme cherche à dégager sa jambe que tient un garçon jardinier qui appelle à son aide. — A G. **240.** = H. 196, L. 156.

« Le Charivari, 10 janvier 1838. »

851 IX. — *Et Jean s'en alla comme il était venu,* | *par la fenêtre.* — Un jeune homme jeté par une fenêtre contre laquelle est une échelle. Il est renversé dans l'espace horizontalement, la tête à D. A G. l'auteur de cet accident tragique, dont on voit seulement une partie du corps, et les mains appuyées sur le rebord de la fenêtre. — Vers la D. **230.** A G. **Gavarni.** = H. 202, L. 157.

« Le Charivari, 26 janvier 1838. »

852 X.— *Pour justifier sa présence chez la femme d'un dentiste,* | *ce pauvre Adolphe se fait arracher une dent par le mari.*—Un dentiste, en robe de chambre, cheveux ébouriffés, de pr. tourné à D., arrache une dent à un jeune homme. Celui-ci, assis dans un fauteuil, lève ses jambes contractées par la douleur, et

tient de ses deux mains crispées celle de l'opérateur. — A D. **234**. A G. **Gavarni.** = H. 200, L. 160.

« Le Charivari, 3 février 1838. »

853 XI. — *Mr Adrien, jeune homme du voisinage, s'est pris la jambe cette nuit dans | un piége à loup, sous les murs du parc.* — A D. au pied d'un mur qu'il a escaladé par un temps de neige, un jeune homme couvert d'un manteau est assis par terre, une jambe prise dans un piége à loup. Il est surpris dans cette triste position par un personnage en costume de chasse, son fusil sous le bras. — A G. **235**. = H. 197, L. 158.

« Le Charivari, 3 mars 1838. »

854 XII. — *Mr Philibert endosse, à la prière du mari de son adorée, | des lettres de change que celui-ci ne payera pas.*—Un jeune homme en robe de chambre, vu de face, assis les jambes écartées, et écrivant sur son bureau ; à G. le mari, les mains appuyées sur le bureau, le corps penché en avant, suit des yeux ce qu'il écrit. — A G. **244**. = H. 198, L. 158.

« Le Charivari, 21 mars 1838. »

855 XIII. — *Mr Maxime est exposé à la risée des valets sur un toit où il a passé la nuit, en frac | et en petits souliers......, au mois de février.* — Un jeune homme en tenue de bal, assis sur le faîte d'un toit, est appuyé contre une cheminée derrière laquelle il n'a pu se dissimuler aux regards de plusieurs domestiques qu'on aperçoit dans le fond à G. à la fenêtre d'une mansarde de la maison voisine. — A D. **238**. = H. 196, L. 157.

« Le Charivari, 29 mars 1838. »

1er État. *Petit soulier*, au lieu de : *petits souliers*.
2e — Celui qui est décrit.

856 XIV. — *Monsieur Victor, qui flânait sous certaine fenêtre, a reçu de Monsieur Prosper | une foule de coups de canne.*—Dans une rue, un jeune homme, les jambes étendues sur le pavé, où il s'appuie d'une main, se frotte de l'autre le bas des reins. Dans le fond, M. Prosper, tenant sa canne, s'éloigne en courant. Sur le pas d'une porte ouverte à D., attiré par le bruit, un homme en robe de chambre, jambes nues, bonnet de coton sur la tête, s'arrête stupéfait à la vue du jeune homme à terre. — A D. **231**. = H. 198, L. 157.

« Le Charivari, 31 mars 1838. »

857 XV. — *Mr Frédéric voit arriver un beau matin la femme adorée qu'un époux lui renvoie, avec les enfans* (sic), *| les poupées, les tambours, le petit chien, la bonne et les dettes.* — Dans une antichambre, une jeune femme, suivie de son petit garçon et sa petite fille, se précipite en pleurant sur le sein d'un jeune homme qu'elle presse dans ses bras. Il est de dos et tourné à D., les mains dans les poches de sa robe de chambre, un cigare à la bouche. Derrière les enfants, au fond, la bonne portant les cartons à chapeaux.—A G. **243**.= H. 198, L. 169.

« Le Charivari, 6 avril 1838. »
Des épreuves sont numérotées 16 au lieu de 15.

858 RRR. XV (bis). — *Mr Ernest a eu l'audace de s'introduire sous un prétexte quelconque chez une femme | vertueuse qui le dénonce à son époux.* — Le mari, de pr. tourné à D., en robe de chambre, un sabre dans son fourreau sous le bras, les mains posées sur ses genoux, devant une grande caisse dont

sa femme lève le couvercle et où se trouve M. Ernest. — A G. **239**. = H. 197, L. 153.

Cette planche n'a pas paru dans *le Charivari*.

859 XVI. — *Mr Ernest a eu l'audace de s'introduire sous un prétexte quelconque chez une femme | vertueuse qui le dénonce à son mari.* — A G. **283**. — Cette pièce est la reproduction, mais en contrepartie, de la lithographie précédente numérotée 15 (bis), dont la pierre a été brisée après un tirage de quelques épreuves, ainsi que nous l'avons dit au préambule. Sur la caisse on lit écrit directement : **fragil** (sic).

860 XVII. — LA PRISON POUR DETTES. | *Mr......., que les folies pour la femme de son ami ont conduit un peu loin, reconnaît | qu'il lui reste un seul moyen de se tirer d'affaire........., le mariage. C'est effrayant.* — Un jeune homme dans le promenoir de la prison, de 3/4 tourné à G., en robe de chambre, les mains dans les poches de son pantalon, est appuyé, la tête baissée, contre une des grosses colonnes qui soutiennent le plafond. A D. au fond et vus de dos, un détenu et un de ses amis qui est venu le visiter. — Au bas de la colonne à G. **21**. = H. 198, L. 158.

« Le Charivari, 11 mai 1838. »

1er État. Avant toute lettre. Sans fil.
2e — Celui qui est décrit.

861 XVIII. — CONCLUSION ET MORALE. | (*Accusation d'adultère.*) — Devant un tribunal, debout au banc des accusés à G., un jeune homme et sa maîtresse. Le premier, les bras croisés, la tête haute ; la femme, la tête baissée et cachée par son chapeau. Derrière eux un gendarme. Sur le devant, au-dessous du banc des accusés, deux avocats causant ensemble. — A G. **245**. = H. 197, L. 158.

« Le Charivari, 3 juin 1838. »

LES MARTYRS

Suite de huit pièces, entourées chacune d'un filet au-dessus duquel on lit en H. au M. : *Les Martyrs*. En B. au-dessous du filet à D. *Imp. d'Aubert et Cie*, sauf au no 1, où cette inscription est à G. Plus B. la légende.

862 I. — ENTRE DEUX FEUX. — Surpris par une pluie d'orage, trois passants étrangers l'un à l'autre, une femme en chapeau, un garçon boulanger et un monsieur en paletot, se sont mis à l'abri sous un auvent dans la rue. Les deux hommes sont en train de fumer. A G. le boulanger, son brûle-gueule à la bouche, l'autre son cigare à la main. La pauvre femme placée entre eux ne peut se garantir de la fumée qui l'aveugle. — A D. **Gavarni**. — En H. à D. au-dessus du fil. 1. En B. au-dessous du fil. au M. *Par Gavarni*. A D. *Édité par le Charivari, rue du Croissant*, 16. = H. 231, L. 181.

« Le Charivari, 15 avril 1841. »

1er État. Celui qui est décrit.
2e — En B. au-dessous du fil. à G. *Au bureau du Charivari, r. du Croissant*, 16. Au M. *Gavarni*. A D. *Imp. d'Aubert et Cie*. Le reste comme à l'état décrit.

863 II. — SUPPLICE DE LA GÉOMÉTRIE | *appliqué à un jeune chrétien qu'une vestale attendait au Cirque.* | « *Nous allons voir maintenant qu'un angle BAC, dont le sommet A est à un point | de la circonférence, a pour mesure la moitié de l'arc CB compris entre ses côtés.... Et nous passerons aux théorèmes sui-*

vans (sic).... — A D., chez son professeur de mathématiques, un grand jeune homme, une main sur la hanche et de l'autre tenant une badine sous les basques de sa redingote, est vu de dos devant un tableau noir posé sur un chevalet. Le professeur a tracé sur ce tableau une figure de géométrie pour établir la démonstration qu'il va faire à son élève. — A D. **280**. — En H. à D. au-dessus du fil. 2. En B au-dessous du fil. à G. *Chez Bauger, r. du Croissant,* 16. = H. 196, L. 156.

« Le Charivari, 31 octobre 1840. »

1er État. Avant toute lettre.
2e — Celui qui est décrit.
3e — En B. au-dessous du fil. au M. *Chez Aubert, gal. Véro-Dodat.* Le reste comme à l'état décrit.
4e — *Édité par le Charivari,* au lieu de : *Chez Bauger* (etc.). *Par Gavarni*, au lieu de : *Chez Aubert* (etc.). Le reste comme au 2e état.

864 III. — DRAME EN CINQ ACTES, A DOMICILE, AVEC PROLOGUE ET ÉPILOGUE. | .... *(la Comtesse) Jamais! (le Comte) Madame! (Pépita) Ma mère! (Carlos) Ma sœur!* | *(la Comtesse) O jamais! (Pépita) Ah! ma mère! (le Comte) Mais, Madame!..... (Carlos)* | *Quoi! ma sœur........* — Debout et de pr. tourné à G., un auteur dramatique, accentuant par ses gestes les nuances du dialogue, lit un manuscrit à un directeur de théâtre. Celui-ci, en robe de chambre, est endormi sur un grand fauteuil, les mains sur sa poitrine. — A G. **279**. — En H. à D. au-dessus du fil. 3. En B. au-dessous du fil. au M. *Par Gavarni.* Au-dessous de la légende : *Se vend chez Bauger et Cie, éditeurs des* (etc.). = H. 199, L. 156.

« Le Charivari, 25 novembre 1840. »

1er État. Avant toute lettre.
2e — Celui qui est décrit.
3e — En B. au-dessous du fil. à G. *Chez Aubert, gal. Véro-Dodat.* Le reste comme à l'état décrit.

865 IV. — LECTURE DU SOIR. | « *Et pour ce qu'il n'y a aucune proportion, ni aucun ordre, qui soit plus* | *aisé à comprendre que celui qui consiste en une parfaite égalité, j'ai supposé ici que toutes* | *les parties de la matière ont au commencement été égales entre elles, tant en grandeur* | *qu'en mouvement, et n'ai voulu concevoir aucune autre inégalité en l'Univers que* | *celle qui est en la situation des Étoiles fixes, qui paraît si clairement à ceux qui regardent le* | *ciel pendant la nuit, qu'il n'est pas possible de la mettre en doute. Au reste......»* | *(Descartes, des Princ. de la Phil.,* 4, III.) — Dans un salon, une jeune femme est assise de pr. tournée à D. devant une petite table sur laquelle est posé un livre. Elle fait la lecture à un vieillard en robe de chambre étendu dans un grand fauteuil à D., et qui l'écoute avec recueillement. — A G. **281**. — En H. à D. entre le T. C. et le fil. 4. En B. entre le T. C. et le fil. au M. *Par Gavarni.* Au-dessous du fil. à D. *Chez Bauger et Cie, r. du Croissant,* 16. = H. 202, L. 155.

« Le Charivari, 10 décembre 1840. »

1er État. Avant toute lettre.
2e — Celui qui est décrit.

866 V. — « *Nous l'avons dit plusieurs fois, et les événemens* (sic), *à mesure qu'ils s'accomplissent, nous* | *confirment pleinement dans cette conviction, la question d'Orient est loin d'être terminée.......»* — Dans une chambre à cou-

cher, un homme, la figure et le buste entièrement cachés par un journal dont il fait la lecture à sa femme, est assis à D. dans un grand fauteuil. Celle-ci, sur le devant, à moitié couchée dans un fauteuil à la Voltaire sur un des bras duquel elle appuie la tête, dort profondément. — A G. **41-51**. — En H. à D. entre le T. C. et le fil. 5. En B. au M. entre le T. C. et le fil. *Par Gavarni.* Au-dessous du fil. à G. *Chez Bauger, r. du Croissant*, 16. = H. 202, L. 155.

« Le Charivari, 12 juillet 1841. »

1er État. Avant toute lettre.
2e — Celui qui est décrit.
3e — En B. au M. au-dessous du fil. *Chez Aubert, place de la Bourse.* Le reste comme à l'état décrit.

867 VI. — *Cinquante-deux papillottes* (sic) *par jour, pour que la Bichette à sa petite maman soit mignon | tout plein.* — En veste et en pantoufles, un jeune homme de pr. tourné à D. est assis sur une chaise, les genoux dans ses mains, la tête couverte de papillotes que lui met une jeune femme vue presque de face et debout. Dans le fond une riche commode. — A G. **41-60**. — En H. à D. entre le T. C. et le fil. 6. En B. au M. entre le T. C. et le fil. *Par Gavarni.* Au-dessous du fil. à G. *Chez Bauger, r. du Croissant*, 16. = H. 158, L. 199.

« Le Charivari, 26 juillet 1841. »

1er État. Avant toute lettre.
2e — Celui qui est décrit.
3e — En B. au M. au-dessous du fil. *Chez Aubert, place de la Bourse.* Le reste comme à l'état décrit.

868 VII. — DEUX HEURES DE POSE HORS DE TOUR. — Dans l'atelier d'un peintre, une jeune femme, vue de dos et tournée à D., une main sur la hanche, l'autre appuyée sur une grande pipe turque, sert de modèle à son mari qui, dans le fond à G., fait sur ses genoux une étude d'après elle. — A G. **41-57**. — En H. à D. entre le T. C. et le fil. 7. En B. dans l'intérieur du dessin à D. *Par Gavarni.* Au-dessous du fil. à G. *Chez Bauger, r. du Croissant*, 16. = H. 203, L. 158.

« Le Charivari, 20 juillet 1841. »

1er État. Avant toute lettre.
2e — Celui qui est décrit.
3e — En B. au M. au-dessous du fil. *Chez Aubert, place de la Bourse.* Le reste comme à l'état décrit.

869 VIII. — *La Seine est un fleuve* (*en latin Fluvius*). *Elle est, à Paris, traversée par un grand nombre de | ponts; les principaux sont en pierre. Pont vient du latin Pons. Savez-vous d'où vient trottoir? | Du verbe trotter, aller le trot, marcher beaucoup.....* — Un jeune homme avec son précepteur sur un des quais de Paris. Tous deux vus de face, le précepteur à G. s'appuyant sur sa canne, le jeune homme les mains derrière le dos, l'air parfaitement ennuyé. — A G. **41-41**. — En H. à D. entre le T. C. et le fil. 8. En B. au M. entre le T. C. et le fil. *Par Gavarni.* Au-dessous du fil à G. *Chez Bauger, r. du Croissant*, 16. = H. 198, L. 157.

« Le Charivari, 3 août 1841. »

1er État. Avant toute lettre. Quatre filets.
2e — Celui qui est décrit.
3e — En B. au M. au-dessous du fil. *Chez Aubert, place de la Bourse.* Le reste comme à l'état décrit.

» MODES. — Onze pièces.

» MODES DE LONGCHAMPS. — Deux pièces.

Voir la description de ces treize pièces sous chacun de ces titres, et sous la rubrique *le Charivari*, à la section *Costumes et Modes*.

---

870 MODES D'ENFANS (sic). — Le chapeau sur la tête, un enfant de pr. tourné à D., tenant une canne d'une main et de l'autre un cigare qu'il allume au brûle-gueule d'un gamin. Ce dernier a les deux mains dans les poches de son pantalon retenu par une seule bretelle. Au fond on lit écrit directement sur le mur : **Liberté! Egalité!** et sur une affiche : **Avis aux | fumeurs | pastilles.** — A G. **Gavarni**. A D. **39.** — En B. au-dessous du T. C. à G. *Imp. d'Aubert et Cie*. = H. 198, L. 158.

« Le Charivari, 21 mars 1839. »

1er État. Avant toute lettre.
2e — Celui qui est décrit.
3e — En B. au-dessous du fil. à D. *Par Gavarni*. Le reste comme à l'état décrit.

---

871 MODE D'HOMMES (ce dernier mot est raturé), DE FEMMES. — Une femme vue de face fume un cigare en marchant; elle tourne sa tête à D. du côté d'un homme en paletot qui marche auprès d'elle, et elle lui envoie au nez une bouffée de fumée contre laquelle il se fait inutilement un rempart de sa main. — A G. **G. 39.** — Claire-voie. A D. *Imp. d'Aubert et Cie*. = H. 235, L. 183.

« Le Charivari, 7 mars 1839. »

» Mr et Mme ÉMILE TAIGNY. | *Théâtre du Vaudeville*. — Voir aux portraits.

MONSIEUR LOYAL.

Suite de cinq pièces numérotées 1, 2, 4, 5, 6, et dont les personnages sont à mi-jambes. Chacune est entourée d'un filet au-dessus duquel on lit en H. au M. : *Mr Loyal*, sauf le *n°* 5, qui porte : *M. Loyal*. A D. entre le T. C. et le filet le numéro d'ordre. Il est au-dessus du filet à D. sur le n°6. En B. entre le T. C. et le filet au M. *Par Gavarni*. Au-dessous du filet la légende, excepté au *n°* 4, où elle est inscrite entre le T. C. et le filet.

872 1. — *Papa, qu'est-ce que c'est donc que Mosieu Loyal?* | — *C'est le bourreau de la propriété, mon fils.* | — *Ah! qu'est-ce qu'il vous coupe donc, Papa?* | — *Ce qu'on a, mon fils.* | — A D. un homme se rase devant un miroir accroché à une croisée. Un enfant lui tournant le dos lit le *Charivari*. — A G. **Gavarni**. A D. **68.** — En B. au-dessous du fil. à D. *Imp. d'Aubert et Cie*, et au-dessous de la légende : *Se vend chez Bauger et Cie, éditeurs des* (etc.). = H. 180, L. 137.

« Le Charivari, 26 novembre 1840. »

1er État. Avant toute lettre. Fil. non fermé par le B.
2e — Celui qui est décrit.
3e — En B. à G. au-dessous du fil. *Chez Aubert, gal. Véro-Dodat*. Le reste comme à l'état décrit.

873 II. — UN PROTÊT. | *Au nom de la loi et de la justice* (ces neuf derniers mots raturés), *à la requête du sieur Vautour, négociant | patenté, nous Loyal, huissier patenté, Achille Jolibiais et Ignace Honoré Franc Michel, praticiens | soussignés, déclarons que nous sommes, à l'heure qu'il est, au domicile de la dame Misère, et | non ici, où, parlant à son ou sa portier ou portière, ainsi déclaré ou déclarée, ce quaprenons | pour refus de paiement* (sic) *: coût huit francs soixante-quinze centimes. Rayé deux mots nuls.*— A D. deux clercs d'huissier assis devant une table sur laquelle ils écrivent. Au fond à G. l'huissier, debout vu de dos, en robe de chambre, lit le journal. — A G. **40-65**. — En B. au-dessous du fil. à G. *Imp. d'Aubert et Cie*. A D. *Chez Bauger, r. du Croissant*, 16. = H. 182, L. 141.

« Le Charivari, 19 novembre 1843. »

1er État. Avant toute lettre. Fil. non fermé par le B.

2e — *Un protêt* n'existe pas. La légende est en écriture cursive et présente de telles modifications que nous croyons devoir la reproduire entièrement : *Au nom de la loi et de la justice* (ces neuf mots raturés), *à la requête du sieur Vautour, | négociant patenté, nous, Loyal, huissier patenté* (ces deux derniers mots raturés), *huissier patenté, | Achille Jolibiais et Ignace Honoré Franc Michel, patricien* (sic), *| soussignés, déclarons que nous sommes à l'heure qu'il est au | domicile de la dame veuve Misère, et non ici, au* (sic), *parlant | à son ou à sa portier ou portière, ainsi déclaré ou déclarée, ce | que prenons pour refus de payement* (ce dernier mot raturé) *paiement* (sic) *: coût six francs quatre vingt-cinq centimes. Rayé deux mots nuls.* Le reste comme à l'état décrit.

3e — Celui qui est décrit. Sur quelques épreuves il y a *cent huit francs,* au lieu de : *coût huit francs.*

874 IV. — . . . . *de payer dans vingt-quatre heures au dit requérant, en mes mains, comme | porteur de pièces, la somme de trois cents francs | de principal, les intérêts et les frais* (ces dix derniers mots en écriture cursive), *| en quoi il a été condamné par le jugement susdaté, pour les | causes y portées, sans préjudice d'autres dus, droits, actions, intérêts, frais, dépens | et mise d'exécution; lui déclarant que, faute de satisfaire au présent com | mandement dans ledit délai, il y sera contraint par les voies de droit*............ .... — Trois hommes vus de dos et tournés à G. devant une porte à laquelle l'un d'eux, tenant des papiers à la main, vient de sonner. — A G. **Gavarni**. A D. **67**. — En B. au-dessous du fil. à G. *Chez Bauger, r. du Croissant*, 16. A D. *Imp. d'Aubert et Ce*. = H. 182, L. 138.

« Le Charivari, 30 et 31 juillet 1840. »

1er État. Avant toute lettre. Fil. non fermé par le B.

2e — Celui qui est décrit.

3e — En B. au M. au-dessous du fil. *Chez Aubert, gal. Véro-Dodat*. Le reste comme à l'état décrit.

875 V. — «.....*Item un tableau représentant une femme couchée, dans un cadre | doré, lequel tableau ma susdite dame de Beaupertuis nous a déclaré être | un portrait de famille.* » — Un huissier debout, regardant le tableau où l'on voit une Madeleine toute nue, dicte un procès-verbal à son clerc. Celui-ci, assis à D. et vu de face le chapeau sur la tête, écrit sur un guéridon. Au fond à G. Mme de Beaupertuis en robe de chambre. — A G. **66**. | **Gavarni**. — En B.

au-dessous du fil. à G. *Chez Bauger, r. du Croissant*, 16. A D. *Imp. d'Aubert et Cie*. = H. 182, L. 137.

« Le Charivari, 3 juillet 1840. »

1er État. Avant toute lettre. Fil. non fermé par le B.
2e — Celui qui est décrit.
3e — En B. au M. au-dessous du fil. *Chez Aubert, gal. Véro-Dodat.* Le reste comme à l'état décrit.

876 VI. — *Protêt, assignation, signification de jugement par défaut, commande- | ment, assignation en débouté d'opposition, jugement définitif, signification | de contrainte, dernier commandement, saisie, signification de vente, procès- | verbal d'affiches..... Hi! hi! hi!..... Vous avez reçu tous vos sacremens* (sic), *mon cher Monsieur.... Hi! hi! hi!* — Deux hommes dont l'un à G. tient plusieurs papiers qu'il montre en riant à l'autre. Ce dernier, presque entièrement de face, les mains dans ses goussets, est en robe de chambre, sans cravate et sans gilet. — A D. **Gavarni.** A G. **64.** — En B. au-dessous du fil. à G. *Chez Bauger, r. du Croissant*, 16. A D. *Imp. d'Aubert et Cie*. = H. 182, L. 139.

« Le Charivari, 18 août 1840. »

1er État. Avant toute lettre. Fil. non fermé par le B.
2e — Celui qui est décrit.
3e — En B. au-dessous du fil. au M. *Chez Aubert, gal. Véro-Dodat.* Le reste comme à l'état décrit.

NUANCES DU SENTIMENT.

Suite de vingt-cinq lithographies encadrées d'un filet dont les quatre angles sont en demi-lune, et qui est brisé dans le H. au milieu. Sur chacune d'elles on lit dans la brisure : *Nuances du sentiment*, et à D. entre le T. C. et le filet le numéro d'ordre. En B. entre le T. C. et le filet la légende.

877 I. — L'AMI DE L'AMANT | *est à l'amant ce que l'amant est au mari.* — Dans un jardin, l'ami de l'amant donne le bras à une jeune femme tenant une fleur dans la main. Derrière eux à D. l'amant donne le bras au mari. Il fume un cigare dont il lance la fumée vers le ciel en regardant en l'air. Le mari, coiffé d'un chapeau de paille, sans habit ni gilet, sa pipe à la bouche. — A G. **Gavarni.** = H. 190, L. 150.

« Le Charivari, 5 mars 1839. »

1er État. Celui qui est décrit.
2e — En B. au-dessous du fil. à D. *Imp. d'Aubert et Cie*. Le reste comme à l'état décrit.
3e — En B. entre le T. C. et le fil. à G. *Chez Bauger, r. du Croissant*, 16. Le reste comme au 2e état.

878 II. — *On aime cet homme, — ce n'est pas pour sa beauté, — ce n'est pas pour sa position dans le | monde : il est vendeur de contremarques. — Ce n'est pas pour sa fortune : il n'a pas seulement | payé chopine à la barrière (au contraire); — non, c'est | un homme aimé pour lui-même.* — Une grande fille en bonnet, un tartan sur les épaules, s'avance dans un chemin creux donnant à D. le bras à un homme de petite taille, à figure sordide, qui fume sa pipe les deux mains dans les poches de son pantalon. Au fond un cabaret sur

lequel on lit écrit directement : **Bon vin. — A D. Gavarni. 39-7.** — En B. au-dessous du fil. à D. *Imp. d'Aubert et Cie*. = H. 190, L. 150.

« Le Charivari, 25 février 1839. »

1er État. Le filet n'est pas brisé en H. *Nuances du sentiment* est inscrit en B. entre le T. C. et la légende qui est écrite en caractères différents. Ici la seconde ligne de la légende se termine par le mot *payé*, et la troisième commence par *chopine*. On lit : *sa barrière*, au lieu de : *la barrière*. En B. à G. au-dessous du fil. *Chez Aubert, gal. Véro-Dodat*. Le reste comme à l'état décrit.
2e — Celui qui est décrit.

879 III. — *Ce qu'on aime le plus après l'amoureux, c'est | le papa de l'amoureux.* — Un vieillard et une jeune fille, bras dessus, bras dessous, dans un jardin. Le vieillard à D. vu de dos, en robe de chambre, casquette sur la tête. — A G. **G. 39.** — En B. au M. entre le T. C. et le fil. *Par Gavarni*. Au-dessous du fil. à G. *Imp. d'Aubert et Cie*. A D. *Le Charivari*. = H. 199, L. 158.

« Le Charivari, 17 mars 1839. »

880 IV. — *Rien ne pèse au bras comme | la femme qu'on n'aime plus.* — Dans la campagne, une jeune femme, les deux mains croisées sur le bras de son amant qu'elle regarde d'un air mélancolique. Celui-ci est à D.; il tient une badine à la main et paraît fortement ennuyé. Dans le fond à G. une maison sur laquelle on lit écrit directement : **Ile d'amour.** — A D. **39.** A G. **Gavarni.** En B. au M. entre le T. C. et le fil. *Par Gavarni*. Au-dessous du fil. à G. *Imp. d'Aubert et Cie*. A D. *Le Charivari*. = H. 192, L. 151.

« Le Charivari, 23 mars 1839. »

1er État. Avant toute lettre.
2e — Celui qui est décrit.

881 V. — *On ne vous aime pas, non! | C'est le chat.* — Dans une chambre une jeune femme de pr. à D., assise sur une chaise, tient dans ses deux mains un petit chat qu'elle embrasse; elle tourne le dos à un jeune homme assis près d'elle, et qui, le corps penché en avant, a les deux mains posées sur un de ses genoux. — A G. **Gavarni. 39.** — En B. au-dessous du fil. à G. *Imp. d'Aubert et Cie*. Au M. *Par Gavarni*. A D. *Le Charivari*. = H. 196, L. 154.

« Le Charivari, 11 mai 1839. »

1er État. Avant toute lettre.
2e — Celui qui est décrit.

882 VI. — *Il y a des hommes qui s'arrangent de n'être pour une femme que | la raison d'un chapeau.* — Dans la campagne, une jeune et jolie femme, coiffée d'un chapeau avec plumes et voile de dentelle, son mouchoir à la main, donne le bras à un homme. Celui-ci est à G., une main sur sa poitrine dans l'ouverture de sa redingote, l'autre dans la poche d'un petit pardessus de couleur claire. — A G. **Gavarni.** | **39.** — En B. au-dessous du fil. à G. *Imp. d'Aubert et Cie*. Au M. *Par Gavarni*. A D. *Édité par le Charivari*. = H. 189, L. 149.

« Le Charivari, 25 mai 1839. »

1er État. Avant toute lettre. Sans fil.
2e — Celui qui est décrit.

883 VII. — LA LUNE DE MIEL | *en son premier quartier.* — Assis sur un canapé, un jeune homme, en robe de chambre, tient dans ses deux mains et contemple un ouvrage en tapisserie auquel a travaillé sa femme. A ses côtés à G.,

celle-ci, l'épaule contre l'épaule, la tête contre la tête de son mari, joue avec une petite perruche posée sur un de ses doigts. — Dans le bas d'un meuble qu'on voit à G. **39**. Plus B. à G. **Gavarni**.—En B. au-dessous du fil. à G. *Imp. d'Aubert et Cie*. Au M. *Par Gavarni*. A D. *Au bureau du Charivari, rue du Croissant*, 16. = H. 190, L. 150.

« Le Charivari, 29 mai 1839. »

884 VIII. — *La Providence donne la pâture aux petits oiseaux, mais aux petits enfans* (sic) *elle a donné* | *la grand'mère.*— Une grosse vieille femme, de face, dans le jardin des Tuileries. Coiffée d'un grand chapeau avec voile, elle tient d'une main un cerceau, de l'autre une petite charrette, une corde et un ballon. — A G. **Gavarni.-131**. — Au-dessous du fil. à G. *Imp. d'Aubert et Cie*. Au M. *Par Gavarni*. A D. *Édité par le Charivari, rue du Croissant*, 16. = H. 198, L. 157.

« Le Charivari, 15 juin 1839. »

1er État. Avant toute lettre. Fil. non fermé par le B.
2e — Celui qui est décrit.

885 N° IX. — LE DERNIER QUARTIER DE LA LUNE DE MIEL. — Une femme assise et dormant dans un grand fauteuil; elle a les coudes appuyés sur les bras du fauteuil et un mouchoir dans ses deux mains. Dans le fond à G. le mari en robe de chambre dormant également dans un fauteuil, les mains dans les poches d'un pantalon à pieds. — A G. **Gavarni** | **39**. — En B. au-dessous du fil. à G. *Imp. d'Aubert et Cie*. Au M. *Par Gavarni*. A D. *Au bureau du Charivari, r. du Croissant*, 16. = H. 200, L. 154.

« Le Charivari, 18 juin 1839. »

1er État. Avant toute lettre.
2e — Celui qui est décrit.

886 N° IX (X). — A PROPOS D'UN AMOUREUX. | *Jamais l'entresol ne pardonne à la mansarde : dans le cœur des femmes la jalousie s'accroît* | *comme le carré des distances; et comme la distance des carrés, dans l'escalier.*— Dans la rue, au coin d'un mur, une jeune femme à D. coiffée d'un chapeau, enveloppée d'un grand mantelet noir et tenant son mouchoir. Vis-à-vis d'elle une ouvrière en bonnet, un châle sur les épaules, un cabas au bras. — Dans le bas du mur à D. **39**, et plus B. **Gavarni**. — En B. au-dessous du fil. à G. *Imp. d'Aubert et Cie*. Au M. *Par Gavarni*. A D. *Au bureau du Charivari, r. du Croissant*, 16. = H. 197, L. 155.

« Le Charivari, 2 juillet 1839. »

1er État. Avant toute lettre.
2e — Celui qui est décrit.
3e — Quatre fil. sans demi-lunes. En H. au M. Au-dessus des fil. : *Les Étudians* (sic) *de Paris*. A D. 51. En B. entre le T. C. et le premier fil. au M. *Par Gavarni*. Au-dessous des fil. à G. *Imp. d'Aubert et Cie*. A D. *Chez Bauger et Cie, r. du Croissant*, 16. — La légende est écrite en caractères différents. La première ligne se termine par *s'ac-; croît* commence la deuxième.

887 N° XI.—*Les Romans donnent le diable aux femmes et les femmes au diable : bien souvent aussi* | *les femmes donnent au diable les romans.* — Dans une chambre à coucher, un jeune homme de pr. en manches de chemise est absorbé dans une lecture; assis sur une chaise basse, le dos appuyé contre le lit à D., il a les pieds en l'air, les jambes posées sur le dossier de sa chaise où est ac-

coudée sa femme; celle-ci est en robe de chambre et le regarde d'un air mécontent. — Dans le bas des rideaux du lit à D. **39**. A G. **Gavarni**. — En B. au-dessous du fil. à G. *Imp. d'Aubert et Cie*. Au M. *Par Gavarni*. A D. *Au bureau du Charivari, r. du Croissant,* 16. = H. 201, L. 156.

« Le Charivari, 23 juillet 1839. »

1er État. Avant toute lettre. Sans fil.
2e — Celui qui est décrit.
3e — Quatre fil. sans demi-lunes. En H. au M. au-dessus des fil. : *Les Étudians* (sic) *de Paris*. A D. 52. En B. entre le T. C. et le premier fil. au M. *Par Gavarni*. Au-dessous des fil. à G. *Chez Bauger, rue du Croissant,* 16. Au M. *Imp. d'Aubert et Cie*. A D. *Chez Aubert, gal. Véro-Dodat*. La légende est en caractères différents.

888 XII. — *Si n'était* (sic) *les tapis, bien des gens | compteraient sans leur hôtesse*. Un jeune homme en robe de chambre, assis à D. devant un secrétaire et écrivant. Debout derrière lui, une jeune femme, les cheveux défaits, enveloppée dans un large peignoir, les bras croisés, cherche à voir par dessus son épaule ce qu'il écrit. — A G. **G. 39**. — En B. au-dessous du fil. à G. *Imp d'Aubert et Cie*. Au M. *Par Gavarni*. A D. *Au bureau du Charivari*, *r. du Croissant*, 16. = H. 201, L. 156.

« Le Charivari, 3 août 1839. »

1er État. Avant toute lettre. Sans fil.
2e — Celui qui est décrit.

889 XIII. — *L'homme qui livre les secrets d'une femme est un méchant, | car il lui ôte ainsi l'ineffable plaisir de les livrer elle-même*. — Deux femmes assises sur un divan. Celle de D. lit une lettre à sa compagne. Sur ses genoux des lettres éparpillées et un coffret appuyé contre le coussin du divan. L'autre femme, coiffée d'un chapeau, est vue de dos. — Dans le bas du divan à G. **G. 39**.— En B. au-dessous du fil. à G. *Imp. d'Aubert et Cie*. Au M. *Par Gavarni*. A D. *Au bureau du Charivari*, *r. du Croissant*, 16. = H. 198, L. 155.

« Le Charivari, 15 août 1839. »

1er État. Avant toute lettre. Sans fil.
2e — Celui qui est décrit.

890 No XIV. — INGRAT! — PLAIT-IL? — Un jeune homme et une jeune femme, tous deux, nu-tête, dans un jardin. La femme à G., les bras croisés sur la poitrine, une fleur à la main . le jeune homme, l'air dédaigneux, mais n'osant la regarder, lui tourne le dos, les mains sous les pans de sa redingote. — A G. **Gavarni**. — En B. entre le T. C. et le fil. au M. *Par Gavarni*. Au-dessous du fil. à G. *Imp. d'Aubert et Cie*. A D. *Chez Bauger, r. du Croissant*, 16. = H. 199, L. 160.

« Le Charivari, 27 août 1839. »

1er État. Avant toute lettre. Fil. non fermé par le B.
2e — Celui qui est décrit.

891 XV. — UNE FEMME A DEUX FINS | *pour les besoins du cœur et pour les bottes*. — Un homme à G. en chemise et en caleçon, de pr. tourné à D., en train de mettre une de ses bottes qu'il tire avec effort. Près de lui, à D., sa femme, une main dans une botte, l'autre tenant une brosse. — A D. **Gavarni**. — En B. au M. entre le T. C. et le fil. *Par Gavarni*. Au-dessous du fil. à G.

Imp. d'Aubert et Cie. A D. *Chez Bauger, r. du Croissant*, 16. = H. 195, L. 154.

« Le Charivari, 7 septembre 1839. »

1er État. Avant toute lettre. Fil. non brisé en H. ni fermé par le B.
2e — Celui qui est décrit.

892 No XVI. — L'AMANT ET LE DICTIONNAIRE DES RIMES. | (*L'Amant*) : *Nymphes des bois, connaissez-vous Adèle?....* | (*Le Dictionnaire des rimes*) : *Adèle! ....Pastourelle charnelle, donzelle matérielle, crécelle sempiternelle, femelle* | *continuelle! manivelle essentielle, elle martèle, bossèle vaisselle, écuelle, gamelle; selle, attèle* (sic), *dételle* | *haridelle; amoncele* (sic) *escabelle, pelle, javelle, fidelle* (sic), *poutrelle, échelle; harcèle, interpelle, querelle* | *Cybèle, qu'elle appelle peronnelle.... Quelle demoiselle!....* — Au pied d'un gros arbre dans une forêt, un jeune homme étendu par terre de D. à G., les jambes écartées, est accoudé sur un tertre, un crayon dans une main. Il cherche une rime dans un petit volume posé devant lui sur un album. — A D. **Gavarni**. — En B. au M. entre le T. C. et le fil. *Par Gavarni*. Au-dessous du fil. à G. *Imp. d'Aubert et Cie.* A D. *Chez Bauger, r. du Croissant*, 16. = H. 199, L. 159.

« Le Charivari, 23 septembre 1839. »

1er État. Avant toute lettre. Fil. non fermé par le B.
2e — Celui qui est décrit.
3e — *Ridelle*, au lieu de *fidelle; personnelle*, au lieu de *peronnelle*. Le reste comme à l'état décrit.

893 No XVII. — « *Mr Charles a voué à Mademoiselle Adèle des sentimens* (sic) *qui ne passeront pas.* | *Qu'est-ce que cela fait aux gens qui passent?* — Dans un bois, un homme vu de dos et tourné à G., donnant le bras à une femme en chapeau, se penche en avant pour lire des noms gravés sur un arbre. On lit écrit directement sur cet arbre : **Char**(les) | **Adèl**(e). — A G. **Gavarni**. — En B. au M. entre le T. C. et le fil. *Par Gavarni*. Au-dessous du fil. à G. *Imp. d'Aubert et Cie.* A D. *Chez Bauger, r. du Croissant*, 16. = H. 195, L. 156.

« Le Charivari, 5 octobre 1839. »

1er État. Avant toute lettre. Sans fil.
2e — Celui qui est décrit.

894 No XVIII. — ON AMUSE L'AMOUR, AINSI QUE LA MIGRAINE, AVEC DES BAGUES. | *Le sentiment croit tenir dans une bague l'humanité par les cheveux, erreur!* | *Il y a des femmes qui sans la graisse d'ours seraient chauves de tendresse.* — Deux jeunes gens dans un atelier. L'un sur le devant, vu de dos et tourné à D. en chemise et en pantalon à pied, est étendu et accoudé sur un divan; l'autre à D., agenouillé sur le divan, regarde une bague qu'il tient à la main. — A G. **Gavarni**. — En B. au M. entre le T. C. et le fil. *Par Gavarni*. Au-dessous du fil. à G. *Chez Bauger, r. du Croissant*, 16. A D. *Imp. d'Aubert et Cie.* = H. 202, L. 155.

« Le Charivari, 11 octobre 1839. »

1er État. Avant toute lettre. Sans fil.
2e — Celui qui est décrit.

895 No XIX. — *Les maris sont bien laids quand on revient du bal; mais où serait* | *le mérite des femmes* | *si le devoir était aussi charmant que le plaisir?* — Près d'un lit dont les rideaux entr'ouverts laissent voir à D. la tête d'un homme dormant la bouche ouverte, une jeune femme debout et de 3/4 tournée à D.

tenant à la main un éventail et un bouquet. — A D. **Gavarni**. A G. **39**. — En B. au M. entre le T. C, et le fil. *Par Gavarni.* Au-dessous du fil. à G. *Chez Bauger, r. du Croissant*, 16. A D. *Imp. d'Aubert et Cie.* = H. 202, L. 155.

« Le Charivari, 17 octobre 1839. »

1er État. Avant toute lettre. Fil. non fermé par le B.
2e — Celui qui est décrit.

896 N° XX. — SI JE T'AIME! — ET MOI DONC! — Un jeune homme et une jeune femme, tous deux le corps courbé et la tête baissée, regardent des poissons rouges dans un bassin qui est à leurs pieds. La femme est à D. Au fond, dans l'encadrement d'une porte, le mari fumant sa pipe les bras croisés. — A G. **Gavarni**. — En bas au M. entre le T. C. et le fil. *Par Gavarni.* Au-dessous du fil. à G. *Chez Bauger, r. du Croissant*, 16. A D. *Imp. d'Aubert et Cie.* = H. 196, L. 156.

« Le Charivari, 23 octobre 1839. »

1er État. Avant toute lettre. Fil. non brisé en H. ni fermé par le B.
2e — Celui qui est décrit.

897 N° XXI. — *Ah! bah... laissez donc! c'est pour m'enjôler.... Vous un fonctionnaire!... — Pourquoi pas, | On a vu des rois épouser des bergères.* — Un garde champêtre en blouse, son tricorne sur la tête par dessus un bonnet de coton, son sabre sous le bras, s'arrête devant une gardeuse de moutons accroupie à D. au pied d'un bouquet d'arbres. Au fond le troupeau paissant dans la campagne. — A D. **Gavarni**. — En B. au M. entre le T. C. et le fil. *Par Gavarni.* Au-dessous du fil. à G. *Chez Bauger, r. du Croissant*, 16. A D. *Imp. d'Aubert et Cie.* = H. 197, L. 157.

« Le Charivari, 8 novembre 1839. »

1er État. Avant toute lettre. Fil. non brisé en H. ni fermé par le B.
2e — Celui qui est décrit.

898 N° XXII. — LA FOI, L'ESPÉRANCE ET LA CHARITÉ. — Trois personnages vus de face dans une promenade : la Charité, c'est une jeune femme en chapeau, un châle sur les épaules; elle est accompagnée par la Foi sous la figure d'un homme les mains par derrière sous les basques de sa redingote; elle est suivie à D. par un jeune homme, des besicles sur le nez, les deux mains dans les poches de son pantalon : celui-ci personnifie l'Espérance. — A G. **Gavarni**. — En B. au M. entre le T. C. et le fil. *Par Gavarni.* Au-dessous du fil. à G. *Chez Bauger, r. du Croissant*, 16. A D. *Imp. d'Aubert et Cie.* = H. 197, L. 155.

« Le Charivari, 11 novembre 1839. »

1er État. Avant toute lettre. Fil. non brisé en H. ni fermé par le B.
2e — Celui qui est décrit.

899 N° XXIII. — « *Où trouver un duvet assez doux pour la couche*
De celui qui promène un orgueilleux bonheur?
Quels baisers sembleront assez doux sur le cœur,
Alice, après les tiens, pour le Roi dont ta bouche
A couronné le front rêveur. »

— Un homme couché de G. à D. sur le ventre, dans la campagne, la tête appuyée sur ses deux mains. Devant lui un petit livre posé à terre. En avant à G. son parapluie et son chapeau. — A G. **Gavarni**. — En B. au M. entre le T. C.

et le fil. *Par Gavarni.* Au-dessous du fil. à G. *Chez Bauger, r. du Croissant,* 16. A D. *Imp. d'Aubert et Cie.* = H. 203, L. 156.

« Le Charivari, 14 novembre 1839. »

1er État. Avant toute lettre. Fil. non brisé en H. ni fermé par le B.
2e — Celui qui est décrit.

900 N° XXIV. — L'HABIT NE FAIT PAS LE MOINE, MAIS IL FAIT LE GALANT. | *L'habit militaire surtout.* — Dans une rue de village, un garde champêtre, vu de dos à moitié et tourné à G., chapeau à corne sur la tête, sabre au côté, est accoudé sur le rebord d'une fenêtre dans l'embrasure de laquelle on aperçoit une paysanne à laquelle il en conte. Celle-ci est de pr., assise sur une chaise, un coude posé aussi sur le rebord de la fenêtre. — A G. **Gavarni.** — En B. au M. entre le T. C. et le fil. *Par Gavarni.* Au-dessous du fil. à G. *Chez Aubert, gal. Véro-Dodat.* A D. *Imp. d'Aubert et Cie.* = H. 199, L. 157.

« Le Charivari, 15 novembre 1839. »

1er État. Avant toute lettre. Fil. non brisé en H. ni fermé par le B.
2e — Celui qui est décrit.

901 N° XXV. — « . . . . *La sainte Providence*
« *Aux arbres défendus a laissé quelques fleurs*
« *Dont vos brûlans* (sic) *regards ont mûri l'espérance;*
« *Jeunes époux déjà vous touchez aux douceurs*
« *Que votre gourmandise a dû longtemps attendre.*
« *Vous aurez bientôt fait, enfans* (sic)*! de tout cueillir*
« *Dans ces joyeux vergers où pour vous il va pendre*
« *Des pommes de discorde aux rameaux du plaisir ...* »
(*Calendrier du Tendre.*)

—Sur le devant, un jeune homme de 3/4 tourné à D., les bras croisés, l'air de mauvaise humeur, son chapeau et ses gants jetés sur le parquet. A D., vue de dos et tournée à G., une femme évanouie sur une chaise, les cheveux épars.— A G. **Gavarni.**— En B. au M entre le T. C. et le fil. *Par Gavarni.* Au-dessous du fil. à G. *Chez Bauger, r. du Croissant,* 16. A D. *Imp. d'Aubert et Cie.* = H. 199, L. 158.

« Le Charivari, 8 février 1840. »

1er État. Avant toute lettre. Quatre fil.
2e — Celui qui est décrit.

PARIS LE MATIN.

Suite de douze pièces entourées chacune de trois filets au-dessus desquels on lit en H. au M. : *Paris le matin*, et à D. le numéro d'ordre, sauf sur la planche 11, où ce numéro se trouve entre le T. C. et le premier filet. En B., entre le T. C. et le premier filet, la légende.

902 1. — *N'est-ce pas vous, Madame, que j'ai eu l'avantage de voir hier au balcon | des Italiens?* — Un homme et une femme se rencontrant sur le palier d'un escalier. L'homme à D., un bonnet grec sur la tête, en veste et en pantoufles, tient d'une main une tasse et de l'autre un panier de charbon. La femme, en bonnet de nuit et en jupon, un tartan sur les épaules, un pot au lait à la main, un pain sous le bras. Sur le mur au fond on lit écrit directement :

5e étage. — En B. au-dessous des fil. à G. *Le Charivari.* A D. *Imp. d'Aubert et Cie*. = H. 198, L. 155.

« Le Charivari, 14 mars 1839. »

1er État. Avant toute lettre.
2e — Celui qui est décrit.

903 II. — *Quand Pierre se lève, Paul se couche.* — Un jeune homme rentrant de soirée, un cache-nez sur la figure, les deux mains dans les poches de son pardessus dont le collet est relevé. Il se dirige vers la D. et se trouve sur le trottoir de la rue en face d'un ouvrier menuisier se rendant à son travail, la pipe à la bouche, une scie à la main, un morceau de pain sous le bras. — A G. **Gavarni | 39.** — En B. au-dessous des fil. à G. *Le Charivari.* A D. *Imp. d'Aubert et Cie*. = H. 200, L. 157.

« Le Charivari, 16 mars 1839. »

1er État. Avant toute lettre.
2e — Celui qui est décrit.

904 III. — *De l'esprit et du pain pour un jour.* — Un porteur de journaux se baisse pour lancer à D. un journal sous une porte cochère. Derrière lui à G. une boulangère passe par les barreaux d'une fenêtre du rez-de-chaussée un pain à une cuisinière dont on voit les deux mains — A G. **Gavarni | 39.** — En B. au-dessous des fil. à G. *Le Charivari.* A D. *Imp. d'Aubert et Cie*. = H. 196, L. 152.

« Le Charivari, 19 mars 1839. »

1er État. Avant toute lettre. Sans fil.
2e — Celui qui est décrit.

905 IV. — *Chemin du théâtre.* — Une jeune fille grande et maigre, vue de face, accompagnée de sa mère ; elle a les yeux baissés, les épaules couvertes d'un long châle. La mère à G. tient d'une main devant elle un parapluie et de l'autre un petit sac. — A D. **Gavarni.** A G. **39.** — En B. au-dessous des fil. à G. *Imp. d'Aubert et Cie*. A D. *Le Charivari.* = H. 228, L. 162.

« Le Charivari, 3 avril 1839. »

1er État. Avant toute lettre. Sans fil. H. 250, L. 172. On lit au fond écrit directement au-dessus d'une porte vitrée : **Entrée des artistes.** Cette inscription a disparu au 2e état.
2e — Celui qui est décrit.

906 V. — *Vous étiez nommé hier soir? | — Sans doute.... | — C'est moi qui le suis ce matin.* — Groupe de trois hommes dans un café. Celui de D., de face et souriant, tient des deux mains un journal qu'il montre à G. à un autre homme de petite taille, vêtu d'une longue redingote. Derrière eux le troisième personnage, les poings sur les hanches, regarde le journal pardessus leurs épaules. — A G. **Gavarni.** — En B. au-dessous des fil. à G. *Imp. d'Aubert et Cie*. A D. *Par Gavarni.* = H. 228, L. 158.

« Le Charivari, 11 avril 1839. »

1er État. Avant toute lettre.
2e — Celui qui est décrit.

907 VI. — *Souffle!* — Une grosse vieille femme, vue de dos et tournée à G., le corps penché en avant du côté d'un petit garçon qu'elle est en train de moucher. Celui-ci porte sur son dos ses livres au bout d'une courroie. Derrière lui,

de face, la bonne tenant sa casquette. Sur le haut d'un mur on lit écrit directement : **Enseignement mutuel**.—A G. **G.-39**.—En B. au-dessous des fil à G. *Imp. d'Aubert et Cie*. A D. *Le Charivari*. = H. 199, L. 158.

« Le Charivari, 23 avril 1839. »

1er État. Avant toute lettre.
2e — Celui qui est décrit.

908 VII. — *Allons donc! allons donc! en finiras-tu c'matin de balayer la cour? V'là qu'il est | huit heures!... et t'as encore les bottes de l'entresol à faire et ton piano à étudier*..... — Dans une cour, un portier de 3/4 tourné à D., une pipe à la bouche, les deux mains dans les poches de sa veste, s'adresse à sa fille qui, en train de balayer, est vue de dos à D. et se retourne du côté de son père. Sur le mur du fond à G. on lit écrit directement : **cnoncierge** (sic). — En B. au-dessous des fil. à G. *Imp. d'Aubert et Cie*. Au M. *Gavarni*. A D. *Au bureau du Charivari, rue du Croissant*, 16. = H. 198, L. 156.

« Le Charivari, 15 mai 1839. »

1er État. Avant toute lettre.
2e — Celui qui est décrit.

909 N° VIII. — *Comment q'ça nous va de la noce d'hier, père Saquet? Nous étions crânement dans les vignes, excusez!* | — *Pas mal, et toi, garçon?* | — *Vous aviez soif, dam!* | — *La soif, ça tient toujours, moutard! c'est la monnaie qui manque*..... — Dans la rue, le père Saquet en manches de chemise, une main sur la hanche, l'autre à l'une des poches de son gilet. A G. et de face, les jambes écartées, son interlocuteur, un jeune garçon également en manches de chemise, une pipe à la bouche, les mains dans les poches de son pantalon. — A D. **39**. A G. **Gavarni**.—En B. au-dessous des fil. à G. *Imp. d'Aubert et Cie*. Au M. *Par Gavarni*. A D. *Au bureau du Charivari, r. Croissant* (sic), 16.=H. 197, L. 154.

« Le Charivari, 30 mai 1839. »

1er État. Avant toute lettre.
2e — Celui qui est décrit.

910 N° IX —*Comment! y vous ont donné vot' compte à cause de vot' cousin? excusez!.... J'y | aurais dit, moi : Madame, et le vot' de cousin?.... un' jeunesse que vous aviez élevée!..* | *Les maîtres, voyez-vous, ma chère, c'est ingrat comme des oiseaux*..... — A G., au coin d'une rue, une vieille cuisinière vue de dos, tenant d'une main un bout de balai de bouleau et de l'autre un cabas sous son tartan. Elle est tournée à D. du côté d'une autre cuisinière plus jeune, vue de face, qui fait tourner avec un de ses doigts la branche de fer servant à tenir ouvert un volet de fenêtre derrière elle. — A D. **Gavarni**. A G. **39**.—En B. au-dessous des fil. à G. *Imp. d'Aubert et Cie*.—Au M. *Par Gavarni*. A D. *Au bureau du Charivari, rue du Croissant*, 16. = H. 199, L. 155.

« Le Charivari, 1er juin 1839. »

1er État. Avant toute lettre.
2e — Celui qui est décrit.

911 N° X. — *Pourquoi se priver du superflu quand on peut se dispenser du nécessaire? Avec ce que | coûte une femme de ménage on a deux stalles à l'Opéra*. — Sur le palier d'un escalier, un jeune homme de pr. tourné à D., en chemise et en caleçon, en train de cirer ses bottes. Ses habits sont sur la rampe de

l'escalier à G. — A D. **Gavarni**. A G. **39**. — En B. au-dessous des fil. à G. *Imp. d'Aubert et Cie*. Au M. *Par Gavarni*. A D. *Au bureau du Charivari, r. du Croissant*, 16. = H. 199, L. 155.

« Le Charivari, 5 juin 1839. »

1er État. Avant toute lettre.
2e — Celui qui est décrit.

912 N° XI. — « *On demande un remplaçant.* » — Au coin d'un mur couvert d'affiches, un garde national de faction, l'air fort ennuyé, les mains dans les goussets de son pantalon, lunettes sur le nez. Il est en habit bourgeois, chapeau rond avec cocarde sur la tête. A G. son fusil posé contre le mur. Sur les affiches on lit écrit directement : **Mairie | de... | On demande | un | remplaçant. | Loi...** — A G. **Gavarni | 25**. — En B. au-dessous des fil. à G. *Imp. d'Aubert et Cie*. Au M. *Par Gavarni*. A D. *Édité par le Charivari, rue du Croissant*, 16. = H. 200, L. 157.

« Le Charivari, 12 juin 1839. »

1er État. Avant toute lettre.
2e — Celui qui est décrit.

913 N° XII. — *Madame de Saint-Aiglemont, Madame, s'il vous plaît ? | — C'est ici, Mosieu.... M'ame Chiffet!... on te demande.* — A D. un jeune homme tenant son chapeau devant lui entre en saluant respectueusement, par la porte que vient de lui ouvrir une vieille femme à figure sordide, en tenue de cuisine, une cuiller de bois à la main. — A G. **G.-39**. — En B. au-dessous des fil. à G. *Imp. d'Aubert et Cie*. Au M. *Par Gavarni*. A D. *Au bureau du Charivari, r. du Croissant*, 16. = H. 200, L. 154.

« Le Charivari, 5 juillet 1839. »

1er État. Avant toute lettre. Deux fil.
2e — Celui qui est décrit.

PARIS LE SOIR.

Suite de vingt-cinq pièces dont quatre, numérotées 2, 3, 21 et 22, n'ont point paru dans *le Charivari* (les deux premiers et le dernier de ces numéros ont été publiés dans *la Caricature*), et dont une, le n° 25, publiée également dans *la Caricature*, a paru dans *le Charivari*, mais dans une autre suite : *La vie de jeune homme*. Cette dernière et le n° 21 ont été ajoutés à la suite de *Paris le soir* lorsqu'il en a été formé un album. Chacune des pièces de cette suite est entourée d'un filet ; sauf le n° 1 qui en a quatre. En H. au-dessus du ou des filets au M. : *Paris le soir*, et à D. le numéro d'ordre. Ces deux inscriptions sont placées autrement sur le n° 20. En B. à D. au-dessous du ou des fil. *Imp. d'Aubert et Cie*. La légende, sur les nos 1 et 4, est inscrite entre le T. C. et le premier filet. Sur tous les autres numéros elle est au-dessous du filet.

914 I. — *Amanda!.............. prête-moi ton tire-botte.* — Dans le corridor d'un hôtel garni, une jeune femme de pr. et tournée à G. les cheveux en désordre frappe à une porte sur laquelle est inscrit le n° 12. A D. la porte n° 13 entr'ouverte. — A D. **Gavarni**. A G. **101**. — En H. à D. au-dessus des fil. 1. En B. au M. entre le T. C. et le premier fil. *Par Gavarni*. Au-dessous des fil. à G. *Chez Bauger, r. du Croissant*, 16. = H. 196, L. 154.

« Le Charivari, 14 juin 1840. »

1er État. Avant toute lettre. Fil. non fermés par le B.
2e — Celui qui est décrit.
3e — En B. au M. au-dessous des fil. *Chez Aubert, gal. Véro-Dodat.* Le reste comme à l'état décrit.
4e — En H. au M. au-dessus des fil.: *Les Étudians* (sic) *de Paris.* A D. entre le T. C. et le premier fil. 50. En B. entre le T. C. et le premier fil. à G. *Chez Aubert, gal. Véro-Dodat.* Au M. *Par Gavarni.* A D. *Imp. d'Aubert et Cie.* Au-dessous la légende. Au-dessous des fil. au M. *Se vend chez Bauger et Cie, éditeurs des* (etc.).

» II. — *Comment, sapristi! depuis neuf heures du matin jusqu'à minuit pour | aller de St-Leu au Père-Lachaise! Voilà un camarade qui peut se vanter d'être | bien enterré : vous y avez mis le temps!.... Toutes ces machines-là, vois-tu, | c'est de la boustifaille, et pas autre chose......, des boustifailles, et pas autre chose! | ..... pas autre chose!*

» No III. — *Où qu'tu vas, Polyte? | — J'vas tremper une soupe à ma femme,.... un' faignante! que v'là trois | jours qu'a travaille pas.*

Voir ci-dessus la description de ces deux pièces, sous la rubrique : *Paris le soir*, dans *la Caricature* (2e publication).

915 IV. — *V'là mon épouse! attention : j'ai dîné hier avec toi!.... | — Où? | — Chez..... Guichardy. | — Bon!* — Sur le trottoir d'une rue, deux jeunes gens se dirigeant vers la G. en se donnant le bras, et dont l'un vu de dos se penche de côté pour parler à l'oreille de son compagnon. Au fond à G. une jeune femme tournée vers eux et enveloppée dans un grand châle. — Dans le bas du trottoir vers la G. **27**. — En H. à D. au-dessus du fil. 4. En B. au M. entre le T. C. et le fil. *Par Gavarni.* Au-dessous du fil. à G. *Chez Bauger, r. du Croissant*, 16. = H. 197, L. 157.

« Le Charivari, 20 juillet 1840. »

1er État. Avant toute lettre. Quatre fil. non fermés par le B.
2e — Celui qui est décrit.
3e — En B. au M. au-dessous du fil. *Chez Aubert, gal. Véro-Dodat.* Le reste comme à l'état décrit.
4e — Quatre fil. En H. au M. au-dessus des fil.: *Les Étudians* (sic) *de Paris.* Entre le T. C. et le premier fil. 49. En B. à D. entre le T. C. et le premier fil. *Par Gavarni,* et au-dessous, la légende. Au-dessous des fil. à G. *Chez Bauger et Cie, r. du Croissant*, 16. Au M. *Chez Aubert, gal. Véro-Dodat.* A D. *Imp. d'Aubert et Cie.*

916 No V. — *P'us qu'ça d'lorgnon! et du pain?... Bo'jour, Madame....* — Un homme en costume de militaire grotesque, shako avec plumet, faux nez, culotte bouffante, une main sur une badine. Il est tourné à D., le corps penché en avant, vers une femme masquée et en domino qui le lorgne avec un binocle. — A D. **Gavarni. 28**. A G. **40**. — En H. à D. au-dessus du fil. *no* 5. En B. au M. entre le T. C. et le fil. *Par Gavarni.* Au-dessous du fil. à G. *Chez Bauger, r. du Croissant*, 16. = H. 196, L. 155.

« Le Charivari, 18 juillet 1840. »

1er État. Avant toute lettre.
2e — Celui qui est décrit.
3e — En B. au M. au-dessous des fil. *Chez Aubert, gal. Véro-Dodat.* Le reste comme à l'état décrit.
4e — Deux fil. En H. au M. au-dessus des fil.: *Le Carnaval à Paris.* A D. entre le T. C. et le premier fil. 23. En B. entre le T. C. et le premier fil. *Par Gavarni.* Au-dessous des fil. à G. *Chez Bauger, r. du Croissant,* 16. Au M. *Chez Aubert, gal. Véro-Dodat.* A D. *Imp. d'Aubert et Cie.*

917 N° VI. — *En v'là un bon p'tit borgeois ben gentil! qui va nous donner que'qu' | vieux mônarqu' pour y boire à la santé,.... si c'est son idée à c'l'homme!... | Pas vrai, papa?* — Dans une rue, deux malfaiteurs armés de bâtons, vus de dos et tournés à G. l'un derrière l'autre, arrêtent un vieux monsieur en cravate blanche, et tenant une canne à la main. — A G. à la pointe sèche. **236.** — En H. à D. au-dessus du fil. *n°* 6. En B. au M. entre le T. C. et le fil. *Par Gavarni.* Au-dessous du fil. à G. *Chez Bauger, r du Croissant,* 16. = H. 201, L. 155.

« Le Charivari, 16 août 1840. »

1er État. Avant toute lettre.
2e — Celui qui est décrit.
3e — En B. au M. au-dessous du fil. *Chez Aubert, gal, Véro-Dodat.* Le reste comme à l'état décrit.

918 VII. — *Deux soupçons.* — Sur le palier d'un escalier, un homme, de face, une main sur la rampe de l'escalier qu'il se dispose è descendre, tourne les yeux vers un autre homme qui sonne à une porte à G. Celui-ci jette sur le premier un regard de côté. — A G. **147.** — En H. à D. au-dessus du fil. 7. — En B. au M. entre le T. C. et le fil. *Par Gavarni.* Au-dessous du fil. à G. *Chez Bauger, r. du Croissant*, 16. = H. 199, L. 156.

« Le Charivari, 31 août 1840. »

1er État. Avant toute lettre. Trois fil. non fermés par le B.
2e — Celui qui est décrit.
3e — En B. au M. au-dessous du fil. *Chez Aubert, gal. Véro-Dodat.* Le reste comme à l'état décrit.

919 VIII. — « *Le plaisir rend l'âme si bonne!* » | (*Béranger.*) — Dans une rue, une jeune femme, donnant le bras à un jeune homme et tournée à G., se baisse pour déposer son aumône dans la poche d'une pauvre petite fille endormie et couchée par terre sur son petit frère. — A G. **137.** — En H. à D. au-dessus des fil. 8. En B. au M. entre le T. C. et le fil. *Par Gavarni.* Au-dessous du fil. à G. *Chez Bauger, r. du Croissant*, 16 = H. 198, L. 160.

« Le Charivari, 14 septembre 1840. »

1er État. Avant toute lettre.
2e — Celui qui est décrit.
3e — En B. au M. au-dessous du fil. *Chez Aubert, gal. Véro-Dodat.* Le reste comme à l'état décrit.

920 IX. — *Souperont-ils?* — Un pauvre, de face, la tête et les yeux baissés, le dos appuyé contre un mur dans une rue; à ses pieds à G. un petit garçon accroupi par terre. — A G. **Gavarni. 139.** — En H. à D. au-dessus du fil. 9. En B. au M. entre le T. C. et le fil. *Par Gavarni.* Au-dessous du fil. à G. *Chez Bauger, r. du Croissant*, 16. = H. 200, L. 157.

« Le Charivari, 22 août 1840. »

1er État. Avant toute lettre.
2e — Celui qui est décrit.
3e — En B. au M. au-dessous du fil. *Chez Aubert, gal. Véro-Dodat.* Le reste comme à l'état décrit.

921 X. — *N'y a pas gras!* — Dans une rue, au coin d'un mur, un voleur fouille dans les poches du gilet d'un jeune élégant qui, dans sa frayeur, laisse échapper la canne qu'il tenait à la main. Au fond à G., vu de dos, le complice du voleur fait le guet. Contre le mur une affiche sur laquelle on lit écrit directe-

ment : **Assurance**... — A D. à la pointe sèche. **Gavarni. 40-140.** — En H. à D. entre le T. C. et le fil. 10. En B. au M. entre le T. C. et le fil. *Par Gavarni.* Au-dessous du fil. à G. *Chez Bauger, r. du Croissant*, 16. = H. 200, L. 160.

« Le Charivari, 16 septembre 1840. »

1er État. Avant toute lettre.
2e — Celui qui est décrit.
3e — En B. au M. au-dessous du fil. *Chez Aubert, gal. Véro-Dodat.* Le reste comme à l'état décrit.

922 XI. — *Où allons-nous? aux Français?* | —*On joue Molière! c'est embêtant.* | —*Eh bien! allons à l'Ambigu.* — Dans un cabinet de restaurateur, où ils ont dîné, un homme tient relevés sur ses bras les pans de sa redingote, tandis que sa femme dénoue ou renoue les cordons de son gilet. Derrière eux la table qu'ils viennent de quitter. — A G. **158.** — En H. à D. au-dessus du fil. 11. En B. au M. entre le T. C. et le fil. *Par| Gavarni.* Au-dessous du fil. à G. *Chez Bauger, r. du Croissant*, 16. = H. 198, L. 157.

« Le Charivari, 13 septembre 1840. »

1er État. Avant toute lettre.
2e — Celui qui est décrit.

923 XII. — *Ah par exemple! voilà qui est bizarre! ..... Ce matin j'ai fait un nœud à | ce lacet-là, et ce soir il y a une rosette!.....* — Un homme, les jambes ployées, le corps penché en avant, délace sa femme qui, à G., un pied posé sur une chaise basse, est en train de se déshabiller, et n'a plus que son corset et son jupon sur elle. — A G. **18.** — En H. à D. au-dessus du fil. 12. En B. au M. entre le T. C. et le fil. *Par Gavarni.* Au-dessous du fil. à G. *Chez Bauger, r. du Croissant*, 16. = H. 198, L. 157.

« Le Charivari, 25 septembre 1840. »

1er État. Avant toute lettre.
2e — Celui qui est décrit.
3e — En B. au M. au-dessous du fil. *Chez Aubert, gal. Véro-Dodat.* Le reste comme à l'état décrit.
4e — En H. à D. entre le T. C. et le fil. 12. En B. entre le T. C. et le fil. à G. *Chez Pannier et Cie, Éds, r. du Croissant*, 16. A D. *Imp. d'Aubert et Cie.* Au M. *Par Gavarni. Chez Bauger, r. du Croissant*, 16, a disparu.
5e — Quatre fil. En H. au M. au-dessus des fil. : *Les Étudians* (sic) *de Paris.* A D. 56. En B. entre le T. C. et le premier fil. au M. *Par Gavarni.* Au-dessous la légende en caractères différents. Au-dessous des fil. à G. *Chez Bauger et Cie, r. du Croissant*, 16. Au M. *Imp. d'Aubert et Cie.* A D. *Chez Aubert, gal. Véro-Dodat.*

924 XIII. — *Madame, une honnête femme a ses amans* (sic), *et ne prend pas ceux des autres!* | —*Madame!* | —*Madame, si je ne me respectais pas, je vous ficherais une drôle de trempée, comme | il n'y a qu'un Dieu!* — Deux femmes en domino et masquées. Celle de D. en blanc, un bouquet et son mouchoir dans une main, le corps penché en avant du côté de sa rivale. Celle-ci est en noir, a les bras baissés, et tient des deux mains son mouchoir devant elle. — A D. **Gavarni. 29.** A G. **40.** — En H. à D. au-dessus du fil. 13. En B. au M. entre le T. C. et le fil. *Gavarni.* = H. 196, L. 155.

« Le Charivari, 10 octobre 1840. »

1er Etat. Avant toute lettre.
2e — Celui qui est décrit. Dans la légende on lit sur quelques épreuves *prends*, au lieu de : *prend.*

3e — En B. à G. au-dessous du fil. *Chez Aubert, gal. Véro-Dodat.* Le reste comme à l'état décrit.

4e — Deux fil. En H. au M. au-dessus des fil. *Le Carnaval à Paris.* A D. entre le T. C. et le premier fil. 24. En B. au M. entre le T. C. et le premier fil. *Par Gavarni.* Au-dessous des fil. à G. *Chez Bauger et Cie, r. du Croissant,* 16. Au M. *Chez Aubert, g. Véro-Dodat.* A D. *Imp. d'Aubert et Cie.* Le reste comme à l'état décrit.

925 XIV. — *Merci, Colombe, vous êtes bien agréable en général, quoiqu'un peu chose en | particulier ; mais le général, Colombe, c'est tout, et le particulier rien du tout. | — Ça n'empêche pas, Mosieu François, que je connais un général à qui on a | fait des queues avec pas mal de particuliers.* — Un vieux domestique, de face, sur un divan, le dos contre un coussin, prend un verre de vin que lui présente sur une assiette une jeune femme de chambre, vue de dos à G., un genou posé sur le divan. — A G. **155.** — En H. à D. au-dessus du fil. **14.** En B. au M. entre le T. C. et le fil. *Par Gavarni.* Au-dessous du fil. à G. *Chez Bauger, r. du Croissant,* 16. A D. *Imp. d'Aubert et Cie.* = H. 197, L. 156.

« Le Charivari, 29 octobre 1840. »

1er État. Avant toute lettre.

2e — Celui qui est décrit.

926 XV. — *J'ai demandé au sortir de Vêpres : j'ai rien eu. | Moi, où on danse : j'ai pas mal eu.* — Un mendiant, debout, une main sur la hanche, une épaule appuyée contre un mur. A ses pieds à D. sa femme, assise par terre, compte dans son tablier le gain de la journée. — A G. **190.** | **Gavarni.** — En H. à D. entre le T. C. et le fil. 15. En B. au M. entre le T. C. et le fil. *Par Gavarni.* Au-dessous du fil. à G. *Chez Aubert, gal. Véro-Dodat.* Au-dessous de la légende : *Chez Bauger et Cie, éditeurs des* (etc.). = H. 199, L. 157.

« Le Charivari, 4 novembre 1840. »

1er État. Avant toute lettre. Fil. non fermé par le B.

2e — Celui qui est décrit.

927 XVI. — *Angélique! Angélique!...... Elle n'y est pas.... Cependant, sapristie! je vois une paire de | bottes....* — Dans un corridor, deux jeunes gens tenant chacun leur chapeau à la main. Celui de G. regarde à D. par la fente d'une porte. L'autre, vu de dos, a l'oreille collée contre la porte. — A G. **160.** — En H. à D. entre le T. C. et le fil. 16. En B. au M entre le T. C. et le fil. *Par Gavarni.* Au-dessous de la légende : *Se vend chez Bauger et Cie, éditeurs des* (etc.). = H. 200, L. 156.

« Le Charivari, 4 décembre 1840. »

1er État. Avant toute lettre.

2e — Celui qui est décrit.

3e — En B. à G. au-dessous du fil. *Chez Aubert, gal. Véro-Dodat.* Le reste comme à l'état décrit.

4e — Quatre fil. En H. au M. au-dessus des fil. : *Les Étudians* (sic) *de Paris.* A D. 57. En B. au M. entre le T. C. et le premier fil. *Par Gavarni.* Au-dessous la légende en caractères différents. Au-dessous des fil. à G. *Chez Bauger et Cie, r. du Croissant,* 16. Au M. *Chez Aubert, gal. Véro-Dodat.* A D. *Imp. d'Aubert et Cie.*

928 XVII. — *Mademoiselle Bien-aimée? | — Elle n'y est pas........ Qu'est-ce que vous lui vouliez? | — O* (sic) *rien ! je voulais lui parler.......; mais vous lui*

direz, s'il vous plaît, qu'on l'attend rue | Neuve-Saint-Georges.....; elle saura bien ce que ça veut dire. | *—J'ai bien peur de le savoir aussi, moi, ce que ça veut dire!*—A D., sur le pas d'une porte ouverte, une vieille femme un bonnet sur la tête, un tartan sur le dos et tenant une lettre, s'adresse à un jeune homme qui vient de lui ouvrir. Celui-ci en manches de chemise, les deux mains posées sur le bas des reins, son cigare à la bouche. Sur une plaque posée sur la porte on lit : Mlle | **Bienaimée.** — A G. **150.** — En H. à D. entre le T. C. et le fil. 17. En B. au M. entre le T. C. et le fil. *Par Gavarni.* Au-dessous du fil. à G. *Chez Bauger, r. du Croissant,* 16. = H. 199, L. 158.

« Le Charivari, 16 décembre 1840. »

1er État. Avant toute lettre. Sans fil.
2e — Celui qui est décrit.
3e — En B. au M. au-dessous du fil. *Chez Aubert, gal. Véro-Dodat.* Le reste comme à l'état décrit.
4e — Quatre fil. En H. au-dessus des fil. : *Les Étudians* (sic) *de Paris.* A D. 58. En B. au M. entre le T. C. et le premier fil. *Par Gavarni.* Au-dessous la légende en caractères différents. Au-dessous des fil. à G. *Chez Bauger, r. du Croissant,* 16. Au M. *Chez Aubert, gal. Véro-Dodat.* A D. *Imp. d'Aubert et Cie.*

929 XVIII. — *Mon cher Leblanc, voyez-vous, vous ne vous méfiez pas assez de Philibert..... Moi* | *j'ai toujours eu des idées quand il venait chez nous.* | *Bah! —Foi de Lerouge.....! C'est que c'est un fin caramboleur ce petit-là.*— Deux hommes assis à moitié couchés sur un billard et tournés à G., les jambes pendantes, les coudes appuyés en arrière sur le tapis. — A G. **154.** — En H. à D. entre le T. C. et le fil. 18. En B. au M. entre le T. C. et le fil. *Par Gavarni.* Au-dessous de la légende : *Se vend chez Bauger et Cie, éditeurs des* (etc.). = H. 198, L. 156.

« Le Charivari, 24 décembre 1840. »

1er État. Avant toute lettre.
2e — Celui qui est décrit.
3e — En B. entre le T. C. et le fil. à G. *Chez Aubert, Place de la Bourse.* Au-dessous du fil. au M. *Par Gavarni.* Le reste comme à l'état décrit.

930 XIX.—*Voyons! trente et quinze quarante-cinq,* (dix) *et dix trois livres cinq, trois livres sept, trois livres* | *dix-sept,........ c'est trente sous chacun : nous n'aurions que dix-sept sous pour les rafraîchissemens* (sic)..... | *— Les fiacres et le déjeuner...... Cré nom d'un chien! si le plan n'était pas fermé encore! J'ai ma* | *chaîne..... .. cré nom d'un chien!* — De face, sur son séant dans son lit de sangle, un jeune homme compte de l'argent qu'il tient dans sa main. A G. son camarade, un chapeau de pierrot sur la tête, un pied posé sur une chaise, la main sur son genou. — A G. **179.** — En H. à D. entre le T. C. et le fil. 19. En B. au M. entre le T. C. et le fil. *Par Gavarni.* Au-dessous de la légende : *Se vend chez Bauger et Cie, éditeurs des* (etc.). = H. 200, L. 161.

« Le Charivari, 14 janvier 1841. »

1er État. Avant toute lettre.
2e — Celui qui est décrit.
3e — En B. à G. au-dessous du fil. *Chez Aubert, gal. Véro-Dodat.* Le reste comme à l'état décrit.
4e — Deux fil. En H. au M. au-dessus des fil. : *Le Carnaval à Paris.* A D. entre le T. C. et le premier fil. 25. Au-dessous des fil. à G. *Chez Bauger et Cie, r. du Croissant,* 16. Au M. *Chez Aubert, gal. Véro-Dodat.* Le reste comme à l'état décrit.

931 XX. — *Comme ils se sont amusés..... avec leur sot roman!... au lieu de venir avec | moi à la Comédie Française; ils auraient vu Georges Dandin, les nigauds!* — Un mari rentrant chez lui trouve sa femme et un de ses amis endormis sur des chaises. L'ami est de face, les jambes étendues, les mains dans les poches de son pantalon; la femme à D. sur le second plan, vue de profil. — A G. à la pointe sèche. **40-103.** — En H. à D. entre le T. C. et le fil. 20. En B. au M. entre le T. C. et le fil. *Par Gavarni.* Au-dessous du fil. à G. *Chez Bauger et Cie, r. du Croissant,* 16. A D. *Imp. d'Aubert et Cie.* = H. 200, L. 158.

« Le Charivari, 15 mars 1841. »

1er État. Avant toute lettre. Un fil. non fermé par le B.
2e — Celui qui est décrit.
3e — En B. à G. au-dessous du fil. *Chez Aubert, gal. Véro-Dodat*, au lieu de : *Chez Bauger* (etc.). Au-dessous de la légende : *Se vend chez Bauger et Cie, éditeurs des* (etc.). Le reste comme à l'état décrit.
4e — Quatre fil. Les trois premiers brisés en H. au M. Dans la brisure : *La Vie de jeune homme.* A D. entre le quatrième et le troisième fil. 26. En B. au M. au-dessous des fil. *Chez Aubert, gal. Véro-Dodat.* Le reste comme à l'état décrit.

» *XXI. — LA FILLE DE LA MAISON CHANTE | *(d'une façon fine et charmante)* :

Ah! vous feriez pleurer un jour
Cet ange heureux qui vous regarde!
Ne touchez pas à notre amour :
Prenez garde! ami, prenez garde!
Prenez garde! (*Bis.*)

Voir la description de cette planche à la section *Sujets divers*, subdivision *Suites publiées isolément*, sous la rubrique : *Paris le soir.*

» XXII. — *Mosieu le Comte Onnesaitki!.... | Mosieu le Barron* (sic) *Gros-Jean!.....* — Voir ci-dessus la description de cette planche sous la rubrique : *Paris le soir*, dans : *la Caricature* (2e publication).

932 XXIII. — *Bonsoir, voisine! | — Bonsoir, voisin! | — Ça va toujours bien, voisine? | — Bien, et vous? voisin! | — Dites donc, voisine? | — Quoi? voisin! | — Je vous aime toujours, voisine! | — Bonsoir, voisin! | — Bonsoir, voisine!* — Un jeune homme sur son séant dans son lit, et tourné à D., un mouchoir sur sa tête, les mains sur sa couverture, un livre devant lui. — A G. **19**. — En H. à D. entre le T. C. et le fil. 23. En B. au M. entre le T. C. et le fil. *Par Gavarni.* Au-dessous du fil. à G. *Chez Bauger, r. du Croissant*, 16. = H. 196, L 156.

« Le Charivari, 2 avril 1841. »

1er État. Avant toute lettre.
2e — Celui qui est décrit.

933 XXIV. — *Vous voyez bien ce fashionable qu'entre là? | — Oui. | — Savez-vous ce que c'est? | — Qu'est-ce que c'est? | — Rien du tout.* — Deux personnages assis sur un divan dans un café. Celui de D. de face, le dos appuyé contre le dossier du divan. L'autre, les jambes croisées, un cigare à la main, a le corps penché du côté du premier. Derrière eux de nombreux consommateurs dont on ne voit que les têtes. — A G. **186**. — En H. à D. entre le T. C. et le fil. 24. En B. au M. entre le T. C. et le fil. *Par Gavarni.* Au-dessous du fil. à G. *Chez Bauger, r. du Croissant*, 16. = H. 199, L. 160.

« Le Charivari, 19 avril 1841. »

1er État. Avant toute lettre.
2e — Celui qui est décrit.
3e — En B. au M. au-dessous du fil. *Chez Aubert, gal. Véro-Dodat.* Le reste comme à l'état décrit.

» XXV. — *C'est bien gentil chez vous, Monsieur Charles.* — Voir ci-dessus la description de cette planche sous la rubrique *Paris le soir*, dans *la Caricature* (2e publication).

LES PATOIS DE PARIS.

Suite de trois pièces dont la troisième n'a pas paru dans *le Charivari*, mais dans *la Caricature.* Ces trois pièces sont entourées d'un fil. au-dessus duquel on lit en H. au M. : *Patois de Paris,* et à D. le numéro d'ordre. En B. entre le T. C. et le fil. à G. *Chez Aubert*, *gal. Véro-Dodat.* A D. *Imp. d'Aubert et Cie.* Au-dessous la légende, dans une tablette encadrée d'un filet, également entre le T. C. et le fil.

934 No I.— *O mais voyez donc, M'sieu Berthot,........ comme le faubourg | St-Germain est farce!....*—Sur les hauteurs de Montmartre, une grisette de pr. à D., ses vêtements agités par le vent, regarde dans une petite lorgnette en se bouchant un œil avec les doigts. Derrière elle un jeune homme couché par terre de D. à G., la tête appuyée sur sa main.— A G. **141.** A D. **Gavarni.** = H. 197, L. 158.

« Le Charivari, 19 septembre 1838. »

935 II. — *Des canards!..... qui ne valent seulement pas un coup de fusil chargé | d'eau de guimauve.* — Sur un trottoir au coin d'une rue un ouvrier presque de face, son chapeau sur le coin de l'oreille, son tablier autour du corps. Au fond à G. deux jeunes élégants vus de dos, se donnant le bras.— Sur le bas du trottoir à G. **139.** A D. sur le mur **Gavarni.** = H. 196, L. 157.

« Le Charivari, 25 octobre 1838. »

» No III. — *Voyons, Salomon, j'suis t'y ton ami?..... Eh b'en, ta femme est un!.... | enfin n'importe, à nous tromp' toute les deusse, mon cher!....* — Voir ci-dessus la description de cette planche sous la rubrique : *Patois de Paris*, dans *la Caricature* (2e publication).

» PELISSE DE CACHEMIRE. —Voir ce titre sous la rubrique *Le Charivari*, à la section *Costumes et Modes.*

» PAUVRE MÈRE.—4e *acte.* | *Adolphe Laferrière.* | *Rôle de Georges.*—C'est le portrait de Laferrière. Voir aux portraits.

LES PETITS BONHEURS.

Suite de huit lithographies publiées primitivement par Caboche, Grégoire et Cie. — Voir cette suite sous la rubrique *Les petits bonheurs des demoiselles*, à la section *Sujets divers,* subdivision *Suites publiées isolément.*

PETITS JEUX DE SOCIÉTÉ.

Suite de six lithographies publiées primitivement par Caboche, Grégoire et Cie. —Voir cette suite sous la rubrique *Petits jeux de société*, à la section *Sujets divers*, subdivision : *Suites publiées isolément*.

LES PETITS MALHEURS DU BONHEUR.

Suite de douze pièces, en H. de chacune desquelles on lit au M. au-dessus du T. C. : *Les Petits malheurs du bonheur*. A D. le numéro d'ordre. En B. à G. au-dessous du T. C. *Chez Aubert*, *gal. Véro-Dodat*. A D. *Imp. d'Aubert et Cie*. Plus bas la légende.

936 I. — *Se tromper de fenêtre en cherchant la nièce et tomber chez la tante.* — Un jeune homme en robe de chambre et en caleçon vient d'entrer par la fenêtre dans une chambre à coucher. Le haut du corps penché en avant vers la G., une main sur le dossier d'une chaise, il aperçoit avec stupeur une vieille femme couchée. — A D. **Gavarni**. Au M. **215**. = H. 207, L. 175.

« Le Charivari, 16 décembre 1837. »

1er État. Avant toute lettre.
2e — Celui qui est décrit.

937 II. — *Faire toute la soirée la partie d'un mari stupide, qui gagne votre | argent, se moque de vous et va se coucher...... à votre barbe.* — Le mari et l'amant jouant ensemble au trictrac. Le mari à G. en robe de chambre, un bonnet de police sur la tête. L'amant vu de dos. Derrière eux à D. la femme devant la cheminée, le dos au feu. — A D. **214**. A G. **G**. = H. 207, L. 175.

« Le Charivari, 20 décembre 1837. »

1er État. Avant toute lettre.
2e — Celui qui est décrit.

938 III. — *Braver tout le jour le froid, la grêle et la pluie; attendre aquatiquement | une femme adorée qui vous dira demain : Pauvre chéri! je n'ai pas pu sortir.*—Sur la place de la Concorde, à l'entrée des Champs-Élysées, un jeune homme, presque de face et tourné à D., les deux mains dans les poches de derrière de son habit, reçoit la pluie qui tombe à torrents. — A D. **G**. **217**. = H. 206, L. 175.

« Le Charivari, 25 décembre 1837. »

1er État. En H. au-dessus du T. C. au M. *Les Petits plaisirs du bonheur*. Le reste comme à l'état décrit, mais sans les mots *pauvre chéri* dans la légende.
2e — Celui qui est décrit.

939 IV. — *Avoir la colique le jour de ses noces........* — Le marié, en habit et pantalon noirs, assis de côté sur une chaise dans la chambre nuptiale, le corps plié en deux, les bras serrés contre l'estomac. Debout à D. sa femme, retenant des deux mains son peignoir sur sa poitrine, se penche vers lui avec un air d'intérêt. — A D. **G**. A G. **223**. = H. 209, L. 179.

« Le Charivari, 2 janvier 1838. »

940 V. — *Être victime d'un mari qui abuse de votre position, se met | à son aise, prend son temps et vous écrase sous le poids de ses droits.* — Un garde

national à cheval, assis sur un divan, où il lit un journal. A D. sa femme tenant un schako qu'elle va lui mettre sur la tête. Sous le divan est caché l'amant dont on aperçoit la tête à G. — A D. **225**. = H. 222, L. 177.

« Le Charivari, 4 janvier 1838. »

941 VI. — *Une femme charmante vous a remarqué; vous la suivez longtemps; elle | arrive au pont des Arts, vous allez lui parler........ pas de bourse, pas | un sou!! adieu le rêve.* — Une jeune femme vue de dos, se dirigeant vers la D., paye son passage sur le pont des Arts au percepteur dont on aperçoit la tête dans son bureau. A G. le jeune homme qui la suit, les index de ses deux mains dans les poches de son gilet — A G. **219**. = H. 207, L. 177.

« Le Charivari, 7 janvier 1838. »

942 VII. — *Attendre que le protecteur soit parti, et l'entendre rire, causer, festoyer | tout à son aise pendant qu'on reste caché dans un lieu fort incommode.* — Un jeune homme enfermé dans un petit cabinet, le dos appuyé à G. contre la porte, les bras croisés contre la poitrine. Son manteau est jeté sur le siége qui constitue le meuble essentiel de cette pièce, son chapeau posé sur une cruche. — A D. **226**. = H. 206, L. 177.

« Le Charivari, 25 janvier 1838. »

943 VIII. —*Être attendu en bonne fortune, et passer la nuit | au violon.* —Une patrouille de garde nationale vient d'arrêter comme voleur, malgré ses protestations, un jeune homme qui, au moyen d'une échelle, allait s'introduire dans un jardin. On le tient au collet et on l'entraîne vers la G. Un des gardes nationaux porte des deux mains l'échelle accusatrice. — A G. G. | **218**. = H. 209, L. 179.

« Le Charivari, 27 janvier 1838. »

944 IX. — *Ne pas trouver de voiture, et revenir du bal, au petit jour, | avec un parapluie de portier.* — Il pleut à verse, et un jeune homme, en tenue de bal, se dirigeant vers la D., abrite une jeune femme sous un grand parapluie qu'il tient des deux mains. Celle-ci est enveloppée dans le manteau du jeune homme. — A G. G. | **220**. = H. 208, L. 177.

« Le Charivari, 22 janvier 1838. »

945 X.—*Faire des frais de bonbons, de toilette et de champagne,........ et apprendre du | portier que Mad*[elle] *est sortie depuis quatre heures avec un beau jeune homme.* — Un jeune homme, les épaules couvertes d'un petit manteau, une bouteille de vin de Champagne sous chaque bras, et en train de mettre un de ses gants. Il est tourné à G. du côté de la loge d'un portier qui passe sa tête par le vasistas de la porte. — Dans le bas de la porte **221**. A D. **Gavarni**. = H. 209, L. 177.

« Le Charivari, 23 février 1838. »

1er État. *Madame,* au lieu de : *Mad*[elle].
2e — Celui qui est décrit.

946 XI. —*Rêver qu'on est riche, qu'on est aimé de la grande dame qui vous occupe; rêver qu'on | se promène avec elle sur des bords fleuris,..... et se réveiller dans son galetas | d'étudiant, mouillé, enrhumé et manquant d'argent.* — En chemise et pieds nus, un jeune homme dormant tout debout se promène dans sa mansarde un traversin sous le bras. Il met le pied sur le rebord d'une cuvette qu'il renverse. Au fond un lit de sangle. Sur le mur à D. une carte d'Asie

Mineure, des calculs, des aphorismes, etc. — A D. **222.** A G. **Gavarni.** = H. 209, L. 178.

« Le Charivari, 17 février 1838. »

947 XII. — *Pour ne pas afficher ses amours, sortir précipitamment par une porte dérobée | et rester pris au traquenard.* — Le matin dans une ruelle, un jeune homme fait de vains efforts pour retirer le pan de sa redingote qui s'est pris entre la muraille et la porte refermée. Au fond à G., au tournant d'un mur, un garde national rentrant chez lui. — A D. sur un contre-fort du mur **224.** = H. 209, L. 176.

« Le Charivari, 21 février 1838. »

---

948 LE PHÉNAKISTICOP (sic). — Une jeune fille assise devant un guéridon regarde à travers les trous d'un phénakisticope dans un miroir posé sur le guéridon. Debout derrière elle, le haut du corps penché en avant, un jeune homme, une main posée sur la chaise où elle est assise. — A G. **Gavarni.** — En B. au-dessous du titre à G. *Chez Aubert*, *galerie Véro-Dodat.* A D. *L. de Benard*, *rue de l'Abbaye*, 4. = H. 150, L. 110.

« Le Charivari, 13 mars 1834. »

LES PLAISIRS CHAMPÊTRES.

Suite de deux pièces ayant paru antérieurement dans *la Caricature.*

» N° I. — AU CHEMIN DE FER.

» N° II. — LE CHARGÉ D'AFFAIRES.

Voir ci-dessus la description de ces deux planches sous la rubrique *le Dimanche*, dans *la Caricature* (2e publication).

POLITIQUE DES FEMMES.

Suite de vingt pièces dont les dix-huit premières ont paru primitivement dans *le Figaro*, et sont décrites ci-après à l'article de ce journal, même section, même subdivision. Nous ne décrirons donc ici que les nos 19 et 20. Ces deux lithographies représentent des personnages à mi-jambes ; elles sont à claire-voie et entourées de trois fil. au-dessus desquels on lit en H. au M. : *Politique des femmes.* A D. le numéro d'ordre entre le premier et le deuxième fil. En B. au M. entre le premier et le deuxième fil. *Par Gavarni.* Au-dessous des fil. à G. *Chez Pannier*, *r. du Croissant*, 16. A D. *Imp. d'Aubert et Cie.*

1er État. Avant toute lettre.
2e — Celui qui est décrit.
3e — En B. au M. au-dessous des fil. *Chez Aubert, Pl. de la Bourse.* Le reste comme à l'état décrit.

949 XIX. — RATIFICATION DES TRAITÉS. — Une jeune femme, un long châle blanc sur les épaules, appuie sa tête à D. contre la poitrine d'un jeune homme en robe de chambre. Celui-ci, la pressant entre ses bras, tient des deux mains le chapeau dont elle était coiffée et la baise sur le front. — A G. **42-53.** = H. 201, L. 157.

« Le Charivari, 7 janvier 1843. »

Lithographie publiée sans changement dans *Paris comique*, 15e livraison.

950 XX. — DROIT DE VISITE. — Une jeune femme de pr. à D., debout devant un secrétaire dont tous les tiroirs sont ouverts, lit une lettre qu'elle vient d'y prendre. Au-dessus du secrétaire un casier rempli de livres. — A G. **42-52.** = H. 197, L. 155.

« Le Charivari, 10 janvier 1843. »

---

951 RR. PORTRAIT DE FANTAISIE. — Jeune femme à mi-corps, de face, coiffée d'une toque de velours, garnie de plumes blanches qui retombent sur ses épaules, cheveux bouclés à l'enfant, collier de pierreries.— A D. **Gavarni**. — Claire-voie, un fil. En B. au-dessous du titre à G. *Chez Aubert, galerie Véro-Dodat*. A D. *L. de Benard, rue de l'Abbaye, 4.* = H. 141, L. 121.

« Le Charivari, 26 mars 1834. »

1er État. Avant toute lettre.
2e — Celui qui est décrit.

» REDINGOTE DE PÉKIN (etc.). — Sous ce titre de modes, c'est le portrait de Mlle Nourtier. Voir aux portraits.

» REDINGOTE DU MATIN. — Une pièce.
» REDINGOTE HABILLÉE D'HUMANN. — Une pièce.

Voir ces deux pièces sous chacun de leurs titres, et sous la rubrique *le Charivari*, à la section *Costumes et Modes*.

» RETOUR DU BAL. — Voir ci-après la description de cette pièce sous la rubrique *Paris au XIXe siècle,* même section, subdivision *Ouvrages divers*.

REVERS DES MÉDAILLES.

Suite de trois pièces ayant paru antérieurement dans *la Caricature*. Voir ci-dessus leur description dans *la Caricature*, les deux premières sous la rubrique *Revers des médailles*, la troisième sous le titre *Un enfant terrible*.

REVUE FASHIONABLE.

Suite de onze pièces, représentant des travestissements ou des modes, éditée primitivement par Tessari sous le titre collectif *Fashionables*. et composée alors de douze lithographies. Voir ci-après cette suite sous la rubrique *Fashionables*, à la section *Costumes et Modes*.

» LA ROBE DE CHAMBRE. — Voir ci-dessus ce titre sous la rubrique *Bagatelle*, même section, même subdivision.

» ROBES DE CHAMBRE. — Trois pièces.
» ROBE EN ORGANDI. — Une pièce.

Voir ces quatre pièces sous chacun de leurs titres et sous la rubrique le *Charivari*, à la section *Costumes et Modes*.

LE SALON.

Suite de trois planches non numérotées, dont la première et la troisième ont paru primitivement dans *le Figaro*.

» (I). — *A la calomnie..... la calomnie, il faut toujours en venir là.*

Voir ci-après la description de cette planche sous la rubrique *le Salon*, dans *le Figaro*, même section, même subdivision.

952 (II).— 482?. ...*Le comte de T. et sa famille.* | — *Hein!* | — *Ah! non, je me trompe, c'est* 382... . *Voyons* 400, 400, 400,.... 482, *Cérémonies du* | *tatouage chez les Hurons.......* — Groupe de deux hommes vus de face à mi-jambes, le chapeau sur la tête. Celui de G., fermant un œil, regarde de l'autre devant lui en formant une espèce de lorgnette avec sa main. Le second personnage feuillette le livret du salon. Au fond une foule nombreuse.—Au M. G. **39**.—En H. à D. au-dessus du T. C. *Le Salon*. En B. à G. *Imp. d'Aubert et Cie.* Au M. *Par Gavarni*. A D. *Le Charivari*. = H. 220, L. 204.

« Le Charivari, 4 avril 1839. »

1er État. Avant toute lettre.
2e — Celui qui est décrit.

» (III). — *Voilà un triste salon....... — C'est dégoûtant! — Vous n'avez rien ici, vous? — Bon Dieu non, et vous?* | — *Ni moi non plus.*

Voir ci-après la description de cette planche sous la rubrique *le Salon*, dans *le Figaro*.

SOUVENIRS DU BAL CHICARD.

Suite de vingt lithographies représentant des travestissements d'hommes ou de femmes. Voir ci-après cette suite sous la rubrique *Souvenirs du bal Chicard*, à la section *Costumes et Modes*.

» THÉATRE DU VAUDEVILLE. | LE PLASTRON. | ARNAL, ROLE DE RIFOLET.

Voir ci-après la description de cette planche dans *le Figaro*, même section, même subdivision.

TRADUCTIONS EN LANGUES VULGAIRES.

Suite de cinq pièces en travers à claire-voie représentant des personnages à mi-jambes. Elles sont entourées de deux filets entre lesquels on lit en H. au M.: *Traductions en langues vulgaires* (sauf le n° 5, où on lit: *Traductions en langue vulgaire*), et à D. le numéro d'ordre. En B. entre les filets la légende.

953 1. — *Mon aimable ami* | *j'éprouve ce matin une contrariété* | *assez vive. J'ai prêté ma signature* | *à ma sœur, qui prend en ce moment* | *les eaux a Spa. Elle a étourdiment* | *oublié de me laisser les fonds d'un* | *billet de* 400 *fr. qu'on me présente aujourd'hui...........* | *Fanny B.* » ».

. . . .
Livré à Mr le Marquis de Coquardeau | *huit jours de la félicité la plus* | *pure, garantie, prix net :* 400 » | *Pour acquit,* | *F. Beaupertuis.*

Un homme assis dans un fauteuil, en robe de chambre, les jambes croisées, lit une lettre que vient de lui apporter une femme de chambre, debout devant lui à D., les deux mains dans les poches de son tablier. — A G. **Gavarni. 151.** — En B. dans l'intérieur du dessin au M. *Par Gavarni.* Au-dessous des fil. à G. *Imp. d'Aubert et Cie.* A D. *Chez Bauger, r. du Croissant,* 16. La légende est en écriture cursive. = H. 156, L. 196.

« Le Charivari, 3 novembre 1840. »

1er État. Avant toute lettre. Un seul fil.
2e — Celui qui est décrit.
3e — En B. au-dessous des fil. au M. *Chez Aubert et Cie, gal. Véro-Dodat.* Le reste comme à l'état décrit.

954 II. — *On oublie trop aujourd'hui que les jeunes personnes doivent | être mères de famille un jour, et on les élève comme des chan | teuses d'opéra!..... Je suis mère, Coquardeau, et vaine de | mon enfant autant qu'on peut l'être!... pourtant je n'ai pas | élevé ma fille pour moi, ô* (sic) *non! mais pour l'honnête homme | à qui je la donnerai,...... et dont mon Aglaé fera le | bonheur!........*

On désire placer une demoiselle de 19 ans, sachant parfaitement | lire et écrire, l'arithmétique et entretenir le linge. Elle ferait au | besoin un peu de cuisine.... (Affranchir.)

Trois personnes se promenant dans la campagne et se dirigeant vers la D.: sur le devant un homme, tenant d'une main une canne, donne le bras à une vieille femme. A D. aux côtes de celle-ci une jeune fille une ombrelle à la main. — A G. **174.** — En B. dans l'intérieur du dessin au M. *Par Gavarni.* Au-dessous des fil. à G. *Imp. d'Aubert et Cie.* A D. *Chez Bauger, r. du Croissant,* 16. = H. 156, L. 198.

« Le Charivari, 11 novembre 1840. »

1er État. Avant toute lettre. Un seul fil.
2e — Celui qui est décrit.
3e — En B. au-dessous des fil. au M. *Chez Aubert, gal. Véro-Dodat.* Le reste comme à l'état décrit.

955 III. — *Anatole! Anatole! voici | trois jours que je ne vous ai vu; | trois jours! mon ami bien-aimé. | Venez ce soir à l'Opéra: je tâcherai | de vous dire où nous pourrons nous | voir demain......*

ORDRE DE SERVICE. | *M. Anatole, demeurant rue , n° , se rendra le 24 août, à 9 heures précises du soir, | à l'Opéra, en grande tenue d'été, | pour aller de là monter sa garde au poste qui lui | sera désigné. | A Paris, le 24 août 1840.*

Observations. — Le service est personnel. Ne peuvent se faire remplacer que le | père par le fils, le frère par le frère, l'oncle par le neveu, le cousin par le cousin, l'ami | par l'ami, et cætera, et réciproquement.

Assise en travers d'une chaise devant une table sur laquelle elle est accoudée, la tête dans sa main, une jeune femme réfléchit à la lettre qu'elle vient d'écrire. — A G. **Gavarni.** A D. écrit directement **152.** — En B. au M. dans l'intérieur du dessin. *Par Gavarni.* Au-dessous des fil. à G. *Imp. d'Aubert et Cie*

A D. *Chez Bauger, r. du Croissant*, 16. La colonne de G. de la légende est en écriture cursive. = H. 156, L. 198.

« Le Charivari, 3 décembre 1840. »

1er État. Avant toute lettre. Un seul fil.
2e — Au-dessous de *Ordre de service*, on lit : *Billet de garde*. Le reste comme au 3e état.
3e — Celui qui est décrit.
4e — En B. au-dessous des fil. au M. *Chez Aubert, gal. Véro-Dodat*. Le reste comme à l'état décrit.

956 IV. — *Marie, vous devenez, voyez-vous, d'une jalousie | insuportable* (sic),.... *c'est une inquisition!.... Il n'y a | vraiment pas moyen de tenir à des choses pareilles. | Je ne pourrai bientôt plus faire un pas!.... dire | un mot!.. J'ai certainement beaucoup d'attachement pour | toi, Marie, certainement!.... mais...* — ON DEMANDE UN REMPLAÇANT.

Un jeune homme et une jeune femme assis tous deux sur un canapé. Celle-ci un coude sur le dossier du canapé, la main devant ses yeux. A G. le jeune homme, lui tournant le dos, mordille la pomme de sa canne. — A G. **125**. — En B. au M. dans l'intérieur du dessin. *Par Gavarni*. Au-dessous des fil. à G. *Chez Bauger, r. du Croissant*, 16. A D. *Imp. d'Aubert et Cie*. = H. 151, L. 197.

« Le Charivari, 15 décembre 1840. »

1er État. Avant toute lettre. Un seul fil.
2e — Celui qui est décrit.
3e — En B. au-dessous des fil. au M. *Chez Aubert, gal. Véro-Dodat*. Le reste comme à l'état décrit.

957 V. — *Oui, mon cher Baron, l'indépendance est certainement | une chose précieuse! mais ne trouvez-vous pas qu'il est | dans la vie de ces moments où le cœur éprouve on ne sait | quel vague besoin d'émotions intimes que ne satisfont jamais | les vains plaisirs du monde?..............* — *On offre des actions dans une entreprise | en plein rapport. — Beau dividende.*

Une jeune femme, une épaule et la tête appuyées contre le dossier de la chaise où elle est assise, les deux mains sur un de ses genoux. Près d'elle à G. un homme d'un certain âge, également assis sur une chaise, l'air satisfait, sa canne et son chapeau entre ses jambes étendues. — A G. **Gavarni. 156**. — En B. au M. entre les deux fil. *Par Gavarni*. A D. *Imp. d'Aubert et Cie*. Au-dessous des fil. au M. *Se vend chez Bauger et Cie, éditeurs des* (etc). = H. 156, L. 196.

« Le Charivari, 1er janvier 1841. »

1er État. Avant toute lettre. Un seul fil.
2e — Celui qui est décrit.
3e — En B. à G. entre les deux fil. *Chez Aubert, gal. Véro-Dodat*. Le reste comme à l'état décrit.

TRANSACTIONS.

Suite de sept pièces en travers représentant des personnages à mi-corps. Trois (les nos 3, 6, 7) ont deux fil. Le no 4 n'en a qu'un seul. Sur chacune on lit en H. au M. au-dessus des filets, ou du T. C. quand la pièce n'a pas de filet, le titre général : *Transactions*, et en B. la légende indicative du sujet.

958 No 1. — *Donnant, donnant.* — Un homme de pr. tourné à D. embrassant une jeune femme à laquelle il donne un sac de bonbons. Derrière lui à G. une vieille femme des besicles sur le nez.—A G. **G. 39-9.** — En H. à D. au-dessus du T. C. *no* 1. En B. à G. au-dessous du T. C. *Au bureau du Charivari, rue du Croissant*, 16. A D. *Imp. d'Aubert et Cie.* = H. 156, L. 197.

« Le Charivari, 24 janvier 1839. »

1er État. Celui qui est décrit.
2e — En H. à D. 1, au lieu de *no* 1. *Rue du Croissant* a disparu. Le reste comme à l'état décrit.

959 II. — *Livre du Mont-de-piété.* | *(Samedi.) Un jupon et deux chemises de femme.* 3 fr. | *Livre du Parfumeur.* | *Une paire de gants beurre frais.* | *Dimanche. Un rouleau d'eau de Cologne.* | *Un pot de pommade.* } 3 fr.

Un employé du Mont-de-piété, ses lunettes sur le front, examine une chemise qu'il tient des deux mains. Il est assis devant une table. A G. une jeune femme, les deux mains posées sur la table. Derrière elle une vieille femme. Sur le mur on lit : **Au | Mont-de-Piété.**— Dans le B. vers la G. **Gavarni.-39.**— En H. à D. au-dessus du T. C. 2. En B. au-dessous du T. C. à G. *Imp. d'Aubert et Cie.* A D. *Au bureau du Charivari, rue du Croissant*, 16. = H. 154, L. 196.

« Le Charivari, 28 mai 1839. »

1er État. Avant toute lettre.
2e — Celui qui est décrit.

960 III. — *Il vend sa vie pour vivre.* — Dans un bureau de remplacement, un homme de pr. tourné à D. devant un pupitre sur lequel il écrit l'acte de remplacement d'un jeune homme. Celui-ci, en veste et tout débraillé, est sur le devant; il a une main sur la table où sont posées trois piles d'écus de 5 francs. — A G. **Gavarni.** — Deux fil. En H. à D. au-dessus des fil. 3. En B. au-dessous des fil. à G. *Imp. d'Aubert et Cie.* Au M. *Gavarni.* A D. *Au bureau du Charivari, r. du Croissant*, 16. = H. 158, L. 198.

« Le Charivari, 8 août 1839. »

1er État. Avant toute lettre. Sans fil.
2e — Celui qui est décrit.

961 IV. — *Ta bille ou ta peau!* — Au coin d'un mur, un bon bourgeois arrêté par un malfaiteur en haillons, un gourdin sous le bras, s'empresse de fouiller dans la poche de son pantalon pour lui remettre son argent. Il est à D. et tourne le dos au voleur. — A G. **Gavarni.** — Un fil. En H. à D. au-dessus du fil. 4. En B. au-dessous du fil. à G. *Imp. d'Aubert et Cie.* Au M. *Par Gavarni.* A D. *Au bureau du Charivari, r. du Croissant*, 16. = H. 156, L. 200.

« Le Charivari, 18 août 1839. »

1er État. Avant toute lettre.
2e — Celui qui est décrit.

962 V. — *Le bien pour le mal.* — Dans la campagne, une paysanne, s'enfuyant à G., se retourne pour frapper avec une branche d'arbre un homme en habit de chasse qui la poursuit et veut l'embrasser. — Vers la G. **Gavarni.** — Un fil. En H. à D. au-dessus du fil. 5. En B. au-dessous du fil. à G. *Imp. d'Aubert et Cie.* Au M. *Par Gavarni.* A D. *Chez Bauger, r. du Croissant*, 16. = H. 156, L. 199.

« Le Charivari, 31 août 1839. »

1er État. Avant toute lettre.
2e — Celui qui est décrit.

963 No VI. — *Mais permettez, mon cher Monsieur! j'ai déjà eu l'honneur de vous faire observer que.....* — Un jeune élégant, de pr. et tourné à G., devant lequel est campé d'un air menaçant un homme du peuple, une main levée à la hauteur de la tête et un bras plié pour la parade. Ce dernier n'a sur lui que sa chemise et un pantalon retenu par une bretelle. — A G. **Gavarni.** — Deux fil. En H. à D. au-dessus des fil. *no* 6. En B. au-dessous des fil. à G. *Imp. d'Aubert et Cie.* Au M. *Par Gavarni.* A D. *Chez Bauger, r. du Croissant*, 16. = H. 155, L. 196.

« Le Charivari, 24 août 1839. »
Planche publiée sans changements dans *Paris comique*, 1re livraison.

1er État. Avant toute lettre.
2e — Celui qui est décrit.

964 No VII. — *Qu'est-ce que tu me bailleras b'en si j'te rends ton fagot?* — Devant un mur, un garde champêtre vient de s'emparer du fagot que portait une pauvre jeune paysanne. Celle-ci est à D. et a l'air consterné. — A D. **Gavarni.** — Deux fil. En H. à D. au-dessus des fil. *no* 7. En B. au M. entre le T. C. et le premier fil. *Par Gavarni.* Au-dessous des fil. à G. *Chez Bauger, r. du Croissant*, 16. A D. *Imp. d'Aubert et Cie.* = H. 160, L. 200.

« Le Charivari, 17 janvier 1840. »

1er État. Avant toute lettre. Sans fil.
2e — Celui qui est décrit.

TRAVESTISSEMENTS GROTESQUES.

Suite de six pièces ayant pour titre collectif : *Travestissemens* (sic) *grotesques*. Voir ce titre à la section : *Costumes et Modes*.

UN CONGÉ DE SEMESTRE.

» *Adieu, Paris! Mes concitoyens, je vous salue! Convoquez-vous, élisez-vous, représentez-vous, apostrophez-vous,* | *éclaboussez-vous, ameutez-vous, tambourinez-vous, empoignez-vous, talochez-vous, trémoussez-vous, fous!* | *je m'en moque! et je vais planter mes choux.*

Voir ci-dessus la description de cette pièce sous le titre : *Un congé de semestre*, dans *La Caricature* (deuxième publication).

UN COUPLET DE VAUDEVILLE.

Suite de six pièces, inspirée par un couplet de *l'Héritière*, vaudeville de.

17

Scribe, et représentant chacune le même jeune homme et la même jeune femme, à mi-jambes sur les n°s 1, 2, 4, 5, en pied sur les deux autres. Les cinq premières sont à claire-voie et entourées de quatre filets (la dernière, n'étant pas à claire-voie, n'a que trois filets). Sur chacune d'elles on lit en H. au M. au-dessus des filets : *Un couplet de vaudeville*, suivi du numéro d'ordre. En B. au-dessous des filets à G. *Imp. d'Aubert et Cie*. Au M. *Par Gavarni*. A D. *Au bureau du Charivari, r. du Croissant*, 16. Plus B., pour légende, les vers du couplet indicatifs de chaque sujet.

965 N° I. — *On n'a plus ni plaisirs ni peines* (sic),
Quand les dénoumens (sic) *sont prévus.*
Les amours n'ont qu'une semaine
Dont tous les jours sont convenus.
Le lundi l'on voit une femme...
. . . . (*Scribe.*)

A l'angle d'un mur sur lequel on lit écrit directement : **Grande Ch**(aumière), un jeune homme, d'une main tenant son lorgnon, de l'autre sa canne, jette un regard à D. vers une femme vue de dos qui détourne la tête. — A G. **G. 39**. = H. 197, L. 156.

« Le Charivari, 8 juillet 1839. »

1er État. Avant toute lettre.
2e — Celui qui est décrit.

966 N° II. — . . . .
On fait l'aimable le mardi.

Dans le même jardin, le jeune homme, les mains par derrière sous les basques de sa redingote, le haut du corps penché en avant à D. vers la femme. Celle-ci tient d'une main son ombrelle fermée, de l'autre un bouquet. — En H. à G., sur le mur on lit écrit directement (Ch)**aumière**. — A G. **G. 39**. = H. 197, L. 156.

« Le Charivari, 9 juillet 1839. »

1er État. Avant toute lettre.
2e — Celui qui est décrit.
3e — Au-dessous de : *On fait l'aimable le mardi*, une ligne de points, et plus B. (*Scribe*).

967 III. — . . . .
Le mercredi l'on peint sa flamme.
. . . . (*Scribe.*)

Dans le même jardin, le jeune homme assis de côté sur une chaise, les deux mains sur le dossier de la chaise et son menton sur l'une de ses mains. Debout, près de lui à G., la femme vue de dos drapée dans un châle. Sur une table à D. une carafe et un verre. Sur le mur on lit écrit directement **Chaum**(ière). — A D. **G. 39**. = H. 200, L. 154.

« Le Charivari, 10 juillet 1839. »

1er État. Avant toute lettre.
2e — Celui qui est décrit.

968 IV. — . . . .
Elle vous répond le jeudi.
. . . . (*Scribe.*)

Dans une chambre, la femme à D. donne sa main à baiser au jeune homme. — A G. **G. 39.** = H. 197, L. 155.

« Le Charivari, 11 juillet 1839. »

1er État. Avant toute lettre. Sans fil.
2e — Celui qui est décrit.

969 V. — . . . .
On est heureux le vendredi.
. . . . (*Scribe.*)

Le jeune homme et la femme, bras dessus, bras dessous, se promènent dans la campagne. Le premier est à D. de face, son cigare entre deux doigts, une main dans la ceinture de son pantalon. Sa compagne, les deux mains sur le bras du jeune homme, châle noir à franges. — A G. **G. 39.** = H. 197, L. 155.

« Le Charivari, 12 juillet 1839. »

1er État. Avant toute lettre.
2e — Celui qui est décrit.

970 No VI. — . . . .
On se quitte le samedi,
Et le dimanche tout est fini,
Pour recommencer le lundi. (*Scribe.*)

La femme est assise dans sa chambre sur un divan, une main sur le dossier d'une chaise qu'elle attire à elle, un pied sur l'un des barreaux de cette chaise. A D. le jeune homme, vu de dos, ouvre la porte et s'en va.—A G. **Gavarni | 39.** = H. 200, L. 155.

« Le Charivari, 13 juillet 1839. »

1er État. Avant toute lettre.
2e — Celui qui est décrit.

» LE VERRE D'EAU. — Voir ci-dessus la description de cette pièce sous la rubrique : *Bagatelle,* même section, même subdivision.

LA VIE DE JEUNE HOMME.

Suite de trente-six pièces dont sept ont paru primitivement dans *La Caricature :* les nos 3, 11, 15, 25, 32 et 34 sous le même titre, le no 27 sous le titre *Plaisirs champêtres.* Les nos 14 et 26 n'ont paru dans *Le Charivari,* le premier que comme dessin de mode, sous le titre *Modes. Costumes d'Humann,* et le second que dans la suite *Paris le soir;* ils ont été ajoutés aux autres pièces de la *Vie de jeune homme,* quand elles ont été publiées hors texte. Toutes ces planches sont entourées de quatre fil., excepté le no 5 qui est à claire-voie et a deux fil. On lit en H. au M. au-dessus des fil. : *La Vie de jeune homme,* sauf au no 8 qui porte seulement : *Vie de jeune homme.* En B. à D. au-dessous des fil. *Imp. d'Aubert et Cie.*

971 I. — *Voyons! j'aime Clara, si c'est face; si c'est pile, j'aime Augustine.* — Deux jeunes gens dans une chambre regardent une pièce de monnaie que l'un d'eux, celui de G., un béret sur la tête, une main dans la poche de son pantalon, vient de jeter en l'air. — A G. **149.** — En H. à D. entre le troisième et le quatrième fil. 1. En B. au M. entre le T. C. et le premier fil. *Par Gavarni.*

Au-dessous de la légende : *Se vend chez Bauger et Cie, éditeurs des* (etc.). = H. 199, L. 157.

« Le Charivari, 7 novembre 1840. »

1er État. Avant toute lettre. Sans fil.
2e — Celui qui est décrit.
3e — En B. au-dessous des fil. à G. *Chez Aubert, gal. Véro-Dodat.* Le reste comme à l'état décrit.

972 II.—*Eh b'en! après?..... quand j'aurais connu Mosieu Bélamy? c'est-il une raison | pour qu'on parle mal sur moi?..... puisqu'il y aurait au moins trois semaines de ça, | et que dimanche fera quinze jours que tu m'as parlé, imbécile!* — Dans une chambre à D., une jeune femme, les deux mains dans les poches de son tablier, s'adresse à un jeune homme tourné de son côté, un genou posé sur une chaise, les deux mains sur le dossier de cette chaise. — A G. **258**.—En H. à D. entre le T. C. et le premier fil. 2. En B. au M. entre le T. C. et le premier fil. *Par Gavarni.* Au-dessous de la légende : *Se vend chez Bauger et Cie, éditeurs des* (etc.). = H. 199, L. 157.

« Le Charivari, 17 novembre 1840. »

1er Etat. Avant toute lettre. Un fil.
2e — Celui qui est décrit.
3e — En B. à G. au-dessous des fil. *Chez Aubert, gal. Véro-Dodat.* Le reste comme à l'état décrit.

» III. — *J'ai un service à te demander, mon bon Joseph... Il m'arrive quelque chose de bien bête : J'ai | à l'heure qu'il est deux adorées sur les bras... Tu ne pourrais* (pas) *t'en arranger d'une?* — Voir ci-dessus la description de cette planche sous la rubrique : *La Vie de jeune homme*, dans *La Caricature* (deuxième publication).

973 IV. — *Point de fait, | à la suite d'un point de droit.* — Deux jeunes gens se battant à coups de poing. L'un d'eux à D. vu de dos, à moitié renversé, un genou à terre, cherche d'une main à parer les coups que lui porte son adversaire. Le chapeau de celui-ci tombe à G. dans la lutte. — A G. **40-73**. — En H. à D. entre le troisième et le quatrième fil. 4. En B. au M. entre le T. C. et le premier fil. *Par Gavarni.* Au-dessous de la légende : *Se vend chez Bauger et Cie, éditeurs des* (etc.). = H. 195, L. 157.

« Le Charivari, 5 décembre 1840. »

1er État. Avant toute lettre. Fil. non fermés par le B.
2e — Celui qui est décrit.
3e — En B. à G. au-dessous des fil. *Chez Aubert, gal. Véro-Dodat.* Le reste comme à l'état décrit.

974 V. — *Quand je vous disais que votre Agathe faisait des yeux à mon chenapan de | Benjamin!.... et vous souffririez ça, Nestor?* — Dans une rue, une jeune femme, les bras croisés, vue de dos et tournée à D., chapeau à plumes, écharpe écossaise. Près d'elle, de face, un jeune homme, l'air très-peu satisfait, la main posée sur une badine. — A G. **214**. — En H. à D. entre le premier et le deuxième fil. 5. En B. au M. entre le premier et le deuxième fil. *Par Gavarni.* Au-dessous de la légende : *Se vend chez Bauger et Cie, éditeurs des* (etc.). = H. 198, L. 156.

« Le Charivari, 11 décembre 1840. »

1er État. Avant toute lettre. Un fil.

2e État. Celui qui est décrit.
3e — En B. à G. au-dessous des fil. *Chez Aubert, gal. Véro-Dodat.* Le reste comme à l'état décrit.
4e — Cinq fil. En H. à D. entre le quatrième et le cinquième fil. 5. Le reste comme à l'état décrit.

975 VI. — *Écoutez, Juliette! Bourdin m'a tout conté....* | —*Hein?* | —*Tout!* | —*Quoi?* | —*Tout!* | — *Eh bien! voilà du propre!.......* — Dans une chambre, assis sur un divan, un jeune homme vu de dos et tourné à D., une main sur son genou. Debout devant lui une jeune femme, les bras baissés et les mains croisées. — A G. **233**. — En H. à D. entre le T. C. et le premier fil. 6. En B. au M. entre le T. C. et le premier fil. *Par Gavarni.* Au-dessous de la légende : *Se vend chez Bauger et Cie, éditeurs des* (etc.). = H. 201, L. 158.

« Le Charivari, 26 décembre 1840. »

1er État. Avant toute lettre. Un fil.
2e — Celui qui est décrit.
3e — En B. à G. au-dessous des fil. *Chez Aubert, gal. Véro-Dodat.* Le reste comme à l'état décrit.

976 VII. — ORAISON FUNÈBRE. | — *Ah! que c'était une riche nature de femme! jolie, tout cœur! pleine d'esprit...... et si* | *bon garçon!* | —*Ça c'est vrai;.... enfin!... il y en a d'autres!* — Dans une chambre, un jeune homme de face, les bras tendus convulsivement, les mains dans les goussets de son pantalon. A G. son ami, une main dans la poche de derrière de sa redingote, l'autre tenant un cigare dont il renvoie la fumée par le nez. — A G. **312**. — En H. à D. entre le T. C. et le premier fil. 7. En B. au M. entre le T. C. et le premier fil. *Par Gavarni.* Au-dessous des fil. à G. *Chez Bauger, r. du Croissant*, 16. = H. 200, L. 156.

« Le Charivari, 31 décembre 1840. »

1er État. Avant toute lettre. Sans fil.
2e — Celui qui est décrit.
3e — En B. au M. au-dessous des fil. *Chez Aubert, gal. Véro-Dodat.* Le reste comme à l'état décrit.

977 VIII.—*Temps perdu.*— Dans une rue, une jeune femme d'une tenue modeste et les yeux baissés se dirige vers la G.; elle est accostée par un jeune homme qui se penche vers elle, une main posée sur sa badine, l'autre dans la poche de son habit. — A G. **135**. — En H. à D. entre le T. C. et le premier fil. 8. En B. au M. entre le T. C. et le premier fil. *Par Gavarni.* Au-dessous de la légende : *Se vend chez Bauger et Cie, éditeurs des* (etc.). = H. 197, L. 155.

« Le Charivari, 4 mars 1841. »

1er État. Avant toute lettre. Un fil. non fermé par le B.
2e — Celui qui est décrit.
3e — En B. à G. au-dessous des fil. *Chez Aubert, gal. Véro-Dodat.* Le reste comme à l'état décrit.

978 IX. — *Eugène et sa petite.* — Un jeune homme, son parapluie sous un bras et donnant l'autre à une grisette, se dirige vers la D. Celle-ci d'une main relève sa robe par derrière, et tient de l'autre un panier. — A G. **138**. — En H. à D. entre le T. C. et le premier fil. 9. En B. au M. entre le T. C. et le premier fil. *Par Gavarni.* Au-dessous de la légende : *Se vend chez Bauger et Cie, éditeurs des* (etc.). = H. 198, L. 157.

« Le Charivari, 17 mars 1841. »

1er État. Avant toute lettre. Un fil.
2e — Celui qui est décrit.
3e — En B. à G. au-dessous des fil. *Chez Aubert, gal. Véro-Dodat.* Le reste comme à l'état décrit.

979 X.—*Petit oncle, vois-tu, je voulais te dire..... que........* | —*Connu! tu repasseras: j'ai pas de monnaie.* — Devant un mur, un jeune homme, vu de dos à moitié et tourné à D., les deux mains dans les poches de derrière de sa redingote. L'oncle, de face, nu-tête, fumant sa pipe, les mains dans les poches de son pantalon.—A G. **194.**—En H. à D. entre le T. C. et le premier fil. 10. En B. au M. entre le T. C. et le premier fil. *Par Gavarni.* Au-dessous de la légende : *Se vend chez Bauger et Cie, éditeurs des* (etc.). = H. 198, L. 156.

« Le Charivari, 31 mars 1841. »

1er État. Avant toute lettre. Trois fil.
2e — Celui qui est décrit.
3e — En B. à G. au-dessous des fil. *Chez Aubert, gal. Véro-Dodat.* Le reste comme à l'état décrit.

» XI.—*Un roman nouveau, un jeune amour, une vieille pipe.*—Voir ci-dessus la description de cette planche sous la rubrique : *La Vie de jeune homme*, dans *La Caricature* (2e publication).

980 XII. — *On vient de rapporter Louis de Vincennes, avec deux côtes cassées!* | —*Pourquoi s'est-il battu?* | —*Pour une bouffée de cigarre* (sic).—Accroupi sur un divan et tourné à G., les jambes croisées, le dos contre un coussin, un jeune homme, en veste du matin et pantalon à pied, tenant une longue pipe. Debout devant lui son ami, de pr., le haut du corps penché en avant, les mains entre ses jambes.—A G. **313.**—En H. à D. entre le T. C. et le premier fil. 12. En B. au M. entre le T. C. et le premier fil. *Par Gavarni.* Au-dessous de la légende : *Se vend chez Bauger et Cie, éditeurs des* (etc.). = H. 200, L. 160.

« Le Charivari, 16 avril 1841. »

1er État. Avant toute lettre.
2e — Celui qui est décrit.
3e — En B. à G. au-dessous des fil. *Chez Aubert, gal. Véro-Dodat.* Le reste comme à l'état décrit.

981 XIII. — *Allons! mon vieux Vautour, il faut m'escompter ces petits trois cents francs, là....* | —*Non vraiment, cinquante écus! Vous n'êtes pas raisonnable!....* | —*Allons deux cents francs pour vous!.... Mais donnez-moi cent francs tout de suite.* — Un jeune homme dans sa chambre, en manches de chemise, les bras croisés, une pipe dans l'une de ses mains, se tient devant la porte ouverte barrant le passage à l'usurier vu de dos et tourné à D., les mains sur les hanches. — A G. **63.** — En H. à D. entre le T. C. et le premier fil. 13. En B. au M. entre le T. C. et le premier fil. *Par Gavarni.* Au-dessous de la légende : *Se vend chez Bauger et Cie, éditeurs des* (etc.). = H. 198, L. 157.

« Le Charivari, 28 avril 1841. »

1er État. Avant toute lettre. Fil. non fermés par le B.
2e — Celui qui est décrit.
3e — Après : *cent francs tout de suite,* on lit : *mais tout de suite.* En B. à G. au-dessous des fil. *Chez Aubert, gal. Véro-Dodat.* Le reste comme à l'état décrit.

» * XIV. — *Combien ça te coûte(-t-) il un habit comme ça?* | —*Je ne sais pas.*

| — *Dieu veuille, mon cher, que tu ne le saches jamais.* — Même planche que : *Modes. Costumes d'Humann.* Voir ce titre sous la rubrique : *Le Charivari*, à la date du 11 janvier 1841, à la section : *Costumes et Modes*, ci-après.

» XV. — *Il ne m'ôterait seulement pas mon chapeau!* — Voir ci-dessus la description de cette planche sous la rubrique : *La Vie de jeune homme*, dans *La Caricature* (2e publication).

982 XVI. — *Tu sais bien que Maurice et Charles avaient toujours des histoires ensemble pour la petite | Zélie?......—Eh bien! ... | —Eh bien! elle a partagé le différent* (sic) *par la moitié.* | — *Juste! Alors ils vont se battre....* — Deux jeunes gens, l'un en paletot, vu de dos à moitié et tourné à G., le haut du corps en avant, les bras croisés, sa canne sous le bras. Le second, presque de face, une main sur la hanche, le bout des doigts de l'autre main sur sa cuisse. — A G. **331**. — En H. à D. entre le T. C. et le premier fil. 16. En B. au M. entre le T. C. et le premier fil. *Par Gavarni.* Au-dessous des fil. à G. *Chez Aubert, place de la Bourse.* Au dessous de la légende : *Se vend chez Bauger et Cie, éditeurs des* (etc). — H. 197, L. 155.

« Le Charivari, 20 mai 1841. »

1er État. Avant toute lettre. Sans fil.
2e — La première ligne de la légende se termine par le mot *ensemble*, et la seconde commence au mot *pour*. Au-dessous des fil. à G. *Chez Aubert, gal. Véro-Dodat*, au lieu de : *Chez Aubert, Place de la Bourse*. Le reste comme à l'état décrit.
3e — Celui qui est décrit.

983 XVII. — *Mais à ton âge, malheureux! je ne savais pas ce que c'était que des dettes.....* | —*Mon oncle, c'est ce que je disais ce matin à mon neveu en lui donnant quinze sous :* | *ce polisson-là me ruine!* — Le neveu, assis de côté sur une chaise et tourné à D., les bras croisés, les jambes étendues. L'oncle, en robe de chambre, vu de dos à moitié, assis près de son bureau, les mains sur ses genoux. — A G. **236**. — En H. à D. entre le T. C. et le premier fil. 17. En B. au M. entre le T. C. et le premier fil. *Par Gavarni.* Au-dessous de la légende : *Se vend chez Bauger et Cie, éditeurs des* (etc.). = H. 197, L. 156.

« Le Charivari, 24 mai 1841. »

1er État. Avant toute lettre. Sans fil.
2e — Celui qui est décrit.
3e — En B. à G. au-dessous des fil. *Chez Aubert, gal. Véro-Dodat*. Le reste comme à l'état décrit.

984 XVIII. — *.....Tu te respectes trop, n'est-ce pas? pour avoir une maîtresse à toi.... Mais les | femmes mariées? dis donc!* | — *On a des principes, mon cher.* | — *Tu fais mon bonheur avec les principes! Comme si ce n'était pas toujours la même chanson!* | —*Non! moi c'est...... « En mariage seulement. »* — Deux jeunes gens en robe de chambre. Celui de G., assis devant un bureau où il est en train d'écrire, retourne la tête vers son camarade. Celui-ci est debout, les reins appuyés contre le dossier de la chaise où le premier est assis; il tient à la main un cigare. — A G. **367**. — En H. à D. entre le T. C. et le premier fil. 18. En B. au M. entre le T. C. et le premier fil. *Par Gavarni.* Au-dessous de la légende : *Se vend chez Bauger et Cie, éditeurs des* (etc.). = H. 200, L. 158.

« Le Charivari, 5 juin 1841. »

1er État. Avant toute lettre.

2e État. Celui qui est décrit.
3e — En B. à G. au-dessous des fil. *Chez Aubert, gal. Véro-Dodat.* Le reste comme à l'état décrit.

985 XIX. — *Vois-tu, Julien! vois-tu Julien! vois-tu!..... Je vais faire des bêtises!........* | —*Vous en avez le droit.*— En avant à G., assise sur un divan, une femme en chapeau, la tête baissée, pleure en se cachant la figure dans les mains Debout près d'elle, son amant, en robe de chambre, vu de dos à moitié, un genou sur le divan, la regarde de côté d'un air indifférent. — A D. **335**. — En H. à D. entre le T. C. et le premier fil. 19. En B. au M. entre le T. C. et le premier fil. *Par Gavarni.* Au-dessous de la légende : *Se vend chez Bauger et Cie, éditeurs des* (etc.). — H. 199, L. 160.

« Le Charivari, 8 juin 1841. »

1er État. Avant toute lettre. Un fil.
2e — Celui qui est décrit.
3e — En B. à G. au-dessous des fil. *Chez Aubert, gal. Véro-Dodat.* Le reste comme à l'état décrit.

986 XX. — *Te voilà propre!... Mon cher, ton imbécile de groom s'est trompé de bouquet : ton billet | pour la petite est chez la tante!* | —*Ah! chien!!!.. Au fait, qu'est-ce que ça me fait? tiens! j'aime mieux la tante....* — Deux hommes dans un jardin. Celui de G. l'air inquiet, les bras croisés, le corps penché en avant à D. L'autre vu de dos, les deux mains sur les hanches.— A G. **41-28**. — En H. à D entre le troisième et le quatrième fil. 20. En B. au M. entre le T. C. et le premier fil. *Par Gavarni.* Au-dessous des fil. à G. *Chez Bauger, r. du Croissant*, 16. = H. 210, L. 157.

« Le Charivari, 14 juin 1841. »

1er État. Avant toute lettre.
2e — Celui qui est décrit.
3e — En B. au M. au-dessous des fil. *Chez Aubert, galie Véro-Dodat.* Le reste comme à l'état décrit.

987 XXI. — *Tu pourrais te contenter d'un simple coup de pistolet à quinze pas; c'est déjà bien gentil : | Entre nous, Florentine ne vaut pas davantage,... hein?* —Il s'agit d'un duel. Dans une clairière, sur le devant, deux jeunes gens. Celui de G., les mains croisées devant lui à la hauteur de sa taille, est tourné à D. vers l'autre, un des combattants, qui, de face et l'air pensif, a les bras croisés sur sa poitrine. A ses pieds une boîte de pistolets. Dans le fond à G. son adversaire avec son témoin, tous deux vus de dos. — A G. **41-27**. — En H. à D. entre le troisième et le quatrième fil. 21. En B. à D. dans l'intérieur du dessin : *Par Gavarni.* Au-dessous de la légende : *Se vend chez Bauger et Cie, éditeurs des* (etc.). = H. 195, L. 157.

« Le Charivari, 20 juin 1841. »

1er État. Avant toute lettre.
2e — Celui qui est décrit.
3e — En B. à G. au-dessous des fil. *Chez Aubert, gal. Véro-Dodat.* Le reste comme à l'état décrit.

988 XXII. — « *Le marquis de Chancelles est à Naples* », *dis donc!* | —*Ah!* | — *Tiens! Naples, c'est une idée : Viens-tu à Naples?* | —*Je n'ai pas le sou cette année...... Faudrait vendre des rentes ou me défaire de Julia.* | — *Défais-toi plutôt de Julia, bête!* — Un jeune homme couché de côté sur un divan, la tête sur un coussin, les mains l'une sur l'autre. A D., debout, accoudé

sur le dossier du divan, son ami, en chemise et en pantalon à pied, lisant un journal. — Dans le bas du divan à G. **41-29**. — En H. à D. entre le troisième et le quatrième fil. 22. En B. dans l'intérieur du dessin : *Par Gavarni.* = H. 203, L 157.

« Le Charivari, 28 juin 1841. »

1er État. Avant toute lettre.
2e — Celui qui est décrit.
3e — En B. à G au-dessous des fil. *Chez Aubert, gal. Véro-Dodat.* Le reste comme à l'état décrit.

989 XXIII. — *Voyez-vous? là! au second quadrille....... des épis de diamants? ... — Charmante personne!* | *— Je veux vous présenter après la danse : Vous serez enchanté de faire la connaissance de la Baronne* | *de Coquardeau... — Je le suis déjà, Mosieu le Baron, d'avoir fait la vôtre!* — M. de Coquardeau en tenue de bal à G., devant une porte par laquelle on aperçoit, à D., les danseurs, montre du doigt sa femme à un jeune homme vu de dos, un claque sous le bras. — A G. **39-200**. — En H. à D. entre le troisième et le quatrième fil. 23 En B. à D. dans l'intérieur du dessin : *Par Gavarni.* Au-dessous de la légende : *Se vend chez Bauger et Cie, éditeurs des* (etc.). = H. 202, L. 159.

« Le Charivari, 5 juillet 1841. »

1er État. Avant toute lettre. Deux fil. seulement.
2e — Celui qui est décrit.
3e — En B. à G. au-dessous des fil. *Chez Aubert et Cie, gal. Véro-Dodat.* Le reste comme à l'état décrit.

990 XXIV. — *Il faut te décider, voyons!.... épouse Claire avec le bois de Nangie, ou prends Clémence : tu* | *auras les moulins!..... Veux-tu le bois ou veux-tu les moulins? — Ah! Parrain, je voudrais....* | *— Le bois et les moulins? — Parrain, je voudrais Félicie, qui n'a ni bois ni moulins.......* | *— Vous êtes un sot, Filleul. — Je suis amoureux, Parrain. — Vous êtes un sot, Filleul.* — Deux personnages, coiffés chacun d'une casquette, se promenant dans la campagne, se dirigent vers la D. le long d'un mur. Le plus jeune sur le devant, les deux mains dans les poches de son pantalon. L'autre fume sa pipe, qu'il tient à la main. — A G. **41-28**. — En H. à D. entre le troisième et le quatrième fil. 24. En B. à D. dans l'intérieur du dessin : *Par Gavarni.* Au-dessous des fil. à G. *Chez Bauger et Cie, r. du Croissant, 16.* = H. 205, L. 158.

« Le Charivari, 4 juillet 1841. »

1er État. Avant toute lettre.
2e — Celui qui est décrit.
3e — En B. au M. au-dessous des fil. *Chez Aubert, gal. Véro-Dodat.* Le reste comme à l'état décrit.

» XXV. — *C'est bien gentil chez vous, Monsieur Charles!* — Voir ci-dessus la description de cette planche sous la rubrique : *La Vie de jeune homme*, dans *La Caricature* (2e publication).

» * XXVI. — *Comme ils se sont amusés........ avec leur sot roman!..... Au lieu de venir avec moi à la Comédie-Française, ils auraient vu Georges Dandin, les nigauds!* — Même planche que le n° 20, de : *Paris le soir.* Voir ci-dessus ce numéro sous la rubrique : *Paris le soir.*

» XXVII. — *Faut que je voye* (sic) *après mon poulet...... Voyons, Monsieur Charmé, ne fais pas de bêtises! et tiens l'échelle.* — Même planche que le n° 6, de *Plaisirs champêtres.* Voir ci-dessus ce titre dans *La Caricature* (2e publication).

991 XXVIII. — *Qu'est-ce qui sonne là?* | *—C'est la cloche du dîner : dépêchons-nous, ma tante ne badine pas....* | *— Depuis que mon oncle ne badine plus, ils sont embêtants.* | *— Cousin, les oncles ont le droit d'être ennuyeux, pourvu qu'il payent régulièrement des pensions* | *bien amusantes.* — Sur la berge d'une rivière deux jeunes gens sortant de l'eau. L'un sur le devant à D., de face, est en train de passer sa chemise. L'autre en chemise également et les bras croisés. — A G. **41-42.** — En H. à D. entre le troisième et le quatrième fil. 28. En B. à D. dans l'intérieur du dessin : *Par Gavarni.* Au-dessous des fil. à G. *Chez Bauger, r. du Croissant*, 16. = H. 198, L. 157.

« Le Charivari, 19 juillet 1841. »

1er État. Avant toute lettre.
2e — Celui qui est décrit.
3e — *Embêtant*, au lieu de : *embêtants*. En B. au-dessous des fil. au M. *Chez Aubert, place de la Bourse.* Le reste comme à l'état décrit.

992 XXIX. — *C'est une femme que j'ai bien aimée!* | *— Farceur! tu l'as gardée quinze jours.* | *— Mais je lui ai fait la cour deux ans!* — Deux jeunes gens couchés par terre dans la campagne au pied d'un mur. Celui de D., de face, s'appuyant sur son coude, les jambes croisées, une main sur la cuisse; il a son chapeau sur la tête. Le second, étendu sur le dos, les jambes pliées, lève les deux mains au-dessus de sa tête et saisit une branche d'arbre qui pend le long du mur. — A G. **41-39.** — En H. à D. entre le troisième et le quatrième fil. 29. En B. à D. dans l'intérieur du dessin, *Par Gavarni.* Au-dessous des fil. à G. *Chez Bauger, r. du Croissant*, 16. = H. 200, L. 157.

« Le Charivari, 27 juillet 1841. »

1er État. Avant toute lettre.
2e — Celui qui est décrit.
3e — En B. au M. au-dessous des fil. *Chez Aubert, place de la Bourse.* Le reste comme à l'état décrit.

993 XXX. — *Air quelconque :*

— Puisqu'i n'voulait pas me rend' mon chien,
J'y ai fait dir' qu'il me l'rende,
Et v'là qu'il m'a écrit c'matin,
Et moi v'là ma réponse.

— Eh bien?

— . . . . Eh b'en! Eh b'en! Eh b'en!
...D'main matin d'bien bonne heure....
On va s'ficher du pistolet à travers la figure.

Une femme en chapeau et en châle, vue de dos et tournée à G., lit une lettre que vient de lui remettre un jeune homme en chemise et pantalon à pied, vu de face et dansant le cancan une main en l'air, une plume entre les doigts. — A G. **41-40.** — En H. à D. au-dessus des fil. 30. En B. au-dessous des fil. à G. *Chez Bauger, r. du Croissant*, 16. = H. 199, L. 159.

« Le Charivari, 23 octobre 1841. »

1er État. Avant toute lettre.
2e — Celui qui est décrit.
3e — *à traver* (sic) *la figure*, au lieu de : *à travers la figure*. En B. au-dessous des fil. au M. *Chez Aubert, place de la Bourse.* Le reste comme à l'état décrit.

994 XXXI. — *Depuis que j'ai été forcé de tuer un homme pour lui avoir donné*

un soufflet, ah! j'ai les soufflets | en horreur : je ne voudrais pas, vois-tu, pour je ne sais quoi au monde.......... | —En recevoir un.—Un jeune homme en robe de chambre assis sur un divan, le dos sur un coussin, la tête renversée en arrière, un pied sur le divan et un bras levé en l'air, la main contre le mur. Près de lui son ami, en robe de chambre également, se tient debout à D., les bras croisés, une épaule appuyée contre le mur. — A G. **41-36**. — En H. à D. entre le troisième et le quatrième fil. 31. En B. à D. dans l'intérieur du dessin : *Par Gavarni*. Au-dessous des fil. à G. *Chez Bauger, r. du Croissant*, 16. = H. 205, L. 157.

« Le Charivari, 12 août 1841. »

1er État. Avant toute lettre.
2e — Celui qui est décrit.
3e — En B. au M. au-dessous des fil. *Chez Aubert, place de la Bourse*. Le reste comme à l'état décrit.

» XXXII. — *Payes-tu cher à ton hôtel? | — Affreusement cher : je ne paye pas.*—Voir ci-dessus la description de cette planche sous la rubrique : *La Vie de jeune homme*, dans : *La Caricature* (2e publication).

995 XXXIII. — *Je ne vous ai pas retenu les cinquante francs que vous me devez depuis six mois, garnement! | —Ah! bien, Parrain, ça passera pour les intérêts des cent écus que tu m'a donnés hier. | —Comment cela? | —Parce qu'il y a quinze jours que je te les demandais, Parrain, faut être juste!* — Dans un sentier à la campagne, au détour d'un mur, un jeune homme, vu de face à D., tient une petite branche d'arbre dont il mordille un des bouts, et a un bras passé derrière le cou d'un homme à ventre rebondi. Celui-ci a les deux mains dans les poches de sa veste.—A G. **41-38**.—En H. à D. entre le troisième et le quatrième fil. 33. En B. à D. dans l'intérieur du dessin : *Par Gavarni*. Au-dessous des fil. à G. *Chez Bauger, r. du Croissant*, 16. = H. 200, L. 157.

« Le Charivari, 18 août 1841. »

1er État. Avant toute lettre.
2e — Celui qui est décrit.
3e — En B. au M. au-dessous des fil. *Chez Aubert, place de la Bourse*. Le reste comme à l'état décrit.

» XXXIV. — *Quand on dit qu'on a une femme, ça veut dire qu'une femme vous a.* — Voir ci-dessus la description de cette planche sous la rubrique : *La Vie de jeune homme*, dans *La Caricature* (2e publication).

996 XXXV. — *On a souvent besoin d'un plus petit que soi.* — A l'entrée du bois de Boulogne, un jeune élégant, tenant sa canne d'une main et de l'autre un lorgnon devant son œil, donne le bras à D. à une grande femme en robe de velours noir et écharpe blanche. Au fond à G. leur voiture. — A G. **41-69**. — En H. à D. entre le troisième et le quatrième fil. 55. En B. au M. entre le T. C. et le premier fil. *Par Gavarni*. Au-dessous des fil. à G. *Chez Bauger et Cie, édit^r, r. du Croissant*, 16. = H. 199, L. 156.

« Le Charivari, 5 août 1841. »

1er État. Celui qui est décrit.
2e — En B. au M. au-dessous des fil. *Chez Aubert, place de la Bourse*. Le reste comme à l'état décrit.

997 XXXVI. — *Ne va pas te tromper! Si c'est un mosieu qui t'ouvre, tu diras ce que je t'ai dit; si c'est | une dame tu ne diras rien, tu donneras ça; si c'est*

une bonne aussi, ou une petite fille...... | *— Il n'y a toujours que le mosieu qui ne doit pas voir.* | *— C'est çà.* — Au coin d'une rue, un jeune homme, une main dans la poche de son gilet, se baisse pour parler à un petit gamin auquel il fait un signe de recommandation. Celui-ci à D., vu presque de dos, tient d'une main la lettre que le jeune homme vient de lui remettre et de l'autre se gratte le bas des reins. Sur le mur on lit écrit directement : **Magasin de mode**(s). — A G. **41-68**. — En H. à D. au-dessus des fil. 36. En B. au-dessous des fil. à G. *Chez Bauger et Cie, édit., r. du Croissant,* 16. — H. 200, L. 158.

« Le Charivari, 28 octobre 1841. »

1er État. Avant toute lettre.
2e — Celui qui est décrit.
3e — En B. au M. au-dessous des fil. *Chez Aubert, Pl. de la Bourse.* Le reste comme à l'état décrit.

ŒUVRES NOUVELLES.

AFFICHES ILLUSTRÉES.

Suite de six pièces représentant des personnages à mi-corps. Chacune est entourée d'un fil., sauf les nos 1 et 2, qui en ont trois. En H. au-dessus du ou des fil. au M. : *Affiches illustrées,* | *annonces, réclames, enseignes.* A D. le numéro d'ordre. En B. au-dessous du ou des fil. à G. : *Œuvres nouvelles de Gavarni,* excepté sur les nos 1 et 2. Plus B. au M. la légende.

998 I. — Un nègre en cravate blanche et en veste, la tête légèrement levée, sourit à une petite fille qu'il tient dans ses bras. Au fond à G. deux affiches. On lit écrit directement sur l'une : **Noir** | **animal**; sur l'autre : **Moutarde** | **blanche**. — A G. **44-35**. — En B. au-dessous des fil. à G. *Chez Aubert, pl. de la Bourse,* 29. A D. *Imp. d'Aubert et Cie.* Au M. *Par Gavarni.* = H. 203, L. 156.

« Le Charivari, 25 juin 1844. »

1er État. Avant toute lettre et les inscriptions sur les affiches.
2e — Celui qui est décrit.

999 II. — De face, la tête légèrement penchée à G., un homme, un crêpe à son chapeau, les mains dans les poches de sa redingote, écoute une jeune femme, bonnet attaché sur le menton, cheveux tombant des deux côtés en longs tire-bouchons sur sa poitrine. A G. au fond sur une affiche on lit écrit directement : **On demande** | **pour** | **un commerce agréable** | **un associé** | **pouvant disposer** | **d'un petit capital**. — A D. **44-34**. — En B. au-dessous des fil. à G. *Chez Aubert et Cie, pl. de la Bourse.* Au M. *Par Gavarni.* A D. *Imp. d'Aubert et Cie.* = H. 203, L. 156.

« Le Charivari, 28 juin 1844. »

1er État. Avant toute lettre et l'inscription sur l'affiche.
2e — Après le mot *capital,* on lit : *On offre* | *des garanties.* Le reste comme à l'état décrit.
3e — Celui qui est décrit.

1000 III. — *Mosieu, quelle est la meilleure troupe de Paris, s'il vous plaît?* | *— Mossieu, je me suis laissé dire que c'était la troupe de ligne.* — Personnages vus de dos, devant une colonne des boulevards couverte d'affiches de spectacle. La tête de pr. tournée à D., un homme, donnant le bras à une dame, s'adresse à un jeune homme ayant des lunettes sur le nez et des moustaches, les mains dans ses goussets. Sur l'une des affiches on lit écrit directement : **Comédie-Française.** | **Jocrisse corrigé.** | **Rob**(ert-Mac)**aire**, etc., etc. — A D. **46-22**. — En B. au-dessous du fil. à D. *Chez Aubert, pl. de la Bourse*. Au M. *Imp. d'Aubert et Cie*. = H 195, L. 177.

« Le Charivari, 21 mai 1846. »

1er État. Avant toute lettre.
2e — *Imp. d'Aubert et Cie* n'existe pas. On lit à D. *Imp. Lemercier, à Paris*, au lieu de : *Chez Aubert, pl. de la Bourse*. Le reste comme à l'état décrit.
3e — Celui qui est décrit.

1001 IV. — *Plus de cheveux blancs.* — Un homme d'un âge mûr, l'air mécontent et levant son chapeau, découvre sa tête complétement chauve en passant devant une boutique à la porte de laquelle se tient une femme, un flacon à la main. Il se dirige à D. Au-dessus de la porte on lit écrit directement : **Prodige de la chimie,** et à côté : **On** | **essaie** | **avant** | **d'acheter.** — A G. **46-20**. — En B. au-dessous du fil. à D. *Chez Aubert, pl. de la Bourse*, 29. Au M. *Imp. d'Aubert et Cie*. = H. 193, L. 166.

« Le Charivari, 23 mai 1846. »

1er État. Avant toute lettre.
2e — *Imp. d'Aubert et Cie* n'existe pas. On lit à D. *Imp. Lemercier, à Paris*, au lieu de : *Chez Aubert, pl. de la Bourse*, 29. Le reste comme à l'état décrit.
3e — Celui qui est décrit.

1002 V. — *Quel est le spectacle que vous préférez, Mr Prudhomme?* | —*Le spectacle de la nature, belle dame.* — Une jeune femme de pr., la figure cachée par son chapeau, un mantelet noir sur les épaules, lit les affiches de spectacle posées sur un mur à D. Près d'elle un homme au front chauve, également de pr., la tête de face, la regarde en souriant. Il tient d'une main son chapeau derrière lui, et de l'autre sa canne sur son épaule. — A G. **46-23**. — En B. au-dessous du fil. à D. *Chez Aubert et Cie, pl. de la Bourse*, 29. Au M. *Imp. d'Aubert et Cie*. = H. 195, L. 172.

« Le Charivari, 25 mai 1846. »

1er État. Avant toute lettre.
2e — *Imp. d'Aubert et Cie* n'existe pas. On lit à D. *Imp. Lemercier, à Paris*, au lieu de : *Chez Aubert et Cie, pl. de la Bourse*, 29. Le reste comme à l'état décrit.
3e — Celui qui est décrit.

1003 VI. — *Au Théâtre français.* | *La cent et unième représentation de* | *Le mari, la femme et l'amant.* — Le mari et sa femme assis sur le devant d'une loge, le premier de face, les deux mains dans les poches de son gilet blanc. Sa lorgnette devant lui sur le rebord de sa loge. La femme à G. L'amant derrière. — A G. **46-19**. — En B. au-dessous du fil. à D. *Chez Aubert, pl. de la Bourse*, 29. Au M. *Imp. d'Aubert et Cie*. = H. 193, L. 166.

« Le Charivari, 28 mai 1846. »

1er État. Avant toute lettre.
2e — *Imp. d'Aubert et Cie* n'existe pas. On lit à D. *Imp. Lemercier, à Paris*, au lieu de : *Chez Aubert, pl. de la Bourse*, 29. Le reste comme à l'état décrit.
3e — Celui qui est décrit.

BALIVERNERIES PARISIENNES.

Suite de vingt-quatre pièces, dont quatre, les nos 17, 18, 22 et 24, n'ont point paru dans *le Charivari* et n'ont été publiées que lors de la mise en vente de la suite en album sans texte au verso. Chacune est encadrée d'un fil., à l'exception du no 7, qui en a trois. Immédiatement au-dessus en H. à G. *Œuvres nouvelles de Gavarni.* A D. *Baliverneries Parisiennes*, et à la suite le numéro d'ordre de la pièce.

1er État. Avant toute lettre. Les nos 8, 13, 14 et 15 n'ont point de filet.
2e — Celui qui est décrit.

1004 I. — *A portée de lorgnon.* — Dans la rue un jeune homme, la tête de pr., coiffé d'un chapeau à bords étroits et tenant une canne, regarde à D. à travers son lorgnon une jeune femme vue de dos, son ombrelle fermée à la main. — A D. **46-44.** — En B. au-dessous du fil. à G. *Chez Aubert et Cie, pl. de la Bourse*, 29. A D. *Imp. d'Aubert et Compie.* = H. 193, L. 166.

« Le Charivari, 14 août 1846. »

1005 II. — QUARTIER BRÉDA. | *Ma...... bonne dame..... cha....ritable.... un petit.... baiser.... pour l'amour.... de Lieu!* | — *On a déjà donné à votre père ce matin.* — Figures à mi-corps. A G. une jeune femme en peignoir décolleté, les cheveux épars sur le dos, regarde par-dessus son épaule à D. un jeune homme qui, dans l'embrasure d'une porte, en écarte d'une main l'une des portières et tient son chapeau de l'autre main.—A D. **46-47.**—En B. au-dessous du fil. à G. *Chez Aubert et Cie, pl. de la Bourse*, 29. A D. *Imp. d'Aubert et Cie.* = H. 193, L. 166.

« Le Charivari, 27 août 1846. »

1006 III. — *Certainement, c'est très joli!.... mais pour que je tienne en pied là dedans* | *faudrait m'asseoir.* — Dans son atelier un jeune peintre, vu de face, a la main sur le haut d'une toile posée à terre à D., et qu'il montre à un gros homme d'une figure grotesque, les deux mains croisées devant lui.—A D. **46-55.** —En B. au-dessous du fil. à G. *Chez Aubert et Cie, pl. de la Bourse*, 29. A D. *Imp. d'Aubert et Cie.* = H. 192, L. 167.

« Le Charivari, 12 septembre 1846. »

1007 IV. — *Oui, mais si vous vous querellez comme ça avec tous les amans* (sic) *de votre femme,* | *vous n'aurez jamais d'amis.* — Deux hommes dans la campagne. Celui de D. de pr., petit chapeau à bords étroits sur la tête, s'appuie sur une badine. L'autre, de face, a les deux mains dans ses poches. Derrière eux une barrière. Au fond des arbres. — A G. **46-35.** — En B. au-dessous du fil. à G. *Chez Aubert et Cie, pl. de la Bourse*, 29. A D. *Imp. d'Aubert et Cie.* = H. 193, L. 166.

« Le Charivari, 17 octobre 1846. »

1008 V. — *Ce polisson de lansquenet ne nous laisse plus, ô mon amante!.à moi qu'un louis,* | *à toi que mon amour.........* | — *Que je te joue contre ton louis.* —Un jeune homme de face, se penchant à G., robe de chambre ouverte, pantalon à pieds, les deux bras levés, tient une bourse à la main et la montre à à une jeune femme étendue de G. à D. sur un divan. — A G. **46-37.** — En B. au-dessous du fil. à G. *Chez Aubert, pl. de la Bourse.* A D. *Imp. d'Aubert et Cie.* = H. 192, L. 165.

« Le Charivari, 25 octobre 1846. »

1009 VI. — *Vous portez un shako comme ça sans pompom* (sic), *jeune homme?* — Figures à mi-corps. De pr., tourné à D., un vieux peintre, chapeau à larges bords, barbiche et moustache, une main dans la poche de son pantalon. Vis-à-vis de lui un jeune rapin, chapeau à bords très-étroits, longs cheveux plats, petit manteau; il tient sous le bras un carton à dessin. — A G. **46-54.** — En B. au-dessous du fil. à G. *Chez Aubert et Cie, pl. de la Bourse*, 29. A D. *Imp. d'Aubert et Cie.* = H. 193, L. 164.

« Le Charivari, 6 novembre 1846. »

1010 VII. — ....*Et combien peut-on en tirer de machines sur une affaire comme ça?* | — *Autant que vous pourriez faire de....... Roméo, Juliette.* — Dans un atelier une jeune femme tournée à D., en robe de velours noir, regarde une grande pierre lithographique posée sur une table, et contre le bord de laquelle elle appuie la main. Assis derrière la table sur laquelle il est accoudé, l'artiste fume une longue pipe. — A G. **44-26.** — En B. au-dessous des fil. à G. *Chez Aubert et Cie, pl. de la Bourse.* A D. *Imp. d'Aubert et Cie.* = H. 204, L. 150.

« Le Charivari, 25 novembre 1846. »

1011 VIII. — *Faudrait pourtant pas gros de sens commun pour emplir une calebasse comme ça, Phémie,* | *et dire que ça peut vous tenir un boisseau de sottises!* — Figures à mi-corps. Dans une chambre un étudiant en médecine de dixième année, fumant sa pipe, regarde une tête de mort qu'il tient d'une main et qu'il montre à une jeune modiste assise à D. Celle-ci, lui tournant le dos, est en train de monter un chapeau sur une tête en carton. — Au M. **47-3.** — En B. au-dessous du fil. à G. *Chez Aubert et Cie, pl. de la Bourse.* A D. *Imp. d'Aubert et Cie.* = H. 194, L. 165.

« Le Charivari, 14 mai 1847. »

1012 IX. — « *Il a faim* »...., *paresse!... moi aussi j'ai faim, mais je prends la peine d'aller dîner.* — Dans une rue un homme, les deux mains dans les poches d'un énorme pardessus, se dirige vers la D. Derrière lui un malheureux étendu à terre de G. à D. le dos contre le mur. — A G. **47-5.** — En B. au-dessous du fil. à G. *Chez Aubert, pl. de la Bourse,* 29. A D. *Imp. d'Aubert et Cie.* = H. 197, L. 165.

« Le Charivari, 20 mars 1847. »

1013 X. — *Avant l'invention de l'écriture, messieurs, tous les peuples parlaient la même langue.....* | *Seulement ils différaient entr'eux dans leurs manières de prononcer.* — Debout dans sa chaire un professeur faisant un cours de linguistique; il est de pr. tourné à D., une main appuyée sur des carrés de papier contenant ses notes. Au fond un nombreux auditoire. — Sur le devant de la chaire **46-85.** — En B. au-dessous du fil. à G. *Chez Aubert, pl. de la Bourse.* A D. *Imp. d'Aubert et Cie.* = H. 208, L. 169.

« Le Charivari, 5 mai 1847. »

1014 XI. — *Le Réveil du lion.* — Un homme, barbe noire, cheveux ébouriffés, lorgnon suspendu au cou, est assis sur le bord de son lit; il est en chemise, les jambes nues, et bâille affreusement, les bras étendus à D. et à G. A D. petite table antique en bronze sur laquelle est un flambeau. — A D. **46-83.** — En B. au-dessous du fil. à G. *Chez Aubert, pl. de la Bourse*, 29. A D. *Imp. d'Aubert et Cie.* = H. 195, L. 165.

« Le Charivari, 24 et 25 mai 1847. »

1015 XII. — .....*Non cap'taine.* | ....*Si cap'taine.* | .....*Mais cap'taine.* — Deux hommes en face l'un de l'autre. Celui de G. de pr., coiffé d'un petit chapeau à forme basse, moustache noire, une main posée sur une badine qu'il fait ployer. Le second le corps courbé en avant, des lunettes sur le nez, une main dans la poche de son paletot. Sur un mur derrière eux on lit écrit directement : **Cor de la... légion.** A D. au fond guérite et garde national. — A D. **47-34**. — En B. au-dessous du fil. à G. *Chez Aubert, pl. de la Bourse.* A D. *Imp. d'Aubert et Cie.* = H. 195, L. 166.

« Le Charivari, 27 mai 1847. »

1016 XIII. — *Le valet de cœur est un polisson qui occasionnera beaucoup de pas et démarches* | *à un homme de robe.* — Figures à mi-corps. Une vieille femme, coiffée d'un mouchoir de couleur, un châle autour du corps, est assise devant une table et tire les cartes à une jeune femme debout derrière elle à D. Le jeu est étalé sur la table. — A G. **47-32**. — En B. au-dessous du fil. à G. *Chez Aubert, pl. de la Bourse.* A D. *Imp. d'Aubert et Cie.* = H. 199, L. 167.

« Le Charivari, 15 juin 1847. »

1017 XIV. — *Si c'est pas honteux de nous voir mal mis comme ça! Est-ce que si c'était* (sic *les pauvres* | *qui feraient la charité, les riches manqueraient jamais de rien.* — Figures à mi-corps. Deux pauvres, l'un à G. de pr. à D., coiffé d'un petit chapeau déformé par-dessus son bonnet de coton, une petite béquille sous le bras ; l'autre de face, bonnet de coton sur la tête, nez et bouche de travers, barbe inculte. — A G. **47-47**. — En B. au-dessous du fil. à G. *Chez Aubert, pl. de la Bourse.* A D. *Imp. d'Aubert et Cie.* = H. 195, L. 166.

« Le Charivari, 23 juin 1847. »

1018 XV. — *Ah! mosieu Radiguet..... votre très-humble, je ne vous remettais pas!.... et...* | *...comment va votre petit bonhomme?* | *— Le petit bonhomme, mosieu le baron, c'est moi.* — Deux hommes sur un trottoir, le chapeau à la main et se saluant. Celui de G., un vieillard, petite perruque noire, longue redingote. L'autre, un jeune homme, petite moustache, une main sur la hanche. — A G. **47-45**. — En B. au-dessous du fil. à G. *Chez Aubert, pl. de la Bourse.* A D. *Imp. d'Aubert et Cie.* = H. 195, L. 164.

« Le Charivari, 29 juin 1847. »

1019 XVI. — *Ah! Mademoiselle, vous nous avez exécuté une pirouette......... qui ne laissait* | *rien à désirer.* — Dans les coulisses d'un théâtre à G., un homme chauve, vu de dos et tourné à D., tenant son chapeau des deux mains derrière lui, complimente une danseuse également vue de dos et tournée de son côté, les mains sur les hanches, deux rubans noirs croisés sur le corsage, jupe de gaze très-courte. — A G. **46-86**. — En B. au-dessous du fil. à G. *Chez Aubert, pl. de la Bourse.* — A D. *Imp. d'Aubert et Cie.* = H. 197, L. 162.

« Le Charivari, 13 juillet 1847. »

» *XVII. — *Oh! mais vous, Pigeonnet, dans les affaires vous avez toujours été poussé par les femmes.*

» *XVIII. — *La Chasse au trottin.*

Voir la description de ces deux planches sous la rubrique : *Balivernéries parisiennes*, à la section : *Sujets divers.* Subdivision, *Suites publiées isolément.*

1020 XIX. — *Oui, Perrochet!.... je verserai dans ton sein la..: chose.... de ma conduite! | Je sais que ce qui m'a perdu, Perrochet! c'est d'avoir été trop....... vo...oluptueux.* — Deux ivrognes, dont l'un à D. donne le bras à l'autre et lui parle dans l'oreille. Son camarade, de face, tout débraillé, chapeau défoncé de côté sur la tête, tablier autour du corps.— A G. (4) **7.75**.—En B. au-dessous du fil. à G. *Chez Aubert et Cie, pl. de la Bourse.* A D. *Imp. Aubert et Cie.* = H. 194, L. 165.

« Le Charivari, 24 août 1847. »

1021 XX. — *Savez-vous, Charlemagne, ce que je prends tous les jours après mon dîner, moi? | Pardieu! mon cher,....... vous prenez du ventre.* — A G., de pr. à D., un homme, le ventre légèrement proéminent. Vis-à-vis de lui son ami, le corps penché à D., s'appuyant fortement sur sa canne, le regarde en souriant. — A G. (4) **7.82**. — En B. au-dessous du fil. à G. *Chez Aubert, pl. de la Bourse.* A D. *Imp. Aubert et Cie.* = H. 193, L. 160.

« Le Charivari, 1er octobre 1847. »

1022 XXI. — *T'as peur du monde?.... pour une rupture, innocent!.... Le monde, c'est le | tribunal de commerce | de tous les commerces....., l'agréé de Calypso n'a jamais | tort, mais l'agréé d'Ulysse a toujours raison.* — Dans une chambre un homme à G. de 3/4 à D., en habit-veste, le pouce d'une main dans la poche de son pantalon, s'adresse à un jeune homme vu de dos et tourné à D., coiffé de son chapeau, la tête baissée, les bras croisés sur sa poitrine. — A G. (4) **7.75**. — En B. au-dessous du fil. à G. *Chez Aubert et Cie, pl. de la Bourse.* A D. *Imp. d'Aubert et Cie.* = H. 192, L. 166.

« Le Charivari, 8 octobre 1847. »

» * XXII.—LE FEUILLETON. | *L'enfant en permettra la lecture à sa bonne.* —Voir la description de cette planche sous la rubrique : *Baliverneries parisiennes*, à la section : *Sujets divers*, subdivision : *Suites publiées isolément.*

1023 XXIII. — *Tenez, père Plésenthé, si j'ai un reproche à me faire, c'est d'être né sous | votre gueux d'empire!* — Deux figures à mi-corps. Dans son atelier à G. un peintre en robe de chambre, barbe longue. En face de lui un vieux bonhomme, les deux mains par derrière dans ses poches. Derrière eux une toile blanche sur un chevalet. — A D. **47-43**. — En B. au-dessous du fil. à G. *Chez Aubert et Cie, pl. de la Bourse.* A D. *Imp. d'Aubert et Cie.* = H. 196, L. 167.

« Le Charivari, 22 octobre 1847. »

» * XXIV. — *Vous épousez ma cousine..... Ah! ça m'sieu Vilboquet, vous n'avez donc | pas peur d'être....... mon cousin?* — Voir la description de cette planche sous la rubrique : *Baliverneries parisiennes*, à la section : *Sujets divers*, subdivision : *Suites publiées isolément.*

CARNAVAL.

Suite de cinquante lithographies dont les nos 36, 37, 39, 40, 50, n'ont pas paru dans *le Charivari*, et n'ont été publiés que lors de la mise en vente de la suite en album sans texte au verso. Chacune de ces lithographies est entourée d'un fil., sauf le no 50 qui est à claire-voie et a deux fil. dont le premier tient la place du T. C. des autres pièces. Sur toutes on lit en H. au-dessus du fil. à G. *Œu-*

vres nouvelles de Gavarni, et à D. *Carnaval*, suivi du numéro d'ordre. Les nos 10 et 41 à 50 portent : *Le Carnaval.*

1024 I. — UNE CONQUÊTE. — Au-dessous de ce titre dans un parallélogramme rectangulaire figurant une carte d'adresse : *Madame Alcibiade | modèle | pose l'ensemble.* — Au bal de l'Opéra, un jeune homme en frac à longues basques, le chapeau sur la tête. Il lit une carte qu'une femme en domino blanc et masquée vient de lui remettre. Elle est à G. et lui recommande du doigt la discrétion. Tous deux sont vus de dos. Au fond la salle pleine de masques. — A G. **46-10.** — En B. au-dessous du fil. à D. *Imp. d'Aubert et Cie.* = H. 193, L. 165.

« Le Charivari, 31 mars 1846. »

1er État. Avant toute lettre.
2e. — *Imp. Lemercier, à Paris,* au lieu de : *Imp. d'Aubert et Cie.* Le reste comme à l'état décrit.
3e — Celui qui est décrit.

1025 II. — *Madame cherche un M'sieu?* | —*Deux M'sieux.*— Deux personnages en costumes travestis. A G. un homme, chemise de laine, mouchoir et képi sur la tête, guêtres et pantalon relevé, les deux mains sur ses genoux. En face de lui une femme vue de dos et tournée de son côté, chapeau de paille retroussé, corsage décolleté à rubans croisés. — A D. **46-9.** — En B. à D. au-dessous du fil. *Imp. d'Aubert et Cie.* = H. 193, L. 176.

« Le Charivari, 8 avril 1846. »

1er État. Avant toute lettre.
2e — *Imp. Lemercier, à Paris*, au lieu de : *Imp. d'Aubert et Cie.* Le reste comme à l'état décrit.
3e — Celui qui est décrit.

1026 III. — *Mosieu Émile Jolibiais, s'il vous plaît, avocat à la Cour royale...* | — *C'est moi, M'sieu.* — Un vieux clerc de notaire de pr. tourné à D., bonnet de soie noire sur la tête, son chapeau dans une main, un registre et un parapluie dans l'autre, entre dans une chambre dont un jeune homme costumé en femme d'une manière grotesque vient de lui ouvrir la porte. Au fond à D., autour d'une table, d'autres hommes également travestis en femmes. — A D. **46-3.** — En B. à D. au-dessous du fil. *Imp. d'Aubert et Cie.* = H. 194, L. 164.

« Le Charivari, 16 avril 1846. »

1er État. Avant toute lettre.
2e — *Imp. Lemercier, à Paris*, au lieu de : *Imp. d'Aubert et Cie.* Le reste comme à l'état décrit.
3e — Celui qui est décrit.

1027 IV. — *Dachu! Dachu, tu m'ennuies....* | *Non, Norinne* (sic), *c'est toi qui t'ennuies.* — Deux figures à mi-jambes. Une femme en débardeur cherche à se dégager de l'étreinte d'un homme qui veut l'embrasser. Celui-ci est à G. en costume de paysan, chapeau de paille, grandes guêtres et large culotte. — A D. **46-7.** — En B. à D. au-dessous du fil. *Imp. d'Aubert et Cie.* = H. 193, L. 166.

« Le Charivari, 22 avril 1846. »

1er État. Avant toute lettre.
2e — *Imp. Lemercier, à Paris*, au lieu de : *Imp. d'Aubert et Cie.* Le reste comme à l'état décrit.
3e — Celui qui est décrit.

1028 V. — *Dieu! que voilà donc un m'sieu qu'est comme il faut!* | — *Plaît-il?* | — *Non.* — Une jeune femme en débardeur de pr. tournée à D., petit chapeau sur l'oreille, loup sur le visage, les mains dans les poches de son pantalon. Elle s'adresse à un grand monsieur à longues moustaches qui se penche vers elle, les deux pouces dans les entournures de son gilet blanc. — A D. **46-2.** — En B. à D. au-dessous du fil. *Imp. d'Aubert et Cie.* = H. 194, L. 166.

« Le Charivari, 27 avril 1846. »

1er État. Avant toute lettre.
2e — *Imp. Lemercier, à Paris*, au lieu de : *Imp. d'Aubert et Cie.* Le reste comme à l'état décrit.
3e — Celui qui est décrit.

1029 VI. — UNE PRÉSENTATION. — Un débardeur, portant en califourchon sur ses épaules une jeune femme également costumée en débardeur, lui présente un homme qui la salue profondément, en tenant son chapeau des deux mains. Ce dernier à D. est en Robert-Macaire, vêtements déchirés, perruque à longs cheveux en désordre, faux nez. Au fond une foule de masques dans la salle de bal. — A G. **46-11.** — En B. à D. au-dessous du fil. *Imp. d'Aubert et Cie.* = H. 212, L. 165.

« Le Charivari, 11 avril 1846. »

1er État. Avant toute lettre.
2e — *Imp. Lemercier, à Paris*, au lieu de : *Imp. d'Aubert et Cie.* Le reste comme à l'état décrit.
3e — Celui qui est décrit.

1030 VII. — *Joli garçon, payes-tu qué qu'chose?...* | — *Pas l'sou!... ma chère!....* | — *Cher ami, je te ferai crédit!.....* — A G. un homme déguisé en portière, bonnet noué sous le menton, faux nez, une main dans la poche de son tablier, une chaufferette en terre au bras. Il accoste une jeune femme en débardeur, chapeau rond entouré de rubans sur l'oreille, veste décolletée, les deux mains dans les poches de son pantalon. Ils sont tous deux tournés à D. — A D. **46-6.** — En B. au-dessous du fil. à G. *Chez Aubert et Cie, pl. de la Bourse*, 29. A D. *Imp. d'Aubert et Cie.* = H. 193, L. 165.

« Le Charivari, 12 décembre 1846. »

1er État. Avant toute lettre.
2e — Celui qui est décrit.

1031 VIII. — LE JEU DE DOMINOS. | 2. | — *Double-six.* — Deux grosses femmes au bal de l'Opéra, de face, en domino noir et masquées, causent en se donnant le bras. Celle de D. a son capuchon sur sa tête et tient à sa main son éventail. Sur le second plan à D. un grand jeune homme les regarde, son lorgnon dans l'œil. Au fond des masques en grand nombre. — A D. **46-29.** — En B. au-dessous du fil. à G. *Chez Aubert et Cie, pl. de la Bourse*, 29. A D. *Imp. d'Aubert et Cie.* = H. 193, L. 156.

« Le Charivari, 15 décembre 1846. »

1er État. Avant toute lettre.
2e — *Chez Aubert et Cie, pl. de la Bourse*, 29, n'existe pas. *Imp. Lemercier, à Paris*, au lieu de : *Imp. d'Aubert et Cie.* Le reste comme à l'état décrit.
3e — Celui qui est décrit.

1032 IX. — LE JEU DE DOMINOS. | 1. | — *Je boude.* — Un jeune homme de pr. tourné à D., une main dans le gousset de son pantalon, cherche à reconnaître une femme en domino noir à grand camail et masquée à laquelle il vient d'ouvrir la porte de sa chambre. — A D. **46-16**. — En B. au-dessous du fil. à G. *Chez Aubert et Cie, pl. de la Bourse*, 29. A D. *Imp. d'Aubert et Cie*. = H. 200, L. 165.

« Le Charivari, 17 décembre 1846. »

1er État. Avant toute lettre.
2e — *Chez Aubert et Cie, pl. de la Bourse*, 29, n'existe pas. *Imp. Lemercier, à Paris*, au lieu de : *Imp. d'Aubert et Cie*. Le reste comme à l'état décrit.
3e — Celui qui est décrit.

1033 X. — *Lilie! Lilie!!...... rien ne te dit donc que c'est moi, Lilie?* — Deux figures à mi-jambes. Un homme de pr. tourné à D. en costume grotesque, tout petit chapeau rond sur la tête, cheveux ébouriffés, faux nez à moustaches et à cylindres de carton devant les yeux, habit à larges boutons. Il serre dans un de ses bras une jeune femme costumée en débardeur qui le repousse en criant; elle se rejette en arrière, et, dans ce mouvement, son chapeau tombe derrière elle. — A D. **46-58**. — En B. au-dessous du fil. à G. *Chez Aubert et Cie, pl. de la Bourse*, 29. A D. *Imp. d'Aubert et Cie*. = H. 193, L. 166.

« Le Charivari, 19 décembre 1846. »

1er Etat. Avant toute lettre.
2e — Celui qui est décrit.

1034 XI. — *Pour boire à la santé des malheureux qui meurent de soif, | s'il vous plaît!* — Deux figures à mi-corps. Un paillasse, les yeux baissés, long manteau noir sur les épaules, tient à la main une assiette avec laquelle il fait la quête, et où l'on voit quelques pièces de monnaie. Près de lui à G. un polichinelle s'appuie sur un long bâton comme un suisse sur sa hallebarde; ils sont de face. Derrière eux une foule de pierrots dont on aperçoit les chapeaux pointus. — A G. **46-79**. — En B. au-dessous du fil. à G. *Chez Aubert, pl. de la Bourse*, 29. A D. *Imp. d'Aubert et Cie*. = H. 199, L. 164.

« Le Charivari, 29 janvier 1847. »

1er État. Avant toute lettre.
2e — Celui qui est décrit.

1035 XII. — *M'sieu de..... chose, un jeune homme charmant. | — En quoi est-il? | — En cuisine.* — Un homme gambadant une souricière à la main; il est tourné à D., coiffé d'une marmite avec balai de chiendent en guise de plumet, un gril sur le dos, une broche et autres ustensiles de cuisine à sa ceinture. Au fond deux dominos le regardent et des masques circulent dans la salle de bal. — A G. **47-17**. — En B. au-dessous du fil. à G. *Chez Aubert, pl. de la Bourse*, 29. A D. *Imp. d'Aubert et Cie*. = H. 196, L. 165.

« Le Charivari, 5 février 1847. »

1er État. Avant toute lettre.
2e — Celui qui est décrit.

1036 XIII. — *Dieu! mes amours, comme mon seigneur et maître est une chose dont je me | fiche pas mal ce soir.* — Groupe de trois femmes en pierrots. Celle de G. de pr. à D. a son loup relevé sur le front. Celle du milieu vue de dos tient un manteau noir sous le bras. Derrière elle la troisième à D. de face, son loup sur le visage, lève les bras en l'air. — A D. **47-27**. — En B. au-dessous du fil. à G. *Chez Aubert, pl. de la Bourse.* A D. *Imp. d'Aubert et Cie.* = H. 195, L. 166.

« Le Charivari, 7 février 1847. »

1er État. Avant toute lettre.
2e — Celui qui est décrit.

1037 XIV. — *Écoute ce que tu vas ouïr, ô jeunesse! faut pas accorder toute ta confiance au | premier venu!..... Le second serait fumé.*— Un homme en costume grotesque : sur la tête chapeau en forme de mitre avec plumes de coq, larges lunettes sur le nez, cuiller à pot à sa ceinture. Un bras étendu en avant, il s'adresse à une jeune femme en débardeur et masquée assise à D. sur une banquette, les jambes croisées, le dos contre le mur. — A G. **47-15.** — En B. au-dessous du fil. à G. *Chez Aubert, pl. de la Bourse.* A D. *Imp. d'Aubert et Cie.* = H. 205, L. 166.

« Le Charivari, 10 février 1847. »

1er État. Avant toute lettre.
2e — Celui qui est décrit.

1038 XV. — *Oh! j'ai une patte sans connaissance!* — Une femme costumée en débardeur dansant le galop avec un jeune homme en habit de ville; celui-ci a marché sur le pied de sa danseuse. Dans la douleur que lui cause l'accident, elle se retourne brusquement, et ce mouvement fait tomber à G. le chapeau de son maladroit cavalier, qui la tient encore par la taille. Au fond une foule de masques se livrant à un galop infernal. — A G. **47-2.** — En B. au-dessous du fil. à G. *Chez Aubert, pl. de la Bourse.* A D. *Imp. d'Aubert et Cie.* = H. 196, L. 167.

« Le Charivari, 12 février 1847. »

1er État. Avant toute lettre.
2e — Celui qui est décrit.

1039 XVI. — *Ciel! Anatole!* — Au bal de l'Opéra un jeune homme se dirigeant à D., en costume grotesque de nourrice, bonnet sur la tête, jupe très-courte, tablier blanc, moustaches noires, les bras croisés par derrière. Il tient une poupée d'enfant au maillot, la tête en bas. A G. sur le second plan une femme de face en domino blanc et masqué noir, qui le reconnaît, joint les mains en signe d'étonnement. Au fond des masques dansant. — A G. **46-95.** — En B. au-dessous du fil. à G. *Chez Aubert, pl. de la Bourse*, 29. A D. *Imp. d'Aubert et Cie.* = H. 197, L. 165.

« Le Charivari, 13 février 1847. »

1er État. Avant toute lettre.
2e — Celui qui est décrit.

1040 XVII. — *Comment, Mosieu, à l'heure qu'il est vos galanteries ne sont pas encore couchées.* — Un homme d'un certain âge de pr. tourné à G., en frac, cravate blanche et pantalon collant; il tient d'une main son chapeau derrière son dos; de l'autre il joue avec le cordon de son lorgnon. En face de lui une jeune femme en postillon de Longjumeau, chapeau orné de rubans sur l'oreille. Elle est couverte d'un grand manteau qui cache son costume. — A G. **47-11.** — En B. au-dessous du fil. à G. *Chez Aubert, pl. de la Bourse.* A D. *Imp. d'Aubert et Cie.* = H. 193, L. 169.

« Le Charivari, 19 février 1847. »

1er État. Avant toute lettre.
2e — Celui qui est décrit.

1041 XVIII. — *A présent, m'ame Bélisaire, si nous allions souper....* — A G. une jeune femme de pr. tournée à D., bonnet de police sur la tête, grand manteau sur le corps. Vis-à-vis d'elle un débardeur vu de dos à moitié, les deux mains posées au-dessous des hanches par derrière.— A G. **47-12.**—En B. au-dessous du fil. à G. *Chez Aubert, pl. de la Bourse*, 29. A D. *Imp. d'Aubert et Cie*. = H. 197, L. 168.

« Le Charivari, 23 février 1847. »

1er État. Avant toute lettre.
2e — Celui qui est décrit.

1042 XIX. — *Votre très-humble, ma'ame! | —Mosieu, j'ai l'honneur d'être!* — Sur le palier d'un escalier un débardeur rencontre une femme costumée également en débardeur. Chacun salue l'autre en dansant un pas de cancan. L'homme est à G. Au fond à D. un troisième personnage travesti monte l'escalier. — A G. **47-8.** — En B. au-dessous du fil. à G. *Chez Aubert, pl. de la Bourse.* A D. *Imp. d'Aubert et Cie*. = H. 199, L. 167.

« Le Charivari, 26 février 1847. »

1er État. Avant toute lettre.
2e — Celui qui est décrit.

1043 XX. — *Nous serons donc toujours mauvais sujet?* — A G. une jeune femme travestie et masquée vue de dos, veste à la hussarde, bottes à l'écuyère, pose une de ses mains sur l'épaule d'un gros débardeur à favoris noirs, campé devant elle au port d'arme. — A G. **47-10.** — En B. au-dessous du fil. à G. *Chez Aubert, pl. de la Bourse*, 29. A D. *Imp. d'Aubert et Cie*. = H. 199, L. 166.

« Le Charivari, 2 mars 1847. »

1er État. Avant toute lettre.
2e — Celui qui est décrit.

1044 XXI.—*Si! j'aime bien le homard, mais je n'aime pas le pierrot.*— Au bal de l'Opéra une femme en débardeur, couchée de D. à G. sur le rebord d'une loge du rez-de-chaussée que l'on voit extérieurement, a la tête contre une colonne, une jambe pendant en dehors de la loge. A D. dans l'intérieur de cette loge un pierrot le corps penché en avant, un coude posé sur l'autre jambe de la jeune femme. — A D. **47-26.** — Pièce en travers. En B. au-dessous du fil. à G. *Chez Aubert, pl. de la Bourse*, 29. A D. *Imp. d'Aubert et Cie*. = H. 168, L. 195.

« Le Charivari, 10 mars 1847. »

1er État. Avant toute lettre.
2e — Celui qui est décrit.

1045 XXII. — *Pour deux dominos, un noir et un blanc, qu'avaient à s'expliquer au sujet d'un | m'sieu.... ils ont partagé le différent par la moitié.......... | et les v'là tous les deux gris.* — Dans le corridor d'un restaurant un garçon vu de dos, sa serviette sous le bras, tient d'une main la porte entrebaillée d'un cabinet sur lequel on lit écrit directement : No **12**; il reçoit de l'autre une bouteille de vin que lui remet le sommelier. Celui-ci de face à D. est coiffé du chapeau d'un pierrot. — A G. **46-96.** — En B. au-dessous du fil. à G. *Chez Aubert, pl. de la Bourse.* A D. *Imp. d'Aubert et Cie*. = H. 196, L. 166.

« Le Charivari, 14 mars 1847. »

1er État. Avant toute lettre.
2e — Celui qui est décrit.

1046 XXIII.— *Qu'est-ce que tu peux venir chercher par ici, philosophe?* | —*Je ramasse toutes vos vieilles blagues d'amour, mes colombes : on en refait du neuf.* — Au bal de l'Opéra deux femmes en domino blanc se donnant le bras et tournées à D. : l'une blonde, l'autre brune, masquée et vue de dos, s'adressent à un homme déguisé en chiffonnier. Celui-ci a sa hotte sur le dos et tient sa lanterne à la main. Des masques en foule au fond. — A G. **47-55**. — En B. au-dessous du fil. à G. *Chez Aubert, pl. de la Bourse*, 29. A D. *Imp. d'Aubert et Cie*. = H. 193, L. 167.

« Le Charivari, 16 mars 1847. »

1er État. Avant toute lettre.
2e — Celui qui est décrit.

1047 XXIV.— *J'suis pas mal sauvage, et vous, Madame?* — Au haut de l'escalier par où l'on descend dans la salle de bal, un homme vu de dos, déguisé en sauvage grotesque, plumes sur la tête, besicles sur le nez, collier d'écailles d'huîtres, jupon court en toile à matelas. A D., également vue de dos et tournée de son côté, une femme en domino et masquée.— A D. **47-28**.— En B. au-dessous du fil. à G. *Imp. d'Aubert et Cie*. A D. *Chez Aubert, pl. de la Bourse.* = H. 197, L. 168.

« Le Charivari, 18 mars 1847. »

1er État. Avant toute lettre.
2e — Celui qui est décrit.

1048 XXV. — *Comme tu viens tard!* | —*Et les affaires!* — Au bal de l'Opéra, deux femmes en débardeur en face l'une de l'autre. Celle de G. de pr. à D. met ses gants. L'autre, en avant de l'escalier par lequel on descend dans la salle, a les deux mains sur les hanches. Dans le bas au fond la foule des masques. — A G. **47-51**. — En B. au-dessous du fil. à G. *Chez Aubert, pl. de la Bourse.* A D. *Imp. d'Aubert et Cie*. = H. 195, L. 167.

« Le Charivari, 21 mars 1847. »

1er État. Avant toute lettre. Sans fil.
2e — Celui qui est décrit.

1049 XXVI. — ...*Un quart d'heure pour m'habiller!* | — *Viens comme ça!* — Deux femmes dans une chambre. Celle de G., vue de dos et tournée à D., est en chemise; l'autre, dans l'encadrement formé par les rideaux d'une portière, est en débardeur, petit chapeau sur sa perruque, long manteau cachant entièrement son costume. Derrière elle des masques qui s'en vont.—A G. **47-9**.— En B. au-dessous du fil. à G. *Chez Aubert, pl. de la Bourse*, 29. A D. *Imp. d'Aubert et Cie*. = H. 195, L. 166.

« Le Charivari, 25 mars 1847. »

1er État. Sans fil. En B. à D. au-dessous du T. C. *Imp. Lemercier, à Paris.* Sans autre lettre.
2e — Celui qui est décrit.

1050 XXVII. — *Le masque a beau mentir : Diogène femelle,*
On sait ce que promet ton manteau de satin,
Et quelle affaire ici te fait jusqu'au matin
En guise de lanterne allumer ta prunelle.

Figure à mi-jambes. Au bal de l'Opéra, assise sur une banquette, une femme en domino blanc, loup sur la figure, cheveux blonds tombant en boucles des deux côtés du cou; elle est vue de 3/4, tournée à D., un bras appuyé sur le dossier de la banquette, et tient un bouquet devant elle. — A G. (4) **7-56**. — En B. au-dessous du fil. à G. *Imp. d'Aubert et Cie*. A D. *Chez Aubert, pl. de la Bourse.* = H. 195, L. 166.

« Le Charivari, 31 mars 1847. »

1er État. Avant toute lettre.
2e — Celui qui est décrit.

1051 XXVIII. — *Pigeonnet, je suis innondé* (sic), *et je souscris en ma faveur..... hâtons-nous | de me porter les premiers secours.* — Deux hommes en costume de hussard dans un café. L'un a le coude appuyé sur le dessus d'un grand poêle carré à G.; il est de face et tient un verre de punch; l'autre, tourné vers lui et vu presque de dos, le corps penché en arrière, lève en l'air un verre à vin de Champagne. Au fond une foule de dominos et d'hommes en habit de ville. — A G. **47-22**. — En B. au-dessous du fil. à G. *Chez Aubert, pl. de la Bourse.* A D. *Imp. d'Aubert et Cie*. = H. 195, L. 167.

« Le Charivari, 3 avril 1847. »

1er État. Avant toute lettre.
2e — Celui qui est décrit.

1052 XXIX. — *T'as eu tort, Émile, de t'être défait pour des bêtises d'une personne | qui t'était bien attachée au fond.* — Deux figures à mi-corps. Une jeune femme en domino, un loup sur le visage, met une main sur la poitrine d'un homme en frac et en cravate blanche, le chapeau sur la tête. Celui-ci est de pr. tourné à D. — A G. (4)**7.69**. — En B. au-dessous du fil. à G. *Chez Aubert, pl. de la Bourse.* A D. *Imp. d'Aubert et Cie*. = H. 194, L. 166.

« Le Charivari, 4 avril 1847. »

1er État. Avant toute lettre.
2e — Celui qui est décrit.

1053 XXX. — *Oh hé! v'là le jour! Oh hé! bonsoir la foire aux amours!* — Deux débardeurs, homme et femme, dans la galerie d'un bal masqué. L'homme à G. de pr. tourné à D., une main en l'air. La femme vue de dos, un bonnet de police sur sa perruque, lève les deux bras; ils regardent tous deux au fond dans la salle remplie d'une foule de masques et de spectateurs. — A G. (4)**7. 57**. — En B. au-dessous du fil. à G. *Chez Aubert, pl. de la Bourse.* A G. *Imp. d'Aubert et Cie*. = H. 205, L. 166.

« Le Charivari, 16 avril 1847. »

1er État. Avant toute lettre.
2e — Celui qui est décrit.

1054 XXXI. — *En v'là-t-i, Loupette, en v'là-t-i des commerçantes qu'ont fermé boutique | pour venir danser.* — Au bal de l'Opéra deux femmes en débardeur dans une loge vue extérieurement. Celle de D. vue de dos, assise sur le rebord de la loge et appuyée contre une colonne, regarde par-dessus son épaule. L'autre de face, un pied dans la loge, a une jambe passée par-dessus le rebord. Toutes deux ont les poings sur les hanches.—A G. (4)**7.72**.—En B. au-dessous du fil. à G. *Chez Aubert, pl. de la Bourse.* A D. *Imp. d'Aubert et Cie*. = H. 196, L. 163.

« Le Charivari, 18 avril 1847. »

1er État. Avant toute lettre.
2e — *Des commerçantes qu'on fermé,* au lieu de : *des commerçantes qu'ont fermé.* Le reste comme à l'état décrit.
3e — Celui qui est décrit.

1055 XXXII. — *Eh bien! non, je n'ai jeté mon bonnet par-dessus aucun moulin, na!* — Deux figures à mi-corps. Vue de dos et tournée à D., une femme en domino, loup sur le visage, bouquet à la main, s'adresse à un homme d'un certain âge, au front chauve, en frac et en cravate et gilet blancs, les deux mains derrière le dos. — A D. **46-98.** — En B. au-dessous du fil. à G. *Chez Aubert, pl. de la Bourse.* A D. *Imp. d'Aubert et Cie.* = H. 194, L. 165.

« Le Charivari, 23 avril 1847. »

1er État. Avant toute lettre.
2e — Celui qui est décrit.

1056 XXXIII. —....... *Un tas de turbateurs et de turbateuses qui ne font que provoquer | au mépris et* (à) *la haine contre certaines classes de pékins!......* — Dans la galerie d'un bal masqué, à G., une femme en débardeur, de face et appuyée par derrière contre le rebord de la galerie, tandis qu'un homme, également en débardeur et vu de dos, une jambe levée, se penche en dehors de la galerie pour mieux voir dans le bas de la salle. — A G. **47-24.** — En B. au-dessous du fil. à G. *Chez Aubert, pl. de la Bourse.* A D. *Imp. d'Aubert et Cie.* = H. 195, L. 165.

« Le Charivari, 28 avril 1847. »

1er État. Avant toute lettre.
2e — Celui qui est décrit.

1057 XXXIV. — *Croyez vraiment, mademoiselle, à toute la sincérité de mes sentimens* (sic)..... | — *Et c'est là tout ce que tu payes?* — Dans un des couloirs du bal de l'Opéra, à G., un homme en Robert-Macaire, de pr. à D., s'appuyant d'une main contre le mur, se penche en avant vers une jeune femme en débardeur tournée de son côté et en train de mettre son manteau. — A G. **47-20.** — En B. au-dessous du fil. à G. *Chez Aubert, pl. de la Bourse.* A D. *Imp. d'Aubert et Cie.* = H. 195, L. 167.

« Le Charivari, 3 mai 1847. »

1er État. Avant toute lettre.
2e — Celui qui est décrit.

1058 XXXV. — *Un menuet.* — Cancan exécuté au bal de l'Opéra par un homme et une femme en débardeurs. L'homme à G., vu de dos, un bras tendu en l'air. La femme, de pr. à G., a une main au-dessus de sa tête. Groupes de danseurs au fond. — A. G. **47-52.** — En B. au-dessous du fil. à G. *Chez Aubert, pl. de la Bourse.* A D. *Imp. d'Aubert et Cie.* = H. 193, L. 166.

« Le Charivari, 6 mai 1847. »

1er État. Avant toute lettre.
2e — Celui qui est décrit.

» *XXXVI. — *Plesenthé, veux-tu m'aimer? | — Hi! Hi! Hi!...*

» *XXXVII. — *Des pierrots peints par eux-mêmes.*

Voir la description de ces deux planches sous la rubrique : *Carnaval* (*Œuvres nouvelles*), à la section : *Sujets divers*, subdivision : *Suites publiées isolément.*

1059 XXXVIII. — *Cré nom, les bel-hommes!* — Au bal de l'Opéra une jeune femme en débardeur et masquée, de 3/4 tournée à G., une main posée sur sa tête, s'est arrêtée devant deux hommes de grande taille, l'un en cuirassier de fantaisie, l'autre en débardeur, qui se donnent le bras. Le débardeur, en partie caché par son camarade, est appuyé contre une colonne derrière laquelle on voit à G. d'autres personnages travestis. — A D. **46-91.** — En B. au-dessous du fil. à G. *Chez Aubert et Cie, pl. de la Bourse*, 29. A D. *Imp. d'Aubert et Cie.* = H. 195, L. 164.

« Le Charivari, 17 mai 1847. »

1er État. Avant toute lettre. Sans fil.
2e — Celui qui est décrit.

» * XXXIX. — *Scène de la vie privée du débardeur.*

» * XL. — *Amanda, tu ne reconnaîtrais pas un être que tu as tant aimé!*

Voir la description de ces deux planches sous la rubrique : *Carnaval (Œuvres nouvelles)*, à la section : *Sujets divers*, subdivision : *Suites publiées isolément.*

1060 XLI. — *Et vos pauv' femmes? affreux gueux!* — Dans un bal masqué une jeune femme en débardeur, vue de dos à moitié et tournée à G., chapeau sur le coin de l'oreille, les bras croisés. Vis-à-vis d'elle deux hommes d'un âge mûr déguisés en pierrots, un loup à nez proéminent sur le visage. Au fond une foule de masques. — A G. **47-18.** — En B. au-dessous du fil. à G. *Chez Aubert et Cie, pl. de la Bourse.* A D. *Imp. Aubert et Cie.* = H. 193, L. 167.

« Le Charivari, 23 décembre 1847. »

1er État. Sans fil. En B. au-dessous du T. C. à D. *Imp. par Lemercier, à Paris.* Sans autre lettre.
2e — *Affreux gueux* n'existe pas. On lit seulement : *Et vos pauvres femmes?* Le reste comme au 1er état.
3e — Celui qui est décrit.

1061 XLII. — *En v'là des m'sieurs agréab' en société!* — Dans un cabinet particulier de restaurateur, une femme, de 3/4 tournée à D., les cheveux en désordre, tenant en l'air un verre à vin de Champagne renversé, est accoudée contre un grand poêle carré en faïence. A ses pieds deux hommes ivres-morts étendus par terre et dormant, l'un à G. sous sa chaise renversée, la tête sur une pile d'assiettes; l'autre à D. sous une table. Au fond à D. est assise une seconde femme, ses deux coudes sur la table, le menton entre ses poings fermés. — A G. **46-100.** — En B. au-dessous du fil. à G. *Chez Aubert et Cie, pl. de la Bourse.* A D. *Imp. Aubert et Cie.* = H. 194, L. 164.

« Le Charivari, 26 décembre 1847. »

1er État. Avant toute lettre. Sans fil.
2e — Celui qui est décrit.

1062 XLIII. — *Jésus! c'est mon amoureux de samedi!* | *Bojour, mosieu!* — Au bal de l'Opéra, une femme en débardeur, de 3/4 tournée à G., les jambes pliées, les bras tendus en l'air, en face d'un jeune homme en débardeur également, le corps penché vers elle, les deux mains sur ses genoux. Foule de masques au fond à D. — A G. **47-14.** — En B. au-dessous du fil. à G. *Chez Aubert et Cie, pl. de la Bourse*, 29. A D. *Imp. Aubert et Cie.* = H. 195, L. 167.

« Le Charivari, 19 décembre 1847. »

1er État. Avant toute lettre. Sans fil.
2e — Celui qui est décrit.

1063 XLIV. — *Vot' servante, mosieu!* | — *Madame, votre serviteur.....* — Dans un bal masqué un jeune homme habillé en femme, se dirigeant vers un escalier à D. avec un pierrot qui lui donne le bras, s'est arrêté et, se retournant du côté d'une femme travestie en homme, lui fait une révérence en relevant sa jupe avec ses deux mains. La femme, vue de dos à moitié, redingote et pantalon noirs, un loup sur la figure, lui rend son salut. — A D. **46-94.** — En B. au-dessous du fil. à G. *Chez Aubert et Cie, pl. de la Bourse*, 29. A D. *Imp. Aubert et Cie.* = H. 195, L. 166.

« Le Charivari, 29 décembre 1847. »

1er État. Avant toute lettre. Sans fil.
2e — Celui qui est décrit.

1064 XLV. — *En ménage.* — Deux débardeurs, homme et femme, assis côte à côte sur une banquette dans un couloir de l'Opéra. La femme de face, le dos contre le mur, les jambes étendues, les mains dans les poches de son pantalon, son loup relevé sur le front. L'homme à G. de pr. à D., son masque sur le visage, les mains sur ses genoux. — A D. **47. 30.** — En B. au-dessous du fil. à G. *Chez Aubert et Cie, pl. de la Bourse*, 29. A D. *Imp. Aubert et Cie.* = H. 195, L. 167.

« Le Charivari, 4 janvier 1848. »

1er État. Avant toute lettre. Sans fil.
2e — Celui qui est décrit.

1065 XLVI. — *Eh! bien non, mosieu, non! ces manières là ne peuvent pas me convenir!....* | *Vous menez une conduite beaucoup trop... dissipée.* — Une petite femme en débardeur, chapeau rond sur le coin de la perruque, vue de dos et tournée à D., les bras croisés sur la poitrine, en face d'un grand pierrot qui porte un loup à nez proéminent sur le visage. Au fond à G. un pierrot enveloppé d'un manteau et vu de dos. — A G. **47. 50.** — En B. au-dessous du fil. à G. *Chez Aubert et Cie, pl. de la Bourse*, 29. A D. *Imp. Aubert et Cie.* = H. 195, L. 166.

« Le Charivari, 8 janvier 1848. »

1er État. Avant toute lettre. Sans fil.
2e — Celui qui est décrit.

1066 XLVII. — *Voilà un avant-deux qui fait rire le municipal, mais ça me fait de la peine pour* | *ton innocence, Gouapette....* | — *N'as pas peur! quand mon innocence est en avant-deux, le municipal ne rit pas!* — Un homme vu de face, en costume fait de plumes, bonnet semblable sur la tête, une main sur la hanche, et s'appuyant de l'autre à G. contre un mur. Près de lui, en avant à G., une jeune femme en costume de matelot, vue de dos à moitié et tournée à D. — A G. **47-31.** — En B. au-dessous du fil. à G. *Chez Aubert et Cie, pl. de la Bourse*, 29. A D. *Imp. Aubert et Cie.* = H. 195, L. 167.

« Le Charivari, 15 janvier 1848. »

1er État. Avant toute lettre. Sans fil.
2e — Celui qui est décrit.

1067 XLVIII. — *Si nous soupions, tout uniment, tous les deux! ça serait plus simple.* — Deux hommes en costume de débardeur au bal de l'Opéra. Celui de

D. gros et court, les bras croisés, son chapeau sur l'oreille. L'autre grand et mince, en petite veste blanche, tient son chapeau d'une main, son avant-bras sur le front.— A G. **47-13.**— En B. au-dessous du fil. à G. *Chez Aubert et Cie, pl. de la Bourse,* 29. A D. *Imp. d'Aubert et Cie.* = H. 194, L. 166.

« Le Charivari, 27 janvier 1848. »

1er État. Avant toute lettre. Sans fil.
2e — Celui qui est décrit.

1068 XLIX. — *Où as-tu laissé Clarisse? Lovelace!* — Au bal de l'Opéra un grand pierrot de 3/4 tourné à G., son bonnet sur la tête, loup à nez proéminent sur le visage, regarde à D. par-dessus son épaule, trois dominos, dont l'un vu de face en avant des autres, a les mains jointes à hauteur de la poitrine. Au fond foule de masques et d'hommes en habit de ville se promenant. — A G. **47-25.**—En B. au-dessous du fil. à G. *Chez Aubert et Cie, pl. de la Bourse,* 29. A D. *Imp. Aubert et Cie.* = H. 194, L. 167.

« Le Charivari, 22 janvier 1848. »

1er État. Avant toute lettre. Sans fil.
2e — Celui qui est décrit.

» * L. — *Képi de velours garance.—Foulard blanc.— Bourgeron de mérinos bleu. — Écharpe de soie noire | à raies de couleur. — Pantalon de velours garance. — Guêtres de piqué blanc. — Souliers vernis. | — Gants blancs.*

Voir la description de cette pièce sous la rubrique : *Le Charivari,* à la section : *Costumes et Modes.*

CHEMIN DE TOULON.

Suite de dix pièces, dont les nos 6, 9 et 10 n'ont pas paru dans le *Charivari,* mais ont été ajoutés postérieurement quand la suite a été publiée en album sans texte au verso. Ces planches sont entourées chacune d'un filet au-dessus duquel on lit en H. à G. *Œuvres nouvelles de Gavarni.* A D. *Chemin de Toulon,* suivi du numéro d'ordre de la pièce.

1069 I. — *Comment! y avait gras, et rien qu'un mur de rien et deux méchantes pesées à | faire...., feignant!!.. | — J'avais pas d'outils.* — Deux hommes, en blouse et en casquette, causent ensemble dans l'encoignure d'un vieux mur. Celui de G., vu de dos à moitié et tourné à D., a les deux mains sur ses hanches. L'autre de face a les siennes sous sa blouse. — A G. **46-31.** — En B. au-dessous du fil. à G. *Chez Aubert |et Cie, pl. de la Bourse,* 29. A D. *Imp. d'Aubert et Cie.* = H. 193, L. 166.

« Le Charivari, 30 juin 1846. »

1er État. Avant toute lettre.
2e — *Chez Aubert, pl. de la Bourse,* 29, n'existe pas. *Imp. Lemercier, à Paris,* au lieu de : *Imp. d'Aubert et Cie.* Le reste comme à l'état décrit.
3e — Celui qui est décrit.

1070 II. — LA PISTOLE. | — *Y a eu en bas une jeunesse pour vous, jeune homme........ | — Pauv' Amanda!........ qui ne sera pas battue ce soir.* — Dans une chambre de prison un prisonnier vu de pr., figure ignoble, assis sur un banc de bois, le dos appuyé contre le mur, les mains dans les poches de son pantalon, une jambe croisée sur l'autre. Près de lui, au second plan à D., le geôlier, presque de face, les deux mains derrière le dos. — A G. **46-49.**

—En B. au-dessous du fil. à G. *Chez Aubert et Cie, pl. de la Bourse*, 29. A D. *Imp. d'Aubert et Cie*. = H. 193, L. 161.

« Le Charivari, 11 juillet 1846. »

1er État. Avant toute lettre.
2e — Celui qui est décrit.

1071 III. — *Gueule pas!.... J'cogne.* — Deux malfaiteurs ont surpris seule dans la campagne une jeune femme. L'un de pr. tourné à D., un chapeau par-dessus un bonnet de coton, tient d'une main la jeune femme par la robe, et de l'autre la menace. Celle-ci, effrayée, a laissé tomber un livre qu'elle lisait et se croise les bras sur la poitrine. Au fond à G. l'autre malfaiteur, vu de dos et tenant l'ombrelle de la dame, fait le guet. — Au M. **46-33.** — En B. au-dessous du fil. à G. *Chez Aubert et Cie, pl. de la Bourse*, 29. A D. *Imp. d'Aubert et Cie*. = H. 199, L. 171.

« Le Charivari, 16 août 1846. »

1er État. Avant toute lettre.
2e — Celui qui est décrit.

1072 IV. — *Ça m'embête, moi, de tâter comme ça la poche au monde!...... | — T'as des rentes?* — Au coin d'un mur un individu de pr., les deux mains dans les poches de son paletot, un chapeau gris sur l'oreille, se penche à D. du côté d'un jeune vaurien à la mine refrognée, vu de face, coiffé d'une casquette, les mains dans les poches de son pantalon.— A D. **46-39.**— En B. au-dessous du fil. à G. *Chez Aubert et Cie, pl. de la Bourse.* A D. *Imp. d'Aubert et Cie*. = H. 193, L. 166.

« Le Charivari, 21 octobre 1846. »

1er État. Avant toute lettre.
2e — Celui qui est décrit.

1073 V. — *Désolé! mon brave homme: je me trouve absolument sans argent....... | —Ta parole!* — Deux hommes, l'hiver, dans la campagne : l'un vu de dos à moitié et tourné à G., coiffé d'un chapeau, un lorgnon dans l'œil, les mains dans les poches d'un vaste pardessus dont le col est relevé. Vis-à-vis de lui un homme de mauvaise mine en bourgeron, sans cravate, casquette sur la tête, les mains dans les poches de son pantalon. — A D. **46-66.** — Au-dessous du fil. à G. *Chez Aubert, pl. de la Bourse*, 29. A D. *Imp. d'Aubert et Cie*. = H. 194, L. 166.

« Le Charivari, 27 janvier 1847. »

1er État. Avant toute lettre.
2e — Celui qui est décrit.

» *VI. — *Entre onze heures et minuit.* — Voir la description de cette planche sous la rubrique : *Chemin de Toulon*, à la section : *Sujets divers*, subdivision : *Suites publiées isolément.*

1074 VII. — *Comment qu'un jury saurait le mal qu'on a dans nos états?* — Deux hommes s'introduisant dans un jardin par-dessus le mur de clôture. L'un, coiffé d'un chapeau gris, est à califourchon sur la crête du mur; il se penche vers son camarade, qui est déjà de l'autre côté : on aperçoit à G. le haut de la tête de celui-ci et l'une de ses mains.— A G. **46-61.**— En B. au-dessous du fil. à G. *Chez Aubert, pl. de la Bourse.* A D. *Imp. Aubert et Cie*. = H. 193, L. 165.

« Le Charivari, 4 juin 1847. »

1er État. Avant toute lettre.
2e — Celui qui est décrit.

1075 VIII. — *Qu'est-ce que vous prendriez bien avec ça ?* | — *Qu'est-ce que vous avez?* — Un homme presque de face en blouse, une casquette sur la tête, est entré dans un cabaret; il est assis, son bâton entre les jambes, et, accoudé sur une table, se soutient la tête par derrière avec sa main; devant lui un verre et une bouteille. A D. l'aubergiste, vu de dos à moitié, le corps penché, les mains appuyées sur la table de l'autre côté de laquelle il est debout. — A G. **46-70.** — En B. au-dessous du fil. à G. *Chez Aubert, pl. de la Bourse.* A D. *Imp. Aubert et Cie.* = H. 193, L. 167.

« Le Charivari, 19 juin 1847. »

1er État. Avant toute lettre.
2e — Celui qui est décrit.

» * IX. — *Ils ont eu des mots.*

» * X. — *Si tu ne tais pas ton bec, Adophe* (sic), *nous aurons des mots!*

Voir la description de ces deux planches sous la rubrique : *Chemin de Toulon*, à la section : *Sujets divers,* subdivision : *Suites publiées isolément.*

DES MÈRES DE FAMILLE!

Suite de cinq pièces. Chacune est entourée d'un filet. En H. au-dessus du filet à G. *Œuvres nouvelles de Gavarni.* A D. *Des Mères de famille!* suivi du numéro d'ordre de la pièce. En B. au-dessous du filet à G. *Chez Aubert, pl. de la Bourse*, à l'exception du nº 3, qui porte : *Chez Aubert, pl. de la Bourse,* 29. A D. *Imp. d'Aubert et Cie*, sauf le nº 5, où l'on lit : *Imp. Aubert et Cie.* Plus bas la légende.

1er État. Avant toute lettre.
2e — Celui qui est décrit.

1076 I. — *Ma chère, je l'aime!....* | — *Vous le lui avez avoué?* | — .... *V'oui......* | — *Imprudente!* — Figures à mi-jambes. Deux vieilles femmes assises sur un canapé. L'une se cache le visage sur l'épaule de son amie, dont elle tient la main. Celle-ci à G., les cheveux pendants en longues boucles des deux côtés du cou, a le poing fermé et lève les yeux au ciel. — A D. **47-36.** = H. 195, L. 167.

« Le Charivari, 24 novembre 1847. »

1077 II. — *Quand tu éprouveras le besoin d'être fichu à la porte de cette maison-ci, tu n'auras* | *qu'à dire à la mère que la fille est charmante.* — Figures à mi-corps. Dans une soirée deux hommes se donnant le bras et tournés à D. L'un sur le devant à G., cheveux longs et plats, moustache et barbiche, col noir, tient son chapeau derrière lui. L'autre, cheveux ras, barbe, cravate blanche. — A G. **47-40.** = H. 194, L. 165.

« Le Charivari, 12 janvier 1848. »

1078 Nº III. — UN PORTRAIT CHARMANT. — *Charmant tant que tu voudras; mais quelle diable d'idée ta mère a-t-elle eue* | *là de se faire peindre en pastourelle!* — Figures à mi-jambes. Deux hommes regardant à G. un tableau dont on aperçoit l'un des côtés du cadre. Le plus âgé à D., moustache et sourcils noirs, lunettes sur le nez. L'autre, cravate longue noire, gilet blanc. Au fond sur le mur une palette et un portrait de femme. — Vers la G. **47-42.** — En H. à D. *n*° 3. = H. 194, L. 167.

« Le Charivari, 11 février 1848. »

1079 IV. — *Paul! mon ami! me prendriez-vous pour une femme légère?* — Dans un jardin à D. une grosse femme de pr. à G., en tablier de soie, les mains jointes à hauteur de menton. En face d'elle un jeune homme, vêtu tout en noir, joint également les mains à hauteur de son menton. Au fond à D. une statue de l'Amour. — A D. **47-39.** = H. 196, L. 166.

« Le Charivari, 18 janvier 1848. »

1080 V. — *Si tu veux réussir ici, sois gracieux pour le gilet blanc que voilà et pour le gilet de | velours, qui est l'ami du gilet blanc. | — Et le gilet à ramage? | — Ça! c'est rien : c'est le maître de la maison.* — Figures à mi-corps. Dans une soirée deux hommes dont le plus grand à G. de pr. pose une main sur l'épaule de son ami. Celui-ci, cheveux bouclés des deux côtés de la tête, favoris, cravate blanche, gilet de velours noir, a les deux mains derrière le dos. Au fond des invités. — A G. **47-41.** = H. 196, L. 168.

« Le Charivari, 5 février 1848. »

FAITS ET GESTES DU PROPRIÉTAIRE.

Suite de six lithographies. Chacune est entourée d'un filet au-dessus duquel on lit à G. *Œuvres nouvelles de Gavarni.* A D. *Faits et gestes du propriétaire,* suivi du numéro d'ordre.

1er État. Avant toute lettre.
2e — Celui qui est décrit.

1081 I. — *Mon Cèdre du Liban.* — Un propriétaire dans son jardin, grand chapeau de paille, longue redingote, lunettes sur le nez, tient à la main un pot de fleurs contenant une petite tige qu'il considère avec bonheur. A ses pieds à G. son jardinier accroupi met de la terre de bruyère dans un trou. — A G. **46-77.** — En B. au-dessous du fil. à G. *Chez Aubert, pl. de la Bourse,* 29. A D. *Imp. d'Aubert et Cie.* = H. 195, L. 165.

« Le Charivari, 25 janvier 1847. »

1082 II. — *T'as beau dire, Caroline, je ne suis pas content de ton gazon!* — Un homme, se promenant dans son jardin avec sa femme et un jeune homme, s'est arrêté pour voir si son gazon pousse. Il est de pr. tourné à G., la tête et le corps baissés, ses deux mains sur ses genoux pliés. Sa femme, vue de dos ainsi que le jeune homme qui lui donne le bras, continue sa promenade à G. — A G. **46-78.** — En B. au-dessous du fil. à G. *Chez Aubert, pl. de la Bourse,* 29. A D. *Imp. d'Aubert et Cie.* = H. 195, L. 167.

« Le Charivari, 29 janvier 1847. »

1083 III. — *Comment ne comprenez-vous pas qu'en me laissant cette clef-là, là, la nuit, un malfaiteur n'aurait | qu'à sauter le mur pour s'ouvrir la porte? Imbécile!* — Dans un potager, près d'une porte pratiquée dans le mur de clôture à D., le propriétaire, casquette, col noir, longue redingote, montre à son jardinier la clé qui est à la serrure de la porte. Celui-ci, tenant d'une main son chapeau, de l'autre sa bêche devant lui, l'écoute d'un air niais. — A G. **46-74.** — En B. au-dessous du fil. à G. *Chez Aubert, pl. de la Bourse*, 29. A D. *Imp. d'Aubert et Cie*. = H. 195, L. 165.

« Le Charivari, 3 février 1847. »

1084 IV. — *Et combien que Mosieu va se demander par an, comme garçon jardinier?* — Près d'un trou que vient de creuser son jardinier, un propriétaire de 3/4 à G., en casquette, veste du matin et sabots, lunettes sur le nez, tient d'une main un arbuste qu'il se dispose à planter. A G. le jardinier, les pieds dans le trou et tenant sa bêche en travers devant lui, est vu de dos. — A G. **46-90.** — En B. au-dessous du fil. à G. *Chez Aubert, pl. de la Bourse*. A D. *Imp. Aubert et Cie*. = H. 195, L. 165.

« Le Charivari, 31 octobre 1847. »

1085 V. — *Se coûter la journée d'un financier pour se gagner celle d'un laboureur | .... c'est ingénieux.* — Deux hommes dans un jardin. Celui de D. de 3/4 à G. est assis à califourchon sur une chaise, les bras croisés sur le dos de la chaise; il a posé son chapeau sur un arbuste. Debout devant lui la tête baissée, le second, en chapeau de paille, veste blanche et sabots, s'appuie sur une bêche. — A D. (4)**7-79.** — En B. au-dessous du fil. à G. *Chez Aubert et Cie, pl. de la Bourse*, 29. A D. *Imp. Aubert et Cie*. = H. 194, L. 167.

« Le Charivari, 11 novembre 1847. »

1086 VI. — *Mosieu le maire, le toit de l'école communale est délabré : il pleut dans ma | classe........ | — Oui, mais il ne pleut pas dans ma plaine.* — Deux hommes près l'un de l'autre dans la campagne. A D. le maître d'école, de 3/4 à G., vêtu d'une longue redingote noire, son chapeau à la main, une baguette sous le bras. De l'autre côté le maire en bonnet de coton et en veste courte, les deux mains derrière le dos. — A D. **46-76.** — En B. au-dessous du fil. à G. *Chez Aubert, pl. de la Bourse*. A D. *Imp. Aubert et Cie*. = H. 194, L. 166.

« Le Charivari, 15 novembre 1847. »

GENTILSHOMMES BOURGEOIS.

Suite de trois pièces. Chacune est entourée d'un filet. En H. au-dessus de ce filet on lit à G. *Œuvres nouvelles de Gavarni*. A D. *Gentilshommes bourgeois*, suivi du numéro d'ordre. En B. au-dessous du filet à G. *Chez Aubert et Cie, pl. de la Bourse*, 29. A D. *Imp. d'Aubert et Cie*.

1087 I. — *Ça me coûte de quitter Paméla! | — Pas si cher que de la garder.* — Deux figures à mi-jambes. Sur le devant, le corps tourné à D., un homme en robe de chambre, la tête dans sa main, a le coude sur le dos de la chaise où il est assis de côté. A D. le second personnage de pr. à G., la tête penchée en arrière, une cigarette à la main, a le dos contre une cheminée sur laquelle il appuie un bras. Cadres au mur, bahut, etc. — A G. **46-28.** = H. 193, L. 168.

« Le Charivari, 9 août 1846. »

1er État. Avant toute lettre.
2e — *Imp. d'Aubert et Cie* n'existe pas. On lit à G. *Imp. Lemercier, à Paris*, au lieu de : *Chez Aubert et Cie, pl. de la Bourse*, 29. Le reste comme à l'état décrit.
3e — Celui qui est décrit.

1088 II. — JOUR ANNIVERSAIRE DE LA BATAILLE DE BOUVINES. | — *Il s'agit de l'exploitation d'une jolie machine à fabriquer les passe-lacets.......... | Or il ne peut convenir au caractère de M. le comte d'opérer autrement que sur une grande échelle...... | Mais M. le marquis a déjà bien des capitaux engagés dans les allumettes chimiques françaises.* — Deux figures à mi-corps. Un homme vu de dos et tourné à G., cheveux bouclés, habit à collet de velours, les deux mains derrière lui, écoute un personnage en cravate blanche et redingote claire qui, levant la tête, a une main sur la hanche, l'autre à hauteur de sa poitrine. A G. un guéridon avec deux tasses à thé. — Sur le guéridon **46-5.** = H. 193, L. 166.

« Le Charivari, 7 septembre 1846. »

1er État. Avant toute lettre.
2e — Celui qui est décrit.

1089 III. — *Entre le turf et le lansquenet.* — Deux hommes en robe de chambre couchés sur le même divan : l'un de G. à D.; l'autre de D. à G. Le premier un bras levé, la main sur le dossier du divan, un pied à terre. Le second une jambe sur l'autre, le pied appuyé contre le mur. Au-dessus du divan une panoplie d'anciennes armes. — A D. **46-40.** = H. 194, L. 166.

« Le Charivari, 3 octobre 1846. »

1er État. Avant toute lettre.
2e — Celui qui est décrit.

IMPRESSIONS DE MÉNAGE (2e série).

Suite de trente-neuf pièces. Chacune est entourée d'un fil., à l'exception de la douzième, qui en a trois. Sur toutes on lit en H. au-dessus du fil. à G. *Œuvres nouvelles de Gavarni.* A D. *Impressions de ménage* (2e série), suivi du numéro d'ordre de chaque pièce. Il est à remarquer qu'il existe de cette suite deux nos 1 différents. La pierre de l'un, celui que nous décrivons le premier, s'étant sans doute brisée au tirage, la pièce n'a point paru dans *le Charivari* et a été remplacée par celle que nous décrivons ensuite. Le nombre des lithographies de Gavarni pour la 2e série des *Impressions de ménage* s'élève donc réellement à quarante.

1090 RRR. No I. — LE MARI COMMISSAIRE-PRISEUR. — *Mosieu? — Madame, il est allé vendre un lot de vieux souliers.* — Dans un appartement une dame et un groom de pr. vis-à-vis l'un de l'autre. Le groom à D. en gilet à manches et en tablier, un plumeau à la main. — A G. **47-7.** — En B. au-dessous du fil. à G. *Chez Aubert, pl. de la Bourse,* 29. *Imp. d'Aubert et Cie.* = H. 194, L. 164.

1er État. Avant toute lettre.
2e — Celui qui est décrit.

1091 I (bis). — *C'est-y-toi, dis, Majesté, qu'aurais jamais le cœur de ficher tant de coups de pied que | ça à une faible créature que le ciel aurait faite ton épouse devant Dieu et devant | les hommes?.....* — Figures à mi-jambes. Un ouvrier et sa femme, bras dessus, bras dessous. L'homme, chapeau sur la tête, brûle-gueule à la bouche, une main passée dans son gilet; le corps penché à D. du côté de sa femme. Celle-ci, mouchoir noué sur la tête, a ses deux mains croisées sur le bras de son mari. Au fond une maison sur laquelle on lit écrit directement : **Bon vin.** — A G. **46-26.** — En B. au-dessous du fil. à G.

Chez Aubert, *pl. de la Bourse*, 29. A D. *Imp. d'Aubert et Cie*. = H. 195, L. 170.

« Le Charivari, 17 juillet 1846. »

1er État. Avant toute lettre.
2e — Celui qui est décrit.

1092 II. — *Ce que femme veut, Dieu le veut; ça doit suffire au marchand de vin..... un autre | litre et du même : va!* — Dans une chambre à D. un ouvrier en manches de chemise, tablier autour du corps, le bras étendu vers la G. au-dessus de la tête de sa femme. Celle-ci, l'air triste et contrarié, a les mains sous son tablier. Au fond à D. un troisième personnage attablé devant une bouteille et des verres. — A G. **46-27**. — En B. au-dessous du fil. à G. *Chez Aubert, pl. de la Bourse*, 29. A D. *Imp. d'Aubert et Cie*. = H. 192, L. 167.

« Le Charivari, 15 juin 1846. »

1er État. Avant toute lettre.
2e — *Chez Aubert, Pl. de la Bourse*, 29, n'existe pas. Au lieu de : *Imp. d'Aubert et Cie*, on lit à D. *Imp. Lemercier, à Paris*. Le reste comme à l'état décrit.
3e — Celui qui est décrit.

1093 III. — *Les hommes! M'ame Hue... quand ça veut les femmes, c'est des sansonnets; | on en prend un : c'est un crapaud.* — Figures à mi-jambes. Deux femmes du peuple, dont l'une, à G., atteinte d'une fluxion, un mouchoir blanc en mentonnière, un autre à carreaux sur la tête, grand tartan sur les épaules. La seconde, visage osseux, petit châle noir sur les épaules. Les deux mains cachées sous son tablier. Au fond, des maisons. — A G. **46-30**. — En B. au-dessous du fil. à G. *Chez Aubert*, *pl. de la Bourse*, 29. A D. *Imp. d'Aubert et Cie*. = H. 193, L. 166.

« Le Charivari, 21 juin 846. »

1er État. Avant toute lettre.
2e — *Chez Aubert, Pl. de la Bourse*, 29, n'existe pas. Au lieu de : *Imp. d'Aubert et Cie*, on lit à D. *Imp. Lemercier, à Paris*. Le reste comme à l'état décrit.
3e — Celui qui est décrit.

1094 IV. — *Ces godelureaux-là, voisin, ça ne doute de rien!... en huit jours, vlan! ça veut être | adoré d'une femme qui, après huit ans de mariage, ne peut seulement pas souffrir | son mari!* — Deux hommes dans un café. L'un à G. et de 3/4 coiffé d'une casquette, vêtu d'une longue redingote, les mains dans les poches de son pantalon, une épaule appuyée contre le mur. Le second, vu de dos, en bonnet de coton et veste blanche, un journal sous le bras. Au fond à G. sur le mur une pancarte où on lit écrit directement : **POULE**. — A D. **46-25**. — En B. au-dessous du fil. à G. *Chez Aubert et Cie*, *pl. de la Bourse*, 29. A D. *Imp. d'Aubert et Cie*. = H. 199, L. 172.

« Le Charivari, 25 juin 1846. »

1er État. Avant toute lettre.
2e — *Chez Aubert et Cie, Pl. de la Bourse*, 29, n'existe pas. Au lieu de : *Imp. d'Aubert et Cie*, on lit à D. *Imp. Lemercier, à Paris*. Le reste comme à l'état décrit.
3e — Celui qui est décrit.

1095 V. — *Édouard, ma chère, qui m'avait tant juré qu'il ne fumerait jamais...*

| — *Il fume?* | — *Il chique!!!..* — Deux femmes dans une chambre. Celle de G. de pr. à D., cheveux pendant à longues boucles des deux côtés, les épaules couvertes d'un talma noir, robe de même couleur. L'autre, vue de dos et vêtue en blanc, cheveux en bandeaux, le corps penché en avant vers la première. Derrière elle un dressoir, avec vases, verreries, etc. — A D. **46-24.** — En B. au-dessous du fil. à G. *Chez Aubert, pl. de la Bourse*, 29. A D. *Imp. d'Aubert et Cie*. = H. 192, L. 166.

« Le Charivari, 28 juin 1846. »

1er État. Avant toute lettre.
2e — *Chez Aubert, Pl. de la Bourse*, 29, n'existe pas. Au lieu de : *Imp. d'Aubert et Cie*, on lit à D. *Imp. Lemercier, à Paris*. Le reste comme à l'état décrit.
3e — Celui qui est décrit.

1096 VI. — APRÈS LE CAFÉ. — ..... *Au jardin Mabile, hein?* | — *Oh!* — Figures à mi-jambes. Deux hommes d'un âge mûr, chapeau sur la tête. Celui de D. au ventre rebondi et de face; il se sert de sa main comme d'un cornet pour parler bas à l'oreille du second. Ce dernier, de pr., petit et maigre, a les mains dans les poches de son habit. — A D. **46-46**. — En B. au-dessous du fil. à G. *Chez Aubert et Cie, pl. de la Bourse*, 29. A D. *Imp. d'Aubert et Cie*. = H. 194, L. 165.

« Le Charivari, 30 et 31 juillet 1846. »

1er État. Avant toute lettre.
2e — Celui qui est décrit.

1097 VII. — *Parole d'honneur, ta petite sera charmante!.... Tiens, mon filleul, veux-tu être mon beau-père?* | — *Allons donc!* | — *Parole d'honneur!* — Deux hommes se promenant. L'un, un vieux beau, vu de face, en veston, figure anguleuse, moustaches relevées. L'autre à G., figure joufflue, l'air suffisant, les deux mains derrière lui. — A D. **46-45.** — En B. au-dessous du fil. à G. *Chez Aubert et Cie, pl. de la Bourse*, 29. A D. *Imp. d'Aubert et Cie*. = H. 193, L. 167.

« Le Charivari, 5 août 1846. »

1er État. Avant toute lettre.
2e — Celui qui est décrit.

1098 VIII. — *Comment, chéri, je ne saurai pas où j'ai fourré ma capote grise!* | — *T'as si peu de tête!..... et tant de chapeaux!* — Personnages à mi-jambes. Un homme et une femme assis tous les deux sur un canapé et tournés à G. La femme sur le devant, robe montante rayée, les bras baissés, les mains l'une dans l'autre, le dos appuyé contre les coussins. L'homme, la tête et le corps penchés en avant, les jambes croisées, les deux mains sur son genou. — A D. **46-48.** — En B. au-dessous du fil. à G. *Chez Aubert et Cie, pl. de la Bourse*, 29. A D. *Imp. d'Aubert et Cie*. = H. 194, L. 166.

« Le Charivari, 7 août 1846. »

1er État. Avant toute lettre.
2e — Celui qui est décrit.

1099 IX. — *Quand t'auras fait manger tes serins, M'ame Sénéchal, je voudrais bien déjeuner.* — Personnages à mi-corps. Dans une chambre un vieux bonhomme à G., de pr. à D., le crâne dénudé, le menton dans sa cravate, les deux mains derrière lui, s'adresse à une vieille femme tenant d'une main une assiette; elle est en bonnet, lunettes sur le nez, robe rayée, les manches relevées jusqu'au coude. Sur le devant une table ronde avec une assiette. — A D. **46-52**. — En B. au-dessous du fil. à G. *Chez Aubert et Cie, pl. de la Bourse*, 29. A D. *Imp. d'Aubert et Cie*. = H. 192, L. 167.

« Le Charivari, 11 août 1846. »

1er État. Avant toute lettre.
2e — Celui qui est décrit.

1100 X. — *Combien veux-tu parier, mosieu Azor, que je vas te faire descendre de là?* — Dans une chambre à coucher une vieille femme de pr. tournée à D.; elle est en bonnet et camisole de nuit, une casserole à la main, et s'adresse à son chien couché sur un oreiller au milieu du lit. — A D. **46-59**. — En B. au-dessous du fil. à G. *Chez Aubert, pl. de la Bourse*, 29. A D. *Imp. d'Aubert et Cie*. = H. 192, L. 167.

« Le Charivari, 20 août 1846. »

1er État. Avant toute lettre.
2e — Celui qui est décrit.

1101 XI. — *Prévalu, tu n'es qu'un fainéant! Voilà ce que tu n'es que.* — Une femme assise dans sa chambre et travaillant à l'aiguille, les pieds sur une chaufferette, se retourne à G. vers son mari, qui, l'air satisfait, debout, a le chapeau sur l'oreille et les deux mains dans les poches de son pantalon. — A G. **46-43**. — En B. au-dessous du fil. à G. *Chez Aubert et Cie, pl. de la Bourse*, 29. A D. *Imp. d'Aubert et Cie*. = H. 193, L. 166.

« Le Charivari, 15 septembre 1846. »

1er Etat. Avant toute lettre.
2e — Celui qui est décrit.

1102 XII. — AU MARCHÉ. | — *Vous voyez, Françoise, ce panier de fraises qu'on vous fait trois francs, j'en offre un franc | moi, et la marchande m'appelle..... | — Oui, madame, elle vous appelle....... morue!* — Dans la rue une dame enveloppée dans un grand châle noir et se dirigeant à G.; elle retourne la tête vers sa vieille cuisinière, qui la suit portant à son bras un panier et tenant à la main l'ombrelle de sa maîtresse. — A G. **44-24**. — En B. au-dessous du fil. à G. *Chez Aubert, pl. de la Bourse*, 29. A D. *Imp. d'Aubert et Cie*. = H. 204, L. 158.

« Le Charivari, 11 octobre 1846. »

1er État. Avant toute lettre.
2e — Celui qui est décrit.

1103 XIII. — LE MARI DRAMATURGE. | — « *Oh! laisse à mon amour le soin de ton honneur; | Compte sur mon épée autant que sur mon cœur, | Mathilde!* — Figures à mi-jambes. Le mari en robe de chambre déclamant debout devant une table couverte de papiers. Tourné à D., il tient un manuscrit d'une main et étend un bras en avant. Derrière lui à G., étendue dans un fauteuil, sa femme bâillant. — A D. **46-53**. — En B. au-dessous du fil. à G. *Chez Aubert et Cie, pl. de la Bourse*, 29. A D. *Imp. d'Aubert et Cie*. = H. 192, L. 167.

« Le Charivari, 30 septembre 1846. »

1er État. Avant toute lettre.
2e — *Mathilde* n'existe pas. La légende se termine par : *mon cœur!.....*
3e — Celui qui est décrit.

1104 XIV. — *M'ame Surmonsin, y aura ce soir trente un ans que tu n'es plus ma'm'selle Bouclé.* — Dans une chambre à coucher, un vieux bonhomme en bonnet de coton et en chemise apparaît à une porte. Il est de face, une main sur la hanche, et s'adresse à sa femme qui, à G., travaille à l'aiguille assise près d'une table, les pieds sur une chaufferette, et retourne la tête vers son mari. — A D. **46-43.** — En B. au-dessous du fil. à G. *Chez Aubert et Cie, pl. de la Bourse*, 29. A D. *Imp. d'Aubert et Cie.* = H. 192, L. 166.

« Le Charivari, 15 novembre 1846. »

1er État. Avant toute lettre.
2e — Celui qui est décrit.

1105 XV. — *Dachu, m'ame Dachu est la crême des femmes!..... Mais a serait, un supposé, encore | cent fois p'us carogne qu'a n'est, que ça ne serait encore, sans comparaison, rien du tout au | prix de la mienne!* — Deux ouvriers dans la rue. L'un de pr. en manches de chemise, les mains dans les poches de son pantalon. L'autre, vu de dos et tourné à D. vers le premier, a les mains sous son tablier; il est coiffé d'un chapeau déformé et vêtu d'un habit à longues basques. A G. au fond on lit écrit directement : (Marchan)**d de vins.** — A G. **43-64.** — En B. au-dessous du fil. à G. *Chez Aubert, pl. de la Bourse.* A D. *Imp. d'Aubert et Cie.* = H. 194, L. 165.

« Le Charivari, 11 janvier 1847. »

1er État. Avant toute lettre.
2e — Celui qui est décrit.

1106 XVI. — *Mon homme!..... un chien fini, mais le roi des hommes.......* — Deux vieilles femmes causant ensemble, l'une à D. sur le pas de sa porte, la tête et l'épaule appuyées contre le chambranle, les bras nus, les mains sous son tablier. L'autre dans la rue, la tête coiffée d'un mouchoir à carreaux, est de pr. A D. contre le mur une cage et un balai. — A G. **46-68.** — En B. au-dessous du fil. à G. *Chez Aubert, pl. de la Bourse.* A D. *Imp. d'Aubert et Cie.* = H. 194, L. 164.

« Le Charivari, 31 décembre 1846. »

1er État. Avant toute lettre.
2e — Celui qui est décrit.

1107 XVII. — *Toi! Paillardet, t'as une idée.... biscornue...... tu veux te remarier.* — Deux hommes après boire, le chapeau sur la tête, se promenant dans la campagne; ils sont de face, l'un à D., un bras passé sous celui de son compagnon et le désignant du doigt. L'autre un peu plus aviné, gilet de velours noir, pantalon blanc. — A D. **46-67.** — En B. au-dessous du fil. à G. *Chez Aubert, pl. de la Bourse*, 29. A D. *Imp. d'Aubert et Cie.* = H. 194, L. 164.

« Le Charivari, 2 et 3 janvier 1847. »

1er État. Avant toute lettre.
2e — Celui qui est décrit.

1108 XVIII. — *Je l'veux!* — Une femme toute petite de pr. tournée à G., le corps penché en avant, les poings fermés, s'adresse à son mari. Celui-ci en robe de chambre, les mains dans la ceinture de son pantalon, l'écoute sans s'émouvoir, en fumant son cigare. — A G. **46-72.** — En B. au-dessous du fil. à G. *Chez Aubert, pl. de la Bourse*, 29. A D. *Imp. d'Aubert et Cie.* = H. 194, L. 165.

« Le Charivari, 18 janvier 1847. »

1er État. Avant toute lettre.
2e — Celui qui est décrit.

1109 XIX. — *Je! n'le! veux! pas!!* — L'inverse de la précédente pl. A G. le mari, un tout petit homme, de 3/4 à D., les mains dans les poches de sa veste, s'adresse à sa femme, grande et belle personne qui, lui tournant le dos, l'écoute dédaigneusement en tenant son chapeau des deux mains. — A D. **46-71.** — En B. au-dessous du fil. à G. *Chez Aubert, pl. de la Bourse*, 29. A D. *Imp. d'Aubert et Cie*. = H. 194, L. 165.

« Le Charivari, 19 janvier 1847. »

1er État. Avant toute lettre.
2e — Celui qui est décrit.

1110 XX. — *Ma'm'selle ta fille, si tu la rencontres, tu y diras que y a ici un mosieu qui l'attend.* — Un ouvrier en manches de chemise, tablier autour du corps, montre à sa femme un gourdin appuyé contre le mur à D. La femme à G. baissant les yeux et la tête, un cabas au bras, une cafetière à la main. Tous deux sont de face. — A D. **46-80.** — En B. au-dessous du fil. à G. *Chez Aubert et Cie, pl. de la Bourse*, 29. A D. *Imp. d'Aubert et Cie*. = H. 195, L. 163.

« Le Charivari, 23 janvier 1847. »

1er État. Avant toute lettre.
2e — Celui qui est décrit.

1111 XXI. — *Suis-je à votre goût comme ça, polisson?* — Une grosse et vieille femme en robe de velours noir, les deux mains sur sa taille, debout devant un jeune homme en manches de chemise assis à D. sur un divan, les mains sur ses genoux. — A G. **47-21.** — En B. au-dessous du fil. à G. *Chez Aubert, pl. de la Bourse.* A D. *Imp. d'Aubert et Cie*. = H. 195, L. 168.

« Le Charivari, 8 mars 1847. »

1er État. Avant toute lettre.
2e — Celui qui est décrit.

1112 XXII. — *Savez-vous, mon cher Beauminet, que M'ame Beauminet a ce soir une bien | jolie toilette!* — Figures à mi-corps. Deux hommes, aux stalles d'orchestre dans un théâtre, se tenant debout. Celui de G. de pr., tête de 3/4, tourné à D., regarde vers les loges, une main sur la hanche. L'autre, de face, a devant lui son chapeau dans ses mains. Derrière eux à D. une lorgnette sur une balustrade. — A G. **47-29.** — En B. au-dessous du fil. à G. *Chez Aubert, pl. de la Bourse.* A D. *Imp. d'Aubert et Cie*. = H. 197, L. 166.

« Le Charivari, 27 mars 1847. »

1er État. Avant toute lettre.
2e — Celui qui est décrit.

1113 XXIII. — *Revue rétrospective.* — Figures à mi-jambes. Une vieille femme des plus laides, les cheveux épars, assise devant une table de toilette à G. et regardant dans un miroir. Derrière elle son mari se regarde dans un miroir à barbe pendu au mur à D. — A D. **46-87.** — En B. au-dessous du fil. à G. *Chez Aubert, pl. de la Bourse.* A D. *Imp. d'Aubert et Cie*. = H. 196, L. 165.

« Le Charivari, 11 mai 1847. »

1er État. Avant toute lettre.
2e — Celui qui est décrit.

1114 XXIV. — (*Air : Larifla!...*) | — *Nos femm' sont | cou-cou!* | — *Nos femm' sont | ché's-ché's* | — *Nos femm' sont | cou | ché's!* — Deux pierrots dansant le cancan. Celui de G. un loup sur la figure, un manteau noir sur le bras. L'autre est vu de dos. Leurs femmes au fond à D. en domino. — A G. **47-37.** — En B. au-dessous du fil. à G. *Chez Aubert, pl. de la Bourse.* A D. *Imp. d'Aubert et Cie.* = H. 199, L. 170.

« Le Charivari, 11 mars 1847. »

1er État. Avant toute lettre.
2e — Celui qui est décrit.

1115 N° XXV. — *Un jour d'échéance.* — Un homme sur son séant dans son lit; il est de face coiffé d'un bonnet de coton et a l'air atterré. A D. sa femme, lui tournant le dos, dort profondément. — A G. **47-35.** — En B. au-dessous du fil. à G. *Chez Aubert, pl. de la Bourse*, 29. A D. *Imp. d'Aubert et Cie.* = H. 196, L. 166.

« Le Charivari, 31 mai 1847. »

1er État. Avant toute lettre.
2e — Celui qui est décrit.

1116 N° XXVI. — *Un jour de gala.* — A D. une femme de face, en chemise de nuit et en jupon, en train de se coiffer. Au fond à G. un lit où dort, la bouche ouverte, le mari, la tête couverte d'un bonnet de coton. — A G. **46-81.** — En B. au-dessous du fil. à G. *Chez Aubert, pl. de la Bourse*, 29. A D. *Imp. d'Aubert et Cie.* = H. 194, L. 163.

« Le Charivari, 1er juin 1847. »

1er État. Avant toute lettre.
2e — Celui qui est décrit.

1117 N° XXVII. — *M'sieu Salomon, je connais ce que tout un chacun doit au sexe, mais si mon auguste | épouse ne reçoit pas sa trempée ce soir, je veux que ce polichinelle-là me serve de poison!* — Figures à mi-jambes. Chez un marchand de vins un homme du peuple montre du doigt un verre de vin posé sur le comptoir au cabaretier, que l'on voit à D., un bonnet grec sur la tête, une main sur le comptoir. — A G. **(4)7-54.** — En B. au-dessous du fil. à G. *Chez Aubert, pl. de la Bourse*, 29. A D. *Imp. d'Aubert et Cie.* = H. 194, L. 164.

« Le Charivari, 12 juin 1847. »

1er État. Avant toute lettre.
2e — Celui qui est décrit.

1118 XXVIII. — *Ah! si vous ne m'aimiez pas, mon futur, vous seriez bien ingrat, car j'ai bien aimé | mon défunt!* — Figures à mi-jambes. Un homme et une femme tous deux d'un âge mûr, assis près l'un de l'autre. La femme à G., les yeux levés au ciel, les mains sur ses genoux. L'homme, de pr., se penche vers elle et pose une main sur celles de sa future. — Au M. **46-65.** — En B. au-dessous du fil. à G. *Chez Aubert, pl. de la Bourse.* A D. *Imp. d'Aubert et Cie.* = H. 196, L. 167.

« Le Charivari, 3 juillet 1847. »

1er État. Avant toute lettre.
2e — Celui qui est décrit.

» *XXIX. — *Mes filles me ressemblent : elles n'aiment pas le lapin.* — Voir la description de cette planche sous la rubrique : *Impressions de ménage* (2e série), à la section : *Sujets divers*, subdivision : *Suites publiées isolément.*

1119 XXX. — ..... *Pour passer inspecteur faut des protections, et c'est-i' toi qui m'en aura* (sic) *des | protections?* — Un balayeur et une balayeuse tous deux tournés à D., une pelle en travers sur le dos, une main posée sur leur balai. L'homme est à G. — A G. (4)**7.78**. — En B. au-dessous du fil. à G. *Chez Aubert et Cie, pl. de la Bourse.* A D. *Imp. d'Aubert et Cie.* = H. 195, L. 165.

« Le Charivari, 30 et 31 juillet 1847. »

1er État. Avant toute lettre.
2e — Celui qui est décrit.

1120 XXXI.—LE MARI COMÉDIEN. | — « *Que la tête du perfide tombe sans plus tarder sous le glaive de mes gardes, et qu'on la | suspende aux créneaux de la tour du nord..... | Allez!* » — A G. le mari en manches de chemise, un bras levé en l'air, répète son rôle; il est vu de dos et tourné à D. vers sa femme qui, la tête baissée, tient à la main le manuscrit. Sur le haut d'un balai à G. un chapeau à plumes. — A G. (4)**7-80**. — En B. au-dessous du fil. à G. *Chez Aubert, pl. de la Bourse.* A D. *Imp. d'Aubert et Cie.* = H. 193, L. 164.

« Le Charivari, 4 août 1847. »

1er État. Avant toute lettre.
2e — *Crénaux*, au lieu de : *Créneaux*.
3e — Celui qui est décrit.

1121 XXXII. — *Mon aimée, qu'as-tu? tu as l'air rêveur! | —Un petit peu la colique, petit.* — Un mari et sa femme se promenant dans un jardin. Le premier à G. en robe de chambre, un bras passé sur le dos de sa femme, lui prend la main pour la baiser. — A D. **47-38**. — En B. au-dessous du fil. à G. *Chez Aubert, pl. de la Bourse.* A D. *Imp. Aubert et Cie.* = H. 197, L. 165.

« Le Charivari, 10 août 1847. »

1er État. Avant toute lettre.
2e — Celui qui est décrit.

1122 XXXIII.—*Feu mon père et feu ma mère, ç'a été le menuet; Dorothé* (sic) *et moi c'était la gavotte; nos enfants, c'est la polka.*— Figures à mi-jambes. A G. un vieux bonhomme se promenant, une main posée sur son parapluie. A ses côtés sa vieille femme, de face, un chapeau par-dessus son bonnet de nuit, les mains l'une dans l'autre à hauteur de la taille. — A G. (4)**7-58**. — En B. au-dessous du fil. à G. *Chez Aubert et Cie, pl de la Bourse*, 29. A D. *Imp. d'Aubert et Cie.* = H. 196, L. 166.

« Le Charivari, 16 août 1847. »

1er État. Avant toute lettre.
2e — Celui qui est décrit.

1123 XXXIV. — *Est-ce que ça ne te flatte pas, Galimard, de traîner la gloire de ton épouse?* — Dans un décor de nuages dont on ne voit que l'envers une figurante en costume de fée, debout sur un chariot et vue de dos, un bras levé, la main sur un grand sceptre; elle tourne la tête à D. vers un garçon machiniste assis sur le bord du chariot; il est de face, les bras croisés, en manches de chemise. — A G. **46-88**. — En B. au-dessous du fil. à G. *Chez Aubert et Cie, pl. de la Bourse*, 29. A D. *Imp. d'Aubert et Cie.* = H. 203, L. 164.

« Le Charivari, 18 août 1847. »

1er État. Avant toute lettre.
2e — Celui qui est décrit.

1124 XXXV. — *Mon poisson rouge qui est mort!* | *— Il s'est noyé?* | *— Tu ris quand je suis fâchée?* | *— Tu te fâches quand je ris?* — Dans son atelier un peintre vu presque de dos et tourné à D., une main dans la poche de son pantalon, l'autre sur son appui-main. Sa femme vis-à-vis de lui, en tablier de soie, les mains à hauteur de la ceinture. Derrière eux une grande toile blanche sur un chevalet. — A D. **46-56**. — En B. au-dessous du fil. à G. *Chez Aubert, pl. de la Bourse.* A D. *Imp. Aubert et Cie.* = H. 193, L. 166.

« Le Charivari, 21 août 1847. »

1er État. Avant toute lettre.
2e — Celui qui est décrit.

1125 XXXVI. — *Toi, Beauminet, au milieu de tous tes défauts, je ne te vois qu'une qualité:* | *tu es hyppocrite* (sic). — Une femme, vue presque de dos, une main sous son tablier, est tournée à G., le corps penché en avant vers son mari. Celui-ci en redingote est de pr., les mains derrière lui contre un grand poêle carré sur lequel est un pot contenant des fleurs. — A G. **47-16**. — En B. au-dessous du fil. à G. *Chez Aubert, pl. de la Bourse.* A D. *Imp. Aubert et Cie.* = H. 201, L. 167.

« Le Charivari, 30 août 1847. »

1er État. Avant toute lettre.
2e — Celui qui est décrit.

1126 XXXVII. — LE MARI AGRICOLE. | — « *Tous les fumiers ne doivent pas être employés indistinctement. Celui de cheval, de mulet* | *et d'âne est sec, léger et très-chaud; il convient par conséquent dans les terres fortes, un peu* | *humides et froides. Le fumier de vache est gras et frais.......* » — Figures à mi-jambes. Le mari de 3/4 tourné à D., assis dans un fauteuil, pince-nez devant les yeux, lit tout haut une brochure qu'il tient à la main. Derrière lui sa femme dort profondément, étendue à D. sur un canapé, le dos contre un coussin. — A D. **46-57**. — En B. au-dessous du fil. à G. *Chez Aubert, pl. de la Bourse.* A D. *Imp. Aubert et Cie.* = H. 193, L. 164.

« Le Charivari, 5 septembre 1847. »

1er État. Avant toute lettre.
2e — Celui qui est décrit.

1127 XXXVIII. — . . . . — Figures à mi-corps. Un mari et sa femme couchés de D. à G. dans leur lit et dormant côte à côte, chacun la tête sur un oreiller. L'homme, sur le devant, est coiffé d'un bonnet de coton — A G. **46-73**. — En B. au-dessous du fil. à G. *Chez Aubert, pl. de la Bourse.* A D. *Imp. Aubert et Cie.* = H. 195, L. 164.

« Le Charivari, 20 septembre 1847. »

1er État. Avant toute lettre.
2e — Celui qui est décrit.

1128 XXXIX. — LE MARI DE LA BONNE. | — *Avant la noce, 'Colastique, t'étais pas si chiche de beurre dans ma soupe......,* | *et pourtant le beurre était plus cher!* — Figures à mi-jambes. A G. le mari assis sur une chaise, les coudes sur ses genoux, les deux mains l'une dans l'autre. Sa femme debout devant ses fourneaux, remuant avec une cuiller le contenu d'une casserole. Ils sont tous deux de pr. tournés à D. — Vers la D. (4)7.81. — En B. au-dessous du fil. à G. *Chez Aubert, pl. de la Bourse.* A D. *Imp. Aubert et Cie.* = H. 195, L. 170.

« Le Charivari, 27 septembre 1847. »

1er État. Avant toute lettre.
2e — Celui qui est décrit.

LES PARENTS TERRIBLES.

Suite projetée dont il n'a paru qu'une seule pièce.

1129 I. — *Ah! tu ne me reconnais pas aux Champs-Lysées quand j'ai pas ma redingotte* (sic)*!..... Mais, malheureuse | enfant! quand t'es venue au monde, toi, qui t'a reconnue?* — Deux figures à mi-corps. Le père de pr., front chauve, les bras croisés, tourné à D. vers sa fille, qui, la tête de 3/4 légèrement penchée, refait un des bandeaux de sa coiffure sans s'émouvoir des reproches paternels. A D. 46-35. — Un fil. au-dessus duquel on lit en H. à G. : *Œuvres nouvelles de Gavarni.* A D. *Les Parens* (sic) *terribles.* En B. au-dessous du fil. à G. *Chez Aubert et Cie, pl. de la Bourse*, 29. A D. *Imp. d'Aubert et Cie.* = H. 192, L. 166.

« Le Charivari, 4 septembre 1846. »

1er État. Avant toute lettre.
2e — Celui qui est décrit.

LE PARFAIT CRÉANCIER.

Suite de dix lithographies. Chacune est encadrée d'un filet. En H. au-dessus du fil. à G. *Œuvres nouvelles de Gavarni.* A D. *Le Parfait Créancier*, suivi du numéro d'ordre.

1130 I. — LE JOUR DE L'AN. | — *Je prie mosieu de me permettre de lui souhaiter | que je touche ma petite note chez lui.* | — *A vous pareillement, m'sieu...... Toupray.* — Deux hommes de pr. vis-à-vis l'un de l'autre. A D. le créancier vêtu d'un long carrick, le chapeau à la main, s'adresse à un grand jeune homme, petit chapeau sur la tête, les mains dans les poches de son paletot. — A D. 46-1. — En B. au-dessous du fil à G. *Chez Aubert et Cie. pl. de la Bourse.* A D. *Imp. d'Aubert et Cie.* = H. 204, L. 164.

« Le Charivari, 5 mai 1846. »

1er État. Avant toute lettre.
2e — *Chez Aubert et Cie, Pl. de la Bourse*, n'existe pas. En B. au-dessous du fil. à D. *Imp. Lemercier à Paris.* Le reste comme à l'état décrit.
3e — Celui qui est décrit.

1131 II. — *Mais ce Mathieu est à son aise.... et ma créance est claire....* | — *Une créance claire! avec un Mathieu! que vous êtes jeune! faisons une charretée | de frais et vous en serez pour les frais (moi je veux bien).* | — *Tandis que Gérôme..., celui-là c'est un honnête homme, malheureux si vous voulez, mais bon.* | — *Dieu! est-ce qu'on perd jamais rien avec les honnêtes gens.... Moi je ferais pincer Gérôme.* — Deux hommes dans un cabinet de travail. Le plus âgé à G. de pr., le corps penché en avant, en face d'un grand jeune homme vu de dos à moitié et tourné à G., son chapeau sur la tête, la main sur une badine qu'il fait ployer. — A D. 46-4. — En B. au-dessous du fil. à G. *Chez Au-*

bert et Cie, pl. de la Bourse, 29. A D. *Imp. d'Aubert et Ce*. = H. 194, L. 165.

« Le Charivari, 8 mai 1846. »

1er État. Avant toute lettre.
2e — *Chez Aubert et Cie, Pl. de la Bourse*, 29, n'existe pas. En B. au-dessous du fil. à D. *Imp. Lemercier, à Paris*. Le reste comme à l'état décrit.
3e — Celui qui est décrit.

1132 III. — (*Par devant notaire.*) | — *Il s'agit donc de la cession de la propriété d'Argencourt, et ce en remboursement | du principal et des intérêts composés d'une somme prêtée.... | — Par moi. | — Oui! et reçue par mosieu à cinq du cent d'intérêts.... | — Oui, par mois.* — Figures à mi-corps. Dans un cabinet, derrière une table sur laquelle on voit un livre, un encrier et du papier timbré, est assis un jeune homme, figure soucieuse, barbe et moustaches, le bras et la main sur le bord de la table. Près de lui à G., dans l'ombre, un autre homme plus âgé aux traits anguleux. — A D. **46-15**. — En B. au-dessous du fil. à G. *Chez Aubert et Cie, pl. de la Bourse*, 29. A D. *Imp. d'Aubert et Cie*. = H. 193, L. 166.

« Le Charivari, 2 juillet 1846. »

1er Etat. Avant toute lettre.
2e — *Chez Aubert, Pl. de la Bourse*, 29, n'existe pas. En B. au-dessous du fil. à D. *Imp. Lemercier, à Paris*. Le reste comme à l'état décrit.
3e — Celui qui est décrit.

1133 IV. — *Je lui dois mille écus, c'est vrai; mais enfin supposons que tu sois électeur, est-ce que tu | donnerais ta voix à un homme qui parle du nez?* — Figures à mi-jambes. Deux hommes se donnant le bras et se dirigeant vers la G. Celui de D. son chapeau sur la tête, cravate noire longue, gilet blanc, prend le bras de son ami, qui a une main dans la poche de son habit-veste et tient son chapeau de l'autre main. — A G. **46-21**. — En B. au-dessous du fil. à G. *Chez Aubert et Cie, pl. de la Bourse*, 29. A D. *Imp. d'Aubert et Cie*. = H. 195, L. 173.

« Le Charivari, 7 juillet 1846. »

1er État. Avant toute lettre.
2e — *Chez Aubert et Cie, Pl. de la Bourse*, 29, n'existe pas. En B. au-dessous du fil. à D. *Imp. Lemercier, à Paris*. Le reste comme à l'état décrit.
3e — Celui qui est décrit.

1134 V. — *Mosieu.... je viens de la part d'un ami que.... qui se trouve.... écroué à Clichy.... | à votre requête.... | — Ah! très-bien! ah! très-bien!.... Et comment se porte-t-il ce cher m'sieu.... Chabresty?* — Dans un cabinet deux hommes de pr. vis-à-vis l'un de l'autre. L'un à G., petit, gros et vieux, bonnet grec, large redingote blanche, les deux mains derrière le dos, regarde, en levant la tête, un grand jeune homme qui s'incline devant lui son chapeau à la main. — A D. **46-14**. — En B. au-dessous du fil. à G. *Chez Aubert, pl. de la Bourse*, 29. A D. *Imp. d'Aubert et Cie*. = H. 194, L. 167.

« Le Charivari, 3 juin 1846. »

1er État. Avant toute lettre.
2e — *Chez Aubert, pl. de la Bourse*, 29, n'existe pas.En B. au-dessous du fil. à D. *Imp. Lemercier, à Paris*. Le reste comme à l'état décrit.
3e — Celui qui est décrit.

1135 VI. — *Gère m'am'celle, fod'dit pillet n'est blis tant mes mains.... vautrait l'rempurzer,* | *et j'peux fraiment bas!.... fraiment!... l'commerze fa bas!.... z'bentant zi ch'fous fentrais zette cholie jall.........* — Figures à mi-corps : à G. dans un magasin une jeune fille de pr. à D., cheveux en bandeaux, robe montante, les mains l'une dans l'autre sur une table et sur un châle que déploie devant elle un vieux juif vu de face. — Au M. **46-32.** — En B. au-dessous du fil. à G. *Chez Aubert et Cie, pl. de la Bourse,* 29. A D. *Imp. d'Aubert et Cie.* = H. 194, L. 169.

« Le Charivari, 21 juillet 1846. »

1er État. Avant toute lettre.
2e — Celui qui est décrit.

1136 VII. — *A six! ...... Qui est-ce qui escompte à six?..... Voyons! mosieu Alonseau.....* | *(Vous n'êtes pas un enfant!) Comment pouvez-vous avoir la moindre confiance* | *..... dans une maison..... qui ne vous prend que six?* — Figures à mi-jambes. Un vieil expéditeur au front chauve, de pr., tourné à D., est assis devant une table et un pupitre sur lequel il écrit. Debout à D., en robe de chambre, un homme à la figure dure, cheveux ras, une main fermée sur le bord du pupitre. — Sur le côté de la table à D. **46-51.** — En B. au-dessous du fil. à G. *Chez Aubert et Cie, pl. de la Bourse,* 29. A D. *Imp. d'Aubert et Cie.* = H. 193, L. 166.

« Le Charivari, 23 juillet 1846. »

1er État. Avant toute lettre.
2e — Celui qui est décrit.

1137 VIII. — *Paméla, tu me dois l'existence : tu dois écouter ce que je dis.* — Deux femmes dans une chambre : l'une, coiffée d'un bonnet, une main sur la hanche, est vue de dos et tournée à D. du côté d'une jeune femme de pr., fichu noir en marmotte sur la tête, une main dans la poche de son tablier de soie. — A G. **46-18.** — En B. au-dessous du fil. à G. *Chez Aubert, pl. de la Bourse,* 29. A D. *Imp. d'Aubert et Cie.* = H. 195, L. 172.

« Le Charivari, 26 juillet 1846. »

1er État. Avant toute lettre.
2e — Celui qui est décrit.

1138 IX. — *Eh! l'argent est rare! à qui le dites-vous? bon Dieu!...... C'est précisément pour ça que je veux de l'argent.* — Deux hommes dans une chambre. Le débiteur, vu presque de dos et tourné à D., la tête baissée, tient de ses deux mains son chapeau devant lui. Le créancier, de face, devant un poële, la tête penchée à D., les deux mains dans les poches de son pantalon, lève les épaules. — A D. **46-41.** — En B. au-dessous du fil. à G. *Chez Aubert et Cie, pl. de la Bourse,* 29. A D. *Imp. d'Aubert et Cie.* = H. 194, L. 166.

« Le Charivari, 20 septembre 1846. »

1er État. Avant toute lettre.
2e — Celui qui est décrit.

1139 X. — *Pardon, belle dame, si je croyais avoir acquis quelques droits à votre reconnaissance......* | *pour le montant de laquelle vous voudrez bien alors vous entendre avec mon huissier.* — Un homme et une jeune femme dans un salon. Le premier à D., vu presque de dos, son chapeau à la main, salue la jeune femme. Celle-ci de face, cheveux tombant en boucles sur la poitrine, lui rend son salut. — A G. (4)7.76. — En B. au-dessous du fil. à G. *Chez Aubert*, *pl. de la Bourse*. A D. *Imp. d'Aubert et Cie*. = H. 193, L. 166.

« Le Charivari, 12 octobre 1847. »

1er État. Avant toute lettre.
2e — Celui qui est décrit.

LES PATRONS.

Suite de deux pièces représentant des personnages à mi-jambes. Chacune est entourée d'un fil. au-dessus duquel on lit en H. à G. *Œuvres nouvelles de Gavarni*. A D. *Les Patrons*, suivi du numéro d'ordre. En B. au-dessous du fil. à G. *Chez Aubert, pl. de la Bourse*. A D. *Imp. d'Aubert et Cie*.

1er État. Avant toute lettre.
2e — Celui qui est décrit.

1140 I. — *Patron!* | — *Hein?* | — *Je n'ai pas déjeuné!* | — *Hein?* | — *Patron, je n'ai pas dé! jeu! né!* | — *Hé bien, si vous avez déjeuné, faut vous remettre à la besogne*. — Le patron de face, nu-tête, le front dégarni, les deux mains dans les poches d'une large redingote. Près de lui à D. son garçon, tablier blanc retenu à son gilet par un bouton, lui crie dans les oreilles. Au fond à G., sur une tablette, bocaux, cornue, etc. — A G. **46-34**. = H. 195, L. 164.

« Le Charivari, 17 février 1848. »

1141 II. — *Voyez, jeune homme, ce que c'est que le bon marché! Sur ce petit article là, la maison* | *a eu cette année sept mille quatre cents francs de bénéfice, les neuf mille francs d'annonces payés* | — *par l'acheteur*. — A G. un homme de pr. à D. devant une table où se trouve un grand livre sur lequel il appuie une de ses mains. Près de lui et le regardant en souriant, le garçon, la tête penchée de côté, tablier blanc à épaulettes, l'écoute, une main posée sur le bord de la table. Au fond, sur un casier, fioles et éprouvettes. — A G. **46-97**. = H. 199, L. 167.

« Le Charivari, 10 mars 1848. »

LE COIN DU FEU.

Une lithographie faisant partie d'une suite de pièces dessinées par divers artistes pour *Le Coin du feu, journal littéraire, dramatique et musical*, publié à Paris le 1er de chaque mois par livraisons in-8°, du 1er janvier au 31 décembre 1834.

1142 JULIA FARNÈSE. — Buste de femme vue de dos à moitié, tournée à D., la tête de pr., les yeux baissés, manteau blanc sur l'épaule. — A G. **Gavarni**. — Claire-voie Un fil. En H. au-dessus du fil. au M. *Le Coin du feu*. A D. 11e *livraison*. En B. au-dessous du fil. à G. *Gavarni*. A D. *Lith. de Benard*. = H. 132, L. 94.

1er État. Avant toute lettre.
2e — Celui qui est décrit.

LA CHRONIQUE DE PARIS.

Huit lithographies faisant partie d'une suite de pièces dessinées par divers artistes pour *La Chronique de Paris, journal politique et littéraire*. Paris, 8 vol. in-4° imprimés à deux colonnes. Ce journal parut d'abord deux fois par semaine, du 3 août 1834 au 24 juillet 1836, époque à laquelle il n'a plus été publié que tous les dimanches. Le dernier numéro est du 24 décembre 1837. —Voir la description de ces huit lithographies sous la rubrique : *Chronique de Paris*, à la section : *Costumes et Modes*.

COURRIER DES ENFANTS.

Six lithographies faisant partie d'une suite de pièces dessinées par divers artistes pour le *Courrier des enfans* (sic), *sous le patronage des pères et des mères*, journal publié à Paris deux fois par mois par livraisons in-8° oblong à trois colonnes. D'après une note inscrite sur l'exemplaire de la Bibliothèque nationale, il n'a paru que cinq livraisons : la première est du 10 août 1835; la dernière du 30 octobre

1143 GRAND-PAPA FOUR, en H. de la pl. au M. — Un vieillard en robe de chambre assis à G. dans un grand fauteuil, et auquel une petite fille apporte sa tabatière. Derrière lui un guéridon sur lequel sont posés son mouchoir et un verre. — A D. G. — Claire-voie. Deux fil. En B. au-dessous des fil. à G. *Gavarni del.* A D. *Lith. de Lemercier.* = H. 123, L. 134.

« Courrier des enfans, 25 août 1835. »

Deux sujets lithographiés sur la même pierre, l'un à G., l'autre à D. Chacun à claire-voie, entouré d'un fil.

1144 LE ROBINSON DE L'ILE BOUCHARD, en H. du dessin de G. — Dans une nacelle abordant une île un jeune garçon en blouse, une casquette sur la tête, est debout et de pr., un panier à son bras. Derrière lui à G. un homme assis sur le banc du bateau. — A D. G. — Au-dessous du fil. à G. *Gavarni del.* — A D. *Lith. de Lemercier.* = H. 129, L. 60.

» MODES, en H. du dessin de D. — Voir la description de cette lithographie sous la rubrique : *Courrier des enfants*, à la section : *Costumes et Modes*.

« Courrier des enfans, 25 août 1835. »

1145 LE PETIT ORATEUR. — Devant un tribunal révolutionnaire, dont le président, en costume militaire, se lève en appuyant ses deux mains sur la table derrière laquelle il siége, un jeune garçon, debout, vêtu de noir, le col nu, défend deux accusés vus de dos et assis contre la barre placée entre lui et le tribunal. — A G. **G. 1835.** — Claire-voie en travers. Un fil. En H. au-dessus du fil. *Contes et Nouvelles*. En B. au-dessous du fil. à G. *Gavarni del.* A D. *Lith. de Lemercier, rue de Seine. S. G.*, 55. = H. 114, L. 182.

« Courrier des enfans, 15 septembre 1835. »

Deux sujets lithographiés sur une même pierre, l'un à G., l'autre à D. Chacun à claire-voie, entouré d'un fil.

1146 ENFANT ROMAIN SE RENDANT A L'ÉCOLE. — Il est de pr., tenant un livre à la main, et se dirige vers la D. accompagné d'un homme d'un âge mûr; ils sont suivis d'un esclave. — A D. **1835**. — En H. au-dessus du fil. *Les enfans* (sic) *chez les Romains*. Au-dessous du fil. à G. *Gavarni del.* A D. *Lith. de Lemercier, r. de Seine. S. G.*, 55.

1147 UNE JEUNE FILLE FRAPPÉE PAR LA FOUDRE. — Une petite paysanne a cherché un abri contre l'orage près d'une meule de foin; elle est accroupie à terre, la tête de face appuyée sur ses deux mains jointes. — A D. G. — En H. au M. au-dessus du fil. *Mélanges*. En B. au-dessous du fil. à G. *Gavarni del.* A D. *Lith. de Lemercier, r. de Seine. S. G.*, *n*° 55. = H. de chaque dessin 129, L. 90.

« Courrier des enfans, 15 septembre 1835. »

L'ÉCLAIR.

Vingt-trois lithographies faisant partie d'une suite de pièces dessinées par divers artistes et publiées dans *L'Éclair, revue hebdomadaire de la littérature, du théâtre et des arts. Paris, Librairie Dumineray*. Cette revue paraissait par livraisons in-4°. Le premier numéro est du 12 janvier 1852; le dernier du 10 décembre 1853, dans la collection de la Bibliothèque nationale.

INVALIDES DU SENTIMENT.

Quatre pièces faisant partie de la suite des *Invalides du sentiment*, composée de trente numéros et publiée dans *Paris (Journal)*, où elles ont paru antérieurement à leur publication dans *l'Éclair*.

» I. — « *Non, je ne tromperai plus!* | *Je ne tromperai plus!* »

» II. — *A-t-il aimé les femmes!*

» III. — *Un Anatole.*

» IV. — *Un Chérubin* | *du « Mariage de Figaro »*.

Voir ci-après la description de ces quatre pièces sous la rubrique : *Invalides du sentiment*, dans *Paris (Journal)*, même section, même subdivision.

MANIÈRES DE VOIR DES VOYAGEURS.

Suite de dix lithographies, dont trois, les n°s 5, 6, 7, ont paru primitivement dans *Paris-Journal*, et trois autres, n°s 8, 9 et 10, n'ont été ajoutées aux précédentes que lorsque celles-ci ont été publiées en album.

Chacun des sept premiers numéros est entouré d'un fil. brisé dans le H. au M. Au-dessus du fil. à G. *Un an : 20 fr.* A D. *Un numéro : 50 cent.* Dans la brisure *L'Éclair*. En B. au M. entre le T. C. et le fil. *Par Gavarni.* Au-dessous du fil. *Manières de voir des voyageurs*. Plus bas le numéro d'ordre, puis la légende.

1er État. Avant toute lettre.
2e — Celui qui est décrit.
3e — En H. dans la brisure *Masques et Visages*, au lieu de : *L'Éclair*, et sans les autres inscriptions au-dessus du fil.

1148 I. — *Eh bien! mosieu, on prétend que Napoléon vous ressemblait : qu'il ne | pouvait pas souffrir les bateaux à vapeur.* — Figures à mi-jambes. Deux voyageurs assis sur le pont d'un bateau, le dos appuyé au bastingage. L'un à D., vu de face, les deux mains sur les genoux, cache-nez autour du cou. L'autre, casquette de velours noir sur la tête, les bras cachés sous son manteau. — Au-dessous de la légende au M. *Imp. Lemercier, 57, r. de Seine, Paris.* = H. 193, L. 163.

« L'Éclair, 16 octobre 1852. »

1149 II. — ...... *Tandis! que chaque citoyen ne doit avoir droit! qu'à une | majorité conforme à sa manière de voir.* — Figures à mi-corps. Deux hommes sur le pont d'un bâtiment. Celui de G., de pr. à D., les deux mains appuyées sur le bastingage, un mouchoir noué sous le menton par-dessus sa casquette. Le vent s'engouffre dans son manteau. L'autre est de face, une main sur le bastingage.—A D. **52-18**.—Au-dessous de la légende au M. *Imp. Lemercier, 57, r. de Seine, Paris.* = H. 192, L. 161.

« L'Éclair, 23 octobre 1852. »

1150 III. — .... | *—No sir!* | *—Noceur, vous-même!* — Figures à mi-jambes. Un vieil anglais atteint du mal de mer est à demi couché de G. à D. sur des bagages. Debout près de lui à G., un jeune homme de pr., l'air moqueur, les mains dans les poches de son paletot. — A D. **52-17**. — Au-dessous de la légende au M. *Imp. Lemercier, Paris* = H. 190, L. 161.

« L'Éclair, 20 novembre 1852. »

1151 IV. — *Je conçois que les directeurs doivent difficilement donner des congés à | messieurs les comédiens.........* | *— Mais le propriétaire, c'est autre chose.* — Figures à mi-jambes. Deux voyageurs sur le pont d'un navire. Celui de G., de pr. à D., est adossé au bastingage sur lequel il est accoudé. Chapeau melon sur la tête. Près de lui l'autre voyageur, de pr. à G., les genoux appuyés contre la banquette. - A G. **52-48**.—Au-dessous de la légende au M. *Imp. Lemercier, Paris.* = H. 192, L. 161.

« L'Éclair, 18 décembre 1852. »

» V.—*Paul!* | *—Hein?* | *— les milles d'Écosse, ça n'est pas gai!* | *– L'Émile de Rousseau non plus.*

» VI.—*Dites donc! m'sieu Curtis....* | *— Oh!... prenuncez Keuâtis!* | *—Oh!... prononcez-le vous-même!*

» VII. — *Quelle nature!... les sites deviennent d'une largeur.....* | *—et d'une longueur!...*

Voir ci-après la description de ces trois pièces sous la rubrique : *Manières de voir des voyageurs*, dans *Paris (Journal)*, même section, même subdivision.

» VIII. — *Eh bien! mosieu, moi les pays chauds sont contraires à mon tempérament!....*

» IX. — *Hein! si Belamy vient avant que je revienne, tu lui diras ce que tu sais bien.*

» X. — *Merci bien! Mais dites-moi, mosieu... d'ici à cette place du marché, combien peut-on rencontrer de bourgeois trop curieux sans vous compter?* | *— Mosieu!...* | *— Ah! pardon... en vous comptant.*

Voir la description de ces trois dernières planches sous la rubrique : *Manières de voir des voyageurs,* dans : *Masques et visages*, à la section : *Sujets divers*, subdivision : *Suites publiées isolément.*

LE MANTEAU D'ARLEQUIN.

Suite de douze pièces. Chacune est entourée d'un fil. brisé dans le haut au M. En H. au-dessus du fil. à G. *Un an : 12 fr.* A D. *Un numéro : 25 cent.*, sur les six premiers numéros, et *Un an : 20 fr.* à G. *Un numéro : 50 cent.* à D., sur les six derniers. Ces inscriptions sont entre le T. C. et le fil. sur le n° 9. Dans la brisure *L'Éclair*. En B. au M. entre le T. C. et le fil. *Par Gavarni.* Au-dessous du fil. *Le Manteau d'Arlequin.* Plus bas le numéro d'ordre, puis la légende.

1er État. Avant toute lettre. Sans fil.
2e — Celui qui est décrit.
3e — Le fil. n'est pas brisé et les inscriptions qui se trouvent en H. ont disparu.

1152 I. — «....... *Oui, mon chair Auguste, ge suis décidé arestée dans les queur | tant que mon poliçon de direqueteur aura celui demi laissée......* » — Une jeune femme dans son lit, de pr., tournée à G., écrit sur ses genoux. A G. une de ses compagnes, vue de dos à moitié, est assise sur le bord du lit dans la ruelle. — A G. **51-26.** — Au-dessous de la légende au M. *Imp. Lemercier*, 57, *r. de Seine, Paris.* = H. 190, L. 160.

« L'Éclair, 8 mai 1852. »

1153 II. — .... *Alors, si vous permettez, j'aurai l'honneur de vous envoyer ma | voiture à onze heures......* | — *Ça me botte.* — Figures à mi-jambes. Dans les coulisses d'un théâtre, un homme tenant d'une main son chapeau derrière lui ; il est tourné à G. vers une jeune actrice, presque de face, qui le regarde en mettant ses gants. — A G. **52-3.** — Au-dessous de la légende au M. *Imp. Lemercier*, 57, *r. de Seine, Paris.* = H. 192, L. 160.

« L'Éclair, 22 mai 1852. »

1154 III. ... *Ah! m'ame Ado'phe! m'ame Ado'phe!... je ne serais pas ce que je | suis, sans mon vieux serpent de mère!* — Deux femmes dans une chambre à coucher en train de boire du champagne. Celle de G., à califourchon sur une chaise et accoudée sur le dossier, tient son verre au-dessus de sa tête qu'elle appuie sur son bras. Sa compagne, étendue sur une chaise, regarde le vin pétillant dans le verre qu'elle tient à hauteur de ses yeux. — A D. **51-22.** — Au-dessous de la légende au M. *Imp. Lemercier*, 57, *r. de Seine, Paris.* = H. 192, L. 161.

« L'Éclair, 12 juin 1852. »

1155 IV. — *Qu'est-ce que tu dirais d'une bague comme ça, toi, qu'on donnerait | à ton épouse?* | — *Je dirais que c'est du faux.* — Figures à mi-jambes. Dans le foyer des artistes d'un théâtre, un acteur en costume polonais, de pr., tourné à D, a remis à l'un de ses camarades une bague que celui-ci a passée à son doigt et regarde avec attention. Au fond, contre le mur une affiche, où l'on lit écrit directement : **Rep)etition | demain | à 3 heures.** — A G. **52-1.** — Au-dessous de la légende au M. *Imp. Lemercier*, 57, *r. de Seine, Paris.* = H. 190, L. 160.

« L'Éclair, 19 juin 1852. »

1156 V. — ...... *Et je vas tout à l'heure être précipitée, les quatre fers en l'air, du | sommet de la tour du nord!.... Tout ça, messeigneurs, rapport à ma vertu.* — Figures à mi-jambes. Dans les coulisses, une actrice de 3/4 tournée à G., cheveux épars sur les épaules, les mains enchaînées. Vis-à-vis d'elle deux jeunes gens de pr., en frac et cravate blanche. — A D. **52-4.** — Au-dessous de la légende au M. *Imp. Lemercier*, 57, *r. de Seine*, *Paris.* = H. 191, L. 160.

« L'Éclair, 26 juin 1852. »

1157 VI. — *Voyons, chaste auteur de mes mots, vous me faites un rôle...? — Inouï! — Quel costume? — Une mise indécente est de rigueur.* — Deux personnages assis sur un canapé. L'actrice, tenant d'une main à hauteur de sa figure un flacon de sels qu'elle vient de respirer. A D., le corps de face et penché vers elle, l'auteur, lunettes sur le nez, un bras étendu sur le dossier du canapé. — A D. **51-4.** — Au-dessous de la légende au M. *Imp. Lemercier*, 57, *r. de Seine*, *Paris.* = H. 190, L. 159.

« L'Éclair, 3 juillet 1852. »

1158 VII. — *Eh bien! tu verras, ma fille, comme tu le seras, toi, dans tous les | états, aux débuts de ta petite.... C'est aux miens que fallait voir | feue* (sic) *ma mère!* — Figures à mi-corps. Une jeune actrice dans sa loge, assise et tournée à D., se coiffe devant un miroir posé sur une petite table et soutenu par sa mère vue de face. — A D. **52-6.** — Au-dessous de la légende au M. *Imp. Lemercier*, *r. de Seine*, 57, *Paris.* = H. 192, L. 160.

« L'Éclair, 17 juillet 1852. »

1159 VIII. — *Le mosieu de la débutante.* — Figures à mi-corps. Dans les coulisses, un homme vu presque de face, souriant, paletot clair par-dessus son frac, cravate blanche, tient sur le bras le manteau fourré de la débutante. Derrière lui une foule d'habitués du théâtre. — A D. **52-8.** — Au-dessous de la légende au M. *Imp. Lemercier*, 57, *rue de Seine*, *Paris.* = H. 192, L. 161.

« L'Éclair, 31 juillet 1852. »

1160 IX. — *Le mari de mam'selle Cigale.* — Derrière un montant de coulisse le mari d'une chanteuse, vu à mi-jambes et de pr. tourné à G., tient des deux mains le châle de sa femme. Devant lui un bouquet posé sur un tambour. A D. au second plan un figurant vu de dos accoudé contre la coulisse. — A D. **52-9.** — Au-dessous de la légende au M. *Imp. Lemercier*, 57, *r. de Seine*, *Paris.* = H. 192, L. 160.

« L'Éclair, 14 août 1852. »

1161 X. — *C'est ma drôlesse qu'est applaudie!.... et qui qu'a l'mal?* — Derrière un décor, un garçon machiniste tourné à D. pousse avec effort un chariot sur lequel se tient debout une danseuse vue de dos, et dont la tête et les bras disparaissent dans la ligne supérieure du T. C. de la lithographie. — A G. **52-7.** — En B. au M. au-dessous du fil. *Imp. Lemercier*, *r. de Seine*, 57, *Paris.* = H. 191, L. 160.

« L'Éclair, 28 août 1852. »

1162 XI. — *Tenez, m'ame Cabestan, vous ne saisissez pas le poëme........... | — Si! mais qu'est-ce que nos petites font dans le dessous? | — Faut bien qu'on garde les vases sacrés! | — C'est donc des manières de vestales? — Censé.* — Figures à mi-jambes. Deux vieilles femmes en bonnet noué sous le menton, un châle sur les épaules, tenant chacune des deux mains un vase de forme allongée. Celle de D. de pr. à G. — A D. **52-13**. — Au-dessous de la légende au M. *Imp. Lemercier, r. de Seine*, 57, *Paris*. = H. 192, L. 161.

« L'Éclair, 25 septembre 1852. »

1163 XII. — *Si le parterre est gentil, mon bonhomme, y a de quoi....; une fichue situation à nettoyer!.... C'est fini : le | scélérat a déjà le pied sur la poitrine de l'autre, qui n'en peut plus, et à la vue de la baronne sans* (sic) *dessus dessous | le sénéchal est comme un imbécile......, et on ne sait pas où est la clé!.... Sans compter que la nuit tombe et que | le château brûle pendant que...... tu ne donnerais pas deux sous de l'honneur de madame!..... Me v'là et paf! | Ça y est.... . Mais avec leur satané pistolet je m'abîme tout le doigt.* — Deux personnages à mi-jambes. A G. une jeune actrice en costume d'officier, épée au côté, perruque poudrée, un mantelet noir sur les épaules; vue de dos à moitié et tournée à D., elle regarde un de ses doigts qu'elle tient de l'autre main. Vis-à-vis d'elle un de ses camarades d'un âge mûr, costume de paysan Louis XV. — A G. **52-12**. — En B. à D. au-dessous du fil. *Imp. Lemercier, r. de Seine*, 57, *Paris*. = H. 192, L. 160.

« L'Éclair, 28 octobre 1852. »

LE FIGARO.

Quarante-neuf lithographies faisant partie d'une suite de pièces dessinées par divers artistes et publiées dans *le Figaro, journal littéraire et d'arts. Paris, imprimerie de Lange-Lévy et Cie*, paraissant le jeudi et le dimanche par livraisons d'une feuille in-fol., et contenant sur le recto du deuxième feuillet un dessin lithographié avec texte au verso.

Le premier numéro est du 3 mars 1839; le dernier du 27 décembre 1840 dans l'exemplaire de la Bibliothèque nationale. Plusieurs autres journaux ont été publiés sous le même titre : *Le Figaro*. Ne pas confondre ces journaux avec celui-ci.

LE CARNAVAL.

Une lithographie de la suite de vingt-sept pièces dont vingt-trois ont été publiées dans *le Charivari*.

1164 N° XXII. — *Garçon, le Prophète a dit : « La vie est un chemin dans le désert », et la providence | nous a donné le chameau pour traverser le désert.* — Deux hommes en turcs et deux femmes en débardeurs dans un cabinet particulier de restaurant. L'un des turcs, assis le dos contre le mur, tient le cordon de la sonnette au bruit de laquelle arrive le garçon à G. L'autre turc, debout, avale un verre de vin de Champagne. Les femmes sont assises : l'une fume un cigare les deux coudes sur la table; l'autre sur le devant, la tête posée sur une assiette, tient son cigare à la main. — Au M. sur un des côtés de la nappe **Gavarni**. Plus B. vers la D. 39. — Un fil. En H. au-dessus du fil. au M. *Le Carnaval*. A D. *n°* 22. En B. entre le T. C. et le fil. la légende. Au-dessous du fil. à G. *Chez Aubert, gal. Véro-Dodat*. A D. *Imp. d'Aubert et Compie*. = H. 202, L. 152.

« Le Figaro, 24 juin 1839. »

Sans changement dans « la Caricature, 18 avril 1841 ».

» COSTUMES DE LACROIX, | *rue Sainte-Anne*, *n*° 55. — Même planche que : *Modes.* | *Costumes d'Humann.* Voir ci-après ce titre sous la rubrique : *Le Charivari*, 1er et 2 janvier 1840, à la section : *Costumes et Modes.*

» COSTUMES DE LACROIX, | 55, *rue Sainte-Anne.* — Voir ci-après la description de cette planche sous la rubrique : *Le Figaro*, à la section : *Costumes et Modes.*

1165 *Figaro trouvera toujours du bois vert.* — Figaro à mi-jambes de 3/4 tourné à G., presque de face, taille un cotret pour s'en faire un bâton et jette un regard de côté sur quatre personnages à cheveux longs et plats que l'on voit au second plan. L'un d'eux, ses lunettes relevées sur le front, porte sous son bras une toile sur chassis; un autre tient une plume et un rouleau de papier. — A D. **Gavarni.** | **39.** — Claire-voie, un fil. En H. au-dessus du fil. *Le Figaro, journal littéraire et d'arts.* En B. au-dessous du fil. au M. *Par Gavarni.* A D. *Imp. Zinco et Lith. Kœppelin et Cie, r. du Croissant,* 20. = H. 227, L. 195.

« Le Figaro, 3 mars 1839. »

1er État. *Figaro trouve encore du bois vert*, au lieu de : *Figaro trouvera toujours* (etc.). *Le Figaro, journal littéraire et d'arts*, n'existe pas. En H. à D. au-dessus du fil. *Figaro.* L'inscription relative à l'imprimeur lithographe est à D. au-dessous de la légende, au lieu d'être au-dessous du fil. Le reste comme à l'état décrit.

2e — Celui qui est décrit.

3e — Deux fil. En H. au dessus des fil. au M. *Fantaisies*, au lieu de : *Le Figaro, journal* (etc.). A D. 5e *livraison, n*° 5. En B. au-dessous des fil. à G. *Chez Bauger, r. du Croissant*, 16. Le reste comme à l'état décrit.

INTERJECTIONS.

Suite de quatre pièces, chacune entourée d'un fil. A l'exception de la première, elles portent en tête *Interjections*, et au-dessus du fil. à D. un numéro d'ordre de 2 à 4. En B. au M. entre le T. C. et le filet le titre particulier de la pièce.

1166 (I). — OH! — Jeune fille effrayée à la vue d'une horrible figure sortant d'une boîte à surprise. — A G. **Gavarni.** — Claire-voie, un fil. En H. au-dessus du fil. *Le Figaro, journal littéraire et d'arts.* En B. au-dessous du fil. au M. *Par Gavarni.* A G. *B., Éditeur, R. du Croissant*, 16. A D. *Imp. Zinco. Litho. Kœppelin et Cie*, 20, *r. du Croissant.* = H. 181, L. 185.

« Le Figaro, 17 mars 1839. »

1er État. Avant toute lettre.

2e — Celui qui est décrit.

3e — *Le Figaro, Journal* (etc.) et *B., éditeur* (etc.) ont disparu. A D. on lit : *Imp. d'Aubert et Cie*, au lieu de : *Imp. Zinco* (etc.).
« Le Charivari, 8 novembre 1841. »

4e — En H. au M. *Surprise*, au lieu de : *Le Figaro* (etc.). Le reste comme à l'état décrit.

1167 II. — HAIE!!!!! — Une cuisinière dans sa cuisine de pr. tournée à D. tirant la moustache d'un homme dont la figure et les gestes expriment la douleur qu'il éprouve. — A G. **Gavarni.** | **39.** — En B. au-dessous du fil. à D. *Par Gavarni.* A G. *Imp. d'Aubert et Cie.* = H. 199, L. 157.

« Le Figaro, 4 juillet 1839. »

1er État. Avant toute lettre. Sans fil.
2e — Celui qui est décrit.
Sans changement dans « le Charivari, 3 septembre 1841 ».

1168 III. — AH! — Un mari fort désagréablement surpris, en ouvrant un placard où sont renfermés les vêtements de sa femme, d'y trouver une paire de bottes. Il est de pr. tourné à D., en chemise et en caleçon. — A G. dans le bas de la porte **Gavarni.** | **39.** — En B. au-dessous du fil. à G. *Par Gavarni.* A D. *Imp. d'Aubert et Cie.* = H. 200, L. 155.

« Le Figaro, 14 juillet 1839. »

1er État. Avant toute lettre. Sans fil.
2e — Celui qui est décrit.
Sans changement dans « le Charivari, 14 septembre 1841 ».

1169 IV. — PSIT! — Deux sous-officiers de lanciers, dont l'un vu à mi-corps au pied d'un mur sur lequel on lit écrit directement : **Maison d'éducation.** fait la courte-échelle à son camarade. Ce dernier, de pr. tourné à D., tient d'une main la crête du mur et de l'autre deux lettres qu'il va jeter de l'autre côté à quelque pensionnaire qu'il appelle. — Dans le bas du mur à G. **Gavarni.** — En B. au-dessous du fil. à D. *Par Gavarni.* A G. *Imp. d'Aubert et Cie.* = H. 198, L. 156.

« Le Figaro, 4 août 1839. »

1er État. Avant toute lettre. Fil. non fermé par le B.
2e — Celui qui est décrit.
Sans changement dans « le Charivari, 20 octobre 1841 ».

LEÇONS ET CONSEILS.

» No VIII. — *Ah!... t'aimes les femmes..... Eh bien! prends-en une,..... une vraie,* | *....... à la mairerie,...... à Saint-Leu,.... à la barrière et tout,.... fais-y des moutards* | *... et travailles* (sic) *comme un pauvre chien pour leur ....bailler la pâtée,.... et s'il vient* | *un méchant moderne..... comme t'es.... pour te la...... reluquer..... prends-le moi* | *par les faces..... et.... tu y en flanqueras! tu y en flanqueras!.........*

Voir ci-dessus la description de cette pièce sous la rubrique : *Leçons et Conseils,* dans *le Charivari.*

1170 MARIE RÉMOND. | *Théâtre du Vaudeville,* | *acte III.* — Un jeune homme assis, le bras en écharpe, est accoudé sur une table à D. et se cache la figure dans la main. A ses pieds une jeune fille prosternée, la tête baissée et les mains jointes. — A G. **Gavarni, 1839.** — Claire-voie, un fil. En H. au-dessus du fil. à D. *Le Figaro.* En B. au-dessous du fil. au M. *Gavarni.* A D. *Imp. d'Aubert et Cie.* = H. 200, L. 161.

« Le Figaro, 25 avril 1839. »

1er État. Celui qui est décrit.
2e — *Le Figaro* a disparu.
« Le Charivari, 29 avril 1839. »
3e — En H. au-dessus du fil. au M. *Album théâtral.* A D. no 3, au lieu de : *Le Figaro. Gavarni* a disparu. En B. au-dessous du fil. à G. *Chez Bauger, r. du Croissant,* 16. Le reste comme à l'état décrit.

» MODES. COSTUMES DE CHASSE. — Même planche que : *Modes. Costumes d'Humann.* Voir ci-après ce titre sous la rubrique : *Le Charivari*, 20 novembre 1839, à la section : *Costumes et Modes.*

LA POLITIQUE.

Suite de neuf lithographies. On lit sur chacune en H. à D. au-dessus du T. C. *La Politique* et le numéro d'ordre de la pièce.

1171 N° I. — *Mais la Liberté! mon cher Monsieur, la Liberté!!....* | *—La liberté de quoi?* | *—La Liberté, quoi!* —Deux hommes causant ensemble. Celui de D. de 3/4, chapeau gris, les deux mains levées et ouvertes à la hauteur de la poitrine. L'autre les mains dans les poches de derrière de son habit. — A D. **Gavarni**. A G. **39**. — En H. au-dessus du T. C. à G. *Le Figaro*. En B. au-dessous du T. C. à G. *Imp. d'Aubert et Cie*. A D. *Par Gavarni.* = H. 198, L. 156.

« Le Figaro, 9 mai 1839. »

1er État. Avant toute lettre.
2e — Celui qui est décrit.
3e — En H. à D. *La Caricature, Journal,* au lieu de : *La Politique, n° 1*. Au-dessus de la légende on lit : *Les Politiques.* Le reste comme à l'état décrit.

« La Caricature, 13 novembre 1842. »

1172 N° II. — *Où allons-nous, où allons-nous, Mr Boquet, je vous le demande?* | *— Où l'on voudra bien nous mener, Mr Chomel; je crains que ce ne soit bien loin* | *—J'en ai peur.* — A D. un homme de 3/4 à G. tient un journal qu'il montre à un autre personnage, vu de face, les deux mains dans les goussets de son pantalon.— A G. **39**, et plus bas **Gavarni**.— En B. au-dessous du T. C. à D. *Par Gavarni.* A G. *Imp. d'Aubert et Cie*. = H. 198, L. 155.

« Le Figaro, 23 mai 1839. »

1er État. Avant toute lettre.
2e — Celui qui est décrit.

1173 N° III. — « *Messieurs! je vais enfin répondre aux paroles graves et pressantes qui viennent d'être prononcées à cette tribune.* | *(Écoutez, écoutez!) Messieurs, une réponse nous serait facile......... (Écoutez!); nous pourrions dire Oui! (Très-bien! très-bien!)* | *Nous pourrions aussi facilement répondre Non! (Très-bien! très-bien! très-bien!) Mais il est temps que le pays sache enfin à* | *quoi s'en tenir sur une aussi importante question! les moments sont précieux, Messieurs! Aussi notre parole va-t-elle* | *être franche et sans aucune arrière-pensée!....... Eh bien, Messieurs, (Écoutez!), nous répondrons Oui et Non* | *(Tonnerre d'applaudissemens* (sic)... *(L'honorable orateur, que cette brillante improvisation a visiblement ému, est accueilli,* | *en descendant de la tribune, par les félicitations de ses amis politiques.)* — A G., vu de dos et tourné à D., un homme assis sur un tonneau au bord d'une rivière lit le journal à un autre personnage qui l'écoute les deux mains derrière le dos. — Dans le bas du tonneau **39**. Plus à G., sur un autre tonneau, **G**. — En B. au-dessous du T. C. à D. *Par Gavarni.* A G. *Imp. d'Aubert et Cie*. = H. 198, L. 156

« Le Figaro, 27 juin 1839. »

1er État. Avant toute lettre.
2e — Celui qui est décrit.

3e — Au-dessus de la légende on lit : *Un discours parlementaire*. En H. à D. *La Caricature, Journal,* au lieu de : *La Politique, n*o 3. Le reste comme à l'état décrit.

« Le Caricature, 12 juin 1842. »

1174 No IV. — *Édouard! Édouard! voilà neuf heures, mon ami...... | — Oui! laisse-moi donc voir les affaires de la Turquie, c'est si intéressant!....... | — Mais mon ami tu as promis à ce monsieur pour ton affaire d'être à neuf heures chez lui..... | — Qu'est-ce que ça me fait!.....* — Une jeune femme debout à D. met la main sur l'épaule de son mari, assis sur un divan et lisant le journal. — Sur le divan à G. **Gavarni.**— En B. au-dessous du T. C. à G. *Par Gavarni.* A D. *Imp. d'Aubert et Cie.* = H. 197, L. 157.

« Le Figaro, 21 juillet 1839. »

1er État. Avant toute lettre.
2e — Celui qui est décrit.
3e — En H. à D. *La Caricature, Journal,* au lieu de : *La Politique, n*o 4.

« La Caricature, 10 juillet 1842. »

1175 No V. — *Voilà une jolie liberté et un beau pays! où un homme n'est pas seulement libre | de vendre son nègre.* — Un colon, grand chapeau de paille, veste blanche, de face, les bras croisés. Au fond à G. un nègre assis et vu de dos, plantes tropicales et habitation. — A G. **Gavarni.** — En B. au-dessous du T. C. à D. *Par Gavarni.* A G. *Imp. d'Aubert et Cie.* = H. 197, L. 156.

« Le Figaro, 28 juillet 1839. »

1er État. Avant toute lettre.
2e État. Celui qui est décrit.
3e — En H. à D. *La Caricature, Journal,* au lieu de : *La Politique, n*o 5.

« La Caricature, 27 février 1842. »

1176 VI. — *A ces imposantes paroles il a été répondu un discours que le bruit des conversations | particulières nous a empêché d'entendre. | — La réponse est ici tout du long, et mon journal dit que c'est l'autre qu'on n'a pas | entendu.*— Deux hommes assis sur un banc dans un jardin public et se tournant le dos, tous deux en train de lire les journaux. Celui de D., sur le devant, en bonnet grec et en pantoufles, vient d'interrompre sa lecture. L'autre a le nez dans son journal. — A D. sur un tronc d'arbre **39.** Sur le banc **Gavarni.** — En B. au-dessous du T. C. à G. *Par Gavarni.* A D. *Imp. d'Aubert et Cie.* = H. 197, L. 158.

« Le Figaro, 8 août 1839. »

1er État. Avant toute lettre.
2e — Celui qui est décrit.

1177 VII. — *(Journal blanc) : Jeudi 15 : Les nouvelles que nous recevons de toutes parts sont de plus en | plus satisfaisantes; jamais le pays n'a joui d'une plus parfaite tranquilité* (sic)........ | *(Journal noir) : Jeudi 15 : Il est impossible de se le dissimuler, la confiance se perd chaque | jour davantage.... les affaires se ralentissent... nous touchons à une crise terrible.*— Dans un jardin public deux hommes lisant les journaux, assis sur des chaises et séparés par le tronc d'un gros arbre contre lequel ils s'appuient; ils sont presque de face. — A G **Gavarni | 39.** — En B. au-dessous du T. C. au M. *Par Gavarni.* A D. *Chez Bauger, r. du Croissant,* 16. A G. *Imp. d'Aubert et Cie.* = H. 198, L. 157.

« Le Figaro, 15 août 1839. »

1er État. Avant toute lettre.
2e — Celui qui est décrit.
3e — En H. à D. *La Caricature-Journal*, au lieu de : *La Politique*. 7.
« La Caricature, 19 juin 1842. »

1178 VIII. — *Or ça! votre république aura-t-elle bientôt fini, monsieur Coquardy?* — Dans une rue, devant une porte, un bossu, les bras croisés, un journal dans une main, s'adresse à un homme vu de dos et tourné à G., vêtu d'une longue redingote. — A G. **Gavarni.** — En B. au-dessous du T. C. au M. *Par Gavarni.* A D. *Chez Bauger, r. du Croissant*, 16. A G. *Imp. d'Aubert et Cie.* = H. 203, L. 153.

« Le Figaro, 22 août 1839. »

1er État. Avant toute lettre.
2e — Celui qui est décrit.

1179 No IX. — *Londres, Décembre : « Milords et Messieurs, le gouvernement..... | (Le mari s'endort, la femme s'éveille).* » — Un homme et une femme, tous deux de pr. et tournés à D., assis sur un banc dans un jardin public. La femme sur le devant lit un journal. Le mari s'est endormi en lisant le sien. — Sur le banc **G. 39.** — En B. au-dessous du T. C. au M. *Par Gavarni.* A D. *Chez Bauger, r. du Croissant*, 16. A G. *Imp. d'Aubert et Cie.* = H. 197, L. 156.

« Le Figaro, 15 décembre 1839. »

1er État. Avant toute lettre.
2e — Celui qui est décrit.

POLITIQUE DES FEMMES.

Dix-huit pièces représentant des personnages à mi-jambes; elles font partie d'une suite de vingt lithographies dont les deux dernières n'ont paru que dans *le Charivari* et ne sont portées ici que pour mémoire. Chacune est entourée de trois fil. En H. au M. au-dessus des fil. *Politique des femmes.* Entre le premier et le deuxième fil. à D. le numéro d'ordre, sauf sur la première et la huitième, qui ne sont pas numérotées.

1180 (I). — ÉLIMINATION A HUIS-CLOS. — Une vieille femme debout en train d'épiler une femme assise à D. tenant un miroir à la main. Toutes deux sont de pr. tournées à D. — A D. **Gavarni. 39.** — En H. au-dessus des fil. à D. *Le Figaro.* En B. au-dessous des fil. au M. *Par Gavarni.* A D. *Imp. d'Aubert et Cie.* = H. 199, L. 157.

« Le Figaro, 18 avril 1839. »

1er État. Celui qui est décrit.
2e — *Le Figaro* a disparu. En H. entre le T. C. et le deuxième fil. le no 1. En B. au-dessous du fil. à G. *Chez Bauger et Cie, pl. de la Bourse*, 29. Le reste comme à l'état décrit.
« Le Charivari, 16 avril 1842. »

1181 II. — REFUS DE L'IMPOT. | (*En ménage.*) — Un mari en robe de chambre veut embrasser sa femme. Celle-ci, en camisole, le repousse de ses deux mains; elle est à D. — A G. **39.** A D. **Gavarni.** — En H. au-dessus des fil. à D. *Le Figaro.* En B. au-dessous des fil. au M. *Par Gavarni.* A G. *Imp. d'Aubert et Cie.* = H. 197, L. 157.

« Le Figaro, 28 avril 1839. »

1er État. Avant toute lettre.
2e — Celui qui est décrit.
3e — *Le Figaro* a disparu.
« Le Charivari, 21 avril 1842. »

1182 III. — MOYENS COERCITIFS. — Une ouvrière repousse violemment, en le tenant par le collet de sa redingote, un homme qui veut pénétrer chez elle. Celui-ci, de pr. tourné à G., a une bouteille dans sa poche. Sur la porte ouverte on lit écrit directement : **Mme Grégoire.** — A G. **Gavarni.** A D. **39.** — En H. au-dessus des fil. à D. *Le Figaro.* En B. au-dessous des fil. au M. *Par Gavarni.* A D. *Imp. d'Aubert et Cie.* = H. 199, L. 156.

« Le Figaro, 2 mai 1839. »

1er État. Avant toute lettre.
2e — Celui qui est décrit.
3e — *Le Figaro* a disparu.
« Le Charivari, 30 avril 1842. »

1183 IV. — UNE SAINTE ALLIANCE. | (*A propos d'un billet doux.*) — Une vieille femme, tenant dans ses mains une lettre qu'elle vient de lire à son directeur assis auprès d'elle sur le devant à G., jette un regard mécontent vers une jeune fille qui, debout derrière eux, se regarde dans une glace en arrangeant ses cheveux. Une vieille bonne bossue, admise au conciliabule, est debout à D., le bras appuyé sur le dossier de la chaise de sa maîtresse. — A G. **39.** A D. **Gavarni.** — En B. au-dessous des fil. au M. *Par Gavarni.* A G. *Imp. d'Aubert et Cie.* = H. 200, L. 156.

« Le Figaro, 12 mai 1839. »

1er État. Avant toute lettre.
2e — Celui qui est décrit.
Sans changement dans le Charivari, 26 mai 1842.

1184 V. — CHAPITRE DES FONDS SECRETS. — Une jeune femme tenant une bourse d'où elle tire l'argent avec lequel elle paye une modiste qui, vue de dos et tournée à D., vient de lui apporter un chapeau posé sur un guéridon. Celle-ci tient à la main le carton qui le renfermait. — A G. **Gavarni**. Sur le carton à chapeau **39.** — En H. au-dessus des fil. à D. *Le Figaro.* En B. entre le premier et le second fil. au M. *Par Gavarni.* Au-dessous des fil. à G. *Imp. d'Aubert et Cie.* = H. 198, L. 157.

« Le Figaro, 16 mai 1839. »

1er État. Avant toute lettre.
2e — Celui qui est décrit.
3e — *Le Figaro* a disparu.
« Le Charivari, 10 mai 1842. »

1185 VI. — COMMUNICATION DES PIÈCES. — Une vieille femme assise, lunettes sur le nez, tient dans ses mains une lettre qu'elle vient de retirer avec d'autres d'une cassette posée sur un guéridon ; elle jette un regard sévère sur une jeune fille debout près d'elle à G., les yeux baissés, les mains dans les poches de son tablier. — A G. **39** | **Gavarni.** — En H. au-dessus des fil. à D. *Le Figaro.* En B. au-dessous des fil. au M. *Par Gavarni.* A D. *Imp. d'Aubert et Cie.* = H. 197, L. 158.

« Le Figaro, 26 mai 1839. »

1er État. Avant toute lettre.
2e — Celui qui est décrit.
3e — *Le Figaro* a disparu.
« Le Charivari, 18 juin 1842. »

1186 VII. — DÉPÊCHE TÉLÉGRAPHIQUE. — Dans une chambre une jeune femme de pr. tournée à D. fait, par la fenêtre ouverte, des signes avec ses doigts à son amant, pendant qu'à G. son mari dort dans un fauteuil, tenant encore à la main le journal qu'il lisait.—A G., à la pointe sèche, **Gavarni | 39.**— En H. au-dessus des fil. à D. *Le Figaro.* En B. au-dessous des fil. au M. *Par Gavarni.* A D. *Imp. d'Aubert et Cie.* = H. 200, L. 157.

« Le Figaro, 9 juin 1839. »

1er État. Avant toute lettre.
2e — Celui qui est décrit.
3e — *Le Figaro* a disparu.
« Le Charivari, 14 juin 1842. »

1187 (VIII.) — DÉCLARATION DE GUERRE. — Deux femmes dont l'une à G., en chapeau noir avec voile, un châle sur les épaules, les bras croisés, fait une scène à l'autre. Celle-ci, en robe de chambre, est vue de dos à moitié et tournée à G. — A D. **Gavarni 39.** — En H. au-dessus des fil. à D. *Le Figaro.* En B. au-dessous des fil. à G. *Par Gavarni.* A D. *Imp. d'Aubert et Cie.* = H. 200, L. 158.

« Le Figaro, 16 juin 1839. »

1er État. Avant toute lettre.
2e — Celui qui est décrit.
3e — *Le Figaro* a disparu. En H. entre le premier et le deuxième fil. à D. le nº 8. Le reste comme à l'état décrit.
« Le Charivari, 16 juin 1842. »

1188 Nº IX. — PROTOCOLES. — Une jeune femme de face, assise, une main posée sur une table et tenant une plume, vient d'écrire une lettre que lit une de ses amies debout près d'elle à G.— A G. **Gavarni.** A D. **39.**— En H. au-dessus du fil. à G. *Le Figaro.* En B. au-dessous des fil. à G. *Par Gavarni.* A D. *Imp. d'Aubert et Cie.* = H. 198, L. 157.

« Le Figaro, 7 juillet 1839. »

1er État. Avant toute lettre.
2e — Celui qui est décrit.
3e — *Le Figaro* a disparu.
« Le Charivari, 23 juin 1842. »

1189 X. — AGENT DIPLOMATIQUE. — Une jeune femme décachète une lettre qu'une revendeuse à la toilette vient de lui remettre. Celle-ci lui recommande le silence; elle est à G. sur le devant, sa boîte ouverte posée sur un guéridon. — A D. **Gavarni.** — En H. au-dessus des fil. à D. *Le Figaro.* En B. au-dessous des fil. à D. *Par Gavarni.* A G. *Imp. d'Aubert et Cie.* = H. 199, L. 157.

« Le Figaro, 28 juillet 1839. »

1er État. Avant toute lettre.
2e — Celui qui est décrit.
3e — *Le Figaro* a disparu.
« Le Charivari, 27 juin 1842. »

1190 XI. — POLICE DE SURETÉ. — Une femme de chambre vue de dos et tournée à G. fouille dans l'habit de son maître pendant que sa maîtresse lit une lettre qu'elle vient d'y trouver. — A G. **Gavarni.** — En H. au-dessus des fil. à D. *Le Figaro*. En B. au-dessous des fil. à D. *Par Gavarni*. A G. *Imp. d'Aubert et Cie*. = H. 199, L. 158.

« Le Figaro, 1er août 1839. »

1er État. Avant toute lettre.
2e — Celui qui est décrit.
3e — *Le Figaro* a disparu.
« Le Charivari, 8 juin 1842. »

1191 XII. — UN PLÉNIPOTENTIAIRE. — Un ouvrier endimanché, en habit, pantalon blanc, son chapeau à la main, se présente devant une femme vue de dos et tournée à G. — A G. **Gavarni.** — En B. entre le premier et le second fil. *Par Gavarni*. Au-dessous des fil. à G. *Imp. d'Aubert et Cie*. A D. *Chez Bauger, r. du Croissant*, 16. = H. 196, L. 156.

« Le Figaro, 29 août 1839. »

1er État. Avant toute lettre.
2e — Celui qui est décrit.
Sans changement dans « le Charivari, 30 juin 1842 ».

1192 XIII. — MANDAT DE PERQUISITION. — Une femme de 3/4 tournée à D. a fouillé dans le secrétaire de son mari et lit une des lettres qu'elle y a trouvées. Dans l'un des tiroirs ouverts on voit une paire de pistolets. — A D. **39.** A G. **Gavarni.** — En H. au-dessus des fil. *Le Figaro*. En B. au-dessous des fil. au M. *Par Gavarni*. A D. *Imp. d'Aubert et Cie*. — A G. *Chez Bauger, r. du Croissant*, 16. = H. 196, L. 155.

« Le Figaro, 12 septembre 1839. »

1er État. Avant toute lettre.
2e — Celui qui est décrit.
3e — *Le Figaro* a disparu.
« Le Charivari, 9 juillet 1842.

1193 XIV. — DISCUSSION DU BUDGET. — Un homme, des lunettes sur le nez, accoudé sur la table où il vient de déjeuner, lit d'un air de mauvaise humeur des papiers et des factures que lui remet sa femme, debout derrière lui, la tête penchée contre la sienne, les mains posées sur ses épaules. — Au M. **Gavarni.** — En B. entre le premier et le second fil. au M. *Par Gavarni*. Au-dessous des fil. à D. *Imp. d'Aubert et Cie*. A G. *Chez Bauger, r. du Croissant*, 16. = H. 195. L. 155.

« Le Figaro, 13 octobre 1839. »

1er État. Avant toute lettre.
2e — Celui qui est décrit.
Sans changement dans le « Charivari, 15 juillet 1842 ».

1194 XV. — LA PAIX A TOUT PRIX. — Une femme de pr. tournée à G. tient à la main une pipe qu'elle achète à un marchand qui, de face, un tablier blanc autour du corps, a devant lui un casier rempli de pipes sur lequel on lit écrit directement : **Pipes à 1 sou à choisir.** — En B. entre le premier et le second fil. au M. *Par Gavarni*. Au-dessous des fil. à D. *Imp. d'Aubert et Cie*. A G. *Chez Bauger, r. du Croissant*, 16. = H. 192, L. 151.

« Le Figaro, 24 octobre 1839. »

1er État. Avant toute lettre.
2e — Celui qui est décrit.

Sans changement dans « le Charivari, 18 juillet 1842 ».

1195 XVI. — ABDICATION. — Une femme, l'air triste, assise devant une table sur laquelle elle écrit; elle est de 3/4 tournée à D. — A G. **Gavarni.** A. D. **40 | 9.** — En B. entre le premier et le second fil. au M. *Par Gavarni.* Au-dessous des fil. à G. *Imp. d'Aubert et Cie.* A D *Chez Bauger, r. du Croissant,* 16. = H. 190, L. 154.

« Le Figaro, 26 juillet 1840. »

Sans changement dans « le Charivari, 20 juillet 1842 ».

1196 XVII. — LE PETIT LEVER. — Une jeune femme couchée de G. à D. dans son lit cause avec un jeune homme vu de face assis à G. sur une chaise et accoudé sur le lit. — A D. **Gavarni.** A G. **40-10.** — En B. entre le premier et le second fil. au M. *Par Gavarni.* Au-dessous des fil. à G. *Imp. d'Aubert et Cie.* A D. *Chez Bauger, r. du Croissant,* 16. = H. 190, L. 167.

« Le Figaro, 30 janvier 1840. »

Sans changement dans « le Charivari, 2 août 1842 ».

1197 XVIII. — LE GRAND LEVER. — Assise dans un grand fauteuil et tournée à D. une femme en bonnet et en robe de chambre se retourne pour donner la main à un homme à moustaches qui la salue. — Sur le bas du fauteuil **40-11.** A G. **Gavarni.** — En B. entre le premier et le second fil. au M. *Par Gavarni.* Au-dessous des fil. à G. *Imp. d'Aubert et Cie.* A D. *Chez Bauger, r. du Croissant,* 16. = H. 190, L. 157.

« Le Figaro, 2 février 1840. »

Sans changement dans « le Charivari, 11 août 1842. »

» XIX. — RATIFICATION DES TRAITÉS.

» XX. — DROIT DE VISITE.

Voir ci-dessus la description de ces deux pièces sous la rubrique : *Politique des femmes*, dans *le Charivari.*

LES RÊVES.

Suite de six pièces, chacune entourée de trois fil. En H. au-dessus des fil. à D. *Les Rêves*, sauf sur la première pièce, où ce titre est à G. Entre le T. C. et le premier fil. à D. le numéro d'ordre, excepté sur la cinquième pièce, où il est au-dessus des fil., à la suite du titre, et où la légende est au-dessous des fil., tandis qu'elle est entre le T. C. et le premier fil. sur les autres.

1198 I. — « *Une troisième fois elle ne m'échappa plus, et je me crus pardonné, car il me semblait la voir sourire : | j'avais vu briller ses dents blanches.... la tigresse! je me sentis pris par le nez dans ces dents aiguës,.... | horreur!.... elle me coupe le nez et me le crache au nez... La douleur et l'effroi m'arrachèrent un cri d'épou | vante qui m'éveilla, et aussi l'innocent garçon de café, qui dormait d'un œil. | Une goutte de bierre* (sic) *de ma blessure tomba sur ma main engourdie, | car, en dormant, j'avais mis le nez dans mon verre.* » (*Gavarni, L'Homme seul.*) — Dans un café un homme assis sur un tabouret devant une table. Il dort profondément la tête penchée en avant, le nez dans un verre posé sur la table, à côté d'une bouteille de bière. Sur le second plan à G. le garçon de café, appuyé contre le mur, dort debout les bras croisés. — A G. **G. 39.** — En H. au-dessus des fil. à D. *Le Figaro*. En B. au-dessous des fil. à D. *Par Gavarni*. A G. *Imp. d'Aubert et Ce*. = H. 200, L. 160.

« Le Figaro, 30 mai 1839. »

1er État. Celui qui est décrit.
2e — *Le Figaro* a disparu.

1199 II. — *Monsieur Joseph rêve qu'il est curé et dit la messe à St-Thomas-d'Aquin.* — Un domestique en tablier blanc profondément endormi dans un grand fauteuil. Derrière lui à D. une femme en chapeau prend sur une table une sonnette qu'elle agite. — A D. **Gavarni.** — En B. entre le T. C. et le premier fil. au M. *Par Gavarni*. Au-dessous des fil. à D. *Imp. d'Aubert et Cie*. = H. 204, L. 158.

« Le Figaro, 11 août 1839. »

1er État. Avant toute lettre. Fil. non fermés par le B.
2e — Celui qui est décrit.

1200 III. — *Mr Charles rêve que sa maîtresse est infidèle........ | Mlle Félicité rêve aux moyens de l'être.* — Dans la campagne, au pied d'un arbre, un jeune homme en manches de chemise, assis par terre, dort la tête appuyée sur les genoux de sa maîtresse. Celle-ci de 3/4 tournée à G., la joue appuyée sur sa main, le regarde d'un air pensif. — A G. **Gavarni.** — En B. au-dessous des fil. au M. *Par Gavarni*. A G. *Imp. d'Aubert et Cie*. A D. *Chez Bauger, r. du Croissant*, 16. = H. 198, L. 155.

« Le Figaro, 18 août 1839. »

1er État. Avant toute lettre. Fil. non fermés par le B.
2e — Celui qui est décrit.
3e — Quatre fil. En H. au-dessus des fil. au M. *Les Étudians* (sic) *de Paris*. A D. le no 59. La légende entre le T. C. et le premier fil. Au-dessous des fil. à D. *Imp. d'Aubert et Cie*. Le reste comme à l'état décrit.
« Le Charivari, 29 octobre 1841. »

1201 IV. — *Achille Coqueron, chasseur volontaire de la 2ème, rêve qu'il est en faction.* — Un garde national, de 3/4 tourné à D., dort sur un banc près de sa guérite, son fusil posé sur ses genoux, la crosse à terre. Derrière lui sur le mur une affiche où on lit écrit directement : **Rome sauvée. | Jocrisse maître | et | Jocrisse valet.** — A G. **Gavarni.** — En B. au-dessous des fil. au M. *Par Gavarni*. — A G. *Imp. d'Aubert et Cie*. A D. *Chez Bauger, r. du Croissant*, 16. = H. 196, L. 155.

« Le Figaro, 25 août 1839. »

1er État. Avant toute lettre. Sans fil.
2e — Celui qui est décrit.
Sans changement dans « la Caricature, 14 août 1842 ».

1202 V. — « *Notre âme est si fortement émue dans un rêve qu'il faut qu'il y ait quelque réalité | au fond de cette féerie de la pensée.* » | (*Mquis de Custine.*) — Un homme couché dans son lit de D. à G., s'est tellement agité en dormant qu'il a mis une de ses jambes à découvert, et que son nez repose sur un bougeoir placé sur sa table de nuit. — A D. **Gavarni.** — En B. au-dessous des fil. au M. *Par Gavarni*. A D. *Imp. d'Aubert et Cie*. A G. *Chez Bauger, r. du Croissant*, 16. = H. 200, L. 156.

« Le Figaro, 5 septembre 1839. »

1er État. Avant toute lettre.
2e — *Chez Bauger* (etc.) n'existe pas.
3e — Celui qui est décrit.

1203 N° VI. — .... *Le jeune Lord se précipite à ses pieds......... il lui jure un amour éternel......... une chaise de poste | attend...... Sir Arthur jette un cachemire sur les épaules d'Augustine et lui passe une superbe bague | à chaque doigt..... les chevaux partent au galop...... on traverse Belleville, Romainville, S'-Cloud, toute | la France, Douvres, et enfin Calais puis on arrive à Londres............ les chevaux sont couverts | d'écume........ l'hôtel du père de Mylord a des jalousies dorées....... et des colonnes de crystal* (sic) | .... *la porte est en acajou........ On frappe à la porte. | Augustine se réveille et tire le cordon : c'est mylord qui rentre avec la danseuse d'en face.* — La fille d'un concierge dans sa loge, de pr. tournée à D., est étendue dans un grand fauteuil où elle dort profondément. — A D. **G. 39.** — En B. au-dessous des fil. *Par Gavarni.* A D. *Imp. d'Aubert et Cie.* A G. *Chez Bauger, r. du Croissant,* 16. = H. 195, L. 161.

« Le Figaro, 29 septembre 1839. »

LE SALON.

Deux pièces faisant partie d'une suite de trois lithographies non numérotées, publiées toutes trois ultérieurement dans *le Charivari*, et dont deux portent en tête : *Le Salon.* Chacune représente des personnages à mi-jambes.

1204 *A la calomnie....... la calomnie; il faut toujours en | venir là.* — Au milieu de la foule qui regarde les tableaux dans les galeries de l'exposition des ouvrages des artistes vivants, Basile, de face, son large chapeau sous le bras, se dispose à écrire sur des tablettes qu'il tient à la main. — A G. **Gavarni | 39.** — Claire-voie. En H. au M. *Le Salon.* En B. au M. *Par Gavarni.* A D. *Imp. Zinco et Litho. Kœppelin et Cie, r. du Croissant.* =H. 220, L 185.

« Le Figaro, 21 mars 1839. »

1er État. Avant toute lettre.
2e — Celui qui est décrit.
3e — La hauteur et la largeur du dessin réduites par l'addition d'un T. C, et d'un fil. *Le Salon* a disparu. En B. au-dessous du fil. à G. *Imp. d'Aubert et Cie.* Au M. *Par Gavarni.* La légende est sur une seule ligne, et au-dessous on lit : *Chez Bauger, r. du Croissant,* 16.
« Le Charivari, 17 mars 1840. »
4e — En H. au-dessus du fil. au M. *Fantaisies.* A D. 5e *livraison, n°* 6. En B. au-dessous du fil. à G. *Chez Bauger, rue du Croissant,* 16. A D. *Lith. Kœppelin et Cie,* 20, *rue du Croissant.* Le reste comme au 3e état.

1205 *Voilà un triste salon..... — C'est dégoûtant! — Vous n'avez rien ici, vous? — Bon Dieu non! et vous? — | Ni moi non plus.* — Deux artistes se détachant de la foule qui se presse devant les tableaux. Celui de G. de pr. à D., chapeau à larges bords, barbe entière et longs cheveux, les mains dans les poches de son paletot. L'autre enveloppé d'un manteau à collet de fourrures, des besicles sur le nez. — A G. **Gavarni | 39.** — Un fil. En H. au-dessus du fil. *Le Figaro, journal littéraire et d'arts.* En B. au-dessous du fil. au M. *Par Gavarni.* A D. *Imp. Zinco et Litho. Kœppelin et Cie, r. du Croissant,* 20. = H. 228, L. 138.

« Le Figaro, 10 mars 1839. »

1er État. Avant toute lettre.
2e — Celui qui est décrit.
3e — *Le Figaro, journal* (etc.), a disparu. Au-dessous du fil. à G. *Chez Aubert, gal. Véro-Dodat.* Au M. *Imp. d'Aubert et Cie*, au lieu de : *Par Gavarni.* A D. *Chez Bauger, r. du Croissant*, 16, au lieu de : *Imp. Zinco* (etc.). La première ligne de la légende se termine par *Bon*, et la deuxième commence par *Dieu.*
« Le Charivari, 19 mars 1840. »

1206 THÉATRE DU VAUDEVILLE. | LE PLASTRON. | *Arnal, rôle de Rifolet,* en H. de la planche. — « *On me fête, on m'entoure, je suis transformé en caisse de consignations des éventails; j'étouffe de | chaleur; je meurs de soif; j'ai la pépie, qui est le croup du serin.* — Rifolet, à D., des bouquets et des éventails dans les mains, un boa, une écharpe et un châle sur les épaules, s'adresse à un homme en frac, vu de dos et tourné de son côté. — A G. **39.** — Claire-voie. Quatre fil. En B. au-dessous à G. *Imp. d'Aubert et Cie.* A D. *Par Gavarni.* = H. 200, L. 154.
« Le Figaro, 19 mai 1839. »

1er État. Avant toute lettre.
2e — Celui qui est décrit.
Sans changement dans « le Charivari, 21 mai 1839 ».
3e — En H. au M. *Album théâtral*, au lieu de : *Théâtre du Vaudeville. Le Plastron. Arnal* (etc.). A D. *n°* 5. En B. à D. *Chez Bauger, r. du Croissant*, 16, au lieu de : *Par Gavarni.* Au-dessous de : *On me fête, on m'entoure* (etc.), à D. *Le Plastron. Théâtre du Vaudeville.* Le reste comme à l'état décrit.

1207 *Voilà pourtant comme je serai dimanche.* — Un jeune homme à mi-jambes, de pr., tourné à D., regarde une gravure de modes qu'il tient des deux mains. Il est assis à califourchon sur une chaise dans la boutique d'un tailleur qu'on voit au fond à G. travaillant sur son établi.— A D. **G.** A G. **39.**— Deux fil. En H. à D. au-dessus des fil. *Le Figaro.* En B. au-dessous des fil. au M. *Par Gavarni.* A D. *Imp. d'Aubert et Cie.* = H. 188, L. 180.
« Le Figaro, 6 juin 1839. »

1er État. Celui qui est décrit.
2e — *Le Figaro* a disparu. En H. au M. *Caricature de mode.* En B. à G. au-dessous des fil. *Chez Bauger, r. du Croissant*, 16. Le reste comme à l'état décrit.
« Le Charivari, 4 avril 1840. »

1208 *Voyez le restant de la vente! Voyez messieurs et dames! des romans nouveaux à choisir : des volumes | de sept francs cinquante à dix sous!... C'est meilleur marché qu'à Bruxelles.* — Un homme de face, les mains dans ses poches, est accoudé à G. sur le parapet d'un quai. A ses pieds des livres et une académie sur toile à châssis. Des livres sur le parapet. — A D. **27. Gavarni.** A G. sur le plat d un livre **27.** — Quatre fil. au-dessus des fil. en H. A D. *Le Figaro.* En B. au-dessous des fil. à G. *Imp. d'Aubert et Cie.* A D. *Par Gavarni.* = H. 220, L. 162.
« Le Figaro, 14 avril 1839. »

1er État. Celui qui est décrit.
2e — En H. au M. *Actualités.* A D. *n°* 1, au lieu de : *Le Figaro.* En B. *Par Ga-*

varni est entre le premier et le deuxième fil. au M., au lieu d'être au-dessous des fil. à D. Au-dessous des fil. au M. *Chez Aubert, gal. Véro-Dodat.* A D. *Chez Bauger, r. du Croissant*, 16. Le reste comme à l'état décrit.

GAZETTE DES ENFANTS.

Six lithographies faisant partie d'une suite de pièces dessinées par divers artistes, et publiées dans la *Gazette des enfants et des jeunes personnes, ouvrage complet d'éducation.* Cette Gazette paraissait à Paris par livraisons in-4°, d'abord le jeudi et le dimanche de chaque semaine, puis le dimanche seulement, et enfin une seule fois par mois. Son premier numéro est du 1er janvier 1837. Après une interruption de six mois, elle reparut par livraison mensuelle grand in-8° en juillet 1839. Le dernier numéro est du mois de décembre de la même année dans l'exemplaire de la Bibliothèque nationale.

» I. — THÉRÈSE.
» II. — ALFRED.
» III. — CLAUDINE.
» IV. — PASCAL.
» V. — NICOLAS.
» VI. — CLOTILDE.

Voir ci-après la description de ces six pièces sous la rubrique : *Études d'enfants*, à la section : *Sujets divers*, subdivision : *Suites publiées isolément.*

GAZETTE DES FEMMES.

Trois lithographies faisant partie d'une suite de pièces dessinées par divers artistes, et publiées dans la *Gazette des Femmes, journal littéraire, artistique, judiciaire et religieux.* Ce journal, dont le premier numéro est du 12 janvier 1841, paraissait tous les samedis à Paris, par livraison, d'abord in-fol. pendant quelques années, plus tard grand in-8°, et enfin grand in-4°. Le sous-titre fut modifié en 1843 par la suppression du mot *judiciaire.* Le dernier numéro dans l'exemplaire de la Bibliothèque nationale est du 19 septembre 1846.

» ELLE ATTEND.

» UNE LÉGENDE ESPAGNOLE.

» *Excusez-moi, Monsieur, je ne sais pas lire.*

Voir ci-dessus la description de ces pièces, sous la rubrique : *L'Artiste*, même section, même subdivision.

JOURNAL DE L'ACADÉMIE D'HORTICULTURE.

Une lithographie faisant partie d'une suite de pièces dessinées par divers artistes pour le *Journal de l'Académie d'horticulture, encyclopédie mensuelle, pratique et progressive du jardinage*, publié à Paris par livraison in-8°, d'abord avec le sous-titre : *Manuel périodique, pratique et progressif, indispensable aux jardiniers et amateurs de jardins.* La première livraison est du mois d'avril 1831.

1209 Cette lithographie, à claire-voie et entourée de deux filets, représente quatre branches d'arbrisseau isolées sur une même ligne, et accompagnées chacune d'une lettre capitale renvoyant à la légende suivante inscrite au-dessous des quatre branches : *A. Incision faite à une nouvelle pousse de rosier blanc pour recevoir une greffe herbacée.* | *B. Rameau du rosier de Bengale Belle de Monza, taillé en bizeau, destiné à être introduit dans l'incision.* | *C. Greffe herbacée confectionnée et perfectionnée.* | *D. Ancien mode de greffe herbacée.* — En H. entre les deux fil. au M. *Journal de l'Académie d'horticulture.* A D. *Pl.* 5 En B. entre les deux fil. à G. *Gavarni del.* A D. *Lith. de Frey.* = H. 124, L. 200.

Tome 2 du Journal (1832).

JOURNAL DES CHASSEURS

Une lithographie faisant partie d'une suite de pièces dessinées par divers artistes pour le *Journal des Chasseurs, revue littéraire*, publié à Paris, par livraisons in-8, et paraissant le 1er de chaque mois à partir d'octobre 1836.

» COSTUME DE CHASSE | *par Humann.* — Voir ci-après la description de cette pièce sous la rubrique : *Journal des Chasseurs*, à la section : *Costumes et Modes.*

JOURNAL DES FEMMES.

Cinq lithographies faisant partie d'une suite de pièces dessinées par divers artistes pour le *Journal des Femmes, Gymnase littéraire*, publié à Paris, par livraisons in-8°, tous les samedis. Le premier numéro est du 5 mai 1832. A partir du 1er janvier 1836, ce journal prit le titre de : *Les Femmes, Journal du Siècle*, et ne parut plus qu'une fois par mois.

1210 UNE AUDIENCE. — Une jeune femme assise à G. près d'un bureau sur lequel un homme, debout devant elle, appuie une main. — Double fil. En H. au-dessus du fil. au M. *Journal des Femmes.* A D. *n°* 20. En B. au-dessous du fil. à G. *Gavarni del* A D. *Lith. de Frey.* = H. 167, L. 132.

N° du Journal, .. décembre 1832.

1er État. Avant toute lettre.
2e — Celui qui est décrit.

1211 LES FEMMES. | *Journal du Siècle.* — Trois femmes autour d'une table. L'une d'elles, assise et vue de dos, lit une brochure ; une autre, vue de face, en chapeau avec voile, est debout derrière la table. — A D. **G. Décembre 1835.** — Claire-voie, un fil. En B. au-dessous du fil. au M. *Par Gavarni.* Plus B. à D. *Imp. par Frey,* en regard de : *Journal du Siècle.* = H. 167, L. 125.

N° du Journal, 1er janvier 1836.

» CHEZ SOI.

» UN BAL EN CARNAVAL.

» AU BAL.

Voir ci-après la description de ces pièces sous la rubrique : *Journal des Femmes*, à la section : *Costumes et Modes.*

JOURNAL DES GENS DU MONDE.

Vingt-six lithographies faisant partie d'une suite de pièces dessinées par divers artistes pour : *Le Journal des gens du monde*, publié à Paris par livraisons in-4° tous les vendredis. La première est du 6 décembre 1833. Ce journal avait été créé et était dirigé par Gavarni. Il en existe vingt livraisons dont nous croyons que les deux dernières n'ont point paru.

1212 FÊTE DE VILLAGE. — Sur le bord d'une rivière des saltimbanques ont dressé leurs tréteaux qu'entoure une foule nombreuse. Sur le premier plan à G. un groupe d'hommes et de dames dînent assis ou couchés sur l'herbe. A D. une mare où barbotent des canards, et sur le second plan du même côté des buveurs attablés sous des toiles tendues formant tente, auprès de charrettes et de chevaux dételés. — En H. au-dessus du T. C. au M. *Journal des Gens du monde*. En B. au M. au-dessous du T. C *par J Acker* (Gavarni). Au-dessous du titre à G *L'Adminison*, *R. Castiglione*, 5. A D. *Imprimé par Benard.* = H. 102, L. 154.

N° 2 du Journal.

1er État. Avant toute lettre.
2e — Celui qui est décrit.

1213 MÉLANCOLIE. — Dans la cour d'une pauvre habitation où sont étendus des draps de lit rapiécés et d'autres vieux linges suspendus sur des cordes, une jeune fille est assise de 3/4, tournée à D., sur les marches d'un escalier. — A D. **Gavarni.** — Un fil. En H. au-dessous du fil. *Jl des Gens du monde.* En B. entre le T. C. et le fil. au M. *Par Gavarni*, et plus bas le titre de la pièce. Au-dessous du fil. à G. *L'Adminison*, *rue Castiglione*, 5 A D *Imprimé par Benard.* = H. 168, L. 130.

N° 8 du Journal.

1er État. Avant toute lettre. Sans fil.
2e — Celui qui est décrit.

1214 AVANT DE MOURIR. | (*De Madame Constance Aubert.*)—Dans un jardin, un jeune homme en robe de chambre assis sur un banc de bois, la tête appuyée sur la poitrine d'une jeune femme de pr., un genou posé sur le banc. Tous deux sont tournés à D — Deux fil. En H. au M. au-dessus des fil. *Journal des Gens du monde.* En B. au-dessous du fil. au M. *Par Godefroy. Fig. par Gavarni.* Au-dessous du titre à G. *L'Admon*, *rue Castiglione*, 5. A D. *Imp. par Benard.* = H. 175, L. 130.

N° 10 du Journal.

1215 LE MARCHAND DE HANNETONS. — Au milieu de la campagne un petit garçon, une main dans le gousset de son pantalon, tient de l'autre à D sur son épaule une branche d'arbre. Un sac est suspendu sur sa poitrine, à l'un des boutons de sa veste. — A D. **Gavarni.** — Un fil. En H. au-dessus du fil. au M. *Journal des Gens du monde.* En B. entre le T. C. et le fil. au M. *Par Gavarni*, et plus bas le titre de la pièce. Au-dessous du fil. à G. *L'Adon*, *rue Castiglione*, *n°* 5. A D. *Imp. par Benard.* = H. 161, L. 112.

N° 12 du Journal.

1216 FANTAISIE. — Femme à mi-corps vue de dos et tournée à G., la tête presque de pr.; elle tient devant elle un vase de fleurs à deux anses. Tunique décolletée bordée d'un large velours, ornée de glands, manches larges. — A G. **Gavarni.** — Claire-voie, un fil. En H. au M. au-dessus du fil. *Journal des Gens du monde.* En B. au M. au-dessous du fil. *Par Gavarni* Au-dessous du titre à G. *L'Ad*[on], *rue Castiglione*, *n*° 5. A D. *Imprimé par Benard.* = H. 165, L. 123.

N° 17 du Journal.

1er État. Avant toute lettre.
2e — Celui qui est décrit.

» QUATRE-VINGT-DIX ANS. (CHEVALLIER, PÈRE DE GAVARNI.) — Voir ci-dessus la description de cette planche aux *Portraits.*

» TOILETTE DU SOIR.

» TOILETTE DE PROMENADE.

» ROBE DE BAL.

» TRAVESTISSEMENS (*sic*) ORIGINAUX POUR LES BALS DE 1834. | *N*° 1.

» LE SOIR.

» FASHIONABLES.

» TRAVESTISSEMENS (*sic*) ORIGINAUX POUR LES BALS DE 1834. | *N*os 2 *et* 3.

» TRAVESTISSEMENS (*sic*) ORIGINAUX POUR LES BALS DE 1834. | *N*os 3 *et* 4.

» TRAVESTISSEMENS (*sic*) ORIGINAUX POUR LES BALS DE 1834. | 5 *et* 6.

» PÉLERINE DE SOIRÉE.

» TOILETTES DE BAL.

» LA MI-CARÊME.

» PROMENADE.

» MARS 1834.

» VISITE.

» CAUSERIE. Deux pièces sous ce titre.

» MAI.

» JUILLET.

» SEPTEMBRE.

Voir ci-après la description de chacune de ces vingt pièces sous la rubrique : *Journal des Gens du monde*, à la section : *Costumes et Modes.*

JOURNAL DES JEUNES PERSONNES.

Dix-huit lithographies, costumes de modes, faisant partie d'une suite de pièces dessinées par divers artistes pour : *Le Journal des jeunes personnes*, publié à Paris par livraisons in-8°, et paraissant le 1er de chaque mois à partir du 1er mars 1833.—Voir ci-après la description de ces planches sous la rubrique : *Journal des jeunes personnes*, à la section : *Costumes et Modes.*

*

Ce journal a publié en outre annuellement des albums composés chacun de trente lithographies, parmi lesquelles il s'en trouve quatorze de Gavarni.

ALBUM DE 1833.

Quatre pièces faisant partie de cet album, chacune entourée d'un encadrement ornementé imprimé en bistre. En H. au M. de cet encadrement un cartouche où l'on lit : *Album | du Journal des | jeunes personnes.* En B., également dans l'encadrement, un autre cartouche où sont inscrits le titre de l'article du journal qui a fourni le sujet représenté et l'indication de la page.

1217 N° XII. — LA TENDRESSE | D'UNE SOEUR. | *Page* 120. — Dans une rue de village, deux jeunes filles en bonnet noué sous le menton se dirigent vers la D. La plus âgée, vue de face et portant des provisions dans son tablier, donne le bras à G. à sa sœur aveugle dont elle presse la main avec sollicitude. – A G. **Gavarni.** — En H au-dessus de l'encadrement à D *n°* 12. = H. 193. L. 125.

1er État. Avant l'encadrement. Deux fil. En B. au-dessous des fil. à G. *Gavarni.* A D. *Litho. de Benard.* Sans autre lettre.
2e — Celui qui est décrit.
3e — Encadrement supprimé. Simple T. C. A D. au-dessus du T. C. *n°* 12.

1218 N° XVI. — L'AGONIE. | *Page* 158. — Un vieillard étendu de G. à D. dans son lit, les bras nus, tient un coffre d'une main et de l'autre prend celle d'une jeune fille debout à D. Près de celle-ci se tient également debout, accoudé sur sur le bois du lit, un jeune homme dont les traits expriment la douleur.— A D. **Gavarni.** — En H. au-dessus de l'encadrement à D. *n°* 16. = H. 122, L. 168.

1er État. Avant l'encadrement. Un fil. En B. au-dessous à D. *Litho. de Benard.* Sans autre lettre.
2e — Celui qui est décrit.

1219 N° XXIV. — UNE FAUSSE | DÉMARCHE. | *Page* 335. — A G., dans un salon, un domestique se dispose à ouvrir une porte à un homme à moustaches, frac croisé sur la poitrine, tenant d'une main son chapeau et s'appuyant de l'autre sur sa canne. — A D. **Gavarni.** — En B. au-dessous de l'encadrement *n°* 24. = H. 166, L. 121.

1er État. Avant toute lettre et avant l'encadrement.
2e — Celui qui est décrit.

1220 N° XXIX. — LA SOEUR DE CHARITÉ. | *Page* 433.— Assise de pr , tournée à D., dans une chambre à coucher, elle donne une leçon de lecture à un petit garçon et deux petites filles. L'une de celles-ci est debout devant elle; l'autre assise à ses côtés à G. sur un petit banc de bois.— A D. **Gavarni**.— En B. au-dessous de l'encadrement à G. *n°* 29. = H. 166, L. 122.

ALBUM DE 1834.

Quatre pièces faisant partie de cet album. Chacune entourée d'un fil. En H. au-dessus du fil. *Album du Journal des jeunes personnes.* En B. au-dessous du fil. à G. *Gavarni.* A D. *Lith. de Benard.*

1221 LES INSÉPARABLES.

On sent que les regrets accablent leur mémoire,
Car leur sourire est triste et leur parure est noire.

Figures à mi-corps. Deux jeunes filles vêtues de deuil, chapeau avec voile, bras dessus, bras dessous. Celle de G. son voile baissé; l'autre tient une couronne d'immortelles. = H. 164, L. 109.

1er État. Celui qui est décrit.
2e — *Petite galerie*, au lieu de : *Album du* (etc.). Les vers sont supprimés. Au lieu de : *Les Inséparables*, on lit : *Les Orphelines*, et au-dessous de ce titre : *A Paris, chez V. Delarue, rue Richelieu, no 64*. Le reste comme à l'état décrit.

1222 FULBERTINE. | *Comment me trouvez-vous? demanda-t-elle en se retournant vers sa tante.* — Jeune fille de pr. tournée à G., en costume de bal, se regardant à D. dans une psyché. Une femme âgée assise au second plan. = H. 156, L. 110.

1er État. Celui qui est décrit.
2e — *Petite galerie*, au lieu de : *Album du* (etc.). La légende est supprimée. Au lieu de : *Fulbertine*, on lit : *Coquetterie*, et au-dessous de ce titre : *Paris, chez V. Delarue, rue Richelieu*, 64. Le reste comme à l'état décrit.

Ces deux dernières pièces ayant été lithographiées sur la même pierre, il en existe des épreuves tirées sur la même feuille.

1223 LES DEUX PAQUERETTES. | *Elle s'agenouille sur la terre pour atteindre plus aisément la | fleur et l'effeuiller sans l'arracher.* — Jeune fille de pr. tournée à D., grand chapeau de paille, tablier noir.—A G. **Gavarni.**= H. 157, L. 110.

1224 DEUX SŒURS. | *La grande sœur a compris qu'elle devait être désormais pour sa petite | sœur une mère attentive et dévouée.* — Jeune fille de face assise sur un canapé, une main passée dans les cheveux d'une petite fille. Celle-ci, debout à G., tient une poupée dans ses deux mains.= H. 164, L. 110.

1er État. Celui qui est décrit.
2e — *Petite galerie*, au lieu de : *Album du* (etc.). La légende est supprimée. Au-dessous du titre : *Deux Sœurs*, on lit : *Paris, chez V. Delarue, rue Richelieu, no* 64. Le reste comme à l'état décrit.

ALBUM DE 1835.

Quatre pièces faisant partie de cet album, chacune entourée d'un fil. En H. au-dessus du fil. *Album du jal des jeunes personnes.* En B. au-dessous du fil. A G. *Gavarni.* A D. *L. de Benard, r. de l'Abbaye*, 4.

1225 LE GATEAU DES ROIS. | ......*On entendit frapper précipitamment à la porte extérieure.*— Un homme, revêtu d'une longue robe à capuchon qui couvre sa tête, et portant un sac sur son épaule, frappe à la porte d'une chaumière à D. — En travers, sur le seuil de la porte, **Gavarni 1835.** = H. 156, L. 110.

1er État. Avant toute lettre.
2e — En B. au-dessous du fil. A G. *Gavarni.* A D. *Lith. de Benard.* Sans autre lettre.
3e — Celui qui est décrit.

1226 LE SINGE D'ADRIEN. | *Réjouissez-vous, mère, voici de quoi vous avoir du tabac et du bouillon, Jacques a gagné sa journée.*—A D. une pauvre femme assise près d'un grabat dans un grenier. Un petit garçon s'approche d'elle en tenant de ses deux mains un singe sur son épaule. — En H. à G. **Gavarni** | **1835**. = H. 110, L. 166.

1er État. Celui qui est décrit.
2e — *Petite galerie*, au lieu de : *Album du* (etc.). La légende est supprimée. Au lieu de : *Le Singe d'Adrien*, on lit : *La Mansarde*, et au-dessous de

ce titre : *A Paris, chez V. Delarue, rue Richelieu,* 64. Le reste comme à l'état décrit.

1227 LA ROMANCE DE NINA. | *La gaîté de son babil parvenait à dissiper de tems* (sic) *à autre la profonde mélancolie | empreinte sur le visage de ses deux compagnes.* — Dans une rue deux femmes en chapeau, l'air triste, se donnant le bras, et dont l'une, d'un âge avancé, tient à D. par la main une petite fille également coiffée d'un chapeau; elles se dirigent vers la D. — A D. **G. 1835**. = H. 155, L. 115.

1er État. Avant toute lettre.
2e — Celui qui est décrit.
3e — *Petite galerie*, au lieu de : *Album du* (etc.). La légende est supprimée. Au lieu de : *La Romance de Nina*, on lit : *La Visite de charité*, et au-dessous de ce titre : *A Paris, chez V. Delarue, rue Richelieu*, 64. Le reste comme à l'état décrit.

1228 LE GRAND-PÈRE. | *Et qui me garantit qu'il saura les tenir, ces promesses?* | *....Moi, mon père.*—Il est assis sur un banc de pierre, les mains sur ses genoux. Assise à D. à ses côtés une jeune fille, les mains posées sur l'une de celles du vieillard, se penche vers lui. — A G. **Gavarni 1835**. = H. 155, L. 113.

1er État. Avant toute lettre.
2e — Celui qui est décrit.
3e — *Petite galerie,* au lieu de : *Album du* (etc.). La légende est supprimée. Le reste comme à l'état décrit.

*

Deux pièces faisant partie d'un album dont, malgré nos recherches, nous ne pouvons indiquer l'année.

1229 No XXIII. — LE JEUNE SAVOYARD. | ... *et, appuyé contre un mur, il pensait au pays.* — De face, près d'une borne, accoudé sur un mur d'appui, il tient en laisse un singe en uniforme de général accroupi à terre, un chapeau à cornes sur la tête. — A D. **Gavarni 1835**. — Un fil. En H. au-dessus du fil. *Album du journal des Jeunes personnes.* A D. *no* 23. En B. au-dessous du fil. à D. *Lith. de Benard et Frey.* = H. 155, L. 115.

1er État. Avant toute lettre.
2e État. Celui qui est décrit.
3e — *Petite galerie*, au lieu de : *Album du journal des* (etc.). Le no d'ordre a disparu. Au lieu de : *Le jeune Savoyard*, on lit : *Le petit Savoyard.* et au-dessous de ce titre : *Paris, chez V. Delarue, rue Richelieu*, 29. Le reste comme au 2e état.

1230 (SECOURS A DOMICILE.) — Dans un intérieur annonçant une profonde misère, une dame tenant une bourse dans ses mains s'approche du lit où se tient sur son séant une pauvre femme de pr. tournée à D. Un petit garçon montre à celle-ci une pièce d'or que vient de lui donner la dame. — Un fil. En B. au-dessous du fil. à G. *Gavarni.* A D. *Lith. de Benard.* = H. 154, L. 111.

LA MODE.

Onze lithographies faisant partie d'une suite de pièces dessinées par divers articles pour *La Mode, revue des modes, galerie des mœurs, album des salons,* publiée à Paris par livraisons in-8° paraissant tous les samedis. La première est d'octobre 1829. Le sous-titre, à partir de 1831, devint *Revue du monde élégant*, et, en juillet 1842, *Revue politique et littéraire*. Le dernier numéro est du 15 septembre 1854.

» LXXIII. — GARDE NATIONALE. PROJET D'UNIFORME.

» CXV. — UNE LOGE A L'OPÉRA.

» CXVII. — BAL DE L'OPÉRA. | *22 janvier 1831.* | *Uniforme des commissaires.*

» CXVIII. — TOILETTE DU SOIR.

» CCCCII. — *Robe en mousseline blanche à mantille d'angleterre, bonnet | d'angleterre, rubans de taffetas satiné.*

» CCCCIII. — TOILETTES DU SOIR.

Voir ci-après la description de ces six pièces sous la rubrique : *La Mode*, à la section : *Costumes et Modes.*

1231 CCCCIV.—PROMENADE.—Un jeune homme en voiture découverte, à deux roues, attelée d'un cheval, et conduisant lui-même, son domestique près de lui.—Au-dessus du T. C. en H. à G. *La Mode.* A D. *n°* 404. En B. au-dessous du titre à G. *L'Adm., rue du Helder, n°* 25. A D. *Imp. par Benard.* = H. 92, L. 132.

1er État. Sans le n° d'ordre.
2e — Celui qui est décrit.

» DXIX.—*Robe en foulard gros grains, mantelet garni d'étoffe, chapeau | de paille orné de velours, tour de tête orné de fleurs en papier du magasin de Chaulin, rue St-Honoré*, 218.

» DXXI. — CHASSE AU MARAIS.

» DXXII. — *Robe de mousseline brochée garnie d'un volant en tête, mantille de point, ceinture de velours.* | *Robe en organdi, jupon de mousseline doublé de taffetas, ceinture et nœud de velours.*

Voir ci-après la description de ces trois pièces sous la rubrique : *La Mode*, à la section : *Costumes et Modes.*

» (*Sans n°.*) — LE FRÈRE ET LA SOEUR | *Prague* (Henri, comte de Chambord, et la duchesse de Parme, enfants).

Voir la description de cette planche sous le même titre, à la section : *Portraits.*

*

Quatorze lithographies faisant partie d'une autre suite de pièces de plus grande dimension qui accompagnaient les livraisons de *La Mode* à partir de décembre 1838.

» BON APPÉTIT. — Voir ci-dessus la description de cette planche sous la rubrique : *Croquis fantastiques*, dans *le Charivari*, même section, même subdivision.

LE CARNAVAL A PARIS.

1232 *Il n'est pas ici! Madame.* | — *Il y viendra! Madame.* — Au haut d'un escalier, au bal de l'Opéra, deux femmes masquées, dont l'une, celle de D., vient de monter l'escalier que l'autre va descendre, son éventail et son mouchoir à la main ; elle retourne la tête vers celle-ci, qui est vue de dos à moitié. — A G. **350.** — Deux fil. En H. au-dessus des fil. au M. *Le Carnaval à Paris.* A D. *La Mode*, 6 *février* 1841, *R. Taitbout*, 28. En B. dans l'intérieur du dessin à D. *Par Gavarni.* Au-dessous des fil. à G. *Chez Aubert, gal. Véro-Dodat.* A D. *Imp. Aubert et Cie.* Au dessous de la légende : *Se vend chez Bauger et Cie, éditeurs des* (etc.). = H. 197, L. 156.

1er État. Avant toute lettre. Quatre fil. non fermés par le B.
2e — Celui qui est décrit.
3e — *La Mode*, 26 *février* (etc.) et *chez Aubert, gal. Véro-Dodat*, ont disparu. En H. à D. entre le T. C. et le premier fil. 3. Le reste comme à l'état décrit.
« Le Charivari, 26 novembre 1841. »

» *C'est un diplomate....* | *C'est un épicier...* | — *Non! c'est un mari d'une femme agréable.* | — *Non! Cabochet, mon ami, vous avez donc bu...., que vous ne voyez pas* | *que mosieu est un jeune homme farceur comme tout déguisé en un* | *qui s'embête à mort...., le roué masque!* — Même pl. que le nº 15 dans *Le Carnaval à Paris.* Voir ci-dessus la description de cette pièce sous la rubrique : *La Caricature*, même section, même subdivision.

LES DÉBARDEURS.

1223 *Un honnête domino! des airs décents? p'us que ça de tenue l'ancienne* | *à Philippe!.........* | — *Nous sommes en carnaval, mon gentilhomme.* — Un débardeur à G de pr. à D., en train de mettre sa ceinture, se penche vers une femme en domino et masquée qui le regarde les bras croisés. — A G. **337.** — Quatre fil. En H. au-dessus des fil. au M. *Les Débardeurs.* A G. *La Mode*, 13 *février* 1840 (1841), *Rue Taitbout*, 28. En B. au-dessous du T. C à G. *Chez Aubert, gal. Véro-Dodat.* Au M. *Par Gavarni.* A D. *Imp. Aubert et Cie.* Au-dessous des fil. *Se vend chez Bauger et Cie, éditeurs des* (etc.) = H. 199, L. 162.

1er État. Avant toute lettre. Fil. non fermés par le B.
2e — Celui qui est décrit.
3e — *La Mode*, 13 *Février* 1840, *rue* (etc.), a disparu. En H. à D. entre le T. C. et le premier fil. 58. Le reste comme à l'état décrit.
« Le Charivari, 26 décembre 1841. »

» *Va, enfant! va te livrer aux naïfs plaisirs de ton âge.* — Voir ci-dessus la description de cette pièce sous la rubrique : *La Caricature*, même section, même subdivision.

» COSTUMES ESPAGNOLS. — Même planche que *le Torreador* dans l'*Album de l'Infini.*

» MADRID. — Même planche que *la Sérénade* dans l'*Album de l'Infini.*

Voir ci-après la description de ces deux planches sous la rubrique : *Album de l'Infini*, à la section : *Sujets divers*, subdivision : *Suites publiées isolément.*

» AMAZONE *d'Humann.*

» COSTUME D'AUTOMNE, | *par Humann.*

» COSTUME DE BAL *d'Humann.*

» COSTUME DE PROMENADE *d'Humann.*

» COSTUME DE SPECTACLE *d'Humann.*

» COSTUME D'HIVER, | *par Humann.*

» L'HOMME DU MONDE.

Voir ci-après la description de ces sept pièces sous la rubrique : *La Mode*, à la section : *Costumes et Modes.*

LE MONDE DRAMATIQUE.

Dix-sept lithographies faisant partie d'une suite de pièces dessinées par divers artistes pour *Le Monde dramatique*, *revue des spectacles anciens et modernes*, publié à Paris tous les dimanches par livraisons gr. in-8°. Une première série en 8 vol., du 1er mars 1835 au 30 juin 1839, et une seconde en 3 vol., de 1839 à septembre 1841. Chacune de ces lithographies porte en H. au M. de la largeur de la planche : *Le Monde dramatique.*

1234 LA CAMARADERIE, | *comédie de Mr Scribe.* | 1er (2e) *acte.* — Neuf jeunes gens assis autour d'une table se sont levés pour trinquer avec leur verre de champagne. — A D. **Gavarni.** — Claire-voie. Un fil. En B. au-dessous du fil. à G. *Lith. Caboche et Cie.* = H. 108, L. 159.

« Le Monde dramatique. T. 4. »

1er État. *Lith. Caboche et Cie.* Sans autre lettre.
2e — Celui qui est décrit.
3e — *La Vogue, rue du Croissant*, 8, au lieu de : *Le Monde dramatique.* Le reste comme à l'état décrit.

1235 LE MARI A LA VILLE ET LA FEMME A LA CAMPAGNE. | *Scène du 1er acte. Théâtre du Vaudeville.* — Un homme en frac, à genoux aux pieds d'une femme dont il presse les mains; elle est debout à D. Du même côté, derrière un paravent, un autre couple dans la même situation. — A G. **G. 84.** — Au-dessous du T. C. à D. *Lith. Caboche, Grégoire et Cie.* = H. 157, L. 125.

« Le Monde dramatique. T. 5. »

1er État. Celui qui est décrit.
2e — Un fil. En H. au-dessus : *Théâtre national du Vaudeville*, au lieu de : *Le Monde dramatique.* Au-dessous du titre on lit : *Comédie-Vaudeville en deux actes de Mr Varin. Scène du 1er acte.* Le reste comme à l'état décrit.
« Le Charivari, 16 août 1837. »

1236 Mme ALEXIS DUPONT. | *D'après le plâtre de Dantan jeune.* — Copie d'une statuette représentant Mme Alexis Dupont dansant un pas tyrolien; elle est de 3/4 à G., une main sur la hanche, l'autre tenant son tablier. Jupe courte. — Sur le socle de la statuette **93.** — Claire-voie. En B. à G. *Lith. Caboche, Grégoire et Cie.* = H. 175, L. 89.

« Le Monde dramatique. T. 5. »

1er État. Avant toute lettre.
2e — Celui qui est décrit.
3e — En H. au M. *Musée des statuettes*, au lieu de : *Le Monde dramatique.* A D. *n*° 1. Le reste comme à l'état décrit.

1237 FANNY ELSSLER. | *D'après le plâtre de Barre.* | 1837. — Copie d'une statuette représentant Fanny Elssler dansant la Cachucha dans le Diable boiteux, ballet. Elle est tournée à D. en costume espagnol, des castagnettes aux mains. — Sur le socle de la statuette on lit écrit directement : **Fanny Elssler.** — Claire-voie. En B. à G. *Imp. J. Caboche et Cie.* = H. 170, L. 80.

« Le Monde dramatique. T. 5. »

1er État. Avant toute lettre.
2e — Celui qui est décrit.
3e — En H. au M. *Musée des statuettes*, au lieu de : *Le Monde dramatique.* A D. *n*o 2. Le reste comme à l'état décrit.
« Le Charivari, 18 septembre 1837. »

1238 MARIA PADILLA. | *Prologue. Théâtre du Vaudeville.* — Sur une place publique à G., un homme de pr. à D., vêtu d'une robe de pèlerin, effraye et met en fuite une foule menaçante de gens du peuple en leur montrant un lambeau d'étoffe prétendue relique par la vertu de laquelle il vient, à ce qu'ils croient, de frapper de mort l'un des leurs. Le corps de celui-ci est étendu aux pieds du pèlerin. — A D. **Gavarni.** Sous une table à G. **247.** — Au-dessous du T. C. à D. *Lith. Caboche, Grégoire et Cie, pass. Saulnier,* 19. = H. 160, L. 132.

« Le Monde dramatique. T. 6. »
Planche publiée sans changement dans « le Charivari du 3 janvier 1838 ».

» Mlle JENNY COLON. | *Rôle de Sarah.*

» Mlle WILHMEN. | *Rôle de Ruben dans « la Vallée aux fleurs ».* | *Théâtre du Palais-Royal.*

» E. DUPATY | *de l'Académie française.*

» GUSIKOW.

» ARNAL. | *Théâtre du Vaudeville.* 1837.

» Mr et Mme ÉMILE-TAIGNY.

» ALCIDE TOUSEZ. | *Rôle de Bobêche. Théâtre du Palais-Royal*

» Mlle GEORGES. | *Rôle de Waslha dans la « Guerre des servantes ». Porte-Saint-Martin.*

» PAUVRE MÈRE. 4me *acte.* | *Adolphe Laferrière.* | *Rôle de Georges.*

» Mme ANNA THILLON. | *Rôle de Lady Melvil.* | *Théâtre de la Renaissance.*

Voir la description de ces dix pièces à la section *Portraits.*

» COSTUME DE MADEMOISELLE DÉJAZET. | *Rôle de l'Annonce dans « l'Isle* (sic) *de la folie ».* | *Théâtre du Palais-Royal.*

» COMÉDIENS A LA VILLE. | 1770.

Voir la description de ces deux pièces sous la rubrique : *Le Monde dramatique,* à la section : *Costumes et Modes.*

MONITEUR DES THÉATRES.

Une lithographie faisant partie d'une suite de pièces dessinées par divers artistes pour le *Moniteur des théâtres, journal spécialement consacré à l'art dra-*

matique, publié à Paris tous les mardis et samedis par livraisons d'une feuille pet. in-4°. Le premier numéro est du 15 mars 1836. Le dernier, dans la collection de la Bibliothèque nationale, est du 12 avril 1837.

» Mlle JENNY COLON | *dans Sarah.* — Voir la description de cette pièce à la section : *Portraits*.

PARIS (Journal).

MASQUES ET VISAGES.

Deux cent quatre-vingts lithographies, sous le titre : *Masques et Visages*, faisant partie d'une suite de pièces dessinées par divers artistes et publiées dans *Paris* (Journal). Ce journal, dirigé par le comte de Villedeuil, paraissait tous les jours en une feuille in-fol. contenant une lithographie au verso du premier feuillet avec texte au recto. Le premier numéro est du 20 octobre 1852, le dernier du 8 décembre 1853, époque à laquelle la publication du journal fut arrêtée par l'effet d'un jugement pour délit de presse.

Ces lithographies de Gavarni, divisées en dix-huit séries distinctes, étaient simultanément tirées à part sans texte à leur verso et paraissaient par dizains composant chacun un album. Pour la formation de ces dizains on ajouta aux pièces déjà publiées celles que la suppression du journal pour lequel elles avaient été exécutées ne permit pas d'y faire paraître. Ne faisant point partie du journal *Paris*, il semble que ces dernières pièces ne devraient pas figurer à l'article qui le concerne. Cependant, comme elles portent le même titre général : *Masques et Visages* et les numéros qui manquent dans le journal à telle ou telle série dont elles portent aussi le titre particulier, leur absence serait une véritable et fâcheuse lacune; elles doivent donc trouver ici leur place. Seulement, ainsi que nous l'avons fait pour *le Charivari*, nous ne les mentionnons que pour mémoire, et nous les décrirons à la section à laquelle elles appartiennent, suivant l'ordre que nous avons adopté pour la rédaction de notre catalogue. Le nombre des pièces qui composent la suite des *Masques et Visages* s'élève ainsi réellement à trois cent vingt-neuf, dont le journal *Paris* n'a publié que deux cent quatre-vingts.

Chacune de ces lithographies est entourée d'un fil. brisé dans le H. au M. On lit dans la brisure : *Masques et Visages*. En B. au M. entre le T. C. et le fil. *Par Gavarni*. Au-dessous du fil., toujours au M., le titre d'une des séries. Plus B. le numéro d'ordre dans la série. Puis une légende.

LES ANGLAIS CHEZ EUX.

Série de vingt lithographies au bas desquelles on lit : *Les Anglais chez eux*. Les nos 19 et 20 n'ont pas paru dans *Paris* (Journal) et n'ont été ajoutés que lorsque la suite a été publiée en album. Ces lithographies représentent des personnages à mi-jambes, sauf les nos 7, 8 et 11, où ils sont en pied.

1er État. Avant toute lettre. Sans fil.
2e — Celui qui est décrit.

39 1. — *Vous pensez donc qu'une pinte de porter vaut mieux à l'estomac que deux | coups de pied de cheval?....... Eh bien! chère Sara, nous sommes absolument | de la même opinion, vous et moi! Surtout moi.* — Un homme et une vieille femme assis à une table dans une taverne. L'homme à G. a le coude appuyé sur le coin de la table. La femme, coiffée d'un chapeau, est de pr.

tournée de son côté. Devant eux un pot de bière et deux pipes. — A G. **52-42.** — Au-dessous de la légende au M. *Imp. Lemercier, à Paris.* = H. 192, L. 160.

« Paris, 15 décembre 1852. »

1240 II. — *Le dîner d'un « protecteur des animaux » : | Une tranche de bœuf, la moitié d'une perdrix d'Écosse, une pinte de crevettes, etc.* — Un riche Anglais, d'un âge mûr, la tête chauve, vu presque de face. Il est assis à demi étendu sur un canapé dans un restaurant aristocratique et lisant la note à payer, une main appuyée sur la table où il vient de dîner. Derrière lui sur le mur on lit écrit directement : **beds** — A G. **52-56.** — Au-dessous de la légende au M. *Imp. Lemercier, à Paris.* = H. 193, L. 162.

« Paris, 19 décembre 1852. »

1241 III. — *Un peu d'ale fait grand bien.* — Un soldat écossais de face tenant des deux mains un pot d'ale et à G. sous le bras sa cornemuse. A G. sur un mur on lit écrit directement dans un cadre : **Genuine** | (s)co(t)**ch Ale.** — A D., vers le M. de la H. de la planche, **52** | **67.** — Au-dessous de la légende au M. *Imp. Lemercier, à Paris.* = H. 200, L. 161.

« Paris, 25 décembre 1852. »

1242 IV. — *Bouquets de violettes.* — Sur un pont une vieille mendiante de 3/4 tournée à D., à peine couverte de haillons, un vieux chapeau sur la tête, un panier rempli de bouquets de violettes à son bras. Au second plan à D., dans un angle du parapet, une autre mendiante de pr. assise sur un banc de pierre. — A G. **52-46.** — Au-dessous de la légende au M. *Imp. Lemercier, à Paris.* = H. 195, L. 160.

« Paris, 5 décembre 1852. »

1243 V. — *Le Baby, dans Grosvenor-Square.* — Dans une promenade une vieille bonne d'enfants, de face, coiffée d'un chapeau, tient dans ses bras un baby richement habillé, un chapeau à grandes plumes sur la tête. — A G. **52-52.** — Au-dessous de la légende au M. *Imp. Lemercier. Paris.* = H. 191, L. 160.

« Paris, 12 décembre 1852. »

1244 VI. — *Le Baby, dans Saint-Giles.* — Une femme du peuple de pr. tournée à D., assise, les jambes croisées, au pied d'un mur, et fumant une pipe, donne à téter à son enfant. — A D. **53-41.** — Au-dessous de la légende au M. *Imp Lemercier. Paris.* = H. 191, L. 160.

« Paris, 11 décembre 1852. »

1245 VII. — *Une partageuse à Édimbourg.* — Nu-jambes et nu-pieds, vue de dos et tournée à G., une main sur la hanche, devant une porte voûtée, jupe de soie noire à volants. Au-dessus de sa tête sur le mur on lit écrit directement : **canongate.** — Vers la D. **53-28.** — Au-dessous de la légende au M. *Imp. Lemercier. Paris.* = H. 204, L. 160.

« Paris, 3 février 1853. »

1246 VIII. — *Le Gin.* — Sur un pont un homme et une femme du peuple gris tous les deux; ils sont de face; l'homme est à G. Dans le fond à D. des passants vus de dos. — A D. **52-32.** — Au-dessous de la légende au M. *Imp. Lemercier. Paris.* = H. 192, L. 160.

« Paris, 8 février 1853. »

1247 IX. — « *On porte beaucoup de fleurs, ce printemps, surtout sur les chapeaux.* » | *Fashionable magazine.* — Une jeune marchande de fleurs coiffée d'un chapeau, vue de face, un pot de fleurs sur la tête, un autre à la main. Au fond à D. une autre marchande de fleurs vue de dos. — A D. **53-46.** — Au-dessous de la légende au M. *Imp. Lemercier, à Paris.* = H. 190, L. 160.

« Paris, 21 février 1853. »

1248 X. — *Le Retour du marché.* — Un vieil Anglais de 3/4 tourné à D., lunettes sur le nez, le collet de son paletot relevé, tient d'une main une brochette de petits oiseaux. Derrière lui à D. et à G. des mendiantes dont une lui demande l'aumône. — A D. **52-44.** — En B. au-dessous du fil. à D. *Imp. Lemercier, à Paris.* = H. 190, L. 160.

« Paris, 8 avril 1853. »

1249 XI. — *Rien, sur ma parole! comme un pot d'ale amère pour donner | des jambes aux chevaux!* — Un charretier de 3/4 tourné à D., presque de face, tient d'une main un pot d'ale, de l'autre son fouet. Au fond des arcades. — Vers la G. **52-53.** — Au-dessous de la légende : *Imp. Lemercier, à Paris.* = H. 200, L. 160.

« Paris, 30 janvier 1853. »

1250 XII. — *Misère et ses petits.* — Une vieille femme en haillons de 3/4 se dirigeant vers la D., la tête baissée et s'appuyant sur un bâton; elle est suivie de cinq ou six enfants presque nus. — A G. **52-64.** — En B. au-dessous du fil. à D. *Imp. Lemercier. Paris* = H. 192, L. 160.

« Paris, 9 avril 1853. »

1251 XIII. — *Voici beaucoup d'argent pour votre honneur, milord! .... | — C'est beaucoup d'honneur pour votre argent, mosieur!* — Un jeune lord dans un riche appartement, de pr. tourné à G., une main dans le gousset de son pantalon. Vis-à-vis de lui un usurier posant une main sur des billets de banque qu'il vient d'étaler sur une table, et en tenant encore plusieurs dans l'autre main. — A G. **53-75.** — En B. au-dessous du fil. à D. *Imp. Lemercier, à Paris.* = H. 194, L. 160.

« Paris, 16 avril 1853. »

1252 XIV. — *Une Partageuse à Londres.* — De 3/4 tournée à G. presque de face, chevelure opulente et bouclée, toque à plumes; elle est assise, entourée d'un châle blanc qu'elle retient d'une main. A G. un jeune homme à moustaches, la tête penchée de 3/4 à D., le bras sur le dossier de la chaise où il est assis. — A D. sur le châle **53-100.** — En B. au-dessous du fil à D. *Imp Lemercier. Paris.* = H. 198, L. 162.

« Paris, 10 mai 1853. »

1253 XV. — *L'Héritier du bateau* — Un matelot, de face, assis sur le banc d'un bateau à vapeur, tient à G. sur un bras un baby, nu-jambes et nu-pieds, une corde à la main. — A G. **53-102.** — En B. au-dessous du fil. à D. *Imp. Lemercier. Paris.* = H. 191, L. 162.

« Paris, 12 mai 1853. »

1254 XVI. — *Un membre du « Club des Funérailles » songeant aux plumets noirs de son enterrement.* — Il est assis dans une taverne sur un banc, de pr. tourné à D., les jambes croisées, une main appuyée sur le banc, l'autre tenant sa pipe qu'il fume. En H. au fond on lit écrit directement dans un cadre : **Funeral society.** — A G. sur le banc **103-53**. — En B. au-dessous du fil. à D. *Imp. Lemercier. Paris.* = H. 202, L. 160.

« Paris, 14 mai 1853. »

1255 XVII. — *Portefaix.* — Une vieille et forte femme, au pied d'une colonne de 3/4 tournée à G. presque de face, fumant sa pipe, les deux bras sur sa poitrine. Dans le fond à G. une femme portant des paquets sur la tête. — A D. **53 | 118.** — En B. au-dessous du fil. à D. *Imp. Lemercier. Paris.* = H. 194, L. 160.

« Paris, 15 mai 1853. »

1256 XVIII. — *Convoitise.* — Dans la campagne un jeune mendiant à peine vêtu de haillons, de pr. tourné à D., considère avec envie un vieux chapeau et un vieil habit posés sur un bâton pour faire peur aux oiseaux. — A G. **23-119.** — En B. au-dessous du fil. à D. *Imp. Lemercier. Paris.* = H. 192, L. 162.

« Paris, 31 mai 1853. »

» * XIX. — *Le Gin.*

» * XX. — *Sur ma parole! Monsieur John... des moustaches!* | — *Nous portons des rasoirs sur le continent, Betty, et nous rapportons | des moustaches*

Voir la description de ces deux planches sous la rubrique : *Les Anglais chez eux*, dans : *Masques et Visages*, à la section : *Suites publiées isolément.*

BOHÈMES.

Série de vingt lithographies, au bas desquelles on lit : *Bohêmes*, représentant des personnages à mi-corps ou à mi-jambes.

1er État. Avant toute lettre. Sans fil.
2e — Celui qui est décrit.

1257 I. — *On demande une personne pouvant disposer d'un petit capital....* — Dans un café un homme de 3/4 tourné à G. assis derrière une table sur laquelle il est accoudé, et où sont posés une chope, une pipe, un jeu de cartes sur un petit tapis. Au fond des joueurs de billard. — Sur le marbre de la table à D. **53-27**. — Au-dessous de la légende au M. *Imp. Lemercier. à Paris.* = H. 192, L. 160.

« Paris, 1er février 1853. »

1258 II. — « *La race de Paris, c'est le pâle voyou.....* » | (*Barbier.*) — De 3/4 tourné à D., les bras croisés, les cheveux en désordre, une blouse, sans chemise. Au fond on lit écrit directement sur un mur à G. **(L)evrette | perdue. A D. Il a été perdu...** — A D. **53-37**. — Au-dessous de la légende au M. *Imp. Lemercier. Paris.* = H. 191, L. 160.

« Paris, 12 février 1853. »

1259 III. — « *Sans profession.* » — Deux hommes de pr. vis-à-vis l'un de l'autre. Celui de G. en bourgeron, barbe en collier, vieux chapeau sur l'oreille, les mains dans les poches de son pantalon. Le second en casquette, moustache et barbiche, une main sous son vêtement sur sa poitrine, l'autre derrière lui. — A D **53-41**. — Au-dessous de la légende au M. *Imp. Lemercier, à Paris.* = H. 192, L. 160.

« Paris, 19 février 1853. »

1260 IV. — *Sur le chemin de Toulon.* — Dans un bois un homme de 3/4 tourné à D. à mine rébarbative, coiffé d'un vieux chapeau, les deux mains dans ses poches, le dos appuyé contre un arbre. — A G. **53-53**. — Au-dessous de la légende au M. *Imp. Lemercier, Paris.* = H. 191, L. 160.

« Paris, 28 février 1853. »

1261 V. — *Sur le chemin de la cour d'assises.* — Sur les boulevards, de pr. tourné à D., un bohème coiffé d'un vieux chapeau gris, les deux mains dans les poches de son pantalon qu'il écarte. Derrière lui une colonne couverte d'affiches de spectacle. — En H. à G. **53-56**. — Au-dessous de la légende au M. *Imp. Lemercier, Paris.* = H. 190, L. 160.

« Paris, 1er mars 1853. »

1262 VI. — *Faut que la vérité embête crânement l'homme!* — Un charlatan sur une place publique, assis de 3/4 tourné à D., les deux mains sur ses genoux. Derrière lui à D. son tréteau avec ses gobelets.—Au-dessous de la légende au M. *Imp. Lemercier, Paris.* = H 192, L. 161.

« Paris, 13 mars 1853. »

1263 VII. — *Sevigné et son épouse prennent les enfans* (sic) *en sevrage.* — Un homme de 3/4 tourné à G., lunettes sur le nez, les mains dans les goussets de son pantalon, vieux chapeau sur la tête. Derrière lui à G., de face, vieille femme maigre, les yeux et la tête baissés, coiffée d'un mouchoir et couverte d'un vieux châle. Au fond une affiche sur laquelle est écrit directement : **Il a été perdu | une petite fille.**—A G. **53-81**.—En B. au-dessous du fil. à D. *Imp. Lemercier, à Paris.* = H. 192, L. 161.

« Paris, 22 avril 1853. »

1264 VIII. — *Messieurs les officiers du régiment en garnison dans la forêt de Bondy.* — Deux hommes, l'un de face, le chapeau sur l'oreille, une main appuyée sur un bâton, l'autre dans la poche de son pantalon, un paquet dans son mouchoir suspendu à son poignet. Derrière lui à G. son camarade, la tête de pr. à D. — A G. **53-82**. — En B. au-dessous du fil. à D. *Imp. Lemercier, Paris.* = H. 192, L. 159.

« Paris, 24 avril 1853. »

1265 IX. — *Gare les poches!* — Homme de pr. tourné à D., vieux chapeau déformé sur la tête, se promenant sur un quai, les mains dans les poches de son pantalon. — A G. **53-87**. — En B. au-dessous du fil. à D. *Imp. Lemercier. Paris.* = H. 192, L. 162.

« Paris, 27 avril 1853. »

1266 X. — *Qui qui paie quequ' chose.* — Un homme de face, les deux mains dans les poches de son pantalon qu'il écarte, chapeau gris déformé sur la tête. Au fond à G. un homme vu de dos et une femme buvant. — A G. **53-89**. — En B. au-dessous du fil. à D. *Imp. Lemercier, Paris.* = H. 201, L. 161.

« Paris, 30 avril 1853. »

1267 XI. — *Courtier en n'importe quoi.* — Deux hommes de pr. en face l'un de l'autre. Celui de G. tenant son chapeau des deux mains devant lui, lorgnon à l'œil. Le second coiffé d'un madras, en robe de chambre, sur le pas de sa porte. — A D. **53-93**. — En B. au-dessous du fil. à D. *Imp. Lemercier, Paris.* = H. 192, L. 161.

« Paris, 2 mai 1853. »

1268 XII. — *Endosseur de lettres de change et autres à cent sous la signature.* — Assis sur un tabouret devant une table dans un café, de pr. tourné à D., la tête de 3/4, il tient d'une main une chope de bière. Au fond à G. un homme en manches de chemise mettant du blanc à sa queue de billard. — A G. **53-92**. — En B. au-dessous du fil. à D. *Imp. Lemercier, à Paris.* = H. 190, L. 160.

« Paris, 8 mai 1853. »

1269 XIII. — *N'y a pas de doute, mon président, qu'à ma place vous n'auriez pas | abîmé, comme çà, c't homme là, vous! Mais, voilà. Y a que c'te fois là, | vous n'y étiez pas, mon président, à ma place..... et que c'était moi.....* — A G. au banc des accusés, un malfaiteur en blouse, de pr. tourné à D., est levé, une main appuyée sur la balustrade. Derrière lui à D. un gendarme assis. Au fond, du même côté, un des juges, également assis, parcourt des papiers.— Vers la D. **53-99**. — En B. au-dessous du fil. à D. *Imp. Lemercier. Paris.* = H. 192, L. 163.

« Paris, 9 mai 1853. »

1270 XIV. — *Gare les poules!* — De 3/4 tourné à D., presque de face, un bohème coiffé d'un mauvais chapeau, un bâton à la main, un sac de toile en bandoulière. A G. une vieille femme cachée derrière un arbre et dont on ne voit que la tête. — A G. **53-107**. — En B. au-dessous du fil. à D. *Imp. Lemercier, Paris.* = H. 202, L. 160.

« Paris, 15 mai 1853. »

1271 XV. — *Trop pittoresque.* — Un homme de face, coiffé d'un chapeau tyrolien, barbe et cheveux incultes, gilet de velours noir, les deux mains dans les poches de son pantalon. Derrière lui une palissade. — A D. **53-126**. — En B. au-dessous du fil. à D. *Imp. Lemercier, Paris.* = H. 193, L. 160.

« Paris, 7 juin 1853. »

1272 XVI. — *Un Anacréon de barrières.* — Il est assis sur un banc devant une table de cabaret, de pr. tourné à G., la tête de face, une main sur son genou, l'autre tenant son verre sur la table. — A D. **53-129**. — En B. au-dessous du fil. à D. *Imp. Lemercier, Paris.* = H. 194, L 161.

« Paris, 11 juin 1853. »

1273 XVII. — *Parle latin.* — De face un chiffonnier pérorant, appuyé d'une main sur son crochet, l'autre main en avant à la hauteur de ses yeux, sa hotte sur le dos. — A D. **53-131**. — En B. au-dessous du fil. à D. *Imp. Lemercier, Paris.* = H. 194, L. 164.

« Paris, 14 juin 183. »

1274 XVIII. — *Mosieu n'a pas le sou! | — Et mosieu a dîné. Garçon, la faim jus-*

tifie les moyens. — A G. un homme de 3/4 à D., assis devant une table de restaurant, un doigt dans la poche de son gilet, le pouce et l'index de l'autre main posés sur la table. A D. le garçon, la serviette sous le bras, lui présente l'addition. — A D. **53-141.** — En B. au-dessous du fil. à D. *Imp. Lemercier. Paris.* = H. 193, L. 161.

« Paris, 2 juillet 1853. »

1275 XIX. — *L' procureur du roi! d' quoi s'mêle-t-i?* — Deux hommes dans la campagne. Celui de G. de pr. perdu à D., les deux mains dans les poches de son pantalon, chapeau déformé sur le côté de la tête. L'autre de face, en bourgeron, la main sur un bloc de pierre contre lequel il a posé son bâton.—A D. **53-152.** — En B. au-dessous du fil. à D. *Imp. Lemercier, Paris.* = H. 193, L. 160.

« Paris, 22 juillet 1853. »

1276 XX. — « *Ma tante.* » — De pr. tourné à G., devant une table, un employé du Mont-de-Piété soulève des deux mains un pantalon pour l estimer; calotte noire, plume sur l'oreille. Au fond la foule des emprunteurs, dont on aperçoit le haut des têtes par l'ouverture du guichet et en avant desquels se tient le propriétaire du pantalon, un jeune homme le lorgnon dans l'œil.— A G. **53-182.** — En B. au-dessous du fil. à D. *Imp. Lemercier. Paris.* = H. 192, L. 161.

« Paris, 29 novembre 1853. »

CE QUI SE FAIT DANS LES MEILLEURES SOCIÉTÉS.

Une pièce faisant partie d'une suite de dix lithographies, au bas desquelles on lit : « *Ce qui se fait dans les meilleures sociétés* », et dont les neuf dernières n'ont paru qu'en album.

1er État. Avant toute lettre. Sans fil.
2e — Celui qui est décrit.

1277 I. — *A toi la fanfare, à moi le boniment.* — Figures à mi-jambes. Dans une rue un vieux saltimbanque se dirigeant vers la D., suivi de sa femme. Il tient d'une main un cerceau. La femme porte une grosse caisse sur son dos. — A D. **53-7.** — Au-dessous de la légende au M. *Imp. Lemercier. Paris.* = H. 192, L. 161.

« Paris, 18 janvier 1853. »

» * II. — *Et pour ma bo'rgeoise aujourd'hui..... vingt Dieu!... faut pas qu'a | bouge!.... ou sinon...... | — Tu te sauves.*

» * III. — *N'y a pas... Louison, ce qu'est à toi est à moi.... et j'ai soif!*

» * IV. — *On se doit à une besogne ingrate, mais on n'oublie pas ce qu'on | se doit à soi-même.*

» * V. — *J'suis un pas grand chose, moi! J'suis un prop'e à rien! J'suis | un guapeur! un voyou!.... Va! Mais j'suis pas un épicier!*

» * VI. — *N'allez pas vous tromper, jeune homme!... c'est chez moi qu'on | porte le taffetas. | — Et le velours est pour la Madeleine.*

» * VII. — *Dépêchons la maison que le pierrot bâtit; faut de quoi démolir | pour les arlequins.*

22

» *VIII. — *Dachu, si on te dit que ton épouse te fait..... des bêtises, on dit ça | comme on dit aut' chose. Mais toi, chef de la communauté, qu'es dans | le doute, c'est à toi de t'abstenir!*

» *IX. — *Si tu n'avais pas mangé ce que j'avais, nous ne mangerions | pas ce que t'as.*

» *X. — *Et..... ta femme? | — Toujour' avec l'aut'e!*

Voir ci-après la description de ces neuf pièces sous la rubrique : *Ce qui se fait dans les meilleures sociétés*, dans : *Masques et visages*, à la section : *Sujets divers*, subdivision : *Suites publiées isolément.*

L'ÉCOLE DES PIERROTS.

Série de vingt lithographies au bas desquelles on lit : *L'École des pierrots.* Les nos 1, 4, 5, 7, 9 et 10 n'ont pas paru dans *Paris* (Journal), et n'ont été ajoutés que lorsque la suite a été publiée en album.

1er État. Avant toute lettre. Sans fil.
2e — Celui qui est décrit.

» *I. — ......*Et madame? | — Merci.. et la vôtre?* — Voir ci-après la description de cette planche sous la rubrique : *L'École des pierrots*, dans : *Masques et Visages*, à la section : *Sujets divers*, subdivision : *Suites publiées isolément.*

1278 II. — *Arthur! voilà le moment de montrer que t'es un homme.* — Figures à mi-jambes. Deux pierrots leur masque à la main dans un couloir de l'Opéra. Celui de D. de face, son bonnet sur la tête, tient un bouquet sur son bras. Derrière eux la lucarne d'une loge. — A G. **51-7.** — Au-dessous de la légende au M. *Imp. Lemercier, à Paris.* = H. 190, L. 160.

« Paris, 23 octobre 1852. »

1279 III. — *Un homme politique en camisole! | — Une mère de famille en culotte!* — Deux personnages travestis et masqués : A D. une jeune femme en débardeur, vue de dos à moitié et tournée à G., les bras croisés, regarde un pierrot sous le nez. — A G. **51-52.** — Au-dessous de la légende au M. *Imp. Lemercier, Paris.* = H. 192, L. 161.

« Paris, 16 novembre 1852. »

» *IV. — *Ah! vous avez là une chouette femme!...... et n'y a pas longtemps que | vous êtes...... pierrot?*

» *V. — .. ....*Y aurait-il quelque indiscrétion à demander à ces messieurs leur avis | sur la composition du nouveau ministère?*

Voir ci-après la description de ces deux pièces, sous la rubrique : *L'École des pierrots*, dans : *Masques et Visages*, à la section : *Sujets divers*, subdivision : *Suites publiées isolément.*

1280 VI. — *La faction aux bouquets.* — Dans un couloir au bal de l'Opéra, deux pierrots de pr. tournés à D., assis côte à côte sur une banquette et dormant. L'un, sur le devant, a les jambes croisées, son bonnet sur la tête, son masque sur la figure. L'autre a son masque relevé sur le front. — A G. **51-6.** — Au-dessous de la légende au M. *Imp. Lemercier, à Paris.* = H. 191, L. 160.

« Paris, 7 novembre 1852. »

» * VII. — *Le Sommeil de l'innocence.* — Voir ci-après la description de cette pièce sous la rubrique : *L'École des Pierrots,* dans : *Masques et Visages*, à la section : *Sujets divers*, subdivision : *Suites publiées isolément.*

1281 VIII. — *Qui est plus à plaindre, au monde! qu'un homme uni à un..... débardeur?* | — *C'est une femme en puissance de pierrot.* — Figure à mi-jambes : Au bal, un pierrot assis sur une banquette, de pr. tourné à D., la tête inclinée en avant, les deux mains entre les genoux, son masque pendant à son cou. Debout près de lui à D., une jeune femme en débardeur, sa main sur la hanche, un genou sur la banquette. — A G. **51-55**. — Au-dessous de la légende au M. *Imp. Lemercier, à Paris.* = H. 192, L. 161.

« Paris, 18 novembre 1852. »

» * IX. — *Une pierrette qui se respecte, vois-tu, n'a jamais qu'un pierrot.* | — *A la fois.*

» * X. — *Le masque tombe, l'homme reste, et le pierrot s'évanouit.*

Voir ci-après la description de ces deux pièces sous la rubrique : *L'École des pierrots*, dans : *Masques et Visages*, à la section : *Sujets divers*, subdivision : *Suites publiées isolément.*

ÉTUDES D'ANDROGYNES.

Série de dix lithographies au bas desquelles on lit : *Études d'androgynes.*

1er État. Avant toute lettre. Sans fil.
2e — Celui qui est décrit.

1282 I. — *On sort du bal.* — Une vieille balayeuse, de 3/4 tournée à G., chapeau d'homme déformé sur la tête, est assise au coin d'une rue, son balai près d'elle. — A G. **52-32**. — Au-dessous de la légende au M. *Imp. Lemercier, Paris.* = H. 192, L. 160.

« Paris, 30 novembre 1852. »

1283 II. — *Ex-Déesse de la liberté.* — Une vieille fruitière, de face, dans un marché, les mains dans les poches de son jupon, un mouchoir autour de la tête, un autre en mentonnière. Derrière elle son étalage. — A G. **52-34**. — Au-dessous de la légende au M. *Imp. Lemercier, Paris.* = H. 202, L. 160.

« Paris, 25 novembre 1852. »

1284 III. — *Paris! du bruit plus que de besogne.... mais pas tant que de boue!* — Vieux balayeur, de 3/4 tourné à G., la tête à D., sa pelle en sautoir sur le dos. Il tient d'une main son balai. — A G. **52-84**. — Au-dessous de la légende au M. *Imp. Lemercier, Paris.* = H. 202, L. 160.

« Paris, 8 janvier 1853. »

1285 IV. — *Au moins, moi, j'dis pas que j'aime pas le trois-six!* — Vieille chiffonnière (ou chiffonnier), de 3/4 tournée à D., sa hotte sur le dos, une main appuyée sur son crochet. — A G. **53-50**. — Au-dessous de la légende au M. *Imp. Lemercier, à Paris.* = H. 200, L. 158.

« Paris, 25 février 1853. »

1286 V. — *Pas bégueule.* — Figure à mi-corps. Sur un des quais de Paris, une vieille marchande de pommes, de 3/4 tournée à D., les deux mains sur les hanches, son éventaire devant elle. — A G. **53-59**. — Au-dessous de la légende au M. *Imp. Lemercier, Paris.* = H. 192, L. 160.

« Paris, 5 mars 1853. »

1287 VI. — *J'ai pourtant figuré à l'Opéra!* — Un vieux balayeur, de 3/4 tourné à D., assis au coin d'un mur en ruines, sa pelle contre le mur, son balai posé derrière lui en travers. — A G. **52-33**. — Au-dessous de la légende au M. *Imp. Lemercier, à Paris.* = H. 191, L. 162.

« Paris, 16 mars 1853. »

1288 VII. — *Pas coquette.* — Dans un chantier de construction, une vieille marchande de poissons, de pr. tournée à D., la main sur la hanche, ayant devant elle son éventaire. — A G. **53-116**. — En B. au-dessous du fil. à D. *Imp. Lemercier, à Paris.* = H. 202, L. 161.

« Paris, 23 mai 1853. »

1289 VIII. — *Voilà pour un sou!... qui vient de paraître!... toutes les circonstances d'une jeune personne!... | intéressante!.... du Gros-Caillou, qui... s'est précipitée!... devant le cinquième de hussards étonné!... | dans les flots de la Seine!... en plein jour!... pour sauver ceux!... de l'auteur!.... des!.. siens!...* — Vieille crieuse des rues, de face, tenant à la main des papiers qu'elle annonce. — A G. **59-117**. — En B. au-dessous du fil. à D. *Imp. Lemercier, Paris.* = H. 201, L. 160.

« Paris, 3 juin 1853. »

1290 IX. — *Les hommes? que'qu'chose de prop'e!* — Vieille femme vue de dos et tournée à G., les deux mains dans les poches d'une camisole de laine, mouchoir autour de la tête. Derrière elle des paniers de légumes. Au fond, des maisons. — A D. **53-156**. — En B. au-dessous du fil. à D. *Imp. Lemercier, Paris.* = H. 192, L. 160.

« Paris, 18 septembre 1853. »

1291 X. — « *M'ame Abraham.* » — Figure à mi-corps. Vieille marchande à la toilette de pr. tournée à D., vieux chapeau sur la tête, une main appuyée sur une table où se trouvent des bijoux. Au fond, des pendules et autres objets. — A D. **53-180**. — En B. au-dessous du fil. à D. *Imp. Lemercier, Paris.* = H. 201, L. 160.

« Paris, 25 novembre 1853. »

LA FOIRE AUX AMOURS.

Série de dix lithographies au bas desquelles on lit : *La Foire aux amours;* elles représentent des personnages à mi-corps ou à mi-jambes, sauf les n°s 1, 2 et 6 où ils sont en pied.

1er État. Avant toute lettre. Sans fil.
2e — Celui qui est décrit.
3e — En B. au-dessous du fil. à G. *Librairie nouvelle, Boul[t]* (sic) *des Italiens,* 15. A D. *Imp. Lemercier. Paris.* Le reste comme à l'état décrit.

1292 I. — *As-tu déjeuné, Pierrot?* — Au bal, à D., une femme en costume de débardeur, de pr. tournée à G., s'appuie sur la poitrine d'un grand pierrot ayant un faux nez, une fausse barbe et un ventre postiche énorme. — A G. **52-75.** — Au-dessous de la légende au M *Imp. Lemercier, Paris.* = H. 203, L. 161.

« Paris, 13 février 1853. »

1293 II.—*Fort aux dominos.*—Au bal de l'Opéra, un homme de face, habit noir, gilet blanc, chapeau sur la tête, entre deux femmes qui ont passé leurs bras sous les siens et lui tiennent les mains. Celle de G. est en domino noir, l'autre en domino blanc. — A D. **52-80.** — Au-dessous de la légende au M. *Imp. Lemercier, Paris.* = H. 200, L. 160.

« Paris, 14 mars 1853. »

1294 III. — *Mosieu cherche une bonne fortune? Mosieu est servi.* — Un jeune homme, au bal de l'Opéra, de face, assis dans une loge sur le rebord de laquelle il est accoudé, lève la tête pour regarder une femme qui se penche vers lui en s'appuyant sur son épaule. — A D. **52-87.** — Au-dessous de la légende au M. *Imp. Lemercier, Paris.* = H. 191, L. 160.

« Paris, 20 mars 1853. »

1295 IV.—......... . *Et si mademoiselle daignait accepter l'hommage et le | souper d'un gentilhomme...... | —As-tu fini!*—De pr. se dirigeant vers la G., une jeune femme en débardeur, son manteau sur le bras, retourne la tête du côté d'un homme qui la suit et se penche vers elle. Il est travesti, un loup sur la figure, perruque à longs cheveux, gros pinceau en travers sur la tête. Au fond, sur le mur, des affiches où on lit écrit directement : **Bal.** — A D. **52-69.** — Au-dessous de la légende au M. *Imp. Lemercier, Paris.* = H. 192, L. 162.

« Paris, 28 décembre 1852. »

1296 V. — *Mon cher, avec une mise décente et des gants, on est reçu partout.* — Deux hommes dont l'un, de face, sonne à une porte à D. Il a un faux ventre énorme, un masque dont les yeux sont deux tubes de lorgnette; manteau noir sur les épaules. Derrière lui son camarade ayant un masque à nez gigantesque. — A D. **52-70.** — Au-dessous de la légende au M. *Imp. Lemercier, Paris.* = H. 202, L. 161.

« Paris, 30 décembre 1852. »

1297 VI. — *Moi, j'ai pas de chance : je n'ai jamais fait qu'une fois une femme | au bal masqué......, et c'était la mienne.* Deux hommes travestis au bal de l'Opéra. Celui de D., vu de dos à moitié et tourné à G., les deux mains par derrière au bas des reins, faux ventre monstrueux, demi-bottes vernies. L'autre, de face, les mains dans les poches d'un haut-de-chausse de velours noir, souliers à la poulaine. — A G. **52-73.** — Au-dessous de la légende au M. *Imp. Lemercier. Paris.* = H. 192, L. 161.

« Paris, 30 mars 1853. »

1298 VII. — *Fichtre! que je ne voudrais pas être dans la peau du suborneur | qui se jouerait de l'innocence de cette enfant!* — Un homme de face, en costume travesti, masque à long nez et favoris noirs, assis sur une banquette au bal de l'Opéra, les jambes étendues horizontalement et écartées; il pose une main sur la tête d'une femme costumée en débardeur et vue de dos devant lui. Au fond, galop de masques. — A G **52-72.** — Au-dessous de la légende au M. *Imp. Lemercier, Paris.* = H. 192, L. 160.

« Paris, 31 mars 1853. »

1299 VIII. — *Mademoiselle! v'là ce que c'est qu'un homme!* | — *Connu!* — Au bal de l'Opéra, à D. un homme en costume travesti, de pr. à G., les cheveux ébouriffés, suit une jeune femme à laquelle il montre un pantin en bois dont il tire la ficelle. Celle-ci, de 3/4, un poignet sur la hanche, tourne la tête à D. — A G. **53-24.** — En B. au-dessous du fil. à D. *Imp. Lemercier, à Paris.* = H. 191, L. 161.

« Paris, 2 avril 1853. »

1300 IX.— *Bast! quand tu me donnerais un peu de sentiment pour ce soir.....* | —*Ça l'use!* — A G. un homme travesti, le corps couvert d'un manteau blanc, haut-de-chausse de velours noir, bottes montant aux genoux; il est de face, accoudé sur une balustrade au bal de l'Opéra, et penché à D. du côté d'une femme en débardeur vue de dos, se tenant les mains derrière elle. — A G. **52-66.** — En B. au-dessous du fil. à D. *Imp. Lemercier, Paris.* = H. 192, L. 160.

« Paris, 3 avril 1853. »

1301 X. — *Moi, mon pierrot, n'y a pas de danger...., il est attaché à l'ambassade....* | —*Il est bien attaché?* —Dans un des couloirs du bal de l'Opéra, deux femmes en domino noir se donnant le bras et regardant vers la D. Au fond une foule de pierrots. — En H. à G. **53-132.** — En B. au-dessous du fil. à D. *Imp. Lemercier, Paris.* = H. 193, L. 164.

« Paris, 17 juin 1853. »

HISTOIRE D'EN DIRE DEUX.

Série de dix lithographies au bas desquelles on lit : « *Histoire d'en dire deux* » et représentant des personnages à mi-jambes, sauf les nos 3 et 10 où ils sont en pied.

1er État. Avant toute lettre. Sans fil.
2e — Celui qui est décrit.

1302 I. — *Voyons! m'ame Majesté, entre nous, est-ce que mosieu, si s'respectait,* | *n'aurait pas dû fiché une volée à madame?* — Dans un marché, sous l'auvent d'une fruitière, une cuisinière, à G. de pr. à D., un cabas à son poignet. La fruitière, de face, la tête de 3/4 à G. — A D. **53-43.** — Au-dessous de la légende au M. *Imp. Lemercier, à Paris.* = H. 192, L. 161.

« Paris, 18 février 1853. »

1303 II. — *Patron!* | —*Après?* | —*Eh b'en! j'ai rencontré c'te femme, tu sais, que son homme avait tant* | *battue.......... pas changée!* | —*Tant pis.* — Un sculpteur dans son atelier, de 3/4 tourné à D., le ciseau dans une main, le maillet dans l'autre, travaille à la bouche d'un buste de femme de grandeur colossale. Au fond à G. un praticien se chauffant au poêle. —Dans le B. du buste à D. **53-44.** — Au-dessous du fil. à D. *Imp. Lemercier, à Paris.* = H. 192, L. 161.

« Paris, 20 février 1853. »

1304 III. —*D'aucuns disent que vot'e m'sieu, mosieu Polyte, veut, sauf vot'* | *respect, manger son bien aux truffes......* — *Au turf! père Pigaud* — Dans le jardin d'un cabaret à la campagne, deux personnages assis à une petite table ronde. L'un à G., vu de dos et tourné à D., bonnet de coton, veste blanche; l'autre, son chapeau sur la tête, un petit verre à la main. Derrière eux une palissade. — A G. **53-9**. — Au-dessous de la légende au M. *Imp. Lemercier, Paris.* = H. 192, L. 161.

« Paris, 19 janvier 1853. »

1305 IV. — *Eh! comment vous portez-vous?* | — *Merci! et la vôtre?* | — *A vous rendre mes devoirs! couvrez-vous!* | — *Mais comme vous voyez, et..... vous vous portez bien?.....* — Deux hommes se rencontrant dans une promenade publique. L'un à G., de pr. à D., s'incline en tenant son chapeau à la main; l'autre soulève légèrement le sien et s'appuie sur son parapluie. — Au M. **53-47**. — Au-dessous de la légende au M. *Imp. Lemercier, Paris.* = H. 191, L. 159.

« Paris, 24 février 1853. »

1306 V. — ...... *Pourquoi?... Natole, c'est rapport que y a du monde.....* | *qu'ont pas l'moyen d'avoir des opignons.... comme ceux qu'ont de quoi...* — Groupe de deux hommes ivres dans la campagne. Celui de G. presque de face, son chapeau sur la tête, les cheveux en désordre sur le front, les yeux baissés. L'autre, gesticulant, étend le bras en avant vers la G.; il est coiffé d'une casquette. — En H. à D. **53-51**. — Au-dessous de la légende au M. *Imp. Lemercier, Paris.* = H. 200, L. 158.

« Paris, 2 mars 1853. »

1307 VI. — *Si, moi, j'ai rien à la caisse d'épargne..... c'est les événemens* (sic) | *qu'en est cause.* — Dans un cabaret deux ouvriers prennent un canon sur le comptoir. L'un à G. de pr. à D., lunettes sur le nez. L'autre de 3/4 à D., presque de face, la tête de pr. à G. Derrière eux une fenêtre le rideau fermé. — En H. à G. **53-62**. — Au-dessous de la légende au M. *Imp. Lemercier, Paris.* = H. 192, L. 162.

« Paris, 7 mars 1853. »

1308 VII. — *Toinon! je n' vaux rien quand on m'ostine : je m'connais!....* | — *Un' fichue connaissance que t'as là!* — Deux vieilles marchandes de la halle tournées à G. se disputant. Celle de D. de pr., un mouchoir sur la tête, les mains sur les hanches. L'autre retourne la tête vers la première. — A G **53-67**. — Au-dessous de la légende au M. *Imp. Lemercier, Paris.* = H. 192, L. 161.

« Paris, 15 mars 1853. »

1309 VIII. — *Savez-vous, vous, Partagé, dans quelle ville de France les horlogères* | *sont les plus cagneuses?* | — *Non, où ça?* | — *Eh bien! c'est à Pau.* | — *Pourquoi?* | — *On n'a jamais pu le savoir!* — Un homme dans un café, de face et riant; il est assis sur une banquette contre le dossier de laquelle il appuie ses épaules, les deux mains dans les poches de son pantalon. Derrière lui à G. un jeune homme, vu de dos, le coude appuyé sur le dossier de la banquette, se penche de son côté. — A G. 53-17. — En B. au-dessous du fil. à D. *Imp. Lemercier, à Paris.* = H. 192, L. 160.

« Paris, 29 mars 1853. »

1310 IX. — *Mosieu, j'avais une tante..... qui connaissait beaucoup ma'm'selle Duchênois...* | — *Quelle femme était-ce?* | — *Ma tante?* | — *Non, mademoiselle Duchênois.* | — *Vous allez voir!..... elle parlait du nez....* | — *Mademoiselle Duchênois?* | — *Non, ma tante. Pour lors......* | — Dans un jardin public, deux personnages de pr. en face l'un de l'autre. Celui de D., un jeune homme, son pince-nez devant les yeux, écoute le second, un vieux bonhomme qui le tient d'une main par un des boutons de son habit et s'appuie de l'autre sur un parapluie. — A G. **53-78.** — En B. au-dessous du fil. à D. *Imp. Lemercier, à Paris.* = H. 192, L. 160.

« Paris, 19 avril 1853. »

Quelques épreuves portent le n° 3 au lieu du n° 9.

1311 X. — *Chut!.... un actionnaire qui vient toucher son dividende!* — Assis sur la berge d'une rivière, un vieux bonhomme pêche à la ligne. Il est de pr. tourné à D., casquette sur la tête, lunettes sur le nez, et tient sa ligne des deux mains. A D., à côté de lui, est accoudé, étendu sur le gazon, un jeune homme, en chapeau de paille, la tête entre les deux mains. — A G. **53-98.** — En B. au-dessous du fil. à D. *Imp. Lemercier, à Paris.* = H. 197, L. 159.

« Paris, 21 mai 1853. »

HISTOIRE DE POLITIQUER.

Série de trente lithographies au bas desquelles on lit : *Histoire de politiquer.* Les n°s 3, 5, 9 et 10 n'ont pas paru dans le journal *Paris*, et n'ont été ajoutés que lorsque la suite a été publiée en album. Ces lithographies représentent des personnages à mi-corps ou à mi-jambes, sauf le n° 6, où ils sont en pied.

1312 I. — ....*Vous n'êtes qu'un...... abonné!* | — *Vous en êtes un autre!* — Deux hommes le chapeau sur la tête, assis sur un banc de pierre dans un jardin public devant un kiosque, celui de D. de face et le second vu de dos, retournent la tête l'un vers l'autre. Chacun tient un journal des deux mains. — A G. **51-17.** — Au-dessous de la légende au M. *Imp. Lemercier, à Paris.* = H. 190, L. 160.

« Paris, 29 novembre 1852. »

1er État. Avant toute lettre. Sans fil.
2e — Sans n°. *Masques et Visages*, en caractères différents. — *Histoire de politiquer,* sans guillemets. Le reste comme à l'état décrit.
3e — Celui qui est décrit.
4e — En B. au-dessous du fil. à D. *Imp. Lemercier, Paris.* A G. *Librairie nouvelle,* 15, *Boulevard des Italiens.* Le reste comme à l'état décrit.

1313 II. — ...*C'est égal, mosieu Désormay, une opinion à toi ça serait meilleur marché.* — Un homme assis sur une chaise, de face, lunettes sur le nez, lisant son journal qu'il tient des deux mains, un coude sur une table à D. Derrière lui à G. une femme en bonnet vue de dos. — A G. **51-49.** — Au-dessous de la légende au M. *Imp. Lemercier, à Paris.* = H. 190, L. 160.

« Paris, 12 novembre 1852. »

1er État. Avant toute lettre. Sans fil.
2e — Celui qui est décrit.
3e — En B. au-dessous du fil. à D. *Imp. Lemercier, Paris.* A G. *Librairie nouvelle,* 15, *Boulevard des Italiens.* Le reste comme à l'état décrit.

» * III. — .....*Mais voyons, Limousin, avec un méchant budget d'une cinquante de | mill'ons, qu'est-ce que tu peux fiche?* — Voir ci-après la description de cette planche sous la rubrique : *Histoire de politiquer*, dans : *Masques et Visages*, à la section : *Sujets divers*, subdivision : *Suites publiées isolément.*

1314 IV. — *La Pologne, voyez-vous, ne vous pardonnera jamais votre ingrati-*

tude!—Deux hommes de pr. attablés vis-à-vis l'un de l'autre dans le jardin d'un cabaret. Celui de D. en blouse, le coude sur la table, se penche vers le second, un vieux bonhomme chauve qui l'écoute la bouche béante.—A G. **51-11**. —Au M. au-dessous de la légende *Imp. Lemercier, à Paris.* = H. 190, L. 160.

« Paris, 22 octobre 1852. »

1er État. Avant toute lettre.
2e — Celui qui est décrit.
3e — En B. au-dessous du fil. à D. *Imp. Lemercier, Paris.* A G. *Librairie nouvelle*,15, *Boulevard des Italiens.* Le reste comme à l'état décrit.

» * V.—*Nous descendons de la branche cadette des Pignon fumé, par les | femmes, mon cher!* | —*Et moi je descends de la Courtille.* — Voir ci-après la description de cette planche sous la rubrique : *Histoire de politiquer*, dans : *Masques et Visages*, à la section : *Sujets divers,* subdivision : *Suites publiées isolément.*

1315 VI. —*Permettez-moi de vous faire observer, ma'm'selle de Fallacieux, que tout ça | n'explique pas votre conduite à Rome.* — Deux vieilles femmes dans un jardin. Celle de D. de 3/4 à G. a une robe à volants, mantelet de velours noir. L'autre de pr. à D., un pince-nez devant les yeux, tient d'une main son journal.—A D. **51-43**.—Au-dessous de la légende au M. *Imp. Lemercier, Paris.* = H. 190, L. 160.

« Paris, 28 octobre 1852. »

1er État. Avant toute lettre. Sans fil
2e — Celui qui est décrit.
3e — *Imp. Lemercier, Paris*, est en B. à D. au-dessous du fil. A G. *Librairie nouvelle,* 15, *Boulevard des Italiens.* Le reste comme à l'état décrit.

1316 VII. — ...*Après ça, ç'ui qui n'adop'ra pas mes manières de sentir, j'y couperai | la figure et j'y mangerai le nez!* | —*De quoi! des crudités?... ça te ferait mal* —Dans le jardin d'un cabaret deux hommes de pr. en face l'un de l'autre se levant d'un banc de bois où ils étaient assis devant une table. Celui de G., en manches de chemise, gilet croisé sur la poitrine, une main dans sa poche, l'autre appuyée sur la table où sont leurs verres; le second, une casquette sur la tête, se croise les bras sur la poitrine. — A D. **51-42**. — Au-dessous de la légende au M. *Imp. Lemercier, à Paris.* = H. 190, L. 160.

« Paris, 11 novembre 1852. »

1er État. Avant toute lettre. Sans fil.
2e — Celui qui est décrit.
3e — En B. au-dessous du fil. à D. *Imp. Lemercier, Paris.* A G. *Librairie nouvelle,* 15, *Boulevard des Italiens.* Le reste comme à l'état décrit.

1317 VIII. — *Mosieu le maire*, « *le vrai peut quelquefois n'être pas vrai* », *sans blague.* — Dans une rue de village un paysan en corps de chemise, de pr. tourné à G., un paquet d'herbes sous le bras, sa faucille à la ceinture, lunettes sur le nez, l'index levé en l'air. Vis-à-vis de lui le maire, en bonnet de coton, son journal sous le bras. — A G. **51-19**. — Au-dessous de la légende au M. *Imp. Lemercier, à Paris.* = H. 190, L. 160.

« Paris, 3 novembre 1852. »

1er État. Avant toute lettre. Sans fil.
2e — Avant le no.
3e — Celui qui est décrit.
4e — En B. au-dessous du fil. à D. *Imp. Lemercier, Paris.* A G. *Librairie nouvelle, Boulevard des Italiens.* Le reste comme à l'état décrit.

» *IX. — *Et quand vous aurez pris la Lombardie! après?....*

» *X.—*J'te chippe, un supposé, ta toupie, bon! qu'est-ce que tu dis? Tu dis : Zidor est | un' canaille. Pourquoi! Pa'ce que nous aurions la même opinion. Mais si nous aurions | pas la même opinion, tu peux pas : pa'ce que c'est politique.*

Voir ci-après la description de ces deux planches sous la rubrique : *Histoire de politiquer*, dans : *Masques et Visages,* à la section : *Sujets divers*, subdivision : *Suites publiées isolément.*

1318 XI.—*Ah ça! Dachu, ton père est jardinier, ton frère est bottier, moi j'suis maçon : | toi, qu'est-ce que t'es?... que c'est jamais toi qui paye à boire.* | — *Un homme politique, parrain, sans ouvrage.* — Près d'un échafaudage, un maçon de pr. tourné à D., une main sur la hanche, l'autre sur la poitrine, s'adresse à un jeune homme qui tient d'une main sa pipe près de sa bouche, petit chapeau plat, habit boutonné sur la poitrine. — Vers la D. **52-15.** — Au M. au-dessous de la légende : *Imp. Lemercier, Paris.* = H. 192, L. 161.

« Paris, 19 novembre 1852. »

1er État. Avant toute lettre. Sans fil.
2e — Celui qui est décrit.
3e — *Imp. Lemercier, Paris* est en B. à D. au-dessous du fil. A G. *Librairie nouvelle, Boul*t (sic) *des Italiens*, 15. Le reste comme à l'état décrit.

1319 XII. — « *Nous ne discuterons pas davantage les erremens* (sic) *d'une politique qui,* | *depuis trop longtemps, fatigue les citoyens......* », | — *Et les citoyennes!* — Un homme de pr. tourné à D., assis sur une chaise, le corps penché en avant, un coude sur une table, l'autre sur son genou, lit le journal. Derrière lui à G. une jeune femme accoudée sur le dossier de la chaise, la tête posée contre sa main. — A D. **52-24.** — Au-dessous de la légende au M. *Imp. Lemercier, Paris.* = H 192, L. 160.

« Paris, 21 novembre 1852. »

1er État. Avant toute lettre. Sans fil.
2e — Celui qui est décrit.
3e — *Imp. Lemercier, Paris* est en B. à D. au-dessous du fil. A G. *Librairie nouvelle,* 15, *Boul*t (sic) *des Italiens.* Le reste comme à l'état décrit.

1320 XIII.— *Eh bien! touchez-y, à la Prusse!* — Deux hommes attablés dans un jardin de cabaret, une bouteille et deux verres sur la table où un des deux personnages, celui de G., pose la main ouverte; l'autre de pr., est accoudé sur la table, la tête appuyée contre sa main. — A G. **52-16.** — Au-dessous de la légende au M. *Imp. Lemercier, Paris.* = H. 192, L. 160.

« Paris, 26 novembre 1852. »

1er État. Avant toute lettre. Sans fil.
2e — Celui qui est décrit.
3e — *Imp. Lemercier, Paris* est en B. à D. au-dessous du fil. A G. *Librairie nouvelle*, 15, *Boul*t (sic) *des Italiens.* Le reste comme à l'état décrit.

1321 XIV. — *C'te profession de foi-là, voyez-vous, Polyte, à mon point de vue, c'est* | *dégoûtant!* | — *Qué que chose de propre que ton point de vue!* — Un homme et une femme assis en face l'un de l'autre dans le jardin d'un café, devant une petite table où sont placés deux petits verres et un plateau. L'homme de face, la tête tournée à D., un bras posé sur la table, les jambes croisées. La femme à D. de pr. — A G. **23**. A D. **52-23**. — Au-dessous de la légende au M. *Imp. Lemercier, Paris.* = H. 191, L. 161.

« Paris, 28 novembre 1852. »

1er État. Avant toute lettre. Sans fil.
2e — Celui qui est décrit.
3e — *Imp. Lemercier, Paris* est en B. à D. au-dessous du fil. A G. *Librairie nouvelle, Boult* (sic) *des Italiens,* 15. Le reste comme à l'état décrit.

1322 XV. — *Ah ça! j'espère, ma'm'selle Feyzandé, que tu ne vas pas dire qu'aujourd'hui | nous serions pour les Cosaques ce que nous étions en mil huit cent quatorze!* — Deux vieilles femmes assises : l'une très-grasse, de face, tenant son pince-nez à hauteur de sa poitrine, est accoudée sur un guéridon; l'autre, à D., grande et maigre, tient un journal des deux mains. — Sur la table au M. **52-20**. — Au-dessous de la légende au M. *Imp. Lemercier, Paris.* = H. 192, L. 161.

« Paris, 2 décembre 1852. »

1er Etat. Avant toute lettre. Sans fil.
2e — Celui qui est décrit.
3e — *Imp. Lemercier, Paris* est en B. à D. au-dessous du fil. A G. *Librairie nouvelle,* 15, *Boult* (sic) *des Italiens.* Le reste comme à l'état décrit.

1323 XVI. — *Eh! qu'est-ce que tu veux que je fasse d'un gouvernement qui méconnaît | mon principe?* — Deux peintres dans un atelier. Celui de D. de pr. à G., en blouse, lunettes sur le nez, les mains dans les poches de son pantalon. Son camarade de face, les deux mains dans les poches de sa jaquette. Derrière eux une grande toile blanche. — A D. **52-21**. — Au-dessous de la légende au M. *Imp. Lemercier, Paris.* = H. 191, L. 160.

« Paris, 27 novembre 1852. »

1er État. Avant toute lettre. Sans fil.
2e — Celui qui est décrit.
3e — *Imp. Lemercier, Paris* est en B. à D. au-dessous du fil. A G. *Librairie nouvelle,* 15, *Boult* (sic) *des Italiens.* Le reste comme à l'état décrit.

1324 XVII. — *Que vous ayez l'Irlande, je le veux bien; mais!...... vous ne tenez | pas l'Angleterre; et!..... après çà qu'est-ce que vous ferez de l'Écosse? | Ah!* — Deux hommes causant ensemble. Celui de D. vu de dos tourné à G., pr. perdu, calotte à gland sur la tête, les deux mains dans les poches de sa veste blanche. Le second de pr., une main derrière le dos, l'autre sous le menton. — A G. **52-46**. — Au-dessous de la légende au M. *Imp. Lemercier, Paris.* = H. 190, L. 160.

« Paris, 17 décembre 1852. »

1er État. Avant toute lettre. Sans fil.
2e — Celui qui est décrit.
3e — *Imp. Lemercier, Paris* est en B. à D. au-dessous du fil. A G. *Librairie nouvelle,* 15, *Boult* (sic) *des Italiens.* Le reste comme à l'état décrit.

1325 XVIII. — *(Journal bleu.)...... « Rien ne peut donner une idée de l'enthousiasme avec lequel | ces généreuses paroles ont été accueillies. » | (Journal jaune.)...... « A ce discours, prononcé dans le plus morne silence, chacun | semblait frappé d'un douloureux étonnement.* — Dans un café, un homme de 3/4 tourné à D., accoudé sur une table où est un petit verre, est en train de lire un journal qu'il tient à la main. Un vieux bonhomme, debout à D. et vu de dos, son chapeau sur la tête, lit également un journal. — A G. **52-19.** — Au-dessous de la légende au M. *Imp. Lemercier, Paris.* = H. 192, L. 160.

« Paris, 3 décembre 1852. »

1er État. Avant toute lettre. Sans fil.
2e — Avant le no.
3e — Celui qui est décrit.
4e — *Imp. Lemercier, Paris* est en B. à D. au-dessous du fil. A G. *Librairie nouvelle*, 15, *Boul^t* (sic) *des Italiens.* Le reste comme à l'état décrit.

1326 XIX. — *Qu'est-ce que c'est! On n'est donc p'us des frères?* — Un voyou de Paris, de 3/4 tourné à G., la tête de pr. coiffée d'une casquette, les deux mains sous son bourgeron dans les poches de son pantalon, s'adresse à un homme vu de dos, chapeau sur la tête, qui s'éloigne en regardant par-dessus son épaule. — A D. **52-5.** — Au-dessous de la légende au M. *Imp. Lemercier, Paris.* = H. 200, L. 161.

« Paris, 13 janvier 1853. »

1er État. Avant toute lettre. Sans fil.
2e — Celui qui est décrit.
3e — *Imp. Lemercier, Paris* est en B. à D. au-dessous du fil. A G. *Librairie nouvelle*, 15, *Boul^t* (sic) *des Italiens.* Le reste comme à l'état décrit.

1327 XX. — « *L'État, c'est moi.* » — Dans la Chambre des députés qui vient d'être envahie un homme de face se tient contre la tribune, sur laquelle il a posé son chapeau et appuyé son bâton. Il lève fièrement le front et met les deux mains sur ses hanches. Dans le bas la foule dont on aperçoit les têtes. — A G. **53-35.** — Au-dessous de la légende au M. *Imp. Lemercier, à Paris.* = H. 199, L. 160.

« Paris, 9 février 1853. »

1er État. Avant toute lettre. Sans fil.
2e — Celui qui est décrit.
3e — En B. au-dessous du fil. à D. *Imp. Lemercier, Paris.* A G. *Librairie nouvelle*, 15, *Boul^t* (sic) *des Italiens.* Le reste comme à l'état décrit.

1328 XXI. — *Aristo?......* | — *Oui, aristo!* — Deux rôdeurs de barrière en train de se disputer. Celui de D. de 3/4 à G., contre un mur, casquette sur la tête, en bourgeron, les deux bras pendants. L'autre en redingote deguenillée, vu de dos, la tête de pr. perdu, son chapeau sur une borne à G. — Au bas de la borne **53-21.** — Au-dessous de la légende au M. *Imp. Lemercier, Paris.* = H. 191, L. 160.

« Paris, 11 mars 1853. »

1er État. Avant toute lettre. Sans fil.
2e — Celui qui est décrit.
3e — En B. au-dessous du fil. à G. *Librairie nouvelle*, 15, *Boul^t* (sic) *des Italiens.* Le reste comme à l'état décrit.

1329 XXII. — *Dans le gouvernement de mon opignon, tu doi' être minis' des* | *finances, ou n'importe, aussi bien comme moi, si t'en as les dispositions!* — Dans un caboulot, deux hommes de la dernière classe le chapeau sur la tête. L'un à G. vu de dos, en habit, est accoudé sur le comptoir. L'autre de 3/4 à G., faisant de la main un geste impératif. — A G. **53-20.** — Au-dessous de la légende au M. *Imp. Lemercier, Paris.* = H. 192, L. 161.

« Paris, 27 mars 1853. »

1er État. Avant toute lettre. Sans fil.
2e — Celui qui est décrit.
3e — En B. au-dessous du fil. à G. *Librairie nouvelle, 15, Boul[t]* (sic) *des Italiens.* Le reste comme à l'état décrit.

1330 XXIII. — *Tenez, Mouillet, en politique, vous êtes un...... Robespierre ! | — J'vous en ai jamais servi!* — Deux hommes dans un café. Celui de D. de 3/4 à G., les bras pendants, dans l'une de ses mains un journal. Le second, presque de face, l'air goguenard, chapeau mou, cheveux longs, les deux mains dans les poches de sa jaquette, tourne la tête vers le premier. — A G. **53-69.** — En B. au-dessous du fil. à D. *Imp. Lemercier, Paris.* = H. 185, L. 160.

« Paris, 11 avril 1853. »

1er État. Avant toute lettre. Sans fil.
2e — Celui qui est décrit.
3e — En B. au-dessous du fil. à G. *Librairie nouvelle,* 15, *Boul[t]* (sic) *des Italiens.* Le reste comme à l'état décrit.

1331 XXIV. — *Tu n'es qu'un....... m'lon. V'là mon opignon su' ton opignon !* — A G. un ouvrier de face, la tête de pr. à D., une main en avant à hauteur de la poitrine, l'autre sous son tablier, s'adresse à un homme de pr. tourné vers lui, les bras pendant naturellement, cheveux ébouriffés, redingote boutonnée. — A G. **53-105** — En B. au-dessous du fil. à D. *Imp. Lemercier, Paris.* = H. 191, L. 161.

« Paris, 17 mai 1853. »

1er État. Avant toute lettre. Sans fil.
2e — Celui qui est décrit.
3e — En B. au-dessous du fil. à G. *Librairie nouvelle,* 15, *Boul[t]* (sic) *des Italiens.* Le reste comme à l'état décrit.

1332 XXV. — *Des principes!..... mais, tenez, m'sieu Faisandé, vous n'avez pas | plus de principes qu'un lampion!* — Deux hommes assis dans un café; devant eux une table sur laquelle est posé un carré de drap vert avec un jeu de cartes. Celui de G., vu de dos, un coude sur la table, se penche en gesticulant vers le second, lequel est en habit de garde national — A G. **53-113.** — En B. au-dessous du fil. à D. *Imp. Lemercier, Paris.* = H. 192, L. 161.

« Paris, 29 mai 1853. »

1er État. Avant toute lettre. Sans fil.
2e — Celui qui est décrit.
3e — En B. au-dessous du fil. à G. *Librairie nouvelle,* 15, *Boul[t]* (sic) *des Italiens.* Le reste comme à l'état décrit.

1333 XXVI. — *Vous ne m'agacerez, voyez-vous, avec ces façons de penser là, que | jusqu'à un certain poing!* — Deux ouvriers de pr. vis-à-vis l'un de l'autre dans une rue. Celui de G. en manches de chemise, le corps penché en avant, montre le poing au second qui l'écoute en souriant, les mains dans les poches de sa blouse. — A D. **53-121.** — En B. au-dessous du fil. à D. *Imp. Lemercier, Paris.* = H. 192, L. 160.

« Paris, 2 juin 1853. »

1er État. Avant toute lettre. Sans fil.
2e — Celui qui est décrit.
3e — En B. au-dessous du fil. à G. *Librairie nouvelle,* 15, *Boul[t]* (sic) *des Italiens.* Le reste comme à l'état décrit.

1334 XXVII. — *Vous n'avez jamais rien fait pour la Hongrie!* — A D. un homme en robe de chambre de pr. tourné à G., le corps penché en avant, s'adresse à un autre personnage en redingote, de pr. également, qui l'écoute ses deux mains croisées sur son ventre. — A D. **53-124**. — En B. au-dessous du fil. à D. *Imp. Lemercier, Paris.* = H. 192, L. 160.

« Paris, 9 juin 1853. »

1er État. Avant toute lettre. Sans fil.
2e — Celui qui est décrit.
3e — En B. au-dessous du fil. à G. *Librairie nouvelle*, 15, *Boul^t* (sic) *des Italiens.* Le reste comme à l'état décrit.

1335 XXVIII. — *Giboyeux, vous ne vous méfiez pas assez de l'Angleterre!* — Deux gardes nationaux, dont l'un à D. est de pr., et l'autre, une main levée à la hauteur de sa ceinture, est de face, la tête de 3/4 à D. et légèrement penchée en avant. — A D. **53-136**. — En B. au-dessous du fil. à D. *Imp. Lemercier. Paris.* = H. 192, L. 161.

« Paris, 26 juin 1853. »

1er État. Avant toute lettre. Sans fil.
2e — Celui qui est décrit.
3e — En B. au-dessous du fil. à G. *Librairie nouvelle*, 15, *Boul^t* (sic) *des Italiens.* Le reste comme à l'état décrit.

1336 XXIX. — *Il n'est pas question de la question d'Orient. Vous me devez | sept livres dix sous!* — Un traiteur de 3/4 tourné à G., la tête presque de face et penchée à D., en bonnet de coton, les deux mains sous son tablier, lève les épaules en répondant à un homme en uniforme de garde nationale vu de dos à moitié. — A D. **53-147**. — En B. au-dessous du fil. à D. *Imp. Lemercier, Paris.* = H. 193, L. 160.

« Paris, 16 juillet 1853. »

1er État. Avant toute lettre. Sans fil.
2e — Celui qui est décrit.
3e — En B. au-dessous du fil. à G. *Librairie nouvelle*, 15, *Boul^t* (sic) *des Italiens.* Le reste comme à l'état décrit.

1337 XXX. — *Oui! mais n'ébranlez pas l'édifice social!* — Deux hommes dont l'un à G., de pr. à D., tête chauve et renversée en arrière, les mains dans les poches de son pantalon. L'autre, de 3/4 tourné du côté de celui-ci et vêtu d'une longue redingote, les deux mains derrière le dos. — A G. **53-151**. — En B. au-dessous du fil. à D. *Imp. Lemercier, Paris.* = H. 191, L. 160.

« Paris, 15 septembre 1853. »

1er État. Avant toute lettre. Sans fil.
2e — Celui qui est décrit.
3e — En B. au-dessous du fil. à G. *Librairie nouvelle*, 15, *Boul^t* (sic) *des Italiens.* Le reste comme à l'état décrit.

LES INVALIDES DU SENTIMENT.

Série de trente lithographies au bas desquelles on lit : *Les Invalides du sentiment.* Elles représentent des personnages à mi-jambes ou à mi-corps, sauf le n° 30, où le personnage est en pied.

1338 I. — « *Non, je ne tromperai plus! | Je ne tromperai plus!* » — Dans un jardin un homme de pr., tourné à G., en frac noir, les yeux levés au ciel, une main sur la poitrine, l'autre sur un mur d'appui. — Vers le M. **53-19**. — En B. au-dessous du fil. à D. *Imp. Lemercier, Paris.* = H. 192, L. 162.

« Paris, 4 avril 1853. »

1er État. Avant toute lettre. Sans fil.
2e — Celui qui est décrit. Quelques épreuves portent le no 11 au lieu du no 1.
3e — En H. dans la brisure *L'Éclair*, au lieu de : *Masques et Visages*. A D. au-dessus du fil. *Un numéro :* 50 *cent.* A G. *Un an :* 20 *fr.* Le reste comme à l'état décrit.
« L'Éclair, 16 avril 1853. »
4e — En B. au-dessous du fil. à D. *Imp. Lemercier, r. de Seine*, 57, *Paris*. A G. *Librairie nouvelle, Boult* (sic) *des Italiens*, 15. Le reste comme à l'état décrit.

1339 II. — *A-t-il aimé les femmes!* — Un homme de face, la tête baissée, légèrement penchée à D., les deux mains dans les poches de son pantalon, petit manteau sur les épaules. — A G. **52-29**. — Au-dessous de la légende au M. *Imp. Lemercier, Paris.* = H. 192, L. 161.

« Paris, 24 novembre 1852. »

1er État. Avant toute lettre. Sans fil.
2e — Celui qui est décrit.
3e — En H. dans la brisure *L'Éclair*, au lieu de : *Masques et Visages*. A D. au-dessus du fil. *Un numéro :* 25 *cent.* A G. *Un an :* 20 *fr.* Le reste comme à l'état décrit.
« L'Éclair, 30 avril 1853. »
4e — *Imp. Lemercier, Paris* est en B. à D. au-dessous du fil. A G. *Librairie nouvelle, Boult* (sic) *des Italiens,* 15. Le reste comme à l'état décrit.

1340 III. — *Un Anatole.* — De face, dans une loge de spectacle, moustache, cravate noire, camélia à la boutonnière, le bout des doigts d'une main dans la poche de son pantalon, l'autre sur le bord de la loge où est posée une lorgnette. — A G. **52-26**. — Au-dessous de la légende au M. *Imp. Lemercier, Paris.* = H. 191, L. 161.

« Paris, 22 novembre 1852. »

1er État. Avant toute lettre. Sans fil.
2e — Celui qui est décrit.
3e — En H. dans la brisure *L'Éclair*, au lieu de : *Masques et Visages*. A D. au-dessus du fil. *Un numéro :* 50 *cent.* A G. *Un an :* 20 *fr.* Au lieu d'être au-dessous de la légende *Imp. Lemercier, Paris* est au-dessous du fil. à D. Le reste comme à l'état décrit.
« L'Éclair . . . . 1853. »
4e — En B. au-dessous du fil. à D. *Imp. Lemercier, Paris.* A G. *Librairie nouvelle, Boult* (sic) *des Italiens*, 15. Le reste comme à l'état décrit.

1341 IV — *Un Chérubin | du « Mariage de Figaro ».* — De 3/4 tourné à G., la tête penchée à D., bonnet de coton sur la tête, robe de chambre, il est accoudé sur le parapet d'une terrasse, sa pipe à la main. — A G. **52-31**. — Au-dessous de la légende au M. *Imp. Lemercier, à Paris.* = H. 192, L. 160.

« Paris, 4 février 1853. »

1er État. Avant toute lettre. Sans fil.
2e — Celui qui est décrit.
3e — En H. dans la brisure *L'Éclair*, au lieu de : *Masques et Visages*. A D. au-dessus du fil. *Un numéro :* 50 *cent.* A G. *Un an :* 20 *fr.* Le reste comme à l'état décrit.
« L'Éclair, 16 juillet 1853. »
4e — En B. au-dessous du fil. à D. *Imp. Lemercier, Paris.* A G. *Librairie nouvelle, Boult* (sic) *des Italiens*, 15. Le reste comme à l'état décrit.

1342 V. — *Monsieur le Chevalier de Faublas.* — De face, sur un quai, la tête de 3/4 tournée à D.; il s'appuie d'une main sur le parapet, et de l'autre tient sa canne derrière lui, crêpe à son chapeau, habit boutonné, grand pardessus ouvert. — Au-dessous de la légende au M. *Imp. Lemercier, à Paris.* = H. 192, L. 160.

« Paris, 9 décembre 1852. »

1er État. Avant toute lettre. Sans fil.
2e — Celui qui est décrit. Quelques épreuves portent le nº 7 au lieu du nº 5.
3e — En B. au-dessous du fil. à D. *Imp. Lemercier, Paris.* A G. *Librairie nouvelle, Boult* (sic) *des Italiens,* 15. Le reste comme à l'état décrit.

1343 VI. — *Le cœur m'a ruiné l'estomac!* — Dans un restaurant, un homme assis devant une table sur laquelle il a ses deux mains étendues; il est de 3/4 tourné à G. Sur la nappe une assiette, un couvert, une salière et la carte des plats.— A G. **52-35**. — Au-dessous de la légende au M. *Imp. Lemercier, à Paris.* = H. 192, L. 160.

« Paris, 6 décembre 1852. »

1er État. Avant toute lettre. Sans fil.
2e — Celui qui est décrit.
3e — En B. au-dessous du fil. à D. *Imp. Lemercier, Paris.* A G. *Librairie nouvelle, Boult* (sic) *des Italiens,* 15. Le reste comme à l'état décrit.

1344 VII. — *Antony.* — De pr. tourné à D., assis sur la banquette d'un café, un cigare dans la bouche, les bras croisés. A côté de lui sur une table une chope et un cruchon de bière. Au fond, d'autres consommateurs. — A G **52-27**. — Au-dessous de la légende au M. *Imp. Lemercier, à Paris.* = H. 190, L. 161.

« Paris, 6 décembre 1852. »

1er État. Avant toute lettre. Sans fil.
2e — Celui qui est décrit.
3e — En B. au-dessous du fil. à D. *Imp. Lemercier, Paris.* A G. *Librairie nouvelle, Boult* (sic) *des Italiens,* 15. Le reste comme à l'état décrit.

1345 VIII. — *Werther.* — De 3/4 à G., il marche dans la campagne, la tête baissée, tenant une fleur d'une main, et de l'autre s'appuyant sur sa canne. Chapeau par-dessus un bonnet de soie noire, bottes à revers.— A G. **52-31**.— Au-dessous de la légende au M. *Imp. Lemercier, Paris.* = H. 193, L. 162.

« Paris, 7 décembre 1852. »

1er État. Avant toute lettre. Sans fil.
2e — Celui qui est décrit.
3e — *Imp. Lemercier, Paris* est en B. à D. au-dessous du fil. A G. *Librairie nouvelle, Boult* (sic) *des Italiens,* 15. Le reste comme à l'état décrit.

1346 IX. — « *Le bel Adolphe.* » — De face, la tête dans les épaules, front dégarni, gros ventre; il tient d'une main son chapeau et de l'autre il s'appuie sur son parapluie. — A G. **52-42**. — Au-dessous de la légende au M. *Imp. Lemercier, Paris.* = H. 193, L. 160.

« Paris, 14 décembre 1852. »

1er État. Avant toute lettre. Sans fil.
2e — Celui qui est décrit.
3e — En B. au-dessous du fil. à D. *Imp. Lemercier, Paris.* A G. *Librairie nouvelle, Boult* (sic) *des Italiens,* 15. Le reste comme à l'état décrit.

1347 X. — *Le Chevalier Desgrieux.* — Le chapeau sur l'oreille, il se promène péniblement dans un jardin public et se dirige à D., le corps penché en avant, une main sur la hanche, l'autre appuyée sur sa canne. A G. le socle d'une statue. — A G. **52-59**. — Au-dessous de la légende au M. *Imp. Lemercier, Paris.* = H. 192, L. 160.

« Paris, 22 décembre 1852. »

1er État. Avant toute lettre. Sans fil.
2e — Celui qui est décrit.
3e — En B. au-dessous du fil. à D. *Imp. Lemercier, Paris.* A G. *Librairie nouvelle, Boul*t (sic) *des Italiens*, 15. Le reste comme à l'état décrit.

1348 XI. — « *J'ai longtemps parcouru le monde,*
Et l'on m'a vu de toute part,
Courtisant la brune et la blonde,
Aimer, soupirer au hasard. » — Un homme de 3/4 tourné à G., la tête de face, une main sur la hanche, appuie l'autre sur le parapet d'une terrasse de jardin. Petite moustache, bonnet grec en velours avec gland, robe de chambre. — A D. **52-58**. — Au-dessous de la légende au M. *Imp. Lemercier, à Paris.* = H. 192, L. 160.

« Paris, 23 décembre 1852. »

1er État. Avant toute lettre. Sans fil.
2e — Celui qui est décrit. Quelques épreuves portent le no 1 au lieu du no 11.
3e — En B. au-dessous du fil. à D. *Imp. Lemercier, Paris.* A G. *Librairie nouvelle*, 15, *Boul*t (sic) *des Italiens*. Le reste comme à l'état décrit.

1349 XII. — *Child-Harold.* — De pr. à G., assis dans une taverne anglaise, devant une table où sont des verres et une cuillère, et sur le marbre de laquelle il appuie une de ses mains. Presque entièrement chauve, il est vêtu d'une houppelande bordée de fourrures. — A D. **52-30**. — Au-dessous de la légende au M. *Imp. Lemercier, Paris.* = H. 192, L. 160.

« Paris, 23 décembre 1852. »

1er État. Avant toute lettre. Sans fil
2e — Celui qui est décrit.
3e — En B. au-dessous du fil. à D. *Imp. Lemercier, Paris.* A G. *Librairie nouvelle, Boul*t (sic) *des Italiens*, 15. Le reste comme à l'état décrit.

1350 XIII. — *Philibert, le mauvais sujet, | au café turc.* — De face, la tête de 3/4 à D., assis sur une banquette, les jambes écartées, les deux mains sur les genoux; perruque noire, carrick à trois collets. A D. dans un tableau sur le mur on lit écrit directement : **Règle | du | Billar**(d). — Dans le bas du tableau **52-78**. — Au-dessous de la légende au M. *Imp. Lemercier, Paris.* = H. 192, L. 161.

« Paris, 1er janvier 1853. »

1er État. Avant toute lettre. Sans fil.
2e — Celui qui est décrit.
3e — En B. au-dessous du fil. à D. *Imp. Lemercier, Paris.* A G. *Librairie nouvelle, Boul*t (sic) *des Italiens*, 15. Le reste comme à l'état décrit.

1351 XIV. — *Les deux Edmond.* — L'un de pr., vieil uniforme, pantalon à bande, calotte sur la tête; il se dirige vers la G. en s'appuyant sur une canne. Dans le fond à G. l'autre Edmond vu de dos et dans la même position que le premier. — A G. **52-61**. — Au-dessous de la légende au M. *Imp. Lemercier, Paris.* = H. 200, L. 158.

« Paris, 1er janvier 1853. »

1er État. Avant toute lettre. Sans fil.
2e — Celui qui est décrit.
3e — En B. au-dessous du fil. à D. *Imp. Lemercier, Paris*. A G. *Librairie nouvelle, Boul*[t] (sic) *des Italiens*, 15. Le reste comme à l'état décrit.

1352 XV. — *A été « jeune premier »*. — De 3/4 tourné à G., un homme, les cheveux ébouriffés, appuie le revers de ses mains, les coudes en dehors, sur le parapet d'une terrasse. Carrick à collet, cravate blanche. Sur un pilastre à G. un pot de fleurs. — A G. **52-77**. — Au-dessous de la légende au M. *Imp. Lemercier, Paris*. = H. 194, L. 161.

« Paris, 3 janvier 1853. »

1er État. Avant toute lettre. Sans fil.
2e — Celui qui est décrit.
3e — En B. au-dessous du fil. à D. *Imp. Lemercier, Paris*. A G. *Librairie nouvelle, Boul*[t] (sic) *des Italiens*, 15. Le reste comme à l'état décrit.

1353 XVI. — *Elle a joué Zaïre*. — Une balayeuse des rues, de face, bonnet de coton sur la tête, mouchoir en mentonnière, la poitrine couverte d'un vieux châle noué par derrière, les deux mains sur son balai. — A G. **52-82**. — Au-dessous de la légende au M. *Imp. Lemercier, Paris*. = H. 192, L. 161.

« Paris, 7 janvier 1853. »

1er État. Avant toute lettre. Sans fil.
2e — Celui qui est décrit.
3e — En B. au-dessous du fil. à D. *Imp. Lemercier, Paris*. A G. *Librairie nouvelle, Boul*[t] (sic) *des Italiens*, 15. Le reste comme à l'état décrit.

1354 XVII. — *René*. — De 3/4, se dirigeant vers la G., la tête légèrement baissée, une main sur sa poitrine dans l'ouverture de son habit, l'autre dans la poche de son pantalon à plis. Manteau à grand collet sur les épaules. — A D. **53-10**. — Au-dessous de la légende au M. *Imp. Lemercier, à Paris*. = H. 192, L. 160.

« Paris, 16 janvier 1853. »

1er État. Avant toute lettre. Sans fil.
2e — Celui qui est décrit.
3e — En B. au-dessous du fil. à D. *Imp. Lemercier, Paris*. A G. *Librairie nouvelle, Boul*[t] (sic) *des Italiens*, 15. Le reste comme à l'état décrit.

1355 XVIII. — *Toujours étonnant!* — Au théâtre, un homme debout dans une loge, perruque frisée, pince-nez devant les yeux, fleur à sa boutonnière. Il est de face, la tête de 3/4 à D., le corps légèrement penché du même côté, une main sur le rebord de la loge, l'autre dans la poche de son pantalon. — A G. **53-8**. — Au-dessous de la légende au M. *Imp. Lemercier, Paris*. = H. 191, L. 160.

« Paris, 18 janvier 1853. »

1er État. Avant toute lettre. Sans fil.
2e — Celui qui est décrit.
3e — En B. au-dessous du fil. à D. *Imp. Lemercier, Paris*. A G. *Librairie nouvelle, Boul*[t] (sic) *des Italiens*, 15. Le reste comme à l'état décrit.

1356 XIX. — « *On m'a pourtant, ma chère,*
Surnommé le trompeur. »

Dans la campagne, se dirigeant vers la D., un homme de pr., la tête de 3/4, le dos voûté, une main sur sa canne, l'autre jouant avec la chaîne de sa montre.

Au fond un château dans les arbres. — A G. **52-57.** — En B. au-dessous du fil. à D. *Imp. Lemercier, Paris.* = H. 191, L. 161.

« Paris, 6 avril 1853. »

1er État. Avant toute lettre. Sans fil.
2e — Celui qui est décrit.
3e — En B. au-dessous du fil. à G. *Librairie nouvelle, Boult* (sic) *des Italiens*, 15. Le reste comme à l'état décrit.

1357 XX. — *Raphaël.* — De 3/4 tourné à D., accoudé à G. sur un tertre dans la campagne; il a une main posée sur son parapluie; cheveux longs et bouclés, besicles, petite moustache, col de chemise rabattu. — A G. **53-60.** — En B. au-dessous du fil. à D. *Imp. Lemercier, Paris.* = H. 192, L. 163.

« Paris, 7 avril 1853. »

1er État. Avant toute lettre. Sans fil.
2e — Celui qui est décrit.
3e — En B. au-dessous du fil. à G. *Librairie nouvelle, Boult* (sic) *des Italiens*, 15. Le reste comme à l'état décrit.

1358 XXI. — *Un amant des Muses.* — De 3/4 tourné à D., assis dehors sur un banc, la tête baissée, les jambes croisées, les mains croisées sur son genou, l'une tenant une fleur. Sur le banc son chapeau. — A G. **53-92.** — En B. au-dessous du fil. à D. *Imp. Lemercier, à Paris.* = H. 192, L. 162.

« Paris, 4 mai 1853. »

1er État. Avant toute lettre. Sans fil.
2e — Celui qui est décrit.

1359 XXII. — *Les femmes?..... un tas de serpents!* — Un homme de 3/4 tourné à D., assis sur une chaise, les épaules appuyées contre le dossier, une jambe croisée sur l'autre, une main sur son genou et tenant un cigare. — Vers la D. **53-154.** — En B. au-dessous du fil. à D. *Imp. Lemercier, Paris.* = H. 192, L. 161.

« Paris, 13 septembre 1853. »

1er État. Avant toute lettre. Sans fil.
2e — Celui qui est décrit.
3e — En B. au-dessous du fil. à G. *Librairie nouvelle*, 15, *Boulevard des Italiens*, 15. Le reste comme à l'état décrit.

1360 XXIII. — *Je l'ai dit à Clara; j'ai dit : on fera tant qu'on finira par me | la faire couper, ma barbe.* — Un homme chauve de pr. tourné à D., les mains dans les poches de son pantalon à carreaux. On voit dans le fond son portrait, plus jeune, avec toute sa barbe. — A G. **53-157.** — En B. au-dessous du fil. à D. *Imp. Lemercier, à Paris.* = H. 192, L. 160.

« Paris, 16 septembre 1853. »

1er État. Avant toute lettre. Sans fil.
2e — Celui qui est décrit.
3e — En B. au-dessous du fil. à G. *Librairie nouvelle*, 15, *Boulevard des Italiens*. Le reste comme à l'état décrit.

1361 XXIV. — *Fini de rire!* — Un vieux bonhomme de face assis sur un banc dans un jardin, la tête de 3/4 à G., les deux mains appuyées sur la pomme de sa canne, son menton sur ses mains, les jambes écartées. — A D. sur le banc

53-159. — En B. au-dessous du fil. à D. *Imp. Lemercier, Paris.* = H. 193, L. 161.

« Paris, 19 septembre 1853. »

1er État. Avant toute lettre. Sans fil.
2e — Celui qui est décrit.
3e — En B. au-dessous du fil. à G. *Librairie nouvelle*, 15, *Boulevard des Italiens*. Le reste comme au 2e état.

1362 XXV. — *Ma première passion compte aujourd'hui plus de lustres que | de dents.*— Un vieux beau, de forte corpulence, de face, la tête de 3/4 à D., pince-nez devant les yeux, un bras plié, la main à hauteur de l'épaule; gilet blanc, redingote ouverte. — Au M. **53-160**. — En B. au-dessous du fil. à D. *Imp. Lemercier, à Paris.* = H. 191, L. 160.

« Paris, 17 septembre 1853. »

1er État. Avant toute lettre. Sans fil.
2e — Celui qui est décrit.
3e — En B. au-dessous du fil. à G. *Librairie nouvelle*, 15, *Boulevard des Italiens*. Le reste comme à l'état décrit.

1363 XXVI. — *Toutes ces bêtises-là ont dérangé ma constitution.* — Assis à une table de restaurant sur laquelle il s'accoude en se tenant le menton, un homme de 3/4 tourné à G., le front dégarni, la tête penchée à D. Devant lui une assiette et un couvert. A G. contre le mur son chapeau à une patère.—A G. **53-162**. — En B. au-dessous du fil. à D. *Imp. Lemercier, à Paris.* = H. 192, L. 162.

« Paris, 20 septembre 1853. »

1er État. Avant toute lettre. Sans fil.
2e — Celui qui est décrit.
3e — En B. au-dessous du fil. à G. *Librairie nouvelle*, 15, *Boulevard des Italiens*. Le reste comme à l'état décrit.

1364 XXVII. — *Oswald.* — De face, assis sur une banquette dans une taverne anglaise, les deux mains sur la table qui est devant lui, les pouces l'un contre l'autre Front chauve, grand col de chemise relevé. A D. sur la table son chapeau et un verre. Au-dessus sur le mur écrit directement : **Contine(n)tal Tavern.** — A G. **53-163**. — En B. au-dessous du fil. à D. *Imp. Lemercier, Paris.* = H. 193, L. 160.

« Paris, 22 septembre 1853. »

1er État. Avant toute lettre. Sans fil.
2e — Celui qui est décrit.
3e — En B, au-dessous du fil. à G. *Librairie nouvelle*, 15, *Boulevard des Italiens*. Le reste comme à l'état décrit.

1365 XXVIII. — « *J'ai voulu connaître les femmes, ça m'a coûté une jolie fortune | et cinquante belles années. Et qu'est-ce que c'est que les femmes?... | Ma parole d'honneur, j'en sais rien!* — Assis sur un banc de pierre dans un jardin, un homme, de face, la tête baissée et de 3/4 à D., les jambes écartées, un bras posé sur son genou, une main sur le banc. — A D. **53-164**. — En B. au-dessous du fil. à D. *Imp. Lemercier, Paris.* = H. 192, L. 161.

« Paris, 23 septembre 1853. »

1er État. Avant toute lettre. Sans fil.
2e — Celui qui est décrit.
3e — En B. au-dessous du fil. à G. *Librairie nouvelle*, 15, *Boulevard des Italiens*. Le reste comme à l'état décrit.

1366 XXIX. — « *C'en est fait, j'ai cessé de plaire.* » | *(Parny.)* — Un homme dans un jardin, de face, tête de 3/4 à D., cheveux longs, grand col de chemise rabattu, redingote à large collet, les deux mains derrière le dos. — A G. **53-156.** — En B. au-dessous du fil. à D. *Imp. Lemercier, Paris.* = H. 191, L. 160.

« Paris, 29 septembre 1853. »

1er État. Avant toute lettre. Sans fil.
2e — Celui qui est décrit.
3e — En B. au-dessous du fil. à G. *Librairie nouvelle*, 15, *Boulevard des Italiens.* Le reste comme à l'état décrit.

1367 XXX. — *Je n'ai plus la terre de Chêneraillles, ni mes bois Je n'ai plus le | moulin d'Orcy. J'ai la goutte.... Fichue bête!* — Un homme se promenant dans la campagne, de pr. tourné à G., le dos voûté, la tête baissée, culotte noire, frac boutonné, une main sur sa canne, l'autre derrière le dos. — A D. **53-165.** — En B. au-dessous du fil. à D. *Imp. Lemercier, Paris.* = H. 192, L. 160.

« Paris, 25 septembre 1853. »

1er État. Avant toute lettre. Sans fil.
2e — Celui qui est décrit.
3e — En B. au-dessous du fil. à G. *Librairie nouvelle*, 15, *Boulevard des Italiens.* Le reste comme à l'état décrit.

LES LORETTES VIEILLIES.

Série de trente lithographies au bas desquelles on lit : *Les Lorettes vieillies.* Les nos 3, 4, 5, 9, 10 et 25 à 30 n'ont pas été publiés dans *Paris* (Journal) et n'ont été ajoutés que lorsque cette suite a paru en album. Ces lithographies représentent des personnages à mi-corps ou à mi-jambes, sauf les nos 2 et 6, où ils sont en pied.

1er État. Avant toute lettre. Sans fil.
2e — Celui qui est décrit.

1368 I. — *Les poëtes de mon temps m'ont couronnée de roses.... et ce matin je | n'ai pas eu ma goutte! et pas de tabac pour mon pauvre nez!* — Une vieille femme tournée à D., accroupie contre la muraille, dans une mansarde, les deux mains sur ses genoux. Auprès d'elle des cartes à jouer éparses. Au fond un grabat. — A G. **51-37.** — Au-dessous de la légende au M. *Imp. Lemercier, à Paris.* = H. 190, L. 160.

« Paris, 19 novembre 1852. »

1369 II. — *Charitable mosieu, que Dieu garde vos fils de mes filles!* — Un homme de face, la tête de 3/4 à D., fait l'aumône à une vieille femme ayant devant elle un carton contenant des boîtes d'allumettes. — A D. **51-41.** — Au-dessous de la légende au M. *Imp. Lemercier, à Paris.* = H. 190, L. 159.

« Paris, 6 novembre 1852. »

» * III. — *Allons! va au marché, m'man, et.... et n' me carotte pas!*

» * IV. — *Paméla! ta mère a été ma femme de chambre!*

» * V. — *Et moi, ma livrée était bleu de ciel.*

Voir ci-après la description de ces trois planches sous la rubrique : *Les Lo-*

rettes vieillies, dans *Masques et Visages*, à la section : *Sujets divers*, subdivision : *Suites publiées isolément*.

1370 VI. — *Mon dernier caprice m'a cassé trois dents.* — Groupe de deux vieilles femmes assises dans la rue auprès d'une porte. Celle à G. est de face, les deux coudes appuyés sur ses genoux, la tête entre ses mains. L'autre est de pr. tournée à D., la tête de 3/4. — A D. **51-32.** — Au-dessous de la légende au M. *Imp. Lemercier, à Paris.* = H. 190, L. 160.

« Paris, 26 octobre 1852. »

1371 VII. — *Les premières amours d'un homme « fait ».* — Un homme à G., de 3/4 tourné à D., la tête de pr., un pince-nez devant les yeux, une main dans la poche de son pantalon, regarde avec étonnement une vieille femme de face, la tête entourée d'un mouchoir et d'une mentonnière, s'appuyant sur une canne et ayant un panier au bras.—A D. **51-33.**—Au-dessous de la légende au M. *Imp. Lemercier, à Paris.* = H. 190, L. 160.

« Paris, 18 novembre 1852. »

1372 VIII. — *Nous en avons pour une dizaine d'années, mes colombes, du roi-de- | cœur et du roi-de-trèfle : deux affreux gueux! Ça va se trémousser, ça | va se chamailler pour les beaux yeux de la dame-de-cœur..... Après | quoi, la dame-de-cœur aura besoin de protections pour cirer leurs bottes.* — A G., une vieille femme de pr. à D., pince-nez devant les yeux, assise près d'une table à jeu sur laquelle ses deux mains sont étendues; elle tire les cartes à une jeune fille accoudée sur la table. Au fond trois autres jeunes femmes, dont l'une fume un cigare et deux sont vues de dos. — A D. **51-34.** — Au-dessous de la légende au M. *Imp. Lemercier, à Paris.* = H. 190, L. 160.

« Paris, 5 novembre 1852. »

Des épreuves portent *veux* au lieu de *yeux*.

» * IX. — *Encore si j'avais autant de ménages à faire...... que j'en ai défaits!*

» * X. — *Au nom de ces amours-là qui consoleront votre vieillesse, Madame, | ayez pitié de moi!*

Voir ci-après la description de ces deux planches sous la rubrique : *Les Lorettes vieillies*, dans *Masques et Visages*, à la section : *Sujets divers*, subdivision : *Suites publiées isolément*.

1373 XI. — *A présent, je vends du plaisir pour les dames.* — Une vieille marchande de plaisir se dirigeant vers la D., son panier sous le bras. Bonnet blanc par-dessus un serre-tête. — A G. **52-51.** — Au-dessous de la légende au M. *Imp. Lemercier, Paris.* = H. 190, L. 160.

« Paris, 20 décembre 1852. »

1374 XII. — *J'ai eu ma loge à l'Opéra.* — Vieille femme de face, assise sur un banc contre un mur, les yeux baissés, cheveux en désordre, retient de ses deux mains croisées sur sa poitrine une misérable écharpe qui tombe et laisse une de ses épaules à découvert. — A G. **51-62.** — Au-dessous de la légende au M. *Imp. Lemercier, Paris.* = H. 190, L. 161.

« Paris, 21 décembre 1852. »

1375 XIII. — « *Je conte à mes voisins surpris*
Ma fortune à différents âges,
Et j'en trouve encore (sic) *des débris*
En balayant les cinq étages. » | (*Béranger.*)

Une portière de 3/4 tournée à D., une main sur la hanche, l'autre appuyée sur son balai. Derrière elle sur un mur des écriteaux où on lit écrit directement : **Parlez** | **au** | **Concierge.** (Appartement) | **de** | **Garçon.** — Vers la G. **52-68.** — Au-dessous de la légende au M. *Imp. Lemercier, Paris.* = H. 192, L. 160.

« Paris, 27 décembre 1852. »

1376 XIV. — *Je dis la bonne aventure depuis que je ne sais plus ce que c'est.* — Une vieille femme de pr. tournée à G., assise devant une table où elle est accoudée, son menton sur une main. Devant elle des cartes, une bouteille, un bocal, etc. — A G. **52-76.** — Au-dessous de la légende. *Imp. Lemercier, Paris.* = H. 192, L. 161.

« Paris, 6 janvier 1853. »

1377 XV. — *Je dois me connaître en châles mieux que toi, Manon, qui n'as | jamais porté que des cachemires d'osier...... moi qu'ai porté | des cachemires de l'Inde !* — Deux vieilles femmes de face : celle de D., un châle sur les épaules, le poing sur la hanche, la tête de pr. à G. L'autre, derrière elle, une main ouverte en avant. Toutes les deux ont un mouchoir sur la tête. — A G. **52-79.** — Au-dessous de la légende au M. *Imp. Lemercier, Paris.* = H. 191, L. 160.

« Paris, 5 janvier 1853. »

1378 XVI. — *Et plus rien à mettre au clou !* — Une femme d'un âge mûr, de face, tête de 3/4 à D., une main sur la hanche; elle est coiffée d'un chapeau, mouchoir blanc en mentonnière, châle sur les épaules. — A G. **53-57.** — Au-dessous de la légende au M. *Imp. Lemercier, Paris.* = H. 192, L. 160.

« Paris, 4 mars 1853. »

1379 XVII. — *C'est aujourd'hui Sainte-Madeleine..... Ç'a été longtemps le jour | de ma fête !* — Une vieille femme de 3/4 tournée à D., assise dans un fauteuil sur les bras duquel elle est accoudée, une tabatière dans l'une de ses mains. A D. une statuette sur une cheminée. Des cadres sur la muraille. — A G. **52-88.** — Au-dessous de la légende au M. *Imp. Lemercier, Paris.* = H. 192, L. 160.

« Paris, 22 mars 1853. »

1380 XVIII. — « *Fait la commission.* » — Vieille femme de pr. tournée à D., la tête de face, tenant d'une main une lettre, de l'autre son parapluie et un cabas. Elle est coiffée d'un chapeau dont le voile est relevé, talma en velours noir. — A G. **53-110.** — En B. au-dessous du fil. à D. *Imp. Lemercier, Paris.* = H. 192, L. 161.

« Paris, 18 mai 1853. »

1381 XIX. — *Moi...... le mosieu donnait toujours pour le petit ban* (sic) *!* — Une ouvreuse de loges de 3/4 tournée à G., assise dans un couloir de théâtre, les yeux baissés, les mains sur les genoux. Derrière elle à D. des petits bancs. Dans le haut sur le mur écrit directement : **Loges de la G**(alerie). — A G. **53-112.** — En B. au-dessous du fil. à D. *Imp. Lemercier, Paris.* = H. 192, L. 161.

« Paris, 27 mai 1853. »

1382 XX. — *Et de la beauté du diable voilà tout ce qui me reste.... des griffes.* — Une vieille femme de pr. tournée à G., assise sur une chaise, regarde les ongles d'une de ses mains. Cheveux noirs en désordre. — En H. à G. **53-137.** — En B. au-dessous du fil. à D. *Imp. Lemercier, Paris.* = H. 192, L. 161.

« Paris, 28 juin 1853. »

1383 XXI. — *Madame, autrefois, c'était Louison... quand, moi, j'étais madame.* — Une vieille servante de pr. tournée à G., la tête de 3/4, les yeux baissés. Elle tient des deux mains un pot à eau. — A D. **53-139**. — En B. au-dessous du fil. à D. *Imp. Lemercier, Paris.* = H. 192, L. 161.

« Paris, 30 juin 1853. »

1384 XXII. — *Et quand j'en aurais un, d'sentiment, après?* | — *Après?... et manger!* — A D. une jeune femme de 3/4 à G., la tête de pr.; les mains dans les poches de sa robe, bonnet sur le derrière de la tête, châle sur les épaules. En face d'elle une vieille femme de pr. tournée de son côté, un mouchoir autour de la tête. — Au M. **53-167**. — En B. au-dessous du fil. à D. *Imp. Lemercier, Paris.* = H. 192, L. 160.

« Paris, 26 novembre 1853. »

1385 XXIII. — *Ah! j'ai bien aimé le homard!* — Deux femmes dans une mansarde : l'une assise sur une chaise, de 3/4 tournée à D., accoudée sur un genou, la tête appuyée contre sa main. Derrière elle à D., sa compagne, vue de dos, tournée à G. et assise sur une boîte. — En H. à G. **53-190**. — En B. au-dessous du fil. à D. *Imp. Lemercier, Paris.* = H. 200, L. 160.

« Paris, 30 novembre 1853. »

1386 XXIV. — *Non, m'sieu Henri, je ne doute pas de la délicatesse de vos sentimens* (sic), | *ni ma p'tite non plus; mais, voyons! je peux pas faire la soupe avec ça!* — A G. une grosse vieille femme de 3/4 à D., un mouchoir par-dessus son bonnet, une bouteille dans un cabas dont on aperçoit une partie sous son châle blanc. Vis-à-vis d'elle un jeune homme tourné de son côté, les mains derrière le dos, chapeau gris sur la tête. — A G. **53-168**. — En B. au-dessous du fil. à D. *Imp. Lemercier, Paris.* = H. 195, L. 160.

« Paris, 5 décembre 1853. »

» *XXV. — ... *Et à ce bal des Variétés, Adolphe, où vous étiez si bien en débardeur!... j'avais un pierrot de satin blanc...* | — « *Souvenez-vous-en! souvenez-vous-en!* »

» *XXVI. — *Zoé! voilà ta mère qui me recommence encore ses histoires : « Le* | *monde! »..... « les convenances! »..... « une mère de famille! »...* | — *Tu n'as plus d'anisette?*

» *XXVII. — ..... *Et toi? mon chéri.....* | — *Toujours dans l'instruction!*

» *XXVIII. — *Mes respects chez vous, m'ame veuve Tout-le-Monde!*

» *XXIX. — *J'ai pour moi qu'on peut dire que l'être choisi par mon cœur m'a fichu* | *plus de coups que de satisfaction!*

» *XXX. — *Ma petite maison, maman l'a mangée. Mon frère Zidor a joué mes* | *chevaux, mes châles, mes bagues..... et tout. Et feu mon père a bu le reste.*

Voir ci-après la description de ces six planches sous la rubrique : *Les Lorettes vieillies*, dans *Masques et Visages*, à la section : *Sujets divers*, subdivision : *Suites publiées isolément.*

MANIÈRES DE VOIR DES VOYAGEURS.

Trois pièces faisant partie de la suite : *Manières de voir des voyageurs*, composée de dix numéros, publiée par le journal *L'Éclair*, où les quatre premiers ont paru primitivement.

1er État. Avant toute lettre. Sans fil.
2e — Celui qui est décrit.
3e — En H. dans la brisure *L'Éclair*, au lieu de : *Masques et Visages*. Au-dessus du fil. à G. *Un an : 20 fr.* A D. *Un numéro : 50 cent.* Le reste comme à l'état décrit.

1387 V. — *Paul!* | — *Hein?* | — *Les milles d'Écosse, ça n'est pas gai!* | — *L'Émile de Rousseau non plus!* — Deux artistes dans un site montagneux. L'un sur le premier plan, à mi-jambes, se dirige vers la G., s'appuyant d'une main sur son bâton et soutenant de l'autre son sac sur les épaules. Derrière lui à G. son compagnon, en pied, la tête baissée, s'appuie en marchant sur un long bâton. — A G. **52-50**. — Au-dessous de la légende au M. *Imp. Lemercier, à Paris.* = H. 192, L. 161.

« Paris, 31 décembre 1852. »
« L'Éclair, 5 février 1853 »

1388 VI. — *Dites donc! m'sieu Curtis......* | — *Oh!........ prenuncez Keüatis!* | — *Oh!....... prononcez-le vous-même!* — Sur le pont d'un navire, un Anglais à mi-jambes de face, tête de 3/4 à D., tenant son chapeau d'une main, le bout des doigts de l'autre main posé sur la banquette où il est assis à moitié, front chauve, favoris en côtelettes. Derrière lui à D., vu de dos et tourné de son côté, les deux mains sur la banquette, un matelot souriant, son bonnet de laine sur la tête. — A D. **53-18**. — Au-dessous de la légende au M. *Imp. Lemercier, Paris.* = H. 193, L. 162.

« Paris, 27 janvier 1853. »
« L'Éclair, 19 février 1853. »

1389 VII. — *Quelle nature!.... Les sites deviennent d'une largeur!......* | — *Et d'une longueur!...* — Personnages à mi-jambes. — Deux artistes de pr. se dirigeant à D. en s'appuyant sur leurs bâtons, le corps penché en avant. Celui de G. a la tête baissée ; l'autre, la tête presque de face, regarde au loin. — A G. **53-30**. — Au-dessous de la légende au M. *Imp. Lemercier, Paris.* = H. 192, L. 162.

« Paris, 16 mars 1853. »
« L'Éclair, 26 mars 1853. »

LES MARIS ME FONT TOUJOURS RIRE.

Série de trente lithographies au bas desquelles on lit : *Les Maris me font toujours rire*, et représentant des personnages à mi-jambes ou à mi-corps, sauf le n° 3 où ils sont en pied.

1er État. Avant toute lettre. Sans fil.
2e — Celui qui est décrit.

1390 I. — « *Adolphe affecte un calme trompeur au beau milieu duquel Caroline jette* | *la ligne, afin de pêcher un indice.* » | (*De Balzac.*) — Une jeune femme derrière une table sur laquelle sont un livre et des brochures; elle est de 3/4 tournée à D. la tête de pr., une main posée sur la table, peignoir à carreaux. Derrière elle un homme étendu sur un canapé de G. à D., la tête renversée en arrière sur un coussin. — A G. **52-60**. — Au-dessous de la légende au M. *Imp. Lemercier, à Paris.* = H. 194, L. 160.

« Paris, 2 février 1853. »

1391 II. — *C'est grave à penser, chère madame, mais la seule chose que les maris | de beaucoup d'honnêtes femmes puissent trouver chez ces drôlesses, et non | dans le ménage...... c'est d'être dupe.* — Deux femmes en chapeau dans la campagne. Celle de D. vue de dos, mantelet de dentelle noire. L'autre de pr. à D., tête de 3/4, châle noir bordé de dentelles, une main aux brides de son chapeau. — A G. **52-45**. — Au-dessous de la légende au M. *Imp. Lemercier, Paris.* = H. 193, L. 160.

« Paris, 13 décembre 1852. »

1392 III. — *Paul! un tête-à-tête en ménage...... | ça manque de gaieté!* — A. D. une femme de pr. tournée à G. assise sur un talus dans la campagne, les jambes croisées, les deux mains sur ses genoux. Derrière elle, la tête tournée de son côté, un homme couché de D. à G. sur le talus et s'appuyant sur le coude. — A G. **53-1**. — Au-dessous de la légende au M. *Imp. Lemercier, Paris.* = H. 193, L. 161.

« Paris, 21 janvier 1853. »

1393 IV. — *Nous intriguons deux dominos que nous ne connaissons pas..... | et c'est eux qui savent qui nous sommes...... | — Et que nos femmes s'embêtent!..... | — Ça m'intrigue.* — Deux hommes dans un bal masqué en pierrots grotesques, faux ventre énorme, masque à gros favoris noirs et long nez. L'un à G. de 3/4 à D., les mains sur le ventre, l'autre vu de dos et tourné à G. — A G. **52-74**. — Au-dessous de la légende au M. *Imp. Lemercier, Paris.* = H. 201, L. 160.

« Paris, 2 janvier 1853. »

1394 V. — *Mon cher, votre femme est charmante. | — Mon cher, la vôtre est mieux!* — Deux hommes assis dans une loge au théâtre. L'un de pr. tourné à D., penché en avant et lorgnant, les deux coudes sur le rebord de la loge, où l'autre, de face, appuie l'un des siens. — A G. **52-83**. — Au-dessous de la légende au M. *Imp. Lemercier, Paris.* = H. 191, L. 162.

« Paris, 9 janvier 1853. »

1395 VI. — *La maîtresse de qui? | — De Savinien. | — Roué de Savinien!.... elle est presque aussi bien que sa femme.* — Deux hommes de face assis dans une loge et regardant en bas à D. Celui de G. les deux bras appuyés sur le rebord de la loge; l'autre, une lorgnette devant lui, se penche du côté du premier. — A G. **52-82**. — Au-dessous de la légende au M. *Imp. Lemercier, Paris.* = H. 191, L. 160.

« Paris, 10 janvier 1853. »

1396 VII. — *Mon Dieu! Fortuné, ne sois donc pas ennuyeux comme ça! | — Tu ne dis pas comment tu voudrais que je fusse ennuyeux.* — Une femme de 3/4 tournée à G. en peignoir à ramages, assise dans un fauteuil et accoudée sur le bras du fauteuil, un doigt passé dans son collier. Derrière elle à G. un homme également assis, vu de dos et tenant un journal, tourne la tête de son côté.

— A G. **53-4.** — Au-dessous de la légende au M. *Imp. Lemercier, Paris.* = H. 194, L. 162.

« Paris, 11 janvier 1853. »

1397 VIII. — *Ça ira godelurer on ne sait où, pour vous faire en rentrant | un mensonge mal fait...... Et mosieu se fichera dans le toupet | que tout est dit!* — Un homme couché sur un canapé de G. à D., dormant profondément les mains croisées sur le ventre. De face, le corps penché en avant, sa femme derrière le canapé, sur le dossier duquel elle a les deux bras appuyés. — A D. **53-12.** — Au-dessous de la légende au M. *Imp. Lemercier, à Paris.* = H. 191, L. 160.

« Paris, 23 janvier 1853. »

1398 IX. — *Sais-tu, Paul, que tu joues là gros jeu dans ton ménage...... et pour | une drôlesse qui peut-être........ | —Ah! tu ne connais pas Amanda!* — Deux hommes. Celui de G. de pr. à D., la tête légèrement penchée, col de crin noir, les deux mains dans les poches de sa redingote. L'autre de face, la tête et les yeux levés au ciel, un bras étendu sur une balustrade derrière son ami. — Au M. **52-14.** — Au-dessous de la légende au M. *Imp. Lemercier, Paris.* = H. 192, L. 160.

« Paris, 1er décembre 1852. »

1399 X. — .... | — *Hein?.... Non, j'aime pas ce ruban-là..... Ça te va mieux | quand tu te coiffes comme m'ame Henri.* — Une jeune femme de 3/4 tournée à D., assise sur une causeuse et tenant des deux mains une gravure de modes sur ses genoux. Son mari derrière elle à D., également assis et vu de dos, son pince-nez devant les yeux, un journal à la main, tourne la tête vers elle en se penchant. — A G. **53-11.** — Au-dessous de la légende au M. *Imp. Lemercier, Paris.* = H. 194, L. 161.

« Paris, 24 janvier 1853. »

1400 XI. — *Et voilà le grandissime secret que mon seigneur et maître me cache | depuis un mois! | —Et vous le connaissiez?........ | —Depuis six semaines.* — Deux jeunes femmes, dont l'une de pr., tournée à G., en chapeau, est assise devant un guéridon sur lequel sont un coffret et des lettres; elle en lit une qu'elle tient des deux mains. L'autre femme de face, la tête baissée et inclinée à D., est debout derrière le guéridon. — A D. **53-40.** — Au-dessous de la légende au M. *Imp. Lemercier, à Paris.* = H. 190, L. 161.

« Paris, 15 février 1853. »

1401 XII. — « *Item, pour avoir montré, au bal de la préfecture, le signe particulier | que madame a dans le dos......... 562 f. 40 c.* — Un jeune homme de pr. tourné à D., debout devant une table où sont des papiers sur lesquels il a la main posée. Sa femme de face, le coude appuyé sur la table derrière laquelle elle est assise à D., le regarde attentivement. — A G. **53-49.** — Au-dessous du fil. à D. *Imp. Lemercier, Paris.* = H. 191, L. 162.

« Paris, 26 février 1853. »

1402 XIII. — *Comme tu mens mal, mon chéri.* — Une femme et son mari, assis tous deux derrière une table ronde sur laquelle on voit une boîte à ouvrage, des ciseaux, etc. La femme à D. de face regarde l'homme en-dessous. Le mari, une main sur la table, entr'ouvre les ciseaux avec l'index et le doigt du milieu.

— A D. **53-52**. — Au-dessous de la légende au M. *Imp Lemercier, Paris.* = H. 191, L. 161.

« Paris, 1er mars 1853. »

1403 XIV. — *Je suis le mari de m'ame Jolibiais.* — Un homme de face, l'air souriant, cravate noire, gilet blanc, une main appuyée à D. sur une console, l'autre sur sa hanche et tenant son chapeau. — A D., **53-64**. — Au-dessous de la légende au M. *Imp. Lemercier, Paris.* = H. 192, L. 161.

« Paris, 8 mars 1853. »

1404 XV. — *Dis donc, papa, si c'est pour la discussion du budget que t'as | rendez-vous chez le notaire, il est midi.* — Dans une chambre à coucher, un homme en robe de chambre, de pr. tourné à D., assis, lisant un journal posé devant lui sur une table. Les deux mains appuyées sur le dossier de la chaise où il est assis, sa jeune femme se penche vers lui. — En H. à D. **53-58**. — Au-dessous de la légende au M. *Imp. Lemercier, Paris.* = H. 193, L. 160.

« Paris, 10 mars 1853. »

1405 XVI. — *La paternité, ça gâte la taille!* — Un homme donnant le bras à sa femme et se dirigeant vers la G. Il est sur le devant, le pouce d'une main dans la poche de son paletot. Derrière eux à droite une vieille bonne portant un baby. — A D. **52-71**. — Au-dessous de la légende au M. *Imp. Lemercier, Paris.* = H. 192, L. 161.

« Paris, 18 mars 1853. »

1406 XVII. — *Prends garde, chéri, tu m'as déjà conté c'te machine-là, pas la | même chose.* — Une femme assise à G. de 3/4 à D., tenant sur ses genoux une brochure qu'elle entr'ouvre. Derrière elle, étendu de G. à D. sur un canapé, le mari, la tête renversée sur un coussin. — A. G. **53-63**. — Au-dessous de la légende au M. *Imp. Lemercier, Paris.* = H. 192, L. 161.

« Paris, 19 mars 1853. »

1407 XVIII. — ...... *Et le jeune homme du juge de paix l'a dit à mon épouse! Il a dit: | « Femme Figareau, on* (n')*a aucun droit de faire la moindre chose à son mari, tant | qu'il a le Code civil de son côté!»* — Deux hommes, dont l'un à G., en manches de chemise, de pr. à D., un bras étendu en avant, fait un geste significatif en s'adressant à un personnage qui l'écoute, les mains enfoncées dans les poches de derrière de sa redingote. — A D. 25. — En B. au-dessous du fil. à D. *Imp. Lemercier, Paris.* = H. 192, L. 161.

« Paris, 21 mars 1853. »

1408 XIX. — *Ah! ça, mon gendre, vous ne craignez pas d'envoyer votre femme | .... comme ça..... faire trois cents lieues..... en diligence....? | — Je connais le conducteur!* — A D. le beau-père en robe de chambre, de pr. à G. Le gendre de face, tête de 3/4, trois doigts dans la poche de sa veste. — A G. **52-54**. — Au-dessous de la légende au M. *Imp. Lemercier, Paris.* = H. 190, L. 159.

« Paris, 23 mars 1853. »

1409 XX. —*M'ame Jolibiais est grosse, n'est-ce pas?...... Eh bien! je lui ai | fait des queues plus gros qu'elle! | — Satané Jolibiais! | — Brigand!* —Un homme se promenant avec deux de ses amis qui lui donnent le bras. Tous trois de face. Celui de D., chapeau gris, tient d'une main une badine. — A G. **52-47.** — Au-dessous de la légende au M. *Imp. Lemercier, à Paris.* = H. 190, L. 160.

« Paris, 1er avril 1853. »

1410 XXI. — « *Épouse gazouilleuse auprès de son seigneur.* » | (*Ch. Lasailly.*)— Un homme et sa femme, couchés de D. à G. dans le même lit, ayant chacun un mouchoir autour de la tête. Le mari ronflant la bouche ouverte. — A G. **53-83.** — En B. au-dessous du fil. à D. *Imp. Lemercier, Paris.* = H. 192, L. 158.

« Paris, 25 avril 1853. »

1411 XXII. — *La dernière passion de mon époux?... voilà ce qu'en dit le daguerréotype.* | — *Pas jolie, l'air commun,.... et quelles mains!... On se demande ce qu'une* | *créature comme ça peut avoir pour elle.* | — *L'illégitime, ma chère.* — Une jeune femme montre à son amie, qui le regarde, un petit portrait au daguerréotype qu'elle vient de prendre à D dans un bahut. L'amie est à G., en chapeau et couverte d'un mantelet noir. — A G. **53-122.** — En B. au-dessous du fil. à D. *Imp. Lemercier, Paris.* = H. 191, L. 162.

« Paris, 5 juin 1853. »

1412 XXIII. — *Voilà Savinien entre m'ame de Naile et sa femme.* | — « *Entre l'amour et l'amitié.* » — Deux hommes de 3/4 tournés à G. assis dans une loge. L'un à D. tient son pince-nez d'une main devant ses yeux. L'autre, la tête de face, est accoudé, son front sur deux doigts de la main, une lorgnette devant lui. — A D. **53-143.** — En B. au-dessous du fil. à D. *Imp. Lemercier, Paris.* = H. 192, L. 163.

« Paris, 5 juillet 1853. »

1413 XXIV. — *Ninie, il me vient une idée..... Ninie, une crâne idée! un moyen* | *..... excessivement simple!.... de......* | — *Manger ce qui te reste.* — Un homme et sa femme, tous deux de 3/4 tournés à G., assis sur des chaises, l'homme à D. tenant d'une main des pincettes entre ses jambes; il est en corps de chemise. Sa femme auprès de lui, penchée en avant, les coudes sur ses genoux, son menton posé sur les deux mains. — En H. à D. **53-149.** — En B. au-dessous du fil. à D. *Imp. Lemercier, Paris.* = H. 195, L. 177.

« Paris, 17 juillet 1853. »

1414 XXV. — *C'te sainte Ursule-là?..... c'est une vieille étude......* | *d'un objet que.... (jadis!...) je.... tenais « sous ma serre puissante ».....* | — *Serre tempérée, ma poule.* — Un peintre barbu, en robe de chambre, assis devant un chevalet, sa palette et ses pinceaux dans une main. Derrière lui sa femme se penchant en avant. Tous deux sont de 3/4 et tournés à G. — A D. **53-161.** — En B. au-dessous du fil. à D. *Imp. Lemercier, Paris.* = H. 191, L. 160.

« Paris, 21 septembre 1853. »

1415 XXVI. —*Voyons! m'ame Rabat-joie, tais ton bec!... et qu'on vienne* | *baiser son vainqueur!* | — *Comme tu m'fais mal!* — A G. un homme de face assis, le corps penché à D., les jambes étendues, les mains dans les poches de son pantalon. Sa femme debout, vue de dos et tournée à D., la tête de 3/4, camisole et tablier. — En H. à D. **53-156**.—En B. au-dessous du fil. à D. *Imp. Lemercier, Paris.* = H. 190, L. 158.

« Paris, 24 septembre 1853. »

1416 XXVII. — *Pa'c'que?... pa'c'que ça ne me va pas! pa'c'que ça ne m'plaît pas! | pa'c'que je!... n'le!... veux...pas! | — Dieu! mon ami, que je te trouve beau dans ce rôle-là!* — A D., un homme en corps de chemise, en train de se faire la barbe et tenant son rasoir à la main, se tourne à G. vers sa femme, étendue dans un grand fauteuil; elle est de 3/4, presque de face, une main sous son menton et l'autre posée sur un livre fermé. — En H. à G. **53-165**. — En B. au-dessous du fil. à D. *Imp. Lemercier, à Paris.* = H. 192, L. 161.

« Paris, 29 septembre 1853. »

1417 XXVIII. —*Vous croyez donc, Joseph, que cette personne m'a remarqué?......* — Un homme de 3/4 tourné à D., l'air content, une main derrière le dos, l'autre sur la poitrine. Derrière lui à D. son domestique, de face. — En H. à G. **53-173**. — En B. au-dessous du fil. à D. *Imp. Lemercier, Paris.* = H. 192, L. 163.

« Paris, 28 novembre 1853. »

1418 XXIX. — *On dit que le mariage range un homme. Moi, je ne sais pas, ça me dérange.* — Un vieux bonhomme de 3/4 tourné à G., enveloppé dans une couverture, bonnet de coton sur la tête, près de sa table de nuit où est posé un verre d'eau sucrée. Dans le fond le lit. — En H. à G. **53-185**. — En B. au-dessous du fil. à D. *Imp. Lemercier, Paris.* = H. 201, L. 161.

« Paris, 2 décembre 1853. »

1419 XXX. — (*Le Duc, à sa femme.*) « ..... *Il vous reste encore assez de vertu pour faire mon bonheur.* | (*Claire d'Albe, par Mme Cottin.*)—Une jeune femme de face, un châle de velours sur les épaules, assise derrière une table sur laquelle elle est accoudée et où se trouve un livre ouvert. Derrière elle son mari, étendu de G. à D. dans un fauteuil, la tête appuyée contre le dossier. — En H. à G. **59-170**. — En B. au-dessous du fil. à D. *Imp. Lemercier, Paris.* = H. 190, L. 160.

« Paris, 7 décembre 1853. »

MESSIEURS DU FEUILLETON.

Série de neuf lithographies au bas desquelles on lit : *Messieurs du feuilleton.* — Voir ci-dessus la description de ces pièces à la section : *Portraits*.

LES PARENTS TERRIBLES.

Série de vingt lithographies au bas desquelles on lit : *Les Parens* (sic) *terribles.* Les nos 18, 19 et 20 n'ont pas été publiés dans *Paris* (Journal) et n'ont été ajoutés à cette suite que lorsqu'elle a paru en album. Ces lithographies représentent des personnages à mi-corps et à mi-jambes, sauf le no 14, où ils sont en pied.

1er État. Avant toute lettre. Sans fil.
2e — Celui qui est décrit.

1420 I. — *Voilà cette petite danseuse dont je t'ai parlé, mon oncle; elle est un peu......* | — *Bossue.* | — *Charmante!* | — *Et maljambée.* — Dans une loge de théâtre, un jeune homme assis sur le devant se penche à G. vers un vieillard assis près de lui; ce dernier a une main posée sous son menton. Derrière eux deux hommes chauves lorgnant. — Sur le devant de la loge vers la D. **53-25**. — Au dessous de la légende au M. *Imp. Lemercier, Paris.* = H. 191, L. 162.

« Paris, 23 novembre 1852. »

1421 II. — *Vraiment, ce n'est pas parce que c'est mon fils, mosieu le baron, mais,* | *tout petit, Tata......* (*nous l'appelions Tata*), *eh bien! il faisait déjà des choses* | *......très-drôles!* — Deux hommes ayant chacun une main sur une table où l'on voit une académie : celui de G. de pr. à D.; l'autre de face. Derrière lui son fils à D. — Sur la table, vers la G. **52-22**. — Au-dessous de la légende au M. *Imp. Lemercier, Paris.* = H. 191, L. 161.

« Paris, 4 décembre 1852. »

1422 III. — *Voyons, Achille, un nom pour la petite : un nom en a.* | — *Pamela.......* | — *Amanda...... Amélia, Maria......* | — *Théodora?.... y a Emma.* | — *Emma? ou Théréza.* | — *Et Indiana.* | — *Ah! Indiana! voilà!* — A G., un homme en robe de chambre, appuyé et accoudé sur un grand pupitre, son menton dans la main. A D , vue presque de dos, une jeune femme se penche vers lui, un bras posé sur le pupitre. — A G. **52-38**. — Au-dessous de la légende au M. *Imp. Lemercier, Paris.* = H. 191, L. 161.

« Paris, 8 décembre 1852. »

1423 IV. — *C'est gentil, mais!.. ... pourquoi est-ce que ton feuillage est toujours* | *fait avec des mêmes 3?..... 33.... 333....... 3333331..... mais c'est* | *gentil.* — A G., un homme de pr. à D., le corps et la tête penchés en avant, les deux mains entre ses genoux, regarde des dessins de paysages posés sur un guéridon. Son fils est de face, derrière le guéridon, sur lequel il a une main. — A G. **52-49**. — Au-dessous de la légende au M. *Imp. Lemercier, Paris.* = H. 192, L. 164.

« Paris, 16 décembre 1852. »

1424 V. — *Celle-là peint.* — Une grosse femme, de figure commune, de face, bonnet sur la tête, une main dans la poche de son tablier, désigne de l'autre l'une de ses deux filles que l'on voit derrière elle. Celle-ci à D., baissant les yeux, a la main posée sur un meuble. — A G. **53-36**. — Au-dessous de la légende au M. *Imp. Lemercier, Paris.* = H. 192, L. 162.

« Paris, 11 février 1853. »

1425 VI. — *Oui, mais tu vas voir le capitaine venir et tarabuster le scélérat.* — Dans une loge d'un théâtre du boulevard, une jeune fille près de son père, tous deux assis et tournés à D.; elle est de 3/4; le père de pr. Il tient un des verres de ses besicles devant son œil. — A D. **53-38**. — Au-dessous de la légende au M. *Imp. Lemercier, Paris.* = H. 192, L. 164.

« Paris, 14 février 1853. »

1426 VII. — *Relis-moi ce neuvième chapitre.* — Un homme de 3/4 tourné à D., le bras appuyé sur une table, écoute sa fille qui lui lit un livre sur un des plats duquel est écrit directement **Contrat so(ci)al**; elle est à D. et de face. — A. D. **53-39**. — Au-dessous de la légende au M. *Imp. Lemercier, à Paris.* = H. 190, L. 161.

« Paris, 17 février 1853. »

1427 VIII. — *Pourtant, grand-père, si Polichinelle de Séraphin n'existe pas, comment | peut-il être menteur et coquin, comme il l'est, et farceur?* — A G. un vieux bonhomme, perruque sur la tête, au théâtre de Séraphin, avec deux enfants. Tous trois sont assis et de pr. tournés à D. — A. D. **53-45**. — Au dessous de la légende au M. *Imp. Lemercier, à Paris.* = H. 191, L. 162.

« Paris, 22 février 1853. »

1428 IX. — *Sapristi! la princesse..... a de fiers mollets!* | — *C'est du carton* — Dans une loge, un jeune collégien, cravate noire, gilet blanc. Près de lui à G. un homme, chevelure épaisse et bouclée, la tête légèrement penchée en arrière, un bras passé sur le dossier de sa chaise. Tous deux sont de face et assis. Une lorgnette sur le devant de la loge. — A D. **53-22**. — Au-dessous de la légende au M. *Imp. Lemercier, à Paris.* = H. 190, L. 159.

« Paris, 29 janvier 1853. »

1429 X. — *Vous me conjuguerez vingt-cinq fois le verbe : Seringuer par la | fenêtre le perroquet d'une voisine considérable...... Tu ne l'as pas fait | exprès?.... | Alors tu ajouteras : sans le faire exprès.* — A D. un homme de pr. à G., la tête relevée, faisant du doigt un geste de réprimande, s'adresse à un jeune garçon vu presque de face, la tête de pr. tournée à D., les deux bras pendants. — A G. **53-81**. — Au-dessous de la légende au M. *Imp. Lemercier, à Paris.* = H. 192, L. 160.

« Paris, 24 mars 1853. »

1430 XI. — *N'est-ce pas, p'pa, ce mosieu du petit jardin a une belle tête?* | — *Ton mosieu du petit jardin a une perruque.* — Un homme à demi étendu de D. à G. sur un banc de jardin, le bras appuyé sur le dossier. Il est en robe de chambre. Derrière le banc, sa fille, de face, la tête penchée et appuyée sur le front de son père. — A G **52-55**. — Au-dessous de la légende au M. *Imp. Lemercier, à Paris.* = H. 193, L. 161.

« Paris, 25 mars 1853. »

1431 XII.— *Et moi je défends que l'on ait de ces moustaches-là!....... | sous aucun prétexte!* — A G., dans une bibliothèque, le père de pr. à D., front chauve, cravate blanche, grande houppelande, s'adresse à un jeune homme vu de dos et tourné de son côté, une main au bas de la hanche. — A G. **72-53**. — En B. au-dessous du fil. à D. *Imp. Lemercier, Paris.* = H. 192, L. 161.

« Paris, 14 avril 1853. »

1432 XIII. — *La jolie pièce!* | —*Toujours la même : il y a quarante ans que cet amoureux-là est à épouser | son amoureuse.*—Un vieillard et sa fille assis dans une loge au spectacle. Le père à G., mine refrognée, tête chauve, un coude sur le rebord de la loge. La fille de face, longs cheveux bouclés, besicles sur le nez. Son châle et son chapeau pendent en dehors de la loge. — A G. **53-115**. — En B. au-dessous du fil. à D. *Imp. Lemercier, Paris.* = H. 193, L. 160.

« Paris, 1er juin 1853. »

1433 XIV. — *Enfin, mon oncle, dis-moi,..... des amours de fleurettes comme ça, | d'où ça vient et ce que ça devient......* | —*Du fumier.*—L'oncle, de face, la tête penchée à G., les deux bras étendus sur le gazon d'un talus contre lequel il est adossé. La nièce à G., assise par terre, tenant à la main un petit bouquet de fleurs qu'elle examine. — A D. **53-123.** — En B. au-dessous du fil. à D. *Imp. Lemercier, Paris.* = H. 200, L. 161.

« Paris, 8 juin 1853. »

1434 XV. — *Eh bien! mosieu, vous allez voir ce que nous a fait un jour ma petite, | quand elle était toute petite.....* — Deux hommes assis, dont l'un à D., de face, la tête en arrière, les deux mains l'une sur l'autre devant sa poitrine; bonnet de soie noire. L'autre plus jeune, accoudé sur ses genoux et tenant sa canne et son chapeau. Dans le fond la jeune fille vue de dos et sortant. — En H. à D. **53-179.** — En B. au-dessous du fil. à D. *Imp Lemercier, Paris.* = H. 202, L. 161.

« Paris, 22 novembre 1853. »

1435 XVI. — *Qu'est-ce que t'as, Mimie?.... encore tes satanées coliques?* — Un homme et sa fille quittant un bal et se dirigeant vers la D. Le père, la tête de face, son chapeau à la main, regarde sa fille. Celle-ci à G. de pr. est enveloppée d'un burnous qui lui couvre la tête en partie. Derrière eux, dans le fond, deux hommes dont on aperçoit les têtes. — En H. à D. **53-178.** — En B. au-dessous du fil. à D. *Imp. Lemercier, Paris.* = H. 191, L. 161.

« Paris, 24 novembre 1853. »

1436 XVII. — *Viens, va!....nous resterions là jusqu'à demain : un bal, c'est | toujours la même chose!* — Un vieillard à tête chauve emmenant sa fille du bal. Celle-ci, l'air peu content, des fleurs dans les cheveux, un bouquet au haut de son corsage, un châle sur les épaules, a le bras sur celui de son père, qui lui tient la main. Tous deux sont de face. — A G. **53-174.** — En B. au-dessous du fil. A D. *Imp. Lemercier, Paris.* = H. 192, L. 161.

« Paris, 1er décembre 1853. »

» * XVIII. — *Jacques Maubourguet, t'as voulu faire un mosieu de ton garçon, qui n'est qu'un rien du tout, | bon!... mais le v'là vicomte ... de Maubourguet!..... Jacques, mon homme, comme n'y a | qu'un Dieu! tu vas me lui secouer la vicomté..... et pas plus tard que tout de suite*

» * XIX. — *Je suis le papa de ma'm'selle Jolibiais.*

» * XX. — *Mosieu Charles m'a dit : Enfin, qu'est-ce qu'elle a?... Eh bien! j'ai dit : | ce n'est rien... J'ai dit ce que t'as.*

Voir ci-après la description de ces trois pièces sous la rubrique : *Les Parents terribles*, dans *Masques et visages*, à la section : *Sujets divers*, subdivision : *Suites publiées isolément.*

LES PARTAGEUSES.

Série de quarante lithographies au bas desquelles on lit : *Les Partageuses.* Le nº 5 n'a pas paru dans *Paris* (Journal) et n'a été ajouté à cette suite que lorsqu'elle a été publiée en album. Les quarante pièces représentent des personnages à mi-jambes ou à mi-corps, sauf les nos 9, 21, 28 et 25, où ils sont en pied.

1er État. Avant toute lettre.
2e — Celui qui est décrit.

1437 I. — *Vous connaissez cette charmante personne? | — Parfaitement : c'est la femme de deux de mes amis...* — Un homme vu de face, la tête à D. penchée en arrière, une main dans la poche de son pantalon blanc, donne le bras à un jeune homme qui se retourne pour regarder une femme vue de dos et s'éloignant à G. dans le fond. — A D. **51-12.** — Au-dessous de la légende au M. *Imp. Lemercier, à Paris.* = H. 190, L. 159.

« Paris, 14 novembre 1852. »

1438 II.—*Ne plus m'aimer !..... mais, Paméla, ce serait un luxe que vos moyens ne vous | permettent pas.* — Une jeune femme couchée de G. à D. sur un canapé, la tête appuyée contre un coussin sous lequel elle passe ses bras. Derrière le canapé un homme de face, penché en avant et appuyé sur le dossier, son menton sur une de ses mains. — A D. **51-27** — Au-dessous de la légende au M. *Imp. Lemercier, Paris.* = H. 190, L. 160.

« Paris, 21 octobre 1852. »

1439 III.—*Voyons, Tibine, devenons une femme honnête.* | —........*Difficile!* | — *Vous n'avez jamais essayé.* — A D. un homme de face, une main sur la hanche, l'autre sur un meuble en bois sculpté. Devant lui à G. une jeune femme vue de dos à moitié et tournée de son côté. — A D. **51-28.** — Au-dessous de la légende au M. *Imp. Lemercier, Paris.* = H. 190, L. 160.

« Paris, 31 octobre 1852. »

1440 IV. — ...... | — *Et vous, garnement! si l'on vous redemandait toutes les illusions | qu'on vous a données?* — Un homme à figure commune, de face assis devant une table où il écrit, lève la tête et les yeux vers une jeune femme qui lui pose les mains sur le front. — A D. **51-14.** — Au-dessous de la légende au M. *Imp. Lemercier, à Paris.* = H. 190, L. 160.

« Paris, 9 novembre 1852. »

» * V. — *Vous ne m'avez, jamais de la vie, donné qu'un petit chien.... et un bouquet de dix | sous. Eh bien! vous avez eu pour un chien dix sous d'amour.* —Voir ci-après la description de cette planche sous la rubrique : *Les Partageuses*, dans *Masques et Visages*, à la section : *Sujets divers;* subdivision : *Suites publiées isolément.*

1441 VI. — *Faut une fin à tout, ma chère. ....* | — *Et voilà huit jours que c'est marié!* — Groupe de deux jeunes femmes et un jeune homme causant ensemble dans un bois. Le jeune homme, en corps de chemise, s'appuie d'une main sur un petit arbre. A G. l'une des jeunes femmes tient dans ses deux mains une branche qu'elle regarde. Dans le fond un jeune homme vu de dos à moitié et se dirigeant à D. — A D. **51-3.** — Au-dessous de la légende au M. *Imp. Lemercier, Paris.* = H. 190, L. 161.

« Paris, 1er novembre 1852. »

1442 VII. — *Combien as-tu fait de passions malheureuses? ô Hélène!* | — *Combien as-tu cassé de pipes? ô Hector!* — Un homme et une femme couchés en contre-bas sur l'herbe, les têtes en avant. La femme à G., accoudée par terre, a posé sa tête sur sa main; l'homme a la sienne appuyée sur son bras. — A D. **51-2.** — Au-dessous de la légende au M. *Imp. Lemercier, à Paris.* = H. 190, L. 161.

« Paris, 23 octobre 1852. »

1443 VIII. — *La Tentation d'une sainte Antoinette.* — Une jeune blanchisseuse de face, assise près de sa table à repasser sur laquelle elle est accoudée, une fleur à la main. A D. une vieille femme, debout, un coude sur la table, où l'on voit des cartes, un couteau, etc. — A G. **51-30.** — Au-dessous de la légende au M. *Imp. Lemercier, à Paris.* = H. 190, L. 160.

« Paris, 27 octobre 1852. »

1444 IX. — *« Plus je te vois, plus je » l'aime.* — Un homme étendu sur un canapé, les pieds à terre, la tête en arrière sur un coussin, les mains contre la poitrine. Penchée vers lui, une jeune femme de pr. tournée à D., un genou sur le canapé, un coude sur le coussin, le front dans la main. — A D. **51-5.** — Au-dessous de la légende au M. *Imp. Lemercier, à Paris.* = H. 190, L. 160.

« Paris, 20 octobre 1852. »

1445 X. — *J'ai la charité, mosieu le Marquis; ayez la foi.* — A G. un homme de forte corpulence, vu presque de dos et tourné à D., une main posée sur un guéridon. Vis-à-vis de lui une jeune femme tenant d'une main une cigarette. Un plateau couvert de vases et de coupes sur le guéridon. — A D. **51-1.** — Au-dessous de la légende au M. *Imp. Lemercier, à Paris.* = H. 190, L. 161.

« Paris, 14 novembre 1852. »

1446 XI. — *Ma chère, les hommes, c'est farce! Toujours la même chanson : une femme | à soi seul. | — Toqués! toqués!* — Deux femmes couchées de D. à G. dans le même lit. Celle qui est sur le devant est de face, les deux bras baissés, les mains jointes; elle tourne le dos à l'autre. — A G. **52-37.** — Au-dessous de la légende au M. *Imp. Lemercier, Paris.* = H. 193, L. 161.

« Paris, 29 novembre 1852. »

Quelques épreuves sont sans numéro.

1447 XII. — *J'entends une voiture..... | — C'est mosieu Chose qui vient voir son trésor. | — Son trésorier, ma chère.* — Deux femmes, dont l'une, en peignoir, est à demi étendue de G. à D. sur un canapé, un bras par-dessus un coussin, la tête renversée en arrière. L'autre debout à G., vue de dos et tournée à D., est en train de remettre son châle. — A G. **52-36.** — Au-dessous de la légende au M. *Imp. Lemercier, Paris.* = H. 192, L. 160.

« Paris, 10 décembre 1852. »

1448 XIII. — .... | — *Ta maison est lourde! | — Si j'avais un cheval de moins....... | — Ou un gentilhomme de plus.* — Une jeune femme de 3/4 tournée à D., en peignoir, les cheveux flottants, les deux mains aux hanches, un pied sur une chaise. A D. un homme vu de dos à moitié, une main contre le battant d'une porte. — A G. **52-63.** — Au-dessous de la légende au M. *Imp. Lemercier, Paris.* = H. 192, L. 162.

« Paris, 29 décembre 1852. »

1449 XIV. — *Le dernier jour de mansarde.* — Une jeune fille de 3/4 tournée à D., assise au coin de son feu et accoudée sur ses genoux, la tête baissée, le menton dans une de ses mains, les pieds sur une chaufferette. — A G. **53-2.** — Au-dessous de la légende au M. *Imp. Lemercier, Paris.* = H. 193, L. 162.

« Paris, 12 janvier 1853. »

1450 XV. — *L'impératrice de toutes les roueries.* — A demi couchée sur un canapé, une femme de 3/4 tournée à G., la tête de face, le dos appuyé contre un coussin, ses deux mains sur sa tête. Au fond à G. sa femme de chambre ouvrant une porte. — En H. à D. **52-6.** — Au-dessous de la légende au M. *Imp. Lemercier, à Paris.* = H. 192, L. 168.

« Paris, 15 janvier 1853. »

1451 XVI. — *Le Père.* — Dans un appartement somptueux, un homme à figure commune, de face, en redingote, un tablier devant lui, les deux mains sur les hanches. — A D. **53-13.** — Au-dessous de la légende au M. *Imp. Lemercier, Paris.* = H. 192, L. 159.

« Paris, 20 janvier 1853. »

1452 XVII. — *La Mère.* — Dans une rue, tournée à D., la tête de 3/4 à G., une vieille femme, en chapeau, boa autour du cou par-dessus un châle blanc; elle tient une canne des deux mains et porte un cabas à son bras. — A G. **53-14.** — Au-dessous de la légende au M. *Imp. Lemercier, à Paris.* = H. 192, L. 159.

« Paris, 22 janvier 1853. »

1453 XVIII. — *Le Frère.* — Sur un boulevard, de 3/4, tourné à D., chapeau gris sur la tête, un cigare à la bouche; il regarde une de ses mains gantées. — A G **53-15.** — Au-dessous de la légende au M. *Imp. Lemercier, Paris,* = H. 194, L. 161.

« Paris, 25 janvier 1853. »

1454 XIX. — *L'Arthur.* — De pr. tourné à D., assis dans un café sur une banquette; il fume sa pipe qu'il tient d'une main. Dans le fond des hommes jouant au billard. — A G. **53-16.** — Au-dessous de la légende au M. *Imp. Lemercier, Paris.* = H. 192, L. 160.

« Paris, 26 janvier 1853. »

1455 XX. — *L'Oiseau de passage.* — Deux personnages étendus de G. à D.: Sur le devant une jeune femme en robe de chambre dans une bergère, la tête vue par derrière posée sur un coussin, et tournée vers un jeune homme qui de l'autre côté de la bergère a la joue appuyée contre le coussin. — Au M. **52-86.** — Au-dessous de la légende au M. *Imp. Lemercier, Paris.* = H. 191, L. 159.

« Paris, 5 février 1853. »

1456 XXI. — *Ça, c'est le chéri à sa chérite.* — Une femme assise sur un canapé, le haut du corps et la tête appuyés à D. contre un coussin. Derrière elle à D. un homme au front chauve, debout, penché en avant, ses mains sur le dossier du canapé, sa tête contre celle de la jeune femme. — A D. **53-62.** — Au-dessous de la légende au M. *Imp. Lemercier, Paris.* = H. 191, L. 161.

« Paris, 7 février 1853. »

1457 XXII. — *Ah! je te prie de croire que l'homme qui me rendra rêveuse pourra | se vanter d'être un rude lapin.* — Deux femmes assises, dont l'une en avant à demi étendue de D. à G. sur un divan, le dos et la tête contre un coussin, les bras croisés. L'autre, à D. de pr. à G., sur une chaise, la tête renversée en arrière. — A D. **53-48.** — Au-dessous de la légende au M. *Imp. Lemercier, Paris.* = H. 191, L. 160.

« Paris, 23 février 1853. »

1458 XXIII. — *M'ame y est pas! | — Cré nom!...... t'as pas cent sous?* — Sur le palier d'un escalier, un homme à figure ignoble, de 3/4 tourné à G., une main sur sa canne, chapeau sur le côté, s'adresse à une bonne dont on aperçoit une partie de la tête derrière une porte qu'elle entr'ouvre. — A D. **53-54.** — Au-dessous de la légende au M. *Imp. Lemercier, à Paris.* = H. 192, L. 161.

« Paris, 27 février 1853. »

1459 XXIV. — *Dites-moi, vieux!.... j'suis négociante..... entre nous, un m'sieu d' Pignonfume, | qui reste ici, c'est-i'...... solvable?* — Une jeune femme à D. de pr. à G. s'adresse à un portier au front chauve. Celui-ci, de 3/4 tourné de son côté, tient d'une main son balai. On lit écrit directement sur le mur en haut : **Parlez au Portier.** — A G. **53-61.** — Au-dessous de la légende au M. *Imp. Lemercier, à Paris.* = H. 192, L 160.

« Paris, 6 mars 1853. »

1460 XXV. — *Ma blanchisseuse!* — A G. un homme de pr. à D. regarde tout ébahi une femme vue de dos sur le second plan se dirigeant vers la G., chapeau avec voile, talma de velours. — A D. **53-66.** — Au-dessous de la légende au M. *Imp. Lemercier, Paris.* = H. 192, L. 161.

« Paris, 12 mars 1853. »

1461 XXVI. — *Dieu! si j'étais née honnête! jamais un homme qui ne m'aurait | pas convenu!..... ne m'aurait été de rien!* — Deux jeunes femmes assises auprès l'une de l'autre. Celle sur le devant, dans un grand fauteuil; elle est de pr. tournée à G., et examine avec attention un bijou qu'elle tient à la main. La seconde à G. et de face lève la tête et les yeux au ciel. — En H. à G. **53-29.** — Au-dessous de la légende au M. *Imp. Lemercier, Paris.* = H. 192, L. 163.

« Paris, 26 mars 1853. »

1462 XXVII. — *Ah ça! voyons, mosieu le Baron, que diable voulez-vous qu'on | fasse de votre confiance, si l'on n'en abuse pas?* — Une jeune femme de 3/4 tournée à D., les bras croisés sur la poitrine, s'adresse à un homme d'un certain âge assis sur une chaise. Celui-ci de pr. a le corps penché en avant, la tête baissée, une main sur son genou, l'autre tenant sa canne dont il mordille le pommeau. — A G. **53-70.** — En B. au-dessous du fil. à D. *Imp. Lemercier, Paris.* = H. 193, L. 161.

« Paris, 13 avril 1853. »

1463 XXVIII. — *J'ai pourtant, chez nous, gardé les dindons!* | — *Et à présent ce sont eux qui te gardent.* — Deux femmes assises sur le gazon au bord d'une petite mare et accoudées sur un tertre. Celle de G. vue de dos et tournée à D. L'autre de face, la tête baissée, une main sur son genou. Leurs chapeaux et ceux de leurs amants à G. sur le tertre. — A G. **53-80.** — En B. au-dessous du fil. à D. *Imp. Lemercier, à Paris.* = H. 191, L. 160.

« Paris, 23 avril 1853. »

1464 XXIX. — *Faut dire que ces bottines-là auront fréquenté pas mal de paires | de bottes!* — Une vieille cuisinière de 3/4 tournée à G. dans sa cuisine, mouchoir autour de la tête, les deux mains sur les hanches; elle est près d'une table où sont posées une paire de bottes et une paire de bottines. — A D. **53-88.** — En B. au-dessous du fil. à D. *Imp. Lemercier, Paris.* = H. 201, L. 161.

« Paris, 29 avril 1853. »

1465 XXX. — *Jeudi, vous dîniez chez Vachette, avec un grand m'sieu.......* | — *Farce. Oui..... c'est le touchant Némorin dont je suis l'Estelle, pour* | *le quart d'heure. Il n'a qu'un œil, cet homme, c'est égal, i'm'déplaît!* — Sur le devant, dans un fauteuil, une jeune femme de 3/4 tournée à G., pose pour un tableau auquel travaille à G. un peintre assis devant son chevalet. — A G. **53-86**. En B. au-dessous du fil. à D. *Imp. Lemercier, Paris.* = H. 191, L. 161.

« Paris, 3 mai 1853. »

1466 XXXI. — *Manman, grand'manman dit que tu dois m'apprendre tout ce qu'elle* | *t'a appris quand t'étais petite.* | — *Eh bien! dis à grand'manman qu'elle aille se faire fiche!* — Une petite fille vue de dos à moitié et tournée à G., les deux mains croisées devant sa poitrine, vis-à-vis d'une jeune femme, ses deux mains sur les hanches. — Au M. **53-90**. — En B. au dessous du fil. à D. *Imp. Lemercier, Paris.* = H. 192, L. 161.

« Paris, 5 mai 1853. »

1467 XXXII. — *Vous connaissez ce cachemire?* | — *Parbleu!.... ce qui vient de la brute retourne au pandour.* — Dans un bal travesti, une jeune femme en costume tyrolien examine avec attention, en le tenant des deux mains, un cachemire qu'un débardeur porte en ceinture. Celui-ci est à D. et vu de dos à moitié. — En H. à G. **53-114**. — En B. au-dessous du fil. à D. *Imp. Lemercier, Paris.* = H. 192, L. 158.

« Paris, 24 mai 1853. »

1468 XXXIII.—*Ah! Pont-à-Mousson est une bien petite ville, mais les hommes* | *n'y sont pas ennuyeux comme ça!* — Une jeune femme en débardeur, accroupie de G. à D. dans une vaste bergère, sur le bras de laquelle elle est accoudée une main contre sa tête. Au fond à D. un homme de pr. assis et mordillant le pommeau de sa canne qu'il tient d'une main. —A D. **53-106**. — En B. au-dessous du fil. à D. *Imp. Lemercier, Paris.* = H. 192, L. 160.

« Paris, 28 mai 1853. »

1469 XXXIV. — *A ta place, moi, je lui reprocherais tous mes torts...... et ça* | *serait fini!* — Deux femmes dont l'une sur le devant est accoudée sur le dossier d'un canapé, le haut du corps et la tête penchés à G. L'autre à D. vue presque de dos et tournée vers son amie. — En H. à G. **53-130**. — En B. au-dessous du fil. à D. *Imp. Lemercier. Paris.* = H. 195, L. 162.

« Paris, 13 juin 1853. »

1470 XXXV. — *Madame de Chateaurouge, s'il vous plaît?* | —*Tiens! c'est mon pierrot!* — Une jeune femme presque de face, en jupon, les deux mains dans un baquet où elle blanchit du linge, tourne la tête à D. vers un jeune homme qui ouvre sa porte. Au fond du linge étendu sur une corde. — A G. **53-128**. — En B. au-dessous du fil. à D. *Imp. Lemercier, Paris.* = H. 201, L. 161.

« Paris, 16 juin 1853. »

1471 XXXVI. — *Pourriez-vous, s'il vous plaît, m'indiquer madame d'Asnières?* | — *Qu'est-ce qu'a fait?* — A D. un jeune homme de pr. à G., un pince-nez devant les yeux, tenant d'une main une badine et levant de l'autre son chapeau, s'adresse à une vieille portière de 3/4 tournée à D., les deux mains dans les poches de son tablier. En H. à G. sur le mur écrit directement : Concierge. — A G. **53-133**. — En B. au-dessous du fil. à D. *Imp. Lemercier, Paris.* = H. 192, L. 162.

« Paris, 19 juin 1853. »

1472 XXXVII. — *Ma poule, on n'est jamais si bien gratté que par soi-même.* — Une jeune femme en peignoir à raies tournée à G., assise sur un canapé, une main derrière le cou. A D. derrière le canapé un jeune homme de 3/4 penché vers elle. — A D. **53-146.** — En B. au-dessous du fil à D. *Imp. Lemercier, Paris.* = H. 195, L. 160.

« Paris, 10 juillet 1853. »

1473 XXXVIII — « *L'amour platonique*..... » *En v'là une pose!* — Deux femmes assises et vues de dos. L'une à D., tournée à G., penchée vers l'autre qui tient des deux mains un livre qu'elle lit. — A G. **53-148.** — En B. au-dessous du fil. à D. *Imp. Lemercier, Paris.* = H. 192, L. 160.

« Paris, 13 juillet 1853. »

1474 XXXIX. — *L'Mosieu de ma drôlesse.* — Dans une promenade publique, un homme d'un âge mûr, pince-nez devant les yeux, les deux mains dans les poches de son paletot. A D. au fond deux jeunes gens se donnant le bras et vus de dos se retournent pour le regarder. — En H. à G. **53-169.** — En B. au-dessous du fil. à D. *Imp. Lemercier, Paris.* = H. 193, L. 162.

« Paris, 27 novembre 1853. »

1475 XL.—........ *Enfin, mon cher, au carnaval suivant je lui donnais un fils | à cet animal. | — Eh bien? | — Eh bien, il n'en a pas voulu!* — Une femme et un jeune homme, tous deux de 3/4 tournés à D., assis côte à côte sur un divan, le dos sur le même coussin, leurs têtes renversées en arrière. La femme sur le devant tient un cigare à la main. Le jeune homme fume le sien. — En H. à D. **53-171.** — En B. au-dessous du fil. à D. *Imp. Lemercier, Paris.* = H. 196, L. 160.

« Paris, 4 décembre 1853. »

LES PETITS MORDENT.

Série de dix lithographies au bas desquelles on lit : *Les petits mordent*, et représentant des personnages à mi-jambes, sauf le n° 2, où ils sont en pied.

1er État. Avant toute lettre. Sans fil.

2e — Celui qui est décrit.

1476 I. — *Rire de la pauvreté, mes bourgeois, ce n'est que méchant; mais | rire de la vieillesse, c'est bête.* — Deux vieux pauvres se donnant le bras se dirigent vers la G. Celui de D., un chapeau déformé sur la tête, est de 3/4; l'autre, de face, a un bonnet de coton. — A G. **53-3.** — Au-dessous de la légende au M. *Imp. Lemercier, Paris.* = H. 193, L. 162.

« Paris, 14 janvier 1853. »

1477 II. — *La madame du pavillon qui met ses bas! | — P'us qu'ça d'quilles.* — Sur un échafaudage, un maçon de 3/4 tourné à G., la truelle à la main. De l'autre côté du mur où il travaille, un second maçon penche le corps en avant en s'appuyant des deux mains sur une des pierres du mur. — A D. **53-42.** — Au-dessous de la légende au M. *Imp. Lemercier, Paris.* = H. 202, L. 160.

« Paris, 16 février 1853. »

1478 III. — *Et ça doit deux termes!* — Un portier de face, la main sur son balai, front chauve, tablier autour du corps. Sur le second plan à D. une femme vue de dos, chapeau avec voile et petit manteau, se dirigeant vers la porte de sortie. — A G. **53-71**. — En B au-dessous du fil. à D. *Imp. Lemercier, Paris.* = H. 192, L. 160.

« Paris, 12 avril 1853. »

1479 IV. — *C'te chaloupe!* — A G. un petit gamin, de 3/4 la tête à D., les deux mains dans les poches de son pantalon, regarde une femme élégamment vêtue, se dirigeant à D., les mains dans un manchon d'hermine. — A G. **53-74**. — En B. au-dessous du fil. à D. *Imp. Lemercier, Paris.* = H. 191, L. 160.

« Paris, 15 avril 1853. »

1480 V. — *Un' poupée comme ça vaut cher....... à cause du taffetas!* — Dans une rue, une vieille femme de face, la tête de pr. à G., une main à la hanche, un coude appuyé sur l'anse d'un panier posé sur une borne. Au fond à G. une dame en chapeau à plumes se dirige vers la D. — A D. **53-73**. — En B. au-dessous du fil. à D. *Imp. Lemercier, Paris.* = H. 194, L. 160.

« Paris, 17 avril 1853. »

1481 VI. — *La moustache et pas de régiment!...... mais pourvu qu'on paie | la goutte aux anciens...... pas vrai, colonel?* — A D., un homme en guenilles, calotte sur la tête, vu de dos à moitié et tourné à G., s'adresse à un jeune élégant de face, une main appuyée sur sa canne. — A G. **53-76**. — En B. au-dessous du fil. à D. *Imp. Lemercier, Paris.* = H. 192, L. 160.

« Paris, 18 avril 1853. »

1482 VII. — *..... Sans compter que des fois n'y a pas de quoi chez nous pour un pot- | au-feu..... et Mosieu portera un paletot de drap double! | — Jésus! un paletot de gras-double!* — Dans une rue deux femmes du peuple de pr. vis-à-vis l'une de l'autre. Celle de G. un bonnet sur la tête, les bras croisés. La seconde vue de dos à moitié, mouchoir noué autour de la tête, ses deux mains par derrière au-dessous des reins. — A G. **53-108**. — En B. au-dessous du fil. à D *Imp. Lemercier, Paris.* = H. 193, L. 161.

« Paris, 20 mai 1853. »

1483 VIII. — *Des carottes! Combien qu'y en a, des bourgeois, et des huppés, | qui ne vivent que de ça?* — Vieille fruitière de face, assise devant son auvent, mouchoir noué sur la tête; elle tient dans chaque main une carotte. — A D. **53-127**. — En B. au-dessous du fil. à D. *Imp. Lemercier, Paris.* = H. 192, L. 161.

« Paris, 10 juin 1853. »

1484 IX. — *Du malheureux monde comme ça, ça n'y voit que d'un œil.... | et'core pas sans lucarne!* — Un ouvrier de 3/4 tourné à D., la tête de pr., les bras croisés sur la poitrine. Au fond des promeneurs, parmi lesquels, à D. au second plan, deux jeunes gens dont l'un vu de dos, chacun un lorgnon devant l'œil. — Au M. **53-122**. — En B. au-dessous du fil. à D. *Imp. Lemercier, Paris.* = H. 192, L. 161.

« Paris, 28 septembre 1853. »

1485 X. — *Les Bourgeois!.... | — Quel vénérable troupeau de muf'es!* — Deux mauvais drôles, côte à côte et tournés à D., dans une prison. Celui de G. les mains dans les poches de son pantalon. L'autre de 3/4 la tête presque de face, les deux mains devant la poitrine passées dans les manches de sa veste. — En H. à G. **53-176**. — En B. au-dessous du fil. à D. *Imp. Lemercier, Paris.* = H. 205, L. 163.

« Paris, 23 novembre 1853. »

PIANO.

Série de dix lithographies au bas desquelles on lit : *Piano*. Les nos 9 et 10 n'ont pas été publiés dans *Paris* (Journal) et n'ont été ajoutés à cette suite que lorsqu'elle a paru en album. Toutes ces pièces représentent des personnages à mi-corps ou à mi-jambes.

1er État. Avant toute lettre. Sans fil.
2e — Celui qui est décrit.

1486 I. — *Mon morceau.* — A G. une jeune femme chantant en s'accompagnant au piano. Sur la tablette du piano son mouchoir et son éventail. Près d'elle l'auteur du morceau, debout et les yeux baissés, un cahier de musique à la main. — A G. **53-23**. — Au-dessous de la légende au M. *Imp. Lemercier, Paris.* = H. 192, L. 160.

« Paris, 29 janvier 1853. »

1487 II. — « *Peti.... tefleue.. ... des champs,*
toujoue.... toujoue.... cachée.... »
Un homme de pr. tourné à G. s'accompagne au piano en chantant. Front dégarni, collier de barbe. Au fond des auditeurs assis. — A D. **53-33**. — Au-dessous de la légende au M. *Imp. Lemercier, à Paris.* = H. 200, L. 161.

« Paris, 6 février 1853. »

1488 III. — *L'Orage.* — Un homme jouant du piano. Il est de pr. tourné à D. la tête et le corps penchés du même côté, les yeux levés au ciel, moustaches et barbiche noires. Sur le piano une soucoupe à glace avec cuiller. Au fond des dames assises et un homme debout. — A G. **52-34** — Au dessous de la légende au M. *Imp. Lemercier, Paris.* = H. 193, L. 162.

« Paris, 10 février 1853. »

1489 IV. — *L' piano, dans un ménage, c'est plus cher que l' pain.. .., mais | c'est flatteur.* — Un ouvrier de 3/4 tourné à D. la tête presque de face, l'épaule appuyée à G. contre un buffet, sa pipe à la main. Au fond à D. sa fille jouant du piano. De l'autre côté la mère dont on aperçoit la tête. — A G. **53-65**. — Au-dessous de la légende au M. *Imp. Lemercier, à Paris.* = H. 192, L. 162.

« Paris, 9 mars 1853. »

1490 V. — *L'appartement est un bijou!.. et la maison! Mosieu.... pas d'enfants, | — pas de chiens, pas de pianos!* — A G. une portière de 3/4 à D., les mains dans les poches de son tablier, en face d'un homme âgé vu de dos, en paletot clair. En H. sur le mur écriteau portant écrit directement : **Appartement à louer**. — A D. **53-142**. — En B. au-dessous du fil. à D. *Imp. Lemercier, Paris.* = H. 194, L. 161.

« Paris, 3 juillet 1853. »

1491 VI. — *Ma « Promenade au bord du lac »* — Un homme de pr. tourné à D., la tête penchée de côté, jouant du piano. Front dégarni, moustaches. Rideau derrière le piano. — A D. **53-145**. — En B. au-dessous du fil. à D. *Imp. Lemercier, Paris.* = H. 192, L. 161.

« Paris, 6 juillet 1853. »

1492 VII.—*Je suis comme ce personnage d'Henry Monnier, qui n'aime pas les | épinards. Je n'aime pas le piano, et j'en suis content, parce que si j'aimais | le piano, ma femme jouerait du cor de chasse.........*—Un homme de face, riant en se tenant les côtes. A D. derrière lui sa femme de pr. à G. jouant du piano. — En H. à D. **53-144**. — En B. au-dessous du fil. à D. *Imp. Lemercier, Paris.* = H. 192, L. 162.

« Paris, 8 juillet 1853. »

1493 VIII. — *Ma'm'selle chante : nous aurons de l'eau.* — Une bonne de face, tenant des deux mains une assiette avec un verre d'eau sucrée Au fond à G. la demoiselle à son piano. — A G. **53-177**. — En B. au-dessous du fil. à D. *Imp. Lemercier, Paris.* = H. 203, L. 162.

« Paris, 21 novembre 1853. »

» *IX. — *Le Morceau de ma fille.*

» *X. — *Le maître d'harmonie de ma fille a raison : son frac est trop large | dans le dos.*

Voir ci-après la description de ces deux planches sous la rubrique : *Piano*, dans *Masques et visages*, à la section : *Sujets divers*, subdivision : *Suites publiées isolément*.

LES PROPOS DE THOMAS VIRELOQUE.

Série de vingt lithographies au bas desquelles on lit : *Les Propos de Thomas Vireloque*. Les nos 2, 3, 4 et 5 n'ont pas été publiés dans *Paris* (Journal) et n'ont été ajoutés à cette suite que lorsqu'elle a paru en album.

1er État. Avant toute lettre. Sans fil.
2e — Celui qui est décrit.

1494 I. — *L'homme, ça mange les moutons, comme fait le loup, et ça bêle comme le mouton, | et touche à tout....... Misère-et-corde!* — De pr. tourné à D., la tête de 3/4, Thomas Vireloque, les deux mains appuyées sur son bâton. Il est borgne, des lunettes sur le front, barbe et cheveux en désordre, une faucille pendue à sa ceinture. Dans le fond à D. un jeune homme se dirigeant vers la G. porte sur sa tête une planche où sont des statuettes en plâtre. — A G. **51-51**. — Au-dessous de la légende au M. *Imp. Lemercier, Paris.* = H. 200, L. 161.

« Paris, 20 octobre 1852. »

Cette planche, ayant été brisée, a été remplacée par une copie faite avec soin et portant les mêmes chiffres en B. à G.; mais elle n'est point de la main de Gavarni, et on s'en aperçoit facilement en la comparant à l'original, dont le travail est bien supérieur. Les différences les plus apparentes sont dans la tête et les mains de Vireloque, la tête du jeune homme et les statuettes.

» *II. — *Madame la femme : une altesse qui n'a pas sa plus triomphante; | mais lui faut plein son giron de secrets de Polichinelle.*

» * III. — *Belle créature! et pas de corset.*

» * IV. — *Misère-et-corde! jeune enfance!.... c'est déjà des histoires pour | des toupies!*

» * V. — *Y avait la parole, y a eu l'imprimerie; misère-et-corde! ne manquait plus que | ce fil-fer du diable à la menterie humaine pour vous arriver des* (sic) *longueur aussi | raide qu'un tonnerre.*

Voir ci-après la description de ces quatre planches sous la rubrique : *Les Propos de Thomas Vireloque*, dans *Masques et Visages*, à la section : *Sujets divers*, subdivision : *Suites publiées isolément.*

1495 VI. — *Sa Majesté le roi des animaux.* — Thomas Vireloque, de face, accoudé à D. sur une palissade, un doigt dans sa bouche. A ses pieds à D. un homme couché cuvant son vin, une bouteille près de lui. — A D. **51-25**. — Au-dessous de la légende au M. *Imp. Lemercier, à Paris.* = H 201, L. 160.

« Paris, 30 octobre 1852 »

1496 VII. — *Misère-et-corde! faut pas chagriner ces petits mondes-là, des animaux | comme nous autres :..... ça se dévore entre soi.* — Quatre enfants des rues sont groupés autour d'un pauvre rat que l'un d'eux, à genoux à D. et tourné à G., tient en l'air par la queue. Un autre à G., également à genoux, est armé d'une pincette. Derrière lui un troisième est debout, une baguette à la main. Au-dessus d'un mur derrière eux apparaît Thomas Vireloque. — A D. **51-50**. — Au dessous de la légende au M. *Imp. Lemercier, Paris.* = H. 201, L 162.

« Paris, 2 novembre 1852. »

1497 VIII. — *... N'y a sous la t...oiture du ciel que le doux jus ... du vin .... pè.ère Vireloque.... | — Pour rendre un animal comme ça plus sauvage que naturellement.* — Thomas Vireloque à G., vu de dos et tourné à D. En face de lui, un chiffonnier ivre s'appuie contre un mur pour se soutenir. — A D. **51-40**. — Au-dessous de la légende au M. *Imp. Lemercier, à Paris.* = H. 189, L. 160.

« Paris, 15 novembre 1852 »

1498 IX. — .... *L'homme est le chef-d'œuvre de la création! | — Et qui a dit ça? l'homme.* — Dans la campagne, un homme vu de dos à moitié et tourné à D. lève une main au-dessus de sa tête et de l'autre tient un livre et son chapeau; manteau noir sur ses épaules. A D. et de face, assis sur un tertre, Thomas Vireloque, les bras croisés sur ses genoux. — A G. **51-46**. — Au-dessous de la légende au M. *Imp. Lemercier, à Paris.* = H. 190, L. 160.

« Paris, 24 octobre 1852. »

1499 X. — *L'histoire ancienne, mes agneaux, c'est mangeux et mangés; blagueux et | blagués, c'est la nouvelle.* — Vers la G. Thomas Vireloque vu de dos au fond des collégiens en promenade à la campagne, assis ou étendus sur l'herbe. Au milieu d'eux le maître qui les conduit est debout, un livre à la main. — A G. **52-45**. — Au-dessous de la légende au M. *Imp. Lemercier, Paris.* = H. 190, L. 160.

« Paris, 13 novembre 1852. »

1500 XI. — *Frères, possible! mais pour cousins : pas cousins!* — Thomas Vireloque, vu de dos à moitié et tourné à D., appuyé sur son bâton, considère deux hommes qui se sont pris de dispute en buvant, et se battent à coups de poing, renversant le banc sur lequel ils étaient assis. Derrière eux un cabaret de campagne sur le mur duquel on lit écrit directement : **Au randé-vou | de la | fraternité.** — A D. **53-94.** — En B. au-dessous du fil. à D. *Imp. Lemercier, Paris.* = H. 201, L. 161.

« Paris, 7 mai 1853. »

1501 XII. — *Ego! ego! ego! ..... tous égaux.* — A D. Thomas Vireloque de pr. à G., assis sur un tertre, regarde un homme pérorant au milieu de quatre autres. Derrière eux le mur d'un cabaret de village. — A D. **53-101.** — En B au-dessous du fil. à D. *Imp. Lemercier, Paris.* = H. 200, L. 160.

« Paris, 11 mai 1853. »

1502 XIII. — *Mathieu n'a que ça pour lui : ne sait pas lire.* — Thomas Vireloque de face, tenant son bâton d'une main et de l'autre montrant du pouce à D. derrière lui un paysan vu de dos et tourné à G. — A G. **53-104.** — En B. au-dessous du fil. à D. *Imp. Lemercier, Paris.* = H. 202, L. 161.

« Paris, 13 mai 1853. »

1503 XIV. — *Ça n'a encore été éduqué aucunement...... et déjà stupide!* — A G Thomas Vireloque de pr. à D., assis sur un tertre, ses mains posées sur un panier plein d'herbes. Debout devant lui un petit paysan vu de dos à moitié et tourné à G., les mains dans les poches de son pantalon. — A D. **53-97** — En B. au-dessous du fil. à D. *Imp. Lemercier, Paris.* = H. 201 L. 160.

« Paris, 19 mai 1853. »

1504 XV. — *Les cerveaux, c'était fêlé.... mais les flacons!* — Deux hommes séparés par une table se battent après boire à coups de bouteille. L'un est renversé, et le banc sur lequel il est assis brisé. Au fond, derrière une palissade, Thomas Vireloque les regarde. — A G. **53-111.** — En B. au-dessous du fil. à D. *Imp. Lemercier, Paris.* = H. 192, L. 162.

« Paris, 22 mai 1853. »

1505 XVI. — « *La jeune Europe* »..... *une jeunesse de soixante ans! et fatiguée.* — Thomas Vireloque, couché de D. à G. par terre sur le ventre, dans la campagne, la tête de face, les deux coudes sur un journal, son menton entre les deux mains. — A G. **53-9.** — En B. au-dessous du fil à D. *Imp. Lemercier, Paris.* = H. 203, L. 163.

« Paris, 26 mai 1853. »

1506 XVII. — *Le nouveau seigneur de la terre...... pas fier avec le vilain, lui, et ne | chiffonnera nullement les fillettes..... mais ne faudra point manquer de | pistoles aux fermages ou gare les vaches!* — A D. Thomas Vireloque, de pr. à G., assis sur un tronc d'arbre, les deux mains sur son bâton, considère un paysan en bonnet de coton, vu de dos, qui surveille une coupe de bois. — Sur le tronc d'arbre **53-120.** — En B. au-dessous du fil. à D. *Imp. Lemercier, Paris.* = H. 200, L. 160.

« Paris, 4 juin 1853. »

1507 XVIII. — *Ne faut pas baguenauder dans le bois, mon doux Mosieu : y a des louveteaux, | dont la maman raffole de côtelettes de mouton.... en papillotes.*

— Thomas Vireloque presque de face, tenant derrière lui des deux mains son bâton en travers. Vis-à-vis de lui à D. un jeune homme vu de dos et tourné à G, en costume de chasse, le fusil sous le bras. — A D. **53-134.** — En B. au-dessous du fil. *Imp. Lemercier, Paris.* = H. 200, L. 157.

« Paris, 23 juin 1853. »

1508 XIX. — *Quand le Figaro devient vieux.... se fait Bazile*(sic). - A G. Thomas Vireloque de 3/4 à D., dans une rue, tenant son bâton des deux mains en travers derrière lui. Au second plan, un homme vu de dos et se dirigeant à D., la tête baissé, une main dans la poche de derrière de sa redingote; longs cheveux, chapeau à grands bords et de forme conique. — A D. **53-138.** — En B. au-dessous du fil. à D. *Imp Lemercier, Paris.* = H. 202, L. 162.

« Paris, 29 juin 1853. »

1509 XX. — *Faut voir mon Sieur Michel payer les gages à son domestique.* — Thomas Vireloque, vu de dos tourné à D., regarde un paysan battant à coups de bâton un âne succombant sous le poids d'une charge de foin. — A D. **53-140.** — En B. au-dessous du fil à D. *Imp. Lemercier, Paris.* = H. 203, L. 164.

« Paris, 1er juillet 1853. »

PARIS COMIQUE.

Cinq lithographies faisant partie d'une suite de pièces dessinées par divers artistes, et publiées dans *Paris comique, Revue amusante des caractères, mœurs, modes, folies, ridicules, excentricités, niaiseries, bêtises, sottises, voleries et infamies parisiennes. Paris, Aubert*, 1844, in-4° à 2 col.

» *Mais permettez, mon cher monsieur, j'ai dejà eu l'honneur de vous faire observer que...*— Même planche que le n° 6 de *Transactions.* Voir ci-dessus la description, sous cette rubrique, dans *le Charivari*, même section, même subdivision.

» *Ratification des traités.* — Même planche que le n° 19 de *Politique des femmes.* Voir ci-dessus la description, sous cette rubrique, dans *le Charivari,* même section, même subdivision.

» *Un portrait flatté.* — Même planche que le n° 5 de *Croquis fantastiques.* Voir ci-dessus la description, sous cette rubrique, dans *le Charivari,* même section, même subdivision.

» *Ruse et confiance.* — Voir ci-dessus la description de cette pièce, sous la rubrique : *Camaraderies,* dans *la Caricature* (2e publication), même section, même subdivision.

» *Communication des pièces.* — Même planche que le n° 6 de *Politique des femmes.* Voir ci-dessus la description, sous cette rubrique, dans *le Figaro,* même section, même subdivision.

PARIS ÉLÉGANT.

Deux lithographies faisant partie d'une suite de pièces dessinées par divers artistes et publiées dans *Paris élégant, Journal des modes,* paraissant trois fois par mois, par livraison in-8°. Le 1er numéro est du 16 septembre 1837; le dernier, du 30 septembre 1840. Ce journal fut alors fondu avec un autre, et sa publication eut lieu, le 10 octobre suivant, sous le titre : *Longchamps et Paris élégant réunis, Revue des modes, des salons, des théâtres, de la littérature.*— Voir ci-après la description de ces deux planches, à la section : *Costumes et modes*, sous la rubrique : *Paris élégant*

PSYCHÉ.

Dix lithographies faisant partie d'une suite de pièces dessinées pour *Psyché, Journal de modes, littérature, théâtres et musique*, paraissant tous les jeudis par livraison in-8°, à partir du 12 juin 1834. Ce journal fut d'abord publié sous le titre : *La Toilette de Psyché, Journal de modes, sciences, littérature et beaux-arts*, qu'il conserva jusqu'à la fin de 1834.

» CXXXI. — COSTUMES RICHARD LAURENT, *tailleur du roi, au Palais-Royal* (etc.).

» CXXXIII. — LA FÉE DE SALON.

» CXXXV. — (TRAVESTISSEMENT ESPAGNOL.)

» CXXXVII. — LE MULETIER, *costume d'artiste.*

» CXLIV. — (MODÈLES DE BIJOUX ET AUTRES OBJETS DE MODE.)

» CLIII. — (MODES DU MAGASIN DE LUCY HOCQUET.)

Voir ci-après la description de ces six planches, sous la rubrique : *Psyché*, à la section : *Costumes et Modes.*

» CLVII. — LA PRINCESSE HÉLÈNE, DUCHESSE D'ORLÉANS. — Voir la description de cette pièce à la section : *Portraits.*

» CLXXXIX. — PATRONNE DE BATEAU.

» CXCII. — LE MAJO.

» CCXLIV. — ESPAGNOLE.

Voir ci-après la description de ces trois pièces, sous la rubrique : *Psyché*, à la section : *Costumes et Modes.*

Indépendamment des lithographies publiées avec le texte, chaque numéro du journal *Psyché* était accompagné d'un costume de mode complet, découpé et s'adaptant à une figurine de femme en pied, également découpée. Gavarni a lithographié cette figurine et un certain nombre de ces costumes, ainsi que deux affiches annonçant cette publication. Nous donnons la description de ces pièces sous la rubrique : *Psyché*, à la section : *Costumes et Modes.*

LA RENAISSANCE.

Deux lithographies faisant partie d'une suite de pièces dessinées par divers artistes pour *la Renaissance, journal de modes et de commerce*, paraissant d'abord trois fois, puis deux fois chaque mois, par livraison in-8°, à partir de 1840. — Voir ci-après la description de ces deux lithographies, sous la rubrique : *La Renaissance*, à la section : *Costumes et Modes.*

REVUE CAMBRÉSIENNE.

Série de douze lithographies faisant partie d'une suite de pièces dessinées par divers artistes, et publiées dans la *Revue cambrésienne, Journal des intérêts du nord de la France, agriculture, industrie, histoire locale, sciences, beaux-arts, instruction publique*, paraissant à Cambrai une fois par semaine, par livraison grand in-8°, à partir de 1836.—Voir ci-après la description de ces douze lithographies, sous la rubrique : *Fashionables*, à la section : *Costumes et modes.*

REVUE DES PEINTRES.

Deux lithographies faisant partie d'une suite de pièces dessinées par divers artistes pour la *Revue des Peintres, Copies de tableaux, aquarelles et dessins des artistes modernes, accompagnées de note* (sic) *explicative et biographique*, paraissant une fois par mois, par livraison in-4°, à partir du mois de mai 1834. Il n'existe de texte que pour les livraisons publiées depuis juillet 1836. Les livraisons antérieures composent un album dont on trouve la table à la fin du 1er volume (Paris), Aubert, 1837, le seul qui existe à la Bibliothèque nationale. — Ces deux lithographies sont chacune entourées de deux fil. En H. au-dessus des fil. à G. *Revue des Peintres.* A D. le numéro d'ordre de la pièce.

1510 VIII.—MASCARADE, | *d'après une aquarelle appartenant à l'auteur.* — Figures à mi-jambes. Dans un bal travesti, deux personnages de face : Un Pierrot, la tête de pr. tournée à D. et ornée d'un faux nez, donne le bras à une femme en costume de fantaisie, un loup sur le visage. Elle est à D., et, tout en causant, elle glisse la main dans la poche du Pierrot. — A D. **Gavarni.** — En H. au-dessus du fil. à D. *Pl.* 8. En B. au-dessous des fil. à G. *Gavarni.* A D. *Lith. Delannois, rue du Bouloi,* 19. = H. 155, L. 128.

« Revue des Peintres, 2e livraison. »

1511 CCVII. — *Mon bel ange, baisez-moi.* — A G. une jeune femme de pr. à D. à genoux près d'un lit, les deux mains contre sa poitrine, devant un petit enfant en chemise qui vient de quitter son berceau et s'avance vers elle — A G. **Gavarni. 211.**— En H. au-dessus des fil. au M. *Gavarni* (*aquarelle*). A D. 207. En B. au-dessous des fil. à G. *Gavarni lith.* A D. *Imp. d'Aubert et Cie.* = H. 125, L. 167.

« Revue des Peintres, 1er vol. »

1er État. Avant toute lettre.
2e — Celui qui est décrit.
3e — Sans fil. En H. Au-dessus du T. C. au M. *La Morale en images*, n° 20. A G. 3. En B. au-dessous du T. C. à G. *Gavarni lith.* — A D. *Imp. d'Aubert et Cie*, et plus B. ....*Et se faisant petite pour un petit enfant, elle me reçut souriante dans ses bras*.,......

REVUE ET GAZETTE MUSICALE.

Cinquante-trois lithographies faisant partie d'une suite de pièces dessinées par divers artistes pour la *Revue et Gazette musicale*, publiée à Paris une fois chaque semaine, par livraison in-4°, d'abord sous le titre : *Gazette musicale de Paris*, dont le 1er numéro est du 5 janvier 1834.

MUSICIENS COMIQUES OU PITTORESQUES.

Série de vingt-huit pièces numérotées de 1 à 12 et de 14 à 29, représentant des personnages à mi-corps ou à mi-jambes. Chacune de ces pièces est entourée de trois fil. En H. au-dessus des fil. au M. *Musiciens comiques ou pittoresques.* (Sur les n°s 10 et 18 : *Musiciens comiques et pittoresques.*) Au-dessous le numéro d'ordre de la pièce. A G. *Revue et Gazette musicale*, et à D. le numéro de la livraison de cette Revue, sauf sur le n° 2, où ces deux indications n'existent pas. En B. au M. entre le T. C. et le premier fil. *Par Gavarni.* Au-dessous du titre indicatif du sujet à G. *Bureaux*, 97, *rue Richelieu.*

1512 N° I. — L'ORCHESTRE AMBULANT. — Un homme de 3/4 à G., la tête de pr., des sonnettes à son chapeau, frappant d'une main des cymbales, et de l'autre une grosse caisse suspendue devant lui ; il joue en même temps d'une flûte de Pan placée dans sa cravate Au fond, des maisons. — A D. **43-150**. — Livraison : *n°* 2. A D. au dessous du titre *Imprimé par Lemercier.* = H. 191, L. 148.

« Revue (etc.), 14 janvier 1844. »

1er État. Avant toute lettre.
2e — Avant *Revue* (etc.) et le n° de la livraison.
3e — Celui qui est décrit.

1513 N° II. — LE BOBRE | *de l'île Maurice.* — Un nègre en veste blanche presque de face, la tête tournée à D., tenant d'une main un instrument formé d'une vessie placée entre le bois d'un arc et sa corde tendue, sur laquelle il frappe avec un petit bâton. — A G. **44-4.** — A D. au-dessous du titre *Imp. par Lemercier.* = H. 191, L. 143.

« Revue (etc.), 28 janvier 1844. »

1er État. Avant toute lettre.
2e — Avant *Revue* (etc.) et le n° de la livraison.
3e — Celui qui est décrit.

1514 N° III. — LE MARQUIS D'A(R)GENTCOURT. — Chanteur des rues de pr. à D., ses mains dans les poches de son gilet, un violon avec son archet sous le bras; habit noir à la française, jabot et manchettes. — A D. **44-23**. — Livraison : *n°* 6. Au-dessous du titre à D. *Lith. de Thierry frères à Paris.* = H. 192, L. 148.

« Revue (etc.), 11 février 1844. »

1er État. Avant toute lettre.
2e — Avant les inscriptions du H.
3e — Celui qui est décrit.

1515 N° IV. — LA CHANTEUSE DES CAFÉS. — Jeune fille jouant du violon, de 3/4 tournée à G., la tête de face, châle sur les épaules, tablier noir. — A G. **44-19**. — Livraison : *n°* 10. Au-dessous du titre à D. *Imp. par Thierry frères, à Paris.* = H. 189, L. 149.

« Revue (etc.), 10 mars 1844. »

1er État. Avant toute lettre.
2e — Avant *Revue* (etc.) et le n° de la livraison.
3e — Celui qui est décrit.

1516 N° V. — LA TROMPE. — Un piqueur de pr. tourné à D. tenant d'une main sa trompe, et de l'autre un flacon dont il avale le contenu. — A D. **43-158**. —

Livraison : *n*° 12. Au-dessous du titre à D. *Imp. par Thierry frères, à Paris.* = H. 191, L. 148.

« Revue (etc.), 24 mars 1844. »

1er État. Avant toute lettre.
2e — Celui qui est décrit.
3e — En H. au-dessus des fil. au M. *Le joyeux chasseur,* | *dédié à son ami Corradi.* Entre le premier et le deuxième fil. *pour voix de basse.* En B. au M. entre le premier et le deuxième fil. *Par Gavarni.* Au-dessous des fil. *Paroles de M***,* | *musique de Richard Mulder.* | *Paris, Maurice Schlesinger, rue Richelieu,* 97. *Berlin, A. M. Schlesinger.*

1517 N° VI.—SAUVAGE DE N'IMPORTE OU, | ET TAMBOUR DE LA GARDE NATIONALE.— Un homme de face, déguisé en sauvage, longue barbe, coiffure en plumes, jouant des cymbales. — A D. **44-10.** — Livraison : *n*° 14. Au-dessous du titre à D. *Imp. par Thierry frères, à Paris.* = H. 191, L. 148.

« Revue (etc.), 7 avril 1844. »

1er État. Avant toute lettre.
2e — Celui qui est décrit.

1518 N° VII. LE MARCHAND DE ROBINETS.—Vu de dos en partie et tourné à G., une fontaine suspendue à ses épaules, il sonne de la trompette. — A G. **44-12.** — Livraison : *n*° 17. Au-dessous du titre à D. *Imp. par Thierry frères, à Paris.* = H. 191, L. 148

« Revue (etc.), 28 avril 1844. »

1er État. Avant toute lettre.
2e — Celui qui est décrit.

1519 N° VIII. — LE FLAGEOLET.—Vieux bonhomme presque de face et tourné à D. jouant du flageolet. Derrière lui sa femme, un grand chapeau sur la tête, portant sous le bras une chaufferette en terre. — A D. **43-156.** — Livraison : *n*° 20. Au-dessous du titre à D. *Imp. par Thierry frères, à Paris.* = H 190, L. 149.

« Revue (etc.), 19 mai 1844. »

1er État. Avant toute lettre.
2e — Celui qui est décrit.

1520 N° IX. — LE CORNET DU PASTEUR | *dans les Pyrénées.* — De face, la tête de pr. à G., un berger sonnant de la corne, la main sur un bâton ; grand manteau blanc, béret. — A D. **43-160.** — Livraison : *n*° 21. Au-dessous du titre à D. *Imp. par Thierry frères, à Paris.* = H. 191, L. 147.

« Revue (etc.), 26 mai 1844. »

1er État. Avant toute lettre. Sans fil.
2e — Celui qui est décrit.

1521 N° X. — IL SIGNOR SMORFIA. — Grimacier en costume du XVIIIe siècle, larges lunettes sans verres sur le nez, perruque noire ébouriffée. Il est de face la tête tournée à D., et racle d'un violon dont les cordes reposent sur une vessie. — A G. **44-3.** — Livraison : *n*° 18. Au-dessous du titre à D. *Imp. par Thierry frères, à Paris.* = H. 192, L. 150.

« Revue (etc.), 5 mai 1844. »

1er État. Avant toute lettre.
2e — Celui qui est décrit.

1522 N° XI.—LA MUSETTE.—Un paysan de 3/4 tourné à G., les doigts sur une musette dont il tient l'outre sous le bras et dont il s'apprête à jouer. — A D. **43-157**. — Livraison : *n*° 22. Au-dessous du titre à D. *Imp. par Thierry frères, à Paris.* = H. 191, L. 148.

« Revue (etc.), 2 juin 1844. »

1er État. Avant toute lettre.
2e — Celui qui est décrit.

1523 N° XII.—LA TROMPETTE DE PAILLASSE. — Pitre en costume de paillasse de 3/4 tourné à G., une main appuyée sur sa trompette posée sur une table de bateleur. — A D. **44-1**. — Livraison : *n*° 23. Au-dessous du titre à D. *Imp. par Thierry frères, à Paris.* = H. 191, L. 148.

« Revue (etc.), 9 juin 1844. »

1er État. Avant toute lettre.
2e — Celui qui est décrit.

1524 N° XIV. — LE TSING. — Un Chinois presque de face tourné à D., une main sur le haut du manche d'une guitare du pays posée sur un tabouret. — A D. **44-20**. — Livraison : *n*° 24. Au-dessous du titre à D. *Imp. par Thierry frères, à Paris.* = H. 191, L. 150.

« Revue (etc.), 16 juin 1844. »

1er État. Avant toute lettre.
2e — Celui qui est décrit.

1525 N° XV.—LA FLUTE.—Un homme presque de face la tête penchée à G. joue de la flûte d'une façon grotesque. Front chauve, cravate, gilet et pantalon blancs. —A G. **44-39**. —Livraison : *n*° 26. Au-dessous du titre à D. *Imp. par Thierry frères, à Paris.* = H. 194, L. 152.

« Revue (etc.), 30 juin 1844. »

1er État. Avant toute lettre.
2e — Celui qui est décrit.

1526 N° XVI.—L'ORGUE DE BARBARIE.—Un joueur d'orgue tournant la manivelle de son instrument, qu'il porte suspendu devant lui. Il est de face, tout le corps penché à D. — A D. **44-48**. — Livraison : *n*° 29. Au-dessous du titre à D. *Imp. par Thierry frères, à Paris.* = H. 191, L. 151.

« Revue (etc.), 21 juillet 1844. »

1er État. Avant toute lettre.
2e — Celui qui est décrit.

1527 N° XVII. — LE TAM-TAM DE L'ILE MAURICE. — Un nègre à cheval sur un tambour qu'il frappe des deux mains. Il est de pr. tourné à D., brûle-gueule à la bouche, gourde pendue au côté. — A G. **44-9**. — Livraison : *n*° 31. Au-dessous du titre à D. *Imp. par Thierry frères, à Paris.* = H. 191, L. 149.

« Revue (etc), 4 août 1844. »

1er État. Avant toute lettre.
2e — Celui qui est décrit.

1528 N° XVIII —IMPROVISATIONS MÉLANCOLIQUES.— Un homme de pr. à D. assis sur un tabouret devant un piano droit et jouant avec une expression grotesque. — A D. **44 | 55.** — Livraison : *n*° 34. Au-dessous du titre à D. *Imp. par Thierry frères.* = H. 188, L. 149.

« Revue (etc.), 25 août 1844. »

1er État. Avant toute lettre.
2e — Celui qui est décrit.

1529 N° XIX. — TAMBOUR DE VILLAGE. — De face, en bonnet de coton et battant de la caisse; lunettes sur le nez, papier plié passé sous le baudrier qui soutient sa caisse. — A G. **44-56.** — Livraison : *n*° 36. Au-dessous du titre à D. *Imp. par Thierry frères, à Paris.* = H. 190, L. 152.

« Revue (etc.), 8 septembre 1844. »

1er État. Avant toute lettre.
2e — Celui qui est décrit.

1530 N° XX. — MOYEN AGE. — Un homme en costume du XVe siècle, toque à plume, de face tourné à D., sonnant du cornet, une main sur sa hanche.— A G. **44-41.** — Livraison : *n*° 38. Au-dessous du titre à D. *Imp. par Thierry frères, à Paris.* = H. 189, L. 151.

« Revue (etc.), 22 septembre 1844. »

1er État. Avant toute lettre.
2e — Celui qui est décrit.

1531 N° XXI.—LE MÉNÉTRIER.— De pr. tourné à G., un vieux paysan en veste blanche, jouant du violon. — A D. **44-49.** — Livraison : *n*° 40. Au-dessous du titre à D. *Imp. par Thierry frères à Paris.* = H. 191, L. 152.

« Revue (etc.), 9 octobre 1844. »

1er État. Avant toute lettre.
2e — Celui qui est décrit.

1532 N° XXII. — L'HARMONICA. — Jeune fille coiffée d'un mouchoir et jouant d'un harmonica contenu dans une boîte suspendue devant elle. Elle est de pr. à D. — A D. **44-51.** — Livraison : *n*° 42. Au-dessous du titre à D. *Imp. par Thierry frères, à Paris.* = H. 190, L. 150.

« Revue (etc.), 20 octobre 1844. »

1er État. Avant toute lettre.
2e — Celui qui est décrit.

1533 N° XXIII. — CLARINETTE. — Un vieux bonhomme de pr. tourné à D., jouant de la clarinette, bonnet de soie noire sur la tête. — A G. **44-40.** — Livraison : *n*° 45. Au-dessous du titre à D. *Imp. par Thierry frères, à Paris.* = H. 189, L. 152.

« Revue (etc.), 10 novembre 1844. »

1er État. Avant toute lettre.
2e — Celui qui est décrit.

1534 N° XXIV. — ORCHESTRE ET THÉATRE AMBULANT. — Petit garçon de 3/4 à D., une flûte sous son bras, une main dans sa poche, et tenant de l'autre une corde passée sur son épaule, et à laquelle est suspendue une planche avec deux marionnettes. — A G. **44-57.** — Livraison : *n*° 48. Au-dessous du titre à D. *Imp. par Thierry frères, Paris.* = H. 190, L. 150.

« Revue (etc.), 1er décembre 1844. »

1er État. Avant toute lettre.
2e — Celui qui est décrit.

1535 N° XXV. — LES CASTAGNETTES. — Paysan basque de 3/4 à D., dansant en jouant des castagnettes. — A D. **44-21**. — Livraison : *n°* 49. Au-dessous du titre à D. *Imp. par Thierry frères, à Paris.* = H. 192, L. 150.

« Revue (etc.), 8 décembre 1844. »

1er État. Avant toute lettre.
2e — Celui qui est décrit.

1536 N° XXVI. — LA SERINETTE. — Un petit gamin coiffé d'une casquette, de face, tourne la manivelle d'une serinette sur le couvercle de laquelle sont deux souris blanches, dont l'une monte sur sa main. — Livraison : *n°* 51. Au-dessous du titre à D. *Imp. par Thierry frères, Paris.* = H. 192, L. 150.

« Revue (etc.), 22 décembre 1844. »

1er État. Avant toute lettre.
2e — Celui qui est décrit.

1537 N° XXVII. — MUSIQUE DE JOUR DE L'AN. — Une jeune bonne, presque de face, tient dans ses bras un petit garçon qui souffle dans un petit cor de chasse. — A G. **44-50**. — Livraison : *n°* 52. Au-dessous du titre à D. *Imp. par Thierry frères, Paris.* = H. 190, L. 150.

« Revue (etc.), 29 décembre 1844. »

1er État. Avant toute lettre.
2e — Celui qui est décrit.

1538 N° XXVIII. — LE CHAPEAU CHINOIS. — Garde national de banlieue, complétement ivre, portant avec peine son instrument sur l'épaule. Il s'appuie à D. contre un mur sur lequel est écrit directement : **Rue de Paris**. — A G. sur une borne : **14** 9v. A D. **44-18**. — Livraison : *n°* 2. Au-dessous du titre à G. : *Imp. par Thierry frères.* = H. 190, L. 150.

« Revue (etc.), 12 janvier 1845. »

1er État. Avant toute lettre.
2e — Celui qui est décrit.

1539 N° XXIX. — LE GALOUBET. — De pr. tourné à D., un jeune paysan jouant d'un galoubet qu'il tient d'une main, et frappant de l'autre sur un tambourin suspendu devant lui. — Sur le tambourin **44-59**. — Livraison : *n°* 6. Au-dessous du titre à D. *Imp. par Thierry frères, à Paris.* = H. 192, L. 149.

« Revue (etc.), 9 février 1845. »

1er État. Avant toute lettre.
2e — Celui qui est décrit.

PHYSIONOMIES DE CHANTEURS.

Série de dix-sept pièces représentant des personnages à mi-corps ou à mi-jambes, sauf les nos 1, 5 et 11, où ils sont en pied. Elles sont entourées chacune de trois fil., dont le nombre s'élève à quatre dans les nos 1, 2, 4 et 5, qui sont à claire-voie. En H. au M. : *Physionomies de chanteurs*. Au-dessous le numéro d'ordre de la pièce. A G. *Revue et Gazette musicale*. A D. le numéro de la livraison de la *Revue*. En B. au M. entre le T. C. et le premier fil. *Par Gavarni*, Au-dessous du titre indicatif du sujet à G. *Bureaux*, 97, *rue Richelieu*. A D. *Imp. par Thierry frères à Paris* remplacé par *Lith. de Thierry* (etc.) sur les nos 1 et 2.

1540 N° I. — *On n'a jamais compris son cœur!* — Une femme de face, le corps penché à D., robe de velours noir, grandes anglaises pendant sur les épaules. Elle chante en tenant un cahier de musique des deux mains. Derrière elle un pianiste l'accompagne. — A D. **44-14.** — Livraison : *n°* 7. = H. 202, L. 156.

« Revue (etc.), 18 février 1844. »

1er État. Avant toute lettre.
2e — Avant les inscriptions du H.
3e — Celui qui est décrit.

1541 N° II. — *La douleur d'une mère.* — Un homme de face chantant. Cheveux plats, collier de barbe très-fournie, cravate et gilet blancs, camélia à la boutonnière. — A D. **44-15.** — Livraison : *n°* 8. = H. 205, L. 159.

« Revue (etc.), 25 février 1844. »

1er État. Avant toute lettre.
2e — Avant les inscriptions du H.
3e — Celui qui est décrit.

1542 N° III. — *Ah! rends-moi Phaon, ou je meurs!* — Une femme de pr. tournée à G., très-décolletée, tient un morceau de musique dans une main et un bouquet dans l'autre, dont elle s'appuie fortement sur le dessus d'un piano. — A G. **44-16.** — Livraison : *n°* 15. = H. 158, L. 134.

« Revue (etc.), 14 avril 1844. »

1er État. Avant toute lettre.
2e — Celui qui est décrit.

1543 N° IV. — *Dans la galère capitane*
Ils étaient quatre-vingts rameurs!

Un jeune homme de pr. tourné à D., barbiche au menton, tient d'une main un cahier et appuie le poing sur un piano couvert de morceaux de musique. — A G. **44-17.** A D. **13.** J. — Livraison : *n°* 16. = H. 182, L. 157.

Cette pièce, dans l'adresse du bureau, porte par erreur **79** au lieu de **97**.

« Revue (etc.), 21 avril 1844. »

1er État. Avant toute lettre.
2e — Celui qui est décrit.

1544 N° V. — *Rendez-lui son léger bateau!* — A D. un homme de face, gilet blanc, cravate longue noire, chante d'un air prétentieux, les yeux à moitié fermés. Il est accompagné sur un piano droit par une femme dont on ne voit que le haut de la tête. — A D. **43-154.** — Livraison : *n°* 19. = H. 190, L. 156.

« Revue (etc.), 5 mai 1844. »

1er État. Avant toute lettre.
2e — Celui qui est décrit.

1545 N° VI. — LE PIANO. | *Rue Notre-Dame de Lorette.* — Jeune femme en peignoir de mousseline, vue de dos à moitié et tournée à D.; elle est assise devant un piano et chante en s'accompagnant. — A D. **44-42.** — Livraison : *n°* 28. = H. 193, L. 148.

« Revue (etc.), 14 juillet 1844. »

1er État. Avant toute lettre.
2e — Celui qui est décrit.

1546 N° VII. — « *Jeune fille aux yeux noirs,*
« *Tu règnes sur mon âme!* » — Chanteur des rues, de 3/4 tourné à D. Coiffé d'un vieux chapeau, il tient dans chaque main des chansons. Au fond des maisons. — A D. **44-46**. — Livraison : *n°* 30. = H. 192, L. 150.

« Revue (etc.), 29 juillet 1844. »

1er État. Avant toute lettre.
2e — Celui qui est décrit.

1547 N° VIII. — « *Aux armes, citoyens!* » — Homme de face, les bras ouverts coupés par le T. C., moustaches et barbiche noires, gilet de velours noir et cravate blanche. — A G. **44-24**. — Livraison : *n°* 32. = H. 194, L. 148.

« Revue (etc.), 11 août 1844. »

1er État. Avant toute lettre.
2e — Celui qui est décrit.

1548 N° IX. — CHANTEUSE CHINOISE. — De 3/4 la tête de pr. à D.; elle est assise et chante en jouant d'un téorbe. — A G. **44-38**. — Livraison : *n°* 33. = H. 189, L. 150.

« Revue (etc.), 18 août 1844. »

1er État. Avant toute lettre.
2e — Celui qui est décrit.

1549 N° X. — UNE DAME DE CHŒUR. — De 3/4 tournée à G. et se dirigeant du même côté, béret écossais, corsage de velours noir décolleté. Au fond, découpure d'un décor de théâtre. — A G. **44-43**. — Livraison : *n°* 35. = H. 194, L. 148.

« Revue (etc.), 1er septembre 1844. »

1er État. Avant toute lettre.
2e — Celui qui est décrit.

1550 N° XI. — LE CHANTEUR DE CHANSONNETTES. — De pr. tourné et penché à D., une main en avant à la hauteur de sa poitrine, il est sur un parquet ciré où ses jambes se reflètent, barbe et besicles, habit à longues basques. — A G. **44-44**. — Livraison : *n°* 37. = H. 190, L. 150.

« Revue (etc.), 15 septembre 1844. »

1er État. Avant toute lettre.
2e — Celui qui est décrit.

1551 N° XII. — « *Si j'étais la brise du soir!* » — Grande femme de 3/4 tournée à G., la tête penchée à D., les bras baissés, les mains croisées, anglaises pendant sur les épaules, couronne de fleurs, robe de velours noir. Longue chaîne partant du haut du corsage. — A D. **44-47**. — Livraison : *n°* 39. = H. 191, L. 150.

« Revue (etc.), 29 septembre 1844. »

1er État. Avant toute lettre.
2e — Celui qui est décrit.

1552 N° XIII. — *Accents plaintifs d'une orpheline.* — Un homme de face, la tête de 3/4 à D. et levée, les yeux en l'air, chante en tenant un morceau de musique, ses deux mains l'une sur l'autre à la hauteur de sa poitrine. — A G. **44-37**. — Livraison : *n°* 41. = H. 180, L. 140.

« Revue (etc.), 13 octobre 1844. »

1er État. Avant toute lettre.
2e — Celui qui est décrit.

1553 N° XIV. — *Chanson à boire.* — Un ouvrier de face, en blouse, chante en criant, la main levée à G. Sur le devant une table derrière laquelle il est assis et où l'on voit une bouteille, un verre et une pipe. — A G. **44-52.** — Livraison : *n°* 43. = H. 191, L. 150.

« Revue (etc.), 27 octobre 1844. »

1er État. Avant toute lettre.
2e — Celui qui est décrit.

1554 N° XV. — *Jurons! jurons la mort de l'infâme ti, i, i, i, iran.* — Chanteur de l'Opéra. Il est de face, la tête de 3/4 à D., un bras étendu du même côté, un poignard à la main. Costume moyen âge. Toque à plumes. — A G. **44-58.** — Livraison : *n°* 47. = H. 190, L. 150.

« Revue (etc.), 24 novembre 1844. »

1er État. Avant toute lettre.
2e — Celui qui est décrit. Quelques épreuves portent 46, au lieu de 47, pour n° de la livraison.

1555 N° XVI. — *Le jeune et beau Dunois.* — Une vieille femme et son enfant, de 3/4 tournés à G., chantant à l'angle d'un mur. La mère, mouchoir en marmotte, est enveloppée d'un grand châle noir. L'enfant est devant elle à G., un mouchoir blanc en mentonnière, les deux mains dans les poches de son pantalon. — A D. **44-11.** — Livraison : *n°* 50. = H. 191, L. 148.

« Revue (etc.), 15 décembre 1844. »

1er État. Avant toute lettre.
2e — Celui qui est décrit.

1556 N° XVII. — « *Si j'étais petit oiseau!* » — Un homme de 3/4 tourné à G., une main en avant à la hauteur de la poitrine, chante la bouche en cœur. Col noir, jabot, chaîne de montre dans son gilet blanc. — A D. **44-62.** — Livraison : *n°* 4. = H. 192, L. 151.

« Revue (etc.), 26 janvier 1845. »

1er État. Avant toute lettre.
2e — Celui qui est décrit.

Avec les deux séries décrites ci-desus, la *Revue et Gazette musicale* a publié huit lithographies de Gavarni sans titre collectif autre que celui de la revue et sans autre numéro que celui de la livraison avec laquelle elles ont paru. Elles sont entourées chacune de trois fil., à l'exception du n° 3, qui en a quatre, et du n° 27, qui, étant à claire-voie, remplace le T. C. par un quatrième fil. Les fil. de ces deux numéros sont à pans coupés en H. et en B. Ces huit lithographies portent en H. à G. au-dessus des fil.: *Revue et Gazette musicale.* A D. le n° de la livraison. En B. entre le T. C. et le premier fil. au M. *Par Gavarni.*

1557 N° I. — *Mon album de cette année.......* — A G. de 3/4 à D. un compositeur de musique tout de noir habillé, grande barbe, présente son album à une dame vue de dos à moitié, longues anglaises tombant sur la poitrine, robe de velours décolletée. — A D. **43-133.** — Au-dessous de la légende à G. *Bureau*, 97, *rue Richelieu.* A D. *Imp. par Lemercier.* = H. 191, L. 148.

« Revue (etc.), 7 janvier 1844. »

1er État. Avant toute lettre.
2e — Celui qui est décrit.

1558 N° III. — CONCERT DONNÉ PAR UN ENFANT DE TROIS MOIS. — Dans un salon une nourrice cauchoise vue de dos et tournée à D., assise sur une pile de livres de musique devant un piano. Elle tient debout sur ses genoux un enfant en maillot qui crie et frappe des deux mains les touches du piano. Au fond nombreux auditeurs. — A D. **43-155.** — Au-dessous du titre à G. *Bureaux*, 97, *rue Richelieu.* A D. *Imp. par Lemercier.* = H. 191, L. 148.

« Revue (etc.), 21 janvier 1844. »

1er État. Avant toute lettre.
2e — Celui qui est décrit.

1559 N° V. — *Ce qu'apprend aux petites demoiselles la musique qu'on leur apprend :*

« *Mon cœur dit à chaque instant :*
« *Peut-on vivre sans amant ?* »

Un homme vu de dos et tourné à D. tenant son chapeau derrière lui. Il est penché en avant et s'appuie sur le dessus d'un piano dont joue une petite fille. On n'aperçoit que la tête et une des épaules de celle-ci. — A D. **44.** — Au-dessous de la légende à G. *Bureau*, 97, *rue Richelieu.* A D. *Lith. de Thierry frères, à Paris.* = H. 192, L. 148.

« Revue (etc.), 4 février 1844. »

1er État. Avant toute lettre.
2e — Avant les inscriptions du H.
3e — Celui qui est décrit.

1560 N° IX. — L'AUTEUR DES PAROLES. — De 3/4 tourné à D., assis les jambes étendues devant son bureau sur lequel il est accoudé ; un doigt dans sa bouche, les yeux levés en l'air, il cherche une rime. Le parquet est tout couvert de papiers sur lesquels on lit écrit directement : **de sa brûlante flamme, de sa magique flamme, sa dévorante flamme, de sa** (ce dernier mot rayé), **son ardente flam**(me), etc., etc. — A G. **44-13.** — Au-dessous du titre à G. *Bureaux*, 97, *rue Richelieu.* A D. *Imp. par Thierry frères, à Paris.* = H. 192, L. 150.

« Revue (etc.), 3 mars 1844. »

1er État. Avant toute lettre.
2e — Avant les inscriptions du H.
3e — Celui qui est décrit.

1561 N° XI. — *Voilà trois heures, voisin, trois heures, que vous nous jouez de ce | flageolet, et vous me permettrez de vous faire observer que.... | — Mais comment pouvais-je deviner, mosieu, que vous préfériez la clarinette ?* — A G. un homme de pr. à D., coiffé d'un bonnet de coton. On n'aperçoit que sa tête et une partie du haut de son corps dans l'embrasure d'une porte qu'ouvre un personnage vu de dos, en corps de chemise, un flageolet à la main et une clarinette sous le bras. — Vers la G. **44.** — En H. au-dessous de la légende à G. *Bureaux*, 97, *rue Richelieu.* A D. *Imp. par Thierry frères, à Paris.* = H. 191, L. 148.

« Revue (etc.), 17 mars 1844. »

1er État. Avant toute lettre.
2e — Avant les inscriptions du H.
3e — Celui qui est décrit.

1562 N° XIII. — *Mais, Dachu...., permets-moi de me... m'...entendre!* | — *Non, Persillé! non, Persillé!... parceque tu as cherché à me faire de la peine sur cet* | *av...van...ant-deux là...* | —*Pardon, Dachu, mais....* | —*Non, Persillé! pa..rce que, vois-tu..., voyons! avoue le à ton ami, Persillé, que tu ne la* | *comprends pas, la musique sa..a..vante...., ou tu n'es qu'un mauvais cœur.* — Sur un chemin, dans la campagne, deux ménétriers complétement ivres. L'un à G. de 3/4 à D. coiffé d'un chapeau gris entouré d'un crêpe noir, son violon sous un bras, tient d'une main le chapeau et de l'autre le violon de son camarade qui se penche sur lui pour les reprendre. — A D. **44-22.** — Au-dessous de la légende à G. *Bureaux*, 97, *rue Richelieu* A D. *Imp. par Thierry frères, à Paris.* = H. 192, L. 149.

« Revue (etc.), 31 mars 1844. »

1er État. Avant toute lettre.
2e — Celui qui est décrit.

» N° XXV. — RITTA L'ANDALOUSE.—Voir ci-dessus la description de cette planche, même section, subdivision : *Morceaux de musique.*

1563 XXVII. — LA SÉRÉNADE MAURESQUE (sic). — Un homme à mi-jambes en costume oriental, turban, barbe noire. De 3/4 tourné à D., il est assis sur un banc de pierre, accoudé sur le dossier, la tête penchée de côté contre sa main, les yeux levés au ciel. Derrière lui à G. son téorbe —Sur ce téorbe **44-45.** — Claire-voie. Au-dessous du titre à G. *Bureaux*, 97, *rue Richelieu.* A D. *Imp. par Thierry frères, à Paris.* = H. 182, L. 150.

« Revue (etc.), 7 juillet 1844. »

1er État. Avant toute lettre.
2e — Celui qui est décrit.
3e — En H. au M. au-dessus du fil. *A Mr Barroilhet* | *La Sérénade moresque.* En B. entre le premier et le deuxième fil. au M. *Par Gavarni.* Au-dessous des fil. à D. en travers *Lith. de Thierry frères.* Plus B. au M. *Paroles de M. Maurice Bourges,* | *musique de* | *Kücken.* Suit sur deux colonnes une liste de morceaux de musique de Kücken. Au-dessous : *Paris, Maurice Schlesinger, rue Richelieu*, 87. | *Berlin A Schlesinger.*

LA SYLPHIDE.

Deux lithographies faisant partie d'une suite de pièces dessinées par divers artistes et publiées dans *La Sylphide*, *Revue parisienne*, *littérature*, *beaux-arts*, *modes*, paraissant tous les dimanches par livraison gr. in-8° à 2 colonnes à partir du 1er décembre 1839.

1564 LES CHEVALIERS DE LA BELLE-ÉTOILE. | *Suzanne.* — Dans un pauvre intérieur, une jeune fille, vue de dos et tournée à G., agenouillée près d'un lit, se jette en pleurant sur le corps d'une femme mourante qui la serre d'une main contre son cœur. Au chevet du lit, sur le bois duquel elle est accoudée, une autre femme cachant ses larmes sous sa main. — A G., sur l'un des côtés d'une malle, **41-112.** — Un fil cintré par le H. Au-dessus au M. *La Sylphide*, A G. 1, *Rue Lafitte* (sic). A D. *Cité des Italiens.* En B. au-dessous du fil. à G. *Par Gavarni.* A D. *Imp. Bertauts*, *R. St Marc*, **11.** = H. 190, L. 157.

« La Sylphide, IVe série, T. 8, 1843. »

1er État. *Lith. Bertauts.* A D. sans autre lettre.

2e — A G. *Par Gavarni.* A D. *Imp. Bertauts, r. St Marc, 11.* Sans autre lettre.

3e — Celui qui est décrit.

4e — Repentir, au lieu de : *Les Chevaliers de la belle étoile* (etc.). *La Sylphide, 1, rue Lafitte* (sic), *cité des Italiens*, ont disparu. Au-dessous du titre à D. *L'Artiste.* Le reste comme à l'état décrit.

» JUDITH. — Même planche que *L'Albanaise.* — Voir ci-dessus la description de cette pièce, même section, subdivision : *Morceaux de musique.*

LA TRIBUNE DRAMATIQUE.

Une lithographie faisant partie d'une suite de pièces dessinées par divers artistes et publiées dans *La Tribune dramatique, revue théâtrale, artistique et littéraire*, paraissant le dimanche par livraison in-4o. Le premier numéro est du 10 octobre 1841.

» HENRI MONNIER. — Voir ci-dessus la description de cette planche à la section : *Portraits*, no 52.

LA VOGUE.

Deux lithographies faisant partie d'une suite de pièces dessinées par divers artistes et publiées par *La Vogue universelle*, *journal littéraire*, *scientifique*, *artistique et industriel.* Ce journal paraissait à Paris le jeudi et le dimanche de chaque semaine par livraison in-fol. Le premier numéro est du 1er septembre 1836. Le titre a été modifié en janvier 1837 : le mot *universelle* a disparu. Plus tard des changements ont eu lieu dans le sous-titre. Le dernier numéro est du 29 octobre 1837, dans la collection de la Bibliothèque nationale.

» ARNAL | *Théâtre du Vaudeville*, 1837.

» Mlle WILMEN | *rôle de Ruben dans la Vallée aux fleurs* | *Théâtre du Palais-Royal.*

Voir ci-dessus la description de ces deux pièces, à la section : *Portraits.*

LE VOYAGEUR.

Une lithographie faisant partie d'une suite de pièces dessinées par divers artistes pour *Le Voyageur, journal de l'office universel de la navigation et du commerce*, paraissant deux fois par mois par livraison in-fo, à partir du 1er mars 1843, et dont la périodicité a souvent varié. Ce journal a cessé de paraître en 1848.

» L'HOMME DU MONDE. — Voir ci-après la description de cette pièce sous le même titre, à la section : *Costumes et Modes.*

IIIe SUBDIVISION.

OUVRAGES DIVERS.

Cette subdivision contient la description des lithographies que Gavarni a exécutées pour l'ornement des livres et pour ce qu'on appelle en librairie des ouvrages à figures. Nous donnons cette description sous la rubrique de chacun de ces ouvrages, que nous avons classés dans l'ordre alphabétique de leurs titres.

AN ARTIST'S RAMBLE IN THE NORTH OF SCOTLAND

(UNE TOURNÉE DANS LE NORD DE L'ÉCOSSE).

Trois pièces faisant partie d'une suite de vingt-cinq lithographies pour *An artist's ramble in the north of Scotland, by Michel Bouquet.* Volume in-folio publié à Londres.

Sur chacune de ces trois pièces on lit en B. au-dessous du T. C. à G. *Drawn and lithographied by Gavarni.* A D. *Day et Son, lithrs to te queen.*

1565 THROWING THE STONE.—Jeu de la pierre. Devant une dizaine d'habitants du pays des deux sexes et de tout âge, assis ou debout sur un rocher qui occupe presque toute la largeur du dessin, un montagnard écossais en manches de chemise, vu de dos à moitié et tourné à G., se dispose à lancer une pierre au loin. A D., également en manches de chemise, un homme, le corps penché à G., est accoudé sur le rocher, la tête appuyée contre sa main. Il attend son tour de prendre part au jeu. = H. 255, L. 335.

1566 SCOTCH GIRLS WASHING. — Blanchisseuses écossaises. Quatre jeunes filles, les jambes nues, foulant du linge avec leurs pieds dans un ruisseau. L'une à G. de pr. à D. relève son jupon à mi-jambes, ainsi qu'une autre vue de dos qui piétine le linge dans un baquet. Derrière la troisième, à D., la quatrième dont on aperçoit une partie de la tête. Au fond une cuve. Des montagnes dans le lointain. — T. C. cintré du H. = H. 266, L. 200.

1567 A HIGLAND PIPER. — Montagnard écossais, costume national, jouant de la cornemuse dans un enclos; il est de face, accoudé sur un tonneau plein de houblon. Plusieurs personnages sont groupés autour de lui : à G. trois jeunes filles et un petit garçon qui a suspendu ses jeux pour l'écouter; à D. un homme chauve assis, et devant celui-ci deux jeunes gens, l'un accroupi, l'autre étendu par terre. Une palissade peu élevée laisse voir au fond un site montagneux et un ciel nuageux. — T. C. cintré du H. = H. 338, L. 227.

1er État. Avant toute lettre.
2e — Sans le titre.
3e — Celui qui est décrit.

LES CLASSIQUES DE LA TABLE.

Une lithographie dans *Les Classiques de la table, petite bibliothèque des écrits les plus distingués publiés à Paris sur la gastronomie et la vie élégante, ornés de portraits d'après MM. Paul Delaroche, Ary Scheffer, Alfred et Tony Johannot, Isabey, Gavarni, Charlet, Eugène Lamy* (sic), *Roqueplan, Chenavard, Denière, par MM. Henriquel-Dupont, Blanchard fils, Colignon, Tony Johannot, Roqueplan, Desmadryl, etc., etc. Nouvelle édition (édition illustrée). Au dépôt de la librairie rue des Moulins* (etc.). S. D. 2 vol. gr. in-8°

» LE DÉJEUNER.—Voir ci-dessus la description de cette pièce sous le même titre dans *L'Artiste,* même section, subdivision : *Revues et Journaux.*

CONTES DU CHANOINE SCHMID.

Suite de vingt-deux lithographies pour l'ouvrage intitulé : *Contes du chanoine Schmid, traduction de Cerfbeer de Medelsheim. Illustrations par Gavarni. Paris, A. Royer,* 1843. Un vol. gr. in-8, qui contient en outre un frontispice gravé sur acier et des gravures sur bois dans le texte, d'après les dessins de Gavarni. Dix de ces lithographies seulement ont un n° d'ordre, de 1 à 9 et 12. A l'exception des nos 2, 3 et 4, toutes sont entourées d'un fil. et portent en H. à G. au-dessus du fil. ou du T. C. en l'absence du fil. *Schmid.* Les épreuves de l'état décrit ont été généralement imprimées à deux tons.

» CHRISTOPHE SCHMID. —Voir ci-dessus la description de cette pièce à la section : *Portraits.*

1568 I. — LES ŒUFS DE PAQUES. — Un chevalier blessé étendu à terre de G. à D. est secouru par un berger. — A G. **41-106.** — En H. au-dessus du fil. à D. 1. En B. dans l'intérieur du dessin au M. *Par Gavarni.* Au-dessous du fil. à D. *Imp. d'Aubert et Cie.* = H. 176, L. 122.

1er État. Avant toute lettre.
2e — Celui qui est décrit.

1569 II. — LE PETIT MOUTON. — Vieillard embrassant un jeune homme. Derrière eux à G. un troisième personnage essuie ses larmes en détournant la tête. — A G. **41-109.** — En H. au-dessus du T. C. à D. 2. En B. dans l'intérieur du dessin au M. *Par Gavarni.* A D. *Imp. d'Aubert et Cie.* = H. 175, L. 120.

1er État. Avant toute lettre.
2e — Celui qui est décrit.

1570 III. — LA CROIX DE BOIS.—Paysanne à genoux dans une chambre devant une croix attachée à la muraille. Elle est de pr. tournée à D., les mains jointes, le coude appuyé sur une chaise de paille. — Vers la G. **41-115.** — En H. au-dessus du T. C. à D. 3. En B. dans l'intérieur du dessin au M. *Par Gavarni.* Au-dessous du T. C. à G. *Royer, éditeur.* A D. *Imp. d'Aubert et Cie.* = H. 174, L. 121.

1er État. Avant toute lettre.
2e — Celui qui est décrit.
3e — *Royer, éditeur* a disparu. *Imp. d'Aubert et Cie* est à G. Le reste comme à l'état décrit.

1571 IV. — LA VEILLE DE NOEL. — Un homme assis sur un rocher, tenant d'une main un porte-crayon et un portefeuille appuyé sur ses genoux, et sur lequel est placé un dessin qu'il regarde avec attention. A D., près de lui, un jeune garçon en manches de chemise. — A G **41-116**. — En H. à D. au-dessus du T. C. 4. En B. dans l'intérieur du dessin au M. *Par Gavarni*. A G. *Royer, éditeur*. A D. *Imp. d'Aubert et Cie*. = H. 174, L. 121.

1er État. Avant toute lettre.
2e — Celui qui est décrit.

1572 V. — L'ENFANT PERDU. — Un panier à la main, un enfant, en manches de chemise, se dirigeant vers la G. dans la campagne. — A G. **42-2**. — En H. à D. au-dessus du fil. 5. En B. dans l'intérieur du dessin au M. *Par Gavarni*. Au-dessous du fil. à G. *Royer, éditeur*. A D. *Imp. d'Aubert et Cie*. = H. 174, L. 120.

1er État. Avant toute lettre.
2e — Celui qui est décrit.
3e — *Royer, éditeur*, supprimé. *Imp. d'Aubert et Cie* est à G. Le reste comme à l'état décrit.

1573 VI. — LA COLOMBE. — Deux hommes en robe de pèlerin, arrêtés sur une route au milieu des montagnes et regardant à G. un jeune homme vu de dos qui marche devant eux, portant sur son épaule les bâtons des deux pèlerins. — A G. **42-4**. — En H. au-dessus du fil. à D. 6. En B. au-dessous du fil. à G. *Royer, éditeur*. A D. *Imp. d'Aubert et Cie*. = H. 175, L. 120.

1er État. Avant toute lettre.
2e — Celui qui est décrit.
3e — *Royer, éditeur*, supprimé. *Imp. d'Aubert et Cie* est à G. Le reste comme à l'état décrit.

1574 VII. — LE VER LUISANT. — Une femme assise dans un intérieur, le coude appuyé sur le dos de sa chaise. A G. à ses pieds un enfant assis par terre, un livre près de lui. — A G. **42-5**. — En H. au-dessus du fil. à D. 7. En B. au-dessous du fil. au M. *A. Royer, éditeur*. A D. *Imp. d'Aubert et Cie*. = H. 174, L. 120.

1er État. Avant toute lettre.
2e — Celui qui est décrit.
3e — *Royer, éditeur*, supprimé. *Imp. d'Aubert et Cie* est à G. Le reste comme à l'état décrit.

1575 VIII. — LA CORBEILLE DE FLEURS. — Une femme étendue de D. à G. sur la paille dans un cachot, la tête appuyée sur ses deux mains jointes. Derrière elle à D. une cruche. — A D. **42-7**. — En H. à D. au-dessus du fil. 8. En B. dans l'intérieur du dessin au M. *Par Gavarni*. Au-dessous du fil. à G. *Royer, éditeur*. A D. *Imp. d'Aubert et Cie*. = H. 174, L. 120.

1er État. Avant toute lettre.
2e — Celui qui est décrit.
3e — *Royer, éditeur*, supprimé. *Imp. d'Aubert et Cie* est à G. Le reste comme à l'état décrit.

1576 IX. — LE SERIN. — Un homme arrêté marchant entre trois hommes du peuple armés. Ils se dirigent vers la D. — A G. **42-9**. — En H. au-dessus du fil. 9. En B. dans l'intérieur du dessin au M. *Par Gavarni*. En B. au-dessous du fil. à G. *A. Royer, éditeur*. A D. *Imp. d'Aubert et Cie*. = H. 175, L. 120.

1er État. Avant toute lettre.
2e — Celui qui est décrit.
3e — *Royer, éditeur* a disparu. *Imp. d'Aubert et Cie* est à G. Le reste comme à l'état décrit.

1577 (X.) — THIMOTHÉE (sic) ET PHILÉMON. — Deux enfants en costume turc dans la campagne : l'un à demi couché et accoudé sur un talus, la tête appuyée contre une main; l'autre assis près de lui à D., la tête de face, un genou entre ses deux mains. Au fond minarets d'une ville turque. — A D. **42-12.** — En B. dans l'intérieur du dessin au M. *Par Gavarni.* Au-dessous du fil. à G. *A. Royer, éditeur.* A D. *Imp. d'Aubert et Cie.* = H. 174, L. 120.

1er État. Avant toute lettre.
2e — Celui qui est décrit.
3e — *Royer, éditeur,* supprimé. En H. à D. au-dessus du fil. 10. Le reste comme à l'état décrit.

1578 (XI.) — LE PETIT ÉMIGRÉ. — Un paysan, portant derrière lui un fagot attaché à sa coignée qu'il tient sur une épaule, donne la main à un jeune enfant élégamment vêtu et se dirige vers la D. — A G. **42-21.** — En B. dans l'intérieur du dessin au M. *Par Gavarni.* Au-dessous du fil. à G. *A. Royer, éditeur.* A D. *Imp. Bertauts, Paris.* = H. 174, L. 121.

1er État. Celui qui est décrit.
2e — *A. Royer, éditeur* a disparu. *Imp. d'Aubert et Cie,* au lieu de : *Imp. Bertauts, Paris.*

1579 XII. — GODEFROY, LE PETIT ERMITE. — Un enfant, à moitié couché de D. à G. au pied d'un rocher, les deux mains derrière la tête. Il a les jambes nues. Un bâton par terre près de lui. — A G. **42-18.** — En H. au-dessus du fil. à D. 12. En B. dans l'intérieur du dessin au M. *Par Gavarni.* Au-dessous du fil. à G. *A. Royer, éditeur.* A D. *Imp. d'Aubert et Cie.* = H. 174, L. 120.

1er État. Celui qui est décrit.
2e — *A. Royer, éditeur,* supprimé. *Imp. d'Aubert et Cie* est à G. Le reste comme à l'état décrit.

1580 (XIII.) — VISION D'EUSTACHE. — Un cerf, dont la tête est surmontée d'une croix lumineuse et entourée de rayons, apparaît à un chasseur assis à G. sur un rocher. Celui-ci est de pr. tourné à D. en costume romain, et tient un arc et une flèche. — A D. **42-21** (sic). — En B. au-dessous du fil. au M. *Par Gavarni.* A G. *A Royer.* A D. *Lith. Bertauts, Paris.* = H. 175, L. 121.

1er État. Avant le titre et le nom de *Schmid.*
2e — Celui qui est décrit. La croix n'apparaît que sur les épreuves à deux tons.
3e — *Imp. d'Aubert et Cie,* au lieu de : *Lith. Bertauts, Paris.* Le reste comme à l'état décrit.

1581 (XIV.) — EUSTACHE. — Un homme de pr. tourné à D. étend les bras à la hauteur de sa tête, en regardant la mer. Un enfant le tient embrassé, un autre pleurant est étendu à ses pieds. Costumes romains — A D. **42-15.** — En B. dans l'intérieur du dessin au M. *Par Gavarni.* A G. *Royer, éditeur.* A D. *Imp. d'Aubert et Cie.* = H. 174, L. 120.

1er État. Avant toute lettre.
2e — Celui qui est décrit.
3e — *Royer, éditeur* a disparu. En H. au-dessus du fil. 11. Le reste comme à l'état décrit.

1582 (XV.) — ITHA, COMTESSE DE TOGGENBOURG. — Jeune femme en costume moyen âge, vue à mi-jambes; elle est de 3/4 tournée à D., les deux mains posées sur un socle de pierre. — Sur le socle **42-34.** — En B. au-dessous du fil. au M. *Par Gavarni.* A G. *A. Royer.* A D. *Lith. Bertauts, Paris.* = H. 174, L. 119.

1er État. Celui qui est décrit.
2e — *A. Royer* a disparu. *Imp. d'Aubert et Cie*, au lieu de : *Lith. Bertauts*, *Paris*. Le reste comme à l'état décrit.

1583 (XVI.) — ITHA. — Jeune femme assise à terre au pied d'un mur, la tête baissée et tournée à G. — A D. **42-24**. — En B. au-dessous du fil. au M. *Par Gavarni*. A G. *A. Royer*. A D. *Lith. Bertauts, Paris*. = H. 174, L. 119.

1er État. Avant le titre.
2e — Celui qui est décrit.
3e — *A. Royer* supprimé. *Imp. d'Aubert et Cie*, au lieu de : *Bertauts*, *Paris*. Le reste comme à l'état décrit.

1584 (XVII.) — LES BRIGANDS. HENRI D'EICHENFELDS. — Dans une caverne un jeune homme vu de dos et tourné à D. est à demi couché sur un bloc de pierre et appuyé sur ses deux coudes. Il s'entretient avec un homme ayant une main appuyée sur le canon d'un fusil. Dans le fond d'autres bandits. — A G. **42-33**. — En B. au-dessous du fil. au M. *Par Gavarni*. A G. *A. Royer*. A D. *Lith. Bertauts, Paris*. = H. 173, L. 122.

1er État. Celui qui est décrit.
2e — *A. Royer* a disparu. *Imp. d'Aubert et Cie*, au lieu de : *Lith. Bertauts*, *Paris*. Le reste comme à l'état décrit.

1585 (XVIII.) — HENRI D'EICHENFELDS ET LA BOHÉMIENNE DANS LA CAVERNE. — Bohémienne entraînant vers la D. un jeune enfant qu'elle tient par le bras. — A D. **42-30**. — En B. au-dessous du fil. au M. *Par Gavarni*. A G. *A. Royer*. A D. *Lith. Bertauts, Paris*. = H. 171, L. 116.

1er État. Celui qui est décrit.
2e — *Imp. d'Aubert et Cie*, au lieu de : *Lith. Bertauts*, *Paris*. Le reste comme à l'état décrit.

1586 (XIX.) — ROSE DE TANNEBOURG. — Jeune femme en costume du XVIe siècle assise sur un banc de pierre et accoudée sur le parapet d'une terrasse, la tête appuyée contre une main ; elle tient de l'autre un livre fermé sur ses genoux. — A G. **42-29**. — En B. au-dessous du fil. au M. *Par Gavarni*. A G. *A. Royer*. A D. *Lith. Bertauts*. = H. 170, L. 116.

1er État. Celui qui est décrit.
2e — *Imp. d'Aubert et Cie*, au lieu de : *Lith. Bertauts, Paris*. Le reste comme à l'état décrit.

1587 (XX.) — ROSE DE TANNEBOURG. — Un prisonnier assis sur la paille dans un cachot et tourné vers la D., la tête appuyée contre la muraille. Au fond une fenêtre grillée. — A G. **42-23**. — En B. au-dessous du fil. au M. *Par Gavarni*. A G. *A. Royer*. A D. *Lith. Bertauts, Paris*. = H. 174, L. 121.

1er État. Avant le titre.
2e — Celui qui est décrit.
3e — *Imp. d'Aubert et Cie*, au lieu de : *Lith. Bertauts, Paris*. Le reste comme à l'état décrit.

1588 (XXI.) — ROSE DE TANNEBOURG. — Jeune fille donnant le bras à un homme qui s'appuie sur un bâton et lui presse la main. Ils se dirigent vers la D. Costumes du XVIe siècle. — A D. **42-22**. — En B. au-dessous du fil. au M. *Par Gavarni*. A G. *A. Royer*. A D. *Lith. Bertauts*, *Paris*. = H. 174, L. 120.

1er État. Avant le titre.
2e — Celui qui est décrit.
3e — *Imp. d'Aubert et Cie*, au lieu de : *Lith. Bertauts, Paris*. Le reste comme à l'état décrit.

LA GIRALDA.

Cinq lithographies faisant partie d'une suite de pièces dessinées par divers artistes dans l'ouvrage intitulé : *La Giralda. Peintres : Delacroix, Gavarni, Roberts, Watteau, Wille, Baron, Français, Diaz, Émile Perrin, A. Lemoine, Johnston, Frith, Van Vliet. Poëtes et conteurs : Shakespeare* (sic), *lord Byron, Walter Scott, André Chénier, Victor Hugo, George Sand, Alfred de Vigny, Nodier, Millevoye, Mme Tastu, lady Worsley Montague, Théophile Gautier, A. Toussenel, A. de Laborde, Mennechet, Matthison, Merville, Roger de Beauvoir et Henri Egmont. Paris, L. Curmer* (1845), in-4.

» GAVARNI. *Étude.*

» GULNARE (Mlle WALDOR).

Voir ci-dessus la description de ces deux pièces aux noms des personnages, à la section : *Portraits.*

» LA PRIÈRE. — Même planche que *Le Retour.*

» LES LUTINS. — Même planche que *Les Farfadets.*

Voir ci-dessus la description de ces deux planches, sous le titre *Le Retour* et sous celui *Les Farfadets*, dans *Les Lis et les Roses*, même section, subdivision : *Morceaux de musique.*

» LA CAPTIVE | *de V. Hugo.* — Voir la description de cette planche sous la rubrique : *Les Beaux-Arts*, même section, subdivision : *Revues et Journaux.*

D'APRÈS NATURE.

Suite de quarante lithographies pour un ouvrage, publiées par dizains sous le titre : « *D'après nature, par Gavarni. Texte par MM. Jules Janin, Paul de St-Victor, Edmond Texier, Edmond et Jules de Goncourt.* » Au-dessous une gravure sur bois, et plus B. « *Paris, Morizet,* » S. D. — Chaque pièce est entourée d'un fil. brisé en H. au M., et dans la brisure duquel on lit : « *D'après nature.* » En B. entre le T. C. et le fil. au M. *Par Gavarni.* Au-dessus du fil. au M. le no d'ordre de la pièce, et plus B. la légende. Au-dessous à D. *Imp. Lemercier, Paris.* — Aucune de ces pièces n'est signée. Les figures sont à mi-corps ou à mi-jambes, sauf aux nos 9 et 31.

1er État. Avant toute lettre. Sans fil.
2e — Celui qui est décrit.

1589 I. — *Une faction.* — Jeune femme posant comme modèle dans l'atelier d'un peintre. De 3/4 tournée à G., drapée dans un manteau blanc tombant par derrière, elle tient d'une main un bilboquet et une corde suspendue au plafond qui lui soutient le bras. Dans le fond à D. le peintre l'esquisse de dos sur une grande toile. — En H. à D. **58-33**. = H. 201, L. 161.

1590 II. — *Si je savais lire, je voudrais jamais lire dans des vieux | imprimés comme ça.* — Un homme, en veste, sans cravate, un vieux chapeau sur la tête, les mains dans les poches de son pantalon, de 3/4 tourné à D., regarde dédaigneusement l'étalage d'un bouquiniste sur le parapet d'un quai. Derrière lui à G. dans le fond deux hommes, l'un vu de dos et s'éloignant, l'autre bouquinant. — En H. à G. **58-39**. = H. 200, L. 161.

1591 III. — *A-t-on jamais vu ne pas garder sa dame!... avec deux | valets!... et vous aviez des piques!* | — *Je manquais de cœurs.* — Deux hommes dans un café. Celui de D., au front chauve, en grande redingote, est de face, à moitié assis sur une table où il appuie ses deux mains; il baisse la tête devant les reproches que lui adresse l'autre. Celui-ci, en frac, est de pr., et a les mains dans les poches de son pantalon. — En H. à D. **58-4.** = H. 202, L. 162.

1592 IV. — *J'ai été très-blond.* — Un homme chauve de 3/4 tourné à D., un pince-nez devant les yeux, une main dans la poche de son pantalon, son chapeau sous un bras. Derrière lui sur un mur de nombreuses annonces pour la conservation des cheveux. On lit écrit directement sur l'une : **Prodige | de la chimie;** sur une autre : **Plus de | cheveux | blancs**, etc. — En H. à G. **58-7** = H. 200, L. 161.

1593 V. — *T'as connu le fils au monsieu Finet. Il avait monté une société | pour l'oseille, lui, au lieu de la betterave, bon!.... mais le | brevet n'a pas pu marcher. Mon cher, leur fallait trois | arpents d'oseille pour un quarteron de sucre!* — Dans un cabaret deux hommes de la campagne en manches de chemise. Celui de D. vu de dos, en bonnet de coton, s'appuie d'une main sur le rebord du comptoir; l'autre de pr. tourné à D., casquette sur la tête, un verre à la main. — A D. **58-20.** = H. 202, L. 162.

1594 VI. — *Vos quinze ans, morveuses, on les a eus.... cinq ou six fois! Et l'on ne fait pas tant d'histoires.* — Vieille femme de face, la tête de 3/4 tournée à G. et penchée à D., les cheveux ébouriffés, les épaules couvertes d'un mauvais châle, les mains l'une sur l'autre au-dessous de la taille. A D., sur un mur à hauteur d'appui, des plantes dans des pots de fleurs. — En H. à D. **58-32.** = H. 199, L. 160.

1595 VII. — *(Enfin j'ai six francs!).... Marie!.... un pigeon!* — Chez un modeste traiteur, un homme maigre, longue cravate noire sans col de chemise, habit étriqué et boutonné. Il est de face, debout devant une table sur laquelle il pose le bout des doigts, et où l'on voit un verre, etc. A G., accrochés à une patère, son chapeau et son parapluie. — A G. **57-22.** = H. 200, L. 162.

1596 VIII. — *(J'ai encore neuf sous).... Garçon!.... un perdreau!* — Contre-partie du sujet précédent. Un homme d'un certain âge, vu de face, les deux mains dans les goussets de son pantalon, aussi à l'aise que s'il avait la bourse pleine, est assis à une table dans un riche restaurant; barbe et moustaches, gilet blanc, redingote ouverte. Sur la table une assiette, deux verres à pied, dont un à bordeaux, etc. — En H. à D. **58-13.** = H. 201, L. 161.

1597 IX. — *A monté le bœuf gras de mil-huit-cent-sept, en amour.* — Une vieille femme, l'air pensif, de pr., tournée à D., les mains au bas des hanches, un mouchoir blanc autour de la tête, un autre à carreaux autour du cou, camisole de laine de couleur foncée. Derrière elle des paniers à terre et sur un mur à hauteur d'appui. — En H. à G. **58-37.** = H. 201, L. 161.

1598 X. — *C'est pour ces madames-là qu'on élargit les rues de Paris.* — Dans une rue une jeune femme de pr. se dirigeant à G. Chapeau à plumes, caraco de velours noir, manchon et large crinoline. Derrière elle à D. une vieille femme de face, un mouchoir blanc autour de la tête, les deux mains sur les hanches. — En H. à G. **58-43.** = H. 201, L. 160.

1599 XI. — *Jolie tournure.* — Une vieille femme affreusement laide, mais coquettement coiffée d'un petit chapeau blanc, les mains dans un manchon, se dirige vers la G. Derrière elle à G. un grand jeune homme à moustaches, séduit par sa tournure élégante, presse le pas et cherche à voir son visage en passant. Au fond des promeneurs en foule. — En H. à D. **58-16**. = H. 203, L. 158.

1600 XII. — *Ne lui parlez pas des chiens de garde!* — Un homme de mauvaise figure, en vieux sarrau déchiré, presque de face, la tête de 3/4 à G., barbe et cheveux incultes, casquette sur la tête, une main dans la poche de son pantalon, l'autre appuyée sur un gourdin. Au fond la porte d'entrée d'une cour de ferme entièrement ouverte. — En H. à G. **58-42**. = H. 201, L. 160.

1601 XIII. — *A figuré dans les ballets.* — Une balayeuse des rues, de face. Chapeau de paille par-dessus un bonnet de coton, vieux châle noué autour du corps. Elle tient d'une main son balai sur son épaule. Au fond des maisons.— En H. à D. **58-19**. = H. 200, L. 161.

1602 XIV. — *Ma fille va entamer son grand morceau.* — Un homme donnant le bras à sa fille. Tous deux de 3/4 se dirigent vers la G. Le père à D., cache-nez autour du cou, les mains l'une sur l'autre cachées dans les manches de son pardessus. La jeune fille, petit chapeau, manteau noir garni de dentelles. — A D. **57-27**. = H. 201, L. 162.

1603 XV — *T'es prop'e à rien : fais-toi artis'e.* — A la halle une vieille marchande de face et assise, accoudée sur le bras de son siége, s'adresse à un grand garçon debout près d'elle à G. Il est de pr. tourné à D. et tient ses mains sous sa blouse. — A D. **57-10**. = H. 200, L. 161.

1604 XVI. — *I'ne pleuvra pas, certainement! mais i'pourrait pleuvoir, | et feu mon père disait : « S'il fait beau, prends ton manteau; | s'il pleut, prends le si tu veux.* » — Deux hommes, dont un d'un âge avancé, se dirigent vers la D. Ils sont de pr. : le vieillard coiffé d'un chapeau gris, un parapluie fermé à la main; l'autre sur le devant, petite casquette, les mains derrière le dos. — En H. à D. **58-6**. = H. 204, L. 162.

1605 XVII. — *Ma crevette? cinquante sous, ma petite dame..... Ma | poule, quarante-cinq sous pour vous!.... Prenez-vous | ça pour quarante sous, mon chéri? .... Va donc, poison!*—Vieille marchande de poisson de 3/4 tournée à D., presque de face, les deux mains sur les hanches, un mouchoir de couleur autour de la tête et un autre par-dessus en marmotte. A D., sur une table, sa marchandise dans des paniers. Au fond un échafaudage de construction. — En H. à G. **58-48**. = H. 201, L. 160.

1606 XVIII. — *T'as fait une femme?..... Tu veux dire qu'une femme t'a fait.* — Deux jeunes gens le chapeau sur la tête. L'un à D., figure niaise de pr. à G., paletot ouvert par-dessus une redingote, une main sur la hanche, l'autre sur sa canne; le second, tête de pr. à D. et penchée en avant, l'air narquois, a les deux mains dans les goussets de son pantalon. — En H. à G. **58-49**. = H. 201, L. 160.

1607 XIX. — *Tiens, Fanny, c'est pas tout ça! T'es honnête, t'as rien : t'es | ce qui me faut; comme aussi bien c'est moi qui te faut.... Ça te va? ça y est! viens boire un canon.* — A D., devant un mur, un homme en bourgeron, une main posée autour du cou d'une jeune porteuse de la halle; celle-ci, de 3/4 tournée à D., presque de face, mouchoir autour de la tête, une main sur la hanche, a les yeux baissés. — En H. à D. **58-17**. = H. 203, L. 160.

1608 XX. — ..... « *L'indicatif | d'un sentiment poussé jusqu'à l'infinitif.* » — Une jeune femme de 3/4 à G., la tête de face, les yeux baissés, assise dans un fauteuil, une main posée au haut de sa poitrine. Derrière elle à D. un jeune homme penché et accoudé sur le dossier du fauteuil, la tête dans l'ombre, moustaches noires, gilet blanc. — En H. à G. **58-36**. = H. 201, L. 162.

1609 XXI. — *Tu vas encore jouer aux dames avec Dachu! Et qu'est-ce | que vous diriez si nous disions, moi et m'ame Dachu, tous les soirs : Bonsoir, nous allons jouer aux m'sieux!.... hein?* — M. Dachu, en paletot boutonné, une main sur la hanche, est à G. tourné à D. Au moment de sortir, il a été retenu par sa femme; elle pose une main sur l'épaule de son mari et tient de l'autre de côté son chapeau dont elle s'est emparée. — En H. à D. **58-3**. = H. 203, L. 163.

1610 XXII. — *C'mur-là! Bourgeois, oh! vous serez 'core couché avant lui.... et de la jolie marchandise!* — De face, un maçon en corps de chemise, tenant d'une main levée à la hauteur de sa tête une perche sur laquelle il s'appuie. Il est coiffé d'un vieux chapeau mou. Derrière lui un échafaudage et le mur auquel il travaille. — En H. à D. **58-9**. = H. 205, L. 159.

1611 XXIII. — *Plantez des filles.... il vous viendra des godelureaux.* — Un homme, dans son jardin, de 3/4 tourné à G., la tête presque de pr., cheveux grisonnants, moustache noire. Il a une main dans la poche de sa robe de chambre ouverte, et s'appuie de l'autre sur le parapet d'une terrasse. Gilet blanc, cravate blanche. Au fond deux jeunes filles vues de dos se donnant le bras. — En H. à D. **57-105**. = H. 202, L. 161.

1612 XXIV. — *Faut que je te confie... à toi!.... ce qu'a fait... | l'opposition à mon mariage avec la fille à Picheux. | C'est l'gouvernement.* — Deux hommes du peuple dont le plus jeune, à G., calotte bordée de chinchila, bourgeron, passe son bras sous celui de l'autre et se penche de côté pour lui parler à l'oreille. Son compagnon, la tête légèrement penchée, l'écoute attentivement Bonnet de velours, veste blanche boutonnée, tablier. Au fond treillage d'un jardin et arbustes. — En H. à D. **58-8**. = H. 203, L. 159.

1613 XXV. — ..... *La petite Moniquet?... encore une qu'a mal tourné! | — Sa mère pourtant était une bien brave femme! | — Et son père aussi.* — Deux vieilles femmes en chapeau causant dans une rue. Celle de G., de 3/4 à D., porte un grand châle blanc qu'elle tient d'une main croisé sur sa poitrine. L'autre femme, tournée à D., a les mains dans un manchon. — En H. à D. **57-103**. = H. 201, L. 162.

1614 XXVI. — *Une orgie.* — Un vieil amateur de livres de pr. tourné à D., lunettes sur le nez, bouquinant sur un des quais de Paris. Il a un livre sous le bras, et en retire un autre d'une boîte placée sur le parapet et sur le couvercle de laquelle on lit écrit directement à l'intérieur : **50 c**. Derrière lui à G. le bouquiniste en casquette fume sa pipe, les mains dans les poches de son pantalon. — En H. à D. **58-41**. = H. 202, L. 160.

1615 XXVII. — *M'sieu Hérault!.... v'là Liand'e.* — Un portier dans sa loge, de 3/4 tourné à D., la tête penchée de côté et en arrière, annonce à l'un de ses locataires que l'on ne voit pas l'arrivée d'une jeune femme. Il est en chemise, pantalon à bretelles, une main sur la hanche, et tient de l'autre son balai. Au fond à D. la jeune femme élégamment vêtue, de face, les yeux baissés, son mouchoir devant sa bouche, s'avance dans l'allée qui précède la loge. Dans l'intérieur de cette loge la gravure représentant Héro et Léandre. — En H. à D. **58-18.** = H. 201, L. 161.

1616 XXVIII. — *Si mon lorgnon m'empêche de voir, ça ne regarde personne!* — De pr. tourné à G., sur les boulevards, un jeune homme imberbe, lorgnon dans l'œil, paletot fermé du haut par un seul bouton, une main crânement posée sur la hanche, dans l'autre une badine. — En H. à D. **58-31.** = H. 202, L. 160.

1617 XXIX. — *Mon homme et le tien, vois-tu, Phemie.....* | — *Deux brigands!* | — *Et nous n'aurions pas la chance d'en voir seulement* | *un des deux pendu* | — *Pour avoir tué l'aut'e.* — Deux marchandes de légumes, mouchoirs à carreaux autour de la tête. Celle de G. est de face, les deux mains sur les hanches, petit châle sur les épaules; l'autre de pr. tournée à G., en casaquin, les mains dans les poches de son tablier. — En H. à D. **58-2.** = H. 200, L. 162.

1618 XXX. — *Une calomnie.* — Deux jeunes femmes de pr. tournées à D. : l'une sur le devant en peignoir blanc, les mains derrière le dos; la seconde a une main posée sur le cou de sa compagne, dont la silhouette se dessine nettement sur le mur de l'appartement; elle tient de l'autre un fusain, et, au lieu de suivre les contours de la silhouette, elle les remplace par un profil grotesque. — En H. à D. **58-35.** = H. 202, L. 161.

1619 XXXI. — *Et ta sœur la brocheuse? qu'était demandée par ce rouge, qui tenait les certificats au douzième arrondissement....* | — *La v'la mariée avec un aut'e... au treizième.* — Un homme et une jeune femme attablés dans un cabaret vis-à-vis l'un de l'autre. Sur la table une bouteille de vin et deux verres. L'homme sur le devant à G., vu de dos en partie et tourné à D., en casquette et en bourgeron, une main sur son genou; la jeune femme, presque de face, un coude sur la table où elle a posé son parapluie. Tenue assez élégante, petit chapeau. — En H. à G. **58-34.** = H. 202, L. 163.

1620 XXXII. — *Parlez au portier.* | *Mais ne lui parlez pas des enfants, ni des chats, ni des chiens.* — De 3/4 tourné à D., coiffé d'un bonnet de velours noir à gland, veste boutonnée du haut, pince-nez devant les yeux, un portier interrompt la lecture d'un journal qu'il tient des deux mains, et jette un regard méfiant de côté. — En H. à D. **58.** = H. 202, L. 157.

1621 XXXIII. — Y *es-tu? L'Esculape.* | — *Attends! Démosthènes.* — Deux pierrots sans masques, de 3/4 tournés à D. devant une porte. Celui de G. est en train de mettre ses gants; l'autre tient le cordon de sonnette de la porte. — En H. à G. **58-44.** = H. 202, L. 160.

1622 XXXIV. — *Un homme connu* | *à la préfecture de police.* — De face, la tête légèrement penchée à D., chapeau déformé, collier de barbe, bourgeron par-dessus son gilet; les mains dans les poches de son pantalon, il regarde à G. Derrière lui une table de cabaret de campagne et un banc. Au fond treillage de clôture. = H. 200, L. 162.

1623 XXXV. — *Abîmer un homme de coups! à quoi ça sert?.... Jamais j'ai touché le mien.* — Une marchande de la halle, penchée en avant et se dirigeant vers la G., la tête de 3/4 tournée à D. et dans les épaules; elle a les mains dans les poches de son tablier et est coiffée d'un bonnet blanc. Au fond à G. un pilier de la halle et des paniers de légumes. — A D. **58.** = H. 203, L. 162.

1624 XXXVI. — *Une Parenthèse.* — Caché à D. par le contre-fort d'un mur, un homme en bourgeron, chapeau déformé par-dessus un bonnet de coton, de 3/4 tourné à G., la tête à D., tient d'une main un gourdin et de l'autre retrousse sa manche : il s'apprête à attaquer au passage un jeune homme à figure placide que l'on aperçoit au fond à D, de l'autre côté du contre-fort, et qui s'avance lisant un livre avec attention. — En H. à D. **58-47.** = H. 201, L. 161.

1625 XXXVII. — *Quand votre femme vous conseille de ne pas faire une chose, | Beauminet, il ne faut pas la faire, parce qu'elle a quelque raison | pour que vous la fassiez.* — Deux hommes en chapeau de paille et en veste d'été se promènent ensemble dans un jardin. Ils sont de face. Celui de G., la tête baissée, le menton dans une de ses mains, réfléchit profondément à ce que lui dit son compagnon. Celui-ci, les mains derrière le dos, a son pince-nez sur les yeux. — En H. à D. **58.** = H. 200, L. 160.

1626 XXXVIII. — *Vous êtes une veuve! vous êtes une veuve! Mais! la justice! ne | l'a-t-elle pas vu maintes fois à ses pieds, le veuvage!........ encore tout....... | saupoudré! d'arsenic? Vous êtes des orphelins! Mais! tous les parricides ne | sont-ils pas aussi des orphelins?* — Un avocat en robe, de pr., tourné à D., plaide à l'audience, une main en l'air, l'autre sur ses papiers posés devant lui. A côté de ces papiers est son bonnet. — En H. à G. **58-46.** = H. 202, L. 161.

1627 XXXIX. — *Moi, les hommes!...... ça ne m'a jamais tenue bien fort.* — Une vieille bonne de 3/4 tournée à D., presque de face, adossée au buffet d'une salle à manger, une main derrière sa tête qu'elle renverse en arrière, l'autre dans la poche de son tablier. Sur le buffet, service à thé, plumeau et serviette. — A G. **58.** = H. 203, L. 160.

1628 XL. — *Il lui sera beaucoup pardonné, parce qu'elle aura beaucoup dansé.* — Une jeune femme costumée en débardeur au bal de l'Opéra. Elle est de 3/4 tournée à G., au-dessous d'une loge contre laquelle elle est adossée, la tête et les yeux baissés, la taille cambrée; sa chemise entr'ouverte laisse voir une partie de sa gorge, et sa manche relevée sur l'épaule un de ses bras entièrement nu, la main posée sur le derrière de sa tête. Dans la loge se trouvent un pierrot et une femme en débardeur; on aperçoit seulement une main de celle-ci et les deux coudes du premier. — En H. à D. au-dessous du rebord de la loge **58-37.** = H. 203, L. 159.

LA GRÈCE.

Sept lithographies faisant partie d'une suite de cent vingt-sept pièces lithographiées par divers artistes pour l'ouvrage intitulé : « *La Grèce. Vues pittoresques et topographiques dessinées par O. M. Baron de Stackelberg. Paris, J. F. d'Ostervald*, 1834 », gr. in-fol. avec texte. — Aucune de ces cent vingt-sept pièces n'est numérotée, mais leur ordre dans la table de classement de l'ouvrage a permis d'attribuer à celles que nous décrivons les n^os^ que nous leur donnons. Les sept lithographies de Gavarni sont à claire-voie et entourées de trois fil., à l'exception du n° (9), qui n'en a point. En B. au-dessus des fil. à G. *Bon de Stackelberg del.* A D. *Lithog. par Gavarni.* Plus B., dans l'angle du même côté, *Lith. de Frey*. Puis au-dessous des fil., et suivant l'ordre où sont placées diverses parties de la vue représentée, le nom de ces parties, et plus B. au M. le titre de la pièce.

1629 (III.) — LEUCTRA ET CAP TŒNARE. — *Mts Taygète | emplacement de Leuctra.—Ruines de Thalamœ. | Pephnos.—Presq. I. de Trachela. | I. Pephnos. — Œtylos. — Messa. — Cap Ténare* (sic). — *Chateau Maïnote.*—Vers la D. château fort sur un rocher élevé. Au fond la mer. Sur le devant au M. quatre palikares, le fusil sur l'épaule, gravissent un ravin. A D., sur une élévation, deux palikares, dont l'un se dispose à prendre son fusil, et le second, assis sur un tertre, tient le sien des deux mains. = H. 218, L. 382.

1er État. Avant toute lettre. Sans fil.
2e — Celui qui est décrit.

1630 (IX.) — MODON. — Au-dessus des murs crénelés de la ville des maisons turques avec portiques s'élèvent en amphithéâtre. A G. deux minarets. Sur le devant la mer sillonnée par quelques barques. Une embarcation plus considérable aborde un débarcadère où la foule se presse. — Claire-voie au B. du titre d'une des parties de l'ouvrage. En H. au M. *Messénie*. En B. à G. *de Dreux del.* Au M. *Lith. de Frey.* A D. *Lithog. par Gavarni.* = H. 83, L. 251.

1631 (XV.) — INTÉRIEUR DE L'ANCIENNE MESSÈNE. — *Mt Evan. — Golfe de Messénie. — Pointe de Coron. — Mt Themathea.* — Une vallée dont les pentes s'élèvent à G. et à D. Sur le devant à G. trois arbres près desquels un sentier que suit un voyageur, vu de dos, couvert d'un manteau et s'appuyant sur un long bâton. = H. 225, L. 366.

1er État. Avant toute lettre. Sans fil.
2e — Celui qui est décrit.

1632 (XXVI.) — TEMPLE DE JUPITER NÉMÉEN. — Trois colonnes du temple sont encore debout; toutes les autres, renversées et brisées, sont couchées sur le sol. Au milieu des ruines un figuier. Sur le devant à D. un berger est appuyé contre un bloc de pierre. Près de lui son chien couché à terre et quelques chèvres. Dans le fond à D. une montagne. = H. 222, L. 381.

1er État. Avant toute lettre. Sans fil.
2e — Celui qui est décrit.

1633 (XXXIX.) — TRAPEZONDE. — *Caritena. — L'Alphée. — Mt Mœnale.* — Au milieu de montagnes couvertes de buissons serpente l'Alphée. A G. un château fort sur un roc élevé. Du même côté, sur le devant, groupe de deux pauvres femmes, dont l'une à genoux resserre les liens d'un fagot et l'autre en porte un sur sa tête. = H. 225, L. 372.

1634 (LXIV.) — L'ANCIENNE AGORA DE CORINTHE. — *Temple de Minerve Chalinitis. — Ruines d'un portique. — L'Acro-Corinthe.* — La ville s'étend au pied d'une montagne qui s'élève dans le fond à D. Sur le devant un groupe de trois personnages dont un vu de dos assis sur un bloc de pierre = H. 212, L. 379.

1635 (LXV.) — VUE DE CORINTHE | *prise du pied de la citadelle. — Golfe de Corinthe. — Mt Œneius | port Léchéum. — Temple de Minerve Chalinitis. — Mt Gerania.* — La ville occupe toute la largeur du dessin. Au fond des montagnes. Sur le devant à G. une troupe de cavaliers sort de la ville, se dirigeant vers la D. au grand galop. Leur chef, qui a arrêté son cheval, leur fait signe de se hâter. = H. 222, L. 379.

1er État. *Imprimé chez L. Letronne, 15, quai Voltaire,* au lieu de : *Lith. de Frey.*
2e — Celui qui est décrit.

LE JUVENILE KEEPSAKE.

Une lithographie faisant partie d'une suite de six pièces dessinées par divers artistes dans *Le Juvenile Keepsake, par Mme Eugénie Foa. Paris, Librairie pittoresque de la jeunesse.* 1843, gr. in-8.

» ANDRÉ. — Même planche que *Henri IV enfant*, dans : *Panthéon de la Jeunesse.* Voir ci-après la description de cette pièce.

PANTHÉON DE LA JEUNESSE.

Deux pièces à claire-voie pour le *Panthéon de la Jeunesse, Vies des enfants célèbres de tous les temps et de tous les pays, par J. Caboche de Merville, illustrées par Gavarni, Louis Garneray, J. Caboche, Cabasson, Janet Lange, Charles Chandellier.* 1843, gr. in-8°. Les épreuves de l'état décrit ont été généralement imprimées à deux tons.

1636 JEANNE D'ARC. — De 3/4 tournée à G., la tête à D., une hache à la main, sur le haut d'un rempart. Au fond les assiégeants, auxquels s'opposent les assiégés, gravissent le rempart. — A G. **41-71**. — Plus B. du même côté *Gavarni invt*. = H. 148, L. 120.

1er État. Avant toute lettre.
2e — Celui qui est décrit.

1637 HENRI IV ENFANT. — De face, la tête légèrement penchée à G., une main sous son menton, l'autre retenant son manteau. Toque, justaucorps et haut-de-chausse de velours noir. A G. un long bâton ferré posé contre un mur d'appui. Au fond à D. les Pyrénées. Au B. à G. le titre. — A D. *Gavarni invt*. = H. 150, L. 112.

1er État. Avant toute lettre. A G. **42-25**.
2e — Celui qui est décrit.
3e — ANDRÉ, au lieu de : *Henri IV enfant*, et au-dessus de ce titre au M. *Lith. Prodhomme et Cie.*

PARIS AU XIXe SIÈCLE.

Cinq lithographies dans : *Paris au XIXe siècle, Recueil de scènes de la vie parisienne dessinées d'après nature par Victor Adam, Gavarni, Daumier, Bouchot, Bourdet, Ciceri, Pruche, Lepoitevin, Provost, Lorentz, Rigo, Célestin Nanteuil, Devéria, Traviès, etc. Quarante-huit dessins et deux cents vignettes sur bois, avec un texte descriptif, par Albéric Second, Burat de Gurgy, Jaime, Émile Pagès, Roger de Beauvoir, etc. Paris, Beauger et Cie,* 1839, in-fol. Ne pas confondre cet ouvrage avec une autre publication portant le même titre, mais un sous-titre différent, et où ces cinq pièces et une sixième également de Gavarni ont paru antérieurement.

» II. — LE BAL MUSARD. » XXI. — RETOUR DU BAL.
» IV. — SOIRÉE TRAVESTIE. » XXX. — UN BAL COSTUMÉ.
» VI. — UNE RENCONTRE AU BAL.

Voir ci-après la description de ces pièces sous la rubrique : *Paris au XIXe siècle*, à la section : *Suites publiées isolément*.

RÉCITS HISTORIQUES A LA JEUNESSE.

Neuf pièces faisant partie d'une suite de vingt lithographies pour : *Récits historiques à la jeunesse*, *par le Bibliophile Jacob* (Paul Lacroix). *Illustrations par Tony Johannot, Gavarni et Gigoux. Tours, R. Pornin*, 1844, *gr. in*-8. (Cet ouvrage est une seconde édition des *Contes du Bibliophile Jacob à ses petits-enfants. Paris, Janet*, S D., in-12, 2 volumes.) Chacune de ces neuf lithographies est entourée d'un fil. En B. au-dessous du fil. à G. *Gavarni*. A D. *Imp. Bertauts*.

1er État. Avant les titres. Le reste comme à l'état décrit.
2e — Celui qui est décrit.

1638 LE REVENANT. — Un vieillard en robe de chambre de 3/4 tourné à D., une lampe à la main. Il ouvre la porte de la vieille chambre où se font entendre les bruits qui effrayent quatre enfants dont il est suivi. — A G. à la pointe : **43-137.** = H. 154, L. 102.

1639 MARIE DE FRANCE ET JEAN DES ESSARTS. 1405. — La fille de Charles VI, vue de dos à moitié et tournée à G., a les deux mains jointes au-dessus de sa tête ; elle se désespère en voyant disparaître dans l'eau Jean des Essarts, dont on n'aperçoit plus que les mains, dans l'une desquelles est le gant de la princesse. — A D. **43-121.** = H. 159, L. 101.

1640 MARGUERITE D'ÉCOSSE ET ALAIN CHARTIER. 1436. — L'épouse du dauphin, depuis Louis XI, de pr., tournée à D., se penche pour baiser sur la bouche le poëte, qui dort assis sur un banc de pierre — A G. **43-127.** = H. 152, L. 100.

1641 ALAIN CHARTIER. 1436. — De pr., tourné à G., la tête de 3/4 ; il est attaché au tronc d'un arbre dans une forêt. — A G. **43-128.** = H. 163, L. 101.

1642 LE DAUPHIN VOLE DES POIRES. 1482. — A G. le fils de Louis XI, monté sur le poirier de son terrible père, vient de saisir un fruit, quand soudain la main d'un homme caché dans l'arbre s'abaisse vers lui. — A D. **43-120.** = H. 158, L. 100.

1643 HENRI DE FRANCE ET CASTELNAU. 1532. — Occupé à faire des vers en l'honneur de Diane de Poitiers, le fils de François Ier, qui sera Henri II, s'est arrêté sur une terrasse. Il est observé de loin par Castelnau, que l'on aperçoit à G. penché et les deux mains appuyées sur la rampe de l'escalier de la terrasse. — A D. **43-126.** = H. 153, L. 100.

1644 MARGUERITE DE FRANCE. 1560. — Contre une colonne, sur la base de laquelle elle pose la main, la fille de Catherine de Médicis, la fiancée d'Henri de Navarre, de 3/4 tournée à D., surprend dans les souterrains du château d'Amboise le secret d'une conspiration dont elle entend les auteurs discutant entre eux. — A D. **43-90.** = H. 155, L. 101.

1645 HENRI IV ET LE MANNEQUIN. — Vu de face, casqué et couvert d'une cuirasse, le jeune Henri, n'étant encore que prince de Navarre, frappe d'estoc et de taille avec une longue épée un mannequin habillé en Turc et cuirassé, placé contre un mur à D., une pique à son côté. — A G. **43-124**. = H. 161, L. 97.

1646 HENRI IV ET JACQUOT. 1561. — Sur le bord d'un bassin un jeune homme est étendu de G. à D. et accoudé à terre, la tête posée sur sa main. Dans le fond à D. un jeune seigneur en manteau court se dirige vers lui. — A D. **43-136**. = H. 156, L. 103.

1647 Vignette pour un ouvrage dont nous n'avons pu découvrir le titre. — Sur le devant un jeune homme, cravate et gilet blancs, en frac et en pantalon collant, est assis près d'une toilette sur une chaise basse, les jambes étendues. Il regarde à G. une jeune femme debout, en robe de bal, et tournée vers lui; elle met ses gants. Derrière le jeune homme une autre femme, manches à gigot, chapeau à plumes, dont la figure est cachée par la passe de son chapeau, se penche pour prendre un flacon sur la toilette, en s'appuyant d'une main sur le dos de la chaise basse. A D. sur le mur un tableau encadré. — A D. et à G. **Gavarni** écrit directement. = H. 104, L. 72.

IIIe SECTION.

SUJETS DIVERS.

Sous ce titre *Sujets divers*, nous avons compris toutes les lithographies de Gavarni, publiées ou inédites, qui ne sont ni des portraits, ni des costumes, ni des compositions faisant partie d'ouvrages dits à figures, ou illustrant des livres, des journaux ou des morceaux de musique.

1re SUBDIVISION.

SUITES PUBLIÉES ISOLÉMENT.

Cette subdivision contient la description des pièces qui, sous des titres collectifs, forment autant de suites différentes. Elles sont classées dans l'ordre alphabétique de ces titres. Nous y avons ajouté à leur rang, sous leurs titres collectifs, les pièces qui, complétant certaines suites du Charivari et de *Masques et Visages* du journal *Paris* (1), n'ont pas dû cependant être décrites à la section : *Illustrations*, subdivision : *Revues et Journaux*, par les motifs que nous avons donnés aux préambules de ces deux journaux. Chacune de ces suites, ainsi plus ou moins augmentées par ces compléments, n'est plus identiquement la même, et comme les pièces complémentaires n'en font partie que dans les tirages sans texte au verso, formant des albums isolés, leur description trouve mieux sa place dans la présente subdivision que dans aucune des autres. Il en est de même de quelques lithographies inédites formant des séries de pièces qui devaient être publiées en suites isolées, et qui nous ont paru à ce titre pouvoir être décrites avec les suites publiées effectivement.

ACTUALITÉS.

Deux pièces faisant partie d'une suite considérable de lithographies par divers artistes publiées sous ce titre général par Bauger et Aubert.

» I. — *Voyez le restant de la vente! Voyez, messieurs et dames! des romans nouveaux à choisir, des volumes | de sept francs cinquante à dix sous!.... C'est meilleur marché qu'à Bruxelles.* — Pièce publiée primitivement dans le *Figaro*. — Voir ci-dessus la description sous la rubrique : *Le Figaro*, section : *Illustrations*, subdivision : *Revues et Journaux*.

» LXXXVIII. — MODE DE 1842. — Caricature publiée primitivement dans *La Caricature*. Voir ci-dessus la description, sous la rubrique : *La Caricature* (2e publication), section : *Illustrations*, subdivision : *Journaux et Revues*.

---

(1) Ces dernières sont classées sous leur titre général : *Masques et Visages*, en suivant également l'ordre des séries auxquelles elles appartiennent.

ALBUM DE L'AMATEUR.

Une lithographie faisant partie d'une suite de pièces par divers artistes publiées avec ce titre général en tête.

1648 N° XLI. — LA DOUBLE RENCONTRE. — Un homme en costume de Scapin, mettant ses gants, est accosté par deux femmes masquées et travesties qui passent chacune un bras sous le sien. L'une à D. est en dame espagnole, l'autre en Colombine. — A G. **Gavarni**. — Deux fil. En H. au-dessus des fil. au M. *Album de l'amateur.* A D. *n°* 41. — En B. au-dessous des fil. à G. *Gavarni.* A D. *Lith. de Benard et Frey.* — Au-dessous du titre à D. *Dero Becker, rue Neuve-Saint-Augustin*, 45. = H. 226, L. 170.

1er État. Avant toute lettre.
2e — Celui qui est décrit.
3e — **Gavarni** a disparu. *Galerie moderne*, au lieu de : *Album de l'amateur.* N° 12, au lieu de *n°* 41. *Gavarni del.*, au lieu de : *Gavarni.* A G. au-dessous du titre : *Paris, chez Cs Delarue, Édit., Palais-Royal, Gie de Valois*, 184. Au M. *Imp. Lemercier, Benard et Cie.* A D. *Vallée, à Marseille, rue de la Cannebière*, 36.

ALBUM DE L'INFINI.

Six lithographies faisant partie d'une suite de pièces par divers artistes publiées sous ce titre général en 1838. Chacune de ces six lithographies est à claire-voie, entourée de deux fil. En H. au-dessus des fil. au M. *Album de l'Infini.* A D. le n° d'ordre de la pièce.

1649 XIX. — LE CONFESSEUR. — Un ermite, vu de face et se dirigeant à D., aide une jeune paysanne à passer sur un pont de bois qui conduit à son ermitage. — En B. au M. entre les deux fil. *Gavarni pinxt. et Lith.* Au-dessous du titre à G. *Jle Bourmancé, Éditeur-commre*, 14, *boulrd Montmartre.* A D. *Lith. Roger, r. Richer*, 7. = H. 136, L. 111.

1er État. Avant toute lettre.
2e — *Gavarni. Pinxt et Lith.* Sans autre lettre.
3e — Celui qui est décrit.

1650 XX. — LA PEAU DE BOUC. — Une jeune paysanne vue de dos et tournée à G., tenant d'une main un long bâton, est accoudée sur un talus; elle regarde un jeune garçon en manches de chemise, assis par terre, buvant à même d'une petite outre en peau de bouc. Au fond des montagnes. — A D. **Gavarni**. — En B. au M. entre les deux fil. *Gavarni, pinx t. et Lith.* Au-dessous du titre à G. *Jle Bourmancé, Éditeur-commre*, 14, *Boulrd Montmartre.* A D. *Lith. Roger, r. Richer*, 7. = H. 136, L. 111.

1er État. Avant toute lettre.
2e — Sans le n° d'ordre. Le reste comme à l'état décrit.
3e — Celui qui est décrit.

1651 XXI. — LE TOREADOR. — Vu de dos la tête tournée à D., un genou sur une banquette, à l'entrée d'un cirque où va se livrer un combat de taureaux. Une main posée sur une longue canne, il est accoudé sur le rebord d'une tribune où est placée une jeune femme avec laquelle il s'entretient. — Au B. de la tribune à D. **114**. Plus B. **Gavarni**. — Au-dessous du titre à

G. *J^le Bourmancé, Éditeur-Comm^re*, 14, *Boul^d Montmartre*. A D. *Lith. Roger et Cie, r. Richer, 7.* = H. 134, L. 111.

1er État. Avant toute lettre.
2e — Celui qui est décrit.
3e — COSTUMES ESPAGNOLS, au lieu de : *Le Toréador*. Au-dessus des fil. à G. *La Mode, revue politique et littéraire*. A D. 15 *mars* 1846, au lieu du n° 21. *Album de l'Infini, H^te Bourmancé* (etc.) *et Lith. Roger* (etc.) ont disparu.
4e — En B. au-dessous du titre au M. *Lith. G. Rigo et Cie, r. Richer, 7*. Le reste comme au 3e état.

1652 XXII. — LA SIESTE. — Un paysan et une paysanne couchés par terre de D. à G. dormant à l'ombre d'un vieux chêne. La femme n'a qu'une chemise à manches longues et un simple jupon. L'homme, en avant, a une main posée sur un vase. — A G. **Gavarni**. — En B. au-dessous du titre à G. *J^le Bourmancé, Éditeur-Comm^re*, 241, *Place du Palais-Royal*. A D. *Lith. Roger et Cie, r. Richer, 7.* = H. 134, L. 111.

1er État. Avant toute lettre.
2e — Celui qui est décrit.

1653 XXIII. — LES CIGARETTES. — Un homme allumant une cigarette. Chapeau à grands bords, large ceinture, cape sur les épaules. A D., près de lui et le regardant, une femme assise, le coude appuyé sur un ballot, une cigarette à la main. — A G. sur un autre ballot **102**. Plus B. sur le terrain **G**. —En B. au-dessous du titre à G. *J^le Bourmancé, éditeur-comm^re*, 241, *Place du Palais-Royal*. A D. *Lith. Roger et Cie, r. Richer, 7.* = H 134, L. 111.

1er État. Avant toute lettre.
2e — Celui qui est décrit.

1654 XXIV. — LA SÉRÉNADE. — Un Espagnol jouant de la mandoline, assis sur un banc de pierre, au-dessous d'une fenêtre, derrière les rideaux entr'ouverts de laquelle apparaît la tête d'une jeune femme. — Sur la face du banc **113**, et sur le terrain à G. **Gavarni**. — En B. au-dessous du titre à G. *J^le Bourmancé, Editeur-Comm^re*, 241, *Place du Palais-Royal*. A D. *Lith. Roger et Cie, r. Richer, 7.* = H. 134, L. 112.

1er État. Avant toute lettre.
2e — Celui qui est décrit.
3e — MADRID, au lieu de : *La Sérénade*. En H. au-dessus du fil. à G. *La Mode, revue politique et littéraire*. A D. 25 *octobre* 1846, au lieu du n° 24. En B. entre les fil. au M. *Par Gavarni*. Au-dessous du titre au M. *Imp. Rigo, Lebref et Cie, rue Richer, 7.* — *Album de l'Infini, H^te Bourmancé* (etc.) *et Lith. Roger* (etc.) ont disparu

---

ALBUM DES SOIRÉES.

Une lithographie faisant partie d'une suite de pièces par divers artistes, publiées sous ce titre général.

» N° XII. — UN BAL COSTUMÉ. — Pièce publiée primitivement dans *Paris au XIXe siècle*. — Voir ci-après la description sous cette rubrique, même section, même subdivision.

ALBUM DRAMATIQUE.

Une lithographie faisant partie d'une suite de pièces par divers artistes, publiées sous ce titre général.

» Mlle WILMEN. — Voir ci-dessus à la section : *Portraits.*

ALBUM THÉATRAL.

Deux lithographies faisant partie d'une suite de pièces par divers artistes, publiées sous ce titre général.

» No III. — MARIE REMOND. | *théâtre du Vaudeville,* | *acte* 3.

» No V. — *On me fête, on m'entoure, je suis transformé en caisse de consignation des éventails; j'étouffe de* | *chaleur; je meurs de soif; j'ai la pépie, qui est le croup du serin.* | — *Le Plastron* (*théâtre du Vaudeville*).

Voir la description de ces deux pièces : la première, sous le même titre; la seconde. sous celui de *Théâtre du Vaudeville. Le Plastron, Arnal, rôle de Rifolet,* dans *Le Figaro,* à la section : *Illustrations,* subdivision : *Revues et Journaux.*

AMOURS.

Suite de douze pièces avec couverture ornée d'un sujet lithographié sur le titre. En tout treize lthographies de Gavarni. Chacune des pièces de la suite est entourée de deux fil. En H. au-dessus des fil. au M. *Amours.* En B. au-dessous des fil. au M. *Gavarni del.* Plus B. le titre indicatif du sujet, à G. en français, à D. en anglais. Au-dessous au M. *Paris, publié par Jeannin, rue du Croissant, no* 20. Plus B., sur les six premiers numéros, *Imprimé par Lemercier;* sur les six derniers, *Imprimé par Frey.* Plus B. encore le no d'ordre de la pièce.

1er État. Avant toute lettre. Sans fil.
2e — Celui qui est décrit.
3e — Sans no d'ordre. Le nom et l'adresse de l'éditeur *Jeannin* et des imprimeurs lithographes *Lemercier* et *Frey,* remplacés par *Massard, éditeur, rue de Sèvres,* 38. | *Lith. de Ch. Villain.* Le reste comme à l'état décrit.

1655 Titre de la couverture. — Groupe d'un jeune homme et d'une jeune femme, tous deux assis sur le même fauteuil et regardant un album qu'ils tiennent chacun d'une main; ils sont tournés à D. Pièce à claire-voie. — Au-dessus du dessin au M. *Amours.* | à G. *Petit album* | *sentimental* | *dédié aux dames* | *par* | *Gavarni.* En regard à D. *Little sentimental* | *album* | *dedicated* | *to the ladies* | *by* | *Gavarni.* Au-dessous du dessin à G. *Gavarni del;* à D. *Lith. de Lemercier.* Plus B. à G. *Paris* | *publié par Jeannin* | *rue du Croissant, no* 20. A D. *London* | *published by Ch. Tilt,* 86, *Fleet street;* et plus B. encore au M. 1833. = H. 68, L. 65.

1656 No I. — AVANT DE PARTIR.-BEFORE LEAVING. — Une jeune femme travestie en hussard, tient dans ses bras son petit enfant et lui donne à téter. A G. un jeune homme en muletier espagnol s'appuie sur le dos du fauteuil où la femme est assise. A D. le berceau de l'enfant. = H. 164, L. 128.

1657 No II. — L'HEURE DU BERGER.-THE SHEPERDS (sic) HOUR. — Un jeune homme et une jeune femme, bras dessus bras dessous, entrent dans la chambre de celle-ci. L'homme en costume tyrolien ouvre la porte; la femme en Colombine a son bougeoir à la main. A G. sur le devant, un poêle en fonte. = H. 167, L. 130.

1658 N° III. — LE MUR MITOYEN.-THE PARTY WALL. — Une jeune femme agenouillée sur un banc de pierre et tournée à D. baise sur le front un homme placé derrière un mur en ruines, sur lequel il est accoudé et où l'on voit un livre ouvert. = H. 167, L. 127.

1659 N° IV. — DEMI-DEUIL.-HALF MOURNING. — Un jeune homme se promenant dans un parc donne le bras à une jeune femme et lui prend la main. Elle tient une ombrelle ouverte au-dessus de sa tête, qu'elle pose sur l'épaule du jeune homme. Ils sont tous deux sans chapeau et tournés à D. = H. 167, L. 128.

1660 N° V. — LA PREMIÈRE FAVEUR.-THE FIRST FAVOR. — Dans une loge au bal de l'Opéra, un pierrot masqué, assis sur un fauteuil, lève le loup d'une jeune femme travestie également en pierrot et debout devant lui. Il est de pr. et tourné à G. = H. 167, L. 128.

1661 N° VI. — LE ROMAN NOUVEAU.-THE NEW NOVEL. — Dans un atelier d'artiste une jeune femme est étendue de D. à G. sur un des larges coussins d'un lit de repos, la tête appuyée sur le genou d'un jeune homme assis sur ce lit. Celui-ci lui fait la lecture, et est en robe de chambre, accoudé sur un coussin, la tête contre sa main. Devant eux une longue pipe. = H. 167, L. 128.

1662 N° VII. — LA BONNE AVENTURE.-THE FORTUNE PELLER. — Un jeune homme en costume de magicien, longue robe, bonnet pointu, donne le bras à une jeune fille costumée en Tyrolienne, tenant la baguette du magicien, au bout de laquelle elle a accroché son loup. Ils descendent l'escalier du bal de l'Opéra. L'homme est à D. Du même côté, dans un cadre, l'affiche du bal. = H. 167, L. 129.

1663 N° VIII. — LA PROMENADE.-THE WALK. — Une jeune femme se promenant accompagnée de deux hommes en frac. Elle donne le bras à celui de G.; l'autre, plus âgé, est décoré et coiffé d'un chapeau gris. A G., derrière eux, le piédestal d'une statue dont on n'aperçoit que les pieds. Au fond, des promeneurs. = H. 130, L. 126.

1664 N° IX. — L'INTRIGUE A DOMICILE.-THE INTRIGUE AT HOME. — Couché de G. à D. dans un lit de sangle, un jeune étudiant en médecine s'est mis sur son séant pour écouter une femme déguisée en paysanne provençale, qui vient d'entrer dans sa chambre. Elle retient d'une main sous son menton la barbe de son masque, pour mieux cacher son visage. Au fond à G. un pierrot passe sa tête par la porte entr'ouverte. = H. 167, L. 128.

1665 N° X. — LE PETIT INTERPRÈTE.-THE LITTLE INTERPRETER. — Dans la campagne, auprès d'une petite rivière, un jeune enfant sur les genoux de sa bonne, jolie paysanne coiffée d'un bonnet de Cauchoise assise au pied d'un arbre et de 3/4 tournée à D.; il lui lit une lettre. = H. 167, L. 125.

1666 N° XI. — PAUL ET VIRGINIE.-PAUL AND VIRGINIA. — Dans une rue fort mal pavée, un jeune homme en costume de pierrot, un manteau sur les épaules, donne le bras à une dame coiffée d'un large béret, et tient des deux mains un parapluie au-dessus de leurs têtes. Ils sortent du bal, dont on aperçoit à gauche la porte d'entrée, au-dessus de laquelle on lit écrit directement : **Épicerie**. Une lanterne accrochée sur un des montants de cette porte éclaire l'affiche du bal. L'homme est à G. = H. 165, L. 128.

1667 N° XII. — UN PETIT FRÈRE.-A LITTLE BROTHER. — Une jeune femme est assise sur les genoux de son mari, étendu sur un grand fauteuil. Il est de pr. tourné à D., en robe de chambre. En avant, à leurs pieds, une petite fille fait un château de cartes sur le tapis. = H. 166, L. 128.

LES ARTISTES.

Deux lithographies faisant partie d'une suite de seize pièces, dont quatorze ont paru sous ce titre géneral dans le *Charivari*.

1668 N° III. — *La Madelaine* (sic) *c'était une femme qu'avait fait des bêtises* | *n'est pas* (sic) *m'sieu Henri?* | *A mort!* — Un peintre et son modèle buvant du champagne et trinquant; ils sont attablés en face l'un de l'autre. Le modèle, une jeune femme, est à G., vue de dos et nue jusqu'à la ceinture, son bonnet sur la tête; l'artiste de face, en blouse. Par terre, à leurs pieds, une tête de mort. — Vers la G. **74.** — En H. au-dessus du T. C. au M. *Les Artistes*. A D. n° 3. En B. au-dessous du T. C. à G. *Chez Aubert*, *gal. Véro-Dodat*. A D. *Imp. d'Aubert et Cie* = H. 199, L. 163.

» XVI. — L'ATELIER DU LITHOGRAPHE. — *Comme c'est léger.* — Pièce publiée primitivement dans *la Caricature*.—Voir ci-dessus la description sous ce titre dans *la Caricature* (2e publication), section : *Illustrations*, subdivision : *Revues et Journaux*.

LES ARTISTES ANCIENS ET MODERNES.

Sept pièces faisant partie d'une suite de deux cent quarante lithographies par divers artistes, publiées successivement et réunies en dix volumes in-f°, sous le titre : *Les Artistes anciens et modernes. Paris, Imp. Bertauts* (S. D.). Une seule de ces sept pièces n'est point numérotée. En H. de chacune des autres, au-dessus du T. C. à D. son n° d'ordre. En B. et au-dessous du T. C. à G. *Gavarni del* (suivi de *Londres* sur le n° 38 et de *Lith.* sur le n° 150). A D. *Imp. Bertauts, Paris* (suivi de *r. Cadet, Paris,* sur le n° 150). Plus B. à G. le titre particulier de la pièce, sauf au n° 38, où il est à D. En outre, sur la plupart des épreuves, l'empreinte d'un timbre sec avec cette inscription : « Les Artistes | anciens | et modernes ».

1669 XXXVIII. — UN ATTELAGE DE PORTEUR D'EAU. — Près d'un poêle en fonte sans tuyau, sont assis un porteur d'eau et sa femme, tous deux de pr. tournés à D. Le mari compte le gain de la journée; la femme est sur le devant. = H. 218, L. 165.

1670 XLIV. — *Il lui sera beaucoup pardonné, parce qu'elle a beaucoup dansé.* — Jeune femme profondément endormie, couchée de D. à G., à demi déshabillée, sur son lit, où elle s'est jetée en rentrant du bal. — Dans le B. à D. **47-28.** — Pièce en travers, cintrée du H. = H. 174, L. 205.

1671 CII. — SATAN. — Figures à mi-jambes. Une vieille entremetteuse de pr.

tournée à D., un paquet sous le bras, cherche à tenter une jeune fille. Celle-ci, devant une table à repasser et tournant le dos à la vieille, l'écoute à moitié en approchant son fer de sa joue. Sur le devant à G. un poêle en fonte. = H. 200, L. 173.

1672 CVII. — THOMAS VIRELOQUE. — De 3/4 tourné à D., un bâton à la main, marchant dans un chemin creux par un temps couvert. Barbe et cheveux en désordre, besicles sur le front, grosse couverture sur le dos. — A G. **54-2.** = H. 273, L. 202.

1er État. Avant le titre et le no.
2e — Celui qui est décrit.

1673 CXII. — LA LANTERNE MAGIQUE. — Sous un ciel nébuleux, au milieu d'un site agreste, un pauvre diable se dirige vers la D., s'appuyant d'une main sur un bâton et soutenant de l'autre sa lanterne magique et la boîte contenant ses verres qu'il porte sur son dos. — Dans le H. à D. **54-3.** = H. 280, L. 216.

1er Etat. Avant le titre et le no.
2e — Celui qui est décrit.

1674 CL. — LA SCULPTURE MONUMENTALE. — Femme à mi-corps tournée à G., la tête de 3/4 à D., les bras croisés, un ébauchoir à la main. Elle a le dos appuyé contre un buste colossal recouvert d'une draperie. — A . **56.** = H. 213, L. 162.

1er État. Avant le no.
2e — Celui qui est décrit.

» Titre du 6e volume. — Pièce en travers publiée antérieurement sous le titre de *Fleurs d'Orient.* | *Mélodie.* — Voir la description, section : *Illustrations*, subdivision : *Morceaux de musique.*

LES ARTISTES CONTEMPORAINS.

Cinq pièces faisant partie d'une suite de cent soixante lithographies par divers artistes, publiées successivement et réunies en 8 vol. in-fo sous le titre : *Les Artistes contemporains. Paris, imp. Bertauts* (1845-1853). En H. de chacune de ces pièces au-dessus du T. C. à D. le no d'ordre. En B. au-dessous du T. C. à G. *Gavarni* (suivi de *Londres* sur les nos 67 et 72). A D. *Imp. Bertauts,* suivi de *Paris* sur ces mêmes numéros. Plus B. sur la plupart des épreuves l'empreinte d'un timbre sec, avec cette inscription : « Les | Artistes | contemporains. » Ces cinq pièces n'ont point de titres. Nous leur donnons celui sous lequel elles sont désignées dans la table des volumes.

1675 XIII. — (RENDEZ-VOUS.) — Dans un jardin, une femme vue de dos et tournée à G. monte les degrés conduisant à un pavillon dont on aperçoit l'entrée au fond; elle retient une écharpe noire tombant à moitié de ses épaules nues. — A D. **46-38.** = H. 195, L. 165.

1er État. Avant toute lettre.
2e — Celui qui est décrit.

1676 XXX. — (LA CANTONNADE.) — Dans les coulisses de l'Opéra, un homme vu de dos et tourné à G., le chapeau sur la tête, cause avec une danseuse. Celle-ci de pr. à D. s'appuie d'une main sur un décor que l'on voit à l'envers.

Au fond à G. on aperçoit le devant de la scène et une partie de la salle remplie de spectateurs. — A D. **46-82.** — Pièce cintrée du H. = H. 218, L. 168.

1er État. Avant toute lettre.
2e — Celui qui est décrit.

1677 XLV. — (PENSÉE PHILOSOPHIQUE.) — Femme à mi-corps de 3/4 tournée à D., la tête à G. et légèrement baissée. Une main sur sa hanche, elle tient de l'autre une tête de mort posée sur une table derrière laquelle elle est debout. — A D. **43-38.** — T. C. à pans coupés dans le H. = H. 180, L 124.

1er État. Un fil. sans le no et le nom de *Gavarni*. En B. au-dessous du fil. à G. *Imp. Bertauts.* A D. *r. St Marc*, 14.
2e — Celui qui est décrit.

1678 LXVII. — (PIÉTÉ FILIALE.) — Un vieux mendiant de pr. tourné à D., s'appuyant sur un bâton, traverse un ruisseau sur un pont de bois. Il est soutenu par une jeune fille en haillons vue de dos à moitié. — Sur le pont à D. **Londres. Janvier 48-1.** = H. 250, L. 181.

1679 LXXII. — (UNE FAMILLE PAUVRE.) — Dans l'intérieur le plus misérable, une pauvre femme tournée à D. la tête baissée, les cheveux épars, est assise à terre. Son enfant s'est endormi la tête posée sur les genoux de sa mère. A G. le mari de celle-ci couché par terre, les genoux relevés, dort profondément. = H. 244, L. 210.

BALIVERNERIES PARISIENNES.

Quatre lithographies faisant partie d'une suite de vingt-quatre pièces dont vingt ont paru sous ce titre général dans *le Charivari*. Chacune de ces quatre pièces est entourée d'un fil. En H. au-dessus du fil. à G. *Œuvres nouvelles de Gavarni.* A D. *Baliverneries parisiennes*, et à la suite le no d'ordre de la pièce. En B. au-dessous du fil. à G. *Chez Aubert, Pl. de la Bourse.* A D. *Imp. Aubert et Cie.*

1er État. Avant toute lettre.
2e — Celui qui est décrit.

1680 XVII. — *Oh! mais vous, Pigeonnet, dans les affaires, vous avez toujours été poussé par les femmes.* — Deux hommes vus de face se promenant ensemble : l'un à G., petit chapeau à forme basse sur la tête, un doigt de chaque main dans les poches de son gilet; l'autre, coiffé d'un chapeau conique, tient des deux mains son parapluie en travers derrière lui. — A G. **47-1.** = H. 195, L. 166.

1681 XVIII. — *La Chasse au Trottin.* — Un jeune homme, vu de dos à moitié, un manteau sur les épaules, regarde de côté si personne ne le remarque suivant une modiste qu'on voit se diriger à D. vers le fond, un carton à chapeaux à la main. A G. sur un mur une affiche où on lit écrit directement : **Sans rien | payer.** — A G. **47-6.** = H. 200, L. 165.

1682 XXII. — LE FEUILLETON. | *L'enfant en permettra la lecture à sa bonne.* — Une femme à mi-jambes, bonnet et tablier blancs, vue de dos et tournée à D., lit un journal près d'un divan sur lequel dort profondément un enfant recouvert d'un châle qui lui cache la figure. — A G. (4)**7.77.** = H. 195, L. 165.

1683 XXIV. — *Vous épousez ma cousine...... Ah ça, m'sieu Vilboquet, vous n'a-*

vez donc | pas peur d'être........ mon cousin? — A D. de pr. un jeune homme en paletot, ses bras croisés sur la poitrine; vis-à-vis de lui un vieux bonhomme de 3/4 tenant une canne des deux mains derrière son dos. — A D. **46-99.** = H. 195, L. 165.

LA BOÎTE AUX LETTRES.

Treize lithographies d'une suite de trente-quatre pièces dont trente-trois ont paru dans le *Charivari*. De ces treize lithographies, une, le n° 31, est celle qu'on ne trouve pas dans ce journal. Les autres, avant d'y être publiées, avaient déjà été éditées isolément; elles ne sont pas numérotées, à l'exception de deux qui portent le même numéro. Chacune des treize lithographies est entourée d'un fil. au-dessus duquel on lit en H. au M. *La Boîte aux lettres.* En B. entre le T. C. et le fil. la légende.

1684 *A Messieur les membres du Con | sielle de discipline du 1er batalion. | Messieur, Je me suis présenté avec de | mes voisin au rendez vous alheure dite | il nia qun tambour qui se promenai mais | comme nos billet porte la grande tenue moi | la miene et bisset on ma trouvé bon comme | celà dans le temps d'aillieur il m'est ossi | imposible demabiliez comme prendre la lune | avec les dent il bien étonant que c'est toujour | au boutique et artisans qui non rien a perdre que | l'on commande garde tandisque despropriaitaire | est fis ideme qui ont 22 24 et 28 ans | sur la rondismant ne sont pas même | sur ocun contrôle. | Ces la que vous trouveré des gens qui ont | le moyen desabilier sans sales gencs mais | ses petit messieur aiment beaucoup | mieux leur parti de campagne il aimerais | briller dans les parade et les faites il ne | regarderais pas à la dépence mais couchez | au cordegarde sa leur semble trop dur et | cependant c'est pour eu et leur propriété plutot | que daracher un homme de sa boutique | qui travaille comme mercainaire pour | faire face a tout et perdre 2 jour et son | repos tandis que l'autre livré au sein de la mau | lesse et des plessir tandis que nous le gardons.*

Un épicier dans sa boutique, assis à son comptoir, et écrivant; il est de pr. tourné à D. en manches de chemise.— Dans le bas du comptoir à G. **76.** — En B. au-dessous du fil. au M. *Lith. Caboche, Grégoire et Cie, pass. Saulnier*, 19. = H. 200, L. 178.

1er État. Avant toute lettre. Sans fil.
2e — Celui qui est décrit.
Sans changement dans le « Charivari, 28 août 1837 ».
3e — En H. à D. *n°* 1. Le reste comme à l'état décrit.

1685 *Vous avez le secret de ma vie..... ô mon | Alfred adoré, vous ne le trahirez pas? | Du château de Montgomery. 7 juillet.* — Une nombreuse cavalcade de jeunes gens s'avançant de face. Au premier rang trois cavaliers; celui du milieu, laissant les rênes flottantes sur l'encolure de son cheval, est en train de lire aux deux autres une lettre qu'il tient des deux mains. —Vers la D. **102.**— En B. au-dessous du fil. au M. *Lith. Caboche, Grégoire et Cie, pass. Saulnier*, 19. = H. 198, L. 172.

1er État. Avant toute lettre. Sans fil.
2e — Celui qui est décrit.
Sans changement dans « le Charivari, 5 décembre 1842 ».

1686 La lettre qu'on lit. — *Je vous attendrais | à la grande Chaumière | Barriere du Rocheauert | Dimanche à l'heure que | vous me diré, où dans | un autre lieu que vous me désignerai.*

La réponse qu'on cachette. — *Monsier | Je sui au desespoire de ne | pouvoire me rande près de vous de puis deux jour je sui retenu | par un malle de genout qui | me force de gardere le lit au | moment de partire je été | obligés de me remaitre | au lit il fot esperer que | sela vat alé mieux.*

Deux modistes dans leur magasin. L'une à D., assise sur un tabouret, cachette avec son pouce, sur un comptoir, la réponse à la lettre que lit l'autre modiste. Celle-ci est vue de dos derrière le comptoir, sur lequel elle est assise. — En B. au-dessous du fil. au M. *Imp. chez Caboche, Grégoire et Cie, pass. Saulnier*, 19. = H. 198, L. 172.

1er État. Avant toute lettre. Sans fil.
2e — Celui qui est décrit.
Sans changement dans « le Charivari, 4 octobre 1837 ».

1687 « *Je prends la plume d'une main tremblante...... | ......mon Julien! mes larmes me troublent la | troublent la* (ces deux derniers mots rayés) *vue : je ne sais si vous pourrez me | lire.........* » — Dans son échoppe, un vieil écrivain public assis devant une table écrit sur un pupitre sous la dictée d'une jeune femme en bonnet, assise à G. de l'autre côté de la table. Sur une fenêtre au fond on lit : (Écr)**ivain public**, et plus B. **On peut | écrire | soi-même.** — A G. **G. 71.** — En B. au-dessous du fil. au M. *Lith. Caboche, Grégoire et Cie, pass. Saulnier*, 19. = H. 200, L. 177.

1er État. Avant toute lettre. Sans fil.
2e — Celui qui est décrit.
Sans changement dans « le Charivari, 29 juillet 1837 ».
3e — En H. à D. *n°* 5. Le reste comme à l'état décrit.

1688 .... *Peut aitre en-aige trop dit mon | excusse est dans mon cœur votre changement de | conduite de puis quel que jour métonne veuillés | donc à voir la complaisance de m'en donnez | l'explication je n'est pas du moins mérité ne pas | avoir de reponce cest pourquoi josse esperrés que | vous voudrez bien m'en faire une quel quelle soit | pour, quoi vous ai je vue pour troubler mon repos et ma securité | je suis avec estime et amités.* — Une jeune cuisinière de pr., tournée à D., écrivant une lettre sur sa table de cuisine, où est étendu un lapin. — A G. **G. 73.** — En B. au-dessous du fil. au M. *Lith. Caboche, Grégoire et Cie, pass. Saulnier*, 19. = H. 192, L. 177.

1er État. Avant toute lettre. Sans fil.
2e — Celui qui est décrit.
Sans changement dans « le Charivari, 26 août 1837. »
3e — En H. à D. *n°* 6. Le reste comme à l'état décrit.

1689 *Chère ange | mon amour vous envoie sur l'aile du zéphyr le | parfum de quelques fleurs et mille baisers.* — Dans une rue, une maritorne, bossue et contrefaite, tenant une lettre à la main et portant un pot de fleurs sur le bras, sonne à une porte à D. Au fond à G. un tonneau de porteur d'eau. — A G. **Gavarni. 79.** — En B. au-dessous du fil. au M. *Lith. de Caboche, Grégoire et Cie, pass. Saulnier*, 19. = H. 198, L. 175.

1er État. Avant toute lettre. Sans fil.
2e — Celui qui est décrit.
3e — En H. à D. *n°* 7. Le reste comme à l'état décrit.

1690 *Mon ami | je m'empresse de te faire savoir | que je suis changé de maison | je reste maintenant chez | Madame de Ste Léon reu Peltier | nº 27. je te prirait de pascés par | le bolvard de Gand se soir ou | le pasage d'idalie entre 9 à 10 heur.* — Une jeune femme dans la rue, de 3/4 tournée à G., la tête à D., chapeau à plumes, mantelet de taffetas noir, tient une lettre qu'elle se dispose à jeter dans la boîte aux lettres placée à la fenêtre d'un épicier à G. Dans le fond deux passants, une femme et un homme. Sur le mur de l'épicier on lit en H. écrit directement : **Soude | Potass** (sic). — A D. **74**. — En B. au-dessous du fil. au M. *Lith. Caboche, Grégoire et Cie, pass. Saulnier*, 19. = H. 197, L. 175.

1er État. Avant toute lettre. Sans fil.
2e — Celui qui est décrit.
3e — Au lieu de la légende ci-dessus, on lit : *Mon ami, viens me prendre ce soir; je suis sortie | pour la journée; nous irons à la | comédie; je suis fier* (sic) *de ma toilette; ma | maîtresse est à la campagne, et j'ai | essayé une robe, un chapeau, une | mantille à elle, taut cela me va à ravir.*
« Le Charivari, 5 janvier 1838. »

1691 .... *Ma siere épouse je vous | fait bien me complimens à vous insi que ma petite | je fait bien de complimens à mesoncles | etantes ea tou les enfans je fait vien | de complimens a ma mère ea tous mes freres | je fait vien de complimens à notre marene | je fait bien de compl*..................—Dans un cabaret, un porteur d'eau, le chapeau sur l'oreille, est assis de pr. à D. sur un banc devant une table sur laquelle il écrit, et où sont posés une bouteille, un verre et une pipe. Dans le fond à G. des gens du peuple buvant. Sur le mur à D. des dessins et des inscriptions à la main. Sur une petite pancarte on lit écrit directement : **On ne fu**(me) | **pas issi**.—A D. **Gavarni**.—En B. au-dessous du fil. au M. *Lith. Caboche, Grégoire et Cie, pass. Saulnier*, 19. = H. 198, L. 177.

1er État. Avant toute lettre. Sans fil.
2e — Celui qui est décrit.
Sans changement dans « le Charivari, 11 septembre 1837 ».
3e — En H. à D. *n*º 9. Le reste comme à l'état décrit.

1692 «........................ | *—Adolphe! Adolphe! vous voulez donc faire | mourir votre Eugénie!*...... .» — Une grisette assise dans sa chambre, en train d'écrire sur son genou, où le dessus d'un carton à chapeau lui sert de pupitre. Elle s'interrompt pour s'occuper de son dîner, et, se penchant à D., elle lève le couvercle d'une marmite placée devant le feu. — A G. G. **72**. — En B. au-dessous du fil. au M. *Lith. Caboche, Grégoire et Cie, pass. Saulnier*, 19. = H. 198, L. 177.

1er État. Avant toute lettre. Sans fil.
2e — Celui qui est décrit.
Sans changement dans « le Charivari, 26 juillet 1837 ».

1693 Nº XI. CONGÉ EN PARTIE DOUBLE.

Notre (ce mot rayé) *Chère Adèle | un événement imprévu nous* (ce dernier mot rayé) *me prive | du bonheur de vous voir demain soir. | Je pars à l'instant pour les Grandes- | Indes. Adieu! Croyez aux regrets éternels. de votre fidèle amant. | Oscar.*

Notre (ce mot rayé) *Ma chère Adèle, | un événement imprévu nous* (ce dernier mot rayé) *me prive | du bonheur de vous voir demain matin | Je pars à l'instant pour les Grandes- | Indes. Adieu. Croyez aux regrets éternels | de votre fidèle amant | Anatole.*

Dans un cabinet particulier de restaurant, deux jeunes gens écrivant sur la table où ils viennent de déjeuner. L'un à D. est vu de dos et assis sur un tabouret; l'autre sur une chaise est de pr. tourné à D. — A G. **80**. — En B. au-dessous du fil. au M. *Lith. Caboche, Grégoire et Cie, pass. Saulnier*, 19. = H. 198, L. 178.

1er État. Avant toute lettre. Sans fil.
2e — Celui qui est décrit.
Sans changement dans « le Charivari, 4 novembre 1837 ».

1694 *Je soussigné, Roi des Batignolles, prince de Clichy, | Duc d'Anières et de St Ouen, Vicomte de la Garenne, | etc., etc. Octroyer par la présente, à mes sujets et Vassaux, | bien aimés, la liberté pleine et entière de pêcher des | barbillons en rivière de Seine depuis le 1er janvier jusqu'à | la St Sylvestre. | Qu'on se le dise. | Du château de Bicêtre. | Michel Ier. | P. S. Tient magasin d'asticols* (sic) *assortis* (*affranchir*). — Sous un hangar, un fou enfermé à Bicêtre, de pr. tourné à G., écrit sur son genou. Il a une plume plantée dans ses cheveux et retenue par un cordon qui lui ceint la tête comme un bandeau royal. Dans le fond deux autres fous, l'un assis, l'autre debout. — A G. **Gavarni. 70.** = H. 200, L. 178.

1er État. Avant toute lettre. Sans fil.
2e — Celui qui est décrit.
Sans changement dans « le Charivari, 20 mars 1838 ».

1695 No XI (bis). — *Monsieur, | malgré que je sois sans expérience je n'ai | pas l'abitude de servir de Boufon je trouve | que le Rendez Vous dhypolite N'est pas | délicats Dans les Circonstance où je me | trouve avec Vous pour éviter tous les Can | cans Ne conté su* (ces deux lettres biffées) *plus sur moi. je vous | salue. | Egénie.* — Un artiste assis sur le bord de son lit, les jambes écartées. Il est presque de face, tourné à G., et lit avec stupéfaction une lettre qu'il tient des deux mains. Son chapeau et sa pipe en morceaux sont par terre. Contre le mur des études, des plâtres, des armes, etc. — A G. **Gavarni. 81.** — En B. au-dessous du fil. au M. *Lith. Caboche, Grégoire et Cie, pass. Saulnier*, 19. = H. 192, L. 174.

1er État. Avant toute lettre. Sans fil.
2e — Celui qui est décrit.
Sans changement dans « le Charivari, 20 octobre 1837 ».
3e — No 13, au lieu de : *no* 11.

1696 No XXXI. — ....*Oui, mon cher Oncle, mes | études marchent bon train et j'en suis | fort satisfait. Je travaille nuit et jour. | Mais je suis très à court d'argent; Les | livres coutent si cher à Paris! les | livres me ruinent.....* — Un étudiant, de pr. tourné à G., les pieds posés sur l'un des barreaux de la chaise sur laquelle il est assis, en chemise, jambes nues et en bottes, écrit sur ses genoux. Derrière lui un lit de sangle dans lequel est couchée de D. à G. une jeune femme; elle tient à la main un cigare, et de sa bouche elle exhale une bouffée de fumée. — A G. **Gavarni. 111.** — En H. entre le T. C et le fil. *no* **31.** En B. au-dessous du fil. à G. *Chez Aubert, gal. Véro-Dodat.* A D. *Imp. d'Aubert et Cie.* = H. 200, L. 168.

1er État. Avant toute lettre. Fil. non fermé par le B.
2e — Celui qui est décrit.

CARACTÈRES.

Cinq lithographies pour une suite projetée de caricatures représentant chacune un personnage à grosse tête en pied et debout. Elles sont restées inédites. L'une d'elles a été faite deux fois par Gavarni, ce qui porterait à six le nombre de celles qu'il a exécutées pour cette suite. — Chaque pièce est à claire-voie, entourée de trois fil., sans aucune lettre. Elle devait être coloriée et porter en H. entre le 1er et le 2e fil., au M., le titre général : *Caractères*. En B., dans l'angle à D., 1835. Entre le 1er et le 2e fil., au M., le titre particulier de la pièce, et immédiatement au-dessous des fil. deux inscriptions, l'une à G. donnant le nom de l'auteur, l'autre à D. celui de l'imprimeur-lithographe. Ces diverses indications, ainsi que le titre particulier de la première pièce, nous sont fournies par des inscriptions de la main de Gavarni sur une épreuve de cette pièce. Nous avons trouvé dans ses notes le titre particulier des quatre autres lithographies.

1697 RRR.— (CONFORTABLE.) — Homme vu de face, la tête de 3/4 à G., besicles sur le nez, chapeau à larges bords par-dessus un bonnet de soie noire; longue redingote ouverte, laissant voir son habit boutonné; souliers et socques. Parapluie sous le bras.—Vers la G. G. = H. 186, L. 110.

1698 RRR. — (CLASSIQUE.) — Personnage vu de face, la tête de 3/4 à D. et baissée, une main dans sa chevelure en désordre, le coude appuyé sur son autre main. Robe de chambre ouverte, pantalon à pieds, pantoufles.— A G. G. = H. 187, L. 111.

1699 RRR. — (FUMEUR.) — De 3/4 tourné à G., la tête à D., en robe de chambre croisée et en pantoufles ; front dégarni, collier de barbe; un cigare allumé à la main, l'autre main dans la poche de sa robe de chambre. — A D. G. = H. 185, L. 110.

1700 RRR. — (FUMEUR.) — De face, les jambes écartées, la tête de 3/4 à D., une main dans l'entournure de son gilet, un cigare allumé entre deux doigts de l'autre main. Collier de barbe, cravate haute, chapeau à larges bords relevés, redingote courte ouverte, pantalon à carreaux. — A D. G. = H. 186, L. 110.

1701 RRR. — Même figure que la précédente, avec quelques changements de détail : la tête plus forte, les jambes moins écartées, etc. —A G. G. — Deux fil. seulement au lieu de trois. = H. 186, L. 111.

1702 RRR.—(ROMANTIQUE.)—Personnage de 3/4 tourné à D., une main sur la hanche, l'autre dans une poche de sa longue redingote boutonnée jusqu'au cou. Cheveux longs cachant les oreilles, longues moustaches et barbiche, chapeau à larges bords et de forme conique.— A D. G. = H. 187, L. 111.

LE CARNAVAL.

Deux pièces faisant partie d'une suite de vingt-sept lithographies, dont vingt-trois ont été publiées sous ce titre dans le *Charivari*, et deux autres dans la *Caricature* et le *Figaro*. Chacune est entourée d'un fil. En H. au-dessus du fil., au M., *Le Carnaval;* à D. le nº d'ordre. En B. entre le T. C. et le fil. au M. *Par Gavarni*, et au-dessous la légende.

1703 XXVI. — *Parole d'honneur, mon petit homme, je suis remplie d'agremens* (sic). — Un homme habillé en femme de la rue, mouchoir autour de la tête, tablier noir, arrête par le bras une jeune femme travestie en homme, les deux mains dans les poches de son pantalon. L'homme est à G. de pr. tourné à D. — A D. **40-35**. A G. **Gavarni**. — En B. au-dessous du fil. à G. *Imp. d'Aubert et Cie*. A D. *Chez Aubert, gal. Vero-Dodat*. = H. 198, L. 157.

1er État. Avant toute lettre. Fil. non fermé par le B.
2e — Celui qui est décrit.

1704 XXVII. — *Figure-toi, mon cher, que je rencontre cet animal de chose, qui me dit : J'ai là deux petits dominos | soignés qui veulent souper; viens-tu?... Je vas voir; figure-toi, mon cher, que c'était ma femme avec.. une autre! | — Ah! la bonne charge!... Eh bien! j'aurais pris l'autre! | — Ah! tu ris, toi?... ah! tu aurais pris l'autre, toi?... Eh bien! non, tu n'aurais pas pris l'autre, toi!.. parce que | l'autre, c'était la tienne..... ah!* — Dans un couloir de loges, au bal de l'Opéra, deux Pierrots en face l'un de l'autre. Celui de D. adossé contre la porte d'une loge sur laquelle est écrit directement : **No 27**. L'autre, vu de dos à moitié et tourné à D., a une grande plume à son chapeau, les mains au-dessus des hanches. — A G. au tiers de la H. de la pl. **40 | 26**. Plus B. **G**. — En B. au-dessous du fil. à G. *Chez Aubert, gal. Vero-Dodat*. A D. *Imp. d'Aubert et Cie*. = H. 197, L. 155.

1er État. Avant toute lettre. Quatre fil.
2e — Celui qui est décrit.

CARNAVAL.

Cinq lithographies faisant partie d'une suite de cinquante pièces, dont quarante-cinq ont été publiées sous ce titre général dans le *Charivari*. Chacune de ces pièces est entourée d'un fil. En H. au-dessus du fil. à G. *Œuvres nouvelles de Gavarni*. A D. *Carnaval*, suivi du no d'ordre.

1705 XXXVI. — *Plésenthé, veux-tu m'aimer? | — Hi! hi! hi!....* — Au bal de l'Opéra, à G. une femme en page moyen âge et masquée. Elle est entièrement vêtue de noir, burnous blanc sur les épaules. Tournée à D., elle pose une main sur l'épaule d'un Pierrot ayant un loup à nez proéminent sur la figure. — A G. **47-53**. — En B. au-dessous du fil. à G. *Chez Aubert, pl. de la Bourse*, 29. A D. *Imp. d'Aubert et Cie*. = H. 200, L. 167.

1er État. Avant toute lettre.
2e — Celui qui est décrit.

1706 XXXVII. — *Des Pierrots peints par eux-mêmes*. — Vis-à-vis l'un de l'autre deux Pierrots dansent le cancan. Ils sont de pr. et ont sur le visage des loups à nez proéminents. Autres danseurs au fond. — A G. **(4)7-59**. — En B. au-dessous du fil. à G. *Chez Aubert, pl. de la Bourse*, 29. A D. *Imp. Aubert et Cie*. = H. 193, L. 165.

1er État. Avant toute lettre.
2e — Celui qui est décrit.

1707 XXXIX. — *Scène de la vie privée du débardeur*. — Deux figures à mi-jambes : Une jeune femme en débardeur, assise sur une chaise, de pr. tournée à G., donne le sein à un bébé qu'elle tient sur son genou. A D., appuyé sur le dossier de la chaise, un homme déguisé en vieille femme, vu de face. —

A D. **46-93.** — En B. au-dessous du fil. à G. *Chez Aubert et Cie, pl. de la Bourse,* 29. A D. *Imp. d'Aubert et Cie.* = H. 193, L. 164.

1er État. Avant toute lettre. Sans fil.
2e — Celui qui est décrit.

1708 XL. — *Amanda, tu ne reconnaîtrais pas un être que tu as tant aimé!* — Paillasse vu de dos à moitié et tourné à D., les mains jointes près de la poitrine. Il porte un faux nez à moustaches et un bonnet de forme conique surmonté d'une plume. Une jeune femme en Titi, le corps penché en avant, les mains derrière le dos, le regarde sous le nez. — A G. **47-19.** — En B. au-dessous du fil. à G. *Chez Aubert et Cie, pl. de la Bourse,* 29. A D. *Imp. d'Aubert et Cie.* = H. 194, L. 165.

1er État. Sans fil. Au-dessous du T. C. à D. *Imp. Lemercier, à Paris.* Sans autre lettre.
2e — *Et tu ne reconnaîtrais pas l'être que tu as tant aimé!* au lieu de : *Amanda, tu ne reconnaîtrais pas un être* (etc.). Le reste comme au 3e état.
3e — Celui qui est décrit.

» L. — *Képi de velours garance. Foulard blanc. Bourgeron de mérinos bleu. Écharpe de soie noire* | *à raies de couleur. Pantalon de velours garance. Guêtres de piqué blanc. Souliers vernis.* | *Gants blancs.* — Voir la description de cette pièce à la section : *Costumes et modes.*

LE CARNAVAL A PARIS.

Quatre lithographies faisant partie d'une suite de quarante pièces, dont trente-cinq ont paru sous ce titre dans *le Charivari.*

» XXIII. — *P'us qu'ça d'lorgnon! et du pain?.... Bo'jour, Madame!*

» XXIV. — *Madame, une honnête femme a ses amans* (sic) *et ne prend pas ceux des autres!* | *—Madame!* | *—Madame, si je ne me respectais pas, je vous ficherais une drôle de trempée, comme il n'y a* | *qu'un Dieu!*

» XXV. — *Voyons! trente et quinze quarante-cinq, et dix trois livres cinq, trois livres sept, trois livres* | *dix-sept........ c'est trente sous chacun : nous n'aurions que dix-sept sous pour les rafraîchissemens* (sic). | *— Les fiacres et le déjeuner...... Cré nom d'un chien! si le plan n'était pas fermé encore! J'ai ma* | *chaîne....... cré nom d'un chien!*

Ces trois pièces ont paru primitivement sous un autre titre collectif. — Voir ci-dessus *Paris le soir*, nos 5, 13 et 19, dans *le Charivari,* à la section : *Illustrations*, subdivision : *Revues et Journaux.*

» XXXI. — *Va, enfant! va te livrer aux naïfs plaisirs de ton âge.* — Voir ci-dessus à la section : *Illustrations*, subdivision : *Revues et Journaux*, la description de cette pièce dans *la Caricature*, où elle a été publiée primitivement sans aucun titre collectif.

Une cinquième pièce : *Prête un peu ta voleuse pour un léger galop*, a été ajoutée à la suite : *Le Carnaval à Paris*, sous le no 32; mais ce n'est qu'une copie d'après Gavarni, dont l'original a paru dans *la Caricature* avec le titre collectif : *Le Carnaval*, et sous le no 6.

CHEMIN DE TOULON.

Trois lithographies faisant partie d'une suite de dix pièces, dont sept ont paru sous ce titre dans *le Charivari*. Chacune est entourée d'un fil. En H. au-dessus du fil. à G. *Œuvres nouvelles de Gavarni*. A D. *Chemin de Toulon*, suivi du n° d'ordre de la pièce. En B. au-dessous des fil. à G. *Chez Aubert, pl. de la Bourse.*

1709 VI. — *Entre onze heures et minuit.* — Une jeune femme en chemise et les cheveux épars. Surprise par l'approche d'un malfaiteur qui s'est introduit dans sa chambre, elle s'est élancée de son lit et s'y rejette avec effroi, le haut du corps penché à D. contre son oreiller. L'homme est à G. en bourgeron et armé d'un couteau. — A G. **46-89**. — En B. au-dessous du fil. à G. *Imp. d'Aubert et Cie*. = H. 193, L. 162.

1er État. Avant toute lettre. Sans fil.
2e — Celui qui est décrit.

1710 IX. — *Ils ont eu des mots.* — Dans un lieu sauvage et désert le corps d'un homme en bourgeron est étendu de D. à G. sur le dos. Au fond le meurtrier s'enfuit, tenant encore le couteau dont il a frappé sa victime. — A G. (4)**7-84**. — En B. au-dessous du fil. à D. *Imp. Aubert et Cie*. = H. 207, L. 164.

1er État. Avant toute lettre.
2e — Celui qui est décrit.

1711 X. — *Si tu ne tais pas ton bec, Adophe* (sic), *nous aurons des mots.* — Deux malfaiteurs en bourgeron : l'un de face, un mouchoir noué sur la tête, les bras croisés, jette à D. un regard de travers sur l'autre; celui-ci de pr. tourné à G. tient derrière lui des deux mains un bâton dont il s'apprête à faire usage. — A G. (4)**7-85**. — En B. au-dessous du fil. à D. *Imp. Aubert et Cie*. = H. 193, L. 165.

1er État. Avant toute lettre.
2e — Celui qui est décrit.

CROQUIS PAR DIVERS ARTISTES.

1712 N° LX. — Une pièce faisant partie d'une suite de lithographies publiée sous ce titre. — Dans le H. une femme à mi-jambes assise et vue de dos; puis cinq têtes de vieilles femmes tournées à D. Dans le B. un paysan impotent vu de dos, s'appuyant d'une main sur un bâton et de l'autre sur le bras d'une jeune fille; une tête de femme de 3/4 les yeux baissés; dix personnages des deux sexes assis ou debout au milieu de masures en ruines; un chien couché sur le côté. — Claire-voie en travers entourée d'un fil. brisé en H et en B. au M. En H. au-dessus du fil. à D. *n° 60*. Dans la brisure du H. *Croquis par divers artistes.* Dans celle du B. *Gavarni*. Au-dessous du fil. à G. *A Paris, chez Rittner, boulevard Montmartre*, *n° 12*. | *London*, 1830. *Published by ch. Tilt.* 86. *Fleet street.* A D. *Chez Ostervald aîné, quai des Augustins, n°* 37. | *Lith. de Frey, rue du Croissant, n°* 20. = H. 133, L. 205.

DIABLERIES.

1713 RRR. N° I. — Une lithographie faisant partie d'une suite dont nous ne connaissons qu'un exemplaire, celui de la Bibliothèque nationale. — Vingt-sept petites figures isolées ou petits sujets fantastiques disposés à peu près sur trois lignes horizontales. Dans cette foule de diables et diablotins, l'un, en costume à la mode, est à cheval et se dirige à D.; un second enlève un jeune homme par le fond de son pantalon; un troisième harponne un autre jeune homme par le devant de cette même partie de son costume, etc., etc. — Claire-voie en travers. En H. au M. *Diableries*. A D. *n° 1*. En B. à G. *Lith. de Fournier*. A D. *publ. p. Blaisot*. = H. 195, L. 262.

Les indications inscrites sur cette lithographie ont disparu dans l'exemplaire de la Bibliothèque, dont toutes les pièces ont été rognées et sont sans aucune lettre. Mais on ne saurait en conclure que ces pièces ont eté publiées originairement avec le titre *Diableries;* il serait seulement permis de le supposer. Cela ne suffit pas pour nous autoriser à décrire toute la suite sous la présente rubrique, d'autant plus que, malgré le n° 1 que porte notre épreuve, celle de la Bibliothèque, au lieu d'être la première, est la quatrième dans l'ordre où elles ont été juxtaposées et éditées en une plaquette ayant pour titre : *Récréations diabolico-fantasmagoriques*. — Voir ce titre ci-après, même section, même subdivision.

ÉTUDES DE GENRE.

Deux lithographies en travers pour une suite projetée. Ce sont les seules qui aient été exécutées; elles sont inédites. Chacune à claire-voie et sans lettre devait porter au B. au M. *Études de genre*, suivi d'un n° d'ordre, et à D. *Gavarni*. Ces indications, ainsi que le n° d'ordre de la première pièce, nous sont fournies par des inscriptions de la main de Gavarni sur une épreuve de cette pièce.

1714 RRR. (I.) — Pots ou potiches de diverses formes, statuette chinoise, écran, pipe, poignards et vidercome. — A G. **Gavarni. 97.** = H. 138, L. 256.

1715 RRR. (II.) — Écharpe et cape à franges, ornée de passementerie, sur lesquelles sont posés un chapeau de forme élevée et conique avec cocarde et un long bâton. Dans le H. à D. étude isolée d'un mouchoir noué pour coiffure. — A G. **G. 96.** = H. 200, L. 266.

ÉTUDES D'ENFANTS.

Suite de douze pièces avec une couverture sur laquelle on lit : *Études d'enfants dédiées à Raimond Lagarigue*, *peintre professeur à l'école de Tarbes*, *par Gavarni. Paris*, *Gihaut frères*, *éditeurs. London published by Ch. Tilt.* Chaque pièce représentant un enfant en pied est à claire-voie encadrée d'un fil. En H. au-dessus du fil. au M. *Études d'enfants.* En B. au-dessous du fil. à G. *Gavarni*. A D. *Lith. de Gihaut frères*, à l'exception du n° 3, qui porte *Imp. lith. de Gihaut frères.* Plus B. au M. le n° d'ordre de la pièce, au-dessous le nom de l'enfant, et plus B. encore à G. *Paris*, *Gihaut frères*, *éditeurs*, *boulevard des Italiens*, *n° 5*. A D. *London*, *published by Ch. Tilt,* 86, *fleet street.*

Pour une édition de cette suite publiée avec une couverture portant : *Keepsake des enfants pour* 1840, *douze jolis dessins par Gavarni. Beauger et Cie*, *éditeurs. Lith. Rigo*, la longueur du fil. a été diminuée perpendiculairement et horizontalement; elle l'a été encore plus dans une autre publication de six de ces lithographies faite dans la *Gazette des enfants.*

716 I. — THÉRÈSE. — De face, la tête de 3/4 à D., elle regarde en l'air et tient un pot de terre à la main et un grand panier à son bras. Mouchoir noué autour de la tête, un autre croisé sur la poitrine. Fausses manches. A D. un baquet couvert de linge sur un tréteau. — A D. **Gavarni.** = H. 239, L. 185.

1er État. Avant toute lettre.
2e — Celui qui est décrit.
3e — Par suite de la réduction de l'étendue du fil. **Gavarni** a disparu. *Lith. Coulon*, au lieu de : *Lith. de Gihaut frères. Paris, Gihaut* (etc.) et *London published* (etc.) sont supprimés. En B. au-dessous du fil. au M. *rue du Croissant*, 16. H. 211, L. 163. Le reste comme à l'état décrit.
« Keepsake des enfants. »
4e — En H. au-dessous du fil. à D. *Gazette des enfants*. L. 148. Le reste comme au 3e état.

717 II. — CHRISTY. — De face, tête de 3/4 à G. Il est accoudé sur le haut d'un mur d'appui. Veste boutonnée jusqu'au cou, pantalon rapiécé. A G., à terre, mannequin contenant du linge. — Sur le mur à D. **Gavarni.** = H. 239, L. 182.

1er État. Avant toute lettre.
2e — Celui qui est décrit.
3e — No 11, au lieu de 2. *Lith. Coulon*, au lieu de : *Lith. de Gihaut frères. Paris, Gihaut* (etc.) et *London published* (etc.) supprimés. En B. au-dessous du fil. au M. *Chez Beauger, rue du Croissant*, 16. H. 210, L. 165. Le reste comme à l'état décrit.
« Keepsake des enfants. »

718 III. — LAURE. — Assise sur un divan, le dos appuyé contre des coussins; elle est de 3/4 tournée à G., un livre ouvert entre les mains, et regarde en face. Bonnet bordé de dentelle noire, tablier de soie noire, pantalon. — Au-dessous du divan au M. **Gavarni.** = H. 240, L. 185.

1er État. Avant toute lettre.
2e — Celui qui est décrit.
3e — No 10, au lieu de 3. *Lith. Coulon*, au lieu de : *Imp. lith. de Gihaut frères. Paris, Gihaut* (etc.) et *London published* (etc.) supprimés. En B. au-dessous du fil. au M. *Chez Beauger, rue du Croissant*, 16. H. 210, L. 166. Le reste comme à l'état décrit.
« Keepsake des enfants. »

719 IV. — JOSEPH. — De face, tête de 3/4 à G., en blouse et en sabots, le dos appuyé contre un mur, les jambes croisées, une main sur la hanche, il tient de l'autre une bêche. — A G. **Gavarni.** = H. 241, L. 185.

1er État. Avant toute lettre. Deux fil.
2e — Celui qui est décrit.
3e — No 12, au lieu de 4. *Lith. Coulon*, au lieu de : *Lith. de Gihaut frères. Paris, Gihaut* (etc.) et *London published* (etc.) supprimés. En B. au-dessous du fil. au M. *Chez Beauger, rue du Croissant*, 16. H. 210, L. 166. Le reste comme à l'état décrit.
« Keepsake des enfants. »

720 V. — ATHÉNAIS. — Assise, le corps penché de D. à G. et accoudée sur un tertre, elle lit attentivement un livre qu'elle tient des deux mains. Cheveux coupés courts, tablier. — Au bas du tertre à G. **Gavarni.** = H. 239, L. 185.

1er État. Avant toute lettre.
2e — Celui qui est décrit.
3e — No 9, au lieu de 5. *Lith. Coulon*, au lieu de : *Lith. de Gihaut frères. Paris, Gihaut* (etc.) et *London published* (etc.) supprimés. En B. au-dessous du fil. au M. *Chez Beauger, rue du Croissant*, 16. H. 210, L. 165. Le reste comme à l'état décrit.
« Keepsake des enfants. »

1721 VI. — NICOLAS. — De 3/4 tourné à G., assis sur le bord d'un lit défait, le dos appuyé contre le bois, il tient d'une main sur son épaule un bout de couverture. Veste courte. — Dans le B. du lit à G. **Gavarni.** = H. 240, L. 184.

1er État. Avant toute lettre.
2e — Celui qui est décrit.
3e — No 5, au lieu de 6. *Lith. Coulon*, au lieu de : *Lith. de Gihaut frères. Paris, Gihaut* (etc.) et *London published* (etc.) supprimés. En B. au-dessous du fil. au M. *Chez Beauger, rue du Croissant*, 16. H. 209, L. 166. Le reste comme à l'état décrit.
« Keepsake des enfants. »
4e — En B. au-dessous du fil. à D. *Gazette des enfants*. L. 150. Le reste comme au 3e état.

1722 VII. — CLOTILDE. — De 3/4 tournée à D., elle est assise sur une chaise, et tient des deux mains sur l'un de ses genoux un portefeuille dont elle a tiré une estampe qu'elle regarde avec attention. Chapeau de paille à larges bords, tablier, pantalon. A D. des toiles retournées, un pliant fermé et une pierre lithographique sur laquelle on lit : **F et C.** — A G. **Gavarni.** = H. 239, L. 184.

1er État. Avant toute lettre.
2e — Celui qui est décrit.
3e — No 6, au lieu de 7. *Lith. Coulon*, au lieu de : *Lith. de Gihaut frères. Paris, Gihaut* (etc.) et *London published* (etc.) supprimés. En B. au-dessous du fil. au M. *Chez Beauger, rue du Croissant*, 16. H. 208, L. 166. Le reste comme à l'état décrit.
« Keepsake des enfants. »
4e — En B. au-dessous du fil. à D. *Gazette des enfants*. L. 150. Le reste comme au 3e état.

» VIII. — ALFRED. (Portrait du jeune Alfred Feydeau.) — Voir la description de cette pièce à la section : *Portraits*.

1723 IX. — EUGÉNIE. — Assise sur un tertre, de 3/4 tournée à D., la tête contre le couvercle levé d'un grand panier de ménage sur lequel elle pose une main. Bonnet blanc noué sous le menton, serviette attachée autour de la taille. Près d'elle un couteau et des légumes qu'elle vient de tirer du panier. — Vers le M. **Gavarni.** = H. 239, L. 184.

1er État. Avant toute lettre.
2e — Celui qui est décrit.
3e — No 7, au lieu de 9. *Lith. Coulon*, au lieu de : *Lith. de Gihaut frères. Paris, Gihaut* (etc.) et *London published* (etc.), supprimés. En B. au-dessous du fil. au M. *Chez Beauger, rue du Croissant*, 16. H. 208, L. 164. Le reste comme à l'état décrit.
« Keepsake des enfants. »

» X. — PASCAL. (Portrait de Pierre Bry.) — Voir la description de cette pièce à la section : *Portraits*.

XI. — CLAUDINE. — De pr. tournée à G., les bras appuyés sur le dos d'une
1724 chaise, elle tient des deux mains un pot de terre. Mouchoir autour de la tête,

un autre croisé sur la poitrine et noué par derrière. Long tablier. — A D. **Gavarni.** = H. 239, L. 182.

1er État. Avant toute lettre.
2e — Celui qui est décrit.
3e — No 3, au lieu de 11. *Lith. Coulon*, au lieu de : *Lith. de Gihaut frères. Paris, Gihaut* (etc.) et *London published* (etc.), supprimés. En B. au-dessous du fil. au M. *rue du Croissant*, 16. H. 210, L. 166. Le reste comme à l'état décrit.
« Keepsake des enfants. »
4e — En B. au-dessous du fil. à D. *Gazette des enfants*. H. 189, L. 153. Le reste comme au 3e état.

1725 XII. — PIERRE. — De 3/4 tourné à G., la tête de face, les mains dans son pantalon rapiécé, bonnet de laine, sabots. Derrière lui un fagot à terre. — A G. **Gavarni.** = H. 239, L. 185.

1er État. Avant toute lettre.
2e — Celui qui est décrit.
3e — No 8, au lieu de 12. *Lith. Coulon*, au lieu de : *Lith. de Gihaut frères. Paris, Gihaut* (etc.) et *London published* (etc.), supprimés. En B. au-dessous du fil. au M. *Chez Beauger, rue du Croissant*, 16. H. 210, L. 165. Le reste comme à l'état décrit.
« Keepsake des enfants. »

LES ÉTUDIANTS DE PARIS.

Huit lithographies faisant partie d'une suite de soixante pièces, dont cinquante-deux ont paru sous ce titre dans *le Charivari*.

1726 XXXIV. — *Regarde-moi un peu cet habit là..... comme c'est étudié!* | — *Deicoquancichicoquandard!* | — *Vrai?* | — *Parole!* — Deux jeunes gens de face dans une chambre à coucher : l'un une main sur la hanche, l'autre sur sa canne, chapeau à larges bords sur la tête, petite redingote serrant la taille, pantalon blanc. Derrière lui à G. son camarade, les mains dans ses poches, coiffé d'une petite casquette, l'examine de la tête aux pieds. — A G. G. A D. **87.** — Quatre fil. En H. au-dessus des fil. au M. *Les Étudians* (sic) *de Paris*. A D. 34. En B. entre le T. C. et le premier fil. au M. *Par Gavarni*. Au-dessous la légende. = H. 197, L. 153.

1er État. Avant toute lettre. Fil. non fermés par le B.
2e — Celui qui est décrit.

» XLIX. — *V'là mon épouse! attention : J'ai dîné hier avec toi!.....* | — *Où?* | — *Chez.. ... Guichardy.* | — *Bon.*

» L. — *Amanda!............... prête-moi ton tire-botte.*

Ces deux pièces ont paru primitivement sous un autre titre collectif. — Voir ci-dessus *Paris le soir*, no 4, et no 1, dans *le Charivari*, à la section : *Illustrations*, subdivision : *Revues et Journaux.*

» LI. — *A propos d'un amoureux.* | *Jamais l'entresol ne pardonne à la mansarde : dans le cœur des femmes la jalousie s'accroît* | *comme le carré des distances et comme la distance des carrés, dans l'escalier.*

» LII. — *Les romans donnent le diable aux femmes et les femmes au diable; bien souvent* | *aussi les femmes donnent au diable les romans.*

Ces deux pièces ont été publiées primitivement sous un autre titre collectif. Voir ci-dessus *Nuances du sentiment*, nos 9 et 11, dans *le Charivari*, à la section : *Illustrations*, subdivision : *Revues et Journaux*.

» LVI. — *Ah! par exemple! voilà qui est bizarre!..... Ce matin j'ai fait un nœud à | ce lacet-là, et ce soir il y a une rosette!.....*

» LVII.—*Angélique! Angélique!...... Elle n'y est pas.... Cependant, sapristie! je vois une paire | de bottes.........*

» LVIII. — *Mademoiselle Bien-aimée? | — Elle n'y est pas........ Qu'est-ce que vous lui vouliez? | — O* (sic) *rien! je voulais lui parler........ Mais vous lui direz, s'il vous plaît, qu'on l'attend | rue Neuve-Saint-Georges...... Elle saura bien ce que ça veut dire. | — J'ai bien peur de le savoir aussi, moi, ce que ça veut dire!*

Ces trois pièces ont été publiées primitivement avec un autre titre collectif. — Voir ci-dessus *Paris le soir*, nos 12, 16 et 17, dans *le Charivari*, à la section : *Illustrations*, subdivision : *Revues et Journaux*.

FANTAISIES.

Onze lithographies faisant partie d'une suite de pièces publiées sous ce titre par livraisons de six planches chacune.

Dans la 2e livraison:

» No II. — *Secret de toilette approuvé par la chimie. | Avis aux personnes affligées d'un gros nez.*

» No III. — *Les médaillons à la mode. | Qu'est-ce que madame mettra aujourd'hui, son grand père ou son petit chien.*

» No IV. — *Allons donc, Célestine! allons donc! — M'man? — Allons! lève-toi. — M'man? — Comment, ta* (sic) *brulé tout ça | de chandelle! | avec tes romans va! — Oui! m'man... — Qu'est-ce que t'as lu encore? « Une heure trop tard. » Certainement, voilà | pourquoi tu te lèves une heure trop tard... aussi!*

» No V. — *On ne dort pas les uns sans les autres.*

Ces quatre pièces ont été publiées primitivement sans aucun titre collectif. Voir ci-dessus dans la *Caricature*, à leur ordre alphabétique de titre ou de légende, section : *Illustration*, subdivision : *Revues et Journaux*.

» No VI. — *Janvier. Les Étrennes. | — Tiens, Virginie, voilà du sucre pour tes étrennes. | — Et moi, mon bon Henri, je t'ai acheté un joli petit chapeau pour moi.*— Cette pièce a été publiée primitivement sous un autre titre collectif. Voir ci-dessus : *Zodiaque des gens du monde*, dans la *Caricature* (2e publication), section : *Illustrations*, subdivision : *Revues et Journaux*.

Dans la 5e livraison :

» No I. — *C'est vieux et laid; mon cher, tu es floué comme dans un bois....* — Cette pièce a été publiée primitivement avec le titre : *Bal masqué*. Voir ci-dessus ce titre dans la *Caricature* (2e publication), section : *Illustrations*, subdivision : *Revues et Journaux*.

» No II. — *Le soleil est levé depuis vingt minutes, monsieur le baron... —*

Cette pièce a été publiée primitivement avec le titre : *Six heures du matin.* Voir ci-dessus ce titre dans la *Caricature* (2e publication), section : *Illustrations*, subdivision : *Revues et Journaux.*

» N° III. — *Voyons, Salomon, j'suis t'y ton ami? Eh b'en, ta femme est un.... Enfin n'importe | è nous tromp' toute les deusse, mon cher....* — Cette pièce a paru primitivement sous le titre : *Patois de Paris.* Voir ci-dessus ce titre dans la *Caricature* (2e publication), section : *Illustrations*, subdivision : *Revues et Journaux.*

» N° IV. — *Prête un peu ta voleuse, vieux, pour un léger galop......* — Cette pièce a paru primitivement sous un autre titre collectif. Voir ci-dessus *Carnaval, n° 6*, dans la *Caricature* (2e publication), section : *Illustrations*, subdivision : *Revues et Journaux.*

» N° V. — *Figaro trouvera toujours du bois vert.* — Cette pièce a été publiée primitivement sans aucun titre collectif. Voir ci-dessus dans le *Figaro*, section : *Illustrations*, subdivision : *Revues et Journaux.*

» N° VI. — *A la Calomnie,...... la calomnie. Il faut toujours en | venir là.* — Cette pièce a été publiée primitivement sous le titre collectif : *Le Salon.* Voir ci-dessus dans le *Figaro*, section : *Illustrations*, subdivision : *Revues et Journaux.*

FANTAISIES PAR DIVERS ARTISTES.

1727 N° XXIII. — Une lithographie faisant partie d'une suite de pièces publiées sous ce titre. — Sur cinq lignes horizontales, trente-six petits sujets ou figures isolées, parmi lesquelles on remarque : trois têtes d'homme et une de femme. Ce sont les portraits : sur la première ligne, de M. Aubert, gendre de la duchesse d'Abrantès; sur la troisième, de M. Thénot, paysagiste, et de Mme Feydeau; sur la quatrième, de M. Henry Berthoud, littérateur. La première ligne contient six croquis; la deuxième, la troisième et la quatrième, chacune sept, et la cinquième une rangée de petits personnages, sept hommes et deux femmes. — Claire-voie en travers. En B. à D. *Gavarni.* Plus B. au M. *Fantaisies par divers artistes.* | *N° 23.* | *Imp. lith. de Melle Formentin, rue des Sts-Pères,* 10. A G. *A Paris, chez Aumont, rue J.-J. Rousseau, n°* 10. A D. *London. Ches Tilt,* 86, *fleet street.* = H. 260, L. 376.

FOURBERIES DE FEMMES. (1re série.)

Suite de douze pièces avec une couverture portant : *Caboche, Grégoire et Cie, éditeurs, passage Saulnier, n° 19, faubourg Montmartre. Les Fourberies de femmes en matière de sentiment, par Gavarni. 12 dessins. 1. Le matin 2. Une semonce. 3. Soupçons jaloux. 4. Le lendemain du bal. 5. La leçon au mari. 6. L'introduction. 7. A la terrasse du bord de l'eau. 8. Le jour du départ d'une garnison. 9 Desapointement* (sic). *10. Des reproches. 11. Un cabinet particulier. 12. Explications. Prix : sur blanc,* 12 *fr.; sur Chine,* 15 *fr. Imp. chez J. Caboche, Gregoire et Cie, passage Saulnier, n°* 19.

Chacune de ces lithographies est entourée d'un filet brisé en H. et en B. au M. Dans la brisure supérieure : *Fourberies de femmes.* En H. à D. entre le T. C. et le fil. le n° d'ordre de la pièce. Dans la brisure inférieure le titre particulier de la pièce. Plus B. la légende.

1er État. Avant toute lettre. Sans fil., à l'exception des nos 1, 2 et 4, qui ont un fil. non brisé.
2e — Celui qui est décrit.

1728 No I. — LE MATIN. | *Quelle agréable surprise!... Monsieur le baron, je vous présente monsieur Ernest, le prétendu | de ma petite sœur....... qui est venu me demander à déjeuner sans façons.* — Une jeune femme en robe de chambre, qu'elle retient d'une main sur sa poitrine, est tournée à D. du côté d'un homme d'un âge mûr, tenant d'une main son chapeau et de l'autre une badine. Près d'elle à G., sur le devant, M. Ernest, en longue redingote, les pieds dans les pantoufles de la dame, cache derrière lui son cigare allumé. — A D. **Gavarni**. — En B. au-dessous du T. C. au M. *Lith. de Caboche et Cie, pass. Saulnier*, 19. = H. 220, L. 170.

Pièce publiée sans changement dans « le Charivari, 4 mai 1837 ».

1729 No II. — UNE SEMONCE. | *Voyez-vous, Mr Anatole, ce que nous vous disons là, c'est pour vous, Qu'est-ce que cela nous fait?.... Mais si | vous continuez à vous déranger ainsi, vous perdrez certainement mon estime.... et celle de mon mari.* — Devant une cheminée une femme vue de dos et tournée à G. est assise sur une chaise auprès de son mari. Celui-ci, en robe de chambre à D., est accoudé sur l'angle de la cheminée, la tête appuyée contre sa main. De l'autre côté de la cheminée, sur le marbre de laquelle il s'appuie, M. Anatole debout joue avec le cordon de la sonnette. — En B. au-dessous de la légende au M. *Lith. de Caboche et Cie, pass. Saulnier*, 19. = H. 220, L. 172.

Pièce publiée sans changement dans « le Charivari, 11 mai 1837 ».

1730 No III. — SOUPÇONS JALOUX. | *Quoi! vous ajouterez foi aux propos de cette créature!.... Ernest vous me faites vraiment bien de la peine.*—Un homme au front chauve et une jeune femme, tous deux presque de face, assis sur un canapé. La femme est à G., le coude sur un coussin ; l'homme, les mains dans ses goussets, détourne la tête d'un air mécontent — En B. au-dessous de la légende au M. *Lith. de Caboche et Cie, pass. Saulnier*, 19. = H. 220, L. 183.

Sans changement dans « le Charivari, 13 mai 1837 ».

1731 No IV. — LE LENDEMAIN DU BAL. | *Oh! mon cher, une fièvre! une agitation..... Toute la nuit! ah.... enfin j'ai pris un peu de repos au petit jour.* — Un homme à moustaches de pr., tourné et penché à G., pose la main sur un lit dans lequel est couchée une jeune femme dont on n'aperçoit que la tête. Sur le devant à G. la femme de chambre, vue de dos, emporte furtivement un costume de bal masqué. — En B. au-dessous de la légende au M. *Lith. J. Caboche et Cie*. = H. 220, L. 168,

Sans changement dans « le Charivari, 30 mai 1837 ».

1732 No V. — LA LEÇON AU MARI. | *Charles! Charles!! ne lorgnez donc pas ainsi toutes les femmes!... c'est indécent!* — Dans une promenade publique, une jeune femme donnant le bras à un jeune homme à moustaches; près d'elle à G. son mari, l'air commun, souriant bêtement, le menton dans sa cravate, tient à la main son binocle ouvert. Tous les trois sont de face. — A G. **G. 56.** — En B. au-dessous de la légende au M. *Lith. Caboche, pass. Saulnier*, 19. = H. 220, L. 169.

Sans changement dans « le Charivari, 14 juin 1837 ».

1733 No VI. — L'INTRODUCTION | *...Henriette, c'est monsieur Prosper de Pey-*

tel, un de mes nouveaux cliens (sic). | *Henriette (à part).— O Prosper! tu as un front!....* — Un homme de face, le chapeau sur la tête, des lunettes sur le nez et vêtu d'une longue redingote, tient à la main une lettre ouverte. Il présente à sa femme un tout jeune homme qui de pr tourné à D., son chapeau et sa canne à la main, fait un salut respectueux à la dame. Celle-ci le lui rend en baissant les yeux. — A G. **G. 59** — En B au-dessous de la légende au M. *Lith. Caboche, pass. Saulnier*, 19. = H. 217, L. 172.

Sans changement dans « le Charivari, 16 juin 1837 ».

1734 N° VII. — A LA TERRASSE DU BORD DE L'EAU. | ......? — *J'ai rendez-vous ici, mon cher, avec une femme charmante! — Et moi aussi! — Une blonde!! — Et moi aussi!! — Les yeux bleus!!! | — Et moi aussi!!! — Petite!!!! — Et moi aussi!!!! — Alphonsine!!!!! — Et moi aussi!!!!! — Ah! je suis floué!!!!!! — Et moi aussi!!!!!!* — Il pleut à verse. Deux jeunes gens sous un parapluie que tient celui qui est à G.; l'autre, de face, a le sien fermé dans ses deux mains en travers et devant lui. Au fond à G. le fronton de la Chambre des députés et le dôme des Invalides. — A G. **54 Gavarni.** — En B. au-dessous de la légende au M. *Lith. Caboche, pass. Saulnier*, 19. = H. 218, L. 170.

Sans changement dans « le Charivari, 7 juin 1837 ».

1735 N° VIII. — LE JOUR DE DÉPART D'UNE GARNISON. | *Mon cher maire, comment allez-vous?.... et madame?.... — Merci, mon cher sous-préfet, ma femme | est souffrante; et madame?.... — Mais elle n'est pas trop bien non plus.. ..... .* — Les deux fonctionnaires, de pr. en face l'un de l'autre : le sous-préfet à D., en petite redingote, tenant d'une main son chapeau, donne l'autre au maire. Celui-ci est en frac. Au fond son bureau et son fauteuil. — A G. **Gavarni. 58.** — En B. au-dessous de la légende au M. *Lith. de Caboche, Grégoire et Cie, pass Saulnier*, 19. = H. 218, L. 168.

Sans changement dans « le Charivari, 8 juin 1837 ».

1736 N° IX. — DÉSAPOINTEMENT (sic). | *Il me semblait pourtant avoir entendu la voix d'un homme dans la chambre!.... Mais elle dort | paisiblement. Oh! Angelique, je suis un monstre d'ingratitude.....* — A G , devant un lit dont les rideaux sont baissés, un homme en chemise, nu-jambes et en pantoufles, de pr. tourné à D., et tenant un pistolet d'arçon dans chaque main, regarde une jeune femme assise dans un fauteuil. Sur les genoux de celle-ci est un livre ouvert sur lequel on lit écrit directement : **Le | mérite | des femmes.** Elle feint de dormir et cache sous son fauteuil un chapeau d'homme dont le propriétaire se tapit sous les rideaux du lit à D. — A G. **G -61.** — En B. au-dessous de la légende au M. *Lith. de Caboche, Grégoire et Cie, pass. Saulnier*, 19. = H. 220, L. 169.

Sans changement dans le « Charivari, 15 juin 1837 ».

1737 N° X. — DES REPROCHES. | *Comment! c'est avec moi, une amie intime.... que tu agis ainsi!... Comment! tu as ton Gustave, Anatole | Barbesau, le pantalon garance, le grand blond, le petit marquis, ce gros imbécile de Marjolet, Victor, le cousin | de l'autre, Labriche et Théobalde et le chasseur d'Afrique...... quoi encore? Celui de Belleville et... ah! et le | petit d'en face!..... Vois donc, Félicité, sans compter monsieur Chose, et tu viendras encore porter le trouble dans mon ménage! | Ah! Félicité! ce trait-là vous ôte ma considération!* — Deux femmes, l'une à G. debout et de pr. tournée à D., comptant sur ses doigts; l'autre, assise sur un canapé, les jambes

28

étendues, le dos appuyé contre un coussin, se nettoie les ongles avec des ciseaux sans faire attention aux récriminations de son amie. — A G. **Gavarni.** **55** — En B. au-dessous de la légende au M. *Lith. Caboche, Grégoire et Cie, pass. Saulnier*, 19. = H. 220, L. 170.

Sans changement dans « le Charivari, 12 juin 1837 »

1738 N° XI. — UN CABINET PARTICULIER. | *Le garçon a dit un chapeau rose, un voile, un châle noir....... C'était ma femme, il n'y a pas de doute.....* | *Mais avec qui?.... Voilà!.. le billet n'a pas de signature... Nous sommes arrivés trop tard!....* | — *Anatole, vous qui êtes notre ami depuis si longtemps, vous seriez-vous douté de cela?..... une femme qui a l'air* | *d'une sainte!..... Soyez jaloux, on vous honnit; soyez confiant, on..... Ah! nous sommes toujours dupés!* | *Anatole! — oui, nous sommes dupés!* — Dans un cabinet de restaurateur, deux hommes dos à dos et la tête baissée : l'un, le mari, les bras croisés, son chapeau dans une main; l'autre, Anatole, le chapeau sur la tête, les mains dans ses goussets; derrière eux une table dont la nappe est mise, une bouteille, deux verres. — A G. **67**. — En B. au-dessous de la légende au M. *Lith. Caboche, Grégoire et Cie, pass. Saulnier*, 19. = H. 218, L. 175.

Sans changement dans « le Charivari, 29 juin 1837 ».

1739 N° XII. — EXPLICATIONS. | *Mais écoutez donc ce que vous avez écrit!* « ... *Mon Gustave, je....... v* | — *eh! bien, oui, monsieur, eh! bien, oui! est-ce ma faute si vous ne comprenez pas tout ce qu'il y a d'amour pour vous* | *dans ce billet écrit à un autre! Vous m'avez fait tant de chagrin : j'étais folle! je me serais noyée....: je me suis jetée au cou* | *du premier venu....... ô mon Dieu! et il ose dire que je ne l'aime pas!* — A G. un homme fort laid, de pr. à D., tenant d'une main une lettre ouverte que de l'autre il montre à une femme assise sur un canapé. Celle-ci, tournée à G., a sa tête appuyée contre sa main, le coude sur un coussin. — A G. **68**. — En B. au-dessous de la légende au M. *Lith. Caboche, Grégoire et Cie, pass. Saulnier* 19. = H. 215, L. 177.

Sans changement dans « le Charivari, 11 juillet 1837 ».

GALERIE D'AMATEURS.

Une lithographie faisant partie d'une suite de pièces dessinées par divers artistes et publiées sous ce titre collectif.

1740 XXXIII. — CAUSERIE. — Deux femmes devant une porte ouverte, dont l'une en noir, vue de dos entièrement, tire la portière; l'autre, vêtue en blanc, une main sous le menton, est de pr. tourné à G. — A D. **51-21**. — En H. au-dessus du T. C. à D. 33. En B. au-dessous du T. C. à G. *Gavarni del et Lith.* A D. *Imp. Lemercier, Paris.* Plus B. au-dessous du titre à G. *Galerie d'amateurs.* A D. *Paris, Gihaut fr., boulevt* (sic) *des Italiens*, 5. = H. 192, L. 160.

1er État. Avant toute lettre.
2e — Celui qui est décrit.

GALERIE DRAMATIQUE.

Une lithographie faisant partie d'une suite de pièces par divers artistes et publiées sous ce titre général.

» M. ET Mme TAIGNY. — Voir ci-dessus la description de cette planche, à la section : *Portraits.*

GALERIE MODERNE.

Une pièce faisant partie d'une suite de lithographies par divers artistes et publiées sous ce titre général.

» LA DOUBLE RENCONTRE. — Cette pièce a paru primitivement dans l'*Album de l'amateur*. Voir ci-dessus la description sous cette rubrique, même section, même subdivision.

GAVARNI'S STUDIES.

Suite de six lithographies in-folio publiées à Londres. — Voir ci-après, *Rustic groups of figures*, même section, même subdivision.

GRAND ALBUM DE GAVARNI.

Recueil de lithographies publiées sous ce titre : *Grand album de Gavarni. Quarante des plus jolies caricatures de Gavarni. La campagne*, 2 *planches. Les plaisirs champêtres*, 5. *Le Chevalier de Nogaroulet*, 6. *Revers des médailles*, 3. *Interjections*, 4. *L'Industrie des enfants*, 1. *Les* (Des) *phrases*, 4. *Les Rêves*, 6. *La Politique*, 9. 40 *planches. Paris, chez Bauger et Cie, éditeurs, rue du Croissant*, 16. — Voir, sous la rubrique des cinq titres collectifs indiqués ci-dessus, la description de chacune des pièces dans la *Caricature*, le *Charivari* et le *Figaro*, à la section : *Illustrations*, subdivision : *Revues et Journaux*.

IMPRESSIONS DE MÉNAGE (2e série).

Une lithographie faisant partie d'une suite de trente-neuf pièces, dont trente-huit ont paru sous ce titre général dans le *Charivari*.

1741 XXIX. — *Mes filles me ressemblent : elles n'aiment pas le lapin.* — Figures à mi-corps : Un homme de face sur le premier plan, cheveux crépus, figure grotesque, une main ouverte en avant. Derrière lui sa femme à D. et ses deux filles, dont on n'aperçoit que la tête. Toutes trois sont en chapeau. Sur un mur à D. on lit écrit directement : **A la renomm**(ée) | **Bonne giblo**(te) | **vin**. — A G. **46-69**. — Un fil. En H. au dessus du fil à G. *Œuvres nouvelles de Gavarni*. A D. *Impressions de ménage* (2e *série*), suivi du no d'ordre. En B. au-dessous du fil. à G. *Chez Aubert, pl. de la Bourse*. A D. *Imp. d'Aubert et Cie*. = H. 195, L. 165.

1er État. Avant toute lettre.
2e — Celui qui est décrit.

LA LITTÉRATURE ILLUSTRÉE.

Suite de lithographies annoncée sous ce titre, et dont il n'a paru que douze pièces numérotées de 1 à 6 pour « les Confessions de J.-J. Rousseau », et de 7 à 12 pour « Jocelyn, poëme de Lamartine ».

LA JEUNESSE DE J.-J. ROUSSEAU.

Chacune des six lithographies de cette série est entourée d'un fil. En H. au-dessus du fil. au M. *la Jeunesse de J. J. Rousseau*. A D. le no d'ordre de la pièce. En B. au dessous du fil, à G. *Gavarni del.* A D. *Lith. de Roger et Cie*, 7, *rue Richer*. Plus B. au M. un titre indiquant les personnages représentés, puis l'extrait des « Confessions » se rapportant au sujet, et au-dessous : *Publié par Jte Bourmancé, éditeur*, 14, *boulevard Montmartre*.

1er État. Avant toute lettre. Sans fil.
2e — Celui qui est décrit.
3e — 241, *place du Palais-Royal*, au lieu de : 14, *Boulevard Montmartre*.

1742 N° I. — ROUSSEAU CHEZ Mr DUCOMMUN. | « *Le lendemain, retrouvant l'occasion belle, je tente un nouvel essai. Je monte sur mes traiteaux* (sic), | *j'allonge la broche, je l'ajuste, j'étais prêt à piquer..... Malheureusement le dragon ne dormait* | *pas. Tout à coup la porte de la dépense s'ouvre. Mon maître en sort, croise les bras, me regarde et me dit : Courage!... La plume me tombe des mains.* » | (*Les Confessions*, l. I.) — Jean-Jacques est à G., monté sur un grand buffet, et se retourne à D., vers M. Ducommun. — A. G. **Gavarni**. = H. 191, L. 149.

1743 N° II. — ROUSSEAU ET MADAME DE WARENS. | « *Eh! mon enfant, me dit-elle d'un ton qui me fit tressaillir, vous voilà courant le pays* | *bien jeune ; c'est dommage, en vérité.* » | (*Les Confessions*, l. II.) — Mme de Warens, la tête encapuchonnée, est à G., sur le pas d'une petite porte de l'église d'Annecy. Elle lit la lettre que vient de lui remettre Jean-Jacques. Celui-ci, de 3/4 tourné vers elle, tient d'une main son chapeau contre sa hanche. Au fond des arbres. — A D. **Gavarni**. A G. sous un banc de pierre **133**. = H. 191, L. 149.

1744 N° III. — ROUSSEAU ET MADAME BASILE. | « *Je me jetai à genoux à l'entrée de la chambre, en tendant les bras vers elle d'un mouvement passionné, bien sûr* | *qu'elle ne pouvait m'entendre, et ne pensant pas qu'elle pût me voir; mais il y avait à la cheminée une glace* | *qui me trahit. Je ne sais quel effet ce transport fit sur elle : elle ne me regarda point, ne me parla point; mais* | *tournant à demi la tête, d'un simple signe de doigt elle montra la natte à ses pieds,* » (*Les Confessions*, l. II.) — Mme Basile est à D. assise dans sa chambre à coucher, près d'une fenêtre. Devant la fenêtre est un guéridon où est posée une étoffe de mousseline qu'elle est en train de broder. — A G. **Gavarni** = H. 191, L. 150.

1745 N° IV. — ROUSSEAU ET SON AMI BACLE. | « *Je pars avec ma fontaine et mon ami Bâcle, la bourse légèrement garnie, mais le cœur* | *saturé de joie, et ne songeant qu'à jouir de cette ambulante félicité à laquelle j'avais tout à* | *coup borné mes brillants projets.* » (*Les Confessions*, l. III.) Jean-Jacques et son ami se dirigent vers la G., chacun un bâton à la main, leur bagage suspendu au bras dans un mouchoir ; Jean-Jacques a sa fontaine mécanique sur le dos ; ils passent devant un mur dégradé. — A G. **Gavarni**. = H. 188, L. 148.

1746 N° V. — ROUSSEAU ET MADEMOISELLE GALLEY. | « *Nous étions seuls, je respirais avec embarras; elle avait les yeux baissés : ma bouche,* | *au lieu* | *de trouver des paroles, s'avisa de se coller sur sa main, qu'elle retira doucement après qu'elle fut* | *baisée* » (*Les Confessions*, l. IV.) — Mlle Galley est à D. près de la porte du granger du château de Toune, et tient un bouquet à la main. — A D. **Gavarni**. Vers le M. **154**. = H. 190, L. 150.

1747 N° VI. — ROUSSEAU ET MADAME DE LARNAGE. | « *Nous nous promenions autour de la ville, le long des fossés. Là je repris la longue histoire* | *de mes complaintes, auxquelles elle répondait sur un ton si tendre, me pressant quelquefois contre son | cœur le bras qu'elle tenait, qu'il fallait une stupidité pareille à la mienne pour m'empêcher de vérifier | si elle parlait sérieusement.»* (*Les Confessions*, l. VI. — Jean-Jacques, donnant le bras à Mme de Larnage, se dirige vers la D. Il tient d'une main son chapeau et de l'autre un parasol fermé. Mme de Larnage est sur le devant et de pr. — A D. **Gavarni.** = H. 190, L. 150.

JOCELYN.

Chacune des six lithographies de cette série, numérotées de **7** à **12**, est entourée d'un fil. En H. au-dessus du fil. au M. *Jocelyn.* A D. le nº d'ordre de la pièce. En B. au-dessous du fil à G. *Gavarni del.* A D. *Lith. de Coulon,* 7, *rue Richer.* Plus B. au M. *publié par Jte Bourmancé, éditeur,* 241, *place du Palais-Royal.*

1er État. Avant toute lettre. Sans fil.
2e — Celui qui est décrit.

1748 Nº VII. — « .... *au pied de l'escalier*
Qui conduisait de l'aire au rustique palier,
Comme un pauvre accroupi sur le seuil d'une église,
Une figure noire était dans l'ombre assise. » | (*Prologue*) — Un jeune chasseur vu de dos et tourné à D., tenant d'une main son fusil, la crosse à terre, s'arrête devant une vieille femme assise sur les marches extérieures d'une habitation. Au fond la campagne. — Vers la G. **Gavarni.** = H. 190, L. 149.

1749 Nº VIII. — « *Là, mon guide s'arrête et me montre l'asile*
Qu'offre la Providence à ceux que l'homme exile. » | (*Deuxième époque.*) — Au milieu d'un site montagneux, Jocelyn de 3/4 tourné à G., la tête à D., est assis, un long bâton entre ses jambes. Debout, près de lui à G., le vieux pâtre, son guide, retire un pain de son bissac. — Au-dessous du jeune homme assis, **Gavarni.** A D., au quart de la H. du dessin, **182.** = H. 191, L 149.

1750 Nº IX. — « *Enfin, comme épuisés d'émotions intimes,*
L'un à côté de l'autre en paix nous nous assîmes.... » | (*Quatrième époque.*) — Sur le bord d'un lac, au pied d'un rocher, Laurence, en habits d'homme, le corps penché à G., appuie sa tête sur l'épaule de Jocelyn, dont elle tient une des mains. — A D. **Gavarni. 39.** = **H. 190, L. 148.**

1751 Nº X. — « *La foudre a déchiré le voile de mon âme!*
Cet enfant, cet ami, Laurence c' (sic) *est une femme........*» | (*Quatrième époque.*) — Laurence, en habits d'homme, est étendue de G. à D. sur un plan incliné dans l'intérieur d'une grotte, les pieds près d'un brasier à dem éteint; elle a les yeux fermés, et sa chemise entr'ouverte laisse apercevoir sa gorge. Près d'elle à G. Jocelyn, agenouillé, la contemple. — A G. **Gavarni.** A D. **39.** = H. 190, L. 148.

1752 Nº XI. — « *Mon regard dans le sien se rencontre et s'arrête,*
Et comme fascinés par l'œil qu'en vain on fuit,
Chacun de nos regards suit l'autre qui le suit. » | (*Huitième époque.*) — Dans une église, au pied d'un énorme pilier, Laurence, de pr. tournée à D., sous les habits de son sexe, une bourse de quêteuse dans les mains, s'arrête devant Jocelyn, qui la reconnaît. Celui-ci, vêtu de noir, a une

main posée sur le dossier d'une chaise à D. — A G. **Gavarni. 39.** = H. 191, L. 149.

1753 N° XII. — « *Et ma main que serrait encore* (sic) *sa main raidie,*
Resta toute la nuit dans sa main refroidie. » | (*Neuvième époque.*) — Jocelyn en soutane, de 3/4 tourné à D., est assis auprès du lit dans lequel Laurence est étendue sans vie. Elle est couchée de D. à G. — A G. **Gavarni. 39.** = H. 191, L. 149.

MACÉDOINE.

1754 RRR. N° 1. — Une lithographie à claire-voie, faisant partie d'une suite de vingt pièces dessinées par divers artistes et publiées sous ce titre par Mcelle Naudet (1824-1826). Vingt-neuf petits sujets ou figures isolées de diverses proportions représentant pêle-mêle des personnages des deux sexes, la plupart en costumes à la mode de l'époque. Parmi ces personnages, on distingue de face deux gardes nationaux dont l'un est à genoux, une négresse en élégante, un clown les jambes écartées, tenant devant lui une grande pancarte qui lui cache entièrement le corps, et çà et là des chevaux lilliputiens dont deux montés par des jeunes gens. — A D. Hte C. (Hippolyte Chevalier) | **1824.** — En H. au M. *Une macédoine.* A D. *n° 1.* En B. à G. *Lith. de Langlumé.* A D. *à Paris, chez Naudet, rue du Carrousel.* = H. 220, L. 300.

MASQUES ET VISAGES.

Quarante-cinq lithographies complétant diverses séries de la suite de deux cent quatre-vingts pièces, dont deux cent trente-cinq ont paru sous ce titre général dans le journal *Paris.* Chacune est entourée d'un fil. brisé dans le H. au M. Dans la brisure on lit *masques et visages.* — En B. entre le T. C. et le fil. au M. *Par Gavarni.* Au-dessous du fil. le titre d'une des séries, puis le n° d'ordre de la pièce et enfin la légende.

LES ANGLAIS CHEZ EUX.

Deux lithographies faisant partie d'une série de vingt pièces, dont dix-huit ont paru dans *Paris* (journal). — En B. au-dessous du fil. à D. *Imp. Lemercier, Paris.*

1er État. Avant toute lettre. Sans fil.
2e — Celui qui est décrit.

1755 N° XIX. — LE JIN (sic). — Figures à mi-jambes. Dans un cabaret deux vieilles femmes à moitié ivres, chapeaux sur la tête et vêtements en lambeaux. Elles sont de pr. vis-à-vis l'une de l'autre. Celle de D., vue presque de dos, appuie sa tête sur sa main posée sur le comptoir. Dans le fond, sur un tonneau, on lit écrit directement : **Gin.** — En H. à G. **53-199.** — En B. au-dessous du fil. à G. *Librairie nouvelle,* 15, *boulevard des Italiens.* = H. 200, L, 162.

1756 N° XX. — *Sur ma parole! monsieur John... des moustaches!* | — *Nous portons des rasoirs sur le continent, Betty, et nous rapportons* | *des moustaches.* — Personnages à mi-corps de 3/4 tournés à G. Un commis-voyageur entrant dans une auberge, petite casquette sur la tête, manteau plié sur l'épaule. A G., sur le devant, une jeune servante retourne vers lui la tête en emportant sa valise. — A G. **53-202.** — En B. au-dessous du fil. à G. *Librairie nouvelle,* 15, *boulevart* (sic) *des Italiens.* = H. 200, L. 160.

« CE QUI SE FAIT DANS LES MEILLEURES SOCIÉTÉS. »

Neuf lithographies faisant partie d'une série de dix pièces, dont une a paru dans *Paris* (journal). Elles représentent des personnages à mi-jambes, sauf le nº 6, où ils sont en pied.

1er État. Avant toute lettre. Sans fil.
2e — Celui qui est décrit.

1757 II. — *Et pour ma bo'rgeoise aujourd'hui..... vingt Dieu!... faut pas qu'a | bouge!.... ou sinon..... | — Tu t'sauves.* — Deux hommes en bourgeron se promenant ensemble. Ils sont de face, les mains dans les poches de leur pantalon. Celui de G., à moitié gris, la tête dans les épaules; l'autre, coiffé d'un chapeau déformé, la tête baissée et souriant. — En H. à G. **53-184**. — En B. au-dessous du fil. à D. *Imp. Lemercier, à Paris.* = H. 192, L. 159.

1758 III. — *N'y a pas !... Louison, ce qu'est à toi est à moi...., et j'ai soif.* | Un ouvrier de pr. tourné à G., les deux mains sous le plastron de son tablier, sa femme presque de face, la tête à D., une main sur la hanche, l'autre dans la poche de son tablier. — En H. à G. **53-193**. — En B. au-dessous du fil. à D. *Imp. Lemercier, Paris.* = H. 202, L. 160.

1759 IV. — *On se doit à une besogne ingrate, mais on n'oublie pas ce qu'on | se doit à soi-même.* — Un vieil employé de pr. tourné à D., tête de 3/4, debout devant son bureau, sa plume derrière l'oreille, ses mains dans les poches de son pantalon. — A D. **54-1**. — En B. au-dessous du fil. à D. *Imp. Lemercier, Paris.* = H. 192, L. 160.

1760 V. — *J'suis un pas-grand-chose, moi! je suis un prop'e-à-rien! J'suis | un guapeur! un voyou..... va! mais j'suis pas un épicier.* — Deux personnages de pr. vis-à-vis l'un de l'autre : l'un, vu presque de dos, en bourgeron, le haut du corps penché en avant, les mains sur les hanches, les genoux pliés ; l'autre, un garçon épicier, casquette sur la tête, grand tablier blanc, un panier à la main. — A G. **54-18**. — En B. au-dessous du fil. à D. *Imp. Lemercier, Paris.* = H. 193, L. 162.

1761 VI. — *N'allez pas vous tromper, jeune homme!... c'est chez moi qu'on | porte le taffetas. | — Et le velours est pour la Madeleine.* — Deux hommes de pr., en face l'un de l'autre. L'un, à G un vieux monsieur, une main sur la hanche; l'autre, un commis de magasin, son chapeau à la main et un paquet sous un bras. — A D. **53-172**. — En B. au-dessous du fil. à D. *Imp. Lemercier, Paris.* = H. 201, L. 160.

1762 VII. — *Dépêchons la maison que le pierrot bâtit; faut de quoi démolir | pour les arlequins.* — Un tailleur de pierres, presque entièrement de face, une main dans la poche de son tablier, l'autre appuyé sur un bloc de pierre, où il a posé son chapeau. Au fond deux ouvriers travaillant. — Vers la D. **54-19**. — En B. au-dessous du fil à D. *Imp. Lemercier, Paris.* = H. 192, L. 161.

1763 VIII. — *Dachu, si on dit que ton épouse te fait..... des bêtises, on dit ça | comme on dit aut'chose; mais toi, chef de la communauté, qués dans | le doute : c'est à toi de t'abstenir !* — Deux paysans en face l'un de l'autre, dont l'un de pr., en manches de chemise, bonnet de coton sur la tête; l'autre, de 3/4, tête de pr., les deux mains passées dans les ouvertures de sa blouse. — En H. à G. **54-17**. — En B. au-dessous du fil. à D. *Imp. Lemercier, Paris.* = H. 193, L. 161.

1764 IX. — *Si tu n'avais pas mangé ce que j'avais, nous ne mangerions | pas ce tu as.* — Deux vieux bohêmes, homme et femme, dans la campagne, tous deux de pr., se dirigent vers la D. L'homme, sur le devant, vieux chapeau, habit noir en loques, un bâton à la main ; la femme, mouchoir noué sur la tête, un autre en mentonnière. — En H. à G. **53-192.** — En B. au-dessous du fil. à D. *Imp. Lemercier, Paris.* = H. 200, L. 160.

1765 X. — *Et..... ta femme?* | — *toujours avec l'aut'e!* — Un ouvrier peintre, de pr. tourné à G., en blouse, chapeau sur la tête, tient d'une main son seau à couleur; vis-à-vis de lui, un autre ouvrier en casquette, de 3/4, la tête basse, a les mains, sous son tablier, dans les poches de son pantalon. — En H. à G. **58.** — En B. au-dessous de la légende au M. *Imp. Lemercier, Paris.* = H. 201, L. 161.

L'ÉCOLE DES PIERROTS.

Six lithographies faisant partie d'une suite de dix pièces, dont quatre ont paru dans *Paris* (journal).

1er État. Avant toute lettre. Sans fil.
2e — Celui qui est décrit.

1766 I. — ..... *Et madame?* | — *Merci... et la vôtre?* — Deux pierrots masqués se rencontrant au pied d'un escalier, au bal, et se donnant la main. Celui de G., vu de dos à moitié et tourné à D., ôte son bonnet; l'autre tient le sien à la main. — A D. **51-8.** — En B. au-dessous de la légende au M. *Imp. Lemercier, à Paris.* = H. 190, L. 160.

1767 IV. — *Ah! vous avez là une chouette femme!...... et n'y a pas longtemps que* | *vous êtes ...... pierrot?* — Personnages à mi-jambes. Dans un bal masqué un pierrot et un jeune homme en travertissement de fantaisie, se dirigeant à D., chacun un bras passé autour du cou de son compagnon ; ils ont changé ensemble de coiffure, le pierrot à G. sur le devant, porte un casque à crinière flottante, l'autre, la tête de face, a le bonnet du pierrot. — A D. **51-53.** — En B. au-dessous de la légende au M. *Imp. Lemercier, à Paris.*=H. 191, L. 160.

1768 V.— .... *Y aurait-il quelque indiscrétion à demander à ces messieurs leur avis* | *sur la composition du nouveau ministère?* — Groupe de trois personnages dans un bal. Celui de G., travestissement de fantaisie, coiffure formée d'une serviette, d'un plumeau et d'un balai d'âtre, grandes lunettes sur le nez ; il interpelle deux pierrots masqués, vus de dos et tournés vers lui, les mains derrière eux. — A G. **51-54.** — En B. au-dessous de la légende au M. *Imp. Lemercier, à Paris.* = H. 192, L. 160.

1769 VII. — *Le sommeil de l'innocence.* — Personnages à mi-jambes. A G., dans un bal, un pierrot assis et dormant profondément, son masque relevé sur le front, des lunettes sur le nez ; près de lui, à D., une jeune femme en canotier, de face l'air souriant, le corps penché à G., porte une main à son chapeau et reçoit de l'autre un billet que lui glisse un personnage dont on ne voit que la main. — A G. **51-48.** — En B. au-dessous de la légende au M. *Imp. Lemercier, à Paris.* = H. 190, L. 159.

1770 IX. — *Une pierrette qui se respecte, vois-tu, n'a jamais qu'un pierrot.* | — *A la fois.* — Groupe d'un jeune homme en pierrot et d'une pierrette au milieu d'un bal. Le pierrot à D. est de face, tête de 3/4 tournée du côté de la pierrette; celle-ci de pr. et masquée, une main sur la poitrine du pierrot. Au fond nombreux groupes de danseurs. — A G. **51-56**. — En B. au-dessous de la légende au M. *Imp. Lemercier, Paris*. = H. 192, L. 160.

1771 X. — « *Le masque tombe, l'homme reste, et* » *le pierrot* « *s'évanouit.* » — Personnages à mi-jambes. Dans une loge à l'Opéra, une jeune femme en domino et masquée, de pr. tournée à G., vient d'enlever le masque à un homme âgé déguisé en pierrot. Celui-ci, le dos appuyé contre la porte de la loge, tient un bouquet à la main. — A G. **51-9**. — En B. au-dessous de la légende au M. *Imp. Lemercier, Paris*. — H. 190, L. 161.

HISTOIRE DE POLITIQUER.

Quatre lithographies faisant partie d'une suite de trente pièces, dont vingt-six ont paru dans *Paris* (journal). Elles représentent des personnages à mi-jambes, à l'exception du nº 10, où ils sont en pied.

1er État. Avant toute lettre. Sans fil.
2e — Celui qui est décrit.

1772 III. — ..... *Mais, voyons, Limousin, avec un méchant budget d'une cinquantaine de* | *mill'ons, qu'est-ce que tu peux fiche?* — Deux mendiants dans la campagne. Celui de D., de pr. à G., un bâton sous le bras, les deux mains ouvertes en avant à hauteur de sa poitrine, calotte sur la tête; l'autre de face, coiffé d'un chapeau déchiré, un long bâton dans une main, l'autre levée à hauteur de l'épaule. — A G. **51-18**. — En B. au-dessous de la légende au M. *Imp. Lemercier, à Paris*. = H. 190, L. 160.

1773 V. — *Nous descendons de la branche cadette des Pignonfumé, par les* | *femmes, mon cher!* | — *Et moi je descends de la Courtille.* — A G. un vieux bonhomme de face, la tête de 3/4 à D., coiffé d'un chapeau gris, un panier sous le bras. A D. un autre homme, le chapeau de travers, de pr. et tourné vers lui, les mains dans les poches de son pantalon. — A D. **51-35**. — En B. au-dessous de la légende au M. *Imp. Lemercier, à Paris*. = H. 190, L. 160.

1774 IX. — *Et quand vous auriez pris la Lombardie! après?....* — Deux hommes dans une auberge de village. L'un en blouse, figure ignoble, interrompt son repas et se lève en appuyant les deux mains sur la table, où l'on voit un journal; l'autre à G., de 3/4 tourné à D., est debout devant lui, les mains derrière le dos; barbe noire, veste et bonnet de coton. — A D. **51-16**. — En B. au-dessous de la légende *Imp. Lemercier, à Paris*. = H. 190, L. 160.

1775 X. — *J'te chippe, un supposé, ta toupie, bon! qu'est-ce que tu dis? Tu dis: Zidor est* | *un'canaille. Pourquoi? Pa'ce que nous aurions la même opinion. Mais si nous aurions* | *pas la même opinion, tu peux pas, pa'ceque c'est politique.* — Deux gamins dans la rue, près d'une borne. Celui de D., de face, tête de 3/4 à G., coiffé d'une casquette; l'autre, de pr. et tourné vers lui a les mains dans les poches de son pantalon. — A G. **51-10**. — En B. au-dessous de la légende *Imp. Lemercier, Paris*. = H. 191, L. 160.

LES LORETTES VIEILLIES.

Onze lithographies faisant partie d'une suite de trente pièces, dont dix-neuf ont paru sous ce titre dans *Paris* (journal).

1er État. Avant toute lettre. Sans fil.
2e — Celui qui est décrit.

1776 III. — *Allons! va au marché, m'man!...., et n'me carotte pas.* — Personnages à mi-jambes : deux femmes, dont une jeune, en robe à volant, de pr., tournée à D., les deux mains à la hauteur de la poitrine, le bout des doigts l'un contre l'autre. A D. une vieille femme de face, à la figure hommasse, bonnet et tablier blancs. — A D. **51-39**. — En B. au-dessous de la légende au M. *Imp. Lemercier, à Paris.* = H. 191, L. 160.

1777 IV. — *Paméla! ta mère a été ma femme de chambre!* — Figures à mi-jambes. Deux femmes, l'une à D., vieille, de pr., vêtue misérablement, un mouchoir noué sur la tête; la seconde, jeune, élégamment habillée, de 3/4, tourne la tête vers l'autre. Derrière elle sa voiture, dont le domestique en livrée ouvre la portière. — A G. **51-31**. — En B. au-dessous de la légende au M. *Imp. Lemercier, à Paris.* = H 190, L. 160.

1778 V. — *Et moi, ma livrée était bleu de ciel.* — A G., sur un boulevard, une vieille femme à mi-jambes, de face, en bonnet, couverte d'un vieux châle, un cabas au bras. Derrière elle, à D., une jeune femme en pied, vue de dos, élégamment vêtue. Au fond des promeneurs. — A G. **51-29**. — En B. au-dessous de la légende au M. *Imp. Lemercier, à Paris.* = H. 191, L. 160.

1779 IX. — *Encore! si j'avais autant de ménages à faire..... que j'en ai défait!* — Une vieille femme à mi-corps, de face, bonnet, tablier rayé, emplâtre sur un œil, tenant d'une main un pot à lait, de l'autre un plumeau. Au fond des maisons. — A G. **51-36**. — En B. au-dessous de la légende au M. *Imp. Lemercier, Paris.* = H. 191, L. 160.

1780 X. — *Au nom de ces amours-là, | qui consoleront votre vieillesse, Madame, | ayez pitié de moi!* — Figures à mi-jambes. Une jeune femme, assise à l'entrée d'un cottage, sur un banc de pierre, allaite un enfant; un plus grand, vu de dos, est appuyé sur les genoux de sa mère. A D. une vieille femme maigre debout, de 3/4 et tournée vers eux; vieux chapeau avec voile sur la figure. — A D. **51-38**. — En B. au-dessous de la légende au M. *Imp. Lemercier, à Paris.* = H. 190, L. 160.

1781 XXV. — .... *Et à ce bal des Variétés, Adolphe, où vous étiez si bien en débardeur!... J'avais un pierrot de satin blanc...* | — « *Souvenez-vous-en! souvenez-vous-en!* » — Personnages à mi-corps. Une femme et un homme, tous deux de pr. et se dirigeant vers la D. La femme, sur le devant à G., bonnet noué sous le menton; l'homme, le collet de son paletot relevé. — A G. **53-166**. — En B. au-dessous du fil. à G. *Librairie nouvelle, boulevart* (sic) *des Italiens*, 15. A D. *Imp. Lemercier, Paris.* = H. 191, L. 162.

1782 XXVI. — *Zoé, voilà ta mère qui me recommence encore ses histoires : « Le | monde! »..... « les convenances! »..... « une mère de famille! »..... | — Tu n'as plus d'anisette?* — Personnages à mi-jambes. A D. un jeune homme de 3/4 à G., petites moustaches, collier de barbe, les deux mains sur les hanches, s'adresse à une jeune femme vue de dos et tournée vers lui, petit bonnet noir sur la tête, robe à ramages. Au fond des tableaux sur la muraille. — A G. **53-175**. — En B. au-dessous du fil. à G. *Librairie nouvelle, boulevart* (sic) *des Italiens*, 15. A D. *Imp. Lemercier, Paris.* = H. 191, L. 160.

1783 XXVII. — ..... *Et toi, mon chéri?.....* | — *Toujours dans l'instruction!* — Personnages à mi-jambes. A D. un homme et une vieille femme, tous deux de pr., vis-à-vis l'un de l'autre. La vieille femme, tête de 3/4, les mains derrière le dos, vieux chapeau par-dessus un bonnet; l'homme, en frac, appuyé sur une canne, crêpe à son chapeau gris. — A G. **53-194**. — Au-dessous du fil. à G. *Librairie nouvelle, boulevart* (sic) *des Italiens*, 15. A D. *Imp. Lemercier, Paris.* = H. 200, L. 159.

1784 XXVIII. — *Mes respects chez vous, m'ame veuve Tout-le-Monde!* — Dans une rue, vieille femme maigre, de pr., se dirigeant vers la D., entièrement vêtue de noir, chapeau avec voile relevé, vieux mantelet. Derrière elle à G. une vieille marchande de pommes avec son éventaire, la tête de face, les mains sur les hanches. — A G. **53-197**. — En B. au-dessous du fil. à G. *Librairie nouvelle, boulevart* (sic) *des Italiens*, 15. A D. *Imp. Lemercier, Paris.* = H. 201, L. 160.

1785 XXIX. — *J'ai pour moi qu'on peut dire que l'être choisi par mon cœur m'a fichu* | *plus de coups que de satisfaction!* — Vieille femme à mi-corps, les cheveux en désordre, de 3/4 tournée à D., penchée et accoudée du même côté sur le comptoir d'étain d'un cabaret, les deux mains dans les poches de sa robe. — A D. **53-189**. — En B. au-dessous du fil. à G. *Librairie nouvelle*, 15, *boulevart* (sic) *des Italiens.* A D. *Imp. Lemercier, Paris.* = H. 200, L. 159.

1786 XXX. *Ma petite maison, maman l'a mangée. Mon frère Zidor a joué mes* | *chevaux, mes châles, mes bagues....... et tout. Et feu mon père a bu le reste.*—Figures à mi-corps. Deux vieilles femmes, chacune coiffée d'un mouchoir, assises dans une mansarde : l'une de face, penchée à G., un bras appuyé sur son genou, la tête tournée à D., une main sur la hanche, fichu blanc sur la poitrine. L'autre vieille femme, de pr., tournée à D. derrière la première. — En H. à G. **53-191**. — En B. au-dessous du fil. à G., *Librairie nouvelle*, 15, *boulevart* (sic) *des Italiens.* A D. *Imp. Lemercier, Paris.* = H. 200, L. 161.

MANIÈRES DE VOIR DES VOYAGEURS.

Trois lithographies faisant partie d'une suite de dix pièces, dont trois sur sept publiées dans le journal *l'Éclair*, ont paru primitivement dans *Paris* (Journal). Elles représentent des personnages à mi-jambes. — En B. de chacune au-dessous du fil. à D. *Imp. Lemercier, Paris.*

1er État. Avant toute lettre. Sans fil.
2e — Celui qui est décrit.

1787 VIII. — *Eh! bien? mosieu, moi les pays chauds sont contraires à mon tempérament!....* — Par une froide journée d'hiver, deux hommes de pr. se dirigent à G. Ils ont l'air gelés. Celui de D., sur le devant, a un cache-nez autour du menton; l'autre a le collet de son manteau relevé sur les oreilles. — A G. **53-198**. — En B. au-dessous du fil. à G. *Librairie nouvelle, boulevart* (sic) *des Italiens*, 15. = H. 192, L. 160.

1788 IX. — *Hein?.... si Belamy vient avant que je revienne, tu lui diras ce* | *que tu sais bien.* — Un homme sortant d'une maison, de 3/4 tourné à G., relève la tête à D. en regardant au-dessus de lui. Chapeau gris, paletot cour, un parapluie sous son bras, une main dans sa poche, l'autre tenant son sac de nuit. — En H. à G. **53-188**. — En B. au-dessous du fil. à G. *Librairie nouvelle*, 15, *boulevard des Italiens*. = H. 200, L. 159.

1789 X. — *Merci bien! mais, dites-moi, mosieu... d'ici à cette place du Marché, combien | peut-on rencontrer de bourgeois trop curieux? sans vous compter. — Mosieu!... — Ah! pardon... en vous comptant.* — Deux hommes de pr. en face l'un de l'autre. Celui de G., petit chapeau sur la tête, pince-nez devant les yeux, paletot court, une main dans la poche de son gilet; l'autre, front découvert, longue redingote, les mains derrière le dos. Derrière eux le mur d'un hôtel dont on voit l'enseigne représentant un lion. — En B. au-dessous du fil. à G. *Librairie nouvelle*, 15, *boulevart* (sic) *des Italiens*. = H. 200, L. 161.

LES PARENTS TERRIBLES.

Trois lithographies faisant partie d'une suite de vingt pièces, dont dix-sept ont paru sous ce titre dans *Paris* (Journal). — En B. de chacune au-dessous du fil. à D. *Imp. Lemercier, Paris.*

1er État. Avant toute lettre. Sans fil.
2e — Celui qui est décrit.

1790 XVIII. — *Jacques Maubourguet, t'as voulu faire un mosieu de ton garçon, qui n'est qu'un rien du tout, | bon!.. Mais le v'là vicomte.... de Maubourguet!... Jacques, mon homme, comme n'y a | qu'un Dieu! Tu vas me lui secouer la vicomté..... et pas plus tard que tout de suite!* — Un homme vu à mi-corps dans un café de bas étage; il est assis de 3/4 tourné à G., accoudé sur une table. Cheveux ébouriffés, collier de barbe. Devant lui, une pipe sur la table. Dans le fond, à G., un voyou fumant sa pipe; à D. d'autres personnages attablés. — A G. **53-183**. — En B. au-dessous du fil. à G *Librairie nouvelle*, *boulevart* (sic) *des Italiens*, 15. = H. 193, L. 160.

1791 XIX. — *Je suis le papa de ma'm'selle Jolibiais.* — Vu à mi-corps dans la campagne, de face, chapeau de paille sur la tête, sans cravate et sans gilet, la main appuyée sur la hanche. — En H. à G. **53-186**. — En B. au-dessous du fil. à G. *Librairie nouvelle*, 15, *boulevart* (sic) *des Italiens*. = H. 203, L. 160.

1792 XX. — *Mosieu Charles m'a dit : Enfin, qu'est-ce qu'elle a?... Eh bien! j'ai dit : | Ce n'est rien... J'ai dit ce que t'as.* — Personnages en buste. Un homme de 3/4 tourné à G., la tête à D., air niais, favoris courts. Derrière lui à D. sa fille, de face, longues anglaises tombant sur ses épaules, lui lance un regard courroucé. — A D. **53-201**. — En B. au-dessous du fil. à G. *Librairie nouvelle*, 15, *boulevart* (sic) *des Italiens*. = H. 200, L. 162.

LES PARTAGEUSES.

Une pièce faisant partie d'une suite de quarante lithographies, dont trente-neuf ont paru sous ce titre dans *Paris* (Journal).

1793 V. — *Vous ne m'avez jamais de la vie donné qu'un petit chien.... et un bouquet de dix | sous. Eh bien! vous avez eu pour un chien dix sous d'amour.* — Une jeune femme de 3/4 tournée à D., une main posée sur une table. Près d'elle à G. un jeune homme de pr., une main sous son menton, l'autre sur la banche. — A G. **51-13**. — En B. au M. au-dessous de la légende *Imp. Lemercier, Paris.* = H. 190, L. 160.

1er État. Avant toute lettre. Sans fil.
2e — Celui qui est décrit.

PIANO.

Deux lithographies faisant partie d'une suite de dix pièces, dont huit ont paru sous ce titre dans *Paris* (Journal).

1er État. Avant toute lettre. Sans fil.
2e — Celui qui est décrit.

1794 IX. — *Le morceau de ma fille.* — Un homme en buste de 3/4 tourné à G., front chauve, les yeux baissés, un manteau à collet de velours sur les épaules. Au fond des auditeurs bâillant ou dormant. — En H. à G. **53-181**. — En B. au-dessous du fil. à G. *Librairie nouvelle, boulevart* (sic) *des Italiens*, 15. A D. *Imp. Lemercier, à Paris.* = H. 192, L. 160.

1795 X. — *Le maître d'harmonie de ma fille a raison : son frac est trop large | dans le dos.* — Un tailleur à mi-corps de pr. se dirigeant vers la D. avec un paquet sous le bras. Derrière lui une palissade et plus loin des maisons. — A G. **53-187**. — En B. au-dessous du fil. à G. *Librairie nouvelle*, 15, *boulevart* (sic) *des Italiens.* A D. *Imp. Lemercier, Paris.* = H. 192, L. 162.

LES PROPOS DE THOMAS VIRELOQUE.

Quatre lithographies faisant partie d'une suite de vingt pièces, dont seize ont paru sous ce titre dans *Paris* (Journal).

1er État. Avant toute lettre. Sans fil.
2e — Celui qui est décrit.

1796 II. — *Madame la femme : une altesse qui n'a pas sa plus triomphante; | mais lui faut plein son giron de secerts de polichinelle.* — Personnages à mi-jambes et tournés à D. Thomas Vireloque de pr., les deux mains appuyées sur son bâton. A D. une jeune femme de 3/4 retourne vers lui la tête. Elle est en négligé du matin, fichu en marmotte, autour du corps une écharpe noire qu'elle retient des deux mains. — A G. **51-24**. — En B. au-dessous de la légende au M. *Imp. Lemercier, à Paris.* = H. 200, L. 160.

1797 III. — *Belle créature! et pas de corset.* — Thomas Vireloque dans la campagne, de 3/4 tourné à G., une main sur son bâton. A quelque distance une vache sur un tertre. — A D. **51-23**. — En B. au-dessous de la légende au M. *Imp. Lemercier, à Paris.* = H. 201, L. 160.

1798 IV. *Misère-et-corde! Jeune enfance!.... c'est déjà des histoires pour des | toupies!* — Deux enfants se battent à coups de poings. A G. Thomas Vireloque appuyé sur son bâton. Au fond, maisons de village. — A G. **51-44**. — En B. au-dessous de la légende *Imp. Lemercier, à Paris.* = H. 200, L. 160.

1799 V. — Y *avait la parole, y a eu l'imprimerie; misère-et-corde! ne manquait plus que | ce fil-fer du diable à la menterie humaine, pour vous arriver de longueur aussi | raide qu'un tonnerre!*—Dans un sentier qui longe la voie d'un chemin de fer, Thomas Vireloque, de 3/4 tourné à G., s'appuie d'une main sur son bâton et de l'autre sur un des poteaux du télégraphe électrique. — A D.

51-47. — En B. au-dessous de la légende au M. *Imp. Lemercier, Paris.* = H. 200, L. 160.

MASQUES ET VISAGES (nouvelles séries).

Suite de cent lithographies formant deux séries, l'une sous le titre : *Par-ci, par-là*, l'autre sous celui : *Physionomies parisiennes*.

PAR-CI, PAR-LA.

Série de cinquante lithographies publiées successivement par dizain, chacun avec une couverture portant : *Masques et visages, par Gavarni. Série nouvelle. Par-ci, par-là. Dixain* (sic). *Paris, Paulin et Lechevalier, éditeurs de l'Illustration, rue Richelieu,* 60. *Imp. Lemercier, Paris* (1857-58). Toutes ces lithographies représentent des personnages à mi-corps ou à mi-jambes, à l'exception du nº 14, où ils sont en pied. Chaque pièce est entourée d'un fil. brisé en H. au M. Dans la brisure : *Masques et visages*. En B., entre le T. C. et le fil. au M., *par Gavarni*. Au-dessous du fil. à D. *Imp. Lemercier, Paris*, excepté au nº 11. Plus B. au M. *Par-ci, par-là*. Au-dessous le nº d'ordre de la pièce. Enfin, la légende.

1er État. Avant toute lettre. Sans fil.
2e — Celui qui est décrit.

1800 I.—*Une brune à l'eau-de-vie.* — Dans un cabaret, une femme de pr. tournée à D. tient à la main un verre d'eau-de-vie à la hauteur de son visage, le dos tourné à une table contre laquelle elle appuie le bas du corps; mouchoir noué sur sa tête, cheveux noirs, tablier blanc. Dans le fond une palissade. — A G. **57-19**. = H. 200, L. 162.

1801 II. — *Ce que je trouve de plus changé à Paris depuis vingt-cinq ans? | ..... Les Parisiennes.* — Un homme d'un certain âge, de pr. tourné à G., la tête de 3/4, assis sur une banquette dans un café, le corps penché en arrière; il tient des deux mains son mouchoir, le coude appuyé sur une table où l'on voit une chope de bière. — A D. **57-76**. = H. 200, L. 163.

1802 III. — *La clé* (sic) *du boudoir ouvre bien des secrets.* — Jeune femme de pr. tournée à D., en peignoir, une main posée sur la tablette extérieure d'une bibliothèque et fouillant de l'autre dans un tiroir placé au-dessous de la tablette. — A D. **57-17**. = H. 201, L. 163.

1803 IV. —*N'y a, vois-tu, Sophie, que deux espèces de monde : les braves | gens..... et puis les autres.* — Un ouvrier et sa femme, à moitié gris tous deux et se donnant le bras, se dirigeant vers la G. dans la campagne. L'homme à D., de 3/4, sa casquette de travers, une main sur sa poitrine dans l'ouverture de sa veste; la femme de pr., mouchoir noué sur la tête, une petite branche d'arbre à la main. — A D. **57-18**. = H. 202, L. 162.

1804 V. — *Des femmes qu'ont peur d'un verre de vin, c'est pas | des femmes.* — Femme de la halle de 3/4 tournée à D., tête à G., les deux mains sous son tablier, mouchoir à carreaux noué autour de la tête. Dans le fond les hangars de la halle. — A G. **57-14**. = H. 201, L. 162.

1805 VI.—*Dans la Nouveauté on a toujours été... aristocrate. Y a trente ans | nous portions des éperons.* — Un marchand de nouveautés, de 3/4 tourné à D., presque de face, une main posée sur un comptoir devant lequel il est placé, l'autre dans la poche de son pantalon. Gilet noir, cravate à carreaux. — A.D. **57-1.** = H. 200. L. 161.

1806 VII. — *Phèdre au Théâtre-Français. Début de M. Paul de Trois-Étoiles | dans le rôle d'Hippolyte.* — Une femme d'un âge mûr, de 3/4 tournée à D., assise dans une loge sur le rebord de laquelle elle est accoudée. Derrière elle à D. un tout jeune homme blond, sans barbe, de face, un lorgnon devant l'œil. — A G. **57-3.** = H. 200, L 162.

1807 VIII. — *L'eau-de-vie!... Un homme et ça, ça fait un sauvage. Et avec | ça et des sauvages on vous fait du bétail.* — Un vieux chiffonnier de 3/4 tourné à D., presque de face, front chauve, sa hotte sur le dos, tient d'une main, à hauteur de sa poitrine, un petit verre d'eau-de-vie sur lequel il a les yeux fixés. — A G. 57-57. = H. 201, L. 161.

1808 IX. — *Vos débardeuses, merci! Une culotte à une femme, j'aime pas ça! | pas plus qu'une pipe neuve.* — Un peintre dans son atelier. Assis sur un tabouret, de pr. tourné à D., la tête de 3/4, il tient d'une main l'une de ses jambes croisée sur l'autre, et de l'autre main sa pipe. Dans le fond un poêle. — Dans le H. à G. **57-78.** = H. 204, L. 166.

1809 X. — *T'appelles ça une moustache?... un cul d'artichaut!* — Deux hommes, dont le plus jeune à D., de face, la tête de 3/4 à D., cheveux longs encadrant le visage, moustache et barbiche réunies, les deux mains dans les poches d'un grand gilet, cravate noire sans col de chemise. Le second de pr., les mains derrière le dos, le regarde sous le nez. — A D. **57-80.** = H. 201, L. 162.

1810 XI. — *Rien au monde, vois-tu, n'est charmant comme la femme!... — D'un autre.* — Deux jeunes gens, dont l'un sur le devant, en robe de chambre, de pr. tourné à D., est à demi étendu sur un divan, les jambes croisées, le dos contre un coussin, son menton dans une main. Le second, de pr., tourné à G., étendu dans un grand fauteuil, la tête renversée sur le dossier, les mains levées devant sa poitrine, se frotte les doigts l'un contre l'autre. — En H. à G. **57-87.** = H. 201, L. 160.

1811 XII. — *Vous avez des états où avec rien que de l'intelligence un jeune | homme qui voudra arriver arrivera... Dans l'épicerie, c'est pas ça.* — Un épicier dans sa boutique, en manches de chemise et en tablier, de pr. tourné à D., la tête de 3/4; il est adossé à son comptoir et se dispose à relever l'une de ses manches. — A G. **57-74.** = H. 200, L. 159.

1812 XIII. — *Un ténor incompris.* — Un homme chantant dans une rue. Il est de 3/4 tourné à G., la tête de pr. et levée. Barbe, cravate noire sans col de chemise, les bras baissés. Il a les mains l'une sur l'autre et tient son chapeau dans l'une. — En H. à D. **57-90.** = H. 213, L. 160.

1813 XIV. — *On a donc core levé deux sachées de raves dans les raves du bas | du pré?.... C'est au Monsieur de chez nous, la terre. | On n'y prend point la terre.* — Assis sur un talus dans la campagne, un paysan en corps de chemise, presque de face, tourné à G., une jambe pendante et l'autre relevée, le genou entre ses deux mains. Près de lui à G. et couchée tout de son long sur le dos, une femme tenant des deux mains une baguette au-dessus de sa tête qu'on ne voit pas. — A D. **57-82.** = H. 200, L. 162.

1814 XV. — *Ma toile est chère, bourgeois! Mais y a toile et toile : y a | les toile' écrues... et l'étoile polaire, bourgeois!* — Un peintre devant une grande toile sur laquelle on voit les corps de deux femmes nues. Il est de 3/4 à G., cheveux ébouriffés, toute sa barbe, une main sur la hanche, l'autre posée sur la planchette de son chevalet. — En H. à G. **57-26.** = H. 202, L. 12.

1815 XVI. — *Une dame à garder, voyez-vous, ça ne serait pas la mer à boire.... | mais ça veut se faire prendre!* — Un vieil homme assis dans un café sur une banquette est en train de jouer aux dames. Sur le devant la table où est placé le damier et sur laquelle il s'accoude. Il est de 3/4 tourné à G., la tête à D. et inclinée de ce côté. Derrière lui son parapluie accroché au mur du fond, dont le papier représente un paysage. — A G. **57-84.** = H. 201, L. 163.

1816 XVII. — *Ce qui me manque à moi?... une t'ite mère comme ça, | qu'aurait soin de mon linge.* — Un vieux mendiant dans une rue, de 3/4 tourné à G., presque de face, chapeau déformé sur la tête, une main sur sa poitrine dans l'ouverture d'une redingote en haillons, l'autre posée sur un bâton. Dans le fond à D. une jeune femme élégamment vêtue, vue de dos et se dirigeant à G. — A D. **57-88.** = H. 201, L. 161.

1817 XVIII. — *Le premier quart d'heure des sept ans.* — Dans un site montagneux, un jeune paysan de pr. tourné à G., en corps de chemise, un havre-sac sur le dos, les deux mains sur un grand bâton. Il vient de tirer au sort et porte sur son chapeau le nº **3.** — En H. à D. **57-91.** = H. 212, L. 161.

1818 XIX. — *M'ame Beauminet, ta majesté a-t-elle daigné voir aux boutonnières des caleçons de papa?* — Une jeune femme de 3/4 tournée à G., nonchalamment assise sur une chaise contre le dossier de laquelle elle appuie sa tête, les bras croisés sur sa poitrine. Derrière elle à D. son mari de pr., les genoux pliés, le menton sur ses deux mains appuyées sur le dossier de la chaise. — A G. **57-73.** = H. 200, L. 161.

1819 XX. — *Aux avaricieux les coups de chapeau. Aux menteux, aux voleux, les | coups de chapeau. Et le petit monde?.... Mal mené!.... vu que pauvreté | n'est pas vice.* — Un mendiant rappelant un peu le type de Thomas Vireloque. Il est de face, chapeau mou sur la tête, une main posée sur un grand bâton, l'autre dans un bissac qu'il porte sur le côté. Derrière lui une chaumière entourée d'une clôture en pierres. — En H. à G. **57-94.** = H. 201, L. 162.

1820 XXI. — *Mosieu Pipanthoud, vous m'affichez!* — Une jeune femme dans la rue, presque de face, tête de 3/4 à G., petit bonnet noué sous le menton, cheveux en bandeaux, grand châle l'enveloppant en entier. Derrière elle à G. un homme, chapeau gris sur la tête, les deux mains dans les poches de son paletot, sa canne contre son épaule. Sur le mur, dans le fond, on lit écrit directement : **Défense d'aff**(icher). — En H. à D. **57-85.** = H. 202, L. 161.

1821 XXII. — *Le bourgeois est pincé. Et, ce qu'il a, quand ça le tient, ça | tient bon. Moi aussi. Lui, c'est la goutte. Moi aussi.* — Un ouvrier, l'air aviné, de pr. tourné à D., dans un cabaret, tient d'une main un verre qu'il prend sur le comptoir. Bonnet grec, gilet à manches. — En H. à D. **57-106.** = H. 201, L. 160.

1822 XXIII. — *Ma fille a chanté.* — Une vieille femme donnant le bras à sa fille. Toutes deux de pr. se dirigent vers la G. La mère, sur le devant, la tête de 3/4, est enveloppée d'un grand châle blanc ; la jeune fille, beaucoup plus grande que sa mère, est en robe à volants, et tient des deux mains devant elle un livre de musique. Au fond un mur sur lequel sont apposées des affiches de théâtres. — A D. **57-96** = H. 201, L. 164.

1823 XXIV. — *Ma fille a dansé.* — Au milieu de nombreux spectateurs assis à l'orchestre d'un théâtre, un homme se tient debout devant son fauteuil. Cravate blanche, habit noir à collet de velours boutonné sur la poitrine. Il est de pr. tourné à D., la tête de 3/4, les deux mains posées sur le dossier du fauteuil derrière lequel il se trouve. — A G. **57-2.** = H. 201, L. 163.

1824 XXV. — *Je me permettrai de faire remarquer à Mosieu le Président qu'on | me fait jouer un rôle.... indigne d'un galant homme!* — Un rôdeur de barrière debout au banc des accusés en police correctionnelle, de pr. tourné à D., le corps légèrement penché en avant, une main sur son cœur. Cheveux tombant sur le front, blouse par-dessus sa veste. Il a posé sa casquette sur la balustrade qui sépare son banc de celui de la défense. — Au M. **57-21.** = H. 201, L. 164.

1825 XXVI. — *Achille, tu ne me demandes pas des nouvelles de ta petite!* — A G. dans une rue, un homme de pr. à D., chapeau et paletot gris, tenant d'une main derrière lui son parapluie, est accosté à D. par une vieille femme en chapeau enveloppée dans un châle de barége, les deux bras croisés sur sa poitrine. — A G. **57-20.** = H. 200, L. 162.

1826 XXVII. — *Eh! bien, Mosieu! un jour.... nous n'avions pas six mois | de ménage, Mosieu!... savez-vous ce qu'elle m'a fait? | — Connu!* — Deux hommes de pr. vis-à-vis l'un de l'autre. Celui de D., le plus jeune, vu presque de dos, les bras baissés; l'autre, le front chauve, le haut du corps penché en avant, les mains à la hauteur de son menton. — A D. **57-97.** = H. 201, L. 161.

1827 XXVIII. — *Jeune homme, vous avez des capitaux, mais vous n'avez pas | d'expérience; c'est égal, vous m'intéressez.* — Deux hommes attablés dans un cabaret : l'un à D. de pr. à G., un rôdeur de barrière, en casquette et en blouse, se levant à moitié ; il pose la main sur l'épaule d'un jeune et naïf paysan assis de l'autre côté de la table. Celui-ci, de 3/4 tourné à D., est ivre à moitié et accoudé sur la table, où l'on voit une bouteille et deux verres, et au bout de laquelle sont déposés son bâton et son bagage. Au fond, sur le mur, on lit écrit directement : **On ne | fume pas | issi.** — En H. à G. **57-107.** = H. 201, L. 163.

1828 XXIX. — *Beauminet, M'ame Octave abuse de vot' défiance!* — Dans une chambre, un homme d'un âge mûr, en frac, de pr. tourné à D., les bras baissés. Tout auprès de lui, son épaule contre la sienne, une jeune femme à D. presque de face. Au fond, sur une console, des vases de différentes formes. — A D. **57-80.** = H. 201, L. 161.

1829 XXX. — *... Et... votre état? — Réaliste. — Comment? — Comme | tout! — Je vous demande votre profession? — Mosieu, je | professe l'amour du vrai! — Plaît-il? — Mosieu, « le vrai seul | est aimable. » ....* — Deux hommes, dont l'un à D., en paletot, de pr. à G., cheveux rejetés en arrière, front découvert, moustache et barbe, tient son chapeau à la main; l'autre, beaucoup plus âgé, crâne complétement dénudé, longue redingote ouverte, est de face, les mains derrière son dos. Sur un écriteau à D. on lit écrit directement : **A loue**(r) | **présen**(tement). — En H. à G. **57-92.** = H. 200, L. 160.

1830 XXXI. — *Paul et Virginie.* — Dans la campagne un homme et une femme d'un certain âge se donnant le bras ; ils sont de pr. et se dirigent vers la D. L'homme, sur le devant, chapeau gris posé en arrière sur sa tête, redingote à large collet de velours, une main sur sa poitrine dans l'ouverture de sa redingote. — A D. **57-77.** = H. 201, L. 162.

1831 XXXII. — « *Ne faut pas qu'on l'ostine.* » — Un charretier, de 3/4 tourné à D., chapeau mou sur la tête, fume son brûle-gueule, qu'il tient d'une main dans sa bouche, son fouet passé à son bras ; l'autre main dans l'ouverture de sa blouse, le coude appuyé sur un bloc de pierre. — A G. **57-99.** = H. 201, L. 162.

1832 XXXIII. — *Les robe' à flas-flas, vois-tu, Sandrine, c'est toujours les mêmes | qui les chiffonnent et les mêmes qui les savonnent. | — Pa'ceque les hommes sont bêtes.* — Dans sa mansarde, une jeune fille de 3/4 tournée à D. près d'une table sur laquelle on voit un fer à repasser et du linge. Elle a une main derrière le dos, l'autre dans la poche de son tablier noir. Derrière elle à D. une vieille femme de face, accoudée sur la table, la tête de 3/4 à G. et appuyée contre sa main. — A D. **57-24.** — H. 203, L. 161.

1833 XXXIV. — *Viens çà, Pyrame! Allons! laissons la plaine aux moutons du | Monsieu. Chacun sa pitance. Avec le pain, moi, j'ai le sel, et puis trois | oignons. Et Pyrame? il a pour lui que nulle brebis ne peut dire avoir | vu un chien de berger souper avec une côtelette.* — Un vieux berger dans la campagne, de pr. tourné à D., la tête baissée, s'appuie des deux mains sur un grand bâton. Chapeau à larges bords, son manteau en sautoir sur sa poitrine. — En H. à D. **57-89.** = H. 200, L. 161.

1834 XXXV. — *Oh! je aimez le vin de France très beaucoup! Un Anglais | qui n'aimez le vin de France..... n'êtes pas un Anglais.* — Dans un jardin un jeune homme à la figure fraîche et agréable, cheveux touffus et favoris, de 3/4 tourné à G., la tête presque de face, veste blanche, gilet noir, une main derrière le dos, l'autre posée à D. sur le parapet d'une terrasse. — A G. **57-83.** = H. 200, L. 162.

1835 XXXVI. — *Tu ne connais pas la tante à Dachu?....et tu dis que tu | connais les femmes!* — Deux ouvriers en blouse attablés dans un cabaret en face l'un de l'autre, une bouteille et deux verres devant eux : celui de G., de pr. le haut du corps penché en avant, chapeau sur la tête, les deux mains posées sur la table où l'autre est accoudé ; celui-ci de face, la tête de 3/4, est coiffé d'une casquette et porte moustaches. — Sur le bord de la table à G. **57-33.** = H. 201, L. 160.

1836 XXXVII. — *Ne lui parlez pas des gendarmes!* — Un vagabond en haillons, de face, assis sur le bord d'un fossé dans la campagne, les coudes sur les genoux, les deux mains entre ses jambes écartées. Il a toute sa barbe. Son bâton à D. appuyé contre le talus. — En H. à G. **57-93** = H. 200, L. 160.

1837 XXXVIII. — *La Chasse à l'autographe.* — Une jeune femme dans un salon, la tête presque de face, le corps de 3/4 penché à D. et appuyé contre le mur qui est derrière elle ; elle tient d'une main un album. Petit zouave ouvert sur la poitrine, cravate noire. — En H. à G. **57-104.** = H. 200, L. 163.

1838 XXXIX. — *La chasse au mouchoir.* — Un rôdeur de barrière sur un quai. Il est de pr. tourné à D. les bras croisés sur la poitrine. Casquette, bourgeron. Dans le fond les maisons du quai. — A G. **57-25.** = H. 201, L. 161.

1839 XL.—.....*Jolie femme!.... C'est une princesse? | C'est une drôlesse.*—Deux hommes, vus de face, se promenant sur les boulevards. Celui de G., jeune homme à moustaches, tête de pr. à D., tenant d'une main sa canne sur son épaule. Le second, d'un âge plus avancé, chapeau gris sur la tête, une main sur la hanche, l'autre dans la poche de son paletot. — A D. **57-56.** = H. 204, L. 168.

1840 XLI. — *La « biche » au Bois.* — Une jeune femme se promenant au bois de Boulogne. Elle est presque de face, la tête de 3/4 à D., une main dans son manchon, chapeau à plumes, caraco en velours noir; elle est accostée à D. par un homme en paletot, pince-nez devant les yeux, une main appuyée sur sa canne. Au fond des promeneurs. — En H. à G. **58-12.** = H. 200, L. 160.

1841 XLII. — *A fait bien des malheureuses!* — Un homme d'un âge avancé, cheveux blancs relevés sur le front, de face, la tête de 3/4 à D., large cravate blanche, gilet noir. Il tient d'une main par-devant à la hauteur de la taille les deux bords de sa robe de chambre. — En H. à D. **58-5.** = H. 202, L. 162

1842 XLIII. — « ..... *Nous n'avons donné à personne le droit de douter de la sincérité | de nos manifestations. Eh bien! aujourd'hui, nous dirons nettement : | Non! l'attitude de la Prusse n'a rien qui nous inquiète!* » — Sur le devant, une jeune femme en robe de chambre, de pr tournée à G., assise sur un divan, lit le journal à un homme à moustaches étendu de G. à D. sur un des coussins du divan, la tête penchée en arrière.— En H. à G. **57-100.** = H. 200, L. 162.

1843 XLIV. — « *Voir aux annonces* » | (*pour l'édification des jeunes personnes*). —Devant une croisée à laquelle elles tournent le dos, deux jeunes filles lisant un journal qu'elles tiennent chacune d'une main. Celle de G. est de face, l'autre de 3/4 tournée à G. — En H. à G. **2.** = H. 193, L. 163.

1844 XLV. — *Av'ous fini!* — Une jeune bonne, en train de faire une chambre à coucher, est interrompue dans son ouvrage par un homme qui veut l'embrasser et qu'elle repousse du coude. Celui-ci est à G., de pr. tourné à D., en paletot, et tient derrière lui le plumeau de la bonne. — En H. à D. **58-10.** = H. 201, L. 160.

1845 XLVI. — *Mes locataires du cintième, eux, mariés? ..... comme les | hannetons.* — Un concierge de pr. tourné à G., besicles sur le nez, gilet à manches et tablier, les mains devant la poitrine, le bout des doigts de chacune contre l'autre, un plumeau sous le bras. — En H. à D. **58-1.** = H. 202, L. 162.

1846 XLVII. — *Mosieu de Montmorency? s'il vous plaît.... | —Nous n'avons pas ça ici.* — Dans sa loge richement meublée, un portier de face, les mains dans les poches d'une veste blanche, le coude sur le battant inférieur de la porte, tourne la tête à D. vers un monsieur dont on n'aperçoit que le profil. Sur le mur extérieur on lit écrit directement à D. : **Concierge.** — En H. à G. **58-11.** =H. 202, L. 162.

1847 XLVIII. — *Le lion devenu vieux.* — Un homme aux cheveux blancs et à la barbe blanche de 3/4 tourné à G., la tête à D., est assis dans une loge sur le rebord de laquelle il est accoudé. Pince-nez devant les yeux, cravate longue en satin noir, gilet blanc. Derrière lui à G. sa canne appuyée contre une tablette sur laquelle est posé un bouquet. — En H. à G. **58-14.** = H. 201, L. 160.

1848 XLIX. — *J'ai été bien calomniée, mon cher, mais on a fini par me | rendre la justice..... — Qu'on devait à ton mari.* — Dans l'atelier d'un peintre une jeune femme qui lui sert de modèle se dispose à se déshabiller. Elle est de face sur le devant, en robe rayée à volants, la tête de pr. tournée à G. vers le peintre. Celui-ci, vu de dos, tête de pr. à D., est devant une grande toile où il commence à tracer au crayon l'esquisse de son tableau. — A G. **57-42.** = H. 200, L. 162.

1849 L. — *La fin d'un roman.* — Couverte d'un vieux châle et coiffée d'un mouchoir, une pauvre femme, vue de dos à moitié, est tournée à G., la tête de 3/4. Elle tient contre sa poitrine un petit enfant endormi et demande l'aumône en tendant la main. — En H. à D. **58-15.** = H. 200, L. 161.

PHYSIONOMIES PARISIENNES.

Série de cinquante lithographies successivement publiées par dizain, chacun dans une couverture ayant pour titre : *Masques et visages, par Gavarni. Série nouvelle. Physionomies parisiennes. Dixain* (sic). *Paris, Paulin et Le Chevalier, éditeurs de l'Illustration, rue Richelieu,* 60. *Imp. Lemercier, Paris* (1857-58). Chaque pièce représente un personnage de l'un ou l'autre sexe, en pied et debout, sauf le nº 41, où il est assis. En H. au-dessus du T. C. au M. *Physionomies parisiennes.* En B. au-dessous du T. C. à G. *Par Gavarni.* A D. *Imp. Lemercier, Paris.* Plus B. au M. le nº d'ordre de la pièce. Au-dessous le titre indicatif du sujet et la légende.

1er État. Avant toute lettre.
2e — Celui qui est décrit.

1850 I. — UN BOULANGER | *sans crinoline.* — De pr. se dirigeant à D., les deux mains dans les poches de sa veste, les pieds nus dans des savates, sans chemise, serre-tête et jupon blancs. — A D. **57-58.** = H. 290, L. 190.

1851 II. — LA BOULANGÈRE | *« a des écus ».* — Vieille femme de 3/4 tournée à D., la tête à G. Chapeau noué sous le menton, grand châle blanc sur les épaules, les deux mains gantées et l'une dans l'autre à hauteur de la ceinture. — A G. **57-46.** = H. 290, L. 188.

1852 III. — L'AMATEUR DES JARDINS. | *C'est égal, mon escadron était un joli escadron.* — Vieil officier en retraite, presque de pr. tourné à D., dans son jardin. Front dégarni, cheveux ras, moustache noire, la tête et les yeux baissés. Il est en robe de chambre et en pantoufles, les deux mains derrière le dos. A D., sur un mur à hauteur d'appui, des pots de fleurs. — Vers la G. **57-36.** = H. 290, L. 188.

1853 IV. — UNE BONNE | *sans nouvelles du treizième de ligne.* — De pr. tournée à D., bonnet sur le derrière de la tête. D'une main elle tient un cabas et un parapluie ; de l'autre elle relève par-devant son tablier et sa robe, et fait voir ainsi ses bottines et le bas de sa jambe. Au fond une palissade de planches. — A D. **57-53.** = H. 291, L. 190.

1854 V. — SERGENT-MAJOR DE LA Nième LÉGION. | *Petite tenue.* — Un traiteur de la banlieue dans son costume de travail, veste rayée, tablier blanc. Il est de face, la tête de 3/4 à D., front dégarni, favoris, l'air souriant, les deux mains sous son tablier. Au fond une palissade de planches. — A D. **57-44.**

— En B. au-dessous du fil. à G., sur quelques épreuves, *Gavavarni*, au lieu de *Gavarni*. = H. 290, L. 188.

1855 VI. — UNE LÉLIA, | *née Gustine.* — Jeune femme presque de face, la tête légèrement inclinée à D., casaque ouverte, robe montante serrée à la taille par une cordelière qu'elle tient des deux mains et avec laquelle elle joue. Derrière elle une causeuse. — A D. **57-52.** = H. 291, L. 190.

1856 VII. — PHILOSOPHE. | — *J'ai eu des hauts et des bas.* — Un pauvre homme de pr. se dirigeant à D. dans la campagne. Vieux chapeau mou, habit en lambeaux, les pieds nus dans des souliers éculés et troués. D'une main il s'appuie sur un gros bâton, de l'autre il tient une fleur qu'il examine avec attention. — A D. **57-63.** = H. 290, L. 190.

1857 VIII. — LA MARCHANDE DE CITRONS. | *La limonade n'est pas ce qu'elle aime.* — Vieille marchande de pr. tournée à D., mouchoir autour de la tête, petit châle croisé sur la poitrine et noué par derrière; elle soutient des deux mains son éventaire devant elle. — A D. **57-54.** = H. 290, L. 190.

1858 IX. — PAPIER A LETTRES. | — *Fesons* (sic) *des fautes d'orthographe, Mesdemoiselles! Messieurs, disons* | *des bêtises et des menteries pour un sou!* — Près de la porte d'un hôtel, un homme au type juif, sur un trottoir, presque de face, | la tête de 3/4 à G., bonnet grec, blouse par-dessus une redingote. Il tient d'une main dans un petit portefeuille ouvert des cahiers de papier à lettres. — A D. **57-65.** = H. 291, L. 190.

1859 X. — UNE RENTIÈRE | *qui a joué à la Bourse.* — Au coin d'une rue dont le sol est détrempé par la pluie, une vieille femme en haillons, de face, mouchoir sur la tête, un autre en mentonnière, vieux châle noué par derrière. Elle a les mains sur sa poitrine, sous son châle. Au fond, sur un mur, des affiches sur lesquelles on lit écrit directement : **Capital | 60 millions.-40,000,000.-18,000,000.-20 millions.** — Vers la D. **57-47.** = H. 290, L. 189

1860 XI. — ENFANT DE PARIS | *pas méchant, mais vif.* — Jeune ouvrier presque de face, petite moustache noire, les mains sur les hanches, gilet à manches, tablier. Derrière lui un banc de pierre contre un mur. — A D. **57-68.** = H. 290, L. 190.

1861 XII. — BOHÈMES. | *A eu calèche.* — Sur le trottoir d'un quai, une lorette vieillie et dans la misère, de 3/4 tournée à D., la tête de face, mouchoir en marmotte, vieille robe noire à volants, grand châle blanc qui l'enveloppe entièrement et cache ses mains. Elle tient un paquet dans un mouchoir à carreaux. Dans le fond des maisons. — A D. **57-61.** = H. 290, L. 190.

1862 XIII. — BOHÈMES. | *Un traducteur de Tibulle.* — Sur une des berges de la Seine, de pr. tourné à G., la tête de 3/4, le corps penché en avant, un homme misérablement vêtu, toute sa barbe, les deux mains dans les poches de derrière d'une vieille redingote, pantalon collant à sous-pieds, souliers troués. Dans le lointain une des îles de la Seine. — A D. **57-28.** = H. 291, L. 190.

1863 XIV. — LAITIÈRE. | *Tenue de ville.* — De face, l'air réjoui, les deux mains dans les poches d'un tablier à bavette, mouchoir de couleur plié par-dessus son bonnet de paysanne, petit manteau à collet. Au fond une chaumière. — A D. **57-59.** = H. 290, L. 190.

1864 XV. — BOURGEOISE. | *Tenue de village.* – Femme jeune encore, mais très-grasse, de 3/4 tournée à D., presque de face, se promenant dans la campagne, les mains dans les poches d'un petit tablier de soie, large chapeau de paille noué sous le menton. — A D. **57-72**. = H. 291, L. 190.

1865 XVI. — PROPRIÉTAIRE | *à Paris, rue Dauphine, de la célèbre!... poudre!... persanne* (sic)*!* — Un charlatan sur le terre-plein du Pont-Neuf, de 3/4 tourné à G., les mains dans les poches d'une vieille redingote. Chapeau déformé. Sous sa redingote on aperçoit sa culotte de paillasse à carreaux; à D., par terre, ses tréteaux, sa caisse, une cassette et une bouteille. — Au-dessous de la cassette **57-70**. = H. 191, L. 190.

1866 XVII. — CARRIER. | *Paris, ça mange du plâtre!* — De pr, se dirigeant à G., un vieil ouvrier dans la campagne, le dos légèrement voûté, veste et tablier de cuir, une main sur sa poitrine dans l'ouverture de sa veste; il tient de l'autre sa pipe près de son menton. Au fond à G. groupe de maisons. — A D. **57-60**. = H. 290, L. 190.

1867 XVIII. — A LA HALLE. | *Point minaudière.* — Sous un des piliers de la halle, une vieille marchande de pr. tournée à G., les bras pendants, mouchoir à carreaux autour de la tête, casaque de laine ouverte et tablier. Derrière elle des sacs de pommes de terre. — A D. **57-102**. = H. 290, L 190.

1868 XIX. — L'ÉTUDIANT. | — *Serai-je avocat général, ou de l'Académie, ou clerc d'huissier, ou | vaudevilliste, ou réaliste, ou quoi?* — De face, dans une mansarde, les deux mains dans les entournures de son gilet, les coudes en dehors, petite redingote, pantalon à carreaux. Derrière lui une malle, une paire de bottes. — A D. **57-51**. = H. 292, L. 191.

1869 XX. — AU MARAIS. | *Ici, Azor! ici!..... Dissipé!* — Un vieux bonhomme de 3/4 tourné à D., la tête de face et penchée du même côté, les deux mains dans les poches de derrière de sa redingote, chapeau gris, gilet noir très-court. Au fond un mur peu élevé. — A D. **54-43**. = H. 291, L. 189.

1870 XXI. — LE CANTONNIER. | *Le macadam est sale? Belle malice!.... Tant que la police laissera | le monde abîmer les chemins du Gouvernement!...* — De pr. tourné à G. dans la campagne, plaque de cantonnier sur le devant de son chapeau, casaque en peau de bique par-dessus sa blouse. Il tient d'une main sur une épaule son racloir pour la boue. — A G. **57-95**. = H. 292, L. 191.

1871 XXII. — CAPORAL ET CHEMISIER | *de Monsieur.* — Tenant d'une main son chapeau contre sa hanche, de face, la tête de 3/4 à D., il attend dans un salon, un paquet ficelé sous un bras. Petites moustaches noires, cravate à large nœud, redingote courte. A D. une portière relevée. — A D. **57-66**. = H. 290, L. 188.

1872 XXIII. — PETIT COMMERCE. | *La monnaie d'un ballon.* — De face, devant un mur, une marchande de petits ballons pour les enfants, bonnet sur la tête, casaque ouverte; une main dans la poche de sa jupe, elle tient de l'autre sept ballons au bout d'une ficelle. — A D. **57-64**. = H. 291, L. 190.

1873 XXIV. — COMMERCE DES MUSES. | —*Rien n'est beau comme le laid.*— Dans son atelier, devant une grande toile blanche, un peintre de pr. tourné à G., la tête de 3/4. Cheveux en désordre, pantalon à pieds, pantoufles. Il tient d'une main sa palette et ses pinceaux; l'autre est posée sur son appuie-main comme sur une canne. — A G. **57-35** dans le B. de la toile. = H. 290, L. 189.

1874 XXV. — PETITE SERVANTE | *deviendra maîtresse.* — De pr. tournée à D., une jeune fille en corps de chemise, mouchoir noué sur le haut de la tête, jupon court, savates aux pieds, une main derrière le dos, l'autre sur la margelle d'un puits. Par terre un seau près du puits. — A G. **57-41.** = H. 290, L. 189.

1875 XXVI. — LE PROPRIÉTAIRE. | — *Aujourd'hui le quinze.* — Il est de 3/4 tourné à G. dans une chambre, devant une porte ouverte. Front chauve, collier de barbe, les mains dans les poches d'une robe de chambre. — A D. **57-48.** = H. 290, L. 190.

1876 XXVII. — A LA HALLE. | *Forte-en-gueule et bonne enfant.* — Femme de la halle, de 3/4 tournée à G., la tête baissée et presque de face, les bras croisés sur la poitrine, mouchoir noué sur la tête, vieux châle croisé sur la poitrine et noué par derrière, tablier. A G., au bas d'un petit mur à hauteur d'appui, trois paniers. — A G. **57-40.** = H. 290, L. 188.

1877 XXVIII. — LE LUNDI. | — *Jour de friture au Grand-Vainqueur. Au Mouton noir, le rigodon.* — Dans la campagne, un homme de face, chapeau mou de côté sur la tête, les mains dans les poches d'une petite veste, les coudes en dehors. Au fond des maisons et une butte derrière laquelle on aperçoit des ailes de moulin. — A D. **57-67.** = H. 291, L. 190.

1878 XXIX. — LE LUNDI. | *Philosophie et lapin sauté.* — Dans la campagne, un ouvrier de face, les yeux baissés, les mains derrière le dos. Chapeau gris, redingote blanche ouverte, laissant voir un gilet noir et un petit tablier de cuir. — A D. **57-101.** = H. 290, L. 190.

1879 XXX. — HOMMES DE BOURSE. | — *La rente remonte!* — Dans un salon, devant un divan sur lequel est posé son chapeau, un boursier, presque de face, la tête de 3/4 à D. et baissée. Front chauve, paletot boutonné, l'air soucieux. Il tient des deux mains sa canne en travers derrière son dos. — A D. **57-45**. = H. 291, L. 188.

1880 XXXI. — COCHER A DEUX FINS | *pour le boudoir et l'écurie.* — De pr. tourné à G. dans un appartement. Il soulève d'une main une portière devant une porte ouverte, et tient de l'autre, derrière lui, un plumeau dont les plumes traînent sur le parquet. Gilet à manches, grand tablier blanc à plastron attaché autour du cou. = H. 290, L. 190.

1881 XXXII. — LE BALAYEUR. | — *Ces Parisiens, c'est malpropre!* — De pr. se dirigeant vers la G. le long d'un quai, la tête de 3/4, une main dans la poche de son pantalon; l'autre, gantée, tenant son balai sur l'épaule. Chapeau sur un bonnet de coton, châle en laine croisé sur la poitrine et noué par derrière, tablier. — En H. à D. **58-21.** = H. 290, L. 190.

1882 XXXIII. — UN BEAU | « *Bien conservé.* » — Dans une chambre un homme de 3/4 tourné à D., perruque noire, favoris teints, les deux mains dans les poches de côté d'un pardessus blanc ouvert, laissant voir son habit boutonné du haut. Derrière lui les deux rideaux relevés d'une portière. — En H. à D. **58-26.** = H. 291, L. 190.

1883 XXXIV. — RODEURS. | *Elle prendrait bien quelque chose.* — Une femme en haillons dans un chantier de construction, de 3/4 tournée à D., la tête penchée du même côté, les deux mains sur un bloc de pierre contre lequel elle est adossée. Mouchoir en marmotte. — En H. à G. **58-28.** = H. 290, L. 190.

1884 XXXV. — RODEURS. | *Il a pris quelque chose.* — Un rôdeur de barrière dans un chantier de construction, de 3/4 tourné à D., les deux mains dans les ouvertures de sa blouse, calotte sur la tête. — A D. **57-37.** = H. 290, L. 188.

1885 XXXVI. — AU COIN DE LA BORNE. | *Fleurs passés* (sic), *nœuds fanés, gants poissés, verres cassés.* — Un chiffonnier de pr. se dirigeant vers la D., sa hotte sur le dos, tenant d'une main son crochet sur une épaule. Casquette par-dessus un bonnet de coton. — A D. **57-69.** = H. 290, L. 190.

1886 XXXVII. — LA CHANSON DES RUES.

— « Gent trou-ou-badour,
Re! tiens ton destrier ra-a-pide,
É! cou! t'une jeune sylphi-i-i! de
Qui meurt d'amour... »

Une pauvre femme chantant à tue-tête dans une rue, de pr. tournée à D., la tête de 3/4. Elle est coiffée d'un mouchoir, une cravate noire autour du cou, et tient d'une main sa robe sur le côté. A D. une fenêtre sur laquelle on voit un pot de fleurs. — A D. **57-62.** = H. 291, L. 190.

1887 XXXVIII. — LA PRIMA DONNA. | — *Si fa si la do mi si la!....* — Une jeune femme presque de face, la tête de 3/4 à G. Elle tient d'une main un des plis de sa robe de chambre, et pose les doigts de l'autre main sur le clavier d'un piano à G. — En H. à G. **58-24.** = H. 290, L. 189.

1888 XXXIX. — UN AUTEUR | *d'une « ode à Vénus ».* — Un vieux professeur, de pr. tourné à D., se promenant dans la campagne, un parapluie sous un bras, une main dans la poche de sa redingote. Chapeau à petit bord, pantalon à pied. — En H. à D. **58-30.** = H. 289, L. 190.

1889 XL. — LA BOUTIQUE. | — *Madame désire peut-être qu'on lui montre d'autres « dispositions »....* — Dans un magasin de nouveautés un chef de rayon de pr. tourné à G., une main sur la hanche. Derrière lui un comptoir sur lequel il pose l'autre main. — En H. à G. **58-25.** = H. 290, L. 190.

1890 XLI. — RODEURS | « *sans domicile* ». — Un rôdeur de barrières dans un chantier de construction, assis sur un bloc de pierre où il appuie une de ses mains. Il est de pr. tourné à D. Chapeau déformé, vieille chemise déchirée, pantalon en haillons, retenu par une seule bretelle. — Sur une pierre à G. **57-71.** = H. 291, L. 189.

1891 XLII. — UN « FORT » | *dont le « trois-six » est le faible.* — Fort de la halle au blé de pr. tourné à D. vacillant sur ses jambes, les traits hébétés par l'abus de l'eau-de-vie. Grand chapeau rond sur la tête, une main au collet de sa petite veste; l'autre, pendante, retient son bâton. Dans le fond, à terre, contre un mur, deux rangées de sacs. — En H. à D. **58-23.** = H. 291, L. 190.

1892 XLIII. — LE LUNDI. | *En semaine on rabotte* (sic), *et l'dimanche on ribotte* (sic). *Après ça, la Nature veut que* | *l'homme ait son repos.* — A la porte d'un cabaret de village un ouvrier menuisier de face, la tête de pr. à G.

Tablier, une main sur sa poitrine dans l'ouverture de sa veste, l'autre dans la poche de son pantalon. Chapeau à petits bords. Sur le mur du cabaret au fond on lit écrit directement : **Bon vin.** — A G. **57-50**. = H. 290, L. 190.

1893 XLIV.—PROPRIÉTAIRE. | *Les locataires!.... c'est les enfans* (sic)*! c'est les chiens et les | chats.... et les réparations!* — Dans un corridor, un homme aux traits durs, au front chauve, de pr. tourné à D., en pantoufles, les mains dans les poches de derrière d'un paletot clair. — Vers la D. **56-32**. = H. 291, L. 190.

1894 XLV. — LE VIGNERON. | *Le beau temps continue, le vin diminue... Mauvaise année!* — Sur le bord d'un ruisseau, de face, l'air soucieux, front chauve, les deux mains passées à travers les ouvertures de sa blouse. A D. sur un tertre une treille. — A D. **57-55**. = H. 291, L. 191.

1895 XLVI. — EN VOYAGE. | *De Saint-Pierre de Rome à Saint-Paul de Londres.* — Au coin d'une rue un voyageur de face, la tête de 3/4 à G., le pouce d'une de ses mains ainsi que le pouce et l'index de l'autre dans les goussets de son gilet blanc, cherche à lire une enseigne ou l'inscription de quelque monument qu'on ne voit pas. — En H. à D. **57-49**. = H. 290, L. 190.

1896 XLVII. — LE COMÉDIEN | *comique et volontiers mélancolique.* — Dans un café, de face, la tête de 3/4 légèrement penchée à D., l'air triste, il a les deux mains dans les poches de son pantalon à carreaux. Paletot boutonné du haut. Derrière lui une table sur laquelle est un verre. — A G. **57-39**. = H. 291, L. 190.

1897 XLVIII. — PETIT COMMERCE. | *Le ménage de la poupée aide au ménage de l'ouvrier.* — Un ouvrier en casquette et bourgeron, adossé à une palissade, de face, la tête légèrement penchée à G., les bras croisés sur sa poitrine. A G., par terre, un panier et des petites tables à poupées rangées les unes à côté des autres. — En H. à D. **58-27**. = H. 291, L. 191.

1898 XLIX. — DÉCLASSÉS. | — *Mais je fus épicière et sentis la chandelle....* — Une femme jeune encore, de face, les yeux baissés, les bras pendant naturellement. Mise élégante, chapeau à plumes, caraco en velours noir, robe à trois volants. A G. une portière baissée. — En H. à D. **58-22**. = H. 291, L. 191.

1899 L. — DÉCLASSÉS. | — *J'ai eu cinq chevaux.* — Dans la campagne un homme en haillons encore jeune et conservant une certaine distinction. Il est de pr. tourné à D., s'appuie d'une main sur un bâton et a l'autre sur sa poitrine, dans l'ouverture de son vêtement. Barbe inculte, petite casquette, pantalon à sous-pieds, chaussures impossibles. — En H. à G. **58-45**. = H. 289, L. 190.

MISCELLANEA.

Suite de six pièces avec couverture ornée d'un sujet lithographié. En tout sept lithographies de Gavarni. Chaque pièce de la suite est entourée de deux fil. En B. au-dessous des fil. au M. *Lith. de L. Letronne,* 15, *quai Voltaire.* Plus B., au-dessous du titre de la pièce : *Paris publié par M*[lle] *Naudet, quai Voltaire,* 13.

1900 RRR. — CAUCHEMAR. — Caricature fantastique pour le titre de la couverture. Un homme à grosse tête : portrait de Gavarni en charge ; il est de face, en chemise, nu-jambes et en pantoufles, la tête de 3/4 tournée à G. Les yeux hagards, les bras étendus à D. et à G., il voudrait écarter une foule d'images qui troublent son sommeil. C'est un tohu-bohu de têtes d'hommes et de femmes, portraits ou visages de fantaisie plus ou moins grotesques ou agréables même, de dimensions diverses, qui se pressent autour de lui les uns au-dessus des autres, et auxquels sont mêlées de petites figures en pied. Dans ce pêle-mêle on remarque dans le haut deux mains, l'une de femme, l'autre d'homme tenant un crayon. Dans le bas, un enfant couché à terre de D. à G. et dormant paisiblement. Il a comme, l'homme en chemise, une tête d'une grosseur disproportionnée. — A G. **Gavarni.** — Claire-voie. Trois fil. En H. au-dessus des fil. au M. *Miscellanea* | *ou* | *fantaisies par Gavarni* | 1838. En B. au-dessus du premier fil. 1er *Cahier* (le seul publié). Au-dessous des fil. au M. *Lith. de L. Letronne*, 15, *quai Voltaire*, et au-dessous du titre indicatif du sujet *Paris, publié par Mlle Naudet, quai Voltaire*, 13. = H. 245, L. 178.

1er État. Avant toute lettre. Sans fil.
2e — Celui qui est décrit.

1901 R.— LE BATON DE VIEILLESSE.— Dans le jardin des Tuileries, un vieillard s'appuyant à D. sur le bras d'un grand jeune homme se dirige vers la D. Ils sont tous deux de 3/4. Le jeune homme, la tête de pr., moustaches, redingote claire, canne à la main. Derrière eux le piédestal d'une statue. — Sur le soubassement du piédestal à D. **237** | **227**. Sur le terrain, à G. **Gavarni.** = H. 175, L. 125.

1er État. Avant toute lettre.
2e — Celui qui est décrit.

1902 R.— LE COMMENTAIRE. — Sur le devant, une jeune femme vue de dos en partie et tournée à D. est étendue sur une chaise basse devant une cheminée. Elle tient à la main une brochure et lève la tête vers un jeune homme en robe de chambre blanche, agenouillé et accoudé sur un siége auprès d'elle. Sur la cheminée une statuette sur laquelle la dame a posé son chapeau. Au fond un paravent chinois. — A D. **Gavarni.** A G. **213.** = H. 177, L. 128.

1er État. Avant toute lettre.
2e — Celui qui est décrit.

1903 R. — MA FILLE. — Une femme replète et d'un âge déjà mûr se promène au bois, en hiver, avec une grande jeune fille. Toutes deux de 3/4 se dirigent vers la G. Elles sont en chapeau et ont les mains dans leur manchon. La fille est à G. et tient les yeux baissés. — A D. **Gavarni**. = H. 183, L. 130.

1er État. Avant toute lettre. Sans fil.
2e — Celui qui est décrit.

1904 R. — MESSAGER D'AMOUR. — Jeune garçon bossu, vu de dos, sur une terrasse, et portant dans chaque bras un pot de fleurs. Il se dirige à G. vers la ville que l'on aperçoit dans le fond. Casquette, petite veste et pantalon trop court. — A D. **G. 45.** = H. 152, L. 113.

1er État. Avant toute lettre.
2e — Celui qui est décrit.

1905 RR. — LE SOMMEIL EST FRÈRE DE LA MORT. | (Pythagore.) — Un ouvrier travaillant dans un cimetière se repose couché sur le ventre, et dort étendu de D. à G. sur une pierre tombale, la tête au pied d'une colonne tronquée surmontée d'une urne funéraire. Il a posé sa veste sur la colonne et son chapeau sur l'urne. — A D. **Gavarni**. A G. **50**. = H. 172, L. 130.

1er État. Avant toute lettre. Sans fil.
2e — Celui qui est décrit.

906 RR. — TÊTE-A-TÊTE. — Sculpteur de pr. tourné à D., assis dans son atelier et travaillant à un buste colossal en marbre. Au fond à D. une statue de femme vue par derrière et sur la tête de laquelle il a posé son chapeau.— A D. **Gavarni**. A G. **42**. = H. 166, L. 130.

1er État. Avant toute lettre.
2e — Celui qui est décrit.

LES MISÈRES.

Suite de six pièces entourées chacune d'un fil., à l'exception du n° 6, qui en a deux. En H. au-dessus du fil. au M. *Les Misères*. A D. le n° d'ordre de la pièce.

1er État. Avant toute lettre.
2e — Celui qui est décrit.

907 RR. N° I. — PAS DE BARBE. — Dans un atelier de couturière, sur le devant, un tout jeune homme de pr. tourné à D. regarde attentivement son menton dans le miroir d'une boîte à ouvrage qu'il tient à la main. A G. trois ouvrières, dont l'une vue de dos retourne la tête vers lui, travaillent autour d'une table. Au fond, sur la muraille, un portrait d'homme avec barbe.— A G. **G. 15**. — En B. au-dessous du fil. à G. *Lith. de J. Caboche et Cie*. = H. 194, L. 155.

908 RR. N° II. — PAS D'APPÉTIT. — Jeune homme en robe de chambre assis et de 3/4 tourné à D.; il soutient sa tête contre une de ses mains, le coude appuyé sur une table où son déjeuner est servi. Derrière lui à G. un jeune domestique en livrée suce son doigt qu'il a trempé dans la sauce d'un plat qu'il apporte. — A G. **G. 18**. — En B. au-dessous du fil. à G. *Lith. Caboche et Cie*. = H. 197, L. 156.

909 RR. N° III. — PAS LE SOL (sic). — Sur un pont, un pauvre homme de 3/4 tourné à D., la tête baissée, est adossé au parapet, sur lequel il est accoudé, une main dans le gousset de son pantalon, l'autre sur sa poitrine, sous son habit. Bonnet de coton sur les oreilles, vêtements déchirés. Devant lui, par terre, son chapeau, et à G. à ses pieds, sur une feuille de papier, de petits oiseaux en bois avec queue en plumes pour les enfants. Au fond la rivière et les maisons d'un quai. — A D. **16**. — En B. au-dessous du fil. à G. *Lith. Caboche et Cie, pas. Saulnier*, 19. = H. 195, L. 156.

910 RR. N° IV. — PAS DE CHEVEUX. — Dans sa chambre à coucher, un homme d'un âge mûr, au front chauve, besicles sur le nez, est assis sur une chaise, les pieds au feu. Il est en robe de chambre, un peignoir sur les épaules. Un jeune coiffeur lui frise avec un fer le peu de cheveux qui lui restent par derrière. Ils sont tous deux de pr. tournés à G. — A D. **14**. — En B. au-dessous du fil. à G. *Lith. de J. Caboche et Cie*. = H. 196, L. 156.

911 RR. N° V. — PAS D'ARGENT. — Un peintre dans son atelier, en robe de chambre, de pr. tourné à G., est assis, l'air désespéré, le coude sur la tablette d'une cheminée; la tête appuyée contre sa main, il tient dans l'autre sa pipe

allumée. Au fond à D. un chevalet sur lequel est placée une toile blanche.— A D. **Gavarni.** Plus H. sur un tapis **13 janvier 38 | 13.** — En B. au-dessous du fil. à G. *Lith. Caboche et Cie.* = H. 197, L. 160.

1912 N° VI. — PAS D'AMOUREUX. — Jeune femme dans une mansarde, assise de pr. tournée à D. près de sa fenêtre ouverte, sur le rebord de laquelle elle est accoudée la main sous son menton; elle tient de l'autre main une brochure dont elle vient d'interrompre la lecture pour regarder au dehors.— A D. **50.** — En B. au-dessous des fil. à G. *Lith. de J. Caboche et Cie.* = H. 197, L. 156.

NOUVELLE LANTERNE MAGIQUE.

Quatre pièces faisant partie d'une suite de soixante-douze lithographies par divers artistes, publiées avec ce titre : *Nouvelle Lanterne magique, pièces curieuses par les auteurs de la première. Paris. Chez Aubert et Cie, éditeurs du Musée Philippon et du beau journal des modes parisiennes, place de la Bourse,* 29. (1844.)

» XX. — Douze petits sujets sur la même feuille. — Partie d'une lithographie, publiée primitivement sous un autre titre.—Voir ci-après : *Petits Travestissements, pl.* 25, sous la rubrique : *Petits Sujets*, même section, même subdivision.

» XXXV. — Huit petits sujets isolés sur une même feuille.

» XXXVIII. — Huit autres petits sujets sur une même feuille.

Chacune de ces deux pièces est une partie d'une lithographie publiée primitivement sous un autre titre. — Voir ci-après : *Petits Fashionables, pl.* 35, sous la rubrique : *Petits Sujets,* même section, même subdivision.

» XLV. — LA CROIX DE JÉSUS. — Cette pièce a été primitivement publiée isolément, sans titre collectif, par un autre éditeur. — Voir même section, subdivision : *Pièces isolées.*

NUITS DE PARIS.

Trois pièces grand in-folio en travers, faisant partie d'une suite de quatre lithographies, dont la quatrième, ayant pour titre *La Présentation*, a été exécutée par un autre artiste d'après le dessin de Gavarni. En B. de chacune, au-dessous du T. C. à G. *Dessiné et lith. par Gavarni.* Au M. le n° d'ordre de la pièce, et à D. *Imp. Lemercier, r. de Seine,* 57, *Paris.* (Le N° 3 porte seulement : *Imp. Lemercier, à Paris.*) Plus B. au-dessous du titre particulier de la pièce, au M. *Nuits de Paris*; à G. *Paris, Bulla frères et Jouy, éditeurs | Berlin, ferd.* (*fd* au n° 3.) *Ebner*, 196, *Friedrichstrasse.* A G. *London. S. Gambart et C°,* 25. *Berners | Oxford st. | New-York, Émile Seitz,* 233, *Boardway.*

1er État. Avant toute lettre.
2e — Sans autre lettre que : *Dessiné et lith. par Gavarni*, le n° de la pièce et *Imp. Lemercier, r. de Seine,* 57, *Paris.* En B. empreinte d'un timbre sec portant : *épreuve | d'artiste.*
3e — Celui qui est décrit.

1913 I. — LE LANSQUENET. — Plusieurs personnages diversement travestis sont groupés, assis ou debout, autour de la table de jeu dressée dans un salon attenant à une salle de bal, qu'on aperçoit au fond à D., et où l'on danse. L'un des personnages debout a les cartes à la main. Sur la G., une jeune femme, vue de dos à moitié et tournée à D., suit le jeu d'un œil attentif, les bras croisés sur la poitrine. Du même côté, en arrière, sur un divan, deux femmes en débardeurs et masquées avec deux jeunes gens. En avant à D., sur une causeuse, un jeune homme et une femme, également costumée en débardeur. A leurs pieds, un pierrot, vu par derrière et tourné à G., est étendu par terre sur le dos, appuyé sur ses coudes. = H. 392, L. 509.

1914 II. — LE FOYER. — A l'entrée du foyer de l'Opéra, un pierrot masqué est debout à D., donnant le bras à deux femmes travesties, l'une en débardeur, l'autre en matelot. Sur le second plan à G., un autre pierrot s'est arrêté et les considère en souriant, tandis qu'à quelques pas une bergère se retourne pour le regarder. Sur le devant à G., un homme et deux femmes assis et vus de dos causant ensemble, et en arrière une jeune femme, debout entre deux hommes qui lui parlent à l'oreille. Au fond en contre-bas la salle de bal et une foule de masques. — A D. **52-5.** = H. 392, L. 510.

1915 III. — LA CHANSON DE TABLE. — Plusieurs couples en costumes travestis ont joyeusement soupé dans un cabinet de restaurant, en sortant du bal de l'Opéra. Une jeune femme en titi est assise de 3/4 tournée à G., au milieu de la table encore couverte de la nappe, et entourée des convives diversement groupés; une bouteille posée entre ses jambes écartées, un verre de champagne à la main, elle entonne une chanson. Dans le fond à G., deux femmes, dont une en débardeur, dorment couchées sur des chaises. En avant de la table, au premier plan, un Pierrot a glissé de son siége et ronfle étendu par terre de G. à D. = H. 390, L. 512.

PARIS.

Suite de six pièces. Chacune représente deux personnages en pied et est entourée d'un large encadrement ornementé avec figures et attributs allégoriques, tiré en bleu ou en bistre. Dans le H. de cet encadrement on lit au M. *Paris;* sur les côtés : à G. *Lingerie,* à D. *Nouveautés;* plus B. à G. et à D. *Prix fixe,* et dans le B. au M. le titre particulier de la pièce, et à G *Sorrieu* (nom du dessinateur de l'encadrement); enfin au-dessous de l'encadrement à G. *Chez Aubert, gal. Véro-Dodat.* A D. *Imp. d'Aubert et Cie.*

1er État. Avant toute lettre. Sans encadrement.
2e — Celui qui est décrit.

1916 BOUQUETIÈRE. — De face à D. dans sa boutique, tenant un bouquet dont elle arrange les fleurs; près d'elle un jeune homme vu de dos et tourné de son côté, le chapeau sur la tête, une main sur sa canne. — A D. **Gavarni.** A G. dans le B. d'un pot de fleurs **65.** = H. 198, L. 169.

1917 CORDONNIÈRE. — Dans un magasin de chaussures, une dame tient dans chaque main un soulier qu'elle examine. De pr. tournée à D., elle est assise, une jambe sur l'autre, le pied déchaussé. Près d'elle à D. la cordonnière debout et de face, plusieurs paires de souliers dans les mains. — A G. **68.** = H. 199, L. 160.

1918 COUTURIÈRE. — Dans un salon à G., vue de dos à moitié et tournée à D., elle lace une dame vue de dos entièrement et n'ayant que sa chemise et un corset sur elle; son jupon et sa robe sont par terre à l'entour de ses pieds. — A G. **69.** = H. 198, L. 158.

1919 GANTIÈRE. — A G. de 3/4 à D. et debout dans son comptoir, elle élargit un gant pendant qu'un jeune homme met l'autre. Celui-ci, vu de dos et tourné vers la marchande, est près du comptoir où il a posé son chapeau. — Dans le B. du comptoir à G. **67.** = H. 199, L. 160.

1920 LINGÈRE. — A G. une dame vue de dos à moitié et tournée à D. tient des deux mains et examine avec attention une pièce de toile que déploie devant elle la lingère debout derrière son comptoir. — A G. **66.** = H. 200, L. 159.

1921 MARCHANDE DE MODES. — A G. de pr. à D. dans son magasin, elle tient dans ses mains un chapeau qu'elle montre à une dame vue de dos en mantelet de velours noir. — A G. **Gavarni.** A D. **64.** = H. 200, L. 158.

PARIS AU XIXe SIÈCLE.

Six lithographies faisant partie d'une suite de pièces dont la couverture porte au milieu d'un cartouche dessiné par Daumier : *Paris au 19e siècle. Suite de sujets pris dans toutes les classes de la société, et formant un tableau complet des mœurs et usages de Paris, composés et lithographiés par MM. V. Adam, Benjamin, J. David, Bouchot, Bourdet, Daumier, A. Devéria, Forest, Gavarni, J. J. Grandville, Julien, Numa, Pruche, Raffet, Traviès, etc., etc. Paraît tous les mois. Cahier de 6 dessins. Prix : 1 fr. la feuille. Cahier de six : 6 fr. Bourdet jeune, éditeur. Se trouve à Paris, chez Dupin, galerie Colbert. Lith. de Caboche.* In-fol.

Chacune de ces six lithographies, numérotées 3, 4, 6, 21, 30 et 34, est entourée d'un encadrement ornementé presque toujours différent. Dans la partie supérieure de ces encadrements, dont la couleur varie pour chaque planche, on lit le titre général : *Paris.* En B. au-dessous de l'encadrement et du titre indicatif du sujet au M. le n° d'ordre de la pièce.

1922 III. — LE BAL MUSARD. — Foule de masques se dirigeant vers la D. Un paillasse de fantaisie, chapeau à la Périnet, un soulier à la poulaine, l'autre à bouffettes, donne le bras à D. à une femme costumée en paysanne allemande, un loup sur la figure. Derrière eux à G. un charlatan, à D. un ours, etc. — A G. **49.** — En B. au-dessous de l'encadrement à G. *Im. de Lemercier, Benard et Cie.* A D. *C. Malapeau,* dessinateur de l'encadrement. Au-dessous du titre à G. *J. Bourdet jeune, éditeur.* A D. *à Paris, chez Dupin et Cie, galerie Colbert.* = H. 165, L. 129.

1er État. Sans encadrement et sans autre lettre que : *Bal Musard. J. Bourdet jeune, éditeur,* et *à Paris, chez Dupin et Cie, galerie Colbert.*

2e — Celui qui est décrit.

3e — *Litho. de J. Caboche, Garneray et Cie,* au lieu de : *Im. Lemercier* (etc.). *Édité par le Charivari,* au lieu de : *J. Bourdet* (etc.). 16, *rue du Croissant,* au lieu de : *à Paris, chez Dupin* (etc.). Le reste comme à l'état décrit.

4e — *Bal de la Renaissance* | (*Salle Ventadour*), au lieu de : *Le bal Musard.* En H. dans l'encadrement *Paris.* En B. au-dessous de l'encadrement à G. *C. Malapeau.* A D. *Imp. d'Aubert et Cie.*

« Le Charivari, 26 janvier 1839. »

1923 IV. — SOIRÉE TRAVESTIE. — Jeune femme en costume espagnol du XVIIe siècle, de face, assise les deux bras accoudés sur ceux de son fauteuil. Du bout de son éventail elle appelle vers la G. l'attention d'un jeune homme en costume moyen âge, qui se tient debout à D., accoudé sur le dos du fauteuil. — Derrière un des pieds du fauteuil à G. **48**. — En B. au-dessous de l'encadrement à D. *Im. de Lemercier, Benard et Cie.* A G. *C. Malapeau.* Au-dessous du titre à G. *J. Bourdet jeune, éditeur.* A D. *à Paris, chez Dupin et Cie, galerie Colbert.* = H. 165 L. 129.

1er État. Sans encadrement et sans autre lettre que : *Soirée travestie. J. Bourdet jeune, éditeur*, et *à Paris, chez Dupin et Cie, galerie Colbert.*

2e — Celui qui est décrit.

3e — A G. *Litho. de J. Caboche, Garneray et Cie*, au lieu de : *C. Malapeau.* A D. *C. Malapeau*, au lieu de : *Im. de Lemercier* (etc.). *Édité par le Charivari*, au lieu de *J. Bourdet* (etc.). 16, *rue du Croissant*, au lieu de : *à Paris, chez Dupin* (etc.). Le reste comme à l'état décrit.

4e — *Bal de l'Opéra*, au lieu de : *Soirée travestie.* Encadrement supprimé. En B. au-dessus du T. C. *Imp. d'Aubert et Cie.* Sans autre lettre.

« Le Charivari, 7 janvier 1839. »

1924 V. — UNE RENCONTRE AU BAL. — Un jeune homme de 3/4 tourné à D., chapeau sur la tête, redingote courte boutonnée, entre deux femmes masquées travesties en pierrots. Chacune le prend par un bras et le tire de son côté. Celle de G. est vue de face. Au fond des masques. — A G. **50**. — En B. au-dessous de l'encadrement à G. *Im. de Lemercier, Benard et Cie.* A D. *C. Malapeau.* Au-dessous du titre à G. *J. Bourdet jeune, éditeur.* A D. *Chez Dupin et Cie, galerie Colbert.* = H. 164, L. 128.

1er État. Sans encadrement et sans autre lettre que : *Une rencontre au bal.*

2e — Celui qui est décrit.

3e — *Litho. de J. Caboche, Garneray et Cie*, au lieu de : *Imp. de Lemercier* (etc.). *Édité par le Charivari*, au lieu de : *J. Bourdet* (etc.). 16, *rue du Croissant*, au lieu de : *Chez Dupin* (etc.). Le reste comme à l'état décrit.

1925 XXI. — RETOUR DU BAL. — Un homme et une femme assis tous deux sur un canapé et dormant les jambes étendues. La femme, en costume allemand du XVIIe siècle, son masque à ses pieds, est à G., accoudée sur un coussin, la tête appuyée contre sa main. L'homme, en paillasse, le dos sur un coussin, la tête en l'air, a conservé son faux nez. Il a les deux mains sur sa poitrine. — A G. G. **52**. — Pièce en travers. En B. au-dessous de l'encadrement à D. *Im. de Lemercier, Benard et Cie.* A G. *C. Malapeau.* Au-dessous du titre à D. *Paris, chez Dupin et Cie, galerie Colbert.* = H. 129, L. 164.

1er État. Avant toute lettre et sans encadrement.

2e — Celui qui est décrit.

3e — A D. *Litho. de Caboche et Cie*, au lieu de : *Im. de Lemercier* (etc.). A G. *Édité par le Charivari*, 16, *rue du Croissant*, au lieu de : *à Paris, chez Dupin* (etc.). Le reste comme à l'état décrit.

4e — Trois fil. au lieu de l'encadrement. Sans autre lettre que *Retour du bal* et à D. au-dessous du fil. *Imp. d'Aubert et Cie.*

« Le Charivari, 21 février 1839. »

1926 XXX. — UN BAL COSTUMÉ. — Une jeune femme, vue de dos à moitié et tournée à G., est assise devant un piano sur lequel elle joue une contredanse. Elle est en costume travesti de fantaisie, longue plume dans les cheveux, robe bordée de fourrures à larges manches ouvertes. Derrière le piano un jeune homme debout et de face, costume moyen âge, joue de la flûte. A G. un autre en « majo », vu de dos, est accoudé sur le bord du piano et regarde les danseurs. — A D. **Gavarni 53.** — Pièce en travers. En B. au-dessous de l'encadrement à D. *Im. Lemercier, Benard et Cie*. A G. *C. Malapeau*. Au-dessous du titre à G. *J. Bourdet jeune, éditeur*. A D. *Chez Dupin et Cie, galerie Colbert*. = H. 129, L. 164.

1er État. Avant toute lettre et sans encadrement.
2e — Celui qui est décrit.
3e — *Lith. de J. Caboche et Cie*, au lieu de : *Im. Lemercier* (etc.). *Édité par le Charivari*, au lieu de : *J. Bourdet* (etc.). 16, *rue du Croissant*, au lieu de : *Chez Dupin* (etc.). Le reste comme à l'état décrit.
4e — Trois fil. au lieu de l'encadrement. En H. au-dessus des fil. au M. *Album des soirées*. A D. *no* 12. En B. entre le T. C. et le premier fil. au M. *Dessiné et lith. par Gavarni*, et au-dessous du titre : *Un bal costumé*. A G. *Lith. Rigo frères, pass. Saulnier*, 19. A D. *Beauger, éditeur*, 16, *rue du Croissant*.

1927 XXXIV. — APRÈS LA CONTREDANSE. — Un jeune homme et une jeune femme attablés en face l'un de l'autre dans un café. Le jeune homme à D., en costume de Scapin élégant, toque à plumes, tient un verre à patte à la main. Il a un coude sur la table, où l'on voit un plateau, un verre, etc., et écoute ce que lui dit la jeune femme, travestie en paysanne. — A G. **Gavarni 51.** — En B. au-dessous de l'encadrement à G. *Im. de Lemercier, Benard et Cie*. A D. *C. Malapeau*. Au-dessous du titre à G. *J. Bourdet jeune, éditeur*. A D. *Chez Dupin et Cie, galerie Colbert*. = H. 164, L. 128.

1er État. Avant toute lettre et sans encadrement.
2e — Celui qui est décrit.

LES PARISIENS.

Suite de douze pièces publiées avec une couverture portant : *Les Parisiens, par Gavarni. Paris, H. Gache, rue de la Victoire*, 66. *Imp. Lemercier, Paris*. (1857.) Chaque pièce, représentant un type d'homme ou de femme en pied et debout, est entourée d'un fil. En H. au-dessus du fil. au M *Les Parisiens*. A D. 1re *série* (la seule qui ait été publiée). En B., entre le T. C. et le fil., au M. le no d'ordre de la pièce. Au-dessous du fil. à G., *Paris, H. Gache, rue de la Victoire*, 66. Au M. *par Gavarni*. A D. *Imp. Lemercier, Paris*, et plus B. au-dessous du titre particulier une courte légende.

1er État. Avant toute lettre. Sans fil.
2e — Celui qui est décrit.

1928 I. — LE CONCIERGE. | *A été longtemps portier*. — Il est de 3/4 tourné à G. dans une cour, les mains dans les poches de sa veste, une calotte grecque sur la tête. A D. un balai contre le mur. — A D. **57-6.** = H. 292, L. 191.

1929 II. — UN GARÇON ÉPICIER | *volontiers facétieux*. — Dans son magasin, de face, la tête de 3/4 et penchée à D., presque de pr., en manches de chemise, tablier avec plastron et large poche sur le devant; il a une main sur la hanche, l'autre au bas de sa cravate. — A D. **47**(sic)-**8.** = H. 292, L. 192.

1930 III. — LA BLANCHISSEUSE. | *Est-ce que les carabiniers seraient des farceurs?* — Entièrement de face et réfléchissant; elle a les deux mains et le bas du corps appuyés sur sa table à repasser placée derrière elle. Sans corset, chemise à manches longues, petit tablier de soie. — A D. **57-13.** = H. 292, L. 192.

1931 IV. — LE GARDE CHAMPÊTRE | *veille aux nids dans les bois et aux nids dans les blés.* — Presque de face, la tête légèrement tournée à D., chapeau à trois cornes sur le côté, blouse blanche; il tient sous le bras contre sa poitrine un sabre-briquet dans son fourreau. — A D. **57-4.** = H. 293, L. 192.

1932 V. — LA PORTIÈRE. | *La petite dame du second lui cache quelque chose.* — Elle est de 3/4 tournée à G., au bas d'un escalier dont on aperçoit les premières marches à D.; les deux mains sur son balai, mouchoir de couleur noué autour de la tête. — A D. **57-14.** = H. 292, L. 191.

1933 VI. — LE BALAYEUR. | *Paris, c'est joli, mais pas propre.*— De pr. tourné à D., la tête de 3/4; il s'appuie d'une main sur sa pelle; calotte de laine pardessus un bonnet de coton, balai en bandoulière sur le dos. Au fond une palissade. — A D. **57-15.** = H. 292, L. 191.

1934 VII. — LE COLLECTIONNEUR | *moins satisfait de ce qu'il a que désireux de ce qui lui manque.* — De pr. tourné à D., en robe de chambre et en pantoufles; moustaches, chevelure en désordre; il a une main posée dans l'ouverture de son vêtement. Derrière lui, sur un meuble à hauteur d'appui, des potiches. — A D. **57-12.** = H. 291, L. 192.

1935 VIII. — LA MARCHANDE DE POISSON | *pas minaudière.* — De pr., tournée à D., les mains dans les poches de son tablier, devant la table où est étalée sa marchandise; mouchoir autour de la tête et couvrant tout le front, châle croisé sur la poitrine et noué par derrière. Au fond le hangar du marché. — A D. **47**(57?)-**7.** = H. 291, L. 191.

1936 IX. — LE NOURRISSEUR, | *un homme à la tête de cinq vaches.* — De pr., la tête de 3/4, se dirigeant à D. dans la campagne, chapeau sur l'oreille, les mains dans les poches de son pantalon, petite blouse de toile. = H. 292, L. 190.

1937 X. — UN MARCHAND DE CRAYONS | *toujours au-dessus de ses petites affaires.* — Type juif de pr. tourné à G., la tête de 3/4 dans les épaules, collier de barbe, chapeau déformé; une main dans l'ouverture de sa redingote, il tient de l'autre un mouchoir noué dans lequel sont ses paquets de crayons. — A D. **57-9.** = H. 292, L. 191.

1938 XI. — LA BALAYEUSE | *Ne hait pas une goutte de n'importe quoi.* — De 3/4 tournée à G., chapeau de paille à larges bords, casaque de laine; elle a une main posée sur son balai et soutient de l'autre sa pelle en travers sur son dos. — **57-16.** = H. 292, L. 191.

1939 XII. — UN BADAUD, | *inspecteur des travaux publics.*— De pr. marchant vivement sur le trottoir d'un quai, le corps penché en avant; il se dirige vers la G., les mains dans les poches de sa redingote. Derrière lui, sur le parapet du quai, des boîtes remplies de livres. — A D. **57-11.** = H. 292, L. 191.

PARIS LE SOIR.

Une lithographie faisant partie d'une suite de vingt-cinq pièces, dont vingt ont paru dans le *Charivari* et quatre dans la *Caricature*.

1940 XXI. — *La fille de la maison chante* | *(d'une façon fine et charmante) :*

Ah! vous feriez pleurer un jour
Cet ange heureux qui vous regarde!
Ne touchez pas à notre amour.....
Prenez garde! ami, prenez garde!
Prenez garde! (bis)

Figure à mi-jambes. Dans un salon, un homme de 3/4 tourné à G., appuyé sur le coin de la cheminée, tient son claque à la main. Pendant qu'il prête l'oreille aux chants qui le charment, une des bougies d'un candélabre placé derrière lui coule en un long filet sur son épaule. — A D. **Gavarni.** A G. **40-49.** — Un fil. En H. au-dessus du fil. *Paris le soir.* Entre le T. C. et le fil. à D. 21. En B. entre le T. C. et le fil. au M. *Par Gavarni.* Au-dessous du fil. à G. *Chez Bauger, rue du Croissant,* 16. Au M. *Chez Aubert, gal. Véro-Dodat.* = H. 197, L. 158.

1er État. Avant toute lettre. Deux fil.
2e — Celui qui est décrit.

PETITE GALERIE.

Sept lithographies faisant partie d'une suite de pièces publiées sous le titre collectif ci-dessus.

» LES DEUX SOEURS.

» LE GRAND-PÈRE.

Ces deux pièces ont paru primitivement dans l'album du journal des jeunes personnes. Voir ci-dessus : *Journal des jeunes personnes*, section : *Illustrations*, subdivision : *Revues et Journaux.*

» COQUETTERIE.

» LA MANSARDE.

» LES ORPHELINES.

» LE PETIT SAVOYARD.

» LA VISITE DE CHARITÉ.

Ces cinq pièces ont paru primitivement sous les titres suivants : *Fulbertine, le Singe d'Adrien, les Inséparables, le Jeune Savoyard* et *la Romance de Nina,* dans l'Album du journal des jeunes personnes. Voir ci-dessus : *Journal des jeunes personnes*, section : *Illustrations*, subdivision : *Revues et Journaux.*

PETITES FIGURES.

Suite de vingt-quatre pièces avec couverture dont le titre est orné d'un fleuron lithographié : en tout vingt-cinq lithographies de Gavarni.

Chacune des pièces de cette suite est à claire-voie et contient plusieurs petites figures ou sujets isolés. Sur les douze premiers numéros on lit en B. à D. *Lith. de Engelman.* Plus B. au milieu le n° d'ordre. Au-dessous à G. *Paris, chez Rittner, Brd Montmartre, n° 12.* A D. *London published, may* 1829, *by Rittner,* 8, *Sarrey street, Strand.* — Les douze dernières planches sont en travers. En H. à D. le n° d'ordre. En B. à D. *Lith. de Frey,* excepté sur les nos 15 et 24, où cette inscription est à G. Plus B. au M. *à Paris, chez*

Rittner, Boulevard Montmartre, n° 12. | *London published* 1829, *by Chs Tilt, 86, Fleet street.* (Ces deux adresses à G. sur le n° 15 et à D. sur le n° 17.)

1941 RRR. — Titre de la couverture. — Une ronde de diablotins se tenant par la main et gambadant dans l'air autour d'un diable qui bat du tambour. — Au-dessus du dessin au M. *Suite* | *de* | *petites figures.* En B. au M. *publié* (sic) *par Rittner, éditeur, Boulrd Montmartre, n° 12,* | *Paris.* | *Lith. de Engelman, rue du faubg Montmartre, n° 6.* = H. 56, L. 110.

1942 RR. I. — Neuf figures en pied et debout sur trois lignes, trois sur chaque ligne : — Quatre femmes, dont une paysanne portant un paquet sur sa tête, une jeune fille avec un râteau, une dame en chapeau vue de dos; un garde champêtre; un paysan portant un fagot; etc. = H. 173, L. 117.

1943 RR. II. — Neuf figures en pied et debout sur trois lignes, trois sur chaque ligne : — Cinq femmes, dont trois servantes vues de dos et deux modistes; un charretier vu de dos; un ouvrier, ancien militaire, portant une houe et une pioche; etc. = H. 160, L. 128.

1944 RR. III. — Neuf figures en pied et debout sur trois lignes, trois sur chaque ligne : — Trois femmes, dont une en chapeau; un porteur d'eau, un garçon marchand de vin et un geindre, tous trois vus de dos; etc. = H. 176, L. 122.

1945 RR. IV. — Neuf figures en pied et debout sur trois lignes, trois sur chaque ligne : — Deux femmes, une marchande de chansons et une balayeuse; un joueur de paume; un garde-chasse; un fort de la halle; etc. = H. 162, L. 120.

1946 RR. V. — Neuf figures en pied et debout sur trois lignes, trois sur chaque ligne : — Quatre femmes, dont une paysanne portant des fagots, une dame vue de dos et tenant une ombrelle ouverte; un garçon épicier; un jockey; un charretier; etc. = H. 168, L. 129.

1947 RR. VI. — Deux sujets l'un au-dessus de l'autre : — Un enterrement : Quatre hommes portant un cercueil sur leurs épaules; ils sont précédés de l'ordonnateur des pompes funèbres. — Un baptême : Le parrain, donnant la main à la marraine, sort de l'église; ils sont suivis de la nourrice, qui porte l'enfant. = H. 170, L. 132.

1948 RR. VII. — Deux sujets l'un au-dessus de l'autre : — Une matinée de brouillard, trois hommes marchant de front. — Par une chaude journée d'été, plusieurs paysans se dirigeant vers la D., sur une route poussiéreuse, où s'élève un poteau indicateur de quatre chemins. = H. 158, L. 123.

1949 RR. VIII. — Deux sujets l'un au-dessus de l'autre : — Saltimbanques devant l'entrée de leur baraque : Le marchand d'orviétan en grand uniforme, un paillasse assis sur la grosse caisse, un singe au haut d'un mât. — Un batelier conduisant quatre personnes dans son bateau. = H. 177, L. 128.

1950 RR. IX. — Deux sujets l'un au-dessus de l'autre : — Trois matelots en train de pêcher sur le bord d'un fleuve; au fond un bâtiment à voiles. — Des paysannes causant devant la porte d'une masure dans une rue de village. = H. 168, L. 126.

1951 RR. X. — Deux sujets l'un au-dessus de l'autre : — Sur la jetée d'un petit port un homme pêchant à la ligne; plus loin, plusieurs personnages, dont trois matelots, sont tournés vers le fond, où l'on aperçoit des bâtiments en panne. — Un ouvrier endimanché et sa femme, se promenant dans la campagne, son arrivés au haut d'une montée que deux autres couples gravissent derrière eux. = H. 163, L. 126.

1952 RR. XI.— Deux sujets l'un au-dessus de l'autre : — Un double duel au bâton dans la campagne. — Foule devant une église de village sur une place à laquelle on arrive par un escalier donnant sur une rue basse. = H. 153, L. 123.

1953 XII. — Deux sujets l'un au-dessus de l'autre : — Cinq chasseurs groupés devant un feu qu'ils ont allumé à l'entrée d'un bois. — Un homme et une femme s'interposent entre deux joueurs de quilles qui se sont pris de querelle, et les empêchent d'en venir aux mains. = H. 165, L. 123.

1er État. Avant le nº d'ordre.
2e — Celui qui est décrit.

1954 RR. XIII.— Quatre sujets sur deux lignes, deux sur chaque ligne : — Au milieu des montagnes, deux enfants, une petite fille à genoux et un petit garçon assis jouant ensemble avec des branches d'arbre.—Un chien couché par terre sur le côté.— Bateaux amarrés devant un escalier conduisant à une place où se tient le marché d'une petite ville et où s'élève la tour de l'église. — Trois petits garçons jouant dans le coin d'une place de village; l'un d'eux est assis sur le timon d'une charrette. — En B. à G. *Gavarni del.* = H. 164, L. 212.

1955 RR. XIV.— Cinq sujets et trois figures en pied et debout : — Un chien près de sa niche. — Un homme vu de dos passant sur un pont de bois.-A G. écrit directement : **Gi.** — Un enfant couché sur une butte, la tête appuyée sur un paquet de longues herbes.-Au M. écrit directement : **Gavarni**. — Une paysanne dans sa cabane, entendant un appel du dehors se dispose à baisser la barre du battant supérieur de la porte d'entrée, dont le battant inférieur est déjà ouvert. — Paysage où l'on voit une diligence et des piétons descendant une route tournante. — Au-dessus de ce paysage les trois figurines et un Turc galopant sur un cheval.-A G. écrit directement : **Gi.** = H 144, L. 197.

1956 RR. XV. — Six sujets : — Un vieux Turc sur une terrasse, tenant sa pipe en travers derrière son dos; près de lui un enfant fumant.— Un feu de joie autour duquel sont rassemblés en foule des habitants d'une ville des Pyrénées. — Un domestique attendant son maître dans une voiture découverte attelée d'un cheval.-A D. écrit directement : **Gavarni**. Etc. = H. 171, L. 210.

1er État. Avant le nº d'ordre.
2e — Celui qui est décrit.

1957 RR. XVI. — Deux sujets et quatre figurines en pied et debout, trois sur chaque ligne : — Un homme en culotte courte, sur un bidet de poste. — Un monsieur donnant le bras à une dame. — Parmi les figurines un pierrot et un palicare vu de dos, chargeant son fusil. — En B. à G. *Gavarni del.* = H. 150, L. 198.

1958 RR. XVII. – Neuf sujets : — Un domestique à demi couché sur le lit de son maître. — Une tête de femme des Pyrénées, coiffée d'un mouchoir. — Une potence où deux pendus se débattent dans les angoisses de la mort. - A D. écrit directement : **Nº 18. Gavarni** — Des hommes chargeant des ballots de laine sur un chariot devant une hôtellerie; sur le mur on lit écrit : **Posada.** Etc. = H. 140, L. 210.

1er État. Avant toute lettre.
2e — Celui qui est décrit.

1959 RR. XVIII. — Quatre sujets sur deux lignes, deux sur chaque ligne : — Dans l'un, une diligence relayant.-Au M. écrit directement : **Gavarni.** — Dans chacun des trois autres, un omnibus en marche ou stationnant, et à D. écrit directement : **Gavarni.** = H. 134, L. 200.

1er État. Avant toute lettre.
2e — Celui qui est décrit.

1960 RR. XIX. — Six sujets sur deux lignes, trois sur chaque ligne : — Un ivrogne endormi dans un cabaret. — Un jeune homme de face assis sur un canapé. — Une dame en chapeau, en pied et debout. Etc. — En B. à G. *Gavarni del.* = H. 150, L. 198.

1961 RR. XX. — Huit sujets sur trois lignes, dont trois sur chacune des deux premières : — Le derrière d'une petite église de village. — Deux paysannes causant ensemble dans une rue, devant une porte. — Un paysan couché par terre sur le dos.-A G. écrit directement : **Gavarni.** — Plusieurs femmes agenouillées au pied d'une croix de pierre. — Trois montagnards vus de face, marchant sur une route couverte de neige.-A G. **Gavarni**, etc. = H. 134, L. 201.

1er État. Avant toute lettre.
2e — Celui qui est décrit.

1962 RR. XXI. - Quatre sujets sur deux lignes, deux sur chaque ligne : — Les dessins de la première ligne représentent des chasseurs sur leurs chevaux et accompagnés de leurs chiens; dans l'un, ils sont lancés au galop sur une pente de terrain; dans l'autre, ils sont arrêtés au carrefour d'une route. — Chacun des dessins de la seconde ligne représente une voiture de voyage, l'une arrêtée près d'une palissade, l'autre devant une auberge. — En B. à G. *Gavarni del.* = H. 131, L. 205.

1963 RR. XXII. — Quatre sujets sur deux lignes, deux sur chaque ligne : — Un palefrenier tient par la bride deux chevaux, sur lesquels montent un homme et son fils.-Au M. on lit écrit directement : **Gavarni.** — Deux hommes boxant au milieu de nombreux spectateurs.-A D. écrit directement : **Gavarni.** — Deux dames se promenant sur des ânes dans la campagne.-A D. écrit directement : **Gavarni.** — Une berline attelée de quatre chevaux lancés au galop traversant un village.-A G. écrit directement : **Gavarni.** = H. 136, L. 200.

1964 RR. XXIII. — Quatre sujets sur deux lignes, deux sur chaque ligne : — Une cavalcade de chevaliers armés de pied en cap, suivis de leurs pages et écuyers.-A D. écrit directement **Gavarni.** — Quatre enfants, dont deux petites filles, sur un vieux cheval qu'une paysanne à pied conduit par la bride.-A G. écrit directement : **Gavarni.** — Une paysanne, vue par derrière, portant un petit enfant et en tenant un autre par la main; elle est accompagnée d'une petite fille qui la tient par son jupon et d'un jeune garçon qui en porte un plus jeune sur ses épaules.-En H. à G. **Gavarni.** — Voyageurs dans deux traîneaux, dont l'un est attelé de trois chevaux.-A G. **Gavarni.** = H. 132, L. 204.

1965 RR. XXIV. — Quatre sujets sur deux lignes, deux sur chaque ligne : — Un petit homme donnant le bras à deux dames, sur le trottoir d'une rue très-fréquentée.-A D. **Gavarni**. — Groupe de trois hommes assis, jouant aux cartes; derrière eux une vieille gitana debout.-A G. **Gavarni**. — Nombreux patineurs sur un canal.-A G. **Gavarni**. — Une foule de gens à la promenade, parmi lesquels, sur le devant, une vieille femme avec son chien.-A D **Gavarni**. = H. 146, L. 188.

LES PETITS BONHEURS DES DEMOISELLES

Suite de huit pièces avec une couverture portant ce titre : *J. Caboche, Grégoire et Cie. Les Petits Bonheurs des demoiselles, par Gavarni.* 1° *Les souliers neufs.* 2° *Les habits d'homme.* 3° *Ils sont éclos.* 4° *Un chapeau neuf.* 5° *Le boa.* 6° *Une lorgnette.* 7° *Une montre à soi.* 8° *La robe de soie. Prix : sur blanc, 8 fr.; en couleur, 12 fr.* (1837). — Chacune de ces pièces est entourée d'un fil. En H. au-dessus du fil. au M. *Les petits bonheurs.*

1966 (I.) — UN CHAPEAU NEUF. — Une jeune femme de 3/4 tournée à G., à genoux sur son lit fait d'un seul matelas par terre, essaye un chapeau devant un miroir. Ce miroir est posé sur un carton à chapeau et soutenu par une bouteille où est plantée une bougie. — A D. **Gavarni**. A G. **Un nouveau chapeau.** En H. à D. **Les petites joies.** — En B. au-dessous du fil. à G. *Gavarni.* A D *Imp. chez J. Caboche et Cie, Paris.* = H. 184, L. 129.

1er État. Avant toute lettre.
2e — Celui qui est décrit.
3e — En H. au-dessus du fil. à D. *n°* 1. Le reste comme à l'état décrit.
« Le Charivari, 8 mars 1837. »

1967 (II.) — LES SOULIERS NEUFS. — Jeune femme de 3/4 tournée à D. près d'une commode; le corps penché en avant, elle regarde à ses pieds des souliers qu'elle vient de mettre. — A G. **Gavarni**. A D. **Les souliers neufs.** En H. à D. **Les petites joies.** — En B. au M. au-dessous du fil. *Imp. J. Caboche et Cie.* = H. 182, L. 127.

1er État. Avant toute lettre.
2e — Celui qui est décrit.
3e — En H. au-dessus du fil. à D. *n°* 2. Le reste comme à l'état décrit.
« Le Charivari, 13 mars 1837. »

1968 (III.) — UNE MONTRE A SOI. — Jeune fille de pr. tournée à D. dans un salon. Elle regarde l'heure à une pendule et remonte sa montre, suspendue à son cou. — A G. sous un fauteuil **Gavarni**. Plus B. **Une montre à soi.** En H. à D. **Les petites joies.** — En B. au-dessous du fil. au M. *Imp. lith. de J. Caboche et Cie.* = H. 182, L. 128.

1er État. Avant toute lettre.
2e — Celui qui est décrit.
3e — En H. au-dessus du fil. à D. *n°* 3. Le reste comme à l'état décrit.
« Le Charivari, 23 mars 1837. »

1969 (IV.) — DES HABITS D'HOMME. — Une jeune femme de 3/4 tournée à G. attache les bretelles d'un pantalon d'homme qu'elle vient de mettre. A D., sur une commode, un chapeau d'homme, un masque et des gants. — A D. **Gavarni**. A G. **Des habits d'homme.** En H. à D. **Petites joies.** — En B. au-dessous du fil. au M. *Imp. de J. Caboche et Cie.* = H. 183, L. 127.

1er État. Avant toute lettre.
2e — Celui qui est décrit.
3e — En H. au-dessus du fil. à D. *n°* 4. Le reste comme à l'état décrit.
« Le Charivari, 5 avril 1837. »

1970 (V.) — LE BOA. — Une jeune femme de 3/4 tournée à D., tenant des deux mains un boa autour de son cou, se regarde dans un grand miroir accroché contre le mur au-dessus d'une table. — A D. **Gavarni.** A G. **Le Boa.** En H. à D. **Les petites joies.** — En B. au-dessous du fil. au M. *Imp. lith. de Caboche et Cie.* = H. 183, L. 129.

1er État. Avant toute lettre.
2e — Celui qui est décrit.
3e — En H. au-dessus du fil. à D. *no* 5. Le reste comme à l'état décrit.
« Le Charivari, 7 avril 1837. »

1971 (VI.) — UNE LORGNETTE. — Sur la terrasse d'un jardin, une jeune fille de 3/4 tournée à G. tient une lorgnette devant un de ses yeux et ferme l'autre avec sa main. — A D. **Gavarni.** A G. **Une lorgnette.** En H. à D. **Les petites joies.** — En B. au-dessous du fil. au M. *Imp. lith de J. Caboche et Cie.* = H. 182, L. 127.

1er État. Avant toute lettre.
2e — Celui qui est décrit.
3e — En H. au-dessus du fil. à D. *no* 6. Le reste comme à l'état décrit.
« Le Charivari, 8 avril 1837. »

1972 (VII.) — ILS SONT ÉCLOS. — Une jeune fille, de 3/4 tournée à D., à genoux devant une cage de serins posée sur une table. — A D. **Gavarni.** A G. **Ils sont éclos.** En H. à D. **Les petites joies.** — En B. au-dessous du fil. au M. *Imp. lith. de J. Caboche et Cie.* = H. 184, L. 127.

1er État. Avant toute lettre.
2e — Celui qui est décrit.
3e — En H. au-dessus du fil. à D. *no* 7, et au-dessous du fil. au M. *Lith. J. Caboche et Cie.* Le reste comme à l'état décrit.
« Le Charivari, 19 avril 1857. »

1973 (VIII.) — UNE ROBE DE SOIE. — Une jeune femme vue de dos et tournée à G. essaye une robe dont elle regarde l'effet par dessus son épaule. Derrière elle son chapeau posé à D. sur un tabouret. — A D. **La Robe neuve.** En H. à D. **Les petits bonheurs.** — En B. au-dessous du fil. au M. *Lith. Caboche et Cie, passage Saulnier,* 19. = H. 182, L. 127.

1er État. Avant toute lettre.
2e — Celui qui est décrit.
3e — En H. au-dessus du fil. à D. *no* 8, *La Robe neuve*, au lieu de : *Une Robe de soie.* Le reste comme à l'état décrit.
« Le Charivari, 14 avril 1837. »

LES PETITS JEUX DE SOCIÉTÉ.

Suite de six pièces avec une couverture portant ce titre : 1837. *J. Caboche, Grégoire et Cie, Éditeurs, passage Saulnier, no 19, faubourg Montmartre, à Paris. Les Petits jeux de société. Six dessins par Gavarni.* 1 *La sellette.* 2 *Le chevalier de la Triste figure.* 3 *Le pèlerinage.* 4 *La boîte d'amourettes.* 5 *Le portier du couvent.* 6 *Le pont d'amour. Prix : sur blanc*, 6 *fr. Paris. Impé chez Caboche, Grégoire et Cie, passage Saulnier, no* 19. — En H. de chacune de ces pièces, au-dessus du T. C. au M., *Les petits jeux de société*, sauf aux nos 1 et 3, qui portent seulement *Petits jeux de société.* A D. le no d'ordre de la pièce. En B. à D. au-dessous du T. C. *Lith. Caboche, Grégoire et Cie, passage Saulnier, no* 19. Cette inscription est placée au-dessous de la légende sur le *no* 2.

1er État. Avant toute lettre.
2e — Celui qui est décrit.

1974 No I. — LA SELLETTE. | *Madame est sur la sellette parce qu'elle a un mari, parce qu'elle a un amant,* | *parce qu'elle a deux amans* (sic), *parce qu'elle est jolie, parce qu'elle est* | *moqueuse, parce qu'elle est coquette, parce que... parce que et* (sic). — Une jeune femme, assise de pr. tournée à D. sur un tabouret, joue avec ses doigts; grand chapeau, mantelet noir. Debout près d'elle à G. une femme de chambre, de face, la désigne du doigt. Derrière celle-ci un perroquet sur un bâton. — A G. **G. 98.** = H. 201, L. 153.

Pièce publiée sans changement dans « le Charivari, 13 novembre 1837 ».

1975 No II. — LE CHEVALIER DE LA TRISTE FIGURE. — Un homme revenant de voyage reste atterré, en ouvrant la porte de sa chambre à coucher, d'y voir sur le parquet une paire de bottes. Il est de 3/4 tourné à D., tenant d'une main un flambeau et de l'autre une valise, son sac de nuit sous le bras. Au fond, sur un fauteuil, une robe de femme et un habit d'homme. — Vers la D. **Gavarni.-100.** = H. 201, L. 154.

Sans changement dans « le Charivari, 12 janvier 1838 ».

1976 No III. — LE PÈLERINAGE. | *Un baiser pour mon camarade, un morceau de pain pour moi.* — Une vieille femme vue de face, couverte d'un châle, grand chapeau par-dessus son bonnet, tient par la main une jeune femme. Celle-ci, les épaules nues, tient un bouquet. — A G. **G. 94.** = H. 201, L. 153.

Sans changement dans « le Charivari, 18 (19) novembre 1837 ».

1977 No IV. — LA BOITE D'AMOURETTES | *qui contient trois choses : aimer, embrasser, congédier.* | *— Qui aimez-vous? — Mon papa.* | *— Qui embrassez-vous? — Mon cousin.* | *— Qui congédiez-vous? — Ma tante.* — Jeune fille de pr. tournée à G. debout devant une vieille femme portant lunettes, assise dans un grand fauteuil, où elle est accoudée des deux bras, un livre de piété ouvert sur ses genoux. — A G. **101.** = H. 201, L. 155.

Sans changement dans « le Charivari, 20 novembre 1837 ».

1978 No V. — LE PORTIER DU COUVENT. — Dans le cabinet d'un entrepreneur de mariages, un jeune homme de pr. tourné à G. salue une vieille femme fort laide assise dans un fauteuil. Elle est de face, coiffée d'un chapeau à plumes, et tient sur ses genoux un château de carton et un papier sur lequel on lit : **40,000** | **de rentes.** Au fond l'entrepreneur vu de dos, une plume sur l'oreille, ferme la porte au verrou. Au fond des cartons avec des étiquettes portant écrit directement : **De 30 à 40-Demoiselles de 45** | **garanties-Veuves de 50 ans**, et des affiches sur lesquelles on lit : **Maison** | **de confian**(ce) | **pour les** | **mariage**(s).-**On demande** (un) **homme mûr.-On demande une v**(euve).-**On demande un jeune ho**(mme). — A D. **99.** = H. 201, L. 155.

Sans changement dans « le Charivari, 22 novembre 1837 ».

1979 No VI. — LE PONT D'AMOUR. — Un garde national à genoux de pr. tourné à D., et appuyé sur ses mains, porte assis sur son dos sa jeune femme et l'amant de celle-ci. Entre les genoux et les mains du mari, on lit à terre écrit directement sur une longue bande de papier : **Code Civ**(il) ; et au fond, sur des affiches posées contre un mur : (Phy)**siologie** | **du** | **mariage.**-(É)**cole d**(es) **ma**(ris).

-**Antoni.-Un | de plus. — Comédie Fran(çaise) | la | 100,000 représ(e)ntation | de | la Femme | à | deux maris.** — A D. 95. = H. 201, L. 155.

Sans changement dans « le Charivari, 14 novembre 1837 ».

PETITS MÉTIERS.

Suite de trois lithographies en travers; chacune est entourée de trois filets. En H. au-dessous des fil. à D. *Lith. de Frey*. En B. au-dessous du titre explicatif du sujet au M. *A Paris, chez Rittner, boulevard Montmartre, n° 12.* | *London, published* 1829, *by Chs Tilt*, 86, *Fleet street.*

1980 MARCHAND DE LUNETTES — Devant sa boutique en plein vent, un marchand de lunettes est en pourparler avec un monsieur qui essaye une de ses longues-vues. Celui-ci est accompagné de sa femme, tenant d'une main un enfant et de l'autre une ombrelle ouverte. — En B. au-dessous des fil. à G. *Chevalier del.* = H. 110, L. 141.

1er État. *Lith. de Frey*. Sans aucune autre lettre.
2e — Celui qui est décrit.
3e — *Gavarni del'*, au lieu de : *Chevalier del.* Le reste comme à l'état décrit.
4e — *A Paris, chez Rittner* (etc.) et *London published* (etc.) ont disparu. Le reste comme au 3e état.

1981 RR. BLANCHISSEUSES.— Sur le bord de l'eau, au bas d'un quai qui s'élève à droite, une femme, vue de dos, portant des paquets de linge sur une hotte et un panier à son bras, s'arrête pour parler à une jeune fille qui tient un baquet sur son genou. A G. un bateau où trois blanchisseuses lavent du linge dans la rivière.— En B. au-dessous des fil. à G. *Chevalier del.* = H. 108, L. 142.

1er État. Celui qui est décrit.
2e — *Gavarni del'*, au lieu de : *Chevalier del.*

1982 RR. LES MARCHANDES DE CERISES. — A l'extrémité du trottoir d'un quai deux rapins mangent des cerises, dont l'un lance les noyaux à l'autre qui marche en avant. Sur la chaussée à G., sous des parasols, l'étalage de deux marchandes. L'une vue de dos pèse une livre de cerises dans sa balance. — En B. au-dessous des fil. à G. *Gavarni del.* = H. 110, L. 140.

PETITS SUJETS.

Trois lithographies en travers à claire-voie, numérotées 25, 29, 35, faisant partie d'une suite de pièces par divers artistes. Chacune, contenant un certain nombre de petits dessins isolés les uns des autres, porte un titre collectif différent indiquant toutefois qu'elle renferme plusieurs petits sujets. En H. au M. ce titre collectif; au-dessous *par Gavarni*. En B. à G. *Published by Charles Tilt*, 86, *Fleet street.* A D. *Chez Aubert*, *Eeur du jal la Caricature*, *galerie Véro-Dodat.*

1983 RRR. XXV. — PETITS TRAVESTISSEMENTS. — Vingt sujets sur quatre lignes, cinq sur chaque ligne : — Un pierrot sur un âne, le corps tourné vers la queue.—Un pierrot aux genoux d'une pierrette.—Un pierrotin sur une haridelle.—Duel à la savate entre deux pierrots.—Polichinelle aux pieds d'une femme en domino.—Polichinelle partant en guerre.—Duel entre deux arlequins. Etc. — En H. au M. *Petits travestissements, pl. 25, | par Gavarni.* En B. au M. *Lith. de Delaporte.* = H. 250, L. 370.

1er État. Avant toute lettre.
2e — Celui qui est décrit.
3e — La partie droite de la planche a été supprimée; il ne reste plus que douze sujets, trois sur chaque ligne. En H. au M. *Nouvelle lanterne magique.* A D. 20. Au-dessous de chacun des sujets un titre indicatif: *Pierrot en visite.—Pierrot en promenade.—Pierrot et Pierrette.* | *—Costume espagnol.—Polichinelle et son ami Pierrot.—Pierrotin.* | *Un duel de Pierrots.—Je te connais.—Pierrot père et fils.* | *—Polichinelle part pr l'Afrique.—Tu es mort.—Mascarade barroque* (sic). En B. de la planche à G. *Gavarni d.* A D. *Imp. d'Aubert et Cie.* = H. 247, L. 220.

1984 RRR. XXIX. — PETITES SCÈNES DIABOLIQUES. — Dix-sept sujets et cinq figurines : —Diablotins occupés à éteindre de grands flambeaux allumés. —Un diablotin marchand de coco, portant sur son dos une fontaine d'où sort une femme.—Deux femmes boxant.—Plusieurs femmes renfermées chacune dans une des bouteilles bouchées et rangées le goulot en bas sur une planche trouée; on lit écrit directement sur une enseigne : **Pension.**—Deux messieurs devant un tableau représentant un personnage dont la tête découpée laisse passer celle d'un rapin placé derrière le chevalet. — Un pierrot écossais montant la garde, etc. — En H. au M. *Petites scènes diaboliques, pl.* 29 | *par Gavarni.* En B. au M. *Lith. de Delaporte.* = H. 270, L. 370.

1985 RRR. XXXV. — PETITS FASHIONABLES. — Vingt sujets sur quatre lignes, cinq sur chaque ligne : — Trois hommes vus de dos et se tenant par le bras.—Une femme à genoux priant dans une église.—Deux hommes se saluant. —Deux femmes assises sur un canapé, etc. — En H. au M. *Petits fashionables, | par Gavarni, | pl.* 35. En B. au M. *Lith. de Benard, rue de la Harpe, no 4.* = H. 270, L. 370.

1er Etat. Celui qui est décrit.
2e — La partie centrale de la planche a été supprimée, et chacune des deux autres parties, composée de huit sujets, deux sur chaque ligne, a été tirée à part et forme une planche séparée, qui porte en H. au M. *Nouvelle Lanterne magique.* A D. le no d'ordre. Au-dessous de chacun des sujets un titre indicatif. En B. à G. *Gavarni delt.* A D. *Imp. d'Aubert et Cie*, et plus B. *Chez Aubert et Cie, pl. de la Bourse,* 29.

No 35.— *La promenade,—Fashionables.* | *—La prière.—Le roman à la mode.* | *—Inférieur* (et) *supérieur.—Monsieur et Madame.* | *—Costumes de soirée.—Le bal.* = H. 270, L. 130.

No 38.— *Le portrait.—Les visites.* | *—La Rencontre.—Costumes d'hiver.* | *—Le jeu de bouchon.—Coup de vent.* | *—Conversation.—Réflexions.* = H. 263, L. 139.

PHYSIONOMIES CONTEMPORAINES.

» ISIDORE COMPOING. — Voir ci-après *Types contemporains*, même section, même subdivision.

LES PREMIÈRES ŒUVRES DE GAVARNI

Suite de vingt lithographies imprimées en rouge, publiées en janvier 1867, un mois environ après la mort de Gavarni, avec une couverture sur laquelle on lit : *Les premières œuvres de Gavarni, texte par Arsène Houssaye, publ. par*

L'Artiste, avenue Montaigne, 18. *Imp. Lemercier et Cie, Paris.* Ces lithographies ne sont pas les premières œuvres de Gavarni; mais seulement les premières qui ont paru dans le journal *L'Artiste.* C'est un nouveau tirage de ces pièces dont les titres ont été supprimés. Une table contient l'indication des sujets sous des titres différents, pour quelques-uns, de ceux de la publication primitive. Nous donnons ici les titres inscrits dans cette table en les faisant suivre des anciens.

» (LA PEAU DE CHAGRIN.)

» (BAL TRAVESTI CHEZ ALEX. DUMAS.) — *Mascarade.*

» (ENTRE DEUX FEMMES.) — *L'Intrigue.*

» (LA LOGE DE Mme DORVAL.) — *Les apprêts pour le bal.*

» (UN BAL A LA CHAUSSÉE-D'ANTIN.)

» (LE MIROIR.) — *La Glace.*

» (L'ARTISTE DÉCOURAGÉ.) — *La sœur de lait du vicaire.*

» (LES DANDYS DE 1833.) — *Les Fashionables.*

» (LE LYS DANS LA VALLÉE.) — *Promenade du matin.*

» (MESDAMES SOPHIE GAY ET D.) — *Femmes à la mode.*

» (LES VALSEURS ÉGARÉS.) — *La Valse.*

» (HÉROS ET HÉROINE DE BALZAC.) — *La Galope.*

» (LA JEUNE MÈRE.)

» (SOLITUDE.)

» (L'ATELIER DE TONY JOHANNOT.) — *Le Champagne.*

» (1792.)

» (UNE LOGE AU THÉATRE ITALIEN.)

» (1785.)

» (VOYAGE PITTORESQUE AUTOUR D'UNE FEMME A LA MODE. *Elle est au bal.*)

Voir pour la description de ces vingt pièces les anciens titres sous la rubrique : *L'Artiste*, section *Illustrations*, subdivision *Revues et Journaux.*

RÉCRÉATIONS DIABOLICOFANTASMAGORIQUES.

Suite de six planches lithographiées, chacune contenant pêle-mêle une foule de figurines et de petits sujets fantastiques isolés : personnages des deux sexes, diables, chevaux, serpents, oiseaux, insectes, tous de diverses dimensions. Ces lithographies sont en travers, à claire-voie et coloriées. L'exemplaire qui en existe à la Bibliothèque nationale est probablement unique. Collées les unes au bout des autres dans le sens de leur largeur et pliées dans un cartonnage auquel adhère la première, elles forment en se dépliant une longue frise. Nous leur donnons des numéros suivant l'ordre où elles se suivent de G. à D. La couverture du cartonnage est ornée de deux compositions différentes, chacune sur l'un des plats. En tout huit dessins de Gavarni.

1986 RRR. — Couverture, recto du premier feuillet. — Un homme de pr. tourné à D., portant sur son dos un orgue de Barbarie et une lanterne magique, tient d'une main un cornet de bonbons et de l'autre un polichinelle. En H. un dragon fantastique, les ailes déployées. En B. *A Paris, chez Blaisot, marchand d'estampes, palais Royal | Alph^se^ Giroux, rue du Coq St Honoré | Gide, rue St Marc Feydeau.* Le tout entouré d'un encadrement de vingt-cinq petites figures en pied isolées, hommes, femmes, diables, chevaux, entre deux fil. = H. 270, L. 125.

1987 RRR.—Verso du second feuillet.—Un paillasse de face, les jambes écartées, soutient des deux mains, au-dessus de sa tête, une tablette à laquelle sont suspendus des jouets d'enfants. On y lit : *Récréations | diabolicofantasmagoriques | par H. Chevalier.* En H. au-dessus de la tablette : *Étrennes | de* 1825. Le tout entouré d'un encadrement de vingt-quatre figures entre deux fil., dans le même genre que l'encadrement du premier feuillet. = H. 270, L. 125.

1988 RRR. (I.) — Un géant de 3/4, tourné à D., monté sur des échasses, transperçant avec son grand sabre un tout petit homme en frac. — Deux potences en croix auxquelles sont pendus deux hommes, l'un par le cou, l'autre par son pantalon.—Un paillasse sur des échasses et s'appuyant des deux mains sur de grandes perches. Etc., etc. = H. 160, L. 310.

1989 RRR. (II.) — Quatre chevaux.— Deux hommes armés chacun d'une longue lance, l'un sur le dos de l'autre, ce dernier sur un cheval au galop de pr. tourné à D. — Un homme la tête et le haut du corps cachés sous un éteignoir. —Un autre assis sur la pointe d'un pain de sucre. Etc., etc. = H. 175, L. 313.

1990 RRR. (III.) — Un cheval ailé. — Un diable emportant deux petits hommes tout nus sous ses bras. — Une femme à cheval sur un serpent. — Un homme en frac et en bonnet rouge, à genoux et s'appuyant sur ses mains, sert de canon à un diable casqué et cuirassé et vomit une mitraille infernale.—Un diable portant sur l'épaule un long instrument tranchant sur les deux extrémités duquel deux femmes sont à califourchon en face l'une de l'autre. Etc., etc. = H. 185, L. 296.

» RRR. (IV.) — Même planche que celle qui a été décrite ci-dessus sous le titre *Diableries.* Voir cette rubrique, même section, même subdivision.

1991 RRR. (V.) — Un petit cheval. — Un paillasse dont le pantalon ouvert par derrière laisse voir un profil la pipe à la bouche. — Un saltimbanque faisant le grand écart sur la corde, et son paillasse assis par terre ; tous deux de pr. tournés à D. — Autre paillasse vu de face, tenant en équilibre sur son nez un cornet de bonbons. Etc., etc. = H. 175, L. 274.

1992 RRR. (VI.) — Un petit cheval.— Un fort de la halle de face, coiffé d'un claque orné de fleurs. — Un domestique attendant son maître dans un tilbury. — Un homme de pr. tourné à G., à cheval sur une hallebarde. — Un homme de face, la tête et le haut du corps cachés par un grand masque. — Un polichinelle de pr. tourné à G. Etc., etc. = H. 170, L. 255.

LE REVERS DES MÉDAILLES.

Suite de deux lithographies indépendantes de celles qui ont été publiées dans le *Charivari* sous le titre collectif : *Revers de médailles.* — Chacune de ces deux pièces est entourée de deux fil. En H. au-dessus des fil. au M. *Le Revers des médailles.* En B. au-dessous des fil. à D. *Lith. d'A. de Balathier, rue Jacob,* 48.

1er État. Avant toute lettre.
2e — Celui qui est décrit.

1993 RR. — *Danger des pommades à faire pousser les cheveux | quand, pour s'en servir, ou oublie de prendre des gants* — Une jeune femme de face, assise devant une toilette, est épouvantée de voir l'accroissement démesuré de sa chevelure et ses mains couvertes de cheveux. — A G. G. **24.** = H. 198, L. 156.

1994 RR. — *Déplorable effet de l'usage immodéré des pâtes orientales.* — Une jeune femme de 3/4 tournée à D., assise sur un canapé, son chien à G. à ses pieds. Tous deux sont dans un état d'obésité effrayant. — A G. **25.** = H. 200, L. 156.

RUSTIC GROUPS OF FIGURES.

Suite de six pièces dans une couverture sur laquelle on lit : *Each plate 2 s. Rustic groups of figures by Gavarni. London, published by George Rowney and Company,* 51, *Rathbone place.* 1854. Ces lithographies, imprimées sur papier teinté rehaussé de blanc, sont à claire-voie. Au B. de chacune on lit au M. *Published by G. Rowney et Co,* 51. *Rathbone place, London.* A D. *Day and son Lithrs tho the Queen,* et plus B. au M. *Gavarni's studies,* suivi du no d'ordre de la pièce.

1995 RRR. I. — Trois figures isolées : Jeune femme en buste, la tête de 3/4 tournée à G. et relevée, les yeux en l'air; elle tient d'une main à la hauteur de l'épaule un des rubans du chapeau dont elle est coiffée. — Femme pieds nus, debout et de face, une main sur la hanche, l'autre soutenant sur sa tête un panier rempli de légumes et de fruits. Chapeau noir, long châle déchiré. — Dans le B. jeune fille à demi couchée par terre de D. à G., le dos appuyé contre un talus, les bras croisés sur sa poitrine. — Vers le M. **Gavarni.** = H. 310, L. 220.

1996 RRR. II. — Deux figures isolées : Joueur de cornemuse écossais debout, vu de dos à moitié et tourné à D., se disposant à jouer de son instrument. — Jeune paysan les pieds nus, debout et de face, son chapeau et un bâton dans une main. — Dans le B. trois têtes à la suite l'une de l'autre, et tournées à D., dont deux de jeunes paysans en chapeaux. — Vers le M. de la largeur de la planche et au-dessus de ces têtes : **Gavarni.** = H. 316, L 229.

1997 RRR. III. — Groupe de six jeunes paysannes se reposant à l'ombre dans un bois : deux debout à D. appuyées contre des arbres, et dont l'une est vue de dos; une autre est étendue par terre sur le dos, la tête en avant. La quatrième, assise à G. et de pr. à D., tient une fleur qu'elle regarde attentivement. Des deux dernières, l'une, assise, est vue de face, et l'autre joue avec un papillon. — Dans le B. de la planche une figure isolée : Jeune fille couchée par terre de G. à D. sur le bord d'un ruisseau; la tête, de face, appuyée sur une main, l'autre main posée sur une cruche. = H. 322, L. 225.

1998 RRR. IV. — Quatre figures isolées : Homme debout, de 3/4 tourné à D., penché et accoudé à G. sur un talus contre lequel il a le bas du dos appuyé, le bras levé, la main posée sur un long bâton. Culotte, bas des jambes et pieds nus. — Jeune homme en buste de pr., le haut du corps penché à G., le coude appuyé à la hauteur de l'épaule. — Petite figure de paysan debout vu de dos, une fourche sur l'épaule. — Dans le B. un autre paysan couché par terre de G. à D., et dormant un bras au-dessus de sa tête. Culotte, bas des jambes nues, un pied chaussé, l'autre nu. — Vers le M. **Gavarni**. = H. 312, L. 247.

1999 RRR. V. — Groupe de quatre pauvres jeunes garçons se reposant dans un ravin : L'un debout, vu de dos, tourné à G., couvert d'une vieille vareuse déchirée, a la tête appuyée contre son bras accoudé sur un rocher où sont deux de ses compagnons. Le premier de ceux-ci, la tête en l'air, est assis, une jambe pendante, l'autre repliée, les deux mains croisées sur le genou; le second, couché sur le dos, les genoux relevés. Le quatrième, à D., au pied du rocher, la tête en avant, est également étendu sur le dos. — Vers le M. **Gavarni**. = H. 292, L. 252.

2000 RRR. VI. — Groupe de sept figures : Six jeunes et belles femmes avec un enfant descendent les marches d'un sentier escarpé taillées dans le roc. Celle qui est en tête est de face et tient des deux mains sur sa tête un panier plein de houblon. Derrière elle à D. une de ses compagnes en porte également un de la même manière, et à G. l'enfant a aussi sa charge de houblon entre les bras. Plus à G. trois de ces femmes se sont arrêtées et retournent la tête vers le fond; la sixième, de face, au haut du sentier au milieu, tient devant elle un vase dans ses deux mains. — A G. **Gavarni**. = H. 319, L. 258.

SCÈNES DE LA VIE INTIME.

Suite de douze pièces dans une couverture ornée d'un fleuron lithographié : En tout treize lithographies de Gavarni. Chacune des pièces de la suite est entourée de deux fil. En H. au-dessus du fil. au M. *Scènes de la vie intime*. — A D. le n° d'ordre de la pièce. En B. dans une tablette le titre du sujet.

1er État. Avant toute lettre.
2e — Avant les nos d'ordre.
3e — Celui qui est décrit.

2001 RRR. — Titre de la couverture. — Une tête d'homme de face avec une main, l'index sur la bouche. Ce buste est posé sur une pierre lithographique placée sur un portefeuille à dessins. — En H. au-dessus du buste on lit : *Scènes | de la vie privée* (sic), et au-dessous *six dessins*. = H. 70, L. 91.

2002 RRR. I. — CAUSERIE. — Un jeune homme et une jeune femme s'embrassent en se promenant dans un bois. L'homme est de face et tient d'une main son chapeau et celui de la dame. Celle-ci est à D. et de pr. Mantelet de taffetas noir sur les épaules. — A D. **57**. = H. 181, L. 143.

2003 RRR. II. — AMITIÉ DE PENSION. — Pendant une récréation, deux grandes jeunes filles se sont retirées à l'écart sous des arbres pour lire ensemble. L'une à G., à genoux sur un banc de jardin où l'autre est assise, le corps penché en arrière, se baisse vers celle-ci et l'embrasse en lui soutenant la tête. Le livre est tombé à terre. Au fond des petites filles se livrent aux jeux de leur âge. — A D. **1837-50**. = H. 182, L. 141.

2004 RRR. III. — UN NID DANS LES BLÉS. — Un jeune couple, couché de D. à G. dans un champ de blé, dort profondément à l'ombre que projette la tige des épis. L'homme, en manches de chemise, étendu sur le dos, un bras derrière sa tête; la femme couchée sur le côté, la tête posée sur la poitrine de son compagnon. — A D. G. **49.** = H. 183, L. 143.

2005 RRR. IV. — DISTRACTION. — Un jeune homme en robe de chambre, de 3/4 tourné à G., occupé à écrire, est interrompu par la présence de sa femme. Celle-ci, son chapeau sur la tête, se disposait à sortir; mais sa jarretière est tombée, pour la remettre elle pose un pied sur le fauteuil où son mari est assis, et découvre un genou sur lequel il imprime un baiser. — A D. **37-51.** = H. 185, L. 140.

2006 RRR. V. — LE CABINET NOIR. — Un jeune homme de pr. tourné à D. est à deux genoux aux pieds d'une jeune fille dont il serre une des jambes dans ses bras. Celle-ci est debout, vue de face, et tourne la tête à D. pour regarder à travers l'ouverture que laisse du côté des gonds la porte entre-bâillée. Au fond à G., sur des tablettes posées contre le mur, des fruits, des pots de confitures, etc. — A G. **52.** = H. 182, L. 146.

2007 RRR. VI. — PRÉLUDE. — Au milieu d'un bois, une jeune femme accourant à la rencontre d'un jeune homme s'est jetée dans ses bras et l'embrasse en se hissant sur la pointe des pieds. Le jeune homme est à D., redingote et chapeau gris. — A D. **62** = H. 184, L. 143.

2008 RRR. VII. — AVANT LE PÉCHÉ. — A G. un homme, de pr. à D. et à genoux, fait avec un chalumeau des bulles de savon, que fait voltiger en les soufflant une femme couchée sur le dos, les genoux relevés. Au-dessus de leur tête un serpent est enroulé autour d'une branche du pommier au pied duquel ils se livrent à leurs jeux innocents. — A D. **157.** = H. 182, L. 146.

2009 RRR. VIII. — APRÈS LE PÉCHÉ. — Un homme et une femme ont été chassés d'un enclos au-dessus de l'entrée duquel on lit écrit directement : **Au Pommier sans pareil**, et s'éloignent tristement; nus et vus de face, ils ont devant eux, chacun, un masque attaché autour des reins. L'homme, coiffé d'un chapeau, tient un livre sous ses bras croisés; sa compagne tricote un bas; elle est à D. et retourne la tête à G. vers le fond, où l'on voit à la porte de l'enclos un personnage, vêtu d'un carrick et tenant un balai, qui lui montre le poing. — A G. **92.** = H. 182, L. 142.

2010 RRR. IX. — LE GUET-APENS. — Sur le palier d'un escalier, devant une porte sur laquelle on lit : **Me Ve Bienai**(mé), | **sage-femme**, une jeune fille vue de face, tenant un bol de lait des deux mains, se trouve fort embarrassée pour résister aux attaques d'un domestique qui cherche à l'embrasser. Il est à G. de pr., tourné à D., en manches de chemise retroussées jusqu'au coude et en tablier. — A G. G. **160.** = H. 184, L. 143.

2011 RRR. X. — LEÇON DE PAYSAGE. — Un jeune professeur de dessin, de pr. tourné à D., étendu sur une chaise, tient dans ses bras une jeune femme. Celle-ci, vue de dos, a les deux genoux sur ceux de son maître, et l'embrasse en lui tenant le menton. = H. 184, L. 142.

2012 RRR. XI. — BRAS DESSUS, BRAS DESSOUS. — Dans une ruelle de village, un garde-française et une femme, tous deux vus de dos, s'embrassent en passant devant un mur de jardin. Le soldat, tourné vers la G., le chapeau sur l'oreille, a la main au bas des reins de sa belle. — A D. **159.** = H. 184, L. 142.

2013 RRR. XII. — LA FEMME DU PEINTRE. — Sur le devant, de face et toute nue, bonnet noué sous le menton, pantoufles aux pieds; elle est accoudée sur une boîte placée sur un coffre et pose pour un tableau de son mari, tout en lisant. Sur le plat du livre qu'elle tient à la main, on voit écrit directement : **Paul | de | Kock**. L'artiste à G. est en train de peindre d'après elle le bas du dos d'une des figures allégoriques représentant, sous la forme de femmes nues vues par derrière, les prières qui s'élèvent jusqu'au trône de l'Éternel. - A G. au bas du coffre **88**. = H. 184. L. 145.

SOUVENIRS D'ARTISTES.

Cinq lithographies faisant partie d'une suite de pièces de divers artistes. En H. de chacune à G. *Souvenirs d'artistes.* A D. le n° d'ordre de la pièce.

» XVII. — MÉLINGUE.

» XXXVII. — HENRI MONNIER, en pied.

» XCVII. — HENRI MONNIER à mi-corps

Voir la description de ces trois pièces à la section *Portraits*.

2014 XLV.— TIREUSE DE CARTES. — Elle est de face, lunettes sur le nez, mouchoir en marmotte, assise à une table sur laquelle elle étale des cartes. Près d'elle à D. une femme plus jeune, longues anglaises tombant sur la poitrine, tablier blanc, une main posée sur une des cartes; elle est vue de dos à moitié et tournée à G. — A D. **47-33**. — En B. au-dessous du T. C. à G. *Par Gavarni.* A D. *Imp. Bertauts, Paris* Plus B. à G. le titre du sujet. = H. 192, L 163.

2015 XLVI. — PUDEUR PERDUE. — Au bal de l'Opéra, un jeune homme en débardeur, sans veste, la chemise entr'ouverte, de 3/4 tourné à D., descend un escalier. Il a trouvé un masque de femme et se retournant, il le tient en l'air à G., le bras tendu et levé à la hauteur de sa tête. Au fond, du même côté, une femme en titi apparaît au coin du mur en criant. — En B. au-dessous du T. C. à G. *Gavarni.* A D. *Imp. Bertauts.* Plus B. à G. le titre du sujet. = H. 192, L. 164.

1er État. Avant le titre collectif et le n°.
2e — Celui qui est décrit.

SOUVENIRS DU CARNAVAL.

Suite de six pièces avec une couverture ornée d'un dessin lithographié, en tout sept lithographies de Gavarni. Chacune des pièces de la suite est entourée de deux fil. En H. au-dessus des fil. au M. *Souvenirs du Carnaval.* A D. le numéro d'ordre de la pièce. En B. au-dessous de la légende à G. *Paris, chez Rittner et Goupil, Bard Montmartre*,15 (15 est précédé de *n°* sur les nos 2 et 6,. A D. *Imp. de Lemercier, rue de Seine, S. G.* 55.

2016 RRR. — Titre de la couverture. — Deux masques se détachant sur un fond noir : l'un d'homme avec moustache de pr. tourné à D.; l'autre de femme vu de face; il est à D. Ce dessin, lithographié au crayon et à l'encre, est entouré d'un fil. En H. au-dessus on lit : *Souvenirs* | *de* (sic) | *carnaval* | *par* | *Gavarni*. En B. au-dessous du fil. au M. *I. Lith. de Lemercier*, et plus B. *Paris.* | *Publié par Rittner et Goupil, éditeurs*, | 15, *Boulevard Montmartre*. = H. 47, L. 62.

2017 N° I.—L'ENTRÉE AU BAL. | *Ne perdez pas la tête, mon cher!* —Un jeune homme, costume moyen âge, donnant le bras à une dame en bachelette de fantaisie, se retourne vers un homme qui la suit. Celui-ci est revêtu de la peau d'un ours dont il se dispose à mettre la tête qu'il tient au-dessus de la sienne. Ils se dirigent à G. vers une porte que leur ouvre un domestique vu de dos.— A D. **Gavarni | 41.**= H. 232, L. 190.

1er État. Avant toute lettre.
2e — Celui qui est décrit.
3e — *Paris, chez Rittner* (etc.) et *Imp. de Lemercier* (etc.) ont disparu. *De Carnaval*, au lieu de : *du Carnaval*. A G. au-dessous des fil. *Chez Bauger, r. du Croissant*, 16. Au M. *Par Gavarni*. A D. *Imp. d'Aubert et Cie*.
« La Caricature, 5 janvier 1840. »

2018 N° II — UNE TOMBOLA. | *Le n° 43 a gagné ......une chandelle.* — Trois pierrots, dont un enfant, sont montés sur une table entourée d'une foule de personnes des deux sexes, en costumes de bal travesti, vues à mi-corps. L'un des pierrots porte un panier couvert d'une serviette dans lequel sont les lots; l'autre les tire et montre une chandelle. Devant eux l'enfant tient le sac aux numéros, dans lequel une des assistantes, un loup sur la figure, plonge la main. — A G. **Gavarni | 39.** = H. 231, L. 193.

1er État. Avant toute lettre.
2e — Celui qui est décrit.
3e — *De Carnaval*, au lieu de : *du Carnaval*. En B. entre le T. C. et le premier fil. au M. *Par Gavarni*. A G. *Chez Aubert, gal. Véro-Dodat*, au lieu de : *Paris, chez Rittner* (etc.). A D. *Imp. d'Aubert et Cie*, au lieu de : *Imp. de Lemercier* (etc.). Le reste comme à l'état décrit.
« La Caricature, 2 février 1840. »

2019 N° III. — LE PLATEAU DES RAFRAICHISSEMENS (sic). | *Pour les dames, messieurs.* — A la porte d'un salon, un domestique en ours blanc, apportant des verres de punch sur un plateau, est entouré de jeunes gens en costumes travestis qui s'emparent des verres. A D. l'un d'eux, perruque poudrée, habit brodé, en offre un à une dame costumée à l'orientale. — A D. **Gavarni.** = H. 233, L. 191.

1er État. Avant toute lettre.
2e — Celui qui est décrit.
3e — *De Carnaval*, au lieu de : *du Carnaval*. En B. au-dessous des fil. au M. *Par Gavarni*. A G. *Chez Bauger, rue du Croissant*, 16, au lieu de : *Paris, chez Rittner* (etc.). A D. *Imp. d'Aubert et Cie*, au lieu de : *Imp. de Lemercier* (etc.). Le reste comme à l'état décrit.
« La Caricature, 25 février 1840. »

2020 N° IV. — LE CORRIDOR DES LOGES | *à minuit.* — Devant les loges nos 39, 38, 37, un jeune homme de face donne le bras à une jeune femme de 3/4 tournée à D. dont il presse la main et qu'il baise sur le front. Ils sont costumés en marins de fantaisie, le petit chapeau sur l'oreille, un loup sur la figure. A D. une ouvreuse vue de dos leur ouvre la porte du n° 37, sur laquelle est attaché un carton portant écrit directement : *Loge | louée*. A G., au n° 39, le haut de la figure d'un homme avec un faux nez se montre à la lucarne de la porte. — A D. **G. 44.** = H. 233, L. 191.

1er État. Avant toute lettre.
2e — Celui qui est décrit.
3e — *De Carnaval*, au lieu de : *du Carnaval*. A G. *Chez Bauger, r. du Croissant*, 16, au lieu de : *Paris, chez Rittner* (etc.). A D. *Imp. d'Aubert et Cie*, au lieu de : *Imp. de Lemercier* (etc.). Le reste comme à l'état décrit.
« La Caricature, 8 mars 1840. »

2021 N° V. — LA LOGE D'AVANT-SCÈNE. | *Veux-tu souper avec nous, beau page?*—Quatre jeunes gens en débardeurs, chapeau de paille relevé des côtés, veste blanche, occupant une loge du rez-de-chaussée à l'Opéra, se penchent en avant vers une jeune femme travestie en page du XVIe siècle, toque à plume blanche, loup sur la figure. Vue de dos à moitié et tournée à G., elle est debout, montée sur une banquette en avant de la loge sur le rebord de laquelle elle s'appuie en jetant un regard en arrière. — Sur la plinthe du devant de la loge **Gavarni | 1837-45.** = H. 231, L. 193.

1er État. Avant toute lettre.
2e — Celui qui est décrit.
3e — *De Carnaval,* au lieu de : *du Carnaval.* A G. *Chez Bauger, r. du Croissant*, 16, au lieu de : *Paris, chez Rittner* (etc.). A D. *Imp. d'Aubert et Cie*, au lieu de : *Imp. de Lemercier* (etc.). Le reste comme à l'état décrit.

2022 N° VI. — UN DÉJEUNER, | *au petit jour* — En sortant d'un bal masqué, deux hommes et trois femmes encore revêtus de leurs travestissements se sont attablés. Colombine verse du champagne à Pierrot, qui lui tend son verre. Les deux autres femmes ont le verre à la main; celle de G. de face, les jambes étendues, un coude sur la table, l'autre sur un piano ouvert. Celle de D. est vue de dos. Entre elles deux un Valencien également vu par derrière est assis sur le tabouret du piano. A D. un jeune domestique debout, la serviette sur le bras. — A D. **Gavarni.** = H. 234, L. 190.

1er État. Avant toute lettre.
2e — Celui qui est décrit.
3e — *De Carnaval*, au lieu de: *du Carnaval.* A G. *Chez Bauger, r. du Croissant*, 16, au lieu de: *Paris, chez Rittner* (etc.). A D. *Imp. d'Aubert et Cie*, au lieu de : *Imp. Lemercier* (etc). Le reste comme àl'état décrit.
« La Caricature, 26 avril 1840. »

SOUVENIRS DE CARNAVAL.

Recueil de vingt-cinq lithographies précédées d'un titre portant : *Souvenirs de Carnaval, par Gavarni. 25 planches : Souvenirs de Carnaval* (6). *Les bals masqués* (7). *Costumes historiques* (12). *Paris, Léopold Pannier et Cie, éditeurs, rue du Croissant*, 16, *hôtel Colbert.*

Ces pièces forment trois suites distinctes qui ont été publiées antérieurement sous les titres respectifs ci-dessus indiqués.—Voir pour les six premières pièces l'article précédent; pour les sept suivantes : *Les bals masqués*, dans *le Charivari*, à la section : *Illustrations*, subdivision : *Revues et Journaux;* et pour les douze dernières : *Costumes historiques*, à la section : *Costumes et Modes.*

SOUVENIRS DES PYRÉNÉES.

Suite de six lithographies entourées chacune de deux fil. En H. au-dessus des fil. à G. *Souvenirs des Pyrénées.* En B. au-dessous des fil. à G. *Gavarni del.*, excepté la pièce numérotée (4). A D. *Lith. de Engelman, faub. Montmartre.* Le n° (4) porte : *Lith. de Engelman, fb. Montmartre, n° 6.*

2023 . RR. (1.) — BARÉGES. | *Pont de neige de* 1827. — A D. maisons du village. Sur le devant, du même côté, un voyageur accompagné d'un petit pâtre, tous deux vus de dos, auprès d'un paysan assis sur des pièces de bois étendues à terre.

Sur le deuxième plan, un autre voyageur s'avance avec son guide et quelques habitants du pays qui, comme lui, ont traversé le gave sur le pont de neige qu'on aperçoit au fond. — Pièce en travers. = H. 125, L. 170.

2024 RR. (II.) — CHAPELLE D'ASSOUTE, | *près les Eaux-Bonnes.* — A l'entrée d'une espèce de petit préau, où s'élève une croix en fer dressée en avant de la chapelle, sont réunis quatre habitants du pays. Un étranger en promenade leur a demandé sur les sites de la localité quelque renseignement que l'un d'eux lui donne en y joignant un geste indicatif. Au fond derrière eux, la chapelle.— Pièce en travers. = H. 125, L. 170.

2025 RR. (III.) — CHAPELLE DE BUCHARD, | *au bord de la rivière de Broto (Aragon).* — Sur le devant, le desservant de la chapelle accompagné de deux enfants, tous trois vus de dos. Il s'arrête pour parler à deux paysans portant chacun sur son épaule un ballot de laine suspendu à son bâton. A D. une croix de bois. Au deuxième plan, vers la G., la chapelle. Au fond les Pyrénées. — Pièce en travers. = H. 127, L. 170.

2026 RR. (IV.) — CHAPELLE DE PÈNE-TAILLADE, | *vallée d'Aure.*—Sur le devant à D., groupe de trois muletiers et de leurs mulets. Deux des muletiers sont sur leur bête ; le troisième, à pied, s'occupe d'assujettir un filet sur les naseaux de la monture de l'un d'eux. A G un autre groupe de gens du pays, dont une femme assise par terre et vue de dos. Au fond au M. la chapelle. — Pièce en travers. = H. 126, L. 170.

2027 RR. (V.) — GROTTE D'ÉLAIS | *près Bagnères.* — Intérieur de la grotte. Au fond l'ouverture. Sur le devant, groupe de trois personnages, deux assis et vus de dos, le troisième, leur faisant face, examine la voûte de la grotte. = H. 170, L. 126.

2828 RR. (VI.)—TOUR D'ANCIZAN. | *Vallée d'Aure* — Sur le devant, un homme et une femme montés chacun sur un cheval et vus par derrière, examinent la tour. A G. deux paysans vus de dos portent sur leur tête et leurs épaules chacun une énorme charge de foin coupé nouvellement. Du même côté, un peu plus loin, s'élève la tour. = H. 170, L. 128.

LES TOQUADES.

Suite de vingt lithographies inédites. Elles ont été reproduites identiquement par le procédé Gillot en gravures qui ont été publiées dans un livre intitulé : *Les Toquades, illustrées par Gavarni. Études de mœurs, par Ch. de Bussy. Paris, P. Martinon, libraire. G. de Gonet, éditeur.* (S. D.)

Nous décrivons ci-après chacune de ces lithographies sous le titre donné à la reproduction dans ce livre. Toutes sont cintrées par le H., entourées d'un fil. et avant toute lettre.

2029 RRR. (I.) — (TOQUÉS, TOQUÉS!...)—Figure à mi-corps. La Folie, de face, la tête de 3/4 à D., le poignet derrière la hanche, tient en l'air une tête de mort, un crâne humain d'où s'échappent en foule des papillons. Tunique à ramages à larges manches. Marotte passée dans la ceinture — Dans le H. à G. **58-90.** — = H 175, L. 132.

2030 RRR. (II.) — (MON JOURNAL.) — Homme à mi-corps de 3/4 tourné à D., assis devant une table sur laquelle il est accoudé, lisant un journal, la tête appuyée sur sa main. — Dans le H. à D. **58-66.** = H. 173, L. 134.

2031 RRR. (III.) — (LE CINERARIA CANDIDISSIMA.) — Homme de pr. tourné à G., tenant d'une main un petit pot renfermant une petite plante qu'il regarde avec attention Robe de chambre ouverte, point de gilet, bonnet de velours. Au fond à D. des plantes dans des pots et des caisses. — Dans le H. à D. **58-53** = H. 172, L. 133.

2032 RRR. (IV.) — (LE PORTRAIT DE LA PRIMA DONNA. — Homme à mi-jambes de pr. tourné à G., mettant un clou sur la muraille de sa chambre à coucher, pour y suspendre un portrait encadré posé à ses pieds. Front chauve. Veste du matin. — Dans le H. à G. **58-69**. = H. 171, L. 133.

2033 RRR. (V.) — (L'AFFUT.) — Chasseur vu de dos à moitié et tourné à G., assis par terre sur sa carnassière, les pieds posés diagonalement sur une pierre, son fusil près de lui. Le lorgnon à l'œil, sa casquette enfoncée sur les oreilles, son menton dans un cache-nez, les mains dans les poches de sa veste, il attend le gibier derrière un pli de terrain. — Dans le H. à D. **58-63** = H. 172, L. 132.

2034 RRR. (VI.) — (LE BAROMÈTRE.) — Un homme à mi-corps de pr. tourné à D., lunettes sur le nez, les bras pliés à la hauteur de la taille et les mains jointes, consulte son baromètre suspendu au mur de sa chambre à coucher. Bonnet grec en velours et robe de chambre. — Dans le H. à G. **58-55** = H. 172, L. 133.

2035 RRR. (VII.) — (LA PÊCHE A LA LIGNE.) — Un pêcheur, le chapeau sur la tête et ayant mis habit bas, est assis sur la berge d'une rivière, tenant sa ligne dans l'eau. Il est presque de face, penché en avant, les jambes écartées et pendantes. — Dans le H. à D. **58**. = H. 172, L. 132.

2036 RRR. (VIII.) — (L'ÉDITION PRINCEPS.) — Personnages à mi-corps. De pr., tourné à D., un bibliophile est arrêté dans une rue à l'étalage d'un bouquiniste, et examine avec attention un volume qu'il tient des deux mains. Près de lui à D. le bouquiniste, les mains dans ses goussets, le dos et la tête appuyés contre la muraille. — Dans le H. à G. **58-54**. = H. 173, L. 132.

2037 RRR. (IX.) — (LA VOISINE.) — Un homme à mi-corps, de 3/4 tourné à G., se couvrant un œil d'une main, tient devant l'autre une lorgnette avec laquelle il regarde au dehors. Front chauve. Robe de chambre. — Dans le H. à D. **58-57**. = H. 172, L. 136.

2038 RRR. (X.) — (AVANT LA LETTRE.) — Personnages à mi-jambes. Dans une boutique dont les murs sont couverts de gravures encadrées, un iconophile de 3/4 tourné à G., la tête de pr., un portefeuille à demi ouvert sur son genou, contemple une estampe qu'il tient à la main. A G. derrière lui la marchande se fourrant un doigt dans le nez. — Dans le H. à D. **58-58**. = H. 174, L. 136.

2039 RRR. (XI.) — (LES BOULES.) — Dans une cour, un homme, relevant sa redingote par derrière, va lancer une boule au fond, où sont par terre d'autres boules autour desquelles trois joueurs se tiennent debout. Il est vu de dos et tourné à D., le corps penché en avant. — A D. **58-93**. = H. 172, L. 133.

2040 RRR. (XII.) — (LA RÉUSSITE.) — Figures à mi-corps. Une vieille femme de pr. tournée à D., assise devant une table où sont étalées des cartes sur lesquelles elle a une main posée, tandis que de l'autre elle tient un as. Un mouchoir noué autour de la tête et lui cachant le front, boa autour du cou. Derrière elle une jeune femme debout, couverte d'un grand châle blanc, regarde attentivement les cartes. — Dans le H. à G. **58-61**. = H. 172, L. 132.

2041 RRR. (XIII.) — (INSPECTEUR PRIVÉ DES TRAVAUX PUBLICS.) — Figure à mi-jambes. Au milieu d'un chantier de pierres de taille, près d'un échafaudage, un homme vu de face, la tête de 3/4 à D., regarde en l'air, la bouche ouverte, les bras derrière le dos. Chapeau gris, redingote ouverte, gilet blanc. Au fond un édifice en construction. — Dans le H. à G. **58-92**. = H. 172, L. 132.

2042 RRR. (XIV.) — (LE TOUR.) — Figures à mi-jambes. — Dans un salon transformé en atelier, un homme, presque de pr. tourné à D., la tête penchée devant un établi de tourneur, s'applique à tourner de petites boîtes. Il est en robe de chambre, un pince-nez devant les yeux. A G., derrière lui, sa servante lui apporte un verre d'eau sucrée sur une assiette. — Dans le H. à G. **58-59**. = H. 173, L. 134.

2043 RRR. (XV.) — (LES ÉCHECS.) — Personnages à mi-jambes. Dans un café, deux hommes assis à une table de marbre jouant une partie d'échecs. Celui de G., presque de pr., la tête penchée sur le damier, les mains sous la table; l'autre, vu de dos à moitié, le coude sur la table, un doigt sur sa joue, ses lunettes sur le front. — Dans le H. à G. **58-94**. = H. 172, L. 132.

2044 RRR. (XVI.) — (L'OR.) — Un paysan à genoux de 3/4 tourné à D. a les deux mains dans un trou qu'il vient de creuser au pied d'un arbre pour y enfouir un sac d'argent. Près de lui sa bêche appuyée contre l'arbre. Il regarde d'un air inquiet si personne ne l'aperçoit. Il est en manches de chemise à moitié retroussées, bonnet de coton et sabots. — Dans le H. à G. **58-91**. = H. 172, L. 132.

2045 RRR. (XVII.) — (LA GOUTTE.) — Personnages à mi-jambes. Deux ouvriers en face l'un de l'autre chez un marchand de vins. Celui de G. de 3/4, la tête penchée à D., une main sur la hanche, l'autre tenant un verre d'eau-de-vie qu'il va boire Casquette, bourgeron et tablier. Le second est vu de dos, une main appuyée sur le comptoir. Bonnet de velours, gilet à manches et tablier. — A G. **58-96**. = H. 176, L. 132.

2046 RRR. (XVIII.) — (LE LOCATIS.) — Dans une allée du bois de Boulogne, un jeune homme en souliers est monté, les jambes en pincettes, le pantalon relevé, sur un pauvre cheval de louage qui se dirige à D. et qu'il s'efforce de retenir des deux mains par la bride et le filet. — Dans le H. à D. **58-95**. = H. 172, L. 131.

2047 RRR. (XIX.) — (LE BILLARD.) — Deux joueurs de billard en bras de chemise. L'un sur le devant de pr. tourné à D., se tenant sur le bout du pied, tout le corps penché sur le billard, une jambe en l'air, vise une bille. Derrière lui, l'autre joueur regarde le coup. — Sous le billard **58-98**. = H. 174, L. 139.

2048 RRR. (XX.) — (LES CARTES.) — Un bourgeois et un ouvrier assis sur des tabourets jouent aux cartes dans un café. Le premier de pr. tourné à D., les deux mains posées sur la table, l'une tenant son jeu, l'autre étendue sur des cartes abattues. Front chauve, habit boutonné jusqu'au cou. L'ouvrier, vu de dos à moitié, est en manches de chemise, casquette et tablier. — Sous la table **58-99**. — H. 177, L. 139.

TYPES CONTEMPORAINS.

Suite de cinq lithographies dont chacune est entourée de deux fil. En H. au-dessus des fil. au M. *Types Contemporains*, à l'exception de la première.

2049 ISIDOR COMPOING, | *A Fontenay aux bœufs (Seine-et-Marne).* | *Membre du Conseil municipal, Électeur, Sergent-major, et Nourisseur* | *en divertissement du Carnaval.* — De 3/4 tourné à D., dans la cour d'une ferme, en costume de pierrot, fumant sa pipe, les deux mains dans les poches de sa culotte, sa redingote jetée sur ses épaules. — A G. **G. 32.** — En H. *Physionomies Contemporaines*, au lieu de : *Types Contemporains*. En B. au-dessous des fil. à D. *Lith. de Balathier, rue Jacob*, 48. = H. 197, L. 157.

1er État. Avant toute lettre. Sans fil.
2e — Celui qui est décrit.
3e — *Vial, Imp. litho., rue et passage Ste Anne*, 59, au lieu de : *Lith. de Balathier* (etc.). Le reste comme à l'état décrit.

2050 JÉROME SAUVAGE, | *(dit le Père Belenfant).* | *Ex Jokey* (sic) *des Écuries d'Artois,* | *aujourd'hui carredeur* (sic) *de matelas* | *et pêcheur à la ligne.*— De 3/4 tourné à D., assis sur les bords de la Seine et pêchant, sa ligne à la main. Il est en bras de chemise et coiffé d'un chapeau de paille entouré d'un crêpe. Son habit par terre à G. Au fond une longue avenue d'arbres. — A G. **Gavarni. 26.** — En B. au-dessous des fil. à D. *Lith. d'A de Balathier, rue Jacob*, 48. = H. 199, L. 159.

1er État. Avant toute lettre.
2e — Celui qui est décrit.
3e — En H. au-dessus des fil. *Galerie* | *du Cabinet de lecture*, au lieu de : *Types contemporains*, qui est reporté en B. au-dessous des fil. au M. *dit Belenfant*, au lieu de : *dit le Père Belenfant. Cardeur*, au lieu de : *carredeur*. En B. au-dessous des fil. A G. *Gavarni del*, Le reste comme à l'état décrit.

2051 Mr GONTARD, | *(du clos-Gorju),* | *Gros propriétaire, Électeur Éligible,* | *en chasse dès l'aube.* — En plaine, de pr., se dirigeant vers la G., il tient sous un bras son fusil des deux mains. Grande casquette par-dessus un bonnet de coton, gibecière, bottes sous un pantalon de toile. — Au M. **Gavarni.** A G. **27.** — En B. au-dessous des fil. à D. *Lith. de A. de Balathier, rue Jacob*, 48. = H. 199, L. 159.

1er État. Avant toute lettre.
2e — Celui qui est décrit.
3e — *Imp. Lith. de Vial, rue et passage Ste Anne*, au lieu de : *Lith. de A. de Balathier* (etc.). Le reste comme à l'état décrit.

2052 Mr JACQUES SCHWERDTFEGER, | *Employé aux pompes funèbres et Caporal du 5me, dirigant* (sic) *l'éducation d'Abel Schwardtfeger* (sic), *son fils aîné.* — Il se baigne dans la rivière ayant de l'eau jusqu'au cou et fumant sa pipe en face de son fils, un grand jeune homme vu de dos et tourné à D. Celui-ci, tout nu, son frac jeté sur les épaules, ses souliers en pantoufles, allume son cigare. — A G. **G. 33.** — En B. au-dessous des fil. à D. *Lith. de Balathier, r. Jacob*, 48. = H. 197, L. 156.

1er État. Avant toute lettre. Sans fil.
2e — Celui qui est décrit.

2053 SIR WALTER SPOTT, | *de Dublin,* | *Touriste, Orintaliste* (sic) *et Papiste.*

| *Patinant à la glacière.* — De pr., se dirigeant vers la D., les mains dans les poches de son pardessus, cache-nez autour du bas du visage, pantalon collant à carreaux écossais, chapeau enfoncé sur les oreilles. Derrière lui à G. un autre homme, vu de dos, patinant également et fumant une pipe. — A D. G. A G. **31**. —En B. au-dessous des fil. à D. *Lith. de Balathier, rue Jacob*, 48. = H. 198, L. 159.

1er Etat. Avant toute lettre. Sans fil.
2e — Celui qui est décrit.
3e — *Oriantaliste* (sic), au lieu de : *Orintaliste.* Le reste comme à l'état décrit.
4e — *Vial, rue et passage Ste Anne*, 59, au lieu de : *Lith. de Balathier* (etc.). Le reste comme au 3e état.

IIe SUBDIVISION.

PIÈCES ISOLÉES.

Cette subdivision se compose de lithographies inédites et de quelques-unes publiées isolément qui ne font partie d'aucune suite, mais qui ne sont, bien entendu, ni des portraits, ni des costumes, ni des illustrations, les pièces de ces catégories constituant des sections spéciales. Nous décrivons d'abord les pièces qui ont été publiées, et finissons par celles qui sont inédites.

LITHOGRAPHIES PUBLIÉES ISOLÉMENT.

2054 RRR. — DES ANGLOMANES. — Groupe de trois hommes tenant chacun une canne : celui de G. vu de dos, la tête de pr. à D.; celui du milieu de face, et le troisième à D. de pr. tourné à G., une casquette sur la tête. — A D. en diagonale **Hippolyte C.** (Chevalier).— Claire-voie. En B. à D. *Litho. de C. Motte.* A G., écrit à la main : *Chez Martinet.* = H. 244, L. 230.

Gavarni nous a signalé cette pièce comme étant sa première lithographie.

2055 RRR.— LES CONTREBANDIERS.— Une jeune femme se promenant entre un vieillard et un jeune homme qui lui glisse un billet doux dans la main. Au fond à G. un douanier assis dans une guérite, près d'un poteau indicateur de l'octroi. A D. trois hommes dont deux portent un baril suspendu à un bâton.— Sur le terrain à D. H. C. (Hippolyte Chevalier). — Claire-voie. En H. au M. *Bordeaux.* En B. à G. *Litho. de Gaulon.* A D. *Déposé.* = H. 174, L. 188.

2056 RRR. — (PARTIE CARRÉE.) — Deux jeunes gens en frac se reposent sur une barrière. L'un, vu de dos, y est assis; l'autre, de pr. tourné à G., est à califourchon, les jambes croisées. Près d'eux à G. deux femmes debout, en chapeau, dont l'une est de face, et l'autre, de pr. tourné à D., s'appuie sur une ombrelle. — A D. **Hippolyte.** — Claire-voie. Sans lettre. = H. , L. .

2057 R. — *T'en souviens-tu, Friponne?-Do you recollect eh! Rogue.* — Une jeune femme en paysanne allemande, son masque à la main, est assise dans une loge au bal de l'Opéra; elle écoute un homme masqué et en costume espagnol qui se tient debout devant elle à D. appuyé sur le bord de la loge. — A G. **Gavarni.** — Deux fil. Au-dessous des fil. en B. à G. *Gavarni del.* Au-dessous de la légende à G. *Publié par Rittner et Goupil, Bd Montmartre, no 12,* *à Paris.* A D. *London Published by Ch. Tilt* 86. *Fleet street.* Au M. *Lith. de Kœppelin et Cie, rue du Croissant, n°* 20. = H. 226, L. 186.

1er État. A G. *Gavarni del.* Sans autre lettre.
2e — A G. *Gavarni del.* A D. *Lith. de Kœppelin, rue du Croissant, n°* 20. Sans autre lettre.
3e — Celui qui est décrit.
4e — Sans fil. En H. au-dessus du T. C au M. *Les bals masqués.* A D. *n°* 2. *Gavarni del* et *Lith. de Kœppelin* (etc.) ont disparu. En B. au-dessous du T. C. au M. *Par Gavarni.* Au-dessous de la légende à G. *Chez Bauger, r. du Croissant,* 16, au lieu de : *Publié par Rittner* (etc.). A D. *Imp. d'Aubert et Cie,* au lieu de : *London published* (etc.). Le reste comme à l'état décrit.

« Le Charivari, 9 février 1840. »

2058 R. — *C'est toi, mauvais sujet? - I know you, Impudence.* Pendant du précédent. — Une femme en paysanne suisse de fantaisie, tournée à D., prend le bras d'un homme costumé en Grec moderne, et tenant la barbe d'un loup qui lui couvre le visage. Au fond nombreux personnages travestis. — A G. **Gavarni.** — Deux fil. En B. au-dessous des fil. à G. *Gavarni del.* Au-dessous de la légende au M. *Lith. de Kœppelin et Cie, r. du Croissant, n°* 20. A G. *Publié par Rittner et Goupil, Bd Montmartre, n°* 12, *à Paris.* A D. *London published by Ch. Tilt* 86. *Fleet street.* = H. 224, L. 186.

1er État. Avant toute lettre. Sans fil.
2e — Celui qui est décrit.
3e — Sans fil. En H. au-dessus du T. C. au M. *Les bals masqués.* A D. *n°* 1. *Gavarni del.* et *Lith. de Kœppelin* (etc.) ont disparu. En B. au-dessous du T. C. au M. *Par Gavarni.* A G. *Chez Beauger* (sic), *rue du Croissant,* 16, au lieu de : *Publié par Rittner* (etc.). A D. *Lith. d'Aubert et Cie,* au lieu de : *London published* (etc.). Le reste comme à l'état décrit.

« Le Charivari, 12 février 1840. »

2059 RR. — LE COURRIER DE PARIS. - THE PARIS COURIER. — Groupe de deux jeunes femmes sur la terrasse d'un jardin. L'une à G., vue de face, lit une lettre sur laquelle l'autre jette les yeux en tenant une ombrelle ouverte au-dessus de leurs têtes. — A G. **Gavarni**. — Trois fil. Au-dessous des fil. à G. *Gavarni del.* A D. *Lith. de Lemercier.* Au-dessous du titre à G. *Publié par Rittner et Goupil, Brd Montmartre, n°* 12, *à Paris.* A D. *London published by Ch. Tilt* 86. *Fleet-street.* = H. 228, L. 188.

1er État. Avant toute lettre.
2e — Celui qui est décrit.

2060 R. — UN CABINET CHEZ PÉTRON. - A PRIVATE ROOM AT PETRON. — Deux personnages attablés vis-à-vis l'un de l'autre dans un cabinet de restaurateur : A D. une jeune femme travestie, vue presque de face, le corps penché à G., un coude sur la table, la tête appuyée contre sa main. Elle écoute un jeune homme qui, les deux coudes sur la table, tient à la main un agenda qu'il ferme avec son crayon. — A D. **Gavarni.** — En B. au-dessous du T. C. à G. *Gavarni del.* A D. *Lith. de Lemercier.* Au-dessous du titre à G. *London published by Ch. Tilt* 86. *Fleet street.* Au M. *A Paris, chez Rittner et Goupil, Bard Montmartre, n°* 12. A D. *New-York, published by Bailly Ward and C°.* = H. 234, L. 193.

1er État. Avant toute lettre.
2e — Celui qui est décrit.
3e — En H. au-dessus du T. C. au M. *Les bals masqués.* A D. *n°* 5. *Gavarni*

del., *Lith. de Lemercier*, et *à Paris, chez Rittner* (etc.), ont disparu. En B. au-dessous du T. C. au M. *Par Gavarni*. Au-dessous du titre à G. *Chez Bauger, r. du Croissant*, 16, au lieu de : *London published* (etc.). A D. *Imp. d'Aubert et Cie*, au lieu de : *New-York published* (etc.). Le reste comme à l'état décrit.

« Le Charivari, 20 décembre 1839. »

2061 R. — UN SOUPER DE CARNAVAL.-A SUPPER AFTER A MASQUARADE. Pendant du précédent. — Dans une mansarde, une jeune femme embrasse sur le front un jeune homme en mettant la nappe sur un guéridon à G. Ce dernier, assis à D. près d'un lit et devant un poêle, est occupé à souffler le feu. Ils sont tous deux en costumes travestis. — A G. **Gavarni**. — En B. au-dessous du T. C. à G. *Gavarni del.* A D. *Lith. de Lemercier.* Au-dessous du titre à G. *London published by Ch. Tilt. 86. Fleet street.* Au M. *Paris, chez Rittner et Goupil, boulevard Montmartre, n° 12.* A D. *New-York, Published by Bailly Ward and C°.* = H. 234, L. 192.

1er État. Avant toute lettre.
2e — Celui qui est décrit.
3e — En H. au-dessus du T. C. au M. *Les bals masqués.* A D. *n° 6. Gavarni del., Lith. de Lemercier*, et *Paris, chez Rittner* (etc.), ont disparu. En B. au-dessous du T. C. au M. *Par Gavarni.* Au-dessous du titre à G. *Chez Bauger, R. du Croissant*, 16, au lieu de : *London published* (etc.). A D. *Imp. d'Aubert et Cie*, au lieu de : *New-York published* (etc.). Le reste comme à l'état décrit.

« Le Charivari, 5 janvier 1840. »

2062 R. — DÉJEUNER DE GARÇON. — Sur une planche dont chaque extrémité repose sur un bloc de pierre, et qui leur sert à la fois de table et de siége, un petit garçon et une petite fille, lui faisant vis-à-vis, trempent des mouillettes de pain dans une tasse. Le premier est à G. de pr. à califourchon sur la planche, et tient la tasse. Sa compagne est vue de dos. — Deux fil. En B. au-dessous des fil. au M. *Par Gavarni.* Plus B. au-dessous du titre au M. *Publié à Paris par Descartes, éditeur, | passage de l'Opéra, galerie de l'horloge, n° 4.* A D. *New-York, published by Bailly Ward and C°.* A G. *Imp. Lith. de Kœppelin, rue du Croissant, 20.* = H. 175, L. 223.

2063 R. — PROMENADE. Pendant du précédent. — Un petit garçon en casquette de pr. tourné à D. pousse une brouette dans laquelle est à moitié couchée de G. à D. une petite fille qui abrite sa tête sous un parapluie déchiré. Au fond à D. une maison. — A D. **Gavarni**. — Deux fil. En B. au-dessous des fil. au M. *Par Gavarni.* Plus B. au-dessous du titre au M. *Publié à Paris par Descartes, éditeur, | passage de l'Opéra, galerie de l'horloge, n° 4.* A G. *Imp. Lith. de Kœppelin, rue du Croissant, 20.* A D. *New-York, published by Bailly Ward and C°.* = H. 176, L. 228.

2064 RR. — BONJOUR, AMI. — Dans son atelier, un peintre de pr. tourné à D., assis devant un chevalet et en train de travailler, est interrompu par l'arrivée d'une jeune femme. Elle est derrière lui, le prend par le cou et l'embrasse. — Au-dessous du T. C. à G. *Gavarni.* Au-dessous du titre à G. *Chez Aubert, galerie Véro-Dodat.* A D. *L. de Benard, rue de l'Abbaye, 4.* = H. 165, L. 127.

1er État. Avant toute lettre.
2e — Celui qui est décrit.

2065 R. — *Vois mon mari derrière.-Look at my husband behend me.* — A G., dans une loge de rez-de-chaussée, au bal de l'Opéra, une jeune femme masquée, s'appuyant d'une main sur le rebord de la loge, se penche en avant pour parler à l'oreille d'un jeune homme. Ce dernier, travesti en Grec moderne, est monté sur une banquette devant la loge, au fond de laquelle on voit plusieurs hommes costumés diversement — En B. au-dessous du T. C. à G. *Gavarni del.* A D. *Lith. de Lemercier.* Au-dessous de la légende à G *London published by Ch. Tilt. 86. Fleet street.* Au M. *Paris, chez Rittner et Goupil, Bard Montmartre, n° 12.* A D *New-York, published by Bailly Ward and C°.* = H. 222, l. 192.

1er État. Avant toute lettre.
2e — Celui qui est décrit.
3e — En H. au-dessus du T. C. au M. *Les bals masqués.* A D. *n°* 3. *Gavarni del., Lith. de Lemercier,* et *Paris, chez Rittner* (etc.), ont disparu. En B. au-dessous du T. C. au M. *Par Gavarni.* Au-dessous de la légende à G. *Chez Bauger, r. du Croissant,* 16, au lieu de : *London published* (etc.). A D *Imp. d'Aubert et Cie,* au lieu de : *New-York published* (etc.). Le reste comme à l'état décrit.
« Le Charivari, 9 décembre 1839. »

2066 RR. — LA CROIX DE JÉSUS. — Une femme de 3/4 tournée à G., sur son séant, dans son lit, montre à lire à un petit garçon assis en travers du lit Elle est en chemise, la gorge découverte. — A D. **Gavarni.** — Deux fil. En B. au-dessous des fil. à G. *Gavarni del.* Au-dessous du titre à G. *A Paris, chez Bance, éditeur, rue St Denis, n° 214.* A D. *Litho. de Benard, rue de l'Abbaye, n° 4.* = H. 224, L. 184.

1er État. Avant toute lettre. Sans fil.
2e — Celui qui est décrit.
3e — La gorge de la femme est recouverte. Les fil. ont disparu. En H. au M. au-dessus du T. C. *Nouvelle Lanterne magique.* A D. 43. En B. au-dessous du T. C. à G. *Gavarni delt.* A D. *Imp. d'Aubert et Cie.*

2067 RRR. — MASCARADE. | *Travestissemens* (sic) *de Gavarni parus en* 1828, 1829 *et* 1830. — Réunion nombreuse d'hommes et de femmes travestis et masqués circulant dans une salle de bal public dont la tenture est surmontée d'une frise représentant des personnages dansant. A G., sur le devant, l'ogre du Petit Poucet, grande fourchette et grand couteau en sautoir ; sous le bras, sur l'épaule, les petits enfants dont il doit souper. A quelques pas un homme en paysanne tenant par le bras un nain turc ; au milieu une grande duchesse donnant le bras à un magicien, et dont un personnage en travestissement de papier tient la queue ; un homme en bonnet de coton entre une soubrette espagnole et une femme en pierrot de fantaisie ; enfin, à l'extrémité à D., un groupe de quatre femmes dont une en Irlandaise et une autre en matelot, toutes deux vues de dos. — Deux fil. Au-dessous du fil. en B. à D. *Lith. de Frey.* = H. 162, L. 270.
Lithographie à la plume coloriée.

2068 RRR. — VIEUX HABITS, VIEUX GALONS ! — Caricature. Charles X de 3/4, se dirigeant vers la D., est coiffé d'un chapska de lancier et revêtu d'une longue robe noire qui en s'entr'ouvrant laisse voir ses bottes à l'écuyère. Il porte un cor de chasse en sautoir, et tient, d'un côté, un bonnet d'évêque, un rosaire, une lance, les ciseaux de la censure ; de l'autre, un fouet de chasse et un habit de voltigeur de Louis XIV. — Claire-voie. En B. à G. *Litho., rue du Petit-Carreau, n°* 19. Au-dessous du titre au M. *Août* 1830, *Gt.* = H. 195, L. 140.

1er État. Avant toute lettre.
2e — Avant le titre seulement.
3e — Celui qui est décrit.

2069 RRR. — LE BALLON PERDU. — Caricature. Groupés pêle-mêle dans la nacelle à claire-voie d'un ballon dont on n'aperçoit plus que la partie inférieure, Charles X, le duc et la duchesse d'Angoulême regardent au dessous d'eux avec effroi et se cramponnent aux rebords et aux barreaux du char aérien qui les emporte. = H. 292, L. 227.

1er État. Avant toute lettre.
2e — Celui qui est décrit.

2070 LECTURE DE L'ARTISTE. — Jeune femme de pr. tournée à D., en jupon et en corset, lisant un journal. A deux genoux sur un divan, elle est accoudée sur les coussins, les pieds déchaussés, ses pantoufles à terre. — A D. **Gavarni.** — Claire-voie. Trois fil. Au-dessous des fil. en B. au M. *Gavarni del.* Au dessous du titre au M. *A Paris*, *chez Kœppelin*, *imp. lith. éditeur*, *rue du Croissant*, 20. = H. 152, L. 125.

1er État. Avant toute lettre.
2e — Celui qui est décrit.
3e — *A Paris, chez Kœppelin* (etc.), a disparu. En B. au-dessous du titre à D. *Imp. Zinc. Lith. Kœppelin et Cie*, 20, *r. du Croissant.* Le reste comme à l'état décrit.

2071 RR. — LA RECHERCHE DE L'INCONNU. — Une femme en chemise et coiffée de nuit, de pr. tournée à D. devant sa cheminée, sur laquelle est une lumière qu'on ne voit pas. Au moment de se coucher elle cherche une puce dans sa chemise. Au fond le lit. — A G. **Gavarni. 63.** — Trois fil. En B. au-dessous des fil. à G. *Lith. Bertauts.* A D. *r. du Jour*, 13. = H. 148, L. 115.

1er État. Avant toute lettre.
2e — Celui qui est décrit.

2072 RR. — LE DIABLE A PARIS. Affiche. — Presque de face, tout de noir habillé, costume de nos jours. Il tient un crochet de chiffonnier et une lanterne magique, sur le dos un panier à claire-voie rempli de papiers. Il regarde avec son lorgnon une grande carte de Paris déployée sur laquelle il a les pieds posés. — Vers la D. **43-130.** — Claire-voie. En H. le titre. Au-dessus du titre à D. et à G. le mot *Étrennes*. En B. à D. en diagonale *Imp. Bertauts, R. St Marc*, 14. Au-dessous au M. 800 *gravures*, 69 *articles;* et plus B. *Publié par J. Hetzel.* = H. 205, L. 172.

1er État. Avant toute lettre. Sans fil.
2e — Celui qui est décrit.

2073 (BALAYEUR DES RUES. Physionomie anglaise.) — De 3/4 tourné à D. presque de pr., les mains appuyées sur son balai. Chapeau de forme bombée, petite veste. A G. deux études, l'une au-dessus de l'autre, de la tête de ce même balayeur en plus grande proportion et sans chapeau : celle du B. de 3/4 tournée à D.; l'autre vue par derrière et également tournée à D. — Claire-voie. En B. à G. *Par Gavarni.* A D. *Imp. Bertauts, Paris.* = H. 218, L. 160.

Lithographie faite en Angleterre.

2074 (MARCHAND DE CASSEROLES. Physionomie anglaise.) — De pr. tourné à D., il porte suspendus sur une épaule des seaux, des pots, des casseroles et autres ustensiles de cuisine, et sur son bras, de l'autre côté, un paquet de peaux à nettoyer le métal. — Claire-voie. En B. à G. *Par Gavarni.* A D. *Imp. Bertauts, Paris.* = H. 212, L. 170.

Lithographie faite en Angleterre.

LITHOGRAPHIES INÉDITES.

Toutes les pièces inédites n'ont été tirées qu'à titre d'essai et à très-petit nombre ; elles sont par conséquent fort rares. Le chiffre de ces lithographies est beaucoup plus considérable qu'on ne devrait le supposer. Nous avons dû cependant y ajouter encore quelques pièces, également rares, dont nous n'avons pu parvenir, malgré toutes nos recherches, à découvrir la publication ; mais, pour les distinguer, nous avons le soin de les faire précéder du signe (?).

La généralité des pièces inédites est sans aucune lettre. Nous n'avons pas cru utile de relater cette circonstance à chaque article, comme nous l'avons fait dans les autres divisions, où elle était l'exception, tandis qu'ici le cas exceptionnel est celui d'une pièce avec une lettre quelconque.

Nous avons réparti toutes ces pièces en trois groupes distincts : 1° les figures en buste, à mi-corps ou à mi-jambes ; 2° les figures seules en pied ; 3° les compositions de plusieurs personnages.

FIGURES EN BUSTE, A MI-CORPS OU A MI-JAMBES.

2075 RRR. — (LE BÉRET.) — Jeune femme à mi-corps de 3/4 tournée à G., la tête à D. Elle tient un papier dans les mains. Béret de rubans posé sur le coin de l'oreille, cheveux frisés tombant des deux côtés de la figure ; manches larges. — Claire-voie. Un fil. = H. 163, L. 120.

2076 RRR. — (LA LISEUSE.) — Jeune fille à mi-corps, tournée à D. de pr., assise, lisant dans un grand livre posé sur le bord d'une table. Turban de mousseline, larges manches, dolman. — A G. **Gavarni**. — Claire-voie. Trois fil. = H. 156, L. 114.

2077 RRR. — ÉLISA. — Jeune femme à mi-corps de 3/4 tournée à D., la tête à G., s'appuyant sur les coussins d'un canapé où elle est assise, et tenant un agenda à la main. Nœud de ruban dans les cheveux, boucles sur les tempes, robe montante. — A G. **Gavarni**. — Claire-voie. Un fil. En H. au-dessus du fil. au M. *L'Artiste*. En H. au-dessous du fil. à G. *Gavarni*. A D. *Lith. de Lemercier, Benard et Cie*. = H. 157, L. 132.

Malgré le titre collectif qu'elle porte, cette pièce n'a pas été publiée.

1er État. Avant toute lettre.
2e — Celui qui est décrit.

2078 RRR. — (LE BOA.) — Jeune femme à mi-corps, presque de face, regardant à D. ; son mouchoir dans une main, avec laquelle elle retient son boa sur sa poitrine. Chapeau surmonté d'un oiseau de paradis, robe montante, manches bouffantes. — Vers la G. **Gavarni**.. — Deux fil. = H. 141, L. 102.

2079 RRR. — (L'ÉCHARPE NOIRE.) — Jeune femme à mi-corps, de 3/4 tournée à G., le coude appuyé sur le fauteuil où elle est assise, tenant son mouchoir sur ses genoux. Couronne de fleurs sur le front, écharpe noire autour du cou. — Claire-voie. = H. 140, L. 125.

2080 RRR. — (ON L'ENTOURE.) — Figures à mi-corps. Dans un bal public, une jeune femme presque de face, la tête de pr. à D., en costume travesti, toque avec plumes de coq par-dessus un bonnet de laine ; une main au-dessus de la hanche, l'autre relevant sa jupe. Derrière elle deux hommes à longues moustaches, également travestis, cherchent à s'en faire écouter. Au fond d'autres personnages déguisés dont on ne voit que les têtes. — A D. **G**. — Deux fil. = H. 165, L. 131.

2081 RR. — (?). (LE COMMISSIONNAIRE.) — A mi-corps, de face, tête de 3/4 tournée à G., les deux mains croisées sur le haut de la poitrine, sans cravate, barbe courte, veste ouverte laissant voir la chemise et une ceinture d'étoffe rayée. Fond noir. — A D. **Gavarni**. — En H. à D. au-dessus du T. C. *Gavarni*. En B. au-dessous du T. C. au M. *Lith. de Benard, rue de l'Abbaye*, **4**. = H. 162, L. 106.

2082 RRR. — (A LA CAMPAGNE.) — Femme à mi-corps vue de dos et tournée à G., la tête de 3/4, assise sur le parapet d'une terrasse de jardin, une fleur à la main. Grand chapeau avec voile relevé. A G., sur le parapet, un livre. — Du même côté, sur l'une des pierres de ce parapet. **1835**. — Claire-voie. Trois fil. = H. 184, L. 139.

2083 RRR. — (FANTAISIE.) — Femme en buste de 3/4 tournée à G. Bonnet de velours avec plume de paon et large nœud de ruban dont les extrémités sont nouées au bas du cou. Cheveux tombant en boucles des deux côtés du visage, guimpe. — A D. **Fantaisie.** A G. **Gavarni | 1835**. — Trois fil. = H. 146, L. 105.

2084 RRR. — L'ALBUM. — Jeune femme à mi-jambes de 3/4 tournée à G., un bras posé sur le dossier d'un canapé où elle est assise; elle tient une plume d'une main, et de l'autre sur ses genoux un album avec fermoir. Cheveux en bandeaux, bonnet de dentelles noué sous le menton; grand col rabattu, robe de chambre brodée. — A D. **G. 1835**. — Claire-voie. Un fil. En H. au-dessus du fil. au M. *L'artiste* En B. au-dessous du fil. à G. *Gavarni;* à D. *L. de Lemercier, Benard et Cie*. = H. 156, L. 123.

Malgré le titre collectif qu'elle porte, cette pièce n'a pas été publiée.

1er État. Avant toute lettre.
2e — Celui qui est décrit.

2085 RRR. — (FANTAISIE.) — Femme à mi-corps de 3/4 tournée à D. Petit chapeau de satin avec nœud de ruban posé de côté sur le haut de la tête; cheveux tombant en boucles des deux côtés de la figure et derrière le cou, où ils sont noués; corsage montant et plissé, manches plates, nœuds de rubans sur les épaules. — Vers la D. **M. M.** (Montmartre). **22-23** F. (Février) **37**. — Claire-voie. Deux fil. = H. 87, L. 139.

2086 RRR. — (LA DORMEUSE.) — Femme en buste, de pr. tournée à G., assise et dormant. Cheveux en bandeaux plats, col rabattu sur les épaules, robe montante. — Au M. **10 septembre 37**. — Claire-voie. = H. 115, L. 88.

2087 RRR. — (ENFANT TERRIBLE.) — Figures à mi-jambes. Une petite fille de 3/4 tournée à G., assise sur un tertre et tenant entre ses bras une poupée la tête en bas, les jambes en l'air. Un jeune homme debout, les mains appuyées sur ses genoux, se penche vers elle pour l'écouter. — A D. **Gavarni**, à G. **40-70**. — Deux fil. non fermés par le bas. = H. 195, L. 152.

2088 RRR. (LE YATAGAN.) — Femme à mi-corps derrière le parapet d'une terrasse; de 3/4 tournée à D., la tête baissée, le bras tendu et levé à la hauteur de sa tête, elle appuie à G. sa main sur le pommeau d'un yatagan dont la pointe repose sur le parapet. Costume oriental, larges manches. Fond noir. — A G. **43-43**. — Sans fil. = H. 188, L. 135.

Essai de procédé lithographique, en partie au pinceau et au grattoir.

2089 RRR. — (LE VASE DE CRISTAL.) — Femme à mi-corps presque de face, la tête tournée à D., une main sur la poitrine. Elle est entièrement vêtue de noir, un voile sur la tête tombant sur ses épaules, longs cheveux en boucles encadrant la figure et le cou. Devant elle une table sur laquelle est posé un vase en cristal contenant une fleur. Fond noir. — A G. **43-42**. – Un fil. à pans coupés en H. et en B. Au-dessous du fil. en B. à D. *Imp. Bertauts.* = H. 184, L. 126

Essai de procédé lithographique avec mélange de pointe.

2090 RRR — (UN FUMEUR.) — A mi-corps, assis dans un grand fauteuil, la tête de 3/4 tournée à G. et appuyée à D. sur l'une de ses mains. Il tient de l'autre une pipe hollandaise qu'il fume. Barbe, bonnet de velours rabattu sur les oreilles. Fond noir. — A G. à la pointe **44-31**. — Deux fil. à pans coupés dans le H. = H. 184, L. 140.

Essai de procédé lithographique.

2091 RRR. — (ARGENT MAL EMPLOYÉ.) — Figures à mi-corps. Un homme vêtu d'une large redingote, de pr. tourné à D., la main sur la hanche, tenant derrière lui son chapeau, donne de l'argent à un homme en bourgeron et de mauvaise mine qui le regarde en dessous. — A G. **47-4**. = H. 194, L. 176.

2092 RRR. — (LE BOUQUET.) — Deux personnages à mi-jambes, de pr., vis-à-vis l'un de l'autre. Un vieux colonel, le menton dans une large cravate noire, le col de son paletot relevé, entre dans un appartement, tenant d'une main son chapeau et de l'autre un bouquet. La dame du logis, qui vient de lui ouvrir la porte, est à D. en robe de chambre. — A D. **51-15**. = H. 290, L. 160

2093 RRR.— .... | —... *Mais! mais avec Mathieu-Mathieu t'as ça : qu'il a un passé qu'est | pur de tout antécédent!* — Figures à mi-jambes. Deux ouvriers de pr. vis-à-vis l'un de l'autre dans une forge de charron. Celui de G., en blouse, pose une main sur l'épaule de son compagnon. Ce dernier, d'un âge moins avancé, en manches de chemise, s'appuyant d'une main sur son marteau, lève l'autre main en l'air, l'index étendu. – A D. **51-20**. — Un fil. brisé au M. en H. Dans la brisure *Masques et visages*. En B. entre le T. C. et le fil. *par Gavarni*. Au-dessous du fil. au M. *Histoire de politiquer* | 10. Au-dessous de la légende au M. *Imp. Lemercier, à Paris.* = H. 190, L. 160.

Malgré le titre collectif qu'elle porte, cette pièce n'a pas été publiée.

1er État. Avant toute lettre.
2e — Celui qui est décrit.

2094 RRR. — (EN PRISON.) — Figures à mi-corps. Deux vagabonds emprisonnés, dont l'un presque de face, ayant toute sa barbe, est assis, accoudé à G. sur une table, la tête appuyée contre sa main et les yeux baissés. Son compagnon, assis à D. derrière lui et coiffé d'un mouchoir, est de pr. tourné à D. — En H. à G. **53-204** = H. 200, L. 162.

2095 RRR. — (LA FILLE ET LA MÈRE.) — Figures à mi-corps. Sur un boulevard extérieur de Paris, une jeune femme de 3/4 tournée à G., la tête à D., sans chapeau, une main sur la hanche, est enveloppée d'un grand châle noir. Derrière elle à D. une vieille femme portant un cabas, mouchoir autour de la tête et châle blanc sur les épaules. — A D. dans le B. du châle **54. 20** = H. 193, L. 161.

2096 RRR. — (MARAUDEUR) — Homme à mi-corps dans un bois, de 3/4 tourné à D., presque de face, les mains passées sous sa blouse. Chapeau déformé, barbe et moustaches. — A G. **57-79**. = H. 193, L. 159.

2097 RRR. — (L'ÉPICIER.) — Homme à mi-corps, en bras de chemise, tablier attaché derrière le cou. De face, la tête de 3/4, presque de pr., tournée à D., il est penché à G., un coude sur une table, l'autre à hauteur de l'œil, la main derrière la hanche. — En B. à D. **59-1.** = H. 201, L. 161.

Dernière lithographie de Gavarni.

FIGURES SEULES EN PIED.

2098 RRR. — (EN ATTENDANT.) — Une jeune femme de pr. tournée à D., assise dans un fauteuil, se regarde dans un miroir posé sur une toilette. Fleurs dans les cheveux, robe décolletée, gants longs. Elle tient d'une main un bouquet — A D. **G.** — Claire-voie. Trois fil. = H. 151, L. 120.

2099 R. — (?) MAGICIENNE. — Jeune femme vue de face, la tête de 3/4 tournée à D., accoudée sur une pierre druidique, où sont gravés des caractères cabalistiques. Elle est au milieu d'un cercle magique et tient une longue pipe dans une de ses mains. Robe à larges manches Près d'elle à G. une chaudière sur un trépied. — Cinq fil. En H. au-dessus des fil. à D. *Pl. 4.* En B. au-dessous des fil. à G. *Lith. de Thierry frères.* A D. *Gavarni.* = H. 176, L. 116.

1er État. Avant toute lettre.
2e — Celui qui est décrit.

2100 RRR. — (UN MODÈLE.) — Jeune femme dans l'atelier d'un artiste, assise sur le bord d'un divan et lisant un feuilleton pendant son quart d'heure de repos. Un bras appuyé sur une pile de coussins, elle est de pr. tournée à D. et vêtue de noir; derrière elle une toile blanche sur un chevalet = H. 187, L. 138.

2101 RRR. — (ÉTUDE D'ENFANT.) — Jeune garçon en chapeau rond assis sur une table grossière, les jambes pendantes et croisées, de 3/4 tourné à G., presque de face, la tête à D. Il s'appuie d'une main sur la table, où l'on voit une bouteille couchée. — A D. **Gavarni.** — Claire-voie. Un fil. = H. 164, L. 130.

2102 RRR. — (ÉTUDE D'ENFANT.) — Jeune garçon, vu de dos et tourné à D., tenant sous le bras un bâton de marchand de bœufs. Longue blouse et sabots. — Claire-voie. = H. 168, L. 94.

2103 RRR. — (RUE DE SAINT-JEAN.) — A l'angle d'une rue, devant un mur sur lequel on lit écrit directement : **Calle | de | S. Juan,** une jeune femme du peuple est de face, la tête de 3/4 à G, les mains croisées, un panier à son bras. Elle est coiffée d'un mouchoir blanc retombant sur son épaule. — A D **Gavarni.** = H. 186, L. 116.

2104 RRR. — (LA SIESTE.) — Jeune fille en robe de chambre dormant sur un canapé, les pieds à terre, le dos appuyé contre un coussin. Elle est vue de face, la tête inclinée à G., les jambes croisées, un bras étendu sur le dos du canapé. — A G. **Siesta** = H. 130, L. 85.

2105 RRR — (INDÉCISION.) — Une jeune femme presque de face, tournée à D., réfléchissant, une main sur la hanche, le coude sur le dossier d'un fauteuil, où elle a déposé en rentrant son châle et son chapeau. A G. un guéridon, sur lequel est placé un service à thé. — A D. **Gavarni.** — Quatre fil. = H. 174, L. 120.

2106 RRR. — (PIERROT.) — Un jeune enfant, costumé en pierrot, assis et accoudé sur un coussin posé à terre. Il est de face, tête de 3/4 tournée à G., et regarde avec attention un polichinelle en bois qu'il tient à califourchon sur une de ses jambes. Chapeau de pierrot sur le devant. — A D. au-dessous du chapeau **Gavarni**. — Huit fil. = H. 150, L. 118.

Le titre de cette pièce est inscrit au crayon, par Gavarni, sur une épreuve de la collection de M. His de la Salle.

2107 RRR. — (MA FEMME DESSINE LE PAYSAGE.) — Dans la campagne, une jeune femme de pr. tournée à D., assise sur un pliant, dessine sur ses genoux. A D., sur une hauteur dans le lointain, un homme vu de dos, les mains dans les poches de sa redingote; sur le devant, son chapeau et celui de sa femme posés sur une boîte à couleurs. — A D. **Gavarni**. — Un fil. = H. 152, L. 116.

2108 RRR. — (LE CHEMIN CREUX.) — Dans un chemin creux bordé de rochers, un homme en veste rayée et en grandes guêtres de cuir, frappé d'un coup de fusil, chancelle et laisse échapper le bâton qu'il tenait à la main. On aperçoit dans le lointain le meurtrier sur une élévation à G. — A D. **Gavarni**. — Un fil. = H. 154, L. 120.

2109 RRR. — (PRIÈRE A LA VIERGE.) — Une paysanne de pr. tournée à D., agenouillée au pied d'un lit devant une image de la Vierge accrochée au mur et surmontée d'une branche de buis. A G. derrière elle une fenêtre et une table, sur laquelle est une écritoire. — A D. **Gavarni**. — Claire-voie. Un fil. = H. 142, L. 118.

2110 RRR. — (CONTREBANDIER ESPAGNOL.) — Sur une élévation qui domine la mer, que l'on aperçoit au fond, il est de face, la tête de 3/4 tournée à G., une main sur la hanche, l'autre tenant son manteau, un pistolet et une cartouchière à la ceinture. Guêtres longues, mouchoir autour de la tête, son chapeau par-dessus. — A G. **Gavarni**. — Deux fil. = H. 174, L. 119.

2111 RRR. — RÊVERIE. — Jeune femme en costume de fantaisie du XVIIe siècle, chapeau à plumes relevé sur le côté. Vue de face, à demi couchée de G. à D. dans un bois, sous un arbre, et accoudée sur un tertre, la tête appuyée contre une main, elle tient de l'autre sur ses genoux un livre fermé. Auprès d'elle sa canne posée contre le tertre. — A D. **Gavarni**. — Six fil. = H. 119, L. 149.

2112 RRR. — (L'ESCALIER.) — Une jeune femme de 3/4 tournée à D. se dispose à descendre un escalier recouvert d'un tapis. Elle tient d'une main son mouchoir et de l'autre boutonne son gant. Chapeau à plumes, large pèlerine bordée de cygne, sur une robe ouverte par devant au-dessous de la taille. — A G. **Gavarni**. — Claire-voie. Sept fil. = H. 154, L. 111.

2113 RRR. — (SEULE DANS SA LOGE.) — Jeune femme de 3/4 tournée à D., presque de pr., assise dans une loge d'avant-scène. Elle tient d'une main son éventail sur ses genoux, et de l'autre sa lorgnette sur le rebord de la loge. Chapeau avec voile relevé, manches à gigot, écharpe. — A G. **Gavarni**. = H. 149, L. 112.

2114 RRR. — (LE PONT DE BOIS.) — Un paysan à cheval, une baguette sous le bras, traverse sur un léger pont de bois un ruisseau au milieu d'un chemin tournant qui longe les maisons d'un village. A D. un bouquet d'arbres. — A D. **Gavarni | 1835**. — Un fil. = H. 164, L. 132.

2115 RRR. — (LA COPIE DU PORTRAIT) — Jeune femme étendue dans un grand fauteuil, les pieds sur un coussin, soutenant sa tête d'une main et tenant de l'autre, sur le bras du fauteuil, un livre qu'elle lit. A G , sur un chevalet, une toile où se voit la reproduction en grand d'un portrait encadré posé sur le haut du chevalet. — Dans le B. du fauteuil **Gavarni. 1835.** — Claire-voie. Sept fil. = H. 135, L. 110.

2116 RRR. — (L'ODALISQUE.) — Jeune femme en costume oriental, de face, regardant à G. Assise sur un tapis, les jambes croisées, le dos contre des coussins, elle tient d'une main une riche étoffe. A D. une longue pipe posée entre deux coussins. — A G. **Gavarni | 1835.** — Claire-voie. = H. 145, L. 127.

2117 RRR. — (LES SOULIERS NEUFS) — Dans une mansarde, une jeune fille de 3/4 tournée à D. relève sa robe pour mieux voir l'effet des souliers qu'elle vient de mettre Robe montante, tablier. A.D. sur une table un coffre ouvert, une bouteille, un chapeau, etc.; sous la table un carton à chapeau et un soufflet. — A D. **Gavarni | 1835.** — Deux fil. = H. 165, L. 116.

Même sujet que celui de la planche portant le même titre dans la suite : *Les Petits bonheurs;* section : *Sujets divers*, subdivision : *Suites isolées.*

2118 RRR. — (LES PAPILLONS) — Dans la campagne, une jeune fille de 3/4 tournée à D., la tête de pr., courant après des papillons qu'elle cherche à attraper avec un filet. — A D. **Gavarni | 1835.** — Un fil. = H. 167, L. 114.

2119 RRR. — (L'AMAZONE.) — Jeune femme de pr. tournée à D. montant l'escalier d'un pavillon dans un jardin. Elle est en costume d'amazone et tient d'une main une cravache, la queue de sa robe sur son bras. Chapeau rond avec plumes et voile flottant. — A G. sur la rampe en pierre de l'escalier, **G. | 1835.** — Claire-voie. Neuf fil. = H. 172, L. 127.

2120 RRR. — (LE PRÉCIPICE.) — Sur le haut d'une montagne, une jeune femme, les bras croisés sur la poitrine, devant un précipice. Elle est de face, la tête de 3/4 à D., les cheveux épars, agités par le vent, les yeux levés au ciel. Un bâton ferré est à ses pieds. — A G. **Gavarni | 1835.** — Un fil. = H. 179, L. 130.

2121 RRR. — (CURIOSITÉ.) — Dans un riche salon, une jeune femme de 3/4 tournée à G. se penche contre une porte pour entendre ce qui se dit dans la pièce voisine. Les mains croisées sur la poitrine, elle tient dans l'une un pot au lait. Corsage de velours lacé sur le devant, manches larges et bouffantes. — A G. **Gavarni. 1835.** — Un fil. = H. 170, L. 115.

2122 RRR. — (MÉDITATION.) — Une jeune femme de pr. tournée à D., assise au pied d'un arbre sur un tertre. Elle a les yeux baissés et tient de ses deux mains sur ses genoux un livre fermé. Cheveux en bandeaux, fichu noir noué autour du cou, manches courtes, tablier de soie. Au fond à D. des rochers. — A D. **G 1835.** — Un fil. = H. 186, L. 142.

2123 RRR. — (LA POMMADE DU LION.) — Jeune fille en peignoir de 3/4, presque de pr., tournée à D. devant une toilette. Elle vient de se frotter la tête avec la pommade du lion, et sa chevelure est devenue tout à coup prodigieusement longue; ses mains elles-mêmes se sont couvertes de cheveux. A cette vue, elle se lève effrayée de la chaise où elle était assise. — A G. **Gavarni.** A D. **40 | 22.** — Claire-voie. Un fil. = H. 200, L. 154.

Sujet traité trois fois par Gavarni. — Voir un *Enfant terrible*, dans la *Cari-*

cature, section : *Illustration*, subdivision : *Revues et Journaux*, et *Danger des pommades à faire pousser les cheveux* (etc.), sous la rubrique : *Le Revers des médailles;* section : *Sujets divers*, subdivision : *Suites isolées.*

2124 RRR. — (QUAND ON ATTEND SA BELLE....) — Un jeune homme de face, devant un rocher, les deux mains posées sur une canne légère, sans chapeau, petites moustaches. Redingote ouverte, cravate noire, pantalon à sous-pieds. — A G. sur le rocher **45**; sur le terrain **Gavarni.** — Claire-voie. Un fil. = H. 152, L. 124.

2125 RRR. — (MERCIER AMBULANT.) — De face, tenant des deux mains, suspendue devant lui à son cou, une boîte ouverte remplie d'objets de mercerie. Barbe inculte, cheveux en désordre, chapeau déformé à petits bords. — A G. écrit directement : **54-5.** — Claire-voie. = H. 298, L. 255.

Il existe quelques épreuves tirées en rouge.

COMPOSITIONS DE DEUX FIGURES.

2126 RRR. — (LE PETIT BATEAU.) — Sur une hauteur, au bord d'un ruisseau alimenté par l'eau qu'amène un conduit de bois à ciel ouvert, un petit garçon en blouse joue avec une petite fille. Par terre, couché de D. à G. sur le ventre et appuyé sur le coude, il pose un petit bateau avec voile en papier sur l'eau qui coule dans le conduit, au-dessus duquel la petite fille est assise à G. sur une planche. — Vers la G. **Gavarni.** — Un fil. = H. 175, L. 222.

2127 RRR. — (LES LILAS.) — Près d'un mur, derrière lequel est un lilas, une jeune paysanne de pr. tournée à D., un genou sur un banc de pierre, abaisse une branche pour en cueillir les fleurs, dont elle tient déjà un paquet dans une main. Un petit gars, assis devant elle sur le banc, tend les bras vers le lilas. — Dans le bas du banc de pierre. **Gavarni.** — Claire-voie. Deux fil. = H. 170, L. 116.

2128 RRR. — (DOUX ENTRETIEN.) Charge. — Groupe d'un jeune homme et d'une jeune fille, assis dos à dos chacun sur une chaise. A D. la jeune fille de pr., larges manches, tablier de foulard, la tête baissée, les deux mains sur un livre ouvert posé sur ses genoux. Le jeune homme, se cramponnant à la chaise où il est assis, tourne vers elle des regards passionnés et lui parle bas en la poussant de l'épaule. — A G. **G.** — = H. 144, L. 158.

2129 RRR. — (TENDRESSE.) Charge. — Groupe d'un jeune homme et d'une femme se tenant embrassés, les mains autour du cou. L'homme, à G., est en frac; la femme a un bonnet orné de rubans et une pèlerine. — A D. **G.** — Deux fil. = H. 192, L. 128.

2130 RRR. — (L'ÉCHARPE.) — Une jeune femme de 3/4 tournée à G., assise près d'un guéridon sur lequel est posé un costume de bal travesti, examine une écharpe qu'elle tient des deux mains. Derrière elle. à D., un jeune homme debout, les mains appuyées sur le dossier de la chaise où elle est assise. — A D. **Gavarni.** — Claire-voie. Deux fil. = H. 166, L. 127.

2131 RRR. — (LE CORSET.) — Deux jeunes femmes, dont l'une, en chemise et en corset, de 3/4 tournée à G., est lacée par sa compagne; elle a les mains sur les hanches et un genou sur un fauteuil, où sa robe est posée. — A G. **Gavarni.** — Un fil. = H. 160, L. 132.

2132 RRR. — (BOUDERIE.) — Une jeune femme, assise de 3/4 tournée à D., les yeux baissés, est accoudée sur une commode, une main contre sa joue, l'autre sur la hanche, un pied sur un coussin. Derrière elle un homme debout, lui tournant le dos et se nettoyant les ongles. — A G. **Gavarni.** — Claire-voie. Un fil. = H. 162, L. 115.

2133 RRR. — (LES AGRAFES.) — Devant la glace d'une cheminée, une jeune femme vue de dos, la tête de pr. à D., met une cravate de soie autour de son cou, pendant qu'un jeune homme agrafe sa robe par derrière. Il est de pr., en robe de chambre et assis. A G. un lit défait; le chapeau de la dame est posé sur l'une des deux statuettes qui décorent la cheminée. — A G. **Gavarni.** = H. 166, L. 129.

2134 R. — (?). PRÉLUDE. — Deux femmes, dont l'une en costume de fantaisie, vue de dos et tournée à D., joue du piano; corsage noir, grande plume sur la tête. L'autre est debout derrière le piano.— A D. **1835**. A G. **Prélude.**— Claire-voie. Un fil. En B. au-dessous du fil. à G. *Lith. Bertauts.* A D. *r. du Jour*, 13. = H. 185, L. 131.

2135 RRR. — (DANS LES BOIS.) — Au bord d'un ruisseau dans un bois, une jeune femme de 3/4 tournée à G., les jambes étendues, les genoux sur le gazon, pose la tête et les mains sur l'épaule d'un jeune homme, à demi couché et accoudé par terre. — Vers la D. **Gavarni. 117**. — Claire-voie. = H. 155, L. 142.

2136 RRR. — (LES REGRETS.) — Une jeune Béarnaise de pr. tournée à D., les mains jointes, les yeux levés au ciel, est à genoux sur une pierre tombale, où elle a déposé une couronne de fleurs. A D., à ses côtés, une vieille femme, également à genoux et les mains jointes, la tête baissée et couverte d'un capulet. — Un fil. = H. 168, L. 132.

2137 R. — (?). ORIENTALE. — Groupe d'un Arabe, assis sur un tertre, et d'une jeune femme agenouillée. Elle est de pr. tournée à D, penchée et accoudée sur lui. — Au M. **Gavarni.** — Claire-voie en travers Un fil. En B. au-dessous du fil. à G. *Gavarni del* A D. *Lith. de Ch. Motte.* = H. 147, L. 204.

1er État. Sans le titre.
2e — Celui qui est décrit.

2138 RRR. — (PAIR OU NON) — Deux enfants dans une rue jouant à pair ou non avec des billes. Celui de G. est de pr. tourné à D., un bonnet de coton sur la tête. — A D. **Gavarni.** — Deux fil. En H. au-dessus des fil. à G. *Revue des Peintres.* A D. *P.* 13. = H. , L.

Malgré l'inscription qu'elle porte en tête, cette pièce n'a pas été publiée.

2139 RRR. — CONFIDENCE. — Dans la campagne, deux jeunes hommes, vus de face, bras dessus bras dessous, le chapeau sur la tête. Celui de D. lit une lettre que lui communique son compagnon. Celui-ci, vêtu d'une redingote et d'un pardessus, tient une canne à la main — A D. **Gavarni.** — En H. au-dessus du T. C. au M. *L'Artiste.* En B. à G. *Gavarni.* A D. *Lith. de Lemercier, Benard et Cie.* = H. 162, L. 129.

Malgré le titre inscrit en tête de cette pièce, elle n'a point été publiée.

1er État. Avant toute lettre.
2e — Celui qui est décrit.

2140 RRR. — (PRIÈRES SUR UNE TOMBE.) — Deux jeunes filles, les yeux baissés et à genoux, priant les mains jointes sur une tombe, dans la campagne. L'une, à G. de pr. tournée à D , a les bras baissés; l'autre, de 3/4, presque de face, a les mains à la hauteur du menton. Un panier de fleurs est posé auprès d'elle. — A G. **Gavarni**. — Deux fil. = H. 126, L. 152.

2141 RRR. — (DEUX AMIES.) — Groupe de deux jeunes femmes en costumes travestis. L'une à G., chapeau sur l'oreille, jupe rayée descendant jusqu'aux genoux seulement, a la main posée sur l'épaule de l'autre. Celle-ci, en page moyen âge, passe son bras autour de la taille de sa compagne, vers laquelle elle est penchée. — A D. **Gavarni**. —Claire-voie. Un fil. = H. 140, L. 108.

2142 RRR. — (RENCONTRE SUR LA MONTAGNE.) — Un jeune paysan, assis à terre à G. dans un sentier montueux, interpelle une jeune fille qui passe auprès de lui. Elle est vue de dos, s'appuie sur un bâton et porte un panier à son bras. — A G. **G. 1835**. — Un fil. = H. 180, L. 133.

2143 RRR. — (LECTURE INTERROMPUE.) — Groupe de deux jeunes filles, assises sur une chaise longue, dont l'une à G., vue presque de dos, la tête de pr. à D., appuie ses deux mains sur l'épaule de l'autre. Celle-ci, les yeux baissés, tient sur ses genoux un livre ouvert sur lequel ses mains sont posées. Elle est coiffée d'un petit chapeau noué sous le menton, cheveux tombant en boucles des deux côtés du visage; spencer. — A D. **G. 1835**. — Un fil. = H. 164, L. 128.

2144 RRR. — (LE MUR MITOYEN.) — Jeune femme à genoux sur un banc de pierre dans un jardin, embrassant sur le front un homme dont elle est séparée par un mur à hauteur d'appui et en ruines. A G. un livre ouvert sur la brèche du mur. — A D. **Gavarni**. — Un fil.= H. 195, L. 162.

Répétition, mais en contre-partie et en plus grande dimension, du n° 3 de la suite : *Les Amours;* section : *Sujets divers;* subdivision : *Suites publiées isolément*.

2145 RRR. — (PROJETS DE BONHEUR.) — Une jeune femme et un jeune homme, vus par derrière, assis dans un bateau. Ce dernier est à D. et tient le gouvernail. A G., au pied du mât dont la voile est pliée, des cartons à chapeaux, une valise, un parapluie. — A G. **Gavarni**. — Un fil. = H. 197, L. 162.

2146 RRR. — (PROJETS DE BONHEUR.) — Réduction en contre-partie de la pièce ci-dessus. — A G. **Gavarni**. — Un fil. =H. 128, L. 112.

2147 RRR. — (M[r] UN TEL.) Charge. —Dans une antichambre, un domestique, de pr. tourné à D., ouvre une porte et annonce à haute voix un monsieur en frac et en pantalon collant, cravate blanche, besicles sur le nez, tenant d'une main son chapeau-claque et de l'autre caressant ses favoris. — A D. **G.** — Quatre fil. = H. 176, L. 120

2148 RRR. — (DÉPART POUR LA PROMENADE) — Dans un riche intérieur, une jeune femme en habit d'amazone, son voile relevé, sa cravache à la main, met ses gants et se dispose à sortir pour monter à cheval. A D. un jeune homme vu de dos et tenant également une cravache, a la main sur le bouton de la porte qu'il va ouvrir. Chapeau gris, redingote courte, éperons. — A D. **Gavarni. 1835**. — Claire-voie. Un fil. = H. 152, L. 120.

2149 RRR. — (BRAS DESSUS BRAS DESSOUS.) — Un homme et une

femme, tous deux de 3/4 presque de face, la tête à D., se promenant bras dessus bras dessous dans un bois, et regardant de face. L'homme a une main dans l'entournure de son gilet et tient sa canne de l'autre; la dame est en chapeau à plumes, robe montante, manches à gigot, tablier noir. — A D. **G. 1835.** = H. 178, L. 131.

2150 RRR. — LE HAMAC. — Deux jeunes filles, couchées de D. à G. dans le même hamac, abritées par les larges feuilles d'un arbre exotique. — Dans le H. à D. **D'après le livre de Charpenne.** Dans le B. à D. **22 décembre 1835** A G. **A Emile Forgues, Gavarni.** — Claire-voie. Un fil. En H. au-dessus du fil. au M. *L'Artiste*. En B. au dessous du fil. à G. *Gavarni*. A D. *Lith. de Lemercier, Benard et Cie*. = H. 167, L. 152.

Cette pièce, malgré le titre inscrit en tête, n'a pas été publiée.

Le livre de Charpenne est intitulé : « Mon voyage au Mexique, ou le Colon de Guazacoalco. »

1er État. Avant toute lettre.
2e — Celui qui est décrit.

2151 RRR. — (LE JOUR DES MORTS.) — Une femme accompagnée d'un jeune enfant dans un cimetière. D'une main elle tient une fleur, et de l'autre son écharpe que le vent fait voltiger. L'enfant porte une couronne d'immortelles dans chaque main. Ils se dirigent vers la D. — A G. **Gavarni | 1835.** = H. 187, L. 135.

2152 RRR. — (PIÉTÉ FILIALE.) — Une jeune fille de pr. à D., résille sur la tête, espadrilles aux pieds, soutient de ses deux mains le bras d'un vieillard qui s'appuie de l'autre côté sur un long bâton. Le vieillard est vu presque de face, barbe blanche, veste et bonnet de laine. Ils se dirigent vers la D. — A D. **Gavarni. 1835.** — Un fil. = H. 178, L. 132.

2153 RRR. — (LA RÉPONSE.) — Une jeune femme, assise de 3/4 à G. près d'une table sur laquelle est posé un petit pupitre, tourne la tête à D. et donne à un valet une lettre qu'elle vient d'écrire. Elle est en robe de chambre ouverte et laissant voir son corset. Le domestique, de face, gilet rayé, grandes guêtres. — A D. **Gavarni. 1835**. — Claire-voie. Un fil. = H. 146, L. 116.

2154 RRR. — (LA PROMENADE.) — Un homme à moustaches, une canne à la main, chapeau gris, redingote, pantalon rayé, se promène dans un bois avec une femme. Celle-ci est à G., la main sur son ombrelle, chapeau noué sous le menton, robe montante à manches à gigot et guêtres. Tous deux sont de face. — Au M. **G. 1835.** — Deux fil. = H. 155, L. 119.

2155 RRR. — (LE GENDARME ARAGONAIS.) — A D., dans un site agreste, chapeau rond avec cocarde sur la tête, fusil sur l'épaule, pistolet à la ceinture. Il se dispose à quitter une jeune fille qui le retient d'une main par une boutonnière de sa veste. — A G. **G. 1835.** — Un fil. = H. 185, L. 120.

2156 RRR. — (LE SOULIER DE BAL.) — Deux jeunes femmes, dont l'une en costume de pierrot, assise sur le bord d'un lit, les pieds déchaussés, raccommode un de ses souliers. L'autre, en chemise, la figure cachée par ses cheveux, met un pantalon. Elle est à G., vue de dos et tournée à D. — Planche non terminée. = H. 236, L. 192.

2157 RRR. — (Est-ce que tu t'amuses ici? — Ma foi non.) — Dans un bal, au théâtre, deux débardeurs de pr. vis-à-vis l'un de l'autre: celui de G. le chapeau sur l'oreille, les mains dans les poches de son pantalon; l'autre, vu de dos à moitié, les mains sur ses hanches, la tête appuyée contre une colonnette d'un corridor de loges. — A G. **368** — Quatre fil. non fermés par le B. = H. 198, L. 152.

2158 RRR. — (CAUSERIE AU BAL MASQUÉ.) — Deux personnages de pr. en face l'un de l'autre : une femme en débardeur, assise sur le rebord d'une galerie, un pied posé sur une banquette. Debout, près d'elle, un homme en costume travesti grotesque, les mains sur les hanches, les bras nus, bottes à l'écuyère. — En B. à G. **44**. — Trois fil. = H. 208, L. 166.

2159 RRR. — (C'est à ne pas croire, n'est-ce pas?) — Deux hommes causant ensemble au coin d'une rue : celui de G. de pr. tourné à D., les deux mains dans les poches de son paletot, un portefeuille sous le bras; l'autre de 3/4, la tête penchée à G., une main sur la hanche. — A G. **44-25**. — Trois fil. = H. 123, L. 155.

2160 RRR. — (En vérité?... — Oui, mon cher.) — Deux hommes tournés à G., en chapeau de paille, se promenant dans la campagne en se donnant le bras : l'un, sur le devant, le corps penché à G. et vu de dos, a la main dans la poche de sa redingote. — A D. **44-27**. — Trois fil. = H. 123, L. 151.

2161 RRR. — (GENTILSHOMMES DE BANLIEUE EN DIVERTISSEMENT DE MI-CARÊME.) — Groupe de deux hommes dont l'un, à G., habillé en femme du peuple, la main dans le gousset de son pantalon par-dessous sa jupe relevée de côté; il est de face. L'autre, en pierrot, est vu de dos à moitié, et tourné à G.; il tient une pipe près de sa bouche. — A G. **57-38**. = H. 315, L. 210.

COMPOSITIONS DE PLUSIEURS FIGURES, ETC.

2162 RRR. — (?). (LE FRÈRE IGNORANTIN.) — Un vieux diable en soutane, lunettes sur le nez, chapeau aux larges bords retroussés à travers lequel passent ses cornes, donne leçon à huit petits enfants groupés autour de lui et dont deux sont à genoux. Il est assis à G. dans un grand fauteuil derrière lequel pend une verge. — Claire-voie. = H. 75, L. 113.

2163 RRR. — (?). (LE SONGE.) — Un homme en uniforme, couché par terre de D. à G. sur le dos, la tête contre une botte de paille, les jambes entourées d'un manteau, son épée près de lui. Dans le lointain, plusieurs personnages dont à D. un homme vu par derrière, et à G. une femme entre deux enfants, tous trois les bras étendus. — A D. **Gavarni**. — Claire-voie. = H. , L.

2164 RRR. — (LA CHASSE.) — Deux dames sont assises dans la campagne sur un talus à D. L'une s'abrite du soleil avec son ombrelle; l'autre a un livre de croquis à la main. Debout devant elles un chasseur leur montre un lièvre qu'il tient par les oreilles; près de lui un jeune homme, le fusil en bandoulière, met une muselière à son chien. Au fond à G. un garde-chasse buvant à même une bouteille. — A G. **Gavarni**. = H. 120, L. 175.

2165 RRR. — (?). (ME VOILA PRÊTE.) — A D. un jeune homme de pr. tourné à G., frac et pantalon collant, est assis sur une chaise basse, les jambes étendues. Debout devant lui, une jeune femme en robe de bal, mettant ses gants. Une autre femme dont la figure est cachée par son chapeau, s'appuyant sur le dos de la chaise du jeune homme, se penche vers une toilette pour prendre un flacon. — A G. et à D. **Gavarni.** = H. 114, L. 72.

2166 RRR. — (FEUILLE DE CROQUIS.) — Halte de bohémiens devant une espèce de tente : Quatre personnages assis ou couchés à terre, une femme debout. — Contredanse dans un bal public. — Six figures de paysans en buste ou à mi-corps à la suite les unes des autres. — Au-dessous une tête de 3/4 et deux de pr. — Deux paysans basques s'escrimant au bâton. — Quatre hommes à cheval lancés au galop et se dirigeant vers la D. — Claire-voie. Un fil. = H. 132, L. 204.

2167 RRR. — (?). (PIÈCES D'ARGENTERIE.) Affiche pour la maison d'Hardelet. — Sept spécimens réunis sur un plateau : cafetière, théière, saucière, bouilloire, réchaud, huilier et flambeau à deux branches. — Claire-voie. = H. 105, L. 185.

2168 RRR. — (?). (LA MORT DE NAPOLÉON II.) — Pierre tombale au pied d'un saule pleureur, sur laquelle on lit : **Napoléon | II.** Dans le lointain à D. la ville de Paris; on aperçoit la colonne de la place Vendôme surmontée d'un drapeau. — Claire-voie. = H. 87, L. 148.

2169 RRR. — (A MONTMARTRE.) Étude. — Dans une tranchée, close à D. par une palissade où se trouve la porte d'entrée, quatre ouvriers sont assis ou à demi couchés par terre devant une cabane formée de quelques planches. L'un d'eux à D., vu de dos, est en veste, le chapeau sur la tête; les trois autres sont en bras de chemise. Au milieu d'eux un petit broc de vin. — Vers la G. **Gavarni.** = H. 109, L. 164.

2170 RRR. — (UNE JOLIE FEMME EN 1790.) — Dans un jardin public, à D., un groupe de quatre jeunes gens qui suivent des yeux une femme que l'on ne voit que de dos se dirigeant vers la G., la queue de sa robe relevée sur le bras. L'un d'eux, en uniforme de garde national, est assis; un autre debout regarde avec un lorgnon; un troisième, également debout, se penche en avant en s'appuyant sur le dos d'une chaise, où il a un genou posé. Au fond une terrasse au bas de laquelle sont assises plusieurs personnes. — Claire-voie. Un fil. = H. 118, L. 144.

2171 RRR. — (DEUX ARTISTES D'AUTREFOIS.) — Groupe de deux hommes dessinant et d'une jeune femme leur faisant la lecture : Costumes de 1790. Ils sont tous trois assis sur des rochers, le plus âgé des deux hommes à D. Il a quitté son habit. La jeune femme, coiffée d'un chapeau, est entre eux. — Sur un rocher à D. **Gavarni.** En B. au-dessous du T. C. à G. *Gavarni.* A D. *Imp. par Benard.* = H. 151, L. 128.

2172 RRR. — (LE MARI, LA FEMME ET L'AMANT.) — A G., dans un bois, une jeune dame de 3/4 tournée à D., se repose assise sur un tertre; elle tient son chapeau de paille sur ses genoux. Debout derrière elle, son mari presque de face, les bras croisés, sans gilet, redingote ouverte, chapeau de paille. A D., vu de dos à moitié et tourné vers eux, un jeune homme, également debout, un parapluie fermé à la main, redingote très-courte. — A D. **G. 1835.** — Claire-voie. Un fil. = H. 152, L. 120.

2173 RRR. — (LA PASTOURELLE.) — A D., dans un jardin, un cavalier entre deux dames auxquelles il donne la main se porte avec elles en avant vers la G., où se tient l'autre cavalier, vu de dos et tourné de leur côté. — A D. **Gavarni.** = H. 160, L. 140.

2174 RRR. — (MAROCAINS.) — Jeune femme du Maroc, marchant dans la campagne avec ses trois enfants Elle est de face, tenant dans ses bras le plus jeune. A G. le plus grand, coiffé d'un fez et d'un capuchon; un plus petit à D., couvert d'un burnous, est vu de dos et tient un bâton. — A G. écrit directement et très-légèrement : **G.** = H. 158, L. 116.

» RRR. — L'ABENCÉRAGE. — Voir la description de cette pièce à la section : *Illustrations*, subdivision : *Revues et Journaux*, dans l'*Artiste*, où elle a été inscrite par erreur; car, malgré le titre collectif qu'elle porte, elle n'a point été publiée dans ce journal.

2175 RRR. — (HALTE PRÈS DU RUISSEAU.) — Deux dames se promenant dans un bois avec deux jeunes gens se sont arrêtées près d'un ruisseau. L'une, vue de dos, coiffée d'un chapeau, est assise au pied d'un arbre; l'autre, la main posée sur l'épaule de celle-ci, est de 3/4 tournée à G. et debout. Plus en avant, l'un des jeunes gens, vu de dos, est à demi couché par terre; le second se tient debout contre un arbre, en face des deux dames, les mains dans les entournures de son gilet. — Au-dessous du groupe des personnages, **Gavarni. 1835**. — Un fil. = H. 133, L. 178.

2176 RRR. — (GENS DE BARÉGES EN VOYAGE.) — Une jeune paysanne et un vieux paysan, montés sur des chevaux, se dirigent vers la G. dans la campagne en galopant. Ils sont suivis d'un autre paysan, également à cheval. La jeune fille est à califourchon comme un homme, capulet sur la tête, fouet à la main, sacoche devant elle et valise derrière. — A D. **1835.** = H. 182, L. 150.

Une épreuve de cette pièce, faisant partie de la collection de M. le baron de Triqueti, porte écrit au crayon de la main de Gavarni, en B. au M. entre le T. C. et un fil. tracé. également au crayon, *Gavarni*, puis le titre ci-dessus et au-dessous du fil. à D. *Imp. par Frey.*

2177 RRR. — (LA CORDE.) = Petit garçon de 3/4 tourné à D., sautant à la corde dans un jardin. Sa mère et sa bonne tiennent chacune un bout de la corde et la font tourner. La mère à G. est vue de dos, la tête à D. cachée par son chapeau. — A D. **Gavarni** | **1835**. — Deux fil. = H. 160, L. 135.

2178 RRR. — (MADAME S'HABILLE.) — Dans un salon orné de tableaux, trois jeunes gens attendent que la dame du logis les reçoive. L'un à G., de 3/4 tourné à D., est assis dans un large fauteuil, les jambes croisées, une main sur sa canne; un autre, debout et vu de dos, regarde avec son lorgnon une statuette posée sur une table; un peu plus loin à G. le troisième, également debout, parcourt une brochure. — A G. **Gavarni.** | **1835**. — Claire-voie. Cinq filets. = H. 135, L. 116.

Même sujet que la pièce intitulée : *Voyage pittoresque autour d'une femme à la mode. Elle s'habille,* dans l'*Artiste;* voir section : *Illustrations*, subdivision : *Revues et Journaux.*

2179 RRR. — LA BARRIÈRE. — Deux couples de petits marchands endimanchés, chacun bras dessus bras dessous. L'un, vu de dos, se dirigeant à D., armé de parapluies et suivi par un chien noir; la femme retourne la tête. Le second couple se dirige vers la G. Plus loin d'autres promeneurs. Au fond, le pignon d'une maison sur laquelle on lit : **Md**. | **de Vin**. — A D. G. **1835.** — Deux fil. En H. au-dessus des fil. au M. *l'Artiste*. En B. au-dessous des fil. à G. *Gavarni*. A D. *Lith. de Lemercier, Benard et Cie.* = H. 160, L. 122.

Malgré l'inscription en tête de cette pièce, elle n'a pas été publiée.

2180 RRR. — (PROMENADE PUBLIQUE.) — Une femme, vue de face la tête de 3/4 à G, la main posée sur son ombrelle, chapeau à plumes, écharpe noire, robe montante, guêtres. Derrière elle à G. une femme, également de face, la figure tournée à D. et cachée par la passe de son chapeau, relève légèrement sa robe. Au fond, promeneurs des deux sexes. — Vers la G. **1835**. — Claire-voie. Deux fil. = H. 161, L. 124.

2181 RRR. — (LE FUTUR.) — Une jeune femme, vue de face, en chapeau avec voile relevé, écharpe sur les épaules, donne le bras à un jeune homme de 3/4 tourné à D., dont elle presse la main et qui baisse les yeux d'un air embarrassé. Il tient son chapeau et sa canne dans une main. Ils sont suivis par les grands parents, une vieille femme et son mari bras dessus bras dessous. — A D. **Gavarni. 1835**. — Claire-voie. Deux fil. = H. 176, L. 133.

2182 RRR. — (UN ÉPISODE AU BAL MASQUÉ.) — Une jeune femme en costume de pierrot, de face et les yeux baissés, est entourée d'un cortége d'hommes diversement costumés, attirés par sa beauté. L'un d'eux, le plus en évidence, à G., en habit de paillasse de fantaisie, lui adresse un compliment. Un pierrot à moustaches s'approche tout auprès d'elle pour la mieux voir. — Au M. **Gavarni. 1835**. — Deux fil. = H. 176. L. 140.

Même sujet que la pièce intitulée : *On l'entoure;* même section, même subdivision, *Figures à mi-corps*.

2183 RRR. — (GARGANTUA.) — Enfant, de 3/4 tourné à G., il a une main sur un bâton à tête de cheval et montre ses écuries au maître d'hôtel et aux fourriers du seigneur de Painensac. Ses chevaux de bois sont derrière lui à D. Le maître d'hôtel de face est soutenu par un fourrier vu de dos; plus loin on aperçoit par l'ouverture d'une porte deux autres personnages. — Au-dessous de l'enfant : **Gavarni**. = H. 186, L. 126.

2184 RRR. — (AU BAL.) — Deux femmes en costumes travestis sont assises sur un canapé, l'une à G., vue de dos en partie et tournée à D., un pied posé sur le canapé, les deux mains appuyées sur le dossier; l'autre, également vue par derrière, tient une fleur à la main; elle a un loup sur la figure. Sur le second plan, deux hommes causent ensemble. Celui de G. est en pierrot de fantaisie avec faux nez, l'autre en fou moyen âge. — Sur le devant du canapé à D. **Gavarni | 1835**. — Claire-voie. Huit fil. = H. 184, L. 127.

2185 RRR. — (LEÇON D'ARMES.) Affiche. — Dans une salle d'escrime un jeune homme de pr. tourné à G. se fend et touche le plastron du maître d'armes. Celui-ci est vu de dos. Sur un plan plus éloigné des spectateurs à G. et à D.; au fond quatre personnages, dont deux faisant assaut. = H. 192, L. 280.

2186 RRR. — (FEUILLE DE CROQUIS.) — Quatre figures isolées : Au M. une jeune femme en pied et debout, vue de dos, tournée à D., la tête presque de pr., costume moyen âge de fantaisie, toque avec aigrette, larges manches de mousseline.—A G. pr. d'homme tourné à G., la bouche ouverte, les yeux hagards, les cheveux hérissés. — A D. tête de femme presque de pr. tournée à D., coiffée d'un turban avec bandelettes sous le menton. — Au-dessous, pr. d'homme également tourné à D., longs cheveux relevés sur le front, cravate à la colin. — A G. **G. 80**. — Claire-voie. = H. 150, L. 130.

Essai de procédé lithographique.

2187 RRR. — (MESDAMES DE LA HALLE.) — En plein marché plusieurs de ces dames sont groupées au milieu des choux et autres légumes devant leur étalage. Deux sont debout à D. : l'une en avant, vue de dos et tournée à G., la main sur la hanche, engueule quelque passant qu'on ne voit pas; l'autre est accoudée sur une borne et se met un doigt dans le nez. Au second plan, au M., une autre de pr. tournée à G. est assise, abritée sous un vieux parasol. Sur le même plan, à G., une femme s'avance, courbée sous le poids d'une hotte remplie de légumes. — A G. **53-200.** = H. 230, L. 333.

2188 RRR. — (LES FORTS DE LA HALLE.) — A G., près d'un monceau de paniers, un groupe de trois forts causant ensemble; deux sont coiffés de leur chapeau à larges bords : l'un de pr. tourné à D. et appuyé sur les paniers; l'autre, vu de dos, la main posée sur son bâton; le troisième, un brûle-gueule à la bouche. A D. sur le devant, un gamin assis sur un tas de paniers vides, mange des pommes de terre frites qu'il tient dans un morceau de papier. Sur le second plan, un jeune homme se dirige à D., portant une hotte lourdement chargée. Plus loin, des charrettes vues par derrière. — En H. à D. **53-205.** = H. 230, L. 333.

2189 RRR. — (LE JOUR DE L'AN CHEZ L'OUVRIER.) — Dans un atelier de mécanicien deux petits garçons viennent souhaiter la bonne année à leur grand-père. Celui-ci, vieillard à barbe blanche, tournant le dos à un établi, cache derrière lui un bilboquet et un petit moulin à vent. Ses lunettes sur le nez, il écoute le compliment que lui débitent ses deux petits-fils, dont l'aîné lui apporte une tasse et sa soucoupe, et le plus petit une orange. Leur mère, qui les amène, se penche sur eux avec sollicitude, tandis que son mari, en vareuse et en tablier de travail, une main sur l'épaule de son père, les regarde avec bonheur. La sœur de la jeune femme les accompagne. A D., au fond, un apprenti se penche en avant sur son établi pour mieux voir ce qui se passe et entendre ce qui se dit. = H. 240, L. 320.

2190 RRR. — (L'AUMONE.) — Dans une rue un petit mendiant, vu de dos et tourné à D., interrompt deux messieurs qui causaient ensemble. Celui de G., vu de face, regarde l'enfant et met la main à la poche de son paletot pour lui faire la charité. = H. 273, L. 193.

IVe SECTION.

—

COSTUMES ET MODES.

On trouvera réunis dans cette section les divers costumes français ou étrangers, de théâtre, de fantaisie, de mode et de travestissement, dessinés par Gavarni et publiés dans les journaux et revues ou en suites isolées. Nous les avons classés dans l'ordre alphabétique des titres de ces publications. Nous terminons par les lithographies du même genre publiées isolément ou inédites.

L'ABEILLE IMPÉRIALE.

Sept pièces, dont cinq seulement numérotées, publiées dans le journal *l'Abeille impériale*.

1er État. Avant toute lettre.
2e — Celui qui est décrit, sauf la dernière des deux pièces non numérotées qui a un état intermédiaire.

2191 II. — *Bonnet et chapeau de Mad. Perrot-Victrich, Boulevard Bonne-Nouvelle, n° 14 bis. Rubans de Watelin et Cie, | rue de la Paix, n° 28. Fourrures de Dieulafait, Boulevart* (sic) *de la Madelaine* (sic), *n° 1. Bijoux et cheveux de | Lemonnier, Boulevart* (sic) *des Italiens, n° 10.* — Deux femmes à mi-corps, tournées à G. Celle de D. est de pr., son mouchoir à la main; chapeau à plumes. L'autre a la tête de 3/4 et met ses gants.— Au M. 55-2.—Médaillon ovale. En H. au M. *l'Abeille impériale.* En B. à G. *Par Gavarni.* Au M. 2. A D. *Imp. Lemercier, Paris.* = H. 183, L. 144.

2192 III. — MODES DE L'ABEILLE IMPÉRIALE. — Deux enfants : A D. un petit garçon de face, s'appuyant sur une canne; petite veste ouverte par le bas, jupon très-court. De l'autre côté, une petite fille vue de dos et tournée à D. Jupe courte à volants, bras nus. — A D. 55-4. — Médaillon rond. En B. à G. *Par Gavarni.* Au M. 3. A D. *Imp. Lemercier, Paris.* = Diamètre 165.

2193 V. — MODES. | *Toilette de ville et de chez soi.* — Deux femmes, dont l'une à G. de pr. à D., en robe de chambre, est assise sur un canapé. L'autre debout et tournée à G.; mantelet garni de volants. — Dans le H. à G. 55-6. — En H. au-dessus du T. C. au M. *l'Abeille impériale.* En B. au-dessous du T. C. à G. *Par Gavarni.* Au M. 5. A D. *Imp. Lemercier, Paris.* = H. 220, L. 159.

2194 VI. — (TOILETTE DE MARIÉE.) — Jeune fille de face et les bras baissés, tenant un porte-monnaie entre ses mains. Robe montante, couronne de fleurs et voile retombant par derrière. — Dans le H. à D. 55-7. — En H. au-dessus du T. C. au M. *l'Abeille impériale.* En B. au-dessous du T. C. à G. *Par Gavarni.* Au M. 6. A D. *Imp. Lemercier. Paris.* = H. 200, L. 140.

2195 VII. — (TOILETTE DE VISITE.) — Deux femmes en chapeau et en mantelet garni de dentelles : celle de G. vue de dos, robe à trois volants; l'autre de face.—Vers la G. 55-8. — En H. au-dessus du T. C. au M. *l'Abeille impé-*

riale. En B. au-dessous du T. C. à G. *Par Gavarni*. Au M. 7. A D. *Imp. Lemercier, Paris*. = H.222, L. 159.

2196 (Sans numéro.) — LES GANTS. — Jeune femme à mi-corps de 3/4 tournée à G., la tête de face, mettant ses gants. Cheveux bouclés encadrant le visage. Mantelet à capuchon attaché avec une broche en pierreries. — A G. **56**. — Médaillon ovale. En H. au M. *Primes de l'Abeille impériale*, | *23, quai Voltaire*. | *La Toilette*. En B. à G. *Par Gavarni*. A D. *Imp. Kaeppelin, quai Voltaire, 17, Paris*. = H. 220, L. 154.

2197 (Sans numéro.) LA TOILETTE. | *Le Bournous* (sic). — Femme à mi-corps vue de dos et tournée à D., un burnous sur les épaules. — T. C. à pans coupés dans le H. et le B. En H. au-dessus du T. C. au M. *Primes de l'Abeille impériale*. En B. au-dessous du T. C. à G. *Par Gavarni*. A D. *Imp. Kaeppelin, quai Voltaire, 17, Paris*. = H 205, L. 150.

1er Etat. Avant toute lettre.
2e — *Par Gavarni* et *Imp. Kaeppelin* (etc.). Sans autre lettre.
3e — Celui qui est décrit.

L'ARTISTE.

Neuf pièces publiées dans le journal *l'Artiste*. Chacune porte en tête : *l'Artiste*.

2198 TOILETTE DE CAMPAGNE. — Deux femmes en tabliers de soie dentelés, assises sur un tertre, dans la campagne. Celle de G. à moitié vue de dos et tournée à D., dessinant (de la main gauche) sur un livre de croquis; sa compagne de face a les deux bras croisés, un crayon à la main, son livre de croquis sur les genoux. — A G. **Gavarni**. - Claire-voie. Un fil. En B. au-dessous du fil. à G. *Gavarni del*. A D. *Lith. de Frey*. = H. 178, L. 153.

« L'Artiste, 1re série, t III. »

2199 FASHIONABLES. | *Modes parisiennes*. — Groupe de trois hommes, dont l'un à D., en redingote, est vu de dos; il serre la main de celui du milieu, lequel est en frac, de face, et donne le bras au troisième. Ce dernier, presque de face, est vêtu d'une longue redingote ouverte descendant jusqu'à ses pieds, et tient son chapeau sur la hanche. — A G. **Gavarni**. — Claire-voie. Un fil. En B. au-dessous du fil. à G. *Gavarni*. A D. *Lith. de Frey, rue du Croissant, 20*. = H. 180, L. 141.

« L'Artiste, 1re série, t. III. »

2200 1792. — Dans un jardin public et devant un piédestal, une jeune femme en chapeau de forme conique avec plumes, vue de dos à moitié et tournée à D., est assise, son éventail à la main, entre deux hommes debout. L'un, celui de D., porte l'uniforme d'officier; il est entièrement vu de dos et tient son casque d'une main; l'autre est de face et en frac. — A G. **Gavarni**. — Un fil. En B. au-dessous du fil. à G. *Par Gavarni*. A D. *Lith. de Frey*. = H. 175, L. 122.

« L'Artiste, 1re série, t. VIII. »

1er État. Avant toute lettre.
2e — Celui qui est décrit.

2201 1835. — Jeune femme presque de face, les yeux baissés, se dirigeant vers la D. D'une main elle tient un livre de messe. Chapeau avec plumes; redingote à larges manches, bordée de queues d'hermine. On aperçoit au fond le haut de quelques maisons. — A G. **Gavarni.** — Un fil. En B. au-dessous du fil. à G. *Gavarni.* A D. *Imp. par Frey.* = H. 150, L. 106.

« L'Artiste, 1re série, t. VIII. »

1er État. Sans autre lettre.
2e — Celui qui est décrit.

2202 COSTUME DE Mme LA BARONNE DE S** | *au dernier bal de la Cour.* — Jeune femme vue presque de face et tournée à D., la tête de 3/4 à G. Travestissement de fantaisie; coiffure de fleurs et de plumes, corsage à revers rabattus sur les épaules. Elle met son manteau en descendant un escalier.—A G., sur le devant d'une des marches de l'escalier, **Gavarni.** — Deux fil. En B. au-dessous des fil à G. *Gavarni.* A D. *Lith. de Frey.* = H. 167, L. 111.

« L'Artiste, 1re série, t. IX. »

1er État. Avant toute lettre. Six fil.
2e — Celui qui est décrit.

2203 COSTUME DE Mme LA MARQUISE DE L..... — Sur une terrasse, une jeune femme de face, la tête de 3/4 à D., les deux poignets au-dessus des hanches. Travestie en page moyen âge, costume de fantaisie, chapeau à plumes, justaucorps bordé de cygne, larges manches. — A G. **Gavarni.** — Trois fil. En B. au-dessous des fil. au M. *Lith. de Frey.* = H. 172, L. 111.

2204 COSTUME DE BAL | 1835. — Jeune femme vue de dos et tournée à D., la tête de 3/4. Elle tient d'une main un bouquet et de l'autre son écharpe posée sur l'une de ses épaules; le haut du corsage garni de dentelle; le bas de la jupe légèrement relevé par un nœud de fleurs. Derrière elle, à D., un siége moyen âge.—Au M. **Gavarni.**— Claire-voie. Trois fil. En B. au-dessous des fil. à G. *Gavarni.* A D. *Lith. de Frey.* = H. 181, L. 118.

« L'Artiste, 1re série, t. X. »

1er État. Avant toute lettre.
2e — Celui qui est décrit.

2205 NÉGLIGÉ DU MATIN. | 1835.— Une dame de 3/4 tournée à D., avec son fils vu de face, tous deux la tête de 3/4 à G. Chapeau avec voile relevé, redingote à double pèlerine. L'enfant est à D., en redingote à revers de velours, serrée à la taille par une ceinture, une main passée sous le bras de sa mère, l'autre tenant sa casquette. — A D. G. **1835**. — Claire-voie. Trois fil. En B. au-dessous des fil. à G. *Gavarni.* A D. *Lith. de Frey.* = H. 165, L. 131.

« L'Artiste, 1re série, t. X. »

1er État. Avant toute lettre. Sans fil.
2e — Avant toute lettre. Un fil.
2e — Celui qui est décrit.

2206 1785. — Sur la terrasse d'un jardin public, au bord de l'escalier, un jeune officier de face, la tête de 3/4 à G., indique avec sa canne un objet éloigné à une dame qui lui donne le bras. Celle-ci est de pr. et porte un chapeau très-haut de forme, avec nœuds de rubans; triple jupe, celle de dessus relevée des côtés. Au fond à D., des promeneurs, arrêtés et causant. — Un fil. En B. au-dessous du fil. à G. *Gavarni.* A D. *Lith. de Benard et Frey.* = H. 185, L. 153.

« L'Artiste, 1re série, t. XII. »

1er État. Avant toute lettre.
2e — Celui qui est décrit.

BALS MASQUÉS.

Huit pièces portant ce titre.—Voir ci-après, même section : *Costumes composés pour les bals masqués.*

BALS MASQUÉS DE PARIS.

Deux pièces faisant partie d'une suite de lithographies portant ce titre et dessinées par divers artistes ; chacune représente un homme ou une femme en pied et debout. Le premier numéro de cette suite a paru en 1846, et le dernier de la collection de la Bibliothèque nationale est le n° 105 publié en 1856.

» N° LX. — *Hollandaise*

» N° LXI. — *Débardeur.*

Ces deux pièces ont été publiées primitivement dans la suite *nouveaux travestissemens* (sic). Voir ci-après, même section, les n°s 58 et 59 de cette dernière suite.

LE CARROUSEL.

Seize pièces publiées dans le journal *le Carrousel;* toutes sont entourées de deux fil. et quelquefois plus. On lit en H. au-dessus des fil. au M. *Le Carrousel*, et à D. le n° d'ordre, excepté sur une seule pièce qui n'est point numérotée.

2207 I. — MAJA. — Jeune femme presque de face, tête de 3/4 à G., une main sur la hanche, béret posé sur un bonnet de soie dont l'extrémité tombe sur l'épaule ; double jupe, tablier étroit, au milieu duquel passe un large ruban. — Claire-voie. Trois fil.—En B. au-dessous des fil. à G. *Par Gavarni.* A D. *Lith. Junca, pass. Saulnier*, 6, *Paris.* = H. 182, L. 124.

2208 N° III. — (TOILETTE DU MATIN.) — Femme de face, les deux bras tombant naturellement ; robe montante, manches larges à poignet, mantelet garni d'un volant, chapeau orné de fleurs. — Deux fil. En B. au-dessous des fil. à G. *Gavarni del.* A D. *Imp. d'Aubert et de Junca.* Plus B. au M. *On souscrit au bureau, rue Laffitte, n° 7.* = H. 184, L. 119.

1er État. Avant *On souscrit au bureau* (etc.).
2e — Celui qui est décrit.

2209 N° IV. — (TOILETTE DE BAL.) — Femme de face, mettant un bouquet au haut de son corsage ; couronne de fleurs, robe décolletée garnie d'un volant, manches courtes, gants demi-longs. Elle est devant une table couverte d'un tapis. — Claire-voie. Trois fil. En B. au-dessous des fil. à G. *Gavarni del.* A D. *Imp. d'Aubert et de Junca.* Plus B. au M. *On souscrit au bureau, rue Laffitte, n° 7.* = H. 184, L. 119.

2210 N° VII. — (TOILETTE DE CHEZ SOI.) — Femme de pr. tournée à D., la tête de 3/4, les bras croisés à la hauteur de la taille, une brochure dans une main ; bonnet, fichu et manchettes de dentelles, mitaines. Derrière elle, à G., une chaise haute, et à D. un guéridon couvert d'un tapis. — A D. **Gavarni.** — Claire-voie. Trois fil. En B. au-dessous des fil. au M. *Imp. d'Aubert* *et de Junca.* Plus B. *On souscrit au bureau, rue Laffitte, n° 7.* = H. 184, L. 132.

1er État. Avant toute lettre.
2e — Celui qui est décrit.

2211 N° IX. — *Pelisse en tissu gros grain, doublée de satin et bordée de crèbe.* | *Chapeau de peluche.* — Femme de 3/4 tournée à D., la tête à G., tenant sa cordelière des deux mains. — A G. G. Deux fil. En B. au-dessous des fil. à G. *Gavarni delt.* A D. *Imp. d'Aubert et de Junca.* Au-dessous de la légende : *On souscrit au bureau, rue Ollivier-St-Georges, n° 9.* = H. 184, L. 130.

2212 X. — SOIRÉE. — Jeune femme causant avec un jeune homme en frac et pantalon habillé. Elle est de pr. tournée à D., mettant ses gants. Rose dans les cheveux, robe décolletée, garnie de nœuds de rubans, à manches courtes et plates. — A G. **Gavarni 36.** — Deux fil. En B. au-dessous des fil. à D. *Imp. d'Aubert et de Junca.* = H. 186, L. 125.

« Le Carrousel, 10 novembre 1836. »

1er État. Avant toute lettre.
2e — Celui qui est décrit.

2213 N° XII. — *Robe en popeline, spencer de velours garni de galon des* | *magasins de Mlles. Saint-Laurent et Saint, 22, rue de la Paix. Coiffure par Victor Plaisir, 11, rue de la Bourse.* | *Glace à pivot des magasins de Vacher, rue Laffitte, n° 1.* — Femme de 3/4 tournée à D., la tête à G., un bras baissé, son mouchoir à la main. Derrière elle à D. une psyché, où elle est vue de dos. — Deux fil. En B. au-dessous des fil. à G. *Gavarni.* A D. *Imp. d'Aubert et de Junca.* Au-dessous de la légende : *On souscrit au bureau, rue Ollivier, n° 9.* = H. 171, L. 118.

« Le Carrousel, 30 novembre 1836. »

1er État. Avant toute lettre.
2e — Celui qui est décrit.

2214 N° XIII. — *Robe en taffetas sergé, fichu et tablier en pou-de-soie garni de dentelles des magasins* | *du Page inconstant, boulevard Poissonnière, 9.- Redingote Humann, 83, rue Nve des Petits-Champs.* | *Chapeau Pinaud.* — A D., une femme de 3/4 tournée à G., assise près d'une cheminée, une main posée sur un écran. De l'autre côté de la cheminée contre laquelle il est appuyé, un jeune homme avec lequel elle cause est debout, sa canne et son chapeau à la main. — Claire-voie. Trois fil. En B. au-dessous des fil. à G. *Gavarni.* A D. *Imp. d'Aubert et de Junca.* Au-dessous de la légende : *On souscrit rue Ollivier St Georges, 9.* = H. 180, L. 124.

« Le Carrousel, 10 décembre 1836. »

1er État. Avant toute lettre.
2e — Celui qui est décrit.

2215 N° XV. — NOUVEAU TRAVESTISSEMENT DE GAVARNI. | *Exécuté par Babin, rue Richelieu, 21.* — Femme de face, tête de 3/4 à D., les deux poignets sur les hanches; béret, corsage de velours ouvert sur le devant par le bas, manches de chemise larges et ouvertes. — A D. **Gavarni.** — Claire-voie. Quatre fil. En B. au-dessous des fil. à D. *Imp. d'Aubert et de Junca.* Au-dessous de la légende : *On souscrit au bureau, rue Olivier* (sic) *St Georges, 9.* = H. 165, L. 117.

« Le Carrousel, 20 décembre 1836. »

1er État. Avant toute lettre.
2e — Celui qui est décrit.
3e — Béarnaise. En H. au-dessus des fil. au M. *Musée de Costumes.* A D. *n*o 288. En B. au-dessous des fil. à G. *Chez Aubert, g. Véro-Dodat.* A D. *Imp. d'Aubert.*

2216 No XVI. — COSTUME DE GAVARNI, | *exécuté par Moreau, rue Vivienne, n*o 18. — Une femme de pr. tournée à D., une main sur la hanche, l'autre devant sa poitrine, sa cape sur le bras et traînant à terre; béret, petite veste ronde, jupe courte. — A D. **Gavarni.** — Claire-voie. Quatre fil. A D. 16. En B. au-dessous des fil. à D. *Imp. d'Aubert et de Junca.* Au-dessous de la légende au M. *On souscrit au bureau, rue Ollivier St Georges, n*o 9. = H. 170, L. 116.

1er État. Avant toute lettre.
2e — Celui qui est décrit.
3e — Batelière, espagnole. | *Berret* (sic) *de drap. Veste de casimir. Cotte et manches de batiste. Ceinture de laine. Pantalon de mérinos. Souliers vernis.* En H. au dessus des fil. au M. *Bals masqués.* A D. *n*o 17. En B. au-dessus des fil. au M. *Par Gavarni.* Au-dessous de la légende à G. *Chez Aubert, gal. Véro-Dodat.* A D. *Imp. d'Aubert et de Junca.*
4e — En H. *Travestissements parisiens* au-dessus de *Bals masqués.* 77 au lieu de : *n*o 17. Le reste comme au 3e état.
5e — Un seul fil. En B. dans une tablette *Batelière espagnole* sans les détails du costume. En H. au-dessus du fil. au M. *Travestissemens* (sic) *parisiens, n*o 77. Au-dessous de la tablette au M. *Imp. d'Aubert et Cie.* = H. , L. .

2217 No XVII. — L'ANTICHAMBRE. | (*Nouvelle.*) | *Travestissement* | *composé par Gavarni.-Robe de bal,* | *mode* 1837.-*Habit Humann.* | *Chapeau Cuvellier.* —A G. une jeune femme de 3/4 tournée à D., masquée et travestie, écarte le rideau d'une porte en allant au-devant d'une dame en toilette de bal et accompagnée d'un jeune homme vu de dos. — A G. **Gavarni.** — Deux fil. En B. au-dessous des fil. à G. *Gavarni.* A D. *Imp. d'Aubert et de Junca.* | Au-dessous de la légende. *On souscrit rue Ollivier, n*o 9. = H. 180, L. 130.

« Le Carrousel, 30 janvier 1837. »

1er État. Avant toute lettre.
2e — Celui qui est décrit.

2218 No XVII (bis). — NOUVEAU COSTUME DE GAVARNI | *exécuté par Babin, rue Richelieu,* 21. — Jeune femme, de 3/4 tournée à D., la tête de pr., un loup sur la figure, un doigt près de la bouche. Petit chapeau sur la tête, corsage décolleté, tablier. — A D. **Gavarni.** — Claire-voie. Quatre fil. En B. au-dessous du fil. à D. *Imp. d'Aubert et de Junca.* Au-dessous du titre au M. *On souscrit au bureau, rue Ollivier St Georges, n*o 9. = H. 163, L. 117.

1er État. Avant toute lettre.
2e — Celui qui est décrit.
3e — Fermière. | *Chapeau de velours. Corsage et jupe mérinos garnis de rubans de velours. Tablier et* | *manches de batiste. Bas de soie.* En H. au-dessus des fil. au M. *Bals masqués.* A D. *n*o 11. En B. au-dessus des fil. au M. *Par Gavarni.* En B. au-dessous de la légende à G. *Chez Aubert, gal. Véro-Dodat.* A D. *Imp. d'Aubert et de Junca.*
4e — Un seul fil. En B. dans une tablette *Fermière* sans les détails du costume. En H. au-dessus du fil. au M. *Travestissemens* (sic) *parisiens, n*o 81. En B. au-dessous de la tablette au M. *Imp. Lemercier, Paris.* = H. 150, L. 117.

2219 N° XVIII. — COSTUME DE COUR | 1837. | *habit Barde,* | *rue de Choiseul,* 2. — *Robe de chez Mme Henry,* | *rue des Pyramides,* 3. — Un homme et une dame à laquelle il donne la main, montent un escalier, tous deux de pr. tournés à D.; l'homme, chapeau claque à la main, habit à la française, culotte courte blanche, épée au côté. — A G. **Gavarni.** — Deux fil. En H. au-dessus des fil. à G. *Journal de la cour.* En B. au-dessous des fil. à G. *Gavarni.* A D. *Imp. d'Aubert et de Junca.* Au-dessous de la légende : *On souscrit au bureau, rue Ollivier, n°* 9. = H. 178, L. 117.

« Le Carrousel, 20 février 1837. »

1er État. Avant toute lettre.
2e — Celui qui est décrit.

2220 N° XX. — TOILETTE DU SOIR. — Femme de 3/4 tournée à D. la tête à G., assise, les mains l'une sur l'autre à la hauteur de la poitrine; éventail sur les genoux, ferronnière et rose dans les cheveux.— A G. **Gavarni.**—Claire-voie. Deux fil. En H. au-dessus des fil. à G. *Journal de la cour.* En B. au-dessous du premier fil. au M. *Gavarni.* Au-dessous du second, à G. *Administration rue Ollivier,* 9. A D. *Imp. d'Aubert et de Junca.* Le titre entre les deux fil. = H. 146, L. 114.

« Le Carrousel, 20 mars 1837. »

1er État. Avant toute lettre.
2e — Celui qui est décrit. Le titre entre les deux fil.

2221 (Sans numéro.) — PRINTEMPS. — Figures à mi-corps. Un homme et une femme de face et se donnant le bras : la femme à G. coiffée d'une capote ornée d'un bouquet sur le côté; l'homme en redingote boutonnée, cravate à carreaux, son chapeau à la main. — Vers la G. **G.** — Claire-voie. Deux fil. En H. au-dessus des fil. à G. *Journal de la cour* Entre les fil. au M. *Le Carrousel.* En B. entre les fil. une tablette contenant le titre particulier de la pièce, et au-dessous de ce titre *Imp. d'Aubert et de Junca.* Entre le premier fil. et la tablette au M. *Gavarni.* Entre la tablette et le deuxième fil., toujours au M. *Administration, rue Ollivier,* 9. = H. 118, L. 95.

« Le Carrousel, 30 avril 1837. »

2222 XXVIII. — SOUVENIR DU BAL DE L'OPÉRA, | *au profit des ouvriers lyonnais,* | 6 *mai* 1837. — Jeune femme de pr. tournée à D. descendant un escalier, accompagnée d'un jeune homme qui lui donne le bras. Il est de 3/4 tourné à D., presque de face, son chapeau à la main. — A G. **G. 60.** — Claire-voie. Trois fil. En B. au-dessous des fil. à G. *Gavarni* A D. *Imp. d'Aubert et de Junca.* = H. 182, L. 128.

« Le Carrousel, 20 mai 1837. »

1er État. Avant toute lettre.
2e — Celui qui est décrit.

CARNAVAL.

Une pièce ajoutée à la suite *Carnaval* lorsque cette suite a été publiée isolément en dehors du texte du *Charivari.*

2223 L. — *Képi de velours garance. Foulard blanc. Bourgeron de mérinos bleu. Écharpe de soie noire* | *à raies de couleur. Pantalon de velours garance. Guêtres de piqué blanc. Souliers vernis.* | *Gants blancs.* — Un homme, moustaches et barbiche, kép de côté sur la tête par-dessus un mouchoir. Il est de 3/4 tourné à G., les deux bras levés en l'air. — Claire-voie. Deux fil. En H. au-dessus des fil. à G. *Œuvres nouvelles de Gavarni.* A D. *Le Carnaval*, suivi du n° 50. En B. au-dessous des fil. à G. *Chez Aubert et Cie, pl. de la Bourse*, 29. A D. *Imp. Aubert et Cie.* — A D. **46-8.** = H. 262, L. 190.

1er État. Avant toute lettre. Sans fil.
2e — Celui qui est décrit.

LE CHARIVARI.

Soixante-dix-sept pièces publiées dans le journal *le Charivari*. Elles sont classées selon l'ordre alphabétique du titre des suites qu'elles composent, ou du titre de chaque pièce ne faisant point partie d'une suite.

2224 AMAZONE HUMANN. | *Chapeau Jay, rue des Fossés-Montmartre*, 5. | *Gants Mayor, passage Choiseul*, 32. | *Fouet Verdier.* — Figures à mi-jambes. Une jeune femme de 3/4 tournée à D. la tête à G., assise sur le parapet d'une terrasse et tenant son fouet à la main. Chapeau rond avec voile. — A G. **40-123.** — Un fil. En B. au-dessous du fil. à G. *Chez Bauger, r. du Croissant*, 16. A D. *Imp. d'Aubert et Cie.* = H. 200, L. 156.

« Le Charivari, 1er août 1840. »

1er État. Avant toute lettre.
2e — Celui qui est décrit.

2225 COSTUME D'AMAZONE | *de Humann.* | *Cravache de Verdier. Chapeau de Guitar*, 101, *rue Richelieu.* — Jeune femme dans la campagne, de face, la tête à G. Chapeau à grands bords avec voile, les deux mains dans les poches de sa jupe, l'une tenant son fouet. — A G. **41-34.** — T. C. cintré du H. En B. au-dessous du T. C. au M. *Imp. d'Aubert et Cie.* = H. 255, L. 176.

« Le Charivari, 7 mai 1841. »

1er État. Avant toute lettre.
2e — Celui qui est décrit.

2226 COSTUME DE CHASSE | *de Humann*, 83, *r. Nve des Petits-Champs.* — Un jeune homme dans la campagne, de face, la tête de 3/4 à G., les deux bras croisés, un fouet à la main. Casquette, ceinturon en cuir verni, couteau de chasse, bottes à revers. — A D. **41-72.** — Claire-voie. Un fil. En B. au-dessous du fil. à D. *Imp. d'Aubert et Cie.* = H. 198, L. 140.

« Le Charivari, 4 septembre 1841. »

1er État. Avant toute lettre.
2e — Avant 83, *R. Nve des Petits-Champs.*
3e — Celui qui est décrit.

2227 COSTUMES D'HOMMES. — Deux hommes en paletot de pr. vis-à-vis l'un de l'autre. Celui de G., les deux mains dans ses poches, allume son cigare à celui du second personnage ; celui-ci, plus grand que le premier, est obligé de ployer les jambes. Il tient entre deux doigts son cigare à la bouche. — Au M. G. **39.** — En H. au M. au-dessus du T. C. 1839. En B. au M. au-dessous du T. C. *Imp. d'Aubert et Cie.* = H. 230, L. 179.

« Le Charivari, 31 janvier 1839. »

2228 COSTUME DE HUMANN. — Un jeune homme dans un jardin de 3/4 tourné à G., les deux poignets sur les hanches, nu-tête, cheveux bouclés des deux côtés, barbe en collier; cravate noire, redingote courte boutonnée, pantalon blanc. — A D. **41-33**. — Claire-voie. En B. à D. *Imp. d'Aubert et Cie*. Au-dessous du titre, *Se vend chez Bauger et Cie, Éditeurs des* (etc.). = H. 172, L. 142.

« Le Charivari, 27 mai 1841. »

1er État. Avant toute lettre.
2e — Celui qui est décrit.

2229 COSTUME DE HUMANN. | *Chapeau de Guitar, rue Richelieu*, 101. — Un jeune homme de face, la tête de 3/4 à G., les deux mains sur les hanches. Chapeau sur la tête, barbe entière, redingote à la française boutonnée, pantalon rayé. — A D. **41-56**. — Claire-voie. Un fil. En B. au-dessous du fil. à G. *Chez Bauger, r. du Croissant*, 16. A G. *Imp. d'Aubert et Cie*. = H. 223, L. 138.

« Le Charivari, 22 juillet 1841. »

1er État. Avant toute lettre.
2e — Avant *Imp. d'Aubert et Cie*.
3e — Celui qui est décrit.

2230 COSTUME DE HUMANN, | 83, *rue Neuve des Petits-Champs*. — Figure à mi-jambes. Un jeune homme, de 3/4 tourné et penché à D., est accoudé sur le parapet d'une terrasse de jardin, la tête de pr. contre sa main, son autre main sur la hanche. Barbe et moustache, redingote boutonnée, pantalon à carreaux. — A D. **41-79**. — Claire-voie. Un fil. cintré du H. En B. au-dessous du fil. à D. *Imp. d'Aubert et Cie*. = H. 235, L. 174.

« Le Charivari, 1er octobre 1841. »

1er État. Avant toute lettre.
2e — Celui qui est décrit.

2231 COSTUME D'HUMANN. | *Col et chemise d'Oudinot, place de la Bourse.* | *Chapeau de Desprez*, 28, *b. des Italiens*. — Un jeune homme de face, appuyé presque assis contre la barrière d'un parc dont on voit les arbres; près de lui une jeune femme de pr. à D., chapeau à plume, spencer de velours, tenant son ombrelle fermée sur l'épaule. — Claire-voie. En B. à G. *Chez Aubert, Gal. Véro-Dodat*. A D. *Imp. d'Aubert et Cie*. = H. 212, L. 205.

« Le Charivari, 19 septembre 1839. »

1er État. Avant toute lettre.
2e — Celui qui est décrit.

2232 COSTUME DE HUMANN. | *Chapeau de Guitar*, 101, *rue Richelieu*. — Figures à mi-jambes : Deux hommes, celui de D. vu de dos et tourné à G.; l'autre de face, la tête de 3/4 à G., un cigare à la bouche. Tous les deux sont coiffés de chapeaux semblables à grands bords et ont leurs mains dans les poches de leur redingote. — A G. **41-12**. — Claire-voie. Un fil. En B. au-dessous du fil. au M. *Imp. d'Aubert et Cie*. = H. 199, L. 158.

« Le Charivari, 11 février 1841. »

1er État. Avant toute lettre.
2e — Celui qui est décrit.

2233 COSTUMES DE HUMANN, | *Rue Neuve des Petits-Champs*, n° 83. — Figures à mi-jambes : Deux hommes vêtus d'un paletot semblable, bordé d'un large galon, les mains dans les poches : celui de D., vu de dos et tourné à G.; l'autre de face, cheveux ras, barbe entière, son chapeau sur un guéridon à G. — A G. **41-108**. — Claire-voie. Un fil. En B. au-dessous du fil. au M. *Imp. d'Aubert et Cie*. = H. 199, L. 154.

« Le Charivari, 5 novembre 1841. »

1er État. Avant toute lettre.
2e — Avant *rue Neuve des Petits-Champs, n*o 83.
3e — Celui qui est décrit.

2234 COSTUMES DE HUMANN. — Figures à mi-jambes : Groupe de deux jeunes gens dont l'un à G., vu de dos et tourné à D., regarde avec un lorgnon qu'il tient à la main, sa canne sous le bras; l'autre presque de face, les poignets sur les hanches; redingote boutonnée, pantalon à raies, chapeau à grands bords, barbe entière. — A D. **41-58**. — Claire-voie. Un fil. En B. au-dessous du fil. au M. *Imp. d'Aubert et Cie*. = H. 199, L. 154.

« Le Charivari, 21 juin 1841. »

1er État. Avant toute lettre.
2e — Celui qui est décrit.

2235 COSTUMES D'HUMANN. — Deux jeunes gens. L'un, de 3/4 tourné à D., regarde à G. par-dessus son épaule, dans la glace d'une cheminée, comment va son habit; l'autre derrière lui, étendu sur un divan, la tête renversée en arrière, exhale une bouffée de fumée. Sur la cheminée un flambeau dans la bobèche duquel brûle un cigare. — A G. **41-14**. — En B. à D. au-dessous du T. C. *Imp. d'Aubert et Cie*. Au-dessous du titre : *Se vend chez Bauger et Cie, Éditeurs des* (etc.). = H. 198, L. 142.

« Le Charivari, 25 mars 1841. »

1er État. Avant toute lettre.
2e — Celui qui est décrit.

2236 COSTUMES D'HUMANN. | *Chemises de Mr Longueville, breveté*, 10, *rue Richelieu.* | *Chapeau de M. Desprez*, 28, *boulevard des Italiens.* — Deux jeunes gens : celui de G., vu de dos, chapeau sur la tête, les mains dans les poches de son paletot; le second en frac, de 3/4 tourné à G. la tête à D., une main sur la hanche, l'autre tenant son lorgnon. — A G **39-10**. — Claire-voie. En H. au M. *Modes*. En B. à D. *Imp. d'Aubert et Cie*. = H. 160, L. 115.

« Le Charivari, 17 janvier 1839. »

1er État. Avant toute lettre.
2e — *Chapeau de M. Desprez* (etc.) n'existe pas. *Imp. d'Aubert et Cie* au M., au lieu d'être à G. Le reste comme à l'état décrit.
3e — Celui qui est décrit.

2237 COSTUMES D'HUMANN. | *Chapeaux de Desprey* (sic). — Figures à mi-jambes. Deux jeunes gens, de pr. vis-à-vis l'un de l'autre, se serrant les deux mains. Celui de D., vu de dos à moitié, est en frac, barbe entière; l'autre en redingote, petite moustache. — A G. **40 | 12**. — Claire-voie. Trois fil. En B. au-dessous des fil. à G. *Chez Bauger, rue du Croissant*, 16. Au M. *Par Gavarni.* A D. *Imp. d'Aubert et Cie*. = H. 185, L. 140.

« Le Charivari, 13 février 1840. »

1er État. Avant toute lettre.
2e — Celui qui est décrit.

2238 COSTUMES D'HUMANN. — Un homme de face regardant à G., chapeau sur la tête, barbe entière, moustaches relevées, pardessus à collet et revers en velours, une main dans sa poche, l'autre pendant naturellement, un binocle suspendu à son cou. Maisons au fond. — A G. **42-37.** — Un fil. à pans coupés en haut. En B. au-dessous du fil. au M. *Gavarni.* A D. *Imp. d'Aubert.* = H. 223, L. 138.

« Le Charivari, 3 novembre 1842. »

1er État. Avant toute lettre.
2e — Celui qui est décrit.

2239 *Costumes d'Humann. Chapeau de Desprez*, 28, *boulevard* | *des Italiens. Chemises de Longueville*, *breveté*, 10, *rue Richelieu*, *près* | *le Théâtre-Français.* — Deux jeunes gens. Celui de D. vu de dos et tourné à G., en redingote, chapeau sur la tête, canne sous le bras, est en train de mettre ses gants; l'autre, en frac, ouvre le tiroir d'un bureau sur lequel sont ses gants et son chapeau. — A G. **39**. — Claire-voie. En B. à D. *Imp. d'Aubert et Cie.* = H. 185, L. 153.

« Le Charivari, 21 février 1839. »

1er État. Avant toute lettre.
2e — Celui qui est décrit.

2240 COSTUME ÉCOSSAIS. — Une jeune femme en écossais de fantaisie, de 3/4 tournée à D., le coude sur le dossier d'un canapé. Toque à plumes sur la tête, larges manches de chemise bouffantes. — A D. **Gavarni**. — Claire-voie. Deux fil. Au-dessous du titre à G. *Chez Aubert*, *galerie Véro-Dodat.* A D. *L. de Benard*, *rue de l'Abbaye*, *4.* = H. 146, L. 100.

« Le Charivari, 20 février 1834. »

1er État. Avant toute lettre.
2e — Celui qui est décrit.

HISTOIRE DU COSTUME EN FRANCE.

Suite de onze pièces. Chacune, représentant un ou deux personnages en pied et debout, femmes ou hommes, est à claire-voie, entourée de quatre fil. En H. au-dessus des fil. au M. : *Histoire du Costume en France.* A D. entre le premier et le second fil. le N° d'ordre. En B. entre le premier et le second fil., dans une tablette, le titre indicatif du costume.

2241 I. — 1400. | PAGE. — De 3/4 tourné à D. la tête à G., une main posée sur une canne; toque de velours. — A G. **115.** — En B. au-dessous des fil. à G. *Chez Pannier, éditeur*, *r. du Croissant*, 16. A D. *Imp. d'Aubert et Cie.* = H. 200, L. 155.

« Le Charivari, 13 février 1843. »

1er État. Avant toute lettre.
2e — Celui qui est décrit.

2242 II. — 1400. | JUGES DISEURS. — Groupe de deux personnages dont l'un, de 3/4 tourné à D. la tête à G., les jambes croisées, s'appuie d'une main sur un bâton et de l'autre sur l'épaule de son compagnon. Celui-ci est à D. de 3/4 à G., coiffé d'un chaperon, les deux mains à sa ceinture. Chacun est vêtu d'une tunique très-courte, serrée par une ceinture à laquelle est suspendue une épée. — A G. **111.** — En B. au-dessous des fil. à G. *Chez Pannier, édit^r^, r. du*

Croissant, 16. Au M. *Chez Aubert, pl. de la Bourse*, 29. A D. *Imp. d'Aubert et Cie*. = H. 198, L. 148.

« Le Charivari, 19 janvier 1843. »

1er État. Avant toute lettre. Sans tablette. Les trois derniers fil. non fermés par le B.
2e — Celui qui est décrit.

2243 III. — 900. | TOURMENTEUR. — Vu de dos et tourné à D., un bras étendu à G. à la hauteur de la tête, une main posée sur un long bâton, l'autre main sur la hanche. Capuchon à bande d'étoffe retombant jusqu'au bas des reins. Par terre à G. un paquet de cordes. — A G. **G. 110**. — En B. au-dessous des fil. à G. *Chez Pannier, éditr, r. du Croiss nt*, 16. Au M. *Chez Aubert, pl. de la Bourse*. A D. *Lith. Rigo frères et Cie, r. Richer*, 7. = H. 198, L. 156.

« Le Charivari, 17 février 1843. »

1er État. Avant toute lettre.
2e — Celui qui est décrit.

2244 IV. — FIN DU RÈGNE DE LOUIS XVI. | *Parisiens*. — Un homme donnant le bras à une femme, tous deux vus de dos, coiffés de chapeaux à larges bords, cheveux poudrés à queue. L'homme est à G. tourné vers la D.; il est en redingote et tient une canne. — A G. G. — En B. au-dessous des fil. à G. *Chez Pannier, édr, r. du Croissant*, 16. A D. *Imp. d'Aubert et Cie*. = H. 197, L. 155.

« Le Charivari, 2 février 1843. »

1er État. Avant toute lettre. Sans tablette. Les trois derniers fil. non fermés par le B.
2e — Celui qui est décrit.

2245 V. — 1806. | BOURGEOIS DE PARIS. — Deux hommes dont l'un, à G., chapeau à trois cornes, longue redingote, une main dans le gousset de sa culotte, l'autre posée sur son parapluie. Le second personnage, vu de dos à moitié et tourné vers le premier, s'appuie sur une canne; chapeau rond, frac et pantalon collant. — A G. **117**. — En B. au-dessous des fil. à G. *Chez Pannier, édit., r. du Croissant*, 16. Au M. *Chez Aubert, pl. de la Bourse*, 29. A D. *Imp. d'Aubert et Cie*. = H. 199, L. 158.

« Le Charivari, 26 février 1843. »

1er État. Avant toute lettre et avant la tablette. Un seul fil.
2e — Celui qui est décrit.

2246 VI. — 1300. | MARCHAND DE PARIS. — Vu de dos et tourné à G., les épaules couvertes d'un large manteau descendant à mi-jambes, un bras plié à la hauteur de la ceinture, une canne à la main. Capuchon avec bande d'étoffe retombant jusqu'au bas du dos. — A G. **114**. — En B. au-dessous des fil. à G. *Chez Pannier, éditeur, r. du Croissant*, 16. A D. *Imp. Rigo fres et Cie*. = H. 199, L. 157.

« Le Charivari, 27 avril 1843. »

1er État. Avant toute lettre.
2e — Celui qui est décrit.

2247 VII. — 1300. | TOURMENTEUR. — De face, à moitié assis sur un bloc de pierre à D., une jambe pendante, une main à la hauteur de la poitrine, posée sur un long bâton. — A G. **118**. — En B. au-dessous des fil. à G. *Chez Pan-*

nier, *éditeur*, *r. du Croissant*, 16. Au M. *Chez Aubert et Cie, pl. de la Bourse*, 29. A D. *Lith. Rigo f^es^ et Cie*, *r. Richer*, 7. = H. 198, L. 156.

« Le Charivari, 11 février 1843. »

1er État. Avant toute lettre.
2e — Celui qui est décrit.

2248 VIII. — 1200. | CHEVALIER FRANÇAIS. — De face, tête de 3/4 à D., il s'appuie d'une main sur une longue épée nue, et tient de l'autre un bouclier qui le couvre jusqu'aux genoux. Casque et cotte de mailles. — A G. **112**. — En B. au-dessous des fil. *Chez Pannier*, *édit.*, *r. du Croissant*, 16. A D. *Lith. Rigo frères et Cie*, *r. Richer*, 7. = H. 197, L. 155.

« Le Charivari, 3 mai 1843. »

1er État. Avant toute lettre.
2e — Celui qui est décrit.

2249 IX. — 1400. | DAMES DE PARIS. — Deux femmes, dont l'une à D. porte la queue de la longue robe de l'autre. Cette dernière, presque entièrement de face, la tête de 3/4 à D., est coiffée d'un haut bonnet pointu. — A G. **113**. — En B. au-dessous des fil. à G. *Chez Pannier*, *édit.*, *r. du Croissant*, 16. A D. *Imp. Rigo f^es^ et Cie*. = H. 200, L. 154.

« Le Charivari, 9 mars 1843. »

1er État. Avant toute lettre.
2e — Celui qui est décrit.

2250 X.—1400. | GENS DE LA SUITE D'UN SEIGNEUR.—Un homme vu de dos et tourné à D., une main à la hauteur de la taille, posée sur une grande canne, longs cheveux tombant sur le dos, chapeau en pointe sur le devant. — A G. **116**. — En B. au-dessous des fil. à G. *Chez Pannier*, *édit^r^*, *r. du Croissant*, 16. A D. *Imp. Rigo f^res^ et Comp.* = H. 198, L. 156.

« Le Charivari, 2 mars 1843. »

1er État. Avant toute lettre.
2e — Celui qui est décrit.

2251 XI. — ROI D'ARMES. — De pr. tourné à D., un bras baissé, son bonnet et un papier dans la main; il est couvert d'un manteau richement brodé, où sont représentés deux chevaliers sur leurs destriers et se combattant. — A G. **109**. — En B. au-dessous des fil. à G. *Chez Panier* (sic), *éditeur*, *r. du Croissant*, 16. Au M. *Chez Aubert et Cie*, *place de la Bourse*, 29. A D. *Imp. Rigo f^es^ et Cie*. = H. 197, L. 157.

« Le Charivari, 17 mars 1843. »

1er État. Avant toute lettre.
2e — Celui qui est décrit.

2252 MANTEAUX GRECS DE HUMANN, | *rue Neuve des Petits-Champs*, 83. — Figures à mi-jambes : Deux jeunes gens leur chapeau sur la tête; celui de D. de 3/4 tourné à G., presque de pr., les bras croisés sur la poitrine, son lorgnon sur l'œil; l'autre vu de dos, son manteau jeté sur ses épaules, les manches flottantes. — A G. **41-107**. — Claire-voie. Un fil. En B. au-dessous du fil. au M. *Imp. d'Aubert et Cie*. = H. 200, L. 155.

« Le Charivari, 20 novembre 1841. »

1er État. Avant toute lettre.
2e — Celui qui est décrit.

2253 MODES. | *Costumes d'Humann. Chapeau de Desprez*, 28, *boulevard des Italiens. Chemises de Longueville*, 10, *rue Richelieu.* — Figures à mi-jambes. Une jeune femme et un jeune homme dans un bois, vus de 3/4 et se donnant le bras, se dirigent vers la D., chacun une cravache à la main. La femme est en amazone, chapeau avec plume. — A G. **39**. — Claire-voie. Quatre fil. En B. au-dessous du titre à G. *Imp. d'Aubert et Cie*; à D. *Edité par le Charivari, rue du Croissant*, 16. = H. 179, L. 170.

« Le Charivari, 13 juin 1839. »

1er État. Avant toute lettre.
2e — Avant *Chemises de* (etc.). Le reste comme à l'état décrit.
3e — Celui qui est décrit.

2254 MODES. | *Costumes d'Humann* | *Coiffures de Desprez.* — Figures à mi-jambes : Groupe de deux jeunes gens en redingote, causant ensemble, épaule contre épaule. Celui de G., de pr. tourné à D., tient sa canne horizontalement; l'autre, de face, a la sienne baissée. — A G. **G. 39**. — Claire-voie. En B. à G. *Imp. d'Aubert et Cie*. A D. *Chez Bauger , r. du Croissant*, 16. = H. 160, L. 130.

« Le Charivari, 13 décembre 1839. »

1er État. Avant toute lettre.
2e — Celui qui est décrit.

2255 MODES. | *Costumes de Humann.* — Deux jeunes gens dont l'un à D., vu de dos, en train de mettre sa cravate devant une glace; le second, de pr. tourné à D., redingote boutonnée, a le coude appuyé sur le dossier d'une chaise, la main sur sa tête. — A G. **1840—365**. — Quatre fil. En B. au M., entre le T. C. et le premier fil. *Par Gavarni.* Au-dessous des fil. à D. *Imp. d'Aubert et Cie*. Au-dessous du titre : *Se vend chez Bauger et Cie, éditeurs des* (etc.). = H. 199, L. 170.

« Le Charivari, 11 janvier 1841. »

1er État. Avant toute lettre.
2e — Celui qui est décrit.
3e — En H. au-dessus des fil. au M. *La Vie de jeune homme.* Entre le T. C. et le premier fil. à D. 14. (Des épreuves portent 41.) En B., au lieu de : *Modes* (etc.), on lit : *Combien cela te coûte(-t-)il un habit comme ça?* | — *Je ne sais pas.* | — *Dieu veuille que tu ne le saches jamais.* Le reste comme à l'état décrit.

2256 MODES. | *Costumes d'Humann.* — Figures à mi-jambes : Deux hommes dans un jardin, tournés à G., l'un de pr., coiffé d'un chapeau à larges bords; l'autre à G. vu de dos ; chacun vêtu d'une redingote à la française et tenant une canne à la main. — A D. **40**. A G. **86**. — Quatre fil. En B. au M. entre le T. C. et le premier fil. *Par Gavarni.* Au-dessous des fil. à G. *Chez Bauger, r. du Croissant*, 16. A D. *Imp. d'Aubert et Cie*. = H. 183, L. 140.

« Le Charivari, 29 mai 1840. »

1er État. Avant toute lettre. Fil. non fermés par le B.
2e — Celui qui est décrit.

2257 MODES. | *Costumes d'Humann.* — Figures à mi-jambes : Deux hommes se donnant une poignée de main, celui de D., de 3/4 tourné à G., frac et cravate blanche ; l'autre de pr. à D., en paletot, le chapeau sur la tête, une main sur sa canne. — A la pointe sèche au M. **Gavarni.** — Claire-voie. En B. à G. *Par Gavarni.* A D. *Imp. d'Aubert et Cie.* = H. 175, L. 150.

« Le Charivari, 1er janvier 1840. »

1er État. Avant toute lettre.
2e — Celui qui est décrit.

2258 MODES. | *Costumes d'Humann.* | *Coiffures de Desprez.* — Figures à mi-jambes : Deux jeunes gens en costume de chasse de 3/4 tournés à G.; celui de D. coiffé d'un chapeau à larges bords, ceinture à cartouchière, une main sur la hanche, l'autre appuyée sur l'épaule de son compagnon; celui-ci, en casquette, couteau de chasse à la ceinture, bottes à revers, a un fouet à la main. — A G. **Gavarni.** — Claire-voie. En B. au-dessous du titre à G. *Chez Bauger, r. du Croissant,* 16. A D. *Imp. d'Aubert et Cie.* = H. 160, L. 160.

« Le Charivari, 20 novembre 1839. »

1er État. Avant toute lettre.
2e — Celui qui est décrit.

2259 MODES. | *Pantalons de tricot, paletots de drap à grandes poches. (Humann.)* — Deux hommes en chapeau se donnant une main, l'autre dans la poche de leur paletot. Celui de D., vu de dos, tient sa canne contre son épaule. Le second de 3/4 tourné à D., la tête de pr. — A G. **273.** — Claire-voie. En B. à G. *Chez Bauger, r. du Croissant*, 16. A D. *Imp. d'Aubert et Cie.* = H. 172, L. 140.

« Le Charivari, 17 octobre 1840. »

1er État. Avant toute lettre.
2e — Celui qui est décrit.

2260 MODES. | *Pantalon de tricot, redingote du matin, de Humann.* | *Chapeaux de Jay.* — Deux jeunes gens le chapeau à la main et se saluant. Celui de D. de 3/4 tourné à G., gilet blanc, cravate noire, pantalon rayé. L'autre vu de dos, redingote, pantalon blanc. — A D. **41-89.** — Claire-voie. Un fil. En B. au-dessous du fil. à D. *Imp. d'Aubert et Cie.* = H. 184, L. 142.

« Le Charivari, 19 octobre 1841. »

1er État. Avant toute lettre.
2e — Celui qui est décrit.

2261 MODES. | *Pantalons, redingote, habit à la française (Humann).* | *Chapeaux (Jay).* | *Cravates et gants (Mayer).* | *Canne (Verdier).* — Deux jeunes gens dont l'un à D. vu de dos et tourné à G., les mains dans les poches de derrière de sa redingote. Le second de 3/4 tourné à D., une main sur la hanche, l'autre à hauteur de la ceinture, tenant sa canne contre son épaule. — A G. **193.** — Claire-voie. En B. à D. *Imp. d'Aubert et Cie.* = H. 210, L. 180.

« Le Charivari, 3 septembre 1840. »

1er État. Avant toute lettre.
2e — Avant *Habit à la française.*
3e — Celui qui est décrit.

2262 MODES. | *Redingote de chambre de Humann.* | *Meuble gothique de Monbro fils, rue Basse-du-Rempart,* 18. — Jeune femme de 3/4 tournée à D., tête de face, devant un meuble sur lequel elle s'appuie par derrière, les deux mains dans les poches de son vêtement. A G. sur le meuble des potiches. — A G. **344.**

— Claire-voie. En B. à D. *Imp. d'Aubert et Cie*. Au-dessous du titre : *Se vend chez Bauger et Cie, éditeurs des* (etc.) = H. 213, L. 155.

« Le Charivari, 14 décembre 1840. »

1er État. Avant toute lettre.
2e — Celui qui est décrit.

2263 MODES. | *Robes de satin, pelisse de cachemire et châle de velours: Minaret, | boulevart* (sic) *Poissonnière*, 11. *Chapeaux de velours et velours épinglé.*— Deux femmes en chapeaux à plumes se donnant la main dans un jardin. Celle de D. de 3/4 à G., la tête de face, large pelisse sur une robe bordée d'un volant. L'autre vue de dos, grand châle noir bordé de fourrure blanche. — Claire-voie. En B. à G. *Par Gavarni*. A D. *Imp. d'Aubert et Cie*. = H. 156, L. 170.

« Le Charivari, 21 décembre 1839. »

1er État. Avant toute lettre.
2e — Celui qui est décrit.

2264 MODES DE LONGCHAMPS. | *Costumes d'Humann, chapeaux de Desprez*, 28, *bd des Italiens; chemises de Longueville*, *r. Richelieu*, 10. — Figures à mi-jambes. Trois jeunes gens à la promenade se donnant le bras et se dirigeant à D. Celui de G. est en frac; les deux autres sont en redingote; celui de D. tient sa canne des deux mains. — A G. **Gavarni 39**. — Claire-voie. Quatre fil. En B. au-dessous des fil. à G. *Imp. d'Aubert et Cie*. Au M. *Par Gavarni*. A D. *Le Charivari*. = H. 188, L. 186.

« Le Charivari, 5 avril 1839.

1er État. Avant toute lettre.
2e — Celui qui est décrit.

2265 MODES DE LONGCHAMPS. | *Costumes de Humann*. | *Chapeau de Guitar* (*rue Richelieu*, 101). — Un jeune homme de 3/4 tourné à G., presque de face, toute sa barbe, chapeau à larges bords, habit à la française, cravate et culotte blanches, grandes bottes molles; une main sur la hanche, l'autre tenant un fouet. Au fond arbustes. — A G. **41-32**. — En B. au-dessous du T. C. à G. *Imp. d'Aubert et Cie*. Au-dessous du titre : *Se vend chez Bauger et Cie, éditeurs des* (etc.). = H. 237, L. 155.

« Le Charivari, 29 avril 1841. »

1er État. Avant toute lettre.
2e — Celui qui est décrit.

2266 PELISSE DE CACHEMIRE (*Delisle*). | *Capote doublée de crêpe* (*Lemonnier Pelvey*.) — Une jeune femme à la promenade donnant la main à D. à un petit garçon en casquette, elle se dirige vers la G., la tête de 3/4 tournée à D., presque de face. Capote à plumes. — A G. **266**. — Claire-voie. En B. à G. *Chez Bauger, r. du Croissant*|, 19. A D. *Imp. d'Aubert et Cie*. = H. 175, L. 160.

« Le Charivari, 1er mars 1841.

1er État. Avant toute lettre.
2e — Celui qui est décrit.

» *Redingote de pékin* (*Ste-Barbe, rue Castiglione*). *Fichu à jabot. Chapeau* | *en paille d'Italie cousue. Voilette et écharpe de dentelles* (*dépôt, rue du Dauphin*). — Portrait de *Mlle Nourtier*. — Voir à la section *Portraits*.

2267 *Redingotte* (sic) *du matin. Gilet de cachemire et de piqué de Humann.* | *Chemises de Durousseau*, *chemisiers* (sic) *des princes.* — Figures à mi-jambes. Deux jeunes gens assis sur un divan. L'un de 3/4 tourné à D., la tête baissée, le corps penché en avant, les coudes sur les genoux. Le second à G., de face, un coude sur un coussin, une main sur sa poitrine. — A D. **41-75.** — Claire-voie. En B. au M. *Imp. d'Aubert et Cie*. = H. 130, L. 153.

« Le Charivari, 19 mars 1842. »

1er État. Avant toute lettre.
2e — Celui qui est décrit.

2268 REDINGOTE HABILLÉE D'HUMANN. — Un homme de 3/4 tourné à D., le bas du dos appuyé contre un meuble sculpté, son chapeau et sa canne dans une main; à G. un tabouret, sur le meuble des potiches. — A G. **41-8.** — Claire-voie. Un fil. cintré du H. Dans l'intérieur du dessin en H. au M. *Modes du Charivari;* en B. au M. *Par Gavarni.* Au-dessous du fil. en B. à G. *Imp. d'Aubert et Cie*. A D. *Chez Aubert, gal. Vero-Dodat.* Au-dessous du titre: *Se vend chez Bauger et Cie*, *éditeurs des* (etc.) = H. 252, L. 175.

« Le Charivari, 28 janvier 1841. »

1er État. *Par Gavarni.* Sans autre lettre.
2e — Celui qui est décrit.

REVUE FASHIONABLE.

Suite de douze pièces publiées antérieurement en suite isolée sous le titre : *Fashionables.* Voir la description ci-après sous cette rubrique, même section.

2269 ROBE DE CHAMBRE EN CACHEMIRE DE HUMANN. | *Chaise de Monbro fils, rue Basse-du-Rempart*, 18. — Un homme de pr. tourné à D., lisant le journal, une main dans la poche de sa robe de chambre, un genou sur une chaise, un coude sur le dossier. — A G. **275.** — Claire-voie. Un fil. En B. au-dessous du fil. au M. *Imp. d'Aubert et Cie*. = H. 199, L. 161.

« Le Charivari, 18 novembre 1840. »

1er État. Avant toute lettre.
2e — Celui qui est décrit.

2270 ROBES DE CHAMBRE DE HUMANN, *tailleur*, *rue Neuve-des-Petits-Champs.* | *Chemises de Durousseau.* | *Curiosités de Mombro* (sic). — Figures à mi-jambes : Deux jeunes gens sur un divan. Celui de G. de 3/4, à demi couché de D. à G., le coude appuyé sur un coussin, barbe entière. L'autre vu de dos et tourné à G., cheveux ras et moustaches, son cigare à la main. Au fond, meuble à hauteur d'appui et potiches. — A G. **41-85.** — En B. au-dessous du T. C. au M. *Imp. d'Aubert et Cie*. = H. 197, L. 157.

« Le Charivari, 22 janvier 1842.

1er État. Avant toute lettre.
2e — Celui qui est décrit.

» ROBES DE CHAMBRE D'HUMANN. — Pièce publiée primitivement sous le titre : *Costumes de Lacroix.* Voir ce titre ci-après, même section, sous la rubrique *le Figaro.*

2271 *Robe en organdi, fichu plat, manchettes et falbalas, mitaines de Mayer, robe en coutil. Étoffes de Ste-Barbe, rue Castiglionne* (sic). — Deux femmes sur une terrasse de jardin; celle de G. de 3/4 à D., les bras croisés, mitaines aux mains, regarde sa compagne qui, vue de dos, la tête et le haut du corps baissés à D., soigne des fleurs dans des pots placés sur le parapet de la terrasse. — A G. **41-43**. — Claire-voie. Un fil. En B. au-dessous du fil. à G. *Imp. d'Aubert et Cie*. = H. 199, L. 156.

« Le Charivari, 8 juillet 1841. »

1er État. Avant toute lettre.
2e — Celui qui est décrit.

SOUVENIRS DU BAL CHICARD.

Suite de vingt lithographies à claire-voie représentant chacune un homme ou une femme, en pied et debout, en costume de carnaval. Elles sont numérotées de 2 à 20. La première n'a pas de numéro. On lit en H. sur chaque pièce à D., à l'exception de la première : *Souvenirs du bal Chicard,* puis le no d'ordre. A G. sur les nos 2 à 16 : *Le Charivari.*

2272 (I.) — CHICARD. — De face, la tête de 3/4 à G., les bras en l'air, casque pointu surmonté d'un plumet, frac à longues basques, bottes à revers. — A G. **Gavarni. 1839.** — En B. à D. *Imp. par Aubert.* Au-dessous du titre au M. *Par Gavarni.* = H. 280, L. 187.

« Le Charivari, 25 mars 1839. »

1er État. Celui qui est décrit.
2e — En H. à G. *La Caricature.* En B. à G. *Imp. d'Aubert et Cie.* Au-dessus du titre *Par Gavarni.*
« La Caricature, 30 janvier 1842. »

2273 II. — UN ÇOVAGE CIVILIZÉ. — De pr. tourné à D., les bras étendus en avant; claque surmonté d'une aigrette, perruque à longue queue, ceinture de plumes soutenue par des bretelles, guêtres blanches. — A G. **Gavarni | 1839.** — En B. au M. *Par Gavarni.* A D. *Imp. d'Aubert et Cie.* = H. 265, L. 195.

« Le Charivari, 18 avril 1839. »

1er État. Avant toute lettre.
2e — Avant le no.
3e — Celui qui est décrit.

2274 III. — BALOCHARD. — De 3/4 tourné à D., la tête à G., un bras étendu la main à la hauteur de la tête, une jambe levée. Chemise de couleur, les manches retroussées, gants à la chevalière. — A D. **Gavarni.** — En B. à D. *Imp. d'Aubert et Cie.* Au M. *Gavarni.* = H. 265, L. 180.

« Le Charivari, 2 mai 1839. »

1er État. Avant toute lettre.
2e — Avant *Imp. d'Aubert et Cie.*
3e — Celui qui est décrit.

2275 IV. — M. FLOUMANN. — De face, tête de 3/4 à G., un bras étendu à D. dansant et clignant de l'œil. Gilet très-court laissant voir la chemise, pantalon collant. — A D. **Gavarni.** — En B. à D. *Imp. d'Aubert et Cie.* Au M. *Par Gavarni.* = H. 250, L. 233.

« Le Charivari, 25 avril 1839. »

1er État. Avant toute lettre.
2e — Avant *Imp. d'Aubert et Cie.*
3e — Celui qui est décrit.

2276 V. — PÉTRIN. — Garçon boulanger de 3/4 tourné à G., les bras baissés et écartés, les poings fermés; pipe passée dans les cordons de son serre-tête, veste ouverte laissant voir la poitrine couverte d'un tricot imitant la chair. — A G. **Gavarni. 39.** — En B. à G. *Imp. d'Aubert et Cie.* Au M. *Par Gavarni.* = H. 245, L. 186.

« Le Charivari, 6 juin 1839. »

1er État. Avant toute lettre.
2e — Celui qui est décrit.

2277 VI. — COMMISSAIRE DE MARINE. — Gros homme de 3/4 tourné à D., un bras en l'air, les jambes écartées. Il est vêtu de la tête aux pieds d'un tricot imitant la chair. Couronne et ceinture de plantes marines. Écharpe tricolore au bas de la poitrine. — A G. **Gavarni. 39.** — En B. à G. *Imp. d'Aubert et Cie.* Au M. *Par Gavarni.* A D. *Chez Bauger, r. du Croissant,* 16. = H. 245, L. 176.

« Le Charivari, 10 février 1840. »

1er État. Avant toute lettre.
2e — Celui qui est décrit.

2278 VII. — GÉNÉRAL ÉTRANGER. — De face, la tête de 3/4 à D., les deux mains sur les hanches; chapeau gris déformé avec touffe de crins noirs, veste courte ouverte sur le devant, une épaulette et des aiguillettes, large pantalon de paillasse à carreaux. — A D. **39-233.** — En B. au M. *Par Gavarni.* Plus B. à D. *Imp. d'Aubert et Cie.* Au-dessous du titre *Se vend chez Bauger et Cie, éditeurs des* (etc.). = H. 254, L. 160.

« Le Charivari, 24 janvier 1841. »

1er État. Avant toute lettre.
2e — Celui qui est décrit.
3e — En B. à G. *Chez Aubert, gal. Véro-Dodat.* Le reste comme à l'état décrit.

2279 VIII. — INSULAIRE DE N'IMPORTE OU. — De 3/4 tourné à D. presque de face, une main sur la hanche, l'autre à son menton. Immense chevelure noire tombant sur les épaules, lunettes sur le nez, manteau à larges carreaux, tête de femme suspendue par les cheveux à sa ceinture. — A G. **357.** — En B. à D. *Imp. d'Aubert et Cie.* Au M. *Par Gavarni.* = H. 266, L. 150.

« Le Charivari, 31 janvier 1841. »

1er État. Avant toute lettre.
2e — Celui qui est décrit.
3e — En B. à G. *Chez Bauger et Cie, rue du Croissant,* 16. Le reste comme à l'état décrit.

2280 IX. — TROUBADOUR. — De face, la tête à G. presque de pr., dansant, une main au-dessus de sa tête, une pipe à la bouche; gants noirs à la chevalière, bilboquet à la ceinture. A D., par terre, une toque posée sur le goulot d'une bouteille. — A D. **41-18.** — En B. à D. *Imp. d'Aubert et Cie.* Au-dessous du titre *Se vend chez Bauger et Cie, éditeurs des* (etc.). = H. 272, L. 175.

« Le Charivari, 23 février 1841 » et « 2 décembre 1841 », par double emploi.

1er État. Avant toute lettre.
2e — Celui qui est décrit.
3e — En B. à G. *Chez Aubert, gal. Véro-Dodat.* Le reste comme à l'état décrit.

2281 X. — TITI. — Jeune femme en homme, dansant le cancan, de 3/4 tournée à G., la tête à D., un bras plié, la main à la hauteur du front; mouchoir autour de la tête, chemise entr'ouverte, les manches retroussées, pantalon de velours. Derrière elle une femme, en costume à peu près pareil et masquée, est étendue par terre de D. à G. sur le dos. — A G. **41-20**. — En B. à D. *Imp. d'Aubert et Cie*. Au-dessous du titre *Se vend chez Bauger, éditeur des* (etc.). = H. 224, L. 193.

« Le Charivari, 18 février 1842. »

1er État. Avant toute lettre.
2e — Celui qui est décrit.
3e — En B. à G. *Chez Aubert, gal. Véro-Dodat*. Le reste comme à l'état décrit.

2282 XI. — AGRÉABLE. — Incroyable du Directoire de pr. tourné à G., la tête de face. Il porte une main à sa large cravate blanche, et de l'autre tient une badine. Frac à taille très-courte et à très-longues basques, de la poche duquel sort un foulard; petites bottes à revers. — A G. **41-15**. — En B. au M. *Par Gavarni*. A D. *Imp. d'Aubert et Cie*. Au-dessous du titre *Se vend chez Bauger et Cie, éditeurs des* (etc.). = H. 214, L. 113.

« Le Charivari, 10 janvier 1842. »

1er État. Avant toute lettre.
2e — Celui qui est décrit.
3e — En B. à G. *Chez Aubert, gal. Véro-Dodat*. Le reste comme à l'état décrit.

2283 XII. — CACIQUE. — De face, tête de 3/4 à D., les bras baissés et écartés, la tête d'un plumeau figurant des cheveux réunis en touffe, et le manche pour faux nez; bras et jambes tatoués de rats, tunique en toile à matelas, nappe pour manteau, long collier composé de tasses et de pots de diverses formes. — A G. **41-30**. — En B. à D. *Imp. d'Aubert et Cie*. Au M. *Par Gavarni*. Au-dessous du titre *Se vend chez Bauger et Cie, éditeurs des* (etc.). = H. 256, L. 175.

« Le Charivari, 21 février 1841. »

1er État. Avant toute lettre.
2e — Celui qui est décrit.

2284 XIII. — ÉMIR. — De 3/4 tourné à D. la tête de pr. Un bras étendu en avant, il tient à G. un morceau de cerceau en guise de cimeterre; sur sa tête une casserole entourée d'une serviette pour turban, à sa ceinture une clarinette et une flûte pour poignard et pistolet. — A G. **41-19**. — En B. à D. *Imp. d'Aubert et Cie*. Au M. *Par Gavarni*. Au-dessous du titre *Se vend chez Bauger et Cie, éditeurs des* (etc.). = H. 227, L. 170.

« Le Charivari, 18 janvier 1842. »

1er État. Avant toute lettre.
2e — Celui qui est décrit.
3e — En B. à G. *Chez Aubert, gal. Véro-Dodat*. Le reste comme à l'état décrit.

2285 XIV. — ANDALOUSE. — Homme en femme, de face, tenant un éventail dans une main dont il s'appuie à G. contre un mur, et dans l'autre un verre de vin de Champagne près de sa bouche. Longs cheveux tombant des deux côtés de la figure, couronne de fleurs et plumes sur la tête. Par terre, à G., trois bouteilles de vin dont deux renversées. — A G. **41-16**. — En B. à D. *Imp. d'Aubert et Cie*. Au M. *Par Gavarni*. Au-dessous du titre *Se vend chez Bauger et Cie, éditeurs des* (etc). = H. 222, L. 168.

« Le Charivari, 29 janvier 1842. »

1er État. Avant toute lettre.
2e — Celui qui est décrit.
3e — En B. à G. *Chez Aubert, gal. Véro-Dodat.* Le reste comme à l'état décrit.

2286 XV. — TRITON. — Gros homme de pr. tourné à D., une main sous le menton, l'autre sous son coude. Couronne d'algues, le torse et les bras couverts d'un tricot imitant la chair, caleçon rayé, bottes d'écureur d'égout. — A D. **41-17.** — En B. à D. *Imp. d'Aubert et Cie.* Au M. *Par Gavarni.* Au-dessous du titre *Se vend chez Bauger et Cie, éditeurs des* (etc.). = H. 215, L. 155.

« Le Charivari, 3 février 1842. »

1er État. Avant toute lettre.
2e — Celui qui est décrit.
3e — En B. à G. *Chez Aubert, gal. Véro-Dodat.* Le reste comme à l'état décrit.

2287 XVI. — GARDE CHAMPÊTRE. — De pr. tourné à G. Casquette surmontée de plumes de coq noires et d'un plumet, veste courte dont les manches s'arrêtent au-dessus du coude, baudrier, gants et ceinture en fourrure noire, bottes à revers. — A G. **41-23.** — En B. à D. *Imp. d'Aubert et Cie.* Au M. *Par Gavarni.* Au-dessous du titre *Se vend chez Bauger et Cie, éditeurs des* (etc.). = H. 248, L. 162.

« Le Charivari, 7 février 1842. »

1er État. Avant toute lettre.
2e — Celui qui est décrit.
3e — En B. à G. *Chez Aubert, gal. Véro-Dodat.* Le reste comme à l'état décrit.

2288 XVII. — BOURGUEMESTRE (*sic*). — De 3/4 tourné à D., les deux mains croisées sur la poitrine; canne sous le bras, masque à nez retroussé et moustaches, ventre postiche énorme, gilet ouvert laissant voir la chemise. — A D. **41-49.** — En B. à D. *Par Gavarni.* Plus B. du même côté *Imp. d'Aubert et Cie.* A G. *Chez Bauger, r. du Croissant,* 16. = H. 210, L. 168.

« Le Charivari, 21 février 1842. »

1er État. Avant toute lettre.
2e — Celui qui est décrit.
3e — En B. au M. *Chez Aubert, place de la Bourse.* Le reste comme à l'état décrit.

2289 XVIII. — ROBINSON. — De pr. tourné à G., tête de 3/4, une main sur la hanche, l'autre tenant un perroquet empaillé et un vieux parapluie dont il ne reste plus guère que les baleines avec le manche. Il est en chemise, les manches retroussées, bonnet à poil de grenadier, faux nez, jambes nues, bottes à revers, un balai d'âtre, une casserole, etc., pendus à sa ceinture. — A G. **41-35.** — En B. à G. *Par Gavarni.* Plus B. à D. *Imp. d'Aubert et Cie.* A G. *Chez Bauger, r. du Croissant,* 16. = H. 271, L. 183.

« Le Charivari, 3 mars 1842. »

1er État. Avant toute lettre.
2e — Celui qui est décrit.
3e — En B. au M. *Chez Aubert, place de la Bourse.* Le reste comme à l'état décrit.

2290 XIX. — MINON-MINARD. — De face, tête de 3/4 à G., les bras étendus et levés à la hauteur de la tête. Casque de dragon, chemise rayée ouverte sur la poitrine, manches retroussées, bottes à l'écuyère. — A G. **42-50.** — En B.

à D. *Par Gavarni.* Plus B. du même côté *Imp. d'Aubert et Cie.* A G. *Chez Bauger, r. du Croissant*, 16. = H. 220, L. 155.

« Le Charivari, 24 décembre 1842. »

1er État. Avant toute lettre.
2e — Celui qui est décrit.
3e — En B. au M. *Chez Aubert, place de la Bourse,* 29. Le reste comme à l'état décrit.

2291 XX. — PISTOLET. — Jeune femme en homme, de 3/4 tournée à D., la tête à G., un bras levé, la main au-dessus de la tête; bonnet de laine, chemise à larges manches fermées au poignet, haut-de-chausses en velours noir. — A G. **42-51**. — En B. à D. *Par Gavarni.* Plus B. du même côté. *Imp. d'Aubert et Cie.* A G. *Chez Bauger, rue du Croissant*, 16. = H. 197, L. 153.

« Le Charivari, 8 janvier 1843. »

1er État. Avant toute lettre.
2e — Celui qui est décrit.
3e — En B. au M. *Chez Aubert, place de la Bourse*, 29. Le reste comme à l'état décrit.

CHRONIQUE DE PARIS.

Huit pièces publiées dans ce journal. Chacune porte en tête : *Chronique de Paris, journal politique et littéraire.*

1er État. Avant toute lettre.
2e — Celui qui est décrit.

2292 TOILETTE DU MATIN. | *Redingotte* (sic) *en ricbouk à gros boutons et pantalon anglais* (*Lacroix, r. Ste-Anne*, 55). | *Robe de velouté à raies* (*Minaret, boulevard Poissonnière*, 11). | *Bonnet de tulle* (*magin de Made Lassalle, passage des Panoramas*, 54). — Un jeune homme en redingote se dirigeant vers la D., donne le bras à une jeune femme en bonnet noué sous le menton, et tenant son mouchoir à la main. Ils sont tous deux de 3/4 et regardent à terre. La porte de la chambre qu'ils viennent de quitter est ouverte derrière eux. — A D. G. — Claire-voie. Quatre fil. En B. au-dessous des fil. à G. *Gavarni del.* A D. *Imp. d'Aubert et Cie.* Au-dessous de la légende au M. *Le Bureau, rue de Vaugirard*, 36. = H. 170, L. 117.

2293 TOILETTES DU SOIR. | *Robes d'étoffes de soie. Rubans veloutés.* — Deux femmes, l'une à G. de 3/4 à D., et lisant un livre, qu'elle tient de ses deux mains. L'autre de 3/4 tournée à G., assise dans un large fauteuil, les jambes croisées, les mains posées sur les bras du fauteuil. Au fond un paravent. — Claire-voie. En B. à G. *Gavarni.* A D. *L. de Benard et Frey.* Au-dessous de la légende au M. *Le Bureau, rue de Vaugirard*, 36. = H. 160, L. 130.

2294 *Robe en popeline d'Irlande et levantine satinée des Mins Delisle.* | *Chapeau de velours et Cappotte* (sic) *de tissus écossais des Mins Lucy-Hocquet,* | 81, *rue Nve des Petits-Champs. Mantelet de velours bordé de crebe.* — Deux dames se promenant bras dessus, bras dessous et vues de dos. Celle de G. tournée à D. est coiffée d'un chapeau à plumes. L'autre porte un mantelet garni de volants. — A D. **Gavarni 36**. — Claire-voie. En B. à G. *L. de Benard et Frey.* Au M. *Le Bureau, rue de Vaugirard,* 36. = H. 182, L. 148.

2295 *Robe de moire garnie d'un volant de dentelle, et jupe longue en mousseline.*

Redingotte (sic) *de taffetas* | *chiné à bouillon de dentelle* (*Delisle*). *Capotte* (sic) *à coulisse en paille de riz à rubans épinglés* (*Lucy-* | *Hocquet, r. N^ve des Petits-Champs*, 51). *Cachemire de l'Inde* (*Rosset et Normand*), 32, *r. Feydeau.* — Deux femmes dans une galerie de tableaux. L'une, vue de dos, regarde un des tableaux. L'autre à G. de 3/4 tournée à D., tenant son mouchoir dans l'une de ses mains croisées près de sa taille, a les épaules couvertes d'un châle. — A D. **G. 47.** — Claire-voie. Trois fil. En B. au-dessous des fil. à G. *Gavarni.* A D. *Imp. d'Aubert et de Junca.* = H. 182, L. 129.

2296 (COSTUME DE BAL ET TRAVESTISSEMENT.) — Une dame vue de dos et tournée à D., en robe de bal, au bras d'un jeune homme qu'on voit de pr., est arrêtée à l'entrée d'un salon par une femme dont le haut du visage est caché par un loup. Celle-ci, en costume travesti, est presque de face, petit chapeau de paille posé sur le côté de la tête, corsage décolleté orné de rubans, larges manches ouvertes. — A D. **Gavarni.** — Trois fil. En B. au-dessous des fil. à G. *Par Gavarni.* A D. *Imp. d'Aubert et de Junca.* = H. 182, L. 129.

2297 *Robe en popeline à mantelet pareil garni de frange. Robe en velouté de printemps* (*Delisle*). | *Chapeau en moire à folettes nuancées et à calottes entourées de dentelles* (*Lucy Hocquet*, 51, *rue* | *Neuve des Petits-Champs*). — Deux femmes se donnant la main. L'une à G. de pr. tourné à D., tenant son mouchoir, la figure cachée entièrement par son chapeau. L'autre, en chapeau à plumes, un mantelet à franges. — A D. **Gavarni.** — En B. au-dessous du T. C. à G. *Par Gavarni.* A D. *Imp d'Aubert et de Junca.* = H. 183, L. 130

2298 *Robe de velouté à raies* (*Delisle. rue de Choiseul*). *Mantille de tulle bordée de faveurs.* | *Plumes et fleurs. Chagot*, 81, *rue de Richelieu. Bouquet de Mme Prevost* — Deux femmes : l'une à G. de pr. tournée à D., accoudée sur une cheminée, où l'on voit une statuette de l'Amour. La seconde, vue de dos et tournée à G , tient un bouquet à la main ; la mantille jetée sur un fauteuil à D. — A D. **Gavarni.** — En B. au-dessous du T C. à D *Imp d'Aubert et de Junca.* = H. 182, L. 132.

2299 *Turban et bonnet paysanne* (*Mlle Lemonnier*, 348, *rue S.-Honoré*). *Robe de velours et pardessus garnis* | *de fourrure et satin broché* (*Delisle, rue de Choiseul*). *Mantelets du soir* (*Privat, rue de la Paix*). — Deux femmes en face l'une de l'autre, vues de dos à moitié ; celle de D., le visage caché par son bonnet, tient un binocle à la main. L'autre est en turban. Derrière elle à G. un fauteuil.— A D. **MM.** (Montmartre) **21-22 f^r** (février) **37.** — Claire-voie. Quatre fil. En B. au-dessous des fil A D. *Imp. d'Aubert et de Junca.* = H. 172, L 127.

COSTUMES COMPOSÉS POUR LES BALS MASQUÉS.

Huit lithographies d'une série de dix pièces numérotées de 11 à 20 (la série des dix premiers numéros nous est inconnue) publiée dans une couverture portant pour titre : *Costumes composés pour les bals de cette année par Gavarni, chez Aubert, galerie Véro-Dodat, imprimés par Aubert et Junca.* Les n°s 19 et 20 ne sont point de la main de Gavarni, mais des copies d'après ses dessins. Chaque pièce, représentant un homme ou une femme en pied et debout, est à claire-voie entourée de quatre fil. En H. au-dessus des fil. au M. *Bals masqués*, et à D. le n° d'ordre. En B. au-dessus des fil. au M *Par Gavarni*, et au-dessous de la légende à G. *Chez Aubert, gal. Véro-Dodat.* A D *Imp. d'Aubert et de Junca.*

» XI. — FERMIÈRE. | *Chapeau de velours. Corsage et jupe de mérinos, garnis de rubans de velours; tablier et | manches de batiste; bas de soie* — Pièce publiée primitivement dans *le Carrousel*. Voir ci-dessus même section, sous la rubrique de ce journal, nº 17 (bis). *Nouveau costume de Gavarni, exécuté par Babin, rue Richelieu*, 21.

2300 XII. — TROUVERRE (sic). | *Bonnet de velours noir doublé de mérinos. Corsage de satin noir; tunique et manches de mérinos | blancs* (sic) *garnies de velours, nœuds de satin. Pantalon de soie. Bottines de maroquin.* — Jeune femme en homme, de face, la tête de 3/4 à G, les deux mains sur la poitrine. — A G. **Gavarni.** = H. 172, L. 118.

1er État. Avant toute lettre.
2e — Celui qui est décrit.
3e — Un seul fil. En B. dans une tablette le titre particulier sans les détails du costume. En H. au-dessus du fil. au M. *Travestissemens* (sic) *parisiens*, nº 82. En B. au-dessous de la tablette au M. *Imp. d'Aubert et Cie*, et plus B. *Chez Aubert et Cie, place de la Bourse.* = H. 219, L. 164.

2301 XIII. — PAYSANNE BASQUE. | *Chapeau de velours garni de houppes de chenille. Corsage et jupe de laine; espadrilles de maroquin; écharpe de tulle.* — De 3/4 tournée à G., la tête à D, une main au bas de son cou, sur une écharpe qu'elle retient de l'autre main. — A D. **Gavarni.** = H. 171, L. 117.

1er État. Avant toute lettre.
2e — Celui qui est décrit.
3e — Un seul fil. En B. dans une tablette le titre particulier sans les détails du costume. En H. au-dessus du fil. au M. *Travestissemens* (sic) *parisiens*, nº 76. En B. au-dessous de la tablette au M. *Imp. d'Aubert et Cie*. Plus B. *Chez Aubert et Cie, pl. de la Bourse*, 29. = H. 214, L. 162.

2302 XIV. — ARAGONAIS. | *Veste de drap. Ceinture et bonnet de laine. Culotte de velours.* — De face, tête de 3/4 à D., une main à sa ceinture, l'autre tenant une cigarette. Large chapeau, veste jetée sur l'épaule. — A D. **Gavarni.** = H. 162, L. 117.

1er État. Avant toute lettre.
2e — Celui qui est décrit.
3e — En H. *Travestissements parisiens* au-dessus de *Bals masqués*. A D. 74, au lieu de 14. Le reste comme à l'état décrit.
4e — Un seul fil. En B. dans une tablette le titre particulier sans les détails du costume. En H. au-dessus du fil. *Travestissemens* (sic) *parisiens*, nº 74. En B. au-dessous de la tablette au M. *Imp. d'Aubert et Cie*, plus B. *Chez Aubert, pl. de la Bourse*, nº 29. = H. 218, L. 156.

2303 XV. — PAGE ÉCOSSAIS. | *Bonnet de velours garni de plumes. Veste de velours (petites basques derrière, sous le ceinturon). | Sac de velours. Cotte de laine.* — Jeune femme en homme, presque de face tête de 3/4 à D., retenant des deux mains et de chaque côté son écharpe. — A D. **Gavarni.** = H. 169, L. 117.

1er État. Avant toute lettre.
2e — Celui qui est décrit.
3e — En H. *Travestissements parisiens* au-dessus de *Bals masqués*. A D., 75, au lieu de 15. Le reste comme à l'état décrit.
4e — Un seul fil. En B. dans une tablette le titre particulier sans les détails du costume. En H. au-dessus du fil. au M. *Travestissemens* (sic) *parisiens*, nº 75. En B. au-dessous de la tablette au M. *Imp. d'Aubert et Cie*. | *Chez Aubert et Cie, place de la Bourse*, 29, et plus B. *Costume de Babin, rue Richelieu.* = H. 165, L. 117.

2304 XVI. — PATRON DE BATEAU. | *Chemise de mérinos. Pantalon de velours. Bas de soie. Souliers vernis, boucles d'argent. Veste de bazin* (sic). | *Chapeau de paille bordé de velours, boucle et pipe d'argent, branche de saule, boutons de métal, chaîne de montre d'argent.* — De 3/4 tourné à G., un bras étendu, la main à la hauteur de la tête, la pipe d'argent et la branche de saule à son chapeau. — A G. **Gavarni**. = H. 170, L. 117.

1er État. Avant toute lettre.
2e — Celui qui est décrit.
3e — Un seul fil. En B. dans une tablette le titre particulier sans les détails du costume. En H. au-dessus du fil. au M. *Travestissemens* (sic) *parisiens, n°* 63. En B. au-dessous de la tablette au M. *Imp. Lemercier, Paris.* Plus B. *Chez Aubert, pl. de la Bourse.* = H. 219, L. 164.

» XVII. — BATELIÈRE ESPAGNOLE. | *Berret* (sic) *de drap. Veste de casimir. Cotte et manches de batiste. Ceinture de laine. Pantalon de mérinos. Souliers vernis.* — Pièce publiée primitivement dans le *Carrousel.* Voir ci-dessus même section, sous la rubrique de ce journal, *n°* 16. *Costume de Gavarni exécuté par Moreau, rue Vivienne, n°* 18.

2305 XVIII. — MONTAGNARD. | *Veste et culotte de velours. Chemise de flanelle. Guêtres de cuir. Chapeau de paille.* — De face la tête de 3/4 à G., les mains sur les hanches, le chapeau sur le coin de l'oreille. — A G. **Gavarni**. = H. 172, L. 118.

1er État. Avant toute lettre.
2e — Celui qui est décrit.
3e — Un seul fil. En B. dans une tablette le titre particulier sans les détails du costume. En H. au-dessus du fil. au M. *Travestissemens* (sic) *parisiens, n°* 78.

COSTUMES DES PYRÉNÉES.

Suite de vingt-quatre pièces qui ont dû être publiées sous ce titre, que nous avons trouvé dans les notes de Gavarni. Chacune de ces lithographies est à claire-voie. On y lit en H. au M. le nom de la nation, en B. ceux de la province et de la localité où sont portés les costumes représentés (le nom de la localité est en espagnol et en français). En B. à D. *Lith. de Lemercier.* (Cette inscription n'existe pas au n° 16. Sur le n° 4 on lit *Lith. Lemercier, rue du Four St-Gain, n°* 55.) Au-dessous de la légende au M. le n° d'ordre. Plus B. à G. *Paris, chez Rittner, bvrd Montmartre, n°* 12. (On lit *Paris, chez Rittner, brd* (etc.), sur le n° 4. *Paris, chez Rittner, boulrd* (etc.), sur le n° 3, et à *Paris, chez Rittner, bvrd* (etc.), sur le n° 8.) A D. *London published may* 1829, *by Rittner*, 8, *Surrey street, Strand,* à l'exception du n° 4, où cette inscription est remplacée par *Lith. de Lemercier, rue du* (etc.).

1er État. Avant toute lettre.
2e — Celui qui est décrit.

2306 RRR. I. — BÉARN. | *Aldeano del valle de Ossau.* | *Habitant de la vallée d'Ossau.* — De face, une main appuyée sur un bâton, l'autre dans le gousset de sa culotte; veste ouverte. — En H. *France.* = H. 133, L 116.

2307 RRR. II. — BIGORRE. | *Doncella de Ossun al marcado de Tarbes.* | *Jeune fille d'Ossun (un jour de marché).* — De face, appuyée par derrière contre un parapet, sur lequel elle a une main posée; capulet sur la tête, besace sur l'épaule. — En H. *France.* = H. 145, L. 124.

2308 RRR. III. — ARAGON. | *Minon* | *Gendarme aragonais.* — De face, une main à sa ceinture, l'autre tenant un bâton ferré; capote militaire jetée sur l'épaule, pistolet à la ceinture. — En H. *Espana.* = H. 145, L. 124.

2309 RRR. IV. — ARAGON. | *Muger del valle de Broto.* | *Femme de la vallée de Broto.* — De face. s'appuyant d'une main sur une fourche. — En H. *Espana.* = H. 125, L. 95.

2310 RRR. V. — BÉARN. | *Costumbre de Larruns* | *Paysan de Larruns.* — De pr. tourné à G., une canne sous le bras, une main sur la hanche. Devant lui une petite fille portant sur son épaule une branche d'arbre. — En H. *France.* = H. 125, L. 100.

2311 RRR. VI. — BIGORRE. | *Costumbre delas mugeres de Luz.* | *Jeune fille de Luz.* — De 3/4 tournée à G., s'appuyant par derrière contre des pierres, les mains croisées à la hauteur de la taille, et tenant une branche d'arbre. Capulet sur la tête — En H. *France.* = H. 120, L. 120.

2312 RRR. VII — ARAGON. | *Contrabandista en el puerto de Gavarni.* | *Contrebandier.* — Assis sur des rochers au haut d'une montagne, de pr. tourné à D., il allume sa cigarette, son fusil entre les jambes. — En H. *Espagne.* = H. 130, L. 135.

2313 RRR. VIII. — ARAGON. | *Muger del rio de Broto.* | *Femme des bords de la rivière de Broto* — Vue de dos et tournée à D., les mains appuyées sur le parapet d'une route. — En H. *Espagne.* = H. 130, L. 145.

2314 RRR. IX. — BIGORRE. | *Fraginero de Ossun.* | *Roulier de Ossun.* — De face et marchant, son fouet dans une main; il en tient la mèche de l'autre main; blouse, grandes guêtres. — En H. *France.* = H. 125, L 112.

2315 RRR. X. — BIGORRE. | *Artesana de Tarbes.* | *Grisette de Tarbes.* — De pr. tournée à D. la tête de 3/4, enveloppée d'un manteau qui lui couvre entièrement le corps. En avant un ruisseau sur lequel une planche est posée en travers — En H. *France.* = H. 128, L. 138.

2316 RRR. XI. — BIGORRE | *Viejo pastor de Gavarni.* | *Pâtre de Gavarni.* — De pr. tourné à D et gravissant le sommet d'une montagne, il s'appuie sur un grand bâton, sa veste sur un bras, une outre sous l'autre.—En H. *France.* = H. 123, L. 135.

2317 RRR. XII. — BIGORRE | *Viudad del valle de Aure.* | *Paysanne veuve de la vallée d'Aure.* — Vieille femme de face, tête de 3/4 à G., les deux poings sur les hanches. — En H. *France.* = H. 110, L. 118.

2318 RRR. XIII. — ARAGON. | *Sierra del valle de Gistain.* | *Fille d'auberge de la vallée de Gistain.* — De face le dos appuyé contre un mur, les poings sur les hanches, une serviette sur le bras; mouchoir en marmotte. — En H. *Espagne.* = H. 117, L. 116.

2319 RRR. XIV. — BIGORRE. | *Costumbre d las mugeres de Barèges* | *Barégeoise.* — De face, traversant une vallée couverte de neige en raccommodant des bas; bonnet noué sous le menton. — En H. *France.* = H. 125, L. 123.

2320 RRR. XV. — BIGORRE. | *Aldeano de valle de Barèges* | *Barégeois.* — Sur le haut d'une montagne, presque de face tourné à G. la tête à D., bonnet de laine, bâton ferré à la main, gourde en sautoir, manteau et panier de provision sur un bras. Au-dessous de lui à D. un touriste dont on aperçoit le haut du corps. — En H. *France.* = H. 138, L. 138.

2321 RRR. XVI. — BIGORRE. | *Aldeana de las contornos de Bagnères.* | *Paysanne des environs de Bagnères.* — Jeune fille de face, une main sur la hanche, son manteau sur le bras, l'autre main tenant les cordons de son tablier; elle est accoudée à G. sur la tablette extérieure d'une fenêtre. Capulet, sabots. — En H. *France.* = H. 124, L. 142.

2322 RRR. XVII. — BIGORRE. | *Texedor del valle de Aure.* | *Tisserand d'Ancizan (vallée d'Aure).* — Vu de dos à moitié et tourné à D., les deux mains sur un long bâton, il regarde un cimetière par-dessus le mur duquel on aperçoit une croix; longue veste. — En H. *France.* = H. 145, L. 110.

2323 RRR. XVIII. — BIGORRE. | *Muchacha del valle de Aure.* | *Petite fille de la vallée d'Aure.* — De pr., tournée à G., sur une éminence, les pieds nus, les mains dans les poches, un bâton sous le bras; un chien est couché devant elle. — En H. *France.* = H. 116, L. 130

Dans le B. et en travers du 1er état de cette pièce une petite figure de paysan des Pyrénées en pied de 3/4 presque de pr. tourné à D., tenant un parapluie ouvert au-dessus de sa tête.

2324 RRR. XIX. — ARAGON. | *Aldeana de San-Juan.* | *Paysanne de St-Jean (vallée de Gistain).* — De pr. se dirigeant vers la D., elle porte sur son dos un enfant tenant dans ses mains un bâton. — En H. *Espagne.* = H. 113, L. 125.

2325 RRR. XX. — BÉARN. | *Costumbre de las mugeres de Larruns.* | *Jeune femme de Larruns.* — De pr. tournée à G., lavant un verre à une fontaine placée à la hauteur de sa tête; serviette sur le bras, capulet. — En H. *France.* = H. 130, L. 95.

2326 RRR. XXI. — ARAGON. | *Pastor en las altas montanas.* | *Berger.* — Assis sur un rocher, les jambes pendantes, de 3/4 tourné à G., il tricote des bas de laine. — En H. *Espagne.* = H. 115, L. 115.

2327 RRR XXII. — BIGORRE. | *Aldeana delas contornos de Tarbes.* | *Paysanne de la plaine de Tarbes.* — De pr. tourné à G., capulet sur la tête, quenouille à la ceinture, sac sur le bras. — En H. *France.* = H 113, L. 106.

2328 RRR XXIII. — BIGORRE. | *Pastor del canton de Lannemezan.* | *Pâtre du canton de Lannemezan.* — De face, tenant un bâton levé; grand manteau sur les épaules, chapeau à larges bords. — En H. *France* = H. 133, L 102.

2329 RRR. XXIV. — ARAGON. | *Ciudadano de Torla.* | *Habitant de Tourle.* — De face, les bras croisés, les jambes écartées, il regarde à ses pieds une grenouille. Chapeau à larges bords, veste jetée sur les épaules. — En H *Espagne.* = H. 123, L. 110.

COSTUMES HISTORIQUES.

Suite de douze pièces contenues dans une couverture portant pour titre : *Costumes historiques pour travestissements, par Gavarni. Paris, chez Beauger* (sic) *et Cie, rue du Croissant,* 16. *Lith. Coulon et Cie.* — Cette suite a été primitivement publiée par un autre éditeur sous le titre : *Travestissemens* (sic). Voir ce titre ci-après, même section.

LE COURRIER DES ENFANTS.

2330 MODES. — Assis et accoudé sur un tertre dans la campagne, un jeune garçon de 3/4 tourné à G., les jambes étendues, respire l'odeur d'une fleur qu'il tient à la main Casquette, veste courte à revers à châle. — A D. G. — Claire-voie. Un fil. En H. au-dessus du fil. au M. le titre de la pièce. En B. au-dessous du fil. à G. *Gavarni del.* A D. *Lith. de Lemercier.* = H. 129, L. 90.

« Courrier des enfants, 25 août 1835. »

FASHIONABLES.

Suite de douze pièces représentant chacune un homme et une femme à mi-jambes. Chaque pièce est à claire-voie, entourée de trois fil. En H. au-dessus des fil. au M. *Fashionables*. En B. entre le premier et le deuxième fil. à G. *Gavarni del.* A D. *Lith. de Lemercier.* Plus B. au M., pour titre particulier, le nom d'un des douze mois de l'année. Au-dessous des fil. au M. *Paris, chez Tessari, rue du Cloître-Notre-Dame, n° 4.* Ces lithographies ont été ultérieurement publiées dans la *Revue Cambrésienne*, puis dans le *Charivari.*

1er État. Avant toute lettre.
2e — Celui qui est décrit.
3e — *Revue cambrésienne,* au lieu de : *Fashionables. Imp. d'Aubert et de Junca,* au lieu de : *Lith. de Lemercier. Chez Aubert, gal. Véro-Dodat,* au lieu de : *Paris, chez Tessari* (etc.). Le reste comme à l'état décrit.
4e — *Revue fashionable,* au lieu de : *Revue cambrésienne. Imp. d'Aubert, Paris,* au lieu de : *Imp. d'Aubert et de Junca.* Le titre particulier de chaque pièce est changé. Le reste comme au 3e état. Publication du *Charivari.*
5e — *Revue fashionable* supprimé. En H. au-dessus du fil. à D. un n° d'ordre, dont le chiffre supérieur à 12 sur quelques pièces indique une suite plus nombreuse qui nous est tout à fait inconnue. Le reste comme au 4e état.

2331 JANVIER — Femme de 3/4 tournée à D., chapeau à plumes, manchon brodé, à laquelle un homme donne le bras. Ce dernier est à D. de face, chapeau sur la tête, cache-nez autour du cou, frac boutonné, pardessus ouvert. = H. 166, L. 148.

Au 4e état, *Costumes d'hiver.* — « Le Charivari, 16 novembre 1837. »
Au 5e état, n° 11.

2332 FÉVRIER. — Femme vue de dos à moitié et tournée à D., costume de fantaisie, polkant avec un homme vu de face, costume moyen âge, toque à plumes. — A D. *Gavarni.* = H. 168, L. 147.

Au 4e état, *Bal costumé.* — « Le Charivari, 1er décembre 1837. »
Au 5e état, n° 6.

2333 MARS. — Homme vu de dos à moitié, tête de pr. à G., en frac, claque sous un bras, donnant l'autre bras à une femme en costume de fantaisie, vue de dos entièrement et tournant la tête à D. Elle tient un éventail à plumes. = H. 168, L. 147.

Au 4e état, *Bal de l'Opéra.* — « Le Charivari, 27 octobre 1837. »

2334 AVRIL. — Une femme et un homme de 3/4 tournés à D. et se donnant le bras. L'homme, chapeau, redingote boutonnée, pardessus ouvert, une canne à la main. La femme, chapeau avec voile, robe montante, tourne la tête à G. = H. 167, L. 147.

Au 1er état, point de fil.
Au 4e état, *Les Visites.* — « Le Charivari, 15 décembre 1837. »
Au 5e état, no 35.

2335 MAI. — Un jeune homme en frac, de 3/4 tourné à D. la tête de pr., le coude sur une console, cause avec une jeune femme faisant un bouquet. Elle est de 3/4, bonnet de dentelles noué sous le menton, robe montante. = H. 167, L 147.

Au 4e état, *Costumes de campagne.* — « Le Charivari, 12 novembre 1837. »
Au 5e état, no 22.

2336 JUIN. — Jeune femme, de 3/4 tournée à G., assise, les yeux fixés sur la gravure d'un journal qu'elle tient sur ses genoux. A G. un jeune homme, assis auprès d'elle, la regarde plus que la gravure. — A G. *Gavarni.* = H. 167, L. 147.

Au 4e état, *Le dessin du Charivari.* — « Le Charivari, 6 décembre 1837. »

2337 JUILLET. — Une femme en amazone, presque de face la tête de 3/4 tournée à D., chapeau rond avec voile, la queue de son amazone sur le bras, une cravache à la main, donne l'autre main à un homme. Celui-ci, de face la tête de pr. tournée à G., tient une canne; chapeau, redingote boutonnée. = H. 169, L. 148.

Au 4e état, *Costumes de promenade.* — « Le Charivari, 1er novembre 1837. »
Au 5e état, no 34.

2338 AOUT. — Une femme vue de dos à moitié et tournée à G., fleurs dans les cheveux, robe décolletée, gants longs, chante en s'accompagnant du piano. Derrière le piano à G. un homme à moustaches tenant un cahier de musique. = H. 168, L. 148.

Au 4e état, *Soirée.* — « Le Charivari, 29 novembre 1857. »
Au 5e état, no 43.

2339 SEPTEMBRE. — Chasseur presque de face la tête de 3/4 à D., chapeau à larges bords; il tient d'une main son fusil posé à terre, et de l'autre presse celle d'une jeune femme en chapeau, vue de dos et tournée de son côté. = H. 168, L. 148.

Au 4e état, *Costumes de chasse.* — « Le Charivari, 30 octobre 1837. »
Au 5e état, no 28.

2340 OCTOBRE. — Un jeune homme et une jeune femme assis et prenant le thé, tous deux en robe de chambre; la femme, de 3/4 tournée à G., bonnet noué sous le menton, est dans un grand fauteuil. L'homme est à G., de face, et verse de la crème dans une tasse. = H. 167, L. 147.

Au 4e état, *Costumes du matin.* — « Le Charivari, 8 décembre 1837. »
Au 5e état, no 31.

2341 NOVEMBRE. — Une jeune femme de face la tête de 3/4 à G, assise sur le devant d'une loge de spectacle; chapeau à plumes, boa autour du cou. D'une main posée sur le rebord de la loge elle tient son éventail. Debout derrière elle, un jeune homme a un bras appuyé sur le dos du siége qu'elle occupe. = H. 163, L. 147.

Au 4e état, *Costumes de spectacle.* — « Le Charivari, 21 décembre 1837. »

2342 DÉCEMBRE.— Femme de face, la tête de 3/4 à D., écharpe autour du cou, causant avec un homme vu de face, la tête de 3/4 également, un lorgnon à la main. = H. 163, L. 147.

LE FIGARO.

2343 COSTUMES DE LACROIX, | 55, *rue Ste-Anne.* — Deux jeunes gens vêtus d'une robe de chambre semblable, se donnant la main, celui de D. presque de face, ayant toute sa barbe; l'autre vu de dos à moitié. — A G. **40 | 13.** — Claire-voie. Un fil. en B. Au-dessous du fil. à G. *Chez Bauger, rue du Croissant,* 16. Au M. *Par Gavarni.* A D. *Imp. d'Aubert et Cie.* = H. 184, L. 140.

« Le Figaro, 9 février 1840. »

1er État. Avant toute lettre.
2e — Celui qui est décrit.
3e — *Robes de chambre d'Humann,* au lieu de : *Costumes de Lacroix* (etc.). Le reste comme à l'état décrit.
« Le Charivari, 27 février 1840. »

LE JOURNAL DES CHASSEURS.

2344 COSTUME DE CHASSE, | *par Humann.*— Un chasseur de pr. tourné à D., armant son fusil pour tirer une pièce. Large chapeau rabattu sur le devant, veste de chasse boutonnée. — A. D. **46-60.** — En B. au-dessous du T. C. à G. *Journal des chasseurs.* Au M. *Imp. Lemercier, à Paris.* A D. *Juillet* 1846, 10e *année.* = H. 188, L. 120.

1er État. Avant toute lettre.
2e — Celui qui est décrit.

JOURNAL DES FEMMES.

Trois pièces publiées dans ce Journal.

2345 CHEZ SOI. — Deux femmes, l'une de face, tête de 3/4 à D., les bras croisés, coiffure à la Ferronnière, croix à la Jeannette, robe décolletée, manches longues bouffantes, tablier de soie ; l'autre à G. vue de dos, la tête tournée à D et cachée par son chapeau. — A D. G. **1835.** — Claire-voie. Un fil. En B. au-dessous du fil. à G. *Gavarni del.* A D. *Lith. de Frey.* = H. 173, L. 130.

2346 UN BAL EN CARNAVAL. — Deux femmes, dont l'une de face, la tête de 3/4 à G., les deux bras baissés, son éventail dans une main ; fleurs dans les cheveux ; robe décolletée garnie de deux rangs de bouquets sur le devant. L'autre, à D. vue de dos entièrement, costume travesti, petite toque à plumes, robe bordée d'hermine à manches ouvertes. Derrière la première un bahut sculpté, surmonté de potiches. — Claire-voie. Un fil. En B. au-dessous du fil. à G. *Gavarni del.* A D. *Lith. de Frey.* = H. 171, L. 129.

1er État. Avant toute lettre.
2e — Celui qui est décrit.

2347 RRR. — (TOILETTE DE SOIRÉE.) — Jeune femme de 3/4 tournée à D. presque de face, la tête à G., un bras plié à la hauteur de la taille, un mouchoir et un éventail dans la main ; fleurs dans les cheveux, bandeaux plats, robe décolletée bordée d'un large volant de dentelle relevé à G. par un bouquet; autre bouquet au haut du corsage. — Claire-voie. En H. au M. *Journal des femmes.* En B. à D. *Imp. Lemercier, Benard et Cie.* = H. 145, L. 105.

JOURNAL DES GENS DU MONDE.

Vingt et une lithographies publiées dans ce Journal.

2348 RRR. — TOILETTE DU SOIR. | *Chapeau de velours (Mon Alexandre et Beaudrant), Robe de | satin broché, écharpe de blonde (Mins Gagelin).* — Dame de 3/4 tournée à D., regardant en face et avançant le bras pour prendre son mouchoir sur un guéridon. Derrière elle une chaise sur le dos de laquelle est un châle.—Claire-voie. En H. à G. *Jl des gens du monde.* A D. *Paris, décembre* 1833. En B. à G. *Par Gavarni.* Au-dessous de la légende à G. *L'Adminison, rue Castiglione,* 5. A D. *Impé par Frey.* = H. 162, L. 118.

Il n'avait été tiré que quelques épreuves de cette lithographie lorsqu'un accident arrivé à la pierre obligea Gavarni à la recommencer et à la remplacer par la pièce qui suit.

1er État. Avant toute lettre.
2e — Celui qui est décrit.

2349 TOILETTE DU SOIR. | *Chapeau de velours (Mon Alexandre et Beaudrant), Robe de | satin broché; écharpe de blonde (Mins Gagelin).* — Répétition en contre-partie de la lithographie précédente: elle est plus chargée de travail et présente quelques légers changements, dont le plus apparent est celui de la main près de la taille, les doigts sont beaucoup moins ouverts. — La lettre est identiquement la même. = H. 160, L. 120.

2350 TOILETTE DE PROMENADE. | *Manteau boyard, manteau écossais (Mins Gagelin), chapeaux de satin (Mme Lepetit).* — Deux femmes, l'une sur le premier plan à D., de face, une main près de la taille, retenant son manteau bordé de fourrure. La seconde est vue de dos. — Claire-voie. En H. à G. *Jal des gens du monde.* A D *Modes. Paris, décembre* 1833. En B. à D. *Par Gavarni.* Au-dessous de la légende à G. *L'Adminison, rue Castiglione,* 5. A D. *Litho. de Bénard.* = H. 158, L. 123.

1er État. Avant toute lettre.
2e — Celui qui est décrit.

2351 ROBE DE BAL. | *Coiffure Jouenne, fleurs de Nattier.* — Dame assise de face dans un fauteuil, la tête de 3/4 tournée à G., le corps penché du même côté, une main appuyée sur un bras du fauteuil et tenant son éventail, l'autre main posée sur le haut de la poitrine. Cinq bouquets de fleurs sur le devant de la robe. — Claire-voie. Un fil. En H. au-dessus du fil. à G. *Jal des gens du monde.* A D. *Modes Paris, décembre* 1833. En B. au-dessous du fil. au M. *Par Gavarni.* Au-dessous de la légende à G. *L'Adminison, rue Castiglione,* 5. A D. *Litho. de Bénard.* = H. 202, L. 151.

1er État. Avant toute lettre.
2e — Celui qui est décrit.

2352 TRAVESTISSEMENS (*sic*) ORIGINAUX *pour les bals de* 1834. | *No* 1. — Femme de 3/4 tournée à G., la tête de pr. à D., un bras nu étendu en avant, l'autre baissé, la main gantée tenant un éventail. Petit chapeau posé sur le derrière de la tête et surmonté d'une plume, corsage décolleté en velours découpé se terminant par des nœuds de rubans. Manches courtes et bouffantes. — Claire-voie. En H. à G. *Journal des gens du monde* A D. *Fantaisies.* En B. à G. *Par Gavarni.* Au-dessous de la légende à G. *L'Adminis*[on], *rue Castiglione, n*° 5. A D. *Litho. de Bénard.* = H. 158, L. 101.

2353 LE SOIR. | *Coiffure de Sergent et de Jouenne.* — Figures à mi-jambes. Groupe de deux dames assises sur une causeuse. Celle de G. de 3/4 tournée à D., un boa sur les épaules, les mains sur ses genoux, son éventail dans l'une, un de ses gants dans l'autre. La seconde, le haut du corps de 3/4 à G., la main sur l'épaule de sa compagne, tourne la tête à D. — Claire-voie. Un fil. En H. au-dessus du fil. à G. *Journal des gens du monde.* A D. *Modes. Paris*, 1834. En B. au-dessous du fil. au M. *Par Gavarni.* Au-dessous de la légende à G. *L'Adminis*[on], *rue Castiglione*, 5. A D. *Litho. de Bénard.* = H. 176, L. 161.

2354 FASHIONABLES. — Deux hommes de face. Celui de G , son chapeau dans une main posée sur sa hanche, appuie son autre main sur l'épaule du second et lui parle à l'oreille. Celui-ci, chapeau sur la tête, pardessus entièrement ouvert laissant voir une redingote boutonnée, a la main sur une canne. — A D. **Gavarni.** — Claire-voie Deux fil. En H. au-dessus des fil. à G. *J*[al] *des gens du monde.* A D. *Modes. Paris, janvier* 1834. En B. au-dessous des fil. au M. *Par Gavarni.* Au-dessous du titre à G. *L'Adm*[on], *rue Castiglione*, 5. A D. *Imp. par Bénard.* = H. 175, L. 125.

2355 TRAVESTISSEMENS (*sic*) ORIGINAUX *pour les bals de* 1834. | *N*[os] 2 *et* 3. — Deux femmes de 3/4 tournées à D. chacune une canne à la main. L'une à D., costume d'homme, une main dans la poche d'un large pantalon ouvert des côtés, petit chapeau à bords relevés, gilet de velours décolleté laissant voir la chemise, casaque sans manches, les revers rabattus et entièrement ouverte. L'autre, tournant la tête à G., chapeau très-haut de forme, casaque à basques et à manches plates, robe ouverte sur le devant, a une main passée sous le bras de sa compagne. — Claire-voie. En H. à G. *Journal des gens du monde.* A D. *Fantaisies.* En B. à G. *Gavarni.* Au-dessous de *n*[os] 2 *et* 3 à G. *L'Adminis*[on], *rue Castiglione*, 5. A D. *Imprimé par Bénard.* = H. 158, L. 128.

2356 TRAVESTISSEMENS (*sic*) ORIGINAUX *pour les bals de* 1834. | *N*° 3 *et* 4. — Deux femmes : celle de D. travestie en homme, vue de dos et tournée à G. Même costume que celui du numéro précédent : petit chapeau à bords retroussés, casaque décolletée serrée à la taille, large pantalon ouvert des côtés. L'autre de 3/4 à G., la tête presque de face, nattes relevées des deux côtés du visage ; nœuds de rubans sur le haut de la tête d'où pendent les deux extrémités d'un long voile de dentelle, qu'elle retient croisé sur sa poitrine ; robe courte et décolletée. — Claire-voie. En H. à G., *Journal des gens du monde.* A D. *Fantaisies.* En B. à G. *Gavarni.* Au-dessous du titre à G. *L'Adm*[on], *rue Castiglione*, 5. A D. *Imprimé par Bénard.* = H. 150, L. 111.

2357 TRAVESTISSEMENS (*sic*) ORIGINAUX *pour les bals de* 1834. | 5 *et* 6. — Deux femmes : celle de G. vue de dos, un bras baissé, son loup à la main. Petit voile tombant sur le dos, robe décolletée bordée d'un large semis de nœuds de rubans dans le bas. L'autre de 3/4 tournée à D., un éventail en plumes à la main, le front ceint d'un bandeau en or surmonté d'une plume et d'où pend un voile par derrière ; pardessus décolleté ouvert sur la poitrine ; larges manches fendues sur la longueur et pendantes. — Claire-voie. En H. à G. *Journal des gens du monde.* A D. *Fantaisies.* En B. à G. *Par Gavarni.* Au-dessous du titre *L'Ad^{on}, rue Castiglione*, 5. A D. *Imprimé par Bénard.* = H. 161, L. 138

2358 PÈLERINE DE SOIRÉE. — Jeune femme de 3/4 tournée à G., la tête de pr. à D., une main à la hauteur de la taille et tenant un bouquet. Nattes roulées sur le haut de la tête. Petite pèlerine bordée de cygne attachée autour du cou, robe à dessins de feuillage, décolletée et à manches courtes. — A D. **Gavarni.** — Claire-voie. Deux fil. En H. entre les deux fil. à G. *Journal des gens du monde.* A D. *Modes de février* 1834. En B. entre les deux fil. au M. *Par Gavarni.* Plus B. le titre. Au-dessous des fil à G. *L'Administration*, *rue Castiglione*, 5. A D. *Imp. par Bénard.* = H. 186, L. 130.

2359 TOILETTES DE BAL. — Deux femmes de 3/4 tournées à D. L'une, assise la tête de 3/4 à G., tient des deux mains un bouquet sur ses genoux ; coiffure de fleurs, robe garnie de deux rangs de mêmes fleurs sur le devant, écharpe de dentelle autour du cou. La seconde, debout, coiffée d'un turban, son éventail à la main, le bras appuyé sur le dossier du fauteuil de la première, se penche vers elle. — A G. **Gavarni.** — Claire-voie. Un fil. En H. au-dessus du fil. à G. *Journal des gens du monde.* A D. *Modes. Paris, février* 1834. En B. au-dessous du fil. au M. *Par Gavarni.* Au-dessous du titre *L'Adm^{on}, rue Castiglione*, 5. A D. *Imp. par Bénard.* = H. 188, L. 145.

2360 LA MI-CARÊME. — Deux femmes, dont l'une à G. de 3/4, presque de pr. tournée à D., en costume travesti, les deux mains dans les poches de son tablier bordé de dentelle ; chapeau plat sur une fanchon de dentelle, manches plates s'arrêtant aux coudes. La seconde à D., en toilette de bal, vue de face, appelle l'attention de la première en lui touchant le bras et lui faisant un signe indicateur vers la D. avec son éventail ; coiffure en fleurs, jupe relevée par un bouquet des mêmes fleurs. — Claire-voie. Un fil. En H. à G. *Journal des gens du monde.* A D. *Modes et fantaisies. Paris, mars* 1834. En B. au-dessous du fil. au milieu. *Par Gavarni.* Au-dessous du titre à G. *L'Adm^{on}, r. Castiglione*, 5. A D. *Imp. par Bénard.* = H. 188, L. 156.

2361 PROMENADE. — Femme à mi corps, de face la tête de 3/4 à D., tenant à la main un mouchoir au-dessous de sa taille ; chapeau avec voile relevé, robe montante, manches à gigot. — A G. **Gavarni.** — Deux fil. En H. au-dessus des fil. à G. *Journal des gens du monde.* En H. à D. *Modes. Paris, mars* 1834. En B. au-dessous des fil. au M. *Par Gavarni.* Au-dessous du titre à G. *L'Ad^{on}, rue Castiglione*, 5. A D. *Imp. par Bénard.* = H. 147, L. 120.

2362 MARS 1834. — Jeune femme de 3/4 tournée à D., une main sur l'autre, tenant un bouquet de violettes à la hauteur de la taille. Chapeau avec voile relevé et flottant, robe montante, écharpe sur les épaules. — Claire-voie. Un fil. En H. au-dessus du fil. à G. *J^{al} des gens du monde.* A D. *Modes.* En B. au-dessous du fil. au M. *Par Gavarni.* Au-dessous du titre à G. *L'Adm^{on}, rue Castiglione*, 5. A D. *Imp. par Bénard.* = H 185, L. 140.

2363 VISITE. — Deux femmes, dont une est assise à G. dans un fauteuil, sur le bras duquel elle appuie la main. Elle est de pr. tournée à D. ; sa figure est entièrement cachée par la passe de son chapeau, sur lequel est un voile ; robe montante, autour du cou un large ruban dont les extrémités tombent au-dessous des genoux. L'autre femme est de face, la tête de 3/4 à G., un bras pendant, son mouchoir à la main ; chapeau orné d'un oiseau de paradis, redingote à double pèlerine. — A G. **Gavarni.** — Claire-voie. Un fil. En B. au-dessus du fil. à G. *J^al des gens du monde*. A D. *Modes. Paris, avril* 1834. En B. au-dessous du fil. au M. *Par Gavarni.* Au-dessous du titre à G. *L'Ad^m, rue Castiglione, n° 5.* A D. *Imp. par Bénard.* = H. 188, L. 152

2364 CAUSERIE. — Figures à mi-jambes. Une femme et un homme assis sur un canapé, la femme à G. de 3/4 tournée à D., tenant d'une main son mouchoir et un livre sur ses genoux; large bonnet de dentelles, manches à gigot. L'homme, de 3/4 tourné et penché à G., est accoudé sur le dos du canapé, son chapeau à la main, sa canne dans l'autre main; redingote boutonnée. — Claire-voie en travers. En H. au M. *Journal des gens du monde.* En B. au M. *Par Gavarni.* Plus B. à G. *L'Adm^on, rue Castiglione, n°* 5. A D. *Imp. par Bénard.* = H. 180, L. 120.

2365 MAI. — Femme à mi-corps de 3/4 tournée à G. regardant à D. Assise sur une chaise de jardin public, elle tient des deux mains le manche de son ombrelle appuyée contre ses genoux. Chapeau avec voile relevé, robe montante à fleurs avec pèlerine, manches bouffantes. — Claire-voie. Deux fil. En H. au-dessus des fil. à G. *Journal des gens du monde* A D. *Modes. Paris*, 1834. En B. entre les fil. au M. *Par Gavarni.* Plus B. le titre. Au-dessous des fil. à G. *L'Adm^on, r. Castiglione*, 5. A D. *Litho. de Bénard.* = H. 150, L. 116.

2366 CAUSERIE. — Deux femmes assises. Celle de G. de pr. tournée à D., les deux mains sur les genoux; nœud de rubans dans les cheveux, robe montante, tablier de soie. L'autre femme est de face la tête de 3/4 à G., accoudée sur le dos d'une chaise, une main sur les genoux et tenant un de ses gants; cheveux bouclés sur les tempes, bonnet de dentelles orné de fleurs. — En H. à G. **Gavarni.** — Claire-voie. Deux fil. En H. entre les fil. au M. *Journal des gens du monde.* En B. entre les fil. le titre. Au-dessous des fil. à G *L'Ad^m, rue Castiglione, n°* 5. A D. *Imp. par Bénard.* = H. 143, L. 148.

2367 JUILLET. — Deux femmes à mi-jambes. L'une à G., assise, vue de dos à moitié et tournée à D. la tête de pr.; guirlande de fleurs, robe décolletée. La seconde, debout et de face la tête de 3/4 à D., un bras pendant, son mouchoir à la main, l'autre main au bas de la taille; chapeau à plumes, robe montante à fleurs, manches bouffantes. — Claire-voie. Deux fil. En H. au-dessus des fil. au M. *Journal des gens du monde.* En B. entre les fil. le titre. Au-dessous des fil. au M. *Par Gavarni.* Plus B. à G. *L'Ad^m, rue Castiglione*, 5. A D. *Imprimé par Bénard.* = H. 151, L. 123.

2368 SEPTEMBRE. — Deux jeunes gens, dont l'un à G. vu de dos et tourné à D., la main appuyée sur une canne; chapeau sur la tête, redingote courte boutonnée. Le second est de face la tête de 3/4 à D., un bras baissé, son chapeau à la main, l'autre main dans l'entournure du gilet; redingote ouverte, pantalon blanc. — A G. **Gavarni.** — Claire-voie. Un fil. En H. au-dessus du fil. au M. *Journal des gens du monde.* En B. au-dessous du titre à G. *L'Ad., rue Castiglione*, 5. A D. *Imp. par Bénard.* = H. 174, L. 116.

JOURNAL DES JEUNES PERSONNES

Dix-huit lithographies publiées dans ce journal et en H. de chacune desquelles on lit au M. au-dessus du T. C. ou du filet si la pièce est à claire-voie : *Journal des jeunes personnes.*

2369 EN SOIRÉE. | *Mars 1835.* | *Robe en mousseline de soie à manches pa-*

godes. Étole de satin. | *Coiffure à la Berthe.* — Jeune femme de face, tête de 3/4 tournée à G., une main près de la poitrine. — A G. **Gavarni.** — Claire-voie. Un fil. En B. au-dessous du fil à G. *Gavarni.* A D. *L. de Bénard.* = H. 166, L. 114.

1er État. Avant toute lettre. Trois fil.
2e — Celui qui est décrit.

2370 A LA PROMENADE. | (*Mai* 1835.) | *Robe de mousseline anglaise, col de batiste, capote en pou-de-soie à rubans liserés.* — Jeune femme de face la tête de 3/4 à D., une main près du corps au bas de la taille, l'autre sur une ombrelle. Robe montante, manches bouffantes. — Claire-voie. Un fil. En B. au-dessous du fil. à G. *Gavarni.* A D. *Lith. de Bénard.* = H. 168, L. 119.

2371 A LA CAMPAGNE. | *Juillet* 1835. | *Robe de jaconas, chapeau de paille, fichu à la paysanne en batiste, garni de plis; guêtres de coutil.* — Femme de face la tête de 3/4 à D., une main sur son ombrelle, l'autre tenant un livre sur le plat duquel on lit *Le paysagiste.* — Au-dessous de la figure **G.** | **1835.** — Claire-voie. Un fil. En B. au-dessous du fil. à G. *Gavarni.* A D. *Lith. de Bénard.* = H. 168, L. 126.

2372 CHEZ SOI | (*Septembre* 1835) | *Robe en batiste d'Écosse, collerette plate garnie de plis, tablier en gros* | *de Tours bordé d'un biais, velours en feronnière* (sic), *souliers vernis.* — Jeune femme de pr. tournée à D., assise sur un divan et lisant un livre posé sur un guéridon. — A G. **G. 1835.** — Claire-voie. Un fil. En B. au-dessous du fil. à G. *Gavarni.* A D *Lith. de Bénard.* = H. 167, L. 117.

2373 EN VILLE. | (*Novembre* 1835.) | *Manteau-pelisse en satin de laine damassée, capote de velours avec nœud de velours* | *en rosette, guêtres en drap de soie.* — Jeune femme de face, une main sur la poitrine, l'autre pendant naturellement. Au fond une église de village. — En B. au-dessous du T. C. à G. *Gavarni.* A G. *L. de Bénard, r. de l'Abbaye,* 4. = H. 169, L. 117.

2374 JANVIER 1836. — *Robe de gaze-princesse, rubans de satin. Mantilles de tulle-blonde montées* | *sur un bouillon de tulle. Ferronnières de velours terminées par des camélias naturels.* | *Tours de cou à la Jeannette, tresse et croix d'or.* — Deux femmes, dont l'une, de pr. tournée à D., lit une lettre à l'autre vue de dos. — Claire-voie. Un fil. En B. au-dessous du fil. à G. *Gavarni.* A D *L. de Bénard, r. de l'Abbaye,* 4. = H. 170, L. 121.

2375 EN SOIRÉE. | *Robes de mousseline et de gaze-florence, nœuds de taffetas satiné;* | *mantille de mousseline brodée; écharpe de tulle-dentelle; chaîne du Mexique;* | *guêtres de pou-de-soie; souliers de satin.* — Deux femmes, nœuds de rubans sur la tête, manches bouffantes. L'une à G., vue de face, les yeux baissés, la tête de 3/4 tournée à G., les deux bras pendants; l'autre vue de dos. — Claire-voie. Un fil. En B. au-dessous du fil. au M. *mars* 1836. A G. *Gavarni.* A D. *Imp. d'Aubert et de Junca.* = H. 170, L. 120.

2376 MAI 1836. | *Robes de jaconas. Chapeaux de paille. Fichus garnis de dentelle. Ruban-sautoir en pou-de-soie satiné.* — Deux femmes, dont l'une à G. est vue de dos; l'autre, sur le devant, est assise le coude sur le dos de sa chaise, les mains l'une dans l'autre. — Claire-voie. Un fil. En B. au-dessous du fil. à G. *Gavarni.* A D. *Imp. d'Aubert et de Junca.* = H. 174, L. 119.

2377 MAI 1837. | *Capotte* (sic) *à coulisse et bouquet de violettes; chapeau de moire et giroflée.* | *Robes de foulard et de mousselines* (sic) *de laine à pèlerine paysanne.* — Deux femmes, dont l'une à D. vue de dos; l'autre de 3/4 tournée à D la tête à G. Fond de paysage. — A D. **Gavarni.** — En B. au-dessous du T. C. à G. *Par Gavarni.* A D. *Imp. d'Aubert et de Junca.* = H. 182, L 126.

1er État. Avant toute lettre.
2e — Celui qui est décrit.

2378 JUILLET 1837. | *Chapeaux de paille. Robes d'organdi. Mantelet garni d'étoffe. Fichu-paysanne* | *en taffetas lustré.* — Deux femmes causant ensemble, l'une de 3/4 tournée à D , assise sur un banc de jardin et tenant son ombrelle fermée à la main; l'autre de pr. et debout près d'elle, la figure entièrement cachée par la passe de son chapeau. — Claire-voie. Un fil. En-B. au-dessous du fil. à D *Imp. d'Aubert et de Junca.* = H 182, L. 126.

1er État. Avant toute lettre. A D. 64.
2e — Celui qui est décrit.

2379 SEPTEMBRE 1837. | *Robe d'organdi avec application de velours; fichu et manches garnies de ruches.* | *Robe de batiste garnie d'un volant avec un ruban bleu dans l'ourlet. Souliers de maroquin.* — Jeune femme de face, accoudée à G. sur la caisse d'un arbre exotique. A D. une petite fille lui offre une fleur — A G. G. **82.** — En B. au-dessous du T. C. à G. *Par Gavarni.* A D. *Imp. d'Aubert et de Junca.* = H. 180, L. 126.

1er État. Avant toute lettre.
2e — Celui qui est décrit.

2380 NOVEMBRE 1837. | *Robes en mousseline de laine. Fichu en linon avec fichu pardessus en satin.* | *Capotte* (sic) *bouillonnée en gros des Indes.* — Deux jeunes femmes, dont l'une vue de face, en chapeau, prend le bras de l'autre. Celle-ci de pr. tournée à G. est à D. et tient un volume sur lequel on lit : *Le* | *livre* | *des* | *jeunes* | *personnes* | 1837. Au fond un paravent. — **A G 158.** — En B. au-dessous du T. C. à G. *Gavarni.* A D. *Imp. d'Aubert et Junca.* = H. 180, L. 125.

1er État. Avant toute lettre et sans l'inscription sur le volume.
2e — Celui qui est décrit.

2381 JANVIER 1838. | *Robe en crêpe garnie d'un volant de tulle bouillonné. Robe de gaze relevée* | *par un bouillon sur une jupe en satin. Guirlande et bouquet de fleurs en velours.* | *Éventail de moire monté sur écaille.* — Deux jeunes femmes en robes décolletées et manches courtes. L'une à G., vue de dos et tournée à D., la figure cachée par ses cheveux; elle ouvre son éventail que regarde la seconde en mettant ses gants. Celle-ci est de pr. Derrière elle à D. un lit. — En B. au-dessous du T. C. à G. *Gavarni.* A D. *Imp. d'Aubert et Cie.* = H. 176, L. 121.

2382 MARS 1838. | *Robes en mousseline de laine brodée au crochet et en levantine* | *glacée. Capottes* (sic) *de moire avec une follette et des fleurs de velours.* | *Châle de taffetas garni de franges.* — Deux femmes, dont l'une à G. de 3/4 tournée à D., les bras couverts d'un long châle, les mains l'une sur l'autre à la hauteur de la taille; la seconde, la figure entièrement cachée par son chapeau et tenant son mouchoir à la main. Derrière la première à G. le tronc d'un arbre. — En B. au-dessous du T. C. à D *Par Gavarni* A G. *Imp. de Lemercier, Bénard et Cie.* = H. 175, L. 121.

1er État. Avant toute lettre.
2e — Celui qui est décrit.

2383 MAI 1838. | *Robe en taffetas du Thibet, cravatte* (sic) *en foulard, chapeau de paille.* | *Robe en soie façonnée, tablier de gros de Naples glacé garni de* | *dentelle, collerette de mousseline brodée.* — Deux femmes dans un jardin. L'une à G., presque de face la tête de pr. à D., prend l'autre par la main et lui offre un siége. Cette dernière de pr., la tête entièrement cachée par son chapeau, tient son ombrelle à la main. — En B. au-dessous du T. C. à D. *Gavarni.* A G. *Im. Lemercier, Bénard et C*ie. = H. 172, L. 120.

1er État. A D. *Gavarni.* A G. *Im. Lemercier et C*ie. Sans autre lettre.
2e — Celui qui est décrit.

2384 JUILLET 1838. | *Robe en mousseline de Surate. Fichu garni de dentelles et d'ourlets transparents.* | *Chapeau de paille de riz. Robe de batiste à pardessus garni de dentelle* | *et entre-deux. Capotte* (sic) *de gros de Naples à follette.*— Femme assise à G. sur un banc de jardin, devant le piédestal d'une statue. Près d'elle une petite fille debout, de face; robe décolletée, manches courtes, gants longs. — Au-dessous du T. C. *Im. de Lemercier, Bénard et C*e. = H. 170, L. 120.

1er État. Avant toute lettre. Un fil.
2e — Celui qui est décrit.

2385 SEPTEMBRE 1838. | *Robe de mousseline garnie de volants dentelés; fichu mantelet en taffetas glacé;* | *capotte* (sic) *de crêpe. Robe d'organdi imprimé garnie d'un bouillon* —Deux femmes, l'une à G. assise sur une chaise, les deux mains sur ses genoux et tenant son éventail; l'autre, dont le chapeau cache la figure, vient de se lever d'un canapé qu'on voit derrière elle. Elle a son ombrelle à la main. — En B. au-dessous du T. C. à G. *Imp. d'Aubert et C*ie. = H. 167, L. 120.

1er État. *Journal des jeunes personnes.* Sans autre lettre.
2e — Celui qui est décrit.

2386 NOVEMBRE 1838. | *Robe en foulard poil de chèvre à raies perlées; fichu de satin glacé* | *garni de dentelle; chapeau de velours épinglé glacé. Robe en point* | *d'esprit garni d'un velour* (sic) *bordé d'ourlets transparents et d'une natte* | *en rubans, coiffure de ruban.*— Deux femmes : l'une à D., debout, de pr. tournée à G., un éventail à la main; l'autre en chapeau, assise à G., tenant son mouchoir d'une main et de l'autre une fleur à la hauteur de sa figure. Au fond à D. un vase de fleurs et des livres sur une table. — A G., sous un tabouret, 156. — En B. au-dessous du T. C. à G. *Gavarni.* A D. *Imp. d'Aubert et C*ie = H. 175, L. 123.

1er État. Avant toute lettre.
2e — Celui qui est décrit.

LA MODE.

Neuf lithographies faisant partie de la suite de Costumes, format in-8, publiée dans le journal *La Mode.*

2387 LXXIII. — GARDE NATIONALE. PROJET D'UNIFORME. | *Schakot* (sic) *en cuir vernis* (sic), *redingotte* (sic) *de drap bleu à passepoil rouge, pantalon et guêtres* | *de drap bleu pour l'hiver, pantalon et guêtres blanches pour l'été,* | *ceinturon, giberne en cuir vernis* (sic), *sabre droit, fusil léger.* — Deux figures. L'une à G., de face et l'arme au bras; l'autre, vue de dos à moitié et tournée à D., le fusil sous le bras et un cigare à la main. — A D. **G**i. —

Claire-voie. En H. au M. *La Mode*. En B. à G. *T*. 4. A D. *Pl*. 73. Au-dessous de la légende : *L'administration de la Mode est rue du Helder, n°* 25. Plus B. à D. *Lith. de Frey*. = H. 190, L. 100.

1er État. Avant toute lettre.
2e — Celui qui est décrit.

2388 CXV. — UNE LOGE A L'OPÉRA. — Deux femmes assises sur le devant de la loge, l'une à G. en chapeau avec plumes, l'autre vue de dos, un boa autour du cou. Un homme assis derrière celle-ci ; deux autres debout, dont un à G. regardant avec une lorgnette. — A D. **Gavarni**. — Claire-voie. En H. au M. *La Mode*. En B. à G. *Lith. de Frey*. Au-dessous du titre au M. *L'administration est rue du Helder*, 25. Plus B. à G. *Pl*. 115. = H. 156, L. 124.

1er État. Avant toute lettre.
2e — Celui qui est décrit.

2389 CXVII. — BAL DE L'OPÉRA. | (22 *janvier* 1831) | *Uniforme des commissaires*. — Un homme en uniforme d'officier de la garde nationale à pied et en culotte courte, de 3/4 tourné à D., la tête de face, donne la main à une dame pour descendre l'escalier de l'amphithéâtre qui mène dans la salle de bal. La dame est de pr. tournée à D., un bouquet de plumes sur la tête — A D. **Gavarni**. — Claire-voie. En H au M. *La Mode*. En B. à G. *Lith. de Frey*. Au-dessous du titre au M. *L'administration est rue du Helder*, 25. Plus B. à G. *Pl*. 117. = H. 172, L. 131.

2390 CXVIII. — TOILETTE DU SOIR. — Trois jeunes gens en frac et en pantalon collant. L'un à D., vu de dos et tourné à G, son chapeau-claque sous le bras, regarde à D. avec un lorgnon ; les deux autres, bras dessus bras dessous, de 3/4 tournée à D., tenant leur claque à la main. — A D. **Gavarni** — Claire-voie. Deux fil. En H. au-dessus des fil au M. *La Mode*. En B. à G. *Lith. de Frey*. Au-dessous du titre au M. *L'administration est rue du Helder*, 25. Plus B. à G. *Pl*. 118. = H. 170, L. 125.

1er État. *Pl*. 120, au lieu de : *pl*. 118. Le reste comme à l'état décrit.
2e — Celui qui est décrit.

2391 CCCCII. — *Robe en mousseline blanche à mantille d'Angleterre. Bonnet d'Angleterre. Rubans de taffetas satiné*. — Deux femmes. L'une, vue presque de face, tient un album dans les deux mains ; l'autre à G., de pr. tournée à D., tenant d'une main son éventail et retenant de l'autre son écharpe. La dentelle de son bonnet cache sa figure — Claire-voie En B. à G. *Lith. de Benard*. Plus B. au M. *La Mode*. Au-dessous du titre au M. *L'administration est rue du Helder*, 25. Plus B. à G. 5 8bre 1834, A D. *Pl*. 402 = H. 143, L. 120.

2392 CCCCIII. — TOILETTES DU SOIR. — Deux femmes à mi-jambes en robes montantes à double pèlerine. L'une à G., assise de 3/4 tournée à D., les mains sur les genoux et tenant un éventail ; elle est en chapeau. L'autre, en bonnet, est debout, la main appuyée sur le dos du siége de la première. — Claire-voie. Un fil. En H. au-dessus du fil. à G. 8bre 1834. Au M. *La Mode*. A D. *Pl* 403. En B. au-dessus du fil au M. *Gavarni*. Au-dessous du fil. une tablette contenant le titre indicatif du sujet. Au-dessous de la tablette à G. *L'Admon, rue du Helder*, 25. A D. *Imp. par Bénard*. = H. 136, L. 113.

2393 DXIX. — *Robe en foulard gros grains* (sic), *mantelet garni d'étoffe, chapeau | de paille orné de velours, tour de tête orné de fleurs en papier du | magasin de Chaulin, rue St-Honoré*, 218. — Jeune femme de 3/4 tournée à D., tête de face, son chapeau à la main. — Claire-voie. En B. à G. *Gavarni del.* A D *Imp. d'Aubert et de Junca.* Plus B. au M. *La Mode.* Au-dessous de la légende 25 *rue du Helder* (*Chaussée-d'Antin*). Plus B. à G. 519. 20 *août* 1836. A D 29. = H. 125, L. 133.

1er État. Avant toute lettre.
2e — Avant *en papier du magasin* (etc.). Le reste comme à l'état décrit
3e — Celui qui est décrit.

2394 DXXI. — CHASSE AU MARAIS | *Fusils Robert. Veste de coutil, pantalon en coutil de laine, guêtres espagnoles | tressées, chapeau de paille. Veste de velours, pantalon de coutil, chapeau de feutre.* — Deux jeunes gens, dont l'un à G. de pr. tourné à D arme son fusil; l'autre est vu de dos et s'appuie sur son arme. — Claire-voie. En B. à G. *Gavarni.* Plus B. au-dessus du titre au M. *La Mode.* Au-dessous de la légende *Rue du Helder. n°* 25. Plus B. au M. *Imp. d'Aubert et de Junca.* A G. 521. 3 7bre 1836. A D. *N°* 31. = H. 150, L. 136.

1er État. Avant toute lettre.
2e — Celui qui est décrit.

2395 DXXII. — *Robe de mousseline brochée garnie d'un volant à tête, mantille de point, ceinture de velours. | Robe en organdi tramé, jupon de mousseline doublé de taffetas, ceinture et nœud de velours.* — Deux femmes : L'une à D. de face, ferronnière avec nœud de rubans, robe rayée ouverte sur le devant à manches larges; l'autre, vue de dos et tournée à D., la tête à G.; robe à fleurs, mitaines. — Claire-voie. En B. à G. *Gavarni.* Plus B. au M. au-dessus de la légende *La Mode.* Au-dessous de la légende *Rue du Helder, n°* 25. Plus B. à G. 522. 10 7bre 1836. Au M. *Imp. lith. d'Aubert et de Junca.* A D. *N°* 32. = H. 152, L. 126.

1er État. Avant toute lettre.
2e — Celui qui est décrit.

*

Huit pièces faisant partie des lithographies format in-4° publiées dans le journal *La Mode* à partir de 1838.

2396 AMAZONE D'HUMANN. | *Chapeau Jay*, 5, *rue des Fossés-Montmartre. Gants Mayer*, 26, *rue | de la Paix. Mouchoir de Chapron*, 5, *rue de la Paix. Cravache de Cazal, | boulevard des Italiens. Lingerie, cravattes* (sic) *et envois divers de la | maison de commission Lasalle*, 28, *rue Taitbout.* — Jeune femme à mi-jambes, de face, tenant son amazone d'une main et de l'autre sa cravache. Chapeau rond avec voile flottant. — Claire-voie. Trois fil. En H. au-dessus des fil. au M. *La Mode.* En B. au-dessous des fil. à G. 5 *avril* 1843. A D. *Imp. d'Aubert et Cie.* = H. 200, L. 144.

1er État. Avant toute lettre. Un seul fil.
2e — Celui qui est décrit.

2397 COSTUME D'AUTOMNE, | *par Humann*, 83, *rue Neuve des Petits-Champs.* — Homme de pr. tourné à D. en frac à la française, s'inclinant légèrement, son chapeau dans une main, sa canne dans l'autre. — Claire-voie. — En H. au M. *La Mode.* En B. à D. *Imp. Lemercier, à Paris.* = H. 230, L. 177.

2398 COSTUME DE PROMENADE D'HUMANN. | *Chapeau de Jay. Cravate et gants de Mayer. Canne de Cazal. | Envois divers de la maison de commission Lasalle et Cie*, | 28, *rue Taitbout.* — Homme de 3/4 tourné à D., sa canne à la main, passée sous son bras. Barbe, chapeau sur la tête, paletot à revers et parements de velours, gants blancs. — A G. **43-148**. — Claire-voie. En H. à G. *La Mode*, | 25, *rue du Helder*. A D. 23 *décembre* 1843. En B. à G. *Par Gavarni*. A D. en travers *Lith. de J. Rigo et Cie*. = H. 217, L. 184.

1er État. Avant toute lettre.
2e — Celui qui est décrit.

2399 COSTUME DE BAL D'HUMANN. | *Coiffure d'Étienne, rue Vivienne*, 18. *Mouchoirs de Chapron, rue de la Paix*, 7. *Gants de Mayer, rue de la Paix*, 26. *Lingerie et envois divers de la maison de commission Lasalle, r. Taitbout*, 28. — Homme à mi-corps, de face, la main appuyée sur une tablette de marbre placée devant lui. Barbe noire, cravate et gilet blancs, jabot. — A G. **43-25**. — Claire-voie. Un fil. à pans coupés dans le H. En H. au-dessus du fil. à G *La Mode*. A D. 5 *mars* 1843. En B. au M. au-dessus du fil. *Par Gavarni*. Au dessous du fil. à G. *Lith. Bertauts*. A D. *R. St-Marc*, 14. = H. 215, L. 144.

1er État. *Lith. Bertauts* à G., et *R. St Marc*, 14, à D., sans autre lettre.
2e — Celui qui est décrit.

2400 COSTUME DE SPECTACLE D'HUMANN. | *Cravatte* (sic) *et gants de Mayer. Lingerie de Ferrière-Penona. Chapeau de* | *Jay. Chaine et épingle de Bon. Intérieur de loge de Maigret. Envois* | *divers de la maison de commission Lasalle et Cie*, 28, *rue Taitbout*. — Homme à mi-corps, de 3/4 tourné à D., regardant avec un lorgnon qu'il tient à la main, et posant l'autre main sur une table à G. où l'on voit un bouquet et un éventail. Barbe blonde, frac, gilet et cravate de velours noir, chaîne de montre passée autour du cou. — A G. **43-18**. — Claire-voie. En B. au-dessous de la légende au M. *La Mode, revue politique et littéraire*, 15 *novembre* 1843. = H. 208, L. 188.

« La Mode, 25 janvier 1844. »

1er État. Avant toute lettre.
2e — Celui qui est décrit.

2401 COSTUME D'HIVER. | *par Humann*. — Homme de 3/4 tourné à D. la tête de face, les mains dans les poches de derrière de sa redingote à pattes, fermée à la taille, barbe noire, chapeau à petits bords, cravate noire à longs bouts, gilet blanc. — A D. **46-34**. — Claire-voie. En H. au M. *La Mode*. En B. au-dessus du titre au M. *Imp. Lemercier, à Paris*. = H. 200, L. 136.

« La Mode, 16 octobre 1846. »

1er État. Avant toute lettre.
2e — Avant *La Mode*. Le reste comme à l'état décrit.
3e — Celui qui est décrit.

2402 COSTUME DE BAL D'HUMANN. — Homme de 3/4 tourné à G., la tête légèrement inclinée, les deux bras baissés. Barbe blonde, cravate et gilet blancs, jabot de dentelle, frac et pantalon collant à sous-pieds. — A D. **46-13**. — Claire-voie. En B. au M. au-dessus du titre *Imp. par Lemercier, à Paris*. = H. 218, L. 168.

« La Mode, 25 janvier 1847. »

» L'HOMME DU MONDE, par Humann. — Voir ci-après, même section, la description de cette pièce sous la rubrique : *Le Voyageur*, journal où elle a paru primitivement.

MODES DE PARIS DEPUIS 1750.

Deux lithographies d'une suite projetée que devait éditer Blaisot, aujourd'hui le doyen des marchands d'estampes de Paris. Ces deux pièces seules ont été exécutées et il n'en a été tiré que quelques épreuves d'essai. Chacune, représentant un homme en pied et debout, est à claire-voie entourée de quatre fil. cintrés par le H. et sans aucune lettre. Nous avons vu une épreuve de ces lithographies portant de la main de Gavarni, en H. entre le premier et le deuxième fil. au M. *Modes de Paris depuis* 1750, en B. entre le premier et le deuxième fil. à G. *Par Gavarni*, et des inscriptions indiquant qu'au M. devait se trouver le millésime de l'année du costume représenté, puis au-dessous des fil. à D. et à G. les noms de l'imprimeur-lithographe et de l'éditeur, et plus B. une légende descriptive du costume.

2403 RRR. — Homme de 3/4 tourné à G., tête de face. Il tient sa canne d'une main et de l'autre son chapeau rond. Habit à longues basques, culotte, souliers à boucles. — A G. **57-29.** = H. 210, L. 137.

2404 RRR. — Homme de 3/4 tourné à G., tenant d'une main son chapeau rond contre sa hanche Habit à longues basques, culotte, bottes à revers. — A G. **57-30.** = H 210, L. 137.

LE MONDE DRAMATIQUE.

Deux lithographies publiées dans ce journal, et dont chacune porte en tête *Le Monde dramatique.*

2405 COSTUME DE MADEMOISELLE DEJAZET. | *Rôle de L'Annonce dans L'Isle* (sic) *de la folie.* | *Théâtre du Palais-Royal.*— Elle est de face, la tête de 3/4 presque de pr. à G., les deux bras écartés à la hauteur des hanches. Cheveux à l'enfant ornés d'un cornet à piston et d'une plume posée en travers sur l'oreille, bras nus, larges manches de mousseline retenues à D. par une trompette, à G. par un cor. Le bas de sa tunique est entouré d'une broderie de cors. — A D. **Gavarni.** A G. **252**. — Claire-voie. Un fil. En B. au-dessous du fil. à D. *Lith. Caboche, Grégoire et Cie*. = H. 178, L. 125.

« Le Monde dramatique, t. VI, 1838. »

2406 R — COMÉDIENS A LA VILLE. | 1778. — Un homme et une femme. Celle ci de 3/4 tournée à D., la tête de pr., une main au-dessous de la poitrine, l'autre appuyée sur un parasol ; chapeau plat à larges bords, manches longues étroites. L'homme à D. de 3/4 tourné à G. une main sur sa canne, l'autre dans la poche d'une redingote longue ; chapeau à grands bords, bottes à revers. — A G. **37**, et plus B. un peu moins à G. **Gavarni**. — Claire-voie. Trois fil. En B. au-dessous des fil. à G. *Lith. Caboche et Cie*. = H. 176, L. 132.

« Le Monde dramatique, t. VII, 1838. »

MUSÉE DE COSTUMES.

Cent six pièces faisant partie d'une suite de lithographies par divers artistes, et qui ont paru successivement avec une couverture ayant pour titre : *Musée de Costumes dessinés dans les théâtres de Paris, les salons, les bibliothèques, les promenades publiques, etc., publié par Aubert, éditeur, galerie*

Véro-Dodat, à Paris. Parmi les lithographies de Gavarni qui font partie de cette suite, il en est quatre (les nos 54, 179, 180 et 188), qui, ayant été publiées primitivement dans les journaux *Psyché* et *le Carrousel*, ne comptent ici que pour mémoire L'une de ces dernières pièces se trouve deux fois dans *le Musée de costumes* sous un numéro différent ; comme il y a là double emploi, nous n'avons, bien entendu, compté ces deux numéros que pour une pièce dans le nombre des cent six. Nous n'avons pas non plus compris dans ce nombre les nos 50, 52, 181, 185, 186, 254, 255, 256, 247 et 258 *bis*, qui ne sont que des copies d'après des lithographies de Gavarni.

Chaque lithographie, représentant un homme ou une femme en pied et debout, est à claire-voie, entourée de quatre fil. En H. au-dessus des fil. au M. *Musée de Costumes*, et à D. le n° d'ordre. En B. au-dessous des fil. à G. *Chez Aubert, gal. Véro-Dodat*, sauf le n° 83, qui porte seulement *Chez Aubert.* A D. *Imp. d'Aubert et de Junca* sur les nos 77 à 85; *Imp. d'Aubert Paris*, sur les nos 86 à 124; et *Imp. d'Aubert et Ce* sur les nos 125 jusqu'au dernier (le n° 126 porte *Imp. d'Aubert et Compie*).

1er État. Avant toute lettre. Les nos 77 à 124 n'ont en outre qu'un seul fil.
2e — Celui qui est décrit. Il est à remarquer que par l'effet d'un tirage peu soigné les chiffres inscrits par Gavarni sur les pierres n'ont pas été reproduits sur une grande partie des épreuves.

» LIV. — BISCAYENNE. — Lithographie publiée primitivement dans le journal *Psyché*. — Voir ci-après, même section, *Psyché*, n° 135.

2407 LXXVII. — *Costume de Gaspardo, joué par Guyon.* | *Gaspardo, drame* | *Ambigu.* — Personnage du moyen âge de pr. et se dirigeant à D., une main en avant à la hauteur de la taille. Bonnet de velours, justaucorps à larges manches fendues au milieu et pendantes, manteau à capuchon. — A D **113**. = H 158, L. 101.

2408 LXXVIII. — *Costume de Catarina, jouée par Mlle Mathilde* | *Gaspardo, drame.* | *Ambigu.* — Paysanne italienne du moyen âge de face, tête de 3/4 à G., regardant l'un des rubans qui pendent de sa coiffure, et qu'elle tient d'une main à la hauteur de sa poitrine. Surcot, tablier étroit rayé en travers. — A G. **140**. = H. 158, L. 101.

2409 LXXIX. — *Costume de Pichot, joué par Couderc.* | *Le Remplaçant.* | *Opéra-Comique.* — Paysan de 3/4 tourné à D., une main sur la hanche. Petit chapeau de côté, veste courte, culotte bouffante, jambières. — A D. **106**. = H. 161, L. 102.

2410 LXXX. — *Costume de Mme Peterhoff, jouée par Mme Sonnet-Leblanc* | *Peterhoff, vaudeville.* | *Variétés.* — Elle est de 3/4 tournée à D, ses mains l'une sur l'autre à la hauteur de la poitrine. Bonnet russe sur le haut de la tête, robe longue décolletée et sans manches, avec un rang de boutons sur le devant; manches de chemise retroussées. — A G. **114**. = H. 157, L. 101.

2411 LXXXI. — *Costume de Mahomet, joué par Lajariette.* | *Zara, drame.* | *Folies Dramatiques.* — Personnage de face, tête de 3/4, les bras baissés. Turban, larges manches, tunique brodée, burnous, cimeterre au côté. — A G. G., à D. **107**. = H. 158, L. 102.

2412 LXXXII. — *Costume du Prince Louis, joué par Chollet.* | *Les Chaperons blancs.* | *Opéra-Comique.* — Personnage du XVe siècle de 3/4 tourné à D., une main en avant à la hauteur de la ceinture. Chaperon, tunique à larges manches fendues et pendantes, poignard et aumônière, souliers à la poulaine. — A D. **139**. = H. 159, L. 101.

2413 LXXXIII. — *Costume de Stephen, joué par Saint-Mar.* | *Michaelo, drame.* | *Folies-Dramatiques.* — Seigneur du XVe siècle de face, tête de 3/4 à G., les mains sur la poitrine. Toque à plume, tunique à manches fendues et pendantes, poignard et aumônière, souliers à la poulaine.—A G. **144**.=H. 159, L. 102.

2414 LXXXIV. — *Costume de Doris dans le ballet de Stradella, opéra.* | *Académie royale de musique.* — Personnage du XVIIe siècle de 3/4, presque de pr. à D., dansant les bras écartés. Calotte, justaucorps ouvert et lacé sur la poitrine, haut-de-chausses bouffant, ceinture flottante. — A G. **Gavarni**. A D. **138**. = H. 158, L. 101.

2415 LXXXV. — *Costume de El-Ougha, joué par Chéri-Menau.* | *Austerlitz, drame.* | *Cirque olympique* — Personnage de pr. tourné à G., une main sur la poignée de son cimeterre; de l'autre, il fait en avant un geste de commandement. Turban, poignard, large culotte, burnous, éperons. — A D. G. A G. **1837-137**. = H. 159, L. 102.

2416 LXXXVI. — *Costume du duc de Visconti, joué par Delaistre.* | *Gaspardo, drame.* | *Ambigu.* — Personnage du moyen âge de 3/4 tourné à D., un bras étendu à G., la main à la hauteur de l'épaule, l'autre main sur le pommeau de son épée. Toque à plumes, long manteau, chausses collantes de deux couleurs avec armoiries dans un écusson, souliers à la poulaine. — A D. G. A G. **135**. = H. 159, L. 102.

2417 LXXXVII. — *Costume de la Renaudie, joué par Montigny.* | *Héloïse et Abeilard, drame.* | *Ambigu.* — Personnage du moyen âge de 3/4 tourné à D., les bras croisés. Chaperon, justaucorps de deux couleurs, aumônière, brodequins lacés. — A G. G., à D. **136**. = H. 158, L. 102.

2418 LXXXVIII. — *Costume de Riclof, joué par Numa.* | *Chut! vaudeville.* | *Gymnase.* — Personnage du XVIIIe siècle de pr. tourné à G., le haut du corps penché en avant, un doigt devant sa bouche. Chapeau sous le bras, habit à brandebourgs, culotte courte, épée en verrou. — A G. **146** = H. 157, L. 102.

2419 LXXXIX. — *Costume de Louis XIV, joué par Volnis.* | *La Vieillesse d'un grand roi, drame.* | *Français.* — Personnage presque de pr. tourné à D., canne à la main, chapeau sous le bras. Habit ouvert, cordon du Saint-Esprit. — A G. **145**. = H. 158, L. 101.

2420 XC. — *Costume de Claire, jouée par Mlle Rougemont.* | *La Nouvelle Héloïse, drame.* | *Gaîté.* — Elle est de 3/4 tournée à G., les bras baissés. Costume du XVIIIe siècle. Chapeau de paille relevé des deux côtés, robe à larges fleurs décolletée et retroussée à D. et à G., mitaines. — A D. G. A G. **117**. = H. 161, L. 104.

2421 XCI. — *Costume de Mme Gondelaurier, jouée par Mme Dabadie.* | *La Esmeralda, opéra.* | *Académie royale de musique.* — Dame du moyen âge de pr. tournée à D., une main en avant à la hauteur de la taille. Bonnet élevé et pointu d'où pend un voile, surcot bordé de cygne. — A D. **112**. = H. 160, L. 103.

2422 XCII. — *Costume d'Héloïse, jouée par Mlle Théodorine.* | *Héloïse et Abeilard, drame.* | *Ambigu.* — Jeune femme du moyen âge presque de pr. tournée à D., les bras baissés et les mains l'une dans l'autre. Robe décolletée, manches fendues et pendantes, cordelière et aumônière suspendues à la ceinture. — A D. G. A G. **156.** = H. 168, L. 102.

2423 XCIII. — *Costume d'Henriette, jouée par Mme Cinti-Damoreau.* | *L'Ambassadrice, opéra.* | *Opéra-Comique.* — Elle est de face, les deux mains sur la poitrine. Costume grec moderne, tresses de cheveux tombant sur le dos, bonnet orné de fleurs posé sur le haut de la tête. — A D. **Gavarni.** A G. **155.** = H. 158, L. 100.

2424 XCIV. — *Costume de Javotte en Circassienne, jouée par Mlle Dejazet.* | *La Comtesse du Tonneau, vaudeville.* | *Palais-Royal.* — Elle est presque de face tournée à D., une main dans une poche de côté de sa tunique. Turban avec oiseau de paradis. — A G. **152.** = H. 156, L. 100.

Quelques épreuves du 2e état portent par erreur : *Costume de Mme Alexis dans le ballet de* | *Stradella, opéra.* | *Académie royale de musique,* au lieu de : *Costume de Javotte* (etc.).

2425 XCV. — *Costume de Mme Alexis, dans le ballet de Stradella.* | *Académie royale de musique.* — Paysanne italienne presque de face tournée à D., dansant les bras baissés et légèrement écartés. Nœuds de rubans dans les cheveux, robe et tablier très-courts, corsage décolleté, manches courtes, mitaines. — A G. **151.** = H. 158, L. 101.

Quelques épreuves du 2e état portent par erreur : *Costume de Javotte en Circassienne, jouée par Mlle Déjazet.* | *La Comtesse du Tonneau, vaudeville.* | *Palais-Royal,* au lieu de : *Costume de Mme Alexis* (etc.).

2426 XCVI. — *Costume de la marquise de Prétintaille, jouée par Mlle Déjazet.* | *La Marquise de Prétintaille, vaudeville.* | *Palais-Royal.* — Elle est presque de pr. à D., une main en avant à la hauteur de sa poitrine et tenant un éventail fermé. Costume du XVIIIe siècle. Couronne de roses, avec plumes et aigrette sur le haut de la tête; robe décolletée ouverte sur le devant, nœud de rubans avec plumes de chaque côté. — A D. **Gavarni.** A G. **142.** = H. 159, L. 102.

2427 XCVII. — *Costume de Marguerite de Navarre, jouée par Mme Dorus.* | *Les Huguenots, opéra.* | *Académie royale de musique.* — Elle est presque de pr. tournée à D., une main en avant à la hauteur de la taille. Costume du XVIe siècle. Coiffure à la Marie-Stuart, avec couronne; robe à larges manches bordée d'hermine, cordelière de pierreries. — A D. G. A G. **141.** = H. 158, L. 102.

2428 XCVIII. — *Costume de Bobèche, joué par Alcide Tousez.* | *Bobèche et Galimafré, vaudeville.* | *Palais-Royal.* — Paysan de 3/4 tourné à D., tête de pr., les bras baissés et écartés ainsi que les jambes. Perruque à queue, veste ouverte et culotte courte, souliers à boucles. — A G. **150.** = H. 158, L. 101.

2429 XCIX. — *Costume de Raoul, joué par Jansenne.* | *L'An mil, opéra.* | *Opéra-Comique.* — Seigneur du moyen âge de pr. tourné à D., une main en avant, l'autre sur la hanche. Toque à plumes, tunique courte, épée au côté, jambes entourées de bandelettes croisées. — A G. **149.** = H. 158, L. 102.

2430 C. — *Costume de Marie de Bourgogne, jouée par Mlle Henry.* | *Michaela, drame.* | *Folies-Dramatiques.* — Elle est de face, la tête et les yeux baissés, les mains l'une sur l'autre au-dessous de la poitrine. Couronne ducale sur le haut de la tête, long voile, surcot bordé de cygne, aumônière pendue à la ceinture. — A D. G. A G. **121.** = H. 158, L. 101.

2431 CI. — *Costume de Stradella, joué par Nourrit.* | *Stradella, opéra.* | *Académie royale de musique.* — Personnage du XVIIe siècle de 3/4 tourné à D., les mains rapprochées sur la poitrine. Chapeau avec plume, pourpoint ouvert par le bas, jupon court plissé. — A D. **120.** = H. 158, L. 102.

2432 CII. — *Costume de Marcel, joué par Levasseur.* | *Les Huguenots, opéra.* | *Académie royale de musique.* — Écuyer du XVIe siècle presque de face tourné à G., la tête à D., un poing levé au-dessus de la tête, son chapeau dans l'autre main, les jambes écartées. Cheveux ras, justaucorps à jupe plissée, manches fendues et flottantes, épée au côté, bottes montant au-dessus du genou. — A D. **109.** = H. 157, L. 101.

2433 CIII. — *Costume de Gaspardo, joué par Guyon.* | *Gaspardo, drame.* | *Ambigu.* — Pêcheur du moyen âge, de pr. tourné à G , les bras croisés sur la poitrine. Bonnet de laine, manches rayées en travers, fendues sur le devant au milieu, et laissant passer les bras en manches de chemise ; haut-de-chausses relevé, chausses tombant au-dessous du genou et retenues par des cordons croisés. — A D. **108.** = H. 160, L. 102.

2434 CIV. — *Costume de Zara, jouée par Melle Sophie,* | *Zara, drame.* | *Folies-Dramatiques.* — Elle est de 3/4 à G., les yeux et les bras baissés. Large turban, robe décolletée à manches larges, bras nus, écharpe en ceinture. = H. 159, L. 102.

2435 CV. — *Costume d'Amazampo, joué par Ernest.* | *Amazampo, drame.* | *Ambigu.* — Chef sauvage presque de pr. tourné à D., une main en avant à la hauteur de la ceinture, l'autre baissée tenant un bâton. Il est nu, un morceau d'étoffe passé entre les jambes lui couvre le bas du torse. Longue écharpe croisée sur la poitrine, bracelets de métal aux bras, aux poignets et au bas des jambes; peau de tigre sur les épaules. = H. 159, L. 102.

2436 CVI. — *Costume de Mina, jouée par M^ne^ Lucie Mayer.* | *Mina, ou la fille du Bourguemestre* (sic), *vaudeville.* | *Vaudeville.* — Paysanne allemande presque de face tournée à D., tête de pr., les bras baissés. Nattes de cheveux tombant par derrière, ruban de velours autour du cou, corsage à manches plates ornées de nœuds de rubans, larges manchettes à la saignée. jupe courte rayée, tablier. — A G. **154.** = H. 158, L. 102.

2437 CVII. — *Costume de Galimafré, joué par Leménil.* | *Bobêche et Galimafré, vaudeville.* | *Palais-Royal.* — De 3/4 tourné à G., les deux mains dans les poches de sa culotte. Petit chapeau de paysan, bas de forme, habit Louis XV ouvert, boutonnières figurées en galon aux parements et sur le devant jusqu'au bas. — A G. **153.** = H. 160, L. 102.

2438 CVIII. — *Costume du Misantrope* (sic), *joué à Versailles par Perrier.* | *Le Misantrope* (sic), *comédie.* | *Français* — Gentilhomme du XVIIe siècle de 3/4 tourné à D. une main sur le pommeau de son épée. Pourpoint très-court, dont les manches s'arrêtent au-dessus du coude; jupon court plissé, manteau posé sur une épaule. — A G. **147.** = H. 159, L. 101.

2439 CIX. — *Costume de Godefroi, joué par Roy.* | *L'an mil. opéra.* | *Opéra-*

Comique. — Seigneur du moyen âge de face, tête de 3/4 à D., un poing sur la hanche. Toque de velours, manteau, tunique à manches plates, poignard à la ceinture, épée au côté, les jambes entourées de bandelettes croisées — A G. **148**. = H. 158, L. 102.

2440 CX. — UN CRISPIN. — De pr. à D., incliné en avant et saluant, sa toque à la main. Costume de Scapin : fraise, manteau court à larges raies ainsi que le justaucorps, le haut-de-chausses et les bas; épée au côté. — A D. **G.** A G. **143**. = H. 158, L. 100.

2441 CXI. — SEIGNEUR. — Vu de dos et tourné à G., une main sur la hanche, l'autre appuyée sur une canne. Costume moyen âge. Sur le front un bandeau orné de pierreries et surmonté d'une plume d'aigle ; surcot bordé de fourrures, à longues manches fendues et pendantes par derrière; aumônière tombant à mi-jambes; souliers à la poulaine. — A D. **Gavarni**. A G **134**. = H. 158, L. 100.

2442 CXII. — ÉCUYER. — De 3/4 tourné à D., presque de face, un poing sur la hanche, l'autre main baissée, tenant une canne. Costume moyen âge. Bonnet avec plumes d'aigle par derrière, tunique à manches doubles; poignard et aumônière suspendus à la ceinture. — A D. **G.** A G. **133**. = H 158, L. 101.

2443 CXIII. — GENDARME ESPAGNOL. — De 3/4 tourné à G., une main à sa ceinture et l'autre tenant son chapeau contre sa hanche. Veste, culotte bouffante, pistolet suspendu à la ceinture, espadrilles, long manteau sur une épaule. — A D. **G.** A G. **132**. = H. 158, L. 101.

2444 CXIV. — MAJO. — De 3/4 tourné à D., une main au haut de sa veste et l'autre sur un poignard suspendu à sa ceinture. Cheveux noués par derrière avec un ruban, veste très-courte à manches fendues du coude au poignet, large ceinture à franges, dont les bouts tombent jusqu'à terre, culotte courte. — A D. **Gavarni**. A G. **131**. = H. 158, L. 100.

2445 CXV. — MOUSSE — Jeune femme en homme de 3/4 tournée à D., les mains dans les poches de son large pantalon à carreaux. Bonnet de laine rayé, corsage décolleté, chemise montant jusqu'au cou, à manches larges. — A D. **Gavarni**. A G. **124**. = H. 157, L. 101.

2446 CXVI. — COSTUME BASQUE. — Paysanne presque de pr. tournée à D., la tête et les yeux baissés, les deux mains sur sa taille. Nœud de rubans au haut de la tête, chemise à larges manches, jupe courte. — A G. **Gavarni**. **122**. = H. 158, L. 102.

2447 CXVII. — VÉNITIENNE. — De face, la tête presque de pr. à G., elle a les bras baissés et retient d'une main l'extrémité de son voile. Costume moyen âge. Petite couronne sur le derrière de la tête, surcot montant jusqu'au cou. — A D. **G.** A G. **123**. = H. 159, L. 101.

2448 CXVIII. — HONGROISE. — De 3/4 tournée à G., les deux mains sur les hanches. Bonnet avec gland, pardessus ajusté ouvert sur le devant, le haut en est lacé ainsi que deux larges crevés sur la poitrine; jupe courte, bottines. — A D. **Gavarni**. A G. **125**. = H. 158, L. 102.

2449 CXIX. — COSTUME SUISSE. — Jeune femme de 3/4 tournée à D., tenant dans ses deux mains et regardant un médaillon suspendu à son cou. Nattes de cheveux tombant sur le dos; bonnet de dentelle noire sur le derrière de la tête; jupe rayée s'arrêtant à la hauteur des genoux, et au bas de laquelle sont suspendus des nœuds de rubans. — A G. **127.** = H. 157, L. 101.

2450 CXX. — HUSSARD. — Femme en homme de 3/4 tournée à D., la tête presque de pr., une main sur la hanche. Bonnet de police sur l'oreille, veste à revers et parements en fourrures. — A G. **Gavarni**. A D. **126.** = H. 158, L. 101.

2451 CXXI. — *Costume de Wastha* (Waslha), *jouée par Melle Georges.* | *Guerre des servantes, drame.* | *Porte-St-Martin.* — De 3/4, tournée à D., presque de face, la tête tournée à G., un bras étendu horizontalement, elle fait de la main un geste de commandement. Riche costume moyen âge. Couronne à pointes, long voile, longues et larges manches fendues laissant voir les bras nus, robe de brocart bordée d'hermine, poignard suspendu à une ceinture de pierreries. — A G. **111.** = H. 157, L. 102.

2452 CXXII. — *Costume de Graff, joué par Mélingue.* | *Guerre des Servantes. drame.* | *Porte St-Martin.* — Mendiant de pr. tourné à D., penché en avant, les mains appuyées sur un long bâton et les jambes croisées. Tunique et manteau en haillons, jambes nues, espadrilles. — A G. **Gavarni**. A D. **110.** = H. 158, L. 102.

2453 CXXIII. — FLAMANDE. — De pr. tournée à D , regardant un bouquet qu'elle tient à la main. Chapeau à bords relevés, guimpe, larges manchettes à la saignée, jupe courte ouverte sur le côté. — A D. **Gavarni**. A G. **130**. = H. 158, L. 101.

2454 CXXIV. — DAME D'ATOURS. — De 3/4 tournée à G., presque de face, la tête à D., elle tient un loup d'une main à la hauteur de la taille. Costume moyen âge. Toque à plumes sur le haut de la tête, long voile, pardessus bordé de fourrures, ouvert sur le devant et les côtés, et à longues manches fendues et pendantes. — A D. **G. 129.** = H. 158, L. 101.

2455 CXXV. — BOURGEOIS DU VIEUX PARIS. — De 3/4 tourné à G., tête de pr., les poings rapprochés à la hauteur de la taille, les jambes écartées. Costume moyen âge. Pardessus court à manches fendues au milieu et pendantes, petites bottines molles. — A D. **Gavarni**. A G. **208.** = H. 157, L. 101.

2456 CXXVI. — CHASSEUR TYROLIEN. — De face, son fusil sous un bras, il fait de la main à la hauteur de l'épaule un geste indicateur en arrière. Chapeau à larges bords et de forme conique, surmonté de deux plumes; veste courte, haut-de-chausses bouffant, poignard suspendu à la ceinture, bottines évasées. — A D. **G.** A G. **209.** = H. 157, L. 100.

2457 CXXVII. — OFFICIER DE PRÉMISLAS. | *Guerre de sservantes.* — Il est de pr. tourné à D. tête de 3/4, les jambes écartées, et tire son épée. Costume moyen âge. Tunique descendant à mi-jambes, brodequins. — A D. **Gavarni**. A G. **169.** = H. 157, L. 100.

2458 CXXVIII. — SEIGNEUR. — *Guerre des servantes.* — De 3/4 tourné à G. tête de pr., les deux mains appuyées sur le pommeau d'une longue épée suspendue à sa ceinture. Costume moyen âge. Tunique bordée de fourrures, des. endant à mi-jambes, avant-bras nus. — A D. **Gavarni**. A G. **168.** = H. 156, L. 100.

2459 CXXIX. — *Costume de la signora Dolores* | *Pas de la Cachuca.* | *Théâtre de la Gaîté.* — De 3/4 à G. tête de pr., un bras étendu horizontalement, elle danse en agitant des castagnettes. Peigne élevé derrière la tête, tunique dentelée, corsage décolleté, bras nus. — A D. G. A G. **182.** = H. 158, L. 102.

2460 CXXX. — *Costume de Melle Taglioni, rôle de Fleur des champs.* | *La Fille du Danube.* | *Académie royale de musique.* — De pr. tournée à D., elle danse les mains en avant à la hauteur du bas du torse; ses pieds ne touchent pas la terre. Couronne de fleurs, tunique de gaze relevée de côté par un nœud de fleurs et s'arrêtant au-dessous des genoux. — A G. **Gavarni.** A D. **181.** = H. 158, L. 102.

2461 CXXXI. — COSTUME LANGUEDOCIEN. — Seigneur du moyen âge de face, la tête de 3/4 tournée à G., un verre d'une main, l'autre main à sa ceinture. Justaucorps, manches fendues au milieu à parements de fourrures, poignard et aumônière suspendus à la ceinture, souliers à la poulaine. — A D. **Gavarni.** A G. **191.** = H. 157, L. 101.

2462 CXXXII. — MAGICIEN. — De 3/4 tourné à G. tête de pr., les bras pliés et écartés à la hauteur de la taille, une baguette dans une main; longues moustaches; bonnet élevé, large et long manteau relevé des deux côtés cachant tout le corps, et ne laissant voir que les mains. — A D. G. A G. **190.** = H. 158, L. 101.

2463 CXXXIII. — *Costume de Léonore, jouée par Melle Falcon.* | *Stradella, opéra.* | *Académie Royale de Musique.* — Paysanne italienne presque de pr. tournée A D., une main sur la hanche; nœuds de rubans dans les cheveux, mitaines, rubans tombant tout autour de la taille, jupe courte, tablier. — A G. **176.** = H. 158, L. 100.

2464 CXXXIV. — *Costume de Javotte, jouée par Melle Déjazet.* | *Comtesse du Tonneau, vaudeville.* | *Palais-Royal.* — De 3/4 tournée à G. presque de face, tête de pr., elle a les mains dans les poches de son tablier. Costume du XVIIIe siècle. Bonnet de dentelle sur le haut de la tête, robe à fleurs courte et décolletée; larges manchettes de dentelle. — A G. **177.** = H. 156, L. 100.

2465 CXXXV. — *Costume de Mme Rielof, jouée par Melle Forgeot.* | *Chut! vaudeville.* | *Gymnase.* — Dame de cour (XVIIIe siècle) de 3/4 tournée à G., tête de pr., dans la main à la hauteur de la taille un éventail fermé. Petite couronne de roses sur le haut de la tête, larges manchettes, deux rangs de roses sur le devant de la jupe. — A D. G. A G. **165.** = H. 158, L. 100.

2466 CXXXVI. — *Costume d'Abigaïl, jouée par Melle Helena Gaussin.* | *Nabuchodonosor, drame.* | *Ambigu.* — De 3/4 tournée à D. tête de pr., une main sur la garde de son épée suspendue à un baudrier, un bras étendu horizontalement, elle fait un geste indicateur. Casque ayant pour cimier un dragon ailé, auquel est attaché un voile; cuirasse, cotte de mailles, double tunique. — A G. **164.** = H. 158, L. 100.

2467 CXXXVII. — *Costume de la chevalière d'Eon, jouée par Émile Taigny.* | *Chevalier d'Eon.* | *Variétés.* — Homme en femme (costume du XVIIIe siècle) de 3/4 tourné à D., une main en avant tenant un éventail fermé. Cheveux poudrés, couronne de fleurs surmontée de plumes, riche collier de pierreries, robe à falbalas et dont la queue est portée par un négrillon coiffé d'un turban. — A G. **184.** = H. 159, L. 102.

2468 CXXXVIII. — *Costume de M[r]...* (sic), *joué par Numa.* | *Sans nom, vaude-*

ville. | *Gymnase.* — Personnage de face, les deux bras baissés et écartés ainsi que les jambes. Courte redingote boutonnée à la taille, larges revers de velours, rose à la boutonnière, pantalon à carreaux. — A G. **183.** = H. 158, L. 101.

2469 CXXXIX.— CASTILLAN.— Presque de face, tourné à D., tête de 3/4 à G., un bras étendu horizontalement, la main appuyée sur une longue canne, l'autre main sur la hanche. Bonnet relevé devant et derrière, justaucorps sans manches et culotte collante en velours, large ceinture d'étoffe, couteau suspendu à la ceinture, cape pliée sur l'épaule, grandes guêtres de peau. — A D. **Gavarni**. A G. **203.** = H. 158, L. 101.

2470 CXL.— BÉARNAIS. — Paysan de 3/4 tourné et se dirigeant à G., les deux bras baissés et écartés. Béret, veste courte, large ceinture, culotte courte, grandes guêtres de cuir. — A G. **194.** = H 158, L. 101.

2471 CXLI. — Cte BÉARNAIS. — De 3/4 tourné à D., tête à G., une main sur la poitrine. Costume du XVe siècle. Petite toque de velours avec aigrette, pardessus très-court à manches larges fendues dans la longueur, justaucorps bordé de fourrures, souliers à la poulaine. — A G. **170.** = H. 159, L. 101.

2472 CXLII. — *Balbec.* | *Guerre des servantes.* — De 3/4 tourné et se dirigeant à D., les deux bras croisés. Costume de tavernier du moyen âge. Capuchon encadrant la figure, justaucorps sans manches, avant-bras nus, sac de cuir retenu à la ceinture, brodequins. — A G. **171.** = H. 158, L. 102.

2473 CXLIII. — *Costume de Larchant, joué par Henry.* | *Guise, ou les États de Blois. opéra.* | *Opéra-Comique.* — Officier de la garde écossaise (XVIe siècle) de 3/4 tourné à D., la main sur un poignard suspendu à sa ceinture. Toque à plumes de coq, hausse-col en acier, cotte d'armes sur une cotte de mailles, épée au côté, gantelets, tartan plié sur une épaule. — A G. **G.** A D. **201.** = H. 158, L. 101.

2474 CXLIV. — *Costume de Louisette, jouée par Melle Esther.* | *Le Matelot à terre, vaudeville.* | *Variétés.* — Paysanne de 3/4 tournée à D., le corps légèrement penché en avant, une main également en avant à la hauteur de la poitrine. Petit bonnet de toile, fichu à fleurs sur la poitrine, casaquin à longues basques recouvrant une partie du tablier, jupon court. — A D. **G.** A G. **202.** = H. 158, L. 101.

2475 CXLV. — *Le baron de Turendorff.* | *Guerre des Servantes, drame.* | *Porte St-Martin.* — De 3/4 tourné à G., la main appuyée sur une longue épée suspendue à sa ceinture. Costume moyen âge. Cotte d'armes descendant à mi-jambes et laissant voir le bas des bras et des jambes couverts de leur armure. — A G. **167.** = H. 157, L. 100.

2476 CXLVI. — *Costume de Premislas, joué par Roger.* | *Guerre des Servantes, drame.* | *Porte St-Martin.* — Personnage du moyen âge de pr. tourné à D., les mains en avant à la hauteur de la poitrine, l'une d'elles appuyée sur un long sceptre. Couronne à pointes et large collier ornés de pierreries, longue mante ouverte sur les côtés, et dont le devant et le derrière sont réunis par deux agrafes en pierreries, l'une au bras, l'autre en bas, laissant apercevoir une robe à manches larges. — A D. **Gavarni.** A G. **166.** = H. 158, L. 101.

2477 CXLVII. — OFFICIER SAXON. — De pr. tourné à D., la tête de 3/4, les mains en avant appuyées sur le pommeau de son épée dans son fourreau et hors de son ceinturon. Costume moyen âge. Justaucorps bordé de fourrures, manteau sur un bras. — A D. **Gavarni**. A G. **207**. = H. 157, L. 101.

2478 CXLVIII. — ÉCOSSAIS. — De face, tête à G., un poing sur la hanche, une main sous la garde de son épée suspendue à sa ceinture. Costume du XVIe siècle. Bonnet à plumes de coq, tunique et chausses à carreaux, sac de peau de renard suspendu sur le devant à la ceinture. — A G. **206**. = H. 157, L. 101.

2479 CXLIX. — *Costume de Suzanne, jouée par Melle Prevost.* | *Double échelle, opéra.* | *Opéra-Comique.* — Jeune dame du XVIIIe siècle, de face, une main sur la poitrine, l'autre tenant un éventail. Petit chapeau sur le haut de la tête, robe décolletée à manches plates, ouverte sur le devant et relevée des côtés. — A G. **197**. = H. 158, L. 102.

2480 CL. — *Costume de Blanche, jouée par Melle Rossi.* | *L'An mil, opéra.* | *Opéra-Comique.* — Elle est de 3/4 tournée à G. tête de pr., tenant d'une main sa cordelière. Bonnet de velours, voile, robe décolletée à manches longues fendues et pendantes, aumônière suspendue à la ceinture. — A D. G. A G. **198**. = H. 158, L. 102.

2481 CLI. — *Costume de Paulette, jouée par Melle Jenny Colon.* | *Guise, ou les États de Blois, opéra.* | *Opéra-Comique.* — Paysanne du XVIe siècle de 3/4 tournée à D., tête de pr., une main en avant à la hauteur de la taille. Petit bonnet à la Marie-Stuart, guimpe avec fraise, manches de mousseline bouffantes, petit tablier à fleurs, robe relevée des côtés, jupon court. — A D. G. A G. **199**. = H. 157, L. 101.

2482 CLII. — *Costume de Mme de Sauve, jouée par Melle Prevost.* | *Guise ou les États de Blois, opéra.* | *Opéra-Comique.* — Grande dame du XVIe siècle de 3/4 tournée à G., tête à D., tenant son mouchoir à la main au bas de sa taille. Coiffure à la Marie-Stuart, robe décolletée à larges manches et ouverte sur le devant, riche cordelière. — A D. **Gavarni**. A G. **200**. = H. 159, L. 101.

2483 CLIII. — FANTAISIE. — Jeune femme en costume de bal travesti, vue de dos et tournée à D., tête de pr., une main en avant à la hauteur de l'épaule, l'autre tenant le bout d'un large ruban qui entoure son cou. Capeline attachée au haut de la tête et pendant sur le dos, corsage orné de dessins, manchettes à la saignée, jupe courte s'arrêtant au-dessous du genou, bas ornés de mêmes dessins que le corsage. — A G. **189**. = H. 158, L. 101.

2484 CLIV. — UN DOMINO. | *Le Diable boiteux, ballet.* | *Académie royale de musique.* — Femme de 3/4 tournée à G. presque de face, tenant son loup d'une main et de l'autre son mouchoir. Capuchon, mantelet et robe, le tout moitié d'une couleur, moitié d'une autre. — A G. **178**. = H. 157, L. 101.

2485 CLV. — *Costume de bohémienne, jouée par Mme Montessu.* | *Les Huguenots, opéra.* | *Académie royale de musique.* — De face, tête de 3/4 à G., elle a les deux poignets sur les hanches. Coiffure de velours ornée de plumes de coq, corsage décolleté lacé sur le devant, bras nus, double jupe courte, petit tablier de mousseline plissée. — A G. **163**. = H. 159, L. 101.

2486 CLVI. — *Costume de Melle La Chausserai, jouée par Melle Mars.* | *La Vieillesse d'un grand roi, drame.* | *Français.* — Jeune femme de la cour de Louis XIV, de 3/4 tournée à D., une main au bas de la poitrine. Robe décolletée, jupe ouverte sur le devant, larges manchettes à la saignée. — A G. **162.** = H. 159, L. 102.

2487 CLVII. — FÉE. — De pr. tournée à D., les bras nus, tous deux en avant, elle tient d'une main sa baguette, et fait de l'autre un signe de commandement. Tête ceinte d'un bandeau surmonté de deux plumes, collier et cordelière, tunique décolletée et sans manches descendant à mi-jambes. — A D. **Gavarni.** A G. **173.** = H. 159, L. 101.

2488 CLVIII. — ORIENTALE. — Jeune femme de face, tête presque de pr. tournée à G., les bras nus et l'un sur l'autre au-dessous de la poitrine. Tunique de mousseline décolletée descendant à mi-jambes, manches fendues et pendantes, écharpe en ceinture, brodequins. — A G. **172.** = H. 158, L. 101.

2489 CLIX. — BÉARNAISE. — Paysanne de 3/4 à D., tête de pr., les bras croisés sur la poitrine. Capulet par-dessus un bonnet noué sous le menton, manches plates s'arrêtant au-dessous du coude, jupe courte, tablier. — A D. **Gavarni.** A G. **193.** = H. 158, L. 101.

2490 CLX. — BABET. — Paysanne de 3/4 tournée à D., le corps légèrement penché en avant, la tête à G., les mains dans les poches de son tablier. Bonnet plissé, robe rayée décolletée, bras nus, tablier à bavette retenue par un ruban de velours autour du cou. — A D **G.** A G. **192.** = H. 157, L. 101.

2491 CLXI. — *Costume de Célimène, jouée par Melle Mars.* | *Misantrope* (sic), *comédie.* | *Français.* — Elle est de face, un éventail fermé à la main près de sa taille. Costume du XVIIe siècle. Coiffure de fleurs et de pierreries, nœuds de rubans et de pierreries au haut du corsage, et de chaque côté de la jupe ouverte sur le devant. — A G. **175.** = H. 159, L. 101.

2492 CLXII. — *Costume de Betzi, jouée par Melle Jenny Vertpré.* | *Chevalier d'Eon, vaudeville.* | *Variétés.* — Presque de face, tournée à D., elle a les mains dans les poches de sa robe. Chapeau de paille relevé des deux côtés, robe courte et décolletée, large ruban de velours noir croisé sur la poitrine et la taille, et dont les bouts tombent jusqu'au bas de la robe, petit tablier blanc. — A G. **174.** = H. 158, L. 102.

2493 CLXIII. — *Costume de Georges, joué par Revial.* | *Le Remplaçant, opéra.* | *Opéra-Comique.* — Paysan presque de pr. tourné à D., les bras croisés sur la poitrine. Béret, veste tailladée, large ceinture d'étoffe, culottes bouffantes, grandes guêtres. — A D. **G.** A G. **195.** = H. 158, L. 102.

2494 CLXIV. — *Costume du duc de Guise, joué par Chollet.* | *Guise, ou les Etats de Blois, opéra.* | *Opéra-Comique.* — Personnage de face, tête de 3/4 à D., une main en avant à la hauteur de la poitrine. Costume du XVIe siècle. Manches bouffantes et à crevés, décoration suspendue à un large ruban au milieu de la poitrine, petit poignard à la ceinture, haut-de-chausses très-court et bouffant, petit manteau. — A G. **196.** = H. 158, L. 101.

2495 CLXV. — PAILLASSE. — De 3/4 tourné à G., les mains rapprochées à la hauteur de la taille. Casaque à manches larges et culotte bouffante à larges carreaux ainsi que les bas — A G. **186.** = H. 158, L. 101.

2496 CLXVI. — PIERROT. — De 3/4 tourné à D., les mains dans les poches de sa veste. Moustaches et barbiche, bonnet pointu entouré d'un large ruban, casaque fermée par trois nœuds de rubans et large pantalon, le tout mi-partie de deux couleurs. — A D. **Gavarni.** A G. **185.** = H. 158, L. 102.

2497 CLXVII. — DÉBARDEUR. — Presque de face, tourné à G., les deux poings sur les hanches. Mouchoir de couleur noué autour de la tête, sans veste, ceinture de soie dont l'extrémité tombe jusqu'à terre, large pantalon de velours noir. — A D. **G.** A G. **187.** = H. 158, L. 101.

2498 CLXVIII. — PANDOURE. — Vu de dos et tourné à D., tête de pr., un poignet sur la hanche. Bonnet de police, veste bordée de fourrures au collet et aux parements, ceinture de filet. — A G. **188.** = H. 159, L. 100.

2499 CLXIX. — SUZANNE. — De 3/4 tournée à D., les deux bras en avant. Corsage rayé et décolleté, bras nus, jupe très-courte, tablier de mousseline. — A G. **207.** = H. 158, L. 100.

2500 CLXX. — PORTUGAISE. — Presque de face tournée à D., tête de 3/4 à G., les mains dans les poches de son tablier de soie. Résille sur la tête avec nœud de ruban sous le menton, corsage et fichu ouverts sur le devant — A G. **204.** A D. **G.** = H 157, L. 100.

2501 CLXXI. — *Costume de Rudolph, joué par Mazilier.* | *La Fille du Danube, ballet.* | *Académie royale de musique.* — Jeune seigneur du XVIe siècle dansant; il est vu de dos à moitié et tourné à D., la tête de 3/4, les bras écartés. Tunique courte à manches bouffantes et à crevés, aumônière à la ceinture. — A G. **179.** = H. 158, L. 100.

2502 CLXXII. — DANSEUR ESPAGNOL. — De face, la tête de pr. à D., un bras étendu horizontalement, castagnettes aux mains. Résille, petite veste large ceinture à franges, culotte courte, souliers attachés par des rubans croisés autour de la jambe. — A D. **G.** A G. **180.** = H. 157, L. 101.

2503 CLXXIII. — *Costume du prince Louis, joué par Chollet.* | *Chaperons blancs, opéra.* | *Opéra-Comique.* — Personnage du XVe siècle de pr. tourné à D, une main sur la poitrine. Chaperon, tunique à jupe plissée et dentelée par le bas; poignard suspendu à la ceinture, brodequins à la poulaine. — A D. **115.** A G. **G.** = H. 156, L. 100.

Au 1er état point de poignard à la ceinture.

2504 CLXXIV. — *Costume du chevalier, joué par Levassor.* | *Marquise de Prétentaille, vaudeville.* | *Palais-Royal.* — Officier de la fin du XVIIIe siècle de 3/4 à D., les deux bras baissés, son mouchoir dans une main, l'autre soutenant son chapeau appuyé sur sa hanche. Uniforme à brandebourgs, col blanc, culotte courte, souliers à boucles, épée au côté. — A D. **Gavarni.** A G. **116.** = H. 155, L. 100.

2505 CLXXV. — COSTUME DE 1750. — Femme vue de dos et tournée à D. tête de pr., une main en avant à la hauteur de la taille. Chapeau de forme élevée et conique orné de plumes; écharpe rayée en travers couvrant les épaules; larges manchettes de dentelles; gants longs; robe à queue, nœuds de rubans sur le devant. — A D. **149.** = H. 158, L. 100.

2506 CLXXVI. — *Costume de Marie, jouée par Melle Jenny Colon.* | *Le Remplaçant, opéra.* | *Opéra-Comique.* — Paysanne de face, tête de 3/4 à D., une main au bas de la taille. Nœuds de rubans sur un des côtés de la tête, corsage décolleté et à manches plates s'arrêtant à la saignée, fichu croisé, jupe rayée, tablier. = H. 158, L. 101.

2507 CLXXVII. — DANSEUSE ESPAGNOL (*sic*). — Vue de dos et tournée à D. tête de 3/4. Mantille sur un bras et bouquet dans une main; fleurs dans les cheveux, petit chapeau de velours et résille, robe de soie à quatre rangs de galons, bottines. — A G. **22**. = H. 156, L. 100.

2508 CLXXVIII. — SUIVANTE. — Presque de face, tournée à G., tête de 3/4, les bras baissés, les deux mains se joignant. Costume de bal travesti, large nœud de rubans sur la tête, corsage décolleté et sans manches lacé sur le devant, larges manches de mousseline laissant voir les bras nus, jupe courte, tablier. — A G. **23**. = H. 157, L. 101.

» CLXXIX. — LE MAJO. — Lithographie publiée primitivement dans le journal *Psyché*. — Voir ci-après, même section : *Psyché*, n° 102.

» CLXXX. — PATRONNE DE BATEAU. — Lithographie publiée primitivement dans le journal *Psyché*. — Voir ci-après, même section : *Psyché*, n° 189.

» CCLXXXVI (CCLXXXVII). — BISCAYENNE. — Même pièce que le n° 54 : c'est un double emploi pour lequel on a changé seulement le n°.

» N° CCLXXXVIII. — BÉARNAISE. — Voir ci-dessus, même section : *le Carrousel*, n° 15.

NOUVEAUX TRAVESTISSEMENTS.

Soixante-dix-huit pièces faisant partie d'une suite de lithographies, dont douze par Achille Devéria (n°s 7 à 12 et 31 à 36) et publiées les vingt-quatre premières par Rittner et Goupil, avec une couverture ayant pour titre : *Nouveaux Travestissements pour le théâtre et pour le bal. Année* 1831. *A Paris, chez Rittner et Goupil. Lith. de Frey.* Chacune, représentant un homme ou une femme en pied, est à claire-voie. Les quarante-huit premières ont deux fil. Les suivantes n'en ont qu'un. En H., sur chaque pièce, au-dessus du fil. à G., *Nouveaux Travestissemens* (sic), et à D. le n° d'ordre.

2509 N° I. — COSTUMES ÉCOSSAIS. — Jeune femme presque de face et marchant; elle retient d'une main à la hauteur de sa taille une écharpe à carreaux posée sur ses épaules et flottante. Toque surmontée d'une branche de houx, jupe de rubans entrelacés. — En B. au-dessous des fil. à G. *Gavarni fecit.* A D. *lith. de Frey.* Au-dessous du titre au M. *A Paris, chez Rittner et Goupil, boulevard Montmartre*, 12. *London published*, 1830, *by Ch^s^ Tilt*, 86, *Fleet street*, *et chez Ostervald aîné*, *quai des Augustins*, *n°* 37. = H. 228, L. 155.

1er État. Les inscriptions du H. En B. à G. *Gavarni fecit.* Au-dessus du titre au M. *Imp. par Frey et col. par Me Bauger.* Sans autre lettre.

2e — Celui qui est décrit.

3e — *Et chez Ostervald* (etc.) supprimé. Au-dessous du titre au M. *à Paris, chez Rittner et Goupil, boulevard Montmartre*, 12. | *London published* 1831 *by* (etc.). Le reste comme à l'état décrit.

4e — *Paris, chez Rittner* (etc.), a disparu. *Lith. de Kaeppelin*, au lieu de : *Lith. de Frey.* Au-dessous du titre : *Publié par Hautecœur-Martinet*, *rue du Coq-St-Honoré, n^os^* 13 *et* 15. Le reste comme à l'état décrit.

2510 N° II. — SOUBRETTE. — De pr. se dirigeant à D., tête de 3/4, elle met ses gants ; bonnet de dentelle posé sur le côté et noué sous le menton, jupe courte bordée de dentelle. — A D. écrit directement **Gavarni**. — En B. au-dessous des fil à G. *Gavarni fecit*. A D. *lith. de Frey*. Au-dessous du titre au M. *A Paris, chez Rittner, boulevard Montmartre, n° 12. London published*, 1830, *by Ch^s Tilt*, 86, *Fleet street*. = H. 230, L. 156.

1er État. Celui qui est décrit.

2e — *Lith. de Frey, et à Paris, chez Rittner* (etc.), ont disparu. En B. au-dessous du titre à G. *Publ. par Hautecœur Martinet, rue du Coq-St-Honoré, n°s 13 et 15. Lith. de Kaeppelin, r. du Croissant*, 20. Le reste comme à l'état décrit.

2511 N° III. — DUCHESSE. — De 3/4 tournée à D. assise sur un canapé, accoudée à G. sur un coussin et tenant d'une main un miroir-éventail. Le haut du visage caché par un loup. Sur la tête une couronne ducale surmontée d'un bouquet de plumes. — A D. écrit directement **Gi**. — En B. au-dessous des fil. à G. *Gavarni fecit*. A D. *lith. de Frey*. Au-dessous du titre au M. *A Paris, chez Rittner, boulevard Montmartre, n° 12. London published*, 1830, *by Ch^s Tilt*, 86, *Fleet street*, | *et chez Ostervald aîné, quai des Augustins, n° 37*. = H. 227, L. 155.

1er État. Celui qui est décrit.

2e — *Et chez Ostervald aîné* (etc.) supprimé. Au-dessous du titre au M. *à Paris, chez Rittner et Goupil, boulevard Montmartre*, 12. | *London published* (etc.). Le reste comme à l'état décrit.

3e — *Lith. de Frey, et à Paris, chez Rittner* (etc.) ont disparu. Au-dessous du titre à G. *Publ. par Hautecœur-Martinet, r. du Coq-St-Honoré, n°s 13 et 15*. A D. *Lith. de Kaeppelin, rue du Croissant*, 20. Le reste comme à l'état décrit.

2512 N IV. — MATELOT. | *Costume de bal pour dame*. — Jeune femme travestie en homme, presque de pr. tournée à G., s'appuyant par derrière contre une galerie dont le devant est orné de sculptures. Elle tient des deux mains une longue ceinture de soie qu'elle est en train de remettre ; corsage décolleté. — A D. écrit directement **Gavarni**. — En B. au-dessous des fil. à G *Gavarni fecit*. A D. *lith. de Frey*. Au-dessous du titre au M. *A Paris, chez Rittner et Goupil, boulevard Montmartre* 12. | *London published*, 1830, *by Ch. Tilt*, 86, *Fleet street*. = H. 230, L. 157.

1er État. Les inscriptions du H. En B. à G. *Gavarni fecit*. Au-dessous du titre *Imp. par Frey et col. par Me Bauger*. Sans autre lettre.

2e — Celui qui est décrit.

3e — *Lith. de Frey, et à Paris, chez Rittner* (etc.) ont disparu. Au-dessous du titre à G. *Publié par Hautecœur-Martinet, r. du Coq-St-Honoré, n°s 13 et 15*. A D. *Lith. de Kaeppelin et Cie, r. du Croissant, n°* 20. Le reste comme à l'état décrit.

2513 N° V. — SENORA. — De 3/4 tournée à D., tête de pr.; d'une main elle relève sa robe sur le côté, et de l'autre, à la hauteur de son menton, elle fait un signe. Corsage noir lacé sur le devant et les côtés, larges manches de mousseline dentelées. — En B. au-dessous des fil à G. *Gavarni fecit* A D. *Lith. de Frey*. Au-dessous du titre au M. *A Paris, chez Rittner, boulevard Montmartre*, 12, *et chez Ostervald aîné, quai des Augustins, n°* 37. | *London published*, 1830, *by Ch^s Tilt*, 86, *Fleet street*. = H. 226, L. 155.

1er État. Celui qui est décrit.

2e — *Et chez Ostervald* (etc.) supprimé. Au-dessous du titre *Chez Rittner et Goupil, boulevard Montmartre, n°* 12. | *London published* (etc.). Le reste comme à l'état décrit.

2514 N° VI. — SUIVANTE. — Presque de pr. tournée et se dirigeant à G., elle tient d'une main l'un des rubans de son corsage; large bonnet et mitaines de dentelle noire, tresses de cheveux tombant par derrière. — En B. au-dessous des fil à G. *Gavarni fecit.* A D. *lith. de Frey.* Au-dessous du titre *A Paris, chez Rittner, boulevard Montmartre,* 12, *et chez Ostervald aîné, quai des Augustins, n°* 37. | *London published*, 1830, *by Chs Tilt*, 86, *Fleet street.* = H. 226, L. 150.

1er État. Celui qui est décrit.
2e — *Et chez Ostervald* (etc.) supprimé. Au-dessous du titre : *A Paris*, *chez Rittner et Goupil, Boulevard Montmartre,* 12. | *London published* (etc.). Le reste comme à l'état décrit.

2515 N° XIII — PAGE. — Jeune femme en homme, de 3/4 tournée à D., appuyée par derrière et posant les mains sur le parapet d'une terrasse. Toque à longue plume, tunique à corsage décolleté, bordée de dentelle noire, pardessus à manches fendues et tombantes. — A G. **Gavarni**. — En B. au-dessous des fil. au M. *Lith. de Frey.* Au-dessous du titre au M. *A Paris, chez Rittner et Goupil, boulevard Montmartre*, 12. | *London published*, *by Chs Tilt*, 86, *Fleet street.* = H. 228, L. 155.

1er État. Avant toute lettre.
2e — Celui qui est décrit.
3e — *Lith. de Frey*, et *à Paris, chez Rittner* (etc.) ont disparu. En B. au-dessous des fil. à D. *Lith. de Kaeppelin.* Au-dessous du titre au M. *A Paris, chez Hautecœur-Martinet*, *rue du Coq*, 13 *et* 16. Le reste comme à l'état décrit.

2516 N° XIV. — PÊCHEUR. — Jeune femme en homme, de 3/4 tournée à G., la tête à D., un poing sur le côté, une main sur la hanche; petit bonnet en rubans de velours entrelacés sur le haut de la tête, manches larges retroussées jusqu'au coude, veste jetée sur une épaule, large culotte. — A D. **Gavarni**. — En B. au-dessous des fil. au M. *Lith. de Frey.* Au-dessous du titre au M. *A Paris*, *chez Rittner et Goupil*, *boulevard Montmartre*, n° 12. | *London published*, *by Ch. Tilt*, 86, *Fleet street.* = H. 228, L. 154.

1er État. Avant toute lettre.
2e — Celui qui est décrit.

2517 N° XV. — CONFIDENTE. — De pr. tournée à D., une main en avant à la hauteur de la ceinture; bonnet à plumes sur le derrière de la tête, mantelet de dentelle serré à la taille par des rubans croisés, manches fendues au milieu et tombantes; derrière elle un divan. — A D. **Gavarni**. — En B. au-dessous des fil. au M. *Lith. de Frey.* Au-dessous du titre au M. *A Paris*, *chez Rittner et Goupil*, *boulevard Montmartre*, *n°* 12 | *London published*, *by Chs Tilt*, 86, *Fleet street.* = H. 228, L. 153.

1er État. Avant toute lettre.
2e — Celui qui est décrit.
3e — *Lith. de Frey* et *à Paris chez Rittner* (etc.) ont disparu. Au-dessous du titre à G. *Pub. par Hautecœur-Martinet*, *r. du Coq St-Honoré, n°* (sic) 13 *et* 15. A D. *Lith. de Kaeppelin*, *rue du Croissant,* 20. Le reste comme à l'état décrit.

2518 N° XVI. — DUÈGNE. — De pr. tournée à D., une main dans la poche de son pardessus à manches fendues, l'autre en avant à la hauteur de la taille; toque à plume nouée sous le menton, tablier. — A G. **Gavarni**. — En B. au-dessous des fil. au M. *Lith. de Frey.* Au-dessous du titre *A Paris*, *chez*

Rittner et Goupil, *b^ard Montmartre*, *n*° 12. | *London published*, *by Ch^s Tilt*, *Fleet street*. = H. 229, L. 154.

1er État. Celui qui est décrit.
2e — *Lith. de Frey* et *à Paris chez Rittner* (etc.) ont disparu. Au-dessous du titre à G. *Pub. par Hautecœur-Martinet*, *rue du Coq St-Honoré*, *n^os* 13 *et* 15. A D. *Lith. de Kaeppelin*, *r. du Croissant*, 20. Le reste comme à l'état décrit.

2519 N° XVII. — SENORITA. — Vue de dos, tête de pr. tournée à D., son éventail à la main, un loup sur le haut du visage; elle entr'ouvre deux rideaux. Coiffure formée d'un large nœud dont les bouts flottent à la hauteur des hanches. — A G. **Gavarni**. — En B. au-dessous des fil. au M. *Lith. de Frey*. Au-dessous du titre au M. *A Paris*, *chez Rittner et Goupil*, *b^ard Montmartre*, *n*° 12. | *London published*, *by Ch^s Tilt*, 86, *Fleet street*. = H. 228, L. 153.

1er État. Celui qui est décrit.
2e — *Lith. de Frey* et *à Paris chez Rittner* (etc.) ont disparu. Au-dessous du titre à G. *Pub. par Hautecœur-Martinet*, *rue du Coq St-Honoré*, *n^os* 13 *et* 15 A D. *Lith. de Kaeppelin*, *R. du Croissant*, 20. Le reste comme à l'état décrit.

2520 N° XVIII. — PIERROT. — Femme en homme, presque de pr. tournée à G., le haut du visage caché par un loup, les deux mains dans les poches de sa casaque; grand chapeau avec plumes posé sur l'oreille, manches fendues laissant voir les bras nus. — A D. **Gavarni**. — En B. au-dessous des fil. au M. *Lith. de Frey*. Au-dessous du titre au M. *A Paris*, *chez Rittner et Goupil*, *b^ard Montmartre*, *n*° 12. | *London published*, *by Ch^s Tilt*, 86, *Fleet street*. = H. 227, L. 159.

2521 N° XIX. — BATELIÈRE. — De 3/4 tournée et légèrement penchée à D., le bras appuyé sur le rebord d'une galerie; bonnet de laine, jupe très-courte, jambières. — A D. **Gavarni**. — En B. au-dessous des fil. à G. *Gavarni*. A D. *Imp. lith. de Kaeppelin et Cie*, *rue du Croissant*, *n*° 20. Au-dessous du titre à G. *Publ. par Rittner et Goupil*, *b^d Montmartre*, n° 12, *à Paris*. A D. *London published*, *by Ch^s Tilt*, 86, *Fleet street*. = H. 228, L. 152.

1er État. Avant toute lettre. Trois fil.
2e — Celui qui est décrit.

2522 N° XX. — MESSAGÈRE. — De 3/4 se dirigeant à D. en courant, la tête tournée à G. Toque noire à plume, pardessus ouvert dont les manches fendues laissent voir les bras nus, jupe très-courte, jambières. — A D. **Gavarni**. — En B. au-dessous des fil. à G. *Gavarni*. A D. *Imp. lith. de Kaeppelin et Cie*, *rue du Croissant*, *n*° 20. Au-dessous du titre à G. *Pub. par Rittner et Goupil*, *b^d Montmartre*, *n*° 12, *à Paris*. A D. *London published*, *by Ch^s Tilt*, 86, *Fleet street*. = H. 228, L. 152.

1er État. Trois fil. au-dessous des fil. à G. *Gavarni*. Sans autre lettre.
2e — Celui qui est décrit.
3e — *Imp. lith. de Kaeppelin* (etc.) a disparu. *Pub. par Hautecœur-Martinet*, *rue du Coq St-Honoré*, *n^os* 13 *et* 15, au lieu de : *Pub. par Rittner* (etc.). *Lith. de Kaeppelin*, *rue du Croissant*, 20, au lieu de : *London published* (etc.). Le reste comme à l'état décrit.

2523 N° XXI. — ESPAGNOLE. — De 3/4 tournée à G., la tête de 3/4 à D., une main tenant son tablier, l'autre posée au haut de la poitrine. Corsage de velours lacé sur le devant, manches blanches très-larges. Au fond une balustrade; à droite un grand vase de fleurs posé à terre. — A D. **Gavarni**. — En B. au-dessous des fil. à G. *Gavarni*. A D. *Imp. lith. de Kaeppelin et Cie, rue du Croissant, n° 20*. Au-dessous du titre à G. *Pub. par Rittner et Goupil, bd Montmartre, n° 12, à Paris*. A D *London published, by Ch. Tilt, 86, Fleet street*. = H. 226, L. 151.

1er État. Trois fil. Au-dessous des fil. à G. *Gavarni del*. Sans autre lettre.
2e — Celui qui est décrit.
3e — *Imp. lith de Kaeppelin* (etc.) a disparu. *Pub. par Hautecœur-Martinet, rue du Coq St-Honoré, nos 13 et 15*, au lieu de : *Pub. par Rittner* (etc.). *Lith. de Kaeppelin, rue du Croissant*, 20, au lieu de *London published* (etc.). Le reste comme à l'état décrit.

2524 N° XXII. — PAYSANNE. — De face, un bouquet dans une main; elle tient de l'autre et regarde une chaîne qui entoure son cou. Manches courtes, gants longs, bonnet de velours à larges nœuds de rubans, robe ornée de nœuds semblables. — A D. **Gavarni**. — En B. au-dessous des fil. à G. *Gavarni*. A D. *Imp. lith. de Kaeppelin et Ce, n° 20*. Au-dessous du titre à G. *Pub. par Rittner et Goupil, bd Montmartre, n° 12, à Paris*. A D. *London published, by Ch. Tilt, 86, Fleet street*. = H. 227, L. 156.

1er État. Au-dessous des fil. à G. *Gavarni*. Sans autre lettre.
2e — Celui qui est décrit.
3e — *Imp. lith. de Kaeppelin* (etc.) a disparu. *Pub. par Hautecœur-Martinet, rue du Coq St-Honoré, nos 13 et 15*, au lieu de : *Pub. par Rittner* (etc.). *Lith. de Kaeppelin, rue du Croissant*, 20, au lieu : de *London published* (etc.). Le reste comme à l'état décrit.

2525 N° XXIII. — ORIENTALE. — De 3/4 tournée à D., la tête de 3/4 à G., une main en avant, à la hauteur de la taille. Turban, tunique ouverte par le bas et laissant voir un large pantalon; bottines. Dans le fond à G. une colonne. — A D. **Gavarni**. — En B. au-dessous des fil. à G. *Gavarni* A D. *Imp. lith. de Kaeppelin et Ce, rue du Croissant, n° 20*. Au-dessous du titre à G. *Pub. par Rittner et Goupil, bd Montmartre, n° 12, à Paris*. A D. *London published, by Ch. Tilt, 86, Fleet street*. = H. 227, L. 152.

1er État. Avant toute lettre.
2e — Celui qui est décrit.

2526 N° XXIV. — DAMOISEL. — Jeune femme en homme, de face, la tête tournée à G., une main en avant, à la hauteur du corsage; l'autre main tenant une grande canne. Toque avec plume, justaucorps à jupe plissée et à manches fendues et tombantes, large haut-de-chausse à crevés. — A D. **Gavarni**. — En B. au-dessous des fil. à G. *Gavarni*. A D. *Imp. lith. de Kaeppelin et Cie, rue du Croissant, n° 20*. Au-dessous du titre à G. *Pub. par Rittner et Goupil, bd Montmartre*, n° 12, *à Paris*. A D. *London published, by Ch. Tilt, 86, Fleet street*. = H. 226, L. 150.

1er État. Avant toute lettre.
2e — Celui qui est décrit.
3e — *Paris, chez Hautecœur-Martinet, rue du Coq St-Honoré, 13 et 15*, au lieu de : *Pub. par Rittner* (etc.). Le reste comme à l'état décrit.

2527 N° XXV. — PAGE INTRODUCTEUR. — Jeune femme en homme, de face et marchant; elle tient d'une main par le milieu une canne à la hauteur de la taille. Toque à plume, tunique de velours sous un pardessus ouvert, à manches longues et flottantes fendues au milieu. — A D. **Gavarni**. — En B. au-dessous des fil. à G. *Gavarni*. A D. *Lith. de Lemercier*. Au-dessous du titre à G. *Paris*, *publié par Hautecœur-Martinet, rue du Coq-St-Honoré*, n° 15. A D. *London published, by Ch. Tilt*, 86, *Fleet street.* = H. 228, L. 155.

1er État. Avant toute lettre.
2e — Celui qui est décrit.

2528 N° XXVI. — GILLETTE. — Vue de dos, la tête presque de pr. à G. un éventail à la main. Chapeau de forme conique, casaque à longues manches pendantes et fendues sur le devant. — A D. **Gavarni** — En B. au-dessous des fil. à G. *Gavarni.* A D. *Lith. de Lemercier.* Au-dessous du titre à G *Paris, publié par Hautecœur-Martinet, rue du Coq-St-Honoré, n°* 15. A D *Published by Ch Tilt*, 86, *Fleet street.* = H. 230, L. 150.

1er État. Avant toute lettre.
2e — Celui qui est décrit.

2529 N° XXVII. — MARINIÈRE. — De face, la tête de 3/4 à D., une main dans la poche de son pantalon, l'autre à la hauteur de la poitrine et retenant une écharpe posée sur l'épaule. Petit chapeau de velours sur l'oreille, veste ouverte sans manches, pantalon ouvert sur les côtés. — A D. **Gavarni.** — En B. au-dessous des fil. à G. *Gavarni* A D. *Lith. de Lemercier.* Au-dessous du titre à G. *Paris, publié par Hautecœur-Martinet, rue du Coq-St-Honoré, n°* 15 A D *London published, by Ch. Tilt*, 86, *Fleet, street.* = H. 230, L. 151.

1er État. Avant toute lettre.
2e — Celui qui est décrit.

2530 N° XXVIII. — ANDALOUSE. — Vue de face et courant, la tête de pr. à D., les deux mains à la hauteur de la poitrine, un éventail dans l'une. Chapeau de forme conique avec plumes : robe très-courte, ouverte sur le devant par le bas; larges manchettes au coude; pardessus ouvert, bordé de dentelle noire. — A D. **Gavarni.** — En B. au-dessous des fil. à G. *Gavarni.* A D. *lith. de Frey.* Au-dessous du titre à G. *Publié par Hautecœur-Martinet, rue du Coq, n^os* 13 *et* 15. A D. *Mr Uzel, costumier du théâtre du Vaudev^lle, | rue des Colonnes, n°* 8, *exécutera ce costume.* = H. 228, L. 155.

1er État. Avant toute lettre. Un seul fil.
2e — Celui qui est décrit.

2531 N° XXIX. — VARLET. — Jeune femme en homme, de 3/4 tournée à G la tête de pr., un poignet sur la hanche, une main sur une canne. Bonnet de laine, double tunique serrée à la taille par une ceinture, celle de dessus ouverte sur le devant; manches à crevés. — A G. **Gavarni**. — En B. au-dessous des fil. à G. *Gavarni.* A D. *lith. de Frey.* Au-dessous du titre à G. *Publié par Hautecœur-Martinet, rue du Coq, n°* (sic) 13 *et* 15. A D. *Mr Uzel, costumier du théâtre du Vaudeville, | rue des Colonnes, n°* 8, *exécutera ce costume.* = H. 229, L. 156.

1er État. Avant toute lettre.
2e — Celui qui est décrit.

2532 N° XXX. — BÉARNAISE. — De 3/4 tournée à G., la taille cambrée, une jambe en avant, un poignet sur la hanche. Chapeau sur l'oreille, petite veste ouverte à manches courtes, larges manches de chemise serrées au poignet, jupe très-courte, brodequins. — A G. **Gavarni.** — En B. au-dessous des fil. à G. *Gavarni.* A D. *Lith. de Frey.* Au-dessous du titre à G *Publie par Hautecœur-Martinet, rue du Coq, n^os* 13 *et* 15. A D. *Mr Uzel, costumier du* *théâtre du Vaudeville, | rue des Colonnes, exécutera ce costume.* = H. 229, L. 156.

1er État. Avant toute lettre.
2e — Celui qui est décrit.

2533 N° XXXVII. — SOLDAT AUX GARDES. — Femme en homme, vue de face tête de 3/4 à G., une main sur la hanche, deux doigts de l'autre main à la hauteur de la taille, entre les boutonnières de l'habit. Chapeau sur le côté, guêtres blanches montant au-dessous du genou. — Au M. **Gavarni.** — En B. au-dessous des fil. à G. *Gavarni fecit.* A D. *Lith. de Frey.* Au-dessous du titre au M. *Publié par Hautecœur-Martinet, rue du Coq-St-Honoré, nos 13 et 15.* = H. 229, L. 157.

1er État. Avant toute lettre. Un seul fil.
2e — Celui qui est décrit.

2534 N° XXXVIII. — TYROLIENNE. — De face la tête de 3/4 à G., un poignet sur la hanche, une pipe dans l'autre main. Petit chapeau plat, corsage décolleté, larges rubans noirs croisés sur la poitrine, double jupe très-courte, petit tablier de larges rubans croisés. — A D. **Gavarni.** — En B. au-dessous des fil. à G. *Gavarni fecit.* A D. *Lith. de Frey.* Au-dessous du titre au M. *A Paris, publié par Hautecœur-Martinet, rue du Coq-St-Honoré, nos* 13 et 15. = H. 226, L. 155.

1er Etat. Avant toute lettre. Un seul fil.
2e — Celui qui est décrit.

2535 N° XXXIX. — IRLANDAISE. — Presque de face tournée à D. la tête de 3/4 à G. une main sur la hanche. Chapeau de forme conique, corsage à pèlerine, manches de chemise très-larges, arrêtées au poignet; jupe rayée, s'arrêtant aux genoux. — En B. au-dessous des fil. à G. *Gavarni fecit.* A D. *Lith. de Frey.* Au-dessous du titre au M. *A Paris, publié par Hautecœur-Martinet, rue du Coq-St-Honoré, nos 13 et 15.* = H. 225, L. 156.

1er État. Avant toute lettre. Cinq fil. — A D. **Gavarni.** = H. 215, L. 139.
2e — Celui qui est décrit.

2536 N° XL. — ALSACIENNE. — De face tête de 3/4 à D., les deux poignets sur les hanches. Petit bonnet sur le haut de la tête, corsage à manches plates s'arrêtant à la saignée; double jupe courte; tablier brodé, long et étroit. — A D. **Gavarni.** — En B. au-dessous des fil. à G. *Gavarni fecit.* A D. *Lith. de Frey.* Au-dessous du titre au M. *A Paris, publié par Hautecœur-Martinet, rue du Coq-St-Honoré, nos 13 et 15.* = H. 226, L. 155.

1er État. Avant toute lettre. Cinq fil. = H. 214, L. 130.
2e — Celui qui est décrit.

2537 N° XLI. — CATALANE. — Presque de face tournée à D., tête de 3/4 à G., les deux bras baissés. Coiffée d'une écharpe dont les deux bouts flottent sur ses épaules, corsage à manches plates, jupe courte, tablier étroit. — A D. **Maja.** A G. **Gavarni 1835.** — En B. au-dessous des fil. à G. *Gavarni fecit.* A D. *Lith. de Frey.* Au-dessous du titre au M. *Publié par Hautecœur-Martinet, rue du Coq-St-Honoré, nos 13 et 15.* = H. 225, L. 155.

1er État. Avant toute lettre. Un seul fil.
2e — Celui qui est décrit.

2538 N° XLII. — CAMÉRISTE. — De 3/4 tournée à D., une main au-dessus de la hanche. Petit bonnet de velours posé sur le côté; corsage de velours lacé à D. et à G.; manches de chemise bouffantes, serrées au poignet; double jupe, celle de dessus bordée de nœuds de rubans. — A D. **Camériste**. A G. G. — En B. au-dessous des fil. à G. *Gavarni fecit*. A D. *Lith. de Frey*. Au-dessous du titre au M. *A Paris, publié par Hautecœur-Martinet, rue du Coq St-Honoré, n°s 13 et* 15. = H. 229, L. 155.

1er État. Avant toute lettre. Un seul fil.
2e — Celui qui est décrit.

2539 N° XLIII. — VALENCIENNE. — De 3/4 tournée à D., tête de 3/4 à G., poignet sur la hanche. Elle tient de l'autre main l'un des deux bouts de sa ceinture de soie. Petit chapeau posé sur l'oreille, veste ouverte sur le devant, jupe courte, bordée de longs effilés. — A G. **G-36**. — En B. au-dessous des fil. à G. *Gavarni del.* A D. *Lith. de Lemercier, Paris.* Au-dessous du titre à G. *A Paris, publié par Hautecœur-Martinet, rue du Coq-St-Honoré*, 15. A D. *London published, by Ch. Tilt*, 86, *Fleet street*. = H. 229. L. 156.

1er État. Avant le n°.
2e — Celui qui est décrit.

2540 N° XLIV. — SUIVANTE. — De 3/4 tournée à D., les bras baissés. Elle tient dans ses mains les bouts d'un large ruban qui se croise sur son corsage. Manches courtes. — A G. **Gavarni.36**. — En B. au-dessous des fil. à G. *Gavarni del.* A D. *Lith. de Lemercier, Paris*. Au-dessous du titre à G. *Paris, publié par Hautecœur-Martinet, rue du Coq-St-Honoré*, 15. A D. *London published, by Ch. Tilt*, 86, *Fleet street*. = H. 229. L. 156.

1er État. Avant le n°.
2e — Celui qui est décrit.

2541 N° XLV. — PILOTE. — Jeune femme en homme, de 3/4 tournée à G., la tête de 3/4 à D., une main sur la hanche, l'autre dans la poche de son large pantalon de velours. Petit chapeau plat sur l'oreille, petite veste ouverte. — A G. **Gavarni 1836**. — En B. au-dessous des fil. à G. *Gavarni del.* A D. *Lith. de Lemercier, Paris.* A G. *A Paris, publié chez Hautecœur-Martinet, rue du Coq-St-Honoré*, 15. A D. *London published, by Ch. Tilt*, 86, *Fleet street*. = H. 228, L. 156.

1er État. Avant le n°. — A D. **Pilote. 1836**. — Le reste comme à l'état décrit.
2e — Celui qui est décrit.

2542 N° XLVI. — CYDALISE. — De face, tête de 3/4 à G., une main dans la poche de la longue basque de son corsage, l'autre tenant un grand éventail fermé; petit chapeau de satin à trois cornes posé sur l'oreille, corsage décolleté lacé sur le devant, jupe lacée à chaque lez. — A G. **G-36**. — En B. au-dessous des fil. à G. *Gavarni del.* A D. *Lith. de Lemercier, Paris.* Au-dessous du titre à G. *Paris, publié par Hautecœur Martinet, rue du Coq-St-Honoré*, n° 15. — A D. *London published, by Ch. Tilt*, 86, *Fleet street*. = H. 229, L. 156.

1er État. Avant le n°. — A D. **Cydalise**. — Le reste comme à l'état décrit.
2e — Celui qui est décrit.

2543 N° XLVII. — CAMÉRÉRA. — De 3/4 tournée et se dirigeant à D., la tête à G., les bras baissés, l'un étendu en avant. Petit bonnet de dentelle posé sur le côté, corsage décolleté lacé des deux côtés, manches courtes, larges manchettes, tablier de mousseline. — A G. **G 36**. — En B. au-dessous des fil. à G. *Gavarni del.* A D. *Lith. de Lemercier. Paris.* Au-dessous du titre à G. *Paris*, *publié par Hautecœur-Martinet*, *rue du Coq-St-Honoré*, *n°* 15. A D. *London published*, *by Ch. Tilt*, 86, *Fleet street*. = H. 229, L. 155.

1er État. Avant le n°. *Camériste*, au lieu de *Camerera*. Le reste comme à l'état décrit.
2e — Celui qui est décrit.

2544 N° XLVIII. — JEANNETTE. — Presque de face tournée à D., tête de 3/4 à G., les deux mains dans les poches de son tablier. Bonnet de dentelle sur le derrière de la tête, robe rayée à corsage décolleté, bras nus. — A G. **G. 36.** — En B. au-dessous des fil. à G. *Gavarni del.* A D. *Imp. Lemercier, Paris.* Au-dessous du titre à G. *Paris*, *publié par Hautecœur-Martinet*, *rue du Coq-St-Honoré*, 15. A D. *London published*, *by Ch. Tilt*, 86, *Fleet street*. = H. 228, L. 157.

1er État. Avant le n°. — A D. **Jeannette**. — Le reste comme à l'état décrit.
2e — Celui qui est décrit.
3e — *Paris*, *chez Hautecœur* (etc.), au lieu de : *Paris*, *publié par Hautecœur* (etc.). Le reste comme à l'état décrit.

2545 N° XLIX. — FEMME DE SCAPIN. | *Robe et brodequins de satin. Manchettes de dentelle. Toque de satin. Bas de soie.* — Elle est de face, les deux bras baissés, les mains ouvertes. Toque surmontée d'une plume, caraco laissant voir la chemise jusqu'au bas de la taille, jupe et bottines à larges raies, comme le caraco et la toque. — A D. **89**. — En B. au-dessous du fil. au M. *Imp. de Lemercier*, *Benard et Cie*. Au-dessous du titre au M. *Publié par Hautecœur-Martinet*, *rue du Coq-St-Honoré*, *n°* 15, *à Paris*. = H. 227, L. 154.

1er État. Avant toute lettre.
2e — Celui qui est décrit.

2546 N° L. — ITALIENNE. | *Robe de laine*, *ruban de satin*, *tablier de piqué*, *chemise de batiste*, *bas de soie*. — Elle est de 3/4 tournée à D., le poignet sur la hanche. Coiffure en rubans; jupe et tunique ouverte sur le devant, l'une et l'autre à effilés ainsi que le tablier. — A D. **Gavarni-85**. — En B. au-dessous du fil. au M. *Imp. de Lemercier*, *Benard et Cie*. Au-dessous du titre au M. *Publié par Hautecœur-Martinet*, *rue du Coq*, *n°* 15, *à Paris*. = H. 225, L. 154.

1er État. Avant toute lettre.
2e — Celui qui est décrit.

2547 N° LI. — SUSANNE. | *Robe de mérinos. Bonnet et mancherons de dentelles d'or. Corsage de velours. Tablier de batiste. Bas de soie. Souliers vernis.* — Elle est de pr. tournée à D., les deux bras nus et baissés, les mains rapprochées, relevant son tablier. Corsage décolleté. — A D. G. **90**. — En B. au-dessous du fil. au M. *Imp. lith. de Lemercier*, *Benard et Cie*. Au-dessous du titre au M. *Publié par Hautecœur-Martinet*, *rue du Coq*, *n°* 15, *à Paris*. = H. 235, L. 148.

1er État. Avant toute lettre.
2e — Celui qui est décrit.

2548 N° LII. — BLANCHISSEUR. | *Bonnet de coton*, *veste de piqué*, *pantalon de bazin*, *gilet de satin broché*, *bas de soie*, *souliers vernis*. — Femme en homme, de 3/4 tournée à D., tête de pr., les deux poignets sur les hanches. Cravate à la colin, cordon de montre pendu à la ceinture, boucles aux souliers. — A D. G. **91**. — En B. au-dessous du fil. au M. *Imp. de Lemercier*,

Benard et Cie. Au-dessous du titre au M. *Publié par Hautecœur-Martinet, rue du Coq, n° 15, à Paris.* = H. 227, L. 154.

1er État. Avant toute lettre.
2e — Celui qui est décrit.

2549 N° LIII. — PORTUGAISE. | *Corsage et jupe de soie, tablier de dentelles, bas de soie, brodeqnins de satin.* — Elle est de 3/4 tournée à G., tête de pr. à D., une main sur la poitrine. Petit chapeau plat par-dessus un bonnet de dentelle, robe avec effilés et à manches plates.—A D. **Gavarni. 87.**—En B. au-dessous du fil. à D. *Imp. de Lemercier, Benard et Cie*. Au-dessous du titre au M. *Publié par Hautecœur-Martinet, rue du Coq, n° 15, à Paris.* =H. 228, L. 155.

1er Etat. Avant toute lettre.
2e — Celui qui est décrit.

2550 N° LIV. — MARTON. | *Robe de mérinos. Manches et tablier de batiste. Bonnet de dentelle. Nœud de satin. Souliers vernis.* — Elle est de 3/4 tournée à G., tête de 3/4 à D., les bras nus et baissés, les mains réunies. Corsage décolleté, sans manches et ouvert sur le devant. — A G. **86-Gavarni.** — En B. au-dessous du fil. au M. *Imp. Lemercier, Benard et Cie*. Au-dessous du titre au M. *Publié par Hautecœur, Martinet, rue du Coq, n° 15, à Paris.* = H. 228, L. 154.

1er État. Avant toute lettre.
2e — Celui qui est décrit.

2551 N° LV. — PÉRUVIENNE. | *Chapeau de velours. Corsage de velours. Jupe de satin.* — Elle est de pr. tournée à D., une main à la hauteur du cou, tenant un éventail fermé, le poignet de l'autre main sur la hanche, le haut du visage caché par un loup. Mantelet de dentelle passé sous le corsage et dont les bouts flottent à D. et à G., large volant de dentelle autour de la jupe. — A D. **Gavarni.** — En B. au-dessous du fil. au M. *Imprimerie de Lemercier, Benard et Cie*. Au-dessous du titre au *M. Publié par Hautecœur-Martinet, rue du Coq, n° 15, à Paris.* = H. 227, L. 153.

1er État. Avant toute lettre.
2e — Celui qui est décrit.

2552 N° LVI. — COSTUME ÉCOSSAIS. | *Berret* (sic) *et gilet de velours. Veste, jupe et pantalon de mérinos.* — Jeune femme de 3/4 tournée à D., la tête à G., une main en avant, à la hauteur de la taille, l'autre dans la poche de la jupe. Deux plumes d'aigle au béret, jupe à carreaux. — A D. **150.** A G. **Gavarni.** — En B. au-dessous du fil. au M. *Imp. de Lemercier, Benard et Cie*. Au-dessous du titre au M. *Publié par Hautecœur-Martinet, rue du Coq, n° 15, à Paris.* = H. 226, L. 158.

1er État. Avant toute lettre.
2e — Celui qui est décrit.

2553 N° LVII. — FERMIÈRE. | *Chapeau de paille garni de velours. Corsage de velours, Ceinture de ruban de satin. Jupe de laine.* — Elle est de 3/4 tournée à G., la tête de 3/4 à D., les bras croisés et les mains réunies, tenant l'extrémité de sa ceinture. Rose sur le chapeau, corsage décolleté, larges manches en mousseline, petit tablier. — A D. **Gavarni.** — En B. au-dessous du fil. au M. *Impie de Lemercier, Benard et Cie*. Au-dessous du titre au M. *Publié par Hautecœur-Martinet, rue du Coq, n° 15, à Paris.* = H. 227, L. 153.

1er État. Avant toute lettre.
2e — Celui qui est décrit.

2554 N° LVIII. — DÉBARDEUR. | *Chapeau de satin. Veste de velours garnie de cigne* (sic). *Gilet de velours. Cravatte* (sic) *de satin. Col de dentelle.* | *Ceinture de cachemire. Pantalon de velours. Charivari de satin. Bas de soie chair, coins d'argent. Souliers vernis.* — Jeune femme en homme de 3/4 tournée à D., portant une main à son chapeau pour saluer. Perruque poudrée nattée, sur les côtés. — A D. **151.** A G. **Gavarni.** — En B. au-dessous du fil. au M. *Imp. de Lemercier, Benard et Cie*. Au-dessous du titre au M. *Publié par Hautecœur-Martinet, rue du Coq, n° 15, à Paris.* = H. 227, L. 152.

1er État. Avant toute lettre.
2e — Celui qui est décrit.
3e — Trois fil. En H au-dessus des fil. *Bals masqués de Paris*, et en B. au-dessus du premier fil. au M. *Lith. Destouches, Paris.* Au-dessous des fil. au M. *Débardeur,* | *n° 61.* | *Paris, Maison Martinet, 41, r. Vivienne, et 11, rue du Coq.*

2555 N° LIX. — HOLLANDAISE. | *Chapeau de velours. Veste et jupe de velours garnies de satin. Brodequins de velours.* — Elle est de 3/4 tournée à D., les bras pliés à la hauteur de la taille, l'index d'une main posé sur le dos de l'autre qui tient un bouquet. Cheveux poudrés, plumes au chapeau, manches à larges parements. — A G. **Gavarni.** — En B. au-dessous du fil. au M. *Imp. de Lemercier, Benard et Cie*. Au-dessous du titre au M. *Publié par Hautecœur-Martinet, rue du Coq, n° 15, à Paris.* = H. 227, L. 153.

1er État. Avant toute lettre.
2e — Celui qui est décrit.
3e — La signature à rebours de Gavarni a été remplacée par son nom écrit directement. Trois fil. En H. au M. au-dessus des fil. *Bals masqués de Paris.* En B. au M. au-dessus du premier fil. *Lith. Destouches, Paris.* Au-dessus du fil. au M. *Hollandaise,* | *n° 60.* | *Paris, Maison Martinet, 41, r. Vivienne, et 11, rue du Coq.*

2556 N° LX. — BASQUAISE. | *Chapeau, corsage et jupe de mérinos garnis de velours. Souliers de velours.* — Elle est de 3/4 tournée à G., tête de 3/4 à D. presque de face, les mains dans les poches de sa jupe. Petit chapeau plat posé sur le côté, corsage décolleté à manches courtes et plates avec manchettes, tablier étroit de velours noir. — A D. **152** A G. **Gavarni.** — En B. au-dessous du fil. au M. *Imp. de Lemercier, Benard et Cie*. Au-dessous du titre *Publié par Hautecœur-Martinet, rue du Coq, n° 15, à Paris.* = H. 227, L. 153.

1er État. Avant toute lettre.
2e — Celui qui est décrit.

2557 N° LXI. — BASQUE. | *Bonnet de laine. Veste de drap. Culotte de piquée* (sic). *Bas de soie. Brodequins de velours.* — Il est de face, la tête de 3/4 à D., la main en avant à la hauteur de la poitrine, l'autre main sur la hanche. Culotte large et bouffante, couteau suspendu à la ceinture. — A D. **Gavarni.** A G. **173.** — En B. au-dessous du fil. au M. *Imp. de Lemercier, Benard et Cie*. Au-dessous du titre *Publié par Hautecœur-Martinet, rue du Coq, n° 15, à Paris.* = H. 226, L. 152.

2558 N° LXII. — VALENCIEN. | *Bonnet de laine. Veste et culotte de laine. Cotte de piquée* (sic) *Ceinture de laine.* — Il est de 3/4 tourné à D., la tête de 3/4 à G., une main à la hauteur de l'épaule, rajustant son manteau; l'autre main sur un bâton. Chaussures en lanières de cuir entourant la jambe jusqu'au bas du mollet. — A D. **Gavarni.** A G. **174.** — En B. au-dessous du fil. au M. *Imp. de Lemercier, Benard et Cie*. Au-dessous du titre *Publié par Hautecœur-Martinet, rue du Coq, n° 15, à Paris.* = H. 225, L. 153.

2559 N° LXIII. — PÊCHEUR. | *Chapeau de paille. Chemise de laine. Culotte de velours. Brodequins de velours.* — Il est de 3/4 tourné à G. presque de face, la tête de 3/4 à D., les deux mains sur les hanches, sans veste ni gilet. Culotte relevée au-dessus des genoux. — A D. **169**. A G. **Gavarni**. — En B. au-dessous du fil. au M. *Imp. de Lemercier, Benard et Cie*. Au-dessous du titre au M. *Publié par Hautecœur-Martinet, rue du Coq, n° 15, à Paris.* = H. 226, L. 152.

2560 N° LXIV. — ALGUAZIL. | *Chapeau de feutre garni de velours. Veste de drap. Gilet et culotte de velours. Boutons d'argent. Ceinture de soie.* | *Ceinturon et guêtres de cuir.* — Il est de 3/4 tourné à G., la tête de pr., un bras baissé, la main tenant une des extrémités de sa ceinture, l'autre main sur la hanche, cigarette à la bouche. Veste sans manches. — A D. **Gavarni**. A G. **175**. — En B. au-dessous du fil. au M. *Imp. de Lemercier, Benard et Cie*. Au-dessous du titre au M. *Publié par Hautecœur-Martinet, rue du Coq, n° 15, à Paris.* = H. 225, L. 153.

2561 N° LXV. — POSTILLON. | *Chapeau de velours, galon d'argent. Veste de velours, boutons et galons d'argent. Gilet de drap d'argent.* | *Pantalon de tricot. Rubans de satin. Bas de soie à coins d'argent. Souliers vernis, boucles d'argent.*—Il est presque de pr. tourné à D., la tête de 3/4, une main au jabot, l'autre sur la hanche. Perruque poudrée, chapeau à trois cornes, sur le côté. — A D. **Gavarni**. A G. **171**. — En B. au-dessous du fil. *Imp. de Lemercier, Benard et Cie*. Au-dessous du titre *Publié par Hautecœur-Martinet, rue du Coq, n° 15, à Paris.* = H. 226, L. 15[illegible].

2562 N° LXVI. — CORSAIRE. | *Chapeau de feutre. Veste de velours, brandebourgs de laine. Ceinture de satin. Pantalon de velours. Boucles d'argent.* — De pr. tourné à D., d'une main en avant à la hauteur de la poitrine, il fait un geste indicateur; l'autre main dans la poche de son large pantalon. Perruque poudrée. — A D. **170**. A G. **Gavarni**. — En B. au-dessous du fil. au M. *Imp. de Lemercier, Benard et Cie*. Au-dessous du titre *Publié par Hautecœur-Martinet, rue du Coq, n° 15, à Paris.* = H. 226, L. 153.

2563 N° LXVII. — DONA. | *Toque de velours. Veste et jupe de satin.* — Elle est de 3/4 tournée à G., les bras baissés, une main sur l'autre tenant un éventail fermé. Robe à manches plates, ouverte sur le devant et laissant voir le corsage et la jupe de dessous; trois nœuds de rubans de chaque côté de la robe. — A D. **Gavarni**. — En B. au-dessous du fil. au M. *Imp. de Lemercier, Benard et C.* Au-dessous du titre *Publié par Hautecœur-Martinet, rue du Coq, 15, à Paris.* = H. 225, L. 154.

2564 N° LXVIII. — MOUSSE. | *Berret* (sic) *et veste de velours. Manches et pantalon de mérinos.* — Jeune femme en homme de 3/4 tournée à G., tête de face, les deux bras baissés, une main tenant un des bouts de sa ceinture. Manches de chemise à carreaux, large pantalon s'arrêtant à mi-jambes. — A G. **Gavarni**. — En B. au-dessous du fil. au M. *Imp. de Lemercier, Benard et C.* Au-dessous du titre *Publié par Hautecœur-Martinet, rue du Coq, 15, à Paris.* = H. 226, L. 153.

2565 N° LXIX. — MONTAGNARDE. | *Chapeau de paille. Robe de velours. Bavette et devant de la jupe en mérinos.* — Elle est de 3/4, se dirigeant à D., tête tournée à G., les yeux baissés, une main sur la hanche. Grand chapeau conique, larges manches de chemise. — A D. **Gavarni**. — En B. au-dessous du fil. *Imp. de Lemercier, Benard et C.* Au-dessous du titre *Publié par Hautecœur-Martinet, rue du Coq, 15, à Paris.* = H. 226, L. 153.

2566 N° LXX. — ÉTUDIANT ALLEMAND. | *Casquette et redingote de velours. Ceinture et blague de maroquin. Bottes vernies.* — Jeune femme en homme de 3/4 tournée à D., les deux mains sur les hanches. Redingote très-courte à trois rangs de boutons sur la poitrine. — A G. **Gavarni** — En B. au-dessous du fil. au M. *Imp. de Lemercier, Benard et C.* Au-dessous du titre *Publié par Hautecœur-Martinet, rue du Coq,* 15, *à Paris.* = H 226, L. 152.

1er État. Avant toute lettre.
2e — Celui qui est décrit.

2567 N° LXXI. — CHAPERON ROUGE. | *Chaperon de laine ou de velours. Corsage et jupe de laine. Bas de soie.* — Jeune femme de pr. se dirigeant à D., les deux mains dans les poches de son tablier, robe décolletée, manches plates s'arrêtant au coude. — A D. **Gavarni** — En B. au-dessous du fil. au M. *Imp. de Lemercier, Benard et C.* Au-dessous du titre *Publié par Hautecœur-Martinet, rue du Coq, n°* 15, *à Paris.* = H. 225, L. 152.

2568 N° LXXII. — MARSEILLAISE. | *Veste et chapeau de velours. Fichu de soie. Jupe de laine.* — Elle est de 3/4 tournée à G., la tête à D., les deux poignets sur les hanches. Chapeau plat à larges bords par-dessus un petit bonnet de dentelle, corsage à manches plates. — A D. **Gavarni.** — En B. au-dessous du fil. au M. *Imp. de Lemercier, Benard et C.* Au-dessous du titre au M. *Publié par Hautecœur-Martinet, rue du Coq,* 15, *à Paris.* = H. 228, L. 153.

2569 N° LXXIII. — IRLANDAISE. | *Bonet* (sic) *de laine. Veste de velours. Jupe de soie.* — Elle est vue de dos à moitié et tournée à D., la tête de 3/4, les bras croisés. Bonnet sur l'oreille, orné d'une plume; plaid sur une épaule. — A G. **Gavarni.** — En B. au-dessous du fil. à G. *par Gavarni.* A D. *Imp. de Lemercier, Benard et C.* Au-dessous du titre au M. *Publié par Hautecœur-Martinet, rue du Coq,* 15. *à Paris.* = H. 225, L. 152.

2570 N° LXXIV. — CHEVRIER. | *Chapeau de paille. Veste de velours. Culotte de mérinos. Guêtres de cuir.* — Il est de 3/4 se dirigeant à G., la tête tournée à D., les deux mains sur la ceinture de sa culotte bouffante. Veste ouverte laissant voir la chemise. — A G. **Gavarni.** — En B. au-dessous du fil. à G. *Par Gavarni.* A D. *Im. de Lemercier, Benard et C.* Au-dessous du titre *Publié par Hautecœur-Martinet, rue du Coq,* 15, *à Paris.* = H. 226, L. 152.

1er État. Avant toute lettre.
2e — Celui qui est décrit.

2571 N° LXXV. — MARIN DU RHONE. | *Chapeau de feutre. Veste de casimir. Pantalon de mérinos.* — Il est de face, tête de 3/4 à D., les deux bras pendants, et tient d'une main un des bouts de sa ceinture. Petit chapeau sur l'oreille; veste sans manches, elle est ouverte et laisse voir la chemise; large pantalon s'arrêtant à mi-jambes. — A G. **Gavarni.** — En B. au-dessous du fil. à G. *Par Gavarni.* A D. *Imp. de Lemercier, Benard et C.* Au-dessous du titre au M. *Publié par Hautecœur-Martinet, rue du Coq,* 15, *à Paris.* = H. 226, L. 153.

2572 N° LXXVI. — HOLLANDAIS. | *Pardessus de laine. Culotte de velours.* — De 3/4 tourné à D., tête de pr.; il met ses gants. Moustaches et barbiche, chapeau de forme conique et élevée, large haut-de-chausses bouffant. — A G. **Gavarni.** — En B. au-dessous du fil. à G. *Par Gavarni.* A D. *Imp. de Lemercier, Benard et C.* Au-dessous du titre au M. *Publié par Hautecœur-Martinet. rue du Coq,* 15, *à Paris.* = H. 227, L. 152.

1er État. Avant toute lettre.
2e — Celui qui est décrit.

2573 N° LXXVII. — MULETIER. | *Veste et pantalon de velours. Ceinture de soie et cotte de piqué.* — Il est de pr. tourné à D., une main sur la hanche, l'autre soutenant devant lui, contre sa ceinture, son chapeau de forme conique. Mouchoir noué sur la tête, culotte courte. — A G. **Gavarni.** — En B. au-dessous du fil. à G. *Par Gavarni.* A D. *Imp. de Lemercier, Benard et C.* Au-dessous du titre au M. *Publié par Hautecœur-Martinet, rue du Coq*, 15, *à Paris.* = H. 226, L. 153.

1er État. Avant toute lettre.
2e — Celui qui est décrit.

2574 N° LXXVIII. — ARCHER. | *Chapeau de feutre. Gilet de casimir. Culotte de velours. Chemise de mérinos.* — Il est de face, en manches de chemise, les deux mains sur les hanches. Chapeau de forme conique entouré d'un mouchoir, haut-de-chausses bouffant. — A G. **Gavarni.** — En B. au-dessous du fil. à G. *Par Gavarni.* A D. *Im. de Lemercier, Benard et C.* — Au-dessous du titre au M. *Publié par Hautecœur-Martinet, rue du Coq*, 15, *à Paris* = H. 225, L. 154.

1er État. Avant toute lettre.
2e — Celui qui est décrit.

2575 N° LXXIX. — POLONAISE. | *Bonnet, veste et brodequins de velours, garnitures d'or. Ceinture de soie. Jupe de mérinos.* — Elle est de pr. tournée à G., la tête de 3/4, les mains dans les poches de sa jupe, deux longues tresses de cheveux tombant sur sa poitrine. — A D. **Gavarni.** — En B. au-dessous du fil. au M. *Im. Lemercier, Benard et C.* Au-dessous du titre au M. *Publié par Hautecœur-Martinet, rue du Coq*, 15, *à Paris.* = H. 227, L. 152.

1er État. Avant toute lettre.
2e — Celui qui est décrit.

2576 N° LXXX. — BACHELETTE. | *Berret* (sic) *de satin. Corsage de velours. Tablier de dentelle.* — Elle est de 3/4 tournée à D., une main tenant son tablier, l'autre sur la hanche. Guimpe montante, larges manches de chemise descendant jusqu'aux poignets, jupe relevée des deux côtés. — En B. au-dessous du fil. au M. *Im. Lemercier, Benard et C.* Au-dessous du titre au M. *Publié par Hautecœur-Martinet, rue du Coq*, 15, *à Paris.* = H. 226, L. 152

1er État. Avant toute lettre.
2e — Celui qui est décrit.

2577 N° LXXXI. — BERGÈRE. | *Chapeau de paille garni de velours. Chemise de mérinos. Jupe de laine.* — Elle est de face, sans autre vêtement qu'une chemise montante et une jupe, les bras étendus à D. et à G., les mains ouvertes à hauteur des hanches. — A D. **229. Gavarni.** — En B. au-dessous du fil. au M. *Im. Lemercier, Benard et C.* Au-dessous du titre au M. *Publié par Hautecœur-Martinet, rue du Coq*, 15, *à Paris.* = H. 226, L. 153.

1er État. Avant toute lettre.
2e — Celui qui est décrit.

2578 N° LXXXII. — NOUVEAU DÉBARDEUR. | *Chapeau de velours. Veste de velours, ganses et boutons d'argent. Bourgeron de mérinos. Pantalon de casimir.* | *Charivari de satin. Ceinture de foulard très-courte. Brodequins de gros de Naples.* — Jeune femme en homme, de 3/4 tournée à G., la tête de pr., un bras étendu en avant, la main levée à la hauteur de la tête, l'autre main derrière le dos; manches du bourgeron retroussées. — A D. **230**. | **Gavarni.**— En B. au-dessous du fil. au M. *Im. Lemercier, Benard et C*e. Au-dessous du titre au M. *Publié par Hautecœur-Martinet, rue du Coq,* 15, *à Paris.* = H. 227, L. 152.

1er État. Avant toute lettre.
2e — Celui qui est décrit.

2579 No LXXXIII. — MARQUISE DE POMPADOUR. — De 3/4 tournée à D., la tête de 3/4 à G, une main derrière le dos, l'autre tenant un éventail fermé. Cheveux poudrés, nœud de ruban et aigrette, jupe relevée des deux côtés, laissant voir un jupon à ramages. — A D. **Gavarni.** — En B. au-dessous du fil. au M *Imp. Lemercier, Benard et Ce*. Au-dessous du titre *Publié par Hautecœur-Martinet, rue du Coq,* 15, *à Paris.* = H. 226, L. 152.

1er État. Avant toute lettre.
2e — Celui qui est décrit.

2580 No LXXXIV. — COQUETTE DE VILLAGE. | *Berret* (sic) *de paille. Veste de mérinos. Tablier de guipure. Jupon de velours.* — Elle est de 3/4 tournée à D, une main sur la poitrine, l'autre dans la poche de sa jupe. Large nœud de ruban au-dessus de l'oreille; corsage rayé, bordé de guipure, à manches plates. — A D. **228**. | **Gavarni.** — En B. au-dessous du fil. au M. *Im. Lemercier, Benard et C* Au-dessous du titre au M. *Publié par Hautecœur-Martinet, rue du Coq,* 15, *à Paris.* = H. 227, L. 152.

1er État. Avant toute lettre.
2e — Celui qui est décrit.

2581 No LXXXV. — IRLANDAISE. | *Berret* (sic) *de velours. Corsage et jupe de laine.* — Elle est vue de dos et tournée à D., la tête de pr., la main sur la hanche. Plume au béret, larges manches et jupe très-courte. — A D. **41-105**. | **Gavarni.** — En B. au-dessous du fil. au M. *Imp. Lemercier, Benard et Ce*. Au-dessous du titre *Publié par Hautecœur-Martinet, rue du Coq,* 15, *à Paris.* = H. 226, L. 152.

1er État. Avant toute lettre.
2e — Celui qui est décrit.

2582 No LXXXVI.—LAITIÈRE. | *Bonnet de satin et dentelle. Corsage de velours. Tablier de soie. Jupe de mérinos.* | *Bas de soie. Coins de velours.* — Elle est de 3/4 tournée à D., la tête de pr., les mains dans les poches de son tablier. Corsage très-décolleté, ouvert sur le devant, bras nus.—A D. **41-104**. | **Gavarni.** —En B. au-dessous du fil. au M. *Im. Lemercier, Benard et Ce*. Au-dessous du titre au M. *Publié par Hautecœur-Martinet, rue du Coq,* 15, *à Paris.* = H. 226, L. 152.

1er État. Avant toute lettre.
2e — Celui qui est décrit.

2583 No LXXXVII. — CHEVRIÈRE. | *Chapeau de feutre. Corsage et jupe de laine.* — De 3/4 tournée à G. presque de face, la tête à D., les mains sur les hanches. Large chapeau sur le côté, corsage décolleté, manches courtes, jupon court, s'arrêtant à mi-jambes. — A D. **41-100**. | **Gavarni.** — En B. au-dessous du fil. au M. *Lemercier, Benard et Ce*. Au-dessous du titre au M. *Publié par Hautecœur-Martinet, rue du Coq,* 15, *à Paris.* = H. 226, L. 152.

1er État. Avant toute lettre.
2e — Celui qui est décrit.

2584 Nº LXXXVIII. — MARIN. | *Chapeau de paille. Veste de velours. Bas de soie.* — Jeune femme en homme, de 3/4 tournée à G., la tête de pr., regardant avec un lorgnon qu'elle tient à la main; l'autre main derrière le dos. Veste décolletée et ouverte laissant voir la chemise. — A G. **41-402.** | **Gavarni.** — En B. au-dessous du fil. au M. *Imprimerie Lemercier, Benard et Ce.* Au-dessous du titre *Publié par Hautecœur-Martinet, rue du Coq*, 15, *à Paris.* = H. 226, L. 152.

1er État. Avant toute lettre.
2e — Celui qui est décrit.

2585 Nº LXXXIX. — BATELIÈRE DU DANUBE. | *Chapeau de paille. Corsage et pantalon de mérinos. Ceinture de soie.* — Elle est de 3/4 tournée à G. et dansant, une main à la hauteur de la tête. Tablier de soie étroit, larges manches de chemise, jupe très-courte s'arrêtant aux genoux. — A G. **41-103.** | **Gavarni.** — En B. au-dessous du fil. au M. *Im. Lemercier, Benard et Ce.* Au-dessous du titre au M. *Publié par Hautecœur-Martinet, rue du Coq*, 15, *à Paris.* = H. 226, L. 153.

1er État. Avant toute lettre.
2e — Celui qui est décrit.

2586 NºXC. — CALABROISE. | *Voile de foulard. Veste de velours. Jupe de satin.* — Elle est de pr. à D., les deux mains en avant. Jupe bordée d'un large galon, ouverte sur le devant. — A D. **41-101** | **Gavarni.** — En B. au-dessous du fil. au M. *Imp. de Lemercier, Benard et Ce.* Au-dessous du titre au M. *Publié par Hautecœur-Martinet, rue du Coq*, 15, *à Paris.* = H. 227, L. 152.

1er État. Avant toute lettre.
2e — Celui qui est décrit.

PARIS ÉLÉGANT.

Lithographie publiée dans ce journal, et au bas de laquelle on lit :

2587 PARIS ÉLÉGANT, | *journal de modes*, | *rue Jacob*, 48. | *Redingote d'été, habit à revers, pantalon plissé de casimir blanc.* | *Ateliers de Humann, rue Neuve-des-Petits-Champs*, 81. — Deux jeunes gens, de face. L'un à G. en redingote allume son cigare avec celui que le second vient de lui prêter. Ce dernier, en frac, a la main sur une canne. — Claire-voie, un fil. En B. au-dessous du fil. à G. *Gavarni.* A D. *Lith. d'A. de Balathier, rue Jacob*, 48. = H. 170, L. 120.

PETITS TRAVESTISSEMENTS.

Deux pièces faisant partie d'une suite de lithographies ayant différents titres, et représentant toutes plusieurs sujets sur une même feuille. Chacune de ces deux pièces est à claire-voie et contient quinze petites figures isolées l'une de l'autre et disposées sur cinq lignes, trois sur chaque ligne. En tête à G. *Petits travestissemens* (sic), | *dessinés par Gavarni.* A D. *Small subjects disguised*, | *Drawn by Gavarni.* et plus à D. nº d'ordre. En B. à G. *Gavarni del.* A D. *Lith. de Lemercier.* Plus B. à G. *London published by Ch. Tilt*, 86, *Fleet street.* Au M. *Paris, publié par Jeannin, rue du Croissant, nº* 20. A D. *New-York published, by Bailly Ward, and Cº.* Au B. de chaque figure un titre indicatif.

1er État. Sans n° d'ordre.
2e — Celui qui est décrit.
3e — *Lith. de Lemercier* a disparu. A G. *Paris*, *Vve Turgis, éditeur, rue Serpente*, 10, au lieu de : *London published* (etc.). Au M. *Lith. de Turgis*, au lieu de : *Paris, publié par Jeannin* (etc.). A D. *et à Toulouse, rue St Romé*, 36, au lieu de : *New-York published* (etc.). Le reste comme à l'état décrit.

2588 N° LXIII. — *Soubrette.* — *Pierrot.* — *Pierrette.* | *Parisienne* 1790. — *Turc.* — *Duchesse.* | *Polichinelle.* — *Domino.* — *Raffiné.* | *Poissarde.* — *Messagère.* — *Alsacienne.* | *Écossaise.* — *Italienne.* — *Magicien.* — Au-dessous de la quatrième ligne, entre *Poissarde* et *Messagère*, **Gavarni.** = H. 375, L. 250.

Au 3e état, 124, au lieu de : *n°* 63.

2589 N° LXIV. — *Châtelaine.* — *Page.* — *Orientale.* | *Visir.* — *Paysan.* — *Valencien.* | *Confidente.* — *Catalane.* — *Baronne.* | *Magicienne.* — *Paillasse.* — *Cauchoise.* | *Tartare.* — *Arlequin.* — *Catalan.* = H. 375, L. 262.

Au 3e état, 125, au lieu de : *n°* 64.

PHYSIONOMIE DE LA POPULATION DE PARIS.

Suite de douze lithographies dont chacune, représentant un homme ou une femme en pied et debout, est à claire-voie, entourée de deux fil. En H. au-dessus des fil. à G. *Physionomie de la population de Paris.* A. D. le n° d'ordre En B. au-dessous des fil. au M. le titre particulier de la pièce en français et au-dessous en anglais, sauf sur les n° 6 et 12 dont le titre est en français seulement, et les nos 2 et 8 qui n'ont pas de titre. Plus B. à G. *A Paris, chez Rittner et Goupil, bvrd Montmartre*, 12 (ce chiffre 12 est précédé de n° sur les pièces numérotées 1, 2, 8, 11 et 12). A D. *London published, by Ch. Tilt*, 86, *Fleet street.*

2590 RR. N° I. — LAITIÈRE. | *Milkwoman.* — Vieille femme de face, la tête et les yeux baissés, une main dans la poche de son tablier; elle tient de l'autre une mesure; cape de drap sur les épaules, bonnet rond. Boîte au lait à ses pieds. — A G. **Gavarni**, écrit directement. — En B au-dessous des fil. au M. *Lith. de Frey.* = H. 194, L. 134.

1er État. En H. à G. *Popion de Paris, n°* (sans chiffre). A D. 1831. En B. *Laitière.* Sans autres lettres. = H. 216, L. 155.
2e — En H. à D. 1831, au lieu de : *n°* 1. En B. au M. *n°* 3. Le reste comme à l'état décrit.
3e — Celui qui est décrit.

2591 RR. N° II. — (ÉLÉGANTE). — De 3/4 tournée à G. tête de pr. la figure cachée par son chapeau, les bras pendant naturellement, son mouchoir à la main, manches à gigot. — A G. **Gi.** écrit directement. — En B. au-dessous des fil. au M. *Lith. de Frey.* = H. 194, L. 133.

1er État. Avant toute lettre.
2e — 1831, au lieu de : *n°* 2. En B. au M. *n°* 5. Au-dessous *Lith. de Frey.* Le reste comme à l'état décrit.
3e — Celui qui est décrit.

2592 RR. N° III. — CHARRETIER. | *Carter.* — De pr. tourné à D., tête de 3/4; en blouse, une manche retroussée jusqu'au coude, il tient d'une main son fouet et de l'autre joue avec la mèche; chapeau sur l'oreille. — A G. **Gavarni**. — En B. au-dessous des fil. au M. *Lith de Frey*. = H. 192, L. 132.

1er Etat. Avant toute lettre.
2e — Celui qui est décrit.

2593 RR. N° IV. — PORTEUSE D'EAU. | (*Auvergnate* | *Water Wooman*. — Vieille femme de face, la tête de 3/4 à G., une main sur la hanche, l'autre derrière elle; chapeau par-dessus un bonnet, tablier, deux seaux à ses pieds, l'un à G., l'autre à D. — En B. au-dessous des fil. à G. *Gavarni*. A D. *Lith. de Frey*. = H. 192, L. 129.

1er État. Avant toute lettre.
2e — Celui qui est décrit.

2594 RR. N° V. — CUISINIÈRE. | *Cook*. — De pr. tournée à G. en bonnet, les mains dans les poche de son tablier blanc, un cabas au bras G. — A G. **Gavarni** écrit directement. — En B. au dessous des fil. à G. *Gavarni*. Au M. *Lith. de Frey*. = H. 192, L. 132

1er État. Avant toute lettre.
2e — Celui qui est décrit.

2595 RR. N° VI. — GARDE NATIONAL | *à pied* — De 3/4 tourné à D, tenant d'une main son fusil horizontalement, et de l'autre ouvrant le bassinet; shako, capote avec épaulettes, buffleteries croisées, sac au dos. — En B. au-dessous des fil. à G *Gavarni*. A D. *Lith. de Frey*. = H 194, L. 134.

1er État. Avant toute lettre. Sans fil.
2e — En H. 1831, au lieu de : *n°* 6. En B. au M. au-dessous des fil. *n°* 1. *A pied* n'existe pas. En B. à G. **Gava.ni** dans l'intérieur du dessin, au lieu d'être au-dessous des fil. *Lith. de Frey* au-dessous du titre indicatif, au lieu d'être au-dessous des fil. à G.
3e — Celui qui est décrit.

2596 RR. N° VII. — OUVRIER PEINTRE. | *Limner*. — De face la tête de pr. tournée à G., tenant d'une main un grattoir et une éponge, de l'autre un pinceau. Il est en manche de chemise et coiffé d'un bonnet de papier; à D. à ses pieds un seau où sont placés trois pinceaux — En B. au-dessous des fil. A G. *Gavarni*. A D. *Lith. de Frey*. = H. 194, L 134.

1er État. Avant toute lettre. Sans fil.
2e — Celui qui est décrit.

2597 RR. N° VIII. (BOURGEOISE). — Vieille femme de pr. tournée à G., la figure cachée par la passe de son chapeau; elle ouvre son parapluie qu'elle tient la pointe en B; petit châle sur les épaules. — A G. **Gavarni**. — En B. au dessous des fil. au M. *Lith. de Frey*. = H 194, L. 134.

1er État. Avant toute lettre. Sans fil.
2e — En H. 1831, au lieu de : *n°* 8. En B. au M. *n°* 1. Le reste comme à l'état décrit.
3e — Celui qui est décrit.

2598 RR. IX — AVOCAT. | *Lawyer*. — De 3/4 tourné à D., il est vêtu de sa robe, et tient sous un bras un portefeuille et sous l'autre les Codes en un volume; bonnet carré sur la tête, besicles. — En B. au-dessous des fil. à G. *Gavarni*. A D. *Lith. de Frey*. = H. 194, L. 134.

1er État. Avant toute lettre. Sans fil.
2e — Celui qui est décrit.

2599 RR. N° X.— FEMME DE CHAMBRE. | *Ladie's Maid.*—De 3/4 tournée à D., regardant un chapeau auquel est attaché un long voile et qu'elle tient d'une main, son autre main dans la poche de son tablier. — A D. **Gavarni**. – En B. au-dessous des fil. à G. *Gavarni.* Au M *Lith. de Frey.* = H. 192, L. 134.

1er État. Avant toute lettre.
2e — Celui qui est décrit.

2600 RR. N° XI.— BOULANGER. | *Baker.*—Presque de face tourné à D., tête de pr., une main sur la hanche, l'autre à la ceinture de son jupon; serre-tête, bras et jambes nus, savattes aux pieds. Derrière lui un grand panier contenant des pains. — Au M. **Gavarni**. — En B. au-dessous des fil. au M. *Lith. de Frey.* = H. 197, L. 133.

1er État. En H. à G. *Popᵗⁱᵒⁿ de Paris, n°* (sans chiffre). A D. 1831. En B. au M. *Boulanger*, sans autre lettre.
2e — 1831, au lieu de : *n°* 11. En B. au M. *n°* 4. Le reste comme à l'état décrit.
3e — Celui qui est décrit.

2601 RR. N° XII.—GARDE NATIONAL | *à cheval.*—A pied, vu de dos et tourné à D., s'appuyant sur un sabre, chapska, veste avec épaulettes et aiguillettes, giberne portant le n° 13.— A G. **Gavarni**.— En B. au-dessous des fil. au M. *Lith. de Frey* = H. 194, L. 134.

1er État. Avant toute lettre.
2e — En H. 1831, au lieu du *n°* 12. En B. au M. au-dessous des fil. *n°* 6. *A cheval* n'existe pas. *Lith. de Frey* au M. au-dessous du titre, au lieu d'être au-dessous des fil.
3e — Celui qui est décrit.

PSYCHÉ.

Neuf pièces publiées dans ce journal. Chacune est à claire-voie entourée d'un ou de plusieurs fil. En H. au-dessus du ou des fil. au M. *Psyché, journal de modes, etc.* | *Passage Saulnier, n°* 11. (Le n° 224 porte seulement *Psyché, Passage Saulnier, n°* 11). A D. le n° d'ordre.

2602 N° CXXXI. — *Costumes : Richard-Laurent, tailleur du roi, au palais Royal,* | *Galerie d'Orléans, nos* 1 *et* 3. *Chapeaux : Alan, breveté, successeur d'Hangest et Roucalle, place des Italiens, n°* 7.—Deux jeunes gens, dont l'un à G. de face, chapeau sur la tête, redingote courte, entièrement boutonnée, manteau sur les épaules; l'autre vu de dos, en frac, le chapeau et la canne à la main. Au fond à G., armoire vitrée remplie d'objets de curiosité. — A D. **Gavarni**.— Claire voie, un fil. A G. *Gavarni delᵗ.* A D. *Imp. d'Aubert et de Junca* = H. 162, L. 110.

« Psyché, 8 octobre 1836. »

2603 CXXXIII. — LA FÉE DE SALON. — De face la tête de 3/4 tournée à D., elle rattache une agrafe à l'épaulette de sa robe. Toque entourée de plumes flottantes. Robe de gaze décolletée à manches larges fendues et pendantes, ornée de longs rubans à glands et de nœuds de plumes. Bras nus. Une baguette par terre devant elle. — A G. **Gavarni**. — Claire-voie, quatre fil. A G. *Gavarni delᵗ.* A D. *Imp. d'Aubert et de Junca.* = H. 184, L. 130.

« Psyché, 22 décembre 1836. »

1er État. Avant toute lettre. Un seul fil.
2e — Celui qui est décrit.

2604 CXXXV. — BISCAYENNE. — Jeune femme de 3/4 tournée à D. tête de face, les mains dans les poches de sa robe. Petit chapeau de velours avec nœud de rubans, corsage décolleté, manches plates, manchettes au coude, mitaines, jupe garnie d'effilés — Vers la D. **Gavarni**. — Claire-voie, un fil. A D. *Imp. d'Aubert et de Junca.* = H. 180, L. 130.

« Psyché, 5 janvier 1837. »

1er État. Avant toute lettre.
2e — Celui qui est décrit.
3e — *Biscayenne.* Quatre fil. En H. au-dessus du fil. au M. *Musée de costumes* A D. 54. En B. au-dessous des fil. à G. *Chez Aubert, gal. Véro-Dodat.* A D. *Imp. d'Aubert et Cie.*

2605 CXXXVII. — LE MULETIER. | (*Costume d'artiste*). — De 3/4 tourné à G., une main à sa ceinture. Chapeau sur l'oreille par-dessus un mouchoir, cape pliée sur une épaule, poignard suspendu à un ceinturon, grandes guêtres de peau.— A G. **Gavarni** — Claire-voie. Quatre fil. A G. *Gavarni delt.* A D. *Imp. d'Aubert et de Junca.* = H. 162, L. 118.

« Psyché, 12 janvier 1837. »

1er État. Avant toute lettre. Un seul fil.
2e — Celui qui est décrit. Des épreuves portent à D. *Supplément, n°* 136, au lieu de 137.

2606 N° CXLIV. — (MODÈLES DE BIJOUX et objets divers) — Les nos qui accompagnent les objets représentés renvoient aux descriptions qu'on trouve dans le journal. *N°* 15. Étagère où sont réunis : *n°* 8. Coquille montée; *n°* 10. Buire; *n°* 9. Vase forme de lis; *n°* 14. Urne; *n°* 11. Pot du Japon; *n°* 12. Écritoire rocaille; *n°* 7. Baguier; *n°* 13. Panier Pompadour. Au-dessous de l'étagère : *n°* 3. Couronnes de pierreries; *n°* 2. Diadème; *n°* 1. Bouquet de fleurs en pierreries; *n°* 6. Nœud de diamants; *n°* 5. Épingles; *n°* 4. Plaques. — Claire-voie. Deux fil. en H au-dessus des fil. au M. *Psyché, journal de Modes.* A D. *Supplément, n°* 144. En B. au M. *Imp. d'Aubert et de Junca.* = H. 195, L. 136.

« Psyché, 9 mars 1837. »

2607 N° CLIII. — (MODES du magasin de Lucy Hoquet). — Les nos qui accompagnent les divers objets représentés renvoient aux descriptions qu'on trouve dans le journal. 7. Chapeau de paille d'Italie vu par derrière et par devant; 6. Capote à coulisse; 5 Chapeau de paille de riz; 1. Nœud de tête en velours; 2. Deux bonnets de tulle bouillonné; 4. Tour de cou en velours; 3. Bracelets. Sans nos : Une boucle d'oreille et une paire de pantoufles. – Claire-voie, un fil. En H. au-dessus du fil. au M. *Psyché*, *journal de Modes, etc.*, | *Passage Saulnier, n°* 11. A D. *Supplément, n°* 153. Au dessous du fil. au M. *Imp. d'Aubert et de Junca.* = H. 182, L 130.

« Psyché, 4 mai 1837. »

2608 CLXXXIX. — PATRONNE DE BATEAU. — Presque de face tournée à D., la tête de 3/4; elle met ses gants; petit chapeau de paille sur le côté, corsage décolleté, orné de deux rangs de boutons de chaque côté, manches courtes à manchettes.—A D. **Gi.**—Claire voie, quatre fil En B. au-dessous des fil. A G. *Gavarni del.* A D. *Imp. d'Aubert et Cie.* = H. 169, L. 114.

« Psyché, 18 janvier 1838. »

1er Etat. Celui qui est décrit.
2e — En H. au M. *Musée de costumes*, au lieu de *Psyché* (etc.). 180, au lieu de 189. En B. à G. *Chez Aubert*, *gal. Véro-Dodat*, au lieu de *Gavarni del.* Le reste comme à l'état décrit.

2609 CXCII — LE MAJO. — De 3/4 presque de pr. tourné à D., les mains posées sur son ceinturon de cuir, auquel est suspendu un couteau ; veste entourée d'une frange, large ceinture de soie dont l'extrémité retombe à ses pieds, culotte de velours, guêtres de cuir. — A G. **G. 2.** — Claire-voie, quatre fil. — En B. à G. *Gavarni del.* A D. *Imp. d'Aubert et Cie.* = H. 167, L. 114.

« Psyché, 8 février 1838. »

1er Etat. Avant toute lettre.
2e — Celui qui est décrit.
3e — En H. au M. *Musée de costumes*, au lieu de *Psyché* (etc.). 179, au lieu de 192. En B. à G. *Chez Aubert, gal. Véro-Dodat*, au lieu de *Gavarni del.* Le reste comme à l'état décrit.

2610 CCXLIV. — ESPAGNOLE. | *Veste et robe de velours, boutons de jais. Mouchoir et ceinturon de soie Bas de soie.* — De 3/4 presque de pr. tournée à G., tenant un binocle devant ses yeux. Mouchoir noué derrière la tête et tombant sur le dos, corsage décolleté, manches plates et longues, croix à la Jeannette. — En B. dans l'intérieur du dessin **Souvenir d'un bal chez E. Arago. Janvier 39. Gavarni.** — Claire-voie. Un fil. En B. au-dessous du fil. au M. *Imp. d'Aubert et Cie.* = H. 159, L. 111.

« Psyché, 7 février 1839. »

COSTUMES MOBILES SUR FIGURINE.

Quatorze lithographies faisant partie d'une suite dessinée par divers artistes et publiée par le journal *Psyché*. Chacune de ces lithographies est à claire-voie, et, sauf les deux premières, représente un costume vu par devant et par derrière, dont les deux aspects en sont disposés de manière à pouvoir recouvrir le corps d'une figurine de femme découpée. Les parties opposées du costume étant elles-mêmes découpées sont appliquées l'une contre l'autre et collées seulement sur les bords; il suffit alors pour habiller la figurine, de glisser la tête de celle-ci par le bas de la robe et de la pousser jusqu'à ce que le cou soit dégagé par le haut, puis on place la coiffure. Le pied de la poupée se fixe ensuite dans la rainure d'un petit socle rond en bois sur lequel elle se tient. Ces lithographies n'étaient point publiées en feuilles, mais découpées et toutes préparées pour habiller la figurine. D'après nos documents Gavarni en a exécuté une trentaine ; mais nous n'avons pu, malgré nos recherches, découvrir que celles dont nous donnons ici la description.

2611 RRR. — COSTUMES MOBILES SUR FIGURINE, en H. de la planche. Affiche. — Entre deux figures de femmes en pied et de face une draperie sur laquelle on lit : *Psyché* | *journal de Modes et littérature.* | *Costumes mobiles et coloriés* | *sur figurine découpée.* | *A Paris, rue Richer, passage Saulnier, n° 11.* La figure à D. est en corset et en jupon, les mains croisées sur la poitrine, celle qui est à G. est vêtue d'une robe bordée de fourrure, coiffée d'un chapeau à plume, les mains dans un manchon. — En B. à G. *Imp d'Aubert et Comp^ie^.* = H. 210, L. 304.

1er État. Celui qui est décrit.
2e — Au-dessous de *Costumes mobiles sur figurine* et au-dessus de la draperie : *Psyché (journal breveté) paraît tous les jeudis avec un costume complet.* | *Par cette innovation, on peut composer à son gré l'ensemble d'une toilette.* | *Abonnement.* | A G. *Paris, 1 an : 26 f. — 6 mois : 14 f. — 3 mois : 7 f.* | *Dép^ts^, 1 an : 29 f.— 6 mois : 15 f. 50.— 3 mois : 7 f. 50.* | *Étranger. Les abonnements se payent en mandats sur Paris,* | *sans*

frais pour le journal. — A D. *à Paris, rue Richer, passage Saulnier, n° 11.* | *Dans les départements et à l'étranger aux bureaux* | *des messageries et chez les principaux libraires,* | *et chez Mr* . | A G. *Étrennes.* | *Psyché fournit au prix de* *des boîtes* | *élégantes qui contiennent des collections* | *de costumes.* Le reste comme à l'état décrit.

2612 RRR (PSYCHÉ.) Affiche. — Jeune fille en jupon et en corset de face, les mains croisées sur la poitrine. — En B. à G. *Gavarni delt.* A D. *Lith. d'Aubert et de Junca.* = H. , L. .

Cette pièce étant découpée forme la figurine à laquelle s'adapte chaque costume mobile.

2613 RRR. CXXXIV. — (COSTUME ESPAGNOL à découper.) Affiche specimen. — Robe garnie d'effilés, voile tombant par derrière la tête, corsage décolleté, manches plates. Deux figures de femmes isolées, chacune sur un plan demi-circulaire. L'une à D., vue par devant, les bras baissés, un éventail dans les mains. L'autre à G. vue de dos.—En B. au M. sur le plan demi-circulaire de D. *Psyché, jal de Modes, passage Saulnier, 11, fg Montmartre;* sur le plan demi-circulaire de D., 134 en chiffres microscopiques. = H. 172, L. 173.

1er État. Avant toute lettre.
2e — En B. à D. *Imp. d'Aubert.* Sans autre lettre.
3e — Celui qui est décrit.

2614 CXLIII. — (COSTUME DE MODE à découper). — Tunique de gaze rayée garnie de roses par-dessus une jupe à volant de dentelles, bouquet au milieu d'un corsage décolleté, manches courtes, gants demi-longs; coiffure en cheveux, guirlande et bouquet de roses. A D. la robe vue par devant avec les bras, une main sur l'autre tenant un éventail fermé ; à G. vue par derrière. Au M. la coiffure : à D. vue par devant; à G. vue par derrière. Dans le bas de la jupe vue par derrière au-dessus de la dentelle 143 en chiffres microscopiques. — En B. à D. *Lith. Junca.* = H. 142, L. 235.

« Psyché, 2 mars 1837. »

2615 RRR. CXLVI. — (COSTUME DE MODE à découper.) — Redingote à nœuds de rubans de velours sur le devant, col garni de dentelle et châle de taffetas garni d'une frange. Chapeau de velours orné d'une plume. A G. la redingote vue par devant avec les mains croisées au bas de la taille; à D. vue par derrière. Au M. en H. le chapeau vu par derrière; au-dessous vu par devant. Dans le B. de la redingote vue par devant 146 en chiffres microscopiques. — En B. à D. *Lith. Junca.* = H. 185, L. 208.

« Psyché, 23 mars 1837. »

2616 RRR. CXLVII. — (COSTUME DE MODE à découper.) — Robe de satin brocard par-dessus une jupe de satin ; écharpe de velours garnie de dentelle. Coiffure en cheveux, plume sur le côté. A D. la robe vue par devant avec un bras baissé, la main tenant un mouchoir ; l'autre bras replié, la main au-dessous de la taille ; à G. la robe vue par derrière. Au M. en H. la coiffure vue par derrière ; au-dessous vue par devant. Dans le B. de la jupe de dessous vue par derrière 147 en chiffres microscopiques.— En B. à D *Lith. de Junca.* = H. 150, L. 223.

« Psyché, 30 mars 1837. »

2617 RRR. CL — (COSTUME DE MODE à découper). — Robe montante rayée, mantelet de satin bordé d'un bouillon. Chapeau orné de fleurs en grappes. A

G. la robe vue par devant avec les bras croisés, une main tenant un bouquet ; à D. vue par derrière. Au M. en H. le chapeau vu par derrière ; au-dessous vu par devant. Dans le B. de la robe vue par derrière 150 en chiffres microscopiques. — En B. à D. *Imp d'Aubert et de Junca.* = H. 154, L. 230.

« Psyché, 20 avril 1837.

1er Etat. Avant toute lettre.
2e — Celui qui est décrit.

2618 RRR. CLIII. — (COSTUME DE MODE à découper). — Robe à fleurs bordée d'un volant. Capote ornée de deux plumes en chenille. A G. la robe vue par devant avec les bras dont un baissé, l'autre au-dessous de la taille un éventail fermé à la main ; à D. vue par derrière. Au M. en H. le chapeau vu par derrière ; au-dessous vu par devant. Dans le B. du volant de la robe vue par derrière 153 en chiffres microscopiques. — En B. à D. *Imp d'Aubert et de Junca.* = H. 155, L. 230.

2619 RRR. CLVIII. — (COSTUME DE MODE à découper) — Robe garnie d'un large volant avec pèlerine garnie de bouillons. Capote ornée d'un bouquet d'avoine. A D. la robe vue par devant avec les bras baissés un mouchoir dans une main ; à G. vue par derrière et sens dessus dessous. Au M. en H. la capote vue par devant ; au-dessous, vue par derrière. Dans le B. du volant de la robe vue par devant 158 en chiffres microscopiques.—En B. à D. *Imp. d'Aubert et de Junca.* = H. 166, L. 230.

2620 RRR. CLXIII. — (COSTUME DE MODE à découper. — Redingote de mousseline brodée garnie de deux larges volants, aux manches trois volants de dentelles. Chapeau avec guirlande d'épis de blé. A D. la redingote vue par devant avec les bras baissés une main sur une ombrelle ; à G. vue par derrière. Au M. le chapeau vu par devant ; au-dessous vu par derrière. Sur le volant de la redingote vue par derrière 163 en chiffres microscopiques. — En B. à D. *Imp. d'Aubert et de Junca.* = H. 152, L. 225.

2621 RRR. CLXVII. — (COSTUME DE MODE à découper.) — Robe montante à fleurs, manches bouffantes. Chapeau avec guirlande de fleurs. A G. la robe vue par devant avec les bras, dont un baissé, un mouchoir à la main, l'autre main au-dessous de la taille ; à D. vue par derrière. Au M. en H. le chapeau vu par devant ; au-dessous, vu par derrière et sens dessus dessous. Dans le B. de la robe vue par devant 167 en chiffres microscopiques. — En B. à G. *Imp. d'Aubert et de Junca.* = H. 156, L. 220.

2622 RRR. CLXIX. — (COSTUME DE MODE à découper). — Robe garnie d'un volant avec mantelet de satin bordé de dentelle. Coiffure en cheveux, guirlande de fleurs. A D. la robe vue par devant avec les bras croisés, un bouquet dans une main, un éventail fermé dans l'autre ; à G. vue par derrière. Au M. en H. la coiffure vue par devant ; au-dessous vue par derrière. Dans le B. du volant de la robe vue par devant 169 en chiffres microscopiques — En B. à D. *Imp. d'Aubert et de Junca.* = H. 150, L. 234.

2623 RRR. CLXXVIII. — COSTUME DE MODE à découper. — Redingote garnie d'un double rang de bouillons, avec châle brodé et à franges. Chapeau orné d'un bouquet de fleurs. A D. la robe vue par devant avec les bras, les mains l'une sur le poignet de l'autre à la hauteur de la taille ; à G. vue par derrière. Au M. en H. le chapeau vu par derrière ; au-dessous, vu par devant. Dans le

B. de la robe vue par devant, au-dessus des bouillons, 173 en chiffres microscopiques. — En B. à D. *Imp. d'Aubert et de Junca.* = H. 150, L. 240.

2624 RRR. — (COSTUME DE MODE à découper.) — Robe décolletée à manches courtes garnies de trois volants de dentelle, elle est ouverte sur le devant. Jupe de dessous garnie de deux volants de dentelle. Coiffure en cheveux et en perles. A G. la robe vue par devant avec les bras, l'un baissé la main tenant un bouquet, l'autre main à la hauteur de la taille; à D. vue par derrière. Au M. en H. la coiffure vue par derrière; au-dessous vue par devant. — Sans lettre aucune ni n°. = H. 151, L. 217.

LA RENAISSANCE.

Deux pièces publiées dans ce journal; chacune est à claire-voie, entourée d'un fil. En H au-dessus du fil. au M. *La Renaissance.* Dans le B. au-dessus fil. au M. *Par Gavarni.* En B. au-dessous du fil. à G. *Lith. Bertauts.* A D. *rue du Jour*, 13. Au-dessous du titre à D. *Bureau du journal, rue Bergère*, 24.

2625 TOILETTE DU SOIR. — Une femme à mi jambes, de 3/4 tournée à D assise sur un canapé le dos contre un coussin. Elle tient un éventail dans ses mains posées sur ses genoux. A D. debout derrière elle une autre femme s'appuie sur le dos du canapé. — A G. **42-6**. — Fil. cintré en H. = H. 173, L. 121.

1er État. Celui qui est décrit.

2e — *Une jeune femme*, au lieu de : *La Renaissance.* En H. à D. *Mlle Hugot, rue St-Marc, 14,* au lieu de : *rue du Jour,* 13. *Album de Hetzel* | 1843, au lieu de : *Toilette du soir. Bureau du journal* (etc.) supprimé.

2626 CASTILLANNE. — De face, la tête légèrement penchée à D. une main dans la poche de sa jupe, l'autre jouant avec le cordon de la croix suspendue à son cou. Corsage de velours décolleté, manches courtes à larges manchettes. — A G. **42-3**. — Fil. à pans coupés en H. et en B. En H. à D. au-dessous du fil. *n°* sans chiffre. = H. 170, L. 120.

1er État. *Lith. Bertauts* et *r. du Jour,* 13. Sans autre lettre.

2e — Celui qui est décrit.

3e — *Anna*, au lieu de : *Renaissance.* Fil. à angles ornementés. 42-3 et *Par Gavarni* au-dessus du fil. au M. ont disparu. En B. au-dessous du fil. à *G. Par Gavarni*, au lieu de : *Lith. Bertauts.* A D. *Imp. Bertauts, Paris*, au lieu de : *r. du Jour,* 13. *Valse pour le piano,* | *composée par Klemczinski.* | *Paris, chez A. Brulé, éditeur, grande galerie des Panoramas, n°* 16, au lieu de : *Castillanne. Bureau du journal* (etc.) supprimé.

4e — *A Paris, Le Dentu, éditeur de musique,* 6, *boulevard des Italiens. Propriété pour la France et la Belgique*, au lieu de : *Paris, chez A. Brulé* (etc.). Le reste comme au 3e état.

TRAVESTISSEMENTS.

Suite de douze pièces numérotées. La pierre du n° 7 s'étant brisée à l'un des premiers tirages, Gavarni l'a remplacée par une autre lithographie. Il y a donc deux nos 7 différents. Ce qui porte à treize le nombre des lithographies faites pour cette suite. Chaque pièce représentant une femme à mi-corps est à claire-voie entourée de deux fil. En H. au-dessus des fil. à G. *Travestissemens* (sic).

A D. le n° d'ordre. En B. au-dessous des fil. à G. *Gavarni*. (Les *n*os 1 *et* 8 portent *Gavarni del.*) A D. *Imp. Lith. de Kaeppelin et Cie, rue du Croissant, n°* 20 (on lit *Lith. de Kaeppelin* (etc.) sur les *n*os 7 et 9). Au-dessous du titre particulier à D *London published, by Ch. Tilt,* 86, *Fleet street.*

1er Etat. Avant toute lettre, sauf plusieurs nos ainsi qu'il est indiqué à leur article.
2e — Celui qui est décrit.
3e — Les deux fil. supprimés et remplacés par un ovale entouré d'un encadrement ornementé dans le bas duquel un cartouche contient le titre particulier de la pièce. **Gavarni** (sauf au n° 1), *Travestissemens* et les nos d'ordre ont disparu. En B. au-dessous de l'encadrement à G. *Lith. Caboche, Garneray et Cie*. A D. *Gavarni*. Ces changements ont été exécutés pour une édition de la suite, publiée dans une couverture ayant pour titre : *Costumes historiques pour Travestisements, par Gavarni. Paris, chez Beauger* (sic) *et Cie, rue du Croissant,* 16. *Lith. Coulon et Cie.*

2627 N° I. — PAYSANNE D'ALTENBOURG. — Vue de dos, tête de pr tournée à D. coiffée d'un mouchoir noué par derrière et dont les bouts retombent sur le dos. — A. G. **Gavarni.** — En B. au-dessous du titre à G. *Pub. par Rittner et Goupil, bd Montmartre, n°* 12, *à Paris.* = H. 182, L. 169.

2628 N° II. — SIENNOISE EN 1300. — De 3/4 tournée à G. la tête à D.; bonnet de forme élevé échrancré au milieu et orné de perles, riche collier, robe montante à larges manches. — A. G. **Gavarni.** — En B. au-dessous du titre à G. *Pub. par Rittner et Goupil,* 12, *bd Montmartre, Paris.* = H. 181, L. 170.

2629 N° III. — FEMME DU DUCHÉ DE WENDEN. — De 3/4 tournée à G., une main sur la hanche ; bonnet noué sous le menton, large fraise, corsage rayé à manches étroites. — Au M. **Gavarni.** — En B. au-dessous du titre à G. *Pub. par Rittner et Goupil, n°* 12, *bd Montmartre, Paris.* = H. 183, L. 170.

2630 N° IV. — FIANCÉE DE BERNE — De 3/4 tournée à D., un poignet sur la hanche ; cheveux relevés sur le front, fraise rabattue, plastron bordé de velours, manches étroites — A D. **Gavarni.** — En B. au-dessous du titre à G. *Pubé par Rittner et Goupil, bd Montmartre, n°* 12, *à Paris.* = H. 182, L. 107.

2631 N° V. — ITALIENNE EN 1300. — De 3/4 tournée à D., assise et tenant une harpe d'une main. Bonnet échancré au M. et recouvert d'un voile à franges retombant par derrière sur le cou ; manches étroites sous des manches larges. — A D. **Gavarni.** — En B. au-dessous du titre à G. *Pubé par Rittner et Goupil, bd Montmartre, n°* 12, *à Paris.* = H. 182, L. 171.

Au 1er état, en B. au-dessous des fil. à G. *Gavarni.* Sans autre lettre

2632 N° VI. — MODES DE PARIS EN 1787. — De pr. tournée à D., une canne à la main. Large chapeau avec voile orné de plumes et de rubans. Cheveux tombant jusqu'au bas du dos. Cravate et jabot. Redingote boutonnée, à revers. — A D. **Gavarni** — En B. au-dessous du titre à G. *Pubé par Rittner et Goupil, n°* 12, *bd Montmartre, à Paris.* = H. 182, L. 170.

2633 RRR. N° VII. — SOUBRETTE. — De 3/4 tournée à D. la tête de pr.; bonnet noué sous le menton et entouré d'un large ruban noir, croix suspendue à un ruban semblable. Corsage décolleté, manches courtes. — En B. au-dessous du titre à G. *Pub. par Rittner et Goupil, bd Montmartre, n°* 12, *à Paris.* = H. 181, L. 169.

2634 N° VII. (bis). — CRACOVIENNE. — De face, la tête de pr. à D.; bonnet couvrant les oreilles, noué sous le menton avec un ruban noir ; guimpe par-dessus un corsage de laine noire, manches bouffantes en mousseline. — A D. **Gavarni.** = H. 181, l. 169.

Au 1er état, en B. au-dessous des fil. à G. *Gavarni*. Sans autre lettre.

2635 N° VIII. — PAYSANNE DE ROCHERSBERG. — De face tête de 3/4 à D. Coiffure de nœuds de rubans, écharpe noire autour du cou, corsage décolleté, nœuds de rubans, manches bouffantes. — A D. **Gavarni.** — En B. au-dessous du titre à G. *Pub. par Rittner et Goupil, bt Montmartre, n° 12, à Paris.* = H. 181, L. 170.

Au 1er état, en B. au-dessous des fil. à G. *Gavarni del.* A D. *Imp. lith. de Kaeppelin* (etc.). Sans autre lettre.

2636 N° IX. — FRANCONIENNE. — De pr. tournée à D. Coiffure formée de rubans noués sous le menton, fichu rayé autour du cou, guimpe sous un corsage bouillonné sur le devant, manches courtes. — En B. au-dessous du titre à G. *Pubé par Rittner et Coupil, bd Montmartre, n° 12, à Paris.* = H. 182, L. 168.

Au 1er état, en B. au-dessous des fil. à G *Gavarni*. Sans autre lettre.

2637 N° X. — BAVAROISE. — De 3/4 tournée à D.; bonnet posé sur le haut de la tête et entouré d'un large ruban flottant par derrière, fichu à fleurs, corsage à manches étroites s'arrêtant au coude. — En B. au-dessous du titre à G. *Pub. var Rittner et Goupil, bd Montmartre, n° 12, à Paris.* = A. 188, L. 170.

Au 1er état, en B. au-dessous des fil. à G. *Gavarni*. Sans autre lettre.

2638 N° XI. — DUCHESSE EN 1400. — De 3/4 tournée à G. et assise. Couronne surmontant un bonnet de velours cachant les oreilles, manches étroites sous des manches larges. — A D. **Gavarni.** — En B. au-dessous du titre à G. *Pub. par Rittner et Goupil, bd Montmartre, n° 12, à Paris.* = H. 182, L. 171.

Au 1er état, en B. au-dessous des fil. à G. *Gavarni*. A D. *Imp. lith. de Kaeppelin* (etc.). Sans autre lettre.

2639 N° XII. — PAYSANNE DU CANTON DE SOLEURE. — De 3/4 tournée à D., la tête à G. Bonnet de dentelle noire noué sous le menton; corsage à deux rangs de boutons lacé sur le devant; pardessus ouvert. — A D. **Gavarni.** — En B. au-dessous du titre à G. *Pub. par Rittner et Goupil, bd Montmartre, n° 12, à Paris* = H. 183, L. 171.

Au 1er état, en B. au-dessous des fil. à G. *Gavarni*. Sans autre lettre.

TRAVESTISSEMENTS GROTESQUES.

Suite de six lithographies représentant chacune un homme travesti d'une manière singulière. Chaque pièce est entourée d'un fil. (le n° 3 étant à claire-voie se trouve ainsi avoir deux fil.). Au-dessus du fil. en H. à G. *Travestissemens* (sic) *grotesques.* A D. le n° d'ordre. En B. au-dessous des fil. à G *Gavarni*. Au-dessous du titre à G. *On s'abonne chez Aubert, Galerie Véro-Dodat.* A D. *Lith. Benard, rue de l'Abbaye, 4.*

2640 N° I. — L'HABIT DE PAPIER. — De 3/4 tourné à G., un homme en costume de chevalier moyen âge : cotte d'arme en papier, ainsi que toutes les parties de son armure, sa fraise, ses manchettes et la plume de son casque en pain de sucre; il a une main sur la hanche, l'autre sur un sabre en carton. Cornet de papier pour faux nez. — A D. **Gavarni.** = H. 226, L. 157.

1er État. En B. au-dessous du fil. à D. *Lith. de Frey*. Sans autre lettre.
2e — Celui qui est décrit.

« Le Charivari, 29 janvier 1833 ».

2641 N° II. — DEVIN. — De 3/4 tourné à D., un crâne énorme terminé par une touffe de cheveux sur le derrière de la tête, des lunettes sur le nez. Il semble être assis sur une table couverte d'un tapis et chargée de cornues, etc. En réalité, les jambes étendues sur la table sont postiches, et l'on voit sous le tapis relevé à G. les vraies jambes du personnage. Il tient d'une main un grand livre, de l'autre un cornet acoustique. — A D. **Gavarni.** = H. 220, L. 158.

1er État. En B. au-dessous du fil. à D. *Lith. de Frey.* Sans autre lettre.
2e — *On s'abonne chez* (etc.) et *Lith. Benard* (etc.) n'existent pas. Le reste comme à l'état décrit.
3e — Celui qui est décrit.
« Le Charivari, 6 février 1833. »

2642 N° III. — POLICHINELLE. — De 3/4 tourné à D. et dansant; la tête, les épaules et les bras du personnage sont dissimulés dans un immense chapeau, surmontant un masque énorme posé sur sa poitrine; bras postiches avec mains sur les hanches. — A G. **Gavarni.** = H. 224, L. 160.

1er Etat. En B. au-dessous du fil. à D. *Lith. de Frey.* Sans autre lettre.
2e — *Gavarni* à G. *On s'abonne* (etc.) et *Lith. Benard* n'existent pas. Le reste comme à l'état décrit.
3e — Celui qui est décrit.
« Le Charivari, 14 mars 1833. »

2643 N° IV. — BOSSUS. — Personnage de 3/4 tourné à G. la tête de 3/4 à D., revêtu d'un travestissement figurant deux bossus chinois, l'un monté sur le dos de l'autre. Ses bras forment les jambes du bossu du haut et se terminent par des babouches. La tête et les bras du bossu inférieur sont postiches. — A D. **Gavarni.** = H. 223, L. 158.

1er État. En B. au-dessus du fil. à D. *Lith. de Frey.* Sans autre lettre.
2e — Celui qui est décrit.
« Le Charivari, 20 février 1833. »

2644 N° V. — PAILLASSE ET PIERROT. — De pr. à D. tous les deux. Le paillasse complétement courbé en avant, son chapeau à la main, porte assis sur son dos le pierrot, qui joue au bilboquet. Ces deux costumes appartiennent au même personnage; les jambes du pierrot, la tête et les bras du paillasse, sont postiches. - A D. **Gavarni.** = H. 223, L. 158.

1er État. En B. au-dessous du fil. au M. *Lith. de Frey.* Sans autre lettre.
2e — Les inscriptions du H., *Lith. de Frey*, et *Paillasse et Pierrot.* Sans autre lettre.
3e — Celui qui est décrit.
« Le Charivari, 2 février 1833. »

2645 N° VI. — OISEAU. — Un homme de pr. tourné à D., ayant un ventre monstrueux; masque d'oiseau à long bec, plumes à la tête et aux pieds, pardessus se terminant en pointe par derrière et à longues manches pagodes; il a une main dans la poche de son gilet et de l'autre tient une petite boîte ouverte. — A D. **Gavarni.** = H. 232, L. 158.

1er État. En B. au-dessous du fil. à D. *Lith. de Frey.* Sans autre lettre.
2e — Celui qui est décrit.
3e — Au-dessous du titre au M. *Gde S.* 174. Le reste comme à l'état décrit.
« Le Charivari, 22 janvier 1833. »

TRAVESTISSEMENTS ORIGINAUX.

Quatre lithographies pour une suite projetée. Chaque pièce, représentant une femme en pied et debout, est à claire-voie entourée de cinq fil., et sans aucune lettre. Mais il existe une épreuve de chacune de ces lithographies où Gavarni a écrit au crayon : en H., entre le 1er et le 2e filet au M., le titre général *Travestissements originaux;* au-dessous du 1er fil. à G. 1835, et à D. le nº d'ordre; dans le B. au-dessus du 1er fil. à G. *Gavarni.* Au-dessous de ce fil. au M. le titre indicatif du travestissement, et au-dessous du 3e fil. le détail du costume; enfin, au-dessous du 5e fil. à D. *Imp. par Frey.*

Les pièces exécutées par Gavarni pour cette suite inédite étaient au nombre de six. Deux d'entre elles ayant été publiées dans la suite *Nouveaux Travestissements,* ont été décrites, sous cette rubrique : au nº 39, *Irlandaise,* et au nº 40, *Alsacienne,* dont elles constituent le 1er état. Nous n'avons donc pas à nous en occuper ici.

2646 RRR. – (PARISIENNE de la fin du XVIIIe siècle.)—De 3/4 tournée à D., une cravache à la main, chapeau d'homme haut de forme avec nœuds de rubans, veste de velours, jupe ouverte sur le devant et garnie de chaque côté de nœuds de rubans. — A D. **Gavarni.** = H. 214, L. 137.

2647 RRR. — (INDIENNE. | *Tunique et pantalon de mérinos imprimé, brodequins de velours.*) — De 3/4 tournée à D., elle tient un miroir entouré de plumes; petit bonnet conique surmonté d'une longue plume; manches ouvertes et tombantes; tunique traînant par derrière, ouverte sur le devant et laissant voir les jambes jusqu'aux genoux. — A D. **Gavarni.** = H. 214, L. 137.

2648 RRR. — (JEUNE GENTILHOMME. | *Robe et souliers de velours, bonnet de velours, pantalon de soie.*) — Femme en homme, de 3 4 tournée à D., les bras baissés et ouverts; costume moyen âge de fantaisie, tunique s'arrêtant aux genoux et serrée à la taille par une ceinture à laquelle est suspendu un poignard; les manches, fendues sur le devant, laissent voir les bras nus jusqu'à la saignée; toque avec plume; souliers à la poulaine. — A D. **Gavarni** = H. 215, L. 137.

2649 RRR. — (PÉRI. | *Tunique et robe de soie, turban de nattes et de rubans.*) — De face tête de 3/4 tournée à G., une main appuyée sur une baguette; turban orné de plumes noires flottantes; corsage sans manches serré à la taille, sur le devant, par une agrafe en pierreries, par-dessus une tunique à larges manches. — A D. **Gavarni.** = H. 214, L. 137.

TRAVESTISSEMENTS PARISIENS.

Huit lithographies faisant partie d'une suite nombreuse de costumes publiée par Aubert.

» Nº LXIII. — PATRON DE BATEAU.

» Nº LXXIV. — ARAGONAIS.

» Nº LXXV. — PAGE ÉCOSSAIS.

» Nº LXXVI. — PAYSANNE BASQUE.

» Nº LXXVIII. — MONTAGNARD.

» Nº LXXXII. — TROUVERRE (sic).

Ces six pièces ont d'abord fait partie d'une suite de lithographies publiées sous le titre *Costumes composés pour les bals masqués.* — Voir ci-dessus même section, sous cette rubrique, leur description aux nos 16, 14, 15, 13, 18 et 12.

» N° LXXVII. — BATELIÈRE ESPAGNOLE.

» N° LXXXI. — FERMIÈRE.

Voir ci-dessus même section, sous la rubrique *Le Carrousel*, journal où elles ont été publiées primitivement, la description de ces pièces, sous les *nos* 16 *et* 17 (*bis*).

LE VOYAGEUR.

2650 L'HOMME DU MONDE, | *par Humann*, | 83, *rue Neuve-des-Petits-Champs.* — Il est de face, tenant son chapeau d'une main et de l'autre sa canne. Barbe blonde, cravate blanche, frac boutonné par le haut. — A G. **46-12**. — Claire-voie. En H. au M. *Le Voyageur*, | *Journal de l'office universel*, | *place de la Bourse*, 27. En B. au M. *Imp. Lemercier, à Paris.* = H. 117, L. 155.

1er État. Avant toute lettre.
2e — Celui qui est décrit.
3e — En H. au M. *La Mode,* au lieu de : *Le Voyageur* (etc.). 83, *rue Neuve-des-Petits-Champs* supprimé. Le reste comme à l'état décrit.
« La Mode, 15 décembre 1847. »
4e — L'HOMME DU MONDE AU FOYER DE L'OPÉRA, | *par Humann.* En B., sans autre lettre. Au M. *Imp. Lemercier, à Paris.*

PIÈCES PUBLIÉES ISOLÉMENT.

2651 COSTUME D'HUMANN | (*pour député*) — Deux hommes en habit semblable à la française, brodé au collet, aux parements et aux poches; gilet blanc. L'un à G., de pr. tourné à D., manteau sur le bras, chapeau rond à la main, cravate noire à longs bouts; l'autre vu de dos et tourné à G., chapeau à cornes sous le bras, cravate et pantalon blancs, souliers à boucles. — A G. **46-17**. — *Imp. Lemercier, à Paris.* = H. 228, L. 200.

2652 COSTUME D'ÉTÉ *pour la campagne*, | *par Humann.* — Deux hommes à mi-jambes, chapeau gris sur la tête, jaquette blanche, cravate de couleur, pantalon à carreaux. L'un vu de dos et tourné à G., la tête à D., les mains dans les poches de son vêtement; l'autre à D. de 3/4 tourné à G., les mains par derrière, barbe et moustaches, jaquette boutonnée, chapeau à larges bords sur le coin de l'oreille. — A D. **46-50**. — Claire-voie. Deux fil. En B. au M. *Imp. par Lemercier, Paris.* Claire-voie. En B. et en travers à G. *Lemercier, Paris.* = H. 194, L. 172.

1er État. Avant toute lettre.
2e — Celui qui est décrit.

2653 RR. — SAISON D'HIVER. 1858, en H. de la planche. — Une femme vue de dos à moitié et tournée à D. essaye un châle rayé. Derrière elle à G. un homme tenant d'une main un binocle avec lequel il examine le châle. — En H. à D. **58-77**. — Un fil. à pans coupés en H. et en B. En B. au-dessous du fil. à G. *Par Gavarni.* — A D. *Imp. Lemercier.* Plus B. *Châles et robes*, *tissu nouveaux.* | *Thiesset, Demazure et Cie*, | *Fabricants à Bohain et Fresnoy-le-Grand. Aisne.* = H. 244, L. 160.

1er État. Avant toute lettre.
2e — Celui qui est décrit.

PIÈCES INÉDITES.

Ainsi que nous l'avons fait à la section *Sujets divers*, subdivision *Pièces isolées*, nous classons avec les lithographies inédites sur le caractère desquelles il n'existe pas de doute quelques autres pièces dont nous n'avons pu découvrir la publication. Nous les distinguons en les faisant précéder du signe interrogatif. Les unes et les autres sont sans aucune lettre.

2654 RRR. — (ARTISTE DRAMATIQUE.) — De pr. tourné à G., tête de 3/4 ; il est couvert d'un carrick à large et long collet descendant au-dessous des reins ; chapeau sur la tête, canne à la main. — Deux fil. = H. 192, L. 130.

2655 RRR. — (PHILIBERT le mauvais sujet.) — Presque de face, tourné à G., la tête à D., tenant des deux mains derrière lui sa canne en travers. Frac boutonné, chapeau sur la tête. — Deux fil. = H. 192, L. 132.

2656 RRR. — (SUBSTITUT.) — En robe, de pr. tourné à D., tenant d'une main son bonnet et des papiers; il en lit un qu'il tient de l'autre main. = H. 191, L. 130.

2657 RRR. — (PAYSANNE DES PYRÉNÉES.) — Jeune fille à mi-corps de 3/4 tournée à D., assise sur une chaise, les mains sur ses genoux ; elle est coiffée d'un mouchoir dont les bouts retombent sur son épaule, cheveux en bandeaux, corsage lacé par devant. — A G. **Gavarni**. — Claire-voie , un fil. = H. 138 , L. 115.

2658 RRR. — (TRAVESTISSEMENT DE FANTAISIE.) — Jeune femme à mi-corps, de 3/4 tournée à G., une main sur la hanche. Costume de fantaisie du XVIe siècle, toque à plumes, pardessus à manches pendantes par derrière, guimpe, collerette et manches relevées. — A G. **Gavarni**. — Claire-voie, un fil. = H. 140, L. 100.

2659 RRR. — (TRAVESTISSEMENT DE FANTAISIE.) — Jeune femme à mi-corps, presque de face, la tête de 3/4 à G., les mains croisées près de la taille, dans l'une un éventail fermé; chapeau de satin retroussé de côté et surmonté d'une plume noire, cheveux relevés, fraise, collier, corsage ouvert lacé sur le devant, manches bouffantes à poignet. — A G. **Gavarni**. — Claire-voie, un fil. = H. 162, L. 125.

2660 RRR. — (TRAVESTISSEMENT DE FANTAISIE.) — Jeune femme à mi-corps, vue de dos et tournée à D. la tête de 3/4, un éventail fermé dans une main, à la hauteur de sa figure; un poing au-dessus de la hanche. Toque de velours ornée de deux grandes plumes, corsage de velours rayé lacé par derrière, manches fendues et flottantes. — A G. **Gavarni**. — Claire-voie, trois fil. = H. 165, L. 117.

2661 RRR. — (TRAVESTISSEMENT DE FANTAISIE.) — Jeune fille à mi-corps, de 3/4, presque de pr. tournée à D., en costume travesti, tenant de chaque main l'extrémité du ruban avec lequel son corsage est lacé par devant. Petit chapeau de paille relevé des bords, posé sur un bonnet de velours attaché sous le menton ; cheveux tombant derrière le cou et noués avec un ruban. — Claire-voie, un fil. = H. 130, L. 84.

2662 RRR. — (MODE DE L'EMPIRE.) — Jeune femme à mi-corps, assise de face, tête de 3/4 à G., une main au-dessous de la taille, l'autre sur ses genoux.

Cheveux frisés sur le front, corsage à taille courte, manches plates, fichu-collerette bordé de dentelle et dénoué. — A G. **Gavarni | 140.** — Claire-voie, un fil. = H. 181, L. 140.

2663 RRR. — (ESPAGNOLE.) — Jeune femme à mi-corps, de 3/4 tournée à G., les bras croisés; elle tient d'une main une cigarette allumée. Chapeau sur l'oreille, cravate rayée, veste jetée sur l'épaule. — Au M. **Gavarni**. — Quatre fil. = H. 140, L. 104.

2664 RRR. — (MARSEILLAISE.) — Jeune femme du peuple, de 3/4 tournée à G., la tête de face, à demi assise sur un bloc de pierre, une main sur la hanche. Large bonnet tuyauté bordé de dentelle, manches plates, jupe courte et tablier. — A D. sur la pierre de taille **G.** — Claire-voie, neuf fil. = H. 163, L. 108.

2665 RRR. — (COSTUME DE TRANSITION.) — Jeune homme de face, tête de 3/4 à D., une main sur la hanche, l'autre sur une canne. Moustaches et collier de barbe. Chapeau bas de forme à larges bords, redingote courte entièrement boutonnée à jupe plissée et manches bouffantes à poignet, large culotte rayée, bottes molles. — Deux fil. = H. 182, L. 114.

Cette pièce, qui devait être publiée dans l'*Artiste*, est restée inédite et le dessin a été effacé. Nous avons vu une épreuve où Gavarni a écrit au crayon en B. au M., entre le T. C. et le premier fil., le titre que nous indiquons, et au-dessous des fil. à D., *Imprimé par Frey*.

2666 RRR. — (?) (TRAVESTISSEMENT NOUVEAU.) — Une femme de 3/4 se dirigeant à D. et relevant du dos de la main un large rideau. Bonnet pointu entouré d'une écharpe rayée tournée autour du cou et tombant sur la poitrine, tunique ouverte sur le devant et laissant voir les jambes et un large pantalon noué au-dessous du genou. Au fond à G. une colonne. — Claire-voie, trois fil. = H. 227, L. 152.

2667 RRR. — (CHATELAINE MOYEN AGE.) — Dans la campagne, une dame de face, la tête de pr. tournée à D., tient un oiseau à longue queue qui bat des ailes; toque avec plume, surcot bordé de cygne à larges manches ouvertes à la saignée. — A G. **Gavarni**. — Six fil. = H. 166, L. 112.

2668 RRR. — (?) (MODES.) — Jeune femme de face et marchant la tête de 3/4 à D., les bras baissés, tenant des deux mains devant elle un livre avec son mouchoir; chapeau avec voile flottant, redingote à larges raies et à pèlerine. Elle est entre deux enfants en veste et en casquette; l'un à G, le plus jeune, a les mains dans les goussets de son pantalon; l'autre appuie la main sur une canne. — A D. **1835**. Claire-voie, un fil. = H. 175, L. 142.

2669 RR. — (MODES.) — Deux jeunes gens, le chapeau sur la tête, moustaches, cravate noire. L'un de pr. tourné à G., le corps penché en avant, les bras croisés, la canne sous le bras, paletot à larges boutons; l'autre à G. de 3/4 à D., une main sur la hanche, le bout des doigts de l'autre main sur la cuisse, habit à la française, pantalon blanc. — A G. **331**. — Claire-voie, un fil. = H. 198, L. 155.

2670 RR. — (?) (MODE) — Deux hommes, chapeau sur la tête, paletot semblable, le collet relevé et boutonné. L'un, vu de dos et tourné à D., les mains dans les poches de son vêtement; l'autre à D. de 3/4 à G., une main à la hauteur de sa poitrine, l'autre dans sa poche. — A G. **29**. — Claire-voie, un fil. = H. 188, L. 130.

2671 RR. — (?) (MODES.) — Deux hommes, le chapeau sur la tête; l'un à G., de pr. à D., cravate noire, les mains dans les poches de son paletot à châle et à collet; le second de face, la tête à D., une main près de la poitrine et l'autre tenant une canne; cravate blanche, petite redingote croisée. — A G **210** | **Gavarni**. — Claire-voie. = H. 162, L. 122.

2672 RRR. — (MODES.) — Un homme et une femme. L'homme à D. de face, la tête de 3/4 à G., une main dans la poche de son pardessus, l'autre posée sur sa canne; chapeau sur la tête, redingote courte sous un paletot fermé du haut par une patte. La femme de 3/4 tournée à D., grand chapeau orné de plumes, mantelet bordé de fourrure, manches plates.—A D. **255**.—Claire-voie, un fil. = H. 197, L. 156.

1er État. Avant **255**; sans la patte à boutonnière du paletot et les raies du pantalon; les jambes de l'homme plus avancées vers la D.; leurs ombres, ainsi que celles de son chapeau et du fond en B. à D., présentent des différences sensibles avec les ombres des épreuves de 2e état.

2e — Celui qui est décrit.

2673 RRR. — (MODES.) — Groupe de trois jeunes gens dont l'un à G., vu de dos et tourné à D., le chapeau sur la tête, est vêtu d'une redingote claire à collet de velours noir, pantalon rayé et guêtres; il s'appuie sur une canne. Un autre à D., vu de face, moustaches, col noir, frac, pantalon blanc, s'appuie aussi sur une canne et tient de la même main son chapeau de paille. Le troisième, vu de face entre les deux premiers, a les mains sur leurs épaules. — A D. G. **1835**. — Claire-voie, un fil. = H. 167, L. 113.

2674 RRR. — (?) (MODES.) — Dans un jardin public, trois femmes en chapeau et en mantelet. Celle de G. est de 3/4 tournée à D. Les deux autres sont vues de dos, l'une en avant, vis-à-vis de la première, et la dernière au fond, sur une terrasse élevée d'une marche. = H. 205, L. 160.

Nous n'avons vu qu'une épreuve de cette pièce. Elle fait partie de l'œuvre de Gavarni à la Bibliothèque nationale, mais elle est rognée et rien ne constate qu'elle ait été publiée; il y a lieu cependant de le supposer, car elle est coloriée. En B. au-dessous du T. C. à D. on aperçoit le haut de quelques lettres qui permettent de restituer : *Imp. Lemercier, Paris.*

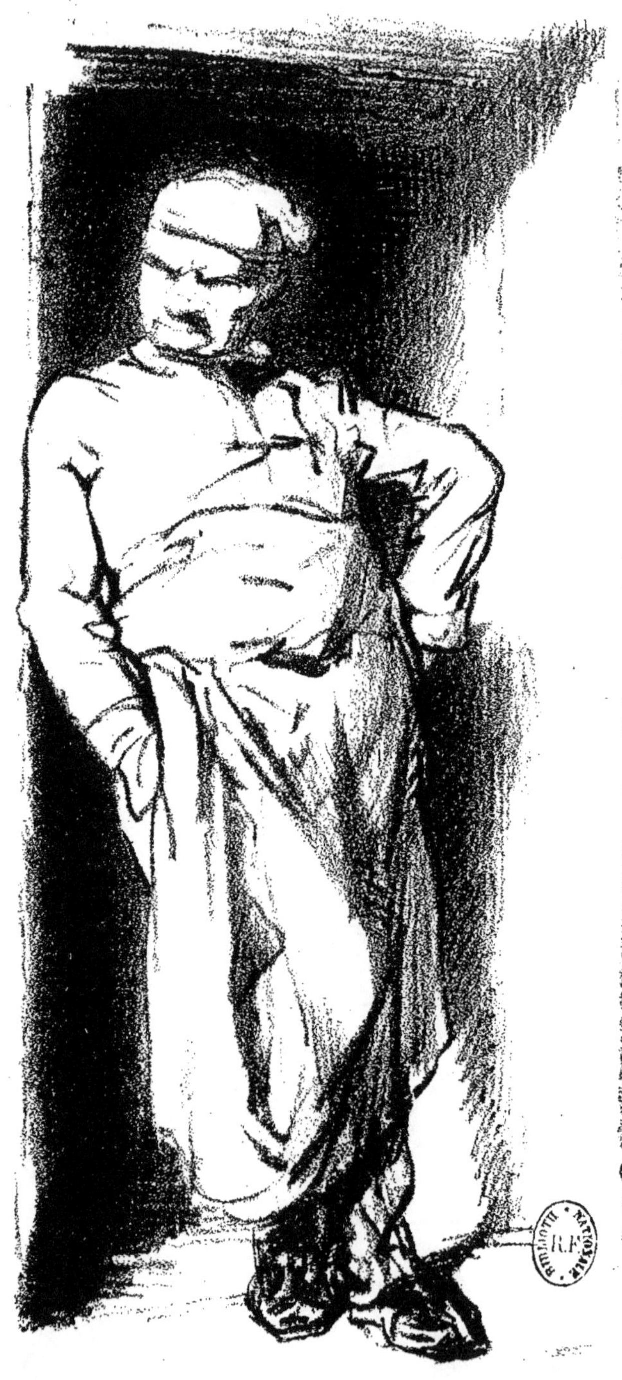

Gavarni.

Imp. Lemercier & Cie, Paris

Ve SECTION.

ŒUVRES POSTHUMES.

Cette section se compose de lithographies sans aucune lettre qui n'ont été imprimées qu'après la mort de Gavarni; elles ont été tirées à quatre ou cinq exemplaires seulement et les pierres ont dû être immédiatement effacées. Bien que non terminées et abandonnées par l'artiste dans un état plus ou moins avancé, elles n'en ont pas moins d'intérêt en ce qu'elles font connaître sa manière de procéder.

2675 RRR. — (TRISTES RÉFLEXIONS.)— Figure à mi-jambes. Un homme de face, les coudes sur une table ronde placée devant lui, se tient la tête dans les deux mains. La tête seule est ombrée ; les mains sont au trait ; le reste est à peine indiqué. — Claire-voie. = H. 125, L. 180.

2676 RRR. — (GROUPE DE TROIS FIGURES.) — Jeune femme à D., regardant à G. un jeune homme. Ce dernier est de pr. tourné à D. Derrière lui un homme de 3/4 tourné à D., front chauve, favoris. Ces personnages devaient être représentés à mi-jambes, mais à l'exception d'un bras du jeune homme et de la poitrine de la femme dont il existe une légère indication, il n'y a pas trace d'un autre travail sur la pierre que celui des têtes, qui, d'ailleurs, sont à peu près terminées. — Claire-voie, un fil. = H. 200, L. 140.

» (Mlle GEORGES.) — A mi-corps. Voir ci-dessus à la section *Portraits*.

2677 RRR. — (LE SOLDAT LABOUREUR.) — Il est à mi-corps, de 3/4 tourné à D., la tête de face, assis et accoudé sur son siége, moustaches noires et grand chapeau de paille. La tête seule est terminée, le reste est à peine indiqué. — Claire-voie. Un fil. = H. 190, L. 161.

2678 RRR. — (LE PÈRE ET LA FILLE.) — Figures à mi-jambes. Le père à D. de 3/4 tourné à G., les cheveux frisés, cravate blanche. La fille presque de face, un coude sur sa main. Travail de préparation avancé. — A. G. **761**. — Claire-voie. Un fil. = H. 192, L. 165.

2679 RRR. — (PORTIER ET LOCATAIRE.) — Figures à mi jambes, dans une rue. Le portier vu de dos et tourné à G., veste claire, bonnet grec, une main sur son balai. A G. le locataire, de pr. à D., chapeau sur la tête, les mains dans les goussets de son pantalon. Travail avancé. = H. 191, L. 160.

2680 RRR. — (UNE DISCUSSION) — Figures à mi-jambes. A G. une jeune femme de pr. tournée à D., l'air moqueur, les bras croisés. Vis-à-vis d'elle un homme les deux mains dans les goussets de son patalon, habit, gilet blanc. Derrière lui contre le mur à D. une glace ronde; au fond les rideaux d'un lit. Planche d'un travail bien indiqué. — Claire-voie. = H. 215, L. 109.

2681 RRR. — (L'USURIER.)—Figures à mi-jambes. De pr. tourné à G., le corps penché en avant, il remet d'un air souriant un papier à un jeune Anglais assis dans un grand fauteuil ; ce dernier est vu de face. Pièce à peu près terminée. = H. 205, L. 173.

Même sujet que le n° 13 de la suite : *Les Anglais chez eux*. Section *Illustrations*, subdivision *Revues et journaux*.

2682 RRR. — (QUE FERA-T-ELLE PLUS TARD ?) — Figures à mi-jambes. Deux jeunes filles assises sur un banc, un mouchoir autour de la tête. L'une à G. sur le devant de 3/4 tournée à D., jouant de la prunelle, les mains appuyés sur le banc. L'autre vue de dos la tête baissée, petit châle sur les épaules. Le corps de la première est simplement esquissé. — Claire-voie, un fil. = H. 201, L. 160.

2683 RRR. — (AU RESTAURANT.) — Figure à mi-corps. Un vieil employé, l'air grognon, perruque noire, de pr. tourné à D., assis devant une table, les doigts des deux mains sur son assiette qu'il fait basculer. Travail préparatoire très-avancé. — Claire-voie. = H. 198, L. 163.

2684 RRR. — (LE PINCE-NEZ.) — Tête d'homme à barbe, de 3/4 tourné à G. regardant en l'air, un pince-nez devant les yeux. Cette tête presque terminée est celle d'une figure à mi-corps à peine indiquée par quelques traits.—Claire-voie. = H. 155, L. 60.

2685 RRR. — (RÉPRIMANDE PATERNELLE).—Figures à mi-jambes. Groupe de deux hommes. L'un à G. de 3/4 tourné à D., la tête de pr., cheveux plats encadrant le visage, cravate noire, gilet de velours, redingote, les bras baissés, un poing fermé, une main sur la cuisse. Il écoute d'un air stupide les reproches de son père, un ouvrier en manches de chemise. Ce dernier est vu de dos à moitié la tête de 3/4 à G. Les cheveux et les vêtements du fils sont ombrés ; le reste à l'état d'esquisse. — Claire-voie. = H. 150,L. 133.

2686 RRR. — (IVRE A MOITIÉ.) — Figure à mi-corps. Femme du peuple d'un âge mûr, de 3/4 tournée à G. la tête de pr., coiffée d'un mouchoir; elle s'appuie à D. sur une main. La tête est presque terminée et le haut du corps largement indiqué ; le reste est à peine tracé. — Claire-voie. = H. 140, L. 110.

2687 RRR. — (MARCHANDE A LA TOILETTE.) — Figure à mi-jambes. Vieille femme de pr. tournée à D., petit chapeau sur la tête, châle sur les épaules. Dans le bas de cette figure une tête sens dessus dessous de vieille bonne femme vue de face, coiffée d'un vieux chapeau, mouchoir en mentonnière. Les deux têtes sont ombrées, le reste est à peine indiqué.— Claire-voie. Un fil. = H. 201, L. 160.

2688 RRR. — (BALAYEURS DE RUES.) — Figures à mi-jambes. Une vieille femme et un homme. La femme, de 3/4 tournée à G, la tête à D., les bras croisés sur la poitrine, coiffée d'un large chapeau de paille, pelle en bandoulière sur le dos. L'homme à D. de pr. à G., une main sur son balai. Pièce très-largement préparée. — Claire voie. = H. 210, L. 200.

» (ROSA BONHEUR.) — Voir ci-dessus à la section *Portraits*.

2689 RRR. — (UNE PENSÉE AGRÉABLE.) — Un jeune homme de face, assis, les jambes croisées, la tête penchée en arrière l'air riant. La tête est presque terminée. Le reste très-légèrement esquissé. — Claire-voie. = H. 171, L. 138.

2690 RRR. — (UN CUISINIER.) — Sur le seuil d'une porte, de 3/4 tourné à D. la tête à G., une main sur la hanche, l'autre dans la poche de son pantalon, l'épaule contre le montant de la porte ; bonnet de coton, veste et tablier blanc. Dessin à l'effet sans être terminé. = H. 205, L. 87.

2691 RRR. — (EN DÉBARDEURS.) — Deux femmes au bal, en costume de débardeur, dont l'une à D. de 3/4 tournée à G., les mains par derrière, considère sa compagne, vue de dos et accroupie par terre à ses pieds. Le chapeau de cette dernière est à côté d'elle sur le tapis. — A G. **774**. — Planche presque entièrement terminée. = H. 192, L. 162.

2692 RRR. — (SUR LA PLAGE.) — Une femme précédée de son enfant, tous deux de pr. tournés à D., grands chapeaux de paille sur la tête, se dirigent vers la D. suivis d'un domestique. La femme a le corps penché en avant et marche avec précaution. Composition à peine indiquée. — Claire-voie. = H. 205, L. 175.

2693 RRR. — (RENCONTRE AU BAL.) — Deux femmes en costume travesti, chapeaux sur la tête. L'une, à G. de 3/4 tournée à D., les mains sur ses hanches, petit manteau sur les épaules; l'autre, vue presque de dos et tournée à G. Simple esquisse au trait; la figure de D. est à peine indiquée. — Claire-voie. = H. 160, L. 105.

2694 RRR. — (EN TYROLIENS.) — Deux hommes, en costume du Tyrol, sur le palier d'un escalier. L'un de 3/4, presque de pr., tourné à G. vers une porte; l'autre à D., de face, ayant encore un pied sur les marches de l'escalier. Les têtes des deux hommes sont à peine indiquées; le reste est d'un travail avancé. — A D. **768**. — En B. au-dessous de la composition à G., un croquis au trait représentant un homme assis vu de dos, et à D. une tête d'homme à barbe, de pr., coiffé d'un chapeau. Ces croquis sont de la main du fils de Gavarni enfant. = H. 264, L. 190.

2695 RRR. — (LA MÈRE ET L'ENFANT.) — Une femme de pr. et tournée à D., les deux mains sur ses genoux, chapeau sur la tête, manteau sur les épaules. Debout devant elle, son petit garçon en blouse, vu de dos Croquis très-peu avancé. — Claire-voie. = H. 140, L. 100.

2696 RRR. — (LE BONZE.) — A D., dans un bal au théâtre, une femme en débardeur, vue de dos et tournée à G. Elle est accoudée contre une balustrade. vis-à-vis d'elle un homme travesti en bonze chinois, jambes nues, un bras étendu en l'air au-dessus de sa tête. Travail préparatoire assez avancé. — Claire-voie. Un fil. = H. 198, L. 165.

2697 RRR. — (LA LECTRICE.) — Une jeune femme de pr. tournée à D., est assise devant une table sur laquelle elle est accoudée, le menton contre sa main ; elle fait la lecture à un personnage assis de l'autre côté de la table. Simple préparation. = H. 230, L. 180.

2698 RRR. — (BASQUES.) — Un jeune homme de 3/4 tourné à D., la tête penchée de côté, assis sur un tertre, un bras étendu et appuyé sur son genou; près de lui, sur le devant à G., une jeune fille debout, de pr. également tournée à D. est accoudée sur le tertre. Préparation assez avancée. = H. 200, L. 160.

2699 RRR. — (SCÈNE D'INTÉRIEUR.) — Une femme assise sur un divan et allaitant un jeune enfant, lit en même temps le journal à son mari en train de se faire la barbe; celui-ci est au fond à G., les manches de sa chemise retroussées. — A G. **762.** — Dessin au trait; le bas seul de la robe de la femme est ombré. — Claire-voie. = H. 220, L. 180.

2700 RRR. — (LE PROPRIÉTAIRE.) — Dans son jardin, de face, les mains dans les poches de son pantalon, chapeau à larges bords sur la tête. Près de lui à G. sa femme, en chapeau, de pr. tournée à D. Derrière eux, un jardinier dont on n'aperçoit que le haut du corps creuse un trou. Esquisse au trait. — Claire-voie. = H. 240, L. 195.

2701 RRR. — (INTÉRIEUR DE MÉNAGE.) — A G. une femme de pr. tournée à D., assise sur un canapé, endort son enfant qu'elle tient sur ses genoux. A côté d'elle, son mari lit le journal. — A D. **763.** — Dessin au trait, les têtes à peine indiquées; une partie des vêtements de la femme et le divan sont ombrés. — Claire-voie. = H. 180, L. 178.

2702 RRR. — (EMBUSCADE.) — Cinq rôdeurs de nuit, réunis sur une route, dans l'attente de quelque événement. Ils sont tournés à G. et regardent vers le fond dans la campagne. L'un au premier plan est coiffé d'un vieux chapeau; un autre à D., près de lui sur un tertre, est assis le corps penché en avant. Ciel couvert de nuages orageux. Esquisse d'une énergie sauvage, largement préparée et d'un grand effet. — Claire-voie. = H. 355, L. 270.

2703 RRR. — (LE BAL MASQUÉ.) — Au premier plan, une partie de l'intérieur d'une tribune dans une salle de bal. Des femmes en costumes travestis y sont assises. Vues de dos, elles se penchent sur le rebord de la tribune pour causer avec des pierrots debout dans le bas de la salle et dont on n'aperçoit que les têtes. A G. d'autres personnages, dont un débardeur debout près d'une colonne, la main sur le cou d'une femme qui s'appuie contre lui, regardent une danse échevelée à laquelle se livrent des débardeurs au milieu de la foule. Du même côté, plus en avant, assis sur la banquette de la tribune, un homme en Valencien, de 3/4 à G. et tournant le dos à la danse, cause avec sa voisine. La partie gauche de cette lithographie est presque terminée et tout le devant préparé. Le fond est à l'état d'esquisse. = H. 407, L. 510.

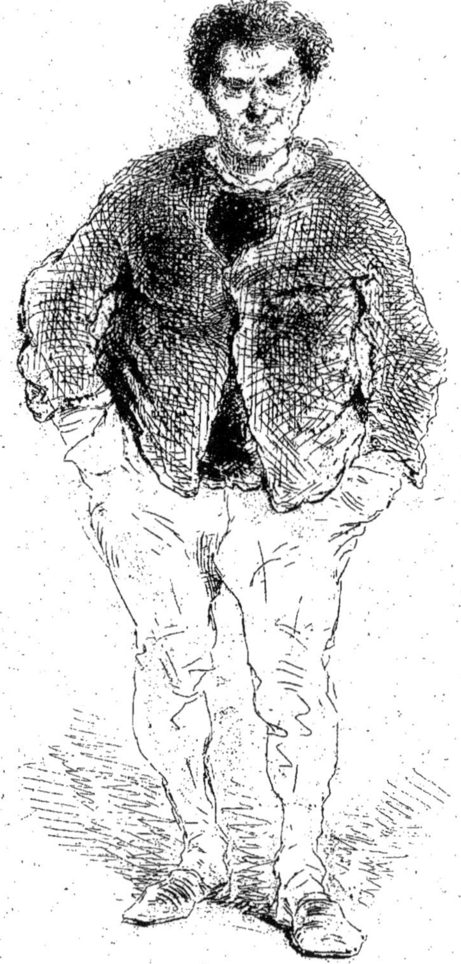

Gavarni. Imp. A. Salmon, Paris

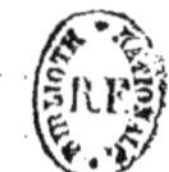

ESSAIS D'EAU-FORTE

ET DE PROCÉDÉS NOUVEAUX.

Gavarni n'a fait que quelques essais à l'eau-forte. Il ne pouvait s'astreindre à la nature de travaux et de soins auxquels, après avoir exécuté son dessin sur le cuivre, l'artiste est encore obligé de se livrer pour mettre son œuvre en état d'être imprimée. Aussi cherchait-il toujours des moyens plus expéditifs. Nous donnons ici, avec la description de ses eaux-fortes, celle des essais qu'il a faits de divers procédés nouveaux. Toutes ces pièces, à l'exception de celles que nous signalons, sont sans aucune lettre et inédites. Il n'en a été tiré que quelques épreuves; elles sont par conséquent des plus rares. A leurs dimensions, calculées comme pour les lithographies, nous ajoutons la hauteur et la largeur de la planche toutes les fois qu'elle nous est donnée par l'empreinte des bords du cuivre sur le papier.

1 RRR. — (QUELLE TENUE!) — Femme vue de dos et tournée à D., la tête de 3/4; grand chapeau orné de longues plumes avec voilette noire cachant les yeux, robe bordée de fourrure, manches bouffantes. A D. un rideau. A G. une console et des potiches, un fauteuil sur lequel est jeté un manteau. — A D. G. — Eau-forte. = H. 176, L. 116.

2 RRR. — (BALZAC.) — Presque de face tourné à D., la tête de 3/4 à G. Il est vêtu de sa robe de moine, le cou nu, une main dans la poche de sa robe, l'autre à sa ceinture; derrière lui une table. — Claire-voie. = H. 190, L. 116.

3 RRR. (PAUL DELAROCHE.) — De pr. tourné à G., le bout des doigts posé sur un meuble couvert de papiers. Redingote, pardessus et guêtres. — Claire-voie. = H. 178, L. 120.

Ces deux portraits sont gravés à l'eau-forte sur la même planche. = H. du cuivre 322, L. 494.

4 RRR. — (BUSTE D'HOMME souriant.) — Presque de face tourné à D., visage rond, grande bouche, front légèrement dégarni, les yeux baissés, un bras replié devant sa poitrine. — Eau-forte à claire-voie. = H. 60, L. 70. — H. de la planche 152, L. 130.

5 RR. — (TÊTE D'ANDROGYNE.) — De 3/4 tournée à D., les cheveux un peu ébouriffés, la bouche ouverte, le cou nu. — Eau-forte à claire-voie. = H. 65, L. 47. — H. de la planche 120, L. 80.

1er État. Dans le H. de la planche quelques caractères à peine visibles et indéchiffrables.
2e — Les caractères indéchiffrables effacés.
3e — En B. écrit à rebours : *Gravé chez moi par Gavarni | Bracquemond.* Le reste comme au 2e état.

6 RRR. — (LE REPOS.) — Homme en veste, de 3/4 tourné à D., assis et accoudé sur une pierre, un bras plié derrière sa tête, les jambes croisées. — Eau-forte à claire-voie. = H. 122, L. 100. — H. du cuivre 166, L. 134.

7 RRR. — (FEUILLE DE CROQUIS.) — Deux têtes d'homme, l'une dans le B. de la planche, de pr. tournée à G., coiffée d'un bonnet couvrant les oreilles et dont la pointe retombe par derrière, barbiche et moustache. A D. dans le H. l'autre tête, reproduction à peu près entièrement identique de la première, mais sens dessus dessous, le menton en H., le front en B.; il faut pour voir cette tête comme elle doit être vue regarder la pièce le H. en B. — Eau-forte à claire-voie. = H. du cuivre, 198, L. 170.

8 RRR. — (TROIS CROQUIS sur une même planche.) — Dans le B. à G. un homme à mi-corps, de 3/4 presque de pr. à G., assis. Il est accoudé sur les bras de son siége, front découvert, cheveux longs couvrant les oreilles. Dans le H. à D. tête d'homme de pr. à D., moustache, cheveux en désordre cachant l'oreille, cou nu. Au-dessus de l'homme à mi-corps, le masque légèrement indiqué au trait d'une jeune femme dormant. — Eau-forte à claire-voie. = H. 140, L. 132.

La seule épreuve que nous connaissions de cette pièce est rognée du H., et quelques traits que l'on aperçoit sur le bord supérieur à G. peuvent faire supposer que d'autres croquis ont été gravés sur la planche.

9 RR. — « **J'étais bon chasseur autrefois** », écrit directement dans le B. de la planche. — Vieux paysan de pr. tourné et se dirigeant à G. La tête baissée et les genoux légèrement pliés, il s'appuie d'une main sur un bâton; bonnet de laine. — A G. G. écrit directement. — Claire-voie. = H. 155, L. 128. — H. de la planche 235, L. 185.

10 RRR. — (SANS OUVRAGE.) — Homme du peuple, de face, les mains dans les ouvertures d'une courte blouse, chapeau déformé à très-petits bords. — Claire-voie. = H. 142, L. 80. — H. de la planche 184, L. 110.

11 RRR. — (GAVARNI.) — Tête de 3/4 tournée à D. et regardant fixement en l'air. Barbe entière, cheveux ébouriffés, cravate lâche nouée autour du cou. — Claire-voie. = H. 110, L. 100.

12 RRR. — (BUSTE D'HOMME d'un âge mûr.) — De pr. tourné à G., cheveux couvrant l'oreille, les yeux à moitié fermés. — Claire-voie. = H. 117, L. 100. H. de la planche 138, L. 130.

13 RRR. — (BUSTE D'HOMME avec barbe.) — De 3/4 tourné à D., se détachant sur un fond noir. Toque de velours noir par-dessus un capuchon blanc. — Clairevoie. = H. 120, L. 118.

14 RRR. — (BUSTE DE PETITE FILLE.) — De 3/4 tournée à G., les yeux baissés; fichu rayé noué négligemment autour du cou, robe montante. — Essai de zincographie. Claire-voie. = H. 91, L. 76.

15 (BUSTE D'HOMME.) — Vu de dos à moitié et tourné à D., la tête de 3/4, cheveux en désordre, barbe inculte, la bouche grimaçant légèrement et laissant voir quelques dents. — Claire-voie. Publiée avec un timbre sec au B., portant : *Héliotypie* | b^tée *s. g. d. g.* | *Harville et Pont*, | *Paris*, 54, *rue Lafitte* (sic). = H. 163, L. 130.

16 RRR. — (CROQUIS D'UNE TÊTE D'HOMME.) — Presque de face, tournée

à D. et légèrement penchée à G., barbe entière, cheveux ébouriffés, front découvert. — Au-dessous, tête de femme coiffée d'un mouchoir, pr. perdu tourné à D. En H. à D. le masque d'un homme de 3/4 presque de pr., nez camus. Au-dessous tête charge, 3/4 presque de pr., grand nez pointu, larges lunettes, cheveux relevés et ébouriffés. Ces trois derniers croquis sont de Jules de Goncourt. — Claire-voie. = H. 160, L. 132.

17 RRR. — (FEUILLE DE CROQUIS.) — Dans le H. à G. tête d'homme de 3/4 tournée à D., cou nu. Au-dessous figure d'homme en pied, vu de dos et marchant, chapeau sur la tête, paletot flottant. A D. en travers de la planche pr. d'une tête d'homme tournée à G., cheveux tombant sur le front. Buste de femme de 3/4 à D., nez au vent, bonnet noué sous le menton. — Claire-voie. = H. 140, L. 150.

18 RRR. — (TÊTE D'HOMME.) — De pr. tourné à D., moustaches, cheveux relevés sur le front, l'œil à moitié fermé, la bouche entr'ouverte, cou nu. — Claire-voie. En B. à G. *Gavarni*. A D. *A. Jacquin, r. N. D. des Champs*, 71, *Paris*. Au M. *J. S. M. G.* en monogramme. = H. 152, L. 146.

19 RRR. — (HOMME IVRE.) — De face légèrement tourné à D., titubant, les bras écartés, les mains à hauteur des hanches; casquette sur le derrière de la tête, veste ouverte par le B. et laissant voir une partie de la chemise sortant du pantalon. — Claire-voie. = H. 172, L. 140.

20 RRR. — (VIEILLE MENDIANTE.) — De face, légèrement tournée à G., voûtée, une main sur la hanche, l'autre appuyée sur un bâton; mouchoir autour de la tête, châle déchiré croisé sur la poitrine. — Claire-voie. = H. 178, L. 164.

21 RRR. — (ANDROGYNE.) — Vieille portière, de pr. tournée à G., le corps penché en avant, les bras derrière le dos; mouchoir noué sur la tête, large camisole. — Claire-voie. = H. 192, L. 160.

LES TRIBUS ERRANTES DE PARIS.

Cinq pièces exécutées par le procédé électro-graphique pour une suite projetée. La première de ces pièces a été publiée avec texte au verso dans le numéro spécimen de *la Comédie, journal de la littérature, des arts, des mœurs, de la mode et du goût parisien*, in-folio. Chacune représente un personnage à mi-jambes.

22 (LANTERNE MAGIQUE.) — Un homme de 3/4 tourné et marchant à D. Il retourne la tête à G., en levant les yeux et criant, les mains derrière son dos, sur lequel il porte une lanterne magique. — En H. au-dessus du T C au M. *Les Tribus errantes de Paris*. En B. au-dessus du T. C. à D. *Gavarni*. = H. 236, L. 157.

1er État. Avant toute lettre.
2e — Celui qui est décrit.

23 RRR — (A TOUT COUP L'ON GAGNE.) — Marchand de macarons, de face, figure souriante, les deux mains sur les hanches, branche de feuillage au chapeau. Devant lui, vers la D., caisse ronde renfermant les macarons et surmontée d'une aiguille tournante au milieu d'un cercle entouré de chiffres. = H. 238, L. 160.

24 RRR. — (BIJOUX DE CHRYSOCALE.) — Vieillard de 3/4 tourné à D., la tête baissée, le front chauve, tenant devant lui des deux mains une boîte contenant des montres avec leurs chaînes et d'autres bijoux. A D. son chapeau sur un banc. = H. 238, L. 160.

25 RRR. — (MARIONNETTES.) — L'impresario de la troupe de bois assis devant sa baraque, de pr. tourné à D., la tête de 3/4 inclinée de côté, une couverture sur les genoux. Au-dessus de sa tête, celle de Polichinelle renversée sur le bord de l'ouverture supérieure de la baraque. = H. 235, L. 162.

26 RRR. — (MORT AUX RATS.) — Homme vu de dos à moitié et tourné à D., la tête de 3/4. Il tient un long bâton auquel sont suspendus des rats qu'il a tués. Chapeau déformé surmonté d'une vieille plume. — A G. **56.** = H. 232, L. 160.

FIN DU CATALOGUE.

SUPPLÉMENT

AUX

LITHOGRAPHIES

Le numéro suivi d'une lettre indique la place que la pièce doit occuper dans le catalogue.

LA DUCHESSE DE CHATEAUROUX.

Une pièce à claire-voie pour *la duchesse de Châteauroux*, *par Mme Sophie Gay. Paris, Dumont*, 1834, 2 vol. in-8°.

2704 RRR. — LA DUCHESSE DE CHATEAUROUX. — Portrait de fantaisie en
1628 *a.* buste de pr. tourné à D., la tête presque de face légèrement penchée à G. = H. 94, L. 86.

LES SOUVENIRS D'ARTISTES.

Figures dans deux paysages faisant partie d'une suite de lithographies par divers artistes publiées sous ce titre général. Chacune de ces deux pièces est à claire-voie entourées de trois fil. En H. au-dessous des fil. au M. *les Souvenirs d'artistes.* A D. *n°* 4. En B. au-dessous du titre à G. *London published by Ch. Tilt.* 86, *fleet street.*

2705 RRR. N° IV. — LA BRÈCHE DE ROLAND (*Hautes-Pyrénées*). — Sur le
2013 *a.* devant à D. un torrent. A G. groupe nombreux de gens du pays et de touristes à cheval et à pied, vus par derrière sur un chemin cotoyant le torrent. Au second plan une chapelle. Au fond les Pyrénées. — Dans le B. au-dessus des fil. à G. *Tirpenne et Gavarni.* En B. au-dessous des fil. à D. *Lith. de Benard et Bichebois aîné.* Au-dessous du titre particulier au M. *Chez Bance*, *éditeur*, *rue St Denis*, *n°* 214. A D. *New-York published Bailly Ward et C°.* = H. 288, L. 363.

1er État. Celui qui est décrit.

2e — En B. au-dessous des fil. à G. *à Paris*, *chez Dopter*, *éditeur*, *rue St Jacques*, 21. A D. *Lith. Dopter*, au lieu de : *Lith. de Benard* (etc.). *London published* (etc.), *chez Bance* (etc.) et *New-York published* (etc.) ont disparu. Le reste comme à l'état décrit

2706 RRR. N° IV (bis). — VALLÉE D'OSSAU (*Pyrénées*). — Au premier plan
2013 *b.* à D. une jeune paysanne, vue de dos et tournée à D., se dirige vers un plan un peu plus élevé où sont réunis six personnages, les uns debout, les autres assis par terre, et parmi lesquels on remarque deux touristes et deux montagnards. Sur le second plan un torrent. Au fond des montagnes entourées de nuages. — Dans le B. à G. au-dessus des fil. *Gavarny* (sic) *et Tirpenne.* Au-dessous du titre au M. *Paris*, *chez Bance*, *rue St Denis*, *n°* 214. A D. *New-York published Ward Bailly et C°.* = H. 254, L. 357.

GROTESQUE DISGUISES.

Suite de douze lithographies à la plume et à claire-voie. Malgré toutes nos recherches, nous n'avons découvert que des pièces détachées de cette suite, dont nous ne pouvons dès lors décrire ci-après qu'une partie. Chacune de ces pièces représente un personnage en pied, homme ou femme, en costume travesti. En H. à G. *Grotesque disguises.* A D. le n° d'ordre. En B. au M. le titre particulier en anglais et en français, et au-dessous à G. *London*, 1st *Jany*, 1829, *published by Mc Lean*, 26, *Haymarket.* A D. *Publié à Paris par Giraldon Bovinet,* 26, *passage Vivienne.*

2707 N° I. — WHITE DWARF. - MAGOT. — Un jeune homme déguisé en nain
2343 *a.* turc, de face, tête presque de pr. tournée à D. Il est revêtu d'une longue robe au milieu de laquelle on voit un énorme masque figurant la tête du nain. De faux petits bras pendent des deux côtés de cette tête, dont les plis du haut de la robe forment le turban ; ces plis servent à cacher les bras du jeune homme qui d'une main enlève la forme du turban sous laquelle sa propre tête était cachée. Foule de masques au fond. — Vers la D. écrit directement N° **3.** = H. 220, L. 160.

2708 N° II. — PYRENEAN SHEPHEDESS. - BERGÈRE DES PYRÉNÉES.
2343 *b.* — Homme en vieille femme de pr. tourné à G., moustaches et barbiche. Il tient des deux mains un fuseau ; une quenouille est attachée à sa poitrine. Au fond des masques — A D. écrit directement N° **2.** = H. 210, L. 157.

2709 N° IV. — JEW. - JUIF. — De face, coiffé d'un turban et tenant d'une main,
2343 *c.* suspendue devant lui, à son cou, une boîte ouverte pleine de petits objets, parapluie sous un bras, étoffes brodées et colliers sous l'autre; des lunettes devant les yeux. Dans le fond des danseurs en costumes travestis. — A D. N° **1.** = H. 210, L. 168.

2710 N° V. — CONSOLATION MONGER. - Md DE CONSOLATION. — De 3/4
2343 *d.* tourné à D., tête de face. Il tient d'une main un gobelet, et a l'autre main posée sur l'un des robinets de la fontaine qu'il porte sur le dos. Fraise, pourpoint, large haut-de-chausses et tous les accessoires d'un marchand de coco. Au fond personnages dansant. A D. écrit directement N° **5.** = H. 240, L. 170.

2711 N° IX. — IDOL OF THE NEGROES. - FÉTICHE. — Jeune femme en négresse,
2343 *e.* de face, une main posée sur une baguette, l'autre tenant un éventail à longues plumes. Le corps nu jusqu'aux hanches, chapeau rond disparaissant sous les feuilles de plantes et les plumes dont il est orné. Au fond des masques en foule. = H. 125, L. 158.

2712 N° X. — SULTANESS. - SULTANE. — De face, tête de 3/4 à D., un
2343 *f.* bras baissé, un masque à la main. Large pelisse fourrée et ouverte laissant voir une gorge et un corps d'une obésité monstrueuse, que recouvrent un corsage plissé et une double tunique Foule de masques au fond. — A D. écrit directement N° **10.** = H. 186, L. 146.

2713 N° XI. — PERSIAN GENIUS. - PÉRI. — Jeune femme de face, les bras
2343 *g.* étendus à D. et à G. à la hauteur de la taille, et cachés, ainsi que les mains, sous un large manteau qui la recouvre entièrement jusqu'aux pieds. Coiffure de longues plumes encadrant le visage. — A G. écrit directement N° **11.** = H. 216, L. 190.

2714 N° XII. — LIE CAGE. - CAGE A MENSONGES. — Jeune femme de pr.
2343 *h.* tournée à G., en domino, les bras passés par les trous ovales dont tout son domino est parsemé du haut en bas. D'une main elle relève son masque. Au fond nombreux personnages, parmi lesquels deux dominos semblables représentés de manière à bien faire comprendre la forme de ce masque. — A D. écrit directement N° **12.** = H. 205, L. 176.

TABLE ALPHABÉTIQUE DES LITHOGRAPHIES

Elles sont désignées par leur titre ou par les premiers mots de leur légende; les chiffres indiquent les pages où les pièces se trouvent décrites ou simplement inscrites pour mémoire.

. . . . 297
A bas les médecins. 15.
Abdication. 316.
Abeille (L') impériale. 31, 507.
Abencérage (L'). 43, 504.
Abîmer un homme de coups! 404.
Abrantès (Mme la duchesse d'). 1, 40.
Accents plaintifs d'une orpheline. 390.
A ces importantes paroles il a été. 311.
Achille Coqueron, chasseur. 72, 317.
Achille, tu ne me demandes pas. 449.
Action (L') et le Capitaliste. 83.
Actrices (Les). 48, 82.
Actualités. 410.
A deux n'être qu'un. 191.
Adieu, ami; à demain. 95.
Adieu, madame; à bientôt, puisque. 148,
Adieu, mon bon ange. 94.
Adieu, mon bonhomme. 161.
Adieu, Paris! mes concitoyens. 76, 257.
Adolphe! Adolphe! vous. 89, 420.
Adolphe affecte un calme. 361.
A été jeune premier. 354.
A fait bien des malheureuses. 451.
Affiches illustrées. 268.
Affût (L'). 484.
A figuré dans les ballets. 402.
Agathe et toi, mon vieux Ferdinand. 139.
Agent diplomatique. 314.
Agonie (L'). 324.
Agrafes (Les). 499.
Agréable. 526.
Ah! 309.
Ah! bah.... laissez donc! c'est pour. 237.
Ah! bien, Beauminet, n'allons. 192.
Ah çà! Dachu, ton père. 346.
Ah çà, décidément, Caroline est folle. 137.
Ah çà! j'espère, mam'selle. 347.
Ah! çà, mon gendre. vous ne. 364.
Ah çà! voyons, mosieu le baron. 373.
Ah! c'est avec Julia qu'Henry. 184.
Ah! c'est comme ça que tu. 101.
Ah! c'est le jeune homme dont tu. 176.
A higland piper. 395.
Ah! j'ai bien aimé le homard. 360.
Ah! je te prie de croire. 372.
Ah! la morale publique! .... Mais. 144.
Ah! l'on vous menait au bois. 176.
Ah! mademoiselle, vous nous avez. 272.
Ah! m'ame Ado'phe! m'ame Ado'phe. 305.
Ah! mon Dieu! c'est mon mari. 97.
Ah! mosieu Radiguet. 272.
Ah! par exemple! voilà qui. 172, 244, 430
Ah! Pont-à-Mousson est. 374.
Ah! prenez pitié de l'état. 90.
Ah! qu'il est beau! qu'il est beau! 127.
Ah! rends-moi Phaon, ou je meurs! 389
Ah! si vous ne m'aimiez pas. 295.
Ah!.... t'aimes les femmes 198, 309.
Ah! tu ne me reconnais pas. 298.
Ah! vous avez là une chouette. 338, 440
Ainsi donc, il me trompe. 184.
Air (L') étant doux et le ciel bleu. 61, 141
Air : La rifla, fla, fla! Ribi a. 222.
Air : Larifla. Nos femmes sont coucou. 294.
Air quelconque. Puisqu'i n'voulait. 266.
A la calomnie... la calomnie. 253, 318, 431
A la campagne. 493, 541.
A la halle. 454, 455.
Alain Chartier. 408.
A la promenade. 541.
A la requête du sieur Vautour. 210.
A la terrasse du bord de l'eau. 433.
A la voir ainsi immobile. 33.
Albanaise (L'). 15.
Albano. 41.
Album (L'). 493.
Album de l'amateur. 411.
Album de l'infini. 411.
Album de 1835. (*Journal des jeunes personnes*). 325.
Album de 1834. *Idem*. 324.
Album de 1833. *Idem*. 324.
Album des soirées. 412.
Album dramatique. 413.
Album théâtral. 413.
Alcibiade Cliquet a loué une chambre. 111.
Alcibiade Cliquet a voulu fumer. 111.
Alcibiade Cliquet bachelier. 110.
Alcibiade Cliquet est chargé 111.
Alcibiade Cliquet laisse croître ses. 111.
Alcibiade Cliquet porte une lettre. 110.
Alexis Dupont (Mme). 83, 329.
Alfred. 5, 428.
Alfred, ma p'tite Minette. 118.
Alguazil. 570.
A l'heure du danger. 51.
Allez au bal de l'Opéra avec. 180.
Allons! allons! Mazuzi! tiens-toi. 58, 136.
Allons, bien! voilà que je descends. 222.
Allons donc! allons donc! 240.
Allons donc, Célestine! 53, 173, 430.

Allons, Landerneau, mon bonhomme! 129.
Allons, ma fille, de l'aplomb. 119.
Allons, mon vieux Vautour. 262.
Allons souper. 162.
Allons! va au marché, m'man! 357. 442.
Alors, si vous permettez, j'aurai. 305.
Alsacienne. 565.
A madame Hippolite. Ah! combien. 91.
Amanda l'Ecuyer.— Rue?— De Bondy. 126.
Amanda, prête-moi ton. 171. 241, 429.
Amanda, tu ne reconnaîtrais pas. 282, 424.
Amant (L') et le Dictionnaire des rimes. 236.
Amateur (L') des jardins. 452.
Amazone (L'). 497.
Amazone d'Humann. 328, 545.
Amazone Humann. 83, 514.
Ame sensible et charitable. 197.
A messieur les membres. 88, 418.
Ami (L') de l'amant. 232.
Amitié de pension. 478.
A monsieur, monsieur Charmé. 194.
A monté le bœuf gras. 401.
A Montmartre. 216, 503.
Amour à toi. 16.
Amour (L') est parti. 113.
Amoureux (L') criant dans la coulisse. 119.
Amour (L') platonique. 375.
Amour pour amour. 16.
Amours. 413.
An artist's ramble. 395.
Anatole! Anatole! voici. 254.
Ancienne (L') agora de Corinthe. 406.
Andalouse. 526, 564.
André. 407.
Angélique! Angélique! 172, 245, 430.
Ange (L') rebelle. 16.
Anglais (Les) chez eux. 331, 438.
Anna. 16.
Annonce (L') et la Réclame. 16.
Anonyme. 2.
Antichambre (L'). 79, 512.
Antony. 352.
Août. 535.
A portée de lorgnon. 270.
Appartement (L') est un bijou. 377.
Apprêts (Les) pour le bal. 32.
Après ça, ç'ui qui n'adop'ra pas. 345.
Après dîner. 44, 83.
Après dîner, maman, n'est-ce pas. 156.
A présent, je vends du plaisir. 358.
A présent, m'ame Bélisaire, si nous. 278.
A présent, tu peux filer. 168.
Après la contredanse. 464.
Après le café. 291.
Après le péché. 479.
Après vous, mosieu. 215.
A propos d'un amoureux. 171, 234, 429.
Aragon. 532, 533.
Aragonais. 530, 586.
Archer. 572.
Argent (L'). 83.
Argent mal employé. 494.
Aristo? — oui, aristo. 348.
Arnal. 2, 84, 330, 394.
Arrête, malheureux! c'est ma tante. 100.
Art (L') et le Commerce. 146.
Arthur (L'). 372.
Arthurs (Les) couchés, les rats. 218.
Arthur! voilà le moment. 338.
Article 212 du Code civil. 162.
Artiste (L'). 31, 508.
Artiste (L') découragé. 475.
Artiste dramatique. 588.
Artistes (Les). 84, 415.
Artistes (Les) anciens et modernes. 415.
Artistes (Les) contemporains. 416.
Ascension du pic de Bergons. 35.
A sept heures, ma fille. 105.
A six! Qui est-ce qui escompte à six? 300.
A Son Excellence le Ministre. 94.
A S. Ex. Mons. le Ministre. 93.
Asseyons-nous commodément. 142.
As-tu déjeuné, Pierrot? 340.
As-tu jamais vu? cette petite Elodie. 204.
As-tu vu? m'ame Alexandre 135.
As-tu vu? m'ame Chose et le petit. 137.
A ta place, moi, je lui. 374.
Atelier (L') de Tony Johannot. 475.
Atelier (L') du lithographe. 53, 87, 415.
Athénaïs. 427.
A-t-il aimé les femmes! 303, 351.
A toi la fanfare. 337.
A-t-on jamais vu ne pas. 401.
Attendre que le protecteur soit parti. 250.
Au bal. 321, 505.
Aubert (Mme Constance). 2.
Au bord de la fontaine. 17.
Au chemin de fer. 60, 251.
Au coin de la borne. 456.
Au domicile indiqué. 100.
Au Marais. 454.
Au marché. 292.
Au moins, moi, j'dis pas. 339.
Au moins, un Dieu sourit. 112.
Aumône (L'). 506.
A un monsieur Anatole qui. 175.
Au nom de ces amours-là. 358, 442.
Au pied de l'escalier. 437.
Au premier mosieu : Attendez-moi. 174.
Aurai-je l'honneur de danser un. 135.
Au reçu de ce billet. 65, 181.
Au restaurant. 592.
Auteur (L') des paroles. 392.
Au Théâtre-Français. 269.
Aux armes, citoyens! 390.
Aux avaricieux les coups. 448.
Aux gardes du commerce. 115.
Avancez-moi donc cent sous. 99.
Avant de mourir. 322.
Avant de partir. 413.
Avant la lettre. 484.
Avant le péché. 479.
Avant l'invention de l'écriture. 271.
Avec l'agrément de cet agréable. 138.
Avec leurs assurances, les hommes. 146.
Avec permission, Francesco. 66.
Avenir et souvenir. 46.
Avocat. 576.
Avoir la colique le jour de ses noces. 249.
Avoir perdu ses plus belles années. 207.
Av'ous fini! 451.
Avril. 534.

Babet. 557.
Babet à la cantonnade : On y va. 119.
Baby (Le), dans Grosvenor. 332.
Baby (Le), dans Saint-Giles.. 332.
Bachelette. 572.
Bagatelle. 43.
Bal à la Renaissance ce soir. 165.
Balayeur (Le). 455, 465.
Balayeur des rues. 491.

Balayeurs de rues. 592.
Balayeuse (La). 465.
Balbec. 555.
Bal de la Renaissance. 87.
Bal de l'Opéra. 87, 327, 544.
Balivernerics parisiennes. 270, 417.
Ballon (Le) perdu. 491.
Bal masqué. 53.
Bal (Le) masqué. 87, 594.
Bal (Le) Musard. 408, 462.
Balochard. 524.
Bals (Les) masqués. 87.
Bals masqués. 510.
Bals masqués de Paris. 510.
Bal travesti chez Alex. Dumas. 475.
Banville (Théodore de). 13.
Baréges. 482.
Baromètre (Le). 484.
Baron (Le) de Turendorff 555.
Barrière (La). 504.
Bas : En v'la t'i des histoires. 123.
Basquaise. 569.
Basque. 569.
Basques. 593.
Bast! quand tu me donnerais. 342.
Batelière. 562.
Batelière du Danube. 574.
Batelière espagnole 531, 587.
Bâton (Le) de vieillesse. 458.
Bavaroise. 584.
Béarn. 531, 532, 533.
Béarnais. 555.
Béarnaise. 557, 559, 564.
Beauminet, m'ame Octave. 449.
Beaux (Les) arts. 45.
Bel (Le) Adolphe. 352.
Bel ange, vos cigares sont bons. 203.
Belle créature! et pas de corset. 379, 445.
Belle dame, vous êtes joliment. 121.
Bellcyme (De). 12.
Béret (Le). 492.
Bergère. 572.
Berthoud (S. Henry). 2.
Biche (La) au bois. 451.
Bien (Le) pour le mal. 257.
Bigorre. 531, 532, 533.
Billard (Le). 485.
Billets (Les) une fois pris. 211.
Biscayenne. 548, 559, 578.
Blanche colombe. 28.
Blanchisseur. 567.
Blanchisseuse (La). 464.
Blanchisseuses. 473.
Boa (Le). 471, 492.
Bobre (Le) de l'île Maurice. 384.
Bohêmes. 334, 453.
Boîte (La) aux lettres. 88, 418.
Boîte (La) d'amourettes. 472.
Bon appétit. 124, 327.
Bonheur (Rosa). 3, 592.
Bonhomme (Le). 17.
Bonjour, ami. 489.
Bonjour, mon colonel. 49.
Bonne (La) aventure. 414.
Bonne renommée vaut mieux que. 219.
Bonnet et chapeau de Mad. Perrot. 507.
Bonsoir, voisine! — Bonsoir, voisin 247.
Bon! v'là ce geux (*sic*) de Léon. 98.
Bonze (Le). 593.
Bordereau. 83.
Bosse de la curiosité. 96.
Bosse de la gaîté. 95.
Bosse de la gourmandise. 96.
Bosse de la philanthropie. 95.
Bosse de l'intempérance. 95.
Bosse du vol. 95.
Bosses (Les). 95.
Bossus. 585.
Bouderie. 499.
Bouffé. 3.
Boulanger. 577.
Boulangère (La). 452.
Boules (Les). 484.
Bouquet (Le). 494.
Bouquetière. 461.
Bouquets de violettes. 332.
Bourgeois. 81.
Bourgeois de Paris (1806). 518.
Bourgeois du vieux Paris. 553.
Bourgeoise. 454, 576.
Bourgeois (Le) est pincé. 448
Bourgeois (Les)! ... Quel vénérable. 376.
Bourguemestre (*sic*). 527.
Bourreau (Le). Je te dis que. 119.
Boutique (La). 456.
Bras dessus, bras dessous. 479, 500.
Braver tout le jour le froid. 249.
Brèche (La) de Roland. 599.
Brigands (Les). Henri d'Eichenfeldt. 399.
Bry (Pierre). 3.
Bulletin de l'Ami des arts. 46.

Cabinet (Le) de lecture. 46.
Cabinet (Le) du jurisconsulte. 193.
Cabinet (Le) noir. 479.
Ça, c'est le chéri à sa chérite. 372.
Ça! c'est pas la perruque à Jules! 138.
Cacique. 526.
Ça ira godelurer on ne sait où. 363.
Calabroise. 574.
Camaraderie (La). 329.
Camaraderies. 54.
Ça me coûte de quitter Paméla. 288.
Ça m'embête, moi, de tâter. 285.
Caméréra. 566.
Caméristc. 565.
Camille, dis donc! quand nous. 186.
Campagne (La). 54, 110.
Ça n'a encore été éduqué. 380.
Ça ne te regarde pas. 130.
Canne (La) que papa a trouvée. 156.
Cantonnade (La). 416.
Cantonnier (Le). 454.
Caporal et chemisier. 454.
Caporal, on gèle dans votre satané. 126.
Captif (Le). 17.
Captive (La). 17, 45, 400.
Caractères. 422.
Caricature de mode. 110.
Caricature (La). 2e publication. 48.
Caricature (La). 1re publication. 47.
Carnaval. 273, 423, 513.
Carnaval (Le). 54, 96, 307, 422.
Carnaval (Le) à Paris. 55, 101, 328, 424.
Carrier. 454.
Carrousel (Le). 79, 510.
Cartes (Les). 485.
Castagnettes (Les). 388.
Castillan. 555.
Castillanne (*sic*). 582.
Catalane. 565.
Cauchemar. 457.

Causerie. 43, 323, 434, 478, 540.
Causerie au bal masqué. 502.
Ça vaut une pièce de quatorze francs. 170.
Célébrités contemporaines en France. 12.
Cellariennes (Les). 17.
Celle-là peint. 367.
Celle que j'aime. 18.
Ce mosieu Ernest est assez bien. 183.
Cénau (Mme). 3.
C'en est fait, j'ai cessé de plaire. 357.
Ce polisson de lansquenet. 270.
Ce qu'apprend aux petites. 392.
Ce que c'est pourtant que nos. 209.
Ce que femme veut, Dieu le veut. 290.
Ce que je trouve de plus changé à. 446.
Ce qui fait les qualités du mari. 189.
Ce qui me manque à moi? 448.
Ce qui nous nuit surtout. 59.
Ce qui se fait dans les meilleures sociétés. 337, 439.
Ce qu'on aime le plus après. 233.
Certainement, c'est très-joli. 270.
Cerveaux (Les), c'était fêlé. 380.
Ces godelureaux-là, voisin. 290.
Ces messieurs sont sans doute. 85.
C'est à ne pas croire, n'est-ce pas? 502.
C'est aujourd'hui sainte Madeleine. 359.
C'est bien drôle que ma femme. 64, 184.
C'est bien gentil, chez vous. 68, 248, 265.
C'est bien la peine d'être sage. 27.
C'est comme ça que t'es prête. 101.
C'est comme ça que tu les intrigues? 128.
C'est d'main matin qu'mon tendre. 131.
C'est donc comme ça que. 104.
C'est égal, je trouve que le parrain. 65, 181.
C'est égal, mosieu Désormay. 344.
C'est gentil! mais! pourquoi. 367.
C'est grave à penser. 362.
C'est le papa de mosieu Arthur. 221.
C'est le petit frisé. 202.
C'est lui. 18.
C'est ma drôlesse qu'est applaudie. 306.
C'est moi. 18.
C'est moi! — c'est moi. 166.
C'est mon débardeur. 75, 131.
C'est pour ces madames-là. 401.
C'est toi, mauvais sujet? 87, 488.
C'est un diplomate. 56, 104, 328.
C'est une femme que j'ai bien aimée. 266.
C'est un peu faible. 73.
C'est un peu fort. 73.
C'est vieux et laid, mon cher. 106, 430.
C'est vous qu'êtes le grand sec qui. 152.
C'est vraiment une chose. 87.
C'est-y toi, Majesté, qu'aurais jamais. 289.
C'était bien composé, pas vrai. 99.
C'était un beau cavalier. 60.
Cette année?... j'ai fait trois femmes. 165.
Cette madame de Lieusaint est-elle. 158.
Chambord (Henri, comte de). 6.
Champagne (Le). 35.
Chandellier (Ch.). 3.
Chanson. 30.
Chanson à boire. 391.
Chanson de Barberine. 29.
Chanson (La) de Lise. 30.
Chanson (La) des rues. 456.
Chanson (La) de table. 461.
Chanteur (Le) de chansonnettes. 390.
Chanteuse chinoise. 390.
Chanteuse (La) des cafés. 384.
Chapeau (Le) chinois. 388.
Chapelle d'assoute. 483.
Chapelle de Buchard. 483.
Chapelle de Pène-taillade. 483.
Chaperon rouge. 571.
Chapitre des fonds secrets, 313.
Chargé (Le) d'affaires. 61, 69, 251.
Charitable mosieu, que Dieu. 357.
Charivari (Le). 82, 514.
Charretier. 575.
Charton-Demeurs (Mme). 3.
Chasse (La). 502.
Chasse (La) à l'autographe. 450.
Chasse au marais 327, 545.
Chasse (La) au mouchoir. 450.
Chasse (La) au trottin. 272, 417.
Chasseur tyrolien 553.
Châtelain moyen âge. 589.
Chemin (Le) creux. 496.
Chemin de Toulon. 284, 425.
Chemin du théâtre. 239.
Chère ange, mon amour. 89, 419.
Cher, il va chasser demain. 90.
Chevalier (Le) de la Triste-Figure. 472.
Chevalier (Le) de Nogaroulet. 110.
Chevalier (Le) Desgrieux. 352.
Chevalier français (1200). 519.
Chevaliers (Les) de la Belle-Etoile. 393.
Chevallier, père de Gavarni. 4.
Chevrier. 571.
Chevrière. 573.
Chez soi. 321, 536, 541.
Chicard. 57, 524.
Child-Harold. 353.
Choses à la mode. 40.
Christophe Schmid. 396.
Christy. 427.
Chronique de Paris. 302, 528.
Chut! un actionnaire qui vient. 344.
Ciel! Anatole! 277.
Cigares (Les) de Clichy lui donnent la. 205.
Cigarettes (Les). 412.
Cinéraria (Le), candidissima. 484.
Cinq heures du matin. 39.
Cinq parterres, deux actionnaires. 120.
Cinquante-deux papillottes. 229.
Clarinette. 387.
Classique. 422.
Classiques (Les) de la table. 396.
Claudine. 320, 428.
Clé (La) du boudoir. 446.
Clichy. 57, 112.
Cloche (La). 18.
Clocheteur (Le) des trépassés. 27.
Clotilde. 320, 428.
C'mur là! bourgeois, oh! 403.
Cocher à deux fins. 455.
Cœur (Le) du marin. 18.
Cœur (Le) m'a ruiné l'estomac. 352.
Coin (Le) du feu. 301.
Collectionneur (Le). 465.
Colombe (La). 397.
Colon (Mlle Jenny). 4, 330, 331.
Combien as-tu fait de passions. 370.
Combien ça te coûte-(*t*-) il un habit. 262.
Combien? — Devine. 163.
Combien m'en mets-tu donc de. 166.
Combien veux-tu parier, mosieu. 292.
Comédien (Le). 457.
Comédiens à la ville. 330, 547.
Comme ça doit vous coûter cher! 211.

Comme ils se sont amusés. 247, 265.
Commentaire (Le). 43, 45, 458.
Comment appellerons-nous notre. 189.
Comment, chéri ! je ne saurai pas. 291.
Comment ! le champ que j'ai semé ! 141.
Comment ! Lili ne reconnaît pas son. 129.
Comment, ma petite ! je viens de. 182.
Comment, mosieu, à l'heure qu'il est. 277.
Comment ne comprenez-vous pas. 287.
Comment q'ça nous va de la noce. 240.
Comment qu'ça va, princesse. 120.
Comment qu'un jury saurait le mal. 285.
Comment, sapristi ! depuis. 68, 242.
Comment saviez-vous, papa, que. 182.
Comment ! tu me vois avec un mosieu. 178.
Comment vont nos petits époux? 164.
Comment ! y avait gras. 284.
Comment ! y vous ont donné vot'. 240.
Commerce des muses. 454.
Comme tu mens mal. 363.
Comme tu viens tard!—Et les affaires ! 279.
Commissaire de marine. 525.
Commissionnaire (Le). 493.
Communication des pièces. 313, 381.
(*Comte*) Cte béarnais. 555.
Concert donné par un enfant. 392.
Concierge (Le). 464.
Conclusion et morale. 227.
Confesseur (Le). 411.
Confidence. 499.
Confidente. 561.
Confortable. 422.
Congé en partie double. 89, 420.
Consolation monger. 600.
Consultation. 40.
Contes du chanoine Schmid. 396.
Contrebandier espagnol. 496.
Contrebandiers (Les). 487.
Convoitise. 334.
Copie (La) du portrait. 497.
Coquette de village. 573.
Coquetterie. 466.
Corbeille (La) de fleurs. 397.
Corde (La). 504.
Cordonnière. 461.
Cornet (Le) du pasteur. 385.
Cornichon de cabinet de lecture. 107.
Corridor (Le) des loges. 74, 481.
Corsaire. 570.
Corset (Le). 498.
Cortége (Le). 38.
Costume basque. 552.
Costume d'Abigaïl. 554.
Costume d'Amazampo. 551.
Costume d'amazone. 117, 514.
Costume d'automne. 329, 545.
Costume de bal. 37, 509.
Costume de bal d'Humann. 329, 546.
Costume de bal et travestissement. 529.
Costume de Betzi. 557.
Costume de Blanche. 556.
Costume de Bobêche. 550.
Costume de bohémienne. 556.
Costume de Catarina. 548.
Costume de Célimène. 557.
Costume de chasse. 117, 321, 514, 536.
Costume de Claire. 549.
Costume de cour. 79, 513.
Costume de Doris. 549.
Costume de El-Ougha. 549.
Costume de Galimafré. 551.
Costume de Gaspardo. 548, 551.
Costume de Gavarni. 79, 512.
Costume de Georges. 557.
Costume de Godefroy. 551.
Costume de Graff. 553.
Costume de Humann. 514, 515.
Costume de Javotte. 550, 554.
Costume de la chevalière d'Eon. 554.
Costume de la marquise de Prétintaille. 550.
Costume de Larchan. 555.
Costume de la Renaudie. 549.
Costume de la signora Dolorès. 553.
Costume de Léonore. 554.
Costume de Louisette. 555.
Costume de Louis XIV. 549.
Costume de Mme Alexis. 550.
Costume de Mme de Sauve. 556.
Costume de Mme Gondelaurier. 549.
Costume de Mme la baronne de S. 36, 509.
Costume de Mme la marquise de L. 36, 509.
Costume de Mme Peterhoff. 548.
Costume de Mme Riclof. 554.
Costume de Mademoiselle Déjazet. 330, 547.
Costume de Melle la Chausseraie. 556.
Costume de Melle Taglioni. 554.
Costume de Mahomet. 548.
Costume de Marcel. 551.
Costume de Marguerite de Navarre. 550.
Costume de Marie. 558.
Costume de Marie de Bourgogne. 550.
Costume de 1750. 558.
Costume de Mina. 551.
Costume de mode à découper. 580, 581, 582.
Costume de Mr...554.
Costume de Paulette. 556.
Costume de Pichot. 548.
Costume de Premislas. 555.
Costume de promenade d'Humann. 329, 545.
Costume de Raoul. 550.
Costume de Riclof. 549.
Costume de Rudolph. 558.
Costume de spectacle d'Humann. 329, 546.
Costume de Stephen. 549.
Costume de Stradella. 551.
Costume de Suzanne. 556.
Costume d'été. 587.
Costume de transition. 589.
Costume de Wastha. 553.
Costume de Zara. 551.
Costume d'Héloïse. 550.
Costume d'Henriette. 550.
Costume d'hiver. 329, 546.
Costume d'Humann. 515, 517, 587.
Costume du chevalier. 558.
Costume du duc de Guise. 557.
Costume du duc de Visconti. 549.
Costume de Misantrope (*sic*) 551.
Costume du prince Louis. 548, 558.
Costume écossais. 117, 517, 559, 568.
Costume espagnol. 580.
Costume languedocien. 554.
Costume suisse. 552.
Costumes composés pour les bals. 529
Costumes de Humann. 515, 516.
Costumes de Lacroix. 308, 536.
Costumes des Pyrénées. 531.
Costumes d'hommes. 117, 514.
Costumes d'Humann. 117, 516, 517.
Costumes espagnols. 328.
Costumes historiques. 533.
Costumes mobiles sur figurine 579.

Costumes Richard Laurent. 382, 577.
Coulisses (Les). 117.
Courrier (Le) de Paris. 488.
Courrier des enfants. 302, 534.
Courtier en n'importe quoi. 336.
Couturière. 461.
Cracovienne. 583.
Cré chien, Loïse! t'as là une. 207.
Cré nom, les bel-hommes ! 282.
Cretet (Eugène). 13.
Cri (Le) de charité. 18.
Croix (La) de bois. 396.
Croix (La) de Jésus. 460, 490.
Croquis fantastiques. 123.
Croquis par divers artistes. 425.
Croyez, vraiment, mademoiselle. 281.
C'te chaloupe ! 376.
C'te profession de foi là. 346.
C'te sainte Ursule-là... c'est. 365.
Curiosité. 497.
Cuisinière. 576.
Cydalise. 566.

Dachu! Dachu! tu m'ennuies. 274.
Dachu! m'ame Dachu est la crème. 293.
Dachu, si on dit que ton épouse. 338, 439.
Dame d'atours. 553.
Dames de Paris (1400). 519.
Damoisel. 563.
Dandys (Les) de 1833. 475.
Danger des pommades à. 477.
Dangereux effet des pâtes. 72.
Danseur espagnol. 558.
Danseuse espagnole. 559.
Dans la galère capitane. 389.
Dans la nouveauté on a toujours été. 446.
Dans le gouvernement de mon opignon. 348.
Dans les bois. 499.
D'après nature. 400.
D'aucuns disent que vot'e m'sieu. 342.
Dauphin (Le) vole des poires. 408.
Débardeur. 510, 558, 569.
Débardeur (Le) mâle et femelle... 125.
Débardeur (Le) : Ne me parlez pas. 133.
Débardeurs (Les). 57, 125, 328.
Débiteur (Le) sexagénaire. 147.
Decamps. 12.
Décembre. 536.
Décidément, mon cher ami, vous n'êtes 159.
Déclaration de guerre. 314.
Déclassés. 457.
Déjazet (Mlle). 4, 37.
Déjeuner (Le) 40, 396.
Déjeuner de garçon. 489.
De l'esprit et du pain pour un jour. 239.
Demande en mariage. 195.
Demi-deuil. 414.
Départ pour la promenade. 500.
....de payer dans vingt-quatre heures. 231.
Dépêche télégraphique. 314.
Dépêchons la maison que le. 337, 439.
Déplorable effet de l'usage. 477.
Depuis cinq mois que je suis avec. 209.
Depuis que j'ai été forcé. 266.
Dernière (La) passion de mon époux. 365.
Dernier (Le) jour de mansarde. 371.
Dernier (Le) quartier de la lune de miel. 234.
Des anglomanes . 487.
Désapointement. 433.
Des canards qui ne valent pas. 248.
Des carottes! combien qu'y en a. 376.
Des femmes qu'ont peur d'un verre de. 446.
Des habits d'homme. 470.
Des mères de famille. 286.
Désolé, mon brave homme. 285.
Des phrases. 59
Des pierrots peints par eux-mêmes. 281, 423.
D'Espinois (Ch.). 4.
Des principes! mais tenez. 349.
Des reproches. 433.
Dessus (L'), ben sûr, est p'us beau. 220.
Détenus pour dettes. 39.
Deux amies. 500.
Deux artistes d'autrefois. 503.
Deux (Les) Edmond. 353.
Deux heures de pose hors de tour. 229.
Deux (Les) pâquerettes. 325.
Deux sœurs. 44, 140, 325, 466.
Deux soupçons. 243.
Devin. 585.
Diable (Le) à Paris. 491.
Diable (Le) hors barrière. 140.
Diableries. 426.
Diane : Tu ne sais pas? m'ame. 117.
Dieppe. 38.
Dieu! mes amours, comme mon. 276.
Dieu! que voilà donc un m'sieu qu'est. 275.
Dieu! si j'étais née honnête ! 373.
Dimanche (Le). 36, 60, 141.
Dindonne, va! Et quel homme est-ce? 218.
Dîner (Le) d'un protecteur. 332.
Disciples des maîtres. 81.
Discussion du budget. 315.
Dis donc! ce voleur de bric-à-brac. 204.
Dis donc, Charles, Paul a donc. 169.
Dis donc! je crois qu'Amédée. 106.
Dis donc, Miroux? dis donc, Miroux. 158.
Dis donc, papa, si c'est pour. 364.
Distraction. 44, 141, 479.
Dites donc, l'ancien, c'est aujourd'hui. 113
Dites donc! m'sieu Curtis... 304, 361.
Dites donc, voisin, on a. 114.
Dites-moi, vieux! j' suis. 373.
Dix-sept vrancs — non! cent sous. 223.
Dodophe et Titine. 70, 171.
Dona. 570.
Donation entre-vifs. 161.
Donnant, donnant. 256.
Dormeuse (La). 493.
Double (La) rencontre. 411, 435.
Douleur (La) d'une mère. 389.
Doux chants, volez au bord. 19.
Doux entretien. 498.
Doux Jésus! où que je vas me sauver? 139.
Doux rêve. 19.
Drame en cinq actes à domicile. 228.
Droit de visite. 252, 316.
Duc (Le) à sa femme : Il vous reste. 366.
Duchesse. 560.
Duchesse (La) de Châteauroux. 599.
Duchesse en 1400. 584.
Duègne. 561.
Du malheureux monde comme ça. 376.
Dupaty (E.). 4, 330.
Dusseau de La Croix. 4.

Eau-de-vie (L')! un homme et ça. 447.
Eau (L') est trop chaude. 73.
Eau (L') merveilleuse. 19, 39.
Echarpe (L'). 498.
Echarpe (L') noire. 492.

Echecs (Les). 485.
Eclair (L'). 303.
Ecole (L') des pierrots. 338, 440.
Ecossais. 556.
Ecoute ce que tu vas ouïr. 277.
Ecoutez, Juliette! Bourdin m'a tout 261.
Ecuyer. 552.
Edition (L') princeps. 484.
Edouard! Edouard! voilà neuf. 71, 311.
Edouard, ma chère, qui m'avait tant. 290.
Ego! ego! ego!... tous égaux. 380.
Eh b'en! après? quand j'aurais connu. 260.
Eh b'en! Landerneau. ça ne vas (*sic*). 136.
Eh bien? mosieu, moi les pays. 304, 443.
Eh bien! mosieu, on prétend que. 303.
Eh bien, mosieu! un jour. 449.
Eh bien! mosieu, vous allez voir. 369.
Eh bien! non, je n'ai jeté mon bonnet. 281.
Eh bien! non, mosieu, non! 283.
Eh bien! on dit que certain colonel. 100.
Eh bien! touchez-y à la Prusse! 346.
Eh bien! tu verras, ma fille. 306.
Eh! comment vous portez-vous? 343.
Eh! l'argent est rare! à qui le dites. 300.
Eh! mon cher, ne te plains pas. 169.
Eh! parbleu, c'est chez mademoiselle 222.
Eh! qu'est-ce que tu veux que je. 347.
Elégante 575.
Elimination à huis-clos. 312.
Elisa. 492.
Elisir (L') d'amore 19.
Elize (*sic*) tendrement : M'aimez-vous. 120.
Elle a joué Zaïre. 354.
Elle attend. 38, 320.
Elle est morte. 29.
Elle était donc censée garder sa tante. 105.
Elle porta la main au léger marteau. 37.
Elle vous répond le jeudi. 258.
Eloquence de la chair. 141.
Embuscade. 594.
Emir. 526.
En attendant. 495.
Enault (Louis). 14.
Enchanté, m'sieu, de l'honneur de. 208.
Encore! — C'est la facture de. 188.
Encore! si j'avais autant de. 358, 442.
Encore soif! ah! çà. 108.
En débardeurs. 593.
Endosseur de lettres de change. 336.
Enfant (L') abandonné. 27.
Enfant de Paris. 453.
Enfant (L') perdu. 397.
Enfant romain se rendant à l'école. 303.
Enfants (Les) terribles. 19, 62, 147.
Enfant terrible. 493.
Enfin, à la fin, je l'ai tant mijoté. 113.
Enfin, comme épuisés d'émotions. 437.
Enfin, j'ai six francs. 401.
Enfin, mon cher, au carnaval. 375.
Enfin, mon oncle, dis-moi. 368.
Enfoncé!!! 112.
En ménage. 283.
En prison. 494.
En soirée. 540, 541.
Entends-moi bien : demain. 173.
Entends-tu, à Tivoli? 116.
Entre deux femmes. 475.
Entre deux feux. 227.
Entrée (L') au bal. 74, 480.
Entre le turf et le lansquenet. 289.
Entre onze heures et minuit. 285, 425.
En tyroliens. 593.
En vérité?... — Oui, mon cher. 502.
En ville. 541.
En v'là des m'sieurs agréab'. 282.
En v'là-t-i, Loupette, en v'là-t-i. 280.
En v'là un bon p'tit borgeois. 243.
En v'là une rencontre! 98.
En voulez-vous de la crevette? 128.
En voyage. 457.
Epicier (L'). 495.
Epouse gazouilleuse auprès de son. 365.
Epoux (Les) se doivent mutuellement. 187.
Escalier (L'). 496.
Espagnole. 382, 562, 579, 589.
Essaye un peu de ne pas me mener. 170.
Est-ce aussi votre tuteur qui. 165.
Est-ce que ça ne te flatte pas. 296.
Est-ce que c'est vrai, monsieur le. 152.
Est-ce que c'est vrai, mosieu d'Alby. 157.
Est-ce que tu t'amuses ici? 501.
Est-ce que vous n'en avez pas bientôt. 135.
Est-ce que vous payez des impositions. 157.
Est-ce vous qui l'avez inventée. 119.
Est-il Dieu permis d'avoir. 62, 179.
Et à ce bal des Variétés. 360, 442.
Etais-tu mauvaise avec moi! 190.
Et à quelle heure puis-je venir. 86.
Etat (L'), c'est moi. 348.
Et ça doit deux termes! 376.
Et combien peut-on en tirer de. 271.
Et combien que mosieu va se. 288.
Et de la beauté du diable voilà. 359.
Et dire qu'on a eu cinq mille francs! 215.
Et du pain pour demain?... que tu as 141.
Etienne : Tu ne fais donc pas d'études. 85.
Et Jean s'en alla comme il était venu. 225.
Et je vas tout à l'heure être précipitée. 306.
Et le dimanche, que fais-tu? 167.
Et le jeune homme du juge? 364.
Et le mosieu d'hier? — J'y ai écrit. 220.
Et madame? — Merci. 338, 440.
Et ma main que serrait encore. 438.
Et moi, je défends que l'on ait. 368.
Et moi, ma livrée était bleu de ciel. 357, 442.
Et n'avoir pas le sou! 83.
Et plus rien à mettre au clou. 359.
Et pour ma bo'rgeoise aujourd'hui. 337, 439.
Et quand j'en aurais un d'sentiment. 360.
Et quand vous aurez pris la. 346, 441.
Etrangère (L'). 20.
Etre attendu en bonne fortune 250.
Etre victime d'un mari qui abuse. 249.
Et si Cornélie ne trouvait pas de. 133.
Etre fichues au violon comme des. 130.
Et si mademoiselle daignait. 341.
Et... ta femme? — Toujour' avec. 338, 440.
Et ta géométrie. Voyons Beauminet. 192.
Et ta sœur la brocheuse? 404.
Et toi, mon chéri?... 360, 443.
Et ton épouse?... — Elle est au violon. 134.
Etude. 45.
Etude (L'). 50.
Etude d'enfant. 495.
Etude du matin. 166.
Etudes d'androgynes. 339.
Etudes d'enfants. 426.
Etudes de genre. 426.
Etudiant (L'). 454.
Etudiant allemand. 571.
Etudiants (Les) de Paris. 160, 429.
Et voilà le grandissime secret. 363.

Et vos pauv'femmes? Affreux gueux! 282.
Et... votre état? — Réaliste. 449.
Et vous, garnement! 370.
Eugène et sa petite. 261.
Eugénie. 428.
Eugénie (S. M. l'Impératrice). 4, 31.
Eustache. 398.
Excusez! 164.
Excusez-moi, monsieur. 35, 320.
Excusez que j'allume ma pipe. 218.
Ex-déesse de la Liberté. 339.
Explications. 434.

Faction (La) aux bouquets. 338.
Faire des frais de bonbons. 250.
Faire toute la soirée la partie d'un. 249.
Fait la commission. 359.
Faits et gestes du propriétaire. 287.
Fanny Elssler. 172, 330.
Fantaisie. 79, 80, 81, 322, 493, 556.
Fantaisie espagnole. 80.
Fantaisies. 172, 430.
Fantaisies par divers artistes. 431.
Farfadets (Les). 28.
Far-niente. 37.
Fashionables. 33, 323, 508, 534, 538.
Faudrait pourtant pas gros de sens. 271.
Faudra pas dire à mon Hippolyte. 109.
Faut bien montrer des images. 196.
Faut dire que ces bottines-là. 373.
Faut que je te confie... à toi! 403.
Faut que je voye (*sic*) après. 70, 265.
Faut que la vérité embête. 335.
Faut une fin à tout, ma chère. 370.
Faut voir mon Sieur Michel. 381.
Fée. 557.
Fée (La) de salon. 382, 577.
Fée (La), tout haut : allez. 117.
Félix. 5.
Femme de chambre. 577.
Femme de Scapin. 567.
Femme du duché de Wenden. 583.
Femme (La) du peintre. 479.
Femme (La) est obligée d'habiter. 187.
Femmes (Les). 321.
Femmes à la mode. 33.
Femmes (Les) artistes. 42, 43.
Femmes (Les)... un tas de serpents. 355.
Fermière. 530, 568, 587.
Fête de village. 322.
Feuille de croquis. 503, 505.
Feuille (La) et le serment. 20.
Feuilleton (Le). 273, 417.
Feu (Le), mon brave, est un élément. 85.
Feu mon père et feu ma mère, ç'a été. 296.
Fevrier. 534.
Feydeau (Alfred). 5.
Feydeau (Ernest). 5.
Feydeau (Mme). 5.
Feydeau (Mlle). 5.
Fiancée de Berne. 583.
Fichtember! — Hé! — et les affaires. 107.
Fichtre! que je ne voudrais pas. 341.
Fichu désagréable de Beauminet. 194.
Figaro (Le). 307, 536.
Figaro trouvera toujours du bois. 308, 431.
Figure-toi, mon cher. 101, 423.
Fille (La) de la maison chante. 247, 466.
Fille (La) et la mère. 494.
Figurez-vous, mon petit mosieu. 169.
Fin (La) d'un roman. 452.
Fin du règne de Louis XVI. 518.
Fini de rire! 355.
Flageolet (Le). 385.
Flamande. 553.
Fleurissez-vous. 28.
Fleur perdue. 42.
Fleurs d'Orient. 20.
Floris (G.). 5.
Flûte (La). 386.
Foi (La), l'Espérance et la Charité. 237.
Foire (La) aux amours. 340.
Forgues (Emile). 5, 14.
Fort aux dominos. 341.
Forts (Les) de la halle. 506.
Fortuné, ça n'est pas vrai. 189.
Fortuné, mon Dieu! qu'est-ce que. 190.
Foudre (La) a déchiré le voile de. 437.
Fourberies de femmes (2e série). 62, 173.
Fourberies de femmes (1re série). 173, 431.
Foyer (Le). 461.
Franconienne. 584.
Frère (Le). 372.
Frère (Le) et la sœur. Prague. 6, 327.
Frère (Le) ignorantin. 502.
Frères, possible! mais pour cousins. 379.
Fulbertine. 325.
Fumeur. 422.
Futur (Le). 505.

Galerie d'amateurs. 434.
Galerie dramatique. 434.
Galerie moderne. 435.
Galope (La). 34.
Galoubet (Le). 388.
Gantière. 462.
Gants (Les). 31, 508.
Garçon, le Prophète a dit. 55, 100, 307.
Garde (Le) champêtre. 465.
Garde-champêtre. 527.
Garde national. 576, 577.
Garde nationale. Projet d'uniforme. 327, 543.
Gare les poches! 335.
Gare les poules! 336.
Gargantua. 505.
Gatayes (Léon). 14.
Gâteau (Le) des Rois. 325.
Gavarni. 6, 400.
Gavarni's studies. 435.
Gazette des Enfants. 320.
Gazette des Femmes. 320.
Gendarme (Le) aragonais. 501.
Gendarme espagnol. 552.
Général étranger. 525.
Gens de Baréges en voyage. 504.
Gens de la suite d'un seigneur (1400). 519.
Gentilhomme de service dans la garde. 185.
Gentilshommes bourgeois. 288.
Gentilshommes de banlieue. 502.
Georges (Mlle). 6, 186, 330, 591.
Gère m'am'celle, fod'dit pillet n'est. 300.
Giboyeux, vous ne vous méfiez pas. 350.
Gillette. 564.
Gin (Le). 332, 334.
Giralda (La). 400.
Glace (La). 33.
Godefroy, le petit ermite. 398.
Goncourt (Edmond et Jules de). 13.
Gonzalès : Versez, jeune page. 123.
Goulet (Mme). 6.
Goutte (La). 485.
Grand album de Gavarni. 435.

Grand (Le) lever. 316.
Grand-papa Four. 302.
Grand-papa s'a fiché de petite. 149.
Grand-père (Le). 326, 466.
Grand-prêtre (Le) : Donne-moi. 118.
Grèce (La). 405.
Grotesque disguises. 599.
Grotte d'Élais. 483.
Groupe de trois figures. 591.
Guet-apens (Le). 479.
Gueule pas! j'cogne. 285.
Gulnare. 11, 45, 400.
Gusikow. 6, 330.

Habit (L') de papier. 584.
Habit (L') ne fait pas le moine. 238.
Haie! ! ! ! ! 308.
Halte près du ruisseau. 504.
Hamac (Le). 501.
Harmonica (L'). 387.
Hein? non, j'aime pas ce ruban là. 363.
Hein?... si Belamy vient. 304, 443.
Henri de France et Castelnau. 408.
Henri d'Eichenfelds et la bohémienne. 399.
Henri est fort bien. 182.
Henri IV enfant. 407.
Henri IV et Jacquot. 409.
Henri IV et le mannequin. 409.
Héritier (L') du bateau. 333.
Héros et héroïne de Balzac. 475.
Hertz. 7.
Heure (L') du berger. 170, 413.
Heure (L') sainte. 21.
Hier, nous avons été à Vincennes. 168.
Histoire (L') ancienne, mes agneaux. 379.
Histoire d'en dire deux. 342.
Histoire de politiquer. 344, 441.
Histoire du costume en France. 186, 517.
Hollandais. 571.
Hollandaise. 510, 569.
Homme (L'), ça mange les moutons. 378.
Homme (L') du monde. 329, 394, 546, 587.
Homme (L') est le chef-d'œuvre. 379.
Homme (L') qui livre les secrets. 235.
Hommes de bourse. 455.
Hommes (Les) ! m'ame Hue! 290.
Hommes (Les)! qué'qu'chose. 340.
Hongroise. 552.
Hôtes légers des rêveries. 191.
Houp! houp! papa... Ah! tu ne fais. 153.
Hussard. 553.

Ici c'est la route au fond de la vallée. 52.
Ici on loue des chevaux. 61, 141.
Ici on ne peut pas faire de farce. 57, 116.
Idol of the negroes. 600.
Il a cru me jouer un tour en me. 183.
Il a faim... Paresse! 271.
Il est embêtant : faut le planter là. 98.
Il étudie la médecine. 168.
Il fait son droit. 169.
Il faut te décider, voyons. 265.
Il lui sera beaucoup pardonné parce qu'elle a beaucoup dansé. 415.
Il lui sera beaucoup pardonné parce qu'elle aura beaucoup dansé. 405.
Il ne m'ôterait seulement pas. 77, 263.
Il n'est pas ici! madame. 102, 328.
Il n'est pas question de la question. 350.
Il signor Smorfia. 385.
Ils ont eu des mots. 286, 425.
Ils sont éclos. 471.
Ils t'on (*sic*) dit de jouer tant que tu. 152.
Ils vivent de ses rentes. 217.
Ils vont venir : écoute, Hortense! 134.
Il vend sa vie pour vivre. 256.
Il vous épousera. Comptez là-dessus. 200.
Il y a des hommes qui s'arrangent. 233.
Il y a maintenant, entre nous. 94.
Il y a que cet animal de margouty. 172.
Impératrice (L') de toutes les roueries. 371.
Impressions de ménage. 2e série. 289, 435.
Impressions de ménage. 1re série. 186.
Improvisations mélancoliques. 386.
Indécision. 495.
Indicatif (L') d'un amour qui va jusqu'à. 145.
Indicatif (L') d'un sentiment. 403.
Indienne. 586.
Industrie des enfants. 66.
Industries faciles. 196.
I ne pleuvra pas certainement. 402.
Ingrat! — Plaît-il? 235.
Inséparables (Les) 324.
Inspecteur privé des travaux publics. 485.
Insulaire de n'importe où. 525.
Intérieur de l'ancienne Messène. 406.
Intérieur de ménage. 594.
Interjections. 196, 308.
Intolérance (L'), cette fille des faux. 75.
Intolérance (L') est fille des faux. 130.
Intrigue (L'). 32.
Intrigue (L') à domicile. 414.
Introduction (L'). 432.
Invalides (Les) du sentiment. 303, 350.
Irlandaise. 565, 571, 573.
Isabey (Jean-Baptiste). 13.
Isidore Compoing. 474, 486.
Italienne. 567.
Italienne en 1300. 583.
Item, pour avoir montré au bal. 363.
Item, un tableau représentant une. 231.
Itha. 399.
Itha, comtesse de Toggenbourg. 398.
Ivre à moitié. 592.

Jacques Maubourguet t'as voulu. 369, 444.
J'ai assez vu mon cousin, moi! 148.
J'ai cancanné que j'en ai p'us. 106.
J'ai demandé au sortir de vêpres. 245.
J'ai encore neuf sous... Garçon! 401.
J'ai été bien calomniée. 452.
J'ai été très-blond. 401.
J'ai eu bien du chagrin. 208.
J'ai eu ma loge à l'Opéra. 358.
J'ai la charité, mosieu le. 371.
J'ai longtemps parcouru le monde. 353.
J'ai pensé à vous, demandez à Norine. 219.
J'ai pour moi qu'on peut dire. 360, 443.
J'ai pourtant, chez nous, gardé. 373.
J'ai pourtant figuré à l'Opéra. 340.
J'ai ta lettre chérie... 89.
J'ai un mal à la tête de chien. 102.
J'ai un service à te demander. 77, 260.
J'ai voulu connaître les femmes. 356.
Jalousie. (La). 42.
Janvier. 534.
Janvier. Les étrennes. 78, 430.
Janvier 1838. 542.
Janvier 1836. 541.
J'avais demandé un petit chapeau. 50.
Jean Jacques et Mlle Merceret. 46.

Jean-Marie ! — Hein ? — Y en a-t'i. 145.
Jeanne d'Arc. 407.
Jeannette. 567.
Je conçois que les directeurs doivent. 304.
Je conte à mes voisins surpris. 358.
Je disais St-Cloud, t'as dit St-Ouen. 194.
Je dis la bonne aventure, 359.
Je dois me connaître en châles. 359.
Je fini en mouillant de mes larmes 92.
Je l'ai dit à Clara. 355.
Je le dirai !... que t'as encore pris. 155.
Je lui dois mille écus, c'est vrai. 299.
Je l'veux ! 293.
Je me permettrai de faire remarquer. 449.
Je n'ai plus la terre de Chêncrailles. 357.
Je ne sais vraiment pas comment. 194.
Je ne vous ai pas retenu les cinquante. 267.
Je ! n'le ! veux ! pas ! 294.
J'entends une voiture. 371.
Je pense que c'te satanée serine. 108.
Je pense que vous ne me refuserez pas. 93.
Je prends la plume. 88, 419.
Je prierai pour eux. 27.
Jérôme Sauvage. 47, 486.
Je souhaite le bonjour à Mr Emile 90.
Je soussigné, roi des Batignolles. 89, 421.
J'espère que tu vas te tenir. 131.
Je suis comme ce personnage. 378.
Je suis le mari de m'ame Jolibiais. 364.
Je suis le papa de mam'selle 369, 444.
Jésus ! c'est mon amoureux de samedi. 282.
Jésus ! comment que tu oses manger. 205.
Jésus ! il vient de me passer une bête. 212.
Je t'avertis, milord... si tu dînes. 137.
Jeu (Le) de dominos. 275.
Jeudi, vous dîniez chez Vachette. 374.
Jeune (Le) et beau Dunois 391.
Jeune (La) Europe. 380.
Jeune fille aux yeux noirs. 390.
Jeune gentilhomme. 586.
Jeune homme, vous avez des capitaux. 449.
Jeune (Le) lord se précipite à mes. 318.
Jeune (La) mère. 34, 475.
Jeune (La) princesse. Mais qu'aperçois. 118.
Jeune (La) princesse. Me faudra-t-il. 120.
Jeune (Le) Savoyard. 326.
Jeunesse (La) de J. J. Rousseau. 435.
Je viens déjeuner chez toi. 112.
Je vous ai sonné trois fois, Robinson ! 213.
Je vous dis, moi, que ça n'est pas à. 209.
Je vous dis que vous avez dansé. 129.
Je vous garde un coupon pour. 208.
Jew. 600.
J'i ai dit ! j'i ai dit : Madame, si vous. 137.
Jin (Le). 438.
Jocelyn. 437.
Jolie femme ! c'est une princesse. 451.
Jolie (La) pièce ! Toujours la même. 368.
Jolie tournure. 401.
Joli garçon, payes-tu qué'que. 275.
Joseph. 427.
Jour anniversaire de la bataille de. 289.
Jour (Le) de départ d'une garnison. 433.
Jour (Le) de l'an. 37, 298.
Jour (Le) de l'an chez l'ouvrier. 506.
Jour (Le) des Morts. 501.
Journal blanc. Jeudi. 71, 311.
Journal bleu. Rien ne peut donner. 347.
Journal de l'Académie d'horticulture. 320.
Journal (Le) des Chasseurs. 321, 536.
Journal des Femmes. 321, 536.
Journal des Gens du monde. 322, 537.
Journal des Jeunes personnes. 323, 540.
Joyeux (Le) chasseur. 21.
J'suis pas mal sauvage, et vous. 279.
J'suis un pas grand-chose. 337, 439.
J'te chipe, un supposé, ta toupie, 346, 441.
J'te parie mon alezan doré contre ta. 135.
Judith. 394.
Juges diseurs (1400). 517.
Juillet. 323, 535, 540.
Juillet 1838. 543.
Juillet 1837. 542.
Juin. 535.
Julia Farnèse. 301.
Julie. 8, 21.
Jurons ! jurons la mort de l'infâme. 391.
Juvénile (Le) Keepsake. 407.
J'vous dis que vot'femme a insulté. 99.

Karr (A.). 14.
Képi de velours garance. 284, 424, 513.

Laferrière (Adolphe). 7.
La Garrigue (Raymond). 7.
Laisse jamais marcher un homme. 197.
Laitière. 453, 573, 575.
Lambertier est donc avec Caroline ? 70, 171.
Là, mon guide s'arrête. 437.
Lanoue (Gustave de). 7.
Lansquenet (Le). 460.
Lanterne (La) magique. 416.
Laure. 427.
Laure en prière. 21.
Leçon (La) au mari. 432.
Leçon d'armes. 505.
Leçon de paysage. 479.
Leçons et conseils. 196, 309.
Lectrice (La). 593.
Lecture. 82.
Lecture de l'artiste. 490.
Lecture du soir. 228.
Lecture interrompue. 500.
Lendemain (Le) du bal. 432.
Le Roy (Mme). 7.
Lettre (La) qu'on lit. 88, 419.
Lettres (Les) de l'ancienne. 164.
Leuctra et cap Tænare. 406.
Le v'là... ôte ton chapeau. 175.
Lie cage. 600.
Lilas (Les). 498.
Lilie ! Lilie ! rien ne te dit donc. 276.
Lingère. 462.
Lion (Le) devenu vieux. 451.
Lis (Les) et les roses. 28.
Liseuse (La). 492.
Littérature (La) illustrée. 335.
Livre du mont-de-piété. 256.
Locatis (Le). 485.
Loge (La) d'avant-scène. 482.
Loge (La) de Mme Dorval. 475.
Loge (La) des Bouffes. 202.
Loge (La) du bal. 201.
Londres, Décembre : « Milords et. 312
Lorettes (Les). 202.
Lorettes (Les), moi, j'aime ça : c'est. 219.
Lorettes (Les) vieillies. 357, 442.
Lorsque des voluptés on a tari la. 188
Louise, Marie, si vous aimez un jour. 38.
Louis le Grand. 27.
Loulou !... Loulou, voilà midi. 179.
Loup (Le). 41.

Lundi (Le). 455, 456.
Lune (La) de miel. 233.
Lutins (Les). 45, 400.
Lys (Le) dans la vallée. 475.

Ma blanchisseuse! 373.
Ma bonne bisque, va, m'man. 154.
Macédoine. 438.
Ma chère, comment peux-tu. 160.
Ma chère, je l'aime. 286.
Ma chère, les hommes, c'est farce. 371.
Ma chère, ma chère! c'te belle dame. 121.
Ma crevette? cinquante sous. 402.
Madame, autrefois c'était Louison. 360.
Madame Beauminet va bien? 191.
Madame Charmant, vous avez dit. 52.
Madame cherche un m'sieu? 274.
Madame de Châteaurouge s'il vous plait? 374
Madame de Saint-Aiglemont, madame. 241.
Madame (La) du pavillon qui met. 375
Madame la baronne, ces machines-là. 217.
Madame la femme, une altesse. 378, 445.
Madame! madame! un billet de bal. 207.
Madame s'habille. 504.
Madame, une honnête femme. 106, 244, 424.
Madelaine (La), c'était une femme. 85, 415.
Mademoiselle Bien-Aimée? 172, 245, 430.
Mademoiselle! v'là ce que c'est. 342.
Mlle Monarchie, 48.
Madrid 328.
Ma femme dessine le paysage. 496.
Ma fille. 458.
Ma fille a chanté. 448.
Ma fille a dansé. 449.
Ma fille va entamer son grand morceau. 402.
Magicien. 554.
Magicienne. 495.
Mai. 323, 535, 540.
Mai 1838. 543.
Mai 1837. 541.
Mai 1836. 541.
Mais, à ton âge, malheureux. 263.
Mais au moins, moi, je ne suis pas. 212.
Mais ce Mathieu est à son aise. 298.
Mais comment as-tu pu te laisser. 115.
Mais, Dachu.... permets-moi de. 293.
Mais, docteur, vous vous trompez. 183.
Mais!... il me semble... qu'on a pipé. 64, 181.
Mais la faiblesse, c'est votre dignité. 144.
Mais la liberté, mon cher monsieur. 310.
Mais! mais avec Mathieu-Mathieu. 494.
Mais permettez, mon cher monsieur 257, 381
Mais pourquoi donc, mosieu Bachu. 153.
Mais pourquoi pleurer? 22.
Mais puisque je vous dis que j'ai. 98.
Mais quelle est donc la femme qui. 176.
Mais si un homme avait été. 63, 179.
Mais, voyons, Limousin. 344, 441.
Mais voyons! si Paul et Henri. 180.
Maître (Le) d'harmonie de ma fille. 378, 445.
Maîtresse (La) de qui? 362.
Maja. 79, 510.
Majo (Le). 382, 559, 579.
Majo. 552.
Malachowski. 7.
Malheureuse enfant! Qu'as-tu fait de. 127.
Malheureuse! tu feras la honte. 175.
Maman a écrit à mosieu Prosper et. 159.
Maman (La): A-t-on vu une petite. 122.
Maman, c'est mosieu... tu sais, ce. 154.
Maman dit que vous savez tous les. 154.
Maman! maman! ce monsieur du. 151.
Maman va venir, pas tout de suite. 149.
M'ame Abraham. 340.
M'ame Bauminet, ta majesté a-t-elle. 448.
M'ame Jolibiais est grosse. 364.
M'ame Norine! — Hein? 210.
M'ame Perpignan! m'ame Perpignan! 163.
M'ame Surmonsin, y aura ce soir. 293.
M'ame y est pas! — cré nom! 372.
Ma'm'selle chante: nous aurons 378.
Ma'm'selle ta fille, si tu la rencontres. 294.
Mandat de perquisition. 315.
Mangin (Mme). 7.
Manières de voir des voyageurs. 303, 361, 443.
Manman, grand'manman dit que tu dors 374.
Mansarde (La). 466.
Manteau (Le) d'arlequin. 305.
Manteaux grecs de Humann. 519.
Ma petite maison, maman l'a. 360, 443.
Ma poule, on n'est jamais si bien. 375.
Ma première passion compte. 356.
Ma promenade au bord du lac. 378.
Maraudeur. 494.
Marchand de casseroles. 491.
Marchand (Le) de hannetons. 322.
Marchand de lunettes. 473.
Marchand de Paris (1300). 518.
Marchand (Le) de robinets. 385.
Marchande à la toilette. 592.
Marchande (La) de citrons. 453.
Marchande de modes. 462.
Marchande (La) de poisson. 465.
Marchandes (Les) de cerises. 473.
Marguerite d'Ecosse et Alain Chartier. 408.
Marguerite de France. 408.
Marguerites (Les). 30.
Mari (Le) agricole 297.
Mari (Le) à la ville et la femme à. 223, 329.
Maria Padilla. 224, 330.
Mari (Le) chanteur. 192.
Mari (Le) comédien. 296.
Mari (Le) commissaire-priseur. 289.
Mari (Le) de la bonne. 297.
Mari (Le) de mam'selle Cigale. 306.
Mari (Le) dramaturge. 292.
Mari (Le), la femme et l'amant. 503.
Marie de France et Jean des Essarts. 408.
Marie Remond. 224, 309, 413.
Marie, vous devenez, voyez-vous. 255.
Marin. 574.
Marin du Rhône 571.
Marinière. 564.
Maris (Les) me font toujours rire. 361.
Maris (Les) sont bien laids quand. 236.
Maris (Les) vengés. 224.
Marocains. 504.
Marquis (Le) d'Argentcourt. 384.
Marquis (Le) de Chancelles est à. 264.
Marquise de Pompadour. 573.
Mars. 534.
Mars 1838. 542.
Mars 1834. 323, 539.
Marseillaise. 571, 589.
Marseillaise (La) des femmes. 21.
Marton. 568.
Martyrs (Les). 227.
Ma sainte te ressemble. 84.
Ma santé est autant bonne qu'il est. 91.
Mascarade. 32. 383, 490.

Ma siere amie vous me dites. 94.
Ma siere épouse je vous. 89, 420.
Masque (Le) a beau mentir. 279.
Masque (Le) tombe, l'homme. 339, 441.
Masques et visages. 331, 438.
Masques et visages. Nouvelles séries. 446.
Ma tante. 337.
Ma tante Aurélie qui disait. 156.
Matelot. 560.
Mathieu n'a que ça pour lui. 380.
Mathilde (S. A. I. Mme la princesse). 8, 31.
Matin (Le). 432.
Ma toile est chère, bourgeois! 447.
Médaillons (Les) à la mode. 66, 173, 430.
Méditation. 497.
Méfie-toi, Coquardeau! 55, 102.
Méfie-toi, petit, des messieurs de. 197.
Mélancolie. 322.
Mélingue. 8, 43, 480.
Mélodies de Mme Gavarni. 29.
Même (Le) jour! ma chère! me. 211.
Ménétrier (Le). 387.
Merci bien! mais dites-moi. 304, 444.
Merci, colombe, vous êtes bien. 245.
Mercier ambulant. 498.
Merci, monsieur, je ne danse pas. 97.
Merci, monsieur le marquis. 117.
Mercredi (Le) l'on peint sa flamme. 258.
Mère (La). 372.
Mère! est-ce que c'est le crevé de. 149.
Mère (La) et l'enfant. 593.
Mesdames de la halle. 505.
Mesdames Sophie Gay et D. 475.
Mes filles me ressemblent: elles. 295, 435.
Mes locataires du cintième. 451.
Me souffler un amant, toi!.., à moi! 209.
Mes respects chez vous, m'ame. 360, 443.
Messager d'amour. 458.
Messagère. 562.
Messieurs du feuilleton. 13, 366.
Messieurs, je vais enfin répondre. 310.
Messieurs les officiers du régiment. 335.
Me voilà prête. 502.
Mi-carême (La). 323, 539.
Mien (Le) est blond. J'aime pas les. 214.
Mignon. 30.
(*Mil huit cent trente cinq*) 1835. 36, 508.
(*Mil sept cent quatre-vingt-cinq*) 1785. 38, 475, 509.
(*Mil sept cent quatre-vingt-douze*) 1792. 35, 475, 508.
Minon-Minard. 527.
Miroir (Le). 475.
Miscellanea. 457.
Misère et corde! faut pas chagriner. 379.
Misère et corde! Jeune enfance! 379, 445.
Misère et ses petits. 333.
Misères (Les). 459.
M'man n'y est pas parce que tu. 159.
Mode. 589.
Mode (La). 326, 543.
Mode de l'empire. 588.
Mode d'hommes (*ce dernier mot raturé*). 230
Modèles de bijoux. 382, 578.
Modes. Costumes de chasse. 310.
Modes. 31, 79, 230, 302, 507, 520, 521, 522, 534, 589. 590.
Modes de l'abeille impériale. 31, 507.
Modes de Longchamps. 230, 522.
Modes de 1855. 31.
Modes de 1842. 66, 410.
Modes d'enfans (*sic*). 230.
Modes de Paris depuis 1750. 547.
Modes de Paris en 1787. 583.
Modes du magasin de Lucy. 382, 578.
Modon. 406.
Moi avoir jamais quelque chose. 121.
Moi, j'aime l'amour sous le ciel. 143.
Moi, j'ai pas de chance. 341.
Moi, j'ai signé pour cinq cents francs. 115.
Moi... le mosieu donnait toujours. 359.
Moi, les hommes! ça ne m'a jamais. 405.
Moi, mon pierrot, n'y a pas de danger. 342.
Moi qui vous parle! — hein! 72.
Mon adoré, dis-moi ton petit nom. 203.
Mon aimable Amédée, ce soir. 178.
Mon aimable ami, j'éprouve. 253.
Mon aimée, qu'as-tu? tu as l'air. 296.
Mon album de cette année. 391.
Mon ami, je m'empresse de te faire. 420.
Mon ami, je te dires que je suis. 92.
Mon bel ange, baisez moi. 383.
Mon cèdre du Liban. 287.
Mon cher ami, je suis en affaire. 163.
Mon cher amis, Ge te diré depuis. 92.
Mon cher, avec une mise décente. 341.
Mon cher Camille, le grand dadet (*sic*). 90.
Mon cher Leblanc, voyez-vous. 246.
Mon cher, le municipal a emporté. 136.
Mon cher monsieur, Caroline. 178.
Mon cher monsieur, je vous laisse. 115.
Mon cher mosieu Jalury. 200.
Mon cher, votre femme est. 362.
Monde (Le) dramatique. 329, 547.
Mon dernier caprice m'a cassé. 358.
Mon Dieu! ça lui a pris hier. 65, 184.
Mon Dieu! Fortuné ne sois donc pas. 362.
Mon fils est là. 22.
Mon général... mon général! 86.
Mon homme et le tien, vois tu. 404.
Mon homme!... un chien fini. 293.
Moniteur des Théâtres. 330.
Mon journal. 483.
Mon morceau. 377.
Monnier (Henri). 8, 14, 42, 43, 394, 480.
Mon petit homme, faut être. 205.
Mon poisson rouge qui est mort. 297.
Mon regard dans le sien se rencontre. 437.
Monsieur Albert? c'est un. 152.
Monsieur et m'ame Ernest. 163.
Monsieur Joseph rêve qu'il est. 317.
Monsieur le chevalier de Faublas. 352.
Monsieur le duc!... donnez-vous. 86.
Monsieur le sergent-major. 92.
Monsieur Loyal. 230.
Monsieur, malgré que je sois. 89, 421.
Monsieur, n'est-ce pas que ça n'est. 148.
Monsieur Théodore qui a passé. 225.
Monsieur Victor qui flânait sous. 226.
Mr Adolphe a été pris au petit jour. 224.
Mr Adrien, jeune homme du voisinage. 226.
Mr Alfred, en faction, rend les honneurs. 225.
Mr Amable paye les dettes de la. 225.
Mr Amédée, très-fort sur le pistolet. 225.
Mr Charles a voué à Mademoiselle. 236.
Mr Charles rêve que sa maitresse. 172, 317.
Mr Ernest a eu l'audace de. 226, 227.
Mr Floumann. 524.
Mr Frédéric voit arriver. 226.
Mr Gontard. 486.
Mr Hyppolite (*sic*) qui abusait depuis. 225.
Mr Isidor faisant le galant. 224.

Mr Jacques Schwerdtfeger. 486.
Mr Jules va courir tout Paris. 224.
Mr Maxime est exposé à la risée. 226.
Mr Paul, qu'on a trouvé dans. 224.
Mr Philibert endosse à la prière du. 226.
Mr Un tel. 500.
Montagnard. 531, 586.
Montagnarde. 570.
Monter à cheval sur le cou d'un. 58, 137.
Montigny (Mme). 9.
Mon tuteur avait voulu que nous. 214.
Morceau (Le) de ma fille. 378, 445.
Mort (La) de Napoléon II. 503.
Mosieu à la cuisine, madame au. 191.
Mosieu Belassis, moi je n'ai pas. 158.
Mosieu Charles m'a dit : enfin. 369, 444.
Mosieu cherche une bonne. 341.
Mosieu (Le) de la débutante. 306.
Mosieu (L') de ma drôlesse 375.
Mosieu de Montmorency? s'il vous plaît. 451.
Mosieu Emile Jolibiais, s'il vous plaît. 274.
Mosieu, j'avais une tante. 343.
Mosieu... je viens de la part d'un. 299.
Mosieu le comte Onnesaitki! 68, 247.
Mosieu le maire, le toit de l'école. 288.
Mosieu le maire, le vrai peut. 345.
Mosieu, mademoislle doit souper. 222.
Mosieu!— mosieu, chez qui vous. 216.
Mosieu n'a pas le sou! 336.
Mosieu, on ne peut pas voir papa. 158.
Mosieu... pardon! mon ami prétend. 142.
Mosieu Pipanthoud, vous m'affichez. 448.
Mosieu, quelle est la meilleure troupe. 268.
Mosieur, j'suis Cocardeau. 168.
Mousse. 552, 570.
Moustache (La) et pas de régiment! 376.
Moyen âge. 387.
Moyens coercitifs. 313.
M'sieu de... chose, un jeune homme. 276.
M'sieu Hérault!... v'là Liand'e. 403.
M'sieu Salomon, je connais ce que. 295.
Muletier. 572.
Muletier (Le). 382, 578.
Murger (Henry). 13.
Mur (Le) mitoyen. 414, 500.
Murs (Les) ont des oreilles. 196.
Musée de costumes. 547.
Muses (Les). 67.
Musette (La). 386.
Musiciens comiques ou pittoresques. 384.
Musique (La). 67.
Musique de jour de l'an. 388.
Musset (Alfred de). 13.

N'allez pas vous tromper, jeune. 337, 439.
Napoléon Bonaparte (Prince Jérome). 12.
Ne donnez pas d'à-compte. 114.
Ne fais pas autrui ce que tu ne. 144.
Ne faut pas baguenauder dans le bois. 380.
Ne faut pas qu'on l'ostine. 450.
Négligé du matin. 37, 509.
Ne lui parlez pas des chiens de garde. 402.
Ne lui parlez pas des gendarmes. 450.
Ne pas trouver de voiture. 250.
Ne plus m'aimer!... mais Paméla. 370.
N'est-ce pas, maman, que le petit. 151.
N'est-ce pas, ma mère, que c'est. 150.
N'est-ce pas, mosieu Prud'homme. 159.
N'est-ce pas, p'pa, ce mosieu du. 368.
N'est ce pas vous, madame, que. 238.
Ne va pas te tromper! si c'est un. 267.
Nicolas. 320, 428.
Niemoiowiski (B.). 9.
Ninie, il me vient une idée. 365.
Ninie, tu as là du champagne qui. 221.
Noce (La) de Léonor. 22.
Nocturne à deux nez. 190.
Non bis in idem. 160.
Non, cap'taine... si, cap'taine. 272.
Non! je ne tromperai plus! 303, 350.
Non, m'sieu Henri, je ne doute pas. 360.
Non, Nini, je ne pourrai pas. 179.
No sir! — Noceur vous-même! 304.
Notre âme est si fortement émue. 317.
Notre-Dame de la fontaine. 22, 23.
Notre-Dame de Tudèle. 30.
Nourrisseur (Le). 465.
Nourtier (Mlle). 9.
Nous descendons de la branche. 345, 441.
Nous en avons pour une dizaine. 358.
Nous ferez-vous l'honneur. 51.
Nous intriguons deux dominos. 362.
Nous l'avons dit plusieurs fois. 228.
Nous n'avons donné à personne. 451.
Nous ne discuterons pas davantage. 346.
Nous serons donc toujours mauvais. 278.
Nous soupons chez Véry. 51.
Nouveau costume de Gavarni. 79, 512.
Nouveau débardeur. 572.
Nouveau (Le) seigneur de la terre. 380.
Nouveau travestissement de Gavarni. 79, 511.
Nouveaux travestissements. 559.
Nouvelle lanterne magique. 460.
Novembre. 535.
Novembre 1838. 543.
Novembre 1837. 542.
Nuances du sentiment. 232.
Nuits de Paris. 460.
N'y a pas de doute, mon président. 336.
N'y a pas gras. 243.
N'y a pas, Louison, ce qu'est à toi. 337, 439.
N'y a pas moyen! mosieu est là. 215.
N'y a sous la t...oiture du ciel. 379.
N'y a, vois-tu, Sophie, que deux. 446.

Oasis (L'). 23.
O bon! m'ame Jean. 86.
Octobre 535.
Odalisque (L'). 497.
Œufs (Les) de Pâques. 396.
Œuvres nouvelles. 268.
O femme! chef-d'œuvre de la création! 161.
Officier de Prémislas. 553.
Officier saxon. 555.
Oh! 308.
Oh! c'est vrai! t'as les yeux comme. 149.
Oh hé! Dufrène! oh hé! 104.
Oh! hé! mes petits amours. 97.
O Henry! Henry! mon Dieu. 174.
Oh! hé! viens-tu souper, la Gustine? 140.
Oh hé! v'là le jour! 280.
Oh! j'ai une patte sans connaissance. 277.
Oh! je aimez le vin de France. 450.
Oh! mais vous, Pigeonnet. 272, 417.
Oiseau. 585.
Oiseau (L') de passage. 372.
O (*sic*) l'amour d'une femme! 168.
Old nick. 14
O (*sic*) mais voyez donc, m'sieu Berthot. 248.
On a donc core levé deux sachées. 447.

On aime cet homme, ce n'est pas. 232.
On aime donc un peu sa biche. 182.
On amuse l'amour ainsi que la. 236.
On a souvent besoin d'un plus petit. 267.
On cause affaires. 223
On demande : La barbe rouge. 167.
On demande une personne pouvant. 334.
On demande un remplaçant. 241.
On désire céder monsieur avec. 56, 103.
On dit que le mariage range. 366.
On est heureux le vendredi. 259.
On fait des contes à l'actionnaire. 203.
On fait l'aimable le mardi. 258.
On l'entoure. 492.
On m'a pourtant, ma chère. 354.
On me fête, on m'entoure. 413.
On n'a jamais compris son cœur. 389.
On n'a plus ni plaisir ni peine. 258.
On ne dort pas les uns sans les. 67, 430.
On ne peut pas parler à mademoiselle. 214.
On ne vous aime pas, non ! c'est le chat. 233.
On oublie trop aujourd'hui. 254.
On porte beaucoup de fleurs. 333.
On rend des comptes au gérant. 204.
On rit avec vous et tu te fâches. 132.
On se doit à une besogne ingrate. 337, 439.
On se quitte le samedi. 259.
On sort du bal. 339.
On va pincer son petit cancan. 127.
On vient de rapporter Louis de. 262.
On voit pourtant encore. 201.
Or (L'). 485.
Orage (L'). 377.
Oraison funèbre. 261,
Or çà ! votre république aura-t-elle. 312.
Orchestre (L') ambulant. 384.
Orchestre et théâtre ambulant. 387.
Oreste et Pylade seraient volontiers. 167.
Orgue (L') de Barbarie. 386.
Orientale. 499, 557, 563.
Orientales (Les). 46.
Orléans (La princesse Hélène, duchesse d'). 9, 382.
Orpheline (L'). 28.
Orphelines (Les). 466.
Oswald 356.
Où allons-nous? aux Français ? 244.
Où allons-nous, où allons-nous. 310.
Où as-tu eu la petite que t'as? 216.
Où as-tu laissé Clarisse? 284.
Où donc est le bonheur ? 23.
Oui ! le pauvre toit de chaume. 59.
Oui, ma chère, mon mari. 176.
Oui, mais n'ébranlez pas. 350.
Oui, mais si vous vous querellez. 270.
Oui, mais tu vas voir le capitaine venir. 367.
Oui, mon chair Auguste, je suis. 305.
Oui, mon cher baron, l'indépendance. 255.
Oui, mon cher oncle, mes études. 94, 421.
Oui, Perrochet ! je verserai dans. 273.
Oui, pleurniche, va ! 100.
Où qu'tu vas, Polyte? 68, 242
Ou trop froide. 73.
Où trouver un duvet assez doux. 237.
Où vas-tu si matin ? 23.
Ouvreuse (L') de loges. 23.
Ouvrier peintre. 576.
O (*sic*) vous me donnerez un beau. 121.

Pa'c'que? pa'c'que ça ne me va pas. 366.
Page (1400). 517. 561.
Page écossais, 530, 586.
Page introducteur. 563.
Paillasse. 557.
Paillasse et Pierrot. 585.
Pair ou non. 499.
Paix (La) à tout prix. 315.
Paméla ! ta mère a été ma femme de. 357, 442.
Paméla, tu me dois l'existence. 300.
Pandoure. 558.
Panthéon de la jeunesse. 407.
Papa, empêche donc Françoise de. 155.
Papa, qu'est-ce que c'est donc. 230.
Papa, voilà ton homme de paille. 62, 158.
Papier à lettres. 453.
Papillons (Les). 497.
Parade (La) est l'amie de l'homme. 142.
Parasols (Les). 54. 110.
Parbleu, monsieur le baron. 101.
Parbleu ! si vous deviez les épouser 102.
Par-ci, par-là. 446.
Par-devant notaire. — Il s'agit donc. 299.
Pardon, belle dame, si je croyais. 300.
Pardon, mon cher ! faut que je. 143.
Parents (Les) terribles. 298, 366, 444.
Parfait (Le) créancier. 298.
Paris. 461.
Paris (*Journal*). 331.
Paris au XIXe siècle. 407, 462.
Paris, ce.. 183.. M Madame Larabe. 93.
Paris comique. 381.
Paris ! du bruit plus que de besogne. 339.
Paris élégant, 381, 574.
Parisienne de la fin du XVIIIe siècle. 536.
Parisiens (Les). 464.
Paris le matin. 238.
Paris le soir 68, 241, 465.
Paris, le 26 octobre 1841. 206.
Parle latin. 336.
Parlez au portier, mais ne lui parlez. 404.
Parole d'honneur, mon petit. 101, 423.
Parole d'honneur, ta petite sera. 291.
Partageuses (Les). 369, 444.
Partie. 39.
Partie carrée. 487.
Pas bégueule. 339.
Pascal. 3, 320, 428.
Pas coquette. 340.
Pas d'amoureux. 460.
Pas d'appétit. 459.
Pas d'argent. 459.
Pas de barbe. 459.
Pas de cheveux. 459.
Pas le sol. 459.
Pas le sou un jour de Chaumière ! 166.
Pas moyen ! c'est une femme invisible. 217.
Passons vite. 36.
Pastourelle (La). 503.
Paternité (La), ça gâte la taille. 364.
Pâtissier (Le) au mannequin : m'sieu. 85.
Patois de Paris. 69, 248.
Patron? — Après ? — Eh b'en. 342.
Patron de bateau. 531, 586.
Patron ! — Hein ? — Je n'ai pas. 301.
Patronne de bateau. 382, 559, 578.
Patrons (Les). 301.
Paul et Virginie. 414, 450.
Paul ! — Hein ? — Les mille. 304, 361.
Paul ! mon ami ! me prendriez-vous. 287.
Paul ! un tête-à-tête en ménage. 362.
Pauvre Elvire, emportée aux flots. 128.
Pauvre mère ! 4e acte. 7, 248, 330.

Pauvres êtres, la Providence. 187.
Payes-tu cher à ton hôtel? 78, 267.
Paysanne. 563
Paysanne basque. 530, 586.
Paysanne d'Altenbourg. 583.
Paysanne de Rochersberg. 584.
Paysanne des Pyrénées. 588.
Paysanne du canton de Soleure. 584.
Peau (La) de bouc. 411.
Peau (La) de chagrin. 31, 475.
Pêche (La) à la ligne. 484.
Pêcheur. 561, 570.
Peinture (La). 67.
Pèlerinage (Le). 472.
Pèlerine de soirée. 323, 539.
Pelisse de cachemire. 248, 522.
Pelisse en tissu gros grain. 79, 511.
Pellier (Mme). 9.
Pensée philosophique. 417.
Pepa. 45.
Père (Le). 372.
Père (Le) de la lorette. 218.
Père (Le) et la fille. 591.
Péri. 586.
Permettez-moi de vous faire observer. 345.
Persian genius. 600.
Péruvienne. 568.
Petit amour, comment s'appelle. 149.
Petit (Le) bateau. 498.
Petit (Le) cantonnier. 39.
Petit chérubin, j'ai apporté du bonbon. 148.
Petit commerce. 454, 457.
Petit (Le) cousin. 40.
Peti...tefleue... des champs. 377.
Petite galerie. 466.
Petite (La) Maniquet? Encore une. 403.
Petit (Le) émigré. 398.
Petite servante. 455.
Petites figures. 466.
Petites scènes diaboliques. 474.
Petit homme, nous t'apportons. 113.
Petit (Le) interprète. 414.
Petit (Le) lever. 316.
Petit (Le) mouton. 396.
Petit oncle, vois-tu, je voulais te. 262.
Petit (Le) orateur. 302,
Petit page. 29.
Petit (Le) savoyard. 466.
Petits (Les) bonheurs. 248, 470.
Petits fashionables. 474.
Petits jeux de société. 249, 471.
Petits (Les) malheurs du bonheur. 249.
Petits métiers. 473.
Petits (Les) mordent. 375.
Petits, petits. 36.
Petits sujets. 473.
Petits travestissements. 473, 574.
Pétrin. 525.
Peut aître en aige trop dit. 88, 419.
Peytel. 9.
Phèdre au Théâtre-Français. 447.
Phénakisticop (Le). 251.
Philibert, le mauvais sujet. 353, 588.
Philosophe. 453.
Philtre (Le) 41.
Physionomie de la population de Paris. 575.
Physionomies contemporaines. 474.
Physionomies de chanteurs. 388.
Physionomies parisiennes. 452.
Piano. 377, 445.
Piano (Le). 389.
Piano (L'), dans un ménage. 377.
Pièces d'argenterie. 503.
Pierre. 429.
Pierrot. 496 557, 562.
Piété filiale. 417, 501.
Pigeonnet, je suis innondé (*sic*). 280.
Pilote. 566.
Pince-nez (Le). 592.
Pistole (La). 284.
Pistolet. 528.
Plaisir (Le) rend l'âme si bonne! 243.
Plaisirs (Les) champêtres. 69, 251.
Plantez des filles, il vous viendra. 403.
Plateau (Le) des rafraîchissements. 74, 481.
Plésenthé! veux-tu m'aimer? 281, 423.
Plus de cheveux blancs. 269.
Plus je te vois, plus je l'aime. 371.
Plus que ça de giberne! 221.
Poëtes (Les) de mon temps m'ont. 357.
Point de fait, à la suite d'un point de. 260.
Police de sûreté. 314.
Polichinelle. 585.
Politique (La). 71, 310.
Politique des femmes. 251, 312.
Politiques (Les). 71.
Pologne (La), voyez-vous. 344.
Polonaise. 572.
Pommade (La) du lion. 497.
Pont (Le) d'amour. 472.
Pont (Le) de bois. 496.
Portefaix. 334.
Porteuse d'eau. 576.
Portier (Le) du couvent. 472.
Portière (La). 465.
Portier et locataire. 591.
Portrait de fantaisie. 252
Portrait (Le) de la prima donna. 484.
Portrait (Le) du créancier. 114.
Portugaise. 558, 568.
Postillon. 570.
Poupée (La). 36.
Pour boire à la santé des malheureux. 276.
Pour deux dominos, un noir et un blanc. 278.
Pour justifier sa présence chez la. 225.
Pour ne pas afficher ses amours. 251.
Pour passer inspecteur, faut des. 295.
Pourquoi?... Natole, c'est rapport. 343.
Pourquoi se priver du superflu? 240.
Pourriez-vous, s'il vous plaît. 374.
Pourtant, grand-père, si Polichinelle. 368.
Précipice (Le). 497.
Prélude 479, 499.
Premier amour. 23
Première (La) cure. 162.
Première (La) faveur. 414.
Premières (Les) amours. 358.
Premières (Les) œuvres de Gavarni. 474.
Premier feuilleton. Il est impossible. 49
Premier (Le) quart d'heure des sept. 448.
Prends garde, chéri, tu m'as déjà. 364.
Prête-moi vingt francs. 103.
Prête un peu ta voleuse. 54, 97, 107, 431.
Prévalu, mon bon voisin, méfiez-vous. 198.
Prévalu! tu n'es qu'un fainéant. 292.
Prière (La). 45, 400.
Prière à la Vierge. 496.
Prières sur une tombe. 499.
Prima donna (La). 456.
Prince (Le): Que veut cet homme? 122.
Princesse (La): Ah! je me meurs. 123.
Princesse (La). Elle pousse un grand. 122.

Printemps. 81, 513.
Prison (La) pour dettes. 227.
Procédé peu coûteux pour la. 196.
Procession (La) du diable. 47.
Procureur (L') du roi! D'quoi's'mele-t-i? 337.
Projets de bonheur 46, 500.
Promenade. 323, 327, 489, 539.
Promenade (La). 414, 501.
Promenade du matin. 33.
Promenade publique. 505.
Propos (Les) de Thomas Vireloque 378, 445.
Propriétaire. 457.
Propriétaire (Le). 455, 594.
Propriétaire à Paris, rue Dauphine. 454.
Protégez, seigneur! une vierge. 51.
Protêt, assignation, signification. 232.
Protocoles. 314.
Providence (La) donne la pâture. 234.
Psit! 309.
Psyché. 382, 577, 580.
Pudeur perdue. 480.
P'us qu'ça d'lorgnon! 106, 242, 424.
P'us que ça de bouillon! merci. 58, 135.
Pyreneau Shepherdess. 600.
Pythagore a dit: Si l'indépendance. 199.

Quand je pense que monsieur. 174.
Quand je serai ministre de la justice. 171.
Quand je vous ai dit, mon cher. 98.
Quand je vous disais que votre 260.
Quand le Figaro devient vieux. 381.
Quand maman aime bien petit papa. 150.
Quand nous voulons danser. 115.
Quand on attend sa belle. 498.
Quand on aura blagué de tout. 147.
Quand on dit qu'on a une femme. 78, 267.
Quand on pense que voilà ce que. 160.
Quand Pierre se lève, Paul se couche. 239.
Quand t'auras fait manger tes serins. 291.
Quand tu éprouveras le besoin d'être. 286.
Quand votre femme vous conseille. 405.
Quartier Bréda. 270.
(*Quatre cent quatre-vingt-deux*) 482? le comte de T. et sa famille. 253.
Quatre heures du matin. 34.
Quatre-vingt-dix ans. 4, 323.
Que c'est dommage! ma tante 155.
Que diable, mon neveu. 170
Que fera-t-elle plus tard? 592.
Quel est le spectacle que vous. 269.
Quelle admirable loi de mutuelles. 198
Quelle différence y a-t-il entre. 70, 171.
Quelle nature! les sites deviennent. 304, 361.
Que ne suis-je un comte! 24.
Qu'est-ce donc qui l'a inventée la. 150
Qu'est-ce? Les gens de qualité. 56, 102.
Qu'est-ce que c'est donc que ce. 220.
Qu'est-ce que c'est? on n'est donc p'us. 348.
Qu'est-ce que c'est que ce mosieu 64, 181.
Qu'est-ce que c'est que cette infamie. 163.
Qu'est-ce que c'est? tu vous déranges. 133.
Qu'est-ce qu'elle a, Phémie?—Rien! 213.
Qu'est-ce que t'as, la mômignarde? 138.
Qu'est-ce que t'as Mimie? 369.
Qu'est-ce que t'as, mon vieux Auguste. 136.
Qu'est-ce que t'as qui te chiffonne? 161.
Qu'est-ce que tu as? — J'ai que je. 180.
Qu'est-ce que tu dirais d'une bague. 305.
Qu'est-ce que tu dis de notre hotesse. 147.
Qu'est-ce que tu lis là? 213.
Qu'est-ce que tu me bailleras b'en? 257.
Qu'est-ce que tu peux venir chercher. 279.
Qu'est-ce que vous prendriez bien. 286.
Qu'est-ce qui sonne là. 266.
Qu'est-ce qui te dit, Ninie, que. 219.
Que t'es donc ennuyeux, Nestor! va. 188.
Que tu es donc godiche, Toinon. 154.
Que voulez-vous? J'irai tout seul. 184.
Que vous ayez l'Irlande je le veux bien. 347.
Qui diable ça peut-il être? 102.
Qui est plus à plaindre au monde. 339.
Qui? — Moi et Zélie, Achille et toi. 126.
Qui ne risque rien n'a rien. 199.
Qui qui paye quequ'chose? 335
Quoi fiche ce soir? n'y a pas d'opéra. 216.
Quoi! jeune vierge du désert. 122.

Race (La) de Paris, c'est le pâle. 334.
Raffinés 80.
Raphaël. 355.
Ratification des traités 251, 316, 381.
Rats (Les) couchés, nous sommes. 103.
Recevez en attendant ce léger. 91.
Recherche (La) de l'inconnu. 491.
Récits historiques à la jeunesse. 408.
Récréations diabolicofantasmagoriques. 475
Redingote de Pékin 252, 522.
Redingote habillée d'Humann. 252, 523.
Redingotte (*sic*) du matin. 252, 523.
Réfléchissez, mon cher ange. 104.
Refus de l'impôt. 312.
Regarde-moi un peu cet habit-là! 167, 429.
Regrets (Les). 499.
Relis-moi ce neuvième chapitre. 367.
Renaissance (La). 382, 582
Rencontre au bal 593.
Rencontre sur la montagne. 500.
Rendez-lui son léger bateau! 389.
Rendez-vous. 416.
René. 354.
Repentir. 42.
Réponse (La). 501.
Représentation à bénéfice. 212.
Réprimande paternelle. 592.
Retour (Le) 29.
Retour du bal. 252, 408, 463.
Retour (Le) du marché. 333.
Réussite (La). 484.
Revanche. 39.
Réveil (Le) du Lion. 271.
Revenant (Le). 408.
Rêverie. 35, 496.
Rêver qu'on est riche. 250.
Revers des médailles. 72, 252.
Revers (Le) des médailles. 476.
Rêves. (Les) 72, 316.
Revue cambrésienne 383.
Revue des Peintres. 383.
Revue et Gazette musicale. 383.
Revue fashionable. 252, 523.
Revue rétrospective. 294.
Rien au monde, vois-tu, n'est charmant. 447.
Rien ne pèse au bras comme la. 233.
Rien n'est bien. 73.
Rien n'est plus embarrassant que. 143.
Rien n'est si joli que la fa a a a ble. 210.
Rien, sur ma parole comme un pot. 333.
Rire de la pauvreté, mes bourgeois. 375.
Rittal'andalouse. 24, 393.
Rob' à flas-flas (Les), vois-tu. 450.
Robe de bal. 323, 537.
Robe (La) de chambre. 44, 252.

Robe de chambre en cachemire. 523.
Robe de moire garnie d'un. 528.
Robe de mousseline brochée. 327, 545.
Robe de velouté à raies. 529.
Robe en foulard gros grains. 327, 544.
Robe en mousseline blanche. 327, 544.
Robe en organdi. 252, 523.
Robe en popeline à mantelet, 529.
Robe en popeline d'Irlande. 528.
Robe en popeline, spencer. 79, 511.
Robe en taffetas sergé. 79, 511.
Roberto Devereux. 24.
Robes de chambre. 252, 523.
Robinson. 527.
Robinson (Le) de l'île Bouchard. 302.
Rôdeurs. 455, 456.
Roi d'armes. 519.
Roi (Le) de trèfle en voyage. 203.
Rôle (Le). 50.
Roman (Le). 38.
Romance (La). 27.
Romance (La) de Nina. 326.
Roman (Le) nouveau. 414.
Romans (Les) donnent le. 171, 234, 429.
Romantique. 422.
Ronde-major. 203.
Rondo valse sur les motifs favoris de. 24.
Rose de Tannebourg. 399.
Rose (La) que vous avez donnée à. 151
Rosette. 8, 30.
Rousseau chez Mr Ducommun. 436.
Rousseau et madame Basile. 436.
Rousseau et madame de Larnage. 436.
Rousseau et madame de Warens. 436.
Rousseau et mademoiselle Galley. 436.
Rousseau et son ami Bacle. 436.
Rue Coquenard, au cinquième. 53, 102.
Rue de Saint-Jean. 495.
Ruse et confiance. 54.
Rustic groups of figures. 477.

Sac à papier! Dorothée. 190.
Sac à papier! Monsieur Montmirail. 50.
Saint Pierre, mon ami, vous êtes. 86.
Sainte (La) Providence aux arbres. 238.
Saison d'hiver. 587.
Sais-tu, Paul, que tu joues là. 363.
Salon (Le). 253, 318.
Sa majesté le roi des animaux. 379.
Sans amour. 24.
Sans compter que des fois n'y a pas. 376.
Sans le mur, cette boule là irait. 116.
Sans profession. 334.
Saprelotte! mosieu Arthur, vous me. 221.
Sapristi! la princesse a de fiers mollets. 368.
Satan. 415.
Sauvage (Eugénie). 9.
Sauvage (Frédéric). 13.
Sauvage de n'importe où et tambour. 385.
Savez-vous, Charlemagne. 273.
Savez-vous, mon cher Beauminet. 294.
Savez vous, vous, Partagé, dans quelle. 343.
Scène de la vie privée du débardeur 282, 423.
Scène d'intérieur. 593.
Scènes de la vie intime. 478.
Schmid (Christophe). 9.
Scotch girls washing. 395.
Sculpture (La) monumentale. 416.
Se comporter ainsi avec un homme 185.
Secours à domicile. 326.
Se coûter la journée d'un financier! 288.
Secret de toilette approuvé par. 73, 172, 430.
Seigneur. 552, 553.
Seigneur de Bougiral, il me faut. 121.
Seine (La) est un fleuve. 229.
Sellette (La). 472.
Sénateur (Le) et la gondolière. 25.
Senora. 560.
Senorita. 562.
Septembre. 323, 535, 540.
Septembre 1838. 543.
Septembre 1837. 542.
Sérénade (La). 25, 412
Sérénade espagnole. 30.
Sérénade (La) mauresque. 393.
Sérénade (La) moresque. 25.
Sérénade vénitienne. 30.
Sergent-major de la nième légion. 452.
Serin (Le). 397.
Serinette (La). 388.
Se tromper de fenêtre. 249.
Seule dans sa loge. 496.
Sévigné et son épouse prennent. 335.
Si c'est pas honteux de nous voir. 272.
Siennoise en 1300. 583.
Sieste (La). 412, 495.
Si! j'aime bien le homard, mais. 278.
Si je savais lire, je voudrais. 400.
Si je suis heureux de te voir! 145.
Si je t'aime! — Et moi donc! 237.
Si j'étais la brise du soir! 390.
Si j'étais petit oiseau! 391.
Si l'art est noble, la critique est sainte. 197
Si le parterre est gentil, mon bon. 307.
S'il vous souvient du mal d'amour. 25.
Si, moi, j'ai rien à la caisse. 343.
Si mon lorgnon m'empêche de voir. 404.
Si n'était (*sic*) les tapis, bien des gens. 235.
Singe (Le) d'Adrien. 325.
Si nous soupions tout uniment. 283.
Si on avait assez de fonds. 199.
Sir Walter Spott. 486.
Si tu n'avais pas mangé ce que. 338, 440.
Si tu ne tais pas ton bec. 286, 425.
Si tu ne t'en vas pas, mosieu charmé. 195.
Si tu touches encore à la bouteille. 157.
Si tu veux réussir ici, sois gracieux. 287.
Six heures du matin. 74.
Six petits duos de salon. 25.
Six pouces de jambes et le dos tout. 130.
Sœur (La) de charité. 324.
Sœur (La) de lait du vicaire. 33.
Soir (Le). 323, 538.
Soirée. 79, 511.
Soirée travestie. 408, 463.
Soldat aux gardes. 565.
Soldat (Le) laboureur. 591.
Soldat (Le) romain : Quinze sous. 118.
Soleil (Le) est levé. 106, 430.
Solitude. 34, 475.
Sommeil (Le) de l'innocence 339, 440.
Sommeil (Le) est frère de la mort. 458.
Songe (Le). 502.
Soubrette. 559, 583.
Souffle! 239.
Soulier (Le) de bal. 501.
Souliers (Les) neufs. 470, 497.
Soupçons jaloux. 432.
Souperont-ils ? 243.
Souvenir du bal de l'Opéra. 81, 513.
Souvenirs (Les). 26.
Souvenirs d'artistes. 480.

Souvenirs (Les) d'artistes. 599.
Souvenirs de carnaval. 482.
Souvenirs des Pyrénées. 482.
Souvenirs du bal Chicard. 253, 524.
Souvenirs du carnaval. 74, 480.
Soyez discret. 40.
Spectacle (Le), était-ce bien? 153.
Substitut. 588.
Suis-je à votre goût comme ça. 294.
Suite de la procession du diable. 47.
Suivante. 559, 561, 566.
Sultaness. 600.
Supplice de la géométrie. 227.
Sur la plage. 593.
Sur le chemin de la cour d'assises. 335.
Sur le chemin de Toulon. 335.
Sur ma parole! Monsieur John. 334, 438.
Susanne. 567.
Suzanne. 558.
Sylphide (La). 393.
Sympathie. 26, 35.
Szymanowski (Joseph). 10.

Ta bille ou ta peau! 256.
Ta femme! ta femme? mais. 109.
Taigny (Mr et Mme Emile). 10, 230, 330, 434.
Tais-toi, moutard, faut laisser 58, 132.
Ta maison est lourde. 371.
Tambour de village. 387.
Tam-tam (Le) de l'île Maurice. 386.
Tandis que chaque citoyen ne doit. 304.
T'appelles ça une moustache? 447.
T'as beau dire, Caroline je ne suis pas. 287.
T'as beau dire que c'est pour un bal. 108.
T'as bien tort, vas (*sic*), ma fille, de. 206.
T'as connu le fils au monsieur Finet. 401.
T'as eu tort, Emile, de t'être défait. 280.
T'as fait une femme? tu veux dire. 402.
T'as peur du monde? 273.
Ta, ta, ta, ta! comme si le code. 186.
Tedesco (Fortunata). 10.
Tel que tu me vois, chaloupe. 108.
Temple de Jupiter Néméen. 406.
Temps perdu. 261.
Tendresse. 498.
Tendresse (La) d'une sœur. 324.
T'en est (*sic*) donc bien coiffée? 206.
Tenez, Clara, je suis contrarié. 57, 105.
Tenez, m'ame Cabestan. 306.
Tenez, Mouillet, en politique. 349.
Tenez, père Plésenthé, si j'ai un. 273.
T'en souviens-tu friponne? 88, 487.
Tentation (La) d'une sainte Antoinette. 370.
T'es bête, va! 162.
T'es prop'e à rien. 402.
Tête-à-tête. 459.
Te v'là ici, toi? C'est comme ça. 131.
Te voilà propre, mon cher! 264.
Théâtre du Vaudeville. Le Plastron. 253, 319.
Thenot. 10.
Théodore, voyons! qu'est-ce que tu. 188.
Thérèse. 320, 427.
Thillon (Me Anna). 10, 330.
Thimothée (*sic*) et Philémon. 398.
Thomas Vireloque. 416.
Throwing the stone. 395
Tiens, Fanny, c'est pas tout ça! 402.
Tireuse de cartes. 480.
Titi. 526.
Toi, Beauminet, au milieu de tous. 297.
Toi franche! toi simple! 63, 181.
Toi, je te repigerai! 133.
Toilette (La). Le bournous (*sic*). 31, 508.
Toilette de bal. 510.
Toilette de campagne. 32, 508.
Toilette de chez soi. 510.
Toilette de mariée. 31, 507.
Toilette de promenade. 323, 537.
Toilette de soirée. 536.
Toilette de visite. 507.
Toilette du matin. 510, 528.
Toilette du soir. 80, 323, 327, 513, 537, 544, 582.
Toilettes de bal. 323, 539.
Toilettes du soir. 327, 528.
Toinon! je n'vaux rien quand. 343.
Toi! Paillardet! t'as une idée. 293.
Ton Alfred est un gueux: il est ici. 135.
Ton concierge m'a remis ce billet. 93.
Toquades (Les). 483.
Toqués! toqués! 483.
Toréador (Le). 411
Toujours étonnant. 354.
Toujours jolie! — C'est mon état. 212.
Tour (Le). 485.
Tour d'Ancizan. 483.
Tourmenteur (1300). 518.
Tourmenteur (900). 518.
Tousez (Alcide). 11, 330.
Tous les jours au bal. 97.
Toutes ces bêtises-là ont dérangé. 356.
Traductions en langues vulgaires. 253.
Tragédie (La). 67
Transactions 256.
Trapezonde. 406.
Travestissement de fantaisie. 588.
Travestissement espagnol. 382.
Travestissement nouveau. 589.
Travestissements. 582.
Travestissements grotesques 257, 584.
Travestissements originaux. 323, 537, 538, 586.
Travestissements parisiens. 586.
Tribune (La) dramatique. 394.
Tristes réflexions. 591.
Triton 527.
Trois ou quatre méchantes chopines. 186.
Trompe (La). 384.
Trompette (La) de Paillasse 386.
Tronquoy. 11.
Trop pittoresque. 336.
Troubadour. 525.
Trouvèrre (*sic*). 530, 586.
Tsing (Le). 386.
Tu as bien tort, va, Cocardeau! 107.
Tu avais bien raison, ma femme. 174.
Tu danseras, Coquardeau! 59, 139.
Tu me feras peut-être accroire. 120.
Tu mens, enfant, par gourmandise. 201.
Tu mettras plus jamais ton chapeau. 155.
Tu n'as plus le sou! .. et la bicoque. 211.
Tu ne connais pas la tante à Dachu? 450.
Tu ne la reconnais pas? Eugénie? 165.
Tu ne sais pas, mosieu Coquardeau. 185
Tu ne sais pas? petit papa. 156.
Tu ne sais pas ta leçon, ta tante va. 156.
Tu n'es qu'un... m'lon. 349.
Tu pourrais te contenter d'un simple 264.
Turban et bonnet paysanne. 529.
Tu sais bien que Maurice et Charles. 263.
Tu seras marraine.—Comment! encore. 207.
Tu te respectes trop, n'est-ce pas? 263.

[illegible]
[illegible]
[illegible]
[illegible] 306.
[illegible] de [illegible], quoi! 434.
[illegible] de barrières. 136.
[illegible] 361.
[illegible] le porteur d'eau. 445.
[illegible] d'une ode à Vénus. 486.
[illegible] 465.
[illegible] à la Chaussée d'Antin. 32, 475.
[illegible] costumé. 408, 412, 463.
[illegible] en carnaval. 321, 336.
[illegible] 456.
[illegible]
[illegible] chez Pétrin. 88, 439.
[illegible] particulier. 124.
[illegible] partage. 132.
[illegible] 124.
[illegible] et une dame. 96.
[illegible] neuf. 470.
[illegible] du mariage de Figaro. 262, 351.
[illegible] 46.
[illegible] de semestre. 75, 257.
[illegible] de vaudeville. 257.
[illegible] civilisé. 524.
[illegible] 552.
[illegible]
[illegible] 75, 482.
[illegible] discours parlementaire. 75.
[illegible] 556.
[illegible] audience. 321.
[illegible] 482.
[illegible] à l'eau-de-vie. 446.
[illegible] 404.
[illegible] conquête. 274.
[illegible] à garder, ce ne serait pas. 448.
[illegible] de chœur. 390.
[illegible] ces âmes pudibondes. 145.
Une discussion. 591.
[illegible] douzaine d'huîtres et mon cœur. 132.
[illegible] enfant! une enfant, mesieu. 183.
[illegible] faction. 400.
[illegible] sur une falaise. 60.
[illegible] famille pauvre. 447.
[illegible] fausse démarche. 324.
Une femme à deux fins. 235.
[illegible] vous a. 250.
Une fiole et c'est charmant. 109.
Une jeune femme. 26.
Une jeune fille frappée par la foudre. 303.
Une jolie femme en 1790. 503.
Une légende espagnole. 42, 320.
[illegible] 453.
[illegible] loge à l'Opéra. 327, 544.
[illegible] au Théâtre-Italien. 36, 475.
[illegible] 471.
[illegible] était son palais. 37.
Une [illegible] à soi. 478.
Un [illegible] terrible. 76.
[illegible] 493.
Une [illegible] 405.
Une partageuse à Edimbourg. 332.
Une partageuse à Londres. 333.
Une pensée agréable. 392.
Une pierrette qui se respecte. 339, 440.
Un épisode au bal masqué. 505.
Une présentation. 275.
Une (L') prêtait l'oreille. 37.

[illegible]
Une [illegible]
Une robe de soie. [illegible]
Une sainte alliance. 312.
Une scène des Apennins. [illegible]
Une semonce. 432.
Une supposition qu'un m'sieu. [illegible]
Une tombola. 74, 481.
Une troisième fois elle ne m'échappe. [illegible]
Un fort dont le trois six. 456.
Un fumeur. 494.
Un garçon épicier. 464.
Un homme connu à la préfecture. 404.
Un homme politique. 338.
Un [illegible]! des airs. 138, 326.
Un jour d'[illegible]. 395.
Un jour de [illegible]
Un langoureux regard dont l'expression. 59.
Un marchand de crayons. 465.
Un mariage de raison. 124.
Un membre du club des funérailles. 333.
Un menuet. 281.
Un modèle 495.
Un nid dans les blés. 61, 141, 478.
Un nid dans un bois. 193.
Un parchemin, un sabre, une blague. 125.
Un petit de la pension qui disait que. 157.
Un petit frère. 415.
Un petit jeune homme qui avait l'air. 288.
Un peu d'ale fait grand bien. 332.
Un peu de poésie dans cette tête-là. 28.
Un plénipotentiaire. 315.
Un portrait charmant. 286.
Un portrait flatté. 125, 381.
Une poupée, comme ça vaut cher. 376.
Un [illegible] 231.
Un quart d'heure pour m'habiller. 279.
Un rat dans un fromage. 124.
Un rôle charmant. — quoi? 52.
Un roman nouveau, un jeune. 17, 262.
Un souper de carnaval. 88, 489.
Un tas de turbateurs et de. 281.
Un ténor incompris. 447.
Usurier (L'). 591.

Va à Paris, Jean, va gagner. 201.
Va dire à ta mère qu'a te mouche. 128.
Va donc... singulier masculin! 15, 431.
Va enfant! va te livrer. 76, 107, 328, 424.
Valencien. 569.
Valencienne. 565.
Valet (Le) de cœur est un polisson. 272.
Valet de cœur et valet de trèfle. 203.
Vallée d'Ossau (Pyrénées). 509.
Valse (La). 34.
Valse de Giselle. 26.
Valseurs (Les) égarés. 475.
Varlet. 564.
Vase (Le) de Cristal. 493.
Veille (La) de Noël. 396.
Vénitienne. 552.
Ver (Le) luisant. 397.
Verre (Le) d'eau. 44, 259.
Versailles, le 1er avril. 84.
Veux-tu te sauver, sauvage! [illegible] 406.
Vicomte (Le) Aimé de Trois-[illegible]. 127.
Victoria (S. M. la reine). 15, 31.
Vie (La) de jeune homme. 71, 259.
Viefville (Mme de). 11.
Viens çà, Pyrame! allons! 450.
Viens me prendre ce soir. 89.

Viens, va!. . nous resterions là. 369.
Viens voir, P'osper! un monsieur. 197.
Viens-y! viens, nous verrons. 99
Vieux habits! vieux galons! 490.
Vigneron (Le), 457.
Vignette. 409.
Villanelle. 27.
Villageois (Le) : Qu'aimes-tu mieux. 122.
Villenave (M. G. T.) 11.
Violette. 27.
Virginie! — Maman! 173.
Vision d'Eustache. 398.
Visite. 323, 539.
Visite (La) de charité. 66.
V'là mon épouse! attention. 171, 242, 429.
V'là qu'elles ont des mots! 134.
V'là qu'i fait jour : j'suis échigné. 132.
V'là trois heures, Titine; filons! 139.
V'là un gueux de petit pékin qui se. 132.
Vogue (La). 394.
Voici beaucoup d'argent pour votre. 333.
Voilà cette petite danseuse. 366.
Voilà deux fois que vous rentrez à. 181.
Voilà huit mois, Auguste, que. 164.
Voilà la petite avec le brun. 104.
Voilà mon petit Emile qui venait. 202.
Voilà M. Granger qui apporte. 49.
Voilà pourtant comme je serai. 319.
Voilà pour un sou!... 340.
Voilà Savinien entre m'ame. 365.
Voilà trois heures, voisin, trois. 392.
Voilà un avant-deux qui fait rire le. 283.
Voilà une jolie liberté et un beau. 71, 311.
Voilà un fénéant (*sic*) qui dort et qui 131.
Voilà un gros loulou qui vient. 63, 179
Voilà un tilbury, Paméla, qui vous. 116.
Voilà un triste salon. 253, 318.
Voir aux annonces pour l'édification. 451.
Vois, Bichette, comme la vie. 199.
Voisine (La). 484.
Voisine (La) a sa robe à gros boutons. 189.
Vois mon mari derrière. 88, 489.
Vois-tu camarade, voilà comme 84.
Vois-tu? Fifine nous lanterne. 161.
Vois-tu, Finette? ce machin-là. 195
Vois-tu, Julien! vois-tu, Julien! 264.
Vois-tu, ma petite, quand un amoureux 180.
Vos débardeuses, merci! 447.
Vos quinze ans, morveuses. 401.
Votre très-humble, ma'ame! 278.
Vot' servante, mosieu. 283.
Vous alliez dans le monde, monsieur! 97.
Vous avez des états où avec rien. 447.
Vous avez le secret de ma vie. 88, 418.
Vous connaissez ce cachemire. 374.
Vous connaissez cette charmante. 369.
Vous croyez donc, Joseph, que. 366.
Vous épousez ma cousine. 273, 417.
Vous êtes une veuve! vous êtes. 405.
Vous étiez nommé hier soir. 239,
Vous faites des folies, monsieur. 120.
Vous ignoriez que cette danse. 96.
Vous le voyez, le chagrin. 112.
Vous me conjuguerez vingt-cinq fois. 368.
Vous n'avez jamais rien fait. 349.
Vous ne m'agacerez, voyez-vous. 349.
Vous ne m'avez jamais de la vie. 370, 444.
Vous n'êtes qu'un... abonné. 344.
Vous pensez donc qu'une pinte. 331.
Vous portez un shako comme ça. 271.
Vous reverrai-je? — Allons! oui. 175.
Vous voyez bien ce fashionable. 247.
Voyage pittoresque autour d'une femme à la mode. 41, 475.
Voyageur (Le). 394, 587.
Voyez, jeune homme, ce que c'est. 301.
Voyez le restant de la vente. 319, 410.
Voyez-vous? là! au second quadrille. 265.
Voyez-vous, ma chère, les cigarres (*sic*). 200.
Voyez-vous, mademoiselle, il se tient. 214.
Voyez-vous, mère Marengo, les. 200.
Voyez-vous, mon petit Larrims, j'ai. 138.
Voyons, Achille, un nom pour. 367.
Voyons, Angelina, as-tu assez. 130.
Voyons, chaste auteur de mes mots. 306.
Voyons, Clara! voyons Clara!! 178.
Voyons, Coquardin, que diable! 177.
Voyons! faites attention: que doit-on. 152.
Voyons! j'aime Clara si c'est face. 259.
Voyons, Lodie! voyons. 213.
Voyons! m'ame majesté. 342.
Voyons! m'ame Rabat-joie. 365.
Voyons, mauvais sujet! 166.
Voyons! me trouvez-vous bien. 85.
Voyons, mon cher Gustave. 177.
Voyons! partons-nous, restons-nous? 143
Voyons! pour aller à Tivoli, ce soir. 114.
Voyons, Salomon, j'suis t'y. 69, 248, 431.
Voyons, si tu te souviens! Numéro? 140.
Voyons! Théodore! nous ne. 64, 184
Voyons, Tibine, devenons une femme. 370.
Voyons! trente et quinze, quarante-cinq. 106, 246, 424.
Vraiment, ce n'est pas que. 367.
Vraiment, dans ta position. 177.
Vue de Corinthe. 406.

Waldor (Mlle). 11.
Werther. 352.
White dwarf. 600.
Willmen (Mlle). 11, 330, 394, 413.

Yatagan (Le) 493.
Y aurait-il quelque indiscrétion à. 338, 440.
Y avait la parole, y a eu l'imprimerie. 379, 445.
Y en-a-ti des femmes, y en-a-ti. 129.
Y es-tu, l'Esculape. 404.

Zemioth (François). 12.
Zodiaque des gens du monde. 78.
Zoé, voilà ta mère qui me. 360, 442

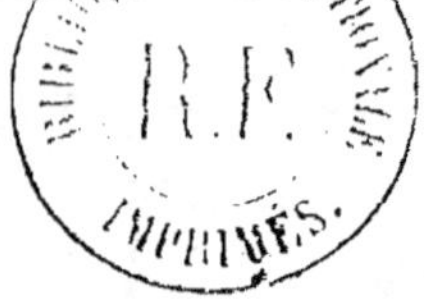

FIN DE LA TABLE.

RECTIFICATIONS ET ADDITIONS

Page 1. *Portraits.* — Au préambule, après « messieurs du feuilleton », ajoutez : « Il est à remarquer qu'au bas de quelques-uns des portraits qui ne « sont pas inédits, le personnage qu'ils représentent est désigné par un autre « nom que le sien. Nous ne les avons pas moins classés au rang que leur assigne « leur véritable nom, mais en faisant précéder celui-ci du titre sous lequel la « pièce a été publiée. »

Page 2, n° 4. *Anonyme.* — Au lieu de ce mot, lisez : « *Bourmancé*, père de l'éditeur d'estampes ».

Page 3, n° 14, *Pascal* (*Pierre Bry*). — Au lieu de « H. 188, L. 242 lisez : « H. 239, L. 185. » Au 3e état ajoutez : « *Paris*, *Gihaut* (etc.) et « *London published* (etc.), supprimés. H. 210, L. 166. Le reste comme à l'état « décrit. Keepsake des enfants. » —Au 4e état, après : « *Gazette des Enfants* », ajoutez : « L. 150 ».

Page 5, n° 28. *Alfred* (*Feydeau*). — Au 3e état supprimez : « Sans autre « lettre », et ajoutez : « *Paris*, *Gihaut* (etc.) et *London published* (etc.) suppri- « més. Le reste comme à l'état décrit. H. 212, L. 156 ».

Page 6, n° 36. *Mlle Georges.* — Au lieu de « à mi-jambes », lisez : « à mi- « corps ».

Page 8, n° 51. *Henri Monnier*, en pied. — Au 1er état, au lieu de « *Imp. Bertauts, Paris* », lisez : « *Imp. Bertauts* ».

Page 10, n° 63. *Mr et Mme Émile Taigny.* — Au 4e état, avant « les per- « sonnages (etc.) » lisez : « *Mr et Mme Taigny* | *théâtre du Vaudeville.* **Ga-** « **varni, 40**, a disparu ».

Page 16 » . *Anna.* — Au lieu de « à la section Illustrations, subdivision « Journaux et revues », lisez : « à la section Costumes et modes. »

Page 18, n° 101. *La Cloche.* — Ajoutez : « H. 184, L. 160. »

Page 22, nº 115. *La Noce de Léonor.* — Au 3ᵉ état, au lieu de « Le « titre est en H. de la planche », lisez : « *La Noce de Lénore* au H. de la « planche », et après « *rue Richelieu*, 97 » ajoutez : « à G. *la Danse des Fan-* « *tômes* (etc.). *A D. La Grotte des Fées* (etc.). *Chaq.: 4 fr. 50 c.* »

Page 23, nº 118. *Où donc est le bonheur?* — Au lieu de « *J. Kucken* », lisez : « *F. Kucken* ».

Page 35, nº 173. *Excusez-moi, Monsieur* (etc.). — Au 3ᵉ état, ajoutez : « *Gazette des femmes*, 2ᵉ série. 1846 ».

Page 36. *Passons vite.* — Il manque à cette pièce un numéro d'ordre général, dont l'absence est compensée par le numéro inscrit à tort, p. 47, devant *Jérôme Sauvage*.

Page 38, nº 188. *Elle attend.* — Au 3ᵉ état, après « *Gazette des femmes* », ajoutez : « *Gavarni invᵗ* au lieu de *Gavarni*, et *Imp. d'Aubert et Cⁱᵉ* au lieu de *Lith. de Bénard et Frey*. Gazette des femmes, 2ᵉ série, 1846 ».

Page 41, nº 204. *Voyage pittoresque autour d'une femme à la mode* (etc.). — Au 3ᵉ état, ajoutez : « **Gavarni** effacé ».

Page 42, nº 206. *Une Légende espagnole.* — Au 3ᵉ état, ajoutez : « Le reste « comme à l'état décrit. Gazette des femmes, 2ᵉ série, 5 mai 1846 ».

Page 46, nº 222. *La Captive.* — Au 4ᵉ état, au lieu de « et *Gavarni* », lisez : « et *par Gavarni* ».

Page 47, nº 226. *Jérôme Sauvage.* — Pièce qui, n'étant inscrite que pour mémoire à cette page, ne devait pas avoir de numéro d'ordre général.

Page 52, nº 242. *Madame Charmant* (etc.). — Au 1ᵉʳ état, ajoutez : « deux « fil. seulement ».

Même page, nº 243. *Un rôle charmant* (etc.). — Au 1ᵉʳ état, ajoutez : « deux « fil. seulement ».

Page 55, nº 251. *Méfie-toi, Cocardeau* (etc.). — Au lieu de « *Cocardeau* », lisez : « *Coquardeau* ».

Page 57 » . *Chicard.* — Au lieu de « même section, même subdivision », lisez : « section Costumes et modes ».

Page 60, nº 267. *C'était un beau cavalier* (etc.). — Après la description, ajoutez : « La Caricature, 18 janvier 1840 ».

Page 65, nº 283. *Au reçu de ce billet* (etc.). — Intercalez un autre « 2ᵉ état. « *Vicomtesse de Trois étoiles*, « au lieu de « *Vicomtesse de**** ». Le reste comme « à l'état décrit ». Le 2ᵉ état primitif devient par suite 3ᵉ état ; le 3ᵉ devient le 4ᵉ, et le 4ᵉ devient le 5ᵉ.

Page 68, nº 292. *Comment, sapristi!* (etc.). — Ajoutez un tiret perpendiculaire entre « *d'être* » et « *bien enterré* ».

Page 69, nº 296. *Voyons Salomon* (etc.). — Au 2ᵉ état, ajoutez : « La pre- « mière ligne se termine par *enfin n'importe*, au lieu de *La femme est un* ».

Page 79 » . nº XV. *Nouveau travestissement de Gavarni.* — Supprimez : « même planche que le nº 288 de Musée de costumes », et au lieu de « sous la « rubrique Musée de costumes », lisez : « sous la rubrique Le Carrousel ».

Page 79 » . nº XVII (*bis*). *Nouveau Costume de Gavarni.* — Supprimez : « même planche que *fermière nº 11* », et au lieu de « sous la rubrique Cos- « tumes pour les bals masqués », lisez : « sous la rubrique Le Carrousel ».

Page 82. *Le Charivari.* — Au préambule, ajoutez : « Sur un assez grand « nombre de pièces on lit : *Se vend chez Bauger et Cie, éditeurs des dessins « de la Caricature, du Figaro et du Charivari, rue du Croissant*, 16. Ces « inscriptions diffèrent souvent entre elles par des abréviations, des transpo- « sitions, des suppressions de mots qui ne changent rien au fond. Il nous a « semblé inutile de reproduire tous les détails de cette longue adresse, qui ne « sont en réalité qu'une réclame, et nous nous sommes bornés à en transcrire « seulement le commencement : *Se vend chez Bauger et Cie, éditeurs*, (etc.) ».

Page 83 » . *Amazone d'Humann.* — Lisez : « *Amazone Humann* ».

Page 88 » . *La lettre qu'on lit. La réponse que l'on cachette.*—Au lieu de « *Il fot ça pour que cela* », lisez : « *Il fot esperer que sela vat alé mieux* ».

Même page » . *Peutaître enaije trop dit* (etc.). — Au lieu de « *aije*, lisez « *aige* ».

Page 89, nº 348. *J'ai ta lettre chérie* (etc.). — Au lieu de « A G. *Chez « Aubert, gal.* (etc.); à D. *Imp. d'Aubert et Cie* », lisez : « A D. *Lith. Caboche « et Cie* ».

Page 90, même nº. — Au 4e état, ajoutez : « *Lith. Caboche et Cie* a dis- « paru. En B. au-dessous du fil. à G. *Chez Aubert, gal. Véro-Dodat.* A D. « *Imp. d'Aubert et Cie* ».

Page 117 » . *Costumes d'Humann.* — Au lieu de « treize pièces », lisez : « douze pièces ».

Page 128, nº 495. *Pauvre Elvire* (etc.). — Au 2e état, au lieu de « celui qui « est décrit », lisez : « En H. au-dessus des fil. au M. *Les Étudians* (sic) *de « Paris.* A D. 31. Le reste comme à l'état décrit ». Ajoutez : « 3e état. Celui « qui est décrit ».

Page 138, nº 534. *Qu'est que t'as?* (etc.). — Au lieu de « *Se vend chez Au- « bert et Cie, éditeurs des* (etc.) », lisez : « *Se vend chez Bauger et Cie, éditeurs « des* (etc.) ».

Page 147, nº 565. *Les Enfants terribles, frontispice.*—Pièce qui ne devait être inscrite que pour mémoire à cette page, et dont la description devait être renvoyée à la section Sujets divers, subdivision Suites publiées isolément.

Page 167. Entre les *nos* 644 et 645, ajoutez : « *XXXI* (*bis*). *Pauvre Elvire « emportée aux flots du bal Musard,* | *Où tu cherches Don Juan tu trouves « Chicandard.* Quelques épreuves de cette planche ont été tirées avec le titre « général : *Les Étudians* (sic) *de Paris* et le nº31. Elle appartient à la suite Les « Débardeurs, où elle porte le nº 10 ».

Page 167 » . *Regarde-moi un peu cet habit-là* (etc.). — Au lieu de « sous « la rubrique Le Charivari », lisez : « sous la rubrique Les Étudiants de Paris », et au lieu de « Pièces isolées », lisez : « Suites publiées isolément ».

Page 171. *Étudiants de Paris, n°s XLIX, L, LI, LII.* — Chacun de ces numéros doit être précédé d'un astérique.

Page 172. *Étudiants de Paris, n°s LVI, LVII, LVIII.* — Chacun de ces numéros doit être précédé d'un astérisque.

Page 181 » . *Qu'est-ce que ce mosieu* (etc.) ». — Au lieu de « *Qu'est-ce que* « *ce* », lisez : « *Qu'est-ce que c'est que ce* ».

Page 185. Entre les n°s 702 et 703, ajoutez : « *Galerie dramatique* | *M^r et* « *Mme Émile Taigny.* Voir aux Portraits ».

Page 225, n° 849. *Monsieur Théodore* (etc.). — Pièce qui ne devait être inscrite que pour mémoire à cette page, et dont la description devait être renvoyée à la section Sujets divers, subdivision Pièces isolées.

Page 226, n° 858. *Mr Ernest* (etc.). — Même observation que pour le n° 849 ci-dessus.

Page 227, n° 859. *Mr Ernest* (etc.). — Ajoutez : « Le Charivari, 19 avril « 1838 ».

Page 248. *Les Patois de Paris.* — Supprimez « *Les* ».

Page 252 » . *Redingote du matin.* — Au lieu de « *redingote* », lisez : « *re-* « *dingotte* (sic) ».

Page 284 » . *Képi de velours* (etc.). — Au lieu de « sous la rubrique Le « Charivari », lisez : « sous la rubrique Carnaval ».

Page 289, n° 1090. *Le Mari commissaire.* — Pièce qui ne devait être inscrite que pour mémoire à cette page, et dont la description devait être renvoyée à la section Sujets divers, subdivision Pièces isolées.

Page 327. *La Mode.* — Au préambule, au bas de la page, au lieu de « quatorze lithographies », lisez : « quinze lithographies ».

Page 328, n° 1223. *Un honnête domino*, (etc.). — Au lieu de « n° 1223 », « lisez : n° 1233 ».

Page 329 » . *Costume de bal d'Humann.* — Ajoutez : « Deux pièces sous « ce titre ».

Page 334 » . *Le Gin.* — Lisez : « *Le Jin* (sic) ».

Page 381. *Paris élégant.* — Au lieu de « deux lithographies », lisez : une « lithographie ».

Page 382. *Paris élégant.* — Au lieu de « ces deux planches », lisez : « cette « planche ».

Page 395, n° 1565. *Throwing the stone.* — Après le n° 1565, ajoutez : « RRR. ».

Même page, n° 1566. *Girls washing.* — Après le n° 1566, ajoutez : « RRR. ».

Page 395, nº 1567. *A Higland piper.* — Après le nº 1567, ajoutez : RR.

Page 396, nº 1569. *Le Petit Mouton.* — Au 2e état, au lieu de : « celui qui « est décrit », lisez : « *Le Mouton blanc*, au lieu de *Le Petit mouton.* En B. au-« dessous du T. C. à G. *Roger* (Royer) *éditeur.* A D. *Imp. d'Aubert et Cie* ». Puis ajoutez : « 3e état. Celui qui est décrit ».

Page 400. *D'après nature.* — Au préambule, au lieu de « *Morizet* », lisez : « *Morizot* ».

Page 404, nº 1622. *Un Homme connu* (etc.). — Ajoutez : « Au 1er état, la « figure est en pied. H. 291, L. 190. Au 2e état, la hauteur et la largeur du « dessin ont été réduites, et par suite la figure n'est plus qu'à mi-jambes ».

Page 410 » . *Mode de* 1842. — Au lieu de « *Mode* », lisez : « *Modes* ».

Page 412. Avant l'article *Album des soirées*, intercalez : « *Album des gens « du monde.* Suite de vingt lithographies publiées dans une couverture dont « le titre porte : *Album des gens du monde, vingt lithographies. Gavarni. Sa-« voir : Les Transactions, sept dessins. Les Traductions en langue vulgaire, « cinq dessins. Rien n'est bien, deux dessins. Le Dimanche, trois dessins. Paris, « Léopold Pannier et Cie, éditeurs, rue du Croissant,* 16. *hôtel Colbert,* 1843. « Ce recueil est composé de quatre suites publiées antérieurement. Voir la « description des deux premières sous la rubrique le Charivari et des deux « dernières sous la rubrique la Caricature publication. »

Page 424 » . *Képi de velours* (etc.).—Après « Costumes et modes », ajou-« tez : sous la rubrique Carnaval ».

Page 426. Entre l'article *Diableries* et celui *Études de genre*, ajoutez : « *Les « Enfants terribles, frontispice.* Voir à la section Illustrations, subdivision « Revues et journaux, la description de cette pièce dans le Charivari, où elle « a été inscrite par erreur, car elle n'a pas été publiée dans ce journal ».

Page 429, nº 1726. *Regarde-moi un peu* (etc.). — Au lieu de « A G. G. A D. 87 », lisez : « A D. G. A G. 87 ».

Page 434. Après l'article *Galerie dramatique*, ajoutez : « *Galerie Durand « Ruel.* Quatre lithographies faisant partie d'une suite de pièces par divers « artistes. Chacune est entourée d'un fil. En H. au-dessus du fil. au M. *Gale-« rie Durand Ruel.* En B. au-dessous du fil. à G. *Gavarni.* A D. *Imp. par « Lemercier.*

« *Petits, petits.* « *Rêverie.*
« *Poupée.* « *Une rencontre.*

« Voir la description de chacune de ces pièces sous la rubrique L'Artiste ».

Page 435. Entre l'article *Impressions de ménage*, 2e *série*, et celui de *La Littérature illustrée* ajoutez : « *Keepsake des enfants.* Suite de douze pièces « dans une couverture ayant pour titre : *Keepsake des enfants pour* 1840. Cette « suite a été publiée antérieurement sous le titre : *Études d'enfants.* Voir ci-« dessus la description sous cette rubrique, même section, même subdivision ».

Même page. *La Littérature illustrée.* — Au préambule, au lieu de « an-« noncée sous ce titre et dont », lisez : « publiée dans une couverture or-« nementée ayant pour titre : *La Littérature illustrée, Paris, publiée par « Jle Bourmance, éditeur, place du Palais-Royal,* 241. *Lith. de Roger et Cie* ».

Page 440, n° 1765. *Et ta femme?* (etc.)—Au lieu de « *toujours avec l'autre* », lisez : « *toujour' avec l'autre* ».

Page 441, n° 1774. *Et quand vous auriez pris* (etc.). — Au lieu de « *auriez* », lisez : « *aurez* ».

Page 481, n° 2017. *L'entrée au bal.* — Au 3e état, ajoutez : « le reste « comme à l'état décrit ».

Page 483, n° 2828. *Tour d'Ancizan.*—Au lieu de « n° 2828 », lisez : n° 2028 ».

Page 487, n° 2054. *Des anglomanes.* — Supprimez : « écrit à la main ».

Page 495, n° 2099. *Magicienne.* — Au lieu de : « à G. *Lith. de Thierry* « *frères.* A D. *Gavarni* », lisez : « à D. *Lith. de Thierry frères.* A G. *Gavarni* ».

Page 499, n° 2138. *Pair ou non.* — Ajoutez : «H. 140, L. 117 ».

Page 502, n° 2163. *Le Songe.* — Après « claire-voie » ajoutez : « un fil. « H. 80, L. 130 ».

Page 507, n° 2191. *Bonnet et chapeau de* (etc.). — Avant ces mots, lisez : « (Modes) ».

Même page, n° 2195. *Toilette de visite.* — Avant ces mots, lisez : « *Modes de* « 1855 ».

Page 521, n° 2257. *Modes. Costumes d'Humann.* — Ajoutez : « 3e état. Au « lieu de *Modes. Costumes d'Humann*, lisez : « *Costumes de Lacroix*, | *rue* « *Ste-Anne*, 53. Le reste comme à l'état décrit. Le Figaro, 9 janvier 1840 ».

Même page, n° 2258. *Modes. Costumes d'Humann. Coiffures de Desprez* — Ajoutez : « 3e état : *Modes, costumes d'Humann, coiffures de Desprez*, sup- « primé. Le reste comme à l'état décrit. Le Figaro, 5 décembre 1836 ».

Page 530, n° 2303. *Page écossais.* — Au 4e état, au lieu de « H. 165, L. 117 », lisez : « H. 217, L. 165 ».

Page 531, n° 2305. *Montagnard.* — Au 3e état, ajoutez : « En B. au-dessous « de la tablette au M. *Imp. d'Aubert et Cie*. H. 208, L. 165 ».

Page 535, n° 2340. *Octobre.* — Au 4e état, après « *Costumes du matin* », ajoutez : « En H. au-dessus du fil. à D. 5 ».

Page 536. *Le Figaro.* — Après l'article sous le n° 2343 ajoutez :

« *Costumes de Lacroix*, | *rue Ste-Anne*, 53 ».
« (*Modes.*) »

« Voir ci-dessus, même section, la description de ces deux pièces sous la ru- « brique Le Charivari, la première sous le titre : *Modes, costumes d'Humann*, « la seconde sous celui : *Modes. Costumes d'Humann, coiffures de Desprez.* »

Page 544, n° 2392. *Toilettes du soir.* — Ajoutez : « 1er état. Celui qui est dé- « crit. 2e état. *Demi-toilettes du soir*, au lieu de *Toilettes du soir*. Le reste « comme à l'état décrit ».

Page 559. *Nouveaux travestissements.*—Au préambule au lieu de « soixante « et dix-huit pièces faisant partie d'une suite de lithographies dont » lisez : « Suite de soixante et dix-huit lithographies dont ».

Page 559, n° 2509. *Costumes écossais.* — Au lieu de : « *Costumes* », lisez : « *Costume* ».

Page 584. *Travestissements grotesques.* — Au préambule, après « d'une « manière singulière » ajoutez : « Cette suite qui a paru dans le Charivari avait été primitivement l'objet d'une publication isolée ».

Page 590, n° 2674. *Modes.* — Pièce qui a été publiée par *l'Abeille impériale*, et dont la description devrait se trouver même section sous cette rubri- « que, en ajoutant : « En H. au-dessus du T. C. au M. *Primes de l'Abeille im-* « *périale.* En B. au-dessous du T. C. à G. *Gavarni.* A D. *Imp. Lemercier,* « *Paris* ».

Page 600, n° 2708. — *Pyrenean sherfedess.* — Au lieu de « *sherfedess* » lisez : « *shepherdess* ».

A PARIS

DE L'IMPRIMERIE DE D. JOUAUST

Rue Saint-Honoré, 338

www.ingramcontent.com/pod-product-compliance
Lightning Source LLC
LaVergne TN
LVHW011241110826
845149LV00001B/16

* 9 7 8 2 0 1 9 6 1 0 2 7 2 *